GUIDES-JOANNE

ALGÉRIE
ET
TUNISIE

HACHETTE ET Cie

Salies de Béarn

(BASSES-PYRÉNÉES)
Chemin de fer de Puyoo à Mauléon

ÉTABLISSEMENT OUVERT TOUTE L'ANNÉE
CHAUFFÉ PENDANT LA SAISON D'HIVER

Médaille d'Or — Exposition universelle 1889

Climat analogue à celui de Pau; modéré et particulièrement sédatif

> Les Bains d'eaux-mères sont reconstituants, stimulants, toniques, et résolutifs à un très haut degré.
> Les eaux-mères pour compresses sont éminemment résolutives pour les engorgements, etc., etc.

BAINS CHLORURÉS-SODIQUES, BROMO-IODURÉS

Minéralisation très forte, les plus riches en chlorure de sodium, de magnésium, en bromures et en iodures.

Hygiène de l'enfance, scrofule, lymphatisme, anémie, rachitisme, carie des côtes, tumeurs, engorgements ganglionnaires, typhus scrofuleux, maladies particulières aux dames, rhumatismes et certains cas de paralysie, etc.

SALIES DE BÉARN est situé entre les gares de Pau et d'Oloron, desservi par le chemin de fer de Puyoo à Mauléon; à 1 h. de Bayonne-Biarritz, à 1 h. de Pau et à 14 h. de Paris. — Depuis le 1er mars jusqu'au 30 novembre, un wagon-salon est mis à la disposition des Baigneurs venant directement de Paris à Salies de Béarn. — Le Sud-Express dessert la station de Puyoo, distante de 7 kilomètres de Salies de Béarn. — Confortable et ressources égales en hôtels de premier ordre, villas, maisons particulières, voitures, landaus, chevaux de selle, orchestre, etc., aux stations balnéaires les plus fréquentées.

Bains pour prendre chez soi — Bains d'eaux-mères en flacons
Eaux-mères pour compresses et pour toilette
Eaux-mères en fûts et en bonbonnes

DÉPOT : BOULEVARD DES ITALIENS, 31

Améliorations extérieures : *Une Eau potable* excellente pouvant être répartie dans la proportion de deux mille mètres cubes par jour alimente toute la station. — *Un réseau d'égouts* complet garantit la salubrité de la vieille cité comme des quartiers nouveaux, grâce aux chasses d'eau fréquentes qui y sont pratiquées. — *Un éclairage électrique* irréprochable diffuse la lumière de tous côtés. — *Pour tous renseignements*, s'adresser à M. le Président du Conseil d'administration de la Fontaine-Salée.

CASINO

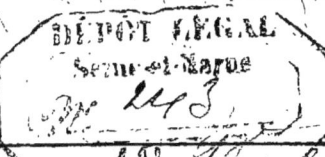

DAX
(LANDES)   (LANDES)

STATION THERMALE & SALINE D'HIVER & D'ÉTÉ

CLIMAT TEMPÉRÉ ET SÉDATIF

SUR LA GRANDE LIGNE DE PARIS A MADRID
Desservi par les trains Express, Rapides de Luxe, Wagons-Lits
A 10 heures de Paris
A 1 h. de Biarritz et de Pau, à 1 h. 1/2 de Lourdes, à 2 h. de Bordeaux.

EAUX ET BOUES VÉGÉTO-MINÉRALES
(64° cent.)   SULFATÉES-CALCIQUES   (64° cent.)

EAUX SALÉES	**EAUX-MÈRES**
CHLORURÉES-SODIQUES	BROMO-IODURÉES

POUR LE TRAITEMENT
Des **Rhumatismes**, **Arthrites**, **Névralgies**, **Névroses**.
De l'**Anémie**, de la **Scrofulose**, des **Affections utérines**
et du **Lymphatisme**

GRANDS THERMES	**ÉTABLISSEMENT ET HOTEL**
ET GRAND HOTEL	**DES BAIGNOTS**
Ouverts en été et en hiver	OUVERT EN ÉTÉ ET EN HIVER
Téléphone : Bordeaux-Paris	Ascenseur
Boues thermales et Eaux minérales	*Boues végéto-minérales*
sulfatées calciques et ferrugineuses (64°)	*Eaux thermo-minérales (64°)*
Bains, Douches, Piscine, Massage	*Deux grands Geysers d'eau à 64°*
Sous la direction médicale	Bains de boues, Douches, Massage
de	Sous la direction médicale
MM. les D⁽ʳˢ⁾ **Larauza** et **M. Delmas**.	de M. le D⁽ʳ⁾ **Lavielle**
Rhumatisme articulaire, musculaire,	assisté de MM. les D⁽ʳˢ⁾ *Bourretère*
nerveux, hydartrose, arthrite chronique,	et *Labatut*.
ankyloses, ataxie, névralgie, névrose,	Rhumatisme sous toutes les formes
neurasthénie.	arthrites chroniques, Goutte articulaire,
	hydarthroses, névralgies, etc., etc.
Attenant aux Thermes salins et au Casino	*A proximité des Thermes salins*
	et du Casino.

THERMES-SALINS
BAINS SALÉS, DOUCHES SALÉES, PISCINE DE NATATION A EAU SALÉE COURANTE
Installation spéciale pour bains et douches pour les enfants.
Pour le traitement des maladies des enfants et des dames : Anémie, lymphatisme,
scrofulose, paralysie infantile, affections utérines, névroses.
Sous la direction médicale de MM. les Docteurs **Bourretère**, **M. Delmas**,
Labatut, **Larauza**, **Lavielle**, et **Mora**.
Autres établissements : **Thermes Lauquet** (Eaux et Boues minérales). —
Thermes Séris (Eaux thermo-minérales). — **Bains Lavigne**. — **Bains
Auguste-César**. — **Thermes Romains**. — **Bains Sarrailh**.

Appartements meublés, Pensions, Villas.

CASINO

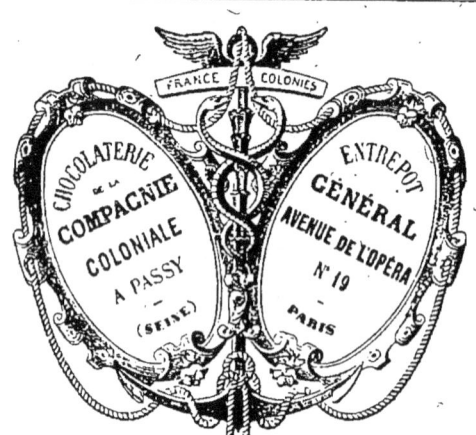

Cie Coloniale

ÉTABLISSEMENT SPÉCIAL POUR LA FABRICATION
des
CHOCOLATS
de
QUALITÉ SUPÉRIEURE

Tous les Chocolats de la Cie Coloniale, *sans exception*, sont composés de matières premières de choix; ils sont exempts de tout mélange, de toute addition de substances étrangères, et préparés avec des soins inusités jusqu'à ce jour.

CHOCOLAT DE SANTÉ		CHOCOLAT DE POCHE		
Le 1/2 kilóg.		et de voyage		
		en boîtes cachetées		
Bon ordinaire............	2 50			
Fin........................	3 »	Superfin.......... 250 gr.	2	25
Superfin.................	3 50	Extra............. d°....	2	50
Extra.....................	4 »	Extra-supérieur... d°....	3	»

THÉ Une SEULE QUALITÉ (QUALITÉ SUPÉRIEURE)
Composée exclusivement de Thés noirs de Chine
En Boîtes de 75, 150 et 300 grammes

Entrepôt général : Avenue de l'Opéra, 19, Paris
DANS TOUTES LES VILLES, CHEZ LES PRINCIPAUX COMMERÇANTS

DE FRANCE
EN ALGÉRIE ET EN ORIENT

ALGÉRIE

AUTRICHE — TURQUIE

LES BALKANS — ÉGYPTE, ETC.

Établissements divers

Camionnage de Chemins de fer P. L. M.
ALGÉRIENS

P. DESSEIGNE

Transports pour tous pays

TRANSIT ET FORMALITÉS EN DOUANE

ALGER. — *Boulevard Carnot.*
MARSEILLE. — *43, boulevard des Dames.*
PARIS. — *Correspondants :* MM. J. BERG & Cie, *18, rue de l'Échiquier.*

FRAISSINET & CIE

COMPAGNIE MARSEILLAISE DE NAVIGATION A VAPEUR

PAQUEBOTS-POSTE FRANÇAIS

4 et 6, place de la Bourse (FONDÉE EN 1832)

Services réguliers pour le Languedoc, la Corse, l'Italie, le Levant, le Danube, la mer Noire, l'Archipel et la Côte occidentale d'Afrique.

LIGNES DESSERVIES PAR LA COMPAGNIE

LIGNES DU LANGUEDOC. — Départs de MARSEILLE, tous les soirs, pour CETTE ou AGDE. Deux fois par semaine pour LA NOUVELLE.

LIGNE POSTALE SUR LA CORSE, L'ITALIE, LA SARDAIGNE. — Départs de MARSEILLE pour : BASTIA, LIVOURNE, jeudi et dimanche, à 10 h. du matin. AJACCIO, PROPRIANO, BONIFACIO, PORTO-TORRES, vendredi, 4 h. du soir. AJACCIO seulement, lundi 4 h. soir. CALVI, ILE ROUSSE, mardi, 11 h. soir. TOULON, NICE, vendredi, midi. — Départs de NICE pour : BASTIA, LIVOURNE, mercredi, 5 h. du soir. AJACCIO (Ile Rousse-Calvi en été), BONIFACIO, PORTO-TORRES, samedi, 6 h. du soir.

LIGNES D'ITALIE. — Départs de MARSEILLE, tous les mercredis, à 10 h. matin, pour NAPLES.

LIGNE DE CANNES, NICE ET GÊNES. — Départs de MARSEILLE, tous les mercredis, à 7 heures du soir, et tous les lundis pour Cannes et Nice.

LIGNES DE CONSTANTINOPLE ET DU DANUBE. — Service d'été, **Danube** Départs de MARSEILLE tous les vendredis, à 10 h. du matin, alternativement pour : **Gênes**, LE PIRÉE, **Smyrne**. DARDANELLES, CONSTANTINOPLE, SOULINA, GALATZ et BRAILA, et pour : LE PIRÉE, Salonique, DARDANELLES, CONSTANTINOPLE, SOULINA, GALATZ-BRAILA. — Service d'hiver (pendant la fermeture du Danube par les glaces), **Constantinople** Départs de MARSEILLE les jeudis à 10 h. du matin, par quinzaine, pour : GÊNES, LE PIRÉE, SMYRNE, DÉDÉAGACH, SALONIQUE, DARDANELLES, et CONSTANTINOPLE.

LIGNE POSTALE DE LA COTE OCCIDENTALE D'AFRIQUE. — Départs de MARSEILLE le 25 de chaque mois, avec escales à ORAN, LES CANARIES, DAKAR (Saint-Louis), CONAKRY, GRAND-BASSA (Liberia), GRAND-BASSAM, ASSINIE, ACCRA, LES POPOS, COTONOU (Dahomey), LAGOS, BOUCHES DU NIGER, BATA, BENITO, LIBREVILLE, LOANGO, BANANE, BOMA, et autres ports de la Côte. — Départs de LIBREVILLE pour MARSEILLE, avec les mêmes escales, le 20 de chaque mois.

Traversée de MARSEILLE à LIBREVILLE, et vice versa, en 20 jours.

Pour tous renseignements, s'adresser : à MM. **Fraissinet et Cie**, 6, place de la Bourse, à Marseille ; — à **M. Ach. Neton**, 9, rue de Rougemont, à Paris, et à **MM. F. Puthet et Cie**, quai Saint-Clair, 2, à Lyon ; — à **M. R. Picharry**, 40, quai de Bourgogne, à Bordeaux ; — à **M. G. Schrimpf**, agent général, à Libreville ; — à **M. A. Pierangeli**, agent général, à Bastia.

ALGER
GRAND HOTEL DE LA RÉGENCE

PLACE DU GOUVERNEMENT
HOTEL DE PREMIER ORDRE
La plus belle situation de la ville. — Vue splendide sur la mer et les montagnes de la Kabylie. — *Omnibus à tous les bateaux et à tous les trains.* — Arrangements spéciaux pour les Familles et pour long séjour.

Bains et douches dans l'hôtel. — Cook's Coupons Accepted.
Lift Ascenseur. — *Man spricht deutsch.* — *English spoken.*
Adresse télégraphique : RÉGENCE ALGER
F. MARTY, Propriétaire.

ALGER
GRAND HOTEL DE L'OASIS
PREMIER ORDRE
Boulevard de la République
LE PLUS VASTE DE LA VILLE ET LA PLUS BELLE SITUATION
AU MÊME PROPRIÉTAIRE :
CAFÉ-RESTAURANT DU LONDON HOUSE
ET
AMÉRICAN BAR
ERNEST DELRIEU, Propriétaire

Correspondant des Compagnies de Voyages ci-dessous :

Agences Desroches; — Lubin; — Cie Internationale des Voyages; — Indicateur Duchemin; — des Voyages économiques; — Excursion parisienne; — Coopération des Cyclistes; — Turing club de France, de Paris; = Protection cycliste, à Marseille; = Turing club, à Valence; = Henri Vails, à Alger; = Agence générale des Voyages, à Bruxelles; = Balqué S. Reiss, à Dresde; = Carle Staugen, de Berlin.
Thomas Cook's son.

ALGER

GRAND HOTEL DE PARIS

Vve CALLAMAND et C. CALLAMAND Neveu

Cet établissement, avantageusement connu et restauré à neuf, est situé au centre des affaires, à proximité de la mer ; il offre aux Voyageurs et aux Touristes tout le confort désirable. — **Excellente cuisine et cave renommée.** — Appartements de famille, Salons de lecture et de conversation, Piano. — *Restaurant à prix fixe et à la carte.* — Un omnibus se trouve à l'arrivée des trains et à l'arrivée des bateaux de la Compagnie transatlantique.

ARRANGEMENTS POUR SÉJOUR PROLONGÉ

Nota. — *On est prié de télégraphier pour retenir les appartements d'avance.*

ALGER

MUSTAPHA SUPÉRIEUR

Hôtel Continental et Hôtel d'Orient

First class Hotel, splendid situation. Full south. The Continental is the only Hotel at Mustapha Superieur having a lift. Large public rooms. House warmed by the hot air system. Good Drainage and best sanitary arrangements. Ten acres of garden. Tennis court. Tariff and plan sent on application. — **J. HILDENBRAND, Proprietor and Manager.**

ALGER

GRAND HOTEL DES ÉTRANGERS

Place de la République

Vue sur la mer. — Maison de premier ordre, exposée au midi ; au centre de la ville. — Salles de restaurant. — Service à la carte et à prix fixe. — Table d'hôte. — Salles pour repas de corps et de noces. — Salons de lecture et de musique. — *Personnel parlant toutes les langues.* — Prix modérés. — Arrangements pour séjour prolongé. — *Omnibus à tous les trains et bateaux.* — Téléphone.

Mme PÉCOUL, Propriétaire.

BLIDA

GRAND HOTEL D'ORIENT

D. GÉMON, Propriétaire

Voitures pour excursions aux Gorges de la Chiffa et de l'Oued-Sidi-el-Kébir. — Mulets pour excursions et ascensions de l'Atlas : Fala-Izid, Pic de Sidi-Abd-el-Kader, les Deux-Cèdres.

Laboratoire complet de photographie à la disposition des amateurs.

Téléphone avec Alger et Mustapha.

L'établissement du **RUISSEAU DES SINGES** (Gorges de la Chiffa) appartient au même propriétaire.

BATNA (ALGÉRIE)
HOTEL DES ÉTRANGERS
Tenu par F. BOURNAT

Le seul hôtel de premier ordre recommandé à MM. les Voyageurs et Touristes pour son confortable. — Omnibus à tous les trains. — Voitures pour excursions aux ruines si importantes de *Lambèse et Timgad*, la *Pompéi de l'Algérie*.

BISKRA
(PROVINCE DE CONSTANTINE, ALGÉRIE)

HOTEL VICTORIA

NOUVELLE MAISON DE 1er ORDRE
Située dans le quartier le plus sain de l'Oasis

PRIX MODÉRÉS
COMBINÉS AVEC TOUS LES CONFORTS

GRAND JARDIN APPARTENANT A L'HÔTEL
PRÈS LE CASINO

Aug. OSER, Propriétaire.

BISKRA (PROVINCE DE CONSTANTINE)

HOTEL DU SAHARA
J. CHABERT, Propriétaire

Spécialement recommandé à **MM. les Touristes et Voyageurs**, pour le confortable du service, la modicité de ses prix et l'excellence de sa cuisine.

BISKRA (ALGÉRIE)

ROYAL HOTEL

MAISON DE 1ᵉʳ ORDRE

Située dans le plus beau quartier de la ville

EXPOSITION PLEIN SUD

VUE SUR LE DÉSERT

La seule éclairée au gaz et possédant les derniers perfectionnements hygiéniques

MOBILIER TRÈS CONFORTABLE

Salle de table d'hôte de 400 couverts. — 100 chambres et salons. — Vastes cabinets de toilette. — Salle de restaurant et cabinets particuliers pour familles. — Salles de bains et douches. — Jardin d'hiver servant de café et salon-fumoir. — *Journaux français et étrangers.* — Salon de lecture et de musique. — Salle de billard. — Cour d'honneur et Jardin anglais. — Oasis et parc dans l'hôtel. — Lawn-tennis Ground. — Cuisine préparée avec les produits des premières maisons de France. — Vieille cave française et étrangère.

OMNIBUS A TOUS LES TRAINS

On parle les principales langues

PERSONNEL SUISSE

Conditions pour logement et nourriture à partir de 10 fr. par jour.

Saison d'hiver du 1ᵉʳ octobre à fin mai.

Adresse télégraphique : **ROYAL — BISKRA.**

BISKRA
HOTEL DE L'OASIS

Jean MAZUÉ, Propriétaire

Situé en face les Jardins. — Exposition au sud.
Vue sur le désert. — Appartements pour familles.

PRIX MODÉRÉS

SUCCURSALE A TOUGOURT. — Départ de la diligence de Tougourt.

ORAN (Algérie)
GRAND HOTEL DE LA PAIX

PLACE KLÉBER

Établissement de premier ordre, le plus ancien et le mieux situé de la ville, à côté de la Poste centrale, des Banques, près du Port et de toutes les Administrations civiles et militaires. — Au centre des affaires.

Vue splendide sur la mer. — Installations modernes des plus confortables.

Cuisines et Caves justement renommées.

PRIX TRÈS MODÉRÉS

ÉCLAIRAGE ÉLECTRIQUE
SALONS (BIBLIOTHÈQUE)

Omnibus aux trains et bateaux
VOITURES POUR PROMENADES

MATHIEU-THOMAS, Propriétaire.

ORAN

HOTEL CONTINENTAL

Place d'Armes, boulevard Seguin et Promenade de Letang

F. GARCIN, Propriétaire

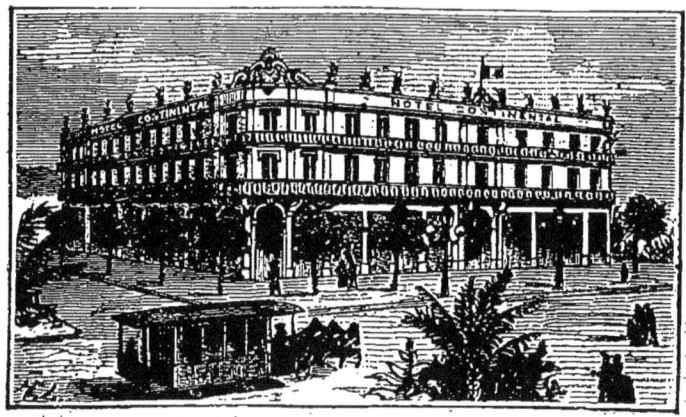

SITUATION EXCEPTIONNELLE

VUE SPLENDIDE SUR LA MER ET LES ENVIRONS

120 CHAMBRES ET SALONS

Table d'hôte.—Restaurant à la carte.—Salons particuliers. Salon de lecture.

BAINS ET HYDROTHÉRAPIE

Omnibus à tous les trains et à l'arrivée des paquebots

Prix modérés.

CONSTANTINE

ROYAL-HOTEL

TÉLÉPHONE

MAISON DE PREMIER ORDRE

SITUATION EXCEPTIONNELLE

Place de la Brèche et du Palais.

CONSTANTINE

GRAND HOTEL DE PARIS

ET D'ORIENT SAINT-GEORGES

HOTELS DE PREMIER ORDRE

Rue Nationale et place de la Brèche
Près du Palais, de la Poste et du Télégraphe, au centre de la ville
TÉLÉPHONE — LASSERRE, Propriétaire — TÉLÉPHONE

CONSTANTINE

Grand-Hôtel

Rue Nationale et place de la Brèche

C. LEGEY, Propriétaire

Hôtel de 1er ordre, installé dans un immeuble nouvellement restauré, possédant un matériel tout neuf, situé au centre des affaires et dans le plus beau quartier de la ville; se recommande entièrement à MM. les Voyageurs et Touristes par son excellente tenue et son grand confortable. — Salle de bains dans l'hôtel. — *Omnibus à tous les trains.*

Chambre noire pour la photographie. — Correspondant du Turing Club de France.

VUE SPLENDIDE

On accepte tous les coupons d'hôtel.

Type 7*

BONE (ALGÉRIE)

HOTEL DU COMMERCE

Tenu par Mme DEMEILLERS

PROPRIÉTAIRE

RUE DES VOLONTAIRES

Vue sur le Cours National,

de la Poste, du Télégraphe et des Bains

HOTEL AU CENTRE

ET DANS LE PLUS BEAU QUARTIER DE LA VILLE

TUNIS

GRAND HOTEL DE PARIS

MAISON DE PREMIER ORDRE

Prix modérés. — Omnibus à chaque train et à chaque bateau. — Bains dans l'hôtel. — Salon de conversation. — Laboratoire pour MM. les Touristes amateurs de photographie.

Télégraphier pour chambre.

J. AUDEMARD, Propriétaire.

TUNIS

GRAND-HOTEL

Avenue de France, 13

MAISON DE PREMIER ORDRE

PLEIN MIDI

STATION THERMO-MINÉRALE-HIVERNALE
D'HAMMAM-R'IRHA
(ALGÉRIE)

OUVERTE TOUTE L'ANNÉE

A 4 heures d'Alger, par la ligne du chemin de fer d'Alger à Oran (Gare de Bou-Medfa). Voitures à 9 heures et à 4 heures.

SOURCES CHAUDES

Sulfatées et carbonatées calciques, magnésiques et sodiques, souveraines dans le *rhumatisme articulaire ou musculaire*, la *goutte*, les *névralgies*, la *scrofule, les maladies cutanées, les ulcères chroniques, les engorgements ganglionnaires, la paralysie, la stérilité et les ulcérations du col de l'utérus.*

SOURCE FROIDE

Bicarbonatée et sulfatée sodique, calcique et magnésique, ferrugineuse, arsenicale, à saveur fraîche, piquante et acidulée gazeuse. — Excellente eau de table, *éminemment digestive, tonique et reconstituante.* — Combat avec succès la dyspepsie, la gastralgie, l'anémie, la chlorose, l'atonie, les affections du foie et de la vessie.

SOURCE ROTUREAU

Eau chaude à 37 degrés, spécialement recommandée pour les estomacs affaiblis, les digestions difficiles et le diabète.

GRAND HOTEL DES BAINS, monté avec tout le confort moderne. 100 chambres, 10 et 12 francs par jour, comprenant : petit déjeuner, déjeuner à la fourchette, thé l'après-midi, dîner, vin compris, service et bougie.

Vaste salon, café, casino, immense galerie vitrée pour la promenade en cas de mauvais temps. La température au plus mauvais moment de l'année, dans l'établissement, est de 15 degrés centigrades. Larges piscines de natation, bains et douches, dans l'hôtel même.

GRAND HOTEL BELLEVUE, établissement de deuxième ordre, 9 francs par jour, tout compris, comme au Grand-Hôtel. Ouvert du 15 avril au 1er novembre. Bains et douches dans l'établissement.

Chasse réservée. — Belle forêt de 800 hectares. — Bureau de poste et télégraphe. — Climat modéré, moyenne de + 19. — Altitude : 600 mètres.

TIR AUX PIGEONS

PANORAMA ET ENVIRONS DE TOUTE BEAUTÉ

JASSY (ROUMANIE)

HOTEL TRAJAN

LE PLUS BEL ÉDIFICE DE LA VILLE
DOMINANT TOUTE LA VALLÉE

Superbe point de vue des fenêtres de l'hôtel

RESTAURANT — JARDIN — CAFÉ

PRINCIPAUX JOURNAUX EUROPÉENS

Chambres depuis 3 fr. — Appartements pour familles.
Salle à manger. — Salons splendides.

CONSTANTINOPLE

GRAND HOTEL CONTINENTAL

ET FRANÇAIS

J. AGOSTINI, Propriétaire

ÉTABLISSEMENT DE PREMIER ORDRE

Situé sur le boulevard des Petits-Champs

*Jouissant d'une vue splendide sur la Corne d'Or,
ayant le Jardin municipal à ses pieds, avec deuxième entrée
dans la Grand'Rue de Péra, en face l'Ambassade de France.*

CHAMBRES A DIFFÉRENTS PRIX, AVEC ET SANS NOURRITURE

SALONS DE LECTURE ET FUMOIR

JOURNAUX ÉTRANGERS ET DU PAYS

Prix modérés.

GUIDES INTERPRÈTES

COMPAGNIE INTERNATIONALE DES GRANDS HOTELS

CONSTANTINOPLE
PERA PALACE

PENSION

depuis

15 francs.

par jour.

VUE

SPLENDIDE

sur la

Corne d'Or.

Le *Pera Palace* est construit au centre du quartier de Pera, sur un point culminant d'où il domine la Corne d'Or et embrasse tout le panorama de Stamboul. — Rez-de-chaussée entièrement consacré aux halls, salles de fêtes, restaurant, salle à manger, café-glacier. — Sortie directe sur le jardin public des Petits-Champs. — Appareils sanitaires anglais les plus perfectionnés. — Chauffage central à la vapeur dans toutes les chambres. — Ascenseur.

ORCHESTRE ATTACHÉ A L'HOTEL
THERAPIA (BOSPHORUS)

SUMMER PALACE

Succursale

d'été

du

Pera Palace

Sur

la rive

du

Bosphore

L'hôtel est bâti au bord même de la mer, où le courant des eaux qui se hâtent vers Stamboul, entretient nuit et jour une fraîcheur délicieuse. Bains de mer. Vélodrome. Tennis. Service fréquent de bateaux pour Constantinople.

CONSTANTINOPLE

GRAND HOTEL DE LONDRES
(BELLE-VUE)

Péra, Boulevard des Petits-Champs

Vis-à-vis le théâtre et à proximité des Ambassades

Hôtel de tout premier ordre. — Cuisine éminemment française. — Vue splendide sur la Corne-d'Or et le Bosphore.

HOTEL D'ANGLETERRE
(MISSIRIE)

L'ancien Hôtel historique

Fréquenté par toute l'aristocratie et la noblesse

Renommé pour sa cuisine et sa cave. — A proximité de l'église anglicane et dominant toute la ville.

GRAND HOTEL ROYAL

Situé au centre de la ville et dominant le jardin de l'ambassade anglaise. — **Vue féerique sur la Corne-d'Or et Stamboul.** — Suite de chambres et salons pour familles. Ameublement riche et luxueux.

Cuisine anglaise et française.

Ces trois hôtels appartiennent aux mêmes propriétaires :

MM. L. ADAMOPOULOS et N. APERGHIS

ALEXANDRIE (ÉGYPTE)

HOTEL KHÉDIVIAL

ÉTABLISSEMENT DE 1er ORDRE

Situé rue Chériff-Pacha et avenue Rosette

Dans le plus beau quartier de la ville

CHAMBRES GRANDES ET AÉRÉES

Salle à manger dans le jardin
au milieu des palmiers

SALON DE DAMES

SALLE DE LECTURE ET FUMOIR

BONNE CUISINE

PRIX MODÉRÉS

Henri **CHAMOULLEAU**, Propriétaire

ALEXANDRIE

HOTEL DU CANAL DE SUEZ

FONDÉ EN 1878

Tenu par Mme Vve CONSTANT GIRARD

RUE DE LA POSTE-ÉGYPTIENNE

Cet Hôtel, nouvellement transféré, se recommande par son confortable et par sa situation au centre de la ville, près la Bourse Khédiviale, les Postes, les Télégraphes, etc. — *Drogmans à tous les trains et aux arrivées des paquebots.* — **Prix modérés.**

ALEXANDRIE

GRAND HOTEL BONNARD

SITUÉ AU BORD DE LA MER ET AU CENTRE DES AFFAIRES

AVEC OU SANS PENSION

10 francs par jour (*vin compris*)

Déjeuner, 3 fr.; dîner, 3 fr. 50 (vin compris). — **Cuisine française.** — Interprètes à tous les trains et paquebots. — *Guides attachés à l'hôtel.* — **Arrangements pour séjour prolongé.**

TÉLÉPHONE

HÉLOUAN-LES-BAINS

HÉLOUAN HOTEL

EN FACE DE LA GARE

Hôtel de premier ordre. — Grandes et petites chambres. — Appartements séparés pour familles. — Salon pour dames. — Salle de musique. — Salon de billard. — *Salon de lecture et Fumoir.* — Bains. — Lumière électrique. — **Prix modérés.**

POSTE — TÉLÉGRAPHE — TÉLÉPHONE

DROGMANS, OMNIBUS A TOUS LES TRAINS

Les Coupons COOK sont acceptés.

SAN STEFANO
HOTEL CASINO

LUIGI Steinschneider

LESSEE AND MANAGER

San Stefano is the fashionable watering place of Egypt at Ramleh, twenty five minutes by rail from Alexandria.

First Class Hotel beautifully situated on the seashore. *Excellente cuisine.* Wines, spirits, etc., of best brands. Perfect sanitary arrangements. Reading and sitting rooms. English and French billiard tables. Bar. Electric Light. Moderate terms.

REGULAR TRAIN SERVICE
BY THE
Alexandria & Ramleh Railway Co.'s line.

Type 7**

BUREAUX
DE
THOMAS COOK & FILS
(Egypte Limited)
OUVERTS
DE 9 A 6 HEURES EN ÉTÉ, ET DE 9 A 8 HEURES EN HIVER

Londres. Ludgate Circus.

Le Caire. Près de Shepheard's Hôtel (Cook).

Alexandrie. Place Méhémet-Ali (Cook).

Ismailia. Avenue de l'Appontement.

Port-Said. Près de l'Hôtel Continental (Cook).

* **Suez.** Mr. A. W. Haydn.

* Ceux marqués d'un astérisque sont des sous-agences autorisées seulement pour l'émission de billets de voyage et de coupons d'Hôtel.

VOYAGES
DE LA
MAISON COOK EN PALESTINE

Donnent toutes les facilités pour visiter Jaffa, Jérusalem, Bethléem, le Jourdain, la Mer-Morte, Jéricho, Nazareth, la Mer de Galilée, Damas, Baalbec, Beyrout, Caïfa, le Carmel, etc.

Excursions indépendantes ou avec Guides spéciaux
EXCURSIONS AU DÉSERT, AU SINAI, etc.

Pour plus amples détails, voir Programmes avec cartes et plans : 60 centimes, ou s'adresser à une quelconque de nos Succursales ou au Bureau central, Ludgate Circus, Londres.

THOMAS COOK ET FILS
1, PLACE DE L'OPÉRA, 1, PARIS

AGENCES DE VOYAGES
DE LA
MAISON COOK

EN ÉGYPTE, SUR LE NIL ET EN PALESTINE

VOYAGES SUR LE NIL

THOMAS COOK ET FILS, LIMITED (ÉGYPTE)

Les Nouveaux bateaux d'excursion de 1re classe de la maison Cook (les seuls bateaux de 1re classe sur le Nil) partent du Caire pour la 1re cataracte chaque semaine de Décembre à Mars. Le service est fait par les nouveaux vapeurs "Ramsès", "Ramsès-le-Grand" et "Ramsès-III", dont l'installation comporte les derniers perfectionnements, y compris la lumière électrique et les réfrigérateurs. Trois voyages de 5800 kilomètres et neuf semaines sur le Nil pour 2500 francs. Un bateau spécial qui fait le voyage à la 1re cataracte aller et retour en quatre semaines, avec un nombre limité de passagers, quitte le Caire, conformément aux avis publiés.

Toski, Abu-Simbel et la 2e Cataracte. — Afin de satisfaire aux désirs de nombreux passagers, un service hebdomadaire de vapeurs a été organisé entre Philœ et Wadi-Halfa.

Service de la Malle de la maison Cook entre Girgeh et Assouan tous les mercredis et tous les samedis.

Nouveau service de la Malle de la maison Cook, du Caire tous les samedis, de décembre à mars.

Nouveaux Dahabeahs en acier, "Hathor", "Nepthis", "Ammon-Ra", "Isis", "Horus" et "Orisis", meublés avec plus de luxe que n'importe quels autres Dahabeahs. Dahabeahs de 1re classe de différentes grandeurs. Un magnifique Dahabeah à vapeur. Les Hôtels de Luxor, Karnac et d'Assouan sont maintenant ouverts. Un médecin anglais réside à Luxor.

LE CAIRE
MAISON FONDÉE EN 1860

J. LATTES
FABRICANT

MAGASIN AU CAIRE : MOUSKY

FABRIQUE A GENÈVE
3, boulevard James-Fazy, 3

JOYAUX — BIJOUX — HORLOGERIE DE PRÉCISION

SPÉCIALITÉ DE BIJOUX ÉGYPTIENS — SCARABÉES GARANTIS AUTHENTIQUES

Récompenses à l'École d'Horlogerie de Genève. — Premiers Prix

JOAILLERIE haute fantaisie. Grand choix de Pierres non montées, Brillants, Perles, Rubis, Émeraudes, Saphirs, Turquoises fines.

ORFÈVRERIE en tous genres.

CHRONOMÈTRES et Remontoirs à sonnerie. — Montres en tous genres et garanties.

La Maison se charge de toute commande. — Ses Ateliers au Caire et sa Fabrique à Genève lui permettent de servir sa Clientèle avec la plus grande promptitude.

COMPAGNIE INTERNATIONALE DES GRANDS HOTELS

LE CAIRE

GHEZIREH PALACE

Au bord du NIL

PARC planté d'essences rares

Le **Ghezireh** comprend trois palais véritablement féeriques, construits par Ismaïl Pacha, le khédive au faste légendaire, au milieu d'un immense parc à végétation tropicale, égayé de statues, de grottes, de fontaines et de pièces d'eau.

Le Palais principal (Selamlik) est transformé en hôtel, avec tous les perfectionnements les plus modernes au point de l'hygiène et du confort.

Le Haremlik a été aménagé plus spécialement pour les familles désireuses de faire un long séjour au Caire.

Le Kiosque, chef-d'œuvre de l'art oriental, est devenu un splendide Casino dont l'immense salle des fêtes est animée tout l'hiver par des concerts, des bals et des jeux de toute sorte.

Ghezireh est donc plus et mieux qu'un très somptueux et confortable hôtel, c'est une **Station d'hiver** complète.

LE CAIRE
Shepheard's Hotel

Propriété de la Société « The Egyptian Hôtels, Limited »

Hôtel de tout premier ordre jouissant d'une réputation universelle.

Entièrement reconstruit en 1891 d'après les principes d'hygiène les plus récents.

Maison fondée en 1841

Unique en Orient pour sa salubrité hors ligne et ses installations sanitaires parfaites.

Ce magnifique établissement, aménagé avec tout le confort moderne, est le rendez-vous des touristes de distinction ainsi que de l'aristocratie française et étrangère.

Terrasse historique.

Appartements de famille en plein midi ; entrée spéciale par les jardins de l'hôtel. — *Tennis-court.*

Bureaux des postes, des télégraphes égyptiens et anglais dans l'hôtel.

Lumière électrique. — Ascenseurs. — Salon de coiffure.

Cuisine française. — *Cave renommée renfermant les meilleurs crus.*

Pour renseignements, s'adresser à la Direction.

Adresse télégraphique : SHEPHEARDS CAIRE

(ÉGYPTE) **LE CAIRE** (ÉGYPTE)

GRAND NEW-HOTEL

P. MAYER, Directeur

LUMIÈRE ÉLECTRIQUE — ASCENSEUR (Lift).

Splendide hôtel de 1er ordre, situé en face le jardin de l'Esbekieh, du théâtre de l'Opéra, du télégraphe anglais, des postes égyptiennes.

Salon de conversation, salon de lecture, salon pour les dames, salon arabe, fumoir, american-bar, Lawn-tennis. Magnifiques jardins entourant l'hôtel.

Le New-Hotel est le seul hôtel en Egypte qui puisse offrir aux voyageurs, par sa situation unique, son air salubre, le luxe de bon goût de son installation, son excellente cuisine française, tout le confort qu'ils sont habitués de trouver dans les premiers hôtels d'Europe.

Prix : de 15 à 20 fr. par jour, pension, logement et service, suivant les chambres.

ARRANGEMENTS AVANTAGEUX POUR FAMILLES

Omnibus et interprète à l'arrivée de chaque train.

LE CAIRE

HOTEL BRISTOL

Maison de premier ordre. — Situation exceptionnelle. — 100 chambres donnant en plein midi. — Vue sur le jardin Eskebieh. — Hall et jardin d'hiver. — Salons. — Bains, etc. — Cuisine de premier ordre. — Cave soignée. — Omnibus avec interprètes à tous les trains. — Pension depuis 15 fr. par jour, sans le vin. — *Arrangements avantageux pour familles.*

HOTEL KHÉDIVIAL

Ouvert toute l'année

Place Eskebieh, au centre de la ville

Salon. — Fumoir. — Salle de lecture. — Grand hall. — Bains. — Excellente cuisine française. — Omnibus avec interprètes à tous les trains. — Prix : 12 fr. 50 avec le vin.

On accepte les Coupons Cook.

Propriétaire de ces deux Hôtels : M. N. PAPADOPULOS.

LE CAIRE
(ÉGYPTE)

HOTEL DU NIL

R. FLEISCHMANN, Directeur-Propriétaire

Hôtel de premier ordre, entouré de grands terrains cultivés

CENTRE DES AFFAIRES ET DES CURIOSITÉS A VISITER

PRIX MODÉRÉS COMBINÉS AVEC LE PLUS GRAND CONFORT

Grand Jardin. — Bains. — Cabinet de lecture.
Téléphone.

L'Hôtel du Nil a été récemment agrandi de plusieurs beaux appartements

Omnibus à l'arrivée de chaque train.

LE CAIRE

HOTEL CONTINENTAL

HOTEL DE PREMIER ORDRE

LUMIÈRE ÉLECTRIQUE — ASCENSEUR HYDRAULIQUE

Deux Vérandas

JARDIN D'HIVER

CUISINE EXCELLENTE

PRIX MODÉRÉS

SOUS LA DIRECTION PERSONNELLE DE

GEORGES NUNGOVICH

Aussi propriétaire de L'HOTEL D'ANGLETERRE

Restaurant Français et Grill Room

LE CAIRE

HOTEL D'ANGLETERRE

MAISON DE PREMIER ORDRE

Située dans le quartier Ismaïlieh, le plus beau et le plus salubre de la ville.

Expressément construit pour hôtel d'après les principes les plus hygiéniques.

Tout confort européen combiné avec des *prix modérés*.

Salons de Dames, de Lecture et Fumoir. — Bains à tous les étages. — Lumière électrique.

ASCENSEUR HYDRAULIQUE

G. NUNGOVICH   **A. AULICH**
PROPRIÉTAIRE.   DIRECTEUR.

LE CAIRE

| MEUBLES ET BRONZES |
| EN |
| STYLE ORIENTAL |

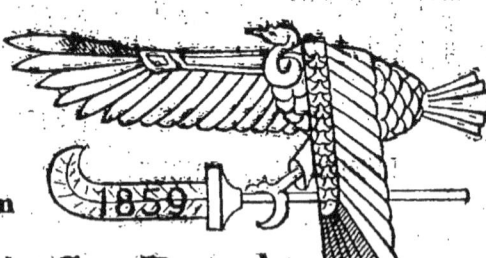

Maison fondée en 1859

Établissement G. Parvis

Au commencement de la Mouski

Ancien Bazar

Médailles et Diplômes d'honneur à toutes les Expositions

On reçoit des ordres pour chambre complète,
avec tapis et étoffes orientaux sur mesure.

LE CAIRE (MOUSKY)

CONFECTION POUR HOMMES ET ENFANTS

Maison S. STEIN

SUCCURSALES A :

ALEXANDRIE, place Mehemed-Ali ;
CONSTANTINOPLE, à Galata, près du tunnel ;
SMYRNE et TANTAH

LE CAIRE (ESBEKIEH)

PHOTOGRAPHIE ARTISTIQUE

G. LEKEGIAN et Cie

PHOTOGRAPHES-ÉDITEURS

ATELIERS : *En face de la Mission Américaine.*
MAGASIN : *Bâtiment de l'Hôtel Shepheards.*

MÉDAILLE D'OR, A L'EXPOSITION DE PHOTOGRAPHIE, PARIS 1892
GRAND PRIX, EXPOSITION DE CHICAGO, 1893

Choix de Vues et Paysages d'Égypte et de l'Orient. Portraits en tous genres et grandeurs.

BEYROUTH (SYRIE)

VUES D'ORIENT

Par A. BONFILS

La collection la plus complète qui existe d'Égypte, Palestine, Syrie, Asie Mineure, Grèce et Constantinople.

Plus de deux mille sujets différents en format 24×30 et 30×40.

GRANDE COLLECTION DE PROJECTIONS POUR LANTERNES

Succursale au Caire (Égypte)

DÉPOTS : A PARIS, chez tous les principaux éditeurs de photographies. — A MARSEILLE, rue Noailles, 3. — A LONDRES, Strand, 379. — A BERLIN, Mohren Strasse, 10. — A MUNICH, Marienplatz. — EN AMÉRIQUE, A BOSTON, Boylston street, 136.

Envoi franco du Catalogue sur demande.

CORFOU

GRAND HOTEL SAINT-GEORGES

OUVERT TOUTE L'ANNÉE

Le seul de premier ordre, avec tout le confort

PENSION — PRIX MODÉRÉS

Propriétaire : A.-S. MAZZOUGHY

Télégramme : SANGIORGIO Corfou

SMYRNE

HOTEL DE LA VILLE

SUR LE QUAI

F. BARTHÉLEMY FRAGIACOMO

MAISON DE PREMIER ORDRE

Cuisine française et italienne. — Table d'hôte. — Excellents vins de tous les pays. — On parle toutes les langues.

Les guides et drogmans de l'hôtel connaissent parfaitement l'intérieur de l'Asie Mineure et peuvent accompagner les voyageurs à Éphèse, Hiérapolis et dans tous les environs.

CHEMINS DE FER
DU
SUD DE L'AUTRICHE

Le voyageur venant de France par la Suisse, ne tarde pas, après avoir traversé l'Arlberg, d'arriver à *Innsbruck*, capitale du Tyrol. C'est une des plus jolies villes des Alpes autrichiennes. Elle forme, de ce côté, tête de ligne du réseau des chemins de fer du Sud de l'Autriche.

Les lignes de cette Compagnie aboutissent, d'une part, aux grands centres de Vienne et de Pesth, et aux ports de Trieste et de Fiume, et de l'autre, aux frontières de la Bavière et de l'Italie, à Kufstein, à Ala et à Cormons. Elles traversent les contrées les plus intéressantes et les plus pittoresques de l'Autriche-Hongrie, le Tyrol, la Carinthie, la Carniole, la Styrie.

D'**Innsbruck**, la ligne conduit, par le *Brenner*, à Botzen (Gries), Méran, Trente, Mori (station pour Arco, Riva, le lac de Garde) et en Italie, et rejoint d'autre part, par le *Pusterthal*, formant ainsi trait de jonction entre les régions orientale et occidentale des Alpes, l'artère principale du réseau (ligne de Vienne à Trieste) sur laquelle elle vient se souder à Marbourg.

La Compagnie des chemins de fer du Sud a fait construire, en divers endroits, des hôtels de premier ordre, qui offrent aux voyageurs, au milieu des splendeurs des grandes Alpes, tout le confort moderne des grandes villes.

A **Toblach**, station de la ligne du Pusterthal, se trouve un excellent hôtel. On se rend de Toblach dans la ravissante vallée d'**Ampezzo**, célèbre par ses Alpes dolomitiques. Cette contrée surpasse en beauté les points les plus fréquentés de la Suisse.

Qui n'a aussi entendu parler des merveilles réservées aux voyageurs qui, remontant de Marbourg sur Vienne, en traversant la Styrie, dont la gracieuse ville de Gratz est la capitale, franchissent, entraînés par la vapeur, la section du **Semmering**, un des chefs-d'œuvre de l'art et de la science modernes ?

L'hôtel élevé par la Compagnie du Sud au Semmering, occupe une situation magnifique. Les environs sont splendides, et l'air qu'on y respire est délicieux, vivifiant, et tout chargé des senteurs aroma-

CHEMINS DE FER DU SUD DE L'AUTRICHE (SUITE)

tiques des mélèzes et conifères qui couvrent les versants de ces montagnes.

Les environs de Vienne, traversés par la ligne du Sud, offrent également un choix de points des plus charmants.

En descendant de Marbourg vers l'Adriatique, on traverse les contrées excessivement intéressantes de la Carinthie et de la Carniole; on passe successivement à Pragerhof (embranchement pour Budapesth), Cilli, Steinbrück, Laibach, **Adelsberg** (endroit renommé par ses grottes merveilleuses), Saint-Peter, Nabresina, pour arriver enfin à **Trieste**.

De Trieste on gagne facilement l'Italie, soit par mer (service régulier de navigation entre Trieste et Venise), soit par Nabresina, Gorice et Cormons. Pour se rendre à Fiume, il faut quitter la ligne de Vienne à Trieste, à Saint-Peter.

Non loin de Fiume, à **Abbazia** (station de chemin de fer Mattuglie-Abbazia, de l'embranchement de Saint-Peter à Fiume), la Compagnie du Sud a créé, au bord de la mer, un grand établissement climatérique et balnéaire.

Abbazia, avec sa luxuriante végétation méridionale, est un délicieux séjour. Bains de soleil en hiver; on y trouve en été l'agrément des bains de mer. Toutes les conditions de confort désirables y sont réunies.

La Compagnie de la **Südbahn** *a organisé, de concert avec les autres compagnies de chemins de fer autrichiennes et étrangères, un grand nombre de voyages circulaires à prix réduits, qui permettent aux voyageurs de toute provenance de visiter, dans d'excellentes conditions de bon marché, l'Autriche, le Tyrol, la Bavière, l'Italie, la Suisse et les bords du Rhin.*

Les voyageurs trouveront la nomenclature détaillée de ces voyages avec les prix, la durée du trajet et toutes les particularités qui s'y rattachent, dans les Indicateurs officiels d'Autriche, d'Allemagne, de France, de Suisse et d'Italie.

CHEMINS DE FER DU SUD DE L'AUTRICHE

ABBAZIA

STATION HIVERNALE ET BALNEAIRE DE L'ADRIATIQUE

Le trajet de Vienne à Abbazia se fait en 19 heures.

Express de jour et de nuit. — Voitures directes et Wagons-lits.

Train de luxe hebdomadaire de la Cie Internationale des Wagons-lits.

Assise au fond de la poétique baie du Quarnero, au bord même de la mer, à quelques kilomètres du port de Fiume, abritée des vents par une ceinture de collines boisées dominées par le Monte-Maggiore, préservée en été des chaleurs excessives par les brises normales qui soufflent, le jour vers la terre, et la nuit vers la mer, Abbazia, l'heureuse rivale des stations les plus renommées du littoral méditerranéen, jouit du rare privilège d'être à la fois une station d'hiver et une plage d'été.

Le climat de ce coin de terre privilégiée que baigne l'Adriatique est d'une douceur et d'une égalité toute exceptionnelles. Les variations brusques de température sont inconnues à Abbazia.

Dans un vaste et splendide parc, au milieu des chênes verts, des figuiers, des lauriers qui répandent dans l'atmosphère leur senteur bienfaisante, s'élèvent les hôtels et villas appartenant à la Compagnie des Chemins de fer du Sud de l'Autriche. Bel et grand établissement pourvu de tout le confort et de tous les perfectionnements modernes désirables.

300 chambres et nombreuses villas. — Salles et salons divers. — Promenades délicieuses dans les magnifiques propriétés de l'Etablissement et sur les bords de la mer. — Bains chauds, douches, massages, inhalations, électricité. — Un médecin est attaché à l'Etablissement. — Equipages, barques, chevaux de selle et guides à disposition. — Distractions et plaisirs de toutes sortes.

Excursions variées à Ika, Lovrana, Moschenizza, Vesprinaz, au Monte-Maggiore (1 400 mètres d'altitude), à Fiume, aux îles de Veglia, Cherso, Lussin (les anciennes îles Absyrtides des Grecs, où la tradition place le crime de Médée).

L'élite de la société se donne aujourd'hui rendez-vous à Abbazia, et chaque année voit augmenter le nombre d'étrangers de toutes les nations qui viennent y fixer leur résidence d'hiver, ou y cherchent, en été, l'agrément des bains de mer.

Des omnibus et voitures font le service entre l'Etablissement et la station de chemin de fer Mattuglie-Abbazia.

S'adresser, pour renseignements, directement à la direction des Hôtels, à Abbazia (Istrie, Autriche).

La Compagnie des Chemins de fer du Sud de l'Autriche est aussi propriétaire de l'**Hôtel du Semmering**, site alpestre grandiose, à 1 000 mètres d'altitude et à deux heures et demie de Vienne, en chemin de fer.

LLOYD AUTRICHIEN

	ALLER			RETOUR	
STATIONS	ARRIVÉES	DÉPARTS	STATIONS	ARRIVÉES	DÉPARTS

Ire PARTIE
Services du Levant et de la Méditerranée.

TRIESTE à CONSTANTINOPLE (Toutes les semaines.)

Trieste	»	»	Constantinople	»	Lundi.. 5 »s.
Brindisi	Dimanc.	»	Le Pirée	Mercredi 4 30m	Mercredi midi 30
Corfou	Lundi..	1 30 s.	Patras	Jeudi.. 5 »s.	Jeudi... 8 »s.
Patras	Mardi 4 30m	Mardi.. 6 30m	Corfou	Vendredi 10 »m	Vendred 3 »s.
Le Pirée	Mercred 11 »m	Mercredi 7 »s.	Brindisi	Vendredi 11 30s.	Samedi. 3 »m
Dardanelles	Jeudi.. 5 »s.	Jeudi.. 6 »s.	Trieste	Dimanc. midi »	
Constantinople	Vendred 7 30m				

TRIESTE à ALEXANDRIE (Toutes les semaines.)

Trieste	»	Vendred midi »	Alexandrie	»	Mardi.. 9 »m
Brindisi	Samedi. 9 »s.	Dimanc. 5 »m	Brindisi	Vendredi 9 »m	Vendred 10 »m
Alexandrie	Mercredi 5 »m		Trieste	Samedi. 7 »s.	

TRIESTE à SMYRNE (Toutes les semaines, alternée une semaine par FIUME et PATRAS et une semaine par l'ALBANIE).

Le mercredi au départ de TRIESTE et le samedi au départ de SMYRNE.

Trieste	»	1, 15 fév. 4 »s.	Smyrne	»	4, 18 fév. 4 »s.
Fiume	Jeudi.. 4 »m	Jeudi.. 4 »s.	La Canée	Mardi.. 4 30m	Mardi.. 9 30m
Corfou	Samedi. 6 »s.	Samedi. 10 30s.	Zante	Mercredi 9 »s.	Mercredi 11 »m
Patras	Dimanc. 1 30s.	Dimanc. 10 »s.	Patras	Mercredi 2 »s.	Jeudi... 4 »m
Zante	Lundi.. 4 »m	Lundi.. 8 »m	Corfou	Jeudi.. 7 »s.	Vendred 4 »m
La Canée	Mardi.. 5 30m	Mardi.. midi »	Fiume	Dimanc. 6 »m	Dimanc. 6 »s.
Smyrne	Vendred 5 »m		Trieste	Lundi.. 6 »m	

Mouillant aussi à RÉTHYMO, CANDIE, SAMOS, TCHESMÉ et CHIOS.

Trieste	»	8, 22 fév. 4 »s.	Smyrne	»	11, 25 fév. 4 »s.
Durazzo	Vendred midi »	Vendred 10 »s.	La Canée	Mardi.. 4 30m	Mardi.. 10 30m
Valona	Samedi. 4 30m	Samedi. 10 »m	Zante	Mercred 10 30m	Mercred midi 30
S¹⁰-Quaranta	Samedi. 4 30s.	Samedi. 5 30s.	Argostoli	Mercred 4 30s.	Mercred 7 30s.
Corfou	Samedi. 7 »s.	Dimanc. midi 30	Corfou	Jeudi.. 7 »m	Jeudi.. 3 »s.
Argostoli	Dimanc. »s.	Dimanc. 3 30s.	S¹⁰-Quaranta	Jeudi.. 4 30s.	Jeudi.. 5 30s.
Zante	Dimanc. 7 30s.	Lundi.. 1 »m	Valona	Jeudi.. min. »	Vendred 9 »m
La Canée	Mardi.. 3 »m	Mardi.. midi »	Durazzo	Vendred 3 30s.	Vendred 9 »s.
Smyrne	Vendred 5 »m		Trieste	Dimanc. 5 »s.	

Mouillant aussi à CÉRIGO, RÉTHYMO, CANDIE, SAMOS, TCHESMÉ et CHIOS.

CONSTANTINOPLE à BRAILA (*) Toutes les semaines.)

Constantinople	»	Mercredi 4 »s.	Braila	»	Jeudi... »m
Bourgas	Jeudi.. 8 »m	Jeudi.. 2 »s.	Galatz	Jeudi.. 9 »m	Vendred 8 »m
Costanta	Vendred 6 »m	Vendred midi »	Sulina	Vendred 4 30s.	Vendred 7 »s.
Sulina	Vendred 10 »s.	Samedi. 4 »m	Costanta	Samedi. 5 »m	Samedi. 7 »s.
Galatz	Samedi. 4 »m	Dimanc. 8 »m	Bourgas	Dimanc. 6 »m	Dimanc. 4 »s.
Braila	Dimanc. 10 »m		Constantinople	Lundi.. 5 »m	

(*) Pendant l'hiver, ce service est suspendu.

CONSTANTINOPLE, TRÉBIZONDE, BATOUM (Toutes les semaines.)

Constantinople	»	Samedi. 8 »s.	Batoum	»	Jeudi.. 8 »s.
Inéboli	Dimanc. 5 »s.	Dimanc. 7 »s.	Trébizonde	Vendred 5 30m	Samedi. 7 »s.
Samsoun	Lundi.. 10 30m	Lundi.. 2 »s.	Kérasounde	Dimanc. 3 »m	Dimanc. 4 »s.
Kérasound	Mardi.. 4 »m	Mardi.. 6 »s.	Samsoun	Lundi.. 4 30m	Lundi.. midi 30
Trébizonde	Mardi.. 10 »m	Mardi.. 8 »s.	Inéboli	Mardi.. 6 »m	Mardi.. 8 30m
Batoum	Mercredi 6 30m		Constantinople	Mercredi 1 30s.	

— 32 —

ALLER			RETOUR		
STATIONS	ARRIVÉES	DÉPARTS	STATIONS	ARRIVÉES	DÉPARTS

CONSTANTINOPLE à VARNA (Toutes les semaines.)

| Constantinople | » | Samedi. 2 »s. | Varna | » | Dimanc. 5 30s. |
| Varna | Dimanc. 4 30m | » | Constantinople | Lundi... 8 »m | » |

CONSTANTINOPLE à ODESSA.

Ligne facultative. (Toutes les semaines ou chaque deux semaines).

| Constantinople | » | Lundi... 10 »m | Odessa | » | Mardi... 10 »m |
| Odessa | Mercred. 5 »m | » | Constantinople | Jeudi... 5 »m | » |

Service suspendu à cause du choléra en Russie.

TRIESTE à VENISE

Départ de TRIESTE chaque mardi, jeudi et samedi, à minuit.
Départ de VENISE les mêmes jours, à 11 heures du soir.

LIGNE DE SYRIE CIRCULAIRE
CONSTANTINOPLE, SMYRNE, ALEXANDRIE à TRIESTE.

Chaque quatrième semaine, le jeudi au départ de Constantinople et de Trieste.

Constantinople	»	2 fév. 3 »s.	Trieste	(*)	»
Dardanelles	Vendred. 6 »m	Vendred 7 »m	Fiume	Vendred 5 30m	Lundi... 9 »s.
Métélin	Vendred 4 »s.	Vendred 10 30s.	Corfou	Jeudi... 5 »m	Jeudi... »
Smyrne	Samedi. 5 »m	Samedi. 6 »s.	Alexandrie	Lundi... 7 »m	Lundi... midi »
Chios	Dimanc. 1 »s.	Dimanc. 2 30m	Port-Saïd	Samedi. 5 »m	Samedi. 4 »s.
Rhodes	Dimanc. 8 30s.	Dimanc. 11 30s.	Jaffa	Dimanc. 7 »m	Dimanc. 3 »s.
Limasol	Mardi.. 5 30m	Mardi... 9 30m	Beyrouth	Lundi... 5 »m	Lundi... 7 »s.
Larnaca	Mardi.. 1 30s.	Mardi... 4 30s.	Larnaca	Mardi... 8 »m	Mardi... 11 30m
Beyrouth	Mercred. 5 30m	Mercred. 5 »s.	Limasol	Mardi... 3 30s.	Mardi... 6 30s.
Jaffa	Jeudi... 6 »m	Jeudi... 3 »s.	Rhodes	Jeudi... min.30	Jeudi... 5 »m
Port-Saïd	Vendred. 6 »m	Vendred 3 »s.	Chios	Jeudi... 11 »s.	Vendred 2 »m
Alexandrie	Samedi. 8 »m	Samedi. 11 »m	Smyrne	Vendred 9 »m	Samedi. 3 »s.
Corfou	Vendred 6 »m	Vendred 10 »m	Métélin	Samedi. 9 30s.	Dimanc. 4 »m
Fiume	Dimanc. 6 »s.	Lundi... 5 »s.	Dardanelles	Dimanc. 1 »s.	Dimanc. 2 30s.
Trieste	Mardi.. 6 30m	»	Constantinople	Lundi... 5 30m	»

(*) A cause de la quarantaine, le trajet entre Trieste et Alexandrie n'a pas lieu.

ALEXANDRIE à MERSYNE.

Chaque deux semaines; le vendredi au départ d'ALEXANDRIE
et le mercredi au départ de MERSYNE.

Alexandrie	»	10, 24 fév. »m	Mersyne	»	1, 15 fév. 8 30s.
Port-Saïd	Samedi. 5 »m	Samedi. 2 »s.	Alexandrette	Jeudi... 5 »m	Jeudi... 10 »m
Jaffa	Dimanc. 5 »m	Dimanc. 2 »s.	Beyrouth	Vendred 5 »m	Vendred 3 »s.
Caïfa	Dimanc. 8 »s.	Dimanc. 10 »s.	Caïfa	Vendred 11 30s.	Samedi. 2 30m
Beyrouth	Lundi... 6 30m	Lundi... 6 30s.	Jaffa	Samedi. 8 30m	Samedi. 3 »s.
Alexandrette	Mardi.. 1 30s.	Mardi... 10 »s.	Port-Saïd	Dimanc. 6 »m	Dimanc. 3 »s.
Mersyne	Mercred. 6 30m	»	Alexandrie	Lundi... 8 »m	»

LIGNE DE THESSALIE (Toutes les semaines, alternée une fois par FIUME et PATRAS l'autre par l'ALBANIE.)

Le mardi au départ de TRIESTE et le jeudi au départ de CONSTANTINOPLE

Trieste	»	7, 21 fév. 4 »s.	Constantinople	»	9, 23 fév. 2 »s.
Fiume	Mercredi 5 30m	Jeudi... 5 30m	Gallipoli	Vendred 4 »m	Vendred 5 »m
Corfou	Samedi. 1 30s.	Samedi. 8 30s.	Dardanelles	Vendred 7 30m	Vendred 8 30m
Patras	Dimanc. 1 »s.	Dimanc. 10 »s.	Dédéagh	Vendred 4 30s.	Vendred 4 »s.
Catacolo	Lundi... 6 »m	Lundi... 8 »m	Lagos	Samedi. 5 »m	Samedi. 11 »m
Le Pirée	Mardi.. 1 »s.	Mardi... 8 30s.	La Cavalle	Samedi. 4 »s.	Samedi. 9 30s.
Syra	Mercredi 6 »m	Mercredi midi »	Salonique	Dimanc. 4 30s.	Lundi... 3 30s.
Volo	Jeudi... 8 30m	Jeudi... midi 30	Volo	Mardi... 9 »m	Mardi... 1 »s.
Salonique	Vendred 6 »m	Vendred 5 »s.	Syra	Mercredi 9 30m	Morcredi 1 30s.
La Cavalle	Samedi. midi »	Samedi. 8 »s.	Le Pirée	Mercredi 11 »s.	Jeudi... 4 30m
Dardanelles	Dimanc. 10 »m	Dimanc. midi »	Patras	Vendred 4 »s.	Vendred 10 »s.
Constantinople	Lundi... 5 »m	»	Santa-Maura	Samedi. 8 »m	Samedi. 11 30m
			Corfou	Samedi. 7 »s.	Samedi. min. »
			Fiume	Mardi... 8 »m	Mardi... 6 30s.
			Trieste	Mercredi 8 »s.	»

ALLER			RETOUR		
STATIONS	ARRIVÉES	DÉPARTS	STATIONS	ARRIVÉES	DÉPARTS
Trieste......	»	14, 28 fév. 4 »s.	Constantinople	»	2, 16 fév. 2 »s.
Durazzo.....	Jeudi... 5 »s.	Jeudi... 10 »s.	Gallipoli.....	Vendred 4 »m	Vendred 5 »m
Valona......	Vendred 5 »m	Vendred 10 »m	Dardanelles...	Vendred 7 30m	Vendred 8 30m
Sta-Quaranta.	Vendred 5 »s.	Vendred 6 »s.	Dédéagh......	Vendred 4 30s.	Vendred min. »
Corfou.......	Vendred 8 »s.	Samedi. 8 »m	Lagos........	Samedi. 5 »m	Samedi. 11 »m
Calamata....	Lundi... 7.30m	Lundi... 7 30s.	La Cavalle....	Samedi. 4 »s.	Samedi. 9 30s.
Le Pirée.....	Mardi.. 4 30s.	Mercredi 10 »m	Salonique....	Dimanc. 4 30s.	Lundi... 10 »s.
Salonique....	Vendred 5 »m	Vendred 5 »s.	Le Pirée.....	Mercredi 5 »m	Mercredi 1 »s.
La Cavalle...	Samedi. midi »	Samedi. min »	Calamata.....	Jeudi... 10 »m	Jeudi... 6 »s.
Lagos........	Dimanc. 5 »m	Dimanc. 11 »m	Corfou.......	Samedi. 6 30s.	Dimanc. 4 30m
Dédéagh.....	Dimanc. 4 »s.	Lundi... 2 »m	Sta-Quaranta.	Dimanc. 6 30m	Dimanc. 7 30m
Dardanelles..	Lundi... 10 »m	Lundi... midi »	Valona.......	Dimanc. 2 30s.	Dimanc. 10 30s.
Gallipoli.....	Lundi... 2 30s.	Lundi... 3 30s.	Durazzo......	Lundi... 5 30m	Lundi... 11 »m
Constantinople	Mardi... 5 30m		Trieste.......	Mercredi midi »	»

Mouillant aussi à SANTA-MAURA, ARGOSTOLI, CATACOLO.

LIGNE DE SYRIE

CONSTANTINOPLE, SMYRNE et ALEXANDRIE (Chaque quatrième semaine.)

Le jeudi au départ de CONSTANTINOPLE, et le vendredi au départ d'ALEXANDRIE.

Constantinople	»	16 fév. 3 »s.	Alexandrie...	»	3 fév. midi »
Dardanelles..	Vendred 6 »m	Vendred 7 »m	Port-Saïd....	Samedi. 5 »m	Samedi. 4 »s.
Métélin......	Vendred 4 »s.	Vendred 10 30s.	Jaffa........	Dimanc. 7 »m	Dimanc. 3 »s.
Smyrne......	Samedi. 5 »m	Samedi. 6 »s.	Beyrouth....	Lundi... 5 »m	Lundi... 6 »s.
Chios........	Dimanc. 1 »m	Dimanc. 2 30m	Larnaca.....	Mardi... 7 »m	Mardi... 11 30m
Rhodes......	Dimanc. 8 30s.	Dimanc. 11 30s.	Limasol.....	Mardi... 3 30s.	Mardi... 6 30s.
Limasol.....	Mardi... 5 30m	Mardi... 9 30m	Rhodes......	Jeudi... midi 30	Jeudi... 5 »m
Larnaca.....	Mardi... 1 30s.	Mardi... 4 30s.	Chios........	Jeudi... 11 »s.	Vendred 2 »m
Beyrouth....	Mercredi 5 30m	Mercredi 5 »s.	Smyrne......	Vendred 9 »m	Samedi. 5 »m
Jaffa........	Jeudi... 7 »m	Jeudi... 3 »s.	Métélin......	Samedi. 9 30s.	Dimanc. 4 »m
Port-Saïd....	Vendred 6 »m	Vendred 3 »s.	Dardanelles...	Dimanc. 1 »s.	Dimanc. 2 30s.
Alexandrie...	Samedi. 8 »m		Constantinople	Lundi... 5 30m	

IIe PARTIE

Service de l'Océan Indien.

Ligne de TRIESTE à BOMBAY, accélérée.

Départ de Trieste le 3 de chaque mois à midi,
— Bombay le 1er — — avec escale à l'aller et au retour, à Brindisi, Port-Saïd, Suez et Aden.

Ligne de TRIESTE à SHANGAI

Départ de Trieste le 12 de chaque mois à 4 heures soir.
— Shangai le 18 — — Mouillant à Port-Saïd, Suez, Aden, Bombay, Colombo, Penang, Singapore, Hong Kong, à l'aller et au retour. Les bateaux quittant Trieste le 12 septembre et novembre, et ceux au départ de Shangai les 18 septembre et novembre font aussi escale à Fiume.

Ligne annexe SINGAPORE-SOERABAYA.

Départ de Singapore le 21 de chaque mois, pour Soerabaya et Batavia.
Départ de Batavia pour Singapore les 1er août, 1er septembre, 2 octobre, 1er novembre, 2 décembre. Faisant escale à Samarang toutes les fois qu'il y aura un intérêt de trafic à le faire.
Correspondant à Singapore à l'aller et au retour avec les bateaux de la ligne de Trieste-Shangai.

Ligne annexe COLOMBO-CALCUTTA.

Départ de Colombo le 14 de chaque mois pour Madras et Calcutta.
Départ de Calcutta le 4 de chaque mois pour Madras et Colombo.
Correspondant à Colombo avec les bateaux de la ligne Trieste-Shangai à l'aller et au retour.

Compagnie Impériale Royale privilégiée
DE
NAVIGATION A VAPEUR
SUR LE DANUBE

Les voyageurs qui, pour visiter **Vienne** et **Budapest**, voudront choisir la route du **Danube** trouveront, en venant de l'Ouest, à Passau et Linz, des bateaux qui leur offrent tout le confort possible et qui les conduisent par des contrées pleines de charme et de beauté.

Départ de Passau pour Linz
(à partir du 1er juin jusqu'au 15 septembre.)
Tous les jours à trois heures après midi.
Arrivée à Linz à 7 h. du soir.

Départ de Linz à 7 h. 1/2 du matin (fin des courses, 17 octobre)
Arrivée à Vienne à 4 h. du soir.
(N.-B. — *MM. les voyageurs pourront passer la nuit à Linz à bord du bateau.*)

Départ de **Vienne** pour **Presbourg** et **Budapest** tous les jours à 7 h. du matin.
Arrivée à Presbourg à 10 h. du matin, à Budapest à 10 h. du soir.
Départ pour les stations du Bas-Danube, 3 fois par semaine.

PRIX DE PASSAGE TRÈS MODÉRÉS
EXCELLENT RESTAURANT A BORD
Dîners à la carte et table d'hôte à prix raisonnables.

BUREAUX DE LA COMPAGNIE A VIENNE :
III. — Weissgaerber hintere Zollamtstrasse, 1 à 4.

LE TRENTIN

Situé à l'extrême limite méridionale
de l'Autriche.

Cette délicieuse contrée sur la frontière nord de l'Italie, est célèbre par la variété de ses aspects tour à tour charmants ou grandioses, et par la diversité de son climat qui passe de la température élevée des pays méridionaux à celle rafraîchissante des glaciers.

Le **TRENTIN** est la région la plus riche de l'Europe pour les sources d'eaux minérales très efficaces et les stations balnéaires de **Levico** (507 m.), **Vetriolo** (1425 m.), **Roncegno** (535 m.), **Comano** (365 m.), **Rabbi** (1230 m.), **Pejo** (1380 m.), etc., jouissent à bon droit d'une réputation universelle. — On trouve dans le **TRENTIN** plusieurs stations alpines et séjours d'été célèbres, entr'autres : **Campiglio** (1515 m.), **San Martino di Castrozza** (1465 m.), **Paneveggio** (1532 m.), **Pinzolo** (717 m.), **Lavarone** (1171 m.), **Pieve Tesino** (824 m.), **Valle di Ledro** (860 m.), etc.; **Arco** (91 m.) et **Riva** (70 m.) sur le lac de Garde, sont des stations d'hiver renommées.

Des **cols alpins**, riches en aspects pittoresques et traversés par des belles routes carrossables, font communiquer le **TRENTIN** avec les régions limitrophes : au nord, le **col de la Mendola** (1354 m.) et celui de *San Lucano* (1097 m.) entre le Val di Non et le Val Fiemme et la vallée de l'Adige; plus à l'est, le **col di Rolle** (2032 m.), au cœur de la merveilleuse région des Dolomites, entre Predazzo et Primiero; à l'ouest, celui du **Tonale** (1184 m.) entre le Val di Sole et le Val Camonica, etc.

Parmi les **ascensions** de premier ordre il suffit de nommer celles dans le **massif de l'Ortler** (3902 m.), dans le **massif de l'Adanello** (3554 m.) et dans celui de **Brenta** (3176 m.), de la **Marmolata** (3344 m.), du **Cimon della Pala** (3186 m.), celle du **Monte Baldo** 2079 m.), d'où le panorama est d'une incomparable grandeur, etc.

Pour prospectus et renseignements, s'adresser par lettre affranchie à la **Società per l'incremento del concorso di forestieri**, *à Rovereto (Trentin, Autriche).*

SOCIÉTÉ DES HOTELS ALPINS DE 1ʳᵉ CLASSE
DANS LE
TIROL

Le Sulden-Hôtel
A 2 000 MÈTRES D'ALTITUDE

au pied de l'Ortler, au cœur de la région grandiose des glaciers.

Le Trafoi-Hôtel
A 1 650 MÈTRES D'ALTITUDE

sur la célèbre route du Stelvio, à quelques minutes de la Falastrasse,

accès facile et sans danger aux glaciers.

Le Karrersee-Hôtel

près du pittoresque *lac de Karrer* (1534 mèt. d'alt.), à l'entrée de l'étrange et beau **pays des Dolomites.**

Ces trois maisons, récemment et expressément bâties, sont des **hôtels de premier ordre** (150 chambres; salons; vérandas; *tout le confort moderne;* éclairage électrique; bains; chambres obscures pour photographes; **poste et télégraphe;** médecin et pharmacie dans la maison; lawn-tennis et autres jeux; pension et arrangements pour séjour prolongé). — Les trois hôtels sont tous reliés par des routes carrossables, desservies aussi par des voitures publiques, aux gares de **Landeck** (ligne de l'Arlberg), de **Méran**, et de **Botzen** (ligne du Brenner).

Pour de plus amples détails, prospectus illustrés, etc., s'adresser, pendant toute l'année, à la **Librairie S. POETZELBERG,** *à* **Meran** *(Tirol).*

TIROL INNSBRUCK TIROL

L'admirable situation d'Innsbruck, abritée au Nord par l'imposante chaîne de montagnes qui borde la rive gauche de l'Inn, a fait de cette gracieuse cité un des séjours favoris des touristes. Le printemps et l'automne comme station de passage, l'été comme station par excellence, soit à cause de la beauté de ses environs, soit à cause de sa position centrale, au point de rencontre des grandes lignes de Paris à Vienne par l'Arlberg, de Munich à Vérone par le Brenner, et de nombreuses routes venant des pittoresques vallées de la Bavière et du Tirol.

C'est une des villes où pas un touriste ne manque de s'arrêter, et les monuments qu'elle renferme ajoutent une nouvelle attraction à la capitale du Tirol. — Facilités pour l'éducation : Université ; lycée ; bibliothèque ; leçons de langues, etc.

La route de Paris à Vienne par l'Arlberg est sans contredit la plus pittoresque, sans être pour cela la moins rapide ; celle de Paris en Italie par l'Arlberg et le Brenner est des plus intéressantes. Le Brenner, d'ailleurs, par sa situation relativement plus méridionale et moins élevée, est le plus agréable passage pour se rendre en Italie, même à la fin de l'hiver (mars), ou à la fin de l'automne (novembre), lorsque d'autres passages sont déjà couverts par la neige.

Innsbruck est devenu depuis quelques années un séjour climatique d'hiver, recommandé pour les personnes qui ont besoin d'un climat froid, sec, reconstituant, constant, sans vent ni brouillards, et surtout abrité contre le vent du Nord.

PRINCIPAUX HOTELS DANS LE VOISINAGE IMMÉDIAT DE LA GARE

Hôtel Tirol.
Propr^{re} : Carl LANDSEE.

Hôtel de l'Europe.
Propr^{re} : Anton HANREICH.

Hôtel zur goldenen Sonne.
Propr^{re} : Carl BEER.

MARIENBAD

(BOHÊME)

Station Balnéaire Universelle

FRÉQUENTÉE ANNUELLEMENT PAR 18 000 BAIGNEURS

Possède la plus forte de toutes les eaux contenant du sel de Glauber, la plus forte de toutes les eaux pures ferrugineuses, la plus riche en fer de toutes les boues marécageuses minérales ; remarquable par sa situation élevée dans des montagnes boisées. — Bains d'acide carbonique, marécageux, aciéreux, de vapeur et à air chaud. — Cure à l'eau froide. — Efficacité reconnue contre les maladies de l'estomac, du foie, l'engorgement de la veine-porte, les douleurs de la vessie, les maladies des femmes, les souffrances générales, l'obésité, la pauvreté du sang, le diabète, etc.

Colonnade nouvellement construite. — Éclairage électrique de la ville. — Saunerie de sels. — Conduite d'eau amenant de l'eau de source des montagnes.

Théâtre. — Réunions de danse. — Chasse. — Pêche. — Clubs d'équitation et d'attelage. — Tombolas. — Place de jeux pour la jeunesse. — Lawn-tennis. — Téléphone interurbain.

Saison du 1ᵉʳ Mai au 30 Septembre

ENVOI GRATUIT DE PROSPECTUS ET BROCHURES PAR LE BUREAU DU BOURGMESTRE

Pour la Cure d'eau *chez soi* : Sources *Kreuzbrunn, Ferdinandsbrunn, Waldquelle, Rudolfsquelle, Ambrosiusbrunn, Carolinenbrunn*. — En bouteilles contenant 3/4 de litre.

Sel de Source naturel de Marienbad, pulvérisé et cristallisé (0.862 gr. de sel correspondant à 100 gr. d'eau minérale), en flacons de 125 et 250 grammes ou en paquets de 5 grammes.

Pastilles des Sources de Marienbad, en boîtes, contre les acides, glaires, etc.

Bains chez soi. *Boue marécageuse de Marienbad, Savon des Sources, Lessive-mère, Sel lixiviel.*

SE TROUVENT DANS LES PRINCIPALES PHARMACIES, DROGUERIES ET MAGASINS D'EAUX MINÉRALES.

(EXPÉDITION DES SOURCES, MARIENBAD.)

MUNICH

HOTEL CONTINENTAL

MAISON DE PREMIER ORDRE

Sur la Maximilian Platz

Dans la partie la plus tranquille et la plus agréable de la ville, non loin des Musées et des autres endroits intéressants.

TOUT LE CONFORT MODERNE
EXCELLENTE CUISINE

ÉCLAIRAGE ÉLECTRIQUE
ASCENSEUR — PRIX MODÉRÉS

Résidence d'hiver favorite à des prix spécialement réduits.

BUCHAREST (ROUMANIE)

HOTEL CAPSA

Grande-Rue, Calea Victoriei

PREMIER CENTRE DE LA VILLE

Maison d'une très ancienne réputation, dirigée par le propriétaire. — **Installation absolument neuve**. — Restaurant et service français. — **Cave datant de 1852**. — Chambres depuis 3 francs et appartements de luxe. — Arrangements et pension. — Bains au rez-de-chaussée, communiquant avec l'Hôtel et le Restaurant. — Salon où l'on trouve les journaux français et étrangers, les glaces et toutes les consommations si renommées de la confiserie Capsa.

Ce salon est le rendez-vous de tout le monde élégant.

Interprète et omnibus à tous les trains.

BOSNIE-HERZÉGOVINE

BAINS D'ILIDZE

A 500 MÈTRES D'ALTITUDE

Près de **Sarajevo** (Bosnie)

Station du chemin de fer ; Poste et Télégraphe

Sources Sulfureuses Thermales (56º cent.)

Bains thermaux, dans cabinets séparés avec baignoires ou dans le bassin spécial de natation. — **Bains de boue** (Moorbäder) avec eau minérale. — **Bains froids de rivière**, dans le nouveau et grand bassin de natation récemment installé.

Saison du 15 mai au 15 octobre. — Surveillance et assistance médicale en permanence.

Les bains sont particulièrement indiqués pour le traitement des *affections rhumatismales*, de la *goutte*, du *rachitisme*, et, en général, des maladies des os et des maladies des femmes.

Trois Grands Hôtels, avec plus de 100 chambres et organisés avec tout le confort.—Prix des chambres : de 80 kreutzers à 1 florin par jour. — Arrangements spéciaux pour séjour prolongé. — **Restaurant** avec cuisine à la française et à prix modérés ; arrangements pour pension. — Les Hôtels, le Restaurant et la Gare sont reliés par des galeries couvertes.

Concert tous les jours. — Elégantes salles de conversation et de jeu. — Tombolas, feux d'artifice, etc. — Lawn-tennis. — Voitures et montures à prix modiques. — *Nombreuses et charmantes excursions* aux environs.

L'Établissement thermal d'**Ilidze**, situé au pied de l'*Iqman*, au centre d'un très vaste et beau parc de 16 hectares, est relié par le chemin de fer avec Sarajevo, distant de 13 kil. à peine ; nombreux trains quotidiens. — Sarajevo, la capitale de la Bosnie, est réuni par chemin de fer, par Brod, à Budapest et à *Vienne* (27 heures), et par Brod et Agram, à *Trieste* (28 heures environ).

A la fin de juin : Grandes *Courses internationales* et *Courses des indigènes*. — A la fin de septembre : Grand *Tir au pigeon, international* (grand prix : 50 000 fr.).

Renseignements et prospectus *gratis* en s'adressant à la *Bade-Verwaltung*, **Ilidze** (Bosnie, Autriche).

ALGÉRIE
ET TUNISIE

COLLECTION DES GUIDES-JOANNE

FRANCE ET ALGÉRIE
Format in-16, cartonnage percaline.

Paris............... 7 50	Gascogne et Languedoc.	Savoie............. 10 »
Environs de Paris.. 7 50	1 vol............ 10 »	Vosges et Alsace... 7 50
Alpes dauphinoises (1re partie)............. 10 »	La Loire.......... 7 50 De la Loire à la Gironde.	GUIDES DIVERS
Auvergne et Centre. 10 »	1 vol............ 7 50	France, par Richard. 15 »
Bourgogne et Morvan. 1 vol............ 7 50	Lyonnais, Beaujolais, Bresse.......... 7 50	ON VEND SÉPARÉMENT, BROCHÉ.
Bretagne........... 7 50	Nord.............. 10 »	Réseau de Paris-Lyon-Méditerranée, 4 fr.; Réseaux d'Orléans-Midi-État, 4 fr.; Réseau de l'Ouest, 3 fr.; Réseau du Nord, 2 fr. 50; Réseau de l'Est, 2 fr. 50.
Cévennes.......... 7 50	Normandie........ 7 50	
La Champagne et l'Ardenne............. 7 50	Provence.......... 10 »	
Corse.............. 6 »	Pyrénées. Partie orientale............ 7 50	
Franche-Comté et Jura. 1 vol............ 7 50	— Partie occident. 7 50	Algérie et Tunisie.. 12 »

GUIDES DIAMANT, format in-32, cart. percaline.

Aix-les-Bains...... 2 »	Environs de Paris. 2 50	Pyrénées.......... 5 »
Bretagne........... 3 »	Normandie........ 3 »	Stations d'hiver (les) de la Méditerranée.... 3 50
Dauphiné et Savoie. 6 »	Paris............. 2 »	

ÉTRANGER
Format in-16, cartonnage percaline.

Allemagne méridionale et Autriche-Hongrie.. 10 »	De Paris à Constantinople. 1 vol............ 15 »	Péninsule sinaïtique. 2 50 Suisse. 1re partie, 1 vol. Genève et le lac Léman, Chamonix et le mont Blanc, le Valais, Zermatt et le mont Rose. 5 »
Belgique et Grand-duché de Luxembourg.. 7 50	États du Danube et des Balkans: 3 vol. dont 2 à 15 fr. et 1 à 12 fr.	
Hollande et bords du Rhin. 1 vol............ 7 50	Grèce, 1re partie. Athènes et ses environs... 12 »	
Espagne et Portugal. 18 »	2e partie. Grèce continentale et îles.. 20 »	Suisse. 2e part. 1 vol. L'Oberland, le lac des Quatre-Cantons, le Gothard et les lacs italiens, Bâle, Schaffhouse, Zurich, Glaris, Grisons..... 6 »
Italie du Nord..... 12 »	Égypte (sous presse).	
Italie du Centre.... 12 »	Syrie et Palestine, avec atlas............ 25 »	
Italie du Sud...... 7 50		
Italie, en 1 vol.... 10 »		

GUIDES DIAMANT, format in-32, cart. percaline.

Espagne et Portugal........... 5 »	Londres et gr. villes du Roy. Uni. 6 »
Italie et Sicile.................. 6 »	Suisse...................... 5 »

MONOGRAPHIES
Format in-16 avec gravures et plans.

1re série, à 50 centimes le volume, broché.

Angers. — Avignon. — Blois. — Chartres. — Dijon. — Gérardmer. — Le Havre. — Le Mans. — Le Mont St-Michel. — Lourdes. — Menton. — Nancy. — Nantes. — Nîmes. — Plombières. — Reims. — Tours. — Valence.

2e série, à 1 franc le volume, broché.

Alger. — Arcachon. — Arles et les Baux. — Bagnères-de-Bigorre. — Bagnères-de-Luchon. — Biarritz. — Bordeaux. — Boulogne. — Caen. — Cannes et Grasse. — Clermont-Ferrand, Royat et Châtel-Guyon. — Compiègne et Pierrefonds. — Dieppe et Tréport. — Eaux-Bonnes et Eaux-Chaudes. — L'Estérel. — Fontainebleau et la forêt. — Genève. — Grand-Duché de Luxembourg. — Iles anglaises de la Manche. — Lyon. — Marseille. — Le Mont-Dore et la Bourboule. — Musées de Paris. — Nice et Monaco. — Pau. — Rouen. — Saint-Malo, Dinard. — Saint-Sébastien. — Trouville. — Tunis et ses environs. — Versailles. — Vichy.

3e série, à prix divers.

Venise... 2 fr. — Florence... 2 fr. 50. — Rome... 5 fr.

COLLECTION DES GUIDES-JOANNE

ALGÉRIE
ET TUNISIE

PAR

LOUIS PIESSE

8 CARTES ET 22 PLANS

PARIS
LIBRAIRIE HACHETTE ET Cie
79, BOULEVARD SAINT-GERMAIN, 79

1898

Droits de traduction et de reproduction réservés.

Toutes les mentions et recommandations contenues dans le texte des Guides-Joanne sont entièrement gratuites.

INDEX ALPHABÉTIQUE

CONTENANT

LES

RENSEIGNEMENTS PRATIQUES

N. B. — Les renseignements pratiques, c'est-à-dire les hôtels, classés par ordre d'importance avec indication des prix de table d'hôte et de pension, les restaurants, les cafés, les voitures, les tramways, etc., en un mot tout ce qui a rapport à la vie matérielle, se trouvent réunis dans l'Index alphabétique au nom de chaque localité à laquelle ils se rapportent. Cette disposition nous permet de corriger ces renseignements, sujets à des changements, et de réimprimer l'Index alphabétique plusieurs fois dans le cours d'une édition. Les principales villes possèdent d'excellents hôtels; il n'en est pas de même dans la plupart des autres localités où les hôtels disparaissent aussi vite qu'ils s'élèvent. Nous prions instamment MM. les touristes de nous adresser toutes les corrections et observations nous permettant de tenir à jour cette partie importante du Guide. — V. aussi les *Conseils pratiques aux voyageurs*, p. IX (hôtels, hygiène, etc.).

Ce signe *, placé dans le texte des Routes, à la suite du nom d'une localité, indique qu'il se trouve à l'Index alphabétique des renseignements pratiques à consulter.

Abréviations : A, province d'Alger; — O, province d'Oran; — C, province de Constantine; — T, Tunisie; — M, Malte; Maroc; — P et T, poste et télégraphe.

Ce signe *, placé dans l'Index alphabétique, à la suite d'un nom d'hôtel, et lorsque les hôtels ne sont pas classés en hôtels de 1er ordre, de 2e ordre, etc., indique que les prix sont de première classe.

A

AAOUDJA, T, 369.
ABBOVILLE, A, 105. — V. le *Bois-Sacré*.
ABD-EN-NOUR, C, 245.
ABID (LES), A, 76.
ABOUKIR, O, 119. — P et T. — Aub. — Cafés. — Dilig. de *Mostaganem à Relizane*.
ADELIA, A, 57. — Ch. de f. d'Alger à Oran. — Voit. pour *Miliana* (1 fr.).
AD FICUM, C, 247.
ADJIBA (OUED-DJEBBA), A, 101. — Ch. de f. d'Alger à Constantine.
AFFREVILLE, A, 57. — P et T. — Ch de f. d'Alger à Oran. — Buffet très bien tenu. — Hôt. : *de Vaucluse; de*

l'Univers; *du Chélif*. — Cafés. — Omnibus pour *Miliana* (1 fr.). — Dilig. pour *Teniet-el-Had* (coupé 6 fr., int. 5 fr.) et le *Djendel*.
AFLOU, O, 197. — P et T. — Cantine.
AGADIR, O, 158.
AGBIA, T, 373.
AGHA (L') INFÉRIEUR, A, 19. — Ch. de f. d'Alger à Oran. — Etablissement de bains de mer (ouvert pendant la saison d'hiver). — Aub. — Café-restaurant. — Tramways pour *Alger* et *Hussein-Dey*.
AGHA (L') SUPÉRIEUR, A, 19. — Hôt.: *Bon-Accueil*; *Hollandais* (7 fr. par j.), rue Michelet, 65; *Anglo-Suisse*, rue Michelet, 87; *Victoria* (pens.; 7 à 10 fr. par j.). — Bains *Michelet*, rue de la Liberté, 25. — Ecole des hautes études. — Tramways pour *Alger*, au plateau Saulière, 10 c.
AGUEMOUN-AOUNA (L'), A, 111.
AHMED-BEN-KACEM, T, 358.
AIATA, C, 276.
AÏN-ABESSA, C, 247. — P et T. — Aub. — Cafés. — Voit. pour *Sétif*.
AÏN-ABID, C, 290. — P et T. — Ch. de f. de Bône à Constantine. — Aub. Cafés.
AÏN-AFRA, C, 304. — Ch. de f. de Bône à Souk-Ahras.
AÏN-AMARA, C, 300. — P. — Relais.
AÏN-AMIA, C, 63.
AÏN-ARNAT, C, 247. — P. — Aub.
AÏN-AZEREG (NAZEREG), O, 182. — Ch. de f. d'Arzeu à Saïda.
AÏN-BABOUCH, T, 360.
AÏN-BEÏDA, A, 67, 97. — O, 140.
AÏN-BEÏDA, C, 281. — P et T. — Hôt.: *de l'Orient*; *de Provence*. — Cafés. — Bains français et bains maures. — Voit. pour *Tebessa* (coupé 15 fr. 10, int. 10 fr. 10), *l'Oued-Zenati* (coupé 7 fr., int. 5 fr.) et *Khrenchela* (10 fr.). — Chemin de fer pour Constantine.
AÏN-BEÏDA, T, 401. — Cantine.
AÏN-BEÏNEN, A, 22. — Pépinière.
AÏN-BEN-SOLTAN, O, 144.
AÏN-BESSEM, A, 85. — P et T. — Aub. — Cafés. — Dilig. pour *Bir-Rabalou*.
AÏN-BEURD OU LES 2 BASSINS, A, 94.
AÏN-BOU-DINAR ou BELLE-CÔTE, O, 189. — P.
AÏN-BOU-HADJAR, T, 360.
AÏN-BOU-MRAOU, C, 241.
AÏN-BRÉDÉA, O, 147. — P. — Ch. de f. d'Oran à Aïn-Temouchent.
AÏN-CHABRO, C, 283.
AÏN-CHELA, C, 309.
AÏN-CHERCHAR OU AURIBEAU, C, 295. — P.
AÏN-DALIA, C, 302. — Ch. de f. de Bône à Aïn-Mokra.
AÏN-DRAHAM, T, 360. — P et T. — Hôt. *Lombard*; *Serrières*. — Dilig. pour *Souk-el-Arba* (5 fr. la place) et pour Tabarka (5 fr. la pl.).
AÏN-EL-AFFEURD, O, 121.
AÏN-EL-ARBA, O, 148. — P et T. — Aub. — Cafés.
AÏN-EL-BEY, C, 236.
AÏN-EL-BID, A, 54.
AÏN-EL-BLED, C, 309.
AÏN-EL-DOUR, C, 275.
AÏN-EL-ESNAM OU EL-ESNAM, A, 101. — Ch. de f. d'Alger à Constantine. — Caravansérail.
AÏN-EL-HADJAR OU MAUGERVILLE, O, 183. — P et T. — Ch. de f. d'Arzeu à Aïn-Sefra. — Cafés.
AÏN-EL-HADJAR, C, 247.
AÏN-EL-HALLEUG, C, 303.
AÏN-EL-HALLOUF, O, 176.
AÏN-EL-HAMMAM, O, 182.
AÏN-EL-HAMMAM-BOU-HANEFIA, O, 181. — Eaux thermales.
AÏN-EL-HAMZA, C, 248. — Eaux salines et gazeuses.
AÏN-EL-HOUT, O, 162. — Café arabe.
AÏN-EL-IBEL, A, 81. — Caravansérail.
AÏN-EL-KERMA, C, 275.
AÏN-EL-LEUCH, C, 207.
AÏN-EL-MAGROUN, T, 409.
AÏN-EL-TURK, O, 140. — P et T. — Aub. — Cafés. — Omnibus pour *Oran* (1 fr.).
AÏN-FARCH, O, 203.
AÏN-FARÈS, O, 174. — P.
AÏN-FEKHROUN, C, 281. — P. — Ch. de f. des Oulad-Rahmoun à Aïn-Beïda. — Café.
AÏN-FEKKAN, O, 174. — P et T.
AÏN-FEKRINA, O, 168.
AÏN-FEURCHI, C, 256.
AÏN-FEZZA, O, 162. — P et T. — Aub. — Restaurant aux *Cascades*.
AÏN-FOUQUA, C, 236.
AÏN-GHARABA, O, 169. — Caravansérail.
AÏN-GORCHI, T, 358.
AÏN-GUERGOUR, O, 175.
AÏN-GUETTAR, C, 306.
AÏN-HADJAR, C, 239.
AÏN-HADJEL, A, 96. — Caravansérail.

[AÏN-TEMOUCHENT] RENSEIGNEMENTS PRATIQUES. 3

Aïn-Hallouf, T, 379. — Ch. de f. de Tunis à Sousse.
Aïn-Hammam, A, 114. — V. *Michelet*.
Aïn-Hedja, T, 375.
Aïn-Kerma, A, 96.
Aïn-Kerma, C, 234, 237. — P. — Aub.
Aïn-Kerman, A, 96. — Caravansérail.
Aïn-Khelal, T, 365. — Ch. de f. de Tunis à Bizerte.
Aïn-Kherbet, C, 250.
Aïn-Khial, O, 149. — P. — Aub. — Cafés.
Aïn-Khiar, C, 310.
Aïn-Ksar, C, 257. — P.
Aïn-Lecca, A, 62.
Aïn-Legata, A, 104.
Aïn-Lellou, A, 62.
Aïn-Madhi, A, 84.
Aïn-Makhlouf, A, 76. — Caravansérail. — Aub.
Aïn-Masnela, C, 257.
Aïn-Massin, O, 203.
Aïn-Medrissa, O, 196.
Aïn-Melousan, T, 409.
Aïn-Mendil, O, 118.
Aïn-Meran (*Rabelais*), A, 67. — P. et T.
Aïn-Metrech, T, 392.
Aïn-Mlila, C, 256. — P et T. — Ch. de f. de Constantine à Biskra. — Hôt. : *de la Gare; de France*. — Cafés.
Aïn-Mokra, C, 302. — P et T. — Cafés. — Ch. de f. d'Aïn-Mokra à Bône. — Voit. pour *Bône* (1 fr. 50) et *Philippeville* (coupé 12 fr.; int. 8 fr.)
Aïn-Moudjerar, A, 76. — Caravansérail.
Aïn-Naga, C, 271.
Aïn-Nemcha, T, 409.
Aïn-Nouissi ou Noisy-les-Bains, O, 188.
Aïn-Nsa, C, 250.
Aïn-Ouangal, O, 182.
Aïn-Ouarrou, A, 80. — Aub.
Aïn-Ouillis, O, 189. — V. *Ouillis*.
Aïn-Ousera, A, 79. — Caravansérail.
Aïn-R'ar-Salah, T, 375.
Aïn-Regada, C, 298. — P et T. — Ch. de f. de Bône à Constantine.
Aïn-Remouplet, O, 176.
Aïn-Rfaïa, A, 104.
Aïn-Rfihan, C, 275.
Aïn-Roua, C, 247. — P et T.
Aïn-Saba, A, 78.
Aïn-Sadouna, A, 54.
Aïn-Safra, O, 149.
Aïn-Saïd, O, 196.
Aïn-Sefa, C, 249.
Aïn-Sefra, O, 186. — P et T. — Terminus du ch. de f. d'Arzeu. — Télég. optiq. — Hôt. *de France* (9 fr. par j.); *des Voyageurs*. — Chevaux et mulets pour l'excursion de Tiout (5 fr.; guide, 4 fr.).
Aïn-Seïnour, C, 305. — P. — Ch. de f. de Bône à Ghardimaou. — Eaux gazeuses. — Aub.
Aïn-Sfia, C, 241. — P. — Aub.
Aïn-Sidi-Abd-er-Rahman-el-Garci, T, 379.
Aïn-Smara, C, 245. — P et T. — Aub. — Cafés.
Aïn-Soffra, O, 144.
Aïn-Soltan, A, 58. — P. — Aub. — Café.
Aïn-Sougueur, O, 196.
Aïn-Taga, A, 62.
Aïn-Tahaminin, C, 304. — Ch. de f. de Bône à Ghardimaou. — Café.
Aïn-Tamagra, C, 272.
Aïn-Tassera, C, 208. — Station du ch. de f. d'Alger à Constantine.
Aïn-Taya, A, 62, 97. — P et T. — Aub. — Service pour *Alger* (1 fr. 50).
Aïn-Taya, C, 298. — Buffet. — P. — Ch. de f. de Bône à Constantine.
Aïn-Tazout, O, 179.
Aïn-Tedles, O, 194. — P et T. — Ch. de f. de Mostaganem à Tiaret. — Hôt. : V*e* *Bellocq*. — Cafés. — Voit. pour *Mostaganem* et *le Dahra*.
Aïn-Tekbalet, O, 149.
Aïn-Tellout, O, 145. — P. — Ch. de f. de Tlemcen à Sidi-Bel-Abbès.
Aïn-Temlouka, C, 282.
Aïn-Temouchent, O, 148. — P et T. — Hôt. : *de Londres; du Commerce*. — Cafés. — Bains maures. — Dilig. pour *Tlemcen* (coupé 7 fr., intér. 6 fr.). — Ch. de f. pour Oran.
Aïn-Temouflet, O, 176.
Aïn-Tifrid, O, 183.
Aïn-Tinn ou Belfort, C, 238. — P et T.
Aïn-Tolba ou Guiard, O, 149.
Aïn-Tolba, O, 166. — Caravansérail.
Aïn-Touta (Mac-Mahon), C, 263. — P et T. — Ch. de f. de Constantine à Biskra.
Aïn-Tunga, T, 373.
Aïn-Yacout, C, 256. — P. — Ch. de f.

INDEX ALPHABÉTIQUE.

de Constantine à Biskra. — Aub. *Pepe.* — Voit. pour le *Medr'asen*, (10 fr.).
AÏN-ZAOUIA, A, 100. — V. *Pirette*.
AÏN-ZEFT, O, 117.
AÏN-ZERTITA, O, 144.
AÏN-ZOURHAM, C, 206.
AIOUNET, T, 404.
AÏOUN-SAAD, C, 215.
AÏOUN-SR'AKNA, A, 25. — Eaux minérales. — Voit. pour *Alger* (40 c.).
AÏT-AMANE, C, 241.
AÏT-L'HASSEN, A, 111.
AKBOU, (METZ), C, 114, 244. — P. et T. — Ch. de f. de Bougie aux Beni-Mansour. — Aub. — Voit. pour *Bougie* et *Beni-Mansour*.
AKOUKER (L'), A, 102. — On trouve, à Maillot, mulets et guides de 4 à 5 fr. par j.
ALELIK (L'), C, 291.

ALGER, 1. — Arrivée, situation, aspect général, 2. — Emploi du temps, 4. — Histoire, 4. — Description, 7. — Boulevard de la République, 7. — Place du Gouvernement, 8. — Quartier au S. et à l'O. de la place du Gouvernement, 8. — Le palais du Gouverneur, 8. — La cathédrale, 8. — La Bibliothèque, 9. — La rue d'Isly, 10. — La rue Bab-Azzoun, 11. — La place de la République, 11. — Quartier au N. O. de la place du Gouvernement, 12. — Le jardin Marengo, 13. — Quartier au N. E. de la place du Gouvernement, 14. — Djama-Djedid, 14. — Djama-Kebir, 15. — Ville Haute ou ville indigène, 15. — La Kasba, 17. — Le port, 18. — Faubourg Bab-el-Oued, jardin du Dey, 18. — Mustapha, 19.

Arrivée : — omnibus des hôtels, voitures de place (1 fr. à 1 fr. 50) et porteurs (50 à 75 c.).

Hôtels de 1er ordre : — *de la Régence*, place du Gouvernement (vue sur la place et le port), ascenseur, ch. depuis 3 fr. et au-dessus, selon l'exposition et le nombre de pièces; déj. 3 fr., vin compris; dîn., 4 fr., vin compris; table d'hôte, mais l'hiver seulement, 3 fr. 50; café, chocolat ou thé complet, 1 fr. 50; éclairage, 50 c. — *de l'Oasis*, boulevard de la République (belle situation, vue sur le port et la rade; la journée 11 à 16 fr., selon la chambre); l'Oasis tient en plus, au rez-de-chaussée, un restaurant à la carte et un bar; — *des Étrangers*, place de la République (vue sur le square, mêmes prix que ci-dessus); — *de l'Europe*, à l'angle du boulevard et du square de la République (vue sur le port, la rade et le square; ascenseur; prix plus élevés que les précédents). — N. B. Pour les hôtels de Mustapha Supérieur, où descendent habituellement les personnes qui veulent faire un séjour à Alger, V. *Mustapha*.

Hôtels de 2e ordre : — *de Paris*, rue Bab-el-Oued; — *de Genève*, rue Garibaldi; — *d'Isly*, rues du Carrefour et d'Isly; — *du Louvre*, rue de la Marine; — *de l'Opéra*, place de la République; — *de l'Univers*, rue Jenina.

Appartements et chambres garnies : — de 30 à 100 fr. par mois.

Cafés-restaurants : — *Gruber*, boulevard de la République; — *de la Comète*, boulevard de la République. — On peut aussi déjeuner d'huîtres, de coquillages et de poisson sous les *voûtes de la Pêcherie* (recommandé et pittoresque, chez Cassa et autres). — *Cosmopolitan bar*, rue de la Flèche.

Cafés : — *Gruber*, boulevard de la République; — *d'Apollon*, place du Gouvernement; — *de la Bourse*, id.; — *Brasserie du Nord*, rue Cléopâtre; — *d'Europe*, place Bresson; — *de la Comète*, boulevard de la République; — *Charles*, id.; *de Paris*, id.; — *Grand Café-Glacier*, à l'angle du square; — *Turc*, rue Garibaldi; — *de la Brasserie centrale*, rue de la Flèche; — *d'Alger*, place de la République; — *Brasserie de Tantonville*, Warot, boulevard de la République; — *de l'Opéra*, place de la République.

Postes : — boulevard de la République. Bureaux ouverts l'été de 7 h. du matin à 6 h. du soir; l'hiver, de 8 h. du matin à 6 h. du soir; jusqu'à 3 h. les jours fériés. A l'arrivée des courriers de France, les bureaux fermés pendant le triage des dépêches, sont ensuite ouverts pour la distri-

[ALGER] RENSEIGNEMENTS PRATIQUES. 5

bution des lettres, qui se continue sans interruption. — Le départ pour la France a lieu presque t. l. j.; la dernière levée est faite à 11 h. du matin, mais une boîte supplémentaire, posée à bord du vapeur, reçoit les dépêches jusqu'au moment du départ. — Succursale, boulevard de la République (Palais consulaire). (V. les renseignements généraux en tête du volume.)

Télégraphe : — boulevard de la République, pour l'envoi et la réception des dépêches. (V. les renseignements généraux.)

Un bureau supplémentaire des postes et télégraphes est ouvert, boulevard de la République (Palais consulaire).

Tabac et cigares : *L. Tinchaut*, boulev. de la République, 4. — *Ledoux* frères, boulev. de la République, 6; — *Melia*, place du Gouvernement, 1; — *Montoyo*, place du Gouvernement, 2.

Bains : — *Bains français*, rue du Soudan, 7; — *Bains parisiens*, 36, rue Bab-el-Oued; — *Bains du Bazar*, rue de Chartres, 11; — *Bains de la Marine*, 14, rue de la Marine; — *Bains du Palais*, rue Arago; — *du Square*, — *du Hamma*, près du théâtre. — *Bains maures* : rue de l'Etat-Major; rue du Divan; rue de la Kasba; rue de la Porte-Neuve; rue de Nemours; rue Sidi-Ramdan; rue Boutin (tous sont ouverts pour les hommes, du soir à midi, et pour les femmes, de midi à 6 h. du soir); — *Bains de mer*, avec restaurant-café; — *Nelson*, à Bab-el-Oued; — *Fontanel*, aux portes Bab-el-Oued; — *Berthau*, plage de l'Agha; — *de l'Agha*, près de la gare du chemin de fer; — *de Tivoli*, près du champ de manœuvres.

Pharmaciens : — *Obrecht*, rue Bab-Azzoun; *Monnet*, place du Gouvernement.

Cercles : — *d'Alger*, rue de Palmyre; — *du Commerce*, passage du Commerce; — *de la Concorde*, au-dessus du café d'Apollon; — *International*, rue Michelet; — *Club cycliste*.

Académie militaire : — place de la République et rue Médée.

Club alpin français : — section de l'Atlas, au palais consulaire, boulevard de la République.

Vélodrome à Mustapha-Supérieur.

Comité d'hivernage, 6, rue Clauzel. — Le comité est institué pour venir en aide aux étrangers, en faisant toutes les démarches pour faire donner satisfaction aux demandes qui lui seront adressées par lettre.

Commissionnaires : — ville basse, colis jusqu'à 25 kilog., 25 c.; au-dessus de 25 kilog., 75 c. — Ville haute, colis jusqu'à 25 kilog., 30 c.; au-dessus de 25 kilog., 1 fr.

Omnibus, corricolos et tramways d'Alger : — *Agha*, tous les instants, place du Gouvernement, 10 c.; — *Belcourt*, tous les instants, place du Gouvernement, 20 c.; — *Ben-Aknoun* (Petit Lycée), 7 h. mat., 1 h. 30 et 3 h. 30 soir, place Mahon, 60 c.; — *Bouzaréa*, 7 et 10 h. mat.; 75 c. et 4 h. 30 soir, place Mahon, 75 c.; — *Birmandraïs*, 9 h. mat., 2 h. et 5 h. soir, rue Cléopâtre, 50 c.; — *Champ de manœuvres* (Mustapha-Inférieur), tous les instants, place du Gouvernement, 15 c.; — *Climat de France* (route du Frais-Vallon), toutes les h., depuis 5 h. mat. à 6 h. 30 soir, 20 c.; — *Cimetière de St-Eugène*, tous les 1/4 d'h., place du Gouvernement, 15 c.; — *Colonne Voirol et Bois de Boulogne*, toutes les 1/2 h., place du Gouvernement, 35 c.; — *El-Biar* (desservi par les services de Dély-Ibrahim, Bouzaréa, Draria, Chéraga et Koléa), 50 c.; — *Frais-Vallon*, toutes les h., depuis 5 h. mat. à 6 h. 30 soir, place du Gouvernement, 40 c.; — *Hussein-Dey*, place Bresson, tous les 1/4 d'h., 40 c.; — *Jardin d'Essai*, toutes les 10 min., place du Gouvernement, 25 c.; — *Mustapha-Supérieur*, toutes les h., place du Gouvernement, 30 c.; — *N.-Dame-d'Afrique*, 6 h. 15, 7 h. 15 et 8 h. 15 mat., 2 h. 15, 3 h. 15 et 4 h. 15 soir, 35 c.; retour, 25 c.; — *Plateau-Saulière*, tous les instants, place du Gouvernement, 10 c.; — *Pointe Pescade*, 5 h. 30, 8 h. et 10 h. mat., place du Gouvernement, 40 c.; — *Ruisseau*, tous les 1/4 d'h., place Bresson, 30 c.; — *St-Eugène*, toutes les 5 min., place du Gouvernement, 20 c.; — *Village d'Isly*, 9 h., 11 h. mat., 2 h., 4 h. et 5 h. 30 soir (desservant le Télemly), place du Gouvernement, 30 c.: — *Tournant*

Rovigo, Cité Bitch, Prison Civile, place du Gouvernement, toutes les 1/2 h. jusqu'à 4 h. et après, tous les 1/4 d'h., 10 c., 15 c., 20 c.

Tramways : d'Alger à l'Arba, ouvert jusqu'à la Maison-Carrée ; — d'Alger à Koléa, ouvert jusqu'à Guyotville.

Voitures publiques, diligences, desservant les environs d'Alger : — *Aïn-Taya*, dép. 2 h. 30 et 3 h. soir, place de la République, 1 fr. 50 ; — *Alma*, 6 h. m., 2 h. et 4 h. soir, place de la République, 1 fr. 50 ; — *Arba*, 6 h. m., 3 h. soir, place de la Pêcherie, 1 fr. 50 ; — *Aumale*, 7 h. soir, place du Gouvernement, coupé, 10 fr., intérieur, 8 fr. — *Birkhadem*, 10 h. m., 4 h. 30 soir, rue Cléopâtre, 70 c. ; — *Boufarik*, 3 h. soir, rue Waisse, 2 fr. 50 ; — *Bordj Ménaiel* et *Tizi-Ouzou*, 3 h. soir, rue Waisse, 2 fr. 50 et 4 fr. 05 ; — *Chéraga*, 6 h., 9 h., 10 h. mat., midi 30, 3 h. et 4 h. soir, place de la Pêcherie, 1 fr. ; — *Crescia*, 5 h. 30 mat., 1 h. soir, place du Gouvernement, 1 fr. 35. — *Castiglione*, 5 h. mat., 2 h. 30 soir, place du Gouvernement, 2 fr. 50 ; — *Dély-Ibrahim*, 6 h., 10 h. mat., 4 h. soir, place de la Pêcherie, 1 fr. ; — *Douéra*, 6 h. mat., 3 h. soir, place de la Pêcherie, 2 fr. ; — *Drama*, 7 h. mat., 1 h. 30 et 3 h. 30 soir, place Mahon, 1 fr. ; — *El-Achour*, 7 h. mat., 1 h. 30 et 3 h. 30 soir, place Mahon, 75 c. ; — *Fondouck*, 6 h. 35 mat., 2 h. 25 soir, rue Waisse, 1 fr. 50 ; — *Fort de l'Eau* et *Cap Matifou*, 2 h. 30 soir, rue Waisse, 1 fr. et 1 fr. 50 ; — *Guyotville*, 5 h. mat., 2 h. 30 soir (ce service passe par Staouéli-ville), place du Gouvernement, 1 fr. ; — *Koléa*, 5 h. 15 mat., 2 h. 15 soir, place du Gouvernement, 2 fr. 50 ; — *Kouba*, 5 h. 30 et 10 h. 30, rue Waisse, 80 c. ; — *Rovigo*, 6 h. mat., 3 h. soir, place de la Pêcherie, 1 fr. 50 ; — *Sidi-Ferruch*, place Mahon (p. Staouéli), 3 h. soir, 1 fr. 50 ; — *Saoula*, 6 h. mat., 3 h. soir, place de la Pêcherie, 75 c. ; — *Staouéli* (passant devant le monastère de la Trappe), 6 h. mat., 3 h. soir, place du Gouvernement, 1 fr. 50.

DISPOSITION RÉGLEMENTAIRE COMMUNE A TOUTES LES VOITURES PUBLIQUES.

Après 11 heures du soir, tous les prix ci-dessus sont augmentés de moitié.

Voitures de place. — A L'HEURE ET A LA JOURNÉE, *dans un rayon de 8 kil., excepté Notre-Dame-d'Afrique, le petit séminaire, le cimetière de Mustapha, le village d'Isly par le chemin après la porte, le Frais-Vallon et le Bou-Zaréa par les carrières* : l'heure, 2 fr. ; la demi-journée de 6 h., 11 fr. ; la journée de 12 h., 20 fr. — La voiture prise à l'heure à Alger, pour le tour du ravin de la *Femme-Sauvage*, a droit au prix minimum de 6 fr.

A L'HEURE (*y compris le temps de stationnement*)

Alger (partie basse) jusqu'à l'avenue Gandillot et à la rue Papin, 2 fr.

Alger (partie haute), les Tagarins, le Climat-de-France, cimetières de Saint-Eugène (jusqu'au Plateau), Mustapha Inférieur, Fontaine-Bleue, Jardin d'Essai, le Ruisseau, Agha-Supérieur (jusqu'à la Station sanitaire), Hussein Dey, la pointe Pescade, 2 fr. 50.

Notre-Dame-d'Afrique, Vallée des Consuls, Mustapha-Supérieur, El-Biar, Bou-Zaréa, village d'Isly, cimetière de Mustapha, bois de Boulogne, Dely-Ibrahim, El-Achour, Birmandrais, Birkhadem, Saoula, Kouba, Maison-Carrée, Guyotville, 3 fr.

Art. 4. — L'heure est divisible par quarts, excepté la première heure toujours due en entier. Elle commence au départ du point de stationnement ou du lieu où la voiture a été rencontrée, soit par le voyageur, soit par la personne l'ayant requise pour le compte de ce dernier.

Art. 5. — Toute voiture à l'heure quittée hors de la ville, a droit à une indemnité de 25 centimes par kilomètre restant à parcourir pour y rentrer. Cette indemnité, toutefois, ne sera pas due si la voiture a été occupée moins d'une demi-heure.

A LA COURSE (*aller et retour avec faculté d'arrêt pour le voyageur, moyennant une indemnité de 50 c. par quart d'heure de stationnement*)

Alger (partie basse) jusqu'à l'avenue Gandillot et à la rue Papin, 1 fr.

Agha-Supérieur, gare et bains de l'Agha, cité Bugeaud, hôpital du Dey, 1 fr. 25.

Alger (partie moyenne) jusqu'à la cité Bitch et le n° 40 de la rampe Valée, cimetières, Climat-de-France, pont du Beau-Fraisier, 1 fr. 50.

Alger (partie haute), Saint-Eugène, 3ᵉ kilomètre, chemin du Sacré-Cœur, hôpital de Mustapha, abattoir, tournant de Bellecourt, villa Foa, 2 fr.

Village d'Isly, pâté de Mustapha, palais d'été du Gouverneur, Saint-Eugène, 4ᵉ kilomètre, l'Ermitage, 2 fr. 50.

Jardin d'essai, Mustapha-Supérieur (église), chemin des Aqueducs jusqu'à la route de Mustapha, Saint-Eugène (5ᵉ kil.), 3 fr.

Le Ruisseau, Hussein-Dey, fond du Frais-Vallon, Colonne Voirol, pointe Pescade, 3 fr. 50.

El-Biar (mairie), Hussein-Dey, 7ᵉ kilomètre, 4 fr.

Notre-Dame-d'Afrique, Château-Neuf, 4 fr. 50.

Séminaire de Saint-Eugène, tour par El-Biar et la Colonne, Birmandraïs, Koubba, 5 fr.

Ben-Aknoun, Vieux-Koubba, 5 fr. 50.

Bou-Zaréa (place du village), cimetière européen de Mustapha, 6 fr.

Maison-Carrée, 6 fr. 50.

Bou-Zaréa, avec retour par le chemin des Carrières, 7 fr.

DISPOSITIONS RÉGLEMENTAIRES COMMUNES AUX VOITURES DE PLACE PRISES A LA JOURNÉE, A LA DEMI-JOURNÉE, A L'HEURE ET A LA COURSE.

Pour 5 personnes, les prix sont augmentés d'un quart, sauf ceux du stationnement.

Art. 5. — Toute personne qui, après avoir fait venir une voiture à domicile pour charger, à Alger, la congédie sans s'en être servie, doit au cocher le prix du temps qu'il lui a fait perdre (minimum, une demi-heure).

La voiture doit marcher à raison de 10 k. à l'heure en plaine et 7 k. en montée, avec un arrêt d'un quart d'heure tous les 10 k.

Art. 6. — Les cochers sont tenus de marcher à toute réquisition, au prix du tarif, quel que soit le rang que leurs voitures occuperont sur la station.

Tout refus de marcher dans ces conditions sera puni d'une mise à pied, et, en cas de récidive, du retrait du permis de conduire ou du numéro de la voiture.

Les réclamations devront être adressées à M. le commissaire central.

Omnibus et Messageries de l'Algérie : — Société anonyme, place du Gouvernement.

Chemin de fer d'Alger à Oran et d'Alger à Constantine. — La gare est sur le quai. (V. les indicateurs spéciaux pour les heures du départ et prix de chaque place pour chaque classe et chaque station.) — Sur le chemin de fer d'Alger à Oran, wagon-restaurant, excellent; déjeuner, 4 fr.; dîner, 5 fr., vin compris.

Canots : — par personne, 30 c.; par colis, 20 c. Promenade, par personne, 1 à 2 fr. suivant le temps.

Bateaux à vapeur : — bureaux des Transatlantiques, boulevard de la République; de Marseille à Alger, quatre fois par semaine, départ à midi 30 m.; traversée de 24 à 28 h.; d'Alger à Marseille, quatre fois par semaine, à midi; d'Alger à Saint-Nazaire avec escale à Oran et Bordeaux, tous les mercredis; — bureaux de la Navigation mixte, des Transports maritimes, sur le quai.

Cooks' Tours : — voyages circulaires, boulevard de la République, 6.

Agence Vaille, 2, rue Garibaldi : voyages circulaires.

Trésor : — boulevard de la République. Les bureaux sont ouverts du 1ᵉʳ octobre jusqu'au 30 avril de 8 h. à 11 h. du matin, le soir de 1 h. à 3 h. pour les recettes et 4 h. pour les dépenses; du 1ᵉʳ mai au 30 septembre, de 7 h. à 10 h. du matin et de 1 h. à 4 h. du soir. Les coupures sont de 500 fr., 2,000 fr., 5,000 fr., 10,000 fr. et 20,000 fr.

Banquiers : — *Banque de l'Algérie,* boulevard de la République (bureaux ouverts de 8 h. à 10 h. du matin et de midi à 3 h., dimanches et fêtes exceptés); — *Compagnie algérienne,* en face du square; — *Crédit lyonnais,* boulevard de la République, 12; — *Crédit foncier de France* et *Crédit foncier et agricole de l'Algérie,* boulevard de la République, 16; — *Crédit algérien,* rue Clauzel, 6.

Caisse d'épargne : — rue Saint-Louis.

Changeur : — Crédit lyonnais, boulevard de la République, 12; — *T. Cook* et *Sons*, boulevard de la République, 6.

Visite des mosquées. — On peut visiter à toute heure du jour les mosquées d'Alger, à l'exception de celle de Sidi-Abd-er-Rahman-et-Tçalbi, à Bab-el-Oued. V. p. 13.

Libraires : — A. *Jourdan*, place du Gouvernement; — *Gavaut-Saint-Lager*, rue d'Isly, 11; — *Ruff*, rue Bab-Azzoun, 8; — *Cheniaux-Franville*, rue Bab-el-Oued; — *Chaix*, rue d'Isly.

Imprimeurs : — A. *Jourdan*, place du Gouvernement; — *Bouyer*, rue Bab-Azzoun, 27; — *Gojosso et Cie*, rue Bruce; — *Fontana et Cie*, rue d'Orléans; — *Remordet et Cie*, 4, rue de la Kasba; — *Torrent*, 20, rue des Consuls.

Indicateur officiel : — des chemins de fer algériens et tunisiens, paquebots à vapeur, etc., par L. Chappuis fils; 60 cent.

Livret A. *Jourdan*, indicateur des chemins de fer et de la navigation, etc. 50 c.; — **Livret Chaix**, guide officiel de l'Algérie, de la Tunisie et de la Corse, 50 c.

Curiosités arabes : — Marchands, passages du Commerce; rue Bab-Azzoun; de la Lyre; de Chartres; — *Mme Benaben*, rue Bruce; — *Ibrahim-ben-Ali*, 8, boulevard de la République.

Photographes : — *Gervais-Courtellemont*, éditeur de *l'Algérie artistique*, bi-mensuelle, un an, 40 fr.; — *Famin*, rue Bab-Azzoun, 12; — J. *Geiser*, rue Bab-Azzoun, escalier de la place de Chartres; — *Leroux*, éditeur de *l'Algérie illustrée*, mensuel, par an 48 fr., rue Bab-Azzoun, 26. — A. de Noter, 14, rue Bab-Azzoun.

Journaux et Revues : — *Bulletin officiel des actes du Gouvernement général de l'Algérie*; 10 fr. par an; — *le Moniteur de l'Algérie*, paraissant tous les jours; un an, 28 fr.; — *l'Akhbar*, paraissant tous les jours excepté le lundi; 17 fr. par an; — *la Dépêche algérienne*, quotidien; un an, 18 fr.; — *le Petit Colon*, paraissant tous les jours; 18 fr. par an; — *la Vigie algérienne*, tous les jours; 30 fr. par an; — *le Radical algérien*, paraissant tous les jours, excepté le lundi; 18 fr. par an; — *le Tirailleur algérien*, le dim.; 5 fr. par an; — *la Revue algérienne*, illustrée, le samedi; 12 fr. par an; — *The Atlas*, journal anglais d'annonces algériennes, t. l. jeudis; 10 c.; — *Le Vélo algérien*, organe du cyclisme, 30, rue de Constantine; — *les Petites Affiches algériennes*, 12 fr. par an; 2, rue Juba.

Bibliothèque nationale : — rue de l'Intendance; ouvert t. l. j. de 1 h. à 6 h., excepté les dimanches et jours fériés (vacances pendant les mois d'août et de septembre); — Ligue de l'enseignement; on peut emporter les livres sur autorisation.

Bibliothèque municipale ; — à la Mairie; de 9 h. du mat à 10 h. du soir, sauf le jeudi et le dimanche.

Société des Beaux-Arts : — rue du Marché-d'Isly, 2. Exposition de peinture, dimanches et jeudis, de 1 h. à 4 h. Concerts intimes tous les 15 jours.

Théâtres : — *Grand-Théâtre municipal*, place Bresson (saison d'hiver). Grands opéras, opéras-comiques, drames et vaudevilles. Prix des places : loge d'avant-scène, rez-de-chaussée, 8 pl., 33 fr.; fauteuil d'orchestre, 3 fr. 85; stalle d'orchestre, 2 fr. 75; loge de baignoire, 6 pl., 19 fr. 80; 4 pl., 13 fr. 20; loge de balcon, 6 pl., 23 fr. 10; 4 pl. de face, 15 fr. 40; 4 pl. de côté, 14 fr. 30; fauteuil de balcon, 3 fr. 30; loge d'avant-scène de 1re, 6 pl., 23 fr. 10; loge de pourtour, 6 pl., 14 fr. 80; 4 pl., 9 fr. 95; stalle de 1re, 2 fr. 20; strapontin d'orchestre, 3 fr. 85; billet de circulation, 2 fr. 50; entrée d'abonné, 1 fr. 65; parterre, 1 fr. 40; amphithéâtre de seconde, 1 fr. 10; de 3e, 55 c.; en location, 55 c. par place. — *Théâtre des Nouveautés*, intermittent; les troupes en tournée y donnent leurs représentations; rue de la Poudrière. Opérettes et comédies. — *Théâtre espagnol*, sous les voûtes de la Pêcherie. — *Cirque*, intermittent, place Bab-el-Oued. — *Eden-théâtre*, spectacle-concert, tous les soirs, 3, rue de Joinville.

Consulats : — *d'Allemagne*, rue Daguerre, 18, Mustapha-Sup.; — *d'Angleterre*, rue du Hamma, 12; — *Argentine* (République), rue de la Lyre; — *d'Autriche-Hongrie*, villa Julienne, Mustapha-Inférieur; — *de Belgique*, boulevard de la République, 23; —

de Bolivie, rue Roland-de-Bussy, 1; — du Brésil, rue Ledru-Rollin, 7; — de la Colombie, rue Dupuch, 30; — du Danemark, rue Clauzel, 7; — de la Russie, rue Ledru-Rollin, 7; — d'Espagne, rue de Constantine, 14; — des Etats-Unis, rue Roland-de-Bussy, 3; — de la Grèce, rue Henri-Martin, 9; — de la Hollande, rue Clauzel, 7; — de l'Italie, rue de l'Industrie, 7; — de Nicaragua, rue Roland-de-Bussy, 1; — du Pérou, rue Roland-de-Bussy, 1; — du Portugal, boulevard de la République, 4; — de la Suisse, rue Vaïsse, 1; — de Suède et Norvège, boulevard de la République, 22; — de Vénézuéla, à El-Biar.

ALI-BEN-YOUB (CHANZY), O, 170.
ALLAGHAN, C, 244.
ALMA (L'), A, 97. — P et T. — Ch. de f. d'Alger à Constantine. — Aub. — Cafés. — Dilig. A. Boniffay, pour Alger (2 services par jour, 1 fr. 50).
ALTAVA, O, 145.
ALTKIRCH ou SIDI-KHALIFA, C, 245. — P.
AMEUR-EL-AÏN, A, 50. — P et T. — Aub. — Tramway pour Marengo et El-Afroun, correspondance avec le ch. de f. d'Alger à Oran.
AMIECH, C, 279.
AMMI-MOUSSA, O, 118. — P et T. — Aub. — Cafés. — Bains maures. — Voit. pour Inkermann (1 fr. 50 et 2 fr.)
AMOUCHA, C, 247. — P et T.
AMOURA, A, 81.
ANDALOUS (LES), O, 141. — P et T.
ANK-ED-DJEMEL, C, 263.
ANNOUNA, C, 300.
ANSEUR-EL-LOUZA ou OUED-MASSIN, A, 60. — Caravansérail.
AOMAR-DRA-EL-MIZAN, A, 100. — P. — Ch. de f. d'Alger à Constantine. — Hôtel-restaurant. — Buvette à la gare.
AOUDJA, T, 367.
AOUINA, T, 336. — Ch. de f. de la Goulette à Tunis.
AOUÏNET-ED-DIB ou CLAIRFONTAINE, C, 307. — Ch. de f. de Tebessa à Souk-Ahras.
APHRODISIUM, T, 379.
ARBA (L'), A, 93. — P et T. — Hôt. de l'Arba; des Etrangers; du Roulage. — Cafés. — Tramways pour Alger par la Maison-Carrée.
ARBA-FOUKANI, O, 199.
ARBA-THATANI, O, 199.
ARBAL, O, 121, 148.
ARBAOUAT (LES), O, 199.
ARBATACH, A, 93. — P. — Cafés.
ARCADES (LES), A, 20.
ARCHGOUL. — V. Rachgoun, O, 168.
ARCOLE, O, 179. — P. — Eaux minérales gazeuses. — Voit. pour Oran; 3 dép. par j. (50 c.).
AREG (L') ou ERG (L'), C, 280.
ARGOUB-SBAH, O, 203.
ARIANA, T, 335. — P et T. — Tramways pour Tunis, 30 c.
ARIB (LES). — V. Littré, A, 63.
ARMÉE FRANÇAISE (L'), C, 214.
ARSACAL, C, 236.
ARZEU ou ARZEW, O, 177. — P et T. — Hôt.: des Bains; du Commerce. — Cafés. — Libraire: Dubus. — Agent consulaire d'Espagne, M. Huertas; d'Angleterre, M. Gantray. — Ch. de f. d'Arzeu à Aïn-Sefra par Saïda. — Voit. pour Oran (le jour 2 fr. et 1 fr. 25; la nuit, 3 fr. 05 et 2 fr. 55). — Dilig. automobile pour Oran et Mostaganem.
ASCOURS, C, 299.
ASRAK, C, 313.
ASSI-AMEUR, O, 178. — P. — Aub. — Café.
ASSI-ARIFIDJ, C, 280.
ASSI-BEN-FÉRÉA (LEGRAND), O, 179. — P.
ASSI-BEN-OKBA, O, 179. — P. — Cafés.
ASSI-BOU-NIF, O, 178. — P. — Hôt. Kohn. — Cafés.
ASSI-CHAREF, A, 89.
ASSI-DAHO, O, 145.
ASSI-EL-HADJ-AÏSSA, A, 88.
ASSI-EL-MADANI, O, 185. — Ch. de f. d'Arzeu à Aïn-Sefra.
ASSI-EL-TOUIL, A, 81.
ASSI-ER-R'IR (FLEURUS), O, 179. — P et T. — Hôt. Laclaverie. — Cafés.
ASSI-INIFEL, A, 90.
ASSI-ZIRARA, A, 89.
ATTAF (LES), A, 64. — P et T. — Ch. de f. d'Alger à Oran. — Café.
ATTATBA, A, 43. — P et T. — Café.
ATTIA, C, 207.
AUBERGE CHAUVIN, A, 68.

AUBERGE DE BOUTINELLI, C, 256.
AUBERGE DE LA RAMPE, A, 60.
AUBERGE DES DEUX-PONTS, A, 75.
AUBERGE DE SIDI-MADANI, A, 48.
AUBERGE DU 108ᵉ KILOMÈTRE, A, 75.
AUMALE, A, 94. — P et T. — Aub. — Brasseries. — Café. — Bains. — Librairie Germain. — Dilig. A. Boniffay pour Alger (10 fr. 10; 9 fr. 10; 8 fr. 10), Bou-Sâda (15 fr. 15; 12 fr. 15) et Bouïra (5 fr. et 4 fr.), avec correspondance du ch. de f. d'Alger à Constantine.
AURÈS, C, 262.
AURIBEAU, V. Aïn-Cherchar.
AZAGZA, ou HAUT-SEBAOU, A, 113. — P et T. — Aub.
AZEFFOUN, ou ZEFFOUN, ou PORT-GUEYDON, A, 107, 311. — P et T. — Aub. — Cafés.
AZEBOU-MELLOUZE (L'), A, 113.
AZEROU-N'TAHOR (L'), A, 114.
AZEROU-TIDJER (L'), A, 114.
AZIB-BEN-ALI-CHÉRIF, C, 244.
AZIB-ZAMOUN (HAUSSONVILLERS), A, 105. — P et T.

B

BABA-ALI, A, 44. — Ch. de f. d'Alger à Oran.
BABA-HASSEN, A, 30. — P et T.
BAB-EL-KHREMIS, O, 163.
BABOR, C, 241.
BAB-TAZA, O, 166.
BADÈS, C, 272.
BAGDAD-EL-KEBIR, C, 280.
BAGDAD-ES-S'RIB, C, 280.
BAHIRET-EL-ARNEB, C, 310.
BAHIRET-EL-MCHENTEL, C, 310.
BAHIRT-EL-GOURMATA, T, 367.
BAHIRT-EL-MOKTA, T, 407.
BAIN DE LA RÉINE (LE), O, 137. — Source thermale. — Hôt. des Bains et restaurant. — Omnibus (50 c.) et voitures particulières (3 fr. aller et ret.) pour Oran.
BARDO (LE), P et T, 345. — Musée (ouvert t. les j., le lundi excepté, de 9 h. à 11 h. et de 1 à 5 h. en hiver; de 9 h. à 11 h. et de 2 h. à 6 h. en été). — Prolongement du ch. de f. de la Goulette à Tunis.
BARRAGE (LE), A, 65. — P. — Ch. de f. d'Alger à Oran.
BARRAGE DU CHÉLIF (LE), A, 65.
BARRAGE DE LA MINA (LE), O, 118.
BARRAGE DE L'OUED BISKRA (LE), C, 266.
BARRAGE DE L'OUED FERGOUG (LE), ou de L'HABRA, O, 180.
BARRAGE DE L'OUED MEURAD (LE), A, 50.
BARRAGE DU SIG (LE), O, 120.
BARRAGE DU TLELAT (LE), O, 121, 129.
BARRAL, C, 292. — P et T. — Ch. de f. de Bône-Guelma. — Aub. — Cafés.
BASTION DE FRANCE (LE) ou VIEILLE-CALLE, C, 290, 314.

BATNA, C, 257. — P et T. — Ch. de f. de Constantine à Biskra. Buffet. — Hôt. : C. Bournat ou des Etrangers, 10 fr. par j.; voitures pour Lambèse, Timgad et la forêt des Cèdres; de Paris. — Cafés. — Cercle civil; cercle militaire. — Bains français et maures. — Libraires : Beun; Roux; Soldati. — Journaux : l'Echo du Sahara; le Sud. — Dilig. pour Khrenchela (15 fr. et bagages 15 fr., 100 kil.). — Omnibus à l'arrivée des trains pour les hôtels (50 c.).

BAUDENS, O, 175. — P. — Cafés.
BECHILGA, C, 207.
BECHRI, T, 409.
BEDEAU ou RAS-EL-MA, O, 170. — P et T. — Terminus du ch. de fer d'Oran à Ras-el-Ma.
BEHIMA, C, 279.
BÉJA, T, 357. — P et T. — Ch. de f. de Tunis à Souk-Ahras. — Ch. de f. de Béja-Gare à Béja-Ville. — Hôt. de France; Quadratus.
BELAD-ED-DJERID, T, 399.
BELFORT ou AÏN-TINN, C, 238. — P et T.
BEL-HACEL, O, 194. — Ch. de f. de Mostaganem à Tiaret.

BEL-IMOUR ou CEREZ, C, 208. — P.
BEL-JADIN, O, 203.
BEL-KHEIR, O, 148.
BEL-KHEURROUB, A, 96.
BELLE-CÔTE, V. Aïn-bou-Dinar.
BELLE-FONTAINE, A, 98. — P. — Ch. de f. d'Alger à Constantine. — Cafés.
BELLE-VUE, V. Souk-el-Mitou, O, 194.
BELVÉDER (LE), T, 335. Jardin public.
BEN-ACHOUR, A, 43.
BEN-AKAB, O, 202.
BEN-AKNOUN, A, 29, 31. — Hôt. et café du Lycée. — Omnibus d'Alger.
BEN-ALI-CHÉRIF, C, 244. — Ch. de f. de Bougie aux Beni-Mansour.
BEN-BECHIR, T, 359. — Ch. de f. de Tunis à Ghardimaou.
BEN-CHICAO, A, 74. — P. — Aub.
BEN-GEMMA, M, 417.
BEN-HAROUN, A, 100. — P. — Café. — Eaux minérales.
BENI-ABBÉS (LES), C, 206.
BENI-AMRAN, A, 98. — P. — Ch. de f. d'Alger à Constantine. — Aub. — Cafés.
BENIAN, O, 182.
BENI-CHOUGRAN (LES), O, 176.
BENI-FERAH, C, 265.
BENI-FOUDA (Sillègue), C, 239. — P. — Aub.
BENI-ISGUEN, A, 88.
BENI-KHRIAR, T, 386.
BENI-MAFAA, C, 265.
BENI-MANSOUR ou BORDJ DES BENI-MANSOUR, A, 103, 115. — P et T. — Ch. de f. d'Alger à Constantine, et ch. de f. de Bougie. — Buffet à la gare.
BENI-MELEK, C, 212.
BENI-MERED, A, 45. — P et T. — Ch. de f. d'Alger à Oran. — Hôt. et café Blandan. — Cafés. — Dilig. pour Blida et Bou-Farik.
BENI-MESSOUS, A, 23.
BENI-MORA, C, 270.
BENI-MZAB, A, 86.
BENI-SAF, O, 149. — P et T. — Aub. — Vice-consul d'Angleterre; agent consulaire pour l'Espagne et les États-Unis. — Voit. pour Aïn-Temouchent. — Bateau de la Cie Transatlantique.
BENI-SALAH (MONT ou PITON DES), A, 49. — Mulets à Blida.

BENI-SALAH (Zerizer), C, 292. — P.
BENI-SALAH (Forêt), C, 292.
BENI-URGIN, C, 289.
BENI-YENNI, A, 111.
BENI-ZELTEN, T, 393.
BENI-ZID (LES), T, 375.
BEN-NECHOUD, A, 105. — Cafés. — Tramways pour Dellys.
BEN-THIOUS, C, 272.
BÉRARD, A, 42. — Cafés.
BERBESSA, A, 39, 43.
BEROUAGHIA, A, 74. — P et T. — Terminus du ch. de f. de Blida par Médéa. — Aub. — Cafés. — Sources thermales. — Dilig. pour Boghari (4 fr. 10).
BERRIAN, A, 86.
BESSONBOURG ou ZITOUNA, C, 214. — P.
BETEÏMAT, M, 166.
BIAR-KRÉBACH, T, 406.
BIBAN (LES) ou Portes de fer, C, 205. — Ch. de f. d'Alger à Constantine. — Eaux thermales.
BIGOU, C, 272.
BILLARD DU COLONEL (LE), A, 96.
BIR-ALI ou GASTONVILLE, C, 213.
BIR-ALI-BEN-KHALIFA, T, 404.
BIR-ALI-SRIR, T, 387.
BIR-ATTALA, T, 369.
BIR-BOU-REKBA, T, 378. — Ch. de f. de Tunis à Nebeul et à Sousse. — Buffet.
BIR-DJEFFER, C, 274.
BIR-DJOUANA, T, 367.
BIR-EL-AIOUN, T, 387.
BIR-EL-ARCH ou PALADINES, C, 208. — P. — Ch. de f. d'Alger à Constantine.
BIR-EL-BEY, T, 402.
BIR-EL-DJEBANA, T, 344.
BIR-HAMEMA, T, 402.
BIR-EL-TRIK, T, 394.
BIRKHADEM, A, 32. — P et T. — Hôt.: Espian; Selles. — Restaurants et cafés. — Corricolos pour Alger (70 c.).
BIRMANDRAÏS, A, 31. — P et T. — Hôt. des Platanes, restaurant et café; villa de l'Olivage et pension; aub. Truyol. — Corricolos pour Alger (50 c.), service de Birkhadem et de Saoula.
BIR-MEDKIDÈS, T, 407.
BIR-OUNIS, T, 403.
BIR-RABALOU, A, 94. — P et T. — Aub. — Dilig. Boniffay, d'Alger à Aumale.

Bir-Rekaoui, A, 89.
Bir-Rougad, C, 281. — Ch. de f. des Oulad-Rahmoun à Aïn-Beïda.
Bir-Safsaf, A, 64. — V. Vauban.
Bir-Sedra ou Mdaourouch, C, 306.
Bir-Senia, O, 185. — Ch. de f. d'Arzeu à Aïn-Sefra.
Bir-Sidi-Brahim, A, 96.
Bir-Salah, T, 389.
Bir-Sliman, T, 386.
Bir-Touta, A, 44. — P et T. — Ch. de f. d'Alger à Oran. — Cafés.

BISKRA, C, 266. — Terminus du chemin de fer de Constantine à Biskra.

Hôtels : — *Royal-Hôtel*, de 1re classe, route de Tougourt; ouvert de nov. à mai; peut loger 160 voyageurs; table d'hôte pour 400 pers.; restaurant; grand hall-salon; salle de billard; salons de musique, de lecture et de correspondance (10 fr., 12 fr. 50 et 15 fr. selon la chambre) ; — du *Casino*, de 1er ordre ; — *Victoria* (10 à 15 fr. et au-dessus, à table d'hôte ou à la carte ; 60 chambres) ; — *du Sahara* (10 fr. ; 30 chambres) ; — *de l'Oasis* (12 fr. 50 pour le passager, 10 fr. pour l'hiverneur). Les hôtels du Sahara et de l'Oasis restent ouverts toute l'année. — Le *Café Parisien* prend des pensionnaires (chambres depuis 2 fr. ; repas depuis 1 fr. 50.)
Cafés-brasseries : — Cafés européens; cafés arabes; dans la plupart de ceux-ci, danses des filles du Oulad-Naïl, entrée gratuite, on donne ce que l'on veut; ne pas se laisser exploiter par certains guides; plusieurs permis ont été retirés à ce sujet.
Poste et télégraphe.
Casino (*Dar-el-Diaf*) : — route de Tougourt ; café ; restaurant ; salles de lecture, de jeux, de bals, théâtre ; entrée gratuite.
Cercle militaire.
Eaux thermales d'Hammam-Salahhin; tramway près du Casino, boul. Carnot (80 c. aller et retour).
Jardin Landon, route de Tougourt.
Bazar Fromentin. — M. Bonet, représentant; photographies; curiosités arabes; cigares; — change de monnaies; payement de chèques et lettres de crédit. — Agence Havas.
Libraires : — *Massé; Vette*.
Photographe : — *Maure*.
Tarif des voitures publiques : — Course en ville, 1 fr. 50. — A l'heure, 2 fr. 50, applicable pour le vieux Biskra, Kora, col de Sfa. — Aller et retour pour *Chetma*, 10 fr. ; *Sidi-Okba*, 20 fr. ; *Droh*, 20 fr. ; *Oumache*, 20 fr. ; *sources d'Oumache*, 12 fr. ; *Dunes*, 10 fr. ; *Saâda*, 25 fr. Le maximum des voyageurs est de 4, plus le guide; 2 enfants comptent pour 1 personne. — L'arrêt est de 1 heure au moins. Services de voit. pour *Sidi-Okba*, dép. à 8 h. m., retour à 5 h. s., 1 fr. à 1 fr. 50; pour *Tolga*, dép. à 7 h. m., arrivée à midi; 3 fr. ; pour *Tougourt*, V. Tougourt.
Tramways, départ du Casino : pour *Hammam-Salahhin*, V. ci-dessus; pour le *Vieux-Biskra*, 10 c., départ à chaque demi-heure.

Bitche (El-Kseur), C, 244. — Hôt. des Voyageurs.
Bivac des Indigènes (Le), A, 26, 27.
Bizerte, T, 366. — P et T. — Hôt. : de la *Métropole* (prix modérés) ; de la *Paix*; de *Rome*. — Cafés : *Beau-Rivage*; *Continental*. — Promenade aux pêcheries du lac, avec remorqueur, 2 fr. — Terminus du ch. de f. de Tunis à Bizerte, sur le nouveau canal.
Bizot, C, 215. — P et T. — Ch. de f. de Constantine à Philippeville. — Cafés.
Blad-Guitoun, A, 104. — P et T. — Ch. de f. de Ménerville à Tizi-Ouzou. — Cafés. — Dilig. pour La Calle.
Blandan, C, 289. — P. — Dil. de Bône à La Calle.
Bled-Bakhora, A, 52.
Bled-Chaba, O, 165.
Bled-Tarmount, C, 207.

BLIDA, A, 46. — Ch. de f. d'Alger à Oran et de Blida à Berrouaghia; buvette.

[BLIDA] RENSEIGNEMENTS PRATIQUES. 13

Hôtels : — d'*Orient* ou *Gémon*, place d'Armes (12 à 15 fr. selon la ch.; voitures pour les gorges de la Chiffa; chevaux et mulets pour le pic d'Abd-el-Kader ou Beni-Salah). — *Géronde*, rue Bab-el-Sebt; — *de la Gare*.

Cafés : — *Laval;* — *de la Poste;* — *d'Orient;* — *Café-Glacier*, tous sur la place d'Armes.

Poste et télégraphe, place d'Armes.

Cercle cycliste.

Bains : — *maures et français.*

Théâtre : — *municipal.*

Libraire : — *Mauguin.*

Journaux : — *Le Tell* (2 fois par semaine); 10 fr. par an.

Photographes : — *Paris; Eberhardt.*

Banques : — Compagnie algérienne; — de l'Algérie; — Crédit Lyonnais.

Omnibus : — pour le chemin de fer, 20 c.

Voitures publiques. — Tarif : *Chemin de Blida à la Fontaine-Fraîche :* de Blida au moulin Boudon (1 k.), 1 fr.; au moulin Ricci (2 kil.), 1 fr. 50; à l'usine Fortoul (2 kil. 900), 2 fr. 50; au Château d'eau (3 kil.), 3 fr. — *Chemin du pied de l'Atlas :* de Blida au cimetière (600 m.), 1 fr.; à la campagne de Tonnac (1 kil. 400), 1 fr. 50; à la campagne Fourrier (2 kil.), 1 fr. 50; aux moulins de Dalmatie (3 kil. 600), 2 fr.; au village de Dalmatie (3 kil. 800), 3 fr. 50; aux Quatre-Fermes (6 kil. 700), à l'heure. — *Route nationale de Blida à Alger :* de Blida au pont de l'Oued Beni-Aza (2 kil. 900), 1 fr. 50; au village arabe Kersrouna (4 kil. 400), à l'heure; à Montpensier (1 kil. 800), 1 fr. — *Chemin d'Abziza :* de Blida à la ferme Faure (2 kil. 800), 1 fr. 50; au fossé Obstacle (4 kil. 500), à l'heure. — *Chemin de Zaouïa-Medjebar :* de Blida à la ferme Humbert (2 kil.), 1 fr. 50; à la redoute de la Zaouïa-Medjebar (4 kil.), à l'heure; à la ferme Maleval (5 kil.), id. — *Chemin de Blida à Koléa :* de Blida aux magasins aux tabacs (1 kil. 100), 1 fr.; à la gare (1 kil. 400), 1 fr.; de Blida à Joinville (2 kil. 400), 1 fr. 50; à la ferme Le Goff (4 kil. 400), à l'heure; à la fontaine Désirée (5 kil. 300), id. — *Chemin de Blida à Attatba :* de Blida à la ferme de Rubod (4 kil. 200), à l'heure; au haouch Hadouch (5 kil. 600), id.; à la ferme Pagès (5 kil. 900), id. — *Route nationale de Blida à Laghouat :* de Blida au champ de manœuvres (1 kil. 600), 1 fr.; au débit Signoret (5 kil. 800), à l'heure; à la ferme Alcay (sur la route, 7 kil.), id.; à la ferme Peyron (7 kil. 400), id.; à la ferme Georges (7 kil. 400), id.; à la ferme Ferrouillat (7 kil. 800), id.; au pont de la Chiffa (7 kil. 800), id.; à la grande ferme Alcay (8 kil. 200), id. — *Avenue du Jardin des Oliviers :* de Blida au Jardin des Oliviers (800 m.), 1 fr.; au champ de manœuvres (1 kil. 500), 1 fr. — *Orangeries (Nord) :* du chemin des Cinq-Cyprès au chemin de Joinville à Montpensier (2 kil.), 1 fr. 50; du chemin de la Nouvelle-Blida au chemin de Joinville à Montpensier (2 kil.), 1 fr. 50; du chemin de la Zaouïa au chemin de Joinville à Montpensier (2 kil.), 1 fr. 50; du chemin de l'ancien champ de manœuvres à Montpensier (2 kil.), 1 fr. 50. — L'heure pour les courses dans le territoire de la commune, 2 fr.; la demi-journée, 11 fr.; la journée 20 fr.

Location de voitures et de mulets pour les excursions. — Voiture à 2 chevaux, 25 fr. par j.

Diligences : — pour *Médéa* et *Koléa.*

Chemin de fer de Blida à Berrouaghia.

BLIDET-AMAR, C, 280.
BLIDET-EL-HADHER, T, 409.
BLOCKHAUS SALOMON (LE), C, 254.
BOGAZ (LE) ou LAC DE TUNIS, T, 335.
BOGHAR (BOR'AR), A, 76. — P et T. — Aub. — Omn. pour *Boghari*, 1 fr. 50.
BOGHARI (BOUKHRARI), A, 76. — P et T. — Hôt. : *Célestin.* — Cafés. — Omnibus pour *Boghar.* — Dilig. pour *Laghouat* (coupé 55 fr. 55; int. 45 fr. 25) pour *Chellala* et *Médéa* (s'informer).
BOIS DE BOULOGNE (LE), A, 31. — O, 158.
BOIS-SACRÉ (LE), OU ABBOVILLE, A, 105. — P. — Cafés. — Tramway pour *Dellys.*

INDEX ALPHABÉTIQUE. [BÔNE]

BÔNE, C. 203, 314. — Histoire, 284. — Description, 284. — Enceinte, 284. — Port, 284. — Cours National, 285. — Ancienne ville, 285. — Nouvelle ville, 286. — La Kasba, 286. — Excursions, 287.

Hôtels : — *d'Orient*, cours National; — *du Commerce*, rue des Volontaires; — *de Genève*; *du Nord*; *de Paris*; *Cramet*.

Cafés : — *Grand Café Saint-Martin*; — *Couronne* ou *du Commerce*, *Riche* et *du Palais-Calvin*, cours National.

Cercles : — *militaire*; — *civil*, cours National; — *républicain*; — *de l'Union*; — *Véloce club*.

Brasserie : — *Kessler*, rue de l'Arsenal.

Poste et télégraphe : — en face de l'église, à dr.

Télégraphe sous-marin : — *The Eastern Telegraph Company limited*. — Bône est reliée directement à Marseille et à Malte.

Bains : — *français*, rue Perrégaux; et *maures*.

Bains de mer : — *de la Grenouillère*; *de la plage Luquin*; *de la plage Chapuis*; *de la Brise de mer*; *de la Crapaudière*; — cabines et restaurant dans chaque établissement; omnibus, 20 c.

Libraires : — *Cauvy*, rue Neuve-Saint-Augustin; — *Legendre*, place d'Armes; — *Benedetti*, cours National; — *Crepin*, rue Lemercier.

Journaux : — *le Bônois*, quotidien; — *le Courrier de Bône*; — *la Démocratie algérienne*, quotidien; — *la Gazette algérienne*, dimanche; — *la Colonisation*, bi-mensuel.

Photographes : — *Proud'hon*; — *Berthomier*; — *Baudin*.

Banques : — Succursale de la Banque de l'Algérie; — Compagnie algérienne; — Crédit foncier et agricole d'Algérie.

Théâtre : — cours National. — Café-Concert.

Agents consulaires étrangers : — Angleterre; — Autriche-Hongrie; — Danemark; — Espagne; — États-Unis; — Grèce; — Haïti; — Italie; — Pays-Bas; — Portugal; — République Argentine; — Suède et Norvège.

Voitures de place (à 2 chev. et à 4 places). — Tarif : *la course*, au-dessous de 2 k., 1 fr.; de 2 à 3 k., 1 fr. 25; de 3 à 4 k., 1 fr. 50; pour un parcours de plus de 4 k., le payement sera décompté à l'heure, retour compris; — *l'heure*, la 1re h., 2 fr.; les heures suivantes, 1 fr. 50; — *la demi journée* de 6 h., 8 fr.; — *la journée* de 12 h., 15 fr.

Calèches et voitures de luxe (à 2 chev. et à 4 places) : — de Bône à l'abattoir, 1 fr.; — de Bône au cimetière, 1 fr. 25; — de Bône à la plage Chapuis, et *vice versa*, 1 fr. 50; — aux plages Luquin et Ben-Kerim, 1 fr. 25; — à Sainte-Anne (Quatre-Chemins), 50 c.; — au champ de courses (Alélick), 2 fr.; — d'un point de la ville à la gare, voiture entière, 1 fr.; — (par place), 40 c.; — d'un point hors des murs à la gare (par place), 30 c.

Voitures-omnibus : — excepté pendant la saison des bains, il n'y a d'autres omnibus à Bône que ceux des hôtels d'Orient et du Commerce qui font le service de ces hôtels, et l'omnibus de Bône à Sainte-Anne.

Bagages : — d'un point de la ville à la gare et *vice versa*, 25 c.; — d'un point hors la ville à la gare, 30 c. — On fera bien de débattre, au préalable, les prix avec les Arabes.

Chemins de fer : — de Bône à Guelma, Souk-Ahras, Tebessa; — Tunis et Constantine, Sétif et Alger. — De Bône à Aïn-Mokra.

Diligences : — pour *Guelma*, *Jemmapes*, *Saint-Charles*, *Philippeville*, *la Calle*, *Morris* et *Souk-Ahras*.

Bateaux à vapeur : — plusieurs services pour la *Corse*, la *France*, *Alger* et les escales intermédiaires, *la Calle*, la *Tunisie* et *Malte*. (V. le tableau dans la poche à la fin du volume).

BORDJ-AÏN-MERAN (V. *Rabelais*); A. 67.
BORDJ-ALI-BEY, G. 289.
BORDJ-BEL-KERROUB, A. 96.
BORDJ-BACOUCH, T. 354.
BORDJ-BEN-SOUARIN, T. 375.
BORDJ-BORNI, A. 100. — P. et T. — Restaurant *Loux*.

[BOUGIE] RENSEIGNEMENTS PRATIQUES. 15

Bordj-bou-Akkas, C, 238.
Bordj-bou-Areridj, C, 206. — P et T. — Ch. de f. d'Alger à Constantine; buvette. — Hôt. : des Voyageurs; d'Orient. — Aub. — Cafés. — Cercle. — Dilig. pour Msila.
Bordj-Bouïra. V. Bouira, A, 101.
Bordj-Cédria (Potinville), T, 378. — Ch. de f. de Tunis à Sousse.
Bordj-Chahena, C, 239.
Bordj de la Cheffia, C, 289.
Bordj de Moulaï Abd-el-Kader, O, 134. — Ch. de f. d'Arzeu à Aïn-Sefra.
Bordj des Beni-Hindel, A, 62.
Bordj des Beni-Mansour, A, 62. — P et T. — Ch. de f. d'Alger à Constantine et à Bougie. — Buffet.
Bordj du Kaïd-el-Arbi, T, 376.
Bordj du Kaïd Hassen, C, 248.
Bordj du Kaïd Mansour, C, 247.
Bordj-el-Arba, C, 239.
Bordj-Mamra, C, 246. — Caravansérail.
Bordj-Maouïat, C, 278.
Bordj-Medjana, C, 206. — P. — Aub.
Bordj-Medjez-el-Foukani, C, 207. — Aub. — Dilig. pour Sétif et Msila.
Bordj-Menaïel, A, 104. — Ch. de f. de Ménerville à Tizi-Ouzou. — P et T. — Cafés. — Dilig. A. Boniffay d'Alger à Dellys. — Dilig. Planelle. — Voitures à volonté chez Bromblaï, hôt. de la Colonie.
Bordj-Messaoudi, T, 374.
Bordj-Moula-Abd-el-Kader, O, 184.
Bordj-Reba, C, 262.
Bordj-Rious, T, 416.
Bordj-Saada, C, 274.
Bordj-Sabat, C, 298. — P. — Ch. de f. de Bône et Guelma à Constantine.
Bordj-Sebaou, A, 107.
Bordj-Sidi-Messaoud, T, 374.
Bordj-Sidi-Youcef, T, 371.
Bordj-Tagga, C, 262.
Bordj-Tazmaet, C, 243.
Bordj-Tizi-Franco, A, 60.
Bordj-Toum, T, 356. — Ch. de f. de Tunis à Ghardimaou.
Bordj-Turc, C, 266.
Bordj-Zacoman, T, 394.
Bordj-Zekri (Sigus), C, 280.
Boschetto, M, 419.
Bosquet, O, 189. — P et T. — Cafés. — Voitures pour Mostaganem.
Botiouïa ou Vieil-Arzeu, O, 178.
Bou-Alam, O, 198.
Bou-Arkoub, T, 378. — Ch. de f. de Tunis à Sousse.
Bou-Atouch, T, 409.
Bou-Chagroun, C, 273.
Bou-Chateur ou Utique, T, 348.
Bou-Chemma, T, 406.
Bou-Daroua, C, 292. — P.
Bou-Djerar, O, 151.
Bou-el-Freiss, C, 262.
Bou-Faïma ou Beauprêtre, A, 100. — Cafés-restaurants.
Bou-Farik, A, 44. — P et T. — Ch. de f. d'Alger à Oran. — Buvette. — Hôt. : Benoît; Mazagran; Hénault frères. — Aub. — Cafés. — Théâtre; Théâtre-Concert. — Libraire: Esbert. — Dilig. pour Blida, Souma; Douéra, Koléa et Alger (2 fr. 50).
Bou-Ficha ou Reyville, T, 378. — Ch. de f. de Tunis à Sousse; Buvette. — Hôt. Deloube.
Bou-Foua, C, 239.
Bou-Hamra, T, 407.
Bou-Henni ou l'Habra, O, 120. — P et T. — Aub. — Ch. de f. d'Alger à Oran.

BOUGIE, C, 250, 312. — Situation, 250. — Histoire, 251. — Description, 251. — Environs, 254.

Hôtels : — de France (11 fr. 50; café au lait, thé ou chocolat, 1 fr. 50; déj., 3 fr.; dîn., 3 fr. 50; ch., 3 fr. 50, service compris). — d'Orient et de la Marine; belle vue sur la mer.
Café : — de la Bourse, rue Trézel, vue splendide sur la rade; Richelieu.
Cercles : — militaire; — civil.
Poste et télégraphe.
Bains maures.
Banques : — Compagnie algérienne; — Crédit foncier et agricole.
Agents consulaires étrangers : — Espagne; — Grèce; — Italie; — Suède et Norvège.
Libraires : — Biziou; — A. Billiard.
Journal : — La Kabylie, paraissant le jeudi; 15 fr. par an; L'Oued-Sahel, jeudi et dim.
Diligence : — pour Metz (Akbou) et Sétif par le Chabet-el-Akhra (coupé

15 fr. 15; banquette, 12 fr. 15; int. 10 fr. 10).
    Omnibus : — l'été, pour les environs.
    Voitures pour excursions : chez L. Berg, 20 fr. la journée; 10 fr. la demi-journée.
    Chevaux, mulets et guides : — prix à débattre.
    Chemin de fer de Bougie aux Beni-Mansour.
    Bateaux à vapeur de la Compagnie mixte, pour la ligne d'*Alger* à *Bône*, et pour *France* (V. aux Renseignements généraux).

Bou-Ghellaba, O, 185. — Ch. de f. d'Arzeu à Aïn-Sefra.
Bou-Guetoub, O, 185. — Ch. de f. d'Arzeu à Aïn-Sefra.
Bougzoul, A, 79. — Caravansérail.
Bou-Guirat, O, 119, 180. — P et T. — Aub. — Cafés.
Bou-Hamba, T, 357.
Bou-Hamedi, A, 93. — Cafés.
Bou-Hamra, T, 396.
Bou-Hanefia, O, 181. — P. — Ch. de f., d'Arzeu à Mécheria. — Caravansérail. — Eaux thermales. — Voitures pour *Mascara*.
Bou-Hermès, C, 279.
Bouhira, C, 243. — P.
Bouira, A, 101. — P. et T. — Ch. de f. d'Alger à Constantine. — Buffet à la gare. — Hôt. : — *de la Gare, de la Colonie, de l'Europe.* — Dilig. pour *Aumale* (5 fr. et 4 fr.), à l'hôtel de la Colonie.
Bou-Ismaïl ou Castiglione, A, 42.
Bou-Khader ou Charon, A, 117.
    Omnibus pour Orléansville (1 fr. 50).
Bou-Khalfa, A, 107. — Café restaurant.
Bou-Khaltoun, T, 387.
Bou-Khanefis, O, 145. — P et T. — Ch. de f. d'Oran à Ras-el-Ma. — Aub. — Cafés.
Bou-Medfa, A, 54. — P et T. — Ch de f. d'Alger à Oran. — Buvette. — Aub. — Cafés. — Voit. pour *Hammam-Rhira* (2 fr. 50).
Bou-Merdès, T, 387.
Bou-Nasri, T, 358.
Bou-Noual, O, 175.
Bou-Nouara, C, 214, 298. — Ch. de f. de Bône à Constantine.

Bou-Noura, A, 88.
Bou-Rbia, T, 351. — Ch. de f. de Tunis à Zaghouan.
Bourdjine, T, 387.
Bourkika, A, 50. — P et T. — Hôt. *du Nord.* — Cafés. — Tramway d'*El-Afroun* à *Marengo*.
Bou-Roumi, A, 50. — P. — Cafés.
Bou-Sada, A, 96. — P et T. — Cafés. — Voit. pour *Aumale* (15 fr. 15 et 12 fr. 15).
Bou-Sedraïa, A, 79. — Caravansérail.
Bou-Sfer, O, 140. — P et T. — Aub. — Cafés. — Omnibus pour *Oran* (1 fr.).
Boutinelli, C, 256.
Bou-Thaleb, C, 208.
Bou-Tlelis, O, 147. — P et T. — Ch. de f. d'Oran à Aïn-Temouchent. — Cafés.
Bou-Zaréa (Le), A, 26. — P et T. — Hôt. *de France; du Bou-Zaréa; du Bel-Air.* — Observatoire. — Cafés. — Omnibus d'Alger : 7 et 10 h. m., 1 h. et 4 h. 1/2 s.; du Bou-Zaréa, 7 h. m., 1 h. s.; prix, 75 c.
Bou-Zegza (Le), A, 93.
Branès, C, 265.
Braz (Les), A, 62.
Bréa, O, 162. — P.
Brekche, A, 122.
Brezina, O, 200.
Bridja, T, 375.
Bugeaud, C, 288. — P et T. — Aub. — Dil. pour *Bône*, du 15 juin au 15 oct.
Burgum Commodianum, C, 265.
Butler, C, 212.
Byrsa ou Carthage, T, 344.

C

Cacherou, O, 175. — P. — Aub.
Café des Platanes (Le), A, 33.
Café d'Hydra (Le), A, 26, 31.
Calle (La), C, 289, 314. — P et T. — Hôt. *d'Orient.* — Cafés. — Vice consulat d'Italie. — Dilig. pour *Bône*. — Bateaux à vapeur pour *Alger* et *Tunis* (V. aux Renseignements généraux).

RENSEIGNEMENTS PRATIQUES.

Calle de Marsa-Scirocco, M, 419.
Camarata, O, 149. — P. — Voitures pour Aïn-Temouchent.
Camilla (La), T, 345.
Camp de la Santé (Le), T, 360.
Camp des Chasseurs (Le), A, 68.
Camp des Chênes (Le), A, 60, 71. — P.
Camp des Planteurs (Le), O, 137.
Camp des Scorpions (Le) ou Dutertre, A, 60. — Aub.
Camp du Maréchal (Le), A, 105. — P. — Cafés. — Dilig. d'*Alger* à *Fort-National*. — Tramway pour *Dellys*.
Canrobert, V. *Oum-el-Bouaghi*.
Cap Aokas (Le), C, 249.
Cap Bibi (Le), C, 213.
Cap Bon (Le) ou Ras-Haddar, T, 412.
Cap Bouak (Le), C, 254, 312.
Cap Bougiarone (Le), C, 312.
Cap Carbon (Le), O, 123; C, 254, 312.
Cap Cavallo (Le), C, 312.
Cap Caxine (Le), A, 22. — Hôt. : *du Phare*; *du cap Caxine*.
Cap Corbelin (Le), A, 311.
Cap de Fer (Le), C, 313.
Cap de Garde (Le), C, 287, 313.
Cap Dimas (Le) (*Tapsus*), T, 414.
Cap Falcon (Le), O, 140.
Cap Farina (Le), T, 412.
Cap Ferrat (Le), O, 123.
Cap Filfila (Le), C, 313.
Cap Gros (Le), C, 314.
Cap Ivi (Le), O, 123, 184.
Cap Kamart (Le) ou Sidi-Bou-Saïd, T, 325.
Cap Khramis (Le), O, 123.
Cap Maghraoua (Le), O, 123.
Cap Matifou (Le) ou Ras-Tementfous, A, 38, 311.
Cap Rosa (Le), C, 314.
Cap Roux (Le), C, 314.
Cap Sigli (Le), C, 311.
Cap Tabarka (Le), T, 411.
Cap Tedlès (Le), A, 311.
Cap Tenès (Le), A, 122.
Cap Toukouch (Le), C, 313.
Cap Vert (Le), C, 313.
Cap Zebib (Le) ou Ben-Choucha, T, 412.
Caravansérail des Beni-Abd-Allah, C, 250.
Caravansérail d'El-Maï, O, 201.
Caravansérail des Guifser, C, 250.
Caravansérail des Ksour, C, 253.
Caravansérail de l'Oued Zitoun, O, 165.
Caravansérail de Sefsifa, O, 202.

Carnot, A, 64. — P et T. — Aub. — Cafés.
Carthage ou Byrsa, T, 337. — P. et T. — Ch. de f. de Tunis à la Goulette. Voitures, avenue de France à Tunis (15 fr. par j.). — Restaurant *Saint-Louis*, à dr. de la cathédrale. Grand hôtel de *Carthage*; omnibus à t. l. trains.
Cascade de la Mina, O, 196.
Cassaigne, O, 189. — P et T. — Aub. — Cafés. — Voit. pour *Mostaganem*, coupé, 4 fr.; int. 3 fr.
Castiglione (Bou-Ismaïl), A, 42. — P et T. — Aub. — Cafés. — Dilig. pour *Alger* et *Blida*.
Cavaignac, A, 68. — P et T.
Ceddata, T, 399.
Cedjir, C, 207.
Châba-Lekahl, O, 203.
Chabet-el-Ahmeur, A, 100. — P. — Aub. — Cafés.
Chabet-el-Ahmar, C, 293.
Chabet-el-Akhra (Le), C, 248.
Chabet-el-Lham, O, 148. — P. — Ch. de f. d'Oran à Aïn-Temouchent. — Cafés.
Chabet-el-Mal, O, 204.
Chabounia, A, 77.
Chaïba, A, 39. — Cafés.
Chaïb-Rassou, O, 203.
Chambaâ (Les), A, 89.
Champ de Manœuvres (Le), A, 32.
Chanzy ou Ali-ben-Youb, O, 170. — P et T. — Ch. de f. d'Oran à Ras-el-Mâ. — Aub. — Cafés.
Chaouat, T, 365. — Halte du ch. de fer de Tunis à Bizerte.
Chaouia (Les), C, 262.
Chapeau (Le) du Gendarme, A, 68.
Charon ou Bou-Kader, A, 117. — P et T. — Ch. de f. d'Alger à Oran. — Cafés. — Voit. pour Orléansville (1 fr. 50).
Charrier, O, 182. — P et T. — Ch. de f. d'Arzeu à Aïn-Sefra.
Chateau d'Arsacal (Le), C, 236.
Chateau d'Hydra (Le), A, 31.
Chateaudun-du-Roumel ou Mechta-el-Arbi, C, 245. — P et T. — Bains maures.
Chebel, A, 113.
Chébika, T, 390.
Chebka (La), A, 86. — C, 281.
Chebli, A, 45. — P et T. — Hôt. : *du Nord*. — Cafés.
Chebli, C, 272.

Algérie. — 1898.

CHEDDIA, C, 240.
CHEFFIA (LA), C, 289.
CHEFKA, C, 241. — P. — Hôt. *Fournier*. — Cafés-restaurants.
CHEGGA, C, 272. — Relais de voiture pour *Tougourt*.
CHEHOUD-EL-BATAL, T, 372.
CHÉLIF (LE), A, 63, 67, 78.
CHELLALA, A, 77. — P et T. — Dilig. pour Boghari.
CHEMFA, A, 114.
CHEMIN DE LA CORNICHE (LE), C, 287.
CHEMIN DE SHAKESPEARE (LE), A, 20.
CHEMTOU, T, 362. — Voit. pour *Oued-Mélis*. — Restaurant de la Cie; hôt. des *Voyageurs*.
CHENIA, C, 208. — Ch. de f. d'Alger à Constantine.
CHENINI, T, 406.
CHENOUA, A, 122.
CHERAGA, A, 27. — P et T. — Aub. — Cafés. — Voit. pour *Alger* (1 fr.).
CHERAIA, C, 214. — P et T.
CHERCHELL, A, 52, 122. — P et T. — Hôt. *du Commerce*. — Cafés. — Journal : *le Réveil de Cherchell*. — Dilig. pour *Gouraïa* et *Miliana*. — Correspondance pour *El-Affroun*, par *Marengo* (1 fr. 70). — Tramway de *Marengo* à *El-Affroun* (1 fr. 50 et 1 fr. 10). — Loueur de voitures : Merciecca, pour *El-Affroun* (15 à 20 fr.). — Service de bateaux à vapeur : départ d'Alger tous les mardis et samedis soir, mais s'informer ; arrivée à Cherchell, les mercredis et dimanches matin (7 et 5 fr.).
CHETTABA (LE), C, 235.
CHEZ PICHON, A, 94.
CHIFFA (LA), A, 49. — P et T. — Ch. de f. d'Alger à Oran. — Aub. — Cafés. — Voitures pour *Blida*, *Médéa* et *Laghouat*.
CHIFFA (Gorges de la), A, 48, 70. — Ch. de f. de Blida à Sidi-Madani (1 fr. 35, 1 fr. 75 c.) ; voit. 25 fr. la j. — Café *Gemon*, arrêt des voitures pour la visite des gorges.
CHIKLI, T, 335.
CHORFA (LES), A, 76.
GHOTT-ECH-CHERGUI, O, 202.
CHOTT-EL-MSILA ou CHOTT-ES-SAÏDA, C, 207.
CHOTT ou SEBKHRA-FARAOUN, EL-FEDJEDJ, ED-DJERID, T, 406, 410.
CHRIA-BEN-ATHMAN, C, 276.
CHRIA-SAÏA, C, 276.

CHOTT-MELRIR, C, 274.
CHUIGGUI, T, 336. — Restaurant.
CIMETIÈRES D'ALGER, A, 22. ; voit. 15 c.
CINQ-MARABOUTS (LES), O, 120.
CINQ-PALMIERS (LES) ou WARNIER, A, 67. — Aub.
CIVITA-VECCHIA, M, 419.
CLAIRFONTAINE (*Aouinet-ed-Djeb*), C, 307. — P et T. — Aub. — Cafés.
CLAUZEL, C, 300. — P.
CLIMAT-DE-FRANCE (LE), A, 24.
CLINCHANT ou LES SILOS, O, 119. — P. — Ch. de f. d'Alger à Oran. — Cafés.
COL D'AÏN-BABOUCH, T, 361.
COL D'AÏN-GOUAOUA, C, 247.
COL DE CHELLATA, A, 114.
COL DE COUDIAT-SINA, A, 74.
COL D'EL-GUITRAN, A, 61.
COL DE FEJDOUDJ, C, 299.
COL D'EL-BEINEN, C, 239.
COL DES BENI-AÏCHA ou MÉNERVILLE, A, 98. — P et T. — Hôt. : *Blanchard*. — Aub. — Dilig., A. Boniffay, d'*Alger* à *Fort-National*.
COL DES CARAVANES, A, 81.
COL DES CHIENS, C, 266.
COL DES JUIFS, O, 180. — C, 263.
COL DES OLIVIERS, C, 214. — P. — Aub. — Ch. de f. de Constantine à Philippeville. — Buffet et buvette.
COL DE SFA, C, 266.
COL DE SIDI-AMOR-DJEBARI, T, 354.
COL DE TAMELLA, A, 113.
COL DE TIROURDA, A, 114.
COL DU FEDJ-BORMA, C, 239.
COLLO, C, 313. — P et T. — Hôt. : des *Voyageurs*; de *France*. — Cafés. — Cercle civil ; cercle militaire. — Dilig. pour *Robertville*. — Bateaux à vapeur d'*Alger* à *Bône*.
COLMAR ou OUED-AMIZOUR, C, 250.
COLOMBI (Ile), O, 126.
COLONNE LAMORICIÈRE, O, 201.
COLONNE VOIROL, A, 26, 31. — Cafés. — Omnibus pour *Alger*, 35 c.
CONDÉ-SMENDOU, C, 215. — P et T. — Ch. de f. de Constantine à Philippeville. — Aub. — Cafés.

CONSTANTINE, C, 215. — Situation, 215. — Histoire, 217. — Principales curiosités, 219. — Description, 219. — Place Nemours, 219. — Musée, 220.

[CONSTANTINE] RENSEIGNEMENTS PRATIQUES.

— Kasba, 221. — Cathédrale, 221. — Djama Kettani, 222. — Palais d'Ahmed-Bey, 223. — Grande-Mosquée, 224. — Rue Combes, 224. — Mosquée El-Akhdar, 224. — Rue Perrégaux, 226. — Industrie, 226. — Esplanade Valée, 227. — Pyramide Damrémont, 228. — Aqueduc romain, 228. — Etablissement thermal de Sidi-Meçid, 230. — Gorges du Roumel et chemin des Touristes, 231. — Environs de Constantine, 233.

Omnibus : — à l'arrivée de tous les trains, 25 c.
Hôtels : — *Grand-Hôtel* (C. Legey), place de la Brèche et rue Nationale (ch. 3 fr. 50 à 4 fr.; ch. à 2 lits, 6 à 7 fr.; café au lait ou chocolat, 1 fr. 50; déj., 3 fr. 50; dîn., 4 fr., vin compris); — *Grand Hôtel de Paris*, à l'angle de la rue Nationale et de la place de Nemours (très belle vue sur les squares et le Koudiat-Aty); — *Hôtel Saint-Georges*, près des rues de France et du Palais. — *Hôtel du Louvre.*
Cafés : — place du Palais, avec Guignol, le soir; — place de Nemours; — rue Nationale.
Poste et télégraphe : — rue d'Orléans, près de la préfecture.
Cercles : — *militaire;* — *civil;* — *républicain;* — *Club cycliste.*
Bains : — *français : du Midi; du Koudiat;* — *maures.*
Etablissement thermal : — *Drot*, à Sidi-Meçid, et hôtel.
Libraires : — *Braham* et *Clément*, rue du Palais; — *Heim*, rue d'Aumale; — *Lemqué;* — *Marquet;* — *M. Poulet*, rue de France; — *Roubille*, rue Damrémont.
Journaux : — *L'Indépendant;* — *Le Républicain;* — *Le Progrès de l'Algérie;* — *Le Bulletin agricole;* — *La Revue commerciale;* — *Le Journal scolaire.*
Revues : — *Annuaire de la Société archéologique de la province de Constantine;* — *Bulletin de la Société de géographie.*
Musées : — à la mairie et au square Valée.
Théâtre : — place de Nemours; drames, vaudevilles, opérettes.

Banques : — succursale de la Banque de l'Algérie; — Compagnie algérienne. — Crédit foncier et agricole. — Crédit Lyonnais.
Chemin des Touristes (Gorges du Roumel) : — entrée 2 fr.; pour les militaires, 25 c.; milit. gradés, 50 c.; faculté de rester toute la journée dans les gorges.
Voitures de place : — Calèches, coupés, berlines, paniers et autres voitures à 2 ou 3 chevaux et 4 ou 5 places.
Tarif : la demi-journée de 6 h., 10 fr.; — la journée de 12 h., 20 fr.
La première heure, 2 fr. 50; les suivantes, 2 fr.; la première demi-heure, 1 fr. 25; les autres, 1 fr.
N. B. — Pour tout colis ne dépassant pas 30 kilog., il sera payé, en sus des prix ci-dessus, un supplément de 50 c. Le port de tout colis dépassant 30 kilog. est interdit aux calèches, coupés, berlines et paniers, etc., etc.
Messageries : — Martin et Roux; — A. Barbaroux; de *Constantine* à *Sétif* par *Oued-Atménia;* services de *Constantine* à *Djidjelli* par *Mila;* à *Khrenchela* par *Baïna;* à *Tebessa* par *Aïn-Beïda.* — Omnibus pour le *Khroub.*
Chemins de fer : — de Constantine à Philippeville; — de Constantine à Bône et embranchement sur Tunis par Duvivier et Souk-Ahras; — de Constantine à Tebessa par Souk-Ahras; — de Constantine à Alger — de Constantine à Biskra (V. les indicateurs spéciaux).

CONSULAIRE (LA), A, 30.
CORNICHE (LA), *Bône*, C, 287.
CORSO. V. *Oued-Corso*, A, 98.
COULMIERS, C, 245. — P. — Aub. Voit. pour *Constantine* et *Sétif*.
CRENDI, M, 419.

D

LE DAHRA, O, 123, 191.

DAKHILET-EL-HAMOUD, A, 89.
DAKLA (LE), A, 73.
DAKLAT, T, 359.
DAKLAT-EL-MAHOUIN, T, 383.
DALMATIE, A, 49. — P. — Aub.
DAMESME, O, 192. — P.
DAMIETTE, A, 74. — P.
DAMOUS-EL-KARITA, T, 344.
DAMRÉMONT, C, 212. — P.
DAR-EL-BEY ou ENFIDAVILLE, T, 378.
DAR-ED-DELAM, A, 42.
DAR-EL-HADJ-KABZILI, A, 68.
DAYA, O, 145. — P et T. — Dilig. pour *Sidi-Bel-Abbès* (10 fr.).
DAYA (LES), A, 85.
DAYA-EL-DIBA, A, 85.
DAYA DE L'OUED MRARÈS, A, 90.
DAYA DE L'OUED ZEGUERIR, A, 90.
DAYA FOUCHAT, A, 90.
DAYA-MOUSSA, A, 90.
DAYA-MSARIS, A, 90.
DAYA-RAS-CHAAB, A, 85.
DAYA-REMTA, O, 204.
DAYA-TALEMSAN, A, 85.
DAYA-ZENNA, A, 85.
DAYA-ZEGUERIR, A, 90.
DAYET-EL-ROUMEL, O, 203.
DEBDEBA, T, 409.
DEBROUSSEVILLE, O, 180. — P. — Ch. de f. d'Arzeu à Méchéria.
DEGACHE, T, 409.
DELACROIX, C, 238. — P.
DELI-IBRAHIM, A, 29. — P et T. — Cafés. — Dilig. pour *Alger* (1 fr.).

DELLYS, A, 105. — P et T. — Hôt.: *de la Colonie*; *des Platanes*; *de France*. — Cafés : *dans tous les hôtels*; *Rolland*; *Eck*; *Lalis*. — Dilig. A. Boniffay pour *Alger*. — Correspondance des 2 trains du ch. de f. pour *Camp du Maréchal*, par tramway, 2 fr. 35, 1 fr. 70. — Bateaux à vapeur de la C¹ᵉ Touache, d'*Alger* à *Bône* (V. aux Renseignements généraux).

DEMMED, A, 81.
DENT-DU-CHAT, O, 168.
DESCARTES, V. *Taffamam*.
DEUX-BASSINS (LES), A, 94. V. *Ain-Beurd*.

DEUX-MOULINS (LES), A, 22.
DJAFAR, T, 321.
DJAMAIL, T, 381.
DJAMOUR-EL-KEBIR, T, 386.
DJAMOUR-ES-S'RIR, T, 386.
DJARA, T, 405.
DJEBBA, T, 374.
DJEBEL AHMAR-KHREDDOU, C, 270.
DJEBEL-AMOUR, O, 197.
DJEBEL ARBET ou ORBATA, T, 401.
DJEBEL AOUARET, T, 390.
DJEBEL-AURÈS, C, 262.
DJEBEL BABOR, C, 248.
DJEBEL BIR, T, 360.
DJEBEL BOU-HANÈCHE, O, 148. — T, 360.
DJEBEL BOU-R'EZAL, C, 266.
DJEBEL BOU-HAMIDA, T, 353.
DJEBEL BOU-HEDMA, T, 411.
DJEBEL BOU-KOBRIN, T, 353.
DJEBEL BOU-KORNEIN, T, 349.
DJEBEL CHELIA, C, 262.
DJEBEL CHENOUA, A, 51.
DJEBEL CHERCHAR, C, 272.
DJEBEL CHERCHERA, T, 407.
DJEBEL DIR, C, 310. — T, 370.
DJEBEL DIRA, A, 95.
DJEBEL DJAFA, C, 262.
DJEBEL DJOUKAR, T, 354.
DJEBEL DOUARA, T, 404.
DJEBEL ECHEAOU, A, 60.
DJEBEL EDOUGH, C, 288, 313.
DJEBEL EL-MESSEM, A, 101.
DJEBEL EN-NEDAT, A, 61.
DJEBEL FEROUKA, A, 49.
DJEBEL FILFILA, C, 213.
DJEBEL GAOUS, C, 263.
DJEBEL GHARRIBOU, C, 265.
DJEBEL GONTAS, A, 57.
DJEBEL GORRA, T, 374.
DJEBEL HADID, A, 68.
DJEBEL KAFOUS, T, 376.
DJEBEL KAHAR, O, 178.
DJEBEL KAÏDER, A, 79.
DJEBEL KEF-SIGA, A, 62.
DJEBEL KHRIMA, A, 92.
DJEBEL KROUBSET, C, 265.
DJEBEL KTEUF, C, 265.
DJEBEL MAHOUNA, C, 294.
DJEBEL MAZALA, C, 298.
DJEBEL OROUS, O, 179.
DJEBEL OSMOR, C, 310.
DJEBEL OUACH, C, 237.
DJEBEL OUARSENIS, A, 62.
DJEBEL OUENNOURA, A, 96.
DJEBEL OUST, T, 351. — P et T. — Ch. de f. de Tunis à Zaghouan.

[DJIDJELLI] RENSEIGNEMENTS PRATIQUES. *21

DJEBEL RBEA, T, 359.
DJEBEL R'SAS, T, 349.
DJEBEL SENALBA, A, 80.
DJEBEL TABABOR, C, 247.
DJEBEL TADJERA, T, 393.
DJEBEL TADMIZ, A, 81.
DJEBEL TAFARAOUI, O, 142.
DJEBEL TAÏA, C, 297.
DJEBEL TEMDRARAH, A, 62.
DJEBEL TESSALA, O, 144.
DJEBEL TIFROURA, O, 176, 181.
DJEBEL TIGREMOUN, A, 99.
DJEBEL TMOULGA, A, 64.
DJEBEL TOUGOURT, C, 258. — Forêt des Cèdres.
DJEBEL TROZZA, T, 401.
DJEBEL ZAFRAN, T, 375.
DJEBEL ZAGHOÜAN, T, 353.
DJEBILA, C, 278.
DJEDAR (LES), O, 196.
DJEDEÏDA, T, 355. — Ch. de f. de Tunis à Ghardimaou et à Bizerte.
DJELFA, A, 80. — P et T. — Hôt. : de France; du Sud; — Cafés. — Brasserie. — Dilig. de Boghari à Laghouat.
DJEMA, O, 129. — C, 276.
DJEMAL, T, 387.
DJEMA-R'AZAOUAT ou NEMOURS, 167.
DJEMA-SAHARIDJ, A, 111.
DJEMILA, C, 239.
DJEMORA, C, 264.
DJENDEL (LES) ou LAVIGERIE, A, 58. — P et T. — Aub.
DJENDEL ou LANNOY, C, 303. — Eaux sulfureuses.
DJENIEN-BOU-REZG, O, 186.
DJERBA (Ile), Houmt-es-Souk. T, 415. — P et T. — Hôtel-restaurant : Papadopoulo. — Bateaux de la Cie transatlantique et de la Cie générale de Navigation italienne.
DJERIBIA (Ile Pisan), C, 312.
DJERMAN, C, 246.
DJEZIRET-EL-HAMMAM, T, 413.
DJEZIRET-EL-OUSTAN, T, 413.
DJEZIRET-SIDI-ABOU'L-FADEL, T, 413.
DJIDIOUAÏA ou SAINT-AIMÉ, 118.
DJIDJELLI, 240, 312. — P et T. — Hôt. d'Orient. — Cafés. — Bateaux à vapeur pour Alger et Bône (V. aux Renseignements généraux). — Dilig. pour Constantine, 17 fr. et 12 fr.
DJILALI-BEN-AMAR, O, 195. — Ch. de f. de Mostaganem à Tiaret.
DJILMA, T, 402. — Cantines.
DJURDJURA (LE), A, 114. V. Michelet.

DOUAIR et SMELAS, O, 147.
DOUAOUDA, A, 38. — P et T. à Koléa. — Cafés.
DOUAR DES SLASS, T, 401.
DOUELA, T, 385.
DOUÉRA, A, 30. — P et T. — Aub. — Cafés. — Dilig. pour Alger (2 fr.); Boufarik et Blida.
DOUGGA, T, 372.
DOUIRAT, T, 393.
DOUZE APÔTRES (LES), O, 169.
DRA-ACHELEF, A, 96.
DRA-BEN-KEDDA ou MIRABEAU, A, 107. — P. — Café.
DRA-EL-ARBA, C, 250.
DRA-EL-MIZAN, A, 100. — P et T. — Aub. — Cafés. — Dilig. A. Boniffay pour Alger. — Omnibus pour Aomar-dra-el-Mizan et Bordj-Menaiel.
DRARIA, A, 29. — P et T. — Cafés. — Voit. pour Alger (1 fr.).
DRÉA, C, 306. — Ch. de f. de Tebessa à Souk-Ahras.
DRÉAN, C, 299.
DUBLINEAU, V. Oued-el-Hammam, O, 181.
DUPERRÉ, A, 63. — P et T. — Ch. de f. d'Alger à Oran; buvette. — Aub. — Cafés.
DUQUESNE, C, 240. — P et T. — Aub.
DUVIVIER, C, 292. — P et T. — Ch. de f. de Bône à Guelma et à Ghardimaou. — Buffet. — Aub. — Cafés. — Voit. pour Souk-Ahras.
D'UZERVILLE ou DUZERVILLE, C, 291. — P et T. — Ch. de f. de Bône-Guelma. — Aub. — Cafés.

E

EBBA, T, 375.
ECH-CHERCHAR, O, 196.
ECH-KHEUL, T, 365.
ECKMUHL-NOISEUX, O, 135, 141.
ED-DIS, A, 96.
ED-DJEM, T, 387 — P et T. — Table d'hôte et chambres chez l'instituteur. — Dilig. de Sousse à Ed-Djem (7 fr. 50 et 6 fr.).
ED-DJERDA, C, 312.

Eguisheim ou Bou-Malek, C, 245. — P. et T.
El-Abiod-Sidi-Cheikh, O, 200.
El-Achir, C, 206. — P. — Ch. de f. d'Alger à Constantine.
El-Achour, A, 29. — P. — Restaurants et cabarets. — Voit. pour *Alger* (75 c.).
El-Adjiba, A, 101. — P. — Ch. de f. d'Alger à Constantine.
El-Affroun, A, 50. — P et T. — Ch. de f. d'Alger à Oran; buvette. — Aub. — Cafés. — Tramways d'*El-Affroun* à *Marengo* (1 fr. 50 et 1 fr. 10).
El-Achechia, C, 208.
El-Abad, A, 90.
El-Aïacha, T, 407.
El-Alef, O, 118. — P. — Cafés.
El-Amri, C, 273.
El-Anasser ou Négrier, C, 206. — P. — Ch. de f. d'Alger à Constantine.
El-Ançor, O, 141. — P et T. — Cafés.
El-Arba ou Reba, C, 262.
El-Aria, C, 209.
El-Armodh, A, 90.
El-Arrouch, C, 214. — P et T. — Hôt.: *Suliana*. — Aub. — Cafés. — Voit. pour *Philippeville*.
El-Assafia, A, 85.
El-Attef, A, 88.
El-Balouch, C, 278.
El-Beïda, O, 184. — Ch. de f. d'Arzeu à Aïn-Sefra.
El-Beteimat, *Maroc*, 166.
El-Bethom, A, 94.
El-Biar, A, 26. — P et T. — Hôt.: *Mallard*; V° *Riva*. — Aub. — Cafés, cafés-restaurants. — Corricolos pour *Alger*.
El-Biar, C, 263. — Ch. de f. de Constantine à Biskra.
El-Biod, O, 185. — Ch. de f. d'Arzeu à Aïn-Sefra.
El-Bir, A, 60.
El-Blida, C, 312.
El-Bordj, O, 174.
El-Bordj, C, 273.
El-Esnam ou Aïn-el-Esnam, A, 101. — Ch. de f. d'Alger à Constantine.
El-Eubbad ou Sidi-bou-Medin, O, 159.
El-Faïd, C, 272.
El-Feïd, A, 89.
El-Fered, O, 149.
El-Fondouk, T, 368. — Caravansérail.
El-Founi, T, 393.

El-Gholga, O, 204.
El-Goléa, A, 89.
El-Goulia, C, 236.
El-Gourin, A, 60.
El-Greiz, O, 175.
El-Guemar, C, 278.
El-Guera-el-Hout, C, 290.
El-Guera-el-Melah, C, 290.
El-Guera-el-Oubeira, C, 290.
El-Guerara, A, 90.
El-Guerra, C, 209. — P et T. — Ch. de f. d'Alger à Constantine et de Constantine à Biskra. — Buffet. — Hôtel.
El-Guettar, T, 407. — P. et T.
El-Hadjar, C, 292. — P.
El-Hadjeb, A, 50.
El-Hadjira, C, 280.
El-Hafay, T, 407.
El-Hamma, T, 409.
El-Hammam (Kabylie), A, 113.
El-Hammam (*Biban*), C, 206. — Eaux thermales.
El-Hammam (*Hodna*), C, 207. — Eaux thermales.
El-Hammam (*Khroubset*), C, 265. — Eaux thermales.
El-Hani, T, 381.
El-Haouch, C, 272.
El-Harchaïa, O, 185. — Ch. de f. d'Arzeu à Aïn-Sefra.
El-Harria, A, 81.
El-Houïtha, A, 85.
El-Kadra ou Oppidum-Novum, A, 63.
El-Kala, T, 408.
El-Kantara, C, 263. — Ch. de f. de Constantine à Biskra. — Buffet. — Hôt. *Bertrand* (10 fr. par jour, service compris avec le petit déjeuner; déj. 3 fr., dîn. 3 fr. 50; ch. 3 fr., lumière et service compris; voitures, chevaux et mulets).
El-Kantara, T, 366.
El-Kantour, C, 214. — P. — Buffet. — Hôtel *Barousse*.
El-Kasr, T, 409.
El-Kelbia, T, 366.
El-Khadra, A, 63.
El-Kis, T, 408.
El-Krachem, A, 79.
El-Kseur ou Bitche, C, 113, 244. — P. et T. — Ch. de f. de Bougie aux Béni-Mansour. — Aub. — Cafés. — Dilig. pour *Bougie* et les *Béni-Mansour*.
Ellez, T, 371.
El-Matah, C, 238.

[FONDOUCK (LE)] RENSEIGNEMENTS PRATIQUES. 23

EL-MEÏLAH, A, 90.
EL-MEKAM, O, 204.
EL-MELAH, O, 178.
EL-MENZOF, T, 409.
EL-MERABA, C, 214.
EL-MESSEM, A, 111.
EL-MESSERAN, A, 79. — Café.
EL-MET-KEDES, C, 310.
EL-MILIA, C, 238. — P et T. — Café.
EL-MOUKHRA, T, 368.
EL-ONK, T, 383.
EL-OUDJA, C, 272.
EL-OUED, C, 278.
EL-OURICIA, C, 247. — P. — Cafés.
EL-OUR'IR, C, 275.
EL-OURIT, O, 162.
EL-OUSSEKR, O, 196.
EL-OUTAÏA, C, 265. — Ch. de f. de Constantine à Biskra. — Caravansérail.
EL-RAHEL, O, 147. — P et T. — Ch. de f. d'Oran à Aïn-Temouchent. — Aub. — Cafés.
EL-RAOUÏA, O, 119. — Caravansérail.
EL-RIRAN, A, 42.
EL-SERSS, T, 371.
EL-TARF, C, 263.
EL-ZEGGOUN, C, 279.
ENFIDA (L'), T, 378.
ENFIDAVILLE ou DAR-EL-BEY, T, 379. — P et T. — Hôt. : *Grand-Hôtel; Cadix; de France*. — Ch. de f. de Tunis à Sousse.
EULMA (LES), C, 208, 246. — Caravansérail.

F

FAHS (LE), T, 351. — Ch. de fer de Tunis au Kef.
FAÏDJA, T, 363.
FARFAR, C, 273.
FAUBOURG BAB-EL-OUED (LE), A, 18.
FAUCIGNY, C, 247. — P. — Cafés.
FEDJ-ALLAH-OU-AKBAR, C, 236.
FEDJANA, A, 51.

FEDJ-BORMA, C, 239.
FEDJANA, A, 51.
FEDJ-EL-KHAMIS, C, 239.
FEDJ-CHAHENA, C, 239. — Caravansérail.
FEDJ-ER-R'IH, T, 373.
FEDJ-MERIDJ, T, 360.
FEDJ-MZALA, C, 238. — P et T. — Aub.
FEDJ-SOUÏOUD, C, 282.
FERDJIOUA, C, 238.
FERDOUAK, C, 238.
FERIANA, T, 407. — P et T. — Café, Bertrand frères.
FERMATOU, C, 243. — P. — Aub.
FERME (LA), A, 67. — P. — Cafés.
FERME BERNANDE (LA), A, 65.
FERME-BLANCHE (LA), O, 180. — Ch. de f. d'Arzeu à Mécheria.
FERME CAZELLE (LA), A, 80.
FERME DU KANDOURI (LA), A, 42.
FERME DES SPAHIS (LA), O, 193.
FERME LACRETELLE (LA), O, 181.
FERME SOLARI (LA), O, 183.
FERME DES MEDJEK (LA), O, 149.
FERME DES SPAHIS (LA), O, 195.
FERME DUFOURG (LA), C, 266. — Ch. de f. de Constantine à Biskra.
FERME FRIAND (LA), C, 238.
FERME JOIGNOT (LA), O, 149.
FERME SPENHER (LA), O, 149.
FERME STANISLAS (LA), C, 245.
FERNANA, T, 360.
FESDIS, C, 257. — P. — Ch. de f. de Constantine à Biskra.
FIGHA, A, 113.
FIGUIER (LE) ou VALMY, O, 122.
FIGUIG, O, 187.
FILFILA, C, 213.
FLATTERS ou BEN-NARIA, A, 68. — P. — Aub.
FLEURUS, O, 179. — P et T. — Aub. — Cafés.
FONDOUCK (LE), A, 93. — P et T. — Aub. : *Gessin* (voit. pour *le barrage*, 5 fr.). — Cafés. — Voit. pour *Alger* (1 fr. 50.).
FONDOUK-ED-DJEDID, T, 378. — Ch. de f. de Tunis à Sousse.
FONTAINE BLEUE (LA), A, 31.
FONTAINE CHAUDE (LA), C, 257. — P. — Ch. de f. de Constantine à Biskra.
FONTAINE DES GAZELLES (LA), C, 265. — Ch. de f. de Constantine à Biskra.
FONTAINE DES GÉNIES (LA), A, 21.
FONTAINE DU GÉNIE (LA), A, 54. — P. — Aub.

FORÊT DES CÈDRES (LA), A, 61.
FORÊT (LA) DE MOULAÏ-ISMAÏL, O, 121.
FORNIER, C., 298.
FORTASSA ou UZÈS-LE-DUC, O, 195. — P. — Ch. de f. de Mostaganem à Tiaret.
FORT-DE-LA-CIGOGNE (LE), C, 314.
FORT-DE-L'EAU (LE), A, 37. — P et T. — Cafés-restaurants. — Bains de mer. — Corricolos pour *Alger* (1 fr.).
FORT DES ANGLAIS (LE), A, 21.
FORT GÉNOIS (LE), C, 287, 314.
FORT-LALLEMAND (LE), C, 23.
FORT L'EMPEREUR (LE), A, 25.
FORT-NATIONAL, A, 108. — P et T. — Hôt. des Touristes; Belle-Vue. — Restaurant. — Cafés. — Dilig. A. Boniffay pour *Alger* (coupé, 17 fr.; banq. 15 fr., int. 10 fr.); pour *Tizi-Ouzou* (5 fr. 50 et 4 fr. 50). — Chevaux, mulets, guides pour excursions.
FORT SAINT-GERMAIN (LE) (*Biskra*), C, 267.
FOUKA, A, 42. — P et T. — Aub. — Cabarets.
FOUKA-MARITIME, A, 42. — Bains de mer.
FOUKALA, C, 273.
FOUM-EL-AFRIT, T, 372.
FOUM-EL-FEDJ, T, 402.
FOUM-KSANTINA, C, 262.
FOUM-EL-GUESS, C, 262.
FOUR'AL, A, 64.
FOY (*Sidi-Nassar*), C, 295. — P. — Aub.
FRAIS-VALLON (LE), A, 24. — Source ferrugineuse. — Café. — Voit. pour *Alger* (40 c.).
FRANCHETTI, O, 182. — P et T. — Cafés. — Ch. de f. d'Arzeu à Aïn-Sefra.
FRENDA, O, 175. — P et T. — Aub. — Cafés.
FROHA, O, 182. — P. — Ch. de f. d'Arzeu à Aïn-Sefra. — Aub.

G

GABÈS, T, 404. — P et T. — Hôt.: de *l'Oasis*; des *Voyageurs*. — Dilig. pour *Sfax* (10 fr.), *Gafsa* et *Mon-deinin* (s'informer pour les prix). — Bateaux de la Cie Transatlantique.
GAFSA, T, 402. — P et T. — Café-restaurant *Troussier fils*, *Sisco*. — Dilig. pour *Sfax*.
GARAAT-ECH-KHEUL, T, 364.
GARAT-KHRECHEM-EL-KELB, T, 397.
GARBÉVILLE, ou SAINTE-CLOTILDE, O, 138.
GARE D'EL-ARROUCH, C, 214. — Ch. de f. de Constantine à Philippeville.
GAR-ROUBAN, O, 165.
GASTONVILLE, C, 213. — P et T. — Aub. — Cafés. — Voit. pour *Philippeville*.
GASTU, C, 295. — P. — Hôtel *Fouga*. — Messageries de *Guelma* à *Philippeville*.
GÉRYVILLE, O, 198. — P et T. — Grand hôtel du *Sahara*. — Cafés.
GHARABA (LES), O, 121.
GHARDAÏA, A, 87. — P et T.
GHAMRA ou R'AMRA, C, 276.
GHARDIMAOU, T, 310, 364. — P et T. — Ch. de f. de Tunis à la frontière algérienne; buffet-restaurant. — Hôt. des *Voyageurs*; *Enjalvin*. — Cafés.
GOLÉA, A, 89.
GORGES DE LA CHIFFA, A, 48. V. à la *Chiffa*.
GORGES DE L'OUED DJEMA, A, 94.
GORGES DE TAÏA, C, 297.
GORGES DU BOU-CHOUAOU, A, 93.
GORGES DU COLIMAÇON, C, 305.
GORGES DU NADOR, C, 293.
GOUDJILA, O, 196.

GOULETTE (La), T, 336. — P et T. — Hôt. de *France*. — Cafés : café-restaurant de la *Gare*. — Etablissements des bains de mer de *la Rotonde*, restaurant et cabines; de *Kheir-ed-Din*, hôt. et Casino; du *Khram*, chalets et cabines, 30 à 50 fr. pour la saison. — Vice-consulat de France. — Ch. de f. pour Tunis. — Canots pour le lac et les paquebots au mouillage. — Bateaux-mouches pour Tunis (40 c.).

GOUMBAT, T, 409.
GOURAYA, A, 54. — Aub. — Cafés.

[GUELMA] RENSEIGNEMENTS PRATIQUES. *25

— Voit. pour *Cherchel* (1 fr. 50).
Gozzo (Ile de), M, 419.
Grand-Rocher (Le), A, 23.
Grenouillère, C, 287, 314. — Voit. pour Bône (20 c.).
Gromballia, T, 378. — P et T. — Hôt. : *Basin; Eynand.* — Ch. de f. de Tunis à Sousse.
Gros Pin (Le), A, 60.
Grotte de Cervantes, A, 33.
Grotte de Calypso, M, 411.
Grotte de Hassan, M, 411.
Gué de Constantine (Le), A, 44. — P. — Ch. de f. d'Alger à Oran. — Cafés-restaurants.
Gué de Mokta-el-Oust (Le), A, 81. — Caravansérail.
Guechtoula, A, 100.
Gué du Nador, A, 51.
Guelaat-bou-Sba, C, 299. — P et T.

GUELMA, *Kalama*, C, 293. — P et T. — Ch. de f. de Constantine et de Bône. — Hôt. : *de Paris; Grand-Hôtel; Auriol; de l'Univers; de la Gare.* — Cafés. — Libraires : *Danan; V° Diana Nataf.* — Journaux : *Guelma Journal; le Petit Guelma; le Progrès.* — Dilig. pour *l'Oued-Zénati, Sedrata, Jemmapes* et *Bône*. — Calèches à volonté pour *Hammam-Meskoutine*.

Guelt-es-Stel, A, 79. — Caravansérail.
Guelt-Sidi-Saad, O, 197.
Guelt-Zerga, C, 208, 246.
Guennenet-el-Hencha, T, 389. — Foudouk et café maure.
Guera-el-Tarf, C, 282.
Guerbous, O, 167.
Guerboussa, O, 119.
Guergour, C, 250. — P et T. — Aub.
Guertoufa, O, 119. — P. — Café.
Guetna (La), O, 181. — Ch. de f. d'Arzeu à Aïn-Sefra.
Guiard ou Aïn-Tolba, O, 149. — P.
Guifser, C, 250. — Caravansérail.
Guyotville, A, 23. — P et T. — Hôt. : *de la Poste; des Vignes; des Touristes.* — Voit. pour *Alger* (2 fois par j.), *Staouéli, Sidi-Ferruch* et *Koléa*. — Tramways pour *Alger*, future ligne d'Alger à Koléa (1 fr.).

H

Habra (L'), O, 120. V. *Bou-Henni*.
Hacian-ed-Dib, O, 197.
Hadjar-Roum, O, 146.
Hadjar-Souda, T, 407.
Hadjeb-el-Aïoun, T, 401. — P et T.
Haïdra, T, 376.
Hamadena, O, 118.
Hameau d'Hippone, C, 303.
Hamedoun, A, 115.
Hamema (Les), T, 404.
Hamma (Le), A, 33. — Restaurants. — Aub. — Cafés. — Corricolos et tramways pour *Alger* (30 c.).
Hamma (Le), C, 233. — P et T. — Ch. de f. de Constantine à Philippeville. — Restaurants. — Aub.
Hammadat-Kesra, T, 401.
Hammam (*oued-Ksob*), C, 207. — Eaux sulfureuses.
Hammam (*Aquæ Cæsaris*), C, 283.
Hammam (*Aquæ Herculis*), C, 263.
Hammam-Berda, C, 299. — Eaux thermales.
Hammam-bou-Hadjar, O, 147. — P. et T. — Eaux thermales. — *Grand Hôtel des Bains* (8 fr. 50 par j. pour la 1re classe de baigneurs et 6 fr. 50 pour la 2e classe) et établissement thermal; *Amic; du Commerce.* — Cafés. — Omnibus de l'hôtel à la station d'Er-Rahel (75 c.).
Hammam-bou-Hallouf, C, 239. — Eaux sulfureuses, 48°.
Hammam-bou-Hanefia, O, 181. — Sources minérales alcalines, 66°, et salines, 63°.
Hammam-bou-R'ara, O, 165. — Eaux thermales. — Dilig. de *Tlemcen* à *Nemours*.
Hammam-bou-Sellam, C, 208. — Ch. de f. d'Alger à Constantine. — Eaux thermales.
Hammam-Cheffia, C, 289.
Hammam-Darradj (*Bulla-Regia*), T, 359.

HAMMAM DES BENI-HAROUN, C, 238.
HAMMAM-EL-MAZEN, C, 289. — Eaux thermales.
HAMMAMET, T, 385. — P et T. — Ch. de f. de Tunis à Nebeul.
HAMMAM-GROUS ou OUED-ATMENIA, C, 245. — Eaux thermales.
HAMMAM-GUERGOUR, C, 250. — Eaux thermales.
HAMMAM-KOURBÈS, T, 375. — Eaux thermales, 80 à 95°. — 3 sources. — Voit. pour *Tunis* (15 fr.)
HAMMAM-KHRANGA, T, 358.
HAMMAM-LIF, T, 350. — P et T. — Ch. de f. de Tunis à Sousse. — Hôt. : *du Casino; de la Mosaïque;* Café-restaurant *de Paris*. — Casino; spectacle, concert; restaurant (déj., 3 fr., dîner, 3 fr.). — Bains de mer, *Bertrand; Julien,* restaurant. — Etablissement thermal avec cabinets de bains, douches, étuves sèches et humides, buvettes et piscines; médecin directeur.
HAMMAM-MELOUAN, A, 44. — Eaux thermales. — Hôt. V⁵ *Grener* (7 fr. par j.). — Voitures pour *Alger* (2 fr.).
HAMMAM-MESKOUTINE, C, 295. — P et T. — Ch. de f. de Bône à Constantine; omnibus à tous les trains. — Eaux thermales. — Hôpital militaire. — Hôt. A. *Guiraud* (Aviser de l'arrivée par télég.). 30 chamb., 12 fr. 50 par j. — Etablissement thermal, 96°; bains de piscine et douches, 1 fr. 50. — Guide pour excursions à proximité, de 2 à 4 fr. par personne, réduction pour plusieurs touristes; excursion à Announa, 10 fr., cheval ou mulet et guide; pour Roknia, 12 fr. — Omnibus pour *Guelma* (1 fr. 50).
HAMMAM-M'TA-OULED-MESSELEM, T, 360. — Eaux sulfureuses.
HAMMAM-N'BAIL-NADOR, C, 29. — Eaux thermales.
HAMMAM-OULAD-ALI, T, 364.
HAMMAM OULAD-BERBECHA, C, 250.
HAMMAM-OULAD-MESSAOUD, C, 306. — Eaux thermales.
HAMMAM-OULAD-SAÏD, T, 371.
HAMMAM-OULAD-ZEÏD, C, 306. — Eaux thermales.
HAMMAM-OULED-KHRALED, O, 183. — Sources thermales.
HAMMAM-RHIRA, A, 54. — P et T. —

Eaux thermales. — Hôpital militaire. — *Grand Hôtel des Bains* (10 et 12 fr. par j.); *hôtel Belle-Vue* (7 fr.). — Omnibus pour *Bou-Medfa* et corresp. avec le chemin de fer d'Alger à Oran (2 fr. 50).
HAMMAM SALAHHIN ou FONT-CHAUDE, C, 270. — Eaux thermales. — Tramway pour *Biskra* (80 c. aller et ret.).
HAMMAM-SERAÏAT-ES-SOLTAN, T, 328.
HAMMAM-SI-ALI-LABRAK, C, 291. — Eaux thermales.
HAMMAM-SIDI-ABDÉLI, O, 150. — Eaux thermales.
HAMMAM-SIDI-AÏT, O, 148. — Eaux thermales.
HAMMAM-SIDI-ALI-BEN-YOUB, O, 170. — Eaux thermales.
HAMMAM-TASSA, C, 306. — Eaux thermales.
HAMMAM-ZERIBA, T, 353.
HAMMAM-ZOUKRA, T, 372.
HAMRA, A, 81.
HAMZA (LE), A, 101.
HAOUCH-BOU-KANDOURA, A, 93.
HAOUCH-KADI, A, 94.
HAOUCH-KALA, A, 23.
HARACTA (LES), C, 281.
HARDJEL-EL-GUETTOF, O, 175. — Caravansérail.
HASSEN-BEN-ALI ou LOVERDO, A, 74. — P. — Aub. — Cafés.
HAUSSONVILLERS (*Azib-Zamoun*), A, 105. — P et T. — Station du ch. de f. de Ménerville à Tizi-Ouzou. — Aub. — Cafés.
HAUT-SEBAOU ou AZAGZA, A, 113.
HEÏDZER (L') A, 101.
HÉLIOPOLIS, C, 299. — P. — Messageries de *Guelma* à *Bône*.
HENCHIR-AÏN-KASBA ou NYMPHEUM, T, 353.
HENCHIR-BEN-KRELIF, C, 310.
HENCHIR-CHERAGNAC, C, 282.
HENCHIR-CHETT, T, 374.
HENCHIR-DAKLA, T, 359.
HENCHIR-DJEBANA, T, 406.
HENCHIR-DOUAMÈS, T, 374.
HENCHIR-EL-ABIOD, C, 238.
HENCHIR-EL-AKROUA, T, 408.
HENCHIR-EL-AMARA, C, 282.
HENCHIR-EL-AMRI, T, 359.
HENCHIR-EL-BEZ, T, 372.
HENCHIR-EL-FAOUAR, T, 358.
HENCHIR-EL-HAMEÏMA, T, 408.
HENCHIR-EL-HAMIRA, T, 357.

HENCHIR-EL-KIFFA, T, 359.
HENCHIR-EL-KRIMA, T, 408.
HENCHIR-EL-OUÏBA, T, 403.
HENCHIR-HAÏMEM, C, 282.
HENCHIR-HALLOUFA, C, 283. — T, 359.
HENCHIR-KARROUBA, T, 377.
HENCHIR-KASR-EZ-ZIT, T, 376.
HENCHIR-KEBIRA, C, 298.
HENCHIR-KHRIMA, T, 374.
HENCHIR-MAMRA, C, 262.
HENCHIR-MAMOURA, T, 366.
HENCHIR-MEHAMLA, T, 406.
HENCHIR-M'TOUSSA, C, 282.
HENCHIR-NAADJA, T, 374.
HENCHIR-OUM-ADHAN, T, 402.
HENCHIR-SAÏD, C, 295. — P. — Cafés.
HENCHIR-SEMAT-EL-HAMRA, T, 407.
HENCHIR-SI-AHMED, T, 357.
HENCHIR-SIDI-AÏCH, T, 407.
HENCHIR-SIDI-BEN-NOUR, T, 350.
HENCHIR-SIDI-NASSAR, T, 359.
HENCHIR-SMALA, T, 358.
HENCHIR-SMIDIA, T, 357.
HENCHIR-SOUASSIN, T, 401.
HENCHIR-SOUGDA, T, 372.
HENCHIR-TEBOURNOUK, T, 375.
HENCHIR-THINÉ, T, 390.
HENCHIR-TUNGAR, T, 357.
HENCHIR-ZAOUÏA-SIDI-MEDIAN, T, 357.
HENNAYA, O, 164. — P et T. — Aub.
HERBILLON, C, 313. — P et T. — Aub. — Cafés.
HERGLA, T, 380. — P et T.
HEUMIS (LES), A, 68.
HILLIL (L'), O, 119. — P et T. — Ch. de f. d'Oran à Alger. — Hôt. : des Messageries, de la Poste. — Cafés. — Dilig. pour Mascara et Mostaganem.
HIPPODROME (L'), C, 209. — Ch. de f. d'Alger à Constantine. — Hôt. du Roulage.
HIPPONE, C, 288, 314. — Voitures à Bône.
HODNA (LE), C, 207.
HÔTEL DE L'OUED-DJEMA, A, 101.
HOUMT-AJIM, T, 415.
HOUMT-CEDOUIKA, T, 415.
HOUMT-CEDRIEN, T, 415.
HOUMT-ES-SOUK, T, 415. — P et T. — Hôt.-restaurant : Papadopoulo. — Bateaux de la Cie Touache et de la Cie générale de Navigation italienne.
HOUMT-GALLALA, T, 415.

HOUMT-KACHAÏN, T, 415.
HOURARA, O, 196.
HUSSEÏN-DEY, A, 34. — P et T. — Ch. de f. d'Alger à Oran et à Constantine. — Hôt. de la Gare. — Cafés-restaurants. — Tramways pour Alger, 50 c.
HYDRA, A, 31. — Café maure.

I

JACOUREN, A, 113.
IGOULFAN, A, 113.
IGHZER-AMOKHRAN, C, 244. — P.
ILE BERENGEL, A, 122.
ILE COLOMBI, O, 123.
ILE DE DJERBA, T, 415.
ILE DE GOZZO, M, 419.
ILE PISAN ou DE l'JERIBIA, C, 312.
ILE PLANE, T, 412.
ILE SRIGINA (Stora), C, 313.
ILES DE KERKENNA, T, 414.
ILMATEN, C, 113, 236. — Ch. de f. de Bougie aux Beni-Mansour.
ILOT D'ASRAK, C, 313.
ILOT DE CHICLI, T, 335.
ILOT DE RACHGOUN, O, 168.
ILOTS DES CAÑIS (LES), T, 412.
IOMNIUM, V. Taksirt, A, 106.
INKERMANN ou OUED-RIOU, O, 117. — P et T. — Ch. de f. d'Alger à Oran. — Aub. — Cafés. — Voit. pour Ammi-Moussa (2 fr. et 1 fr. 50) et le Dahra.
ISLY, A, 20. — Tramways d'Alger à 9 et 11 h. du matin; 2, 4 et 5 h. 30 du soir; 30 c.
ISLY, OUED-SLY. V. Malakoff, 117.
ISLY, Maroc. 166.
ISMEDATEN, A, 100.
ISSERBOURG, A, 104. — P. — Hôt. Marcadal.
ISSER (LES), A, 104. — Station d'Isserville. — Ch. de f. de Ménerville à Tizi-Ouzou.
ISSERVILLE, A, 104. — P. et T. — Aub. — Cafés.

J

JARDIN D'ESSAI OU DU HAMMA (LE), A, 33. — Restaurants et cafés; café-restaurant de l'*Oasis des Palmiers*, entre le Jardin d'essai et la mer. — Corricolos et tramways pour *Alger* (30 c.).
JARDIN DU DEY (LE), A, 19.
JARDIN LANDON, C, 269.
JEMMAPES, C, 303. — P et T. — Hôt. *d'Orient;* aub. — Restaurant. — Cafés. — Bains *français et maures.* — Dilig. pour *Philippeville, Bône* et *Guelma.* — Journal : *l'Avenir de Jemmapes.*

K

KABYLIE (La Grande-), A, 108. — (La Petite-), C, 221.

KACER TELGA, T, 304.
KADOUS, A, 29. — Cafés. — Voit. pour *Alger* (75 c.).

KAIROUAN, T, 395. — Situation, aspect général, 395. — Histoire, 395. — Description, 385. — Industrie et commerce, 400.

Hôtel : — *de la Poste*, entre la porte Djelladin et la gare (9 fr. par j. vin et café compris, service à part). — Télégraphier d'avance pour avoir des chambres ; *Splendide Hôtel* (Mauras), place Sadi-Carnot, télég. d'avance ; *Franco-Russe*, 7 fr. 50 par j.; *Grand-Hôtel* (F. Elophe), près de la gare, jardin, 7 fr. 50 par j.
Cafés : — *Gendre; Pianas; Baudassé; de Paris.*
Poste et télégraphe.
Chemin de fer (Decauville) correspondant avec le paquebot de Sousse.
Chevaux et mulets pour *Ed-Djem.*

KALA, C, 206.
KALA, O, 174. — P.
KALAÂ-KEBIRA, T, 380. — P et T. — Ch. de f. de Tunis à Sousse.
KALAA-SRIRA, T, 380. — Ch. de f. de Tunis à Sousse.
KALAAT-ES-SENAN, T, 377.
KAMART, T, 345.
KARÉZAS, C, 302. — Ch. de f. de Bône à Aïn-Mokra.
KASBAÏT, C, 239.
KASR-EL-FOUL, T, 407.
KASR-EL-MENARA, T, 377.
KASR-ES-SAD, T, 377.
KASSERIN, T, 408.
KBOUR-ER-ROUMIA OU TOMBEAU DE LA CHRÉTIENNE, A, 40.
KEF (LE), T, 370. — P et T. — Hôt. et cafés : *Beneteau; Cauchi.* — Cafés : *Caouki; Gratian.* — Bains maures. — Dilig. pour *Souk-el-Arbâ* (9 fr. la place).
KEF-EL-DOR ou KOUDIAT-ED-DOUR, C, 274. — Relais pour *Tougourt.*
KEF-MAMEL, C, 262.
KEF-OUM-TEBOUL, C, 291. — P et T. — Cantine. — Café.
KELIBIA, T, 386. — P et T.
KELIDIA, T, 351. — Ch. de f. de Tunis à Zaghouan.
KELLERMANN (*Oued-Touta*), C, 294. — P. — Cafés.
KELTHOUM (LE), C, 263.
KENENDA, O, 119.
KERAZBA, O, 136.
KERBA, A, 64. — P et T. — Cafés maures.
KERKENA (Îles), T, 406. — P et T.
KERRATA, C, 248. — P et T. — Hôt. *du Châbet* (petit déjeuner, 1 fr. 50 ; déjeuner à emporter, 2 fr. 50; à l'hôtel, 3 fr.; dîner, 3 fr.; ch. à 1 lit, 3 fr. ; à 2 lits, 5 fr. 50; voit. pour le Châbet, 10 fr.; montures, 2 fr.). — *du Kerrata*, 8 fr. 50 à 10 fr. par j.

KESSER-EL-AHMER, T, 401.
KESSOUR-EL-KRAÏEB, T, 402.
KETENA, T, 392.
KHADRA, O, 202.
KHAFALLA, O, 184. — P et T. — Ch. de f. d'Arzeu à Aïn-Sefra. — Cantine.
KHALFOUN ou EL-ANASSER, C, 208. — P. — Aub.
KHRAMMIS DES BENI-OURAR ou AMMI-MOUSSA, O, 118.
KHEIDER (LE), O, 185. — P et T. — Ch. de f. d'Arzeu à Aïn-Sefra. — Hôt. des Voyageurs. Cantine à la gare.
KHEIRAN, C, 272.
KHEMIS (LE), O, 148.
KHERBET-EL-HACHEM, C, 206.
KHERBET-GUIDRA, C, 206.
KHRACHNA (LES), A, 97.
KHREBAZZA, O, 185. — Ch. de f. d'Arzeu à Aïn-Sefra.
KHRECHIBA, A, 77.
KHRELLA, C, 309.
KHREMISSA, C, 207, 306.
KURANGA-SEBAA-ERGOUD (Foum-Ksantina), C, 262.
KHRANGUET, T, 378. — Ch. de f. de Tunis à Sousse.
KHRENCHELA, C, 262. — P et T. — Hôt. : de Batna; de France. — Eaux thermales, établissement. — Voitures, chevaux et mulets pour Aïn-Beïda (10 fr.); Tebessa (coupé 15 fr., int. 10 fr.) et Batna (15 fr.).
KHRENEG (LE), C, 234.
KHRENEG-AZIR, O, 202.
KHRENEG-EL-AROUIA, O, 200.
KHRENEG-EL-GOURMER, A, 96.
KHRENEG-EL-TEMEUR, O, 200.
KHRENGUET ou KHRANGA-SIDI-NADJI, C, 271.
KHRENGUET-EL-OGUEF, T, 407.
KHRENGUET-ES-SLOUGUI, T, 408.
KHRENGUET-EZ-ZEBES, T, 408.
KHROUB (LE), C, 209. — P et T. — Ch. de f. d'Alger à Constantine et de Constantine à Bône. — Buffet à la gare. — Aub. — Cafés.
KHROUMIRIE (LA), T, 360.
KIRBA, A, 68.
KLÉBER, O, 179. — P et T. — Café.
KNATIR, T, 377.
KOBEUR-ER-R'OUL, T, 372.
KOCHEBETIA, T, 358.
KOLÉA, A, 38. — P et T. — Hôt.: du Commerce; de France; Algé-

rien. — Cafés. — Bains. — Dilig. pour Alger, Blida et Marengo. — Tramways pour Alger (2 fr. 50).
KOUANIN, ou DAR-BEÏDA, A, 105.
KOUBBA, A, 35. — P et T. — Cafés. — Corricolos pour Alger (80 c.).
KOUBBA D'ALI-BEN-YAHYA, T, 392.
KOUBBA D'ALI-ZEDFINI, T, 351.
KOUBBA DE BABA-SAFIR, O, 163.
KOUBBA DE SIDI-ABD-ALLAH-BOU-DJEMAL, T, 358.
KOUBBA DE SIDI-ABD-ES-SELAM, A, 79.
KOUBBA DE SIDI ABD-UL-AZIZ (Onellana), T, 354.
KOUBBA DE SIDI-ALI-BEN-YOUB, O, 170.
KOUBBA DE SIDI AMOR-DJEBARI, T, 354.
KOUBBA DE SIDI BRAHIM, O, 167.
KOUBBA DE SIDI BRAHIM, C, 306.
KOUBBA DE SIDI DJEDARIA, T, 390.
KOUBBA DE SIDI KHRALIFA, T, 378.
KOUBBA DE SIDI-L'HASSEN, O, 165.
KOUBBA DE SIDI MEHDEUB, T, 390.
KOUBBA DE SIDI RAS-ALLAH, T, 356.
KOUBBA DE SIDI MOHAMMED BOU-KOBRIN, A, 32.
KOUBBA DE SIDI-RECHAN, C, 249. — Aub.
KOUBBA DE SIDI TAMTAM, C, 298.
KOUBBA DE SIDI YAHIA, A, 31.
KOUBBA DES BERKANI, A, 52.
KOUCH-BATIA, T, 374.
KOUDIAT-ATTADA, C, 275.
KOUDIAT-ATY, C, 227.
KOUDIAT-ED-DOUR ou KEF-ED-DOR, C, 274. — Relais de voiture pour Tougourt.
KOUDIAT-EL-AMIRA, T, 387.
KOUDIAT-EL-MESDOUR, A, 96.
KOUDIAT-OUGLIF, C, 207.
KOUDIET-ES-SAFRA, T, 408.
KOUÏNIN, C, 278.
KOUKO, A, 112.
KOURBA, T, 386. — P.
KOURBÈS, T, 384.
KHRELLA, C, 309.
KRAM (LE), T, 344. — Ch. de f. de Tunis à la Goulette. — Café-restaurant Beau-Rivage.
KREMIS (LE), O, 148.
KREMISSA, C, 207.
KHRENEG-EL-HADJADJ, O, 186.
KROUMIRIE, T, 361.
KRICH-EL-OUED, T, 357.
KRIZ, T, 409.
KSAR ABID-GHARABA, O, 200.
KSAR-BARAÏ, C, 282.

INDEX ALPHABÉTIQUE. [LAGHOUAT]

KSAR-BEL-KACEM, C, 310.
KSAR-BEL-KROUN, C, 282.
KSAR-CHAREF, A, 81.
KSAR-ECH-CHERGUI, O, 200.
KSAR-EL-HAIRAN, A, 85.
KSAR-EL-HAMAR, C, 282.
KSAR-EL-KEBIR, O, 200.
KSAR-KEBOUCH, A, 113.
KSAR OULAD-BOU-DOUAIA, O, 200.
KSAR-MOUDEININ, T, 393. — P et T. — Aub.
KSAR METAMEUR, T, 393.
KSAR-SAÏD, T, 347.
KSAR-SBEHI, C, 281.
KSAR SIDI-ABD-ER-RHAMAN, O, 200.
KSAR SIDI-YAHIA, C, 246.
KSAR-TEMOUCHENT, C, 245.
KSAR-ZEIRA, A, 81.
KSENTINA-KEDIMA, C, 295.
KSEUR ou BITCHE, C, 244. — P et T. — Hôt. des Voyageurs. — Voit. de Bougie à Metz (Akbou).
KSIR-EL-HAMAR, A, 90.
KSOUR, C, 276.
KSOUR (LES), C, 263. — Caravansérail.

L

LA CALLE. — V. Calle, C, 289.
LAC AKERMA, CHERAGA (LE) ou LES SALINES, O, 118.
LAC BOGAZ (LE), T, 335.
LAC EL-MELAH (LE), O, 121.
LAC FETZARA (LE), O, 302.
LAC HALLOULA (LE), A, 40.
LAC ES-SEDJOUMI (LE), T, 354.
LAC KELBIA (LE), T, 394.
LAC SIDI-EL-HANI (LE), T, 394.
LACS (LES), C, 256. — Ch. de f. de Constantine à Biskra.
LAC SALÉ (LE) d'Oran ou SEBKRA, O, 147.
LAGHOUAT, A, 82. — P et T. — Hôt. : de la Place; du Sahara; du Sud. — Cafés. — Bains maures. — Dilig. pour Boghari et correspondance avec Médéa, Alger et Ghardaïa.
LALLEMAND (LE FORT), 90.
LAMBÈSE, C, 258. — P et T. — Aub.

— Cafés. — Omnibus pour Batna (1 fr. 50).
LAMORICIÈRE, O, 145. — Buffet. — P et T. — Ch. de f. de Tabia à Tlemcen. — Aub. — Cafés. — Dilig. de Tlemcen à Sidi-Bel-Abbès.
LAMTAR, O, 145. — P. — Aub.
LANASSER, C, 241. — Aub.
LANNOY (Djendel), C, 303. — P.
LAPASSET, O, 189. — Aub.
LAURIERS-ROSES (LES), A, 59, ou MEKEDRA, O, 142. — P. — Aub. — Ch. de f. du Tlelat à Ras-el-Mâ.
LA VALETTE ou MALTE, 417.
LAVARANDE, A, 62. — P et T. — Ch. de f. d'Alger à Oran. — Cafés. — Restaurants. — Aub.
LAVERDURE, C, 305. — P et T. — Ch. de f. de Bône à Souk-Ahras. — Aub.
LEBNA, T, 336.
LEGRAND ou ASSI-BEN-FÉRÉA, O, 179. — P. — Café.
LELLA-GOURAÏA, C, 254.
LELLA-KHREDIDJA (LE), A, 112.
LELLA-MANOUBA, T, 325.
LELLA-MAR'NIA, O, 165. — P et T. — Hôtel Cairo. — Dilig. pour Tlemcen et Nemours.
LIANA, C, 271.
LICHANA, C, 273.
LIMAGUES, T, 409.
LION (LE), C, 314.
LIOUA, C, 273.
LITTORAL (LE) TUNISIEN, T, 411.
LITTRÉ ou LES ARIB, A, 63. — P et T. — Aub.
LODI, A, 72. — P. — Ch. de f. de Berrouaghia.
LORBEUS, T, 370.
LOURMEL, O, 147. — P et T. — Ch. de f. d'Oran à Aïn-Temouchent. — Aub. — Cafés. — Voit. pour Arbal.
LOVERDO, V. Hassen-ben-Ali.

M

MAC-MAHON (Aïn-Touta), v. p. 263.
MAC-MAHON (LE FORT), A, 90.
MACTA (LA) ou port aux Poules, O, 180.

[MALTE] RENSEIGNEMENTS PRATIQUES. 31

Mactar, T, 372. — P et T.
Madher, C, 257. — P. — Ch. de f. de Constantine à Biskra. — Hôt. Jean et à 1 k. de la gare, hôtel du Tournant.
Mader-ben-Messaoud, O, 203.
Magenta, O, 170. — P et T. — Ch. de f. d'Oran à Ras-el-Mâ.
Magraoua, T, 372.
Maharès, T, 390, 414.
Mahelma, A, 30. — P. — Cafés. — Voit. pour Koléa.
Mahouan, C, 247. — P.
Maillot, A, 103, 115. — P et T. — Ch. de f. d'Alger à Constantine. — Hôt. : de la Poste. — Cafés. — Mulets et guides pour les ascensions aux pics du Djurdjura.
Maison-Blanche (La), A, 97. — P et T. — Ch. de f. d'Alger à Constantine.
Maison-Blanche (La), C, 245.
Maison Cantonnière (La), A, 114.
Maison-Carrée (La), A, 36. — P. — Ch. de f. d'Alger à Oran et à Constantine. — Hôt.-cafés : de la Gare; de l'Harrach; du Roulage; des Trois Hôtels. — Corricolos pour Alger. — Tramways pour Alger et l'Arba (75 c.).
Maison crénelée (La), C, 303.
Maison du Kaïd (La), A, 54.
Makta (La), O, 180. — P. — Ch. de f. d'Arzeu à Aïn-Sefra. — Dilig. d'Oran à Mostaganem.
Malakoff ou Oued-Sly, A, 117. — P et T. — Ch. de fer d'Alger à Oran. — Cafés-restaurants.
Malka (Carthage), T, 339, 344. — Ch. de f. de la Goulette à Tunis par la Marsa.

MALTE (Ile de), 417.

La Valette, M, 418.

Débarquement. — Une fois le bateau admis en libre pratique par un officier de marine, les barques s'approchent du navire. Les passagers feront bien de prendre note du numéro que chaque barque porte tant à la poupe qu'à la proue, afin de pouvoir appuyer leurs réclamations s'il y a lieu.

Hôtels : — Grand Hôtel, 247, strada Reale; — Impérial, 91, strada Santa-Lucia; Hôtel Royal (10 fr. par j., sans le vin, très recommandé), strada Mercanti, 30; — Oriental, 29, strada Stretta; — de la Grande Bretagne, 42, strada Mezzodi; — d'Australie, 50, strada Stretta; — Grand Hôtel de Paris, 44, strada Stretta; — d'Angleterre, 34, strada Stretta; — Morel, 156, strada Fornio; — Grand Minerva, 59, strada Zaccaria; — Central Hôtel, 66, strada Fornio; — Grand Hôtel impérial, à la Sliema; — du duc d'Edimbourg, à la Sliema; — de Paris, Casal-Lia; — de l'Europe, 58, strada Mezzodi; — Le prix varie entre 7 fr. et 12 fr. 50 par jour. Un restaurant et des bains sont attachés à la plupart de ces hôtels.

Cercles : — de la Bourse, 66, strada Reale; — Saint-Georges, place Saint-Georges; — Malta Union Club (militaires et marins) strada Reale. — Casino San-Pablo, 124, strada Britannica.

Les étrangers peuvent être admis dans ces cercles, sur la présentation d'un membre et pour un temps déterminé, qui varie de quinze jours à un mois.

Poste aux lettres : — bureaux, 4, strada Mercanti, de 9 h. matin à 5 h. soir.

Télégraphe. — La Eastern Telegraph Company a ses bureaux, 7, strada Marsamuscetto, et 95, strada Santa-Lucia.

Tarif des dépêches : 10 pence par mot.

Les dépêches pour l'Asie, l'Australie, le Brésil, etc., payent de 1 shilling 1/12 à 27 sh. 5/12 par mot, sans surtaxe.

Consulat. — La chancellerie française est 28, strada Forni.

Voitures : — l'heure : à 1 cheval, le premier quart d'heure, 65 c.; la demi-heure, 1 fr. 25; l'heure, 1 fr. 90. Pour chaque quart d'heure en sus de la première heure, 45 c. A deux chevaux, la moitié des prix ci-dessus en sus. Si l'on quitte la voiture à une distance de plus d'un mille anglais (1 k. 600) du point de départ, il sera dû la moitié du prix réglé pour les distances.

La course : — le prix est établi d'après les distances ; pour une voiture à 1 cheval : 35 c. pour toute distance jusqu'à 1/2 mille ; 65 c. jusqu'à 1 mille ; chaque 1/2 mille en sus, 20 c.

Avec deux chevaux : jusqu'à 1 mille et au-dessous, 1 fr. 25 ; pour 1/2 mille ou moins, 65 c.

Pour les courses de nuit, une heure après le coucher et une heure avant le lever du soleil, le tarif ci-dessus est augmenté de moitié.

Les courses dans les villages de la banlieue pour une voiture à 1 cheval, de 1 fr. 50 à 5 fr. A 2 chevaux, la moitié en sus.

Les jours de grande fête, comme la fête de Saint-Pierre et Saint-Paul ou celle de la procession de Saint-Grégoire, le tarif n'est plus en vigueur.

Chevaux. — Pas de tarif. Le prix varie de 5 à 10 fr. la journée selon les jours et le moment de l'année. Il s'élève à 12 fr. 50 les jours de fête.

Barques. — *A l'heure* : pour moins d'une demi-heure, 35 c. ; pour tout quart d'heure ou moins en sus de la première demi-heure, 15 c. Tout temps écoulé en sus du quart d'heure est compté pour un quart d'heure. Au delà d'une heure, le tarif ci-dessus est réduit de moitié.

A la course : Le prix est calculé selon la distance de la manière suivante : d'un point quelconque du port de la Valette, entre la montée de la strada Scalanuova et la montée du Crucifix : 1° à un point quelconque du rivage de la Citta-Vittoriosa ou de la Sangle ou *vice versa*, 20 c. ; 2° à la pointe de la Sangle, 10 c. ; 3° à tout point de la plage ou de la cité Caspicuo, du golfe des Français, de la Calcara, du fort Ricasoli, etc., 30 c. ; 4° au môle, ou au quai Saint-West, 40 c. ; 5° aux navires ancrés dans le grand port, entre l'entrée du port et le gazomètre, 30 c. ; 6° au port de Marsamuscetto, au lieu d'embarquement, ou *vice versa*, 1 fr. ; 7° au quai de Marsamuscetto, à la Slienna, à la Pietà, 30 c. ; 8° à la Misida, 40 c. ; 9° du quai de Marsamuscetto au lazaret

ou à tout navire en quarantaine, 65 c. la première demi-heure ; tout quart d'heure en sus, 20 c. (Si l'on autorise le batelier à prendre d'autres personnes, ces prix sont réduits d'un quart ou de moitié selon la destination. Ils sont doublés au contraire lorsque le pavillon bleu indiquant le mauvais temps est hissé sur le bureau de la surintendance des ports, ou les jours de fête.) Le tarif de nuit est de moitié plus élevé.

Bateaux à vapeur. — 1° *Peninsular and oriental Company*. — Bureaux, 41, strada Mercanti. Pour l'Égypte, par Port-Saïd, Aden ; les Indes, la Chine (via Suez) ; — pour l'Angleterre (Southampton).

2° *Compagnie générale italienne*. — Pour la Sicile, l'Italie, la France, le Levant, Tunis, la côte de Barbarie, Tripoli. — Bureaux, 35, strada Marina.

3° *Compagnie Transatlantique*. — Pour l'Italie, la Sicile, Tunis, Tripoli, l'Algérie. — Bureaux, 251, strada Reale, et 39, strada Marina.

Un grand nombre d'autres bateaux à vapeur marchands, dont les jours de départ ne sont pas fixes, desservent Londres, Liverpool, Gibraltar, Anvers, Calcutta, Constantinople, Smyrne, Alexandrie, Shanghaï, Alexandrette, Beyrouth, Syra, Tunis, etc.

MAISON (LA) DES HÔTES, A, 62.
MAISON (LA) DU KAID, A, 54.
MALAKOFF, V. *Oued-Sly*.
MAMOURA, T, 386.
MAUGERVILLE, V. *Aïn-el-Hadjar*, O, 183.
MANGIN, O, 122. — P. — Voitures pour *Oran*.
MANOUBA, T, 355. — P et T. — Ch. de f. de Tunis à Ghardimaou.
MANSOURA, O, 163. — P.
MANSOURA, C, 206. — P. — Ch. de f. d'Alger à Constantine. — Buvette à la gare. — Restaurant parisien.
MANSOURA (LE), C, 229.
MAOUSSA, O, 175. — P.
MARABOUT D'AUMALE (LE), A, 30.
MARE-D'EAU (LA), O, 121. — Ch. de f. d'Oran à Alger.
MARENGO, A, 50. — P et T. — Hôt. *Marengo*, d'*Orient*. — Cafés. —

[MÉDÉA] RENSEIGNEMENTS PRATIQUES. 33

Voitures pour *Cherchel* (1 fr. 70). — Tramways de *Marengo* à *El-Affroun* (1 fr. 50 et 1 fr. 10). — Omnibus pour *Tipasa* (1 fr.).
MARETH, T, 392. — P. — Fondouk.
MARGUERITTE ou LE ZAKKAR, A, 59. — P et T. — Cafés-restaurants.
MARHOUN, O, 184. — P.
MARINE (LA), O, 188. — Escale pour *Mostaganem* des bateaux à vapeur d'*Alger* à *Tanger*.
MARKOUNA, C, 259.
MARSA (LA), T, 345. — P et T. — Ch. de f. de Tunis à la Goulette. — *Palais* du Bey; *La Camilla*, palais d'été du ministre Résident de France. — Restaurants et café. — Cafés maures. — Bains de mer; nombreuses chambres pour les baigneurs.

MASCARA, O, 171. — P et T. — Hôt. : *Grand Hôtel; du Commerce; de Bretagne.* — Restaurant *Liautard*. — Cafés et brasseries. — *Comptoir d'escompte; Caisse agricole* — Bains. — Cercles : *de l'Union; du Progrès.* — Théâtre. — Libraires : *Allain; Jeaningros.* — Journaux : *le Réveil de Mascara, l'Indépendant; le Progrès de Mascara.* — Chemin de fer de Maskara à Tizi. — Dilig. pour *Oran* (12 fr. et 9 fr.), *Saïda* (6 fr. et 4 fr.), *Sidi-bel-Abbès* (8 fr. et 6 fr.), *l'Hillil* et *Tiaret* (s'informer). — Voit. pour *Palikao* (2 fr.).

MATEUR, T, 365. — P et T. — Ch. de f. de Tunis à Bizerte.
MATIFOU, A, 97. — Cafés.
MATMATA (LES), T, 392.
MAXULA-RADES, T, 349. — P et T. — Ch. de f. de Tunis à Sousse. — Tramway pour la plage, 10 et 15 c. — Café-restaurant du *Tramway*.
MAZAGRAN, O, 123, 193. — P. — Aub. — Cafés. — Photographe : *Courtheaux*.
MAZER, C, 275.
MAZOUNA, O, 190. — P et T.
MDAOUROUCH, C, 306. — Ch. de f. de Tébessa à Souk-Ahras. — Hospitalité chez le kaïd.
MÉCHERIA, O, 185. — P et T. — Ch. de f. d'Arzeu à Aïn-Sefra. — Aub. — Cafés.
MECHERIA-SFA ou PRÉVOST-PARADOL, O, 195. — Caravansérail. Ch. de f. de Mostaganem à Tiaret.
MECHIA, T, 409.
MECHTA-EL-ARBI ou CHATEAUDUN-DU-ROUMEL, C, 208. — Ch. de f. de Constantine à Sétif.

MÉDÉA, A, 72. — P et T. — Ch. de f. d'Alger à Berrouaghia. — Hôt. : *Liautard; d'Orient.* — Cafés : *Grezel; Liautard; Malet.* — Brasserie : *Thivaud.* — Bains : *Alcaraz.* — 3 bains maures. — Cercle militaire. — Libraire : *Vᵉ Bonnifay.* — Journal : *Le Courrier de Médéa*, 6 fr. par an. — Loueur de voitures et de chevaux : *Annette Chèze.* — Dilig. pour *Boghari* et *Blida*.

MEDEÏNA, T, 375.
MEDENINE, T, 393.
MEDINA, C, 262.
MEDINET-KEDIMA, T, 397.
MEDIOUNA, O, 190.
MEDJAREF, O, 175. — Caravansérail.
MEDJBARA, A, 81.
MEDJANA (LA), C, 206.
MEDJEZ-AHMAR, C, 295. — P et T. — Ch. de f. de Guelma à Constantine. — Aub. — Café.
MEDJEZ-EL-BAB, T, 356. — P et T. Hôt. *de France*, 5 fr. 50 à 7 fr. 50 par j. — Ch. de f. de Tunis à Ghardimaou. — Service de dilig. pour Teboursouk, 4 fr. — Cheval ou mulet pour excursion, 4 fr. par j., 2 fr. la 1/2 j.; guide arabe, 5 fr. par j.
MEDJEZ-SFA, C, 304. — P et T. — Ch. de f. de Bône à Ghardimaou.
MEDR'ASEN (LE), C, 256. — Voit. 10 fr. et chevaux à *Aïn-Yacout*.
MEFESSOUR ou RENAN, O, 179. — P.
MEGRINE, T, 349. — Ch. de f. de Tunis à Sousse.

ALGÉRIE. — 1898.

MEHDIA, T, 404. — P et T. — Hôt. de *France*, restaurant et café. — Bateaux à vapeur de la C¹ᵉ Transatlantique et de la C¹ᵉ générale de Navigation italienne. — Voit. pour *Ed Djem*, 15 fr.
MEKALIS, O, 185. — Ch. de f. d'Arzeu à Aïn-Sefra.
MEKALIA, O, 194. —Ch. de f. de Mostaganem à Tiaret.
MEKEDRA ou LAURIERS-ROSES (LES), O, 142. — P. — Ch. de f. du Tlélat à Ras-el-Mâ.
MEKERRA, O, 179. — P. — Cafés.
MEKLA, A, 113. — P. et T.
MELILI, C, 272.
MELIKA, A, 88.
MELLATA, C, 244.
MENA, T, 392.
MENARA, T, 394.
MENDÈS, O, 119. — P. — Aub.
MÉNERVILLE ou COL DES BENI-AÏCHA, A, 98. — P et T. — Ch. de f. d'Alger à Constantine et à Tizi-Ouzou. — Buffet. — Hôt. *Blanchard*. — Aub. — Cafés et cafés-restaurants.
MENZEL, T, 371.
MENZEL-BOU-ZALFA, T, 384. — Ch. de f. de Tunis à sa Daklat-el-Mahouin.
MENZEL-DAR-BEL-OUAR, T, 379. — Ch. de f. de Tunis à Sousse.
MENZEL-EL-TEMINE, T, 386.
MENZEL-ED-DJEMIL, T, 367.
MENZEL-EL-HORRA, T, 386.
MERCIER-LACOMBE, O, 174. — P et T. — Aub. — Cafés. — Dilig. de *Mascara* à *Sidi-Bel-Abbès*.
MERDJA (LE), O, 117.
MERDJ-BOU-AÏCH, C, 247.
MERSA-SI-AHMED, O, 149.
MERS-EL-FAHM, A, 311.
MERS-EL-KEBIR, O, 139. — P et T. — Hôt. : Vᵉ *Garitte*. — Cafés. — Omnibus pour *Oran* (50 c.).
MESKIANA, C, 282. — P.
MESLOUG, C, 208, 241. — P. — Ch. de f. d'Alger à Constantine.
MESSAOUD, A, 39 ; C, 243. — Café.
METAMER, T, 406. — T.
METELLIT (LES), T, 389.
METLILI, A, 82. — Café.
METLILI DU CHAMBAS, A, 88.
METOUIA, T, 392.
METZ ou AKBOU, C, 244.
MGARIN-DJEDIDA, C, 276.
MGARIN-KEDIMA, C, 276.
MESSAD, A, 81.

MIADALOU, C, 275.
MICHELET ou *Aïn-el-Hammam*, A, 114. — P et T. — Aub. *Michaux*. — Mulets pour excursions aux pics.
MIFSUD, T, 349. — Ch. de f. de Tunis à Sousse.
MILA, C, 238. — P et T. — Hôt. *Drouot* ; *Terias*. — Cafés. — Voit. pour *Constantine* (5 et 4 fr.), *Djidjelli*, *El-Milia*.

MILIANA, A, 58.

Hôtels : — *du Commerce et d'Isly* ; — *d'Orléans*.
Cafés et brasseries.
Poste et télégraphe.
Bains : — français ; — indigènes.
Librairie-imprimerie : — A. *Legendre*.
Voitures publiques : — omnibus pour la correspondance du chemin de fer d'Alger à Oran, à *Affreville* (1 fr.) et à *Adélia* (1 fr.).

MILLESIMO, C, 293. — P. — Ch. de f. de Bône à Guelma.
MINE NICOLAS, C, 302.
MINES (LES), A, 68.
MIRABEAU. V. *Dra-Ben-Kedda*, p. 107.
MIRIBEL (LE FORT), A, 90.
MISSERGHIN, O, 141. — P et T. — Ch. de f. d'Oran à Aïn-Temouchent. — Hôt. : *des Voyageurs* ; *de France* ; *du Chariot d'Or*. — Restaurants : *Chanron* ; *Loribes*. — Cafés. — Pépinière. — Autrucherie. — Omnibus pour *Oran* (1 fr. 50).
MITIDJA (LA), A, 30, 43.
MLAGA, C, 272.
MLETA (LA), O, 147.
MODZBA-SFID, O, 184. — Ch. de f. d'Arzeu à Aïn-Sefra.
MOGRANE, T, 351. — P et T. — Ch. de f. de Tunis à Zaghouan.
MOHAMMEDIA, T, 354.
MOKNEA, A, 113.
MOKTA-DÉLI, O, 185. — Ch. de f. d'Arzeu à Aïn-Sefra.
MOKTA-EL-HADID, C, 302. — P et T.

[MOSTAGANEM] RENSEIGNEMENTS PRATIQUES.

MOKTA-EL-OUST, A, 81. — Caravansérail.
MONASTIR, T, 412. — P et T. — Hôt. *Lebreton*. — Café-club *Monastérien*. — Bateaux à vapeur de la Cie Transatlantique et de la Cie générale de Navigation italienne.
MONDOVI, C, 292. — P et T. — Ch. de f. de Bône-Guelma. — Aub. Cafés.
MONS, C, 239.
MONTAGNE-D'ALBATRE, C, 265.
MONTAGNE DES LIONS OU DE SAINT-AUGUSTIN, O, 123, 178.
MONTCALM, V. *Temlouka*.
MONTEBELLO OU SIDI-RACHED, A, 40, 43. — P. et T.
MONTENOTTE, 68. — P. et T. — Cafés.
MONVILLE, C, 292.
MOR'AR-FOUKANIA, O, 186.
MOR'AR-TAHTANIA, O, 186.
MORNAG, T, 351.
MORRIS, C, 289. — P et T. — Aub. — Cafés.
MORSOT, C, 207.
MORSOUL, C, 310.

MOSTAGANEM, O, 123, 187.

Hôtels : — *de France*; — *du Commerce*; — *des Messageries*.
Restaurants.
Cafés et brasseries.
Cercles : — *militaire*; — civils : *de l'Union* et *du Commerce*.
Poste et télégraphe.
Bains : — *français*.
Théâtre.
Bibliothèque populaire.
Libraires : — *Piot*; *Mongin*; Ve *Cuzenave*.
Journaux : — *l'Indépendant de Mostaganem*; *l'Aïn-Sefra*; *la Tribune*.
Consulats : — Autriche-Hongrie; — Espagne; — Pays-Bas; — Danemark; — Portugal.
Fiacres et omnibus.
Chemin de fer de Mostaganem à Tiaret. — Dilig. automobiles pour Oran, trajet en 5 h, 12 : 8 fr., 6 fr., 4 fr.
Diligences : — pour : *Oran* (le

jour, 4 fr. et 2 fr.; la nuit, 7 fr. 10 et 6 fr. 10); *Perrégaux* (4 fr. et 3 fr.); *le Dahra* (4 fr. 10 et 3 fr. 10); *l'Hillil* et *Relizane* (4 fr. et 3 fr.).
Bateaux à vapeur : — d'*Alger à Tanger*; Cie Transatlantique; Cie Touache : *Arzeu*, *Oran*, *Marseille*. — Cie Franceschi, Achaque, Schiaffino, *lignes côtières algériennes*.

MOUDJEHAF, O, 197.
MOULAÏ-ABD-EL-KADER-ASSASSENA, O, 175.
MOULAÏ-ABD-EL-KADER, O, 175.
MOULAÏ-MAGOUN, O, 179.
MOULIN BERTRAND, A, 60.
MOULIN-BUSQUET, C, 282.
MOULIN-GASSIOT, C, 245.
MOULIN LESECQ, O, 169.
MOULIN VALORD, O, 189.
MOULINS DE SI-ALLAL, A, 94.
MOURDJADJO (LE), O, 136.
MOUZAÏA-LES-MINES, A, 71. — Source minérale.
MOUZAÏAVILLE, A, 49. — P et T. — Ch. de f. d'Alger à Oran. — Cafés. — Voit. publiques.
MRAÏER, C, 275. — Aub. — Relais de voiture pour *Tougourt*.
MREDDAR, A, 90.
MRIKEB-TALHA, C, 282.
MSAKEN, T, 387. — P et T. — Hôt. *de France*.
MSILA, C, 207. — P et T. — Hôt. et cafés. — Dilig. pour *Sétif*, t. l. j.
MSOULEN OU VALMY, O, 122.
MTAREF, défilé, T, 313.
MUSTAPHA-INFÉRIEUR, A, 19. — P et T. — Restaurants. — Brasseries. — Bains de mer. — Tramways pour *Alger*, 10 c.

MUSTAPHA-SUPÉRIEUR, A, 19. — P. et T. — Hôtels de 1er ordre (à partir de 15 fr.) : *Splendide Hôtel*; *Hôtel Continental* et *d'Orient*; *Saint-Georges*; de 2e ordre (à partir de 12 fr.) : *Grand-Hôtel*; *Kirch*; *Hollandais*; *Anglo-Suisse*; *Beau-Séjour*; *Victoria*. Tous ces hôtels, entourés de jardins, sur la route de Mustapha, sont généralement fréquentés par les personnes qui viennent séjourner à Alger, du 15 nov. au 30 avril. — Omnibus pour tous ces hôtels : 2 fr. par pers., 1 fr. par malle. — *Villa du Palmier.* — Pensions bourgeoises; restaurants. — Cafés et brasseries. — *Palais d'été* du Gouverneur ; *Musée*, dans l'ancienne école normale. — *Ecole supér.* des lettres. — Corricolos et voitures pour *Alger*; loueurs de voitures. — Plateau Saulière, tramways, 10 c. pour *Alger*.

MUSTI, T, 373.
MZAB (LE), A, 86. — Dilig. à *Laghouat.*
MZERA, A, 97.
MZITA, C, 206. — Ch. de f. d'Alger à Constantine.
MZOURI, C, 256.

N

NAAMA, O, 185. — Ch. de f. d'Arzeu à Aïn-Sefra.
NADOR (LE), *Médéa*, A, 73.
NADOR (LE), C, 293. — P et T. — Ch. de f. de Bône à Constantine.
NAHAL, T, 406.
NASSEN, T, 351. — Ch. de f. de Tunis à Zaghouan.
NAZEREG ou AÏN-AZEREG, O, 182. — P. — Ch. de f. d'Arzeu à Aïn-Sefra. — Cafés.
NEBEUL, T, 376. — P et T. — Hôt. : de France. — Ch. de f. de Nébeul. — Voit. les j. impairs pour *Kelibia*, 4 fr.
NEBBEUR, T, 369.
NECHIOU, T, 396.
NECHMEÏA, C, 299. — P.
NEDROMA, O, 166. — P et T. — Dilig. pour *Tlemcen* et *Nemours.*
NEFTA, T, 410. — P et T.
NÉGRIER, O, 152. — P.
NÉGRIER ou E. ANASSER, C, 208.
NEKMARIA, O, 159.
NEMOURS, O, 167. — P et T. — Hôt. de France; des Etrangers. — Brasserie. — Cafés. — Librairie. —

Agents consulaires étrangers : Espagne; Italie. — Dilig. pour *Lella-Magrnia* et *Tlemcen*, 10 fr. — Bateaux à vapeur pour *Alger*, *Oran* et *Tanger.*
NEZLA, C, 278.
NGOUÇA, A, 90. — C, 280.
NILI, A, 85.
NOISEUX ou ECKMUHL, O, 135, 141. — Voit. pour Oran (25 c. et 15 c.).
NOISY-LES-BAINS, O, 188. — P et T. — Aub. — Sources d'eaux minérales chlorurées sodiques et sulfureuses, employées pour les maladies cutanées, du système nerveux, et en boisson comme purgatif et dépuratif. — *L'établissement thermal*, dirigé par M. Souyris, comprend *les bains*, 1 fr.; avec linge, 1 fr. 25; *l'eau* en bouteille, verre et caisse, 50 c.; puisage, 10 c. le lit.; *l'hôtel* : chambre de 2 à 4 fr., pension bourgeoise, 3 fr. 50 par j. — Voit. particulières ; dilig. de *Mostaganem* à *Perrégaux.*
NOTRE-DAME D'AFRIQUE, A, 23. — Cafés-restaurants. — Voitures de place (3 fr. l'h.); omnibus (35 c. aller, 25 c. retour).
NOVI, A, 54. — P et T.
NSIRA ou NEÏRA, C, 275.
NUMITURIANA, C, 238.
NYMPHEUM (LE) ou HENCHIR-AÏN-KASBA, T, 353.
NZA-BEN-RZIG, C, 275.

O

OBERNAI ou AÏN-MELOUK, C, 245. — P et T.
OGLET-ACHICHINA, T, 390.
OGLET-CHENCHOU, T, 399.
OGLET-BEN-ZALLOUF, T, 393.
OGLET-EL-HAZEM, T, 390.
OGLET-EL-MERETHBA, T, 391.
OGLET-HADJELA, T, 393.
OGLET-TELEMIN, T, 396.
OKKOUS, C, 307.
OLIVIERS (LES), T, 378.
OPPIDUM NOVUM ou EL-KADRA, A, 63.

[ORAN] RENSEIGNEMENTS PRATIQUES.

ORAN, O, 123. — Situation et aspect général, 124; — Histoire, 126. — Principales curiosités, 127. — Description, 127. — *La ville espagnole*, 128; le port, 128; la cathédrale, 128; le musée, 129; la mosquée El-Haouri, 129; la Kasba, 129; les places Kléber et de la République, 130; le boulevard Malakoff, 130. — *La ville neuve*, 130; la Grande Mosquée, 130; le théâtre, 130; la promenade de L'Étang, 131; le Château-Neuf, 132; l'église Saint-André, 132; Arènes oranaises, 133. — *Kerguenta*, 132; l'hôtel de ville, 132; le boulevard National, 132; théâtre des Variétés, 133; boulevard Séguin, 132; hôpital civil, 133; le village nègre, 134; le cimetière neuf, 134; les faubourgs, 134. — Les environs, 134.

Arrivée : — à la gare, voitures de place pour la ville (1 fr. 25; 25 c. par colis); — au débarcadère des bateaux, voitures de place (1 fr. 25; 25 c. par colis) et omnibus (10 et 15 c.).

Hôtels : — *Continental*, l'un des plus grands et des mieux installés de tous les hôtels de l'Algérie, situé à l'angle de la place d'Armes et du boulevard Séguin; — *de la Paix*, sur la place Kléber, l'un des meilleurs; — *Grand-Hôtel*; — *de l'Univers*; — *de Londres*; — *du Commerce*; — *du Nord*; — *de la Gare*; — *de France*; — *de la Cloche*; — *d'Europe*, 16, boul. Charlemagne; — *de Saint-André*; — *du Périgord*; — *de Paris*; *de Lyon*; — *Victor*, 5, rue d'Arzeu; — *des Pyrénées*; — *Torrel*.

Maisons meublées, nombreuses.

Cafés-restaurants : — *de L'Étang*; — *Oudinot*.

Aquariums : — *Sainte-Thérèse* et *d'Arcachon*, au port; restaurants.

Bouillon-Duval parisien.

Cafés : — *Café-glacier*, place Kléber; — *Continental*; — *Riche*; — *Grand Café-glacier*, boul. Séguin; concert instrumental, 2 fois par j. — *des Mille Colonnes*; — *du Commerce*; — *de la Bourse*; — *Grand café-glacier du Luxembourg*; — *de la Banque*; — *de la Petite Bourse*; — *du Théâtre*; — *de France*; — *Bouty*; — *de l'Univers*; — *Taverne oranaise*.

Brasseries : — *Kraft*; — *Palous*; — *Schneider*; — *Meyer*.

Café-concert : — *des Fleurs*; — *Alcazar de la Taverne*.

Poste et télégraphe : — bureau principal, boulevard Malakoff; — succursale à Kerguenta, rue de l'Evêché.

Bains de mer : — au port et plage Sainte-Thérèse.

Bains français : — *du Continental*; — *Cartier*; — *Blanchard*; — rue de Gênes, 11. — Hôtel de la Paix.

Bains maures : — rue de la Mosquée.

Cercles : — *militaire*; — *du Commerce*; — *de la Mosquée*; — *civil*; — *de la Jeunesse*; — *Oranais*; — *Cercle cycliste*.

Voitures de place. — Prix intramuros (voitures de 4 places et au-dessus attelées de 2 chevaux). Le jour, en été, de 5 h. du matin à 10 h. du soir, en hiver, de 6 h. du matin à 10 h. du soir. Course simple, 1 fr. 25. Course double, aller et retour avec quart d'heure d'attente, 1 fr. 75. La nuit, en été, de 10 h. du soir à 5 h. du matin, en hiver, de 10 h. du soir à 6 h. du matin. Course simple, 1 fr. 75. Course double, aller et retour avec quart d'heure d'attente, 2 fr. 50.

Courses à l'heure. — Le jour, pour la première heure, 2 fr., et pour chaque quart d'heure en plus, 50 c. La nuit, pour la première heure, 3 fr.; et pour chaque quart d'heure suivant, 75 c.

N. B. — Tout quart d'heure commencé est dû.

Si la voiture va prendre le voyageur à domicile, il est dû un supplément en sus de 25 c. Il sera payé à tout cocher qui aura été pris sur place et sera renvoyé sans être employé, une indemnité de 75 c.

Prix extra-muros d'Oran : à l'abattoir et à Gambetta, 2 fr. (30 min. d'attente), aller seulement, 1 fr. 50, retour seulement, 1 fr. 25; au cimetière Tamashouet, id.; au village Noiseux, id.; au Château d'eau, id.; au pont de la route de Sénia, 2 fr. 50 (45 min. d'attente), aller seulement, 1 fr. 75, retour seulement, 1 fr. 50; à la ferme Dar-

Beïda, route de Mostaganem, id.; aux bains de la Reine, 3 fr. (1 h. d'attente), aller seulement, 2 fr., retour seulement, 1 fr. 50; au Pont-Albin, 5 fr. (1 h. d'attente), aller seulement, 3 fr., retour seulement, 2 fr.; à toutes les localités de la banlieue non indiquées au présent tarif et comprises dans le périmètre de la commune d'Oran, 2 fr. 50 (45 min. d'attente), aller, 1 fr. 75, retour, 1 fr. 50.

NOTA. — Chaque quart d'heure d'attente en sus sera payé 50 c. — Prix pour la journée de 12 h., 16 fr. Prix pour la demi-journée de 6 h., 8 fr. Pour les voitures prises à la demi-journée ou à l'heure, l'allure des chevaux est le trot à raison de 6 minutes par kilomètre.

Bagages. — Un droit de 25 c. par colis est dû lorsque les voitures sont prises à la course ou à l'heure, soit pour aller aux gares ou aux diligences, soit pour en revenir. Ne sont pas considérés comme colis : les valises, sacs de nuit, parapluies, cartons à chapeaux et autres objets que les voyageurs ont l'habitude de conserver avec eux.

Il est formellement interdit aux cochers ou propriétaires de voitures de rien exiger au delà dudit tarif. (Extrait du tarif approuvé par le Conseil de préfecture d'Oran en date du 1er juin 1880.)

Compagnie générale des omnibus oranais. — *Prix des places* : Place Kléber à Gambetta (aller), départs toutes les 10 minutes. De la place Kléber à l'entrée de la rue d'Arzeu, 15 c.; de la place Kléber aux portes de Gambetta, 25 c.; de la place Kléber à Gambetta, 30 c.; de la place Kléber à l'hôpital civil, 20 c.; de la place Kléber au cimetière, 30 c.; de la place d'Armes aux portes de Gambetta, 15 c.; de la place d'Armes au cimetière, 30 c.; de la place des Victoires à Gambetta, 15 c.; de la place d'Armes à Gambetta, 25 c.; — (retour) de Gambetta à la place des Victoires, 15 c.; de Gambetta à la place d'Armes, 25 c.; de Gambetta à la place Kléber, 30 c.; des portes de Gambetta à la place d'Armes, 15 c.; des portes de Gambetta à la place Kléber, 25 c.; du cimetière à l'hôpital, 15 c.; du cimetière à la place d'Armes, 20 c.; du cimetière à la place Kléber, 30 c.

Place Kléber à Saint-Antoine (aller), départs toutes les 1/2 heures. De la place Kléber à la place des Carrières, 15 c.; de la place des Carrières à la porte de Mascara, 15 c.; de la place Kléber à la porte de Mascara, 25 c.; — (retour) de la porte de Mascara à la place des Carrières, 15 c.; de la place des Carrières à la place Kléber, 15 c.; de la porte de Mascara à la place Kléber, 25 c.

Place d'Armes à Eckmühl (aller), départs toutes les 1/2 heures. De la place d'Armes à la porte de Tlemcen, 15 c.; de la porte de Tlemcen à Ekmühl, 15 c.; de la place d'Armes à Eckmühl, 25 c.; — (retour) d'Eckmühl à la porte de Tlemcen, 15 c.; de la porte de Tlemcen à la place d'Armes, 15 c.; d'Eckmühl à la place d'Armes, 25 c.

Place Kléber à la porte de Mostaganem (aller), départs toutes les 1/2 heures. De la place Kléber à la rue d'Arzeu, 15 c.; de la rue d'Arzeu à la porte de Mostaganem, 25 c.; — (retour) de la porte de Mostaganem à la rue d'Arzeu, 15 c.; de la rue d'Arzeu à la place Kléber, 15 c.; de la porte de Mostaganem à la place Kléber, 25 c.

Place Kléber au quai Lamoune (aller). De la place Kléber au quai Lamoune, 15 c.; de la place Kléber à la place Nemours, 15 c.; de la place Nemours au quai Lamoune, 10 c.; — (retour), du quai Lamoune à la place Nemours, 15 c.; de la place Nemours à la place Kléber, 10 c.; du quai Lamoune à la place Kléber, 10 c.

Place d'Armes au nouvel hôpital civil; aller et retour, prix unique : 15 c.; par correspondance à l'extrémité des lignes desservies par la Compagnie. 30 c.

N. B. — Les enfants au-dessus de quatre ans payeront place entière. Les premiers départs ont lieu en été, de 6 h. 30 matin à 8 h. 30 soir; hiver, de 7 h. matin à 8 h. soir.

Messageries Chanrond. — Service entre Oran, Bou-Sfeur, El-Ançor, Arzeu, Mostaganem et *vice versa*. Départ d'Oran : 6 h. matin. — Départ d'El-Ançor : 3 h. soir.

Chemins de fer : — d'Oran à Alger; — d'Oran à Aïn-Temouchent; —

[ORLÉANSVILLE] RENSEIGNEMENTS PRATIQUES.

d'Oran à Mascara, Saïda et Aïn-Sefra, par Perrégaux; — d'Oran à Ras-el-Mâ par le Tlelat; — d'Oran à Tlemcen par Sidi-Bel-Abbès; — gare, faubourg Saint-Michel, près des remparts.

Messageries : — *Générales*; — *du Commerce*. — V. les indicateurs spéciaux pour les différentes lignes desservies par ces messageries. — Dilig. automobiles pour *Mostaganem*, 8 fr. 6 fr., 4 fr.

Canots : — promenade, l'heure, 2 fr.

Bateaux à vapeur : — Cie Transatlantique; — Cie Touache; — Bateaux espagnols : — pour *Nemours, Gibraltar, Tanger*; — *Mostaganem, Arzeu, Alger*; — *Alicante, Carthagène, Valence, Barcelone, Port-Vendres, Cette* et *Marseille*.

Banques : — *Banque de l'Algérie*; — *Compagnie algérienne*; — *Crédit lyonnais*; — *Crédit foncier et agricole*.

Imprimeries : — *P. Perrier*; — *Collet*.

Journaux : — *l'Echo d'Oran*; — *le Petit Fanal oranais*; — *le Petit Africain*; — *la Cravache*; — *el Correo español*.

Libraires : — *Perrier*; — *Andréo*; — *Ginoux*; — *Janet*; — *Fouque*; — *Marignan*; — *Rioland*.

Photographes : — *Cairol*; — *Decugis*; — *Dajou*; — *Perpère*; — *Cabessa*; — *Vidal*.

Bibliothèque : — à la mairie, place d'Armes, ouverte tous les jours, excepté les dimanches et jours fériés, de 8 h. à 10 h. du matin, et de 1 h. à 5 h. du soir.

Bibliothèque populaire de la *Mosquée*, ouverte les jeudis et dimanches.

Musée : — rue Montebello, 9, près de l'hôpital militaire; tous les j. de 1 h. à 5 h., entrée gratuite.

Théâtre : — rue de Turin. Saison d'hiver, *théâtre français*, dimanches, mardis et jeudis. Saison d'été, *théâtre espagnol*, dimanches, lundis, mardis et jeudis. *Prix des places* : baignoires, 3 fr. 85 ; fauteuils d'orchestre, 3 fr. 55; stalles, 3 fr.; premières loges, 3 fr. 30; balcon, 2 fr. 75; avant-scène de deuxième, 2 fr. 50; seconde numérotée, 2 fr. ; seconde, 1 fr. 65 ; parterre, 1 fr. 10; troisième, 65 c. — *Théâtre des Variétés*, rue des Casernes. — *Théâtre d'été* et *Cirque*, boulevard National. — *Arènes oranaises*, boulevard du Sud.

Consulats : — *d'Angleterre*, M. Barber; — *d'Autriche-Hongrie*, M. Nessler; — *de Belgique*, M. Vogley; — *du Brésil*, M. Mazurel; — *de Danemark*, M. Manégat; — *d'Espagne*, M. del Pedroso; — *des Etats-Unis*, M. Courcelle; — *de Grèce*, M. Manégat; — *de Hollande*, M. Garavini; — *d'Italie*, N. ; — *du Portugal*, M. Barber; — *de Russie*, M. Jullian; — *de Suède et de Norvège*, Clausse.

ORLÉANSVILLE (*El-Esnam*), A, 65. — Ch. de f. d'Alger à Oran.

Buffet et buvette.
Omnibus : — des hôtels pour le chemin de fer (50 c.).
Hôtels : — *Grand Hôtel de France* (de 7 à 8 fr.); — *du Commerce*.
Cafés : — *de France*; — *du Commerce*; — *de la Bourse*; — *des Messageries*; — *d'Isly*.
Brasserie : — *Jungmann*.
Poste et télégraphe.
Bains : — *français et maures*.
Libraires : — *Carbonel*; — *Mellin*.
Journal : — *le Chélif*, paraissant le jeudi; 5 fr. par an; — *le Progrès*, t. l. samedis, 5 fr. par an.
Diligences : — pour *Tenès* (5 fr.); *Charon* (1 fr. 50) et *Inkermann* (2 fr.).

OUADIA, A, 100. — Café.
OUARCE, C, 306.
OUARGLA, A, 91. — Se faire recommander pour être reçu par les autorités militaires; autrement apporter tente et vivres.
OUARSENIS, ou OUARANSENIS ou BORDJ DES BENI-HINDEL, A, 62.
OUARTAN (LES), T, 376.
OUDEI-CHAMBAÂ, A, 89.
OUDEI-LEROUI, A, 89.
OUDENA, T, 351. — Ch. de f. de Tunis à Zaghouan.
OUDEREFF, T, 394.
OUDIAN, T, 399.

INDEX ALPHABÉTIQUE. [OUARGLA]

OUDJDA, *Maroc*, 166.
OUDJEL, C, 235.
OUED-AMIZOUR ou COLMAR, C, 250. — P et T. — Aub. — Cafés.
OUED-ARSEI-TECHAL, T, 401.
OUED-ATMENIA, C, 245. — P et T. — Cafés. — Dilig. de *Sétif* à *Constantine*.
OUED-BAGRA, T, 354.
OUED-BERBECHA, C, 250.
OUED-BESBAIER, A, 86.
OUED-BOU-SELLAM, C, 308.
OUED-BOU-TREKFIN, A, 85.
OUED-BESBÈS, C, 292.
OUED-CHERF, C, 300, 304.
OUED-CHOULI, O, 146. — Ch. de f. d'Oran à Tlemcen.
OUED-CHOUK, C, 306. — Ch. de f. de Souk-Ahras à Tebessa.
OUED-CORSO, A, 98. — P. — Ch. de f. d'Alger à Constantine.
OUED-DEHEB, C, 208. — P. — Aub.
OUED-DHAMOUS ou DUPLEIX, A, 54.
OUED-DJEDI, C, 272.
OUED-DJELLAL, C, 273.
OUED-DJENAN, A, 96.
OUED-DJER, A, 54. — Ch. de f. d'Alger à Oran.
OUED-DJILMA, T, 402.
OUED-EL-ANEB, C, 303. — P.
OUED EL-GAA, A, 89.
OUED EL-HACHEM, A, 52.
OUED-EL-HAKOUM, A, 76. — Caravansérail et aub.
OUED-EL-HALLEUG, A, 40. — P et T. — Cafés. — Dilig. de *Blida* à *Koléa*.
OUED-EL-HALLOUF, T, 376.
OUED-EL-HAM, A, 96.
OUED-EL-HAMMAM ou DUBLINEAU, O, 181. — P et T. — Ch. de f. d'Arzeu à Saïda. Buvette.
OUED EL-KEBIR, C, 241.
OUED-EL-KHEIR, O, 194. — Ch. de f. de Mostaganem à Tiaret.
OUED-FODDA, A, 65. — P et T. — Ch. de f. d'Alger à Oran. — Cafés.
OUED-FRARA, 292. — P. — Ch. de f. de Bône-Guelma.
OUED-HAMIMIN, C, 209. — Ch. de f. d'Alger à Constantine.
OUED-IMBER, O, 142. — P et T. — Aub. — Ch. de f. du Tlelat à Ras-el-Mà. — Cafés.
OUED-ISOUF, C, 278.
OUED KANTARA, C, 263.
OUED-KELLOUG, O, 195. — Ch. de f. de Mostaganem à Tiaret.

OUED KIHAL, A, 89.
OUED KOUBBA (*Bône*), C, 287.
OUED KSOB, C, 207.
OUED-LAYA, T, 394. — Ch. de f. de Sousse à Kairouan.
OUED LEGOUMAN, C, 207.
OUED LORBEUS (LARÈS), T, 371.
OUED MADAR, A, 86.
OUED MAÏGUEN, O, 203.
OUED-MALAH, O, 119. — P. — Ch. de f. d'Alger à Oran.
OUED-MARSA, C, 250. — P. — Aub.
OUED-MASSIN ou ANSEUR-EL-LOUZA, A, 60. — Caravansérail.
OUED MAZAFRAN, A, 38.
OUED M'DAGUIN, A, 90.
OUED MEDJERDA, T, 347.
OUED MELAH, T, 404.
OUED-MELIZ, T, 362. — Ch. de f. de Tunis à Ghardimaou. — Voit. pour *Chenitou*.
OUED MELLÈGUE, T, 369.
OUED NESSELMOUN, A, 54.
OUED MILIANA, T, 349.
OUED-MOUGRA, C, 310. — Ch. de f. de Bône à Ghardimaou.
OUED MOUILA, O, 166.
OUED MZAB (L'), A, 86.
OUED OKRIS, A, 95. — Sources thermales.
OUED OUERK, A, 77.
OUED OUZAFA, T, 370.
OUED OULMAN, C, 282.
OUED OUR'IRLOU, A, 86.
OUED REHHI ou RAVIN VERT, O, 135.
OUED-RIOU. V. *Inkermann*, O, 117.
OUED-R'IR, C, 274.
OUED-ROUINA, A, 64. — P et T.
OUED-SARRATH, T, 376.
OUED SARSA, A, 96.
OUED SBEITLA, T, 391.
OUED SEBSEB, A, 89.
OUED-SEDDEUR, A, 81. — Café-Caravansérail.
OUED-SEGUIN, C, 208. — P et T.
OUED SETTAFA, A, 86.
OUED SEYBOUSE, C, 292.
OUED SINAÏM, A, 90.
OUED-SLY, ISLY ou MALAKOFF, O, 117. — Cafés-restaurants. — Ch. de f. d'Alger à Oran.
OUED-SMAR, A, 97. — Ch. de f. d'Alger à Constantine.
OUED-SOUF (L'), C, 278.
OUED TAGGA, C, 262.
OUED TARIA, A, 64.
OUED-TEMDA, O, 119. — Caravansérail.

OUED-TINDJA, T, 365. — Ch. de f. de Tunis à Bizerte.
OUED TOUTA ou KELLERMAN, C, 294.
OUED TOUDMAN, O, 173.
OUED ZELIGUIN, A, 85.
OUED-ZENATI, C, 298. — P et T. — Ch. de f. de Guelma à Constantine. — Buffet. — Hôt. de France; des Colonies. — Cafés. — Dilig. pour Aïn-Beïda (7 fr. et 5 fr.).
OUED-ZERGA, T, 357. — Ch. de f. de Tunis à Ghardimaou.
OUED-ZEROUD, T, 394.
OUED-ZID, C, 302. — Ch. de f. de Bône à Aïn-Mokra.
OUED-ZITOUN, O, 165. — Caravansérail.
OUED ZOUR, C, 214. — Seule rivière qui ait des truites.
OUGAÏT EL-HADJADJ, A, 89.
OUGASSE (L'), O, 121. — P. — Ch. de f. d'Oran à Alger. — Cantiniers.
OUILLIS, O, 189. — P.
OULAD-ABBÈS ou VATTIGNIES, A, 64. — Ch. de f. d'Alger à Oran.
OULAD-BERBECHA, C, 250. Eaux salines.
OULAD-BOU-GHANEM, T, 377.
OULAD-DJELAL, C, 273.
OULAD-FARÈS, A, 67.
OULAD-KALAAT, T, 377.
OULAD-MJEDJA, C, 313.
OULAD-MOKHTAR, A, 78.
OULAD-NAÏL, A, 81.
OULAD RAHMOUN, C, 209. — P et T. — Ch. de f. d'Alger à Constantine. — Ch. de f. de Constantine à Aïn-Beïda. — Cafés.
OULAD-SAID, T, 379.
OULAD-SIDI-CHEIKH, O, 199.
OULAD-SLISSEN, O, 170. — Ch. de f. du Tlelat à Ras-el-Ma.
OULED-BRAHIM, C, 215.
OULED-FAYET, A, 30. — P. — Cafés. — Corricolos pour Alger (75 c.).
OULED-MENDIL, A, 30.
OUMACH, C, 272.
OUM-BOUAGUI ou CANROBERT, C, 281. — Ch. de f. de Constantine à Aïn-Beïda. — Cafés.
OUM-EL-ABER (MOULABER), C, 281.
OUM-EL-ESNAM, C, 257.
OUM-EL-HALLEUG ou THIERS, A, 100. — Ch. de f. d'Alger à Constantine.
OUM-EL-HENNA, C, 271.
OUM-ES-SEMA, T, 409.
OUM-EL-THIOUR, C, 275.
OUM-GUERRICH, C, 294.

OURÉA, O, 193. — P. — Cafés.
OURICIA, C, 247. — P. — Cafés.
OURKIS, C, 281. — Ch. de f. de Constantine à Aïn-Beïda.
OUR'IR, C, 275.
OURLAL, C, 272.
OURLANA, C, 275.
OUSIDAN, O, 162.
OUSLI-KEBIR, C, 275.
OUSLI-S'RIR, C, 275.
OUSSEKH, O, 196.

P

PALADINES ou BIR-EL-ARCH, C, 208. — P. — Ch. de f. de Constantine à El-Achir. — Dilig. de Constantine à Sétif.
PALESTRO, A, 99. — P et T. — Ch. de f. d'Alger à Constantine. — Hôt. de France; du Commerce. — Cafés.
PALIKAO ou TERNIFIN, O, 176. — P et T. — Cafés. — Voit. pour Mascara (2 fr.).
PALMIERS (LES), C, 205.
PÊCHERIE (LA), T, 365. — Ch. de f. de Tunis à Bizerte.
PÉLISSIER, O, 194. — P. — Ch. de f. de Mostaganem à Tiaret. — Cafés.
PENTHIÈVRE, C, 299. — P. — Hôt. Souvin. — Café.
PERRÉGAUX, O, 119. — P et T. — Ch. de f. d'Oran à Alger (Buvette) et d'Arzeu à Aïn-Sefra par Saïda. — Buvette. — Hôt. Continental; des Colonies; de Lyon; de la Paix; des Voyageurs. — Cafés. — Dilig. pour Mostaganem et Sahouria (4 fr. et 3 fr.).
PETIT, C, 293. — P. — Ch. de f. de Bône à Guelma.
PETIT-PORT, O, 190. — Bains de mer.
PETITE-KABYLIE, C, 241.

PHILIPPEVILLE, C, 210, 313.

Hôtels : — d'Orient (petit déj. 1 fr.; déj. 3 fr.; dîner, 3 fr.; chamb., 2 fr. 50;

la journée, 9 fr. 50); — *de France;* — *du Louvre.*
Cafés : — *de Foy;* — *Charles;* — *de Paris;* — *de Provence;* — *du Commerce des Deux-Mondes:* — *du Roulage;* — *du XIXe Siècle;* — *d'Isly;* — *de l'Algérie;* — *de l'Univers.*
Brasserie : — *Tantonville.*
Poste et télégraphe.
Cercles : — *militaire;* — *Union;* — *Sport club;* — *Véloce club.*
Bains : — *français;* — *maures.*
Musée : — à la mairie et au théâtre romain.
Théâtre : — *Café-concert; El-Dorado.*
Banques : — *de l'Algérie;* — *Comptoir d'escompte;* — *Crédit lyonnais;* — *Crédit foncier et agricole de l'Algérie.*
Libraires : — *Bertin; Keller;* Ve *Striebig.*
Journaux : — le *Zéramma;* — le *Colon;* — *l'Union républicaine;* — *Kiosque* aux journaux, sur la place de la Marine.
Photographes : — *Madaule;* — *Goudal;* — *Siéminski.*
Consulats : — Angleterre; — Autriche-Hongrie; — Belgique; — République Argentine; — Confédération helvétique; — Danemark; — Espagne; — Grèce et Portugal; — Italie; — Pays-Bas; — Pérou; — Suède et Norvège; — Suisse.
Omnibus : — pour *Stora,* 50 c. — Les hôtels d'Orient et Gibaud ont chacun un omnibus pour le service des voyageurs.
Voitures de place : — *la course* directe d'un point à un autre pour un parcours de 2 k. au plus, sans arrêt ni retour, 1 fr., avec une 1/2 h. d'arrêt et retour, 1 fr. 50; la course aller et retour sans arrêt, à Stora, Damrémont, Valée, Saint-Antoine et tout autre point distant de 6 k. au plus, 3 fr. (il est dû en sus 1 fr. par demi-heure ou fraction de demi-heure d'arrêt; le retour est dû même lorsque la voiture est renvoyée à vide); — *l'heure,* une seule, 2 fr. 50; lorsque la voiture est retenue plus d'une heure, le prix de l'heure (même de la première) est fixé uniformément à 2 fr.; prix de l'heure après 8 h. du soir, 3 fr.; — *la 1/2 journée* (6 h.), 10 fr.; — *la journée* (12 h.), 18 fr.

Tarif applicable aux breaks et omnibus, lorsque ces voitures sont occupées par plusieurs personnes étrangères les unes aux autres (dans ce cas, les cochers ne sont tenus de marcher que lorsqu'ils ont quatre voyageurs au moins); course directe, *sans arrêt ni retour,* à Stora, Damrémont, Valée, Saint-Antoine ou tout autre point distant de 6 kilomètres au plus : par place, le jour, 50 c.; la nuit, 1 fr.
Chemin de fer de Philippeville à Constantine.
Diligences : — pour *Bône, Jemmapes, El-Arrouch.*
Bateaux à vapeur pour la *France,* la *Tunisie, Malte* et la *côte de l'Algérie* : — Cie Transatlantique; — Touache; — Transports maritimes; — Caillol et Saint-Pierre.

PIC DE L'AKOUKER (LE), A, 102. — Mulets et guides à *Maillot.*
PIC DE GALLAND (LE), A, 101. — Mulets et guides à *Maillot.*
PIC DE MOUZAÏA (LE), A, 70.
PINS (LES), O, 170. — Ch. de f. d'Oran à Ras-el-Mà.
PIRETTE, A, 100. — P. — Restaurants : *Coste; Capdequi.*
PITON (LE) DU DAKLA, A, 73.
PLATRIÈRE (LA), O, 168.
POINTE DE CANASTEL (LA), O, 123.
POINTE PESCADE (LA), A, 22. — Cafés-restaurants : *Catalayud; Dominguez.* — Tramways pour *Alger* et *Guyotville.*
POLYGONE (LE), C, 236.
PONT-ALBIN, O, 141.
PONT-D'AUMALE (LE), C, 234.
PONT-DE-L'EMCHEKEL (LE), C, 303.
PONT-DE-L'ISSER (LE), O, 150. — P et T. — Hôt. : *Hernandez; Pommarès; Roque.* — Dilig. pour *Tlemcen* et *Aïn-Temouchent.*
PONT-DU-CHELIF (LE), O, 189. — P. — Aub. — Dilig. du *Dahra.*
PONT-DU-KAÏD (LE), A, 60.
PONTEBA, A, 65. — P. — Ch. de f. d'Alger à Oran.
PORT-AUX-POULES ou MAKTA, O, 180. — P. — Aub. — Cafés.
PORTES DE FER (LES) ou BIBAN, C, 205.
PORT-GUEYDON ou AZEFFOUN, A, 107,

[RELIZANE] RENSEIGNEMENTS PRATIQUES. *43

311. — P et T. — Aub. — Voit. pour *Tizi-Ouzou* (4 fr.). — Bateaux à vapeur pour *Dellys* et *Alger* (10 fr. et 7 fr.).
PORTO-FARINA ou R'AR-EL-MELAH, T, 402, P et T.
PRÉVOST-PARADOL, V. *Mecheria-Sfa*.
PRUDON, V. *Sidi-Brahim*.
PUITS (LE), A, 60.
PUITS D'ABD-EL-KADER (LE), O, 175.

Q

QUATRE-CHEMINS (LES), A, 30.

R

RABELAIS (BORDJ-AÏN-MERAN), A, 67. — P et T.
RACHGOUN ou HARCHGOUN, O, 168.
RADÈS, V. *Maxula-Radès*, T, 349. — P et T.
RADJEL-AFFROUN, A, 22.
R'AMRA ou GHAMRA, C, 276.
RANDON, C, 292. — P et T. — Ch. de f. de Bône à Guelma.
R'AR-ED-DJEMA, C, 297.
R'AR-EL-KEBIR, T, 386.
R'AR-EZ-ZEMMA, C, 236.
RAS-ADDAR ou CAP-BON, T, 412.
RAS-EL-AKBA, C, 300. — P. — Aub.
RAS-EL-HAMAM, C, 314.
RAS-EL-KASA, T, 353.
RAS-EL-MA, C, 208, 303. — P. — Ch. de f. de Constantine à Alger.
RAS-EL-MA ou BEDEAU, O, 170. — Terminus du chemin de fer d'Oran à Ras-el-Mà. Buvette.
RAS-KAPOUDIA, T, 380.
RAS-KNATER, A, 23.
R'ASOUL, O, 200.
RAS-SALAKTA, T, 380.
RASSAUTA (LA), A, 37.
RAS-TEMENFOUS ou CAP MATIFOU, A, 38.

RAVIN VERT (LE) ou OUED REHHI, O, 135.
RAVIN DE LA FEMME-SAUVAGE (LE), A, 34.
RAVIN DES VOLEURS (LE), O, 165.
R'DIRS-EL-HALLOUF, T, 402.
REFREF, C, 214.
REGHAÏA (LA), A, 97. — P et T. — Ch. de f. d'Alger à Constantine. — Cafés.

RELIZANE, O, 118. — P et T. — Ch. de f. d'Oran à Alger. — Ch. de f. de Mostaganem à Tiaret. — Buffet. — Hôt. : *de la Paix; de Paris; de la Gare*. — Aub. — Cafés. — Dilig. pour *Mostaganem* (4 fr. et 3 fr.) et *Tiaret* par *Zemmora* (7 fr. et 6 fr.).

REMCHI, O, 168. — P et T. — Aub. — Cafés.
RENAN, V. *Mefessour*.
RENAULT, O, 190. — P et T. — Aub. — Cafés. — Voit. pour *Mostaganem* (4 fr. 10 et 3 fr. 10) et *Inkermann*.
REPOS DE SAINTE-HÉLÈNE (LE), A, 75.
RETOUR-DE-LA-CHASSE (LE), A, 93. — Aub. — Café.
RÉUNION (LA), C, 113, 244. — P. — Ch. de f. de Bougie aux Beni-Mansour. — Aub. — Cafés.
REYBEVAL, A, 105. — P et T. — Aub. — Cafés. — Tramways pour *Dellys*.
REYVILLE ou BOU-FICHA, T, 378. — Ch. de f. de Tunis à Sousse.
REZAÏNA, O, 185. — Ch. de f. d'Arzeu à Méchéria.
RFANA, C, 309.
RIBEAUVILLÉ ou BLED-YOUCEF, C, 245. — P et T.
RIO-SALADO, O, 148. — P et T. — Ch. de f. d'Oran à Aïn-Temouchent. — Aub. — Cafés.
RIVET, A, 94. — P et T. — Cafés. — Voitures publiques.
RIVOLI, O, 188. — P et T.
ROBERTVILLE, C, 213. — P et T. — Ch. de f. de Constantine à Philippeville. — Aub. — Cafés. — Dilig. pour *Collo*.
ROCHE PERCÉE, O, 169.

ROCHE POURRIE (LA), A, 75.
ROCHER (LE), O, 142.
ROCHER-DE-SEL (LE), A, 79. — Caravansérail et hôtel.
ROKBAT-MEZZOUDI, O, 167.
ROKNIA, C, 297.
ROND-POINT DES CÈDRES, A, 61.
R'ORFA DES OULAD-SELAMA, A, 95.
ROUFFACH, C, 238. — P et T. — Aub.
ROUIBA, A, 97. — P et T. — Ch. de f. de la Maison-Carrée à Constantine. — Aub. — Cafés.
ROUINA, A, 64. — P. — Cafés.
ROUMADIA, C, 313.
ROUM-ES-SOUK, C, 290. — P. — Aub.
ROVIGO, A, 44. — P et T. — Hôt. : des Eaux-Thermales; Hammam-Mélouan; du Commerce. — Cafés. — Voit. en correspond. avec le chemin de fer (1 fr.). — Dilig. pour Alger (1 fr. 50). — Tramways de Rovigo à Alger par la Maison-Carrée.
RUISSEAU (LE), A, 34. — Restaurants. — Cafés. — Omnibus et corricolos pour Alger (40 c.).
RUSGUNIA, A, 37.

S

SABRA, T, 401.
SABRA (BAIE DE), T, 365.
SADA, C, 272.
SAFSAF, O, 162. — P. — Aub. — Cafés.
SAFSAF, C, 213.
SAHEL (LE), A, 21.
SAHOU-BOU-KOLEIK, O, 204.
SAHOURIA, O, 119. — P. — Ch. de f. d'Alger à Oran. — Aub.
SAÏDA, O, 182. — P et T. — Ch. de f. de Saïda à Arzeu et à Aïn-Sefra. — Hôt. : Grand-Hôtel de la Paix; du Nord; du Midi. — Cafés. — Théâtre. — Bains. — Dilig. de Saïda à Mascara; de Saïda à Géryville.
SAINT-AIMÉ ou DJIDIOUIA, O, 118. — P et T. — Ch. de f. d'Oran à Alger. — Aub. — Cafés.
SAINT-ANDRÉ, O, 138. — P.
SAINT-ANDRÉ, O, 174. — P. — Voit. pour Oran (50 c.).

SAINT-ANTOINE, C, 213. — P. — Cafés.
SAINT-ARNAUD, C, 208. — P et T. — Ch. de f. de Constantine à Alger. — Aub. — Cafés.
SAINT-CHARLES, C, 213, 300. — P et T. — Ch. de f. de Constantine à Philippeville. — Aub. — Cafés. — Correspondance pour Bône-Philippeville.
SAINT-CLOUD, O, 179. — P et T. — Aub. — Café. — Voit. pour Oran (75 c.).
SAINT-CLOUD-SUR-MER, A, 22. — Bains de mer.
SAINT-CYPRIEN-DES-ATTAF, A, 64. — P et T. — Ch. de f. d'Alger à Oran.
SAINT-DENIS-DU-SIG, O, 120. — P et T. — Ch. de f. d'Alger à Oran. — Buvette. — Hôt. : de Mascara. — Restaurant du Petit Louvre. — Cafés. — Brasseries. — Dilig. pour Mascara et Oran.
SAINT-DONAT, C, 208. — P et T. — Ch. de f. de Constantine à Sétif. — Aub.
SAINT-EUGÈNE, A, 22. — P et T. — Hôt. : du Château-Vert; du Beau-Rivage; des Falaises. — Restaurants et cafés. — Tramways et corricolos pour Alger, 20 c.
SAINT-FERDINAND, A, 30. — P.
SAINT-HIPPOLYTE, O, 173. — P.
SAINT-JOSEPH, C, 292. — P. — Ch. de f. de Bône-Guelma. — Aub.
SAINT-LEU, O, 178. — P et T. — Aub. — Cafés.
SAINT-LOUIS, O, 179. — P et T. — Hôt. : Calvagne; de la Place. — Cafés. — Voitures pour Oran (1 fr.).
SAINT-LOUIS ou CARTHAGE, T, 340.
SAINT-LUCIEN, O, 142. — P et T.
SAINT-MAURICE (Zoudj-el-Abbès), A, 38.
SAINTE-AMÉLIE, A, 30.
SAINTE-ANNE, C, 288.
SAINTE-BARBE-DU-TLÉLAT, O, 121. — P et T. — Ch. de f. d'Oran à Alger et d'Oran à Sidi-Bel-Abbès et Tlemcen. — Buvette. — Hôt. : de la Gare; des Voyageurs; de la Colonie. — Cafés. — Voitures pour Mascara et Arbal.
SAINTE-CLOTILDE ou GARBEVILLE, O, 138. — P. — Hôt. Sainte-Clotilde. — Cafés.
SAINTE-LÉONIE, O, 179. — P.
SAINTE-MONIQUE, A, 64.

[SPAX] RENSEIGNEMENTS PRATIQUES. *45

SAINTE-WILHELMINE, C, 214. — P. — Aub.
SAÏR', A, 39.
SAÏRA, C, 273.
SAKHAMOUDI, A, 94. — P.
SALAH-BEY, C, 234.
SALAMANDRE (LA), O, 188. — P.
SALINES (LES), O, 118. — Ch. de f. d'Alger à Oran.
SALINES D'ARZEU (LES), O, 121.
SALTO DEL CAVALLO, O, 138.
SANEG, A, 78.
SANTA-CRUZ, O, 135.
SAOULA, A, 32. — P. — Cafés. — Service pour *Alger* par les omnibus de Douéra (75 c.).
SBEÏTLA (*Suffetala*), T, 402.
SEBA-BIAR, T, 409.
SEBA-REDJEM, O, 203.
SEBBALAT-EL-BEY, T, 347.
SEBBALAT DE KHEIR-ED-DIN, T, 368.
SEBBALAT-FERRICH, T, 383.
SEBDOU, O, 169. — P et T. — Hôt. : *Benoît; Biatgue*. — Restaurants. — Cafés. — Dilig. pour *Tlemcen* (6 fr.).
SEBKHRA D'ORAN ou GRAND LAC SALÉ, O, 147.
SEBKHRA-EL-HANI, T, 384.
SEBKHRA-EL-MELAH, T, 382.
SEBKHRA-EL-MECHGUIG, T, 404.
SEBKHRA-FARAOUN, T, 409.
SEBKHRA-HAMEIMET, T, 406.
SEDDATA, T, 409.
SEDDOUK, C, 244. — Aub.
SEFIA, C, 307.
SEFSIFA, O, 202. — Caravansérail.
SEFTIMI, T, 399.
SENIA (LA), O, 122. — P. — Ch. de f. d'Oran à Alger et d'Oran à Aïn-Temouchent. — Aub. — Cafés. — Voit. pour *Oran* (75 c.).
SEROUALA, O, 175.
SERTEÏ ou KERBET-GUIDRA, C, 206.
SETHIL, C, 274.

SÉTIF, C, 241.

Buffet à la gare.
Hôtels : — *d'Orient* et *du Louvre*; — *de France* (lumière électrique dans les chambres; — *des Colonies*. — Buffet, à la gare.
Cafés et brasseries : — *de France*; —

— *National*; — *des Messageries*. Club cycliste.
Bains : — *français*; — *maures*.
Libraires : — *Rocca* — *Henriot*.
Photographe : — *Clavier*.
Journaux : — *Le Réveil de Sétif*; — *Le Progrès de Sétif*.
Poste et télégraphe.
Chemins de fer : — pour Alger, Constantine, Philippeville, Biskra et Bône.
Diligences : — Luc Barec et Cie, de *Sétif* à *Bougie* (15 fr. 15, 12 fr. 15, 10 fr. 10); — dilig. Barbaroux : de *Sétif* à *Constantine* (coupé 12 fr., intér. 8 fr.); dilig. de *Sétif* à *Msila* par *Bordj-bou-Areridj* (18 fr. et 15 fr.).
Voitures et chevaux à volonté pour le *Châbet-el-Akhra*, prix à débattre.

SEUIL (LE) DE GABÈS, T, 404.
SEVERIANUM, O, 166.

SPAX, ou SFAKÈS, T, 389.

Hôtels-restaurants : — *de France* (7 à 8 fr.); — *de l'Univers*; — *de Paris*; — *du Sahel*; — *d'Orient*.
Cafés : — *Martin*; — *Ruggieri*; — *Robert*; — *Zarka*.
Théâtre.
Poste et télégraphe.
Diligence : — pour *Sousse* (15 et 12 fr.), et *Gabès* (10 fr.).
Bateaux à vapeur : — Cie Transatlantique; — Cie de Navigation générale italienne.
Canots à vapeur pour embarquement et débarquement (50 c.).

SI-AMEUR-BOU-HADJELA, T, 403.
SI-AMOR-EL-MELLITI, T, 372.
SIDI-ABD-ER-REBOU (*Musti*), T, 375.
SIDI-AHMED, T, 365. — Ch. de f. de Tunis à Bizerte.
SIDI-AÏCH, C, 244. — P et T. — Ch. de f. de Bougie aux Beni-Mansour. — Aub. — Cafés.

INDEX ALPHABÉTIQUE. [SIDI-BEL-ABBÈS]

SIDI-ALI-BEN-AMAR, O, 195. — Ch. de f. de Mostaganem à Tiaret.
SIDI-ALI-BEN-YOUB ou CHANZY, O, 170.
SIDI-AMARA, C, 245.
SIDI-AMOR-EL-MELLITI, T, 374.
SIDI-AMRA, O, 168.
SIDI-AMRAM, C, 276.
SIDI-AOUN, C, 279.
SIDI-ATHMAN-EL-HADID, T, 365. — Ch. de f. de Tunis à Bizerte.
SIDI-BADER, C, 310. — Ch. de f. de Bône à Ghardimaou.

SIDI-BEL-ABBÈS, O, 142.

Hôtels : — Continental et d'Orient (8 à 10 fr.); — des Voyageurs.
Restaurants : — Bails; — Cartigny; — Gamé; — Lafaille; — Reydellet.
Cafés et brasseries : — Cédat; — Maydat; — Lailhacar.
Poste et télégraphe.
Bains : — français; — maures.
Cercles : — militaire; — civil.
Banques : — Comp. algérienne; — Comptoir d'Escompte.
Théâtre.
Libraires : — Roidot fils; — Lavenue.
Journaux : — le Sud oranais; — l'Avenir de Bel-Abbès; — l'Eveil; — le Messager de l'Ouest.
Photographes : — Cabessa; — Karsenty.
Chemin de fer : — pour le Tlelat en correspondance avec la ligne d'Oran à Alger; pour Ras-el-Må et pour Tlemcen, par Tabia.
Voitures de places pour promenade, rue Prudon, près de la porte d'Oran.
Diligences : — pour Daïa (10 fr.); — pour Mercier-Lacombe; — pour Ben-Youb et Magenta; — pour Mascara (8 fr. et 6 fr.).

SIDI-BEL-HASSEN, A, 63.
SIDI-BOU-AÏSSI, A, 70.
SIDI-BOU-ALI, T, 380.
SIDI BOU-ATTILA, T, 373.
SIDI-BOU-DJEMA, O, 163.
SIDI-BOU'L-BABA, T, 406.
SIDI-BOU-MEDIN ou EL-EUBBAD, O, 159.
SIDI-BOU-SAÏD, T, 344. — Cafés maures.
SIDI-BRAHIM ou PRUDON, O, 142. — P et T. — Ch. de f. du Tlelat à Ras-el-Må.
SIDI-BRAHIM (Biban), C, 205. — Ch. de f. d'Alger à Constantine. — Buffet.
SIDI-BRAHO, C, 246.
SIDI-DAOUD-EN-NEBI (Missua), T, 375.
SIDI-DENDEN, C, 292.
SIDI-DJELOUL, O, 149.
SIDI-DJILALI-BEN-AMAR, O, 195. — Caravansérail.
SIDI-EL-AR'ERBA, T, 411.
SIDI-EL-HANI, T, 394. — Ch. de f. Decauville de Sousse à Kairouan.
SIDI-FERRUCB, A, 28. — T. — Voitures pour Alger (1 fr. 50).
SIDI-FETHALLA, T, 349.
SIDI-HEMESSI, C, 310. — Ch. de f. de Bône à Ghardimaou.
SIDI-KEBELOUB, C, 272.
SIDI-KHALED, O, 145. — P.
SIDI-KHALED, C, 273, 311.
SIDI-KHRALEF, A, 27.
SIDI-KHRALIFA (Aphrodisium), T, 356.
SIDI-KHELIL, C, 275.
SIDI-KHELTAB, O, 194. — Ch. de f. de Mostaganem à Tiaret.
SIDI-KHERICH, T, 406.
SIDI-L'HASSEN, O, 145. — P et T. — Cafés.
SIDI-MABROUCK, C, 237. — Ch. de f. d'Alger à Constantine.
SIDI-MADANI, A, 48, 70. — Ch. de f. de Blida à Berrouaghia. — Arrêt pour la visite aux gorges de la Chiffa.
SIDI-MAKHLOUF, A, 81. — Caravansérail.
SIDI-MAROUF, O, 178.
SIDI-MECID, C, 230. — Eaux thermales. — Restaurant.
SIDI-MEHEDDEB, T, 393.
SIDI-MEROUAN, C, 238. — P et T.
SIDI-MESKIN, T, 362. — Ch. de f. de Tunis à Ghardimaou.
SIDI-MESRICH, C, 213. — P. — Aub. — Café.
SIDI-MOHAMMED-BEN-AOUDA, O, 195. — Ch. de f. de Mostaganem à Tiaret.
SIDI-MOHAMMED-MOUSSA, C, 272.

SIDI-MOUSSA, A, 44. — P et T. — Cafés-restaurants.
SIDI-NACEUR, C, 239.
SIDI-NASSAR ou FOY, C, 295. — P.— Hôt. d'Orient. — Dilig. pour Philippeville, Bône et Guelma.
SIDI-OKBA, C, 270. — Taverne Faurisson (repas, vin et café compris, 4 fr.); M. Faurisson peut servir de guide. — Voit. publiques de Biskra, départ à 8 h. m.; retour à 5 h. s., 1 fr. 50; voitures particulières, 20 fr.
SIDI-RACHED ou MONTEBELLO, A, 40.
SIDI-RACHED, C, 276. — Relais de voiture pour Tougourt.
SIDI-REHAN, C, 249. — Aub.
SIDI-RILAS ou NOVI, A, 54.
SIDI-SALAH, C, 271.
SIDI-SALAH, T, 408.
SIDI-SALEM-BOU-R'ARA, T, 416.
SIDI-SLIMAN, O, 149. — C, 276.
SIDI-TAMTAM, C, 298.
SIDI-TETOUAÏ, T, 375.
SIDI-TIFOUR, O, 198.
SIDI-YAHIA, C, 312.
SIDI-YOUCEF, O, 168.
SIDI-ZEHILI, T, 359.
SIGA ou TAKEBRIT, O, 168.
SIGUS (Bordj-Zekri), C, 280. — P. — Ch. de f. des Oulad-Rahmoun à Aïn-Beïda. — Aub. — Cafés.
SIKH-OU-MEDDOUR, A, 108.
SILA, C, 280. — Ch. de f. des Oulad-Rahmoun à Aïn-Beïda.
SILLÈGUE, C, 238. — P. — Aub. — Cafés.
SILOS (LES), O, 119, 189. V. Clinchant.
SI-MOHAMMED-NOGUÈS, T, 404.
SINDJÈS, A, 62.
SIRAT, O, 119, 189. — P.
SKIRA (LA), T, 390.
SLOUGUÏA, T, 372.
SMALA (LA) DES SPAHIS, A, 68.
SMENDJA, T, 352. — Ch. de f. de Tunis à Zaghouan et au Kef par le Fahs.
SMENDOU ou CONDÉ-SMENDOU, C, 215.
SOLIMAN, T, 384. — P et T. — Ch. de f. de Tunis à Menzel-bou-Zalfa.
SOMA (Fornier), C, 298.
SOMA-TASBENT, C, 310.
SOUAMA, A, 113.
SOUAMA, O, 195. — Ruines.
SOUF (LE), C, 278.
SOUIGA, O, 185. — Ch. de f. d'Arzeu à Aïn-Sefra.
SOUK-AHRAS, C, 305. — P et T. —

Buffet du chemin de fer. — Hôt. : Grand Hôtel de l'Univers (8 fr.). — Libraire : Luigi. — Cafés. — Cafés-concerts. — Théâtre. — Chemins de fer : pour Bône et Constantine par Duvivier; pour Tebessa; Tunis. — Dilig. pour Bône.
SOUK-ALI, A, 45.
SOUK-EL-ARBA, T, 359. — P et T. — Ch. de f. de Tunis à la frontière algérienne. — Buffet. — Hôt. : de la Gare; Gassin; de la Poste; Héraud; Vᵉ Bayle; Enjalvin. — Cafés. — Dilig. pour le Kef (5 fr.); Aïn-Draham (5 fr.), Tabarka (10 fr.).
SOUK-EL-DJEMA, A, 104. — T, 371. — P et T. — Cafés.
SOUK-EL-ETNIN, C, 249.
SOUK-EL-HAD, A, 98. — P. — Ch. de f. d'Alger à Constantine. — Cafés.
SOUK-EL-KMIS, T, 359. — Ch. de f. de Tunis à Ghardimaou.
SOUK-EL-KHRAMIS, A, 100. — C, 249.
SOUK-EL-MITOU ou SOUR-KELMITOU ou BELLE-VUE, O, 194. — P. — Aub. — Dilig. pour le Dahra.
SOUK-ES-SEBT, A, 63.
SOUK-EL-TLETA, C, 213.
SOUMA, A, 49. — P et T. — Aub. — Cafés.
SOUMMAM (LA), C, 244. — P et T. — Cafés.
SOURCE DES LIONS (LA), C, 214.
SOUSSE, T, 380. — P et T. — Hôt. : Grand-Hôtel de France, près de la gare de Kairouan, tenu par F. Elophe; du Sahel, en ville. — Café-restaurant et chambres de Belle-Vue. — Cafés. — Librairie Petit, Vendel et Cⁱᵉ.— Journaux : L'Avenir de Sousse; Le Progrès du Sud. — Bains de mer. — Chemin de fer de Sousse à Tunis; Decauville pour Kairouan. — Ed-Djem (7 fr. 50 et 6 fr.); Sfax (15 et 12 fr.). — Voitures de place, avenue de la Marine, (1 fr. 50 l'heure, 50 c. la course) et chevaux. — Bateaux à vapeur pour la côte de la Tunisie : Cⁱᵉ Transatlantique ; Cⁱᵉ générale de Navigation italienne.
STAOUÉLI, A, 28. — P. — Voit. pour Alger (1 fr. 50).
STIDIA (LA), O, 192. — P.
STITEN, O, 198.
STORA, C, 212. — P et T. —

Cafés. — Voit. pour *Philippeville* (50 c.).
STRASBOURG, C, 239. — P.
SUFFETALA (*Sbeïtla*), T, 402.

T

TABABOR, C, 241.
TABARKA, T, 361. — P et T. — Hôt. *Tiret*. — Cafés. — Dilig. pour *Souk-el-Arbâ* (10 fr.).
TABAROURT, A, 113.
TABIA, O, 145. — P. — Ch. de f. d'Oran à Ras-el-Mâ et ch. de f. de Sidi-Bel-Abbès à Tlemcen. — Cafés.
TABLAT, A, 94. — P et T. — Cafés. — Dilig. d'*Alger* à *Aumale*.
TABOUI-AHMED, C, 272.
TADJROUNA, O, 203.
TAER-RASHOU, C, 272.
TAFARAOUI, O, 148. — P. — Aub. — Cafés.
TAFFAMAN ou DESCARTES, O, 145. — Ch. de f. de Tabia à Tlemcen.
TAFNA (LA), O, 169.
TAFRAOUA, O, 169, 184. — P. — Ch. de f. d'Arzeu à Aïn-Sefra.
TAGUIN, A, 77.
TAHER, C, 239. — P et T. — Aub. — Cafés.
TAHER-RASHOU, C, 272.
TAÏA, C, 297.
TAJEMOUT, A, 84.
TAKDEMT, O, 195. — Ch. de f. de Mostaganem à Tiaret.
TAKDEMPT-TOUABET, A, 105. — Café.
TAKEBRIT, O, 168.
TAKITOUNT, C, 247. — P. — Dilig. de *Sétif* à *Bougie*.
TAKLIT-AÏT-AKSOU, A, 114.
TAKNERBOURT, A, 114.
TAKOURT, A, 100.
TAKRICH, C, 244.
TAKROUNA, T, 379.
TAKSEBT, A, 106.
TAKSIRT, A, 106.
TALA-EL-MOUIDI, C, 276.
TALA-RANA, A, 104, 112.
TALA-TAZA, A, 112.
TAMALOUS, C, 213.
TAMARINS (LES), C, 263. — Ch. de f. de Constantine à Biskra. — Caravansérail. — Aub. *Tacou*.
TAMAZIRT, A, 108.
TAMELHAT, C, 280.
TAMZOURA, O, 148. — P et T. — Aub.
TAOUÏALA, O, 198.
TAOURA ou TAGURA, C, 306.
TAOURIRT-IRIL ou FENAÏA, C, 113.
TAOURIRT-MIMOUN, A, 111.
TARF (LE), C, 289. — T.
TARIA, O, 182. — P. — Ch. de f. d'Arzeu à Aïn-Sefra.
TARGUI, A, 90.
TARJA, C, 310. — Ch. de f. de Bône à Ghardimaou.
TAR'ZOUT, C, 279.
TATAHOUIN, T, 393.
TATEN-YAHYA, O, 170. — Ch. de f. d'Oran à Ras-el-Mâ.
TAXAS, C. 281. — Ch. de f. de Constantine à Aïn-Beïda.
TAZMALT, C, 243. — Aub. — Ch. de f. de Bougie aux Beni-Mansour.

TEBESSA, C, 307. — P et T. — Hôt. *de la Métropole* (8 fr.); *Perez*. — Cafés et brasseries. — Cercle militaire. — Dilig. pour *Aïn-Beïda* (coupé, 15 fr. 10, int. 10 fr. 10). — Chevaux et mulets pour *Khrenchela*. — Chemin de fer pour *Souk-Ahras*.

TEBOULBA, T, 392, 414.
TEBOURBA, T, 356. — P et T. — Ch. de f. de Tunis à Ghardimaou.
TEBOURSOUK, T, 372. — P et T. — Aub. — Dilig. pour *Medjez-el-Bab*.
TEFACEDT (*Tipasa*), A, 50. — Hôtel. — Voit. pour *Marengo* (1 fr.).
TEFESCHOUN, A, 42. — P. — Cafés.
TEKBALET, O, 149. — P et T.
TELAGH, O, 145. — P et T.
TELAMIN, O, 179.
TELERGMA, C, 208. — Ch. de f. d'Alger à Constantine.
TEMACIN, C, 279.
TEMLOUKA ou MONTCALM, C, 282.
TEMOULGA, A, 64. — Ch. de f. d'Alger à Oran.
TEMSALMET, O, 142.
TENÈS, A, 69, 122. — P et T. — Hôt.: *des Arts*; *Saint-Paul*. — Maisons

[TLEMCEN] RENSEIGNEMENTS PRATIQUES. *49

garnies. — Cafés. — Brasseries. —
Dilig. pour *Orléansville*.(5 fr.). — Bateaux à vapeur Franceschi et Cie pour *Alger* (12 fr. et 8 fr.).
TENIET-EL-BOGHOI, O, 204.
TENIET-EL-HAD, A, 60. — P et T. Hôt.: *Roure* ou *du Commerce* (8 fr.); *de la Place*; *d'Orient*. — Cafés. — Brasseries. — Eaux thermales. — Chevaux et mulets à l'hôtel Roure pour la *Forêt des Cèdres*. — Dilig. pour *Affreville*, correspond. du ch. de f. d'Alger à Oran (coupé 6 fr.; int. 5 fr.).
TENIET-TIZIN, C, 265.
TENIRA, O, 145, 175. — P et T. — Aub.
TERNI, O, 169.
TERNIFIN ou PALIKAO, O, 175. — Voit. pour *Mascara* (2 fr.).
TESSALA, O, 144. — P. — Aub.
TESTOUR, T, 371. — P et T.
THALA, T, 376. — P et T. — Aub.
THAMUGADI (*Timgad*), C, 259. — Voitures et provisions à Batna, chez M. Bournat, hôtel *des Etrangers*. — Abri où l'on déjeune.
THIERS, A, 100. — P. — Ch. de f. d'Alger à Constantine; buvette.
THIERSVILLE, O, 182. — P et T. — Ch. de f. d'Arzeu à Aïn-Sefra. — Cafés.
TIARET, O, 195. — P et T. — Terminus du ch. de f. de Tiaret à Mostaganem. — Hôt.: *d'Orient* (8 fr.); *du Commerce*; *de l'Univers*. — Cafés. — Bains maures. — Dilig. pour *Mostaganem*; *Relizane*, par *Zemmora*.
TIFECH ou TIPASA, C, 306.
TIFOUR, O, 118.
TIGREMOUN (LE), A, 99.
TIJDIT, O, 188.
TIKLAT, C, 255.
TILATOU, C, 264.
TILR'EMT, A, 86.
TIMGAD (*Thamugadi*), C, 259. V. à Batna pour l'excursion.
TIMEDERT, O, 198.
TIN-BRAHIM, O, 184. — Ch. de f. d'Arzeu à Aïn-Sefra.
TINSILT et MZOURI, C, 256. — Ch. de f. de Constantine à Biskra.
TIOUT, O, 186. — Chevaux, mulets (5 fr.) et guides (4 fr.) à Aïn-Sefra pour l'excursion à Tiout.
TIPASA ou TEFACEDT, A, 50. — P et T. — Hôtel. — Voit. pour *Marengo* (1 fr.).

TIPASA ou TIFECH, C, 306.
TIRKOUNT, O, 185. — Ch. de f. d'Arzeu à Aïn-Sefra.
TIR'IL-BOU-KBAIR, A, 113.
TIXERAIN, A, 31. — Voit. pour *Alger* (75 c.).
TIXERIDEN, A, 114.
TIXTER, C, 208. — Ch. de f. d'Alger à Constantine.
TIZI, O, 181. — P et T. — Ch. de f. d'Arzeu à Aïn-Sefra. — Buffet. — Aub. — Ch. de f. de Tizi à Mascara.
TIZI-NBECHAR, C, 248.

TIZI-OUZOU, A, 107. — P et T. — Terminus du ch. de f. de Ménerville à Tizi-Ouzou. — Hôt.: *Grand Hôtel Lagarde* ou *des Postes* (8 à 10 fr.); *du Roulage*. — Voitures particulières pour *Fort-National* (30 fr. aller et retour). — Chevaux, mulets et guides. — Cafés. — Dilig. A. Boniffay pour *Fort-National* (5 fr. 50 et 4 fr. 50). — Service t. l. j. pour *Temda*, *Fréa* et *Azagza*.

TIZI-RENIF, A, 100. — P et T. — Cafés.
TLÉLAT (LE) ou SAINTE-BARBE-DU-TLÉLAT, O, 121. — Tête du ch. de f. de Tlélat à Ras-el-Má et à Tlemcen par Sidi-bel-Abbès. — Buffet.

TLEMCEN, O, 151. — Situation, aspect général, 151. — Histoire, 152. — Description, 153. — Le Méchouar, 153. — Hôtel de ville et musée, 154 — Mosquées, 155, 156, 158. — Kissaria, 157. — Eglise, 157. — Le Saridj, 158. — Excursions, 158.

Hôtels: — *de France* (E. Carraud) 8, 9 et 10 fr. par j.; omnibus pour le ch. de fer (50 c.); — *du Commerce*; — *d'Italie*.
Cafés et brasseries.
Poste et télégraphe.
Bains maures.

ALGÉRIE. — 1898. d

INDEX ALPHABÉTIQUE.

Bains français : — *Temma de Castelletti*.
Banque de l'Algérie : — *succursale* ; — *Comptoir d'Escompte*.
Libraires : — *Barisain* ; — *Desbonnet*.
Journaux : — *Le Courrier de Tlemcen* ; — *La Tafna* ; — *l'Avenir de Tlemcem*.
Photographe : — *Jouve*.
Théâtre : — dans une des salles de la Mairie (représentations très intermittentes).
Chemin de fer : — de Tlemcen à Sidi-Bel-Abbès par Lamoricière, Aïn-Tellout et Tabia.
Diligences : — *Générales* ; — *du Commerce*, pour Aïn-Temouchent (7 fr. et 6 fr.), Nemours, Magrnia, Beni-Saf (10 fr.), Sebdou (6 fr.).

TNOUKLA, C, 270.
TOBNA, C, 207.
TOLGA, C, 273. — Lits et table de famille chez M. Vincent. — Voit. de *Biskra*, dép. à 7 h. m. ; arrivée à midi ; de *Tolga*, dép. à 2 h. s., arrivée à 7 h. s. ; 3 fr.
TOMBEAU DE LA CHRÉTIENNE (LE) ou KBOUR-ER-ROUMIA, A, 40.
TOMBEAU DE LA NEIGE (LE), C, 244.
TOMBEAU DE QUINTUS FLAVIUS (LE), C, 258.
TOUAT-CHEIKH, T, 404.
TOUDJA, C, 114, 255.
TOUFANA, C, 262.
TOUGOURT (forêt de cèdres), C, 258. — Voiture, 25 fr. la journée, 15 fr. la 1/2 journée.
TOUGOURT, C, 276. — P. et T. — Hôt. — Service de voitures de *Biskra* à *Tougourt* ; bureau à Biskra, hôt. de l'Oasis. Départ de Biskra comme de Tougourt à 4 h. du m., les lundis, mercredis et vendredis ; les j. d'arrivée sont les mardis, jeudis et samedis, à 5 h. du soir. — A Mraïer, mi-chemin, échange de correspondances et de voyageurs. — Prix de la place, 40 fr. — Les voitures particulières se louent à Biskra de 300 à 350 fr., les vivres en plus, pour 10 j. L'aga de Tougourt a des chambres à la disposition des voyageurs. 2 jours sont consacrés

a Tougourt et à Temacin ; les 4 derniers j., au retour. Service intermittent (bien s'informer).
TOUIFZA, O, 185. — Ch. de f. d'Arzew à Aïn-Safra.
TOUMIET, C, 215.
TOUNIN, O, 189. — P. — Cafés.
TUZEUR, T, 410. — P. et T.
TRAPPE DE STAOUELI (LA), A, 27. — Voit. pour *Alger* (1 fr. 50).
TREMBLES (LES), A, 94. — P.
TREMBLES (LES), O, 142. — P. et T. — Ch. de f. du Tlelat à Ras-el-Ma. — Aub.
TRIK-EL-CARETA, C, 307.

TRIPOLI de Barbarie, 416. — *Grand-Hôtel transatlantique* (10 fr.). — *Cercle du Progrès*. — Chevaux et mulets pour l'oasis de Mechia. — Bateaux à vapeur de la C¹ᵉ Transatlantique, de Malte à Tunis.

TROGLODYTES (PAYS DES), T, 387.
TROIS-MARABOUTS (LES), O, 149. — P.
TROIS-PALMIERS (LES), A, 68. — P.
TROIS-RIVIÈRES (LES), O, 174.
TUGGA, T, 374.

TUNIS, 325. — Situation, aspect général, 325. — Histoire, 326. — Principales curiosités, 328. — Description, 328. — *Le quartier franc*. — Résidence française, 329 ; Fondouk el-R'alla, 329. — Gare, 329. — Cathédrale, 329. — Industrie, commerce, 335. — *Medina*, 330 ; Bab-el-Bahar, 330 ; église de la Trinité, 330 ; Grande-Mosquée, 330 ; les bazars, 331 ; djama Ben-Ahrous, 331 ; Kasba, 332 ; Dar-el-Bey, 332 ; djama Sidi-Mahrès, 333 ; Bab-Souika, 333 ; Place Halfaouin, 333 ; djama Sahab-el-Tabadji, 333. — Bab-Sadoun et remparts, 333. — Bab-Djezira ; Bab-Djedid, 334 ; Château d'eau, 334 ; le grand cimetière, 334 ; Fort de Bel-Hassen, 334.

[TUNIS] RENSEIGNEMENTS PRATIQUES. 51

Hôtels : — *Grand-Hôtel* (de 12 à 15 fr.); — *de Paris*; télégraphier (de 10 à 12 fr. 50 par j.); ces deux hôtels ont un omnibus pour le chemin de fer (50 c.); — *du Louvre*; — *Gigino*; — *J.-B. Eymon*; — *Grand Hôtel de France*; — *Terminus*.

Restaurants : — *de la Nouvelle-Tunisie*; — *de Genève*; — *de la Gare*; — *des Gourmets*; — *du Bel-Ombrage*; — *des Colons*; — *du Nord*.

Appartements meublés : — de 30 à 60 fr. par mois; femmes de ménage et cuisinières italiennes ou maltaises, 40 à 60 fr. par mois.

Cafés européens : — *de Paris*, avenue de France, journaux français, cours de la Bourse, dépêches Havas, indicateurs des chemins de fer et des paquebots; — *Café-glacier*, avenue de France; — *de France*, où le théâtre est provisoirement installé; — *de Tunis*, restaurant; — *de la Bourse*; — *Café chantant* et parfois *théâtre*; —. *Cafés maures* dans toute la ville.

Brasseries : — *du Phénix*, rue Amilcar; *de France*; *de la Bourse*; *du Paradis*; *d'Orient*.

Cercles : — *Militaire*; *de l'Union*; *de Tunis*, avenue de France, 16; *Européen*, rue de la Commission. — *La Gauloise*, société française de gymnastique.

Poste et télégraphe; téléphone : bureaux : rue d'Italie ; la poste, ouverte de 7 h. m. à 9 h. s.; le télégraphe, de 7 h. m. à minuit.

Bains : — *français*; — *maures*.

Banques : — *Banque de la Tunisie*, rue Es-Sadikia ; — *Compagnie algérienne*, 12, rue de Hollande ; — *Société générale de l'Algérie*, 11, rue d'Espagne; — *Comptoir d'Escompte de Tunis*, rue de Hollande.

Changeurs : — place de la Bourse.

Grands bazars : — avenue de France, 22; — rue Al-Djezira.

Armurier : — *L. Boury*, 25, rue Al-Djezira.

Pharmacien : — *Chabert*, 3, avenue de Paris; — *Née*, 19, rue d'Italie; — *Gagliardo*, avenue de France.

Théâtres : — *Français*, 9, avenue de France; — *Italien*, rue d'Allemagne; — *Folies-Bergère*; — *Politeama paradiso*, 3, avenue de France; — *Salle philharmonique*, 29, rue Al-Djezira.

Imprimerie officielle : — à la Kasba; — *Journal officiel tunisien*; — *Borrel*, avenue de la Marine; — *Finzi*, rue de la Commission; — *franco-tunisienne*, rue des Glacières.

Journaux : — *Agence Havas*, 2, rue de l'Eglise. — *Officiel*, avenue de France ; — *la Dépêche Tunisienne*, 20 fr. par an; — *le Protectorat*, 10 fr. par an ; — *la Tunisie Française*, 8 fr. par an ; — *la Revue Tunisienne*, 15 fr. par an.

Librairies et papeteries : — V° *Demoflys*, avenue de France ; — *Brun*, rue El-Djezira; — *Finzi*, rue El-Djezira; — *Amico*, avenue de France; — *librairie parisienne*, avenue de France.

Photographes : — *Catalanotti*; — *Garrigues*; — *Albert*; — *F. Soler*.

Tramways : — quatre lignes (10 c. la course); de l'Avenue de la Marine à la Douane (10 c.); de la porte de France à Bab-Djezira et à la Kasba (5 c.), et de la porte de France à Bab-Souika et à la Kasba (5 c.), par la rue des Maltais, ce qui permet de faire le tour de Tunis (Medina), pour 30 c. — Tramways pour *le Belvédère*, 15 c. ; — pour *l'Ariana*, 30 c. ; — pour *Sidi-ben-Assen*, 20 c.; — Du *Belvédère* à *l'Ariana*, 20 c.

Voitures : — à 2 chevaux, 4 places; de remise : la journée, 20 fr. La course en ville, 1 fr. 60; l'heure en ville, 2 fr. 40; hors de la ville, 3 fr. ; — de place : la journée, 15 fr. ; la course en ville, 1 fr. ; l'heure en ville, 1 fr. 80 ; hors de la ville, 2 fr. 40. — Dilig. pour *Sousse*; t. l. j.; (coupé, 20 fr., intér. 12 fr. ; banquette, 9 fr.). — Dilig. pour *Bizerte*, s'informer.

Chevaux de selle : — la journée, 9 fr. ; l'après-midi, 3 fr.

Chemins de fer : — de Tunis au Bardo, à la Marsa et à la Goulette; de Tunis à Hammam-Lif et à Sousse; de Tunis à Menzel-bou-Zalfa; de Tunis à Nebeul; de Tunis à Zaghouan et au Fahs; de Tunis à Souk-Ahras (Algérie); de Tunis à Bizerte. — V. les indicateurs spéciaux pour les heures de départ, les distances et le tarif.

Bateaux à vapeur (ils arrivent direc-

tement devant Tunis) : — Cie générale Transatlantique, pour la *France*, *Alger, Sousse, Malte* et *Gênes;* bureaux avenue de France. — Société générale des transports maritimes. — Société Touache et Cie, *la côte tunisienne.* — Cie de Navigation générale italienne, *la côte tunisienne.*
Bateaux-mouches pour *la Goulette*, 10 départs par j., 30 c.; aller et retour, 50 c.

TUNISIE, p. 315. — Situation, 315. — Division naturelle, 315. — Orographie, 316. — Hydrographie, 316. — Climat, 317. — Règne végétal, 318. — Règne minéral, 318. — Règne animal, 319. — Population, 320. — Administration, 320. — Divisions administratives, 320. — Divisions militaires, 321. — Justice, 321. — Religion, 321. — Instruction publique, 322. — Travaux publics, 323. — Industrie et commerce, 324.

U

UNION-DU-SIG (L'), O, 121.
UTIQUE ou BOU-CHATEUR, 348.
UZAPPA, T, 370.
UZÈS-LE-DUC, *V. Fortassa.*

V

VAGAL, O, 117.
VALÉE, C, 213. — P.
VALLÉE DES CONSULS (LA), A, 24.
VALLÉE DES JARDINS (LA), O, 194.
VALLÉE DES SINGES, C, 255.
VALMY ou LE FIGUIER, O, 122. — P. — Ch. de f. d'Oran à Alger. — Buvette. — Aub. — Cafés.

VATTIGNIE, A, 64.
VAUBAN (BIR-SAFSAF), A, 64. — P et T. - Cafés.
VESOUL-BENIAN, A, 57. — P et T. — Ch. de f. d'Alger à Oran.
VIEIL-ARZEU ou BOTIOUA, O, 178.
VIEUX-KOUBBA, A, 36. — Voit. pour *Alger* (80 c.).
VIEUX-TENÈS, A, 68.
VILLEBOURG, A, 54. — P.

W

WARNIER (LES CINQ PALMIERS), A, 67, — P.
WATIGNIES, A, 64. — P. — Café.

Y

YERROUM, A, 70.

Z

ZAATCHA, C, 273.
ZAB ou ZIBAN, C, 270.
ZAHREZ (LE), A, 79.
ZAGHOUAN, T, 352. — P et T. — Aub. — Dilig. pour Tunis; — Terminus du ch. de f. de Tunis à Zaghouan.
ZAKKAR (LE), A, 81.
ZAKKAR ou MARGUERITTE, A, 59.
ZAMA, T, 358.
ZAMOURA, C, 206.
ZANFOUR, T, 371.
ZAOUÏA DE SIDI AOUN, C, 279.
ZAOUÏA DE SIDI BOU-HADJELA, T, 354.
ZAOUÏA DE TAMELH'AT, C, 280.
ZAOUÏA-SEDAGNA, T, 402.
ZAOUÏET-EL-MADJEB, T, 409.

Zaouïet-es-Soussa, T, 387.
Zaouïet Riab, C, 275.
Zaouria, C, 306. — P.
Zarzis, T, 416. — P et T. — Cantine.
Zeddin, A, 64.
Zeffoun ou Azeffoun, Port-Gueydon, A, 107. — Bateaux à vapeur pour *Alger* (10 fr. et 7 fr.).
Zelemta, O, 175.
Zelten, T, 392.
Zembra (Ile), T, 386.
Zembretta (Ilot), T, 386.
Zemmora, O, 118. — P et T. — Hôt. : *Castel; Soulier.* — Cafés.
Zeraïa, C, 238. — P et T.
Zeralda, A, 38. — P et T — Café. — Voitures d'*Alger* à *Koléa* par *Zeralda*.

Zeriba, T, 354, 372.
Zeribet-Ahmed, C, 272.
Zeribet-el-Oued, C, 271.
Zerizer ou Beni-Salah, C, 289. — P.
Zghoum, C, 279.
Ziama ou Choba, C, 241.
Ziffilès, O, 145.
Zitouna ou Bessonbourg, C, 214.
Zmelat, A, 80.
Zouam, T, 338.
Zouaouine, T, 369.
Zoudj-el-Beghal, *Maroc*, 166.
Zoudj-el-Abbès ou Saint-Maurice, A, 56., T, 369.
Zouïtin, T, 371.
Zramedine, T, 387.
Zurich, A, 51. — P. — Dilig. pour *Cherchel* et *Marengo*.

TABLE MÉTHODIQUE

TABLE MÉTHODIQUE DES MATIÈRES............................ I

PRÉFACE VII

ENSEIGNEMENTS GÉNÉRAUX ET CONSEILS PRATIQUES AUX VOYA-
GEURS... IX

   A. Plan de voyage. Modèles d'itinéraires........... IX
   B. Budget de voyage, hôtels, etc................... XV
   C. Passeports...................................... XVI
   D. Moyens de transport............................. XVI
      1° Bateaux à vapeur, XVI ; — 2° Chemins de
      fer, XXI ; — 3° Diligences, XXIII ; — 4° Che-
      vaux et mulets, XXIII............................
   E. Postes.. XXIII
   F. Télégraphes XXIII
   G. Monnaies, poids et mesures...................... XXV
      1° Algérie, XXIII ; — 2° Tunisie, XXIV...........
   H. Calendrier musulman............................. XXV
   I. Vocabulaire XXV
   J. Glossaire topographique......................... XXVIII
   K. Hygiène.. XXXI

PRODUCTION XXXIV

§ 1. — *Aperçu géographique et administratif*........ XXXIV
   Situation.. XXXIV
   Divisions naturelles............................... XXXIV
   Orographie... XXXV
   Hydrographie....................................... XXXVI
   Climat... XXXVII
   Productions du sol................................. XXXVIII
      Forêts... XXXVIII
      Arbres à fruits.................................. XXXVIII

TABLE MÉTHODIQUE.

Vignes.. XXXIX
Céréales.. XXXIX
Plantes industrielles... XXXIX
Métaux.. XXXIX
Eaux thermales et minérales................................. XXXIX
Salines; sources salées; sel gemme....................... XXXIX
Forages artésiens... XL
Marbres et pierres.. XL
Autres matériaux.. XLI
Animaux sauvages... XLI
Animaux domestiques.. XLI
Oiseaux.. XLII
Reptiles, insectes, mollusques, etc........................ XLIII
Population.. XLIV
    Recensement de 1891....................................... XLIV
    Dénombrement par nationalité........................... XLV
    Population indigène... XLV
    Les Berbères ou Kabyles................................... XLV
    Les Arabes.. XLVII
    Les Maures... XLVIII
    Les Koulour'lis.. XLIX
    Les Nègres.. XLIX
    Les Juifs... XLIX
    Les Berranis... L
    Les Khouans ou confréries religieuses............... LI
    Administration des indigènes............................. LIII
    Population civile européenne............................. LIV
Armée.. LV
Administration.. LVI
Cultes.. LVII
Instruction publique.. LVII
    Enseignement des Européens............................ LVII
    Enseignement des indigènes............................. LVIII
Colonisation... LVIII

§ 2. — *Histoire*.. LVIII
    1° Avant la conquête.. LVIII
    2° Conquête... LX

ABRÉVIATIONS... LXVII

TABLE MÉTHODIQUE.

ITINÉRAIRE DE L'ALGÉRIE ET DE LA TUNISIE

PREMIÈRE SECTION
PROVINCE D'ALGER

Routes.
1. Alger... 1
2. Le Sahel, environs d'Alger... 21
   A. D'Alger à Guyotville par Saint-Eugène......................... 21
   B. D'Alger à Notre-Dame d'Afrique................................ 23
   C. D'Alger au Frais-Vallon....................................... 24
   D. D'Alger au Bou-Zaréa par El-Biar.............................. 25
   E. D'Alger à Sidi-Ferruch, par Chéraga, la Trappe de Staouéli.... 27
   F. D'Alger à Douéra.. 29
   G. D'Alger à Birkadem, par Birmandraïs........................... 31
   H. D'Alger à Hussein-Dey, par le Jardin d'Essai.................. 32
   I. D'Alger à Kouba... 35
   J. D'Alger au Cap Matifou, par la Maison-Carrée.................. 36
   K. D'Alger à Koléa... 39
   L. D'Alger au Tombeau de la Chrétienne (Kbour-er-Roumia)......... 40
      A. par El-Affroun et Marengo.................................. 40
      B. par Koléa.. 42
3. D'Alger à Orléansville. — Rovigo; Blida; Cherchel; Hammam-Rhira; Miliana; Teniet-el-Hâd; Forêt des Cèdres; Ouarsenis; Tenès.. 43
4. D'Alger à Laghouat, par Médéa...................................... 70
   A. par le chemin de fer... 70
   B. par la route de voitures....................................... 75
   Boghar, 76; Chellala, 77; Le Mzab, 85; El-Goléa, 89; Ouargla, 91.
5. D'Alger au Fondouk... 92
6. D'Alger à Aumale. — Bouïra; Bou-Sada............................... 93
7. D'Alger aux Beni-Mansour. — Dra-el-Mizan; le Pic de Galland; l'Akouker.. 97
8. D'Alger à Fort-National par Tizi-Ouzou. — Dellys; la Kabylie, Lella-Khredidja. — De Bougie à Fort-National, 104. A. par le col de Tamella; B. par Tirilbou-Kbaïr; C. par le col de Chellata, 113. — Les Beni-Mansour par Tiourda, 114.

DEUXIÈME SECTION
PROVINCE D'ORAN

9. D'Alger à Oran... 117
   A. Par le chemin de fer... 117
   B. Par mer.. 122

TABLE MÉTHODIQUE.

10. Oran	123
11. Environs d'Oran	134
A. Ravin-Vert ou Oued-Rehhi. — Eckmül	135
B. Santa-Cruz	135
C. Le Mourdjadjo	136
D. Le Camp des Planteurs	137
E. Mers-el-Kebir; Bains de la Reine	137
F. Aïn-el-Turk	140
G. Bou-Sfer	140
H. Misserghin	141
12. D'Oran à Tlemcen	142
A. Par le chemin de fer, par Sidi-Bel-Abbès	142
B. Ch. de fer et dilig., par Aïn-Témouchent	147
Excursions : 1° Agadir et le bois de Boulogne; 2° El-Eubbad ou Sidi-Bou-Médin ; 3° El-Ourit, Aïn-Fezza; 4° Ouzidan; 5° Aïn-el-Hout; 6° Mansoura. Nemours; Rachgoun; Sebdou, 158.	
13. D'Oran à Ras-el-Mâ	169
14. D'Oran à Mascara	170
A. Par le chemin de fer	170
B. Par la route de terre	176
15. D'Oran à Arzeu	177
A. Par le chemin de fer	177
B. Par la route de terre	178
16. D'Arzeu à Aïn-Sefra, par Saïda	179
17. D'Oran à Mostaganem	187
A. Par le chemin de fer	187
B. Par la route de terre; le Dahra	193
18. De Mostaganem à Tiaret, par Relizane. — Géryville; Djebel-Amour; les Arbaouât; R'asoul; Brezina, 194.	
19. D'Oran à Ouargla	201

TROISIÈME SECTION
PROVINCE DE CONSTANTINE

20. D'Alger à Constantine	205
A. Par le chemin de fer; Bordj-bou-Areridj; Msila	205
B. Par mer et Philippeville	209
21. Constantine	215
22. Environs de Constantine	233
A. Le Hamma	233
B. Salah-Bey; le Khreneg	234
C. Oudjel	235
D. Le Chettâba	235
E. Aïn-el-Bey	236
F. Le Djebel-Ouach	237
G. Sidi-Mabrouk; l'Hippodrome	237
23. De Constantine à Djidjelli, par Mila	237

TABLE MÉTHODIQUE.

24. De Constantine à Sétif et à Bougie.................. 241
          A. Par le chemin de fer...................... 241
          B. Par la route de terre; le Châbet-el-Akhra... 243
25. De Constantine à Biskra. — Batna; Lambèse; Timgad. 255
26. Biskra. — Les Ziban; Tougourt; le Souf; Ouargla..... 266
27. De Constantine à Aïn-Beïda....................... 280
28. Bône. — Excursions; La Calle..................... 283
29. De Bône à Constantine............................ 291
          A. Par le ch. de fer. — Hammam-Meskoutine.. 291
          B. Par la route de voitures................ 291
30. De Bône à Philippeville........................... 300
          A. Par le chemin de fer.................... 301
          B. Par Aïn-Mokra et Jemmapes............... 301
31. De Bône à Ghardimaou; Souk-Ahras; Tebessa........ 304
32. D'Alger à Tunis par mer........................... 311

QUATRIÈME SECTION
TUNISIE

33. Tunis.. 325
34. Environs.. 335
    A. La Goulette................................ 335
    B. Carthage. — Sidi-Bou-Saïd. — La Marsa. — Kamart................................. 337
    C. Le Bardo. — Musée Aloui.................... 345
    D. Bou-Chateur (Utique)....................... 347
    E. Hammam-Lif (El-Enf)........................ 348
    F. Zaghouan. — Hammam-Zeriba................. 350
    G. Hammam-Kourbès............................ 354
35. De Tunis à Ghardimaou. — La Kroumirie. — Tabarka. 355
36. De Tunis à Bizerte................................ 364
          A. Par le chemin de fer..................... 364
          B. Par Menzel-ed-Djemil..................... 368
37. De Tunis au Kef................................... 369
          A. Par Souk-el-Arbâ. — Souk-Ahras. — Maktar. 369
          B. Par Medjez-el-Bab....................... 372
38. Du Kef à Tebessa................................. 375
39. De Tunis à Sousse................................ 377
    A. Par le chemin de fer, p. 377; — B. Par mer..... 383
40. De Tunis à la Daklat-el-Mahouin................... 383
    A. Par Menzel-bou-Zalfa, p. 383; — B. Par Nabeul. 385
41. De Tunis au pays des Troglodytes.................. 387
    A. De Tunis à Sousse, p. 387; — B. De Sousse à Sfax. 387
    C. De Sfax à Gabès, p. 390; — D. De Gabès à Medenine. 392
42. De Tunis à Kairouan.............................. 394
43. De Kairouan à Gabès. — Le Djerid. — Tebessa. — Nefta. 403
44. Le littoral tunisien. — Tripoli. — Malte............. 411

CARTES ET PLANS

CARTES

1. Environs d'Alger 21
2. Algérie centrale 93
3. Grande Kabylie 104
4. Chemins de fer de la province d'Oran 117
5. Chemins de fer de la province de Constantine 305
6. Environs de Tunis 335
7. Algérie .... } dans la poche à la
8. Tunisie .... } fin du volume.

PLANS

1. Alger 1
2. Blida 46
3. Cherchel 53
4. Oran 127
5. Sidi-Bel-Abbès 142
6. Tlemcen 151
7. Mascara 171
8. Mostaganem 187
9. Philippeville 210
10. Constantine 215
11. Timgad 259
12. Biskra 266
13. Bône 283
14. Tebessa 307
15. Tunis 325
16. Carthage 339
17. Tabarka 363
18. Bizerte 367
19. Sousse 381
20. Sfax 391
21. Kairouan 395
22. Gabès 405

Tableau du mouvement des bateaux à vapeur pour l'Algérie, la Tunisie, l'Espagne et l'Italie.
Tableau des services de diligences et voitures publiques de l'Algérie.
} dans la poche à la fin du volume.

PRÉFACE

Alger, jetant bas ses fortifications pour prolonger ses rues et en créer d'autres; Oran, abandonnant son quartier espagnol pour la continuation de ses boulevards au delà du ravin comblé de l'oued Rouina; Constantine, reprenant le dérasement du Koudiat-Aty pour l'agrandissement de ses faubourgs Saint-Jean et Saint-Antoine; la création de nouveaux villages, l'agrandissement territorial de quelques anciens, tels sont les progrès réels qu'a faits l'Algérie dans ces derniers temps, mais ils apportent peu de changements dans la rédaction de la nouvelle édition du Guide en Algérie.

Il n'en est pas de même pour la partie consacrée à la Tunisie; l'ouverture de plusieurs lignes de chemins de fer, la création de services nouveaux de diligences, introduisent de grandes modifications dans les routes, pistes le plus souvent, dont le parcours était long, difficile et ennuyeux. Nous avons apporté tous nos soins pour la description de ces nouvelles routes que nous avons complètement parcourues.

Quelques mots sur le *cyclisme*, désormais adopté en Algérie et en Tunisie : le cycliste qui voudra pédaler dans ces deux pays y trouvera tous les renseignements désirables pour ses projets d'excursions.

Il nous reste à remercier, pour leurs précieuses communications : M. *A. Ballu* (Timgad); M. P. *Duclos*, de Rouen (Kabylie); M. le Dr *Goguel* (renseignements divers); M. *Roy*, secrétaire général (routes de la Tunisie), et enfin M. le R. P. *Delattre* (Carthage).

Et nous continuerons de faire appel à l'obligeance des touristes amis ou inconnus pour nous signaler les erreurs ou les omissions que nous pourrions avoir commises.

L. PIESSE.

Janvier 1898.

RENSEIGNEMENTS GÉNÉRAUX

ET CONSEILS PRATIQUES AUX VOYAGEURS

A. Plan de voyage. — Modèles d'itinéraires.

Tracer son itinéraire, tel est le premier *devoir* du voyageur. Pour qu'un voyage soit en même temps utile et agréable, il faut qu'il ait été étudié, qu'on nous permette cette expression, avec intelligence et avec goût. Pour bien déterminer l'emploi de leur temps, de manière à en tirer le plus grand profit pour leur plaisir ou leur instruction, nous recommandons aux touristes de préparer leur itinéraire avec l'Indicateur des chemins de fer, l'*édition la plus récente* du Guide de la région qu'ils vont parcourir et, autant que possible, quelques-uns des ouvrages publiés sur cette même région. L'emploi de leurs journées étant ainsi *à peu près* réglé d'avance, ils trouveront, une fois en route, économie de temps et d'argent. De plus, ils auront chance de ne pas laisser de côté tel monument ou tel site qu'il faut avoir vu. Enfin, sans en être pour cela moins agréable, leur voyage aura été en même temps *instructif*, ce qui n'est jamais à dédaigner. Nous indiquons ci-dessous, p. xvi, à quelle époque il est préférable de voyager en Algérie.

Les itinéraires que l'on trouvera ci-dessous n'ont pas la prétention de s'imposer; ils s'offrent seulement comme des modèles utiles peut-être à consulter.

MODÈLES D'ITINÉRAIRES EN ALGÉRIE.

Dans les modèles d'itinéraires nous ne comprenons pas les jours de repos. Chaque touriste séjourne à sa guise dans les localités qu'il préfère et selon le temps dont il peut disposer.

Voyage de 8 jours.

I

Alger, la ville, les monuments, le quartier arabe, les jardins (R. 1).................... 1 j.
Environs d'Alger, de préférence la Trappe, Birmandraïs, Jardin d'essai, voitures (R. 2, E, G, H).................... 1
Blida, les gorges de la Chiffa, le Piton d'Abd-el-Kader, le Tombeau de la Chrétienne, chemins de fer (R. 3)........ 2
D'Alger à Fort-National, Kabylie, chem. de fer et voitures (R. 8).................... 2
D'Alger à Hamman-Rhira et à Miliana, chemin de fer et omnibus (R. 3), ou à Teniet-el-Hâd et Forêt des Cèdres, chemin de fer et diligence R. 3).................... 2
—
8 j.

II

Oran, ville et monuments (R. 10).................... 1 j.
Environs d'Oran (R. 11)..... 1
D'Oran à Tlemcen et environs, chemin de fer et voitures (R. 9 et 12, A).................... 3
D'Oran à Perrégaux, le barrage, chemin de fer (R. 9 et 16). 1
De Perrégaux à Mostaganem et retour à Oran, chemin de fer (R. 17).................... 2
—
8 j.

III

Bône et environs (R. 28)... 1 j.
De Bône à Hamman-Meskoutine et Constantine, chemin de fer (R. 29; A).................... 1
Constantine (R. 21).......... 1
De Constantine à Batna, chemin de fer (R. 25)............ 1
De Batna à Lambèse et Timgad, voit. (R. 25)........ 1
De Batna à Biskra, chemin de fer (R. 25)................ 1
Biskra et retour (R. 26)..... 2
—
8 j.

Voyage de 15 jours.

I

Alger, la ville, les monuments, le quartier arabe, les jardins (R. 1).................... 1 j.
Environs d'Alger, Mustapha-Supérieur, Bou-Zaréa, pointe Pescade, Jardin d'Essai (R. 1; R. 2, A; R. 2, D; R. 2, H)... 2
D'Alger à Koléa, en omnibus, Sahel et Mazafran, la ville (R. K, 2).................... 1
De Koléa à Blida, Sahel et Mitidja, en omnibus (R. K, 2). 1
Blida aux Beni-Salah, ascension (1.629 m.) à pied ou à mulet (R. 3).................... 1
De Blida aux gorges de la Chiffa, le matin en voit. (R. 3), en chemin de fer (R. 4), à Affreville, le soir chemin de fer (R. 3).................... 1
D'Affreville à Miliana, omnibus, ascension du Zakkar (1.580 m.) à pied ou à mulet (R.3).................... 1
D'Affreville à Teniet-el-Hâd, plaines du Chélif, montagnes et forêts (R. 3), dilig........ 1
De Teniet-el-Hâd à la Forêt des Cèdres et au Borj des Beni-Hindel, chevaux et mulets (R. 3).................... 1
Du Bordj à Ouarsenis (1,985 m.) ascension (R. 3).................... 1
Du Bordj à Orléansville, chevaux et mulets (R. 3).......... 1
D'Orléansville à Bou-Medfa, chemin de fer (R. 3), de Bou-Medfa à Hammam-Rhira, omnibus (R. 3).................... 2
Retour à Bou-Medfa, puis à Alger, chemin de fer (R. 3).. 1
—
15 j.

II

Alger, la ville (R. 1)....... 1 j.
D'Alger à Fort-National, chemin de fer et dilig. (R. 8).. 1
De Fort-National aux Beni-Mansour, mulets (R. 8)....... 1
A reporter... 3 j.

ITINÉRAIRES DE VOYAGES.

Report... 3 j.
Des Beni-Mansour à Bougie, chemin de fer (R. 24, A)... 1
Bougie et environs (R. 24 B). 1
De Bougie à Sétif par le Châbet-el-Akhra, dilig. (R. 24). 1
De Sétif à Biskra, chemin de fer (R. 20 et 25)... 1
Biskra et environs (R. 26)... 2
De Biskra à Batna, chemin de fer (R. 25)... 1
De Batna à Lambèse et Timgad, voiture (R. 25)... 1
De Batna à Constantine, chemin de fer (R. 25)... 1
Constantine, la ville et le chemin des Touristes... 1
De Constantine à Hammam-Meskoutine, chemin de fer (R. 20 et 29, A)... 1
D'Hammam-Meskoutine à Bône, chemin de fer (R. 29, A). 1
                                              ———
                                              15 j.

III

Oran, la ville, ascension au Mourdjadjo (R. 10 et R. 11, C). 1 j.
D'Oran à Tlemcen, chemin de fer (R. 12, A)... 1
Tlemcen, la ville (R. 12, B), Sidi-bou-Medin (R. 12, 2°), Mansoura (R. 12. 6°)... 1
De Tlemcen à Sidi-Bel-Abbès, chemin de fer (R. 12, A). 1
De Sidi-Bel-Abbès à Alger, chem. de fer (R. 12 A et R. 9 et 3). 1
Alger (R. 1)... 1
D'Alger à Sétif, chemin de fer (R. 7 et 20)... 1
De Sétif à El-Guerra, chem. de fer (R. 20); et d'El-Guerra à Biskra, chemin de fer (R. 25). 1
Biskra et environs (R. 26)... 2
De Biskra à Batna, chemin de fer (R. 25)... 1
De Batna à Lambèse et Timgad, voiture (R. 25.)... 1
De Batna à Constantine, chemin de fer (R. 25)... 1
Constantine (R. 21)... 1
De Constantine à Alger, chemin de fer (R. 20 et 7), ou à Philippeville, chemin de fer (R. 20, B), ou à Bône, chemin de fer (R. 29)... 1
                                              ———
                                              15 j.

IV

Oran, la ville (R. 10) et les environs (R. 11)... 2 j.
D'Oran à Tlemcen, chemin de fer (R. 12, A)... 1
Tlemcen et environs, voit. (R. 12, A et R. 12, B)... 2
De Tlemcen à Sidi-Bel-Abbès, chemin de fer (R. 12, A)... 1
De Sidi-Bel-Abbès à Mascara, Mercier-Lacombe, diligence (R. 12, A)... 1
Mascara et environs (R. 14). 1
De Mascara à Perrégaux; barrage de l'Habra, chemin de fer (R. 16)... 1
De Perrégaux à Relizane et à Mostaganem, plaines de l'Hillil, chemin de fer (R. 9 et 18). 1
Mostaganem, la ville, les environs (R. 17)... 1
De Mostaganem au Dahra et Inkermann, dilig. (R. 17). 2
D'Inkermann à Orléansville et environs (R. 3)... 1
D'Orléansville à Alger (R. 3). 1
                                              ———
                                              15 j.

V

Philippeville, la ville, Stora, le Safsaf (R. 20, B)... 1
De Philippeville à Constantine, chemin de fer (R. 20, B). 1
Constantine, la ville, le ravin du Roumel, chemin des touristes (R. 21)... 1
De Constantine à Sétif, chemin de fer (R. 24, A)... 1
De Sétif à Bougie, le Châbet-el-Akhra, dilig. (R. 24, B)... 1
Bougie, la ville, le Gouraya, le cap Carbon (R. 24, B)... 1
De Bougie à Akbou, chemin de fer (R. 24, A)... 1
D'Akbou à Michelet, col de Chellâta (Kabylie), chevaux et mulets (R. 8, C)... 1
De Michelet à Fort-National (Kabylie), chevaux et mulets (R. 8)... 1
De Fort-National au Lella-Khredidja; ascension; mulets et vivres (R. 8.)... 2
De Fort-National à Tizi-

A reporter.. 11 j.

RENSEIGNEMENTS GÉNÉRAUX.

Report... 11 j.
Ouzou (Kabylie), dilig. (R. 8). 1
De Tizi-Ouzou à Alger, chemin de fer (R. 8)................ 1
Alger, ville, environs (R. 1). 2
  ──
  15 j.

On peut tracer des itinéraires de 30 jours en prenant 1 et 2, 4 et 2, 5 et 4, celui-ci à rebours.

Voyage de 30 jours.

Bône, la ville, la Corniche, Hippone (R. 28)............. 1 j.
De Bône à Guelma, vallée de la Seybouse, chemin de fer (R. 29)..................... 1
De Guelma à Hammam-Meskoutine, les sources, la cascade pétrifiée, Constantine, chemin de fer (R. 29)....... 1
Constantine (R. 21), la ville, le palais d'Ahmed-Bey, les quartiers arabes, les mosquées. 1
Constantine, le Roumel, les bains thermaux, le pont, le chemin des Touristes (R. 21). 1
De Constantine à Batna, les lacs, chemin de fer (R. 25); d'Aïn-Yacout à Medr'asen à g., voiture................... 1
Batna, excursion à Lambèse, omnibus, et à Timgad, voit. (R. 25)...................... 1
De Batna à Biskra, plaine des ksour, oasis d'El-Kantara, chemin de fer (R. 25)........ 1
Biskra et ses oasis, le fort Saint-Germain, le jardin Landon, Hammam-Salahhin (R. 25). 1
De Biskra à Sidi-Okba, mosquée et tombeau de Sidi-Okba, voitures, chevaux et mulets (R. 25)................ 1
De Biskra à Batna, chemin de fer (R. 25)................ 1
De Batna à El-Guerra, chemin de fer (R. 25), d'El-Guerra à Sétif, chemin de fer (R. 20, A).................... 1

A reporter... 12 j.

Report... 12 j.
De Sétif à Bougie, gorges du Châbet-el-Akhra, dilig. (R. 24, B)..................... 1
Bougie, la ville, les forts, la porte de la Mer, ascension du Gouraya; le cap Carbon, vallée des Singes (R. 24, B)........ 1
De Bougie aux Beni-Mansour, chemin de fer (R. 24, A).... 1
Des Beni-Mansour à Palestro, gorges de l'Isser, Alger, chemin de fer (R. 20, A)....... 1
Alger, les monuments, bibliothèque et musée, le port, la ville arabe, les jardins (R. 1). 1
Alger, les environs, le Hamma, Mustapha-Supérieur, El-Biar, le Bou-Zaréa, la pointe Pescade (R. 2)............... 1
D'Alger à Blida, ch. de f. (R. 3), et de Blida aux gorges de la Chiffa, voit. (R. 4).... 1
De Blida au tombeau de la Chrétienne, chemin de fer, tramway, voiture (R. 2, L)... 1
De Blida à Affreville et Miliana, le Zakkar, chemin de fer (R. 3).................... 1
D'Affreville à Sainte-Barbe-du-Tlélat, chemin de fer (R. 3). 1
De Sainte-Barbe à Sidi-Bel-Abbès, chemin de fer (R. 12, A). 1
Bel-Abbès, la ville, les environs (R. 12, A)............ 1
De Bel-Abbès à Lamoricière, Tlemcen, chemin de fer (R. 12, A)......................... 1
Tlemcen, la ville, les mosquées, le Méchouar, le Sahridj, Mansoura (R. 12, B)......... 1
Tlemcen, Sidi-Bou-Medin, El-Ourit, voiture (R. 12, B).. 1
De Tlemcen à Oran, chemin de fer (R. 12, A)............ 1
Oran, la ville espagnole, le Musée, la ville neuve, Kerguenta (R. 10)............... 1
D'Oran à Santa-Cruz, à pied, aux bains de la Reine, à Mers-el-Kebir, voiture (R. 11)...... 1
  ──
  30 j.

ITINÉRAIRES DE VOYAGES.

Laghouat, Ghardaïa, Ouargla, Goléa, Tougourt, Géryville et les oasis du sud de la province d'Oran ne figurent pas sur les modèles d'itinéraires. On va en diligence à Laghouat et à Ghardaïa, capitale du Mzab. Le voyage à Laghouat dure 10 jours, aller et retour, sans compter le séjour et les excursions. Il est une contrée presque ignorée des touristes, le *Djebel-Amour*. C'est une des parties les plus curieuses et les plus remarquables de la région montagneuse du Sahara algérien. Ses murailles à pic, ses points culminants, ses cols ouverts par les torrents et servant de routes, ses ksour enfin, tout est étonnement dans ce pays. On s'y rend de Laghouat par Aïn-Madhi ou de Tiaret par Oussekr. Le voyage de Biskra à Tougourt se fait désormais en voiture, et demande 6 ou 7 jours, aller, retour et séjour compris.

Nous souhaitons au touriste l'aide et la protection du gouvernement, c'est-à-dire le droit à la *diffa* et à l'*halfa* : la diffa est l'hospitalité pour les gens, et l'halfa l'hospitalité pour les bêtes. Tout sera pour le mieux si le touriste a la bonne fortune de faire route avec un officier en tournée administrative.

La Tunisie, à l'exception des chemins de fer de Tunis à la Goulette, à Hammam-Lif, à Ghardimaou, frontière algérienne, à Bizerte, et de Sousse à Kairouan, a peu de routes encore ; les pistes qui en servent sont parcourues au moyen de chevaux ou mulets, 9 à 10 fr. par jour, ou de voitures de louage, 15 à 30 fr. par jour. Les facilités du voyage n'appartiendront longtemps encore qu'aux personnes chargées de missions ou accompagnant les autorités civiles ou militaires en tournée administrative.

Voici cependant quelques modèles d'itinéraire que le touriste pourra consulter.

Voyage de 8 jours.

Tunis, ville et monuments (R. 33).............................	1
Le Bardo (R. 34, *C*), chemin de fer...........................	1
La Marsa, Carthage (R. 34, *B*) chemin de fer ou voiture.....	1
Bizerte, ch. de fer (R. 36)...	1
Hammam-Lif, djebel Bou-Korneïn et djebel R'sas (R. 34, *E*), chemin de fer........	1
Zaghouan et Oudna, chemin de fer (R. 34, *F*).............	3
	8 j.

Voyage de 8 jours.

Tunis (R. 33), paquebot transatlantique, voyage de nuit.	
Sousse, le port et la ville, Monastir, la ville (R. 44)....	1
Sfax, la ville et les environs (R. 44).........................	1
Gabès et les oasis (R. 44)...	1
Tripoli, l'oasis, en mer (R. 44).	2
Malte, la Valette, cathédrale, palais, musée (R. 44)........	2
Retour à Tunis (R. 33).....	1
	8 j.

Voyage de 9 jours.

De Tunis à Sousse, chemin de fer (R. 39), ou par mer (R. 44)... 1 j.
Sousse (R. 39)............................. 1
De Sousse à Ed-Djem, voit. (R. 41)...................................... 2
De Sousse à Kairouan, chemin de fer Decauville (R. 42).. 1
Kairouan (R. 42)........................ 2
De Kairouan à Sousse (R. 42).. 1
De Sousse à Tunis, par ch. de fer (R. 39), ou par mer (R. 44).. 1
　　　　　　　　　　　　　　　　—
　　　　　　　　　　　　　　　9 j.

Voyage de 12 jours.

De Tunis à Souk-el-Arbâ, chemin de fer (R. 35), ruines de Bulla Regia (R. 35)............ 1 j.
De Souk-el-Arbâ à Aïn-Draham, le djebel Dir (R. 35), dilig..................................... 1
D'Aïn-Draham à Tabarka, forêts de la Kroumirie (R. 35), dilig..................................... 1
De Tabarka à Aïn-Draham (R. 35), dilig..................... 1
D'Aïn-Draham à Souk-el-Arbâ et au Kef, dilig. (R. 35).. 2
Le Kef, la ville, les antiquités (R. 37)......................... 1
Du Kef à Teboursouk, belles ruines (R. 37, B), chevaux, mulets................................... 2
De Teboursouk à Aïn-Tunga et à Testour, ruines (R. 37, B), chevaux, mulets 1
　　　　　　　　　　　　　　　　—
　　　　A reporter........... 10 j.

Report............... 10 j.
De Testour à Medjez-el-Bab, ruines (R. 37, B), dilig........ 1
De Medjez-el-Bab à Tunis (R. 35), chemin de fer........ 1
　　　　　　　　　　　　　　　　—
　　　　　　　　　　　　　　　12 j.

Voyage de 30 jours.

De Tunis à Gabès par Sousse et Sfax, ch. de fer et dilig. (R. 41)................................... 3 j.
Gabès et les oasis (R. 42)... 2
De Gabès à El-Hamma (R. 43), chevaux, mulets et vivres...................................... 1
D'El-Hamma à Septimi, oasis, de Septimi à Touzeur, oasis, de Touzeur à Nefta, oasis, (R. 43), chevaux, mulets et vivres................................. 5
Retour à Gabès................ 6
De Gabès à El Guettar, oasis, et djebel Arbet (R. 43), chevaux, mulets, vivres.......... 3
D'El-Guettar à Gafsa (R. 43), chevaux, mulets, vivres.... 1
Gafsa, la ville, l'oasis (R. 43). 1
De Gafsa à Kairouan par Djilma et Aïn-Boïda (R. 43), chevaux, mulets et vivres.... 4
Kairouan (R. 43)............... 1
De Kairouan à Sousse (R. 42), ch. de fer........................... 1
Sousse, la ville (R. 39)...... 1
De Sousse à Tunis (R. 39), par ch. de fer ou par mer (R. 42). 1
　　　　　　　　　　　　　　　　—
　　　　　　　　　　　　　　　30 j.

La Compagnie générale Transatlantique, de concert avec la Cie P.-L.-M. et les différentes Cies des chemins de fer algériens, a créé, avec une réduction de 25 à 40 pour cent, selon l'importance du parcours, des *voyages circulaires* à prix réduits (paquebots et chemins de fer). Ces voyages, pour lesquels elle distribue des billets valables pendant 90 jours, sont au nombre de 5, depuis 280 fr. (1re cl.) et 210 fr. (2e cl.), jusqu'à 390 fr. (1re cl.) et 295 (2e cl.). Ils permettent, selon l'itinéraire, d'aller de Paris à Marseille, en Algérie et en Tunisie directement ou par l'Espagne, ou par l'Italie, de faire escale dans le littoral algérien, et enfin de revenir à Paris par la Bourgogne ou le Bourbonnais

La même Compagnie délivre des billets (190 fr. et 145 fr.

BUDGET DE VOYAGE.

au départ d'Alger, d'Oran, de Philippeville, de Bône et de Tunis à Marseille et Vichy, pour une durée de 45 jours du 1ᵉʳ mai au 31 août.

Chaque voyage peut être commencé de l'un quelconque des points situés sur l'itinéraire.

En adressant les demandes au service commercial de la Compagnie, 6, rue Auber, à Paris, on reçoit franco des livrets avec cartes des itinéraires et conditions générales.

N. B. — Les voyageurs partant de Paris par le rapide du soir peuvent faire enregistrer leur bagage directement pour Alger, Oran, Bône, Philippeville et Tunis.

B. Budget de voyage, hôtels, etc.

1° De Paris à Alger :

	1ʳᵉ classe.	2ᵉ classe.	3ᵉ classe.
Chemin de fer de Paris à Marseille..	96 fr. 65	65 fr. 25	42 fr. 55
Paquebot de Marseille à Alger.......	100 »	70 »	30 »
	196 fr. 65	135 fr. 25	72 fr. 55

2° de Paris à Oran :

	1ʳᵉ classe.	2ᵉ classe.	3ᵉ classe.
Chemin de fer de Paris à Marseille..	96 fr. 65	65 fr. 25	42 fr. 55
Paquebot de Marseille à Oran.......	100 »	70 »	30 »
	196 fr. 65	135 fr. 25	72 fr. 55

3° De Paris à Philippeville ou à Bône :

	1ʳᵉ classe.	2ᵉ classe.	3ᵉ classe.
Chemin de fer de Paris à Marseille..	96 fr. 65	65 fr. 25	42 fr. 55
Paquebot de Marseille à Philippeville.	100 »	70 »	30 »
	196 fr. 65	135 fr. 25	72 fr. 55

4° De Paris à Tunis :

	1ʳᵉ classe.	2ᵉ classe.	3ᵉ classe.
Chemin de fer de Paris à Marseille..	96 fr. 65	65 fr. 25	42 fr. 55
Paquebot de Marseille à Tunis......	100 »	70 »	30 »
	196 fr. 65	135 fr. 25	72 fr. 55

Les prix des passages, qui sont, sauf changement, ceux de la Cⁱᵉ Transatlantique, comprennent la nourriture pour toutes les classes.

La Compagnie de Navigation mixte et la Compagnie des Transports maritimes offrent de notables réductions dans leurs prix de passage pour toutes les classes; ainsi, pour Alger, 50 fr. au lieu de 100 fr., 40 fr. au lieu de 75 fr. etc.; mais la durée de la traversée est plus longue et l'installation des paquebots moins confortable.

Les hôtels de l'Algérie sont nombreux, surtout à Alger. La dépense dans les principaux hôtels varie de 12 à 15 fr., chambre comprise; les appartements coûtent de 18 à 40 fr. par jour également. Dans les hôtels de 1re classe, le déjeuner est de 3 fr. et le dîner de 4 fr., vin rouge ou blanc compris. L'hôtel de la Régence, à Alger, a une table d'hôte pour le dîner, 3 fr. 50, mais pendant l'hiver. A Oran, à Tlemcen, à Philippeville, à Bône et à Constantine, le prix varie entre 8 et 12 fr. Il est bien entendu qu'il y a des hôtels à des prix plus modérés. On trouvera à l'Index les prix détaillés des hôtels dans les principales villes. Les malades ou les convalescents, qui viennent passer l'hiver à Alger, trouveront, en ville et à la campagne, des appartements meublés ou non meublés; même à Tunis, pour les touristes qui viennent y faire un long séjour.

Le prix des places, dans les diligences, peut être calculé sur le pied de 10 à 14 c. par kilomètre.

Nous pouvons conclure, d'après notre propre expérience, que pour voyager convenablement en Algérie, sans grands frais comme sans parcimonie, il faut dépenser de 20 à 25 fr. par jour.

Le séjour à Tunis coûtera plus cher, si l'on veut faire des excursions, à cause du manque de routes, comme on l'a dit plus haut.

Maintenant, à quel époque doit-on voyager en Algérie et en Tunisie? Nous répondrons : à ceux qui craignent la chaleur, au printemps et à l'automne; mais à ceux qui ne la redoutent point et veulent voir le pays sous son véritable et splendide aspect, en été.

C. Passeports.

Le passeport, quant à présent, n'est plus obligatoire, même pour la Tunisie.

D. Moyens de transport.

1° BATEAUX A VAPEUR.

Pour tous les services de bateaux à vapeur entre la **France**, l'Italie, la Tunisie et Tanger, V. le tableau général dans la poche, à la fin du volume.

MOYENS DE TRANSPORT.

Compagnie générale des Transatlantiques.

A Paris, bureaux des passages, 12, boulevard des Capucines; bureaux du fret, 108, rue du Faubourg-Saint-Denis.

Guide officiel des passagers, 4, rue Chauchat, et 12, boulevard des Capucines. Ce guide est remis *gratuitement* aux passagers, ainsi qu'à toute personne en faisant la demande dans tous les bureaux de la Cⁱᵉ des Transatlantiques.

A Marseille, bureaux des passages, 12, rue de la République.

Agences : à Alger, 8, boulevard de la République; à Oran, place de la République; à Constantine, M. Momy; à Bône et à Philippeville, sur le quai; à Tunis, 3, rue es-Sadikia.

Ligne de Marseille à Alger : quatre départs directs par semaine; 1ʳᵉ cl., 100 fr.; 2ᵉ cl., 70 fr.; 3ᵉ cl., 30 fr.; 4ᵉ cl., 18 fr. Sur les paquebots *Général Chanzy*, *Eugène Pereire*, *Duc de Bragance*, *Maréchal Bugeaud* et *Ville d'Alger* : cabines de luxe, 150 fr. par passager avec un minimum de 250 fr.; cabines de familles, 125 fr. par passager. Sur les autres paquebots, cabine de luxe, 100 fr. de supplément.

Ligne de Marseille à Oran, deux départs par semaine, l'un direct, l'autre par *Carthagène* : 1ʳᵉ cl., 100 fr.; 2ᵉ cl., 70 fr.; 3ᵉ cl., 30 fr., 4ᵉ cl., 23 fr.

Ligne d'Oran à Tanger, un départ par semaine.

Ports d'escale.	1ʳᵉ classe.	2ᵉ classe.	3ᵉ classe.	4ᵉ classe.
Nemours	21 fr.	15 fr.	12 fr.	9 fr.
Mellila	35 fr.	30 fr.	20 fr.	15 fr.
Malaga	63 fr.	47 fr.	26 fr.	18 fr.
Gibraltar	80 fr.	60 fr.	36 fr.	22 fr.
Tanger	85 fr.	65 fr.	44 fr.	25 fr.

Ligne de Marseille à Bougie et Alger : un départ par semaine; 1ʳᵉ cl., 100 fr.; 2ᵉ cl., 70 fr.; 3ᵉ cl., 30 fr.; 4ᵉ cl., 23 fr.

Ligne de Marseille à Philippeville et Bône, un départ direct par semaine : 1ʳᵉ cl., 100 fr.; 2ᵉ cl., 70 fr.; 3ᵉ cl., 30 fr.; 4ᵉ cl., 17 fr.

Ligne de Marseille à Bône et Philippeville, un départ par semaine : 1ʳᵉ cl., 100 fr.; 2ᵉ cl., 70 fr.; 3ᵉ cl., 30 fr.; 4ᵉ cl., 18 fr.

Ligne de Marseille à Tunis, deux départs par semaine, l'un direct, le second par *Bizerte*, *Tunis* et *Malte* : 1ʳᵉ cl., 100 fr.; 2ᵉ cl., 70 fr.; 3ᵉ cl., 30 fr.; 4ᵉ cl., 18 fr.

Ligne d'Alger à Tunis, avec escale à *Bougie*, *Djidjelli*, *Collo*, *Philippeville*, *Bône*, *Tabarka* et *Bizerte*, un départ par semaine.

Ligne de Tunis à Malte, un départ par semaine : 55 fr., 40 fr., 25 fr., 15 fr.

RENSEIGNEMENTS GÉNÉRAUX.

Ligne de Tunis à Sousse et Sfax, un départ par semaine.

Ports d'escale.	1re classe.	2e classe.	3e classe.	4e classe.
Sousse	25 fr.	18 fr.	10 fr.	7 fr.
Sfax	60 fr.	44 fr.	24 fr.	17 fr.

La Cie des Transatlantiques met en vente à Paris, 12, boulevard des Capucines, et à la gare de P.-L.-M., des billets dont la durée de validité est de 15 jours.

	1re classe.	2e classe.
1° *Paris-Algérie* ou vice versa	197 fr.	135 fr. 50
2° *Paris-Tunisie* —	222 fr.	160 fr. 50
3° *Paris-Malte* —	287 fr.	200 fr. 50

Compagnie de Navigation mixte (H. Touache, directeur).

A Marseille, bureaux des passages et du fret, 54, rue Cannebière.

Agences : à Paris, 9, rue Rougemont; à Lyon, 39, rue Saint-Pierre; à Cette, 13, quai de la Bose; à Alger, boulevard de la République.

Ligne de Marseille à Alger, 1° directement, un départ par semaine : 1re cl., 50 fr.; 2e cl., 40 fr.; 3e cl., 20 fr.; 4e cl., 10 fr.; 2° par *Cette et Port-Vendres*, un départ par semaine, mêmes prix que ci-dessus.

Ligne de Marseille à Oran, un départ direct par semaine : 1re cl., 60 fr.; 2e cl., 45 fr.; 3e cl., 22 fr.; 4e cl., 12 fr.

Ligne de Marseille à Philippeville et Bône, un départ direct par semaine : 1re cl., 50 fr.; 2e cl., 40 fr.; 3e cl., 22 fr.; et pour Philippeville et Bougie, un départ direct par semaine, mêmes prix.

Mêmes services de Cette touchant à Marseille et mêmes prix.

Ligne de Marseille à Tunis, un départ par semaine : 60 fr., 45 fr., 22 fr., 12 fr.

Ligne de Tunis à Tripoli, un départ par semaine.

Ports d'escale.	1re classe.	2e classe.	3e classe.	4e classe.
Sousse	22 fr.	17 fr.	10 fr.	6 fr.
Monastir	27 fr.	20 fr.	12 fr.	7 fr.
Mehdia	35 fr.	25 fr.	15 fr.	8 fr.
Sfax	50 fr.	35 fr.	21 fr.	11 fr.
Gabès	55 fr.	40 fr.	25 fr.	13 fr.
Djerba	65 fr.	45 fr.	30 fr.	15 fr.
Tripoli	80 fr.	55 fr.	35 fr.	18 fr.

MOYENS DE TRANSPORT.

Ligne d'Alger à Oran et Tanger, départ tous les quinze jours.

Ports d'escale.	1re classe.	2e classe.	3e classe.
Tenès	23 fr.	16 fr.	9 fr.
Mostaganem	30 fr.	20 fr.	12 fr.
Oran	40 fr.	30 fr.	16 fr.
Nemours	55 fr.	38 fr.	24 fr.
Gibraltar	115 fr.	80 fr.	40 fr.
Tanger	125 fr.	87 fr.	45 fr.

Société générale des Transports maritimes à vapeur.

A Marseille, bureaux des passages et du fret, 3, rue des Templiers.

Agences : Paris, 8, rue de Ménars, au siège de la Société; Lyon, 2, quai Saint-Clair; Cette, M. H. Nègre; Alger, M. J. Vaills; Philippeville, M. F. Dallest; Bougie, M. Caffa; Bône, M. A. Teddé; Tunis, les fils Ventre et Cie.

Ligne de Marseille à Alger, deux départs directs par semaine : 1re cl., 50 fr.; 2e cl., 40 fr.; 3e cl., 20 fr.; 4e cl., 10 fr.

Ligne de Marseille à Philippeville, deux départs directs par semaine : 1re cl., 50 fr.; 2e cl., 40 fr.; 3e cl., 20 fr.; 4e cl., 10 fr.

Ligne de Marseille à Bône, deux départs directs par semaine : 1re cl., 50 fr.; 2e cl., 40 fr.; 3e cl., 20 fr.; 4e cl., 10 fr.

Ligne de Marseille à Oran, un départ direct par semaine : 1re cl., 50 fr., 2e cl., 40 fr.; 3e cl., 20 fr.; 4e cl., 10 fr.

Ligne de Marseille à Tunis, un départ direct par semaine : 1re cl., 60 fr.; 2e cl., 45 fr.; 3e cl., 22 fr.; 4e cl., 14 fr.

Lignes côtières Algériennes.

A Alger, T. Franceschi, Achaque, Schiaffino et Cie, boulevard de la République.

Ligne d'Alger à Bougie, Djidjelli, Collo et Bône, un départ par semaine.

Ligne d'Alger à Tenès, Mostaganem, Arzeu et Oran, un départ par semaine.

Ligne d'Alger à Dellys, Azeffoun et Bougie, un départ direct par semaine.

Ligne d'Alger à Tipaza, Cherchel et Gouraya (facultatif), deux départs par semaine.

RENSEIGNEMENTS GÉNÉRAUX.

Compagnie Havraise péninsulaire de navigation à vapeur.

A Paris, siège de la Compagnie, 13, rue Grange-Batelière.
Agences : au Havre, M. E. Grosos, 26, place de l'Hôtel-de-Ville ; à Rouen, 20, quai du Mont-Riboudet ; à Alger, MM. Thibaut frères ; à Oran, MM. Caillol et Saint-Pierre ; à Philippeville, M. A. Tessier fils ; à Bône, M. A. Tessier fils.

Ligne régulière du Havre et de Rouen desservant directement Oran, Arzeu, Alger, Philippeville et, par transbordement, Mostaganem, Bône et Bougie, trois départs par mois ; prix à forfait.

Compagnie des bateaux à vapeur du Nord.

Ligne de Dunkerque, Oran, Alger, Philippeville et retour, deux départs par mois, le 1er et le 15.
Ligne de Dunkerque, Bizerte, Tunis, un départ par mois.

Compagnie E. Caillol et Saint-Pierre.

Ligne de Marseille à Cette, Alger, Oran.
Ligne de Marseille à Alger par Alicante.

Services Maritimes entre Tunis et Alger (P. Durand).

D'Alger à Tunis par Bône, tous les jeudis.
De Tunis à Alger par Bône, tous les dimanches.

D'Alger à Tunis	80 fr.	50 fr.	27 fr.
D'Alger à Bône	45 fr.	30 fr.	15 fr.
De Bône à Tunis	35 fr.	20 fr.	12 fr.

Compagnie générale de Navigation italienne (Florio et Rubattino).

Rome, direction générale, 385, Corso. Succursales : Gênes, piazza Acquaverde ; Naples, via Piliero, 28 à 30 ; Venise, via Marzo, n° 2413 ; Palerme, piazza Marina.
Agences : Paris, 22, rue de la Douane ; Marseille, 89, rue de la République ; Tunis, Fedriani et Ravasini.
Ligne de Tunis-Malte viâ Tripoli, un départ par semaine.

MOYENS DE TRANSPORT.

Ports d'escale.	1re classe.	2e classe.	3e classe.	
Sousse	28 fr. 55	20 fr. 70	8 fr. 35	
Monastir	33 fr. 90	23 fr. 60	8 fr. 80	
Mohdia	42 fr. 65	30 fr. 10	10 fr. 05	
Sfax	54 fr. 80	38 fr. 20	14 fr. 10	
Djerba	73 fr.	51 fr.	16 fr. 50	
Tripoli	88 fr. 15	61 fr. 75	19 fr. 85	
De Tripoli à Malte	50 fr. 60	34 fr. 40	14 fr. 20	

(1re, 2e classe : Avec nourriture ; 3e classe : Sans nourriture.)

Paquebots poste italiens (société anonyme Procida-Ischia).

Alger : Agence, M. Scotti, boulevard de la République.
Ligne d'Alger à Naples, départ mensuel.

Ports d'escale.	1re classe.	2e classe.	3e classe.	4e classe.
Philippeville	30 fr.	20 fr.	15 fr.	8 fr.
Bône ou la Calle	35 fr.	25 fr.	20 fr.	12 fr.
Tunis	50 fr.	40 fr.	25 fr.	20 fr.
Naples	70 fr.	50 fr.	30 fr.	25 fr.

2° CHEMINS DE FER.

1° Chemins de fer algériens.

(1° En exploitation.)

Cie PARIS-LYON-MÉDITERRANÉE.

1° *D'Alger à Oran*, 421 k.; ouvert en 1871.
2° *De Philippeville à Constantine*, 87 k.; ouvert en 1860.

Cie DE L'EST-ALGÉRIEN.

3° *D'Alger à Constantine*, 464 k.; entièrement ouvert en 1885.
4° *De Ménerville à Tizi-Ouzou*, 53 k.; ouvert en 1888.
5° *De Constantine* (El-Guerrah) *à Biskra*, 202 k.; ouvert en 1888.
6° *De Bougie aux Beni-Mansour*, 89 k.; ouvert de 1887 à 1889.
7° *Des Oulad-Rahmoun à Aïn-Beïda*, 93 k.; ouvert en 1889.

Cie DE BÔNE-GUELMA ET PROLONGEMENTS.

8° *De Bône au Kroub*, par Guelma, 203 k.; ouvert en 1877.
9° *De Duvivier à Ghardimaou*, par Souk-Ahras, 110 k.; ouvert en 1881.
10° *De Bône à Aïn-Mokra*, 33 k.; ouvert en 1885.
11° *De Kef-oum-Teboul à Messida*, 7 k.; ouvert en 1885.
12° *De Souk-Ahras à Tebessa*, 128 k.; ouvert en 1889.

Cie Franco-Algérienne.

13° D'*Arzeu à Aïn-Sefra*, par Saïda, 454 k.; ouvert de 1869 à 1888.

14° De *Tizi à Mascara*, 12 k.; ouvert en 1887.

Cie de l'Ouest Algérien.

15° De *Sainte-Barbe-du-Tlelat à Ras-el-Ma*, par Sidi-Bel-Abbès, 152 k.; ouvert de 1877 à 1886.

16° De *Tabia à Tlemcen*, 63 k.; complètement ouvert en 1891.

17° D'*Oran à Aïn-Temouchent* 76 k.; ouvert en 1886.

18° D'*Arzeu aux Salines*, 20 k.; ouvert en 1886.

19° De *Mostaganem à Tiaret*, 197 k.; ouvert de 1888 à 1889.

20° De *Blida à Berrouaghia*, 84 k.; ouvert en 1891.

Total : 2,948 k.

(2° Lignes concédées à titre éventuel.)

De la frontière du Maroc à Tlemcen.
D'Aïn-Temouchent à Tlemcen.
De Sebdou à un point à déterminer entre Tlemcen et la frontière du Maroc.
Des Trembles à Bordj-Bouïra.

2° Chemins de fer tunisiens.

(1° En exploitation.)

Cie de Bône-Guelma et prolongements.

1° De *Tunis à Ghardimaou*, 189 k.; ouvert en 1879.

2° De *Tunis à Sousse*, 150 k.; ouvert en 1897.

3° De *Tunis*-(Fondouk-Djedid) à *Menzel-bou-Zalfa*, 14 k.; ouvert en 1896.

4° De *Tunis* (Bir-bou-Rekba) à *Nabeul*, 17 k.; ouvert en 1896.

5° De *Béja-Gare à Béja-Ville*, 12 k.; ouvert en 1881.

6° De *Sousse à Kairouan*, chemin de fer Decauville, 58 k.; ouvert en 1881.

7° De *Tunis* (Djedeïda) à *Bizerte*, 73 k.; ouvert en 1894.

8° De *Tunis à Zaghouan*, 62 k.; ouvert en 1897.

Cie Italienne.

9° De *Tunis à la Goulette*, au Bardo et à la Marsa, 18 k.

Total : 593 k.

(2° A l'étude.)

Cie de Bône-Guelma et prolongements.

De *Sfax à Gafsa et Tebessa*, 288 k.

V. les Indicateurs pour les h. de départ et le prix des places.

MOYENS DE TRANSPORT.

3° DILIGENCES.

Nous avons déjà dit que le prix des places variait de 10 à 14 c. par kilomètre. Du reste, ce prix, comme l'heure du départ, est modifié suivant les saisons. On trouvera plus loin, pour chaque route, l'indication du service des diligences et de leurs prix pour les différentes places. Consulter encore le tableau général inséré dans la poche, à la fin du volume.

4° CHEVAUX ET MULETS.

Pour les routes dites stratégiques, sur lesquelles les diligences manquent complètement, on louera quelques voitures légères à 4 places au plus, avec des chevaux et des mulets, bêtes de peu d'apparence, mais assez solides cependant pour transporter les voyageurs et les bagages. La location d'un cheval ou d'un mulet, guide compris, peut varier de 4 à 6 fr. par jour.

E. Postes.

ALGÉRIE ET TUNISIE.

Le service des postes en Algérie et en Tunisie (ce dernier appartenant au Beylik) est identiquement celui de la métropole pour l'affranchissement des lettres : 15 c. par 15 grammes ou fraction de 15 gr.; cartes postales, 10 c.; journaux, brochures, échantillons, la déclaration et l'envoi des valeurs.

F. Télégraphes.

TARIF

1° *Voie de terre.*

Entre deux bureaux quelconques de l'Algérie et la Tunisie, 5 c. par mot, sans que le prix de la dépêche puisse être inférieur à 50 c.

2° *Voie sous-marine*
par le câble immergé entre Alger et Marseille.

Entre l'Algérie, la Tunisie et la France, 5 c. par mot. Minimum de 10 mots, 50 c. En payant 10 c. par mot, la dépêche est expédiée avant celle de 5 c. le mot.

G. Monnaies, poids et mesures.

1° ALGÉRIE

1° **Monnaies.** — La monnaie française est la seule en usage en Algérie; les Arabes la connaissent très bien, ainsi que les billets de la Banque algérienne, qui portent, en caractères arabes, l'énonciation de leur valeur. Le voyageur devra se munir principalement de menue monnaie, qui est partout assez rare, et sans laquelle il lui serait difficile de donner ou de recevoir des appoints.

Le payement, dans les villes, entre Européens, peut se faire avec les billets de la Banque de France ou des succursales d'Alger, d'Oran et de Constantine. Le Trésor délivre, au pair et à dix jours de vue, des coupures de 100 à 5,000 fr., payables à Paris, au Trésor, ou à Marseille, à la Recette générale.

2° **Poids, mesures de capacité.** — Notre système est rigoureusement adopté en Algérie.

3° **Mesures linéaires et itinéraires.** — Même adoption.

4° **Mesures itinéraires en mer.** — La *lieue marine française* de 20 au degré est de 5,556 m.

Le *mille marin* de 60 au degré, ou d'une minute, tiers de lieue marine, est de 1,852 m.

La *brasse*, 5 pieds, ou 1^m,624.

Le *nœud*, 1/120° de mille marin, 15^m,423. Chacun des nœuds du loch parcourus dans les 30 secondes du sablier ou dans la 120° partie d'une heure, correspond à une marche d'un mille par heure. Ainsi, 9 nœuds filés en 30 secondes indiquent une marche de 9 milles, ou de trois lieues marines, ou 16 k. 668 m. par heure.

L'*encâblure* de 100 toises, 194^m,704.

L'*encâblure* nouvelle, 200 m.

2° TUNISIE.

Monnaies. — Notre monnaie décimale, récemment adoptée pour la Tunisie, est représentée, à l'exception de la pièce de 5 fr., par les suivantes de même module et de même valeur que les nôtres et portant leur légende en français d'un côté, en arabe de l'autre :

Or : 10 fr. et 20 fr.

Argent : 50 c.; 1 fr. et 2 fr.

Billon : 5 c. et 10 c.

Toutes les pièces d'or de 10 et 20 fr. et d'argent de 5 fr. et les billets des banques de France et d'Algérie sont reçus, en Tunisie, dans les caisses publiques et dans le commerce. Les pièces divisionnaires de 50 c., 1 et 2 fr., autres que celle de la Tunisie, n'ont point cours.

Notre système métrique a été récemment adopté en Tunisie pour les *poids* et *mesures de capacité et de longueur.*

Mesure géographique. — Le *mille,* variant de 1,300 à 1,452 m., selon les localités.

H. Calendrier musulman.

« Les musulmans, dit M. L. Chaillet, font commencer leur ère, du jour où Mohammed, se dérobant au poignard des Koraïchites, s'enfuit de la Mecque, accompagné d'Abou-Bekr, pour se réfugier à Médine. Cette fuite, en arabe *hidjira,* d'où est venu le mot *hégire,* eut lieu, selon l'opinion la plus accréditée, le vendredi 16 juillet 622 après J.-C. Les astronomes arabes et quelques historiens la placent au jeudi 15 juillet. Nous avons adopté la manière de compter des Turcs, c'est-à-dire le 16 juillet.

« Les musulmans règlent la période annuelle sur le cours de la lune, et prennent pour durée de leur mois une lunaison. L'année se compose de douze mois de lunaisons, dont chacune s'effectue en 29 jours et demi et une fraction. Douze lunaisons de 29 jours et demi donnent un total annuel de 354 jours.

« D'après ces bases, les mois sont alternativement de 30 et de 29 jours.

« Ces mois s'appellent :

Moharrem, 30 jours.
Safer, 29 jours.
R'bi-el-ouel, 30 jours.
R'bi-el-tsani, 29 jours.
Djoumad-el-ouel, 30 jours.
Djoumad-el-tsani, 29 jours.

Redjeb, 30 jours.
Châban, 29 jours.
Ramdam, 30 jours.
Chaoual, 29 jours.
Dou'l-kada, 30 jours.
Dou'l-hadja, 29 jours.

« Si l'on ne compte pour chaque lunaison que 29 jours et demi, la fraction négligée produit au bout d'un certain temps une augmentation notable qui forme des jours. Pour rétablir l'équilibre, les astronomes arabes ont imaginé une période de 30 années dans laquelle ils intercalent 11 années de 366 jours. Le jour complémentaire s'ajoute, tous les deux ou trois ans, à la fin du mois Dou'l-hadja, qui termine l'année. Cette addition s'appelle *embolisme.* »

I. Vocabulaire.

Nous n'avons pas la prétention de donner un vocabulaire complet de la langue arabe, encore moins un guide de la conversation, mais seulement quelques mots indispensables en voyage, et dont plusieurs sont pour ainsi dire francisés, tels que *djebel*, montagne; *oued*, rivière; *kantara*, pont, etc., etc.

L'homme.

Le vieillard	*cheikh.*
L'homme	*radjel.*
Le pèlerin	*hadj.*
Le garçon	*ouled.*
La femme	*mra.*
La fille	*bent.*

Les animaux.

Cheval	*aoud.*
Jument	*fereus.*
Mulet	*beurhel.*
Ane	*hamar.*
Chien	*kelb.*
Chat	*kat.*
Bœuf	*feurd.*
Vache	*begra.*
Veau	*oukrif.*
Mouton	*kebch.*
Brebis	*nadja.*
Bouc	*atrouse.*
Chèvre	*maza.*
Porc	*hallouf.*
Coq	*serdok.*
Poule	*djadje.*
Canard	*berk.*
Oie	*ouaz.*
Dindon	*djadje-el-hend.*
Pigeon	*hamam.*
Lion	*sba.*
Panthère	*nemr.*
Hyène	*dhebaa.*
Chacal	*dib.*
Sanglier	*hallouf-el-rhaba.*
Antilope	*begueur-el-ouach.*
Gazelle	*r'ezale.*
Lièvre	*arneb.*
Autruche	*nâm.*
Outarde	*houbara.*
Perdrix	*hadjela.*
Cigogne	*bellaredj.*
Grèbe	*kaikel.*
Aigle	*nser.*
Faucon	*thair-el-horr.*
Tortue	*fekroun.*
Vipère	*lefâ.*
Scorpion	*akrab.*
Lézard	*deb.*
Sangsue	*alka.*
Moustique	*namous.*

Le temps.

Soleil	*chems.*
Jour	*nhar.*
Matin	*sbah.*
Midi	*dohor.*
Après-midi	*eulam.*
Lune	*komar.*
Étoile	*nedjma.*
Soir	*eucha.*
Nuit	*lila.*
Chaleur	*sr'ana.*
Froid	*beurd.*
Vent	*rihh.*
Nuage	*shaba.*
Pluie	*cheta.*
Orage	*rad.*
Bouc	*rerka.*
Neige	*tseldj.*
Année	*sena.*
Mois	*cheher.*
Jour	*ioum.*
Heure	*sâa.*
Lundi	*ioum-el-etnin.*
Mardi	*ioum-el-tlata.*
Mercredi	*ioum-el-arba.*
Jeudi	*ioum-el-khramis.*
Vendredi	*ioum-el-djema.*
Samedi	*ioum-el-sebt.*
Dimanche	*ioum-el-hâd.*
Hier	*el-bara.*
Aujourd'hui	*el-ioum.*
Demain	*redoua.*
Après-demain	*bud-redoua.*

Le voyage.

Cheval	*aoud.*
Mulet	*beurhel.*
Ane	*hamar.*
Chameau	*djemel.*
Selle	*serdj.*
Bât	*berda.*
Couverture	*djelal.*
Bride	*ledjam.*
Étrier	*rekab.*
Fer	*nâl.*
Fouet	*kerbadj.*

Les vêtements.

Pantalon	*seroual.*
Veste	*djabadoli.*

VOCABULAIRE.

Burnous............ *beurnous.*
Chapeau............ *berrita.*
Calotte............ *chachia.*
Bas................ *cherkacher.*
Souliers........... *sebabet.*
Bottes............. *temak.*

Les armes.

Sabre.............. *sif.*
Hache.............. *chakour.*
Fusil.............. *mekhala.*
Pistolet........... *kabous.*
Poudre............. *baroud.*
Plomb.............. *chatma.*

La route.

Nord............... *dahra.*
Sud................ *kebli, guebla, ke-mal.*
Est................ *cherki, cherg.*
Ouest.............. *r'arb.*
Chemin............. *trik.*
Terre.............. *ardh.*
Plaine............. *outa.*
Montagne........... *djebel.*
Montée............. *akba.*
Col................ *tenia.*
Défilé, ravin...... *châbet.*
Rocher............. *kef.*
Grotte............. *r'ar.*
Herbe.............. *hachich.*
Arbre.............. *chedjera.*
Forêt.............. *rhaba.*
Eau................ *ma.*
Mer................ *bahar.*
Rivière............ *oued.*
Canal.............. *sakia.*
Lac................ *guelt.*
Lac salé........... *chott, sebkhra.*
Fontaine........... *aïn.*
Bain............... *hammam.*
Puits.............. *bir.*
Pont............... *kantara.*
Bateau............. *chekaf.*
Filet.............. *chebkra.*

L'arrivée.

Tente.............. *guitoun.*
Ferme.............. *haouch.*
Poste fortifié..... *bordj.*
Marché............. *souk.*
Ville.............. *belad.*
Maison............. *dar.*
Chambre............ *bit.*
Porte.............. *bab.*
Serrure............ *kafl.*

Clef............... *mefta.*
Cour............... *oust.*
Ecurie............. *makhrzen.*

Le repas.

Pain............... *khrobs.*
Eau................ *ma.*
Vin................ *cherob.*
Lait aigre......... *leben.*
Lait doux.......... *halib.*
Beurre............. *zibda.*
Viande............. *lahm.*
Mouton............. *kebach.*
Œufs............... *bida.*
Poule.............. *djadjadj.*
Poisson............ *houta.*
Maïs............... *bechena.*
Huile.............. *zit.*
Vinaigre........... *khral.*
Miel............... *asel.*
Poivre............. *felfel.*
Sel................ *melh.*
Oignon............. *basal.*
Ail................ *toum.*
Figue.............. *kermous.*
Raisin............. *âneb.*
Datte.............. *temer.*
Orange............. *china.*
Banane............. *mouza.*
Assiette........... *tebsi.*
Couteau............ *mous.*
Cuiller............ *mrherfa.*
Outre.............. *kerba.*
Serviette.......... *foutha.*
Savon.............. *seboun.*

Le café et le tabac.

Café............... *kahoua.*
Sucre.............. *sekkeur.*
Tasse.............. *fedjel.*
Pipe............... *sebsi.*
Tabac.............. *dokhran.*
Briquet............ *kedah.*
Charbon............ *afia.*

Pour dormir.

Lit................ *frach.*
Matelas............ *metrah.*
Tapis.............. *besath.*
Couverture......... *lehhaf.*
Chandelle.......... *chema.*
Allumette.......... *keda.*
Lampe.............. *mesbah.*

Pour écrire.

Papier	karheth.
Plume	kalam.
Encre	haber.
Cire	louk.
Cachet	thaba.
Lettre	mektoub.
Livre	ketab.

L'argent.

Argent	draham.

Les métaux.

Fer	hadid.
Acier	dekir.
Plomb	rsas.
Cuivre	nehas.
Argent	fodda.
Or	deheb.

Les couleurs.

Blanc	abiod, beïda.
Noir	akhal, lekahal.
Rouge	ahmar.
Jaune	assfar, safar.
Vert	akhredar.
Bleu	azreg.
Violet	mour.
Gris	rmadhi.

Pour compter.

Un	ouahhed.
Deux	zoudj.
Trois	tlata.
Quatre	arba.
Cinq	khamsa.
Six	setta.
Sept	seba.
Huit	tménia.
Neuf	tesâa.
Dix	achra.
Onze	ahdache.
Douze	tenache.
Treize	tletache.
Quatorze	arbatache.
Quinze	hramstache.
Seize	settache.
Dix-sept	sebatache.
Dix-huit	tementache.
Dix-neuf	tesatache.
Vingt	achrin.
Trente	tletine.
Quarante	arbaïne.
Cinquante	khamsim.
Soixante	settine.
Soixante-dix	sebaïne.
Quatre-vingt	temantine.
Quatre-vingt-dix	tesaïne.
Cent	mia.
Mille	elaf.

Quelques adjectifs, adverbes et prépositions.

Bon	mlehh.
Beau	chebab.
Joli	djemil.
Mauvais	douni.
Propre	nedif.
Droit	mestoui.
Large	ouassa.
Haut	aali.
Bas	ouati.
Etroit	dik.
Combien	kaddach.
Beaucoup	bezzaf.
Assez	barka.
Peu	chouia.
Ensemble	soua-soua.
Dessus	ala, fouk.
Dessous	tahhat.
Devant	koddam.
Derrière	ouera.
A côté	fi djeub.
Au milieu	oust.
En haut	fouk.
En bas	esfel, tahhat.
Dedans	dakhrel, fi.
Sur	ala.
Dehors	berra.
A droite	imin.
A gauche	chemal.
Ceci	hada.
Cela	dak.
Ici	hena.
Long	thouil.
Rond	medouar.
Carré	merebba.
Petit	ser'ir.
Grand	kebir.

J. Glossaire topographique.

Abd	Serviteur esclave
Abiod, Beïda	Blanc.
Adrar	Montagne.
Ahad, El-Had	Dimanche.

GLOSSAIRE TOPOGRAPHIQUE.

Ahmar, f. Hamra.	Rouge.	Djedid, f. Djedida.	Neuf.
Aïn, pl. Aïoun.	Source, fontaine.	Djema	Mosquée.
Aït	Fils de tribu.	Djemâa	Assemblée; vendredi.
Akhal, Lekahal.	Noir.		
Akhdar	Vert.	Djenan	Jardin.
Aksa	Éloigné.	Djerid	Palmier.
Allah	Dieu.	Djeurf	Escarpement
Arba	Mercredi.	Djezîré	Ile.
Arbi, pl. Arab.	Arabe.	Djof	Sein.
Arch, pl. Araïch.	Tribu.	Douar	Village de tentes.
Ardh, Erdh.	Terre, pays.	Douïra	Maisonnette.
Areg, Erg.	Région des dunes.	Drâa	Chaînon, coteau allongé.
Arich, pl. Araïch.	Terrain uni avec quelques arbustes.	El	Le, la, les. — Se change par euphonie en Ech, Ed, En, Er, Es, Et, Ez, devant les consonnes correspondantes.
Asoud, Akhal	Noir.		
Assfar	Jaune.		
Azreg, f. Zerga.	Bleu.		
Bab, pl. Biban.	Porte.		
Basra	Contrée couverte de pierres blanches.		
		Erg, pl. Areg.	Région des grandes dunes.
Bedoui, pl. Bedouia.	Campagnard.	Fondouk	Marché couvert.
Bekaa	Lieu.	Fougui, Fougani, kani	Supérieur, plus élevé.
Ben	Fils de.		
Bender (Mers).	Port.	Foum	Débouché, bouche.
Berka	Lac d'eau douce.	Gara, pl. Ghour.	Terrain isolé dans les sables.
Beurd	Froid.		
Bir, pl. Biar	Puits.	Guebla, kebli, chemal	Sud.
Birket	Réservoir, étang.		
Bit, pl. Biout.	Maison.	Gueraa	Étang, terrain nu.
Bled, Blad, pl. Belad, dimin. Blida	Pays, contrée, ville.	Rhaba	Forêt.
		Rharb	Ouest.
		Rharbi	Occidental.
		Rheder	Flaque.
Bordj	Fort, tour.	Ghour	Haute dune de sable.
Bou	Père.		
Chabet	Ravin.	Gober, Kobr	Tombeau, sépulture.
Chebkha	Lacis, filet.		
Chegga	Crevasse.	Goléa	Châtelet, fortin.
Cheikh	Chef, vieux.	Goubba, Koubba.	Chapelle en l'honneur d'un marabout.
Chemal, kebli, guebla.	Sud.		
Cherg, Cherki	Est.	Gueman	Plateau étendu de peu de relief, butte.
Cherguin	Oriental.		
Chérif	Noble, illustre.		
Chitan	Diable.	Guennar	Sommet, piton.
Chott	Fleuve, étang.	Guetar	Puits à suintements.
Dahra	Nord.		
Daïa	Bas-fond en cuvette retenant l'eau.	Haci	Petit puits.
		Had	Dimanche.
		Hadid	Fer.
Dechera	Village de maisons.	Hqdj	Pèlerin.
		Hadjar	Pierre.
Djebel, pl. Djebal.	Montagne, chaîne.	Hadji	Celui qui a été à la Mecque.
Djedda	Littoral, rivage.		

Hadra	Descente.	Méchera	Gué.
Haïcher	Bas-fond humide.	Mechhed	Chapelle en l'honneur d'un saint.
Haït	Mur, enceinte.		
Hamada	Plateau.	Mechraa	Carrefour.
Hammam	Thermes, bains chauds.	Medersa, medrasa	Ecole supérieure.
Hammaz	Monticule, mamelon	Medina, medinet	Ville.
		Medjes	Gué.
Haouch	Ferme.	Medjra	Courant.
Hedjaz	Terre de pèlerinage.	Mehalla	Campement.
		Mekta, mokta	Carrière, coupure.
Henchir	Ruines.	Mellaha	Saline.
Hissar	Forteresse.	Meraa	Pâturage.
Hodna	Plaine entourée de montagnes.	Merdj, Merdja	Marais, prairie.
		Mers, Mersa	Mouillage, port.
Hofra	Trou, fosse, excavation.	Mesdjed, Mesdjid	Mosquée.
Hout	Poisson.	Misr	Capitale.
Kef	Crête, rocher, pic.	Nador	Sommet, tour, observatoire.
Kafir, Kafr	Infidèle.		
Kafr	Hameau.	Nahiet	Village, commune.
Kalâa	Forteresse, château fort.	Nedjed	Contrée élevée.
		Nefoud	Courant de sable.
Kalig	Canal de navigation.	Neslet	Hameau.
		Nhar	Feu.
Kantara	Aqueduc, pont.	Oued, Ouadi, pl. Soudia et Ouidan	Cours d'eau, vallée, lit de rivière.
Karie	Village.		
Kasba	Citadelle, bourg.		
Kasr, pl. Ksour	Palais, château.		
Kebaïli, Kebila, pl. Kebaïl	Kabyle, homme de la tribu.	Oulad, Ouled, pl. Aoulad	Enfant.
		Oum	Mère, plein de, tête de vallée, localité.
Kebar, Kbeur	Tombeau, sépulture.		
Kebir, f. Kebira, pl. Kbar	Grand.	Oust	Milieu.
		Ousta	Plante.
Kebrit	Soufre.	Ras, pl. rous	Sommet, tête, cap, pointe.
Kedrin	Ancien.		
Keria	Bourg, bourgade.	Rebia	Printemps.
Khabt	Plaine plate, région inculte.	Rif	Plante.
		Sadda	Bonheur.
Khalidj	Golfe.	Safar, Asfor	Jaune.
Khamis	Jeudi.	Safsaf, Sfrifa	Tremble.
Khanga, Khanguet	Défilé.	Sahara	Vaste plaine déserte.
Kholdj	Fondrière.	Sahel	Littoral, côte.
Kibla	Sud.	Saïd, f. Saïda	Heureux.
Komar	Lune.	Saïl, Séil	Torrent.
Ksar, pl. Ksour	Village ou bourg fortifié.	Sba	Lion.
		Sebkha	Lac salé
Lella	Sainte, dame.	Sebt	Samedi.
Mâden	Mine.	Seghir	Petit
Maghreb	Ouest.	Sfa	Schiste.
Malah, Mouilah	Marais saumâtre.	Sidi, Si	Seigneur.
Malka	Confluent.	Souk	Marché.
Mansour	Victorieux.	Souman	Minaret, lieu élevé.
Mascara, Masker	Camp.	Sour	Rempart.

Tamgout.......	Pic.	Tlata..........	Mardi.
Targui, pl. Toua-		Tnin, Etnin....	Lundi.
reg...........	Touareg.	Touil, f. Touila.	Long.
Tchama........	Terrain plat.	Toura..........	Ecluse.
Tella, pl. Tell..	Colline.	Zab, pl. Ziban..	Oasis.
Temrah........	Crocodile.	Zerb..........	Haie.
Teniat, Teniet..	Col, sentier.	Zeriba.........	Parc aux bestiaux.

K. Hygiène.

Le climat de l'Algérie est très sain. L'inculture du sol et la présence des marais étaient, dans l'origine de l'occupation, les principales causes des maladies pour les Européens. Ces causes ont disparu entièrement, grâce aux travaux de colonisation. Les affections aujourd'hui les plus ordinaires sont dues à la chaleur prolongée et au brouillard des nuits. On évitera aisément ces affections en se conformant aux simples prescriptions qui suivent.

Vêtements. — Les vêtements inférieurs, pantalons et chaussures, doivent être larges, de manière à ne pas gêner la circulation. La chemise de toile, si glaciale quand elle est humectée de sueur, devra être remplacée par la chemise de coton, et mieux encore par une chemise en laine légère, à l'imitation des indigènes. On doit porter des coiffures, casquettes et chapeaux, à larges bords ou à visière, de façon à abriter les yeux et la tête contre le soleil ou la poussière. L'usage du parasol est encore ce qu'il y a de mieux pour la promenade au soleil. L'habillement par excellence, celui qui préserve le mieux contre la chaleur, le vent, la pluie, la poussière, c'est le caban ou paletot supplémentaire, que l'on quitte quand on a chaud et dont on se couvre lorsque l'on craint un refroidissement. Une ceinture de laine de 4 à 5 m. de longueur est encore nécessaire contre les refroidissements subits; en s'en entourant le ventre et les reins, on se prémunit contre les chances de dysenterie.

Bains, ablutions. — Les bains maures, dont le massage excitant nettoie parfaitement la peau, doivent être préférés aux bains tièdes, qui sont débilitants. Les bains d'eau froide seront pris dans l'eau courante, mais seulement lorsque la sueur ne mouillera pas le corps. On se fera, en été, de fréquentes ablutions sur le corps avec un linge mouillé. En été également, quand le sommeil sera rendu difficile par des picotements sur la peau, quelques lotions à l'eau froide combattront cette insomnie.

Alimentation. — Un régime mixte, composé autant que possible de viandes rôties, de volaille, de poisson associés aux légumes, comme font les indigènes aisés du littoral, est le plus convenable à suivre. L'alimentation sera donc légèrement tonique. La viande de porc doit être prohibée pendant les chaleurs de juillet et d'août. Il faut éviter de charger l'estomac de substances peu nutritives. Les fruits mûrs, pris avec modération, constituent à la fois un aliment et une boisson agéable et rafraîchissante; mais, ingérés à forte dose et sans avoir atteint leur complète maturité, ils occasionnent la diarrhée et la dysenterie. Contrairement au préjugé populaire, il faut s'abstenir en pareil cas de prendre, pour se guérir, des *figues de Barbarie* : l'ingestion de ces fruits, dont les grains sont très nombreux, a souvent occasionné des constipations douloureuses et opiniâtres.

Boissons. — La meilleure boisson, celle qui convient à tout le monde et à toutes les positions, est le café léger. Il diminue les transpirations, calme la soif, les fatigues provenant de la chaleur ou du froid. On se trouvera fort bien encore de l'usage du thé. On boit en Algérie beaucoup d'absinthe; de toutes les liqueurs alcooliques fermentées, c'est la plus dangereuse, car elle contient des huiles essentielles qui sont de nature à léser le système nerveux. La bière, le cidre et toutes les espèces de poirés ne doivent être bus qu'accidentellement. L'usage modéré du vin est utile, ainsi que le mélange aux boissons de doses minimes d'alcooliques. On ne boira que des eaux connues et réputées de bonne qualité; il faudra savoir résister au besoin d'étancher la soif et s'habituer à boire peu. Dans les localités marécageuses, il faut avant de se servir de l'eau, la purifier en la faisant passer dans un filtre à charbon. Lorsqu'on n'a qu'une mauvaise eau pour se désaltérer, on doit se borner à s'en humecter la bouche.

Préceptes généraux. — Pendant les chaleurs, faire une sieste au milieu du jour.

Éviter de se baigner dans les eaux stagnantes des marais, car elles renferment des miasmes paludéens qui occasionnent des fièvres pernicieuses.

Si l'on se couche en plein air ou sous une tente, éviter le refroidissement la nuit. En conséquence, se couvrir de vêtements de laine, burnous ou paletot à capuchon. Dormir le visage enfoncé dans un capuchon ou les yeux recouverts d'une étoffe quelconque. On se préservera ainsi des ophtalmies.

Boire et manger peu avant et pendant la marche; faire un repas réparateur quand l'étape est terminée.

Si l'on est surpris par le siroco et si l'on se trouve sur un

HYGIÈNE.

terrain déjà échauffé, ne pas se coucher par terre; se tenir debout, ou bien mieux continuer de marcher jusqu'à ce que l'on soit arrivé à un endroit moins brûlé par le siroco.

Ne pas passer la nuit sur le bord des marais, des flaques d'eau, des rivières encaissées et dans les vallées. Gagner les hauteurs de préférence : on aura moins à craindre le miasme paludéen et les moustiques, deux inconvénients des lieux bas et humides.

Trousse. — Le voyageur devra se munir d'une petite trousse qu'il garnira principalement de sulfate de quinine pour la fièvre, d'alcali, de phénol et de nitrate d'argent pour les piqûres d'insectes, de taffetas gommé pour les coupures, d'une pince, d'une paire de ciseaux, d'un petit bistouri et d'une lancette. Une paire de lunettes à verres bleus est indispensable contre les fortes chaleurs de l'été, la réverbération des routes et des maisons blanchies à la chaux.

INTRODUCTION

§ 1. — APERÇU GÉOGRAPHIQUE ET ADMINISTRATIF [1]

Situation. — L'Algérie, qui porte le nom d'Alger, sa ville la plus importante, est située entre le 31º et le 37º degré de latit. N., le 5º degré de longit. O. et le 7º degré de longit. E. Elle fait face à l'Espagne, à la France, à l'Italie, aux Baléares, à la Corse, à la Sardaigne et à la Sicile. Le méridien de Paris passe sur le djebel Chenoua, à 15 k. à l'E. de Cherchel. On compte 772 k. de Marseille à Alger, 728 k. de Marseille à Philippeville, 1,028 k. de Marseille à Oran et 659 de Port-Vendres à Alger.

L'Algérie actuelle occupe à l'E. une partie considérable de l'ancienne Numidie; au centre, toute la Mauritanie Sitifienne; à l'O. proprement dit, la Mauritanie Césarienne; à l'extrême O., une portion de la Mauritanie Tingitane.

Divisions naturelles. — On divise généralement l'Algérie en 3 zones caractéristiques : le Tell, les Hauts-Plateaux et le Sahara.

Le **Tell**, *Tellus* des anciens, est la région des pluies périodiques, des forêts, des fruits et des grains; c'est la région labourable, colonisable par l'Européen, qui trouve dans ses vallées, aux différentes altitudes, non seulement une terre exceptionnellement fertile, mais des conditions climatériques analogues à celles de son pays d'origine.

Berbrugger compte trois subdivisions du Tell : le *Sahel*, qui veut dire rivage, et s'applique en général au système de petites collines qui règnent le long de la mer, et qui sont ordinaire-

---

[1] V. MM. E. Reclus, O. Reclus, général Niox, colonel Derrien, Mac-Carthy et O. Niel.

ment bornées au S. par des plaines; *Outa*, ce sont les plaines qui, sur plusieurs points, s'étendent au S. du Sahel; *Djebel*, la montagne proprement dite, qui s'étend jusqu'aux vastes plaines des Hauts-Plateaux.

Les **Hauts-Plateaux**, qu'avec raison et par des considérations climatologiques les Arabes regardent comme appartenant au Sahara, sont le domaine de l'Arabe pasteur; balayés par les ouragans de sable, ils ne se prêtent à aucune culture; mais ils offrent d'excellents pâturages lorsque les pluies d'automne et de printemps n'ont pas fait défaut; c'est là que l'*halfa* (stipa tenacissima), prend un développement si extraordinaire.

Le **Sahara** est une vaste mer intérieure desséchée, mais ce n'est pas le désert. Pendant l'hiver, ses pâturages sont couverts de troupeaux; des oasis d'une fraicheur délicieuse ont pu être créées par l'industrie humaine, lorsque les nappes d'eau souterraines n'étaient pas trop profondes; des villes se sont bâties près des jardins de palmiers et servent d'étapes aux migrations des nomades.

Au delà du Sahara s'étendent de grands espaces stériles couverts de cailloux brisés : c'est le **Hamada**; au delà encore, ce sont les **Areg**, plaines de sables inhabitables, que les caravanes ne traversent jamais sans crainte. D'après Mac-Carthy, le Tell comprend 14 millions d'hectares, les Hauts-Plateaux, 11 millions, et le Sahara, 45 millions.

Orographie. — Dans son ensemble, dit M. le général Niox, la structure de l'Algérie est extrêmement simple : deux grands plis de terrain, formés d'éléments à peu près parallèles, sont orientés dans la direction générale de la côte, c'est-à-dire de l'ouest à l'est en remontant un peu vers le nord. Ce sont les montagnes du Tell, qui bordent la Méditerranée, et la chaîne saharienne, qui borde le Sahara. Elles soutiennent une terrasse allongée dont l'altitude varie de 500 à 1,000 m., et à laquelle on donne ordinairement le nom de Hauts-Plateaux.

Ces deux chaînes, d'abord écartées de 150 à 200 k. sur la frontière du Maroc, se rapprochent peu à peu l'une de l'autre, et, dans la Tunisie, elles dessinent les deux berges de la longue vallée de la Medjerda. L'une se termine au Ras-el-Mekki; l'autre au cap Bon. Entre ces deux promontoires, se creuse le golfe de Tunis.

Les **montagnes du Tell** sont formées par des escarpes étagées les unes au-dessus des autres; leurs brisures sont, d'une manière générale, tournées vers le N. On peut les décomposer de la façon suivante, en les groupant en chaînes ou en massifs que séparent de profondes coupures pour la plupart perpendiculaires à la côte. Ces coupures sont les lits des principales rivières de l'Algérie.

On compte, dans la province d'Oran : en bordure des Hauts-Plateaux, les monts de *Tlemcem* (point culminant, djebel Kouabet, 1,621 m.); à l'O. de Sebdou, le *djebel Tnouchfi* (1,842 m.); les monts de *Daya* (vigie, 1,392 m.); les monts de *Saïda* (1,246 m.).

En bordure de la côte ou des plaines du littoral : les monts des *Traras* (djebel Filhaoucen, 1,157 m.); les monts du *Tessalah* (1,063 m.); les monts de *Beni-Chougran* (djebel Nador, 808 m.).

Dans la province d'Alger : les monts de l'*Ouarsenis* (1,985 m.); les monts du *Dahra* (djebel Zakkar, 1,535 m.); les monts du *Titeri* (djebel Dira, 1,810 m.). Les monts du Titeri se décomposent en deux masses parallèles séparées par la plaine des Beni-Sliman et des Arib; leurs escarpes du N. sont les monts de *Mouzaïa*, des *Beni-Salah*, des *Beni-Mouça*, les montagnes de la Grande-Kabylie (point culminant, Lella-Khedidja, 2,308 m.).

Dans la province de Constantine : le massif de la Petite-Kabylie : les *Babor* (point culminant, djebel Adrar, 1,979 m.); les *Biban*; les monts d'*El-Kantour* et de *Constantine*; les monts du *Hodna*; les monts de la *Medjerda*, et, près de la côte, sur la frontière tunisienne, les monts de la *Kroumirie*.

La chaîne saharienne peut se décomposer ainsi :

Les monts des *Ksour*, Oulad-Sidi-Cheikh (point culminant, djebel Mzi, 2,200 m.); les monts du *Djebel-Amour* (point culminant, djebel Touila, 1,937 m.); les monts des *Oulad-Naïl* (djebel Bou-Kahil, 1,500 m.); les monts du *Zab*; le massif de l'*Aurès* point culminant, djebel Chelia, 2,331 m.); les monts des *Nememcha* (djebel Rouman, 1,600 m.). La chaîne saharienne se prolonge en Tunisie par les monts *Frechiche* (djebel Char, 1,309 m.), les *Hamada*, le djebel *Zaghouan* (1,340 m.), et les collines de la presqu'île de la *Daklat-Mahouïn*.

Hydrographie. — Les cours d'eau de l'Algérie ne sont pas navigables; voici le tableau des principaux, en allant de l'O. à l'E.

Versant méditerranéen. — Dans la province d'Oran : la *Tafna*, affluent de l'Isser ou Safsaf; l'*oued Malah* ou rio Salado; la *Makta*, formée par la réunion du Sig et de l'Habra; le *Chélif*, dont les principaux affluents sont le Nahr-Ouassel et la Mina.

Dans la province d'Alger : le *Mazafran*, formé de l'oued Djer et de la Chiffa; l'*Hamise*; l'*Harrach*; l'*Isser*; l'*oued Sebaou* qui traverse la Kabylie.

HYDROGRAPHIE. — CLIMAT.

Dans la province de Constantine : *l'oued Sahel* ou *Soummam*, grossi par l'oued Bou-Sellam ; *l'oued El-Kebir* ou Roumel, le *Safsaf* ou oued el-Harrouch ; la *Seybouse*, d'abord oued Cherf, ayant pour affluent l'oued Zenati ; la *Medjerda*, qui coule ensuite dans la Tunisie.

Versant saharien. — Cinq rivières principales descendent des montagnes des Ksour, entre Figuig et Géryville, et vont se perdre dans les sables ; ce sont : *l'oued Sousfana*, *l'oued Namous*, *l'oued Gharbi*, *l'oued Seggueur*, *l'oued Zergoun*. Entre Géryville et Tebessa toutes les eaux de la chaîne saharienne se réunissent dans la vallée longitudinale de *l'oued Djedi* et dans les chotts sahariens, chotts Mel-R'ir, dont l'altitude est en partie inférieure à celle de la Méditerranée, ce qui a fait naître la pensée d'une *mer intérieure*. Quatre vallées leur amènent les eaux de l'Aurès, celles de *l'oued Kantara*, de *l'oued Abdi*, de *l'oued el-Abiod* et de *l'oued el-Arab*.

Dans le Sahara de Constantine aboutissent de longues vallées dont les eaux sont souterraines : ainsi, dans le bassin d'Ouargla, *l'oued Mzab* et *l'oued Mïa*, et dans le bassin de *l'oued R'ir*, *l'oued Ighargar*.

Les Hauts-Plateaux, légèrement creusés à leur milieu, reçoivent, dans des cuvettes peu profondes, les eaux à l'époque des grandes pluies. Ces cuvettes sont : dans la province d'Oran, les *chotts Gharbi* et *Chergui* ; dans la province d'Alger les *zahrès Gharbi* et *Chergui* ; dans la province de Constantine, les *chotts du Hodna* et les *sebkha* chez les Haracta. Le chott de Hodna est le seul qui reçoive des rivières qui sont : l'oued Chella, l'oued Ksob, l'oued Barika, l'oued Chaïr et l'oued Dermel.

On compte quelques lacs, comme *Guera-el-Oubeira* au S., près de la Calle.

Climat. — Le climat de l'Algérie est doux et salubre. La température moyenne sur le littoral est de 12° au-dessus de zéro en janvier, février et mars ; elle s'élève habituellement à 25, 28 et 30° en juillet, août et septembre. Il n'en est pas de même sur les Hauts-Plateaux, où les chaleurs de l'été sont moins tempérées et où les hivers rigoureux ne sont point rares ; mais, pris dans son ensemble, le climat est à la fois agréable et sain. Au surplus, sa réputation n'est plus à faire en Europe ; Alger, entre autres villes du littoral méditerranéen, et Biskra, sur la lisière du Sahara, reçoivent chaque année un grand nombre de visiteurs étrangers, empressés de venir goûter, sous un beau ciel, les douceurs d'un hiver exceptionnel.

Les observations suivantes ont été fournies par le service

météorologique du gouvernement général de l'Algérie, qui compte 44 stations dans lesquelles les variations de l'atmosphère et du temps sont enregistrées à la même heure (7 h. du matin), et centralisées avant midi au bureau d'Alger, qui les réunit dans un bulletin publié le soir.

Un système d'observations régulières a été installé, depuis le 1er juillet 1880, à bord des paquebots de la Compagnie générale transatlantique.

LOCALITÉS		PRESSION GÉNÉRALE BAROMÉTRIQUE MOYENNE	MOYENNE DES TEMPÉRATURES DU THERMOMÈTRE SEC			QUANTITÉ DE PLUIE EN MILLIMÈTRES TOTAUX
			Janvier.	Août.	Générale.	
Région maritime.	Oran........	755,6	11,9	23,7	16,6	305,7
	Alger........	760,2	14	23,7	17,8	697,0
	La Caïle......	761,3	13,7	26,5	18,6	932,9
Région montagneuse.	Tlemcen......	692,1	9,2	26	16,8	524,2
	Fort-National.	683,7	10,1	27	14,2	982,1
	Constantine...	704,2	8,5	26,9	15,2	408,5
Hauts-Plateaux.	Géryville.....	650,7	7,2	25,3	14,1	126,0
	Djelfa........	667,4	7,2	27,6	15,2	175,6
	Tebessa......	688,8	8,1	27,7	15,9	251,5
Régions sahariennes.	Laghouat.....	697,4	10,4	30,5	18,8	46,6
	Biskra........	751,0	13,6	33,2	21,8	54,8

Productions du sol d'après la statistique de 1895. — Forêts. — La dernière statistique donne, pour l'étendue et la nature du sol forestier domanial, communal et particulier, les chiffres suivants pour toute l'Algérie : 3,056,580 hect. 90 a. 14 c. Traversant le Tell et remontant jusqu'aux confins des Hauts-Plateaux, on trouve un rideau presque continuel allant du Maroc à la Tunisie. Les principales essences d'arbres sont le chêne-liège, le chêne vert, le chêne zéen, le pin d'Alep, le pin maritime, le cèdre, le thuya et l'eucalyptus.

Arbres a fruits. — On compte près de 18 millions d'arbres à fruits à feuilles caduques, bananiers, orangers, oliviers, mûriers, palmiers; ces derniers, au nombre de 1,539,179 imposables de 25 à 50 c. par tête, produisent comme tribut ou Lezma 577,309 fr.

PRODUCTIONS DU SOL. — SALINES.

Vignes. — 28,535 planteurs européens et indigènes ont cultivé 122,186 hect. et récolté 4,131,814 hect. de vin. L'exportation a été de 2,946,121 hectol. d'une valeur de 15 à 20 fr. l'hect.

Céréales. — La culture européenne et indigène faite sur 2,879,464 hect. a produit 16,577,589 quint. métr. en blé dur et tendre, seigle, orge, avoine, maïs et bechena.

Plantes industrielles. — 1° *Tabac* : 7,943 hect. ; 4,720,360 kilog. de récolte en feuilles. — 2° *Halfa* : 1,486,779 hect. ; 385,484 quint. métr. d'une valeur moyenne de 120 fr. la tonne de 1,000 kilog. — 3° *Palmiers-nains*. Le dernier chiffre connu d'exportation est de 17,251,991 kilog., représentant une valeur de 2,544,358 fr. — 4° *Plantes tinctoriales*. La production en garance, henné et carthame n'a encore que peu d'importance. — 5° *Plantes diverses, oléagineuses, à alcool, médicinales, pour la parfumerie*; parmi ces dernières le géranium rosa occupe la plus grande place.

Métaux. — Les minerais les plus répandus en Algérie sont : le *fer*, le *cuivre*, le *plomb*, l'*antimoine*, le *mercure*, le *zinc*; le *manganèse* accompagne la plupart des minerais de fer; le *nickel*, le *cobalt*, l'*arsenic*, se rencontrent aussi, mais assez irrégulièrement, et toujours associés avec d'autres métaux.

Sur 183 gîtes métallifères, 51 étaient concédés en 1895; les ouvriers, au nombre de 1,218, ont extrait 108,839 tonnes de minerais.

Eaux thermales et minérales. — L'Algérie possède de très nombreuses sources thermales et minérales, qui, par leur composition et leurs vertus thérapeutiques, peuvent aisément soutenir la comparaison avec les meilleures eaux de l'Europe. D'après la notice publiée par le service des Mines, en 1889, l'Algérie possède : 29 sources *thermales simples*; 7 sources *alcalines*; 47 sources *sulfureuses*; 40 sources *ferrugineuses*; 47 sources *salines*; 3 sources *gazeuses*.

Les eaux fréquentées par les Européens sont celles de Hammam-Rhira de Hammam-Meskoutine et de Salahhin (Biskra).

Salines, sources salées, sel gemme. — On compte, dans les trois provinces, 26 salines naturelles ou lacs salés, 21 sources salées, 7 gîtes de sel gemme. Les plus remarquables sont, dans la province d'Alger, la *Sebkhra-Zarez-Chergui* (50,000 hect.) et la *Sebkhra-Zarez-R'arbi* (32,000 hect.), le rocher de sel de *Khang-el-Melah*, à 22 k. N.-O. de Djelfa.

Dans la province d'Oran, on trouve la saline d'*Arzeu*, la *Grande Sebkhra*, à 24 k. d'Oran (32,000 hect.), et les *deux chotts du Sud* (200,000 hect.).

Dans la province de Constantine, on compte 16 lacs salés dont les principaux sont le *Guerra-el-Tarf* (20,000 hect.), le *chott du Hodna* (84,000 hect.) et le *chott Melr'ir* (200,000 hect.).

Enfin les masses de sel gemme des *Ouled-Kebbab*, près de Mila, de *Metlili*, d'*El-Outaïa* au N.-O. de Biskra, sont l'objet d'une exploitation très active de la part des indigènes et alimentent le commerce du Sud.

Forages artésiens depuis l'origine des sondages jusqu'en juin 1893.

Départements.	Nombre de sondages.	Profondeur totale forée. mètres.	Sources ascendantes.	Sources jaillissantes.	Débit total par minute. litres.
Alger	102	4,544	73	31	20,374
Oran	17	648	17	1	90
Constantine	308	24,349	429	497	326,490
	427	29,541	519	529	346,954

Par suite d'erreurs dans de précédentes statistiques, le chiffre du débit s'est trouvé amoindri. En réalité, à la fin de la campagne, le débit des nappes captées était de 499,613 m. cubes d'eau par jour ou 182,359,022 m. cubes par an.

Marbres, pierres et phosphate de chaux. — *Marbres.* — Le marbre le plus remarquable est l'*onyx translucide* d'Aïn-Tekbalek, dans le département d'Oran. On a trouvé des échantillons d'onyx aux environs de Nemours.

La carrière de *Filfila*, à l'E. de Philippeville, contient des marbres blancs, noirs veinés de blanc, bleu clair, bleu turquin, bleu fleuri, etc.

On peut citer les carrières de l'*oued el-Assel*, à 26 k. de Bône, qui fournissent des calcaires saccharoïdes blancs, bleuâtres ou veinés; les marbres du *fort Génois;* les brèches du *mont Chenoua*, près de Cherchel, et les marbres du Fondouk; les marbres verts siliceux du *cap Falcon*, près de Mers-el-Kebir; les serpentines de l'*oued Madar'*, et les marbres du *djebel Orous*, dans le département d'Oran.

Pierres à bâtir. — Les villes algériennes se sont toutes édifiées à l'aide de matériaux tirés de carrières environnantes. Alger prend ses pierres à bâtir dans la montagne du *Bou-Zaréa*, dont le calcaire fournit aussi une chaux excellente.

Phosphate de chaux. — Les cultures en Algérie sont faites généralement sans fumure et les terres s'épuiseraient si les colons n'avaient désormais à leur portée, en quantité et à bon compte, le phosphate de chaux que l'on rencontre de Gafsa

(Tunisie) à Sétif. En attendant la réglementation définitive de l'exploitation, qui promet d'être abondante, du phosphate du djebel Dir, à 15 k. N.-E. de Tebessa, une Cie française a extrait, pour 1895, 36,956 tonnes de minerai qui, broyé, est d'une teneur uniforme de 60 à 63 0/0 de phosphate et se vend 55 à 58 fr. la tonne dans un port de France.

Autres matériaux. — *Pierre lithographique* d'El-Kantara, à Constantine; — *pouzzolane* de l'île de Rachgoun, d'Aïn-Temouchent, d'Husseïn-Dey, de Guelma et de l'oued N'sa; — *argile*, très répandue en Algérie; — *gypse* à l'oued Djema, au S. de l'Arbâ, à Fleurus et à la Tafna, province d'Oran, au Chettabâ, province de Constantine; — *ardoises* de Mers-el-Kebir; — *soufre* de El-Kebrita (la soufrière), à 32 k. S.-O. de Bôr'ar, et de Millesimo, province de Constantine; — *pétrole*, à Inkermann, province d'Oran; — *salpêtre*, fabriqué par les Arabes du Sud (Ziban et Oulad-Naïl); — *lignite*, indices au Fondouck, à Dellys, à Aumale. Les lignites d'Hadjar-Roum, dans la subdivision de Tlemcem et de Smendou (en exploitation), près de Constantine, ont des assises d'une certaine puissance.

Animaux sauvages. — Ce sont le lion, la panthère, l'hyène, l'once, le chat-tigre, le lynx, le caracal, le serval, l'ichneumon, la mangouste, le furet, la belette, la gerboise ou mus sagitta, le porc-épic, le renard, le chacal (canis aureus, *dib* des Arabes), le hérisson, le rat tigré, le sanglier, le lièvre, le lapin, le singe pithèque de la Kabylie et de la Chiffa, le *begueur-el-ouach* ou bœuf sauvage, le bubale des anciens, l'aroui ou mouflon à manchettes (ovis ornata ou tragelaphus), la gazelle antidorcas ou *r'ezala* des Arabes).

L'administration encourage par des primes en argent la destruction des animaux nuisibles, qui tendent, surtout le lion, à disparaître de jour en jour.

Animaux domestiques. — Le *cheval* algérien appartient, comme on le sait, à la race barbe qui est une des branches de la grande famille orientale, dont il réunit la force, l'agilité, la sobriété et une merveilleuse facilité à supporter les fatigues et les privations. La création de dépôts d'étalons, dès 1844, a permis de remonter en chevaux arabes de bonne qualité, l'armée d'Afrique et un certain nombre de régiments en France.

Les dépôts d'étalons répartis dans les trois départements, à Blida, Mostaganem et Constantine, possédaient, en 1892, 629 étalons barbes, syriens et fils de syriens. Les saillies, pour l'ensemble, s'élevaient la même année à 32,076 dont 2,353 pour les Européens et 29,723 pour les indigènes.

La jumenterie de Tiaret comprend, en 1893, 4 étalons, 41 juments, 66 poulains et pouliches.

Un arrêté organique du 6 mars 1886 consacre l'institution d'un *studbook* en Algérie, afin d'assurer la conservation de l'excellente race de chevaux que possède l'Algérie.

Le *chameau*, ou plutôt le *dromadaire*, est désigné sous le nom de *djemel* par les Arabes. Le mâle s'appelle *beir*, la femelle *naga*, et la réunion d'une centaine de ces animaux *ibel*. Le dromadaire peut devenir un animal de guerre dans la plaine et les pays peu accidentés; il pourrait, moins utilement, il est vrai, servir dans le Tell; il a l'espace déjà immense qui, partant de Boghar, conduit jusqu'à Laghouat et jusqu'au delà des Beni-Mzab. Le dromadaire ne saurait faire, sans s'arrêter, plus de 12 à 15 lieues par jour. Quant au *mehari*, il ne marche qu'au trot allongé, et il peut le maintenir pendant 12 heures. Il parcourt de la sorte 30 à 40 lieues par jour, et cela pendant plusieurs jours de suite. Le dromadaire de 25 ans ne sert presque plus à la charge; on l'engraisse, puis on le vend 35 à 40 fr. pour en faire manger la viande. La peau de l'animal abattu se vend encore 20 fr. à Alger. Enfin le poil du dromadaire, qui sert aux Arabes pour la confection des tentes, des burnous, des haïks et autres tissus à leur usage, a été essayé par la manufacture française et donne des résultats extrêmement remarquables.

La *race canine* compte deux principales espèces : le chien de couleur fauve, à poil ras, que l'on rencontre en grand nombre aux abords des douars, hurlant et la gueule menaçante; puis le lévrier ou *slougui*. « Dans le Sahara » comme dans le pays arabe, le chien n'est pour l'homme qu'un valet gardant le douar ou veillant sur le troupeau. Le lévrier est le compagnon des arabes riches, dans leurs plaisirs chevaleresques; pour l'Arabe pauvre c'est le pourvoyeur qui le fait vivre... Le slougui du Sahara de couleur fauve est de beaucoup supérieur à celui du Tell.

Oiseaux. — L'aigle, le vautour, le faucon, le milan, l'émouchet, le hibou, le corbeau, la corneille à bec rouge, le pigeon, la tourterelle, la perdrix, la poule de Carthage, la caille, l'ortolan, l'alouette, le rossignol, le chardonneret, le merle, le loriot, le geai, le moineau, le flamand, la grue, la cigogne, la demoiselle de Numidie, l'étourneau, la grive, le vanneau, le pluvier, la bécassine, la bécasse, la macreuse, le cygne, le canard, le grèbe, le goéland, la mouette.

L'*autruche* (strutho camelus de Linné) est appelée en arabe *nama* au singulier, *naam* au pluriel. Le mâle est désigné sous le nom de *delim*, la femelle sous celui de *remda*, et les petits sous celui de *cherata*.

Le *casoar*, dont la domestication se fait comme celle de l'autruche, au Hamma, promet encore d'excellents résultats. On sait que la chair du casoar donne une très bonne viande de boucherie.

Le *faucon*, l'oiseau de race par excellence, *thair-el-hoor*, complète l'équipage de chasse d'un noble dans le Sahara. « Les Arabes, dit l'émir Abd-el-Kader, connaissent quatre espèces d'oiseaux de race qu'ils emploient à la chasse. Ce sont : *el-terakel, el-berana, el-hehala, el-bahara*. Le berana et le terakel sont les plus estimés ; le terakel surtout, qui est le plus grand, et dont la femelle atteint quelquefois la taille d'un aigle ordinaire.

Le *grèbe*, que l'on rencontre au lac Fetzara, et qui tend à disparaître, est l'oiseau qu'El-Bekri désigne sous le nom de *aikel*; la peau du grèbe, couverte d'un duvet blanc ou gris, s'emploie comme fourrure.

Les *oiseaux de basse-cour* de l'Europe sont également ceux de l'Algérie.

Reptiles, insectes, mollusques, etc. — Les principaux reptiles sont la tortue de terre, qui est comestible, la tortue d'eau douce, le crapaud, qui atteint d'énormes dimensions, le caméléon, le lézard, la tarente ou gecko, et la vipère.

Le *deb*, espèce de gros lézard, vit dans le Sahara. Dans le Sahara de l'Algérie et de toute l'Afrique septentrionale, le crocodile terrestre d'Hérodote, *el-ourane*, existe ; les Arabes font de leur peau des bourses et des blagues à tabac. Le mot *deb* est bien connu en Algérie ; s'il n'est pas synonyme d'*ourane*, c'est le nom d'une espèce bien voisine de ce lézard.

On compte deux espèces de vipères, *el-lefâa* : 1° la *vipère céraste*, vipère cornue, ainsi nommée à cause des deux cornes qu'elle porte au-dessus de ses yeux et sur son front. Elle est très répandue dans la région des steppes ; elle habite les lieux boisés et les sables où elle se creuse des trous ; elle ne dépasse guère une longueur de 50 centimètres. Sa morsure est suivie d'accidents très graves. — 2° La *vipère minute*, vipère à courte queue (vipera brachyura, Cuv.). Cette vipère est plus grosse et plus dangereuse que la céraste. On la rencontre dans la province d'Oran. — 3° La vipère des jongleurs, *naâdja* ou *seffeltès*, est commune au pied du versant S. de l'Aurès, à El-Faïd et à Chegga ; elle n'est pas rare dans le S. de la régence de Tunis.

Les coléoptères et les insectes sont fort nombreux en Algérie ; en général ils appartiennent à des espèces connues en Europe.

A côté des insectes venimeux ou nuisibles, comme le scorpion et la sauterelle, on trouve le kermès, la cochenille, l'abeille, le ver à soie.

La *sangsue* d'Afrique, *dragon*, est reconnue aujourd'hui aussi bonne que la sangsue bordelaise.

Parmi les mollusques terrestres on trouve l'escargot ou hélice chagrinée; les mollusques de mer sont l'huître, la praire, la moule, la clovisse, l'oursin.

Le barbeau et l'anguille sont à peu près les seuls poissons d'eau douce que l'on pêche dans quelques rivières. Cependant l'oued Zhour, à l'E. de Collo, contient dans ses eaux torrentueuses d'abondantes truites parfois saumonées. Les poissons de mer ont beaucoup d'analogie avec ceux du littoral français méditerranéen, ainsi : le saint-pierre, le loup, le pajot, le rouget, le mulet, le thon, l'alose, la murène, la dorade, la sole, la bonite, et surtout la sardine; la langouste et la crevette abondent également. Les principales sardineries sont établies à Stora, à Collo et à Saint-André, près de Mers-el-Kebir.

Le *corail* se pêche entre la Calle et Bône, par les Français indigènes ou naturalisés, exonérés de tous droits.

Population. — La population de l'Algérie s'élève, d'après le dernier recensement (1896) à 4,429,421 habitants.

POPULATION PAR DÉPARTEMENTS

DÉPARTEMENTS	TERRITOIRES CIVILS NOMBRE			TERRITOIRES MILITAIRES NOMBRE		POPULATION		
	Arrondissements.	Communes de plein exercice.	Communes mixtes.	Communes mixtes.	Communes indigènes.	Des territoires civils.	Des territoires militaires.	Total.
Alger.........	5	103	21	3	5	1,313,206	213,461	1,526,667
Oran.........	7	72	34	»	5	1,671,895	202,611	1,874,506
Constantine..	5	82	18	3	2	888,177	140,071	1,028,248
TOTAUX.....	17	257	73	6	12	3,873,278	556,143	4,429,421

POPULATION INDIGÈNE.

DÉNOMBREMENT PAR NATIONALITÉ. 1896.

NATIONALITÉS	ALGER	ORAN	CONSTANTINE	TOTAUX
Français	149,983	103,398	102,280	355,661
Israélites	16,430	22,022	9,649	48,101
Indigènes	1,294,600	778,330	1,724,839	3,797,769
Tunisiens	231	99	1,929	2,259
Marocains	1,357	12,430	737	14,524
Etrangers	64,066	111,969	35,072	211,107
TOTAUX	1,526,667	1,028,248	1,874,506	4,429,421

POPULATION INDIGÈNE

On compte en Algérie : les *Berbères* ou *Kabyles*, ce sont les aborigènes ; les *Arabes*, les *Maures* ou Arabes des villes ; les *Koulour'lis*, fils de Turcs et de femmes mauresques ; les *nègres* venus de l'Afrique centrale, et les *juifs*, appartenant à tous les pays.

Les Berbères ou Kabyles. — Les Kabyles, qu'on regarde comme les descendants des Berbères, sont les plus anciens habitants du pays. Par leur idiome, ils ne se rattachent ni aux peuples sémitiques, ni aux peuples indo-européens. C'étaient eux qui formaient le fond de la population de la Berbérie à l'époque romaine ; ils sont en majeure partie sédentaires.

Refoulés par les envahisseurs successifs, les Berbères se sont réfugiés dans les montagnes et c'est là qu'on retrouve leurs tribus, parlant une langue pour laquelle ils n'ont pas de signes particuliers de transcription.

Le caractère principal de l'organisation kabyle est l'indépendance des tribus. Les Kabyles du Djurdjura ont pu traverser la période de la domination turque sans être soumis. Ce n'est qu'en 1857 qu'ils furent domptés par le maréchal Randon.

L'organisation de la tribu kabyle est démocratique. La tribu se fractionne en communes, dachera ou thaddart, qui se suddivisent en karouba, ou familles ; les délégués des karoubas, amins, élus chaque année, forment la djemmâa, sorte de conseil municipal, qui sert d'intermédiaire entre les indigènes et l'autorité française, et qui administre les affaires communes. La thaddart, ou village, est la véritable unité constituée de l'organisation sociale.

Nous prenons le Berbère ou le Kabyle de l'est d'Alger comme type général de la race.

Le Kabyle est d'une taille moyenne, bien prise; sa constitution est robuste; l'ensemble de sa physionomie, à l'encontre des races conquérantes venues de l'Arabie, est germanique : il a la tête volumineuse, le visage carré, le front large et droit, le nez et les lèvres épaisses, les yeux bleus, les cheveux généralement rouges, le teint blanc.

Ses vêtements sont la *cheloukha* ou chemise en laine qui dépasse les genoux, le *haïk* et le *burnous*; il porte pour le travail un large tablier de cuir ou *tabenta*; sa tête est presque toujours nue; il recouvre ses jambes de guêtres sans pied, en laine tricotée, *bour'erous*.

Le Kabyle tient à la maison. Il est sobre, habitué au travail, rompu à la fatigue; il est laboureur, horticulteur, pâtre; doué d'une rare intelligence, il exerce aussi avec beaucoup d'adresse les professions industrielles nécessaires à son existence : il fabrique la toile et les tissus de laine, les moulins à huile, les pressoirs, les paniers ou corbeilles, les armes à feu, les armes blanches (entre autres le terrible yatagan appelé *flissa*, du nom de la tribu où il se fabrique), la poudre, le plomb, le soc de charrue, la bêche, la faux, la serpe, la pioche. Le Kabyle possède encore un rare talent pour la fabrication de la fausse monnaie. L'exposition permanente des produits algériens, à Alger, montre quelques spécimens de l'industrie des faux monnayeurs du village d'Aït-el-Hassen.

Le Kabyle est peu instruit : l'écriture et la lecture sont du domaine du plus petit nombre; les traditions arabes et les chants de guerre lui meublent suffisamment la mémoire.

Le Kabyle ne connaît point la médecine ; s'il souffre d'une maladie interne, il emploie le suc de quelques végétaux; s'il a une blessure ou une fracture, il compose un amalgame de soufre, de résine et d'huile d'olive qu'il applique sur la blessure ou sur la fracture; une amulette contenant quelques versets du Koran ou des signes cabalistiques fait le reste.

Le Kabyle a les idées de la famille; il n'a généralement qu'une femme à laquelle il s'attache sincèrement et qui ne vit pas dans l'état d'infériorité où vit la femme arabe. La *femme kabyle* travaille avec son mari, l'excite contre l'ennemi, le panse ou le rapporte s'il est blessé, prend son fusil s'il meurt, et se fait souvent tuer en le vengeant. N'est-ce pas assez dire que la femme kabyle jouit d'une grande considération? Aussi, de tribu à tribu, quand la moisson est rentrée et que la poudre parle, la femme obtient-elle souvent plus que l'homme pour la pacification. Si la Kabylie a ses marabouts, elle a aussi ses maraboutes!

Le Kabyle est loyal, hospitalier; l'*anaïa*, dont il est fier à juste titre, est le droit que possède tout Kabyle de rendre inviolable la personne compatriote ou étrangère qui se réclame de lui. Il connaît peu la *dïa* ou impôt du sang; la vendetta lui est commune avec le Corse; elle se transmet de père en fils.

Les Arabes. — Les premiers conquérants musulmans, dit Ibn-Khaldoun, ne s'y établirent point comme habitants des tentes; pour rester maîtres du pays, ils durent rester dans les villes. Ce ne fut qu'au milieu du ve s. de l'hégire que les Arabes nomades y parurent pour la première fois et s'y dispersèrent par tribus, afin d'aller camper dans toutes les parties de cette vaste région.

« L'Arabe, dit M. le général Niox, c'est le pasteur, le cavalier qui aime les grands espaces et vit sous la tente. Dédaigneux du travail de la terre, il reste fidèle au précepte de Mohammed : « Où entre la charrue entre la honte ». Quelques tribus ont cependant fini par se fixer au sol.

« Sous la tente, les Arabes sont groupés en tribus, subdivisées elles-mêmes en ferkas et en douars. Les chefs de douar forment la djemmâa, qui a le même rôle que chez les Kabyles.

« L'organisation politique des Arabes est en général aristocratique. Il existe chez eux trois espèces d'aristocratie : une aristocratie militaire, les *djouad*, représentée par les descendants des anciennes familles conquérantes; une aristocratie religieuse, formée par les descendants des marabouts, dont l'influence est en rapport avec leur réputation de sainteté, et une aristocratie de race formée par les *chorfa*, qui font remonter leur généalogie à Mohammed. Abd-el-Kader appartenait à la fois à l'aristocratie militaire et à l'aristocratie religieuse : c'est la raison du grand prestige qu'il exerçait. »

L'Arabe est de race blanche; il est grand de taille, vigoureux; il a le visage ovale, le front fuyant, les yeux noirs et vifs, le nez busqué, les lèvres minces, les cheveux et la barbe noirs.

L'Arabe a toujours la tête couverte; il s'habille avec des burnous et des kaïks; l'ensemble de ces différentes pièces maintient sur le corps une température toujours égale, en les relâchant ou en les resserrant.

L'Arabe se couvre de talismans; il en attache au cou de ses chevaux, de ses lévriers, pour les préserver du mauvais œil, des maladies, de la mort; il est généralement vaniteux, humble, obséquieux, arrogant tour à tour; il est menteur, voleur; il est paresseux de corps et d'esprit.

L'Arabe est hospitalier.

La femme arabe, femme de plaisir chez le riche, bête de somme chez le pauvre, ne jouit pas de la même considération que la femme kabyle. Chez le pauvre, la femme tisse les vêtements, va au bois et à l'eau, panse les bestiaux; c'est une véritable esclave.

Les Maures. — On donne le nom de Maures aux Arabes citadins ou *hadar*. Cette faible minorité vit aujourd'hui dans un milieu qui n'est pas exclusivement le sien, et qui n'y a point formé société à part. Une grande partie des Maures auxquels leur fortune l'a permis, ont émigré, lors de notre arrivée en Algérie, à Alexandrie, au Caire, à Constantinople, et moins loin, en Tunisie ou au Maroc; la misère tend à faire disparaître de jour en jour ceux qui n'ont pu suivre les premiers; d'autres enfin, s'assimilant plus ou moins nos mœurs et nos institutions, se sont généralement adonnés au commerce, et leurs coreligionnaires leur donnent le nom de *skakri*, sucrier ou épicier, dont le mot *mercanti*, donné aux Européens civils, est l'équivalent injurieux.

Les Maures sont d'une taille au-dessus de la moyenne; leur visage est ovale, la peau est plutôt blanche que brune, le nez aquilin, la bouche est moyenne et épaisse, les yeux sont grands et assez vifs, la barbe et les cheveux sont noirs et abondants. Les Maures ont un certain embonpoint, mais il est permis de douter qu'ils aient un type bien pur, et, comme le dit M. V. Bérard : « Ils sont les fils de tous les peuples poussés sur les rivages de l'Algérie, depuis les Argonautes jusqu'aux renégats du siècle dernier ».

Les Maures sont d'un caractère doux et indolent; ils sont très religieux.

Le costume des Maures se rapproche beaucoup de celui des Orientaux : ils portent une culotte fort large, *seroual*, qui leur laisse les jambes nues; une veste, *djabadoli*, et deux gilets brodés en or ou en soie, *sedria*; ils ont pour coiffure un turban ou pièce de mousseline enroulée autour d'une calotte ou *chachia*; ils portent rarement des bas et ils ont pour chaussures de larges souliers, *sebatah*, dans lesquels ils mettent quelquefois d'autres chaussures, c'est-à-dire des pantoufles de maroquin jaune ou rouge, *babouches*.

Le costume des Mauresques se compose d'une chemise de gaze, d'un caleçon, *serroual*, d'une veste ou brassière, *djabadoli*,

POPULATION INDIGÈNE.

ou d'une redingote, *rlila;* sur la tête une calotte, *chachiá* qu'on surcharge de foulard. Les bijoux sont les boucles d'oreille, les bracelets, *m'sais* pour les bras, *m'kais* pour les jambes. Quand la Mauresque sort, elle passe un large pantalon par-dessus son caleçon et s'enveloppe le corps d'une pièce d'étoffe de laine blanche, *haïck.*

Les Koulour'lis. — Les Koulour'lis sont fils de Turcs et de femmes mauresques. Rien, du reste, ne les distingue des Maures : ils en ont le costume et les mœurs. Ils ont été les premiers auxiliaires des Français, mais ils disparaissent peu à peu comme population distincte.

Les nègres. — L'abolition de l'esclavage, depuis 1848, tend à faire disparaître, de jour en jour les nègres en Algérie. Dans les oasis du Sud, où ils sont encore assez nombreux, ils sont les seuls qui résistent aux chaleurs sahariennes et aux influences morbides des miasmes des bas-fonds.

Les nègres, qui forment toujours une population laborieuse, exercent généralement les métiers de marchands de chaux, de blanchisseurs de maisons, de fabricants de sparterie, puis, à l'occasion, ils sont manœuvres, terrassiers, portefaix. Nos régiments de turcos comptent bon nombre de nègres, qui sont d'excellents soldats. Les négresses sont masseuses dans les bains maures, boulangères ambulantes, servantes, danseuses dans les fêtes particulières et diseuses de bonne aventure.

Les nègres, en dehors de leurs occupations habituelles, ont le monopole du tapage. Aux fêtes musulmanes et à nos fêtes publiques, ils parcourent les rues, gambadant, gesticulant au son étourdissant de la grosse caisse, du tamtam et des *karakob* (castagnettes en fer); puis ils stationnent sur les places publiques pour y exécuter des rondes sans fin.

Les juifs. — L'histoire nous apprend que la Judée, dans laquelle les Romains étaient intervenus l'an 40 avant J.-C., sous Hérode, fut conquise par Titus l'an 70 après J.-C. Ce fut sous Hadrien, en 135, que les Juifs furent dispersés. De cette époque date donc leur arrivée en Afrique; mais les Juifs africains ne se trouvent plus guère que dans le Sud.

Dans le Tell et surtout dans les villes, les Juifs ont pour ancêtres les émigrés espagnols des xive et xve s. Ils étaient maintenus par les Turcs dans une condition très humiliée, et une législation sanguinaire les menaçait à chaque instant.

Un décret du gouvernement de la Défense nationale, du 10 novembre 1871, a émancipé les Juifs algériens et leur a accordé la naturalisation française avec ses droits et ses charges;

INTRODUCTION.

naturalisation prématurée qui a eu des conséquences graves en nous aliénant les Arabes; elle a été une des causes de l'insurrection de 1871. Elle a encore eu pour résultat de donner aux Juifs la majorité aux élections dans un grand nombre de centres. Cependant on doit constater que des efforts sont faits par la société juive pour s'assimiler aux mœurs françaises; elle fait instruire ses enfants, et la culture intellectuelle française commence à pénétrer dans les familles riches.

Les Juifs ont pris aujourd'hui une grande importance par leur solide groupement et l'art avec lequel ils savent attirer les épargnes du pays. Ils ne cultivent pas la terre, mais se l'approprient par des prêts usuraires et la font exploiter par l'Arabe dépossédé.

Le type juif est en général un des plus magnifiques que l'on rencontre en Algérie : grand, bien fait, la figure ovale, le nez busqué, les yeux noirs et vifs, les cheveux et la barbe abondants. Malheureusement le costume de couleur sombre que portaient les Juifs et les Juives tend de plus en plus à disparaître pour faire place au costume européen.

Les berranis. — Au milieu des *hadar* ou citadins indigènes de l'Algérie vivent les *berranis* ou gens du dehors, gens d'origine et de race diverses. Ces étrangers sont les Biskris, les Kabyles, les Mzitis, les nègres, les Mzabis et les Laghouatis; puis les gens de Tunis et du Maroc, connus plus particulièrement sous la désignation de *berranis*. Tous viennent momentanément exercer leur industrie dans les principaux centres de population du Tell.

Le *Biskri* est originaire du *Zab* (au pluriel *Ziban*), dont Biskra est la capitale. Le Zab fait partie du Sahara algérien, au S.-O. de la province de Constantine (*V.* p. 270).

Les Biskris ou Zibanais sont laborieux, et ceux qui ne peuvent vivre au pays vont chercher du travail et du pain dans les villes de l'intérieur et du littoral de l'Algérie, jusqu'au jour où, riches de quelques économies, ils pourront revenir pour acheter un jardin de palmiers et doter une femme. Tous, canotiers, portefaix, porteurs d'eau, cureurs de puits, trouvent encore une source de gain dans le temps consacré au sommeil. Moyennant une modique rétribution, ils dorment en travers d'une boutique pour en écarter le voleur.

Les *Kabyles* (*V.* p. 108) exercent dans les villes les métiers de manœuvres, de terrassiers, de maçons, de boulangers: ils se livrent dans les fermes à tous les travaux de l'agriculture.

Les *Mzitis*, de la grande famille des Kabyles, viennent de Manscura, non loin de Bordj-bou-Areridj. Ils sont, à Alger, marchands et mesureurs de blé. Quelques-uns sont baigneurs et portefaix.

Les *Nègres* (V. p. xlix).

Les *Mzabis* ou Mozabites appartiennent au Mzab, contrée située sous le méridien et à 200 lieues d'Alger (V. p. 85). Ils descendent, à ce qu'ils prétendent, des Moabites. Ils sont schismatiques; ils appartiennent à la secte de l'assassin d'Ali; on les appelle khammès ou cinquièmes, parce qu'ils sont en dehors des quatre sectes reconnues. Ils sont généralement blancs, et beaucoup ont les yeux bleus et les cheveux blonds. Le front haut, plutôt étroit que large, les yeux obliques et impénétrables, le nez long, busqué comme celui des juifs, la lèvre mince, dédaigneuse, estompée d'une légère moustache, le menton pointu et couvert de quelques poils, les Mzabis sont plutôt d'une taille moyenne que grande, leurs membres sont grêles et cependant robustes. Leur costume se compose du burnous blanc et du haïk, laissant le front à découvert, et dont la partie inférieure cache presque toujours le menton et la bouche, par suite de l'habitude que les Mzabis ont au pays, pour se garantir des vents étouffants du simoun. Quand ils ne portent point ce costume, ils le remplacent par une espèce de gandoura ou épaisse chemise de laine rayée, bleue, rouge et jaune. Les Mzabis qui viennent à Alger exercent les professions de baigneurs, d'entrepreneurs de charrois, de bouchers, de meuniers, de traiteurs, de fruitiers, de marchands de charbon, et enfin de négociants et même de banquiers.

Les *Laghouatis*, réunis aux Mzabis, comme les Mzitis l'ont été aux Kabyles, exercent généralement dans la ville la profession de mesureurs et porteurs d'huile; ils sont assez reconnaissables à leurs costumes graissés par l'huile.

Les *berranis* proprement dits sont : les *Gharaba* ou *Marocains*, *Rifiens* et *Chleuh*, exerçant les métiers de charbonnier et de manœuvre; les Arabes de la province d'Oran, tous muletiers ou bouviers, et les Tunisiens, portefaix et manœuvres.

Les khouan ou confréries religieuses [1]. — Les *khouan* ou frères, que l'administration ne saurait trop faire surveiller, sont les membres d'ordres religieux musulmans dont les rites, les règles et les statuts, différents pour chaque ordre, sont essentiellement basés sur le mahométisme.

Les ordres répandus dans le monde musulman sont nombreux

1. V. MM. Brosselard, gén. de Neveu, com. L. Rinn, P. Melon et d'Estournelle.

On compte, chez les Algériens, ceux d'Abd-el Kader-ed-Djilani, de Chadeli, de Moulaï-Taïeb, de Sidi Mohammed-ben-Aïssa, de Sidi Mohammed-ben-Abd-er-Rahman, plus connu sous le nom de Bou-Kobrin (*V.* p. 32), de Sidi Ahmed-Tedjani, de Sidi Youcef-el-Hamsali, des Derkaoua et de Sidi Mohammed-ben-Ali-es-Senoussi, dont le fils et successeur est aujourd'hui Cheik-el-Madhi-ben-si-Mohammed. Abd-er-Rahman-Bou-Kobrin et Ahmed-Tedjani, qui sont Algériens, comptent en Algérie les affiliés les plus nombreux.

Les Aïssaouas, sectateurs de Mohammed-ben-Aïssa, sont également répandus du Tell au Sahara; on connaît leurs pratiques étranges; nous ne décrirons pas les immondes jongleries auxquelles ils se livrent.

Chaque ordre relève d'un *khralifa*, supérieur général ou grand maître, descendant souvent du marabout fondateur et résidant dans le lieu où l'ordre a pris naissance. Les *cheikhs* ou *mokkadems*, directeurs provinciaux, en nombre indéterminé, administrent chacun une circonscription plus ou moins étendue. Le *nékit* est au cheikh ce que celui-ci est au khralifa. Le cheikh a sous ses ordres d'autres agents secondaires : messager, porte-bannière, chaouch. Le messager ou *rekkas* est l'intelligent intermédiaire entre le cheikh et le khralifa, que ses instructions soient écrites ou verbales.

Entrer dans un ordre s'appelle recevoir le *dikr*; c'est la révélation de la formule, de la courte prière qui distingue l'ordre d'un autre. On dit encore prendre le *oueurd* (rose) de tel ou tel. « Quelle rose portes-tu? demandera un musulman à un autre. — Celle de *Moulaï-Taïeb* ou de *Sidi Ahmed-Tidjani* », répondra l'interpellé.

Les femmes sont reçues dans les corporations religieuses; elles ont alors pour chefs des femmes et prennent entre elles le nom de sœur, *khouata*.

ADMINISTRATION DES INDIGÈNES. — Aux termes d'un arrêté du gouverneur général, en date du 12 mai 1879, le service des affaires indigènes est détaché de l'état-major général et placé sous la direction immédiate du gouverneur général.

Le *douar*, réunion de tentes en cercle, est considéré comme la base de la constitution sociale des Arabes. Un certain nombre de douars réunis forment une *ferka* (section) obéissant à un *cheikh*. L'assemblage de plusieurs ferkas compose une *tribu*; la tribu ne renferme quelquefois qu'une ferka, qui alors est plus considérable; elle est commandée par un *kaïd*. Plusieurs tribus groupées constituent, soit un grand *kaïdat*, soit un *aghalik*, sous les ordres d'un *kaïd-el-kaïd*, kaïd des kaïds, ou d'un *agha* ou *ar'a*. Des aghaliks peuvent former une circonscription relevant d'un *bach-agha*, chefs des aghas, ou d'un *khralifa*.

Le cercle comprend ordinairement plusieurs kaïdats, qui, lorsque l'état du pays le permet, sont placés sous les ordres directs du commandant supérieur, sans obéir à un agha. Le khralifa ou le bach-agha relève, soit du commandant de la subdivision, soit du commandant de la division.

Le *cheikh* reçoit l'investiture de l'autorité publique; à ce titre, il est fonctionnaire. Il est nommé par le commandant de la subdivision, sur la présentation du kaïd. Il agit sous la direction du chef de la tribu, règle dans sa ferka les contestations relatives aux labours, concourt aux opérations pour l'assiette, la répartition et la rentrée des amendes et de l'impôt; il rassemble les bêtes de somme requises pour le service des convois militaires; il exerce enfin sur ses administrés une surveillance de simple police et des fonctions qui lui donnent une position analogue à celle du maire dans la commune française. La réunion des principaux notables des douars placés sous ses ordres forme un conseil (*djemmâa*) qui l'assiste dans toutes les fonctions importantes.

Le *kaïd* est nommé par le commandant de la division, sur la présentation du commandant de la subdivision. Ses attributions sont très variées; il est directement responsable de l'exécution des ordres du commandant français, qui sont transmis, soit par les bureaux, soit par les grands chefs indigènes; il perçoit l'impôt dans toute sa tribu, accompagné du cheikh de chaque ferka. Il est chargé de la police intérieure; il préside le marché et juge les actes de désobéissance, les rixes et les contestations de minime importance dans lesquelles les intérêts soumis au règlement de la loi civile ou religieuse ne sont pas engagés. Enfin, il réunit les contingents de cavaliers demandés pour suivre nos expéditions.

Les *aghas* sont nommés par le ministre de la guerre, sur la proposition des commandants de division. Ils surveillent les kaïds et reçoivent, en général, des ordres du bach-agha ou du khralifa; cependant, dans beaucoup de cas, ces ordres leur sont directement donnés par l'autorité française. Ils jugent avec les mêmes attributions que les kaïds, mais dans des causes plus graves, les individus appartenant à des tribus différentes. Ils centralisent, pour les tribus placées sous leurs ordres, les opérations relatives à l'impôt, et commandent les contingents armés, convoqués par l'autorité militaire.

Les *khralifas*, *bach-aghas* et *aghas indépendants* sont aussi nommés par le ministre de la guerre, sur la proposition du commandant de la division. Ces chefs exercent sur leur territoire une autorité politique et administrative. La plupart disposent d'une troupe indigène, armée et soldée par la France, pour maintenir la tranquilité. Ces forces ne peuvent faire aucune opération sans l'assentiment du commandant de cercle ou de subdivision. Les khralifas et les bach-aghas prononcent des amendes jusqu'à concurrence de 100 fr. contre ceux qui ont accordé l'hospitalité aux espions, aux rebelles et aux criminels poursuivis, contre les vendeurs et acheteurs d'armes et munitions de guerre, contre les détenteurs de biens ou d'objets appartenant à l'État.

Dans chaque tribu, à côté du kaïd, il y a un kadi qui rend la justice d'après la jurisprudence civile et religieuse. Il est nommé par le commandant de la subdivision, après avoir obtenu un certificat de capacité du tribunal supérieur indigène (*midjlès*) le plus voisin. Il règle les contestations civiles, dresse les actes de mariage, prononce les divorces, procède à la liquidation des héritages. Auprès de chaque bureau arabe, il y a un kadi qui exerce ses fonctions sous la surveillance immédiate des officiers chargés des affaires des tribus.

POPULATION CIVILE EUROPÉENNE

Les Européens, sauf les Anglo-Maltais et les Espagnols des campagnes, n'offrent physiquement rien de bien tranché; ils sont en Algérie ce qu'ils sont en Europe.

Le *Maltais* ou l'Anglo-Maltais s'est implanté en Algérie depuis notre conquête. La langue arabe, qui est la sienne, les langues anglaise, italienne, française, qu'il baragouine, le rendent presque indispensable dans les rapports de chaque jour. Pêcheur, batelier, chevrier, marchand de bestiaux, boucher, cafetier, portefaix surtout, tels sont les divers métiers qu'il exerce. Le Maltais abdique au besoin son titre de sujet anglais pour venir se ranger avec ample compensation sous la loi française, à moins cependant que ses intérêts ne lui fassent revendiquer son titre de sujet anglais. Sobre, économe, intelligent, le Maltais réussit presque toujours dans ses entreprises. Quelques Maltais ont gagné, à Alger, une grande fortune dans la vente des bestiaux ou dans la boucherie. Le Maltais est généralement reconnaissable à son pantalon serré aux hanches et larges de jambes, à sa chemise bleue comme son pantalon, à son bonnet brun en laine, qui recouvre une chevelure rasée par derrière et flottante en longs tire-bouchons sur les joues. Le Maltais est de taille moyenne, bien moulé, nerveux et brun : c'est un *Arabe chrétien*.

Les *Espagnols*, qui figurent pour une grande proportion dans les Européens étrangers, viennent principalement de Mahon et de l'Andalousie. Les *Mahonnaises*, coiffées gracieusement d'un foulard, sont bien connues à Alger, où elles sont domestiques et nourrices. Les *Mahonnais* s'adonnent à la culture maraîchère. Quant aux *huertolanos* ou jardiniers des provinces de Murcie, de Valence et de l'Andalousie, c'est généralement dans la province d'Oran qu'ils viennent se fixer. On les y retrouve avec le costume qui est resté arabe, sauf de légères différences : caleçons fort larges et ceintures très apparentes, sandales de cordes, mouchoir sur la tête, quelquefois un chapeau, gilet croisé à boutons de métal, et enfin la couverture dans laquelle le dernier mendiant sait se draper si orgueilleusement.

Armée. — L'armée d'Afrique forme le 19ᵉ corps d'armée; elle se compose :

De corps spéciaux créés dans le pays. Ces derniers se composent : pour l'infanterie, de 4 régiments de zouaves dont 1 en Tunisie, de 4 régiments de tirailleurs algériens (turcos), dont 1 en Tunisie, de 2 régiments de la légion étrangère, de 6 bataillons d'Afrique et de 5 compagnies de discipline; pour la cavalerie, de 6 régiments de chasseurs d'Afrique, dont 1 en Tunisie, de 4 régiments de spahis, dont 1 en Tunisie, et de 3 compagnies de cavaliers de remonte. L'artillerie et le génie sont détachés de la métropole.

Une légion de gendarmerie, comprenant 150 brigades à cheval et 51 à pied, groupées en 4 compagnies, non compris les 138 gendarmes indigènes répartis dans les 4 compagnies.

Les trois départements de l'Algérie forment autant de divisions militaires. La division d'Alger comprend 5 subdivisions : Alger, Aumale, Médéa, Orléansville et Laghouat. — La division d'Oran comprend quatre subdivisions : Oran, Mascara, Tlemcen et Aïn-Sefra. — La division de Constantine comprend trois subdivisions : Constantine, Sétif et Batna.

Dans l'énumération des corps spéciaux appartenant à l'armée d'Afrique, il n'est point question des *goums;* on appelle ainsi les contingents de cavaliers armés que les chefs de tribus peuvent réunir dans un temps donné.

L'armée territoriale de l'Algérie, non compris sa réserve, se composé de : 8 bataillons de zouaves, 1 bataillon de chasseurs à pied, 14 batteries d'artillerie, 5 escadrons de chasseurs, 3 compagnies de train des équipages militaires.

Divisions administratives. — L'Algérie se divise en trois provinces, qui s'appellent du nom de leur chef-lieu : province d'Alger, de Constantine et d'Oran.

Le gouvernement et la haute administration sont centralisés à Alger, entre les mains d'un gouverneur général civil, avec un secrétaire général, et assisté d'un conseil supérieur du gouvernement.

Chaque province renferme un territoire civil et un territoire militaire. Le *territoire civil* forme un département administré par un préfet. Le *territoire militaire* est administré par le général commandant la division militaire, sous la haute direction du général commandant le 19e corps d'armée.

Les arrondissements sont divisés en communes de plein exercice et en communes mixtes.

On entend par *communes de plein exercice* les communes dont l'administration est soumise aux règles en vigueur pour les communes de la métropole, sous réserve de l'admission dans les conseils municipaux, par voie d'élection, des habitants indigènes et des Européens; des douars ou fractions de tribus sont parfois rattachés aux communes. Dans ces territoires, la police et les services municipaux sont exercés, sous l'autorité du maire, par des agents nommés adjoints indigènes, spécialement chargés d'aider au recouvrement de l'impôt. Il n'y a de communes de plein exercice qu'en territoire civil.

On appelle *communes mixtes* les circonscriptions dans lesquelles la population indigène est dominante; il y a des communes mixtes dans les deux territoires. En territoire civil, les communes mixtes sont administrées par un fonctionnaire civil; en territoire militaire, elles sont administrées, sous la haute autorité du général commandant la division, par une commission municipale que préside le commandant supérieur, maire, puis du général commandant la subdivision; sous son autorité directe est placé un adjoint civil.

Certaines communes de plein exercice sont autant de centres agricoles, tandis que d'autres, comme Sidi-Bel-Abbès et Souk-Ahras, deviennent des villes importantes par leurs transactions commerciales. Le touriste rencontre parfois sur sa route un vaste bâtiment isolé où sont installées une mairie et une gendarmerie. Là est le chef-lieu d'une commune mixte dont les 10 à 40 mille administrés, presque tous indigènes, sont disséminés dans les fermes ou les douars.

DIVISIONS ADMINISTRATIVES

PROVINCES	TERRITOIRE CIVIL			TERRITOIRE MILITAIRE			Total général.
	Plein exercice.	Mixtes.	Totaux.	Mixtes.	Indigènes.	Totaux.	
Alger........	103	21	124	3	5	8	132
Oran........	72	34	106	»	5	5	111
Constantine.	82	18	100	3	2	5	105
Totaux...	257	73	330	6	12	18	348

Cultes. — Il y a en Algérie quatre cultes reconnus : le culte catholique, le culte protestant, le culte israélite et le culte musulman.

Instruction publique. — *Enseignement supérieur.* — Il est donné dans 4 écoles : l'*Ecole de droit* (19 cours professés par 8 professeurs titulaires et 6 chargés de cours, agrégés ou docteurs), l'*Ecole de médecine et de pharmacie* (11 professeurs); l'*Ecole supérieure des sciences* (6 chaires et 4 cours complémentaires); à cette école sont rattachés : l'observatoire d'Alger, installé au Bou-Zaréa, la station de zoologie maritime et le service météorologique de l'Algérie; l'*Ecole supérieure des lettres* (7 chaires et 4 cours supplémentaires); à cette école sont rattachées les 2 chaires publiques d'arabe, de Constantine et d'Oran.

Enseignement secondaire. — Il existe en Algérie : 3 lycées, à Alger, à Constantine et à Oran; 7 collèges communaux; 4 établissements libres, 3 à Alger, 1 à Constantine; Bône, pourvu de toutes les chaires d'enseignement secondaire, Blida, Médéa, Mostaganem, Tlemcen, Sétif et Philippeville, et autres établissements : 14 en tout, publics et libres.

L'enseignement secondaire des filles est organisé à Oran (1 collège communal), Constantine et Philippeville (3 cours secondaires), Alger (1 établissement libre), total : 4. Les 4 cours n'appliquent pas les programmes au delà de la quatrième année.

Enseignement primaire. — Il comprend : 2 écoles normales d'instituteurs, à Mustapha et à Constantine, réunissant 84 élèves-maîtres. A côté des 2 écoles normales de garçons fonctionnent 2 cours normaux destinés à préparer, aux fonctions d'instituteur, ou plutôt de moniteur, les jeunes indigènes;

— 2 écoles normales d'institutrices à Miliana et à Oran, réunissant 56 élèves-maîtresses (ces 4 écoles normales occupent un personnel de 51 fonctionnaires); — 1,054 écoles publiques et libres, laïques et congréganistes, réunissant 89,218 élèves.

Enfin, il existe 146 écoles maternelles, dont 65 laïques et 81 congréganistes, comptant 25,558 élèves, total : 114,776.

L'enseignement supérieur destiné aux indigènes est donné dans les 3 medersas d'Alger, de Constantine et de Tlemcen. L'enseignement comprend 3 années d'études, droit musulman, langues française et arabe, arithmétique, histoire et géographie.

L'enseignement primaire est donné, dans les écoles arabes-françaises, à 11,515 enfants des deux sexes. Dans les zaouïas, uniquement ouvertes aux indigènes, on enseigne surtout la lecture du Koran.

Colonisation. — Les émigrants sont assurés par le Gouvernement général de l'Algérie d'une propriété définitive, par un acte provisoire de location, moyennant une somme payable un cinquième avant la prise de possession, et les quatre autres termes d'année en année avec intérêt de 5 p. 100.

Les immigrants qui se rendent en Algérie trouveront tous les renseignements qui pourront leur être utiles, en s'adressant dans les ports de débarquement aux bureaux des renseignements établis : à Alger, au secrétariat général, à l'hôtel de l'ancienne mairie, rue Bruce, n° 3; — à Oran, à la sous-préfecture; — à Bône, à la sous-préfecture; — à Philippeville, à la sous-préfecture; ou, avant leur départ de France, dans toutes les préfectures, et, à Paris, au service de l'Algérie, Ministère de l'Intérieur.

§ 2. HISTOIRE

1° AVANT LA CONQUÊTE

L'histoire de l'Algérie commence avec la fondation de Carthage par les Phéniciens, vers l'an 880 avant J.-C. Pendant 600 ans env., cette ville régna sur toute l'étendue du pays qui forme aujourd'hui la *Tripolitaine,* la *Tunisie,* l'*Algérie* et le *Maroc,* établissant ses comptoirs sur tous les points où ses navires pouvaient aborder. Mais, en 264, Carthage engagea contre Rome la lutte où elle devait succomber, et, en 146, elle était détruite, et son empire passait, partie aux mains des Romains et partie aux mains des rois de Numidie et de Mauritanie. Le bon accord de Rome et des rois de Numidie ne subsista pas. Jugurtha succomba sous les coups de Métellus et de Marius, et la Numidie devint province romaine. La Mauritanie, à son tour, était conquise par J. César et ses lieutenants, et le pays, divisé en trois provinces : la Numidie, la Mauritanie Sitifienne et la Mauritanie Césarienne, était destiné, avec l'Egypte, à assurer à Rome la subsistance en blé. La destinée des provinces d'Afrique, pendant la domination romaine, fut assez paisible et prospère, et on n'y vit ni grandes guerres, ni grandes révolutions, jusqu'au moment où les Vandales, après avoir franchi les colonnes d'Hercule, s'y établirent en maîtres vers la fin du IVe siècle, et les ravagèrent. Leur empire ne dura guère; dès 584, Bélisaire y avait mis fin.

Avant la fin du VIIe s., la domination musulmane y fut, à son tour, implantée par Sidi Okba-ben-Nafé. Vassale du khalifat de Cordoue, la régence d'Alger reçut d'abord les lumières d'une civilisation hâtive et bientôt arrêtée dans son développement. Mais, vers la fin du XVe s., quand la prise de Grenade, par Ferdinand le Catholique, chassa les Maures d'Espagne, et que les Turcs, maîtres de Constantinople, prirent le premier rang dans l'islamisme, Alger devint un repaire de pirates qui infestèrent la Méditerranée pendant trois siècles, malgré les efforts des États chrétiens.

Plus tard, la décadence générale de l'Empire turc eut son contre-coup en Afrique; les déprédations continuèrent; mais, au lieu des flottes de Barberousse, Alger ne mettait plus en mer que des bateaux isolés qui fuyaient à la vue des navires de guerre chrétiens. Au commencement du XIXe s., cette situation n'avait pas changé. Alger traînait, sous la suzeraineté nominale du sultan, une misérable existence. Une imprudence de son souverain, Hussein-Dey, allait amener la fin de la domination musulmane.

Une réclamation du consul de France, M. Deval, excita la colère du dey, qui répondit par un coup d'éventail au visage de l'agent diplomatique. Les satisfactions exigées par la France furent refusées, et une escadre, sous les ordres du capitaine Collet, vint bloquer le port d'Alger; puis, en présence de l'obstination du dey, une expédition fut décidée sous le commandement du général de Bourmont; l'amiral Duperré conduisait la flotte. L'armée française débarquait à Sidi-Ferruch le 14 juin 1830; le 5 juillet suivant, Alger capitulait.

Telle est l'histoire, très sommaire, de l'Algérie avant la conquête; mais elle est complétée plus loin par les notices sur Alger, Constantine, Oran et Tlemcen.

INTRODUCTION.

2° CONQUÊTE.

Le général de Bourmont. — **1830**. — 14 juin, débarquement à Sidi-Ferruch. — 19 juin, bataille de Staouéli. — 4 juillet, siège et explosion du fort l'Empereur. — 5 juillet, reddition d'Alger. — Du 2 au 18 août, première occupation de Bône par le général de Damrémont.

Le maréchal Clauzel. — **1830**. — 2 septembre, le maréchal Clauzel remplace le général de Bourmont. — 17 novembre, première occupation de Blida. — 24 novembre, première occupation de Médéa. — **1831**. — 4 janvier, évacuation de Médéa; première occupation de Mers-el-Kebir et d'Oran par le général de Damrémont.

Le général Berthezène. — **1831**. — 30 juin, pointe sur Médéa. Ben-Omar, notre bey, revient avec la colonne expéditionnaire. — 17 août, occupation définitive d'Oran par le général Boyer. 13 au 29 septembre, première occupation de Bône.

Le général de Rovigo. — **1831**. — Décembre, le général Berthezène remplacé par le général de Rovigo. — **1832**. — 10 avril, destruction de la tribu d'El-Oufia, près de la Maison-Carrée. — 27 mars, prise de la Kasba de Bône par les capitaines d'Armandy et Yussuf. — Mai, prise de Bône par le général Monk-d'Uzer. — 22 novembre, Abd-el-Kader-ben-Mahi-ed-Din est salué émir par les Arabes dans les plaines de R'eris.

Intérim du général Avizard. — **1833**. — 3 mars.

Intérim du général Voirol. — **1833**. — 3 juillet, occupation d'Arzeu par le général Sauzet. — 28 juillet, occupation de Mostaganem par le général Desmichels. — 29 septembre, prise de Bougie par le général Trézel. — **1834**. — 20 février, traité signé entre le général Desmichels et Abd-el-Kader. — 18 mai, combat livré aux Hadjoutes par le général Bro.

Le général Drouet d'Erlon arrive à Alger le 27 juillet. — **1835**. — 6 au 9 janvier, expédition chez les Hadjoutes, commandée par les généraux Rapatel et Bro. — 28 mars, expédition à la Chiffa.

Intérim du général Rapatel, 8 avril. — 16 juin, les Douairs et les Smelas, commandés par Mustapha-ben-Ismaïl, se rallient à nous.

Le maréchal Clauzel arrive à Alger le 8 juillet. — 28 août au 6 octobre, combats de Mostaganem. — 18 octobre, combats livrés par le maréchal Clauzel à la Chiffa et à l'oued Djer. — 18 octobre, occupation de Rachgoun. — 1er décembre, expédition de Mascara, le maréchal Clauzel et le duc d'Orléans. — **1836**.

HISTOIRE.

— 13 janvier, première occupation de Tlemcen par le maréchal Clauzel. — 7 février, Tlemcen est laissée à la garde du capitaine Cavaignac avec 500 hommes. — 30 mars au 8 avril, expédition du Titeri, commandée par le maréchal Clauzel.

Intérim du général Rapatel, 13 avril. — 7 au 25 avril, expédition du général d'Arlanges dans la province d'Oran. — 6 juillet, combat de la Sikkak; Tlemcen débloquée par le général Bugeaud. — 15 juillet, occupation de la Calle.

Le maréchal Clauzel, 29 août. — 4 octobre au 30 novembre, ravitaillement de Tlemcen par le général de l'Étang. — Novembre, première expédition de Constantine, le maréchal Clauzel, le duc de Nemours. — 8, départ de Bône; 21, à Mansoura; 22 au 24, attaque de la ville; 24, retraite et combat d'arrière-garde par le commandant Changarnier; 30, retour à Bône.

Le général de Damrémont, 12 février **1837**. — 28 mai, ravitaillement de Tlemcen par le général Bugeaud. — 30 mai, traité entre le même général et Abd-el-Kader. — Octobre, deuxième expédition de Constantine, généraux de Damrémont, de Nemours, Valée, Perrégaux. — 6, arrivée devant Constantine; 12, mort du général de Damrémont; le général Perrégaux blessé à mort, le général Valée prend le commandement; 13, assaut et prise de Constantine.

Le maréchal Valée, gouverneur général de l'Algérie, **1838**. — 7 octobre, création de Philippeville sur l'emplacement de Skikda, par le maréchal Valée. — 12 décembre, occupation de Djemila, évacuée bientôt; 15, reconnaissance sur Sétif par le général Galbois. — **1839**. — 5 février, occupation de Blida par le colonel Duvivier. — 13 mai, prise de Djidjelli par le commandant de Salles. — 17 mai, deuxième occupation de Djemila par le général Galbois; ce poste est définitivement abandonné l'année suivante. — Octobre, expédition des Biban ou Portes de Fer, au S. de la Kabylie, entre Alger et Constantine, le maréchal Valée, les généraux duc d'Orléans et Galbois. — 27 décembre, reconnaissance sur Cherchel. — 31, défaite des khralifas d'Abd-el-Kader à la Chiffa par le maréchal Valée. — **1840**. — 2 au 6 février, défense de Mazagran par le capitaine Lelièvre. — 15 mars, prise de Cherchel par le maréchal Valée. — 11 avril, expédition chez les Haractà, général Galbois. — 9 au 20 mai, expédition et prise de Médéa par le maréchal Valée; le général Duvivier reste avec une garnison à Médéa. — 7 au 15 juin, expédition et prise de Miliana par le maréchal Valée; le colonel d'Hillens est laissé dans cette ville avec une garnison.

— 5 au 10 novembre, ravitaillement de Miliana par le général Changarnier. — **1841**. — 14 janvier, combat du Sig, général de Lamoricière.

Le *général Schram* fait l'intérim du 18 juillet 1840 au 22 février 1841.

Le *général Bugeaud*. — 1841. — 18 au **25** mai, destruction de Boghar et de Taza. — 18 mai au 15 juillet, expédition de Takdemt et de Mascara, les généraux Bugeaud, duc de Nemours, de Lamoricière, Levasseur. — 11 juin, occupation de Mila par le général Négrier. — **1842**. — 30 janvier, arrivée du général Bugeaud devant Tlemcen, évacuée la veille par Abd-el-Kader. — 9 février, destruction de Sebdou. — 15, occupation de Tlemcen par le général Bedeau. — Mai et juin, opération du gouverneur général et du général Changarnier, de l'Isser à Cherchel. — Septembre et octobre, expédition en Kabylie. — Septembre, octobre et novembre, expédition entre le Chélif et la Mina, aux Beni-Ourar' et au Ouarsenis, le gouverneur général, les généraux duc d'Aumale, Changarnier, Lamoricière et Gentil. — Le général Négrier fait une reconnaissance sur Tebessa. — **1843**. — Janvier, le gouverneur général au Ouarsenis. — 17 février au 11 mars, expédition du général de Bar aux Beni-Menasser. — 13 mars, le colonel de Saint-Arnaud chez les Beni-Menad. — 27 mars, fondation de Teniet-el-Hâd par le général Changarnier. — 19 avril, fondation de Tiaret par le général de Lamoricière. — 26 avril au 20 mai, fondation d'Orléansville et de Tenès; expédition au Ouarsenis, gouverneur général et généraux Gentil et Pélissier. — 16 mai, prise de la smala d'Abd-el-Kader par le duc d'Aumale. — 31 juillet, le général Bugeaud nommé maréchal de France. — D'avril à décembre, la province d'Oran est en feu; Abd-el-Kader fuit devant les colonnes des généraux de Lamoricière, Bedeau, Gentil, Tempoure et colonel Géry. Le général Mustapha est tué dans une surprise, le 22 mai. — Allal-ben-Embarek, notre ancien agha et le meilleur lieutenant d'Abd-el-Kader, est tué le 11 novembre dans un combat livré par la colonne du général Tempoure. — 17 au 27 avril, le général Yussuf au Djebel-Amour. — 1er avril au 23 mai, expédition du général Cavaignac chez les Oulad-Sidi-Cheikh de l'O. — 13 au 29 avril, expédition du général Renault chez les Oulad-Sidi-Cheikh de l'E. — **1844**. 4 mars, prise de Biskra par le duc d'Aumale. — 24 à 25, soumission de N'gaous et des Oulad-Soltan, général Sillègue. — 1er mai, soumission du Bellezma. — 3 mai au 17, prise de Dellys; soumission des Flitta et des Amraoua, maréchal Bugeaud. —

HISTOIRE.

Du 1ᵉʳ mai au 30 juin, expédition de Laghouat, général Marey-Monge. — 30 mai, agression des Marocains, repoussée par le général de Lamoricière. — 15 juin, combat de l'oued Mouila, général Bedeau. — 14 août, bataille d'Isly, le maréchal Bugeaud, les généraux de Lamoricière et Bedeau, les colonels Pélissier, Cavaignac, du 32ᵉ, Gachot, Tartas, Morris, Yussuf. — 17 au 28 octobre, combats aux Flisset-el-Bahar, général Comman. — **1845**. — Avril, apparition de Bou-Maza dans le Dahra. — Avril, le colonel Géry chez les Oulad-Sidi-Cheikh. — Mai, soumission du Ouarsenis par le gouverneur général. — 1ᵉʳ mai au 24 juin, expédition du général Bedeau dans l'Aurès. — 18 au 19 juin, destruction des Oulad-Riah par le colonel Pélissier et soumission du Dahra.

Intérim du général de Lamoricière. — 25 septembre, massacre de la colonne Montagnac, à Sidi-Brahim.

Le maréchal Bugeaud revient avec des renforts. — Octobre, expédition du Ouarsenis; destruction de Goudjila, maréchal Bugeaud. — Octobre, expédition dans les Trara, général de Lamoricière. — 7 au 14 septembre, soumission des Hachem-Gharaba dans le R'eris, général de Lamoricière. — 16 au 30 décembre, soumission du Hodna, général Levasseur. — **1846**. — 22 janvier, soumission des Flitta par le colonel Pélissier. — Le colonel Canrobert combat Bou-Maza aux environs de Tenès. — 6 et 7 février, Abd-el-Kader et Ben-Salem repoussés en Kabylie par le maréchal Bugeaud. — 21 novembre, fondation d'Aumale. — **1847**. — 10 janvier, défaite des Oulad-Djellal et fuite de Bou-Maza, général Herbillon. — 7 février, soumission d'une partie des Nememcha, commandant de Saint-Germain. — 13 avril, reddition de Bou-Maza.

Intérim du général de Bar. — 14 mai au 30 juin, expédition du général Bedeau, de Mila à Collo.

Intérim du général Bedeau. — 20 juillet.

Le duc d'Aumale. — 11 septembre. — Abd-el-Kader se rend le 23 décembre au général de Lamoricière, à Sidi-Brahim. — **1848**. — A la suite de la révolution de février 1848, le duc d'Aumale et le prince de Joinville quittent Alger.

Intérim du général Changarnier, 3 mars.

Le général Cavaignac, nommé gouverneur général de l'Algérie, par le gouvernement provisoire, arrive à Alger le 10 mars.

Le général Changarnier, gouverneur général le 11 mai. — 5 juin, soumission d'Ahmed, ex-bey de Constantine.

Intérim du général Marey-Monge, le 22 juin. — 5 septembre, expédition chez les Beni-Senous, général de Mac-Mahon.

Le général Charon, gouverneur général, le 28 septembre. **1849.** — 14 juillet, le colonel Carbuccia à Biskra, et le 16 devant Zaatcha. — 17 septembre, mort du commandant de Saint-Germain à Seriana. — 7 octobre au 26 novembre, siège et prise de Zaatcha, le général Herbillon, les colonels Canrobert, de Barral, de Lourmel, Petit (mort). — 27 octobre au 15 novembre, soumission de Bou-Sâda, colonel Daumas. — **1850.** — 3 au 15 janvier, prise de Nahra et de Branès, les colonels Canrobert et Carbuccia. — Avril, le général de Mac-Mahon sur les frontières du Maroc. — 14 mai au 27 juin, expédition en Kabylie, de Sétif à Bougie; le général de Barral tué le 21 mai chez les Beni-Immel. — 3 mai au 12 juin, expédition de l'Aurès, le général de Saint-Arnaud et le colonel Eynard.

Intérim du général Pélissier. — Juin.

Le général d'Hautpoul, gouverneur général, 22 octobre. — **1851.** — 19 mars, apparition d'un nouveau chérif, Bou-Bar'la, dans la Kabylie. — 11 mai au 22 juin, expédition entre Bougie et Collo, généraux de Saint-Arnaud et Camou.

Le général Randon, gouverneur général, le 11 décembre. — **1852.** — Novembre, création du poste de Djelfa, général Yussuf. — 4 décembre, prise de Laghouat, généraux Pélissier, Yussuf, Bouscarin (mort). — **1853.** — Mai, expédition en Kabylie, le gouverneur général, les généraux de Mac-Mahon et Bosquet. — 23 décembre, nos colonnes à Ouargla. — 23 décembre, Bou-Bar'la tué chez les Beni-Mellikeuch. — **1854.** — Mai, expédition en Kabylie, le gouverneur général, généraux Yussuf, Deligny. — 5 décembre, entrée du général Desvaux à Tougourt; il visite Temacin et le Souf. — **1856.** — 19 mars, le général Randon est nommé maréchal de France. — 2 et 4 septembre, expédition en Kabylie, à Dra-el-Mizan. — **1857.** — Mai et juin, soumission définitive de la Kabylie, création de Fort-National chez les Beni-Raten, au centre même du pays compris entre la mer et le Djurdjura, le maréchal Randon, les généraux de Mac-Mahon, Renault et Yussuf.

Intérim du général Renault, 25 juin. — 15 juillet, prise d'Hadj-Ahmar. — **1858.** — 26 septembre, *ministère de l'Algérie*, le *général de Martimprey*, commandant supérieur des forces de terre et de mer. — **1859.** — Octobre et novembre, expédition chez les Beni-Snous, frontière du Maroc, généraux de Martimprey, Deligny, Yussuf, Thomas (mort). — **1860.** — 25 mars, insurrection dans le Hodna. — Août, pacification de la Kabylie orientale. — 17 décembre, voyage de Napoléon III et de l'impératrice.

HISTOIRE.

10 décembre, décret supprimant le ministère de l'Algérie. Le gouvernement et la haute administration de l'Algérie sont centralisés à Alger sous l'autorité d'un gouverneur général. *Le maréchal Pélissier, duc de Malakoff*, est nommé gouverneur général. — **1861.** — 18 septembre, prise de Mohammed-ben-Abd-Allah, à Ouargla.

1864. — Février, défection de Si Hamza, khralifa des Oulad-Sidi-Cheikh. — Mars, insurrection dans la Kabylie orientale. — 8 avril, le colonel Beauprêtre tué à Aïounet-bou-Beker, suite de l'insurrection des Oulad-Sidi-Cheikh. — 22 mai, mort du maréchal Pélissier, gouverneur général de l'Algérie. — Insurrection de Si Lazreg-bel-Hadj, dans la province d'Oran, à Ammi-Moussa et à Relizane.

19 septembre, *le maréchal de Mac-Mahon, duc de Magenta*, est nommé gouverneur général de l'Algérie. — Insurrection de Si Lala, réprimée dans le S. de la province d'Alger.

1865. — 4 février, soumission des Oulad-Sidi-Cheikh en révolte depuis un an. — 12 avril, nouvelle insurrection en Kabylie orientale, réprimée. — Du 3 mai au 7 juin, voyage de Napoléon III dans les trois provinces de l'Algérie.

1868. — Insurrection au S. de la province de Constantine, réprimée par le cheikh de Tougourt. — Kaddour-ben-Hamza, battu à Aïn-Madhi par le colonel de Sonis.

1870. — Juillet, le maréchal de Mac-Mahon quitte l'Algérie pour prendre un commandement dans la guerre contre l'Allemagne.

Le gouverneur général de l'Algérie sera désormais *gouverneur civil*, ayant sous ses ordres un général de division, commandant les forces de terre et de mer. — Juillet à octobre, intérim du *général de division Durrieu*, puis du *général de division Walsin-Esterhazy*. — Le *général de division Lichtlin*.

L'Algérie se trouve sans gouverneur général. M. *H. Didier*, nommé gouverneur général civil, ne peut se rendre à son poste, à cause de l'investissement de Paris. Commission municipale d'Alger sous la direction de M. *Vuillermoz*. — M. *Charles Dubouzey*, nommé commissaire extraordinaire par la délégation de Tours.

1871. — Février, M. *Alexis Lambert*, nommé commissaire extraordinaire. — Mars, insurrection arabe et kabyle dans les provinces de Constantine et d'Alger.

29 mars, *le vice-amiral Gueydon, gouverneur général civil* de l'Algérie. — L'année 1871 est remplie en grande partie par des faits militaires. Les généraux de la Croix, Lallemand et Cérez

mettent fin à l'insurrection. Le séquestre est mis sur les biens des insurgés, qui rendent 80,000 fusils et payent 30 millions de fr., dont 19 sont répartis entre les colons comme indemnité de pertes mobilières, immobilières et prix du sang (*dia*).

1873. — 10 juin, le *général de division Chanzy* est nommé gouverneur général civil, avec le commandement des forces de terre et de mer.

1876. — L'insurrection des gens d'El-Amri, dans le Zab-Dahraoui, aussitôt réprimée par le général Carterez, est le seul fait militaire signalé pendant le gouvernement du général Chanzy. La colonisation fait de grands progrès : en 6 années, 176 villages sont créés et la population augmente de 50,000 hab. L'Algérie se couvre de chemins de fer, et son commerce avec l'Europe atteint le chiffre de 380 millions de fr.

1879. — 18 février, le général Chanzy est nommé ambassadeur à Constantinople.

15 mars, M. *Albert Grévy* est nommé gouverneur général civil. — 31 mars, le général de division Saussier est nommé commandant du 19e corps d'armée (Algérie). — Insurrection dans l'Aurès, réprimée.

1881. — Avril. Expédition au N.-O. de la Tunisie. Le bey de Tunis accepte le protectorat de la France. Occupation de la Tunisie par l'armée française.

Insurrection de Bou-Amama dans le S. de la province d'Oran ; elle est réprimée.

26 novembre, M. A. Grévy, donne sa démission de gouverneur général de l'Algérie ; M. *Tirman*, conseiller d'État, est nommé à sa place. — Les différents commandements de l'armée et des tribus en territoire militaire appartiennent au général commandant le 19e corps d'armée.

Les années de **1882** à **1897** voient le paisible développement de la colonisation et l'achèvement de la plus grande partie des chemins de fer qui doivent relier l'Algérie à la Tunisie et au Maroc. C'est en avril 1891 que M. *Jules Cambon* est nommé gouverneur général à la place de M. *Tirman*. 8 villages sont créés en 1894, et le territoire de 12 anciens est agrandi. Quelques attaques de colonnes de ravitaillement suivies d'assassinats par des Chambâas dissidents, démontrent la nécessité de créer des postes avancés dans notre extrême Sud : Miribel, Mac-Mahon, Assi-Inifel et Lallemand sont créés en 1892. — Le 2 octobre 1897, M. Lépine, préfet de police de Paris, remplace M. J. Cambon comme gouverneur général.

ABRÉVIATIONS

alt............	altitude.	hect.........	hectares.
aub...........	auberge.	hôt..........	hôtel.
c.............	centimes.	kil., k.......	kilomètres.
ch.-l. d'arr....	chef-lieu d'arrondissement.	latit.........	latitude.
		longit........	longitude.
ch.-l. de c....	chef-lieu de canton.	mèt.........	mètres.
com...........	commune.	min.........	minutes.
com. m.......	commune mixte.	N...........	nord.
corresp.......	correspondance.	O...........	ouest.
dép., départ..	département.	P............	postes.
dilig..........	diligence.	P. et T......	postes et télégraphes.
dr............	droite.	R............	route.
E.............	est.	s............	siècle.
env...........	environ.	S............	sud.
fr............	francs.	subdiv. milit.	subdivision militaire.
g.............	gauche.	V............	ville.
h.............	heure.	v............	village.
hab..........	habitants.	V............	voir.
ham..........	hameau.	voit.........	voitures.

N. B. — A défaut d'indication contraire, les hauteurs sont évaluées au-dessus du niveau de la mer.

PREMIÈRE SECTION

PROVINCE D'ALGER

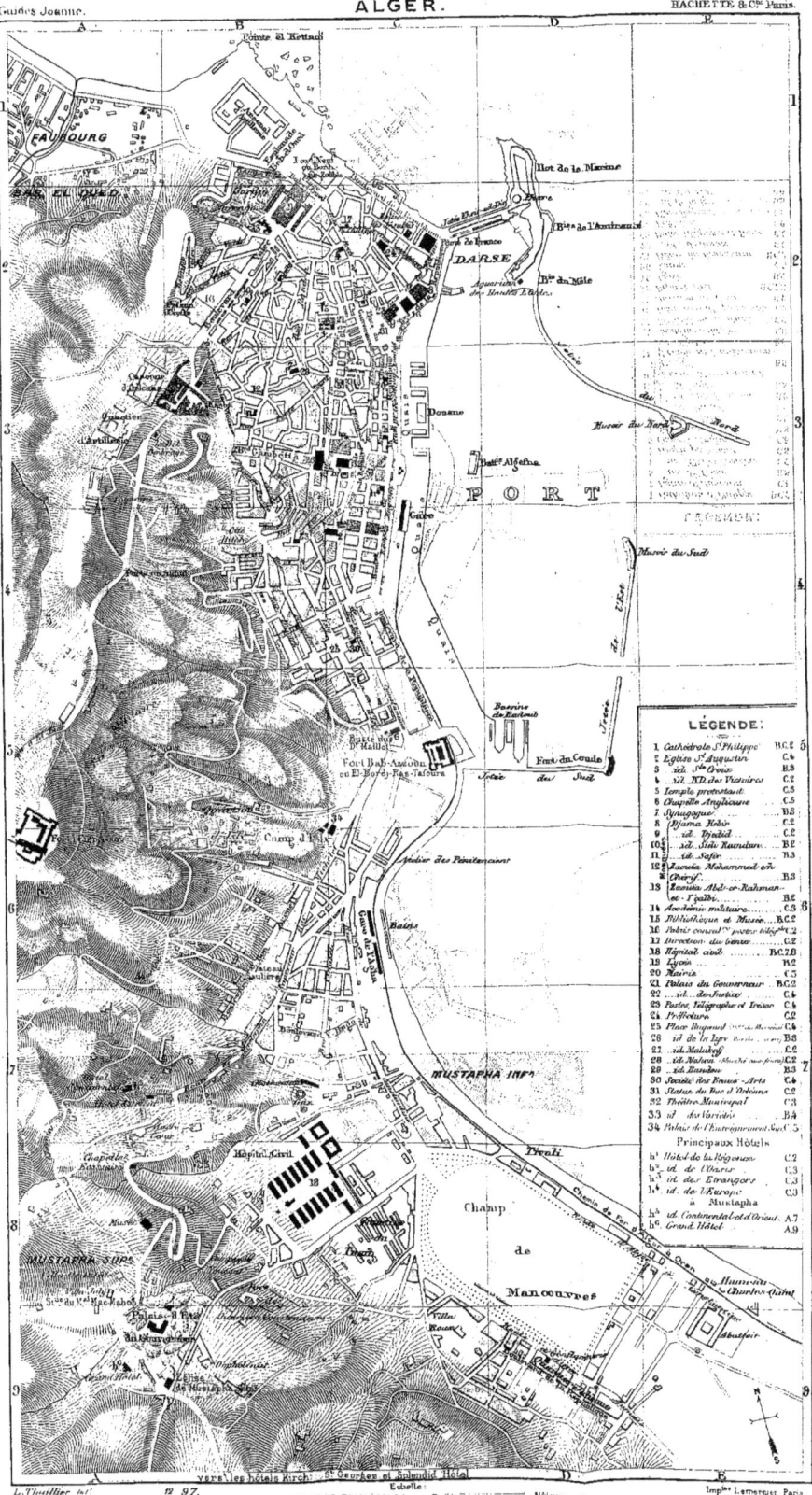

ALGÉRIE

PREMIÈRE SECTION
PROVINCE D'ALGER

ROUTE 1

ALGER

Trajet de Paris à Alger.

Le touriste parisien, qui veut voyager rapidement, peut se faire délivrer, 12, boulevard des Capucines, un billet d'embarquement avec numéro de cabine, sur un paquebot de la Cie Transatlantique. Il peut également faire enregistrer ses bagages directement pour Alger au départ de Paris (mais seulement par le rapide du soir). Parti de Paris par le train rapide P.-L.-M. de 8 h. 25 du s., arrivé à Marseille à 9 h. 25 du m., il monte à bord pour le départ de midi 30, et débarque le lendemain à Alger, après une traversée de 24 à 28 h. — Chemin de fer : 96 fr. 65, 1re classe; Paquebot : 1re cl., 100 fr.; 2e cl., 70 fr.; 3e cl., 30 fr.; 4e cl., 18 fr. — Si l'on prend son billet à Marseille, ce sera rue de la République, 12, près du vieux port. — Le passage sur les paquebots de la Cie Touache ou des Transports maritimes coûte 35, 25, 17 et 10 fr.; mais la durée de la traversée est plus longue.

A midi 30, le paquebot, abandonnant le ponton, a bientôt quitté le port de la Joliette. Le spectacle de Marseille est inoubliable : sur le premier plan, les quais que domine l'immense et magnifique cathédrale que surplombent à leur tour les maisons du vieux Marseille; à dr., le fort Saint-Jean commandant le vieux port où se pressent les voiliers des cinq parties du monde. Plus loin dominant et protégeant l'ancienne ville phocéenne, Notre-Dame de la Garde.

Voici, sortant du port, à dr., le château d'If, Pommègue,

Ratonneau; à g., d'immenses rochers gris, roses et dénudés, puis la pleine mer. La nuit vient pendant le dîner; à 9 h., le thé; à 10 h., extinction des feux; le paquebot file ses 15 nœuds et l'on ne verra pas Minorque.

Le jour vient, toujours la mer; les marsouins s'ébattent autour du paquebot; quelquefois à l'horizon un vapeur ou un voilier. L'après-midi arrive et l'on sera bientôt devant Alger.

Arrivée.

Le paquebot vient s'accoter contre des pontons sur lesquels s'abat l'échelle-escalier de descente. La visite des bagages se fait immédiatement à la douane, près de laquelle on débarque. A la sortie de la douane, on trouve les omnibus des hôtels, des voit. de place (1 fr. à 1 fr. 50) et des porteurs (50 à 75 c.).

La terre apparaît d'abord comme une légère bande de brume, puis grandit, se dessine plus nettement, et déroule enfin de l'O. à l'E. et du N. au S. ses montagnes, ses collines, ses plaines, ses villas, ses hameaux, ses villages et sa ville.

C'est d'abord, de dr. à g. : le cap Caxine avec son phare; puis la pointe Pescade; le village de Saint-Eugène, dominé par Notre-Dame d'Afrique, église bâtie sur un des contreforts du Bou-Zaréa; la cité Bugeaud ou faubourg Bab-el-Oued, qui prend une importante extension; le jardin Marengo et la jolie mosquée de Sidi Abd-er-Rahman; Alger enfin, qui de loin ressemble à une carrière de marbre blanc ou à un escalier de géants. Après Alger se montrent le faubourg Bab-Azzoun, le hameau de Bitche, la cité d'Isly, les coteaux du Fort-l'Empereur et de Mustapha, parsemés de villas mauresques et de koubbas, que domine la coupole du Grand Séminaire. Entre ces coteaux et la mer, c'est le chemin de fer d'Alger à Oran; c'est Hussein-Dey avec ses grands établissements industriels et son école d'artillerie, le Hamma avec son verdoyant Jardin d'essai, avec ses villas, ses maisons de maraîchers dont les cultures s'étendent jusqu'à l'Harrach. Au delà de cette rivière apparaissait autrefois la Maison-Carrée, cachée aujourd'hui par des massifs d'eucalyptus et derrière laquelle on découvre la Mitidja, bornée au S. par l'Atlas; au delà de la Maison-Carrée se voient le village du Fort-de-l'Eau, la Rassauta et le cap Matifou, avec les ruines du Rusgunia, son ancien fort turc et son phare, tout moderne comme celui du cap Caxine. La vue s'arrête au S.-E., derrière Matifou, sur les montagnes de la Kabylie, s'étageant jusqu'aux cimes neigeuses de Lella Khedidja et de Timedouine, points culminants du Djurdjura.

Ce long panorama, inondé par la lumière du soleil, et se détachant entre l'azur du ciel et celui de la Méditerranée, est un des plus merveilleux spectacles que l'on puisse contempler.

Mais le paquebot approche, et le voyageur va pouvoir étudier la ville dans son ensemble.

De larges quais s'étendent au bord de la mer; de vastes magasins voûtés, à plusieurs étages, reliés par des rampes pour la circulation des voitures, supportent une terrasse, bordée d'un côté de maisons à cinq étages et de l'autre d'une balustrade où viennent s'accouder les curieux, les oisifs ou ceux qui attendent l'arrivée des paquebots. Cette terrasse, nommée d'abord boulevard de l'Impératrice, parce que celle-ci en posa la première pierre, le 19 septembre 1860, a pris le nom de boulevard de la République. Ce sont donc ces quais et ce boulevard qui s'offrent à première vue, quand on aborde Alger; ils servent désormais de premier plan à la ville mauresque, qui n'a pas encore complètement changé dans son ensemble, mais que de nouvelles rues ont cependant bien modifiée dans ces derniers temps.

Situation, aspect général.

Alger, capitale de l'Algérie, résidence du gouverneur général, de l'archevêque, et de tous les chefs supérieurs des serv. civils et milit., est située, par 36°47' de latit. N., et 0°44' de longit. E., sur la côte N. de l'Afrique. Sa distance de Paris est de 1,614 k.; de Marseille, 763 k.; de Port-Vendres (Pyrénées-Orientales), 659 k.; de Constantine, 464 k., et d'Oran, 421 k.

Sa population, recensement de 1896, est de 92,120 hab. et 96,784 avec la population de toutes les nationalités comptée à part. Les Français figurent pour 42,004, les Musulmans pour 24,306, les Israélites pour 9,983, les nationalités diverses pour 45,807 hab.

La ville s'élève en amphithéâtre sur le versant E. d'une ramification du Sahel, chaîne de hautes collines bordant la mer. Les maisons européennes auxquelles ont fait place les maisons arabes, s'étagent les unes au-dessus des autres; elles sont presque toutes terminées en terrasses et blanchies à la chaux.

La ville se compose de deux parties bien distinctes : la ville haute dominée par la Kasba (118 m. d'alt.), conservant encore son cachet arabe, qui disparaît cependant de jour en jour, et la ville basse, bâtie à la française, poudreuse, animée.

Alger, sur le bord de la mer, en face du soleil levant, jouit d'une température douce, égale, sans grande variation, 14° en janvier, 24° en août, 18° en moyenne.

Alger, la ville européenne avec ses monuments, ses maisons, ses magasins, ses cafés, ses théâtres; Alger, la ville orientale avec ses rues en escalier, tortueuses, étroites, ses maisons blanchies à la chaux, sa vie mystérieuse; Alger, avec ses environs si verts, si pittoresques, est désormais la ville d'hivernage par excellence.

Les vieux remparts turcs, dont on peut encore étudier l'architecture dans quelques parties restées debout du côté S.-O. de la ville, ont été remplacés par de larges escaliers avec terre-pleins, formant comme un boulevard que bordent de larges et hautes constructions.

La place est défendue intérieurement par les cinq batteries de la prison civile, de l'arsenal, de l'amirauté, de Bab-Azzoun et de la cartouchière, et extérieurement par celles des forts Duperré et Matifou.

Emploi du temps.

Voici, pour le touriste qui ne pourrait ou ne voudrait rester que 24 h. à Alger, l'emploi de sa journée : première visite au marché de la *place de Chartres*, avec ses marchands de fleurs, de fruits et de légumes, marchands aux types si variés de Français, d'Espagnols et d'indigènes arabes et juifs. De là, il descendra, par les rampes de la Marine ; en suivant la *jetée de Kheir-ed-Din*, il arrivera devant la *darse* de l'ancien port turc, le *pavillon* du capitan-pacha, de l'amiral français aujourd'hui ; derrière se trouve le *Peñon*, citadelle construite par les Espagnols, en 1509, pour tenir les Algériens en respect, et sur lequel s'élève la tour servant de phare. Revenant par la même jetée et montant l'escalier qui lui fait suite, le touriste pourra visiter la caserne d'infanterie à l'entrée de la rue de la Marine, l'une des sept casernes turques encore debout et connue sous le nom de *Dar-Yenk-cheria m'ta-Moussa*. Au milieu de la rue de la Marine, à g., une longue et haute colonnade sert de portique à la *Grande Mosquée* (p. 14), la plus ancienne d'Alger, fréquentée par les musulmans du rite malèki. Plus loin du même côté, en face de la place Mahon, est située la mosquée de la Pêcherie ou *Djama Djédid* (p. 14), mosquée neuve, bâtie par les Turcs et consacrée au rite hanéfi. L'entrée de ces deux mosquées n'est point interdite au chrétien qui se chaussera de babouches. Voilà l'emploi de la matinée, et le touriste pourra déjeuner d'huîtres, d'autres coquillages et de poisson sous les *voûtes de la Pêcherie*.

Traversant ensuite la *place du Gouvernement* (p. 8), bordée de platanes et de palmiers, on arrivera immédiatement sur la *place Malakoff*, entourée d'un côté par le *palais du Gouverneur* (p. 8) et la *Cathédrale* (p. 8), et d'un autre par le *palais de l'Archevêché* ; cathédrale et palais sont à visiter. La *Bibliothèque nationale* (p. 9), rue de l'Intendance, près de la place Malakoff, est installée dans une magnifique maison en marbre, véritable spécimen de l'architecture mauresque.

Sortant de la Bibliothèque, on pourra, en montant toujours à travers les rues étroites et en escalier du vieil Alger, arriver à la *Kasba* (p. 17) située sur le point culminant de la ville. Dans une des nombreuses cours de cette citadelle se trouve le fameux *pavillon* d'Hussein-Dey, où eut lieu la scène de l'éventail qui amena la conquête de l'Algérie. De la terrasse de la Kasba, vue magnifique sur la ville et son port, sur la rade d'Alger, le cap Matifou et les montagnes de la Kabylie. La descente de la Kasba se fera à g., par la brèche ouverte dans les vieux remparts Bab-el-Oued ; de larges escaliers conduisent à la jolie *mosquée de*

Sidi Abd-er-Rahman, située au milieu d'un pittoresque cimetière et à côté du *jardin Marengo* (p. 13) qui sera le but de la dernière visite.

Le touriste passera sa soirée au *cercle,* au *théâtre,* saison d'hiver, soit encore dans une maison mauresque de la haute ville, où il assistera au spectacle des *danses mauresques* ou des jongleries des *Aïssaouas;* à ce sujet, les garçons d'hôtel ou les agents des commissaires de police donneront les renseignements nécessaires.

Qu'il voie Alger en un ou plusieurs jours, le touriste trouvera dans les pages suivantes tous les renseignements désirables au point de vue de l'étude ou de la simple curiosité.

Histoire.

On peut lire dans le quartier bas d'Alger, sur un pilier d'angle, au coin des rues Bab-Azzoun et du Kaftan, une inscription romaine mentionnant les *Icositains* ou gens d'*Icosium,* la ville à laquelle a succédé plus tard l'*Ed-Djezaïr* des Arabes, notre *Alger actuel.*

Le nom d'Icosium n'est pas souvent mentionné dans l'histoire romaine. Pline, un des rares écrivains qui en parlent, nous apprend que cette cité avait reçu de l'empereur Vespasien le droit latin, lequel était un peu plus favorable que le droit italique et un peu moins que le droit romain. A l'époque chrétienne, Icosium a possédé des évêques; Ammien Marcellin raconte comment le rebelle Firmus, fils de Nubel, sorti du Mont Ferratus (Djurdjura), et menaçant la domination romaine, fit remettre à Icosium prisonniers, drapeaux, butin et trésors, puis conclut dans la même ville un traité de paix avec un général, frère et homonyme de l'empereur Théodose, en 375 de J.-C. Enfin Paul Diacre rapporte que, du temps des Vandales, Icosium, ayant été pris et démoli, fut bientôt reconstruit.

Lorsque les Arabes envahirent l'Afrique, — on désignait plus particulièrement sous ce nom la Tunisie actuelle, — la peuplade berbère des Beni-Mezr'anna était établie à Icosium, lieu de rendez-vous des tribus de la Mitidja, qui venaient trafiquer avec les marchands d'Hippone, de Césarée et de Carthage. Au IVe s. de l'hégire, X^e de l'ère chrétienne, sous la dynastie arabe sanhadjienne, Bologguin, fils de Ziri, fut autorisé par son père à fonder trois villes : Miliana, sur la rive E. du Chélif, Lemdia ou Médéa, et *Ed-Djezaïr-Beni-Mezr'anna,* « les îles des enfants de Mezr'anna », à cause des îlots disparus aujourd'hui sous les travaux des Turcs, à la Marine, et de la tribu qui occupait, selon la tradition algérienne, l'emplacement où fut élevée depuis la Grande Mosquée. Bologguin, investi par son père du gouvernement des trois villes qu'il avait fondées, mourut en 984 (373 hég.), après avoir réussi à faire disparaître du Mar'reb la domination des Ommiades et à refouler les Zenata dans le désert.

Les Almohades, en 1146 (541 hég.), les Almoravides, en 1185 (581 hég.), les Hafsides, en 1235 (633 hég.), s'emparèrent successivement d'Alger.

En 1312-13 (712 hég.), on voit un cheikh algérien, nommé Ibn-Allan, qui avait secoué à son profit le joug des Hafsides, assiégé par les troupes d'Abou-Hammou l'Abd-el-Ouadite, se soumettre à ce souverain. En 1349 (750), le sultan Abou'l-Hassen, le Mérinide de Fez, s'empare d'Alger, que l'Abd-el-Ouadite Abou-Zeiyan reprend en 1368 (767 hég.).

Alger fut ensuite gouvernée par les Beni-Teumi, fraction des Oulad-Taliba, établis dans la Mitidja. Après la chute de Grenade, les Espagnols étendent leurs conquêtes dans la Barbarie. Ils s'emparent successivement de Mers-el-Kebir en 1505, d'Oran et de Bougie en 1509. Dellys, Mostaganem, Tlemcen et Alger, n'étant pas en état de se défendre, deviennent tributaires de l'Espagne. Le port d'Alger, alors sans grande importance, offrait cependant aux corsaires un abri et un point de départ. Le premier travail fait par les Algériens pour leur port remontait à la fin du xv° s.; il consistait en une tour de vigie et de défense sur un gros îlot de l'O.; le comte de Navarre démolit cette tour, 1510, et bâtit une forteresse nommée le Peñon (de *peña*, rocher).

Vers cette époque, 1515 (921 hég.), deux frères, Aroudj et Kheir-ed-Din, songent à se créer une royauté; ils portent leurs vues sur Bougie, mais sans succès. Aroudj perd un bras à l'attaque de cette ville; peu de temps après, il prend Djidjelli aux Génois. Une seconde tentative sur Bougie échoue de nouveau. Kheir-ed-Din est obligé de brûler une partie de ses galères ensablées dans l'oued Bou-Messâoud, 1515 (921 hég.). Sélim-Ben-Teumi, émir d'Alger, fatigué de la domination espagnole, appelle Aroudj à son secours; ce dernier s'empare d'abord de Cherchel, puis d'Alger, tue Sélim et se fait proclamer roi à sa place.

A la mort de Baba-Aroudj, tué en fuyant de Tlemcen, dont il s'était d'abord emparé, 1518 (924 hég.), Kheir-ed-Din, élu chef souverain d'Alger, soumit son élection à l'approbation du sultan Sélim 1er, qui le nomma pacha d'Alger, avec le droit de battre monnaie. Kheir-ed-Din n'était pas complètement maître d'Alger, ne possédant pas le Peñon. Alors, selon d'Aranda, il aurait fait faire à Martin de Vargas, gouverneur du Peñon, en 1530, des propositions de capitulation repoussées énergiquement. Après un siège qui dura du 6 au 16 mai, la citadelle fut emportée d'assaut. Martin de Vargas, refusant les honneurs au prix d'une abjuration, périt sous le bâton; la garnison fut massacrée ou jetée en esclavage. Kheir-ed-Din, après s'être emparé de Tenès, de Collo et de Constantine, fut rappelé à Constantinople et nommé capitan.

Ici commence la domination des pachas, qui ne doit finir qu'en 1830.

Le pachalik d'Alger ayant été mis en ferme comme ceux des différents points de l'empire ottoman, 1584 (994 hég.), le premier qui l'afferma fut Mami-Mohammed, renégat albanais, celui qui fit Miguel Cervantes prisonnier au retour de la bataille de Lépante. Les pachas se succédèrent rapidement et leur passage au pouvoir ne fut plus qu'une suite d'exactions.

Vers 1659 (1068 hég.), les pachas, plus puissants que jamais, étaient devenus insupportables par leur tyrannie; un boulouk-bachi, nommé Khelil, proposa à la milice d'accepter le pacha, *par respect à la Porte*, mais à condition que son autorité serait partagée avec un agha. Ce projet fut adopté par la milice et par le sultan. En 1671 (1082 hég.), la milice remplaça l'agha par un autre chef qui prit le titre de dey. Enfin, en 1711 (1123 hég.), le sultan, n'ayant plus de pouvoir sur l'odjak d'Alger, lui abandonna le droit de nommer ses chefs, qui réunirent les deux fonctions de pacha et de dey. Le premier fut Mohammed-Hassen, qui fut assassiné après six ans de règne.

Les pachas, plus souvent massacrés que déposés, étaient élus par les janissaires, qui, cantonnés dans plusieurs casernes, formaient autant de partis. Ali-ben-Ahmed, l'avant-dernier dey, s'étant aliéné l'esprit de la milice, fit transporter nuitamment les trésors de la Djenina à la Kasba, et s'enferma avec une garde à lui dans cette forteresse, 1817 (1233 hég.). Hussein-ben-Hassen, le dernier pacha-dey d'Alger, occupa également la Kasba jusqu'en 1830 (1246 hég.).

Quels étaient les rapports, les relations de la France avec l'odjak d'Alger? Jean de la Forest, ambassadeur de François 1er, 1535, avait conclu avec Soliman un traité de paix et de commerce renouvelé en 1569 par Claude Dubourg, et en 1603 par de Brèves et qui semblait garantir nos intérêts sur la côte barbaresque; il n'en fut rien. Berthole, nommé consul à Alger, n'y était pas admis; Guinguighotte, également. Le premier titulaire admis fut Bionneau, bientôt incarcéré et dont on perdit les traces. Le Père Levacher et Piolle étaient enfin mis à la bouche du canon; Lemaire était mis aux fers; les autres consuls étaient couverts d'avanies. Les établissements de la Calle et du Bastion, fondés par Thomas Linchès et Carlin Didier pour la pêche du corail et le commerce des grains et autres denrées, étaient sans cesse relevés et détruits.

L'odjak se rappelait toujours les défaites de Diégo de Véra, de Charles-Quint, d'O'Reilly, de Beaufort. Les bombardements de Duquesne en 1682 et 1683, de d'Estrées en 1688, des Espagnols en 1785 et d'Exmouth en 1816, n'avaient eu pour résultat que des traités de paix conclus pour cent ans et violés un an après. Les lâches complaisances des États européens n'entretenaient pas peu l'arrogance des pirates algériens, auxquels l'Angleterre fournissait des munitions de guerre et la France des fondeurs de canons!

« Mais, comme le dit M. Masqueray, le maître de l'heure fut Hussein, qui frappa le consul de France, M. Deval. » Le 5 juillet 1830, l'armée française entrait dans Alger et la période de l'histoire turque était fermée.

Description.

Alger, sautant par-dessus ses vieilles murailles arabes et turques pour s'agrandir surtout au S., du côté de Bab-Azzoun, a perdu sa forme triangulaire dont la Kasba formait le sommet, mais il a toujours conservé sa base sur la mer, base faite jadis de schistes cristallins grisâtres surmontés de maisons et de mosquées blanchies à la chaux et remplacée aujourd'hui par le long et magnifique **boulevard de la République**.

Ce boulevard court de l'angle N.-O du Fort-Neuf ou Bordj-ez-Zoubia, à l'emplacement de l'ancienne porte de France dominant la tête de la jetée Kheir-ed-Din. De l'ancien quartier qu'a fait disparaître la création de ce boulevard il ne reste debout qu'une partie de la rue des Sept-Tavernes sur la mer, et la jolie maison mauresque que le service du génie s'est appropriée en délogeant la bibliothèque et le musée transportés rue de l'Etat-Major; c'est devant cette rue et cette maison qu'on a planté quelques palmiers.

Le boulevard infléchit ensuite du N.-O. au S.-O. jusqu'à la place du Gouvernement, détruisant dans son parcours la perspective de la Grande Mosquée et de la mosquée de la Pêcherie, cachées en partie par l'exhaussement de la chaussée. Le nouveau *palais Consulaire* s'élève entre les deux mosquées.

De la place du Gouvernement aux magasins du campement le boulevard revient un peu vers le S.-E. Dans cette partie de son parcours on remarque la *maison Lesca*, à l'angle de la place du Gouvernement, la *Mairie* (Pl. 20, C, 3), la *Banque de l'Algérie*, la brasserie Grüber, l'hôtel, restaurant et bar de l'Oasis (Pl. C, 3), le square, l'hôtel de l'Europe (Pl. C, 3), le *Trésor*, les *Postes* et le *Télégraphe* (Pl. 23, C, 4) dominant la gare du chemin de fer. La dernière partie du boulevard revient au S.-E. jusqu'au fort Bab-Azzoun, sa limite de ce côté.

Avec la place du Gouvernement, le jardin Marengo et le square de la République, le boulevard de la République est la promenade la plus fréquentée d'Alger. Servant de rempart du côté de la mer, le boulevard de la République est supporté par de nombreuses arcades dont l'ensemble forme un dock immense aménagé pour les besoins du commerce.

C'est au milieu du boulevard de la République qu'est située la **place du Gouvernement** (Pl. C, 2); entourée de platanes, sous lesquels sont les kiosques des marchands de journaux, elle est le cœur d'Alger; c'est là que le boulevard de la République, les rues Bab-Azzoun, Bab-el-Oued, de la Marine, et les rues qui servent de débouché à une portion de la ville haute, portent un flot de population sans cesse renouvelé. Plus longue que large, elle peut avoir un hectare env. Elle est encadrée : au N., par le café d'Apollon, la maison du libraire Jourdan et l'hôtel de la Tour-du-Pin; à l'O., par de grandes maisons percées de passages et occupées par l'industrie privée, des hôtels et des messagers; au S., par les maisons Lesca et Duchassaing; au N.-E., par une balustrade dominant la mosquée de la Pêcherie et par le boulevard de la République duquel on plonge sur le port et la rade. La maison de la Tour-du-Pin, occupée aux 1er et 2e étages par l'hôtel de la Régence et au rez-de-chaussée par des magasins, est séparée de la place par une autre plus petite plantée d'orangers et de palmiers parmi lesquels figure celui de la mosquée d'El-Mocella, dont la transplantation a parfaitement réussi : au milieu, une vasque en bronze, entourée d'une corbeille de fleurs, épand ses eaux. La *statue du duc d'Orléans*, œuvre de Marochetti, fondue par Soyez, a été élevée par souscription, en 1845. — Musique militaire le jeudi et le dimanche (chaise, 10 c.).

Quartiers à l'O. et au S. de la place du Gouvernement. — Du côté O. de la place, la *rue du Divan* conduit à la petite *place Malakoff* sur laquelle s'élèvent le palais du Gouverneur, la cathédrale Saint-Philippe et le palais de l'Archevêché.

Le **palais du Gouverneur**, dar Hassen pacha (Pl. 24, B, C, 2), est un des beaux types de la maison arabe ou plutôt mauresque, dont la véritable entrée est rue du Soudan. La façade sur la place Malakoff et qui comprend les escaliers et un salon de réception, est l'œuvre du génie militaire.

Le *palais de l'Archevêché*, en face du palais du Gouverneur, est encore un beau type de maison mauresque; il est tout en marbre blanc. C'était, sous les Turcs, Dar-bent-es-Sultan, la maison de la fille du Sultan.

A g. du palais du Gouverneur s'élève la **cathédrale Saint-Philippe** (Pl. 27, C, 2), bâtie de 1845 à 1860 sur l'emplacement de la mosquée des Ketchaoua, dite aussi mosquée de Hassen. Elle forme un long vaisseau avec transsept surmonté d'une coupole.

La façade se compose d'un portique à trois arcades, flanqué de deux tours carrées jusqu'à l'entablement, puis octogones.

ALGER : — CATHÉDRALE, BIBLIOTHÈQUE.

Cet entablement est terminé par un ornement dentelé bien connu en Orient : l'ensemble du monument est, du reste, copié sur l'architecture arabe et romane. Un large escalier d'une vingtaine de marches conduit au portique dont les voussures sont décorées de riches mosaïques exécutées par Facchina.

La voûte de la nef, couverte d'arabesques stuquées dues au ciseau de MM. Fulconis et Latour, retombe sur une série d'arcades supportées par des colonnes en marbre, dont quelques-unes, appartenant à l'ancienne mosquée, ont servi de modèles aux autres. C'est dans la chapelle de dr., en entrant, que repose Geronimo martyrisé le 18 septembre 1567, qui attend depuis trois cents ans sa béatification (il n'est encore que vénérable). On lit sur son tombeau : « Ossements du vénérable serviteur de Dieu, Geronimo, qui, selon la tradition, a souffert la mort pour la foi du Christ, au fort des Vingt-Quatre-Heures, où ses restes ont été retrouvés, d'une manière inespérée, le 27 décembre 1853. » — La chaire en marbre de différentes couleurs n'est autre que le *minbar*, chaire également de la mosquée des Ketchaoua. — L'autel, contrairement à la tradition, est tourné vers l'O. — Le chevet est terminé par des chapelles ornées de vitraux.

A l'O. de la place Malakoff, rue de l'État-Major, est située la *Bibliothèque nationale* (Pl. 15, B, C, 2), installée dans l'ancienne demeure particulière de Mustapha pacha, tué à coups de fusil dans la mosquée de la Djenina, en 1806 (1220 hég.); c'est une des belles maisons mauresques d'Alger; on y remarquera, dès l'entrée, la skiffa ou long vestibule dont les parois sont décorées de faïences de Delft signées J. V. M. (J. Van Maark).

La *bibliothèque*, ouverte t. l. j. de 1 h. à 6, excepté les dim. et fêtes, a été constituée, en 1838, au moyen de dons d'ouvrages faits par les divers départements ministériels, auxquels vinrent se joindre des manuscrits arabes, recueillis par M. A. Berbrugger, conservateur, tant à Alger que dans nos expéditions militaires de Mascara, de Tlemcen, et surtout à la prise de Constantine. Elle compte actuellement 40,000 vol. et renferme : 1° des imprimés; 2° des manuscrits; 3° des cartes, plans et collections d'estampes. La bibliothèque possède aussi quelques collections de papiers, dont la majeure partie provient, ou d'archives des consulats, ou de la Compagnie d'Afrique, documents fort utiles pour l'histoire des relations commerciales et diplomatiques des puissances européennes, et surtout de la France avec l'ancienne Régence d'Alger; elle possède également beaucoup de lettres originales, turques ou arabes, fort intéressantes, au double point de vue de l'histoire et de l'étude des langues. Les manuscrits arabes, au nombre de sept cents, renferment plus de deux mille ouvrages se divisant en plusieurs parties qui sont : la théologie, le droit, la langue, les belles-lettres et les sciences, et, dans ces dernières, cent et quelques ouvrages précieux, à tous les titres, sur l'histoire, la géographie, les voyages, la biographie et la bibliographie.

Le Musée, distrait de la Bibliothèque, est installé à Mustapha supérieur, dans l'ancienne école normale primaire (*V.* p. 19).

A g. de la cathédrale, sur la place Malakoff, s'ouvre la *rue de la Lyre*; elle est à arcades et ses nombreuses boutiques sont généralement occupées par des indigènes musulmans et juifs vendant des étoffes ou des tapis.

En contre-haut et parallèlement à la rue de la Lyre est située la *rue Randon*, nouvellement prolongée jusqu'à la mosquée de Sidi Abd-er-Rahman-et-Tçalbi, au N., et séparant la ville européenne de la ville indigène; sur la petite place ouverte sur cette rue s'élève la *Synagogue* (Pl. 7, B, 3), monument moderne du style mauresque et surmonté d'une coupole.

Après la rue de la Lyre, terminée par un grand marché couvert, et au delà d'un des nombreux tournants de la rampe Rovigo, commence la **rue d'Isly**, l'une des plus grandes d'Alger; elle est très populeuse et très commerçante : on y rencontre à dr., au coin de la rue de la Poudrière, le théâtre des Variétés (Pl. 33, B, 4; drames et opérettes). Plus loin s'étend la *place Bugeaud* avec la *statue du maréchal-duc d'Isly* (Pl. 25, C, 4), par Dumont. L'*hôtel du Quartier-Général* du 19ᵉ corps d'armée et le *Mont-de-Piété* sont situés place Bugeaud.

A g. de la place, dans la rue du Marché-d'Isly, n° 1, est installée la *Société des Beaux-Arts* (Pl. 30, C, 4). L'exposition de peinture est ouverte au public les dimanches et jeudis de 1 h. à 4. Les étrangers, les artistes ou les amateurs, autorisés à s'occuper d'étudier ou de copier, y sont admis t. l. j. dès 8 heures du matin.

Cours publics et gratuits de dessin, de modelage, d'architecture et de musique vocale et instrumentale. — Cours de chant et de dessin réservés aux sociétaires. — *Concerts intimes* tous les 15 jours; musique de chambre, soli d'instruments, musique vocale, airs, duos, chœurs. Ces concerts sont un des grands attraits d'Alger.

A l'extrémité de la rue d'Isly, à g., se trouve la *chapelle anglicane* (Pl. 6, C, 5; beaux vitraux fabriqués en Angleterre).

Devant la chapelle, sur un socle, *buste* en bronze par Fulconis, du Dʳ *Maillot*, qui importa la quinine en Afrique.

Au S. de la place Malakoff commence la *rue de Chartres*, vers le milieu de laquelle est située la *place* du même nom, entourée de maisons à arcades sur trois de ses côtés, et ornée, au milieu, d'une fontaine. Il s'y tient chaque matin, jusqu'à 10 h., un marché aux légumes, aux fruits et aux fleurs. Le personnel bariolé et mouvant des maraîchers français, mahonnais et maures, des ménagères, des domestiques, des petits porteurs indigènes, des flâneurs, rentiers ou employés, offre un spectacle assez curieux. On arrive à la place de Chartres par la rue de ce nom, ou du côté de la rue Bab-Azzoun, par un large escalier d'une trentaine de marches.

Le *temple protestant* (Pl. 5, C, 3) est en face de la place de Chartres.

Au S. de la place du Gouvernement, et parallèlement aux rues de la Lyre et de Chartres, vient s'amorcer la **rue Bab-Azzoun**, rue à arcades très fréquentée par les promeneurs et où se tient le commerce des libraires, des confiseurs, des marchands de curiosités, des photographes, des marchands de nouveautés et des bazars; c'est une des plus animées d'Alger. On n'y voit aucun monument; les casernes turques, les vieux marchés aux grains et aux huiles, les bagnes, entre autres celui où Miguel Cervantès fut prisonnier, ont disparu.

A l'extrémité de la rue Bab-Azzoun, la **place de la République**, ancienne place Bresson, est bordée, à l'E., par un square planté de palmiers et de bambous et orné de statues en marbre. Dans un kiosque l'excellente musique municipale se fait entendre les soirs d'été (Chaise, 15 c.).

En face du square est située l'*Académie militaire* d'Alger (Pl. 14, C, 3), installée dans les deux anciennes casernes de janissaires de la rue Médée. Elle a son entrée principale par un escalier monumental, sur un des angles de la place. Elle possède une bibliothèque, une salle de conférences où l'on retrouve les portraits des gouverneurs généraux de l'Algérie, des laboratoires de chimie et de physique, des salles de dessin et d'escrime, et enfin un café et des salles de restauration avec tables communes ou particulières. Il serait à souhaiter que tous nos centres militaires possédassent des établissements semblables à l'Académie d'Alger.

Le *Grand-Théâtre* (Pl. 32, C, 2) s'élève à côté de l'Académie militaire; incendié au commencement de 1882, il a été réouvert en 1883, et contient 2,030 places. On y joue l'opéra, le drame et la comédie.

Les hôtels et les cafés occupent en grande partie les vastes constructions de la place de la République.

Au S.-O. de la place de la République commence la *rue* ou la *rampe Rovigo* avec ses nombreux lacets et aboutissant dans le haut d'Alger, près de la Kasba.

Vient ensuite la *rue* ou la *route de Constantine*, continuation de la rue Bab-Azzoun. L'*église Saint-Augustin* (Pl. 2, C, 4), construite de 1876 à 1878 dans le style roman, s'élève sur le côté droit de la rue. Le clocher est construit sur la façade au-dessus de la porte principale. L'intérieur est divisé en trois nefs par de magnifiques colonnes monolithes en marbre blanc d'Italie, de 5 m. de hauteur.

Le *Palais de Justice* (Pl. 22, C, 4), presque en face de l'église Saint-Augustin, comprend tous les tribunaux, cours d'assises, tribunaux de 1re instance et justice de paix, installés naguère dans des maisons mauresques.

Les autres grands bâtiments bordant ensuite la rue de Constantine sont affectés au service de l'intendance, du campement militaire, de la gendarmerie et du conseil de guerre; ce dernier est situé près de l'esplanade où aboutit le boulevard de la République et en face du fort Bab-Azzoun. Au delà, à g., est le lazaret servant aujourd'hui de prison pour les femmes.

Le *fort Bab-Azzoun* ou mieux *El-Bordj-Ras-Tafoura* (Pl. C, 5), le fort du cap Tafoura, entre Alger et l'Agha inférieur, et terminant la partie sud du boulevard de la République, a été bâti par Hussein-Pacha, de 1581 à 1584 (989 à 993 hég.); il défendait Alger, du côté de la route de Constantine; c'est aujourd'hui un pénitencier militaire.

Quartiers au N.-O. de la place du Gouvernement. — A l'angle N.-O. de la place du Gouvernement commence la *rue Bab-el-Oued*, à arcades, commerçante, pour se diriger vers l'esplanade du même nom. Vers le milieu, à g., au coin de la rue de la Kasba, l'*église Notre-Dame des Victoires*, qui s'élève à la hauteur d'un premier étage, est l'ancienne mosquée, bâtie en 1622 (1032 de l'hég.), par Ali Bitchnin, père de Tchélibi, l'un des plus audacieux corsaires algériens. C'est intérieurement un quadrilatère de 500 m. carrés de superficie, avec des piliers carrés, recevant plusieurs coupoles dont une principale. Extérieurement, le monument a conservé de petites boutiques mauresques, au nombre de sept sur la rue Bab-el-Oued, et une fontaine placée au pied du minaret carré, rasé en partie dans ces derniers temps. On entre dans l'église par la rue Bab-el-Oued et par la rue de la Kasba; la belle porte placée de ce côté était celle de la mosquée des Ketchaoua; elle a été sculptée par Ahmed-ben-Lablatchi, amin des menuisiers; elle devrait être dans un musée et non en plein air, où elle se détériore de jour en jour.

Au delà de l'emplacement de l'ancienne porte Bab-el-Oued, on rencontre, à dr., une caserne d'artillerie, puis le *Fort-Neuf* ou *Bordj-ez-Zoubia*, le fort du Fumier, à cause des immondices qu'on jetait près de là, plus connu des Européens sous le nom de *Fort-Neuf*, construit à l'extrémité N. d'Alger, près de la mer, en face de l'ancien cimetière, aujourd'hui esplanade Bab-el-Oued, par Mustapha-Pacha, en 1806 (1220 hég.). Ce fort est élevé sur plusieurs étages de voûtes solidement construites, dont une partie sert aujourd'hui de prison et de pénitencier militaires.

Le Bordj-ez-Zoubia commande aujourd'hui, au N., la tête du **boulevard des Palmiers.**

Vient ensuite l'*esplanade Bab-el-Oued*, avec l'*arsenal* (Pl. B, 1).

L'arsenal s'élève sur l'emplacement du *Bordj-Setti-Takelilt* ou d'*Ali-Pacha*, connu des Européens sous le nom de *fort des Vingt-Quatre-Heures* ou *fort Bab-el-Oued*; il a été commencé en 1567-1568 (975 hég.) par Mohammed-Pacha. C'est dans le saillant N.-E. de ce fort que, le 27 septembre 1853, fut retrouvé le squelette de Geronimo (V. ci-dessus, Cathédrale).

A g. de l'esplanade s'élève le *lycée* (Pl. 19, B. 3).

Le jardin **Marengo**, au S., conquis par les condamnés militaires sur les pentes abruptes qui étaient la continuation du cimetière musulman, est une des promenades d'Alger les plus agréables lorsque la brise s'y fait sentir; des palmiers, des yuccas, des bella-ombra et des plantes grasses de toutes sortes s'épanouissent dans ce jardin où se trouvent une colonne à la mémoire de la grande armée, des fontaines en marbre et des kiosques faïencés.

ALGER : — ESPLANADE BAB-EL-OUED.

Sur l'esplanade Bab-el-Oued, au delà du jardin Marengo, vient s'amorcer la *rampe Valéé*, qui prend le nom de boulevard le long des anciens remparts turcs, en partie démolis.

C'est au dernier tournant de la rampe que se trouve l'entrée de la **mosquée** d'Abd-er-Rahman-et-Tçalbi (visible pour les Européens les dimanches, lundis et mardis, de 8 h. à midi et de 2 à 3 h.). Ce marabout, aussi célèbre chez les musulmans par sa naissance que par la sainteté de sa vie, est auteur de plusieurs traités théologiques. Il naquit en 1387 (788 hég.) et mourut en 1471 (875 hég.). La construction de la mosquée, dans laquelle se trouve son tombeau, remonte à l'époque même de sa mort. C'est donc, après la Grande Mosquée, le plus ancien monument religieux d'Alger. Il a été restauré en 1697 (1108 hég.), sous Hadj-Ahmed-Dey.

Cette mosquée est la plus curieuse et la plus riche de l'Algérie, toutefois après celle de Sidi Bou-Medin, près de Tlemcen, et celle de Sidi El-Kettani, à Constantine. On y voit des tombeaux de plusieurs pachas et de hauts fonctionnaires; le fameux Ahmed, bey de Constantine, qui fit dévorer par des chiens le ventre à quelques-uns de nos soldats faits prisonniers aux environs de Medjez-Ahmar, lors de la seconde expédition de Constantine, y a été inhumé. La mosquée est entourée de tombeaux.

A peu de distance, à g., se voit la nouvelle koubba de Sidi Mansour.

Au-dessus de la mosquée d'Abd-er-Rahman s'élève le *Bordj-Ramdan*, dans le milieu des vieux remparts de Bab-el-Oued, dégagé aujourd'hui d'un côté par la percée faite en face de la rue du Tigre. Il a été construit par Ramdan-Pacha, en 1576 (984 hég.). Les casemates du Bordj-Ramdan, qui paraît avoir été important, sont occupées par un débitant de boissons.

Plus haut que le bordj, à dr. et en face du boulevard de la Victoire, s'élève la *prison civile*.

Revenant à l'esplanade Bab-el-Oued, on reprend la route qui conduit bientôt dans le faubourg Bab-el-Oued (*V.* ci-dessous).

Quartiers au N.-E. de la place du Gouvernement. — A l'angle N.-E. de la place du Gouvernement, près de l'escalier de la Pêcherie, on rencontre, en face de ce dernier, la *place Mahon*, qui a repris son animation d'autrefois depuis que des omnibus et corricolos y stationnent. Au delà de la place Mahon vient la *rue de la Marine*, à l'entrée de laquelle est située, à dr.

Djama Djedid, la mosquée Nouvelle (Pl. 9, C, 2), plus connue sous le nom de mosquée de la Pêcherie; en forme de croix grecque, avec une grande coupole ovoïde et quatre petites, elle a été construite, en 1660 (1070 de l'hég.), pour les Turcs du rite hanéfi. Le minaret carré abrite l'horloge de la ville depuis la démolition de la Djenina.

L'intérieur est fort simple; nous signalerons : la *chaire* en marbre blanc sculpté et un magnifique *manuscrit*, in-folio, du Koran, envoyé par un sultan de Constantinople à un pacha d'Alger et déposé avant dans la mosquée des Ketchaoua; chaque page de ce manuscrit est un prodige d'ornementations; ce Koran surpasse de beaucoup tout ce que nos moines du moyen âge et d'une partie de la Renaissance ont laissé en calligraphie enluminée.

Djama Kebir (Pl. 8, C, 2), la **Grande Mosquée**, est séparée de Djama Djedid par quelques boutiques; elle est la plus ancienne d'Alger.

Suivant M. l'abbé Bargès, une inscription, dont il possède une copie, se lisait anciennement sur le minbar ou chaire, inscription qui ferait remonter l'achèvement de ce minbar à l'an 409 de l'hégire (1018 de J.-C.). La fondation de la Grande Mosquée elle-même n'a pas dû précéder de beaucoup l'installation de la chaire, à moins de supposer que cette chaire en ait remplacé une plus ancienne. Ne l'oublions pas, toutefois, la fondation d'Alger par Bologguîn-Ibn-Ziri suivit de près celle d'El-Achir, aujourd'hui détruite, et cette dernière fut fondée en 324 (935 de J.-C.), ce qui ne peut faire remonter la fondation de la mosquée plus haut qu'à la moitié du xe s. El-Bekri en parle en 460 (1067 de J.-C.). Le minaret, à l'angle de la rue de la Marine, a été achevé, ainsi que le constate une inscription arabe placée intérieurement près de l'escalier, par Abou-Tachfin, sultan de Tlemcen, du dimanche 27 Doul Kada 722 au 1er Redjeb 722, c'est-à-dire en 6 mois (1322 à 1323).

La Grande Mosquée, couvrant une superficie de 2,000 m. carrés, présente, rue de la Marine, une galerie de quatorze arcades dentelées, de 3 m. d'ouverture, retombant sur des colonnes en marbre blanc provenant de la mosquée Es-Saïda, bâtie en face de la Djenina, par Ismaïl-Pacha, en 1662 (1072 hég.). Une fontaine formée de deux vasques a été placée à la rencontre des lignes, qui font un angle obtus au milieu de cette galerie. On a remis au jour l'inscription romaine placée à la base du minaret et provenant des ruines d'Icosium, dont les matériaux ont servi souvent pour la construction d'Alger.

  . . . . . VS RVFVS AGILIS F. FL.
  . . . . . ATVS D. S. P. DONVM D.

Le nom du donateur, figurant sur cette inscription, est rétabli, au moyen d'une seconde inscription gravée sur un autel votif découvert dans les démolitions du bureau de la police, rue Bruce, en face de la mairie. Ce nom est : Lucius Cæcilius Rufus, fils d'Agilis.

La fontaine aux ablutions est adossée contre un côté de la cour.

L'intérieur, blanchi à la chaux, n'a d'autre décoration que des nattes étendues à terre ou déroulées autour des piliers, à hauteur d'homme. Rudement endommagée par les bombardements des chrétiens, la mosquée a été réparée ou reconstruite en partie; elle est affectée au culte musulman du rite maléki, qui est celui des Arabes et des Maures.

Sur la rue de la Marine s'ouvrent principalement les rues d'Orléans et des Consuls. L'*hôtel de la Préfecture* (Pl. 24, C, 2) est situé à l'angle de la rue d'Orléans, sur la petite *place Soultberg*.

La *rue des Consuls* a conservé une partie de ses maisons mauresques dont quelques-unes, fort belles, ont servi de résidences aux consuls avant la conquête. Les pères jésuites ont, rue des Consuls, une chapelle ouverte aux fidèles.

Toujours à g. de la rue de la Marine, le grand bâtiment, près de l'emplacement de l'ancienne porte de France, est devenu la *caserne Lemercier*, du nom du colonel de génie, mort en mer, le 7 décembre 1836, à bord du *Montebello*, au retour du premier siège de Constantine.

Ville haute et ville indigène. — On s'y rend par le boulevard du Centaure, derrière le Grand-Théâtre, par la rue Médée, près du cercle militaire, par la rue Porte-Neuve s'ouvrant sur la place de Chartres, par la rue de la Kasba, commençant rue Bab-el-Oued, à l'angle de l'église Notre-Dame des Victoires, et enfin par la rampe et le boulevard Valée, commençant au tournant du jardin Marengo.

Toutes ces rues aboutissent à l'*esplanade de la Victoire*, large trouée qui attend des constructions, entre les boulevards du Centaure et Valée.

Alger n'a conservé le type mauresque que dans son centre, sur les pentes rapides de la montagne qu'elle embrasse. L'épanouissement des ruelles forme le dessin le plus bizarre que l'on puisse imaginer. « Supposez un instant qu'un nouveau Dédale ait été chargé de bâtir une ville sur le modèle du fameux labyrinthe, le résultat de son travail aurait précisément quelque chose d'analogue à l'ancien Alger. Des rues étroites, de largeur inégale, offrant dans leurs nombreux détours toutes les lignes imaginables, excepté cependant la ligne droite pour laquelle les architectes indigènes paraissent professer un éloignement instinctif; des maisons sans fenêtres extérieures, quelques lucarnes tout au plus, des étages avançant l'un sur l'autre, de telle sorte que, vers le sommet des constructions, les deux côtés opposés d'une rue arrivent souvent à se toucher; quelquefois même la voie publique est voûtée sur un espace assez considérable. Représentez-vous tout cela éblouissant de blancheur par suite de l'usage où l'on était alors de donner, chaque année, deux couches de chaux aux bâtiments, et vous aurez reconstruit le véritable Alger par la pensée. » (*Berbrugger.*) On peut se promener au hasard dans toutes les rues, ruelles et impasses de la ville haute; elles sont : les unes, peu passantes et silencieuses sinon qu'on y entend parfois et venant de l'intérieur des maisons les sons du derbouka et du tam-tam accompagnés de chants nasillards en l'honneur d'une naissance ou d'un mariage; les autres, animées, bruyantes avec leurs petites boutiques de fruitiers, de cordonniers, de brodeurs, de fabricants de soieries et enfin de barbiers et de cafetiers.

C'est dans les environs des mosquées de Sidi-Ramdan, de

Mohammed-Chérif et Safir que l'on verra l'animation de la vie indigène.

La *zaouïa* (mosquée et tombeau) de *Mohammed-ech-Chérif* (Pl. 12, B, 3), située au carrefour formé par les rues Kléber, Damfreville et du Palmier, est une des plus vieilles d'Alger. Sidi Mohammed-ech-Chérif, que les Musulmanes implorent pour devenir mères, est enterré dans la koubba à côté de la mosquée qui porte son nom. Il est mort en 1541 (948 hég.), sous le pachalik de Mohammed-Hassen, et précisément l'année de la désastreuse expédition de Charles V. L'entrée de la mosquée est dans la rue du Palmier, à côté du café connu autrefois de tous les Européens, et que les nouveaux alignements ont rendu moins pittoresque.

Djama Safir (Pl. 11, B, 3), rue Kléber, fondée par Safar-ben-Abd-Allah, renégat et affranchi de Kheir-ed-Din, en 1534 (940 de l'hég.), a été reconstruite par Baba-Hassen en même temps et sur les mêmes plans que la mosquée des Ketchoua, 1791 (1206 de l'hég.).

Djama Sidi Ramdan (Pl. 10, B, 2), dans la rue du même nom, sous l'invocation d'un marabout en grande vénération, a été bâtie avant l'occupation d'Alger par les Turcs. Sa disposition offre un parallélogramme que 18 colonnes partagent en 3 allées. L'édifice, peu remarquable du reste, est recouvert par 9 toits à double versant.

Le promeneur ne saurait se perdre dans la ville haute; il rencontrera la Kasba, s'il monte, et la rue Bab-el-Oued ou la rue Bab-Azzoun, s'il descend.

Au-dessus du boulevard de la Victoire, avant d'arriver à la Kasba, on rencontre, à g., la petite *église Sainte-Croix*, ancienne mosquée dite *Djama-el-Kasba-Berrani*, construite en 1817 (1238 de l'hég.). Le portique en marbre blanc, muré aujourd'hui, donnait entrée au tribunal de l'agha des Turcs; plus tard café et maintenant local de la maîtrise des enfants de chœur.

La **Kasba**, nom donné à plusieurs citadelles en Algérie, signifie un endroit très élevé; celle qui domine Alger a remplacé une kasba plus ancienne, la seule forteresse que possédait Selim-Ben-Teumi et qui ne serait autre que le bastion n° 11 du côté des remparts Bab-el-Oued.

Aroudj fit commencer la Kasba actuelle lorsqu'il devint maître d'Alger, en 1516 (932 hég.). Le pacha Arab-Ahmed en fit nettoyer et recreuser les fossés en 1572 (980 hég.). Elle fut incendiée sous Mustapha, à la suite d'une explosion de la poudrière, en 1616 (1025 hég.). Sous le pachalik d'Hussein-Khodja, les Koulour'lis, fils de Turcs et de Mauresques, s'étant révoltés, se renfermèrent dans la Kasba où ils se firent sauter; ceux qui échappèrent à ce désastre furent massacrés ou jetés à la mer, 1629 (1040 hég.). Sous Mustapha-Pacha, de 1799 à 1806 (1213 à 1220 hég.), un chaouch nommé Toubeurt décapita en un jour, devant la Kasba, 132 Arabes qui avaient déserté. Ce Toubeurt vivait encore en 1842. Ali-Ben-Ahmed, qu'on appelait aussi Ali-Khodja, Méguer-Ali, Ali-Loco (le fou), avant-dernier dey d'Alger, s'étant aliéné l'esprit de la milice, fit transporter nuitamment ses trésors à la Kasba, où il s'enferma avec une garde particulière, pour échapper au sort de ses prédécesseurs, 1ᵉʳ nov. 1817 (1232 hég.). Les janissaires des casernes Bab-Azzoun s'insurgèrent en apprenant cette nouvelle, mais Ali les maîtrisa en en faisant décapiter un grand nombre. Le coup d'éventail donné par son successeur Hussein à notre consul est le dernier épisode qui précède la reddition d'Alger, et par conséquent celle de la Kasba, en 1830.

La Kasba est maintenant une immense caserne traversée par la route d'El-Biar.

La cour assez vaste du palais, à dr., est pavée en marbre blanc, et entourée d'une galerie couverte, formée par une rangée d'arcades que soutiennent des colonnes de marbre blanc. C'est au-dessus de cette galerie, à dr., que se trouve le fameux pavillon du coup d'éventail. Une fontaine, en marbre, est le seul ornement de la cour, sauf un beau platane, placé à l'angle opposé de la fontaine, et que la tradition suppose contemporain de Barberousse.

On nomme *les Tagarins* le quartier situé entre la Kasba et la porte du Sahel; sur son emplacement s'élèvent la caserne d'Orléans et celle affectée au service de l'artillerie. Au-dessous, à g., commence la route qui devient plus bas la rampe Rovigo, bordant dans sa partie supérieure le quartier de *Bitch*.

Le port.

On y descend par l'escalier et la rampe en contre-bas de la rue de la Marine, par les rampes Chasseloup-Laubat et Magenta s'amorçant sur le boulevard de la République, et par l'escalier de la Pêcherie, en face de la place Mahon et à l'angle de Djama-Djedid, la mosquée neuve, qu'elle borde à g., tandis qu'à dr. sont installés dans des espèces de casemates des marchands d'oiseaux, de primeurs et principalement des restaurants chez lesquels les gourmets vont déjeuner de coquillages et de bouillabaisse; puis, avant de descendre au port, on traverse le *marché* aux poissons, fort bien installé et encore mieux approvisionné. La pêche d'Alger occupe 200 barques montées par 1,000 à 1,200 pêcheurs; le débit du poisson est de 2 millions de kilog.

La darse actuelle, ou ancien port, comprend la jetée Kheir-ed-Din, le pavillon de l'Amirauté, l'ancien fort du Peñon (de peña, rocher) surmonté du phare à feu fixe de 9 milles de portée, et de vastes magasins. Le *pavillon*, en tête de la jetée, a été construit pour servir de laboratoire aux hautes études.

En face, près du bâtiment de la *Santé*, un petit monument pyramidal, flanqué de 4 canons, consacre la mémoire de Charles de Lyvois, mort victime de son dévouement en portant une amarre au trois-mâts russe la *Vénus*, pendant la tempête de février 1835.

Le port a 90 hect. de superficie; la jetée du N., partant de l'ancien port turc, mesure 700 m., tandis que celle du S., partant du fort Bab-Azzoun ou Ras-Tafoura, en a 1,235. Un bassin de radoub, une douane, la gare du chemin de fer, des bâtiments pour les différentes compagnies de paquebots à vapeur, et les magasins voûtés, docks gigantesques, qui supportent le boulevard de la République, complètent le port.

Faubourg Bab-el-Oued. — Jardin du Dey.

Tramways partant de la place du Gouvernement, allant à l'hôpital du Dey et desservant Saint-Eugène; trajet en 20 m.; 10 c.

Le faubourg Bab-el-Oued est situé au N. de l'esplanade du même nom et de l'arsenal.

Sortant d'Alger par la rue et la porte Bab-el-Oued, on ne tarde pas à rencontrer le *Stand*, Société du tir, à g.; du même côté, le boulevard conduisant à g. à la route du *Frais-Vallon* (*V.* ci-dessous, *C*) et à dr. aux *Arènes*; puis suivant à dr. la route parallèle à la mer, le *théâtre Malakoff*, de nombreux cabarets, quelques usines et fonderies, des cabanes de pêcheurs, des barques tirées sur la grève, bordant la route en avant et en arrière de l'*oued Meracel* (la rivière des blanchisseuses), qui a donné son nom au faubourg N. d'Alger que les Espagnols, qui l'habitent en partie, nomment *la Cantara* (el-Kantra en arabe, le pont) : c'est entre ce faubourg et le jardin du Dey que se trouve la cité Bugeaud, adossée aux dernières pentes du Bou-Zaréa et non loin des carrières dont les pierres ont servi, en grande partie, à l'enrochement des jetées du nouveau port d'Alger. Une *pyramide* dressée au-dessus de l'une de ces carrières rappelle le terrible événement du 4 mai 1850. Une épouvantable explosion mit en deuil la population algérienne, conviée, comme pour une fête, à l'expérimentation d'un nouveau procédé destiné à faire sauter les roches; 30 personnes furent tuées et 300 blessées!

Le *jardin du Dey* et ses bâtiments, à g., bordant la route, ont été créés par Baba-Hassen, qui régnait de 1791 à 1799. Les constructions connues sous le nom de *Salpêtrière*, en avant et sur le bord de la mer, ont été terminées par M. Schulz, consul de Suède, en 1815 (1230 hég.), sous le deylik de El-Hadj-Ali-Amaciali. La maison de plaisance et la maison de la poudre, *Dar-el-Baroud*, ou Salpêtrière, servent aujourd'hui d'hôpital militaire.

Mustapha.

Tramways partant toutes les 5 m. de la place du Gouvernement et s'arrêtant au plateau Saulière (10 c.); trajet en 20 m.

La commune de **Mustapha**, autrefois l'un des faubourgs d'Alger, attenante aux rues d'Isly et de Constantine, est une ville de 32,816 hab., qui comprend *Mustapha*, *l'Agha*, *Belcourt* et *Isly*.

Les nombreuses maisons industrielles et les plus nombreux cabarets de l'Agha-Inférieur, de Mustapha-Inférieur et de Belcourt, bordent la route qui, au delà de l'ancien fort Bab-Azzoun, est la continuation de la route ou rue de Constantine. A l'Agha-Inférieur sont situés les *bains de mer*, la *prison des femmes*, et la *gare* du chemin de fer d'Alger à Oran et à Constantine. A Mustapha-Inférieur se trouvent le très bel *hôpital civil*, la *caserne de cavalerie*, le *parc aux fourrages* et l'*usine à gaz*.

L'Agha-Supérieur a pour voie principale la *rue Michelet*, ancienne route de Mustapha-Supérieur et continuation de la rue d'Isly, depuis la démolition des remparts. Le *boulevard Bon-Accueil* et les *rues Clausel* et *Denfert* sont les principales artères de ce nouveau quartier, que bordent de belles maisons de rapport et des villas. A l'entrée et à dr. de la rue Michelet, au delà du square planté d'eucalyptus, on remarque le *palais de l'Ecole supérieure des Hautes Etudes*, auquel on arrive par un double et large escalier.

C'est derrière et au-dessus de ce palais qu'est situé le joli village d'**Isly** (tramways à 9 et 11 h. du mat.; 2, 4 et 5 h. 30 du s.; 30 c.); le *chemin des Aqueducs*, fort jolie promenade, passe par Isly et aboutit à Mustapha-Supérieur, près des *hôtels Continental* et *d'Orient*.

En face du square, à g., est installée la *Société de gymnastique*.

L'Agha-Supérieur a pour terminus le *plateau Saulière*, d'où les tramways partent à chaque instant pour Alger (10 c.). A g. de ce plateau, près de l'*hôtel Anglo-Suisse*, le *boulevard Victor-Hugo*, bordé de palmiers d'une belle venue, sépare l'Agha de Mustapha.

Au delà des *hôtels Continental* et *d'Orient*, et le *couvent des dames du Sacré-Cœur*, à dr., on passe devant la *chapelle Ecossaise* (à g.), du style saxon.

Quand on a dépassé les *villas Davin, Hilaire, Foa, le Bardo*, on arrive au tournant où a été érigée une croix en 1850. De là, la vue d'Alger, de sa rade, du cap Matifou et des lointaines montagnes de la Kabylie aux cimes neigeuses est vraiment admirable.

Avant d'arriver au palais d'été du Gouverneur, on rencontre, à dr., le *Musée d'antiquités*, installé en 1897 dans les anciens bâtiments de l'école normale (ouvert t. l. j. de 1 h. à 5, excepté le lundi; vacances en août et septembre).

Le patio, entouré de 3 galeries, contient l'épigraphie romaine, chrétienne et musulmane (parmi cette dernière, inscriptions tumulaires de pachas d'Alger).

SALLE I (à dr.). — Monuments lybiques et puniques. — Moulages de pierres écrites rapportés du S. par M. Flamand. — Amphores puniques et poteries diverses, trouvées dans les fouilles faites au Gouraya par M. Vierjejski. — Sarcophage chrétien trouvé à Dellys.

SALLE II ou GRANDE SALLE. — Torse célèbre de la *Vénus de Cherchell*. — *Neptune* colossal de la même provenance. — *Bacchus* donné par M. le professeur Waille, etc. — Dans une vitrine, lampe chrétienne en bronze, charmante statuette de *Vénus au bain*, en bronze également. — Quelques mosaïques provenant de l'Algérie et de la Tunisie et dont la série sera prochainement plus complète.

SALLE III ou SALLE INDIGÈNE. — Elle renferme une partie des objets qui composaient l'exposition permanente des voûtes de la marine, si malheureusement dilapidée par suite de l'incurie de l'administration municipale d'Alger ; là sont réunis les tapis, broderies, armes, céramique et sculptures donnant une idée de ce qu'étaient les arts indigènes « dont la renaissance n'est pas possible à tenter ». Là encore sont exposés les modèles réduits du Kbour-er-Roumia, du Medracen, et le surmoulage de Géronimo (*V.* p. 9), dus au sculpteur Latour, puis des doubles du musée Campana donnés par Napoléon III. On voit enfin la représentation d'une chambre indigène, garnie de faïences « donnant à l'ensemble une note d'art musulman bien caractérisé ».

Le *palais d'été* du Gouverneur (s'adresser au concierge pour le visiter), à g. de la route, est un ensemble de jolies constructions mauresques et modernes au milieu d'un parc ombreux orné de plantes tropicales.

En face de l'entrée est un hémicycle dont le centre est occupé par la *statue* en marbre blanc *du Maréchal Mac-Mahon*. A dr. et à g. de cette statue figurent les bustes, également en marbre, de gouverneurs de l'Algérie : général Lamoricière, maréchal Clauzel, amiral de Gueydon, maréchal Bugeaud, général Damrémont, maréchal Pélissier, maréchal Randon, général Chanzy.

On passe ensuite devant les *villas Joly* et *du Rey*, le *Grand Hôtel* est une vieille tour turque, à dr. Non loin, à g., une petite *église* est installée dans une maison mauresque; l'*Orphelinat de Saint-Vincent-de-Paul* est situé en contre-bas.

La route continue, bordée des *villas du Belvéder, Robert, de Mustapha-Raïs* et *des Roses*, à g., et enfin, à dr., des *hôtels Kirch* et *Saint-Georges*. Au-dessus de ce dernier, à g., à la bifurcation de la route et du boulevard planté par la Compagnie algérienne, des Anglais ont élevé, en 1888, à la mémoire de l'un de leurs compatriotes, M. John Bell, ancien négociant, habitant de Mustapha et bienfaiteur de la commune, une élégante *fontaine* en pierre, marbre et faïences.

La route va toujours montant, par de nombreux lacets, jusqu'à la colonne Voirol et au bois de Boulogne. Là elle bifurque à dr. sur El-Biar (*V.* ci-dessous, *D*), et à g. sur Birmandraïs (*V.* ci-dessous, *G*).

De Mustapha-Supérieur on peut se rendre au *Jardin d'Essai* par *les Crêtes*, en quittant la route au 5° k. On prend, à g., le *chemin de Shakespeare* et l'on traverse le *Bois de Boulogne* pour arriver au *Jeu du Golf*. Le chemin se poursuit dans un cimetière arabe, puis passe devant la campagne des *'Arcades* qui a conservé son caractère arabe et d'où la vue est splendide; là, bifurcation : à g. route carrossable; à dr. continuation du sentier; tous deux descendent au Jardin d'Essai (*V.* R. 2, *H*).

ENVIRONS D'ALGER.

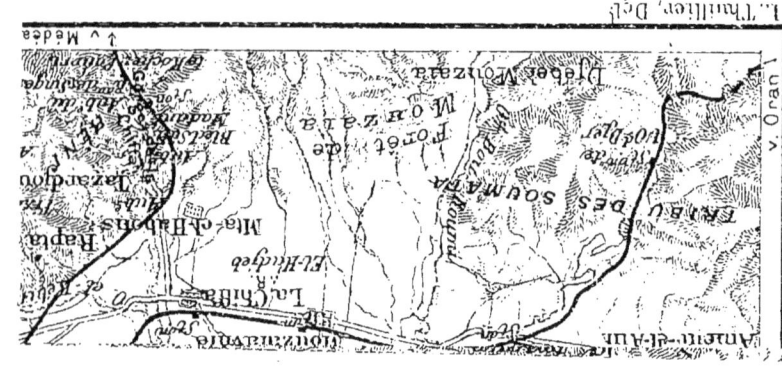

ROUTES PARTANT D'ALGER

D'Alger au Sahel, R. 2. Environs d'Alger ; — à Orléansville, Rovigo, Blida, Tipasa, Cherchel, Hammam-Rhira, Affreville, Miliana, Teniet-el-Hâd, Tenès, R. 3 ; — à Laghouat, au Mzab, à Ouargla, R. 4 ; — au Fondouk, R. 5 ; — à Aumale, Bouïra, Bou-Sâda, R. 6 ; — aux Beni-Mansour, R. 7 ; — à Fort-National, Dellys, Tizi-Ouzou, Bougie, Beni-Mansour, R. 8 ; — à Oran, R. 9 ; — à Constantine, R. 20.

ROUTE 2

LE SAHEL, ENVIRONS D'ALGER

Le mot *Sahel* (rivage) s'applique aux massifs de collines qui règnent le long de la mer, et qui sont bornées au S. par des plaines. Le Sahel d'Alger est compris entre la mer, au N., l'oued Mazafran, à l'O., l'oued Harrach, à l'E., et la Mitidja, au S. Son point culminant est le Bou-Zaréa (407 m.) ; on peut y faire un grand nombre de promenades charmantes, en voiture, à cheval ou à pied. Le promeneur à pied se munira d'une canne, à cause des chiens arabes qu'il pourrait rencontrer sur les limites des propriétés.

Toutes les excursions dans le Sahel, qui demandent de 4 à 5 jours, sont intéressantes, mais on ira surtout au Bou-Zaréa, à Birmandraïs par le Jardin d'essai et le ravin de la Femme-Sauvage, à Sidi-Ferruch par la Trappe. Nous recommanderons aussi les excursions de Blida, du Tombeau de la Chrétienne et surtout celle des gorges de la Chiffa.

Les tramways, omnibus et corricolos pour les environs d'Alger stationnent sur la place du Gouvernement. Le mieux pour les longues excursions est de prendre une calèche à deux chevaux et d'emporter des vivres.

A. Saint-Eugène, pointe Pescade, cap Caxine, Guyotville.

(Nouvelle route Malakoff.)

15 k. N.-O. (d'Alger à Guyotville). — Omnibus-tramways d'Alger à Saint-Eugène, toutes les 10 min. ; 20 c. — Service d'Alger à Guyotville (4 départs par j. : Bains romains, 50 c. ; pointe Pescade, 50 c. ; Guyotville, 75 c. ; voit. de place, 3 fr. l'h. ; trajet en 1 h. 1/2) et à Castiglione (1 départ par j. dans chaque sens ; trajet en 4 h.), 2 fr. 25, par Staouéli 1 fr. 25 et Zéralda 1 fr. 50.
— Ce service dessert encore la pointe Pescade et le phare du cap Caxine.

On suit le faubourg Bab-el-Oued (*V.* p. 48). La route se prolonge entre les pentes du Sahel et le bord de la mer.

Au delà de la Salpêtrière sont situées, à g., les *fontaines des Génies*, sur le bord de la mer ; le mercredi de chaque semaine, les femmes mauresques et négresses viennent en cet endroit sacrifier des poules, quelquefois un mouton, pour obtenir une guérison ; c'est un curieux spectacle. Au delà, on voit une ancienne batterie turque, transformée en cabaret.

Le *fort des Anglais*, s'avançant sur une des nombreuses

pointes rocheuses qui forment, d'Alger à Mers-ed-Debban, une série de petites anses, s'appelle en arabe *Bordj-Kalaât-el-Foul*, fort du Château des Fèves, et encore *Bordj-Ali-Pacha*. Il fut bâti sur la fin du règne d'Hussein, 1580 (988 hég.), par le corsaire Djafar, qui lui succéda la même année; il est affecté aujourd'hui à l'entrepôt des poudres de chasse des villes de l'Algérie.

Les *cimetières* européen et juif sont en face du fort des Anglais. Ils valent la peine d'être visités; on s'y promène dans des allées d'arbres exotiques; les tombes sont généralement à l'ombre des rosiers; on remarquera parmi les principales, à l'intersection des grandes allées, le monument élevé au général Yusuf. Au-dessus de ces deux cimetières, une chapelle et la basilique de Notre-Dame d'Afrique couronnent un des contreforts du Bou-Zaréa (*V.* p. 26).

3 k. **Saint-Eugène** *, v. de 4,171 hab. (nombreux restaurants et guinguettes). C'est une agglomération de villas entourées de jardinets et s'éparpillant de la vallée des Consuls à la mer. L'église et l'hôtel de ville dominent la route à g.

Au delà du tournant des *Deux-Moulins* (disparus aujourd'hui), on remarquera parmi les rochers de la falaise le profil de la *tête romaine*, de 30 m. de haut et tourné vers le N. La route, parallèle à la mer, monte et descend jusqu'à la pointe Pescade, laissant à g. les haies de joncs, de roseaux, d'aloès, de cactus, d'oliviers et de lentisques servant de clôtures à des propriétés isolées.

6 k. La **pointe Pescade** ou *Mers-ed-Debban*, le port des Mouches (café-restaurant de *Saint-Pons*), dépend aujourd'hui du Bou-Zaréa; de nombreuses villas s'élèvent de jour en jour dans cet endroit si longtemps désert. Le bordj qui couronne la pointe, et servant de caserne aux douaniers, a été bâti, en 1671, par Hadj-Ali-Agha, le même qui construisit le fort des Anglais. De la pointe Pescade part un aqueduc jaugeant, par 24 h., 300 m. cubes d'eau, destiné à alimenter les fontaines, bassins et abreuvoirs de la route.

[A 500 m. S. se trouvent les *bains romains*, sources au milieu de pétrifications et près desquels ont lieu l'été de joyeuses parties de pêche et de canotage. L'ancien bassin romain a disparu dans les travaux de route nécessités par la ligne de tramways d'Alger à Koléa.

Les cavaliers et les piétons peuvent pousser plus loin leur excursion et s'enfoncer dans les gorges pittoresques de *Radjel-Affroun*, formées par les contreforts boisés du Bou-Zaréa.]

10 k. **Cap Caxine**, sur le sommet duquel s'élève un phare de 1er ordre (64 m. au-dessus de la mer; portée, 20 milles). Le cap Caxine devient un petit et coquet village, comme un peu plus loin, *Saint-Cloud-sur-Mer*.

Entre la route et le cap Caxine, un chemin à g., conduit aux plantations d'*Aïn-Baïnen* que le service forestier a faites sur une superficie de 506 hectares. Les essences principales sont l'eucalyptus, les pins d'Alep et maritimes, le chêne-liège et le casuarina. La promenade est à recommander.

15 k. **Guyotville** * (le comte Guyot a été directeur de l'intérieur, de 1840 à 1846), v. de 2,231 hab., a été créé sur l'emplacement d'*Aïn-Baïnen*. C'est aujourd'hui un des beaux villages de l'Algérie; les habitants y font des récoltes magnifiques; beaucoup d'Algériens y viennent en villégiature.

[A 1 k. S.-O., grotte préhistorique du *Grand-Rocher*. Tous les objets découverts dans cette grotte font partie du Musée de la Société de climatologie d'Alger.

A 2 k. S.-O., au ravin des *Beni-Messous*, près du *Haouch-Kala*, dépôt de mendicité et asile pour les ouvriers sans travail. On rencontre non loin de là, au milieu des vignes, une vingtaine de dolmens, classés comme monuments historiques; jadis on en comptait 300.

A 1 k. O., *Ras-Knater* (le cap aux Arcades), avec des ruines romaines, principalement celles d'un aqueduc.

Un chemin vicinal conduit de Guyotville à (6 k. S.-E.) Cheraga (*V.* ci-dessous, *E*) à travers un sol mamelonné couvert de broussailles et de plantations de vignes.

De Guyotville encore, un autre chemin, S.-O., conduit au-dessus des dunes à l'oued Beni-Messous, 3 k. 500, puis à Staouéli, 7 k. et à Sidi-Ferruch, 11 k. (*V.* p. 28).]

B. Notre-Dame d'Afrique.

3 k. N.-O. — Tramway, place du Gouvernement; trajet en 1 h. aller, 35 c.; retour, 25 c. — Voit., 3 fr. l'h., y compris le temps du stationnement; l'heure après la première est divisible par 1/4.

La route, sortant d'Alger par la porte Bab-el-Oued, traverse la cité Bugeaud (*V.* p. 19), passe derrière le jardin du Dey et fait ensuite de nombreux contours pour arriver à la *Basilique de Notre-Dame d'Afrique* (124 m. d'alt.) qui domine la vallée des Consuls, le cimetière, le village de Saint-Eugène, le fort des Anglais et la mer.

C'est à deux pieuses demoiselles, Agarithe Berger et Anna Cinquin, qu'est dû le pèlerinage à Notre-Dame-d'Afrique, qui se fit d'abord dans le ravin de la Vallée-des-Consuls, au pied d'un vieil olivier dans le tronc duquel était placée une petite statue de la vierge. Mgr Pavy, évêque d'Alger, donnant plus que son approbation à ce pèlerinage, et songeant à Notre-Dame de Fourvières et à Notre-Dame de la Garde, fit élever à son tour Notre-Dame d'Afrique sur l'un des contreforts du Bou-Zaréa. Mais on construisit d'abord une chapelle provisoire du 2 juillet au 20 septembre 1857, dont la garde fut donnée à 12 pères prémontrés logés dans un couvent en face.

La basilique, commencée le 2 février 1858, consacrée le 2 juillet 1872, par Mgr Lavigerie, successeur de Mgr Pavy, a été construite par M. Fromageau, architecte diocésain. Elle présente intérieurement la forme d'une croix latine. Extérieurement, elle offre la complication d'un clocher carré à 2 étages, en forme de minaret, donnant entrée du côté du chœur, puis des murs demi-sphériques, terminés par des demi-coupoles, alternés par des clochetons, et surmontés par un dôme que décore, à mi-hauteur, une colonnade et que termine une croix. Le monument, d'une architecture romane que l'on peut contester, est, en somme, d'un très bel effet, surtout quand on aborde les côtes d'Alger.

Sur le maître-autel, on pourra voir comme ex-voto, au bas d'une vierge noire, les épées du maréchal Pélissier et du général Yusuf, une médaille du maréchal Bugeaud et la canne du général de Lamoricière. Au pied de l'autel repose Mgr Pavy. — Dans la chapelle, au centre de la basilique, un voile de soie qu'on peut faire retirer par le sacristain, recouvre une statue de St Michel, en argent, d'une valeur de 15,000 fr., donnée par la corporation des pêcheurs napolitains d'Alger. En face est le tombeau d'Anna Cinquin.

La chapelle provisoire, en face de la basilique, est construite dans le style roman; Agarithe Berger y est enterrée.

Autour de la basilique on vend dans de petites boutiques des chapelets et des médailles.

Un poteau du Club Alpin indique, à 1,200 m. de là, la *vallée des Consuls*, par laquelle on peut revenir à Alger, après avoir laissé la chapelle à dr. et à g. des guinguettes et un nouveau couvent de Carmélites, fondé en 1892 par la princesse Jeanne Bibesco qui en est la supérieure.

C. Le Frais-Vallon.

2 k. 500 O. — Omnibus, place du Gouvernement; trajet en 45 min.; 40 c.; départ d'Alger, toutes les heures; du Frais-Vallon, toutes les heures et demie. — Calèche à 4 places : 3 fr. 50 aller et ret.; 50 c. en plus par quart d'heure de stationnement. — Divers sentiers vont de Bab-el-Oued au Frais-Vallon, mais on devra se les faire bien indiquer, pour n'être pas arrêté par des clôtures particulières.

Le ravin du Frais-Vallon est un des plus charmants buts de promenade que l'on puisse faire au printemps; il offre, comme la bordure de la route, un verdoyant tapis constellé de composées que M. Durando, l'inoubliable botaniste algérien, a observées au nombre de près de cent.

Sortant d'Alger par Bab-el-Oued, et laissant à dr. la route de Saint-Eugène, on suit à g. un boulevard planté de caroubiers; vers le milieu, toujours à g., à l'endroit dit *le Climat de France*, commence la route du Frais-Vallon.

Cette route, bordée de pins, d'eucalyptus et d'oliviers centenaires, passe entre un des contreforts ouest du Bou-Zaréa d'où Alger, caché par les pins, descend de la Kasba à la mer, et le profond ravin où s'accrochent de nombreuses villas entourées de parterres, et de plus nombreuses maisons de jardiniers, entourées de cultures maraîchères. La route carrossable qu'on

[R. 2, D] LE FRAIS-VALLON. — LE FORT L'EMPEREUR.

aperçoit au delà du ravin est l'une des deux conduisant de Bab-el-Oued au Bou-Zaréa.

Arrivé à la tête du ravin, après un parcours de 2 k. 300, on met pied à terre devant un *café-restaurant* près duquel sont un moulin et une cascade. Un sentier sinueux gravit presque perpendiculairement la pente au-dessus du café. Après une ascension de quelques minutes se présente un petit groupe de maisons mauresques parmi lesquelles celle d'un médecin indigène. Là commence l'avenue d'*Aïoun-Sr'akhna*. A l'extrémité d'un jardin jaillissent plusieurs sources d'eau commune. L'une d'elles, renfermée dans une petite koubba, d'où elle coule dans un puisard, se distingue par son isolement particulier et l'espèce de préférence qui lui a été visiblement accordée. La koubba est celle de *Sidi Djebbar*, marabout vénéré des musulmans d'Alger. La tradition recommande aux femmes divorcées, qui veulent retrouver un mari, de faire trois voyages à cet endroit privilégié. Le résultat, assure la légende, n'a jamais déçu le vœu des pèlerines. Les eaux de la source de Sidi Djebbar sont ferrugineuses, alcalines et carbonatées.

Le mardi de chaque semaine, les abords de Sidi Djebbar sont fréquentés par une foule de Mauresques qui viennent sacrifier des poules ou brûler des cierges en l'honneur de Sidi Djebbar.

D. El-Biar, le Bou-Zaréa.

9 k. O. — Omnibus, rue Cléopâtre : 4 départs d'Alger par j.; 2 départs du Bou-Zaréa; trajet en 1 h. 1/2; El-Biar, 50 c.; Bou-Zaréa, 75 c. — Corricolos à volonté.

Deux rampes conduisent du bas d'Alger à la porte du Sahel, où commence la route d'El-Biar. L'une, du côté de Bab-el-Oued, dite *rue Valée* (gouverneur de l'Algérie, 1837-1840), suit le contour du jardin Marengo à g., laissant à dr. les ateliers du génie et la prison civile. La route traverse ensuite la Kasba, puis passe devant une fontaine mauresque et le quartier d'artillerie, élevé sur l'emplacement des anciennes écuries du dey, à l'endroit dit *les Tagarins*, noms d'émigrés andalous. C'est là qu'aboutit l'autre rampe, dite *rue Rovigo* (gouverneur de l'Algérie, 1831-1833); cette rampe commence au delà du théâtre et monte en corniche, à partir de sa rencontre avec la rue d'Isly.

Quand on a suivi la route bordée d'eucalyptus et franchi la porte de Sahel, on arrive devant un bois de pins dominé par le fort de l'Empereur.

2 k. Le *Fort-l'Empereur*, ou Sultan-Kalassi, a été bâti en 1545 (937 hég.), par Hassen, successeur de Kheir-ed-Din au sommet du Koudiat-es-Saboun (la colline du savon).

Il s'élève sur l'emplacement où Charles-Quint fit établir son camp et transporter son artillerie, le 25 octobre 1541, après en avoir chassé quelques

Turcs et pris quatre pièces de canon. Ce fort fut réparé en 1742 (1155 hég.), sous Ibrahim-ben-Ramdan, à la suite d'un incendie occasionné par le feu du ciel. Plus tard, le 4 juillet 1830, avant de se retirer, les Turcs en firent sauter la tour ronde qui contenait la poudrière, et le général de Bourmont y reçut ensuite la capitulation du dey d'Alger. Le Fort-l'Empereur sert de magasins militaires. Cette citadelle s'appelait aussi *Bordj-Moulaï-Hassen*, du nom du pacha qui la fit élever; *Bordj-Bou-Lila* (le père de la nuit), peut-être parce que Charles-Quint s'installa sur son emplacement dans la nuit du 24 au 25 octobre 1541, et enfin *Bordj-et-Taouss* (le fort du paon), parce qu'un dey y faisait élever de ces oiseaux.

Le bâtiment terminé en dôme, au tournant de la route et au pied du Fort-l'Empereur, abrite le *regard* des eaux de l'aqueduc qui alimentent la partie haute de la ville d'Alger.

Au delà, l'on a : d'un côté, un magnifique panorama sur la baie, la ville et ses faubourgs; et de l'autre, le ravin si verdoyant du Frais-Vallon.

5 k. **El-Biar** (les puits), *restaurant Riva*, com. de 3,525 hab., est une suite de maisons indigènes et européennes, cabarets ou boutiques bordant la route, villas ou fermes éparpillées, et dans de charmantes positions. Parmi ces dernières, on remarque à g. l'ancienne ferme Fruitié, transformée en *couvent des jeunes filles du Bon-Pasteur*.

[Un chemin vicinal de 2 k., partant d'El-Biar, va rejoindre la route de Birmandraïs, près de la *colonne Voirol*. A 1 k. 400, à dr., un sentier conduit, en quelques min., au *café d'Hydra*, à côté d'une roche, petit cube percé de trois arcades, blanchi à la chaux, ombragé par une vigne ou des caroubiers. On peut encore se rendre à Hydra par une route carrossable partant de la colonne Voirol (*V.* ci-dessous, *G*).

D'El-Biar également, au delà de l'endroit dit *Bivac des Indigènes*, une route de 2 k. conduit au *Bou-Zaréa* par *Bir-Semman*, en plongeant sur le Frais-Vallon.]

9 k. **Le Bou-Zaréa** *, com. de 2,348 hab. (le lieu favorable aux céréales, l'endroit fertile). Sa position sur le Bou-Zaréa, montagne de 407 m., en fait le belvédère des environs d'Alger; de quelque côté que l'on se porte, la vue s'étend sur un magnifique panorama; de là, on aperçoit, à l'O., le Tombeau de la Chrétienne et le djebel Chenoua. A l'E. se prolonge la crête des hauteurs qui dominent Alger et qui vont, en s'abaissant par de molles ondulations, mourir dans la vallée de l'Harrach. Au S. et au S.-E. se prolonge, en s'abaissant, la crête du Sahel couronnée de villages.

On visitera, à 1 k. au-dessus du v., la petite *mosquée de Sidi Nouman*, les koubbas ombragées par des palmiers nains et le village indigène.

[D'Alger, on peut se rendre à pied au Bou-Zaréa par 4 k. Bab-el-Oued, ou par une seconde route plus au N.-O. sur laquelle se trouve la Vigie (350 m.), puis l'*Observatoire* sur le point culminant du Bou-Zaréa.]

On peut revenir à Alger en 25 min., par un sentier qu'indique un poteau du club Alpin, au delà du cimetière européen, mais il faut être des plus ingambes pour s'y aventurer.

E. Cheraga, la Trappe de Staouéli, Sidi-Ferruch.

24 k. O. — Omnibus : place Mahon ; trajet en 3 h. 30 ; Cheraga, 75 c. ; la Trappe, 1 fr. ; Staouéli, 1 fr. ; Sidi-Ferruch, 1 fr. 50.

Les pères trappistes donnent un repas à tout voyageur qui se présente, repas très frugal, mais que l'on peut faire remplacer, en payant, par un autre plus substantiel. Le mieux est d'emporter des provisions prises à l'hôtel que l'on consommera dans une auberge à Staouéli ou à Sidi-Ferruch.

5 k. d'Alger à El-Biar (*V.* ci-dessus, *D*).

6 k. *Le Bivac des Indigènes;* la route se bifurque : on laisse à g. la route de Douéra (*V.* ci-dessous, *F*) et on prend à dr. celle de Koléa. Jusqu'au v. de Cheraga, on monte ou on descend à travers des haies touffues d'oliviers, d'aloès, de cactus, qui bordent d'anciens haouchs arabes, devenus autant de fermes françaises. Avant d'arriver à Cheraga, on découvre un vaste et splendide panorama sur le littoral, qui décrit, de Sidi-Ferruch au djebel Chenoua, voisin de la ville de Cherchel, une immense courbe jalonnée par les villages de Douaouda, de Fouka, de Castiglione, de Tefeschoun, le Tombeau de la Chrétienne et Tipaza.

12 k. **Cheraga** *, à l'entrée de la plaine de Staouéli, sur le territoire d'une ancienne tribu qui a disparu et dont il a pris le nom. Sa population est de 2,505 hab. ; elle a pour noyau des colons venus du département du Var, et principalement de Grasse, qui ont ajouté à la culture des céréales celle des arbres et arbustes odoriférants, dont on distille les produits. Plusieurs autres industries sont également en pleine activité dans ce centre, qui compte des moulins à huile et à blé, des briqueteries et des fabriques de crin végétal. On peut visiter à Cheraga un jardin public fort bien entretenu, et la petite place dont le centre est occupé par une fontaine que surmonte le *buste du maréchal Pélissier*, duc de Malakoff.

[Un chemin vicinal conduit de Cheraga à Guyotville (*V.* ci-dessus, *A*).]

A 1 k. à peu près de Cheraga, on laisse à g. les koubbas de *Sidi Khralef :* c'est là que se livra, le 24 juin 1830, le combat qui suivit la bataille de Staouéli ; une croix plantée sur le bord de la route, à g., indique une des limites du périmètre concédé aux trappistes.

17 k. **La Trappe de Staouéli**, importante colonie agricole.

Lorsque, en 1830, l'armée française eut opéré son débarquement à la pointe de Sidi-Ferruch, elle aperçut l'armée algérienne campée sur un large plateau éloigné de 6 k., qui domine de 150 m. env. la mer dont il est séparé par une chaîne de mamelons stériles et de dunes de sable peu élevées. Ce plateau, couvert d'une végétation assez active, et arrosé par plusieurs sources, était fréquenté de temps immémorial, pendant la belle saison, par les bergers arabes. Le capitaine Boutin, qui l'avait reconnu en 1808, lui avait donné le nom de *plateau des Tentes*. Son vrai nom est *Staouéli*, et c'est là que fut livré, le 19 juin 1830, le combat sanglant qui nous ouvrit la route d'Alger et commença la conquête de l'Algérie. Treize ans plus tard, un arrêté du 11 juillet 1843 autorisa les trappistes à fonder, dans le voisinage du camp et du lieu où se donna la bataille, un établissement agricole.

Une abbaye comptant 120 pères trappistes, une ferme occupant de 200 à 250 ouvriers, des ateliers, un moulin à farine où l'eau arrive par un aqueduc, un matériel considérable, un nombreux bétail, 300 à 400 ruches, de belles plantations d'arbres, des vignes couvrant une étendue de 425 hect., un verger, 15 hect. de géranium pour la distillerie, des cultures diverses sur une étendue de 500 hect. constituent la colonie agricole de Staouéli.

L'entrée de la Trappe est interdite aux dames, mais à côté de la porte principale on a construit deux grandes salles où on leur offre des rafraîchissements, et où le frère concierge vend des médailles, des chapelets, des photographies, des flacons d'essence, etc.

Quand on a franchi la porte d'un avant-corps, on aperçoit en avant de l'abbaye le groupe célèbre des 10 palmiers qui abritent désormais la statue de la Sainte Vierge, dont le nom, sous le titre de Notre-Dame de Staouéli, est le vocable de la Trappe, d'abord monastère, puis érigée en abbaye en 1846.

L'abbaye proprement dite forme un rectangle de 50 m. carrés ; le milieu est occupé par un jardin, entouré d'un cloître à deux rangs d'arcades au rez-de-chaussée et au 1er étage : ce cloître est l'œuvre d'un frère, Italien d'origine, qui mourut après l'avoir achevé en 1848. La chapelle, qui occupe toute une aile, la cuisine et le réfectoire au rez-de-chaussée, les dortoirs pour 100 trappistes, et l'infirmerie au 1er étage, sont d'une simplicité plus que primitive ! Des inscriptions qui rappellent le néant et les misères de la vie, celle-ci entre autres : *S'il est triste de vivre à la Trappe, qu'il est doux d'y mourir!* couvrent l'intérieur et l'intérieur des murs. Des écriteaux indiquent à chaque religieux les corvées du cloître ou les travaux extérieurs de la saison. Une des curiosités de la Trappe est le bureau sur lequel furent signées, en juillet 1830, l'abdication de Hussein-Dey et la cession de l'Algérie à la France. Dans la bibliothèque, sont réunis des débris de mosaïque et de poteries romaines trouvés sous ce sol.

A g. de l'abbaye est la ferme proprement dite, grand carré de 60 m. avec son beau et immense matériel et ses troupeaux. Le cimetière est à dr. Un mur clôt les 50 hect. qui renferment les bâtiments, le verger, une partie des vignes, l'orangerie et les cultures industrielles.

[A 8 k.-O. de la Trappe, Zeralda (*V.* ci-dessous, *K*).]

Au sortir de la Trappe la route se dirige à l'O.

18 k. 500. On laisse à dr. la route de (21 k.) **Staouéli**, ch.-l. de com. de 2,003 hab., avec son annexe Sidi-Ferruch.

[A 6 k. N.-E. de Staouéli (route de voit.), Guyotville (R. *A*).]

21 k. Colonne où on laisse à g. la route de Koléa.

24 k. **Sidi-Ferruch** *, et mieux *Sidi-Ferredj*, nom d'un mara-

bout en grande vénération chez les Algériens, est annexé à Staouéli; il compte 242 hab., pêcheurs et jardiniers maraîchers.

La presqu'île de Sidi-Ferruch est célèbre par le débarquement de l'armée française, opéré le 14 juin 1830. C'est de Sidi-Ferruch que partit notre armée, qui fit son entrée à Alger, après les étapes brillantes, mais sanglantes, de Staouéli, de Sidi-Khralef et du Fort-l'Empereur.

Le *nouveau fort* a une porte monumentale surmontée de trophées dus au ciseau de M. Latour d'Alger; on y lit cette inscription : ICI LE XIV JUIN MDCCCXXX, — PAR ORDRE DU ROI CHARLES X, — SOUS LE COM. DU G. DE BOURMONT, — L'ARMÉE FRANÇAISE VINT ARBORER SES DRAPEAUX, — RENDRE LA LIBERTÉ AUX MERS, — DONNER L'ALGÉRIE A LA FRANCE.

Au N.-O. du fort sont les ruines de l'*église de Saint-Janvier*, dont il ne reste qu'une mosaïque, le baptistère et l'abside.

F. Douéra.

23 k. S.-O. — Omnibus d'Alger à Douéra, place Mahon; 2 dép. par j. dans chaque sens; trajet en 3 h.; 1 fr. 50; Ben-Aknoun, 60 c.; Baba-Hassen, 1 fr. 25. — Omnibus d'Alger à Dely-Ibrahim; 2 dép. par j. dans chaque sens; trajet en 1 h. 30; 75 c. — Omnibus d'Alger à El-Achour, 75 c. et à Draria, 1 fr.; 4 dép. par j.; trajet en 2 h.; 1 fr. — Service de dilig. de Bou-Farick par Douéra, 2 dép. par j.; trajet en 4 h. 30; 2 fr.

6 k. d'Alger au Bivac des Indigènes (*V.* ci-dessus, *D*). — On prend la route de g.; celle de dr. mène à Koléa (R. *K*) par Staouéli (*V.* ci-dessus, *E*).

8 k. **Ben-Aknoun**, altération des mots Ben-Sahnoun; *petit collège*, succursale du lycée d'Alger.

[Une route carrossable de 2 k. relie Ben-Aknoun à la colonne Voirol (*V.* ci-dessous, *G*).
A moitié route de Ben-Aknoun et de Dely-Ibrahim, à g., un chemin vicinal conduit à El-Achour, Draria et Kadous. — **El-Achour** (14 k. d'Alger), com. de 399 hab. sur le territoire d'une ferme domaniale (source ferrugineuse, 18°, utilisée comme boisson). — **Draria** (16 k. d'Alger), com. de 1,251 hab. Sa population joint à l'industrie agricole l'exploitation de carrières de pierres. — *Kadous* (18 k. d'Alger) est un ham. sur un terrain excellent, où, dit M. V. Bérard, on fabriquait, du temps des Maures, une sorte de poterie pour les conduits et canaux, dont le nom est resté à la localité. Kadous a été annexé à la com. de Draria.]

11 k. **Dely-Ibrahim** [*], v. de 1,003 hab. occupé ainsi que Koubba par des familles alsaciennes, et situé sur un plateau de 250 m. d'alt. d'où l'on aperçoit la mer, possède une église catholique devant laquelle est un buste en bronze du maréchal Pélissier, un oratoire et un orphelinat protestants.

[A 800 m. de Dely-Ibrahim, un chemin vicinal, à g. sur la route de Douéra, conduit à El-Achour, Draria et Kadous (*V.* ci-dessus).

À 2 k. 1/2, un autre chemin vicinal, à dr., conduit à (5 k. de Dely-Ibrahim) **Ouled-Fayet**, et plus correctement *Ouled-Fayed*, ch.-l. de com. de 759 hab., sur une hauteur d'où l'on domine la plaine de Staouéli et la mer Méditerranée. Les habitants se livrent à la culture maraîchère et à l'élève des bestiaux.]

19 k. *Baba-Hassen* *, com. de 611 hab. (terres fertiles arrosées par l'oued Ben-Brahim, au N., et l'oued Tarfa, au S.).

23 k. **Douéra** * (la petite maison), ch.-l. de c. de 3,886 hab. (avec son annexe Sainte-Amélie), jolie petite ville toute agricole et l'entrepôt des contrées voisines.

Douéra a d'abord été un camp établi en 1834, dans le but d'avoir des troupes à portée de la plaine, et pouvant la surveiller, ainsi que le marché de Bou-Farik où se réunissaient tous les lundis 3,000 à 4,000 Arabes. Sa position centrale, son incontestable salubrité, la vaste étendue des terres qui l'environnaient et l'existence d'un camp et d'un hôpital permanents, firent de Douéra le chef-lieu administratif et commercial du Sahel.

Douéra, qui occupe une superficie de 30 hect., non compris les établissements militaires, est entouré d'un mur percé de créneaux et de trois *portes* : celles d'*Alger*, de *Blida* et de *Mahelma*.

Douéra possède une église, un temple et un hôpital civil (200 lits), un hospice pour les vieillards et les incurables (100 lits) et un pénitencier militaire.

[A 5 k. O., *Sainte-Amélie*, annexe de Douéra (quelques ruines romaines avec leur pavage en mosaïque) et 3 k. plus loin *Mahelma* * (l'eau par excellence), ch.-l. de com. de 1,087 hab., bâtie par les condamnés militaires.

À 8 k. N.-O., *Saint-Ferdinand*, com. de plein exercice, 632 hab., construit par les condamnés militaires à l'endroit dit Bou-Kandoura, sur un plateau entre Dely-Ibrahim et Douéra, est divisé en trois groupes : le v. proprement dit, et les deux ham. de *la Consulaire* et du *Marabout-d'Aumale*. On peut se rendre d'Alger à Saint-Ferdinand et à Sainte-Amélie par Ouled-Fayet ; le trajet est plus court, mais on quitte la dilig. à Dely-Ibrahim.

À 3 k. S.-E., sur les pentes du Sahel, *Ouled-Mendil*, ham. dépendant de Douéra. « De ce point la Mitidja se déroule entière aux regards. Large d'env. 5 lieues, la Mitidja s'étend jusqu'aux montagnes qui s'élèvent sur une ligne parallèle aux collines du Sahel, de l'E. à l'O., de la baie d'Alger au fond de la plaine. A l'E., le voyageur aperçoit le Fondouk droit devant lui; dans la plaine, les ombrages de Bou-Farik ; à dr., au pied de la montagne, Blida et ses bois d'orangers ; puis la coupure de la Chiffa et le col de Mouzaïa, célèbre par tant de brillants assauts, dont le souvenir restera dans notre histoire militaire ; plus loin, l'oued Djer et l'oued Bou-Roumi qui ont vu couler le sang de nos soldats ; au centre, l'oued Halleug, le tombeau d'un des bataillons réguliers d'Abd-el-Kader ; enfin, la vallée qui mène à Cherchel, et à l'O., aux dernières limites de l'horizon, près du territoire de ces Hadjoutes fameux, l'effroi de la banlieue d'Alger, le Chenoüa qui jette dans les airs son piton gigantesque, à quelques pas du Tombeau de la Chrétienne. » (*Castellane.*) Une pierre tumulaire signale l'emplacement où ont été enterrés des artilleurs surpris et massacrés en 1841 par les Arabes.

À 2 k. S. d'Ouled-Mendil, *les Quatre-Chemins*, point de jonction des routes de terre de Blida, fréquentées par les rouliers et les colons.]

G. Bois de Boulogne, Birmandraïs, Birkadem.

10 k. S. — Omnibus, place du Gouvernement; par Mustapha-Supérieur, au plateau Saulière (10 c.) et la colonne Voirol (35 c.); d'Alger à Birmandraïs, 3 dép. par j.; trajet en 1 h. 30; 50 c.; à Birkadem, 2 dép. par j.; trajet en 1 h. 45; 75 c.

On suit la route de Mustapha (V. p. 18).

5 k. **Colonne Voirol** (nom du général gouverneur intérimaire en 1833 et 1834), élevée au point culminant de la route, entre Alger et Birmandraïs (210 m.); Alger, vu de ce point, offre, par un ciel pur, un tableau véritablement magique. — A dr. chemin vicinal aboutissant à El-Biar (V. ci-dessus, D).

[A g. de la colonne Voirol, on peut descendre à la *Fontaine bleue*, par le *Bois de Boulogne*, ancien plateau aride où le service des forêts a fait planter 23 hect. en arbres de différentes essences, principalement résineuses et d'un certain nombre d'arbres exotiques parmi lesquels le *Sequoia* de Californie; ce bois est traversé par 4,784 m. de routes carrossables, d'allées cavalières et de sentiers; dans un chalet rustique, l'administration a réuni une collection de bois et de produits sylvestres qui donne une idée avantageuse des richesses forestières de l'Algérie.

En face de la colonne Voirol, à g. de la gendarmerie, une route carrossable de 2 k. conduit à Ben-Aknoun. A 300 m. on arrive au petit pont jeté sur le ruisseau d'*Hydra*. A g. du pont le chemin conduit à (5 k.) l'ancien camp de *Tixeraïn*, peu intéressant; au point de vue culminant de ce chemin, à 200 m., s'élève le *château d'Hydra*, fort belle maison mauresque au milieu de vignes magnifiques donnant un vin renommé dans le pays. M. Ledgard, son propriétaire, donne la permission de visiter les caves et celliers nécessaires pour ses récoltes et très remarquables. — Revenu au pont, on prend à dr. la route ombreuse au bord de laquelle coule le ruisseau d'Hydra arrosant de grands jardins de fleurs et de légumes. A 1 k. 200, un chemin carrossable mène à (2 k.) El-Biar (V. ci-dessus); près de là on contourne un ancien aqueduc arabe à 2 étages, hors d'usage aujourd'hui; un sentier conduit ensuite à g. au café d'Hydra (V. ci-dessus, D). A 600 m. de là on arrive à Ben-Aknoun (V. ci-dessus, F).]

A g. de la colonne, la route taillée sur le flanc d'une montagne et bordée d'un ravin boisé au fond duquel coule l'oued Khrenis, descend jusqu'à Birmandraïs.

7 k. **Birmandraïs** *, v. de 1,537 hab. et mieux *Bir-Mourad-Raïs* (le puits de Mourad le capitaine, célèbre corsaire, renégat flamand), est situé dans le fond d'un fort joli vallon. La place, plantée de hauts platanes, a pour décoration la mairie, l'école et une petite église, et les restaurants, installés près de la fontaine et du café arabe, indiquent assez que cet endroit est fréquenté par la population algérienne. On peut y voir des sculptures taillées dans le roc par un Anglais.

[A quelques pas, à dr., au delà de Birmandraïs, un chemin montueux conduit à la *koubba de Sidi Yahia*, au milieu d'oliviers centenaires. Les femmes indigènes y sacrifient des poules les mardis et les mercredis.]

De Birmandraïs à Birkadem la route monte et descend, laissant à dr. et à g. les cultures ou jardins entourés de haies touffues, et au milieu desquelles on aperçoit, disséminées çà et là, de blanches maisons mauresques.

10 k. **Birkadem** * (le puits de la négresse) est une agglomération de fermes et de villas arabes et françaises, constituant, avec Saoula, une com. de 2,014 hab. La place est ornée, en face de l'église, d'une jolie fontaine mauresque alimentée par un aqueduc, mais qui, comme celle de Birmandraïs, a été gâtée par des constructions parasites. Le village possède encore un orphelinat de jeunes filles arabes fondé par Mgr Lavigerie, après la famine de 1866-1867.

Au delà de Birkadem, pénitencier pour 400 ou 500 militaires.

[A 2 k. N.-O. (par le chemin de ceinture), *Tixeraïn*, avec une koubba et une fontaine au milieu d'une forêt de figuiers.

A 3 k. également, mais au S.-O., sur la route de Douéra, *Saoula*, com. de plein exercice, dans un pays fertile et bien arrosé, possède une importante fabrique de crin végétal.]

H. Jardin d'essai, Hussein-Dey.

7 k. S.-E. — Chemin de fer, 5 dép. par j.; 65 c., 50 c., 35 c. — Tramways, place de la République, tous les 1/4 d'h.; 40 c.; trajet en 45 m. — Voit de place, 4 fr. aller et ret. et 50 c. par quart d'heure de stationnement.

Au delà de la poterne de Constantine la route passe à l'Agha, à Mustapha-Inférieur (*V.* p. 19), et à Belcourt.

A g. s'étend le *champ de manœuvres*, vaste plaine magnifiquement encadrée par Alger, la mer, le chemin de fer d'Alger à Oran, le Hamma et les plateaux de Mustapha-Supérieur. Il sert également pour les revues, et enfin de *champ de courses*.

4 k. A dr. de la route, *koubba de Sidi-Mohammed-Abd-er-Rahman-Bou-Kobrin.*

Ce marabout, originaire du Djurdjura, florissait sous Mustapha-Pacha, c'est-à-dire entre les années 1798 et 1805. Peu de temps avant sa mort, il s'était établi chez les Beni-Ismaïl, tribu centrale du pays des Guechtoua, la plus puissante de cette confédération du canton de Bor'ni. Cet homme avait fondé une confrérie religieuse qui eut d'autant plus de succès qu'elle était toute nationale et ne dépendait pas, comme les autres, de chefs nés et vivant dans les pays étrangers. Aussi ses compatriotes, en apprenant sa mort, envoyèrent chez les Beni-Ismaïl quelques-uns de leurs frères algériens, les plus résolus et les plus habiles, qui réussirent à rapporter son corps; il fut enterré au *Hamma*, dans l'endroit où s'élève sa koubba, et où il demeurait probablement avant son départ pour le Djurdjura. Quand les Kabyles s'aperçurent que la tombe avait été violée, ils entrèrent dans une grande colère, mais ils ne tardèrent pas à s'apaiser lorsque, vérification faite, ils reconnurent que le corps du saint était intact et à la place où on l'avait inhumé. Et cependant ce même corps se retrouvait également intact au Hamma. L'illustre marabout s'était miraculeusement dédoublé, ce qui lui fit donner le surnom de *Bou-Kobrin*, l'homme aux deux tombes! L'ordre religieux de Mohammed-ben-Abd-er-Rahman jouit d'une telle réputation dans le pays, et possède ou du moins a possédé une si grande importance politique que l'émir Abd-el-Kader eut soin de s'y faire affilier, à l'époque où il espérait encore faire entrer les Kabyles dans la vaste confédération hostile qu'il organisait contre nous. (*V.* les ouvrages de MM. *de Neveu, Ch. Brosselard* et *L. Rinn.*)

La koubba qui renferme la châsse de Bou-Kobrin, au-dessus de laquelle est placée l'inscription donnant la généalogie du marabout, est close, ainsi que la maison de l'oukil ou gardien, par un mur entouré d'un cimetière qu'ombragent des oliviers, des lentisques, des cactus. Le vendredi de chaque semaine, ce cimetière est animé par la visite de femmes mauresques plus ou moins mariées, qui peuvent certainement venir là pour faire leurs dévotions et songer aux morts; mais ces dévotions sont précédées ou suivies de causeries bruyantes et de festins joyeux; il n'est pas rare alors de voir beaucoup de ces Mauresques à visage découvert! A certaines époques de l'année, les Arabes viennent faire de brillantes chevauchées à la koubba de Bou-Kobrin.

C'est dans la propriété Sabatéry, au-dessus du cimetière, qu'est située la *grotte de Cervantes* à l'entrée de laquelle est exposé le *buste* de l'illustre manchot, qui fut esclave à Alger de 1575 à 1579 (983 à 987 de l'hég.).

5 k. *Café des Platanes,* aujourd'hui cabaret, dans un fort joli site. En face du café des Platanes se trouvent quelques cafés-restaurants et l'entrée du Jardin d'essai.

Le **Jardin du Hamma** ou **Jardin d'essai** a été créé en 1832, sous la direction de M. Hardy; son étendue primitive de 5 hect. est aujourd'hui de 80.

Le décret du 11 décembre 1867, revu le 23 mars 1883, par lequel le jardin du Hamma a été concédé à la Société générale algérienne, impose à cette Société, entre autres obligations, les suivantes : « La Société, dit l'article 3, sera tenue de conserver à la propriété la triple destination de *promenade publique*, de *pépinière* pour la production et la diffusion des végétaux indigènes, enfin de *jardin scientifique et d'acclimatation* pour les végétaux exotiques. » Le jardin a pour directeur M. Ch. Rivière. Les demandes de végétaux et de graines se font à l'administration de la pépinière centrale, au bureau de la comptabilité, et expressément au comptant ou contre des valeurs en remboursement. Tous les renseignements désirables : catalogue des végétaux et des graines, coût des emballages, frais de toutes sortes, sont donnés aux personnes intéressées.

C'est au Hamma, sur l'emplacement du Jardin d'essai, que Charles-Quint fit commencer le débarquement de ses troupes, 24,000 hommes, le 23 octobre 1541; huit jours après, le 31, il rembarquait les débris de son armée sur les vaisseaux échappés à la tempête du 26, et ralliés à grand'peine par Doria, à Matifou.

Ce riche établissement qui occupe cent employés offre deux sections bien distinctes : l'une, la partie plane, entourée par un boulevard et les routes d'Alger à Aumale et d'Alger à Constantine;

l'autre, la partie montagneuse, située au S., et séparée de la première par la route d'Alger à Aumale.

La partie plane est divisée en carrés parallèles, où sont cultivées les plantes de pépinières, et en plates-bandes, larges de 3 à 4 m., réunissant par groupes de familles toutes les plantes d'un intérêt horticole reconnu; elle est de plus coupée par trois grandes allées longitudinales d'une beauté merveilleuse : l'allée des platanes, vis-à-vis de l'entrée principale; l'allée des palmiers, plantée en 1847, et qui, comme les platanes, ont atteint des dimensions prodigieuses; cette dernière est terminée par une oasis de palmiers, bordée par le chemin de fer et la mer; enfin l'allée des magnolias et des *Ficus Roxburghii*. Ces trois grandes allées sont elles-mêmes coupées par d'autres allées transversales, parmi lesquelles l'allée des bambous, l'allée des *Chamærops excelsa* (palmiers à chanvre), et l'allée des lataniers.

Dans un angle, au S., est dessiné un jardin anglais au milieu duquel est un lac d'assez grande dimension où prospèrent des plantes aquatiques.

La partie haute du Jardin est couverte de végétaux du plus grand intérêt forestier; des allées s'entre-croisant permettent d'arriver au sommet. Les essences de végétaux acclimatées sont presques toutes de la Nouvelle-Hollande et du Cap. Parmi les espèces qui figurent dans cette partie élevée du Hamma, on remarque une quarantaine d'*Eucalyptus globulus*, ces arbres d'une végétation extraordinaire.

6 k. *Le Ruisseau* ou l'*Oued-Khrenis*, annexe de Mustapha-Supérieur, point d'arrêt des omnibus.

[A pied, à cheval ou en voiture, car la route est aujourd'hui carrossable, on peut de là continuer la promenade en longeant le ruisseau jusqu'à (4 k.) Birmandraïs (*V.* ci-dessus, *G*), par le fond du *ravin boisé de la Femme-Sauvage*, sobriquet donné par antiphrase à une jeune débitante d'absinthe, qui tenait un établissement à cet endroit, vers l'année 1844.]

A partir du Ruisseau, la route monte jusqu'à Kouba, dominant à dr. l'ancien sentier arabe bordé de lentisques et d'oliviers, et bifurque à g. pour continuer vers la mer, jusqu'à Hussein-Dey, à 1 k., et à 6 k. d'Alger, par le bord de la mer, route de la Maison-Carrée.

7 k. **Hussein-Dey**, com. de 4,266 hab., 2ᵉ station du chemin de fer d'Alger à Oran, et point d'arrêt des tramways d'Alger, est une agglomération de villas, d'usines, de fermes, de maisons de jardiniers et de guinguettes. Hussein-Dey doit son nom au dernier pacha d'Alger, qui possédait en ce lieu une maison de plaisance, servant maintenant d'entrepôt pour les tabacs de la province.

Au centre du v. s'élève l'église non loin de laquelle sont les écoles. Un puits artésien a été foré en face. — La caserne, où a été formé le 4ᵉ régiment de chasseurs d'Afrique, est devenue une importante métairie. Un parc et une école d'artillerie ont été installés non loin de la minoterie Narbonne frères, d'une importante distillerie et de l'usine de ciments moulés et de pierres artificielles de M. Pavin de Lafarge. On ne quittera pas Hussein-Dey sans avoir demandé à M. Trottier la permission de visiter sa propriété, remarquable par ses plantations d'eucalyptus.

C'est à Hussein-Dey que débarqua Diégo de Vera, à l'instigation du fils de Selim-ben-Teumi, réfugié à Oran. 400 Espagnols furent faits prisonniers et Diégo reprit la mer avec une flotte que la tempête avait détruite en partie, 1516 (922 hég.).

A quelques centaines de m. de Hussein-Dey, sur la plage, entre la mer et une de ces batteries à fleur d'eau qui jalonnent le rivage, d'Alger à la Maison-Carrée, est un petit cimetière musulman qui rappelle, ainsi que la batterie, une autre expédition espagnole, celle d'O'Reilly, aussi désastreuse que les expéditions de Diégo et de Charles-Quint. Arrivé dans la rade d'Alger, le 30 juin 1775 (1er Djoumad-el-Oued, 1189 hég.), avec des forces considérables, O'Reilly fut repoussé quelques jours après et les Espagnols obligés de regagner leurs navires. Les musulmans perdirent 200 hommes qu'on enterra au pied de la batterie qui, pour cette raison, porte encore aujourd'hui le nom de *Toppanat-el-Moudjehadin*, batterie des champions de la guerre sainte. On a donné également ce nom à la batterie de la rive g. de l'oued Khrenis. L'année de cette expédition est appelée par les musulmans *Am-er-Remel*, l'année de sable, parce que O'Reilly débarqua sur la plage sablonneuse qui s'étend entre l'Harrach et l'oued Khrenis.

En remontant la route d'Alger, sur la plage et non loin de l'oued Khrenis, on voyait la koubba de Sidi Belal, à moitié enfoncée dans les sables. C'est là que les nègres d'Alger viennent chaque année célébrer l'*Aïd-el-Foul*, la fête des fèves, à laquelle assiste une grande partie de la population féminine musulmane d'Alger, abritée sous des tentes multicolores et apportant sa part de chants et de cris. Cette fête a lieu un mercredi, à l'époque appelée Nissam par les indigènes, c'est-à-dire celle où la plante qui porte les fèves commence à noircir. Jusque-là, les nègres s'abstiennent de manger ce légume. Les traditions ne sont nullement d'accord au sujet de Sidi Belal, si fort en honneur parmi les nègres, mais il ne doit être autre que Sidi Bellel, fondateur de Tombouctou (V. la légende griotte dans les *Aventures au Sénégal*, par M. Verneuil). L'Aïd-el-Foul pourrait n'être autre chose qu'une trace, persistante à travers les siècles, du culte rendu à Sidi Bellel.

I. Kouba.

9 k. S.-E. — Omnibus d'Alger, place de la République; 2 dép. par j. à l'aller; 3 dép. au retour; trajet en 1 h. 45; 50 c.

6 k. d'Alger au Ruisseau (*V.* ci-dessus, *H*). — La route, laissant à dr. le ravin de la Femme-Sauvage, et à g. la route d'Hussein-Dey (*V.* ci-dessus, *H*), monte jusqu'à Kouba, entre les jardins de nombreuses villas. Un sentier rocailleux et bordé d'une luxuriante végétation, à dr. de la route, conduit également à Kouba.

9 k. **Kouba***, com. de 3,050 hab. Sa position sur une hauteur (427 m.) est des plus belles et des plus salubres. De là, on

domine tout le Hamma, et la rade décrivant sa courbe d'Alger à Matifou, jalonnée par les v. de Mustapha-Inférieur, de Hussein-Dey, de la Maison-Carrée et du Fort-de-l'Eau. Kouba, qui possède un *orphelinat* dit de la Sainte-Enfance, un *grand séminaire* et une *église* dont l'immense coupole s'aperçoit de loin, doit son nom à la koubba, ou tombe, édifiée, en 1543, par Hadj-Pacha, qui sert de chapelle dans les jardins du grand séminaire. Au N. du même jardin on a construit un Chemin de la Croix avec grottes, chapelles et sculptures. La *statue* en bronze *du général Margueritte*, tué à Sedan, due au sculpteur Lefeuvre, a été érigée en 1887, sur la place de Kouba, v. où est né le général.

C'est au camp du *Vieux-Kouba*, à 1 k. S.-O. du village, que furent formés les premiers bataillons d'Afrique, auxquels fut donné le nom de Zéphirs. Voici l'origine de cette appellation. Les bataillons d'Afrique au nombre de six en comptaient primitivement deux; la conduite plus qu'excentrique des soldats qui les composaient fit donner, par une plaisante réminiscence d'un ballet mythologique, au premier bataillon le surnom de Flore et au second celui de Zéphir; ce dernier nom devint commun aux deux bataillons, et par extension, au troisième, puis plus tard aux trois derniers créés.

J. La Maison-Carrée, cap Matifou.

27 k. — Chemin de fer d'Alger à (12 k.) la Maison-Carrée; 5 dép. dans chaque sens; trajet en 45 min.; 1 fr. 25, 90 c., 70 c.; pour la description du trajet, *V.* p. 43. — Ch. de fer sur route, partant d'Alger, 80 c., 50 c. — Corricolos pour Matifou; le Retour de la Chasse, 75 c.; le Fort-de-l'Eau, 1 fr.; le cap Matifou, 1 fr. 25; 1 dép. par j.; trajet en 2 h. 30.

La Maison-Carrée, le Fort-de-l'Eau et Matifou, quoique séparés du Sahel par la rivière de l'Harrach, sont toujours compris dans les excursions aux environs d'Alger.

7 k. d'Alger à Hussein-Dey (*V.* ci-dessus, *H*). — La route d'Alger au cap Matifou a, jusqu'à ce point, suivi le contour de la rade, entre une petite plage à g. et de verdoyants jardins et belles cultures à dr.; mais au delà de Hussein-Dey, des dunes de sable assez élevées succèdent à la végétation; on y a établi le polygone qui s'étend jusqu'à l'Harrach. Arrivée sur le bord de l'Harrach, la route traverse le chemin de fer, contourne à dr. le ham. de l'Harrach et la rivière qu'elle va franchir sur le pont bâti par Hadj-Ahmed-Dey, en 1697 (1108 hég.), et restauré ou reconstruit par Ibrahim-ben-Ramdan, en 1736 (1149 hég.), ainsi que le constate une inscription en turc, placée sur le parapet dr. Un tablier métallique y a été placé en 1878.

12 k. **La Maison-Carrée***, ch.-l. de com. de 5,846 hab., 3ᵉ station du chemin de fer d'Oran, embranchement de Constantine.

Les vrais noms de la Maison-Carrée de l'Harrach, qui n'a rien de commun avec celle de Nîmes, sont *Bordj-el-Kantara* (fort du Pont), *Drâ-el*

Harrach (le monticule de l'Harrach), *Bordj-el-Agha*, *Bordj-Yahhia* (le fort de l'Agha, le fort de Yahhia). Sa construction remonte à la première année du pachalik d'Abdi, en 1724 (1136 hég.). C'était, sous les Turcs, une espèce de caserne d'où l'agha tombait à l'improviste sur les tribus, pour les châtier ou les forcer à payer l'impôt. Après 1830, elle fut appropriée par le génie pour défendre le passage de l'Harrach et surveiller le côté E. de la Mitidja qu'elle domine dans cette partie.

Le Bordj-el-Harrach, entouré de belles plantations d'eucalyptus, est devenu une prison centrale, et un joli village s'est élevé au pied de cette citadelle qui fut pendant quinze ans l'objet d'attaques et de défenses héroïques. Un marché de bestiaux se tient tous les vendredis à la Maison-Carrée.

Les grands bâtiments élevés entre le fort de la Maison-Carrée et la mer, et entourés de nombreux eucalyptus, sont affectés à un *orphelinat* de jeunes indigènes créé par l'archevêque d'Alger, après la famine de 1867-1868, et au monastère de Saint-Joseph, maison mère des *Missions africaines* dont les futurs missionnaires portent le costume arabe, ce qui les a fait surnommer les *Pères Blancs*.

Quand on a traversé la cour du monastère, ornée de beaux palmiers, on entre d'abord dans le parloir converti en musée qui renferme le portrait du cardinal Lavigerie, des spécimens d'histoire naturelle rapportés par les pères de leurs missions au lac de Tanganika, au lac Nyanza, à Taboura et à Zanzibar; on y a joint les instruments qui ont martyrisé quelques-uns des missionnaires! La chapelle est ornée d'une grande fresque due au pinceau de M. Lazerges, un enfant d'Alger.

Sur le coteau qui domine l'Harrach, grand vignoble, vergers et plantations créés par le cardinal Lavigerie. — Aux environs de la Maison-Carrée, minoterie importante et belles exploitations agricoles.

De la Maison-Carrée au Fort-de-l'Eau, la route va droit à l'E. pendant une distance de 4 k., jusqu'au petit v. du *Retour de la Chasse*, puis remonte au N., jusqu'au v. créé près du fort turc, *Bordj-el-Kifan* (le fort des Coteaux), bâti sur le bord de la mer, par Djafar-Pacha, en 1581 (989 hég.).

18 k. *Le Fort-de-l'Eau* *, com. de 1,845 hab. Les Mahonnais du Fort-de-l'Eau sont les premiers maraîchers du pays. — La route se dirige à l'E.

20 k. *La Rassauta**, et mieux *Rassouta*, a été répartie en deux com., le *Fort-de-l'Eau* et la *Maison-Blanche*.

24 k. La route franchit l'*oued Khramis* ou *Hamis* sur un pont en fer.

26 k. 1/2. *Rusgunia*. Les ruines de cette ville occupent un vaste espace de forme circulaire, mais un peu allongé, limité à l'O. par la côte qui est légèrement escarpée. Quelques édifices, composés de demi-voûtes, et des tronçons de colonnes épars, semblent indiquer les restes d'anciens bains; des fragments de mosaïques, des pierres frustes, des inscriptions, des médailles,

y ont été recueillies à différentes époques. D'après les anciens itinéraires, la cité romaine, qui dut être assez considérable, et eut plus tard un évêque, était celle de Rusgunia.

Rusgunia était, selon Pline, une colonie d'Auguste, qu'il place immédiatement à l'E. d'Icosium (Alger). A 2 k. E. de Rusgunia, on peut visiter la carrière qui en a fourni les matériaux.

27 k. *Cap Matifou* ou *Ras-Tementfoust*; un phare est installé à 1,800 m. du fort.

L'ancien fort turc de Matifou, *Bordj-Tementfoust*, bâti par Ramdan-Agha, sous le pachalik d'Ismaël, en 1661 (1071 hég.) et remis en état de défense en 1685 (1096 hég.), sous Mezzo-Morto-Dey, à la suite du bombardement d'Alger, était gardé par une petite *nouba* ou garnison de 15 hommes. De la terrasse de ce fort, auj. démantelé, partait le coup de canon qui signalait aux Algériens l'arrivée d'un nouveau pacha dont le prédécesseur, si toutefois il vivait encore, quittait la Djenina et se rendait dans une hôtellerie de la rue de la Marine. Selon Haédo, le pacha, arrivant de Constantinople, passait quelques jours dans cette même hôtellerie, en attendant le déménagement de l'ancien pacha. Ce fort est habité aujourd'hui par des colons.

Au-dessus du fort sont installés un lazaret et une batterie occupée par les douaniers.

C'est de Matifou que, il y a trois siècles, le puissant empereur Charles-Quint se rembarquait, après son expédition désastreuse contre Alger, en 1541.

K. **Koléa**.

30 k. — Serv. d'omnibus, place du Gouvernement, pour Koléa, 2 fois par j.; trajet en 5 h.; 2 fr. 50.

21 k. d'Alger à la jonction de la route de Sidi-Ferruch (*V.* ci-dessus, *E*).

25 k. *Zeralda*, 415 hab. com. de plein exercice (au bord de la mer, dunes plantées de pins; dans la forêt, rendez-vous ou maison de chasse, bien connu des touristes et des chasseurs).

Après avoir traversé l'oued Mazafran sur un pont en fer long de 77 m. et large de 6 m., la route monte, tantôt à travers les broussailles, tantôt à travers de beaux massifs verdoyants.

33 k. La route bifurque : on laisse à dr. la route de Castiglione (*V.* ci-dessous).

35 k. *Douaouda* * (à 118 m.), 426 hab., annexe de Koléa (tabac et coton, autrucherie). — A 2 k. N. de Douaouda, au pied de la colline, *Bou-Farik-les-Bains*, petite station balnéaire, qui semble prendre du développement.

36 k. *Saint-Maurice*, ham. sur l'emplacement de *Zoudj-el-Abbès*.

39 k. **Koléa** *, ch.-l. de c. de 5,667 hab. (avec ses annexes de Chaïba et de Douaouda), agréablement situé à 126 m., sur le revers

[R. 2, K] KOLÉA.

S. des collines du Sahel, entre la Méditerranée et la Mitidja, au milieu des vergers et arrosée par des eaux abondantes et pures.

Koléa, bâtie sous le pachalik d'Hassen-ben-Kheir-ed-Din, en 1550 (957 hég.), a été primitivement peuplée d'Andalous ou Maures venus d'Espagne. « Cette ville est encore, pour les musulmans de l'Algérie, la Mecque où se rendent, en pieux pèlerinage, les Arabes des environs. La mosquée et la koubba visitées par les pèlerins sont celles de *Si Embarek*, un homme des Hachem de l'Ouest, qui quitta sa tribu avec deux domestiques, et vint à Miliana. Les descendants de ce saint personnage furent, à leur tour, regardés comme les protégés de Dieu. » (*Castellane.*)
Lors de la guerre avec les Français, Ben-Allal-ben-Embarek, un instant notre allié, se rappela son passé, et se rallia à Abd-el-Kader, qui le nomma son khalifa (lieutenant) à Miliana. Plus tard, nous le retrouvons au combat d'El-Malah, dans la province d'Oran, où il commandait les derniers bataillons réguliers d'Abd-el-Kader. Le 11 novembre 1843, cerné de tous côtés, perdant tout espoir de salut, il se détermina à vendre chèrement sa vie. Après une lutte désespérée il fut tué d'un coup de fusil par le brigadier Gérard. Sa tête fut envoyée à Alger, au bureau arabe, où ses coreligionnaires purent se convaincre de sa mort; puis tête et corps, réunis dans un même cercueil, furent inhumés, avec les honneurs militaires, à Koléa, dans la ko',bba des Embarek qui est élevée, près d'une source considérable, à côté de la mosquée du même nom, qu'ombragent un palmier et un cyprès. La semence de ces deux arbres vient de la Mecque, toujours selon la légende.

Koléa, détruite par un tremblement de terre, en 1825, puis rebâtie, a des rues alignées et bordées de maisons à l'européenne. La seule mosquée affectée au culte musulman a été dégagée. La mosquée de Sidi Embarek a été convertie en hôpital; la koubba seule a été respectée. — Le *jardin des Zouaves*, au bas de la ville, mérite une visite. C'est tout à la fois une orangerie et un joli jardin anglais, plantés sur des terrains ravinés de l'Ank-Djemel (cou du chameau), au fond desquels coulent et murmurent les ruisseaux qui vont se jeter plus bas, dans l'oued Mazafran. — Le cercle des officiers conserve l'ancien drapeau du 2ᵉ régiment de zouaves.

[Chaïba est une annexe de Koléa. Entre Chaïba et Koléa, on a créé les ham. suisses de *Messàoud*, de *Saïr'*, de *Berbessa*, pour les cultivateurs venus du bas Valais en Suisse.
Une industrie tout à fait locale, exercée par les Arabes de Chaïba et du Farghen, est celle de la pêche des sangsues : cette pêche se pratique sur une étendue de 20 à 25 hect., dans les marais qui sont la continuation de ceux de l'oued el-Halleug. Les Arabes pêchent annuellement 10,000 sangsues, qu'ils vendent à Koléa et à Bou-Farik; mais cette industrie tend à disparaître devant les travaux de la colonisation et le desséchement des marais.
De Koléa on peut faire l'excursion du Tombeau de la Chrétienne (V. ci-dessous, *L*).

De Koléa à Marengo (route de voit.; 40 k.; dilig. en 5 h.). — La route suit de l'E. à l'O. les pentes du Sahel de Koléa, laissant à g. le Mazafran et le Bou-Roumi. Elle traverse Attatba, Montebello, longe l'ancien lac Halloula, franchit l'oued Bourkika pour aboutir à Marengo (*V.* ci-dessous, *M*).

De Koléa à Blida (route de voit. ; 22 k. ; service t. l. j., en 2 h. 30). — La route descend du N. au S. dans la Mitidja, franchit le Mazafran, puis l'oued el-Halleug. — 12 k. **Oued-el-Halleug**.*, v. prospère de 2,919 hab., sur des terres fertiles, abondamment arrosées. Non loin de là, dans l'ancien camp de l'oued el-Halleug, reposent 107 Français massacrés en 1839 par Abd-el-Kader. — 22 k. Blida (V. R. 3).]

L. Tombeau de la Chrétienne (Kbour-er-Roumia).

A. PAR EL-AFFROUN ET MARENGO

103 k. — 69 k. d'Alger à El-Affroun, chemin de fer en 2 h. 45 ; 7 fr. 75, 5 fr. 80, 4 fr. 25 ; aller et ret. : 12 fr. 15, 9 fr. 25, 7 fr. 05. — 20 k. d'El-Affroun à Marengo, tramway en 1 h. 4 ; 1 fr. 50, 1 fr. 10 ; aller et ret. ; 2 fr. 70, 1 fr. 75. — 11 k. de Marengo à Montebello, cheval, mulet ou voiture (s'adresser à l'hôtel de Marengo ; prix à débattre) ; demander la clé du tombeau au garde champêtre de Montebello. — 3 k. de Montebello au tombeau, soit en montant directement, soit en continuant la route jusqu'à (1 k. 1/2) Ben-Achour, puis en remontant, 1 k. 1/2 également. — On peut déjeuner et dîner à l'hôtel de Marengo, d'où l'on repart pour rentrer à Alger. — En partant d'Alger par le premier train du matin, on peut rentrer à Alger vers 10 h. du soir. — Cette excursion se fait encore mieux de Blida (V. R. 3).

89 k. d'Alger à Marengo (V. R. 3).
On descend de tramway à Marengo pour se diriger, soit en voiture, soit à cheval ou à mulet, vers le N.-E.
100 k. *Montebello*, annexe de Marengo ; les cultures de ce v. occupent en partie l'emplacement du *lac Halloula* dont le dessèchement a rendu au labour 1,500 hect. de terres excellentes.
De Montebello, on peut aller directement au Tombeau en gravissant au N.-E. une montée de 3 k. à travers la broussaille, ou bien en suivant la route à l'E., 1 k. 1/2, jusqu'à Ben-Achour et de ce point en montant droit au N., 1 k. 1/2, également jusqu'au
103 k. **Tombeau de la Chrétienne**, en arabe *Kbour-er-Roumia*, situé à 261 m. d'alt. ; c'est un édifice rond de 30 m. de haut. dont le soubassement carré a 63 m. sur chaque face. Le périmètre de la base est orné, sur tout son développement, d'une colonnade de 68 demi-colonnes engagées, de l'ordre ionique, divisée en 4 parties égales par 4 portes, répondant à peu près aux 4 points cardinaux, et d'une hauteur chacune de 6 m. 20. Au-dessus, commence une série de 33 degrés, hauts chacun de 58 cent., qui, en rétrécissant graduellement leur plan circulaire, donnent au mausolée l'apparence d'un cône tronqué. Des explorations commencées par M. Berbrugger en 1855 et en 1856 ont été continuées par lui et par M. O. Mac-Carthy, sous le patronage de Napoléon III, en 1865 et en 1866. Le 5 mai 1866, la sonde artésienne indiqua une cavité bâtie ; le 15 du même mois, on pénétra horizontalement dans une galerie, dont la porte fut découverte le 18. Au pied et au-dessous de la fausse porte de l'E., on

trouve un couloir bas en pierre de taille. En débouchant de ce passage dans l'intérieur, on arrive à un grand caveau voûté, au fond duquel apparaît une excavation. A droite est la porte basse d'un nouveau couloir, porte surmontée d'un linteau où sont sculptés en relief un lion et une lionne d'un travail assez médiocre. Ce couloir donne sur une grande galerie haute de 2 m. 40 et large de 2 m., par un escalier de 7 marches. On trouve dans le parcours de cette galerie, à g., une énorme excavation ; un peu plus loin, à dr., l'issue ou boyau de mine par lequel on était entré dès le 15 mai, fermée aujourd'hui par une grille en fer. A l'extrémité, on rencontre un nouveau couloir. Après l'avoir dépassé, on pénètre par un second couloir dans un caveau plus grand, où avaient été probablement déposés les restes de Juba II et de Cléopâtre Séléné. Couloir, caveaux et galeries ont un développement de 470 m.

Ce monument, dont Pomponius Mela révélait l'existence sur la côte, entre Alger et Cherchel, a servi de sépulture à toute une famille de rois maures, *Monumentum commune regiæ gentis*. M. le docteur Leclerc a ingénieusement avancé que ce tombeau pouvait bien être celui de Sphax, roi des Massæsyliens, comme *Medr'acen* était celui de la famille de Massinissa.

Le peuple arabe qui croit à l'existence de trésors dans tout monument extérieur ou souterrain, dont il ne peut s'expliquer l'origine et l'usage, a sa légende du Tombeau de la Chrétienne. Un Arabe de la Mitidja, Ben-Kassem est son nom, ayant été fait prisonnier de guerre par les chrétiens, fut emmené en Espagne, où, vendu comme esclave à un vieux savant, il ne passait pas de jour sans pleurer sur la captivité qui le séparait pour jamais peut-être de sa famille. « Ecoute, lui dit un jour son maître, je puis te rendre à ta famille et à ton pays, si tu veux me jurer de faire tout ce que je vais te dire. Tout à l'heure, tu t'embarqueras ; quand tu reverras ta famille, passe trois jours avec elle ; tu te rendras ensuite au Tombeau de la Chrétienne, et là, tu brûleras le papier que voici, sur le feu d'un brasier, et tourné vers l'Orient. Quoi qu'il arrive, ne t'étonne de rien et rentre sous ta tente. Voilà tout ce que je te demande en échange de la liberté que je te rends. » Ben-Kassem, ne voyant rien de contraire à sa religion dans l'exécution du projet du savant, fit ponctuellement ce qui lui avait été recommandé ; mais à peine le papier qu'il avait jeté dans le brasier fut-il consumé, qu'il vit le Tombeau de la Chrétienne s'entr'ouvrir, pour donner passage à un nuage de pièces d'or et d'argent, qui s'élevait et filait, du côté de la mer, vers le pays des chrétiens. Ben-Kassem, immobile d'abord à la vue de tant de trésors, lança bientôt son burnous sur les dernières pièces, et il put en ramener quelques-unes. Quant au tombeau, il s'était refermé de lui-même. Le charme était rompu. Ben-Kassem garda longtemps le silence ; mais il ne put, à la fin, se retenir de conter une aventure aussi extraordinaire, qui fut bientôt connue du pacha lui-même. La chronique veut que ce pacha soit Salah-Raïs, qui régna de 1552 à 1556 (960 à 963 hég.). Salah-Raïs envoya aussitôt un grand nombre d'ouvriers au Tombeau de la Chrétienne, avec ordre de le démolir, et d'en rapporter les trésors qu'ils y trouveraient. Mais le monument avait été à peine entamé par le marteau des démolisseurs, qu'une femme chrétienne sans doute, apparaissant sur le sommet de l'édifice, étendit ses bras sur le lac, au bas de la colline en s'écriant : « Halloula ! Halloula ! à mon secours ! » et aussitôt une nuée d'énormes moustiques dispersa les travailleurs, qui ne jugèrent pas à propos de revenir à la charge. Plus tard, Baba-Mohammed-ben-Otsman, pacha d'Alger de 1766 à 1791 (1179 à 1206 hég.), fit démolir à coups de canon, et sans plus de succès, le revêtement E. du Tombeau de la Chrétienne.

A 800 m. env. au N.-E. du Tombeau, il y avait des *stations romaines* passant sur les crêtes du Saliel, à en juger par une tour octogone, circulaire à sa base, des moulins à bras, une auge en pierre et surtout une belle citerne appelée par les Arabes *Dar-ed-Delam*, qui a donné son nom à la localité. Enfin, à 2 k. O., vers la mer, on trouve les carrières ou cavernes (*Er-Rir'an*) qui ont fourni les pierres pour le Tombeau de la Chrétienne et Dar-ed-Delam.

B. PAR KOLÉA

En attendant l'ouverture du tramway d'Alger à Koléa, le service des diligences n'ayant lieu que 2 fois par j., le touriste devra consacrer 3 j. pour l'excursion d'Alger au Tombeau : 1er j.. arrivée et couchée à Koléa; 2° j., de Koléa au Tombeau, aller et retour; 3° j., retour à Alger. A Koléa on trouve des chevaux ou des mulets (prix à débattre) pour le Tombeau.

1° Par Castiglione.

22 k. — Service direct d'Alger à Castiglione par Guyotville, Staouéli et Zeralda; 2 dép. par j.; trajet en 4 h.; 2 fr. 25. — La clé du Tombeau de la Chrétienne est déposée chez le garde champêtre de Montebello, à 3 k. S.-O.

De Koléa une jolie route boisée descend vers le N.-O.

3 k. **Fouka** (les cryptogames), ch.-l. de com. de 998 hab., créé en 1841 par le génie militaire pour recevoir des militaires libérés, est dans une situation charmante; c'est l'ancien centre de population romaine que l'Itinéraire d'Antonin désigne sous le nom de *Casæ calventi*. — A 1 k. N., sur le bord de la mer, *Fouka maritime* se compose de maisons appartenant à des pêcheurs. Depuis quelques années la mode attire à Fouka de nombreux baigneurs venus de la Mitidja et même d'Alger.

De Fouka la route descend toujours, et cette fois dans la direction O.-S.

7 k. **Castiglione** ou *Bou-Ismaïl* (d'Alger), v. de 3,007 hab., avec ses annexes de Tefeschoun et de Bérard, sur le bord de la mer, pourvu d'eaux abondantes et de terre d'excellente qualité, est dans une situation prospère.

10 k. *Tefeschoun*, annexe de Castiglione.

14 k. *Bérard* (nom de l'officier de marine qui a reconnu et décrit les côtes de l'Algérie), autre annexe de Castiglione, situé sur l'emplacement de l'Aïn-Tagoureit, près de la mer.

De Bérard une route carrossable, parallèle à la mer, et longue de 18 k., conduit au v. de Tipasa. C'est sur cette route, à 4 k. de Bérard, qu'est située la *ferme du Kandouri*, d'où le touriste se dirige (4 k.) vers le Tombeau de la Chrétienne.

22 k. Tombeau de la Chrétienne (*V.* ci-dessus, *A*).

2° Par Montebello.

26 k. — Si le touriste ne désire pas visiter l'intérieur du Tombeau, il pourra s'arrêter avant Montebello, à Ben-Achour, d'où il montera droit au N. au Tombeau; la distance est de 1 k. 1/2.

3 k. *Berbessa*.

11 k. **Attatba**, com. de 2,287 hab., sur l'emplacement d'une ancienne ville romaine (quelques monuments mégalithiques). La route traverse le bois des Kharezaz.

22 k. *Ben-Achour*, ham. On franchit des collines. A mi-côte de la plus élevée sont des gourbis arabes. Au sommet, le Kbour domine l'horizon.

23 k. *Montebello*, annexe de Marengo, au-dessus de l'ancien lac Halloula. — On se dirige au N. en montant.

26 k. Tombeau de la Chrétienne (*V.* ci-dessus, *A*).

ROUTE 3

D'ALGER A ORLÉANSVILLE

209 k. — Chemin de fer d'Alger à Oran, partie comprise dans la province d'Alger. — Trajet en 6 h. 25. — 23 fr. 40, 17 fr. 55, 12 fr. 90.

La voie ferrée, après avoir rasé la base du boulevard de la République, passe dans une petite voûte sous le fort Bab-Azzoun, puis laisse à dr. l'usine à gaz et l'ancien lazaret, et à g. l'établissement des bains de mer.

2 k. L'Agha (*V.* p. 19). — De l'Agha à Hussein-Dey, la voie est parallèle à la mer à g. et à la route d'Alger à Constantine à dr. On traverse la belle allée de palmiers, faisant suite au Jardin d'essai et allant jusqu'à la mer.

7 k. Hussein-Dey (*V.* p. 34). — La voie s'enfonce dans une tranchée dont les sommets sont couronnés de cactus et d'aloès, qui débouche, en avant de l'oued Harrach, à la station de

12 k. La Maison-Carrée (*V.* p. 36). — La voie se bifurque, continuant vers l'E., jusqu'à Constantine, par Palestro, les Portes-de-Fer et Sétif, se portant vers le S.-O., entre l'Harrach, à g., et le pied du Sahel, à dr. On commence à voir se dérouler le panorama de la *Mitidja*, plaine vaste et féconde.

Au xiiie s., la plaine de la Mitidja était couverte de cultures, de villages et de villes. Envahie et dévastée à différentes époques, elle appartenait aux Beni-Teumi, au xve s., puis aux Turcs, au xvie s.

« La Mitidja est un bassin lacustre, ou mieux un profond golfe ouvert au N.-E. et que les sédiments ont comblé. Un superbe amphithéâtre de montagnes en forme la ceinture : le *Chenoua*, 907 m., et les *Zakkar*, 1,580 m. à l'O.; le *Mouzaïa*, 1,600 m., les monts des *Beni-Salah*, 1,640 m., et des *Beni-Moussa*, 1,200 à 1,300 m., au S.; les montagnes de la Kabylie, à l'E. » (*Cl Niox.*)

La Mitidja, de Marengo, à l'O., jusqu'à la mer, au N.-E., décrit un immense quart de cercle ayant 100 k. de long. sur 22 de larg. moyenne; sa superf. dépasse 210,000 hect. Son altitude est généralement de 50 à 100 m. (250 au pied de l'Atlas); elle est bornée au N. par la mer et le Sahel, au S. par l'Atlas, quatre fois plus haut que le Sahel, puisqu'il dresse au-dessus de la plaine des croupes de 1,000 à 1,640 m., tandis que le Sahel n'a que 407 m. d'alt. maximum. Les torrents qui débouchent de l'Atlas dans la Mitidja lui portent les eaux d'environ 226,000 hect., qui, suivant M. Ville, versent moyennement à la plaine au moins 42 m. cubes d'eau par seconde. Malheureusement, ces torrents baissent considérablement en été, et pour conserver, pendant cette saison, à la Mitidja les éléments d'irrigation qui décuplent sa fécondité, il faut recourir à des barrages-réservoirs. Quelques-uns de ces barrages sont commencés ou achevés; les plus importants ne sont encore qu'en projet. La population européenne de la Mitidja est en progrès constant : d'environ 10,000 âmes en 1862, elle montait à près de 20,000 en 1866, et elle est maintenant de plus de 30,000, dont 16,000 Français.

15 k. *Le Gué de Constantine.*

[Rovigo (serv. de corresp.; 1 fr. 50). — On entre dans la partie orientale de la Mitidja, sur le territoire des Beni-Moussa. La route passe au milieu de belles cultures appartenant aux fermes françaises, autrefois indigènes de Baraki, d'Erbeïh, de Ben-Smaïl, de Ben-Zouaoui et de Ben-Yussef.

24 k. Sidi-Moussa *, com. de plein exercice de 3,007 hab., sur l'oued Djema, à la jonction des trois routes de Bou-Farik, de Rovigo et d'Aumale; belles orangeries.

32 k. *Rovigo* (nom du gouverneur de l'Algérie de 1831 à 1833), com. de plein exercice de 7,616 hab. (belles orangeries; deux carrières de plâtre blanc; carrière de sables siliceux propres à la fabrication du verre, du cristal et de la porcelaine).

A l'O. de Rovigo et en remontant au S., dans les gorges de l'Harrach, on rencontre à 4 k. la koubba de *Sidi Sliman* et un café maure. C'est dans la koubba de 5 m. carrés que sourdent les eaux thermales très fréquentées par les Arabes et les Européens d'Hammam-Melouan (le bain coloré). A côté de la Koubba, un puisard contient une deuxième source qui avec la première donne 345 m. cubes par 24 h., ce qui peut suffire à une consommation quotidienne de 600 bains. La température des eaux qui contiennent 26 gr. 50 de sel marin par litre, est de 39 à 40°. — Un petit hôtel a été installé non loin d'Hammam-Melouan (les repas et la chambre, 7 fr. par j.).]

20 k. *Baba-Ali.*

26 k. **Bir-Touta** * (le puits du mûrier), ou le *quatrième blockhaus*, ch.-l. de com. de 2,289 hab.

37 k. **Bou-Farik** * (buvette), 8,772 hab. avec *Bouinan*, son annexe, tient aujourd'hui le premier rang parmi les colonies de la Mitidja. Les rues largement espacées, abondamment arrosées d'eaux courantes, sont ombragées par de nombreux et magnifiques platanes. — Sur la place, *statue*, par C. Gauthier (1887), *du sergent Blandan*, le héros de Beni-Mered (*V.* ci-dessous); ses restes reposent dans l'orphelinat. — Le *marché*, où se réunis-

sent tous les lundis 3,000 à 4,000 indigènes des tribus voisines, se tient à g. de la route de Blida, en sortant de Bou-Farik. Un grand caravansérail réunissant des écuries, une mosquée, des cafés, des bureaux de perception, etc., a été construit sur l'une des extrémités du marché, dont le spectacle est fort curieux. — De superbes orangeries que traverse le chemin de fer, entourent Bou-Farik en partie.

[A 3 k. entre Bou-Farik et Chebli, ham. de *Souk-Ali* et belle exploitation agricole créée par M. Borelly-Lassapie.

De Bou-Farik à Alger, service de dilig., 2 fois par j., dans les deux sens (1 fr. 50).]

On se rapproche peu à peu du pied de l'Atlas. Au loin, sur le versant du Sahel, se montre la blanche Koléa.

46 k. **Beni-Mered** *, com. de 527 hab., beau village, avec des vignobles, des orangeries et des distilleries, dont l'une appartient à la Grande-Chartreuse. — Sur la place s'élève une fontaine surmontée d'un *obélisque;* ce monument que l'on aperçoit du chemin de fer, à dr., élevé par souscription à la mémoire de Blandan et de ses vingt-deux frères d'armes, rappelle une des plus belles pages de nos annales militaires de l'Algérie.

Le 11 avril 1841, dit M. de Castellane, la correspondance d'Alger partit de Bou-Farik sous l'escorte d'un brigadier et de quatre chasseurs d'Afrique; le sergent Blandan, seize hommes d'infanterie du 26e régiment de ligne, rejoignant leur corps, et le sous-aide Ducrot, faisaient route avec eux. Ils cheminaient tranquillement, sans avoir aperçu un Arabe, quand tout à coup, du ravin qui précède Beni-Mered, trois cents cavaliers s'élancèrent sur la petite troupe. Le chef courut au sergent et lui cria de se rendre. Un coup de fusil fut sa réponse; et, se formant en carré, nos soldats firent tête à l'ennemi. Les balles les couchaient à terre un à un; les survivants se serraient sans perdre courage. « Défendez-vous jusqu'à la mort, s'écria le sergent, en recevant un coup de feu; face à l'ennemi! » Et il tomba au pied de ses compagnons. De vingt-trois hommes, il en restait encore cinq, couvrant de leurs corps le dépôt qui leur était confié, quand un bruit de chevaux lancés au grand galop réveilla leur ardeur. Bientôt, d'une nuée de poussière, sortirent des cavaliers qui, se précipitant sur les Arabes, les mirent en fuite : c'était Joseph de Breteuil et ses chasseurs. A Bou-Farik, il faisait conduire les chevaux à l'abreuvoir, lorsqu'on entendit la fusillade. Aussitôt, ne laissant à ses hommes, que le temps de prendre leurs sabres, M. de Breteuil partit à fond de train suivi des chasseurs montés au hasard. Le premier, il se jeta dans la bagarre, et, grâce à sa rapide énergie, il sauva ces martyrs de l'honneur militaire. Aussi le sauveur fut-il compris dans la récompense glorieuse : la même ordonnance nomma membres de la Légion d'honneur M. de Breteuil et les cinq compagnons de Blandan.

La voie courant toujours au S.-O., coupe de l'angle N.-E. à l'angle S.-O., l'enceinte, à peu près démantelée aujourd'hui, dans laquelle les habitants de Blida voulaient reconstruire leur ville après le tremblement de terre de 1825.

Des orangeries, véritables forêts, annoncent l'approche de Blida.

51 k. **Blida**, V. de 27,772 hab., est située à 260 m. d'alt., à 1 k. de la gare sur l'oued el-Kebir, tributaire de la Chiffa, à l'entrée d'une vallée très profonde à l'extrémité S. de la Mitidja, au pied de l'Atlas qui l'abrite du côté du midi. Le dernier contrefort auquel elle est adossée, couvert d'arbres et cultivé jusqu'à son sommet, lui verse des eaux abondantes qui alimentent ses nombreuses fontaines et arrosent les jardins et les orangeries dont elle est entourée.

La ville est entourée d'un mur en pierre de 4 m. de hauteur, percée de 6 portes : d'Ez-Zaouïa, au N.; d'Alger et d'Er-Rabah, à l'E.; de Bizot au S.; du Camp des Chasseurs et d'Es-Sebt à l'O. Une ouverture, faite à l'extrémité N.-E. de la rue de l'Orangerie, constitue une septième entrée. Le fort Mimich, sur une colline haute et escarpée de la rive g. de l'oued el-Kebir, à 400 m. au-dessus du niveau de la mer, complète le système de défense de Blida.

Ainsi que la plupart des villes de l'Algérie, Blida est un mélange de constructions arabes et françaises; ces dernières atteignent quelquefois un cinquième étage; mais le nouveau tremblement de terre du mercredi 2 mars 1867, même date et même jour qu'en 1825, est venu démontrer une fois de plus l'imprudence des architectes et des spéculateurs.

Au commencement du XVIᵉ s., Ahmed-el-Kebir, marabout venu de l'E., plante sa tente au pied de l'Atlas, près de l'oued el-Kebir, chez les Beni-Salah. Quelques familles andalouses, chassées d'Espagne, s'établissent bientôt auprès d'Ahmed, important dans le pays la culture de l'oranger. Plus tard, Kheir ed-Din, fondateur de la régence d'Alger, visite le marabout et, voulant se le rendre favorable, décide la construction d'une mosquée, d'une étuve et d'un four banal sur l'emplacement occupé par les Andalous, entre la place d'Armes et le marché européen actuels. *Blida*, la petite ville, était fondée, 1535 (942 hég.).

Blida prospéra par le charme de son site, la vie heureuse qu'on y menait, et l'aménité de ses habitants, si bien que Sidi Youcef de Miliana, qui n'avait que des sarcasmes pour les villes et les gens de l'Algérie, surnomma Blida : *Ouarda*, la petite rose, nom qu'elle devait bientôt changer contre celui de *Khaâba*, la prostituée, alors que les Turcs de l'odjak et les corsaires renégats en avaient fait le centre de leurs débauches avec l'argent volé à la chrétienté entière !

Les choses allèrent ainsi jusqu'au jour où un tremblement de terre détruisit Blida (mars 1825). Après ce désastre, les survivants tracèrent une autre enceinte à *Groumellal*, 2 k. plus loin, au N.-O., mais les constructions de la nouvelle ville ne furent point continuées, car, en 1830, le 25 juillet, lors de l'excursion militaire du général de Bourmont, l'armée trouva Blida encore debout et rebâtie en partie. Le 19 novembre de la même année, le maréchal Clauzel n'y put pénétrer qu'après un combat sanglant, et l'évacua après son retour de Médéa. Le 20 novembre 1834, Blida, refuge des mécontents, fut prise, saccagée, puis évacuée par le duc de Rovigo. Le 3 mai 1838, le maréchal Vallée l'occupa sans coup férir, afin de ne point provoquer l'émigration, les troupes s'établirent hors de l'enceinte, dans deux camps, l'un, dit Camp supérieur, à l'O., sur l'emplacement où a été construit depuis le village de Joinville, et l'autre, dit Camp inférieur, à l'E., à l'endroit où s'élève celui de Montpensier. Mais, en 1839, les nécessités de la

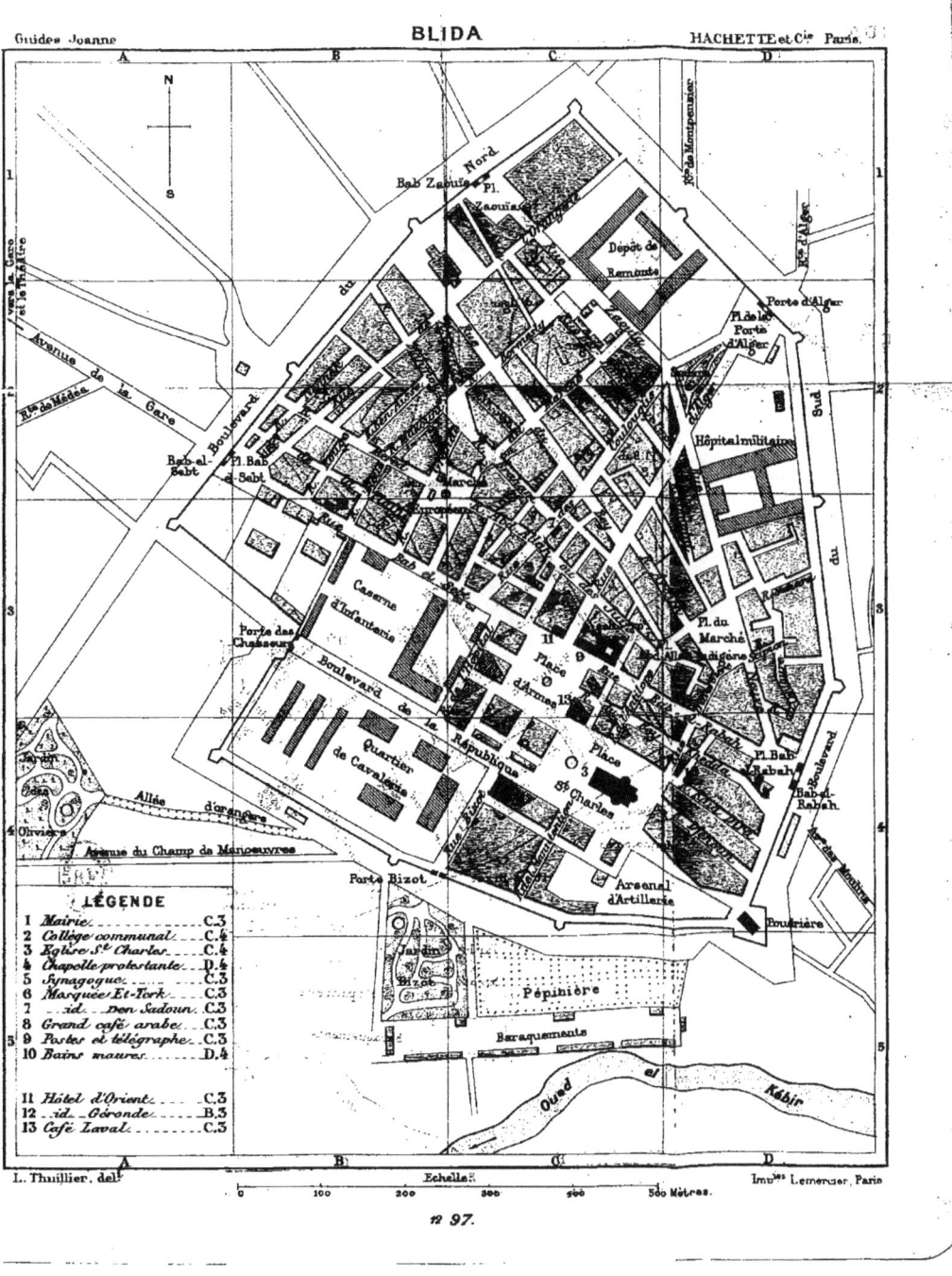

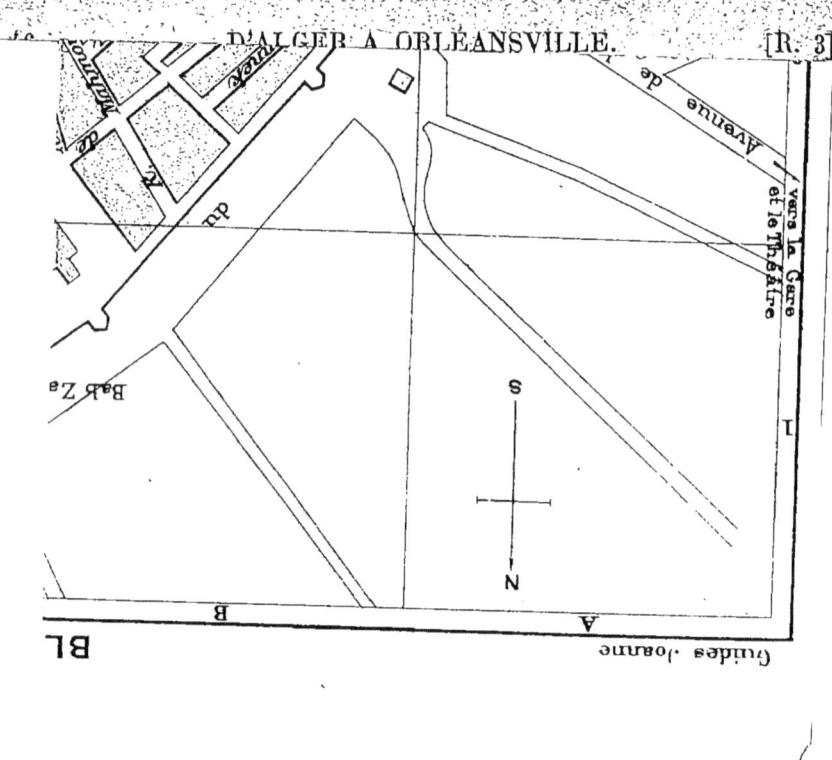

guerre firent définitivement occuper Blida. Blida est auj. le siège d'un conseil de guerre et d'un tribunal de 1re instance. Les cultes catholique, protestant, israélite et musulman y ont leurs officiants.

Quatre jours suffisent pour visiter Blida et ses environs : 1er jour, la ville et au dehors le bois sacré, le jardin public, l'oued el-Kebir, le cimetière musulman et les orangeries; 2e jour, les gorges de la Chiffa; 3e jour, le piton de Sidi Abd-el-Kader; 4e jour, le Tombeau de la Chrétienne. — Si le touriste ne pouvait disposer que d'une journée, il la consacrerait de préférence à ascendre le piton d'Abd-el-Kader. La fatigue est grande, mais elle est compensée par le pittoresque du chemin et le panorama grandiose qu'on voit se dérouler du sommet du piton.

De la gare une avenue, d'où l'on découvre l'immense panorama de la Mitidja terminée au N. par le Sahel, aboutit à la *porte d'Es-Sebt*, par laquelle on entre en ville.

Blida, qui n'a de remarquable que sa position au milieu de forêts d'orangers et d'oliviers, possède des places et des rues bien alignées et quelques monuments. La *Grande-Rue*, les *rues Bab-es-Sebt, Bab-er-Rabah* et *d'Alger* aboutissent à la *place d'Armes* (Pl. C, 3) ou Bab-es-Sebt, entourée de maisons à arcades, occupées par les principaux cafés, entre autres celui de *Laval*, rendez-vous des officiers. — De la place d'Armes le touriste pourra se promener au hasard dans la ville; le quartier arabe se trouve dans la partie S.-E.

L'angle S.-E. de la place d'Armes touche à la *place Saint-Charles*, sur laquelle s'élève l'*église* du même nom, construite dans un style qui n'est pas positivement le style roman; l'extérieur est plus monumental que l'intérieur; le chœur est peint et doré à neuf.

Une *chapelle protestante*, de style gréco-romain, décore l'angle S.-O. de la place Bab-er-Rabah (Pl. D, 4).

Le *collège communal* est fort bien installé rue Bizot, depuis 1874 (Pl. C, 4).

L'*hôpital* (Pl. D, 2, 3), aux constructions importantes et bien aménagées, est entouré de beaux et vastes jardins. — Les *casernes*, avec la *bibliothèque militaire* de la rue Bab-es-Sebt, sont remarquables. — Le *dépôt de remonte* (Pl. C, 1, 3), qui occupe tout un quartier de la ville, a des boxs pour 500 étalons dont quelques-uns viennent de Syrie. — Le *théâtre* se trouve dans l'avenue de la Gare, à dr.

Les *magasins à tabac*, extra muros, pouvant contenir 1 million de kilog. de feuilles de tabac, sont encore d'importantes constructions.

De la ville mauresque, il ne reste dans le centre de la ville que deux mosquées sur quatre qu'elle possédait autrefois : *djama Sidi Mohammed-ben-Sadoun*, rue des Couloughlis (Pl. C, 3), et *djama El-Terk*, rue du Grand-Café (Pl. C, 3) où, du temps des Turcs, le hakem ou gouverneur rendait la justice. En face de cette mosquée, assez curieuse à l'extérieur, existe une petite maison arabe à un rez-de-chaussée, percé de trois arcades; c'est encore le *Grand Café* (très exigu) donnant son nom à la rue et dans lequel le hakem se tenait plus souvent que dans la mosquée. C'est dans le haut de la ville, au delà de la *place du Marché arabe*, qu'il faut chercher les quelques maisons mauresques à un rez-de-chaussée, qui constituent l'ancienne Blida, et dont quelques-unes sont occupées par des tisseurs de burnous; celles qui sont badigeonnées en bleu ou en rose appartiennent aux israélites.

Grâce à l'oued el-Kebir, Blida, qui par les canaux de cette petite rivière est déjà une ville agricole, devient également une ville industrielle (minoteries, fabriques de pâtes alimentaires et de papier; pressoirs à huile).

[On visitera : au N., les *orangeries* qui comptent, non compris 40,000 jeunes plants ou *pourettes*, près de 50,000 orangers, citronniers, limoniers, cédratiers et orangers chinois dont les produits sont bien connus aujourd'hui sur les marchés de Paris, et sont exportés au nombre de 5 à 6 millions d'oranges; — au S.-E., en sortant de Bab-er-Rabah, près de l'oued el-Kebir, le cimetière où sont enterrés Ahmed-el-Kebir et ses deux fils, non plus dans les koubbas traditionnelles, mais sous des cubes en maçonnerie terminés en coupoles et contenant une niche pour les offrandes et surtout les cierges. Ces édicules et d'autres très nombreux, blanchis à la chaux tous les ans, ombragés par un épais fouillis d'oliviers et de micocouliers, offrent un très pittoresque tableau; plus au S. et sur l'oued el-Kebir, minoteries françaises et moulins arabes; — à l'O., en sortant par la porte Bizot, le jardin public et le *bois sacré* d'oliviers séculaires abritant l'élégante koubba de *Sidi Yakoub-ech-Chérif*, contemporain d'Ahmed-el-Kebir.

— **Gorges de la Chiffa** (chemin de fer de Blida à Sidi-Madani; 1re station de la ligne de Berrouaghia, 1 fr. 35, 1 fr. 75 c.; on ne trouve pas de voit. à Sidi-Madani; si l'on ne veut pas passer la journée dans les gorges de la Chiffa, on prendra une calèche, 20 fr. la journée, 11 fr. la demi-journée; un café est installé au Ruisseau des Singes). — Laissant à dr. le chemin de fer d'Oran, on passe à travers de vastes cultures et surtout d'orangeries et de vignobles, pour se rapprocher des montagnes du Petit-Atlas. Après avoir franchi la Chiffa souvent à sec sur plusieurs viaducs ou ponts en fer, on entre dans la coupure ou les gorges de la Chiffa si célèbres dans nos annales militaires et si pittoresques, et dont on admire les aspects grandioses, quand on n'est pas dans les tranchées ou sous les tunnels. Dans une coupure à pic de 5 lieues de longueur, la route a été conquise, tantôt sur le rocher qui la surplombe de 100 m. et que la mine a fait sauter, tantôt sur le torrent qui lui cède une partie de son lit; dans les places plus favorisées, où la terre végétale n'a pu être enlevée, de véritables forêts se dressent au-dessus de votre tête.

12 k. *Sidi-Madani*, aub., où l'on prend la route de terre presque toujours parallèle au chemin de fer. A 3 k. plus loin on arrive au *Ruisseau des Singes* où se trouve l'excellent *hôtel* avec écuries et remises. C'est dans cet hôtel que le lieutenant Girardin a brossé d'un pinceau fantaisiste une foule de singes qui succèdent aux congénères pleins de vie et en liberté, devenus rares aux environs des gorges.

On visitera ensuite : — *l'ancien jardin* où le gouvernement essaya inutilement la culture du thé et du quinquina; — la *grotte aux stalactites* que l'on peut faire éclairer avec des feux de Bengale; — La *Roche pourrie* en partie démolie à coups de canon; — enfin les *gorges* et leurs *cascades*, en remontant jusqu'au (4 k. de l'hôtel) *Camp des chênes* et d'où l'on peut repartir pour Blida, si l'on ne veut pas revenir à la station de Sidi-Madani. — Pour l'ascension du pic de Mouzaïa, *V.* R. 4.

Mont des Beni-Salah, ou *Piton de Sidi Abd-el-Kader* (1,629 m.; 5 h. env. de montée; mulet, 5 fr.; guide arabe, de 2 à 3 fr.). — 30 min. Fontaine en contre-bas de la route. — 1 h. 15. *Col des Beni-Chebela.* — 1 h. 45. Vallon de l'*oued Tiza.* — 2 h. 5. *Aïn-Talazid.* — 2 h. 40. Sources de l'*oued el-Kebir.* — 2 h. 55. Premiers cèdres de la forêt de *Talazid.* — 4 h. 5. Sommet couronné par l'humble gourbi élevé en l'honneur de *Sidi Abd-el-Kader-ed-Djilani.*

La descente se fait par le (2 h.) *Kef-Cheria*, (2 h. 30) les *Deux Cèdres*, (2 h. 55) la source du *Bou-Roubou*, (3 h. 15) la *glacière Laval.* — 4 h. 55. Blida.

Du piton de Sidi Abd-el-Kader, et mieux encore du Kef-Cheria, on domine un territoire immense : on voit la mer, les monts de la Grande-Kabylie, le Dira, qui commande Aumale, les Hauts-Plateaux d'où vient le Chélif, l'Ouaransenis ou Œil-du-Monde, que se partagent les provinces d'Alger et d'Oran, le Zakkar, etc.

On peut ascendre le *piton des Deux Cèdres* par un autre chemin : quand on est arrivé dans la glacière Laval, on met pied à terre et l'on contourne à g. deux ravins pour arriver au sommet couronné par deux cèdres; l'ascension peut se faire, sans fatigue, en 45 min.

Tombeau de la Chrétienne (50 k.; chemin de fer jusqu'à El-Affroun : 18 k., 2 fr. 05, 1 fr. 50, 1 fr. 10, aller et ret. 3 fr., 2 fr. 50, 2 fr. ; tramway d'El-Affroun à Marengo, 20 k. ; et 14 k. de Marengo au Tombeau). — *V.* R. 2, *L.*

Souma (8 k. E.). — On s'y rend par (4 k.) *Dalmatie* (élevage des vers à soie).

Souma*, com. de 4,405 hab., près du Bou-Chemla, torrent qui fournit 144 lit. par seconde aux irrigations de la Mitidja, possède des mines de fer appartenant à la Cie des mines de Beni-Saf, près de la Tafna.

Au-dessus de Souma, et à plus de 300 m. d'alt., située à une petite distance du tombeau du saint marabout *Sidi Mouça*, et placée sous sa protection, tombe une *cascade* célèbre chez les Arabes, qui viennent, de près et de loin, s'exposer à son immersion, pour obtenir une guérison à tous les maux.

De Souma on peut encore faire l'ascension du *Ferouka* (1,497 m.), par Dala-Hamdan et le Bou-Chemla, puis revenir à Blida par la ligne des crêtes; à g., les sources du Bou-Rouban et la glacière Laval.]

De Blida à Médéa, R. 4.

Reprenant la direction d'Oran, de Blida à El-Affroun, le chemin de fer court droit de l'E. à l'O. On suit de très loin le pied de l'Atlas, et, de l'autre côté de la Mitidja, on aperçoit, sur le Sahel de Koléa, la masse énorme du Tombeau de la Chrétienne. La voie franchit la Chiffa.

58 k. **La Chiffa**, com. de 2,989 hab., détruite en partie par le tremblement de terre de 1867 et aussitôt rebâtie. — Beaux jardins d'orangers que traverse un canal de dérivation.

63 k. **Mouzaïaville**, 4,906 hab., détruite comme la Chiffa par

le tremblement de terre de 1867 et aussitôt rebâtie, située entre l'oued Mererou et l'oued Gueroud, deux petits affluents de la Chiffa. Le grand marché du Sebt (samedi) a été transporté, en 1855, du haouch Smara au village de Mouzaïaville. Il est très fréquenté par les indigènes, surtout par les Mouzaïa et les Soumata, qui y apportent les produits de leurs montagnes, les Hadjoutes, qui y amènent des bestiaux.

[A 1/2 k. S., à l'endroit dit *El-Hadjeb*, des ruines romaines seraient celles de *Tanaramusa castra*, que M. Léon Renier place plus au S., à Berrouaghia.]

On passe devant *Bou-Roumi*, à dr., annexe de Mouzaïaville, au confluent de l'oued de ce nom et de l'oued Bou-Chouaou, puis on franchit le Bou-Roumi (torrent qui descend des montagnes de Médéa et se jette dans l'oued Djer), sur un petit pont métallique, au-dessous du pont de la route de terre.

69 k. **El-Affroun** (buvette), ch.-l. de c. de 3,210 hab., traversé par l'*oued Djer*, mince filet d'eau en été, torrent en hiver, qui coule sur un lit de cailloux, entre les oliviers et les lauriers-roses, et va se réunir avec la Chiffa pour former la rivière de Mazafran. — Usine pour la fabrication et la teinture du crin végétal.

[D'El-Affroun à Tipasa (34 k.; d'El-Affroun à Marengo, 20 k., tramway en 1 h.; 1 fr. 50, 1 fr. 10; de Marengo à Tipasa, omnibus en 1 h. 30, 1 fr.). — La route (direction N.-O.), qui passe à travers de magnifiques cultures et d'immenses vignobles, a pour horizon, d'abord les dernières collines du Sahel couronnées par le Tombeau de la Chrétienne, puis la montagne de Chenoua (907 m.).

6 k. *Ameur-el-Aïn*, com. de 1,939 hab.

14 k. *Bou-Rhika*, com. de 910 hab. sur la rive dr. de l'oued de ce nom, branche de l'oued Nador, petite rivière qui se jette dans la mer, à Tipasa, au pied du Chenoua. L'embranchement des routes de Cherchel et de Miliana est à quelques pas, au delà du village.

20 k. **Marengo** *, grand et beau v., ch.-l. de c. de 4,953 hab., avec Tipasa et Montebello, ses annexes, situé à l'extrémité O. de la Mitidja, au pied des montagnes des Beni-Ménacer, près de l'oued Meurad. Marengo possède un hôpital. — Le mercredi, marché important dit de l'Arbâ des Hadjoutes.

Le barrage de l'oued Meurad est le premier qui ait été construit dans la province d'Alger (1857). Sa hauteur est de 17 m. A cette élévation, la largeur de la vallée qu'il barre est de 130 m. Ce réservoir, constamment alimenté par la rivière, contient env. 2,000,000 de m. cubes, et fournit 200 lit. par seconde.

[Marengo est relié à Blida (*V.* ci-dessus) par une route de 33 k. presque droite, jalonnée par de jolis villages adossés aux premières pentes de l'Atlas et qui sert de limite S. à la Mitidja.

De Marengo à Cherchell, *V.* ci-dessous.]

De Marengo une route parallèle à l'oued Meurad, puis à l'oued Nador conduit (direction N.) à la belle forêt de Sidi Sliman, puis au village maritime de Tipasa.

34 k. **Tipasa** *, ch.-l. de com. de 2,217 hab., que les Arabes appellent

Tefacedt (gâté, ruiné), et que, par une corruption plaisante, beaucoup d'indigènes et même de colons nomment aussi *Petit-Bazar*. C'était une colonie de vétérans, fondée par l'empereur Claude, qui lui accorda le droit latin. Cette ville est mentionnée par Ptolémée et dans l'Itinéraire d'Antonin. C'est de Tipasa que partit, en 371, le comte de Théodose, pour expéditionner dans l'*Anchorarius* (Ouarsenis), contre les Mazices et les Musones, alliés du rebelle Firmus. Le roi vandale Hunéric, 484, ayant envoyé un évêque arien aux catholiques de Tipasa pour les obliger à embrasser l'hérésie d'Arius, une grande partie de la population s'enfuit en Espagne, et ceux qui ne purent s'expatrier, ayant refusé d'apostasier, eurent la main droite et la langue coupées.

Tipasa occupe de nos jours une surface carrée d'env. 300 m. de côté, au milieu de l'*ancienne enceinte romaine* dont le périmètre, coupé de place en place par des tours, est, du S.-O. à l'E., de plus de 2,000 m. C'est la mer qui, du côté N., défendait la ville. *Le port*, d'env. 150 m. sur 100, se trouvait à l'E., en dehors des fortifications.

Les ruines d'édifices antiques de Tipasa comprennent : à l'E., au-dessous du port romain, *la basilique*, rectangle de 60 m. sur 30, et dont les 7 nefs étaient séparées par des piliers carrés ; à l'O. les vestiges de l'*église Sainte-Salsa*, une martyre, dont une mosaïque avec inscription justifie le légendaire souvenir ; plus à l'O., les ruines d'*une autre église à 3 nefs*, dite de l'évêque Alexandre ; au centre du village actuel, *les thermes* servant de dépôts aux vins que l'on embarque au port moderne de Tipasa ; au S.-O., *le théâtre*, dont les pierres ont servi pour l'hôpital de Marengo ; *le château d'eau* avec *citernes voûtées*, alimenté par un *aqueduc* amenant l'eau de l'oued Nador ; puis, toujours au S.-O., les ruines d'un *prétoire*, d'un *gymnase* et enfin des *bornes milliaires* portant les noms de Valentinien, Valens et Constance ; des substructions d'un *amphithéâtre*, une *amphore* de 5 m. de circonférence, 3 *sarcophages*, des *inscriptions*, etc., conservés dans le jardin de M. Trémaux, un colon de Tipasa, y constituent un véritable musée lapidaire des plus intéressants. A 1 k. S.-E. de Tipasa, on a retrouvé un cellier avec pressoirs et cuves bien conservés. (Pour plus de renseignements, on pourra consulter la notice sur Cherchell, Tipasa, etc., de M. *S. Gsell*.)

Le port bien abrité des vents de l'O. par le Ras-el-Amouch, promontoire du Chenoua, possède un phare de 4e classe et un poste de douaniers.

De Tipasa on peut se faire conduire en 45 min. vers le djebel Chenoua (907 m.) à l'O., jusqu'à la carrière de marbre rose, brèche nummulitique, exploitée par M. Tardieu.

Une route carrossable de 15 k., longeant la mer jusqu'au village de Bérard, conduit de Tipasa à Koléa (*V. R. 2, K*).

D'El-Affroun à Cherchell (49 k. ; 20 k. d'El-Affroun à Marengo, *V.* ci-dessus ; 29 kil. de Marengo à Cherchell ; dilig. en 3 h. ; 1 fr. 70 ; un paquebot partant d'Alger tous les mardis, à 9 h. du s., pour Ténès, 7 et 12 fr., fait escale à Cherchell, 5 et 7 fr.). — 20 k. d'El-Affroun à Marengo (*V.* ci-dessus).

32 k. *Fedjana*, sur la rive dr. de l'oued el-Hachem, v. annexe de Cherchell et groupe de fermes jusqu'à présent.

La route, très pittoresque et très accidentée, laisse à dr. le Chenoua, puis s'engage dans les derniers contreforts des montagnes des Beni-Menad, et traverse l'oued el-Hachem.

35 k. *Zurich**, 669 h., annexe de Cherchell, sur les deux rives de l'oued el-Hachem, dans un endroit appelé par les indigènes Enser-el-Aksob (source des roseaux). Le v. a été bâti sur les ruines d'une villa romaine ; on y a trouvé des inscriptions et des sous d'or du ve s., appartenant à Honorius et à Marcien. Un marché arabe assez important, dit Souk-el-Krasim, s'y tient tous les jeudis.

[A 2 k. N.-O., à l'endroit dit *Gué-du-Nador*, un chemin muletier de 16 k. conduit à Tipasa (V. ci-dessus).]

La route longeant le pied S.-O. du *djebel Chenoua* (907 m.), dont les habitants kabyles fabriquent une poterie renommée, court, dans une direction N.-O., à travers la belle et fertile vallée de l'*oued el-Hachem*, enserrée par le Chenoua à l'E., et par les Beni-Menacer à l'O. On peut admirer les ruines imposantes d'un aqueduc romain avant de quitter la vallée. La route franchit ensuite plusieurs ravins, en côtoyant la mer. Les koubbas de la puissante famille des Berkani, l'ancien bureau arabe et l'abattoir s'élèvent près de la mer, à dr. de la route en avant de la porte de Cherchell.

39 k. *Bled-Bakhora*, v. de 20 feux.

49 k. **Cherchell***, V. de 9,053 hab., centre d'un cercle militaire d'Orléansville, située au pied d'une colline, sur le bord de la mer.

Cherchell est la colonie phénicienne de *Iol;* plus tard, Juba II l'agrandit, l'embellit et en fait, sous le nom de *Cæsarea*, la capitale de la Mauritanie Césarienne. C'est la *splendissima colonia cæsariensis*, ainsi désignée dans une des nombreuses inscriptions découvertes à Cherchell. Ptolémée, fils de Juba II, étant mort assassiné, son royaume est réuni à l'empire romain. Ruinée par Firmus, relevée par Théodose, ruinée de nouveau par les Vandales, la ville reprend quelque splendeur sous les Byzantins. Cherchell tombe au pouvoir des Mérinides en 1300 (699 hég.), et en 1337 (769 hég.) Ali-ben-Rached, petit-fils de Mohammed-Ibn-Mendil, soumet Cherchell, en même temps que Bresk, Tenès et les autres villes de cette région. Les Andalous s'y réfugient à la fin du xve s. : Khier-ed-Din s'en empare en 1520 (926 hég.); Doria y brûle une partie de la flotte algérienne, mais ayant voulu débarquer, il est battu et prend la fuite en 1531 (936 hég.).

Cherchell ne faisait plus parler d'elle depuis trois siècles, lorsqu'on apprit que ses habitants avaient pillé un bâtiment de commerce français, surpris par le calme devant le port, le 26 décembre 1839. La réponse à cet acte de piraterie fut l'occupation de Cherchell, du reste déserte, le 15 mars 1840. Plusieurs attaques dirigées par les Arabes contre la ville furent repoussées par le lieutenant-colonel Cavaignac. Les tribus voisines demandèrent alors à faire leur soumission, et une partie des habitants rentrèrent dans leurs maisons.

Cherchell est loin de comprendre l'emplacement total de Cæsarea, qui avait près de 2,000 m. de diamètre, tandis que la ville arabe n'en a guère que 700. L'enceinte est percée de trois portes, d'Alger à l'E., de Miliana au S., et de Tenès à l'O. La *grande mosquée* (V. ci-dessous) sert d'hôpital militaire. Le bâtiment construit pour les bains maures, à l'E., ne manque pas d'un certain cachet arabe. Le fort Turc, sur l'Esplanade, dominant le port, sert de caserne.

Le port, creusé dès 1843, a été agrandi. Une jetée de 110 m. à l'O. de ce bassin relie le quai au môle fortifié, sur lequel s'élève un phare à feu fixe de 3e ordre. En avant de cette jetée, on a construit les bâtiments de la douane et la maison du commandant du port.

Cæsarea avait deux ports : *le port marchand*, port actuel, et à g., derrière l'îlot Joinville, *le port militaire*, fort exigu. Au-dessus, à g., et parfaitement orientées, sont les ruines remarquables des *thermes de l'Ouest*, dont une partie est recouverte par des constructions modernes. Au delà, l'ancienne grande mosquée, hôpital militaire, est ornée de magnifiques *colonnes* en granit vert provenant des thermes de l'Ouest. A g. de l'hôpital, à l'intersection des rues du Centre et du Caire, existe un *pilier* ayant appartenu aux *thermes du Centre*. La rue du théâtre, au-dessus, conduit à une carrière de tuf, à dr., emplacement du *théâtre* dont le portique à colonnes et 27 gradins étaient encore visibles lors de la prise de Cherchell, en 1840. A g., au-dessus et adossée à l'enceinte, la caserne des tirailleurs a été construite sur d'*anciennes citernes*, au nombre de 6, mesurant 20 m. sur 6, profondes de 8, et servant toujours pour l'alimentation de la ville.

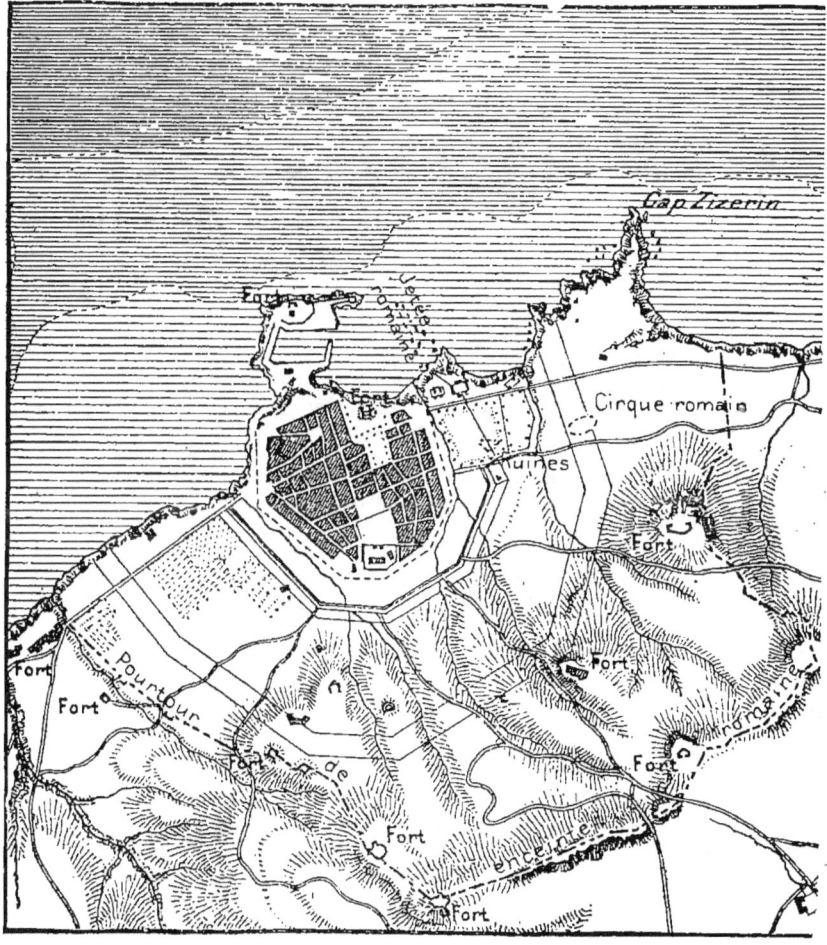

CHERCHELL.

— Redescendant au N.-E., on arrive à l'esplanade sur laquelle on a élevé une fontaine décorée de *débris antiques*. Sortant de Cherchell par la porte d'Alger, on arrive au champ de manœuvres où se trouvent, à l'angle S.-E., les ruines des *thermes de l'Est*; au-dessus, de l'autre côté d'un chemin, la ferme Nicolas a remplacé une *villa* dans laquelle on a découvert des *statues* et des *mosaïques*. Au delà du champ de manœuvres, à l'E., on arrive à l'*amphithéâtre*, dont les traces mesurent 120 m. sur 40; la légende a conservé les noms des chrétiens qui y furent martyrisés : St Marcian,

St Sévérien, Ste Aquila et St Arcadius; ce dernier fut coupé en morceaux au théâtre. — C'est à l'O., entre la nouvelle et l'ancienne enceinte, en sortant par la porte de Miliana, que sont disséminées les ruines du *cirque*, long de 400 m.

Le *Musée* est installé dans la grande rue à dr., non loin de la porte de Tenès. Il comprend des statues, colonnes, poteries, etc. — Consulter le catalogue de M. Gauckler et la notice « Cherchell-Tipasa », de M. Gsell.

[DE CHERCHELL A GOURAYA ET A TENÈS (117 k., route de voit., de Cherchell à Gouraya; 28 k., dilig. en 3 h., 1 fr. 50). — La route suit le bord de la mer.

7 k. *Novi*, v. fondé au lieu dit *Sidi-R'ilas*, à 150 m. de la mer. Des antiquités y ont été découvertes.

15 k. *La Fontaine du Génie* *, annexe de la com. m. de Gouraya.

17 k. L'*Oued-Messelmoun* (près de là, mine de fer inexploitée, appartenant à la Cie anglaise de Wigan).

21 k. *Aïn-Sadouna* (forts gisements d'hématite et de carbonate de fer concédés à la Cie des forges de Châtillon et de Commentry).

28 k. **Gouraya** *, près de la Méditerranée; com. de plein exercice de 3,670 hab. et ch.-l. d'une commune m. de 22,380 hab. Ce village, détruit en partie par un tremblement de terre (1891), est situé sur d'excellentes terres. On y a découvert un édifice byzantin et des inscriptions.

38 k. *Villebourg* *, annexe de Gouraya.

Tout fait espérer que, dans un avenir prochain, les nombreux gisements de fer et de cuivre, situés entre Cherchel et Tenès, feront de cette contrée l'une des plus industrieuses et des plus riches de la province d'Alger. Il y a dans ses divers v. un assez grand nombre de familles de vignerons chassés de la Charente par le phylloxera.

62 k. L'*Oued-Dahmous*. — 81 k. *Maison-du-Kaïd*. — 104 k. *Aïn-el-Bid*. — 117 k. Tenès (*V.* ci-dessous).]

C'est à El-Affroun que l'on quitte la Mitidja occidentale occupée par les Arabes Hadjoutes, pour remonter la vallée sinueuse de l'oued Djer, dans la direction du S.-O., et atteindre, par une route vertigineuse, à l'aide de remblais, de ponts et de tunnels, la station d'Adélia, près de laquelle on passe, par-dessous l'Atlas, de la vallée de l'oued Djer dans le bassin du Chélif. — On franchit l'oued Djer.

78 k. L'*Oued-Djer*. Des huttes de charbonniers, quelques gourbis d'Arabes, des cultures de céréales, des plantations de vignes disputant le sol aux lentisques, aux pins, aux chênes ballout et aux broussailles, de jolies petites montagnes boisées, l'oued Djer que l'on franchit plusieurs fois, et trois tunnels, voilà ce que l'on rencontre de l'Oued-Djer à

91 k. **Bou-Medfa** * (buvette), com. m. de 1,212 hab., sur un plateau. Deux mamelons couronnés, l'un par une redoute, l'autre par la koubba de *Sidi Abd-el-Kader*, qui a donné son nom à un ham. dépendant de Bou-Medfa, dominent le village, à g. Nous dirons, une fois pour toutes, que cet Abd-el-Kader, auquel on a élevé tant de koubbas ou petits bâtiments à coupoles, n'est autre que le marabout de Bagdad (*V.* l'Introduction).

[Hammam-Rhira (12 k.; route de voit., omnibus, en 1 h. 30; 2 fr. par pers.). — La route, à dr. du chemin de fer, assez plate d'abord, monte ensuite, laissant à g. le pont de fer, qui mène au petit v. d'Oued-Djer. Un profond ravin où coule l'oued Hammam, et qui a pour horizon les cimes du Zakkar, côtoie la route qui, décrivant de nombreux lacets, conduit aux différents bâtiments constituant l'établissement thermal d'Hammam-Rhira, et au chalet des poste et télégraphe.

Hammam-Rhira *, ch.-l. d'une com. m. de 19,619 hab. formée de la réunion de celles de Meurad et d'Adélia, occupe l'emplacement des **Aquæ Calidæ** des Romains, ville florissante sous le règne de l'empereur Tibère, vers l'an 32 de notre ère, et qui fut *le rendez-vous général des malades et amateurs de bains.*

Des stèles à personnages ou à inscriptions fort intéressantes, des sculptures, qui paraissent être d'ordre ionien, quelques médailles, des pierres sculptées et des fûts de colonnes qui accusent nettement l'époque de Constantin, de nombreux ustensiles de formes diverses, l'existence d'une vaste nécropole à 1 k. S. de l'hôpital militaire actuel, les traces d'un immense incendie, tout cela accuse à la fois la célébrité et la splendeur d'Aquæ Calidæ et les catastrophes nombreuses dont elle fut plusieurs fois victime.

M. Arlès-Dufour, fondateur de l'établissement, a créé un petit musée avec tout ce qu'il a rencontré : inscriptions tumulaires, têtes d'enfant et de femme, buste de déesse, torse de guerriers, lampes funéraires dont l'une porte la signature Oppi, fioles à parfums en verre irisé, quelques bijoux, des masses d'armes, fragments de colonnes, moulures de pierre, vingt amphores et vases, et infinité de médailles, etc.

Hammam-Rhira est situé presque exactement sous le méridien de Paris, à 12 k. O.-N.-O. de la gare de Bou-Medfa, à 26 k. E.-N.-E. de Miliana sur la rive g. de l'oued Hammam, à 5 k. N.-E. du Zakkar-Chergui, à 30 k. S. de la mer, à vol d'oiseau, enfin à 600 m. d'alt. env., en face du joli village de Vesoul-Benian, dont il n'est séparé que de 3 à 4 k., mais avec lequel les communications sont cependant très pénibles à cause du ravin très profond qui sépare les deux localités.

Hammam-Rhira, aujourd'hui ch.-l. de com. m., ne compte guère au point de vue de la colonisation, ce qui n'empêche pas qu'il tienne une place tout à fait unique en Algérie par sa situation vraiment pittoresque, par son climat, par son air pur et surtout par ses eaux minérales et qui en font une station de premier ordre, jouissant encore du rare avantage de pouvoir être ouverte toute l'année aux malades qui y accourent des quatre coins du globe, car la réputation de ses thermes est immémoriale. L'Etat, reconnaissant la valeur curative de ces eaux, y a lui-même installé depuis longtemps un hôpital militaire, après quoi, il a concédé, en 1877, pour 97 ans, à un homme de bien à tous égards, M. Arlès-Dufour, toutes les sources thermales et minérales d'Hammam-Rhira à l'exception, bien entendu, des sources affectées au service de l'hôpital militaire.

La source ferrugineuse reste la propriété de l'État, mais M. Arlès-Dufour a seul le droit d'en vendre l'eau. L'État s'est réservé la faculté d'en prendre la quantité nécessaire pour les hôpitaux militaires et civils de l'Algérie exploités aujourd'hui par une puissante société financière.

L'établissement est divisé en deux corps de bâtiment distants l'un de l'autre de 150 m. env. et formant un tout homogène : le *Grand-Hôtel* et *Belle-Vue.*

Le *Grand-Hôtel* (10 et 12 fr. par j.) est assis sur un mamelon ; c'est moins un hôtel qu'un palais de proportions gigantesques, représentant un quadrilatère de 90 m. de côté ; son grand salon de 20 m. car. est peut-être unique. Cet hôtel qui comporte env. 100 chambres, d'ailleurs presque toujours occupées, est aménagé avec le luxe et le confort parisiens. On y trouve toutes les commodités et les installations les plus modernes : téléphone, électricité, etc. Les sources chaudes de la montagne ont été savamment captées et arrivent à de fort jolies baignoires, à des salles d'hydrothérapie et à deux piscines dont une est creusée sous une ancienne crypte romaine. La salle à manger, très haute et vaste, peut contenir 300 couverts. Un salon de repos et de lecture, un petit salon avec piano, des salles de billard et de jeux, un grand café, etc., sont installés dans cet établissement thermal entouré de tous côtés d'arbustes et de fleurs.

Belle-Vue, d'un tout autre style et de dimensions plus modestes, tient à la fois du cottage anglais et du chalet suisse. De la véranda, la vue est d'une beauté indescriptible. Toutefois les chambres sont meublées moins richement, le service est moins high-life, et les prix, par suite, moins élevés : 7 fr. par j.

L'*hôpital civil* est destiné à recevoir les colons indigents rhumatisants et anémiés qui y sont envoyés pour faire usage des eaux. Un certain nombre de piscines sont réservées aux Arabes pour qui ces eaux chaudes sont sacrées, qui y attachent une légende vraiment biblique et y viennent de fort loin en pèlerinage pendant toute l'année. Les Arabes aiment beaucoup les bains chauds, mais ils ont une manière à eux de les prendre : souvent on voit les familles arabes faire huit ou dix lieues pour venir aux bains; elles ont le soin d'apporter toutes les provisions nécessaires et s'installent pour un ou deux jours. Quant aux femmes, leur présence est plus qu'indiquée par les nombreux et stridents you! you! you! qu'elles poussent. Le peu de durée de séjour que font les Arabes à Hammam-Rhira est cependant d'un grand rapport pour l'établissement, vu le renouvellement continuel des baigneurs.

L'*hôpital militaire* se compose de plusieurs bâtiments à un rez-de-chaussée. Le bâtiment central renferme une grande salle contenant 34 lits de soldats, une petite pièce réservée aux sous-officiers et quatre petites pièces pour les officiers. Le bâtiment de g., en entrant, est affecté aux différents services de l'hôpital. Les piscines, dans un bâtiment à g., sont assez vastes et bien disposées. Dans chacune d'elles, il y a une douche dont l'eau est à 43°.

Les eaux d'Hammam-Rhira combattent avec succès le rhumatisme chronique, articulaire ou musculaire, la goutte, les névralgies, la scrofule, les maladies nerveuses et cutanées, la périostite, la carie, les anciennes blessures de guerre, les engorgements ganglionnaires, les syphilites, la chlorose, l'anémie, la dyspepsie, la bronchite, l'hépatite chronique et les affections du foie en général, les suites de couches, la stérilité et la paralysie. Enfin pour les phtisiques l'air pur, le voisinage d'une forêt de pins de 800 hect., le climat, l'altitude, un ensemble de conditions hygiéniques complètent heureusement l'effet du traitement thermal.

Les amateurs de chasse, hôtes de l'établissement, trouveront à Hammam-Rhira une forêt de 800 hect., où ils pourront tirer la perdrix rouge, le lièvre, le lapin, le sanglier, le chacal, et, à l'occasion, l'aigle. Les promenades aux environs sont charmantes. Les goutteux et rhumatisants pourront prendre des chevaux, des ânes et des mulets. Du reste, les propriétaires de l'établissement ont tiré un admirable parti de toutes les ressources de la contrée. (Extrait des notices de MM. les docteurs *Richard*, *Dubief* et *Lander-Brunton*.)]

Au delà de Bou-Medfa, on quitte l'oued Djer pour remonter la vallée d'un de ses affluents, l'oued Bou-Halouan. Les montagnes ne sont plus boisées, mais blanchâtres, nues et laides. Le chemin de fer monte toujours, traversant des tranchées profondes, franchissant des précipices sur de nombreux ponts ; le djebel Zakkar commence à se dessiner à dr.

98 k. **Vesoul-Benian** *, ou *Aïn-Benian*. La station est située dans la vallée du Bou-Halouan, à une assez grande distance du v. qui occupe un plateau élevé dominant le cours de l'oued el-Hammam ou oued Djer supérieur. Aïn-Benian, habité de 1852 à 1853 par des transportés politiques, reçut ensuite un peuplement de Francs-Comtois et prit le nom de Vesoul ; sa population est de 653 hab. ; tous se livrent à la culture des céréales, de la vigne, ainsi qu'à l'élève des bestiaux.

De Vesoul-Benian à Adélia, on remonte pendant longtemps la vallée du Bou-Halouan, dont les collines argileuses forment des massifs monotones qui vont se rattacher à g. à la chaîne du Gontas. L'*Oued-Seboudj*, v. récent, est situé dans cette vallée, à quelques k. de Vesoul-Benian. La montée devient de plus en plus raide. On passe entre le Gontas (871 m.), à g., et les contreforts hardis du Zakkar, à dr. Enfin, après avoir suivi quelque temps un ruisseau provenant de nappes abondantes mises à jour par le percement du tunnel de l'Atlas, on arrive à ce tunnel (2 k. 300), dont on sort à

110 k. *Adélia* (nom de l'une des filles du maréchal Bugeaud), annexe de Bou-Medfa. C'est là qu'a été créé un superbe vignoble par la *Compagnie strasbourgeoise*.

[D'Adélia omnibus pour (9 k., trajet en 1 h. ; 1 fr.) Miliana (V. ci-dessous) ; la route est moins longue que par Affreville.]

On passe dans un dernier tunnel, puis on descend rapidement en longeant le ravin de l'oued Souffai. Le voyageur, devant lequel l'horizon s'agrandit, peut alors admirer le splendide panorama de la vallée du Chélif, dominée au S.-O. par l'imposant massif dont le djebel Ouaransenis forme le point culminant. Le paysage est beaucoup plus beau sur ce versant que sur celui de l'oued Djer. Le ravin, où serpente la voie ferrée, est resserré entre des montagnes boisées. On franchit l'oued Boutan.

120 k. **Affreville** * (buffet : déjeuner, 3 fr. 50 ; dîner, 4 fr.), station-remise pour les machines. Le nom de ce v., fondé sur l'emplacement de *Zuccabar* ou *Colonia Augusta* qui fleurissait à l'ombre de *Malliana*, formé de maisons bordant la route, lui a été donné en mémoire de Mgr Affre, archevêque de Paris, tué en juin 1848 (on voit son portrait en pied dans l'église). Cette com. comprend une popul. de 4,166 individus. Affreville, bien située en plaine, sur une grande voie commerciale, a gagné ce qu'a perdu Miliana, qui, par son alt. et sa situation, est d'un accès difficile. Voisine du Chélif, abondamment arrosée par l'oued Boutan, dotée de terres extraordinairement fertiles, elle a une grande importance agricole. Sa gare, qui dessert Miliana et Teniet-el-Hâd, est l'une des plus trafiquantes de la ligne d'Alger à Oran. Un marché arabe s'y tient tous les jeudis.

[A 6 k. E., au pied du Gontas, *Aïn-Sultan*, com. de 3,282 hab. Ses hab. européens sont originaires de la Provence et de la Franche-Comté. Ses terres si fertiles sont irriguées, ainsi que celles d'Affreville, de Lavarande et de la plaine en amont de Duperré (en tout 7,930 hect.), par un barrage établi sur le Chélif, au-dessus des Djendel.

A 20 k. d'Affreville (dilig. en 2 h., 1 fr. 50), le ch.-l. de la com. m. des *Djendel* (26,459 hab.) a été établi au caravansérail de ce nom.]

D'Affreville à Miliana (9 k.; corresp. à tous les trains; en 1 h. 30; 1 fr.; 1 h. par les sentiers pour le touriste à pied). — A peine a-t-on traversé le b. d'Affreville qu'on voit s'ouvrir une étroite vallée formée par une montagne haute et massive : sur un grand rocher de cette montagne se montre la riante Miliana.

La route, passant sous le chemin de fer d'Alger à Oran, remonte le cours du Boutan, descendu du Zakkar par d'innombrables cascades : ce ruisseau, né à Miliana même et fournissant au moins 300 lit. à l'étiage, va se perdre dans les irrigations de la plaine du Chélif. Le chemin gravit, en lacets bien ménagés, la pente rapide du vallon du Boutan, et, en 8 à 9 k., on s'élève d'env. 450 mèt. d'alt. Des deux côtés elle est bordée de vergers superbes. On traverse les petits ruisseaux qui font mouvoir de nombreux moulins, ainsi que le Boutan lui-même, puis l'on entre à Miliana par la porte du Zakkar.

9 k. **Miliana** *, V. de 9,021 hab., ch.-l. d'arrondiss., sous-préfecture et cercle militaire de la subdiv. d'Orléansville, située à 740 m., dans les montagnes du Zakkar-R'arbi ou de l'O. (1,580 m.), non loin du Zakkar-Chergui ou de l'E. (1,517 m.). Son climat est assez rigoureux en hiver. Suspendue en quelque sorte au penchant de la montagne et bâtie sur le flanc d'un rocher, dont elle borde les crêtes, elle est bornée au N. par le mont Zakkar; au S., elle commande la fertile vallée du Chélif; à l'E., elle domine à pic un ravin, et à l'O., elle surveille un plateau arrosé d'eaux vives.

Il n'y a d'intéressant à Miliana pour le touriste que la terrasse du S., de laquelle on voit se dérouler le vaste panorama de la plaine du Chélif.

Miliana s'élève sur l'emplacement de la *Malliana* des Romains, disparue, vers le ve s., pour faire place, au xe s. (ive de l'hég.), à Miliana, qui aurait été fondée, en même temps qu'Alger et Lemdia ou Médéa, par Bologguîn, fils de Ziri.

La ville arabe, dans les luttes sanglantes et nombreuses qui désolèrent le Marreb, dut, comme les autres villes, changer souvent de maîtres.

En 1830, après la chute du dey Hussein, l'empereur du Maroc fit prendre possession de Miliana, par un lieutenant qui, du reste, n'y put rester longtemps. Abd-el-Kader, dont la puissance grandissait de jour en jour, occupa à son tour Miliana, et y installa, dès 1834, comme khalifa, Ali-Ben-Embarek, notre ancien aga de la Mitidja.

Cependant l'occupation de Médéa (17 mai 1840) devait amener celle de Miliana; nos troupes s'en emparèrent le 8 juin suivant. A notre approche, les Arabes avaient évacué la ville en y mettant le feu; aussi ne présentait-elle, lorsque nous y entrâmes, qu'un amas de ruines. Bloquée étroitement par les soldats réguliers d'Abd-el-Kader, en 1840 et 1841, cette ville ne put communiquer avec Alger durant cette période, qu'au moyen de rares convois escortés par de fortes colonnes. Au mois d'octobre 1840, le général Changarnier venait se porter au secours de Miliana; des douze cents hommes commandés par le brave colonel d'Illens, sept cents étaient morts, quatre cents étaient à l'hôpital; à peine si les autres avaient la force de tenir leurs fusils; et, pour peu qu'on eût tardé de quelques jours, la ville se voyait prise, faute de défenseurs. Les expéditions de 1842 changèrent la face des choses. Abd-el-Kader dut chercher un refuge dans la province d'Oran; les environs de Miliana devinrent tranquilles.

La ville est défendue par des murailles reconstruites sur celles des Romains, des Arabes et des Turcs, et percées de deux *portes* : l'une au N., dite *du Zakkar;* l'autre à l'O., dite *du Chélif* ou *d'Orléans*.

Une avenue et trois larges rues, qui en somme n'en font qu'une, bordées de platanes et arrosées d'eaux vives, traversent Miliana de la porte du Zakkar à l'esplanade de l'ancienne Kasba. L'avenue est terminée par la *place du Marché*, qui donne naissance, au S., à la rue *Saint-Paul*, terminée à son tour par la *place de l'Horloge*, laquelle est installée dans le minaret d'une ancienne mosquée, recouvert de plantes grimpantes. A l'angle S.-E. de cette place commence la *rue Denis-Affre*, la vraie rue commerçante, qui, faisant un coude à g., prend le nom de *rue Saint-Jean* et aboutit à l'Esplanade. La sous-préfecture, le cercle militaire avec son jardin sont situés rue Saint-Jean; une maison en location sert d'église, le théâtre, peu spacieux, est des plus primitifs.

L'ex-hôtel de la subdivision abrite sous ses galeries les débris de Miliana qui n'ont pas été transportés à Alger.

De la **Terrasse** ou **Esplanade**, bien connue des promeneurs sous le nom de *Coin des blagueurs*, on découvre le panorama splendide de la vallée du Chélif, qui est coupée par les routes de Teniet-el-Hâd et d'Orléansville, et bornée au S.-O. par les montagnes de l'Ouarsenis.

Quant aux rues arabes, qu'il faut chercher à l'O. de la ville, entre les portes du Zakkar et d'Orléans, ce qui en reste est étroit et tortueux; mais de nombreuses fontaines alimentées par les sources du Zakkar recueillies dans un château d'eau, y répandent la fraîcheur et y entretiennent la propreté; ces eaux, employées comme force motrice, permettent d'éclairer Miliana à l'électricité.

Il ne reste dans le quartier indigène que la grande mosquée, la mosquée neuve, et celle où repose Ben-Yussef. Cette dernière n'avait d'abord pas échappé au sort des premières : elle avait été changée en caserne; mais, comme elle était en grande vénération, à cause du marabout qui y était enterré, on la rendit au culte musulman.

[On peut visiter, en dehors de la porte du Zakkar, le *square Magenta* et le *stand* ou tir civil, les *cascades de l'oued Boutan* et *de l'oued Rehan*, qui font tourner une quinzaine de moulins à farine, tant français qu'arabes, la *brasserie des Belles Sources*, la *piscine*, hors de la porte d'Orléans, et l'ancienne *fonderie d'Abd-el-Kader*. La fertilité du territoire de Miliana, l'un des plus abondamment arrosés de l'Algérie, des vignobles donnant un cru déjà renommé, le marché arabe du vendredi, l'industrie minotière sont des sources certaines et permanentes de prospérité pour la population.

A 3 k. E. de Miliana, sur la route de Vesoul-Benian, *les Lauriers-Roses* près de l'un des nombreux ruisseaux qui forment l'oued Souffaï. Près de là, toujours à l'E., le v. de *Margueritte* (nom d'un vaillant général de l'armée d'Afrique, tué à Sedan), créé d'abord en 1880 sous le nom de *Zakkar*, est une annexe de la com. m. de Hammam-Rhira.

L'ascension du **Zakkar occidental** (2 h. à la montée, 1 h. 15 à la descente; un mulet, 5 fr.), haut de 1,580 m., soit 850 m. de plus que le rocher sur lequel s'élève Miliana, n'est nullement dangereuse; mais elle est pénible, à cause de la raideur des pentes, et parce qu'on glisse facilement sur les blocs de rochers ou sur les broussailles desséchées. On n'a pas besoin de guide : il suffit, en sortant de Miliana, d'appuyer quelque temps sur la g., de manière à profiter d'un grand ravin qui mène au cœur de la montagne. Le point culminant se reconnaît à une espèce de pyramide en pierre; on y jouit d'une vue vraiment splendide : au N. sur des montagnes confusément entassées entre la Mitidja et le rivage de Cherchel, au S. sur l'immense plaine de Chélif et l'Ouarsenis. La montagne est riche en minières de fer.

De Miliana une route carrossable de 49 k. conduit à Cherchel; au N. — 3 k. Les Lauriers-Roses (V. ci-dessus). — 5 k. Bifurcation sur la route de Vesoul-Benian (V. ci-dessus). — 18 k. El-Gourin, au pied N.-E. du djebel Gourin (1,417 m.), — 20 k. Bordj-Tizi-Franco. — 34 k. Zurich et 49 k. Cherchel (V. ci-dessus).]

D'Affreville à Teniet-el-Hâd, la forêt des Cèdres et l'Ouarsenis (59 k. d'Affreville; dilig. pour Teniet-el-Hâd, en 6 h.; coupé, 6 fr.; int., 5 fr.; à Teniet-el-Hâd, voitures et chevaux pour la forêt des Cèdres). — En sortant d'Affreville, on passe devant une magnanerie et une fabrique de crin végétal; cet établissement porte aujourd'hui le nom de *Charlesville*. Le marché du jeudi d'Affreville se tient à côté. On franchit l'oued Souffaï, puis on laisse à g. la route de Médéa, pour entrer dans la plaine du Chélif.

4 k. On traverse le Chélif sur un pont en fer (1885).

12 k. *Le Puits*, ham. à la sortie de la plaine, auquel un puits de grande dimension, au milieu des eucalyptus, a donné son nom. La route, monotone jusqu'à cet endroit, devient accidentée, boisée, pittoresque jusqu'à Teniet-el-Hâd. Les terres généralement bien cultivées sont, en partie, irrigables au moyen d'un canal de dérivation de l'oued Deurdeur.

15 k. *El-Bir*, maison cantonnière. La route longe l'oued Massin, entre des collines couvertes de tamarisques et de broussailles; ces collines s'élèvent de plus en plus jusqu'à Teniet-el-Hâd.

16 k. *Pont-du-Kaïd*, de la com. m. de Teniet-el-Hâd; on y trouve une auberge.

19 k. *Le Gros Pin*. Le pays prend de la grandeur, les collines deviennent montagnes et portent de beaux groupes de pins d'Alep.

29 k. Caravansérail de l'*oued Massin* ou d'*Anseur-el-Louza*.

[A 5 k. S.-O., on peut aller visiter un ruisseau salé, qui vient déboucher sur la rive dr. de l'oued el-Louza. Les berges de ce ruisseau sont formées d'un schiste ardoisier, noirâtre, dont les couches sont fort minces. Entre les feuillets de ce schiste, on remarque, sur 600 à 800 m. env. de long., suivant le lit du ravin, de petits suintements d'eau salée. Par l'action des rayons solaires, l'eau s'évapore en partie, et le sel se cristallise, en formant, à la surface du sol, un dépôt continu de 2 à 3 millim. d'épaisseur que des femmes et des enfants des tribus voisines enlèvent journellement avec une raclette de fer.]

38 k. *Le Camp-des-Chênes*, ham. de 92 hab., auberge et relais. La route traverse l'*oued Kerrouch*, ruisseau en été, torrent en hiver. Par l'ouverture d'une vallée latérale, on aperçoit l'*Echéaou* (1,815 m.) dominant les ruines de Taza à l'E.

43 k. La route franchit un col dominé par *El-Hadjar-Touila*, vulgairement appelé le *Pain de sucre*, singulière montagne conique portant à son sommet d'énormes roches calcaires qui se désagrègent de jour en jour et s'en vont tomber dans l'*oued Merdja*.

45 k. *Dutertre*, v. en création. C'est l'ancien *Camp-des-Scorpions*.

53 k. *Auberge de la Rampe* ou du *Sixième Kilomètre*, distance de cette auberge à Teniet-el-Hâd.

57 k. *Moulin-Bertrand*, à g. et en contre-bas de la route.

59 k. **Teniet-el-Hâd** * (ce nom arabe signifie en français le *Col du*

[R. 3]   TENIET-EL-HAD. — FORÊT DES CÈDRES.

Dimanche, le plus important des cols taillés dans les nombreux contreforts de l'Ouarsenis), ch.-l. d'un cercle de la subdivision d'Orléansville, d'une com. de plein exercice de 4,029 hab. et d'une com. m. de 34,381 hab. Cette petite ville située à 1,145 m., a pour artère principale une longue avenue orientée du N. au S. et bordée d'arbres et de maisons. Le milieu O. de cette allée donne naissance à une place sur laquelle s'élèvent la mairie, l'église et les écoles. Le poste militaire établi en 1843, pour surveiller les communications de l'Ouarsenis, est assis sur un mamelon, au N.-O. Un village nègre, divisé en *Tombouctou supérieur* et *Tombouctou inférieur*, occupe le mamelon de l'E. L'important marché arabe du dimanche se tient à l'extrémité S. de la ville, près de la route du Tiaret.

Le voisinage des hautes et nombreuses montagnes, couvertes de neige une partie de l'année, entretient l'abondance des eaux dont la qualité ne laisse rien à désirer. La température moyenne est de 17 à 18°. On rencontre près de Teniet-el-Hâd, des carrières abondantes, soit de gypse blanc saccharoïde, soit de sable provenant de la pulvérisation naturelle d'une roche dioritique.

[FORÊT DES CÈDRES (14 k.; en 2 h., cheval, mulet ou voit.; 5 fr. la place); emporter les provisions de bouche. — Quand on sort du village, le premier point remarquable est le croisement des routes de Tiaret et des Cèdres. A g., la forêt de *Ferciouan*, joli massif de chênes-lièges et les plaines du S.; à dr., la vallée de Miliana; au premier plan, les forêts de l'*oued Massin* et des *Matmata*; au loin, le *Zakkar*.

On entre dans le *djebel En-Nedat* pour longer longtemps, sur la g., de jeunes peuplements, avenir de la forêt. Ils aboutissent aux *Roches du Lion*, immenses roches à pic, qui surplombent d'une grande hauteur du côté de la vallée. On rencontre à mi-chemin, sur la dr., et toujours à flanc du coteau, une pierre portant le nom de Théophile Hanouille. C'était un colon de Teniet-el-Hâd, qui se tua involontairement avec son fusil accroché à la voiture qu'il voulait décharger.

14 k. *Rond-Point des Cèdres* (alt. 1,450 m.), où se trouvent le chalet du garde général (registre sur lequel doivent s'inscrire toutes les personnes autorisées à camper, même un seul jour) et la source ferrugineuse (V. ci-dessous). C'est généralement au Rond-Point que l'on déjeune dans le chalet ou sous les cèdres, quand le temps le permet.

La forêt des Cèdres, qui s'étend sur les deux versants du djebel En-Nedat, dont le point culminant a 1,700 m. d'alt., embrasse une étendue de 3,000 hect. env. dont 1,200 de chênes et 1,000 de cèdres remarquables par leurs gigantesques dimensions : le plus beau de tous, la *Sultane*, a 3 m. de diamètre et trois étages de parasols. A 3 k. du Rond-Point, on atteint le *col d'El-Guitran*, d'où se développe une vue magnifique sur l'Ouarsenis et la vallée du Chélif.

C'est dans cette forêt que se trouvent plusieurs *sources minérales*. La plus volumineuse et la plus habituellement fréquentée est située à 13 k. de Teniet-el-Hâd, presque sur le bord de la grande route ouverte pour l'exploitation de la forêt. Le docteur E. Bertherand évalue à 8,000 lit. par h. le débit de cette source; M. Vatonne, ingénieur des mines, a analysé ces eaux ferro-carbonatées, contenant plus de sels de fer que les eaux de même ordre qui jouissent d'une certaine réputation, soit en France, soit à l'étranger. La source de Teniet (13°5) peut donc être rangée, avec raison, à côté des sources ferrugineuses froides analogues, telles que celles de Bagnères-de-Bigorre, Cransac, Bourbon-l'Archambault, Soultzbach, Orezza, en Corse, etc. On ne peut donc que désirer la création, près de la source, d'un dépôt de convalescents, analogue à ceux d'Hammam-Rhira et d'Hammam-Meskoutine.

De Teniet-el-Had a Orléansville par l'Ouarsenis (98 k.; c'est une excursion de 3 j. : 1ᵉʳ j., 54 k., de Teniet-el-Hâd au bordj des Beni-Hindel, avec arrêt, au Rond-Point de la forêt des Cèdres où l'on déjeunera ; 2º j., ascension de l'Ouarsenis ; 3ᵉ j., 44 k., du bordj des Beni-Hindel à Orléansville ; le touriste qui ne craint pas la fatigue pourra, le même jour, ascendre l'Ouarsenis et arriver le soir à Orléansville, en s'arrêtant à Aïn-Lellou ; on trouve à Teniet-el-Hâd des chevaux, des mulets et des provisions). — 14 k. Rond-Point des Cèdres (V. ci-dessus).

On gravit les pentes du *Kef-Siga*, par le versant N.-E. Vue sur la plaine du Chélif, le Zakkar et la mer. Le versant N.-O., qu'on atteint en 15 min., a son sommet séparé du premier par un ravin supérieur.

21 k. *Aïn-Taga*. Du haut du plateau on aperçoit les derniers contreforts du *Ouarsenis* : à l'O., les trois sommets, le premier dominant les deux autres; au S., après une suite de petits mamelons, le désert ; à l'E., côte abrupte, rochers et cèdres. — La route traverse, dans une vallée verdoyante, les tribus des *Beni-Aïen*, des *Beni-Chaïb* et des *Oulad-Ratia*. 32 k. *Souk-es-Sebt*, marché du samedi. — 36 k. *Maison-des-Hôtes* du kaïd des Beni-Chaïb.

54 k. Bordj des Beni-Hindel, ch.-l. de la com. m. de l'Ouarsenis. Avant d'y arriver, à dr. de la route, fontaine d'eau sulfureuse (42°) et piscine pour les indigènes.

[L'Ouarsenis (3 h. avec les deux haltes de 30 min. chacune). — On gagne (4 k.) l'entrée de la forêt d'où l'on sort au bout de 45 min. Sur la lisière, à g., rochers formant un immense rideau ; première halte, vue du *djebel Mohammed* à g., et du *djebel Ikhoud* à dr. (1,259 m.). On arrive au *djebel Si-Ahmar*, au niveau du *djebel Sidi-el-Kheirat*, tous deux vis-à-vis de la montagne principale : deuxième halte, premier puis deuxième plateau. — Sommet (1,985 m.) de l'Ouarsenis ou *Ouaransenis* (Anchorarius mons); la montagne prend encore le nom de Sidi Abd-el-Kader, le fameux marabout de Bagdad ; le sommet est appelé *Kef-Oustani* et l'*Œil-du-Monde*. Vue au N. de la vallée du Chélif et d'Orléansville ; au S., succession des plus hauts plateaux jusqu'au désert.

On exploite dans l'Ouarsenis une mine de zinc et de plomb, employant 86 ouvriers ; le produit de 1893 était de 2,130,850 tonnes valant 56 fr. 41 (la tonne) sur le carreau.]

66 k. *Aïn-Lellou*. — 73 k. *Aïn-Lecca*, au pied et à g. du *djebel Temdrara* couronné d'une pyramide. — 91 k. *Village des Sindjès*.

98 k. Orléansville (V. ci-dessous).]

D'Affreville à Orléansville, le chemin de fer se dirige de l'E. à l'O., dans le pays des **Braz**, qui donnent leur nom à une com. m. de 25,457 hab., au pied des montagnes de l'Ouaransenis ; il côtoie tantôt la route des caravansérails, tantôt l'oued Chélif, où viennent se jeter de nombreux affluents. A proximité des plus considérables de ces affluents, des gares sont établies pour desservir les centres en voie de création. — On passe près du groupe de fermes de l'*oued Rehan*.

124 k. **Lavarande** * (nom d'un général de brigade, tué au siège de Sébastopol), com. de plein exercice, de 1,144 hab., située sur un mamelon à g. et près du pont du *Hakem*, sur l'oued Boutan ; elle possède de bonnes terres irriguées par une dérivation de l'oued Boutan. Plus loin, sur le Chélif, est un autre pont, celui d'Omar-Pacha. En ce dernier endroit, des prolongements du djebel ed-Doui (1,033 m.) empiètent sur la

vallée et ne laissent au Chélif qu'un passage fort étroit. Les mamelons qui dominent le défilé constituent une excellente position militaire, que les Romains ne durent pas négliger. En effet, les distances indiquées par l'Itinéraire d'Antonin, entre Malliana (Miliana) et Oppidum Novum (El-Khadra), deux endroits dont la synonymie est connue, fixent, à g. du pont, l'emplacement de *Tigava Castra*, non loin et en avant du télégraphe aérien d'*Aïn-Defla* (la fontaine des lauriers-roses); on rencontre là quelques tombes, des pierres peu nombreuses et peu apparentes, l'indication enfin d'un simple camp.

138 k. **Littré** * ou *Les Arib*, arrêt sur un coteau de la rive g. du Chélif, com. de 1,699 hab. créée en 1879 (terres bien arrosées).

143 k. On franchit le Chélif sur un très beau pont métallique au-dessus d'une ruine de pont romain.

Le *Chélif* est le fleuve le plus long de l'Algérie. Toutefois, il n'a guère que 650 k. de cours. Sa source la plus reculée se trouve dans les pittoresques montagnes du djebel Amour, qui se dressent à l'O. de Laghouat, de 600 à 1,500 m. d'alt. Sous divers noms, il parcourt de hauts plateaux appartenant d'abord à la province d'Oran, puis à celle d'Alger; grossi par le *Nahr-Ouassel*, qui vient des montagnes de Tiaret, et qu'on regarde généralement comme la branche mère du fleuve, il entre dans le Tell en amont de Boghar. Il laisse à dr., sur leurs montagnes, Médéa et Miliana, baigne Orléansville, côtoie le Dahra, rentre dans la prov. d'Oran, et va se perdre dans la Méditerranée entre Mostaganem et le cap Ivi. Ce fleuve terreux débite, suivant la saison, 3 à 1,200 m. cubes par seconde, avec une moyenne de 10; sa vallée, l'une des plus vastes du Tell, n'attend que l'irrigation pour lutter de fécondité avec les meilleures.

La vallée du Chélif, depuis Boghar jusqu'au confluent de l'oued Mina, la Mina elle-même et le Nahr-Ouassel, affluent supérieur du Chélif, dessinent un vaste rectangle très allongé et enveloppant un grand massif montagneux, auquel on peut donner le nom de l'Ouarsenis qui est son pic culminant et qui en occupe à peu près le centre (*V.* ci-dessus).

146 k. **Duperré** * (nom de l'amiral qui commandait la flotte lors de l'expédition d'Alger), v. situé à *Aïn-Defla*, au pied du djebel Doui (991 m.); com. de 4,154 hab.; les terres de Duperré, comme toutes celles de la vallée du Chélif, sont de très bonne qualité; le climat y est très chaud. — Pénitencier militaire.

[Une route muletière conduit à (61 k.) Novi (p. 54), par (18 k.) *Sidi-bel-Hassen*, (33 k.) *Aïn-Amia*, (47 k.) *Souk-es-Sebt*.

A une faible distance de Duperré, le fleuve rencontre une longue et étroite colline qui coupe transversalement la vallée, en face du confluent de l'oued Ebda; sur cette colline, connue sous le nom d'*El-Khadra* (la verte), sont dispersées les ruines d'*Oppidum Novum* fondée par l'empereur Claude, qui occupent une grande étendue; le Chélif les contourne à l'E., au N. et à l'O. Sur les côtés de cette presqu'île, on voit les débris de l'aqueduc qui amenait à la colonie romaine les eaux d'Aïn-el-Khadra. Un reste de pont sur le Chélif, des débris de quais et de gradins en pierre de taille qui retiennent les terres de la colline, par étages successifs, un cimetière à l'E., où les tombes ont la forme de coffres en pierre, une vaste citerne qui recevait les eaux du djebel Doui, au N.-E., attirent principalement l'attention.

La voie longe le Doui (1,036 m.), montagne escarpée. A dr., on voit de temps en temps les berges de terre entre lesquelles se traînent les eaux bourbeuses du Chélif.

154 k. *Kherba*, à dr., ch.-l. de com. de 2,505 hab.

160 k. **Rouina**, ch.-l. de com. de 2,227 hab., près de l'oued Rouina, qui vient des montagnes de Teniet-el-Hâd (1,820 m.). Avant de se jeter dans le Chélif, après un parcours de 70 k. env., il arrose le douar *Zeddin* où il reçoit l'*oued Zeddin*; on voit dans ce douar, à *Four'al*, des ruines romaines considérables dont le nom n'a pas encore été retrouvé.

[Sur la rive g. de l'oued Rouina, à 3 k. du ham., MM. Gaguin frères possèdent des gîtes très importants de minerai de fer.]

On laisse à g. sur une montagne de 423 m., l'ancien télégraphe aérien des Attaf; puis au delà du télégraphe, à 166 k. et à 500 m. de la voie, *Sainte-Monique*, annexe de Saint-Cyprien-des-Attafs, v. créé par l'archevêque d'Alger et peuplé avec des orphelins arabes, qu'il a recueillis lors de la famine de 1865-1868.

170 k. **Saint-Cyprien-des-Attafs**, com. de 2,121 hab., créée par l'archevêque d'Alger. Avant d'arriver à ce v., on aperçoit, sur une éminence à g., l'*hôpital de Sainte-Elisabeth*, entouré d'une galerie mauresque, et où les Arabes reçoivent les soins des Pères Blancs. Un barrage établi, à 4 k. de là, sur l'oued Tiguezal, a permis de créer et d'entretenir un immense jardin de plusieurs hectares. Près de là, ruines romaines.

171 k. *Vattignies*, anciennement *Ouled-Abbès*, ham., annexe d'Oued-Fodda.

173 k. *Les Attafs*, ham., annexe d'Oued-Fodda, à 3 k., près de l'emplacement d'un marché arabe qui se tient le mercredi (*Souk-el-Arba*).

[Des Attafs on peut aller visiter les ruines du *djebel Tmoulga* (2 k.) à g., et celles de l'*oued Tar'ia* qui se jette dans le Chélif à dr. Les ruines de l'oued Tar'ia, qu'on appelle aussi ruines de Beni-Rachid, sur le territ. de l'aghalik des Braz, sont évidemment celles de *Tigaudia Municipium*. On voit en cet endroit les restes de plusieurs monuments, substructions de remparts, aqueduc très long, dont beaucoup de parties intactes, et qui amenait l'eau de l'oued Tar'ia (rivière de la reine). Les Arabes appellent cet aqueduc *Ksar-bent-es-Soltan* (château de la fille du sultan), et prétendent qu'il amenait l'eau d'Aïn-Soltan, fontaine située dans la montagne du Techta.

Carnot [*] est un v. de 4,106 hab., sur la rive dr. du Chélif, en face et à 5 k. de la gare des Attafs. Sur la place de ce village, a été érigée en 1892 une *statue* en bronze *de Lazare Carnot*.]

180 k. *Vauban*, anciennement *Bir-Safsaf*, v. de 59 hab., annexe d'Oued-Fodda.

183 k. *Tmoulga*, au pied du djebel Tmoulga (491 m.), qui

porte un ancien télégraphe aérien et renferme une mine de fer (inexploitée) appartenant à MM. Gaguin frères.

On franchit l'*oued Fodda* (la rivière d'argent), sur un pont métallique.

L'oued Fodda est célèbre dans nos annales militaires. On se rappelle le combat sanglant livré par Changarnier, le 16 septembre 1842, aux Beni-Bou-Khranous. L'oued Fodda, dont les gorges profondes sont très pittoresques et méritent d'être vues, prend sa source dans le massif de l'Ouaransenis (1,985 m.), et parcourt env. 100 k. avant de se jeter dans le Chélif. Des travaux ont été commencés pour utiliser les eaux de cette rivière.

186 k. **Oued-Fodda***, com. de 4,766 hab., près de l'entrée de la vallée de l'oued Fodda, en vue des montagnes de l'Ouaransenis, qui, de ce point, offrent un aspect superbe. Le village est dominé par un refuge fortifié, au milieu duquel on a construit les écoles, l'église, le presbytère et la mairie. — Marché de chaque lundi, bien approvisionné.

195 k. *Le Barrage*, belle ferme de M. Villenave, d'Oran.

[A 6 k. de là, en remontant à l'E., et à 4 k. en aval du confluent de l'oued Fodda, on trouve le barrage du Chélif, large de 85 m., haut de 11 m. 75, établi en face de la tribu des Beni-Rached et qui a été achevé en 1872. La superficie de terrain irrigué sur cette ligne est de 4,000 hect.]

203 k. *Ponteba**, l'Aïn-Chellala des Arabes, annexé à la com. d'Orléansville. — Belles plantations de vignes (ses eaux-de-vie de marc sont connues sous le nom de kirsch de Ponteba). — C'est auprès de ce v. que se fait la division des eaux du barrage; la partie passant sur la rive dr. peut irriguer 12,000 hect. de terre.

Entre Ponteba et Orléansville, près de la maison ou ferme *Bernandes*, se trouvent un hypogée ou tombeau de famille, caveau de 15 à 18 m. de diamètre, avec mosaïques et inscriptions, et, plus près d'Orléansville, les ruines d'une ancienne villa romaine.

Au delà du chemin de fer, à g., com. m. de l'**Ouarsenis**, 33,887 hab.

209 k. **Orléansville*** (la gare, où se trouve une buvette, est située au-dessus de la ville; omnibus, 30 c.).

Orléansville, sous-préf. de 12,210 hab. (avec son annexe de Ponteba), est située à 125 m. d'alt., presque exactement à moitié chemin d'Alger à Oran; c'est le chef-lieu de la 4ᵉ subdivision militaire d'Alger.

Le 23 avril 1843, le maréchal Bugeaud, parti de Miliana, descendait la vallée du Chélif. Il s'arrêtait, le 26, à *El-Esnam* (les idoles), au confluent du Chélif et du Tir'aout; c'était un amas de ruines d'une étendue d'env. 600 m. sur 300. Sur cet emplacement, celui de *Castellum Tingitii*, le maréchal commençait, le 27 avril, la fondation d'Orléansville. Située sur la rive g. du Chélif, la position stratégique d'Orléansville lui donnait une importance incontestable; aussi la ville s'éleva-t-elle promptement.

En nivelant et en déblayant les rues, on a découvert en 1843 la basilique de Saint-Reparatus, dont le sol forme une mosaïque de 23 m. sur 15. Cette mosaïque est ornée de cinq inscriptions, dont deux forment des espèces d'abracadabra sur les mots *Sancta Ecclesia* et *Marinus Sacerdos*. La troisième donne l'épitaphe de St Reparatus, mort le onzième jour des kalendes de l'an 436 de l'ère mauritanienne. La quatrième se rapporte à la fondation de la basilique : « En l'année provinciale 285, le douzième jour avant les kalendes de décembre (28 novembre 325) ». La cinquième inscription ne contient que ces mots : *Semper pax*. Sur les ruines d'une deuxième église on a élevé l'hôpital. Dans des fouilles récentes, une autre mosaïque a été découverte et reste exposée dans l'hôpital; quant à la mosaïque de Reparatus, elle a été remise en place et recouverte de terre, à peu près au milieu de la place qui porte son nom.

Dans le lit, souvent à sec, du Tir'aout (en kabyle, enfantement), à 3,600 m. de la ville, coule une source, dont un canal en maçonnerie amenait les eaux à la cité romaine. Cette construction hydraulique a été réparée et utilisée dès 1843.

Orléansville, remarquable au point de vue de la colonisation comme Sidi-Bel-Abbès et Souk-Ahras, ne saurait offrir rien de remarquable au touriste qui pourra la visiter en une demi-journée.

La forme générale du plateau au milieu duquel est bâtie Orléansville, le voisinage des hautes montagnes du S. où la neige persiste une grande partie de l'année, la direction O.-E. de la vallée du Chélif, expliquent pourquoi cette contrée est exposée à des chaleurs excessives en été et à des vents très violents en hiver. Des plantations publiques groupées dans l'intérieur de la ville et sur les glacis, plusieurs jardins, le magnifique bois de pins et de caroubiers, on peut dire la forêt de plus de 100 hect. qui a été créée au S.-O. de la ville, des fontaines bien alimentées, l'aménagement des eaux de Tir'aout et de Lella-Aouda, et de l'ancienne pépinière civile, donnent aujourd'hui à Orléansville un air de verdure et de fraîcheur qui contraste heureusement avec l'aridité des environs. On récolte à Orléansville certaines dattes mangeables en janvier.

« Orléansville est assise dans une très belle situation; des remparts N., on découvre un magnifique panorama. A ses pieds, le fleuve roule majestueusement ses eaux entre deux coupures profondes; devant soi, sur la berge opposée, on aperçoit le village de la Ferme, entouré d'arbres; plus bas, les jardins touffus de l'hippodrome, et, à sa g., le beau pont métallique de 110 m. de longueur, que traverse la route de Ténès. On voit encore au deuxième plan, en face de soi, les montagnes rouges, suite de collines pittoresques en partie couvertes de pins. Enfin le regard s'étend sur cette vaste et fertile plaine du Chélif, où l'horizon limpide est borné par les montagnes du Medjadja et du Dahra. » (*E. Guin.*)

Orléansville est entourée d'un mur bastionné, défendu par

[R. 3] ORLÉANSVILLE : — PLACE DE LA MOSAIQUE.

un fossé, excepté du côté du Chélif, et percé de cinq portes : au N., la *porte de Tenès* (beau panorama) qui mène au pont métallique jeté sur le Chélif; à l'O., la porte de Mostaganem; au S., la porte de l'Ouarsenis, et enfin à l'E. les portes de la Gare ou d'Isly et de Miliana.

Les rues de la ville, éclairée à l'électricité comme Miliana et Batna, sont bien alignées et coupées à angle droit; on compte parmi les principales les rues du Commandeur, de l'Hôpital, d'Illens, de Miliana, des Jardins; les bâtiments les plus importants sont affectés aux différents services militaires et civils, ce sont : l'hôtel de la subdivision, la sous-préfecture, les casernes, l'hôpital militaire remis aux services civils, le trésor, les postes et le télégraphe, le théâtre et l'abattoir, le *palais de justice*, la prison civile, les bains maures et la jolie construction mauresque, où se tient le kadi les jours de marché; l'église est une chétive bâtisse, indigne d'une cité comme Orléansville. Les places d'Armes, de la Mosaïque et du Marché sont, comme les rues, plantées de beaux caroubiers et ornées de fontaines.
— Sur la *place de la Mosaïque*, mosquée et marché arabe, tous les samedis; c'est un spectacle des plus curieux avec ses indigènes montagnards de l'Ouarsenis et du Dahra, marchands d'huile, de savons, de figues, de menues merceries, avec ses jongleurs, faiseurs de tours, avec ses chanteurs et improvisateurs.

[Sur la route muletière de 56 k. qui relie Orléansville à Ammi-Moussa (R. 9, A) au S.-O., est situé, au 45ᵉ k., *Rabelais*, ancien *Bordj-Aïn-Meran*, 194 hab.; marché indigène important.]

D'Orléansville à Tenès (83 k.; dilig. t. l. j. en 5 h. 30, 6 fr.; serv. de voit. d'Orléansville à Warnier, 1 fr. 25; aux Trois-Palmiers, 3 fr.; à Montenotte, 4 fr.; serv. quotidien de Tenès à Cavaignac, par Montenotte; voit. et chevaux de louage; d'Alger, on peut se rendre en bateau à Tenès, une fois par semaine, 7 et 12 fr.). — On sort d'Orléansville par la nouvelle porte de Tenès, au N., pour traverser le Chélif sur un pont métallique de 100 m. — A 600 m., *la Ferme*, à dr., 1,014 hab., ancien établissement militaire, v. en pleine prospérité, annexé à la com. d'Orléansville, dont il est le faubourg N. — Quand on a dépassé la Ferme, pour gravir les premières pentes du Dahra, si, du mamelon où passe la route, on se retourne vers Orléansville, on voit cette ville traçant sa longue ligne blanche rayée de filets verts, au milieu d'un bassin couvert de riches cultures, borné à l'E. et à l'O. par des étranglements de la vallée. et s'élevant graduellement, au N. et au S., par une double série de collines opposées qui s'échelonnent en amphithéâtre.

6 k. A dr., ancien télégraphe des Adjoraf et koubba de Sidi Ali-bel-Ghergui. — On traverse une vallée monotone.

12 k. *Aïn-Beïda* (la fontaine blanche), ferme et maisons isolées près de l'oued Ouarhan, affluent du Chélif, à sa jonction avec l'oued el-Hadid. — A g., koubba en l'honneur d'Abd-el-Kader de Bagdad, et plus loin, à dr., celle de Sidi Mammar-ben-Mokhrala, dominant le petit v. arabe des *Oulad-Farès*, composé de gourbis et de tentes.

21 k. *Warnier*, nom du savant qui administra un instant l'Algérie, sur laquelle il fit de nombreux travaux. Warnier, 153 hab., est une annexe de la com. m. du Chélif.

23 k. A g., ancienne maison arabe. *Dar-el-hadj-Kabzili.*
25 k. A dr., petit v. arabe des *Heumis*, près duquel l'oued Ouarhan fait un coude pour remonter à sa source.

[A 10 k. E. des Heumis et sur l'emplacement de *Ben-Naria*, v. de *Flatters*, nom du vaillant colonel assassiné dans sa mission au S. de l'Algérie. — Ruines romaines, peut-être celles d'*Arsenaria* ?]

28 k. *Les Trois-Palmiers*, v. annexe de la com. m. de Tenès; 77 hab., aub. et relais.
31 k. *Kirba*, maison isolée et ancien télégraphe aérien. — Le pays parcouru jusque-là, monotone et brûlé, devient, à partir de l'oued Allela, montueux et boisé. La route, parallèle à la rivière, passe au fond de gorges qui ressemblent, en petit, à celles de la Chiffa. Avant de s'y engager, on peut visiter, à dr., un ancien *castrum* (la vallée de l'oued Ouarhan, où passait la voie romaine de *Castellum Tingitii* à *Cartenna*, était gardée par d'autres petits postes fortifiés dont on rencontre encore les ruines).
32 k. *Auberge Chauvin.* — 40 k. *Le Camp des Chasseurs*, halte.
46 k. **Montenotte** *, v. créé à l'endroit dit Aïn-Defla (fontaines des lauriers-roses), par le capitaine d'état-major Lapasset, mort général, com. de plein exercice (3,473 hab.) située sur la rive g. de l'oued Allela et traversée par une route fréquentée.

[A 4 k. E., *Smala* des spahis de Tenès, campée sur un plateau, dans la vallée de l'Allela et la plaine de Montenotte, dans une contrée également boisée.

A 2 k. E. et à dr., *mines* de fer du *djebel Hadid*. — Le petit v. *des Mines*, habité par des ouvriers, a été annexé à Montenotte.

A 11 k. O. dans la vallée de l'oued Allela, **Cavaignac** *, ch.-l. de com. de 2,546 hab., relié par une route carrossable à celle de Tenès, par Montenotte.]

Au delà de Montenotte, la route, jusqu'à Tenès, est taillée dans le roc.
52 k. *Vieux-Tenès*, à dr. sur un plateau élevé, contourné à l'E. par l'oued Allela. Cette petite ville arabe serait fort ancienne, s'il faut en croire la tradition. Ptolémée donne au Vieux-Tenès le nom de *Lagnotuon*, et El-Bekri nous apprend qu'il fut bâti en l'an 262 de l'hégire (875-876 de J.-C.), par les marins de l'Andalousie, qui venaient passer l'hiver dans le port de Tenès et qu'il fut peuplé par deux colonies andalousiennes dont l'une était venue de *El-Bira* (Elvira) et l'autre de *Todmir* (Murcie). Plus tard, Tenès, ville des Mar'oua, une des grandes tribus du Mar'reb central, passe sous la domination des Beni-Zeiyan de Tlemcen, en 1299 (699 hég.). Kheir-ed-Din s'en empara en 1520 (926 hég.). Ses habitants avaient une détestable réputation de voleurs et de pirates. « Ahmed-ben-Youssef, le saint de Miliana, s'étant hasardé chez les Tenésiens, ceux-ci lui servirent à souper un chat en guise de lapin. Mais Sid Ahmed-ben-Youssef lança un formidable *Sob*, usité pour chasser les chats; l'animal mis à la broche, tout rôti qu'il était, partit au galop, à la grande stupéfaction des Tenésiens. C'est alors qu'Ahmed-ben-Youssef, se levant avec majesté, jeta à la face de ses hôtes indignes cette allocution proverbiale en Algérie : « Tenès, ville bâtie sur du fumier; son eau est du sang; son air est du poison : par Dieu, Sid Ahmed n'y couchera point! » Le marabout de Miliana n'eut ensuite que le temps de prendre la fuite sur sa mule. Une des montées argileuses, au-dessus de Montenotte, a gardé le nom d'Ahmed-ben-Youssef, parce que sa mule, s'y étant abattue, se releva miraculeusement et disparut, au moment où les Tenésiens étendaient la main pour saisir Ahmed. » (*Berbrugger.*) — Abou-Abd-Allah-Mohammed, l'historien des Beni-Zeiyan, † 1594 (809 hég.), est né dans cette ville.

— Vieux-Tenès dont les anciens remparts ne renferment, à très peu d'exceptions, que des masures en ruine, une grande mosquée et la mosquée de Lalla Aziza, est habité par 1,000 à 1,200 indigènes, faisant le commerce de grains ou exerçant le métier de portefaix. Quelques Mahonnais se sont établis dans le ravin, au pied de cette ville, pour la culture maraîchère qui est d'un très grand rapport. — Une source saline (30°), utilisée comme bains par les indigènes, coule sous une petite koubba.

53 k. **Tenès** *, 4,438 hab.; ch.-l. d'une com. m. de 37,082 hab., situé sur la côte N. de l'Afrique, près de l'embouchure de l'oued Allala, à 34 lieues marines d'Alger et à 261 k. par terre, est la résidence d'un juge de paix, d'un ingénieur en chef, et le ch.-l. d'un cercle militaire dépendant de la subdiv. d'Orléansville.

Entre la mer et la route d'Orléansville surgit un ressaut de terrain, très escarpé de l'E. au N., peu saillant vers l'O., et presque de niveau avec le grand chemin, du côté du S. Là, sur une surface plane où s'élève aujourd'hui Tenès, était la ville, phénicienne d'abord, romaine ensuite, de *Cartenna*, ou peut-être une des *Cartennæ* dont le Vieux-Tenès serait la seconde. Des remparts encore debout, des mosaïques, des fûts de colonnes, des traces d'un monument considérable, au centre même des ruines, des citernes, des silos, des tombeaux à l'O., enfin de nombreuses inscriptions et des médailles, tout indiquant suffisamment, lors d'une première reconnaissance de cette localité, l'emplacement d'une ville romaine. Une inscription de la plus haute importance, découverte à Tenès même, établit que là était l'ancienne *Cartenna Colonia*, et que les *Baquates* (Βαχοῦται) mentionnés par Ptolémée occupaient l'intérieur de la province d'Oran.

L'histoire de Cartenna est peu connue; Pline nous apprend que cette ville était le ch.-l. de la deuxième légion. Rogatus, évêque donatiste de Cartenna, joue un certain rôle dans l'histoire africaine. Il avait modifié l'hérésie de Donatus, et comptait quelques sectaires, qui, de son nom, s'appelaient Rogatistes. Cartenna a-t-elle disparu lors de l'invasion vandale ou de l'invasion arabe? On ne le sait.

Quatre portes donnent accès à la ville qui forme un trapèze de 700 m. sur 400 : les *portes de France* et *de Mostaganem* à l'O., *d'Orléansville*, au S., et *de Cherchel*, à l'E. Les rues (celles, entre autres, *de la Colonie*, *d'Orléansville* et *de France*) sont larges, bien alignées, plantées d'arbres et bordées de jolies maisons. Les principaux édifices sont l'église, l'hôpital (pour 300 lits), les casernes et la douane.

Les curiosités de la ville sont : les *citernes*, les *silos*, les *hypogées*, qui constituaient une Cartenna souterraine, et que l'administration et les particuliers ont utilisés pour en faire des magasins ou des caves. On descend par la porte de Cherchel au *quartier de la Marine*, où s'élèvent la maison du commandant du port et les bâtiments de la douane.

De récents et importants travaux ont eu pour objet de créer à Tenès, entre Alger et Arzeu, un port de refuge pour les navires surpris par le mauvais temps et un port de commerce pour la partie centrale de la vallée du Chélif (*V. R. 9, B*). Le port, entrepôt naturel d'Orléansville, doit devenir, dans un avenir peu éloigné, l'une des têtes importantes du chemin de fer central du Tell.

La pêche du corail attire chaque année un certain nombre de barques, le long de la côte de Tenès.

[Les excursions aux environs de Tenès, à travers les bois et les rochers, sont très pittoresques; nous mentionnerons celles qu'on peut faire au Vieux-Tenès, à Montenotte, à la Smala et aux mines du djebel Hadid (*V.* ci-dessus).

A 24 k. E.-S.-E. de Tenès, mines de cuivre et de plomb inexploitées de *Beni-Aquil*, à 10 k. S.-E., mines de cuivre de *Sidi-Bou-Aïssi*; à 14 k. S., mines de cuivre et de plomb de l'*Oued-Bou-Alou*.

D'autres excursions intéresseront l'archéologue : M. le général Lapasset a signalé trente-huit localités, dans lesquelles on peut observer des ruines plus ou moins considérables, entre autres celles de *Yer'roum* plus spécialement indiquées par M. Pommereau et qui, d'après lui, pourraient bien être celles d'*Arsenaria* : elles sont situées à 20 k. O. de Tenès, et à 10 de la mer, sur la rive dr. de l'oued Tazzoulit, où elles occupent une superficie de 7 à 8 hect.]

De Tenès à Cherchel, *V.* ci-dessus.

ROUTE 4

D'ALGER A LAGHOUAT

PAR MÉDÉA

456 k. ou 442 k.

D'ALGER A BERROUAGHIA

PAR LES GORGES DE LA CHIFFA ET MÉDÉA

A. Par le chemin de fer.

135 k. — Trajet en 6 h. — 15 fr. 10; 11 fr. 35; 8 fr. 30. — Pour l'excursion spéciale des gorges de la Chiffa, *V.* R. 3 (Blida).

51 k. d'Alger à Blida (*V.* R. 3). — On quitte à Blida le train d'Alger à Oran, pour prendre, en face de la gare, celui du chemin de fer de Blida à Berrouaghia.

Laissant à dr. le chemin de fer d'Oran, on passe à travers de vastes cultures et surtout d'orangeries et de vignobles, pour se rapprocher des montagnes du Petit-Atlas. Après avoir franchi la Chiffa souvent à sec, sur plusieurs viaducs ou ponts en fer, on entre dans les **gorges de la Chiffa**, très pittoresques mais qui n'égalent cependant pas en grandeur sauvage, ni les gorges de Palestro ni le Châbet-el-Akra, dont on admire les aspects grandioses quand on n'est pas dans les tranchées ou sous les tunnels.

63 k. *Auberge de Sidi-Madani*, située à côté d'un ruisseau qui sort des flancs de la montagne. On est en pleine gorge de la Chiffa.

Pour les promenades à pied ou en voit. dans les gorges de la Chiffa et autour de Sidi-Madani, *V.* R. 3.

Pic de Mouzaïa (1,604 m.; 10 k. de l'auberge de Sidi-Madani; 3 h.; guide inutile). — Quittant la grand'route d'Alger à Laghouat, on prend, à dr., le sentier qui conduit aux premiers contreforts de Mouzaïa, en passant d'abord devant la koubba de Sidi-Madani. La montée se fait au milieu de roches abruptes, pour arriver au commencement des pâturages. Tout près, à dr., douar des *Ouam-Fouf* dont on est séparé par un petit ravin d'où jaillit une source qui va grossir le ruisseau des Singes; on est à 1,060 m. Le sentier traversant ensuite un bois, débouche en face du pic de Mouzaïa. Arrivé au sommet, la vue que l'on a est des plus splendides : vallées boisées, la Mitidja, le Sahel, la mer, le profil du Djurdjura; au S., Médéa; à l'E., coupure de la Chiffa; à l'O., la chaîne du Matmata, Teniet-el-Had, et dominant le tout, le pic de l'Ouarsenis. Presque au sommet du Mouzaïa, Koubba de Mohammed-ben-Chakour. — La descente peut se faire par le versant O., en passant devant un petit lac; de là au col de Mouzaïa, puis à Mouzaïaville (R. 3), si l'on revient à Alger.]

La voie ferrée, tantôt à dr., tantôt à g. de la route de terre, passe sous 9 tunnels.

70 k. *Camp-des-Chênes*, petit ham. et aub. à g. La montée continue à travers les tranchées et 5 autres tunnels.

82 k. **Mouzaïa-les-Mines** *, annexe de la com. de Médéa. Ce petit v., le *Velisci* des Romains, situé entre les gorges de la Chiffa, à l'E., et les rampes ravinées du Tenia (col) de Mouzaïa à l'O., a été créé par l'industrie métallurgique. Les murailles crénelées de cette espèce de forteresse attestent les préoccupations défensives de ses fondateurs, au début de l'entreprise. En effet, les oliviers séculaires qui projettent leur feuillage sur les habitations, rappellent, dans les fastes militaires de l'Algérie, le *bois sacré* et les glorieux et sanglants combats de 1840 et de 1841 contre les bataillons réguliers d'Abd-el-Kader.

[Une *source minérale* est située à 1 k., au plus, du v. sur la rive du Bou-Roumi, à l'O. Pour y arriver on descend, de l'aub. du v., par une pente assez raide, dans le champ de lauriers-roses qui remplit le lit de l'oued. Un petit sentier frais et ombreux remonte à g. et côtoie, pendant les deux tiers du parcours, la conduite qui amène dans l'usine inexploitée, mais gardée, la force motrice nécessaire. Après 20 min. de marche, on rencontre la prise d'eau; de là au point d'émergence de la fontaine, il n'y a pas plus de 60 m. L'eau de Mouzaïa, limpide et inodore, alcaline et gazeuse, peut remplacer, avec avantage, l'eau de Seltz et l'eau de Saint-Galmier. Sa température est de 18°; son produit est de 4,000 lit. par 24 h.

L'ascension du pic de Mouzaïa (*V.* ci-dessus) peut encore se faire en 1 h. 30, par l'ancienne route de Médéa dont le *Tenia* ou col marque le milieu. Arrivé près d'un lac, à dr., on le contourne pour prendre l'un des nombreux sentiers qui aboutissent au pic. — Le touriste sans bagage pourra descendre du pic pour regagner à 4 k. E. l'oued Merdja, sur la route de Médéa à Alger.

C'est dans le centre de Mouzaïa que, vers la fin du xiie s., une émigration partie des montagnes du Rif marocain, sous la conduite de Sidi Ahmed-ben-Ali, chercha un refuge et forma la tribu actuelle de Mouzaïa.

« Pendant plusieurs siècles, les Mouzaïa ne firent que se défendre contre leurs voisins, dont ils avaient envahi le territoire. Ils allaient être exterminés, lorsqu'ils virent venir de l'O. un vieillard à barbe blanche, qui se nommait Si Mohammed-Bou-Chakour (l'homme à la hache). A sa volonté, la paix se fit entre les Mouzaïa et leurs ennemis. Pour récompenser leur soumission, Si Mohammed, prenant sa hache, fendit la montagne, et un torrent impétueux inonda la Mitidja. Cette rivière qui surgissait fut appelée la rivière de la guérison, oued Chefa, parce que ses eaux eurent la vertu de guérir instantanément les blessures reçues par les combattants des deux partis.

« Les Mouzaïa demandèrent à Si Mohammed de faire en leur faveur un miracle pareil à celui de la plaine, pour fertiliser leurs coteaux. Alors Si Mohammed alla s'installer sur Tamezguida (le pic de Mouzaïa), en ordonnant aux Mouzaïa de lui monter chaque matin une cruche d'eau, et, chaque jour, il inondait le pays, en versant sa cruche d'eau sur le sommet du piton. Le tombeau de Si Mohammed-Bou-Chakour est à l'extrémité du pic, à côté du point géodésique que l'on y a établi.

« A l'époque de la guerre, les Mouzaïa ont joué un grand rôle, par suite de leur position géographique, notamment dans les combats qu'ils eurent à soutenir contre nous, aux divers passages du col; cependant ils n'ont jamais fourni qu'une faible partie des contingents qui défendaient leur territoire. Les Mouzaïa étaient, pour le haut Chélif et le Titeri, ce que les Hadjoutes (Hadjadjet) furent pour la plaine, et les Beni-Menacer pour la Kabylie du centre : un nom autour duquel venaient se grouper les populations insurgées. Chez les Mouzaïa, les tolba sont renommés pour leur science, et les femmes pour leur beauté. Les Mouzaïa comptent un peu plus de 2,800 âmes, et peuvent lever 300 fusils. » (*Joanny Pharaon*.)]

La voie passe dans 2 tunnels.

96 k. *Lodi* *, à g., au milieu des vignes, 2,937 hab. — La voie passe dans un tunnel de 165 m., puis domine à dr. Médéa.

101 k. **Médéa*** et mieux *Lemdia*, dont les Berbères ont fait par corruption El-Medïa, V. de 16,235 hab., sous-préf. et ch.-l. de la 4ᵉ subdiv. militaire, est située sur un plateau incliné au S.-E., dont le sommet s'élève à 920 m. d'alt. et se rattache au mont Dakla. Ses maisons couvertes en tuiles comme dans toutes les localités élevées de l'Algérie, s'échelonnent de la moitié au sommet du plateau; quelques minarets la dominent çà et là, et un aqueduc, à deux rangs d'arceaux, arrive à la ville, du côté de l'E. En face de Médéa, au S., le plateau sablonneux, appelé par les Arabes *Msalla*, a reçu le nom de l'officier de zouaves, *Ouzaneau*, qui y fut tué.

Médéa, selon M. Mac-Carthy, serait l'ancienne station romaine de *Mediæ* ou *ad Medias*, ainsi appelée parce qu'elle était à égale distance de *Tirinadi* (Berouaghïa) et de *Sufasar* (Amoura). Une borne milliaire trouvée à 1,500 m. de Mouzaïa-les-Mines, à 13,500 m. env. N.-N.-O. de Médéa, donne le nom de *Lambdienses*. Ibn-Khaldoun dit plus tard Lambdia, Labdia, Lemdia. Il est toujours certain que Médéa a été bâtie sur l'emplacement d'un établissement romain. Nous voyons reparaître Médéa vers le milieu du ivᵉ siècle de l'hég., xᵉ de notre ère, dans l'une des trois villes fondées par Bologguin-Youssef, fils de Ziri, et portant le nom de *Lemdia*, tribu sanhadjienne. Le nom de *Lemdani* s'emploie encore avec la signification de natif de Médéa. Médéa a joué un rôle important pendant la longue période des guerres qui ensanglantèrent l'Afrique septentrionale, sous les dynasties musulmanes.

Après la formation du pachalik par les frères Aroudj et Kheir-ed-Din, Médéa, sous la domination turque, devint le ch.-l. du Titeri et forma un beylik qui comprenait, dans la province d'Alger, tout ce qui ne dépendait pas immédiatement de la circonscription de cette ville. L'Algérie étant tombée en notre pouvoir, le maréchal Clauzel destitue le bey de Médéa, part le 17 novembre 1830, avec 7,000 hommes, passe le col de Mouzaïa, le 21, et, après un combat glorieux, entre dans Médéa, y installe le bey Omar, et laisse dans la place un corps de 1,200 hommes, qui, après avoir été attaqués, les 27, 28 et 29 novembre, rentrent à Alger, le 4 janvier 1831. Le bey bloqué, dans la ville d'abord, puis dans sa maison, fut ramené à Alger par le général Berthezène, successeur du maréchal Clauzel. Ce dernier, ayant repris le gouvernement de l'Algérie, nomma un nouveau bey, Mohammed-ben-Husseïn, et confia, pour l'installer, une nouvelle expédition au général Desmichels, en avril 1836; mais un mois après, El-Berkani, khalifa d'Abd-el-Kader, s'empara du bey qu'il envoya à l'émir.

En 1840, après le combat du 17 mai, au Mouzaïa, notre armée arriva de nouveau à Médéa, qui fut définitivement occupée.

Médéa est entourée de murs percés de cinq *portes : d'Alger, du Nador, de Miliana, Sah'raoui* et *des Jardins*, puis d'un boulevard planté, en partie, de platanes.

L'ancienne ville arabe de Médéa a disparu à peu près au milieu des constructions françaises qui se sont élevées de toutes parts.

La place principale, dite *place d'Armes*, est plantée d'arbres et ornée d'une fontaine en bronze, à son centre; viennent ensuite les places *de la République, Mered, du Marché européen, du Marché arabe, du Marché aux bestiaux*. Sur la place de Mered, près de la porte d'Alger, a été érigé un obélisque tronqué à la mémoire des officiers et soldats tués lors des différentes expéditions sur Médéa.

Les principaux édifices sont : la caserne et l'hôpital, sur l'emplacement de l'ancienne kasba, au sommet de la ville, la manutention, le campement, la direction du génie, qui a compris dans son enceinte une ancienne mosquée, dont le minaret sert de poste d'observation; la *mosquée Mered* affectée au culte catholique (on y voit une bonne copie du Baiser de Judas, d'Hébert), la mosquée laissée aux musulmans, et plusieurs fontaines alimentées par l'aqueduc; au dehors, l'abattoir, l'aqueduc et la ferme des spahis.

Médéa doit à sa grande élévation une végétation qui n'a rien d'africain. Les ormes y sont très nombreux; les environs, d'ailleurs charmants, sont couverts de vignobles, qui donnent des vins déjà renommés, et dont la qualité s'accroît tous les jours. La culture des céréales est fort avantageuse; elle alimente plusieurs minoteries. La récolte des fruits est généralement abondante. Médéa est le principal entrepôt des laines, des bestiaux et des grains de la subdivision.

[De Médéa on pourra faire en 3 h. 30 à 4 h. (aller et ret.) l'ascension du Piton du Dakla (1,062 m.), couronnant le *Nador*. On y arrive en l'escaladant par le S. (2 k.), du côté de Lodi, ou par l'E., en suivant alors pendant 4 k. la route de Médéa à Alger; le reste du parcours est de 2 k., en tout 6 k. Du sommet couronné par un édicule de forme cubique, haut de 2 m., et terminé par une plate-forme supportant une colonnette (c'est un des signaux géodésiques pour la triangulation de la carte de l'Algérie), la vue est des plus merveilleuses : au S., c'est Médéa pour premier plan, puis Damiette, la vallée du Chélif. et, dans le lointain, les steppes, terminés par les montagnes, vaguement indiquées, des Oulad-Naïl; à l'O., la plaine du Chélif encore, et ce groupe immense de montagnes que domine le Ouaransenis, surnommé l'*Œil-du-Monde;* plus près, c'est le Zakkar au pied duquel s'appuient Miliana et les chaînes du Gontas. Au N.-O., c'est le Chenoua; plus près, au N., le djebel Mouzaïa, que nous reverrons tout à l'heure, et, au delà du Mouzaïa et des Beni-Sala, le Sahel de Koléa et la mer; au N.-E., enfin le Djurdjura.]

103 k. *Damiette**, ch.-l. de com. de 3,471 hab. (vignes et bons vins). — La voie descend et passe au *col de Condial-Sina.*

110 k. *Hassen-ben-Ali**, à dr., près des sources de l'oued Ouzera, affluent de la Chiffa, sur le territoire des Hassen-ben-Ali, section de la com. de Berrouaghia; 175 hab. — A g., profonds ravins boisés. — A 500 m., à dr., un pénitencier agricole contient 1,000 détenus.

Montée, puis 2 tunnels de 170 et 50 m. — On passe à côté de bâtiments où sont entretenus 70 enfants assistés de la ville de Paris.

122 k. **Ben-Chikao***, à 1,000 m. env. d'alt., ancien bordj, dominé à l'O., par le *dj. Haouara.* Ben-Chikao, 320 hab., se trouve chez les Hassen-ben-Ali, Kabyles qui habitent les montagnes et les vallées, au S.-E. de Médéa; leur pays est très boisé dans certaines parties, et fournit à Médéa des bois de construction et de chauffage; leurs vallées sont bien cultivées.

De Ben-Chikao la ligne monte au faîte de l'Atlas qu'elle franchit à la cote 1164. — Deux petits tunnels. — Viaduc sur le Chaouch. — Tunnels de Metcherif (150 m.) et de Ben-Chikao (350 m.). — On entre dans la vallée de l'*oued Chitane.* — Viaduc sur le Chabet-Oba. — Tunnel de 160 m. — Viaduc sur l'oued Krabia.

135 k. **Berrouaghia** * (de *berouack,* asphodèle, qui couvre le territoire en quantité innombrable), à 1 k. à g. de la gare, com. de plein exercice, de 2,393 hab., ch.-l. d'une com. m. de 32,702 hab., est situé à 927 m. d'alt., près des ruisseaux formant une des branches de l'Isser oriental, qui va se perdre dans la mer entre Alger et Dellys. Djafar, un des derniers beys de Titeri, y avait fait bâtir un haras, transformé plus tard en maison de commandement.

[A 2 k. 1/2, à l'E., bel *établissement thermal,* construit en 1890, alimenté par des *sources thermales* sulfureuses. La plus abondante pénètre, au sortir du bouillon, dans un bassin naturel, enclavé dans le roc et servant de *piscine pour les Arabes;* la température est de 41° sur les bords du bassin; son débit est de 3,000 à 4,000 lit. par h.

A g. de l'oued el-Hakoun, à 3 k. env., on visitera la *bergerie* et l'*école d'agriculture.* A g. de la route se trouvent des *ruines romaines* fort importantes. M. Léon Renier y a recueilli plusieurs inscriptions, dont l'une lui a donné le nom ancien de la localité : *Tanaramusa Castra.* Cette station, indiquée sur l'Itinéraire d'Antonin, jalonnait la route de *Calama* de Mauritanie à *Rusuccurium.*]

B. Par le village de la Chiffa et la route de voitures.

121 k. — D'Alger à (58 k.) la Chiffa, ch. de fer; 6 fr. 50, 4 fr. 85, 3 fr. 55. — De la Chiffa à (32 k.) Médéa, dilig. 2 fois par j. corresp. avec l'arrivée du train; trajet en 5 h.; coupé, 6 fr.; cabriolet, 5 fr.; intérieur, 4 fr. — Voit. particulières pour 1 pers., de Blida au Ruisseau des Singes, 15 fr. pour la demi-journée.

58 k. d'Alger à la Chiffa (*V. R.* 3), station où l'on quitte le chemin de fer pour prendre la diligence.

Laissant à dr. le v. de la Chiffa et sa station, la route commence à côtoyer la rive g. de l'oued Chiffa, qui ne tarde pas à couler, encaissée dans cette immense coupure de l'Atlas, qu'on aperçoit de si loin.

60 k. Si, avant de s'engager dans la gorge, on se retourne vers le point de départ, les yeux éblouis s'arrêtent sur le tableau magique de la Mitidja, des longues collines du Sahel et de la mer qui se montre par la coupe du Mazafran.

61 k. Auberge de Sidi-Madani (*V.* ci-dessus, *A*).
64 k. Le Ruisseau des Singes (*V. R.* 3, Blida).
66 k. La *Roche pourrie*, dont les blocs écroulés sont venus quelquefois intercepter la route.

69 k. Camp-des-Chênes (*V.* ci-dessus, *A*). L'oued Merdja se jette dans la Chiffa, à dr.

74 k. A dr., chemin conduisant (6 k.) aux mines de fer et de cuivre. — Lorsqu'elle a traversé le pont de l'oued Merdja, la route passe à dr. de la Chiffa, qu'elle côtoie jusqu'à l'oued Ouzera, où l'on trouve un autre cabaret, dit le *Repos de Sainte-Hélène*. La route remonte alors ce dernier torrent, pendant 4 k., dans une direction S.-E.; puis, revenant ensuite brusquement au S.-O., elle ne tarde pas à contourner

76 k. Le *djebel Nador*, près de l'auberge de ce nom. Arrivé à ce point, apparaissent de nouveaux horizons. C'est comme un coup de théâtre. La végétation a changé subitement: aux aloès, aux cactus, aux lentisques, aux oliviers, ont succédé, sans transition, les saules, les ormeaux, les églantiers et les vignobles réputés.

84 k. *Auberge des Deux-Ponts.* — Le grand aqueduc, qui donne au pâté de Médéa, quand on l'aborde par la route d'Alger, un aspect si monumental, surgit tout à coup au détour d'un long rideau de peupliers.

90 k. Médéa (*V.* ci-dessus, *A*). — 94 k. Damiette (*V.* ci-dessus, *A*). — 100 k. Hassen-ben-Ali (*V.* ci-dessus, *A*). — 108 k. *Auberge*, dite du 108e kilomètre. — 111 k. Ben-Chikao (*V.* ci-dessus, *A*). — 121 k. Berrouaghia (*V.* ci-dessus, *A*).

DE BERROUAGHIA A LAGHOUAT

311 k. — 45 k. de Berrouaghia à Boghari; dilig., en 4 h. 30 env.; 4 fr. 10 — 276 k. de Boghari à Laghouat; dilig. tous les jours pairs; départ à 6 h.

du m.; trajet en 3 j.; coupé, 55 fr. 55; intérieur, 45 fr. 25. Déjeuner à midi à *Aïn-Oussera;* coucher à *Guelt-es-Stel;* départ à 2 h. du m.; déjeuner au *Rocher de Sel;* arrivée à *Djelfa* à midi; coucher à *Aïn-el-Ibel;* départ à 2 h. du m.; déjeuner à *Sidi-Maklouf;* arrivée à *Laghouat* à 4 h. du s.

Au delà de Berrouaghia, le centre de la vallée, où passe la route, est occupé par les *Chorfa*, fraction administrative des Abid, avec lesquels ils sont mortifiés d'être confondus, eux la fleur de la noblesse musulmane. Le mot Abid, esclave, s'applique aux tribus d'origine nègre. Les Chorfa descendent de Moulaï-Edris du Maroc, et sont originaires des Flitta de Mascara. Laborieux et intelligents, ils comptent env. 300 âmes. La Koubba de *Sidi Khelfa*, un de leurs ancêtres, s'élève à 6 k. S. de Berrouaghia.

Des collines séparent la vallée de l'oued el-Hammam de celle du Chélif. Un moulin et une maison forestière viennent rompre un instant la monotonie des plaines et des mamelons incultes.

147 k. d'Alger. *Aïn-Makhlouf*, petit v. et caravansérail; aub. et relais. — 154 k. La route descend assez rapidement jusqu'à une maison forestière.

162 k. *Aïn-Moudjerar*, caravansérail, auberge, connu encore sous le nom de *Camp des Zouaves*.

171 k. L'*oued el-Hakoun*, affluent du Chélif que l'on traverse sur un beau pont en fer.

[Un chemin muletier conduit de l'oued el-Hakoun à (10 k.) Boghar (*V.* ci-dessous).]

On remonte la rive dr. du Chélif dans une campagne désolée. 180 k. **Boghari** *, com. de plein exercice de 3,179 hab., et ch.-l. de com. m. de 26,475 hab., place commerçante importante, à l'E. de Boghar dont il est séparé par le Chélif.

A quelques centaines de m. de distance, *Boukhari*, sur un mamelon aride (333 m.), est un v. fortifié, fondé en 1629 par quelques marchands originaires de Laghouat, circonstance à laquelle il doit son aspect tout saharien. Un indigène de la famille de Sidi el-Boukhari s'associa à leur création, qui reçut alors le nom de marabout.

Le ksar est situé à 200 m. au-dessus du Chélif, au bord d'un plateau rocheux, à la base duquel s'élève un caravansérail de construction française, devant lequel se tient tous les lundis un marché important. Boukhari sert de comptoir et d'entrepôt aux Européens et aux nomades. Le ksar a une physionomie toute saharienne et présente chaque nuit, jusqu'à une heure avancée, ce genre d'animation particulier aux villes du Sud avec leurs musiciens nègres et leurs danseuses Oulad-Naïl.

Sur une autre colline, à g., du côté du ksar, sont situés le cimetière arabe et 2 koubbas.

[A 8 k. O., **Boghar** * (omnibus, 1 fr. 50), et mieux *Bou R'ar* (la grotte), com. de plein exercice de 2,806 hab., et ch.-l. de com. indig. de 33,604 hab., situé sur la rive g. du Chélif, à la lisière du Tell.

Boghar, *Castellum Mauritanum* des Romains, qui était d'abord une ferme, fut choisi par Abd-el-Kader pour l'emplacement d'un de ses établissements militaires. Le général Baraguay-d'Hilliers, parti de Blida, le 8 mai 1841, déposait un convoi à Médéa, traversait le pays des Abid, bivaquait sur l'oued el-Hakoun, et arrivait le 23, en vue de Boghar, incendié la veille par les Arabes qui se retiraient. Nos troupes n'eurent qu'à achever sa destruction.

Ce point, qui avait une très grande importance pour les Arabes, n'en a pas une moins grande pour les Français, parce qu'il domine les Hauts-Plateaux de la province d'Alger, et surveille les mouvements des tribus nomades; situé à l'entrée de la vallée par laquelle le Chélif, quittant son nom de Nahr-Ouassel, pénètre dans les terres cultivées, et qui est une des voies de communication les plus fréquentées par les tribus du Sahara, lorsqu'elles viennent dans le Tell, il garde, pour ainsi dire, une des principales portes de la province.

Boghar est devenu le ch.-l. d'un cercle qui relève de Médéa. C'est auj. une belle redoute bâtie sur la pente rapide des parties supérieures d'une montagne, à 970 m. d'alt., à 800 au-dessus du lit du fleuve. Cette grande élévation donne à Boghar de tous côtés d'admirables vues : au N., sur tout le Tell et Médéa; au S., sur les vastes steppes que le regard franchit pour s'arrêter seulement à 80 k. de là; aussi l'a-t-on surnommé le *Balcon du Sud*. Boghar comprend la redoute et le v. La redoute renferme un hôpital; une caserne, un pavillon d'officiers, la manutention, la maison du commandant supérieur, celle du génie; au-dessus de son enceinte, sur le plateau, se trouve le bureau arabe, et au-dessous une pépinière qui sert de promenade; le v. en est voisin. Un marché considérable se tient, tous les lundis, dans la vallée, sous le canon de la place.

Boghar est situé sur le territoire des *Oulad-Anteur*, qui repoussent la qualification de Kabyles; ils ont la prétention, un peu hasardée, d'être les descendants d'Anthar, le héros d'un des plus célèbres poèmes arabes.

On trouve à l'oued Anteur, près de Boghar, à l'O., des eaux minérales sulfureuses.

De Boghar une route directe, à travers le pays des Haoura et des Beni-Hassen, par *Khrechiba* et *Aïn-Moudjouar*, conduit, en 8 h., à (54 k.) Médéa (*V.* ci-dessus); on est continuellement dans les montagnes, et l'on passe à travers de magnifiques forêts de chênes et de pins.

De Boghari à Chellala (106 k.; dilig. le lundi et le jeudi, en 24 h.; prix variable; s'informer). — On se dirige au S.-E., à travers un pays mamelonné, inculte et d'un triste aspect. — 21 k. Caravansérail de Bougzoul. La route se dirigeant à l'O.-S. côtoie la rive de dr. de l'*oued Ouerk* dans un pays toujours aride, mais que l'encaissement de l'oued Ouerk dans de hauts rochers rend alors des plus accidentés et des plus pittoresques.

62 k. *Chabounia*, relais et auberge.

83 k. L'*Oued Ouerk*, maison d'administration. La route, laissant l'oued Ouerk à dr., et traversant son affluent l'*oued Touil*, traverse des plaines et des collines.

106 k. *Chellala*, ksour des Hauts-Plateaux, 118 hab.; là se tient un grand marché de laines.

A 36 k. S. de Chellala est situé *Taguin* à l'O. du Zahrez-Gharbi et à la limite des cercles de Boghar et de Djelfa. C'est un endroit marécageux, malsain, mais précieux par ses fourrages, son halfa et surtout par les eaux de source auxquelles viennent de loin les troupeaux des nomades. Le 14 mai 1843, le général duc d'Aumale, parti de Boghar avec 600 cavaliers, surprit la smala d'Abd-el-Kader à Taguin. Il y avait là 6,000 personnes, dont 5,000 combattants, mais la soudaineté de l'attaque ne permit pas à ces derniers de se reconnaître. On enleva 3,000 prisonniers et un immense butin.

Au S.-E. de Boghari, en dehors de la route chez les *Oulad-Mokhtar*, ruines de *Saneg*, l'*Usinaza* des Romains, bornée au N.-N.-O. par Chabet-Aïcha, au S.-S.-E. par l'oued Menala, au N.-E.-E. par Teniet-Rasfa et au S.-O. par Draâ-Saneg, présente les ruines d'une ville. La forme de l'enceinte est celle d'un rectangle irrégulier de 300 m. de long. sur 200 de larg. ; elle était fermée d'un mur de 2 m. d'épaisseur. Sur les ruines mêmes et près de l'oued Doufana, s'élèvent les murs en ruines de deux ksour ou villages arabes. Une inscription, découverte à Saneg par M. Caussade, et encastrée aujourd'hui à Boghar, dans un mur de l'hôtel du commandant supérieur, nous apprend qu'Usinaza fût constituée en municipe. On trouve Usinaza dans la liste des évêchés, au IVe et au Ve s., sous la forme très peu altérée d'Usinadis.]

A partir de Boghari, la route jusqu'à Laghouat est à l'état de piste dont la viabilité est assurée par des brigades volantes. La construction de la plate-forme entre el Khrachem et Laghouat coûtera environ 2,600,000 francs et sera terminée en 4 ans. La question se posera alors de savoir si l'on doit y établir une chaussée empierrée ou un chemin de fer, si utile au point de vue des relations civiles et stratégiques.

On entre dans la vallée du Chélif. « Cette vallée ou plutôt cette plaine inégale et caillouteuse, coupée de monticules et ravinée par le Chélif, est à coup sûr un des pays les plus surprenants qu'on puisse voir. Je n'en connais pas de plus singulièrement construit, de plus fortement caractérisé, et même après Boghari, c'est un spectacle à ne jamais oublier. Imaginez un pays tout de terre et de pierres vives, battu par des vents arides et brûlé jusqu'aux entrailles ; une terre marneuse, polie comme de la terre à poterie, presque luisante à l'œil, tant elle est nue, et qui semble, tant elle est sèche, avoir subi l'action du feu ; sans la moindre trace de culture, sans une herbe, sans un chardon ; des collines horizontales qu'on dirait aplaties avec la main ou découpées par une fantaisie étrange en dentelures aiguës, formant crochet, comme des cornes tranchantes, ou de fers de faux ; au centre, d'étroites vallées, aussi propres, aussi nues qu'une aire à battre le grain ; quelquefois, un morne bizarre, encore plus désolé, si c'est possible, avec un bloc informe posé sans adhérence au sommet, comme un aérolithe tombé là sur un amas de silex en fusion ; et tout cela d'un bout à l'autre, aussi loin que la vue peut s'étendre, ni rouge, ni tout à fait jaune, ni bistré, mais exactement couleur peau de lion. Quant au Chélif, qui, 40 lieues plus avant dans l'O., devient un beau fleuve pacifique et bienfaisant, ici c'est un ruisseau tortueux, encaissé, dont l'hiver fait un torrent, et que les premières ardeurs de l'été épuisent jusqu'à la dernière goutte. Il s'est creusé dans la marne molle un lit boueux qui ressemble à une tranchée, et, même au moment des plus fortes crues, il traverse, sans l'arroser, cette vallée misérable et dévorée de soif. Ses bords taillés à pic sont aussi arides que le reste ; à peine y voit-on, accrochés à l'intérieur du lit et marquant le niveau des grandes eaux, quelques rares pieds de lauriers-roses, poudreux, fangeux, salis, et qui expirent de chaleur au fond de cette étroite ornière, incendiée par le soleil plongeant du milieu du jour. » (Fromentin, *Un été dans le Sahara*.)

188 k. *Aïn-Saba*, posté sur l'un des nombreux affluents du Chélif.

198 k. Entrée des Hauts-Plateaux, région de l'halfa, jusqu'au

[R. 4] GUELT-ES-STEL. — LE ROCHER DE SEL. 79

Rocher de Sel. — La plaine d'une centaine de k. jusqu'à Guelt-es-Stel, est terminée par le djebel *Kaïder* que surmontent les *Sebà-Rous* ou sept têtes, autant de pitons.
200 k. *Bougzoul*, à 656 m. d'alt. Caravansérail et café puits dont l'eau est saumâtre. A dr. vieux bordj. — A 200 m. de là commence le mirage qui, plus loin, se reproduira plus d'une fois.
On quitte le Chélif et la route contourne, jusqu'à Aïn-Ousera, de vastes marais. On commence à rencontrer les gazelles.
205 k. *El-Khrachem*. — Plaines d'halfa.
236 k. *Aïn-Ousera*, magnifique caravansérail (on y déjeune près de marais qu'on a desséchés). Immense abreuvoir de 2,400 m. de superficie.
253 k. *Bou-Sedraïa* (auberge de *Bellevue*, puits de 30 m. de profondeur, débitant 1,200 lit. par j.), caravansérail, nombreux gourbis abritant les coupeurs d'halfa.
On franchit le *col du Kaïder*.
275 k. *Guelt-es-Stel* (la mare de l'Écuelle), 920 m. d'alt., possède également un caravansérail (dîner et coucher). Cette station est au pied S.-O. du djebel Kaïder et à g. du Sebâ-Rous. Le bois de chauffage y abonde. Près de là, à l'oued Kaïder, on a foré un puits artésien (eau excellente).
On passe aux *Terres blanches* où un colon, M. Cazelle, a fait construire une ferme importante. — On entre dans le bassin des deux Zahrez, lacs salés, à sec en été. De la route, qui passe entre les deux, on n'aperçoit, en cette saison, que des nappes de sel d'une blancheur éblouissante. Le Zahrez de l'O., à 857 m. d'alt., a 32,000 hect.; celui de l'E., à 840 mèt., en a 50,000.
302 k. *El-Messeran*, café-poste et aub. à l'extrémité E. du Zahrez de l'O., et non loin du bois de tamarin, appelé R'arza. Deux puits artésiens d'eau très saumâtre ont été forés, le premier à *El-Messeran*, le second à l'O., dans l'endroit dit Malakoff.
— Après avoir dépassé à dr. un cimetière arabe que dominent deux koubbas, on rencontre une dune de sables mouvants, large de 200 à 300 m., que les vents de l'O. déplacent et reforment sans cesse au pied des premières collines de la chaîne saharienne et dont la traversée est souvent des plus pénibles.
314 k. *Le Rocher de Sel*. Caravansérail (on y déjeune) sur l'oued Melah ou Djelfa; bois de tamarins.
A dr. du Rocher de Sel, *koubba de Sidi Abd-es-Selam* en face du djebel Senalba, côté S. — Les *Oulad-Goumrini*, aidés par les *Oulad-Sidi-Ahmed*, ont fait sur l'oued Melah, à 6 k. à l'O. du Rocher de Sel, un magnifique barrage haut de 7 m. 20, et long de 240 m., se prolongeant par une digue de 1,400 mèt. qui assure l'irrigation de 2,000 hect. de terrains presque tous en culture.

Le gîte de sel gemme du Djebel Sahari, vulgairement appelé Rocher de Sel, le défilé de sel serait mieux (Khang-el-Melah), peut être considéré comme le résultat d'une éruption de boue argilo-gypseuse et de sel gemme, qui se serait fait jour à travers les assises superposées des terrains crétacés inférieurs et tertiaires moyens. Le sel gemme, très abondant dans le Khang-el-Melah, y forme des talus très abrupts, qui atteignent 35 m. de hauteur. Ce sel est gris bleuâtre en masse, et zoné de diverses nuances à peine distinctes les unes des autres; il n'est pas stratifié. La face supérieure de l'amas de sel gemme est recouverte presque partout par un magma composé de fragments à angles vifs, d'une roche silicatée de couleur variable, jaune, verte, rouge, violette, réunis par un ciment grisâtre, qui est un mélange d'argile et de petits cristaux de gypse.

Tout cet ensemble d'argile et de sel se ravine avec la plus grande facilité sous l'action des agents atmosphériques; de plus, la dissolution du sel par les eaux souterraines donne lieu à de grands vides intérieurs, qui s'effondrent de temps en temps et produisent à la surface du gîte des crevasses et des entonnoirs plus ou moins profonds. Toutes les causes réunies déterminent des accidents bizarres, fantastiques, qui font du Rocher de Sel un magnifique spectacle pour le voyageur, arrivant fatigué par la monotonie de la route; des milliers de pigeons y nichent.

Plusieurs sources, très riches en sel marin, émergent du Rocher de Sel et vont se jeter dans l'oued Melah; leurs bords se couvrent de croûtes salines par l'évaporation spontanée. L'administration a fait disposer le long de ces sources des bassins en argile damée, où les eaux sont emmagasinées, et déposent par cristallisation des couches de sel marin de 10 à 12 cent. d'épaisseur. Ce sel est employé par les garnisons de Boghar, de Djelfa et de Laghouat.

Au delà du Rocher de Sel, et quand on a obliqué à g. dans un dédale de roches superposées dans un désordre pittoresque, on arrive au *caravansérail* et à la *ferme Cazelle*, entourée d'un magnifique jardin fruitier. On traverse ensuite à gué l'oued Melah qui va prendre le nom d'oued Djelfa.

Auberge et relais de *Zmeilat*. Bientôt commencent les premiers talus qui séparent le petit et le grand désert et auxquels le colonel Niox donne le nom général de monts des Oulad-Naïl. La route s'élève sans pente excessive jusqu'à Djelfa et en franchit le faîte à quelques k. plus loin; la route côtoie la rive dr. de l'oued Melah, laisse d'abord à g., et plus tard à dr., les ruines de plusieurs ksour.

330 k. **Aïn-Ouarrou**, aub., puits, café maure. Plus haut, dans un ravin à g., nombreux monuments mégalithiques. — On continue à remonter la coupure qui termine à l'E. la crête du *Senalba* et ouvre à l'oued Djelfa un passage vers le N. Les moulins de l'administration militaire sont situés sur la rive dr. de la rivière en avant de

342 k. **Djelfa** (1,167 m. d'alt.), com. m. de 2,569 hab., sous un climat extrême, assez froid en hiver. La com. indig. comprend 53,803 hab.

Djelfa comprend le bordj et la ville. — Le *bordj*, ainsi que l'indique une inscription placée au-dessus de sa porte d'entrée, a été bâti en 40 jours, en 1852, par la colonne expéditionnaire du général Yussuf, sous le commandement du maréchal Randon. C'est un vaste corps de logis, élevé carrément au-dessus d'une enceinte de murs bas. On y a installé la maison du bach-agha des Oulad-Naïl, dont Djelfa est le centre, avec un bureau arabe. C'est tout à la fois une maison de commandement, un caravansérail et une forteresse. L'église, à l'élégant clocher, est également comprise dans le bordj. — La *ville* ou village se compose de quatre rues se coupant à angles droits et de vastes espaces vides qui attendent les constructeurs.

Le docteur Reboud a signalé les *ruines romaines* du poste romain de Djelfa, sur la rive dr. de la rivière, entre le bordj et le moulin. Il existe aussi sur les deux rives de l'oued, à quelques centaines de mètres en aval du moulin, un très grand nombre de tombeaux de dimensions variables, et qui rappellent assez bien les monuments dits celtiques.

Les **Oulad-Naïl**, ou Beni-Naïl ou Nouaïl, enfants de Naïl-Ebn-Ameur-Ebn-Djabeur, constituent une des fractions de la grande tribu arabe des Zor'eba et sont venus dans l'Afrique septentrionale vers le milieu du XIe s. de notre ère; ils forment aujourd'hui une très forte confédération de tribus, qui occupe un vaste territoire, touchant, à l'E., à Bou-Sâda et aux Ziban dans la province de Constantine; au lac de Zahrez et au Djebel-Amour, à l'O. Ils cultivent un peu de céréales, quand ils peuvent établir des canaux d'irrigation; leurs troupeaux sont nombreux et très renommés; ils possèdent beaucoup de chameaux. Les Oulad-Naïl, dont les femmes travaillent la laine et dont les filles vont chercher une dot en se prostituant dans les ksour ou dans les villes du littoral, ont des relations commerciales avec le Sahara. Ils apportent dans le Tell les dattes, les plumes d'autruche, les fins tissus de laine. Ils ont huit dacheras ou villages dans le djebel Sahari (1,500 m.), qui leur servent de dépôt, et comptent environ 100 à 300 hab. chacune, dont quelques Européens. Ces dacheras, autour desquelles il y a des jardins et des cultures, sont : *Ksar-Charef*, à 60 k. O. de Djelfa; à l'E., Aïn-el-Hammam, source de 33°, au milieu des ruines romaines; — *Hamra*, à 44 k. S.-O.; — *Zakkar*, à 40 k. S.; — *Medjbara*, à 36 k. S.-E., reconstruit en 1854; — à 75 k. S.-E., *Amoura*, au revers méridional du djebel Bou-Kahil, à 1,400 m. d'alt.; eaux tombant en cascades pour arroser les jardins; — enfin, plus au S., à 88 k., *Messâd Demmed* et *El-Harria*.

On quitte Djelfa par un faubourg, pour gravir le *col des Caravanes* où l'on franchit la ligne de partage des eaux qui se déversent au S. dans le Sahara et au N. dans le Zahrez, par la coupure de Djelfa. On descend ensuite.

367 k. Caravansérail de l'*oued Seddeur*, près duquel est un café-poste. — *Ksar Zeïra*, source abondante (10,000 lit. à l'heure) d'une eau magnésienne.

380 k. *Aïn-el-Ibel* (la fontaine des chameaux), à 1,055 m.; caravansérail où l'on dîne et couche. — On laisse à dr. le *djebel Tadmitz*, et l'oued du même nom, que l'on traverse sur un pont pour franchir

395 k. *Le Gué de Mokta-el-Oust*, où l'on trouve une aub., un caravansérail et un café.

414 k. *Sidi-Makhlouf*, caravansérail (on y déjeune), à 920 m. sur un plateau, au bord d'un ravin, où sont des sources et des trous dans lequels on pêche d'excellentes truites; par ces trous on peut atteindre l'oued souterrain, qui coule près des palmiers.

A g., près des mêmes palmiers, on voit la *koubba* du marabout qui a donné son nom à la localité. Cette koubba, comme toutes celles du Sahara, est un petit bâtiment carré, terminé par un dôme en pain de sucre, au lieu d'être arrondi comme dans le Tell. On est dans la région des scorpions et des lefâs (vipères cornues très dangereuses), des boulakar (tarentules) et des ouranes (gros lézards).

De Sidi-Makhlouf à Laghouat, le chemin passe dans des terrains plats couverts d'halfa et de broussailles épineuses; le pays est limité au N.-O. et au S.-E. par deux systèmes de montagnes qui vont en se rapprochant vers le S.-O. Le djebel Azereg, la montagne bleue, au N.-O. de la route, est remarquable par sa crête accidentée. Un col peu élevé sépare les eaux de l'oued Metlili de celles qui courent au N., vers l'oued Sidi-Makhlouf; il est occupé par la Dayat-el-Hamra, dont le diamètre est d'env. 1,000 m.

440 k. *Metlili*, café-poste, construction mauresque, près du puits Hentz, donnant de l'eau excellente. — Laissant à dr. le djebel Azereg, on longe la vallée de l'oued Mzi, qui contourne la petite montagne connue sous le nom de *Chapeau du gendarme*, nom peu justifié. On traverse le lit de l'oued Mzi, large de 2 k.; puis la vue s'arrête au milieu de la plaine (couverte alors de belles cultures), sur deux monticules, séparés par une ligne noire de palmiers, et couverts de maisons défendues par une ceinture de murs et de tours : c'est Laghouat.

456 k. **Laghouat** *, et mieux *Lar'ouat*, sur l'oued Mzi, ch.-l. d'un cercle de la subdiv. de Médéa, d'une com. m. de 6,100 hab. et d'une com. indig. de 15,358 hab. Laghouat est située à 746 m. d'alt. par 0°30′ de long. E. et 33°48′ de latit. N. La ville forme deux amphithéâtres qui se font face, sur les flancs de deux mamelons du djebel Tisgarin, allongés dans le sens du N.-E. au S.-O., et dont les sommets sont distants l'un de l'autre d'env. 1,800 m. C'est entre ces deux mamelons que les canaux d'irrigation amènent, au moyen d'un barrage de 300 m. de longueur sur 10 de largeur et 3 de profondeur, les eaux de l'oued Mzi, et alimentent la ville dans sa petite largeur. Les jardins de palmiers et les vergers, d'une superficie de 200 hect., s'étendent au N. et au S. de la ville.

Laghouat, visitée d'abord en 1844 par le général Marey-Monge, et prise d'assaut, en décembre 1852, par le général, depuis maréchal Pélissier, bien que formant un même tout, était jadis, en réalité, composée de deux villes distinctes, habitées par deux populations, les Oulad-Serrin à l'O., et les Hallaf à l'E., presque constamment en lutte, et qui s'étaient créé chacune une vie à part. Laghouat a donc conservé la fidèle empreinte de cet état politique dans sa disposition topographique. Mais depuis le jour de son occupation définitive, l'aspect intérieur de Laghouat a été très modifié, surtout dans le quartier N.-E.

L'enceinte est percée de cinq portes : *bab Cherkia*, à l'E.; *bab Nebka*, au S.; la *porte du Sud*; *bab Nouader*, à l'O., et la *porte des Caravanes*, au S.-E. Une vaste place rectangulaire, dite *place Randon*, offre à ses deux extrémités deux bazars indigènes, dont l'un, dit *Cheikh-Ali*, est surmonté d'une coupole mauresque qui renferme l'horloge; l'un de ses grands côtés est formé par l'hôtel du commandant supérieur et par le cercle militaire; le second par le pavillon du génie et par le bureau arabe; à g. le trésor et la poste, à dr. l'église. Toutes ces constructions n'étant pas contiguës laissent la vue se perdre, par les intervalles qui les séparent, dans les profondeurs des jardins.

C'est dans la partie O. de la ville que se trouve le *dar Sefa*, la maison en roches plates, ou kasba de Ben-Salem, nom de l'ancien khalifa qui la fit construire; c'est un vaste bâtiment, où l'on a installé l'hôpital, un casernement et des magasins. Une rue, en partie bordée d'arcades, conduit de la place Randon à la porte ou bab Nouader, puis à l'avenue, percée dans les palmiers, pour y faire aboutir la grande route du N. La mosquée, dite Pélissier, appropriée pour l'usage du culte catholique; une école installée dans une maison mauresque, un abattoir, un jardin d'essai, complètent les monuments ou établissements d'utilité publique de cette ville.

Quant aux anciennes rues, situées dans le quartier S.-O., en voici l'exacte description faite par Th. Gautier, d'après Fromentin :

« De chaque côté de la voie accidentée comme un lit de torrent à sec, s'élèvent des maisons, les unes en saillie, les autres en retraite ; celles-ci surplombant, celles-là se penchant en arrière et se terminant par un angle carré sous un ciel d'un bleu intense, calciné de chaleurs. Grands murs blancs, petites fenêtres noires semblables à des judas, portes basses et mystérieuses, tout un côté dans le soleil, tout un autre dans l'ombre ; voilà le décor. Au premier coup d'œil, la rue paraît déserte ; à l'exception d'un chien pelé qui fuit sur les pierres brûlantes, comme sur le sol d'un four et d'une petite fille hâve se dépêchant de rentrer, quelque paquet au bras, on n'y distingue aucun être vivant ; mais suivez, quand votre regard sera moins ébloui par la vive lumière, la tranche d'ombre bleue découpée au bas de la muraille à dr., vous y verrez bientôt une foule de philosophes pratiques allongés l'un à côté de l'autre, dans des poses flasques, exténuées, semblables à des cadavres enveloppés de leur suaire, qui dorment, rêvent ou font le kief, protégés par la même bandelette bleuâtre. Lorsque le soleil gagnera du terrain, vous les verrez se lever chancelants de somnolence, étirer leurs membres, cambrer leur poitrine avec un effort désespéré, secouer leurs draperies pour se donner de l'air, et, traînant leurs savates, aller s'établir autre part, jusqu'à ce que vienne la nuit apportant une fraîcheur relative. »

Les maisons sont construites en briques crues, argileuses, auxquelles elles devaient jadis une teinte grise générale, qui a presque disparu sous le badigeonnage à la chaux.

Le profil extérieur de la ville présente une vaste enceinte crénelée. Au N.-E., le *fort Bouscarin* contient une caserne d'infanterie pour 400 hommes, un pavillon d'officiers, des magasins et un hôpital militaire. Au S.-O. s'élève *la tour*

Morand, d'où, comme du fort Bouscarin, on a une vue très étendue. Le colonel Bouscarin et le commandant de zouaves Morand moururent des blessures reçues devant Laghouat.

L'oasis a la plus riche végétation qu'il soit possible de voir : la vigne, le figuier, le grenadier y croissent, mêlés à tous les arbres à fruits du midi de la France. Le roi de cette végétation luxuriante est le palmier, l'arbre au port majestueux, à la tige svelte et élancée, au feuillage toujours vert; on en compte à Laghouat près de 15,000 dont 10,114 sont imposés à 30 c.; on sait que cet impôt, en Algérie, varie de 25 à 50 c. Le grand barrage construit sur l'oued Mzi a rendu possible la culture en céréales d'une grande partie (1,000 hect.) de la vaste et fertile plaine restée inculte jusque-là. On a aussi envoyé à Laghouat, pour l'amélioration des races sahariennes, un troupeau de mérinos, qui donne de remarquables résultats.

Laghouat sert de liaison entre le S. oranais et le S. de Constantine. C'est le point de divergence des routes qui conduisent : vers l'O. chez les Oulad-Sidi-Cheikh; vers le S. au Mzab et à Ouargla; vers l'E. dans les Ziban et à Biskra. Tout concourt donc à faire de Laghouat l'entrepôt d'un commerce assez considérable avec les tribus voisines et celles des autres localités du Sahara. Première grande étape de la route de Tombouctou et des régions de l'Afrique intérieure, elle est appelée à devenir d'ailleurs le ch.-l. politique de l'Algérie méridionale.

[Les ksour appartenant à la confédération des Lar'ouâtis, et administrés aujourd'hui par le commandant du cercle de cette dernière ville, sont : Tajemout, Aïn-Madi, El-Houïtha, El-Assafia et Ksar-el-Haïran.

Tajemout (la pluie), à 35 k. N.-O. de Laghouat, est situé sur un petit mamelon pierreux à la base duquel coule l'oued Mzi; elle compte 100 à 150 maisons entourées d'assez beaux jardins. « Je ne connais pas, dit Fromentin, de village arabe qui se présente avec plus de correction, ni dans des conditions de panorama plus heureuses que Tajemout quand on l'approche en venant de Laghouat. Elle couvre un petit plateau pierreux qui n'est qu'un renflement de la plaine, et s'y développe en triangle allongé. La base est occupée par un rideau vert d'arbres fruitiers et de palmiers; les saillies anguleuses d'un monument ruiné en marquent le sommet. Un mur d'enceinte, accolé à la ville, suit la pente du coteau et vient, par une descente rapide, se relier, au moyen d'une tour carrée, aux murs extérieurs des jardins. Ces murs sont armés de distance en distance de tours semblables; ce sont de petits forts crénelés, légèrement coupés en pyramides et percés de meurtrières.

Aïn-Madi, à 60 k., de Laghouat et au S.-E. du Djebel-Amour ou Djebel-Rached, est « une petite ville située sur un mamelon, dans une plaine légèrement ondulée. Son enceinte, qui a la forme d'une ellipse, est une forte muraille dont les créneaux, coiffés de petits chapiteaux, sont d'un effet pittoresque. Une zone de jardins, d'une largeur de 150 m. environ, l'enveloppe de toutes parts; mais ces jardins, impitoyablement ravagés par Abd-el-Kader, rendent moins triste ce ksar autour duquel tout est aride et pelé. » (*Mac-Carthy*.)

AÏN-MADI. — LES DAYAS.

El-Houïtha (la petite muraille), à 42 k. S.-O. de Laghouat et 20 k. S.-E. d'Aïn-Madi, est un ksar de quarante à cinquante maisons bâti sur une hauteur dominant un ravin dans lequel est une source qui, après avoir arrosé les jardins, va remplir des citernes.

El Assafia, à 10 k. N.-E. de Laghouat, sur une dérivation de l'oued Mzi ou oued Djedi, est un ancien ksar qui fit longtemps la guerre à Laghouat.

Ksar-el-Haïran (ksar des Jardinets), à 30 k. E. de Laghouat, sur la rive dr. de l'oued Djedi, compte une centaine de maisons, entourées de jardins peu considérables, faute de moyens suffisants d'irrigation, l'oued Djedi étant souvent à sec.

De Laghouat à Bou-Sâda (263 k.; route muletière). — 12 k. *El-Assafia;* — 80 k. *Messad;* — 104 k. *Aïn-Soltan;* — 132 k. *El-Amoura;* — 185 k. *Aïn-Rich*. — 244 k. *Dermel*. — 263 k. *Bou-Sâda* (R. 6).

De Laghouat au Mzab et à Goléa (462 k.). — 189 k. de Laghouat à Ghardaïa; dilig. t. 1. 2 j.; service d'été : départ de Laghouat, à 4 h. soir; arrivée à Ghardaïa à 8 h. mat., le surlendemain; retour aux mêmes heures; service d'hiver : départ de Laghouat à 3 h. mat.; arrivée à Ghardaïa à 7 h. soir, le surlendemain; retour aux mêmes heures; le prix des places et des bagages étant variable, se renseigner aux bureaux des messageries. — 273 k. de Ghardaïa à Goléa : chevaux, mulets et vivres. — *N. B.* Consulter pour cet itinéraire les notices et notes de MM. Berbrugger, Mac-Carthy et Maskeray, du colonel Niox, des commandants Robin et Coyne. Les distances kilométriques ont été établies par le colonel Letellier.

Quand on quitte Laghouat pour se diriger vers le S., on trouve devant soi un immense plateau presque horizontal, où la vue s'étend, comme en pleine mer, jusqu'aux limites de l'horizon. Le sol est recouvert d'une carapace calcaire friable, sur laquelle il existe une végétation clairsemée où domine une plante ligneuse haute de 30 à 40 cent. que les Arabes appellent *remetz* et qui est employée comme combustible.

Quand on a franchi quelques k., on commence à percevoir, de loin en loin, des arbres de haute futaie, au feuillage épais, qui croissent dans des dépressions peu sensibles, marquées par des îlots de verdure et d'où émergent des touffes vivaces de jujubier sauvage. Ces arbres sont des *betoums*, pistachiers de l'Atlas. Ces dépressions sont des *dayas*, et le pays que l'on parcourt est la région des dayas, qui s'étend des limites de la province d'Oran à celles de la province de Constantine, sur une larg. d'env. 60 k. Sur cet immense plateau, où il n'y a presque pas de pentes, les eaux pluviales se réunissent dans des cuvettes, en entraînant des débris de terre végétale, et ces limons ont fini avec le temps par former une couche assez épaisse pour nourrir de grands arbres. Les dayas sont espacées de 2 à 3 k. les unes des autres, de sorte qu'on en a toujours un certain nombre en vue; elles ne portent le plus souvent que quelques betoums isolés, mais quelques-unes présentent de véritables bouquets d'arbres assez serrés. Providence des voyageurs, les dayas leur offrent de l'ombre et de l'eau.

24 k. L'*oued Bou-Trekfin*, affluent souvent à sec de l'oued Djedi. — A dr. *Daya Ras-Chaâb*.

34 k. *Daya-Talemsan*. On côtoie l'oued Nili à sec.

44 k. *Daya-ed-Diba*, où le bois se trouve en grande quantité et où il conviendrait de creuser un puits.

52 k. *Nli*; ancien bordj, écurie pour les relais des dilig.; puits.

66 k. L'*oued Zeliguin; Daya-Zenna,*

88 k. *Tilremt.* Cette daya, la plus grande et la plus belle de celles que l'on rencontre sur la route, a une superficie de 103 hect. et contient env. 2,400 bétoums et une grande quantité de jujubiers sauvages qui protègent la crue des betoums quand ils sont jeunes, et dont quelques-uns ont jusqu'à 4 et 5 m. de circonférence. Plusieurs ravins, dont quelques-uns ont jusqu'à 2 lieues de parcours, y amènent les eaux pluviales. Une citerne, mesurant 10,000 hectol., contient l'eau nécessaire pour une année; cependant des puits ont été creusés à côté. Construite par le génie, la citerne est surmontée de deux chambres pour les voyageurs.

98 k. L'*oued Besbaier*, que l'on traverse trois fois jusqu'à sa rencontre avec

117 k. L'*oued Settafa* (puits donnant un débit de 25 lit. par min. et servant à l'arrosage d'une pépinière). — A Settafa finit la région des dayas; après avoir dépassé les deux dernières, qui bordent sa route à dr. et à g., on entre dans la *Chebka*, vaste plateau rocheux incliné du N.-O. au S.-E., et qui s'étend jusqu'au delà d'El-Goléa, sur une larg. moyenne de 110 k.

La Chebka n'est pas une protubérance montagneuse; c'est un plateau régulier, qui était primitivement uni; c'est l'écoulement des eaux pluviales qui, dans la succession des âges, y a creusé les ravins et les oueds qu'on y trouve; tous les sommets s'arrêtent dans un même plan, comme des témoins de l'état primitif. La région de la Chebka est d'une tristesse mortelle; la vue est enfermée dans un cercle étroit, et on n'a sous les yeux que des rochers d'une teinte livide qui paraissent calcinés par un soleil torride. Jamais on ne se figurerait qu'on va trouver dans ce pays désolé des cités populeuses; et pourtant c'est là qu'un petit peuple, les *Beni-Mzab*, différent de mœurs, de religion et de langage avec les populations qui l'entourent et qui ne compte pas moins de 48,000 âmes, est venu abriter son indépendance et sa foi religieuse.

Un col conduit de la vallée de Settafa dans celle de l'*oued Zemballa*, de l'*oued el-Amour* et de l'*oued Kebch*. On monte toujours; l'horizon s'élargit, un dernier col donne accès dans la vallée de l'*oued Soudan*. Au détour d'un rocher, on a le merveilleux tableau des palmiers du Berrîan, première ville avancée du Mzab.

145 k. Berrîan (le lieu abondant en eau), au confluent de l'*oued Soudan* et de l'*oued Ben-Loh*; c'est un groupe de 400 maisons renfermant une population de 2,911 hab. Berrîan, la plus moderne des sept villes du Mzab, a été construite en 1679 pour les Afafra et les Oulad-Noub venus de Ghardaïa, à la suite de guerres intestines. Le propriétaire du terrain qui s'appelait Berrîan, a donné son nom à la ville. — La ville, entourée d'un mur d'enceinte, possède une mosquée dont le minaret est très élevé, et des établissements communaux considérables, écoles, maisons des hôtes, bains. Les 28,000 palmiers au centre desquels est situé Berrîan sont arrosés au moyen de trois barrages et de 274 puits.

159 k. L'*oued Madar* (sans eau), puis le lit de l'*oued Mahboul* que l'on coupe trois fois.

175 k. L'*oued Our'irlou* (un puits). — Au delà de l'*oued Zili*, on pénètre dans un vaste cirque, au centre de la Chebka, et au milieu duquel est le lit de l'*oued Mzab*.

Ce cirque d'env. 18 k. de longueur sur une largeur de 2 k. au plus, renferme cinq des villes de la confédération du Mzab, et les terrains que cultivent exclusivement en jardins les habitants de cette vallée. Ces cinq villes sont Ghardaïa, puis à l'E., Melika, Bou-Noura, El-Attef et Beni-Isguen, en face de Melika.

Après la prise et l'occupation définitive de Laghouat, en 1853, on se préoccupa du Mzab; une capitulation lui fut imposée et son occupation fut décidée; une colonne y fut conduite par le général de la Tour-d'Auvergne, le 30 nov 1882; l'annexion en fut solennellement prononcée, sans résistance d'ailleurs, et l'investiture des kaïds des villes leur fut donnée au nom de la France. En quelques mois, un fort fut construit au-dessus de Ghardaïa pour abriter la petite garnison permanente que l'on se proposait de maintenir dans le Mzab; un télégraphe fut établi entre Ghardaïa et Laghouat, et une route carrossable ouverte entre les deux villes. Un commandant supérieur, avec un bureau arabe de 1re classe sous ses ordres, administre le cercle du Mzab, qui comprend l'aghalik d'Ouargla, les Chambaâ de Metlili et les Chambaâ d'El-Goléa.

La perspective du chemin dans le lit de l'oued Mzab, en amont de Ghardaïa, est véritablement admirable; à dr. et à g. sont des jardins d'une fertilité merveilleuse qui font ressortir trois étages bien distinctes de végétation : sur le sol, des légumes; au-dessus, des figuiers, des grenadiers, des abricotiers; enfin, au sommet, les têtes d'immenses palmiers supportés par des fûts dont quelques-uns ont plus de 20 m. d'élévation; quelquefois de grandes vignes réunissent les arbres d'Europe aux palmiers du Sahara par des guirlandes naturelles des plus pittoresques.

189 k. **Ghardaïa** (*R'ardaïa*), ch.-l. de la confédération de l'oued Mzab; ch.-l. de com. indigène de 45,622 hab. dont 300 familles juives, fondée vers la fin du ve s. de l'hég., de J.-C., par Sliman-ben-Yahya, Si Bou-Djemi et Aïssa-ben-Alouam.

Ghardaïa, bâtie au pied des montagnes qui dominent le flanc S. de la vallée de l'oued Mzab, offre, comme les autres villes de la confédération, la forme d'une pyramide ayant 1 k. carré de surface. Les maisons, au nombre de 1,800, sont étagées les unes au-dessus des autres; les terrasses sont soutenues par des arcades qui s'ouvrent au dehors; on dirait une ruche. Toute la ville est entourée d'une enceinte bastionnée de pierres et de briques crues de 3 m. de hauteur, percée de 3 portes.

Ghardaïa comprend 3 quartiers bien distincts, isolés les uns des autres par un mur continu. Au centre et au sommet de la ville habitent les *Mozabites*. Une grande place entourée d'arcades où se tient un marché important, occupe le centre du quartier; à l'une des extrémités de cette place est située la maison de la Djemaâ ou assemblée des notables, du balcon de laquelle on embrasse le panorama de la ville entière. Au point culminant du triangle s'élèvent la mosquée et son minaret haut de 92 m.; la mosquée est sombre, nue, froide. Les vêtements et ustensiles divers, objets perdus, sont suspendus au plafond, en attendant les réclamants.

Le *quartier juif* est situé à l'E. La communauté est très laborieuse et très riche. Les juifs, pour la plupart originaires du Maroc, sont bijoutiers, armuriers, tanneurs, cordonniers; ils ne possèdent pas de jardins, mais ils ont leurs puits. Dans leur synagogue, très ancienne, on montre 70 rouleaux manuscrits de la *Bible*, écrits sur vélin. Depuis quelques années, la communauté est dirigée par un rabbin envoyé par le consistoire israélite d'Alger. Les juifs du Mzab ne jouissent pas des droits de citoyens français; ils ne sont pas électeurs, mais ils ne doivent pas le service militaire.

Les *medabia*, au nombre de 700, occupent le quartier S.-O.; ils sont originaires du ksar de Lelmaïa, au S. du Djebel-Amour.

Le bordj français, renfermant la maison de commandement, le bureau arabe, l'intendance, l'hôpital, la poste et le télégraphe, s'élève sur un mamelon, en face de Ghardaïa. — Les Pères Blancs ont, depuis 1876, leur établissement dans la plaine; ils soignent les malades et instruisent les enfants. — L'école franco-arabe est située à côté des Pères Blancs.

Les jardins renferment 64,000 palmiers dont le produit est de un million de francs; ils sont arrosés par l'eau de 1,240 puits profonds de 60 à 80 m.; l'eau monte dans une outre en cuir, attachée à une corde roulant sur deux poulies, et tirée par un âne ou un chameau.

Le cimetière est le réceptacle de toutes les cruches cassées, qui remplacent les pierres tombales. Les Mzabites en ignorent eux-mêmes la cause.

[A 1 k. E. **Melika** (la royale) fondée en 1350, autrefois la ville sainte du Mzab, s'élève au sommet d'un pic ovale et rocheux, sur la rive g. de l'oued Mzab. Sa population pauvre et batailleuse est de 1,446 hab. Dans la cour de la mosquée, un puits, le seul de la ville, atteint une profondeur de 55 m. Melika possède peu de palmiers dans le Mzab, 3,000; mais elle en a à Metlili, chez les Chambaâ.

En face de Melika, sur la rive dr. de l'oued Mzab, au confluent de l'oued N'tissa, **Beni-Isguen** (les gens du milieu), V. de 5,189 hab., fondée en 1047 de J.-C., rappelle Alger dans son profil; c'est de tout le Mzab la ville la plus commerçante, la plus riche, la mieux construite, la plus propre, balayée, lavée, blanchie à la chaux. Un mur bastionné, en pierre, haut de 15 m., a remplacé l'ancien mur en briques; c'est un Mzabite, qui avait été entrepreneur du génie à Blida, qui l'a construit. Comme toutes les villes du Mzab, sauf Melika, Beni-Isguen est bâtie en amphithéâtre sur le flanc N.-E. d'une colline dont le sommet est terminé par un plateau rocheux d'env. 150 m. de largeur et autant de longueur; sur ce plateau existe une ancienne citadelle ruinée nommée Tafilelt, tour de 25 m. de hauteur sur 12 m. de diamètre, et bâtie en une seule nuit, d'après la légende. Les jardins, peu considérables, mais bien cultivés, bordent les deux rives de l'oued N'tissa; 26,000 palmiers, arrosés par l'eau de 417 puits. Les mœurs de Beni-Isguen sont très sévères. Nul étranger ne peut habiter cette ville, ni même y passer la nuit.

A 1 k. E. de Melika, sur un rocher qui surplombe la rivière, **Bou-Noura** (resplendissante de lumière, mais qu'on nomme aussi la borgne, à cause des ophtalmies qui y sont fréquentes), 1,126 hab., est un pauvre ksar, en partie en ruines, fondé en 437 de l'hég., 1047 de J.-C., il possède de beaux jardins, mais peu considérables (2,000 palmiers).

A 4 k. E.-S. de Bou-Noura, sur un coude que fait l'oued Mzab qui se dirige vers le S. pour sortir de la Chebka, **El-Attef** (le détour) est la plus ancienne ville de la confédération; fondée en 402 de l'hég., 1012 de J.-C., par un nommé Khalfa-ben-Abr'or, elle compte aujourd'hui, 1,549 hab. El-Attef paraît à dr. presque noire, étagée sur un mamelon avec ses deux minarets carrés à la base, pointus au sommet. Cela signifie deux villes dans une, mille disputes anciennes, des batailles et des vendettas. Les jardins sont arrosés au moyen de barrages et de puits profonds dont quelques-uns atteignent 35 m.; 16,000 palmiers, arrosés par 343 puits.]

De Ghardaïa à Goléa, direction générale S.-S.-O.

195 k. La limite entre le Mzab et les Chambaâ se trouve près de fours à chaux exploités par les gens de Beni-Isguen, qui sont établis sur un vaste plateau dolomitique. — Le parcours de la route se fait toujours à travers le Chebka.

203 k. *Assi-el-Hadj-Aïssa;* puits et palmiers.

221 k. **Metlili** des Chambaâ-Berazga. « Cette oasis offre au premier abord un aspect étrange, comme un contraste avec ce qu'on en attend; son nom fait rêver à une coquette petite cité blanche et parée; or, on ne trouve qu'un petit amas de maisons parsemées de ruines et se pressant sur un petit mamelon autour d'une mosquée mal entretenue placée au sommet. Le petit piton sur lequel était l'oasis est pittoresquement situé au centre d'un carrefour de vallées. En amont comme en aval, ces vallées sont couvertes de jardins, et, du minaret, l'œil peut contempler leur riante verdure. Deux ruisseaux alimentés par les orages sont la richesse de l'oasis. Un orage à Metlili, c'est le repos pour quinze jours; c'est la récolte assurée; malheureusement, il est fort rare, et l'irrigation du jardin est un labeur très ardu et presque continuel... Malgré ces difficultés, pas

METLILI. — EL-GOLÉA.

un pouce de terre n'est perdu... Afin d'utiliser tout le sol productif, on a installé la nécropole de Metlili dans les gradins rocheux des montagnes qui l'entourent... Metlili n'a point de murailles; le ksar, situé sur les hauteurs, a été détruit par nos troupes à la suite d'insurrections, mais l'oasis a été respectée. » (Gén. *Colomieu*.) Metlili est le lieu de commerce entre le Mzab et le Sud. L'oued, souvent à sec, et dont le lit sert de route pour aller à Ouargla, grossit quelquefois à la suite d'orages qui produisent une véritable inondation.

238 k. L'*oued Sebseb*; 38 puits, 100 palmiers, koubba de *Sidi Abd-el-Kader-bou-Kobrin*. — 259 k. L'*oued el-Gâa*; pas d'eau. — 271 k. *Assi et-Thouil*; 1 puits, palmiers. — 296 k. L'*oued Kihal*; pas d'eau. — 316 k. L'*oudeï Chambaâ*; pas d'eau. — 326 k. *Bir Rekaoui*; 1 puits, eau abondante. — 337 k. *Assi Charef*; 1 puits. — 361 k. *Ougaït el-Hadjadj*: pas d'eau. — 383 k. *Assi Zirara*; 1 puits, eau abondante. — 396 k. *Dakhilet-el-Hamoud*; pas d'eau. — Fin de la Chebka, commencement de la région des gour ou des dunes.

417 k. L'*oudeï Leroui*; pas d'eau. — 437 k. *El-Feidh*; pas d'eau.

462 k. de Laghouat (906 k. d'Alger). **El-Goléa**, ksar de 1,168 hab., a été une première fois conquis et démoli par un empereur du Maroc qui y a fait sa résidence pendant quelques années avant la conquête d'Alger. A son départ, les Zenata et les Chambâa-Mohadi, les premiers habitants sont revenus cultiver leurs jardins; ils ont de nombreux troupeaux et font un échange de produits entre le Sud et le Mzab.

C'est en 1873 que les Français portèrent leur domination à une grande distance au S.-O. d'Ouargla, en entrant à Goléa, qui n'avait encore été visité que par le voyageur Duveyrier, en 1859. En 1873, M. le général de La Croix, poursuivant les tribus révoltées du S. de la province de Constantine, avait dépassé Ouargla, battu les rebelles à Tamesguida et à Aïn-Taïba; il avait ainsi obtenu la soumission d'une partie des Mkhadma et des Chambaâ; mais les chaleurs de l'été l'empêchèrent de pousser jusqu'à El-Goléa, à env. 72 lieues au S. d'Ouargla, où s'étaient réfugiés les derniers débris de l'insurrection. Cependant les dissidents ne cessant d'inquiéter les fractions soumises de leurs propres tribus, celles-ci demandaient instamment à être protégées contre les razzias auxquelles elles étaient exposées. M. le général de Galliffet, commandant la subdiv. de Batna, fut alors chargé de préparer une expédition sur El-Goléa. Parti de Biskra, le 20 décembre, le général de Galliffet atteignit Goléa le 24 janvier. La limite de l'influence française sur les oasis du désert se trouve ainsi reportée à une centaine de lieues plus au S.

Une plaque commémorative du passage de la colonne du lieutenant-colonel Belin, du 1er régiment de tirailleurs indigènes, 17 décembre 1881, a été placée à côté de celle déjà laissée par le général de Galliffet le 21 janvier 1873.

El-Goléa après les forts d'*Assi Inifel*, *Mac-Mahon* et *Miribel*, est aujourd'hui notre poste le plus avancé dans le S.-O.; la garnison, augmentée dans ces derniers temps et qui comprend un escadron de tirailleurs monté sur des meharis, peut surveiller le Touat et parer aux agressions des Touaregs.

Le ksar est situé sur un mamelon surmonté d'une kasba. Au bas de la kasba, les habitants ont creusé dans la terre glaise des magasins où ils renferment leurs provisions. Les jardins (renfermant 16.000 palmiers) clos de murs et ayant presque tous une petite maison en terre et un puits à bascule, s'étendent vers le S. sur une longueur de 2 k. jusqu'à l'Erg, commencement des dunes de sables, presque infranchissables.

El-Goléa a été reconstruit; des pavillons ont été élevés, et en dehors des puits à bascule et des *foggara*, puits à galerie, on a foré un autre puits de 77 m. 50, rendant 800 lit. à la min., d'une température de 26°, et qui a donné naissance à un petit lac de 200 m. de diamètre, auquel les bestiaux viennent s'abreuver.

A l'O. du ksar surgissent les koubbas de Sidi Aïssa et de Sidi Abd-el-Kader; celle de Sidi Mohammed-el-Guebli est située au S.-E.

Le cercle des pays déserts qui entourent Goléa, et sur lesquels les Chambaâ-Mohadi chassent et font paître leurs troupeaux, n'a pas moins de trente lieues carrées.

[D'après les Chambaâ-Mohadi, il y aurait 17 jours de caravane, c'est-à-dire env. 500 k., d'El-Goléa à In-Sala, par le lit de l'oued Seggueur, avec des puits presque partout. Paul Soleillet a fait ce voyage en 1870 avec une caravane de 8 chameaux seulement, et n'a mis que 9 jours en passant par les dunes, à l'O.; mais cette route ne serait pas praticable pour une colonne. In-Sala se compose de 7 ksour et une dizaine de mille de palmiers; il y a deux principales tribus arabes, les Oulad-Bahamor et les Oulad-Mokhar, commerçants. Ces Arabes ont pris les mœurs des Touaregs et sont voilés comme eux. Ils sont très opposés à l'immixtion des Français dans leurs affaires et sont les mokhaddem, serviteurs religieux de l'empereur du Maroc, des Oulad-Sidi-Cheikh et des El-Bakan de Tombouctou.

Comme indication, voici les noms des quatre forts élevés dans ces derniers temps sur l'extrême sud; en avant d'El-Goléa, à l'O. : *Assi-Inifel, Mac-Mahon* et *Miribel*; en avant de Temaçin, à l'E., *Lallemand*.]

De Laghouat à Ouargla (307 k.; route carrossable, mais sans serv. de dilig.; voit. particulières; chevaux, mulets et cantines garnies de vivres; auteurs consultés; MM. les généraux Durrieu, Margueritte et Colomieu, le docteur Reboud, Mac-Carthy, Berbrugger, H. Duveyrier, Ch. Féraud et Largeau. Les k. mesurés au cordeau, comme ceux de la route précédente, par les soldats du génie pendant la marche de la colonne Belin, à la fin de 1881, et donnés par M. le commandant Letellier, aujourd'hui colonel, sont d'une parfaite exactitude). — 30 k. Ksar-el-Haïran (V. ci-dessus). — 35 k. *Oued-M'daguin; Oued-Sinaïm.* — 62 k. *Daya-Moussa.* — 91 k. *Daya de l'oued M'rarès*; pays très boisé et giboyeux. — 133 k. *Daya de l'oued Zeguerir.* — 140 k. *M'reddar.* — 167 k. *Daya-Fouchat* (pas d'eau). Fin des dayas et des r'dirs.

187 k. El Guerâra (le gîte d'étape, sur l'oued Zeguerir; une maison des hôtes reçoit les voyageurs) renferme 700 maisons et compte 5,000 hab. Elle est entourée de murs crénelés et assise sur un rocher arrondi dont le sommet est occupé par la djema et ses dépendances. Les rues sont assez larges et coupent la ville régulièrement; on y voit quelques marchands de fruits du pays dont les boutiques sont à moitié remplies de noyaux de dattes, que l'on pile pour la nourriture des chameaux. De la galerie à arcades de la Maison des hôtes (bit-el-diaf), qui est construite dans la partie la plus élevée de la grande place, on découvre le bassin où coule l'oued Zeguerir et où commence l'oued Zeguiègue. De là, la vue s'étend également sur l'oasis entière, qui renferme 45,000 palmiers, sur la petite plaine de Foulla, couverte de petits champs de légumes et de céréales, sur le barrage qui amène les eaux dans les fossés des jardins, et enfin sur les dunes dont les croupes mobiles ondulent au midi.

[A 3 k. O., sur une colline isolée, très abrupte du côté de l'O., se voient les ruines d'un village indigène qu'on appelle *Ksir-el-Hamar* (le petit château rouge), à cause de la couleur du sol et des matériaux qui y sont épars.]

209 k. *Et-Armodh* (pas d'eau). — 235 k. *Targui*; tombeau comme à *El-Ahad*, un peu plus bas. — 263 k. *El-Meilah* (pas d'eau).

288 k. Ngouça, à 96 m. d'alt., ancienne capitale ruinée des Beni-Babia, auj. une oasis prospère. En partie entourée par quelques dunes élevées,

NGOUÇA. — OUARGLA.

elle possède 80,000 palmiers-dattiers dans sa *heïcha* ou bas-fond, qui reçoit souterrainement les eaux de l'oued Mia et de l'oued Mzab). Ngouça compte des puits ordinaires et 35 puits artésiens d'une profondeur de 40 m., semblables à ceux de Tougourt; leur eau, qui est excellente, se déverse sans cesse dans des fossés profonds et étroits, et sert à l'arrosement des dattiers. Ngouça, comme toutes les villes sahariennes, est un amas de maisons construites en terre, en partie effondrées, mais auxquelles la lumière resplendissante du soleil donne un aspect pittoresque.

Tous les habitants qui ont la couleur et les traits de la race nègre, cultivent, en dehors de la ville et dans le sable, de chétifs arbres fruitiers, des légumes, du coton, du tabac et une espèce de luzerne.

De Ngouça à Ouargla on compte 19 k, à travers des dunes et des terrains salés; la marche devient pénible pour les chevaux, qui enfoncent dans le sable jusqu'à mi-jambe, tandis que les chameaux avec leurs gras et larges pieds y laissent à peine l'empreinte de leurs pas. On chemine de dunes en dunes, tantôt marchant, tantôt glissant sur leurs pentes mouvantes.

307 k. (751 k. d'Alger). **Ouargla** *, V. de 2,976 hab., est située par le 31° 58' de latit. N et le 2° 54' de longit. E., dans un immense fond de dattiers qui, par des effets de mirage fréquents dans le désert, semblent se balancer au-dessus d'une belle nappe d'eau resplendissante de lumière; or, il n'y a dans le pays d'Ouargla d'autres lacs que des flaques d'eau salée et un *chott*; en beaucoup d'endroits, le sol est couvert d'un sel aussi blanc que la neige, que les femmes des Chambaâ-ben-Rouba portent au marché.

La ville de Ouargla est la porte du désert par laquelle les voyageurs qui viennent du Mzab doivent passer, quand ils veulent se rendre dans le Soudan avec leurs marchandises.

Les Beni Ouargla, peuple zénatien, descendent de Ferini, fils de Djana ou Chana, qui a pour aïeul Ham ou Cham; ils sont frères des Izmerten, des Meudjira, des Sebertira et des Nomaleta; de toutes ces tribus, celle des Ouargla est maintenant la mieux connue. Elle n'était qu'une faible peuplade habitant la contrée au midi du Mzab, quand elle fonda la ville qui porte encore son nom, et qui est située à huit journées de Biskra, en tirant vers l'O. Ouargla se composa d'abord de quelques bourgades voisines les unes des autres, qui finirent par se réunir et former une ville considérable, dont les Beni-Ouargla firent une place pour leur servir d'asile. Quoi qu'il en soit, la population actuelle des Ouargla se compose de quatre races bien distinctes : les *Arabes*, les *Mzabis*, dont nous avons parlé plus haut, les *Aratini*, noirs comme les nègres, et les nègres, autochtones autrefois, dépouillés par l'invasion musulmane et assujettis à la glèbe à titre de fermiers, dans des conditions cependant différentes de l'esclavage, et tenant plutôt à un pacte entre vainqueurs et vaincus.

Un Arabe disait au colonel Colomieu, qui a écrit une curieuse relation de son voyage de Géryville à Ouargla : « Ouargla ne fait pas de sultans, il les défait! » Toute l'histoire de ce ksar est là. — Dans ces derniers temps, nous voyons Mohammed-ben-Abd-Allah, un instant notre khalife à Tlemcen, qui n'était pas à la hauteur de son commandement, partir pour la Mecque et revenir de Tripoli, s'installer à Rouissat et se faire proclamer sultan de Ouargla. Groupant autour de lui tous les mécontents, il veut nous tenir tête à Laghouat, d'où il parvient à s'échapper. Ouargla, dès lors, est proclamé ville française (1852). Mohammed-ben-Abd-Allah, reprenant les armes contre nous, dans ces derniers temps, est encore battu et fait prisonnier par nos alliés Si Bou-Bekeur et Si Lala, des Oulad-Sidi-Cheikh. Ouargla, de nouveau organisé, dépend du cercle de Laghouat.

Ouargla forme les trois quartiers distincts des *Beni-Sissin*, des *Beni-Ouaggin* et des *Beni-Brahim*. Les mzabis, installés depuis des siècles à Ouargla pour y commercer, n'habitent que chez les Beni-Sissin et les Beni-Ouaggin. « Leur absence totale du quartier des Beni-Brahim tient à un événement terrible que les annales font remonter à 1652. Devenus très riches, ils étalaient un luxe insolent et des prétentions aristocratiques. Fort intrigants par leur nature, ils s'étaient mêlés aux questions politiques. Un complot fut formé pour punir leur conduite; le motif avoué de la conspiration était leur dissidence religieuse. Une Saint-Barthélemy fut décrétée d'un commun accord. La nuit fixée par la terrible sentence, les Beni-Brahim se levèrent comme un seul homme et massacrèrent tous les Mzabis de leur quartier. Les Beni-Sissin et les Beni-Ouaggin hésitèrent d'abord, puis s'abstinrent. Depuis cette époque, pas un originaire de Mzab n'a habité chez les Beni-Brahim. (C^l *Colomieu*.)

Les nombreuses maisons de Ouargla (1,400), agglomérées et contiguës, forment un ensemble régulier percé de rues longues et étroites. Sur les murs de beaucoup de ces maisons, bâties en pisé et en pierre à plâtre (*timehered*), et revêtues d'un crépissage, on peut lire souvent la date de leur construction et un verset du Koran écrit en caractères saillants. Au-dessus des portes basses et à angles arrondis figurent de grossiers dessins formés de lignes droites qui se coupent d'une manière plus ou moins oblique; dans les vides qui séparent ces lignes brillent des bols et des tasses en faïence bleue, fixés dans le mur. Sur les blanches terrasses des maisons, on voit souvent des femmes au teint noir et vêtues d'étoffe bleue tourner leur fuseau chargé de laine.

Ouagla possède trois mosquées, dont l'une tombe en ruine; une autre, celle de Lella Aza, est fréquentée par les Mzabis de l'endroit. Du haut de son minaret élevé, on embrasse le coup d'œil de la ville entière et son million de dattiers, arrosés par 300 puits jaillissants indigènes et plusieurs puits artésiens creusés par les Français.

Ouargla a six portes qui communiquent chacune avec l'oasis au moyen d'un pont jeté sur le fossé que l'on remplit d'eau à volonté. Ces portes, reliées par une enceinte fortifiée en très mauvais état, précèdent, pour la plupart, un passage voûté et profond.

Les édifices européens sont : une caserne, un hôpital militaire, une kasba où est installé le bureau arabe qu'un officier habite en permanence. On a dressé contre les murs de la kasba un monument à la mémoire du colonel Flatters et de ses compagnons, massacrés dans le Sahara. Les Pères Blancs ont créé à Ouargla, depuis 1875, une école pour les enfants indigènes, et un dispensaire pour les Arabes.

[A 12 k. E. env., s'élève dans la plaine le *djebel Khrima*, plateau d'une alt. de 100 m. et d'une superf. de 20 hect. env.; il est constitué par une terre rougeâtre, semblable à du sable durci par l'action des eaux et mêlé de galets et de concrétions gypseuses que l'on prendrait pour de longues tiges pétrifiées. Sur cet observatoire, d'où l'on peut étudier l'horizon et la direction que le vent imprime aux dunes mouvantes de sable, M. Ch. Ferraud a reconnu les traces d'une ancienne ville, des Sedrata, peut-être, qui y trouvaient un refuge assuré contre leurs ennemis.]

ROUTE 5

D'ALGER AU FONDOUK

32 k. — Route de voit. — 2 dilig. par j. en 5 h.; 1 fr. 50. — Voit. pour le barrage, 5 fr.

12 k. d'Alger à la Maison-Carrée (*V.* R. 2, Environs d'Alger, J). — Après avoir traversé l'Harrach, on laisse à dr. le b. de la

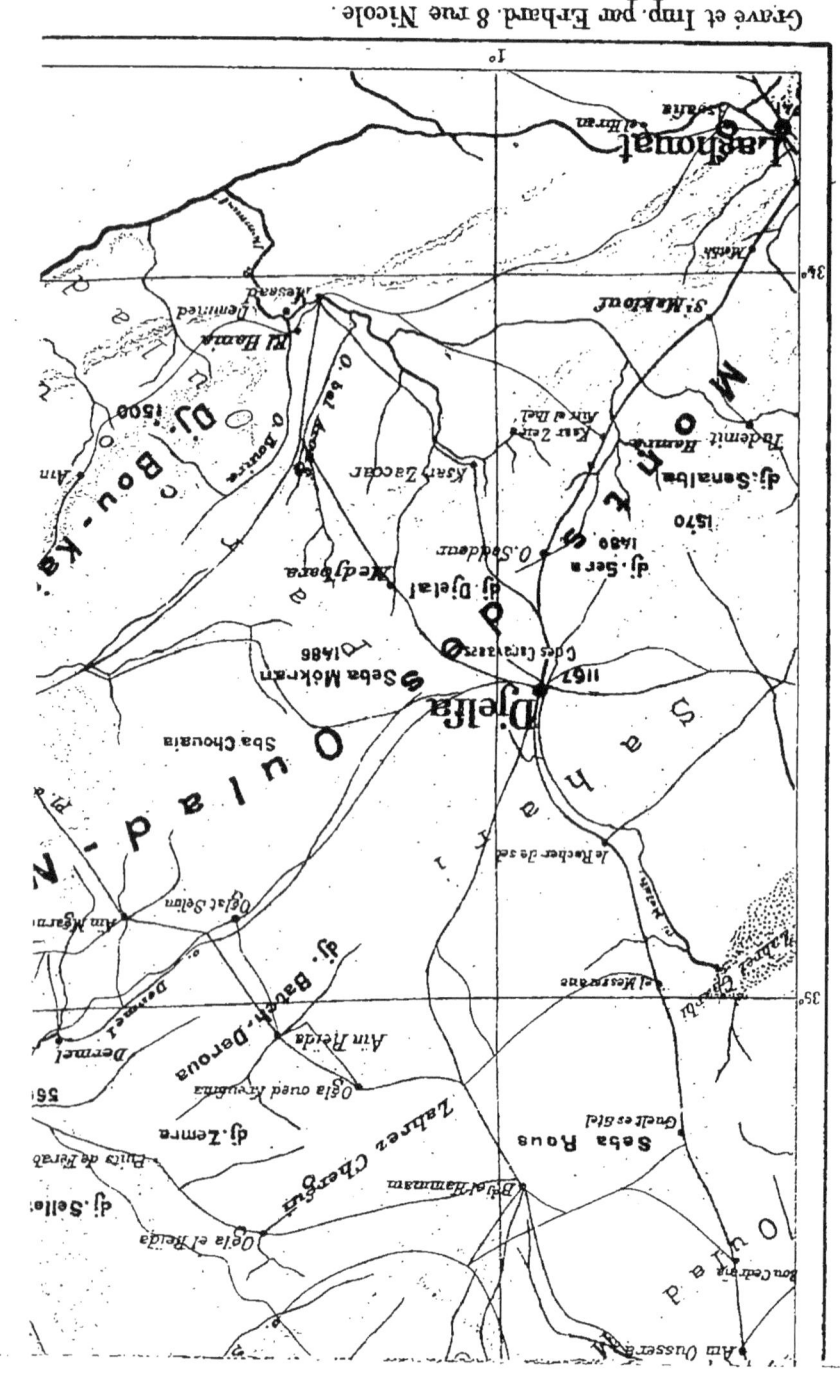

Maison-Carrée, et l'on s'élève sur une colline au sommet de laquelle la route passe à côté des vastes constructions du pénitencier indigène à g. La colline gravie, on voit se dérouler au loin la Mitidja, jusqu'au pied des montagnes de l'Atlas. Le Bou-Zegza (1,032 m.), situé sur l'Isser de l'E., et qui attire les regards par ses formes hardies, est malheureusement trop déboisé : il domine les gorges du Bou-Douaou (*V.* ci-dessous).

16 k. 5. *Le Retour-de-la-Chasse*, annexe de la Rassauta.

20 k. La Maison-Blanche (R. 7). — On traverse la Mitidja, dans la direction du S.-E. — 27 k. *Bou-Hamedi*, près d'un affluent de l'oued Khamiz ou Hamiz. — A 1 k. avant d'arriver au Fondouk, on laisse à dr. la route de l'Arbâ et de Rovigo.

32 k. **Le Fondouk**, 4,959 hab. (avec Bou-Hamedi), sur les pentes du dernier ressaut des montagnes, dont le pied est baigné par l'oued Khamiz.

[A 6 k. S.-E., dans les gorges de l'oued Khamiz ou Hamiz, barrage haut de 35 m. et long de 165 m. pouvant retenir 14 millions de m. cubes.

A 1 k. S. du Fondouk, on visitera l'emplacement d'un ancien camp romain.

Le Bou-Zegza (1,032 m.; ascens. en 2 h. 30). — 4 k. *Arbatach*, ch.-l. de com. de 2,817 hab., dans les *gorges du Bou-Douaou*, où on laisse à dr. la route de Palestro. — 6 k. On traverse un des ruisseaux du Bou-Douaou. — Une montée de 5 k. au S.-E. conduit au (11 k.) sommet d'où l'on embrasse une vue magnifique sur Alger, la mer, la Mitidja et la Kabylie. — La descente se fait sur (14 k.) Palestro d'où l'on peut revenir à Alger en chemin de fer (*V.* R. 7).

Une route carrossable de 40 k. conduit du Fondouk à Palestro (R. 7), en passant au 20° k. par le nouveau v. d'Arbatach (*V.* ci-dessus).

ROUTE 6

D'ALGER A AUMALE

125 k. — Dilig. t. les j.; trajet en 14 h.; 10 fr. 10, coupé; 9 fr. 10, cabriolet; 8 fr. 10, int. — D'Alger jusqu'à l'Arbâ, par ch. de fer sur route, 3 serv. réguliers par j.; trajet en 2 h. 15 min.; 2 fr. 35, 1 fr. 70.

12 k. d'Alger à la Maison-Carrée (*V.* R. 2; J). — 22 k. Sidi Moussa (*V.* R. 3).

31 k. **L'Arbâ**, beau et riche v., 8,033 hab., ch.-l. d'une circonscription cantonale, à 128 m. d'alt. à la jonction des routes du Fondouk et d'Aumale. — Marché arabe très important le mercredi ou quatrième jour (arbâ) de chaque semaine. — L'oued Djema, affluent de l'oued Harrach, à g., arrose de grandes cultures, des orangeries et fait mouvoir quelques moulins.

[A 2 k. S. le *Haouch Bou-Kandoura* est l'ex-ferme impériale.

A 8 k. E. *Rivet* * (nom d'un général tué à Sébastopol), com. de plein exercice de 4,408 hab. (belles cultures et orangeries; carrières de pierres et de chaux).]

La nouvelle route, ouverte par le génie militaire, traverse les *gorges de l'oued Djema.*

43 k. *Haouch-Kadi* (relais et aub.).

53 k. **Sakhamoudi** *, au point culminant (800 m.) de la route qui, en cet endroit, domine des ravins, possède une auberge et quelques colons. Une pierre commémorative rappelle que des châtaigniers furent plantés à Sakhamoudi. Ces arbres ont disparu, mais non pas les noms, gravés sur la pierre, du maréchal Bugeaud et du colonel du 13ᵉ léger, Mollière, qui bivouaquèrent à Sakhamoudi, en 1847. D'importantes mines de plomb et de zinc argentifères sont exploitées par M. Delamare d'Alger; 256 ouvriers ont extrait, en 1893, 8,048,014 tonnes de minerais, valant 65 fr. 92 (la tonne) sur le carreau.

62 k. *Aïn-Beurd* (la fontaine froide), qu'on appelle encore les *Deux-Bassins*, ancien poste télégraphique aérien et auberge. — La route descend rapidement.

71 k. *Tablat* *, l'ancienne *Tablata*, ch.-l. d'une marche militaire sous les Romains, com. m. de 42,080 hab. à 450 mèt. d'alt.; à 4 k. à peu près du confluent des deux torrents qui forment l'Isser oriental.

75 k. *Moulins de Si Allal*, alimentés par l'oued Zar'ouat, rive dr. — 77 k. *Chez Pichon*, ferme et auberge. — 96 k. *El-Béthom* (les frênes), auberge.

104 k. 5. *Bir-Rabalou* *, 5,331 hab. (avec les Trembles, son annexe), dans la fertile plaine des Arib; des Arabes y ont fait établir, sur l'oued Zar'ouat, des moulins à la française.

110 k. *Les Trembles*. A g., route carrossable de 45 k. d'Aumale à Bouïra (*V.* ci-dessous). — On pénètre dans la cuvette dont Aumale occupe le centre.

125 k. **Aumale** *, l'*Auzia* des Romains, le *Sour-R'ozlan* (rempart des gazelles ou rempart de R'ozlan, nom d'un personnage légendaire des Arabes), ch.-l. de c. de 5,638 hab., ch.-l. de la 3ᵉ subdiv. milit. d'Alger; ch.-l. d'une com. m. de 33,376 hab. et d'une com. indig. de 18,627 hab., est situé à 850 m. d'alt., au pied N. du djebel Dira, sur les bords de l'escarpement qui domine l'oued Lakhal (la rivière noire), branche supérieure de la Soummam, fleuve de Bougie.

Auzia, ville municipale, dont la fondation remonte au règne d'Auguste, était, suivant Tacite, construite sur un plateau uni, entouré de rochers et de bois. Momentanément au pouvoir de Tacfarinas, elle fut reprise par les généraux romains Camille et Dolabella, qui combattirent ce rebelle, de l'an 17 à l'an 25 de J.-C. Dans la guerre de Firmus contre le gouverneur Romanus, sous Valentinien Iᵉʳ, vers l'an 365 de J.-C., Auzia fut la base d'opérations du rebelle qui y battit Théodose et ne succomba que par les intrigues et l'or des Romains. A partir de cette époque, le nom d'Auzia ne se trouve plus dans les historiens.

AUMALE. — AIN-BESSEM.

Ibn-Khaldoun nous apprend qu'au XIIe s., Abou-Bekr-Ibn-Zor'li, s'étant vu enlever le territoire de *Dehous*, la vallée de l'oued Sahel, par les Riâh, fit un appel aux Beni-Amer, et que les Riâh furent défaits à Sour-R'ozlan, nom donné par les Arabes à Auzia.

Les Turcs, maîtres de la plus grande partie de l'Algérie, comprirent l'importance de la position de Sour-R'ozlan entre le djebel Dira et l'oued Sahel, et ils élevèrent un fort dans lequel ils entretinrent une garnison.

En 1843, une expédition militaire, commandée par le général Marey-Monge, alla dans le pays des Oulad-Dris explorer les ruines d'Auzia qui avait subi la destruction la plus complète. C'est en 1846 seulement que le gouvernement se décida à établir sur les ruines d'Auzia et de Sour-R'ozlan un poste militaire permanent, qui prit le nom d'Aumale. Ce poste fermait la Kabylie et la grande route du Djurdjura au pays des Oulad-Naïl.

Aumale, longue rue de 1,000 m., au milieu de laquelle a été planté un magnifique jardin public, est entourée d'un mur crénelé et percé de quatre portes : d'Alger, de Bou-Sâda, de Sétif et de Médéa. Ses constructions principales comprennent les bâtiments militaires, sur la place du Marché.

Aumale est beaucoup plus curieuse par les débris d'Auzia, sa devancière, que par ses monuments modernes. Mais ces débris de palais, de temples, de maisons, ne consistent que dans quelques fûts de colonnes, des tombeaux, une statue en bronze doré, des briques, des tuiles, des bijoux et des médailles moyen bronze de Gordien. L'épigraphie est beaucoup plus riche.

Un pénitencier militaire indigène a été construit à 4 k. N.-E. d'Aumale, sur la route d'El-Esnam, à l'endroit dit *Aïn-Si-bel-Kacem*.

Il se tient à Aumale un marché important.

[Le *djebel Dira*, massif de 50 k. sur 30, a son piton principal (1,811 m. d'alt.) au S.-O. d'Aumale. Du djebel Dira coulent sur toutes les pentes E. de nombreuses sources, qui entretiennent d'excellents pâturages pendant toute l'année; mais, à cause de sa hauteur, le froid s'y fait vivement sentir en hiver, et la neige y tombe en abondance. Le Dira est malheureusement très déboisé.

A 11 k. S.-E. d'Aumale, la *R'orfa* (chambre) *des Oulad-Selama* est un ancien établissement militaire, avec burgus ou tour au centre, placé au point culminant d'une colline, d'où l'on découvre la naga des Oulad-Sidi-Aïssa, dans les steppes qu'on appelle vulgairement le Petit-Désert.

Entre Aumale et la R'orfa, dans la vallée de l'oued Tarfa, M. Choisnet a découvert des ruines romaines importantes, peut-être celles de l'ancien municipe de *Tatelli* (?).

A 40 k. E. d'Aumale, dans le kaïdat de Bouïra, 4 *sources sulfureuses* connues sous le nom de l'*oued Okris*, dont l'une de 47° à 64°, tombe du rocher en douche; les Arabes et les Kabyles vont en foule faire usage de ces eaux, et l'énorme quantité d'ex-voto qui pendent aux arbres d'alentour prouve combien elles sont salutaires. Trois autres sources sortent, au bas du rocher, qui forme une baignoire naturelle. La température de ces sources varie de 30 à 70°; le débit est de 9,000 lit. à l'h.

D'Aumale à Bouïra (45 k., dilig.. en 6 h.; coupé 5 fr., int. 4 fr.). — La route passe par (15 k.) Les Trembles (*V.* ci-dessus) et (20 k.) Aïn-Bessem, ch.-l. d'une com. m. de 26,275 hab. (marché hebdomadaire très important, ruines romaines du fort hexagonal de *Castellum Auziense*).

[A 8 k. N.-O. d'Aïn-Bessem, au-dessus du bordj *Bel-Keurroub*, sur la rive g. de l'oued Soufflat, se dresse le *Koudiet-el-Mesdour*, mamelon de difficile accès. C'est là que le bach-agha El-Mokhrani, chef de la terrible insurrection de 1871, tomba mortellement frappé, le 5 mai. Une inscription, que M. le colonel Trumelet a fait graver sur la pierre que l'on peut voir au pied du Mesdour, près de l'oued Soufflat, rappelle le fait.]

La route passe ensuite dans la fertile plaine des Aribs.
45 k. Bouïra (R. 7).

D'Aumale à Bou-Sâda (135 k.; dilig. en 18 h.; coupé 15 fr. 15, int. 12 fr. 15 les voyageurs qui retiennent leur place d'Alger à Bou-Sâda ou de Bou-Sâda à Alger, bénéficient d'une diminution de 2 fr.). — On quitte Aumale par les pentes S.-E. du djebel Dira. La route, très pierreuse (série de montées et de descentes), franchit *l'oued Djenan*, alimenté par mille ruisseaux venus du Dira, puis le *Khreneg-el-Gouemez* et *les Barrages*. Descente jusqu'à

35 k. *Sidi-Aïssa*; koubba, cimetière et caravansérail, sur l'oued Djenan. A partir de ce point la route n'est plus qu'une piste. — A dr., dans le lointain, crêtes du *djebel Ouennour'a*.

64 k. Traversée de l'*oued-el Ham*, affluent de l'*oued Djenan*.

65 k. *Aïn-Hadjel*, caravansérail, café-poste et douar au milieu des dunes de sables. — 80 k. *Dra-Achelef* et *Oued-Sarsa*. — 94 k. *Aïn-Kerma*, caravansérail. « Au-dessus, ruines d'une enceinte carrée contenant une infinité de compartiments ayant servi de chambres; cette construction est en pierres plates ajustées de la même manière que celles des tombeaux. » (*Féraud*.)

La route suit les derniers contreforts du djebel Sellat. — 108 k. *Bir-Sidi-Brahin*. — 115 k. A dr., *le Billard du colonel Pein*, piton rocheux se terminant par une table horizontale. — A l'O., *Ed-Dis*, petite oasis sur l'ancienne route de Bou-Sâda.

135 k. **Bou-Sâda** *, de la subdiv. milit. d'Aumale, com. m. de 5,763 hab., com. indig. de 50,642 hab., située à 578 m., à l'angle S.-O. du bassin du Hodna (*V.* R. 20, *A*).

Bou-Sâda a été occupé, le 14 nov. 1849, par une colonne sous les ordres du colonel Daumas, plus tard général de division, à la suite de l'insurrection du Hodna et de Zaatcha. Le 29 du même mois, le centre militaire de Bou-Sâda était constitué.

Bou-Sâda est bâti sur un amphithéâtre, dont le sommet est couronné par les constructions militaires servant de casernes, et la base entourée par les jardins de palmiers (plus de 8,000) et autres arbres à fruits qu'arrose l'oued Bou-Sâda.

La partie haute de la ville repose sur des blocs taillés, vestiges d'un de ces postes que les Romains avaient installés sur la lisière du Sahara pour ravitailler leurs colonnes lointaines.

La ville a l'aspect tout à fait saharien; c'est le seul intérêt qu'elle présente; elle est divisée en plusieurs quartiers correspondants aux principales fractions des tribus sahariennes : *Mohamin, Oulad-Zéroum, Oulad Hameida, Chorfa Oulad-Sidi-Arkat, Oulad-Atik* et *Oulad-el-Halleug*. Son ensemble forme une masse compacte et grisâtre, au-dessus de laquelle on cherche en vain le minaret traditionnel des villes musulmanes. Deux koubbas, l'une de Sidi Ben-Attia à l'O., l'autre de Sidi-Brahim au S.-E., montrent leurs coupoles ovoïdes, qui n'ont rien de monumental; deux portes, celle de l'O. et celle du S., donnent accès dans le ksar.

Au-dessous de la *kasba* française construite sur le *Doulat-er-Roud*, et dominant Bou-Sâda, viennent se ranger les constructions européennes, particulières ou affectées aux différents services de l'administration.

Il se fait à Bou-Sâda un commerce d'échange assez considérable sur le marché quotidien de *Rhabat-el-Nouader*, au S.-E. de la ville. Quelques juifs fabriquent de grossiers bijoux d'argent et distillent de l'alcool de figues.

ROUTE 7

D'ALGER AUX BENI-MANSOUR

171 k. — Chemin de fer, partie du chemin d'Alger à Constantine dans la province d'Alger. — Trajet en 7 h. — 1re cl. 19 fr. 95; 2e cl. 14 fr. 35; 3e cl. 10 fr. 55.

12 k. d'Alger à la Maison-Carrée (*V. R. 2, J*). — Le chemin de fer d'Alger à Constantine se détache à g. de la ligne d'Alger à Oran, au ham. de l'Harrach, à la station de la Maison-Carrée. La voie franchissant l'oued Harrach sur un viaduc de 70 m., puis l'oued Aïcha, un de ses affluents, se dirige vers l'oued Smar, autre affluent de l'Harrach.

15 k. *Oued-Smar*, halte, sur la route de la Maison-Carrée à Rivet, en face de la ferme Cordier, au N. — Au N., v. du Retour-de-la-Chasse (R. 5).

19 k. **La Maison-Blanche** * (à dr.), ch.-l. de com. de 947 hab., v. agricole entouré de nombreuses fermes, sur la route d'Alger au Fondouk. — Viaduc de 56 m. sur le Hamiz. — Au N., un rideau de collines basses sépare la plaine de la mer.

26 k. **Rouïba** * (à g.), ch.-l. de com. de 2,947 hab., en partie Mahonnais; domaine Décaillet, grande ferme modèle.

[A 7 k. N., Aïn-Taya *, com. de 1,983 hab. (avec ses annexes *Aïn-Beïda* à l'O., de *Matifou* à l'E.), possède une madrague et des salines naturelles.]

31 k. **La Reghaïa** * ou *Rer'aïa* (à 300 m. N. de la gare), 1,543 hab., au milieu de plaines bien cultivées, sur la Reghaïa, petite rivière dont les eaux sont retenues par un barrage de moulin; elle est formée, à 2 k. env. au-dessus du v., par des sources qui ne tarissent jamais.

[A 2 k. S. *Mzera* (pénitencier agricole de jeunes détenus).]

On quitte la Mitidja pour descendre dans la vallée du Bou-Douaou, après avoir traversé les 1,200 à 1,500 hect. de la forêt d'oliviers de la Reghaïa.

39 k. **L'Alma** * (24 mèt. d'alt.), joli b. de 3,988 hab. avec l'annexe d'Oued-Corso, à 1 k. 8 au-dessous de la station sur le territoire des *Khrachna*, dans la vallée du Bou-Douaou.

ALGÉRIE. 7

[En descendant le Bou-Douaou, à 3 k. en aval, beau bois d'oliviers appelé le *Bois sacré*. En remontant le torrent, gorges pittoresques, au pied de la colline, de 250 m., qui porte le camp romain de Kara-Mustapha, et au pied des escarpements du Bou-Zegza.]

42 k. *Oued-Corso* * (36 mèt. d'alt., à dr.), annexe de l'Alma (grandes exploitations agricoles). Le fond de montagnes d'où descend l'oued Corso offre d'admirables points de vue. La voie s'élève, par une pente rapide, sur le plateau du Corso, dont le col de Ménerville est le point culminant. — On franchit l'oued Corso sur un viaduc métallique de 35 m.

48 k. *Bellefontaine* * (à 800 m., S.-O.), v., annexe de Ménerville. Sur une colline, très exposée à des vents violents, mais d'où le panorama est vraiment grandiose : la mer bleue, le cap Matifou, la Mitidja, Alger, qui ressemble à une tache blanche sur le fond vert du Bou-Zaréa, le Mouzaïa, qui se dresse entre Blida et Miliana, le Sahel de Koléa, le Chenoua, voisin de Cherchel, le Bou-Zegza que l'on voit depuis Alger, etc. En se retournant, on aperçoit la montagne et la koubba de Sidi Merdès, dont on est séparé par un ravin, et les montagnes des Issers, au delà desquelles commence la Kabylie.

54 k. **Ménerville** * (nom d'un ancien premier président de la cour d'Alger), v. de 7,143 hab. (avec Bellefontaine et Souk-el-Hâd, ses annexes), à 140 m. d'alt. sur le *col des Beni-Aïcha*, passage le plus facile et le plus fréquenté entre la Mitidja et le pays kabyle, dont on voit étinceler les crêtes presque toujours couvertes de neiges. Détruit par les indigènes en 1871, le pays est beaucoup plus beau et plus peuplé qu'avant son désastre. On y a installé des familles de colons du pays, et des Alsaciens-Lorrains sur un territoire de 1,020 hect.

De Ménerville à Dellys, R. 8.

La voie passe en tunnel sous le v. et laissant à g. l'embranchement de Tizi-Ouzou (*V.* R. 8) descend, au S.-E., dans la vallée de l'Isser oriental. — Tunnel. — De Ménerville à Bouïra le chemin de fer côtoie, à des alt. différentes, les montagnes qui enserrent à l'O. la Grande-Kabylie.

61 k. *Souk-el-Hâd* * (à 200 m. à g.), annexe de Ménerville, peuplé de familles du département de la Drôme et de quelques Alsaciens-Lorrains, possède un territoire de 1,060 hect.; il est dominé par de hautes montagnes suffisamment boisées. — Au delà de l'Isser, collines couvertes d'oliviers. Çà et là se montrent des ham. kabyles, maisons ou gourbis. — Tunnel de 225 m.; à 1,500 m. de là, tunnel de 110 m.

65 k. *Beni-Amram* * (à dr.), v. nouvellement créé pour des paysans de la Drôme, qui ont trouvé là de splendides plantations en plein rapport. En face, hautes et pittoresques montagnes se rattachant au massif de Bou-Zegza. Sur la rive opposée de l'Isser (sur lequel un pont rejoint la route de terre), contreforts du massif des Beni-Khalfoun.

MÉNERVILLE. — PALESTRO.

Viaduc de 66 m., tunnel de 142 m., puis viaduc de 140 m. sur l'*Asselfa*, affluent de l'oued Isser. Entre les intervalles de 7 tunnels, la vue plonge sur le torrent qui trouve à peine un passage entre deux murailles de rochers à pic d'une immense hauteur. La route de terre a été taillée en corniche au-dessus de l'Isser, et, pendant 80 m. env., elle passe sous un tunnel dont on voit très bien l'ouverture quand on a franchi le cinquième des tunnels cités plus haut; c'est un des endroits les plus pittoresques de la route. De petites cascades, des cactus, des touffes de verdure, des arbres, des bouquets de bois, le bruit du torrent, donnent quelque vie à ce désert. A 1 k. de là, le défilé s'élargit. La route de terre rejoint le chemin de fer dont elle était séparée par l'Isser sur un pont métallique d'une arche élevée, que domine un ham. kabyle accroché avec ses vergers au flanc d'un promontoire des Beni-Khalfoun. La voie passe sur un viaduc métallique de 140 m., à l'endroit où l'Isser fait un coude vers le S.-O. d'où il descend.

77 k. **Palestro** * (à g.), ch.-l. d'une com. de plein exercice de 3,292 hab.; ch.-l. d'une com. m. de 40,266 hab., situé à 165 m. sur un plateau dont le sinueux et bourbeux Isser baigne trois côtés, et que commandent de hautes montagnes rougeâtres et dénudées, parmi lesquelles se distingue le Tigremoun, point culminant des Beni-Khalfoun. La situation en est saine, mais il y fait très chaud en été, par suite de la réverbération des rayons du soleil sur l'espèce de cirque au fond duquel s'élève le plateau de Palestro.

Créé en 1851 près de l'ancien pont turc de Beni-Hini, il fut d'abord peuplé par les Tyroliens, les Italiens, les Français et les Espagnols qui venaient précisément d'ouvrir la route des gorges de l'Isser. Il commençait à prospérer quand éclata la révolte de 1871. Attaqués par les Arabes et par les Kabyles des montagnes avoisinantes, les habitants se défendirent courageusement dans l'église, le presbytère et la maison cantonnière. A bout de vivres, de munitions, cernés par des milliers de sauvages, loin de tout secours — ils le croyaient du moins — ils se rendirent : 58, dont 3 femmes, furent massacrés sur place; les 50 autres furent sauvés, quand on apprit les premières défaites des insurgés dans la Mitidja. Lorsque le colonel Fourchault arriva, par une marche hardie, pour sauver le village, Palestro n'existait plus.

Un *monument* commémoratif, dû au ciseau de M. Rambaud d'Alger, et représentant un colon défendant sa femme et ses enfants, a été élevé sur la place, près de l'église; on y lit les noms des 58 victimes.

Maintenant Palestro est rebâti; il a plus d'hab. qu'avant sa destruction. On a élevé, sur le point culminant du plateau, une vaste forteresse.

[Le Tigremoun (1,028 m.; 2 h. 30). — L'ascension commence au sortir de Palestro, au N.-E., à travers les arbousiers et les chênes-lièges. Avant d'arriver au pied du piton, on rencontre la tribu des *Oulad-Bab-Ali*. Vu du piton, le panorama est des plus beaux : à l'E., massif du Djurdjura ; au N., profonde vallée allant rejoindre la plaine des Issers avec ses villages de Bordj-Menaïel, Isserbourg, Isserville, Haussonvillers, etc. ; au delà, la mer ; à l'O., la région montagneuse que domine le Bou-Zegga, et, au delà, la rade d'Alger, le Sahel avec ses villages et sa verdure.]

88 k. *Thiers**, précédemment *Aïn-oum-el-Halleg*, ham. de 40 feux et fermes. — Belles plantations de vignes.

99 k. **Aomar-Dra-el-Mizan** * (buffet).

[Une route conduit à (20 k. E.) **Drâ-el-Mizan** * (en arabe, le fléau de la balance), com. de plein exercice de 4,349 hab., et com. m. de 43,350 hab., située dans la vallée de l'oued Tamdir'at (bassin du Sebaou), à 447 m. d'alt., créé, en 1855, pour surveiller la Kabylie occidentale et assurer notre conquête. Sa position superbe au centre des *Nezlioua Flisset-oum-el-Lill* et *Maatka*, des *Beni-Khalfoun* à l'O., des *Guechtoula* à l'E., lui donne, comme à Fort-National, une très grande importance.

Drâ-el-Mizan forme deux quartiers bien distincts : le *camp*, qui peut contenir un millier d'hommes, et qui servit de refuge aux colons dans l'insurrection de 1871, du 20 avril au 4 juin, et le *village* de l'arr. de Tizi-Ouzou. Le périmètre de colonisation est de 7,800 hect., sur lesquelles une quarantaine de familles ont été installées.

Drâ-el-Mizan possède un territoire excellent, planté de vignes, de figuiers et d'oliviers ; aussi se fait-il sur son marché un commerce important, surtout de figues sèches et d'huile d'olive.

De Drâ-el-Mizan, deux routes muletières conduisent, l'une à Tizi-Ouzou, la seconde à Fort-National :

1° ROUTE DE TIZI-OUZOU (direction N.-E.). — 6 k. *Pirette* * ou *Aïn-Zaouïa* (Pirette, nom d'un colon qui défendit l'Arbâ en 1839).

16 k. *Bordj-Bor'ni* *, fort et village (annexe de Drâ-el-Mizan) à 232 m. d'alt., sur la rive g. de l'oued Ksob, branche du Bou-Kdoura (bassin du Sebaou), au pied de l'Heidzer (2,123 m.).

33 k. *Souk-el-Khramis*, chez les Maatka, gîte d'étape. — 40 k. *Imesdaten*. — 50 k. Tizi-Ouzou (R. 8).

2° ROUTE DE FORT-NATIONAL. — 16 k. de Drâ-el-Mizan à Bordj-Bor'ni (V. ci-dessus). — 34 k. *Ouadia*, café-poste, chez les Beni-Ouadia. — 59 k. *Takourt*. — 70 k. Fort-National (R. 8).]

De Drâ-el-Mizan une route de voit. (dilig. en 4 h. 38 ; direction N.-E.) conduit à Isserville. — 20 k. *Bou-Faïma*, annexe de Drâ-el-Mizan. — 28 k. *Tizi-Renif*, com. m. de Drâ-el-Mizan. — 34 k. *Chabet-el-Ahmeur*, annexe d'Isserville. — 38 k. Isserville (R. 8).

Au delà de Aomar et de la rive dr. de l'Isser, *Ben-Haroun*, annexe de Drâ-el-Mizan, tire son nom du marabout Sidi R'assen-ben-Haroun, enterré sous un bouquet de beaux ormes qui projettent leur feuillage à 400 ou 500 m. de sources minérales. Trois fontaines d'une eau extrêmement fraîche et limpide sourdent à l'ombre d'un petit bois sacré, et doivent constituer une des plus abondantes origines de l'oued Ben-Haroun ou Edjeletta. Ce ruisseau court au pied des villages, de l'E. à l'O., dans la direction de l'oued Djemâ, qui coule 3 k. plus bas.

« Placées entre deux petits villages, dans un pli de terrain argileux qui aboutit, d'une part, à un ravin par lequel ses eaux se rendent à l'oued, et d'autre part se fond insensiblement avec les terres voisines, les sources gazeuses des Harchaoua se trouvent, d'après M. Ville, à peu près sur la ligne de contact du terrain nummulitique et du terrain tertiaire moyen. Leurs points d'émergence sont assez nombreux : mais on en compte quatre principaux. Ces sources sont remarquables par leur richesse en sels minéraux, et principalement en sels de soude, chlorure, sulfate et carbonate. Mais le peu d'abondance du produit des sources (40 hectol. par j.), l'exiguïté des bassins naturels, l'absence de toute installation balnéique, ont fait que, jusqu'à ce jour, l'eau n'a encore été employée que comme boisson. » (Docteur *Lasnier*).]

La voie ferrée passe sur deux viaducs de 90 m. — Au 110ᵉ k., sur la route de terre, à dr., *hôtel de l'Oued-Djemá*, dans les fertiles plaines du *Hamza*, aub. passable. — Tunnel de 287 m.; tunnel de 931 m. dit *tunnel du lacet*; tunnel de 113 m.; tunnel de 433 m.

123 k. **Bouïra*** (buffet), ou *Bordj-Bouïra* (le fort du petit puits) dont les ruines se voient à 800 m. S.-O., est le ch.-l. d'une com. de plein exercice de 7,063 hab., créé sur l'emplacement de l'ancienne ville arabe de *Hamza*, près de la rive g. de l'oued Ed-Dous qui devient plus loin l'oued Sahel.

De Bouïra à Aumale, R. 6.

De Bouïra aux Beni-Mansour, le chemin de fer parcourt l'immense plaine du *Hamza*, couverte de cultures et de petits bois d'oliviers. A dr. s'élèvent les Deux-Mamelles qui rappellent les Toumiet entre Constantine et Philippeville et le djebel Bou-Khraled; à g. se dresse la formidable muraille du Djurdjura que surplombent les pics ou tamgouts de l'Heidzer, de Galland, de l'Akouker, de Lella-Kredidja et de Tirourda, et que le soleil nuance de teintes resplendissantes passant du violet au bleu et au rose et qu'enfin la neige vient argenter quand l'automne arrive. On embrasse, sur une immense étendue, ces fortifications naturelles qui arrêtèrent toujours les Romains et les Turcs.

137 k. **Aïn-el-Esnam** (la fontaine des idoles); caravansérail.

[A 5 k. S.-O. du caravansérail, ruines d'un *barrage* romain sur l'oued Benian, affluent de l'oued Berdi qui se jette dans l'oued Zaïan. A quelque distance du même caravansérail s'élèvent les deux mamelons d'*El-Messem*.]

150 k. **El-Adjiba***, 35 hab., à 700 m. à dr., dans une contrée de céréales, d'oliviers et de vignes.

[Pic de Galland (2,134 m.), nom du président du C. A. F., section de l'Atlas, qui, avec 25 membres de cette section, fit la première ascension du pic, à la fin de mai 1890. — Cette excursion ne peut guère se faire qu'avec une tente, à moins de coucher chez les indigènes, les Beni-Meddour par exemple, ce qui n'est pas à conseiller. On trouve des tentes à louer à Alger. Guide, mulets, provisions et couvertures nécessaires. C'est à M. l'administrateur de Maillot qu'on doit demander guides et mulets (homme et bête, 5 fr. par j.) qui seront dirigés sur El-Adjiba. L'ascension ne peut se faire qu'à partir de la fin de mai.

1ᵉʳ JOUR. — D'El-Adjiba, où l'on peut venir d'Alger par le train du matin, on traverse, en se dirigeant au N., la plaine et l'oued Ed-Dour. On gravit les hauteurs boisées dominant la rive dr. de l'oued Barbar, cotes de la carte 547, 531, 599, 657 et 804 m. — On descend droit sur Tiharemt qu'on peut laisser sur la dr. — On suit le contrefort (cotes 716 et 1010, koubba de Si hadj Ali); on continue par le pied des points 1209 et 1328; on traverse l'oued Aougni; on passe par la cote 1329, obliquant à dr., on remonte l'oued jusqu'au pied de la forêt de Tigounatin, puis on monte par la cote 1516 au *col* ou *Tizi-bou-el-ma*. — Campement à 100 m. au-dessous du col, près des sources dans un cirque (1,650 m.) dominé au N. par le col, au N.-O. par le pic de Galland, au N.-E. par le djebel Icetcifen et par le massif puissant de l'Akouker; trajet 6 h. env.

2e JOUR. — On laisse les mulets qu'on retrouvera à la descente du col d'Ogoulmine, à l'O. — *Col* du *Tizi-bou-el-ma* (1,772 m.), dominé au N. par le haut piton de l'Azerou-es-Guessig. — On contourne quelques rochers à g., du côté N., puis on arrive par des pentes rapides à *Tiet- es-Serdount* (vue intéressante). — On s'engage dans les rochers jusqu'au sommet du pic (montée 2 h. 30; un peu moins s'il n'y a pas de neige).

« Du sommet, le regard embrasse un immense périmètre : au N., toute la Kabylie et Fort-National; la ligne des montagnes qui bordent la mer avec le tamgout des Beni-Djennad (1,260 m.); Tizi-Ouzou dominé par le Belloua (750 m.); tout le pays des Flissa, des Maatka, des Beni-Yenni; à l'O., les chaînes du petit Atlas et le piton du Bou-Zegza (1,032 m.) qui se dresse au-dessus de la Mitidja occidentale; les forêts des Beni-Khalfoun et le Tigremoun (1,028 m.) qui domine Palestro; au S., sa vue s'étend plus loin encore, jusqu'à la bordure méridionale du Tell; jusqu'aux montagnes de Boghar et du bassin du Hodna. Plus près, le Dira d'Aumale (1,860 m.) et les chaînes qui bordent le S. de la plaine du Hamza. A l'E., sa vue est bornée en partie par les murailles de l'Akouker et la pyramide du Lella-Khredidja qui a une altitude de 2,308 m. C'est le sommet le plus élevé du Djurdjura. Nous distinguons nettement l'Azeroun Tidjer (1,864 m.) et l'Azeroun M'toheur (1,923 m.) et plus loin les hauts rochers du Beni-Zezzi sur la chaîne qui continue le Djurdjura vers le N. Plus loin, par-dessus cette chaîne, on voit étinceler sous le soleil les sommets du Babor (1,979 m.); le Takintoucht et les montagnes qui dominent le Chabet-el-Akhra. On aperçoit même Alger et la mer, bande d'azur flottante semblant se confondre avec le ciel. Inoubliable spectacle... » (*De Galland*).

On descend par le versant N., jusqu'au plateau, 1,971 m. — On contourne tout le massif vers l'O. jusqu'au (2 h. 30) *lac Ogoulmine*. — Montée au col du même nom; on retrouve les mulets au point 1520, pour descendre à (22 k.; 4 h. 40 du lac) Bouïra (V. ci-dessus), par *Iril-Guefrane*, les cotes 1099, 1083, 1073, 1019, 917, 892 (M'dedsa), le *moulin de Tiksara* et la plaine (*MM. de Galland et Pressoir*).]

L'Akouker (2,305 m.; M. Pressoir (d'Alger) a décrit cette ascension faite en 3 jours à la fin de mai; c'est toujours de Maillot qu'on fera venir les mulets et leurs conducteurs).

1er JOUR. — Départ d'El-Adjiba à 2 h. du soir. Traversée de la petite plaine de l'oued Ed-Dous (oued Sahel plus loin). Longue montée des premiers contreforts; en face l'admirable chaîne entre le Taouïalt ou Bonnet de police, noir de forêts, à g., et le pic de Lella-Khredidja, à dr. On suit, par un sentier, l'arête d'un chaînon détaché de la grande muraille, entre les ravins profonds de l'oued Beurd, à l'E., et l'oued Adjiba, à l'O.; peu de villages, beaucoup de bois. Après une côte ardue se présente une petite crête portant le nom de *Ras-Tiguerguer* (1,647 m.). Descendant de l'autre côté, on suit une autre crête soudant la première au grand massif, puis on débouche près d'une source, Ansor-Arelled (1,508 m.), en face d'un pain de sucre énorme, le Terga-M'ta-Roumi

(1,976 m.) et du Lella-Khredidja. On arrive pour le campement au coucher du soleil.

2º JOUR. — Départ à 5 h. On suit d'abord le sentier conduisant au col de Tizi-n'Açouel et au delà en Grande-Kabylie. Après avoir contourné un éperon, on remonte, à g., une petite vallée pour aboutir au col qui sépare l'Agouni-Guerbi (1,872 m. de l'Akouker). A partir de là, montée difficile, à cause d'une cassure dans le rocher de la crête, pour atteindre le mamelon le plus élevé.

La vue qui embrasse un périmètre immense est admirable ; on peut se rendre compte de la structure orographique du pays et suivre la ligne de ses formidables fortifications naturelles qui le protège. C'est d'abord vers l'E., le Lella-Khredidja (2,308 m.), l'Azeroun Tirourda (1,962 m.), l'Azeroun Tohor (1,884 m.) et par delà les sommets des Babor et du Chabet-el-Akhra ; puis en remontant vers le N., le Tizibert (1,754 m.) dominant le col de Chellata, les rochers déchiquetés des Beni-Zikki, l'Akfadou et l'Arbalou, non loin de Bougie. — Au N., entre l'Akouker et la mer, se déroule la Kabylie avec ses nombreux villages perchés sur les crêtes : Fort-National (974 m.), Michelet, les Beni-Yenni, les Beni-Bou-Drar, et à 1,900 m. au-dessous du spectateur les Beni-Bou-Addou et autres. Plus haut, à l'horizon, la chaîne côtière qui sépare le Sébaou de la mer, avec son point culminant le tamgout des Beni-Djennâd (1,276 m.), et, à g., les grandes forêts de Yacouren et d'Azagza. A l'O., au-dessous de l'Akouker, la grande dépression de Tizi-Boulma (1,686 m.), au pied du pic de Galland (2,134 m.), le col de Tizi-Ogoulmine et l'Heidzer (2,125 m.). Au S. enfin, une série de bandes bleues parallèles se succèdent jusqu'à la bordure de l'immense Sahara !

La descente s'opère par le chemin suivi à la montée. Le campement pour la nuit pourra se faire sur l'emplacement quitté le matin.

3º JOUR. — On dévale à l'E. pour Maillot, par un sentier abrupt, glissant, plus facile ensuite dans des terrains boisés. Partout des cascades et coins verdoyants ; on rencontre l'oued Beurd que vient grossir une autre rivière sortant d'un seul jet du pied du Lella-Khredidja. C'est du milieu d'un fouillis de végétation puissante que jaillit cette source qui porte alors le nom d'*Ansor-el-Lekhal*, et forme, à elle seule, une véritable curiosité. De çà, de là, quelques villages kabyles. On quitte ensuite les bords verdoyants de l'oued Beurd pour aboutir à Maillot. Le train venant de Constantine s'y arrête à 4 h. 17 du S. ; à 10 h. on est de retour à Alger. (*E. Pressoir*.)

162 k. Gare de *Maillot*, sur la rive dr. de l'oued Sahel, à 4 k. du v. (*V.* R. 8) situé sur la rive g. (omnibus à tous les trains ; 50 c.).

[On peut se procurer à Maillot pour se rendre à (34 k.) Michelet (R. 8), soit un mulet (10 fr. par j.), soit une voit. (prix à débattre).]

Avant d'arriver à la station des Beni-Mansour, la voie rase le pied du monticule sur lequel s'élèvent le bordj et le village.

171 k. **Bordj des Beni-Mansour**, dépendant de la com. m. des Biban, à 288 m. d'alt., près de la rive dr. de l'oued Sahel. Dans le bordj on conserve un canon provenant de la désastreuse expédition du duc de Beaufort à Djidjelli, en 1664, et sur lequel on lit : ANNO DEI 1635 DEVS ME IVVET (*Deus me adjuvet*). De la terrasse du bordj, on admire à l'horizon, borné au N. par les crêtes du Djurdjura, le pic de Lella-Khredidja (2,308 m.). C'est à

104   D'ALGER A FORT-NATIONAL.   [R. 8]

Tala-Rana (20 k. N.-O. du bordj), sur les flancs du tamgout de Lella-Khredidja, que se transportent en été le bureau arabe et la garnison des Beni-Mansour.

[Aux Beni-Mansour, le chemin de fer bifurque à g. sur Bougie (*V. R.* 24, *A*) et continue jusqu'à Constantine (*V. R.* 20, *A*).]
Des Beni-Mansour au Fort-National, R. 8.

ROUTE 8

D'ALGER A FORT-NATIONAL

PAR TIZI-OUZOU. — LA KABYLIE

129 k. — D'Alger à Tizi-Ouzou, 107 k. : chemin de fer ; 12 fr. ; 9 fr. ; 6 fr. 60. — De Tizi-Ouzou à Fort-National, 28 k., dilig. t. l. j. : banquette, 5 fr. 50 ; int., 4 fr. 50 ; voit. à 2 chev., 30 fr. aller et retour ; mulets, 4 et 5 fr. ; guides, 3 à 4 fr. — Route de terre d'Alger à Fort-National ; dilig. t. l. j. en 15 h. : coupé, 17 fr. ; cabriolet, 15 fr. ; int., 10 fr.

54 k. d'Alger à Ménerville (*V. R.* 7). — Au sortir du tunnel de Ménerville (143 m.), bifurcation, à dr., sur Constantine, à g. sur Tizi-Ouzou. — Direction générale de l'O. à l'E. à travers les vallées de l'Isser et du Sebaou.

61 k. **Blad-Guitoum**, 4,018 hab. avec ses annexes *Isserbourg*, (8 k. N.-E.), le ham. d'Aïn-Rfaïa (6 k. E.), et le groupe de fermes d'Aïn-Legata (9 k. N.-E.). La gare est située entre le v., à g., et la route de terre, à dr.

Viaduc de 100 m. (9 arches) sur l'oued Isser, puis viaduc de 150 m. (4 travées) sur l'Isser oriental, fleuve aux eaux impures, qui recueille le tribut du plateau des Beni-Sliman et d'une partie de la chaîne du Dira. Il a 220 k. d'un cours très sinueux.

65 k. **Isserville** * (les Isser), com. de plein exercice de 9,270 hab., près du vaste caravansérail et du bureau arabe de *Souk-ed-Djemâ* : le bureau arabe, avec ses arcades ogivales, ses tourelles et sa koubba, a un cachet oriental qui fait honneur au goût de M. Rattier, son architecte. Le Souk-ed-Djemâ, marché du vendredi, est très important. *Les Isser*, dont le ch.-l. est à Isserville, est situé au-dessus de la rive g. de l'Isser, à 1,800 m.

D'Isserville à Drâ-el-Mizan, R. 7 — à Fort-National, par les Isser, R. 7.

Viaduc de 60 m., sur l'oued Djema. — D'Isserville à Bordj-Menaïel la voie est parallèle à la route de terre qu'elle laisse à g. — Viaduc de 15 m. sur l'oued Menaïel.

70 k. **Bordj-Menaïel** *, ch.-l. d'une com. de 12,577 hab. (détruit

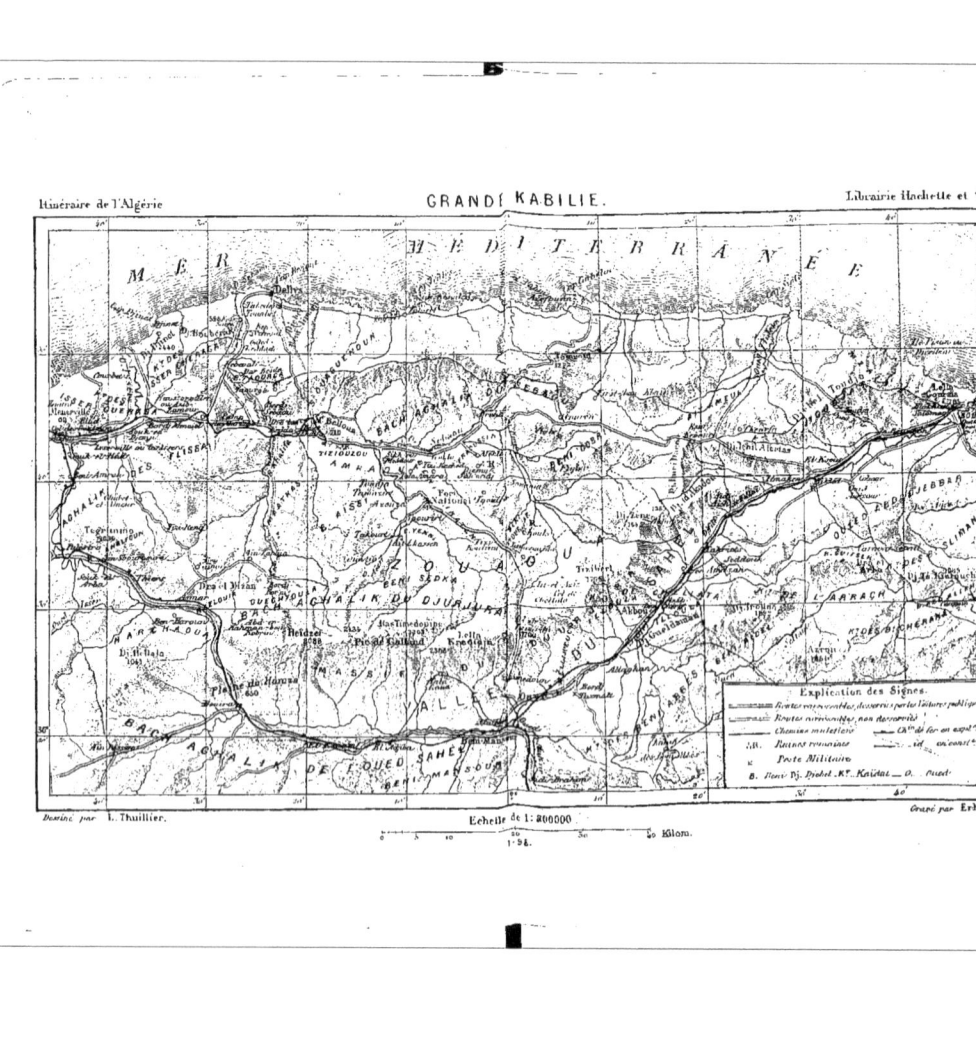

ISSERVILLE. — HAUSSONVILLERS.

en 1871), à l'entrée de la Kabylie, sur le territoire des *Flissa-oum-el-Lil*, ancien oppidum romain (*Vasara*?), sur les ruines duquel les Turcs élevèrent une petite forteresse, résidence d'un kaïd et de quelques cantonniers. Le vieux bordj turc est devenu un réduit important, qui renferme dans sa vaste enceinte crénelée la mairie, la gendarmerie, l'église, le presbytère et les écoles.

Viaduc de 110 m. (8 arches), haut de 19 m. 40, sur l'oued Chender; à g., minoterie et barrage.

82 k. **Haussonvillers** *, ch.-l. de com. de 5,493 hab. (*Azib Zamoun*). Ce dernier nom rappelle l'un des lieutenants d'Abd-el-Kader dans les combats de la Kabylie (1843-1844). On avait construit un caravansérail dans cet endroit, où la route se bifurque pour aller à Fort-National et à Dellys. Ce caravansérail, vendu par l'administration militaire à un particulier, servit de refuge, en 1871, à des colons, ouvriers ou hôteliers de passage, qui purent sauver leur vie, grâce à l'appui du kaïd Omar-ben-Zamoun, jusqu'à l'arrivée du général Lallemand. Haussonvillers a été créé comme Bou-Khalfa (*V.* ci-dessous), grâce à l'énergique initiative de M. d'Haussonville, président de la *Société de protection des Alsaciens et des Lorrains* demeurés Français. — Marché important tous les jeudis.

La voie ferrée, décrivant plusieurs courbes, passe dans 3 tunnels de 71 m., 343 m. et 277 m. — Viaduc courbe de 273 m. (17 travées), haut de 34 m. sur l'oued Dehour. — Viaducs de 184 et 181 m., sur des ravins dans un pays très accidenté. — Viaduc de 51 m. sur l'oued Flissa.

90 k. **Le Camp-du-Maréchal** *, annexe d'Haussonvillers, à 2 k., à g. de la gare. Ce nom rappelle l'installation du maréchal Randon en cet endroit, lors de l'expédition de 1857. Le territoire de ce village, projeté dès 1873, a été remis à la Société de protection des familles alsaciennes-lorraines, qui a pourvu à l'assainissement de ce territoire par des plantations d'eucalyptus. C'est au Camp-du-Maréchal que la même Société a élevé, en 1877, un *monument* (médaillon par Falguière) à la mémoire de M. d'Haussonville. En face et au delà de Sebaou on voit se dresser sur un rocher les murailles de *Bordj-Sebaou*, construction turque qui jouait un grand rôle dans les guerres des Algériens avec les Kabyles.

Du Camp-du-Maréchal à Dellys (31 k.; ch. de fer sur route, trajet en 2. h. 20 m., 2 fr. 35, 1 fr. 70). — La route, longeant d'abord la rive gauche du Sebaou, laisse à g., 2 k., *Kef-el-Ogab*, puis, 3 k. au delà, *Drâa-el-Kifan*, deux groupes de fermes; elle passe ensuite sur la rive droite de l'oued à

10 k. **Rébéval** * (nom d'un général), ch.-l. de com. de 5,096 hab., détruit en 1871, rebâti depuis et peuplé en partie d'Alsaciens et de Lorrains.

16 k. *Ben-N'choud*, annexe de Dellys, en voie d'accroissement. En face de Ben-N'choud, sur la rive g. de l'oued, à 1,500 m., *le Bois-Sacré* (onomatopée de *Bou-Askri*, le père du soldat; on a voulu lui donner le nom d'Abboville, son fondateur s'appelant Abbo) forme, avec *Kouanin*, situé plus bas, une com. de plein exer. de 7,394 hab. — C'est à Ben-N'choud que la route

s'éloigne du Sebaou; ce fleuve, assez abondant et le principal cours d'eau de la Grande-Kabylie, s'en va, après un parcours de 115 k., se jeter dans la Méditerranée, à 6 k. O. de Dellys.

20 k. *Touabet*, annexe de

23 k. *Takedempt*, v. de 20 feux. — La route, quittant la vallée du Sebaou, atteint à *Beni-ou-Azerouat* une alt. de 327 m. pour descendre à

31 k. **Dellys** *, place maritime de la Kabylie, ch.-l. de la 2ᵉ subdiv. milit. de la province d'Alger, ch.-l. de c. de 14,253 hab., ch.-l. d'une com. m. de 24,686 hab.

Dellys ou Tedellis (avec Oulad-Keddach et Ben-Nchoud, ses annexes) a été fondée par une colonie carthaginoise. Les Romains y formèrent plus tard un établissement appelé *Rusuccurus*, qui devint une puissante cité sous l'empereur Claude (l'an 50 de J.-C.). Les anciens remparts visibles surtout à l'O., les citernes romaines de Sidi Soussan, des mosaïques, un magnifique sarcophage (au musée d'Alger), des médailles et des amphores trouvées dans les fondations de l'hôpital et de la mosquée, tels sont les vestiges de Rusuccurus, dans lequel on retrouve le *Roussoukkour* (le cap des poissons) des Carthaginois. — Ce dernier nom trouverait son explication dans les eaux poissonneuses qui baignent la base du rocher allongé sur le flanc E. duquel est située Dellys.

Détruite par un tremblement de terre ou par les invasions, Rusuccurus fournit plus tard ses ruines pour la construction de la ville arabe de Dellys. Après avoir fait partie du royaume de Bougie, elle fut concédée par El-Mansour à Moezz-ed-Dola-Ibn-Somadeh, souverain d'Almería, qui vint chercher un asile auprès de lui, quand l'Espagne fut prise par les Almoravides, 1088 (481 hég.) à 1104 (498 hég.). Plus tard, en 1363 (765 hég.), l'émir hafside Abou-Abd-Allah, s'étant rendu maître de Bougie pour la troisième fois, enlève Dellys aux Abd-el-Ouadites, et y installe une garnison et un gouverneur; mais, attaqué à son tour par Abou-Hammou, il lui envoie une ambassade, et obtient une suspension d'armes moyennant la cession de Dellys et le mariage de sa fille avec Abou-Hammou.

Tributaire de l'Espagne, après la prise de Bougie en 1509, Dellys devint un instant le siège du gouvernement de Kheir-ed-Din, lorsqu'il partagea la régence d'Alger avec son frère Baba-Aroudj (Barberousse). — Dellys, habitée par une population de pêcheurs et de jardiniers habiles, ne fait alors plus parler d'elle. Une première soumission de ses habitants, en 1837, est suivie plus tard de la prise de la ville par le maréchal Bugeaud, le 7 mai 1844, lors de son expédition chez les Flissa; les combats des 12 et 17 du même mois nous assurent définitivement la tranquille possession de Dellys.

Dellys se compose de deux parties bien distinctes: le quartier arabe au N. et le quartier européen à l'E., tous deux en grande partie sur un plateau incliné de 70 à 80 m., duquel se détache le long promontoire connu sous le nom de cap Bengut, et duquel partira une jetée de 100 m., courbe de rattachement comprise, et formant le port et un mouillage à l'abri des vents d'O. et du N.-O.

La ville arabe, avec ses ruelles étroites bordées de maisons blanchies à la chaux, recouvertes çà et là de vignes, offre, dans ses échappées sur la mer, quelque ressemblance avec certains des hauts quartiers d'Alger, c'est-à-dire un ensemble à la fois pittoresque et misérable. La ville européenne descend jusqu'à la mer.

Quelques *rues*, dont les principales sont celles *d'Alger*, *d'Isly*, *de Mogador* et *de la Marine*, aboutissent aux *places de l'Église* et *du Marché*. L'hôtel de la subdivision, l'hôpital, le bureau arabe, l'église, la mosquée, l'abattoir, la direction du port, constituent le nouveau Dellys. Sur un plateau, à l'O., s'élève l'*École des arts et métiers*.

Une muraille de 1,800 m. de développement, formant un triangle, entoure la ville au S., à l'O. et au N.; elle est percée de cinq *portes* : celles *d'Alger, d'Isly, des Jardins, d'Aumale* et *d'Assouaf*.

C'est près de la porte des Jardins, à l'endroit dit Sidi-Moussa, que les Arabes tiennent une foire six fois par an. Leur marché de tous les jours se fait dans l'intérieur, près du bureau arabe et du fondouk élevé pour eux. Dellys est l'entrepôt d'une partie de la Kabylie occidentale et fait un assez grand commerce d'huiles et de fruits secs.

[Le touriste visitera en dehors de Dellys : — le *quartier des Jardins*, à l'O., remarquablement entretenus par les indigènes, et dans lesquels se récoltent des raisins blancs vendus sur le marché d'Alger; — le *marabout de Sidi Soussan*, situé à 210 m. d'alt., dominant la ville; près de là sont de grands bassins, étagés les uns sur les autres, que les Romains avaient creusés sans doute pour suppléer à la pauvreté des sources qui alimentaient alors Rusuccurus, et que l'on pourrait, au besoin, remettre en état de service, à peu de frais.]

A 23 k. N.-E., ruines romaines de *Iomnium*, auj. *Taksirt*, chez les Cheurfa, et, à 4 k. au delà, ruines de *Taksebt*, (mausolée octogonal, église et chapelle découverts par MM. Gavault et Bourlier).

A 58 k. E. (service de bat. à vap., le mercredi à 9 h. du s., facultatif, 5 et 7 fr.; la route passe par Taksirt et Taksebt); *Port-Gueydon* ou *Azeffoun*, com. m. de 29,852 hab., située sur le bord de la mer.

De Dellys à Tizi-Ouzou, une route, praticable aux voitures, passe par Reybeval (V. ci-dessus) et le Camp-du-Maréchal (V. ci-dessus).

De Dellys aux villes de la côte, V. R. 32.]

Viaduc métallique de 160 m. sur l'*oued Bou-Gdoura*, affluent de l'*oued Sebaou*.

98 k. *Mirabeau** ou *Drâ-ben-Kedda*, ch.-l. de com. de 7,005 hab., au confluent de l'oued Sebaou et de l'oued Kseub ou Bou-Gdoura, fort torrent. — Viaduc de 80 m. et de 3 travées sur l'oued Sebt.

103 k. 500. *Bou-Khalfa*, à g., annexe de Tizi-Ouzou, créé par la Société protectrice des Alsaciens-Lorrains.

107 k. **Tizi-Ouzou*** (la station est à 1 k. O. de la ville), ch.-l. d'arrond. de 27,466 hab. (avec son annexe Bou-Khalfa), situé à 257 m. d'alt., au pied S. du djebel Belloua (710 m.) et dominé par le *Bordj-Tizi-Ouzou* (fort du Col des Genêts), construit au sommet d'un col large de 3 k. env., encaissé entre de hautes chaînes de montagnes.

Le bordj de Tizi-Ouzou, relié à la ville par le jardin des Zouaves, a été bâti par les Turcs sur des *ruines romaines*; de fortes murailles forment ses remparts, et dans leur épaisseur sont pratiqués quelques réduits casematés servant de chambre pour la garnison; la porte ouverte sur la vallée est pratiquée sous une large voûte qui en défend l'accès. Au milieu de la cour se trouvent un puits et une koubba.

Si de Tizi-Ouzou les regards se reportent vers l'E., ils parcourent toute la belle et large vallée de l'oued Sebaou, qui coupe, pour ainsi dire, la Kabylie en deux parties : à g., ils s'arrêtent sur la longue chaîne littorale qui va de Dellys à Bougie; à dr., sur les derniers versants de tous les contreforts qu'envoient au loin les longues cimes du Djurdjura, et les plateaux profondément ravinés du territoire des Zouaoua, versants escarpés, aux pentes abruptes, tout hérissés de roches, et plongeant sur la vallée.

[De Tizi-Ouzou on peut se rendre en voit. (100 à 150 fr. une voit. à 2 chev.) à Bougie (104 k.), par Fort-National et Tazmalt, V. ci-dessous, p. 114.]

De Tizi-Ouzou à Drâ-el-Mizan, R. 7.

De Tizi-Ouzou à Fort-National, la route descend dans la vallée du Sebaou, puis traverse, sur un beau pont en fer, au-dessus de son confluent avec le fleuve, le gros torrent de l'oued Aïssi.

114 k. *Sikh-ou-Meddour*. Après un terrain plat, la route gravit en lacets, sur un parcours de 17 k., les montagnes qui portent Fort-National, laissant à dr. et couronnant les crêtes, les villages kabyles de *Tiguert-Alila* et d'*Aït-Hag*, et, à g., ceux de *Tala-Amara*, *Iril-Guefri*, *Tassedart* et *Affensou*.

135 k. **Fort-National** (Fort-Napoléon), ch.-l. d'une com. de plein exercice de 9,321 hab., ch.-l. d'une com. m. de 53,101 hab., dépendant de l'arrond. de Tizi-Ouzou, sur un plateau élevé, à 916 m. d'alt., au lieu dit en arabe *Souk-el-Arbâ*, d'un grand marché qui s'y tient le mercredi. Une enceinte flanquée de 17 bastions offre un développement de 2,200 m.; elle est percée de deux portes : celle d'Alger et celle de Djurdjura; l'intérieur, surface de 12 hect. fortement accidentée, est coupé de rues larges sur lesquelles s'élèvent tous les bâtiments militaires. De nombreuses maisons particulières ont été construites sur les deux côtés de la rue ou route centrale de la citadelle.

Cet établissement militaire, le plus important que nous possédions dans la Grande-Kabylie, a été élevé au centre même des *Beni-Iraten*, qu'on n'avait pu jusqu'alors comprimer. Le maréchal Randon en posait la première pierre le 14 juin 1857, et, cinq mois après, il était terminé; il n'avait fallu que vingt jours pour relier le fort à Tizi-Ouzou, par une route carrossable.

Dans l'insurrection de 1871 (V. l'Introduction), Fort-National, défendu par quelques centaines d'hommes, dont faisaient partie des mobilisés de la Côte-d'Or, a soutenu un siège en règle fait par les Kabyles. Les portes du Fort, fermées le 16 avril, se rouvrirent le 16 juin pour recevoir les généraux Lallemand et Cérès.

Du haut des remparts de Fort-National, on domine au loin le bassin de l'oued Sebaou. Tandis que au N., l'œil est borné par la chaîne maritime qui longe la Méditerranée, de Dellys à Bougie, au S., il suit les arêtes des contreforts du Djurdjura, plonge dans les profonds ravins qui découpent les plateaux des Zouaoua, et remonte le long de leurs versants jusqu'aux crêtes qui bornent l'horizon.

La Kabylie. — Le Djurdjura traverse la Grande-Kabylie par une ligne courbe, et la sépare en deux parties distinctes : septentrionale et méridionale. La première, dite Kabylie du Djurdjura, s'étend jusqu'à la mer, la seconde jusqu'au territoire d'Aumale. L'Algérie ne saurait offrir un aspect plus grandiose que la Kabylie du Djurdjura. Elle est bornée au N. par la Méditerranée, entre Bougie à l'E. et l'embouchure de l'Isser à l'O.; en partie, par l'oued Sahel à l'E. et au S.; en partie, par l'Isser et ses affluents à l'O. et au S.

En avant de l'oued Sahel, au S. se dressent, à 15 k. en ligne droite, les crêtes du Djurdjura, dont les trois sommets principaux atteignent, celui de *Lella-Khredidja*, 2,308 m. celui de l'*Akouker*, 2,305 m. et celui du pic *de Galland* 2,134 m. Le pic de Lella-Khredidja est, après celui du Chelia, dans l'Aurès, le plus élevé de l'Algérie.

De l'immense et neigeuse muraille du Djurdjura descendent jusqu'à la mer, sur une longueur moyenne de 50 k., une succession de versants abrupts qui semblent accolés aux parois des rochers comme les premiers gradins d'un vaste amphithéâtre; au pied de ces versants commencent des vallées profondes, étroites, perdues entre les montagnes comme des fossés de citadelle entre leurs murs; les eaux des torrents descendent sur elles, en tombant le plus souvent par cascades étagées, au lieu de rouler sur le sol. Leurs profondeurs varient entre 150 et 250 m.; d'en haut l'œil se perd à chercher le fond de leurs gouffres.

Le méandre sinueux de ces précipices forme un dédale de fraîches oasis, au milieu des rochers arides du Djurdjura. Les vents brûlants du désert, comme les froides bises du nord, passent tour à tour au-dessus de leurs abîmes sans les atteindre. Les neiges des montagnes leur distillent sans cesse des eaux fraîches et limpides : les torrents qu'elles forment roulent sur des lits de rochers, fécondant autour d'eux toute une végétation luxuriante, et le soleil africain, rafraîchi par les vapeurs des eaux, chauffe le sol sans le brûler. Là, des oliviers, des chênes doux, des figuiers, des vignes, des cèdres, des sapins, des chênes-lièges, des lentisques sauvages, enchevêtrent leurs branches chargées de feuilles; l'herbe est toujours verte; l'hiver et l'été semblent avoir confondu leurs souffles contraires pour faire un printemps éternel à cette nature ensevelie.

Deux vallées principales, les vallées de Bor'ni et du Sebaou, divisent ce long réseau de gorges sauvages. Ces deux grandes artères de la Kabylie septentrionale règnent d'un bout à l'autre de la muraille rocheuse du Djurdjura, recevant sur leurs routes divergentes un nombre indicible de ruisseaux affluents.

La vallée de Bor'ni prend naissance chez les Beni-Yenni, court de l'E. à l'O., et va se perdre dans celle de Drâ-el-Mizan en Basse-Kabylie. Ses eaux vont se joindre à celles de la vallée du Sebaou par la gorge profonde de l'oued Aïssi.

L'une des ramifications de la vallée du Sebaou naît au col de Tirourda, court de l'E. à l'O., et va se confondre avec la grande vallée qui, plus bas, se confond elle-même avec la Basse-Kabylie par la bouche de Tizi-Ouzou. Des cascades ou des torrents arrosent sous leurs flots tumultueux tout le cours de la vallée et chacun de ses ravins. Les eaux qu'ils roulent forment l'une des grandes rivières de l'Algérie, et la plus grande de la Kabylie : le Sebaou, toujours débordé en hiver, presque tari en été. Le Sebaou coupe pour ainsi dire la Kabylie du Djurdjura en deux parties. A l'étendue dévastée de ses rives, dans sa partie basse, on voit que ses flots d'hiver doivent s'étaler souvent sur plus d'un k. de larg.

« Pour avoir une idée d'ensemble de la Kabylie, il faut s'élever sur les flancs du Djurdjura, en dépassant Fort-National, vers le S., on voit alors se développer le beau bassin elliptique du Sebaou, ancien lac dont les eaux se sont vidées par les coupures de la chaîne côtière.

« Les énormes torrents d'un autre âge, qui descendirent des crêtes du Djurdjura, n'ont laissé sur ses sommets que le squelette des rochers, creusant, dans leur course, des ravins d'une profondeur prodigieuse, séparés les uns des autres par des crêtes si étroites que, en certains points, elles ressemblent à des chaussées artificielles, à des ponts jetés d'une rive à l'autre et sur lesquels quatre cavaliers ne pourraient passer de front.

« Les villages kabyles couronnent tous les sommets de ces crêtes. Les préoccupations de la défense et un instinct de race ont de longtemps amené les Kabyles à grouper leurs habitations sur les arêtes. Ils en voient ainsi les deux versants et en utilisent les lambeaux de terre cultivable ; mais ils n'ont pas d'eau ; aussi leur faut-il aller la chercher dans les ruisseaux, à une grande distance, et c'est là le labeur principal et quotidien des femmes.

« Autour des villages sont souvent de beaux jardins, des arbres fruitiers, surtout des oliviers et de nombreux figuiers sur les branches desquels la vigne qu'on laisse croître en toute liberté, étale follement ses guirlandes, et fait mûrir ses grappes magnifiques.

« Vues à distance, les habitations offrent un aspect pittoresque ; si l'on gravit les sentiers escarpés qui conduisent au village, le charme du tableau s'évanouit et l'on voit que l'incurie kabyle ne le cède en rien à l'incurie arabe. » (C^l *Niox*.)

On ne trouve dans les villages que ruelles étroites, enchevêtrées les unes dans les autres, que maisons uniformes, enfumées, basses, aux toits couverts de tuiles rouges. Sur une cour commune, étroite, irrégulière, fermée par une porte commune, sont souvent installées trois ou quatre bâtisses distinctes, appartenant à plusieurs familles ou aux différentes branches d'une même famille. Chaque maison a devant elle le tas de fumier de ses bestiaux et les gros outils de son travail quotidien. Chacune d'elles n'a qu'une porte ou deux à peine, et, pour fenêtre, des ouvertures étroites qui ne laissent entrer que l'air et permettent de voir au dehors sans être vu.

L'intérieur de chaque demeure varie selon la richesse, les besoins, le nombre, ou plutôt la profession particulière des habitants. L'agriculteur, par exemple, a le plus souvent, dans la maison même qu'il habite, ses bestiaux, son grain et son huile. L'huile est dans des vases en terre, scellés à la muraille, qui garnissent la maison de tous côtés, comme des buffets. Le grain est à terre, dans un coin, ou dans une pièce séparée, plus rarement dans un grenier. Les bestiaux se tiennent sous leurs maîtres : sur la moitié ou le tiers de la pièce principale règne une sorte d'appentis scellé dans la muraille par trois côtés, supporté sur le devant par des poutres maçonnées, formant comme un coffre ouvert par un côté, et sur lequel dorment les hommes tout habillés. Dans une chambre particulière, souvent mansardée, grouillent sur le sol les femmes et les enfants.

Telles sont les dispositions principales de chaque demeure : une ou plusieurs pièces, selon la richesse du propriétaire et l'importance de la maison, servent de chambres des hôtes, de logement exceptionnel pour l'un des maîtres du logis, de resserre particulière pour les bestiaux ou pour les outils, le grain. Des bahuts, des bancs, des coffres, des escabeaux en bois, des poteries de toutes formes en terre rougeâtre, des moulins en pierre pour écraser le grain, des pressoirs à huile, des charrues, quelques instruments aratoires, ou, selon l'industrie des habitants, de petites forges pour fabriquer des bijoux, des armes ou de la fausse monnaie, ou des métiers à tisser des burnous et des tapis, servent d'ameublement général.

Les seuls monuments publics de chaque village sont la mosquée et la djemâ ou hôtel de ville. La mosquée ressemble généralement, au dedans comme au dehors, à une grange de moyenne dimension, surmontée d'un étage flanqué d'un minaret carré. La salle du bas sert de logement particulier à l'imam, la salle du haut sert pour la prière. La djemâ ou mairie, la chambre des représentants, la salle des comices, l'hôtel de ville enfin, se compose d'une grande pièce, garnie de bancs ou de dalles en pierre taillée servant de tables et de sièges pour les assemblées. « Là les Kabyles viennent discuter toutes les questions de politique qui concernent leur tribu, leur village, élire leurs amin ou maires, plaider leurs procès, vivre de toute leur vie nationale de misère, de querelles et de guerre, mais de liberté. » (*E. Carré.*)

Entre le Sebaou et la mer, la Kabylie change d'aspect : les vallées sont plus larges et moins profondes; les précipices deviennent des vallons. Le Sebaou ne roule plus, enfermé dans le fond d'une gorge étroite, bouillonnant de cascade en cascade, sur un lit de galets; sa vallée s'est agrandie; ses eaux rares serpentent lentement à travers une plaine de sable, semée çà et là de buissons et d'arbres isolés. Avec le sol, le climat se modifie, la végétation change. Les figuiers, les oliviers et les frênes de la Haute-Kabylie disparaissent peu à peu; il n'y a plus d'arbres qu'autour des villages; les orges, les blés et les champs de pâture règnent presque seuls. Le Berbère de cette contrée n'est plus le montagnard fier, travailleur et sauvage de la Kabylie supérieure. Sa nature, ses mœurs participent à la fois de sa double existence de la montagne et de la plaine. Ses villages ne se sont ni entassés à l'étroit sur les crêtes, comme les bourgades berbères, ni disséminés dans les plaines comme les douars arabes. Les maisons ne sont ni en pierre, comme celles des Kabyles, ni en toile comme les tentes arabes; elles sont faites de torchis ou de terre maçonnée entre des branches entrelacées.

On pénètre dans la Kabylie du Djurdjura : par Dellys, Tizi-Ouzou et Drâ-el-Mizan (*V.* ci-dessus); par Bougie et les cols de Tamella et Tirilbou-Kbaïr, Akbou, Maillot et le col de Tirourda (*V.* ci-dessous).

De Fort-National chez les Beni-Yenni. — Les villages kabyles couronnant les sommets des montagnes, et dont on a pu lire ci-dessus la description, se ressemblent tous, sauf leur étendue. On visitera de préférence les deux centres industriels d'Aït-el-Hassen et de Taourirt-Mimoun.

Quand, à 10 k. S.-O., par un sentier abrupt dominant de profonds ravins, on a franchi l'oued Djemaâ, on arrive à Aït-el-Hassen et Taourirt-Mimoun, qui se touchent. Ces deux villages appartenant à la tribu des Beni-Yenni (6,000 hab.) renferment une population essentiellement industrieuse dont les produits sont des plus variés.

Tandis que les femmes tissent la laine et le coton sur des métiers tantôt verticaux, tantôt horizontaux, ou façonnent, sans tour et sans moule, des poteries au galbe souvent gracieux, qu'elles recouvrent ensuite de couleurs éclatantes, les hommes taillent des meules, tannent des peaux, travaillent le cuir, sculptent le bois de tables basses, de pupitres et de coffrets. Ils taillent encore à coups de hache les vis et les pressoirs à huile. Orfèvres et bijoutiers, ils façonnent l'argent en bracelets, agrafes et colliers, l'étirent en délicats filigranes qu'ils agrémentent de coraux et de verroteries. Ils fabriquaient naguère de la fausse monnaie avec une rare perfection. Enfin à défaut de poudre et de fusils dont la fabrication leur est désormais interdite, on leur doit ces yatagans si tranchants connus sous le nom de flissas, nom également d'une tribu voisine qui avait primitivement le monopole des sabres et de la coutellerie.

Djemâ-Sah'aridj (la mosquée du Bassin, la *Bida colonia* des Romains; 10 k. E. N.-E.), b. des *Beni-Fraousen* à 466 m. d'alt., dans une vallée affluente à celle de l'oued Sebaou, avec des sources abondantes. Les Pères Blancs y ont installé, ainsi qu'à Taourirt, des établissements pour l'instruction des jeunes Kabyles.

L'aspect de Djemâ-Sah'aridj, quand on entre en venant de l'E., est parfaitement en rapport avec les idées que peut susciter la connaissance de son passé. On aperçoit tout d'abord un grand emplacement jonché de débris antiques et entouré d'habitations d'un assez bon aspect; là se tient le marché, sur un sol où de nombreux réseaux de murs à fleur de terre attestent l'occupation romaine. A g., on côtoie le bassin en grandes pierres taillées, auquel Djemâ-Sah'aridj doit son nom : tout autour se dressent un grand nombre de blocs hauts de 1 m. env. sur 50 cent. de largeur et d'épaisseur. Plusieurs blocs sont aussi encastrés dans les maisons voisines. Sur l'autre côté du marché s'élève la mosquée, petite et basse, accotée d'un minaret de modeste apparence, mais cependant d'un certain aspect. En poursuivant vers l'E., on rencontre deux autres fontaines, toutes deux également construites en pierres de taille. On arrive enfin, à l'extrémité E. du v., vers une petite butte sur laquelle se détachent, au milieu des tombes, plusieurs pans de murs d'un m. de larg. Cette butte domine Djemâ-Sah'aridj et supportait probablement une citadelle.

Kouko (18 k. S.-E.), v. des *Beni-Itour'ar*, sur une montagne escarpée entre deux affluents de l'oued Sebaou, représenterait, d'après Mac-Carthy le *Turaphilum* romain. Quelques pierres de taille et une citerne construite en brique datant de l'époque romaine, sont les seuls restes du poste qui devait protéger la plaine, à travers laquelle passait la route de *Rusuccurus* (Dellys) à *Saldæ* (Bougie). En tout cas, ce petit village eut jadis une grande importance politique; c'est par son nom que l'historien espagnol Marmol désigne, au xvie s., toutes les tribus du Djurdjura, et, en 1730, il était encore le ch.-l. des *Zouaoua*.

Le Lella-Khredidja (ascens. demandant deux journées). — 1re étape de 7 h. Route des *Beni-Mansour*, que l'on quitte après un parcours de 7 k., ensuite sentier de mulet à dr. L'étape finit à Tala-Taza, au pied du Lella-Khredidja. — 2e étape de 6 h. Il faut 3 h. pour atteindre le col de Tala-Rana, entre le Lella-Khredidja et le massif du *Talelat*, dont les déchiquetures ressemblent à ces châteaux fantastiques si bien dessinés par G. Doré. On laisse les montures au col, et en 3 h., on atteint le plateau de Lella (2,308 m., cèdres magnifiques), qui a une quinzaine de mètres dans sa plus grande longueur. Au N.-O., le pic surplombe un immense précipice. Sur le bord, construction en pierres sèches, dans la toiture traditionnelle (koubba) de Lella-Khredidja. « Panorama immense : dans le lointain, au N.-O., la Méditerranée. Au premier plan, à l'O., le pic de Timedouine presque aussi haut que celui de Lella-Khredidja dont il est séparé par la vallée de Tala-Rana; sous les pieds, en regardant au S., descend en entonnoir la vaste gorge boisée où apparaît Tala-Rana; plus loin, massif de montagnes, puis les hauts plateaux du Hodna, dans la direction de Msila. A g., vers le S.-E., les Biban; à l'E., le Chabet-el-Akhra avec ses deux principaux pics du Babor et du Tababor; le spectacle le plus saisissant, c'est la Kabylie avec ses grandes déchirures de vallées, ses torrents encaissés et ses crêtes couronnées de villages.... » (J. *Mital*.)

L'excursion peut encore se faire, avec guide et mulets, jusqu'à *Tala-Tazert* (1,350 m.), 3 h., et de ce v. à pied par les pentes N. de la montagne au sommet (4 h.); en tout 7 h.; cette voie, plus courte, est moins pittoresque.

Si l'on ne revient pas à Fort-National, on descend le col de Tala-Rana jusqu'aux Beni-Mansour. De ce dernier point, on peut se diriger vers Alger par Bordj-Bouïra et Palestro, ou vers Constantine par les Portes-de-Fer et Bordj-Bou-Areridj. (Chemin de fer pour les deux directions; V. R. 7).]

Pour les ascensions des pics de l'Akouker et de Galland, V. R. 7.

LE LELLA-KHREDIDJA. — AZAGZA.

De Fort-National à Bougie. — A. Par le col de Tamella (118 k.); ce chemin traverse des régions forestières de l'E.; on s'adressera au bureau arabe ou bien encore à l'administration civile pour faire réquisitionner des mulets; un mulet 3 fr. et un guide 1 fr. 50 par j.; l'usage est de donner 5 fr.; si le conducteur ne comprend pas le français, il est bon de s'adjoindre un gamin auquel la connaissance de notre langue est familière; on lui donne de 3 à 4 fr. pour toute la durée du voyage. Les touristes intrépides parcourent des distances de 50 k. Il est préférable de voyager à très petites journées, de 25 à 30 k., quand on peut faire étape; on a le temps de s'arrêter et d'admirer alors les nombreux et magnifiques points de vue qui se succèdent souvent; nous recommandons aux touristes la carte de la Kabylie au 5,000ᵉ et les cartes 24, 25, 26 au 50,000ᵉ, éditées par le Ministère de la guerre). — 10 k. *Mekla* *, à 117 m. d'alt., v. créé en 1880, sur le territoire de la tribu des Mekla, l'une des plus importantes fractions des *Amraoua*. — Après avoir traversé le Sebaou, on escalade le flanc boisé de la montagne d'*Il-Maten* au pied de laquelle est situé Azagza.

35 k. **Azagza** *, centre de la com. m. du Haut-Sebaou, 41,061 hab. Belle vue sur la vallée de l'oued et sur les montagnes accidentées du Fort-National. — En quittant Azagza, on pénètre dans la belle forêt du *Bou-Hini*, où dominent le chêne-liège et le chêne zéen; on traverse des ravins pleins de fraîcheur avec des eaux abondantes.

47 k. *Iacouren*, à 818 m.; d'où l'on aperçoit toutes les montagnes couronnées de forêts. — Descente dans le ravin de l'*Irzer-Segoun*. — Montée au *col de Tamella* (841 m.). — On pénètre de nouveau dans la forêt entre les sommets d'*Aguemoun-Aouna* (1,011 m.), au N., et d'*Azerou-Mellouze* (1,077 m.), au S. — En descendant un peu au S.-E., on arrive (4 h. d'Iacouren) aux sources thermales d'*El-Hammam*. On s'élève ensuite sur une crête (1,150 m.) d'où l'on aperçoit la masse pittoresque des rochers du djebel Arbalou, dominant la fraîche vallée du Toudja. On passe près des ruines de *Ksar-Kebouch* (1,110 m.), d'où la vue s'étend sur la vallée inférieure de l'oued Sahel et sur tout le massif imposant des *Babor*; de là on descend.

72 k. *Taourirt-Iril*, où se trouve le bordj de l'administrateur de la com. de Fenaïa. — 92 k. *El-Kseur* (Bitche), joli v. dominant la vallée de l'oued Sahel. — 104 k. *La Réunion*.

118 k. Bougie (R. 24).

B. Par Tir'il-bou-Kbair (112 k.). — 6 k. L'*oued Ntalglought*, affluent du Sebaou, souvent à sec pendant l'été (pas de pont, infranchissable en hiver jusqu'à l'écoulement du torrent); montée.

10 k. *Igoulfan*, à 948 m., en plein E.; de la direction E.-N.

14 k. *Souame*, à 577 m., v. bien construit (habitants commerçants et industrieux). — Traversée de l'*oued Bou-Bechir*, nom du Sebaou en cet endroit, souvent à sec comme l'oued Ntalglought.

21 k. *Figha*, à 500 m. Vue de la vallée du Sebaou, au N.-O., et des cimes du Djurdjura, au S.-O. Montée à travers bois.

27 k. *Moknéa*, à 1,050 m. Vue étendue de toute la Kabylie. Plaines couvertes de buissons et de lentisques. Dans une direction N.-E., non loin de Moknéa, ruines romaines, celles entre autres d'un poste fortifié de 50 m. carrés. Direction N. à travers une forêt de chênes-lièges.

31 k. *Chebel*, à 860 m. et chez les Beni-Goubri.

37 k. *Iacouren*, à 816 m., nouveau v. Vue au N. du Tamgout et de la mer; à l'O., du Sebaou; au S., du Djurdjura; à l'E., de montagnes boisées.

45 k. Tir'il-bou-Kbaïr, à 588 m., construit comme un aire d'oiseau de proie, dans un creux de rocher. Même vue qu'à Iacouren.

61 k. *Tabarourt* chez les *Beni-Hocein*. Non loin de ce v., eaux thermales,

ALGÉRIE. 8

— Succession de nombreux ravins, dont les eaux vont se jeter dans la mer. Montées et descentes. — 70 k. *Chemfa.*

88 k. *Toudja,* au pied S. de l'*Arbalou,* joli v. au milieu de vergers renommés pour leurs oranges, avec profusion d'eau; curieuse mosquée. — Au delà, aqueduc romain dont une vingtaine d'arches sont bien conservées. — Descente dans la plaine ouvrant sur le golfe de Bougie. — Route carrossable.

112 k. Bougie (R. 24).

C. Par le col de Chellata et Akbou (131 k.; dilig. de Fort-National à Michelet, t. l. j., dans les deux sens; trajet en 3 h.; 2 fr. 50; au delà, mulet 3 fr. et guide 1 fr. 50 par j.). — 30 k. de Fort-National au col de Tirourda (*V.* ci-dessous), où on laisse à dr. la route qui descend vers le bordj des Beni-Mansour. — A dr., à 10 k. du col, pic de l'Akouker.

La route descend. — 50 k. *Col de Chellata* (1,495 m.), qui, avec le col de Tirourda, forme une des limites des provinces d'Alger et de Constantine. — La descente continue; à 900 m. d'alt. on rencontre les oliviers.

65 k. Akbou ou Metz, sur un mamelon qui domine la vallée du Sahel (*V.* R. 24).

131 k. Bougie (R. 24).

D. Par Tazmalt (157 k.; de Fort-National à Tazmalt, 76 k., route carrossable; on louera à Tizi-Ouzou, chez M. Félix Lagarde, un panier à 4 places et à 2 chevaux, au prix de 100, 125 ou 150 fr., selon l'affluence des voyageurs; on prendra des provisions à Michelet; nous devons une partie des indications de cette route à l'obligeance de M. Paul Duclos, de Rouen). — 67 k. de Fort-National à la bifurcation de la route : à g. sur Tazmalt, à dr. sur Maillot (*V.* ci-dessous : de Fort-National aux Beni-Mansour). — La route descend, puis court en plaine jusqu'à la gare de Tazmalt.

76 k. *Tazmalt,* v. à 1 k. O. de la gare. — 81 k. de Tazmalt à Bougie (*V.* R. 24).

De Fort-National aux Beni-Mansour (57 k.; dilig. de Fort-National à Michelet; de Tizi-Ouzou, on peut télégraphier à l'auberge de Michelet pour se procurer 1 mulet, 3 fr., et un guide, 1 fr. 50 par j.: à Maillot, omnibus pour le chemin de fer, 50 c.). — De Fort-National à Michelet, la route accidentée, bordée de précipices, effectue des descentes et des montées d'où l'on domine les deux vallées du Sebaou, les villages kabyles perchés au sommet des montagnes, et, à dr., les roches à pic, rougeâtres de Lella-Khedidja, parfois couvertes de neige et d'un effet superbe. Après une dernière montée, on atteint le plateau qui porte

20 k. Michelet ou *Aïn-Hammam* *, à 1,200 m. d'alt., 191 hab. dont 150 Européens; siège de la com. m. du *Djurdjura,* 61,062 hab. Ce v., admirablement situé en face des glaciers du Djurdjura, comprend 50 maisons en pierre avec un bordj pour l'administrateur, le juge de paix, la gendarmerie, la poste et le télégraphe, ainsi qu'une école manuelle de menuiserie et de charronnage pour les jeunes Kabyles.

[Au 25e k., à g., sentier par lequel on peut aller directement au col de Chellata. On descend dans le fond du ravin qui s'étend au-dessous des crêtes du Djurdjura, en passant au v. de *Taklit-Aït-Aksou*; de là on monte au col de Chellata (*V.* ci-dessus).]

La route est légèrement accidentée par des coteaux.

29 k. *Maison-Forestière* (2 salles à la disposition des touristes).

[Le trajet de la Maison-Forestière à Maillot, par la traverse (30 k.), peut se faire à pied en 7 h. Le col de Tirourda dépassé, on suit vers la g. la nouvelle route que l'on abandonne bientôt pour descendre directement. Après avoir traversé une forêt de chênes verts, on arrive au pittoresque v. kabyle de *Taknerboust,* qui fait partie du douar des Beni-Kani.

La descente continue par un ravissant vallon planté d'oliviers, en laissant à g. le village de *Tixeriden*, puis on arrive en face de Maillot dont on est séparé par un oued, affluent du Sahel.]

Après 15 min. d'un chemin raide et rocailleux, on traverse un petit tunnel, et quelques instants après, un second un peu plus long, puis on passe entre 2 rochers qu'on a aperçus de loin.

36 k. *Col de Tirourda* (1,760 m.). « Il marque la limite E. de la muraille du Djurdjura. Du petit mamelon de l'O., à dr. de la route, vue étendue : sur le flanc S. de la chaîne, des contreforts boisés des Beni-Mellikeuch et des Beni-Ouakour, d'un aspect tout différent que le versant N.; au pied de la vallée de l'oued Sahel, sur le pont du chemin de fer des Beni-Mansour, dominé plus à dr. par le bordj; en suivant cette direction à g., sur les montagnes des Beni-Abbès, tribus remarquables par leur industrie; dans la dépression de l'oued Amahour, directement au S., sur le fameux défilé des Portes-de-Fer (Biban); vers le S.-O., sur les montagnes d'Aumâle; vers le S.-E., sur les montagnes qui bordent au S. le plateau de la Medjana, laissant vaguement deviner l'immensité du Sahara, au delà du Hodna; à l'E., sur le chaos des montagnes de la Petite-Kabylie, aussi loin que la vue peut porter. » (*E. Ficheur*). — Du col on peut faire en 1 h. aller et ret. l'ascension du Tirourda (1,876 m.; vue sur toute la Kabylie).

44 k. *Aïn-zebda*, maison cantonnière, où l'on peut déjeuner avec les provisions emportées. — On continue la descente au milieu des oliviers et des figuiers. A mesure que l'on descend apparaît la vallée de l'oued Soummam, que traverse le chemin de fer de Bougie aux Beni-Mansour.

67 k. Fin de la descente. A 50 m. au delà de la borne 67 la route bifurque : à g. sur Tazmalt (*V.* ci-dessus); à dr., sur Maillot.

La route descend. — 46 k. *Hamedoun*, v. kabyle chez les Beni-Mellikeuch.

53 k. **Maillot** * (nom d'un célèbre médecin de l'armée d'Afrique), annexe des Beni-Mansour, sur la rive dr. de l'oued Ouakour, affluent de l'oued Sahel. La gare de Maillot, chemin de fer d'Alger à Constantine, est située à 4 k. S. du v., au delà de l'oued Sahel (*V.* ci-dessus).

[De Maillot, où l'on trouve des guides et des mulets, on peut faire les ascensions de l'Akouker et du pic de Galland (*V.* ci-dessus).

On peut se rendre directement de Maillot à la gare des Beni-Mansour, en traversant le pont jeté sur l'oued Sahel.]

57 k. Bordj des Beni-Mansour (*V.* ci-dessus), station du chemin de fer d'Alger à Constantine, et bifurcation sur Bougie par Akbou (R. 24).

DEUXIÈME SECTION

PROVINCE D'ORAN

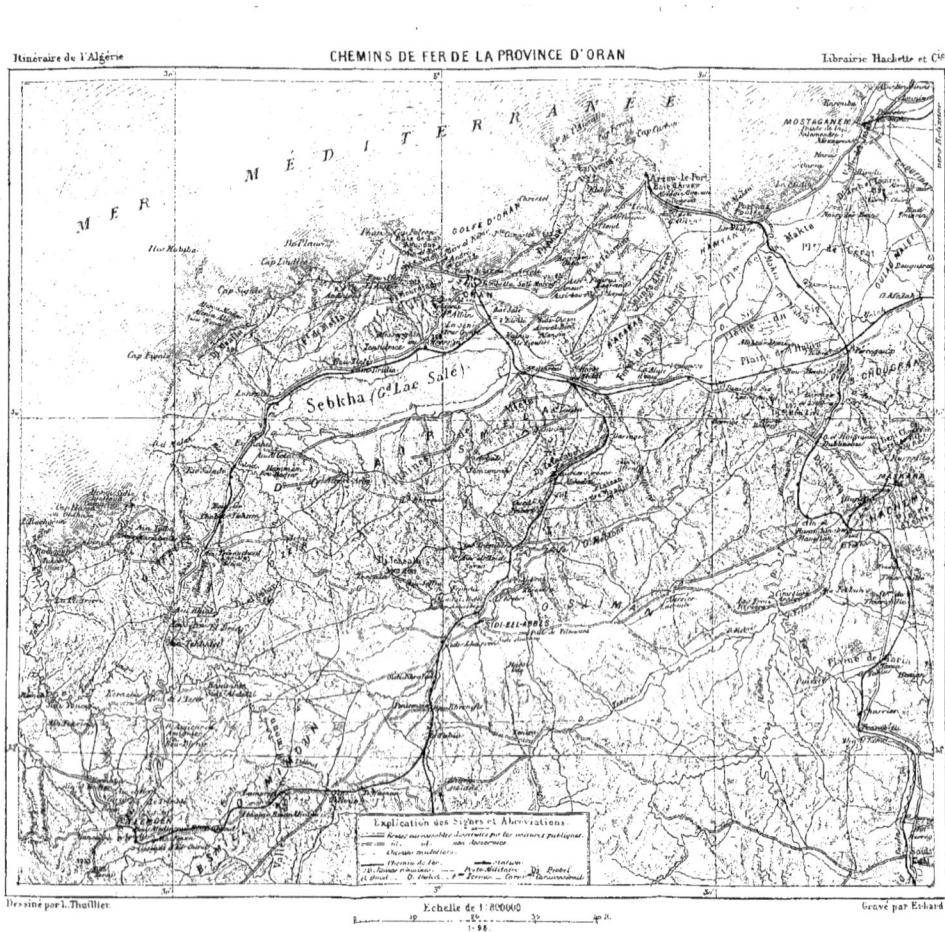

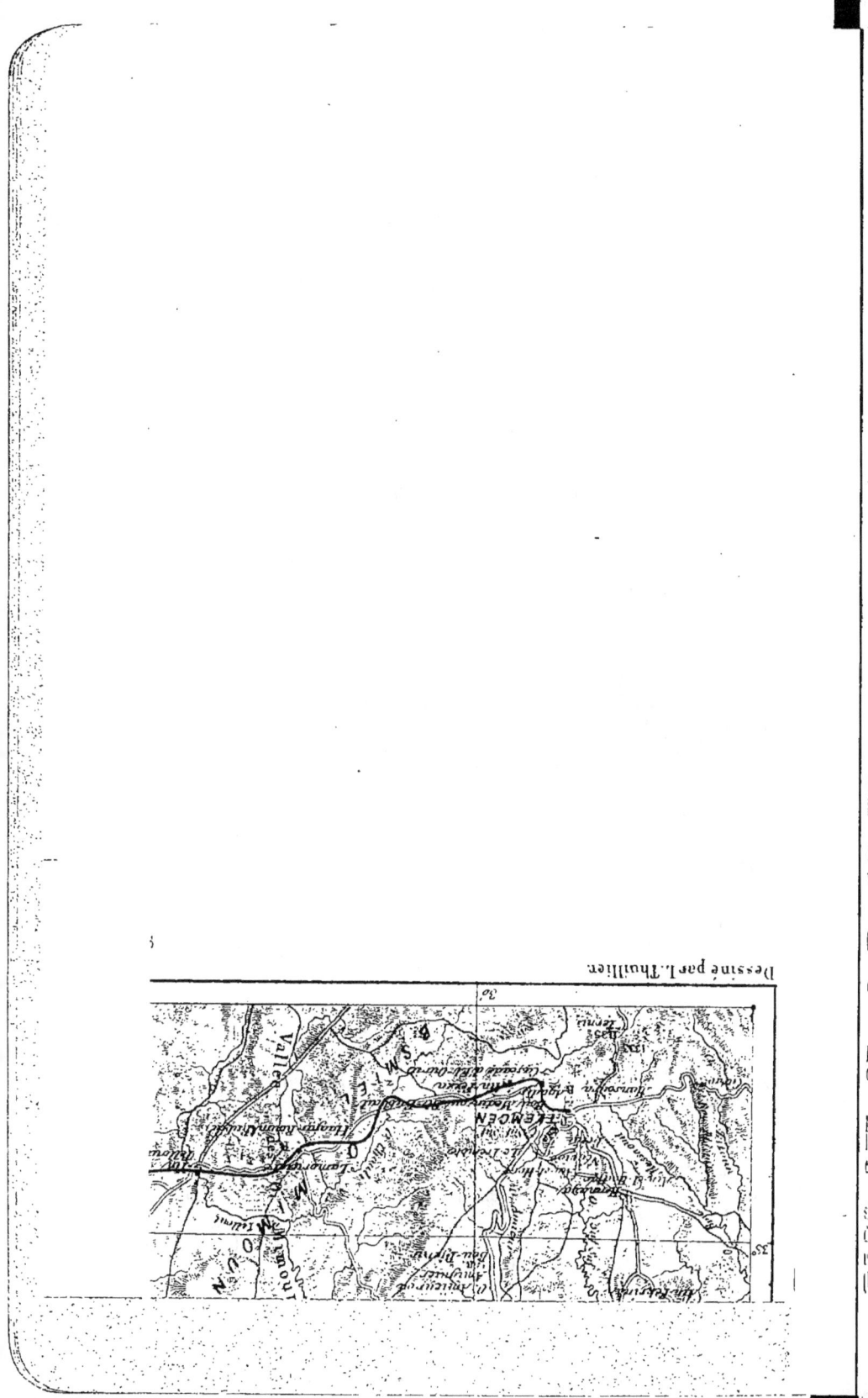

DEUXIÈME SECTION

PROVINCE D'ORAN

ROUTE 9

D'ALGER A ORAN

A. Par le chemin de fer.

421 k. — Trajet en 12 h. — 1re cl., 47 fr. 15; 2e cl., 35 fr. 35; 3e cl., 25 fr. 95. — Wagon-restaurant : déjeuner, 4 fr.; dîner, 5 fr.

209 k. d'Alger à Orléansville (*V.* R. 3).
La voie ferrée traverse, au S. d'Orléansville, le bois de pins, puis, à 2 k. de là, franchit le Tir'aout. — A dr., pépinière d'eucalyptus de 10 hect.

227 k. *Malakoff** ou *Oued-Sly*, com. de 158 hab., sur l'oued Sly ou Isly, long de 120 k. qui se jette dans le Chélif à g. et dont les eaux, retenues par un barrage, arrosent env. 5,000 hect.

232 k. **Charon*** (nom d'un ancien gouverneur de l'Algérie), ou *Bou-Kader*, v. de 4,374 hab., halte, dernière station de la province d'Alger.

[De Charon, service de voit. pour (24 k., en 4 h.; 1 fr. 50) Orléansville (R. 3) desservant Malakoff.]

A 5 k. N., près de Sidi-Ben-Thiour, ruines importantes de la ville romaine de *Vagal*.

243 k. *Le Merdja*, première station de la province d'Oran, prend son nom d'un marais d'où sortent les sources abondantes d'un affluent du Chélif.

A g., percée de l'oued Riou, qui entre dans la plaine du Chélif, par un passage très étroit pratiqué entre le Griga (524 m.) et le Karouba (690 m.). La voie côtoie de hautes collines rocheuses, creusées de pittoresques ravins.

254 k. **Inkermann**, ou *Oued-Riou*, ch.-l. de com. de 4,458 hab., situé au pied des collines élevées, près du débouché, en plaine, de l'oued Riou (144 k.), affluent du Chélif. — En face de la gare, usine pour l'exploitation du pétrole d'*Aïn-Zeft*, dans le Dahra (*V.* p. 189). — Carrières de pierres exploitées.

[D'Inkermann, une route de 22 k. (omnibus en 4 h.; 1 fr. 50 et 2 fr.), qui se dirige au S.-E., conduit parallèlement à la rive g. de l'oued Riou, à *El-Alef*, puis à Ammi-Moussa * où le *Khramis des Beni-Ourar*, com. m. de 52,185 hab., fondée en 1840. Cet ancien fort, bâti sur le Riou, à 131 m. d'alt., est devenu un cercle de la subdiv. de Mostaganem. On y trouve des *auberges* et des *bains maures*. Un *marché* arabe s'y tient tous les jeudis.

A 20 k. O. d'Ammi-Moussa, eaux sulfureuses (50°) d'Aïn-Mendil, utilisées par les indigènes.

D'Inkermann, services de voit. pour : — (20 k. N.; trajet en 3 h.; 3 fr.) Mazouna (R. 17); — (25 k. N.; trajet en 4 h.; 4 fr.) Renault (R. 17). La route traverse, à 6 k. d'Inkermann, un pont en fer jeté sur le Chélif, et quitte bientôt la plaine pour s'engager dans les montagnes accidentées du Dahra d'où l'on découvre parfois d'immenses et verdoyants horizons.]

263 k. **Saint-Aimé** * ou *Djidiouïa*, centre prospère, ch.-l. de com. de 1,103 hab., au débouché, en plaine, de la rivière de ce nom qui se jette à 2 k. de là dans le Chélif. — Usine traitant le bitume que fournit à quelque distance de là une source du versant S. du Dahra.

[En remontant l'oued Djidiouïa, à 7 k., on rencontre le barrage long de 50 m. et haut de 17 m.; il sert à l'irrigation de 2,508 hect. Dans l'ancien lit de l'oued, on voit encore les restes d'un barrage attribué aux rois de Tlemcen.]

283 k. *Les Salines*, ham. ainsi nommé à cause du *lac* salé *des Akerma-Cheraga*, ou lac de Sidi Bou-Zian (1,711 hect.), qu'on laisse à dr. de la voie qui se rapproche du Chélif. A 300 m. à dr. des Salines, v. d'*Hamadena*, 86 hab., annexe de la com. m. de Renault.

296 k. **Relizane** * (buffet : déjeuner, 3 fr. 50; dîner, 4 fr.), ch.-l. de c. de 7,930 hab. Les indigènes musulmans et juifs ont dans la ville leurs bains, leurs rues avec des petites boutiques ou plutôt des échoppes; les Mzabis cependant vendent nos produits dans des maisons françaises. Un marché arabe, qui se tient tous les jeudis, est des plus importants.

Les Romains connaissaient la fertilité des plaines de la basse Mina, car ils ont créé à Relizane, sur la pente O. d'une colline dominant ces plaines, un établissement dont il reste quelques vestiges. A 4 k. S. de Relizane, se trouvent encore les ruines d'une ville romaine que l'on croit être la *Mina* de l'Itinéraire d'Antonin.

[Le *barrage de la Mina*, à 4 k. N. de Relizane, peut être un but de promenade; il doit fournir officiellement, suivant la saison, 600 à 1,500 lit. par sec., pour plus de 6,000 hect.]

De Relizane à Tiaret par Zemmora (100 k.; dilig. t. l. j., en 15 h.; coupé, 15 fr.; int., 12 fr.). — On traverse la plaine de la Mina habitée par les Oulad-Souid et les Haracta.

25 k. **Zemmora** *, ch.-l. de com. m. de 36,163 hab., avec Kenenda pour annexe, est situé à 240 m. d'alt. au pied de montagnes couvertes de forêts de sumac. Sur l'une d'elles on a élevé une koubba en l'honneur de Mustapha-ben-Ismaïl, notre fidèle, tué, à 80 ans, non loin de *Tifour* et de Zemmora, en voulant ramener ses cavaliers. La source de Zemmora donne 91 lit. par min. — Marché arabe tous les mercredis.

[A 7 k. E., source de l'*oued Anseur*, qui alimentait Relizane du temps des Romains (restes de l'aqueduc).

A 8 k. E., Kenenda (*V.* ci-dessous), par un chemin qui traverse la forêt de Sidi-Lazereg (oliviers et thuyas).

A 14 k. E., tour romaine à *Guerbouça*, sur le bord de la Mina, qui s'appelle en cet endroit *oued Menafsa*.]

41 k. A 2 k. à g., *Kenenda*, 26 hab., annexe de Zemmora avec *Mendès*.

61 k. *Er-Rahouïa*, caravansérail et poste de la remonte. Le 24 mai 1864. Si-Lazereg se porta sur le caravansérail de Rahouïa, héroïquement défendu par 8 cavaliers de remonte et une vingtaine d'indigènes. Ce n'est qu'en incendiant une meule de foin que l'ennemi put triompher de nos soldats aveuglés et asphyxiés. A vingt pas du caravansérail, dans la direction du Tiaret et à g. de la route, un modeste monument porte l'inscription suivante : *Aux défenseurs du caravansérail de la Rahouïa, morts héroïquement le 24 mai 1864.*

77 k. *Oued-Temda*, caravansérail.

93 k. *Guertoufa*, ham. de 253 hab. dépendant de Tiaret. Au col de Guertoufa, vue admirable de l'Ouarsenis au N.-E. (*V. R.* 5). La route franchit une coupure naturelle dans la montagne.

100 k. Tiaret (*V. R.* 18).

De Relizane à Mostaganem, R. 18.

305 k. *Clinchant* ou *les Silos*, v. de 170 hab., annexe de la com. m. l'Hillil. — Au loin, à dr., au delà des plaines de la Mina et du Chélif, on commence à bien apercevoir les croupes du Dahra, chaîne qui sépare la vallée du Chélif inférieur du rivage de la Méditerranée.

315 k. **L'Hillil** *, ch.-l. de com. de 2,665 hab. et com. m, de 46,414 hab., dans une riche vallée sur l'Hillil ou Mesrata, affluent de la Mina, qui descend des montagnes d'El-Bordj et de Kalâa.

[De l'Hillil, dilig. pour Mostaganem (R. 17), desservant : — (11 k., en 1 h. 15; 1 fr. et 1 fr. 50) Bou-Guirat; — (17 k., en 2 h. ; 1 fr. 50 et 2 fr.) Sirat; — (26 k., en 2 h. 1/2; 2 fr. et 3 fr.) Aboukir; — (40 k., en 4 h. ; 3 fr. et 4 fr.) Mostaganem. La route allant au N.-O. monte toujours jusqu'à Mostaganem par des étages de collines sans grands horizons, mais sur lesquelles s'étendent de riches cultures.]

332 k. *Oued-Malah*, ham. et ferme près du ruisseau de ce nom, à sec pendant 8 à 10 mois de l'année. — De l'oued Malah à Perrégaux, sur la g., les montagnes basses font partie du massif des Beni-Chougran (910 m.). A dr., s'étend une plaine immense bornée par la croupe du Trek-et-Tenira, au delà duquel se trouvent Mostaganem et la mer. — La voie quitte la plaine pour s'engager dans des collines couvertes de broussailles.

340 k. *Sahouria**, halte; v. de 257 hab.; annexe de la com. m. de l'Hillil. Une société havraise et M. Frey de Mulhouse ont planté et plantent encore des vignes dont les produits sont déjà d'une bonne qualité.

346 k. **Perrégaux** * (buvette; nom d'un général de brigade, mort au second siège de Constantine), ch.-l. de c. de 8,634 hab., dont les rues à angle droit et les places sont ornées de belles plantations. Un fort marché arabe s'y tient le jeudi.

[A 12 k. S. de Perrégaux, à g. de la route de Mascara, barrage de l'Habra et de l'oued Fergoug (V. R. 16).

De Perrégaux, ch. de fer pour : (51 k.; en 2 h. 20; 6 fr. 10, 4 fr. 10) Arzeu (R. 15), au N.-O.; — (61 k., en 3 h.; 7 fr. 35; 4 fr. 85) Mascara (R. 14), au S.; — (453 k., en 17 h. 30; 48 fr. 40, 32 fr. 20) Aïn-Sefra (R. 16), au S.-O.

De Perrégaux, service de dilig. pour (49 k.; en 5 h.; 3 fr. et 4 fr.) Mostaganem (R. 17), au N., desservant : (28 h.; en 3 h.; 2 fr.) Noisy-les-Bains (R. 17) : — (37 k.; en 4 h.; 2 fr. 50) Rivoli (R. 17); — (45 k.; en 4 h. 30; 2 fr. 75) Mazagran (R. 17).]

On franchit l'oued Habra.

360 k. *Bou-Henni* * ou *l'Habra*, com. de 1,988 hab. — On passe devant la *forêt de l'Habra* (1,800 hect.). Sur la lisière de cette forêt à g., est un endroit nommé *les Cinq Marabouts*, dont les blanches coupoles sont visibles de loin; mais on en compte six et non cinq.

370 k. **Saint-Denis-du-Sig***, ch.-l. de circonscription cantonale, ch.-l. de com. de 10,353 hab., et ch.-l. de com. m. de la Mekerra de 17,126 hab. A 500 m. de la gare à dr., est le foyer d'activité de la plaine du Sig, qu'arrose et fertilise la rivière du même nom. Un marché important s'y tient chaque dimanche.

Saint-Denis a la forme d'un quadrilatère, divisé en îlots rectangulaires, bordés de maisons et de jardins. Les places et les rues sont plantées d'arbres, et les eaux courantes y entretiennent la fraîcheur. D'autres plantations publiques, disséminées sur les anciens remparts en terre, font à la petite ville une verte ceinture.

On peut visiter : — *l'église* construite par Viala de Sorbier dans le style roman du xiiie s. (vitraux représentant les principaux épisodes de la vie de Denis; clocher, haut de 24 m., terminé par une toiture à double bât sur laquelle les cigognes ont fait leur nid); — *l'hôpital civil* pour 300 malades; — le *pont* construit en 1859, à l'entrée O. de Saint-Denis, en avant du chemin de fer, sur la rivière du Sig ou Mekerra dont les berges terreuses sont très élevées (une seule arche de 20 m.; long., 54 m.; larg., 9 m.; haut., 13 m. 51); — le *jardin public*, longeant le lit du Sig; — le *dépôt d'étalons;* — plusieurs *minoteries;* — *l'orphelinat agricole* pour les jeunes Français déjà au nombre d'une trentaine.

[Le *barrage du Sig* est à 3 k. S. de Saint-Denis. On s'y rend par un chemin qui suit le canal de dérivation de la rive dr., canal fort abondant qui fait mouvoir des usines importantes.

La *Mekerra*, rivière du bassin de Sidi-bel-Abbès, prend le nom de *Sig*, en pénétrant dans la vallée de ce nom. A son débouché dans cette plaine, le Sig présente un étranglement dont le seuil est formé par une épaisse couche de calcaire cristallin, jaune, coquillier et de formation tertiaire.

Le barrage, commencé en 1843 par le génie militaire, reconstruit en 1885, a 15 m. 50 de haut. totale jusqu'à sa plate-forme; au niveau de l'assiette dressée sur le premier barrage, il a 9 m. d'épaisseur. Sa longueur, prise à la partie supérieure, est de 102 m., et à la partie inférieure de

48 m. 70, au niveau du socle. La quantité d'eau que peut accumuler ce barrage est de 3,275,000 m. cubes.

Parmi les belles fermes qui rayonnent autour de Saint-Denis-du-Sig, nous citerons celle de l'*Union du Sig* occupée aujourd'hui par un orphelinat agricole, et celles de MM. Capmas, Masquelier, Ferré et Sibour.

Un chemin partant de Saint-Denis-du-Sig va rejoindre, à 30 k. à peu près, la route d'Oran à Sidi-Bel-Abbès, près de l'oued Imber. Ce chemin gravit le plateau des Maadja, riche en ruines romaines. Il passe à (15 k. env.) *Aïn-el-Affeurd*, colonie nouvelle, annexe de Saint-Denis-du-Sig, au-dessus du barrage et près d'une source capable de faire marcher un moulin. Il y a, par cette voie, 61 k. env. de Saint-Denis à Sidi-Bel-Abbès.

De Saint-Denis-du-Sig, dilig. pour (46 k. ; 2 serv. par j., en 5 h. ; 4, 5 et 6 fr. ; la route encaissée dans les montagnes est souvent sans aucun horizon) Mascara (R. 14) par Oued-el-Hammam.]

375 k. L'*Ougasse* (*Oggaz*), v. de 154 hab., dont les premiers sont venus du Gard. — Pont sur le Sig. — Grandes et belles cultures bien arrosées par un canal dérivé de l'Ougasse.

381 k. *La Mare-d'Eau*, ham. non loin de la *forêt de Moulaï-Ismaïl* à g.

Située à 33 k. d'Oran, cette forêt contient une superficie de 12,240 hect., y compris les parties sur lesquelles sont établis les *Gharaba*. Une route de ceinture, large de 10 m., a été ouverte sur le pourtour des massifs, excepté au N.-O., où ils confinent le *lac d'El-Melah*, dit *Salines d'Arzeu*. Le peuplement de la forêt, composé d'oliviers, de thuyas, de lentisques et de sumacs-thisgra, forme un taillis très irrégulier, dont les ressources consistent en bois de chauffage, et en souches de thuya employées pour l'ébénisterie. Elle commence à se repeupler, principalement de pins d'Alep, grâce aux plantations du service des forêts.

C'est dans cette forêt que don Alvarès de Bazan, marquis de Santa-Cruz, essuya une détaite complète en 1701. Six ans plus tard, en 1707, le chérif marocain Moulaï-Ismaïl, qui donna son nom à la forêt, y vit périr son armée entière, lorsqu'il voulait s'emparer de la place d'Oran.

C'est encore dans la forêt de Moulaï-Ismaïl que le colonel Oudinot fut tué, en 1835, dans une brillante charge, à la tête de son régiment (2º chasseurs d'Afrique).

La voie franchit l'*oued Tlélat*.

395 k. **Sainte-Barbe-du-Tlélat** * (buvette), plus brièvement *le Tlélat*, nom de la petite rivière (barrage à 15 k. en amont) à g. de laquelle s'élève ce v. C'est maintenant un ch.-l. de c. et un ch.-l. de com. comprenant avec Tafaraoui, son annexe et de nombreuses fermes, une population de 3,898 hab. — Marché arabe tous les mardis.

De Ste-Barbe à Tlemcen, R. 12, *A* ; — à Ras-el-Ma, R. 13.

A Sainte-Barbe le chemin de fer se bifurque sur Oran, sur Ras-el-Ma par Sidi-Bel-Abbès et sur Tlemcen. — Le pays n'est pas beau ; il est sec, mais bien cultivé, surtout en vignes. La voie se rapproche peu à peu des montagnes.

404 k. *Arbâl*, annexe de Tamzoura. Près de la gare, située à plus de 12 k. du v. dont elle a pris le nom, se détache la route

de terre, à g. dans une direction S.-O., conduisant à Arbâl (*V*. R. 12, *B*).

411 k. **Valmy** *, ch.-l. de com. de 862 hab. Situé à la pointe E. de la grande Sebkhra (lac Salé, *V*. R. 12, *B*), Valmy occupe l'emplacement des terrains de *Msoulen*, mieux connu sous le nom de *le Figuier*, à cause du célèbre figuier qui, dès les premiers temps de la conquête, était le seul arbre, à dix lieues à la ronde, et auprès duquel fut établi un camp non moins célèbre.

[A 6 k. E., *Mangin* * (nom d'un capitaine d'état-major tué en juin 1848), ch.-l. de com. de 1,291 hab.]

416 k. *La Senia* *, ch.-l. de com. de 1,578 hab. — Le chemin de fer bifurque sur Oran à dr. et sur Aïn-Temouchent (R. 12, *B*) à g. On a pour horizon la ville d'Oran se détachant sur le profil du djebel Mourdjadjo avec la koubba de Sidi Abd-el-Kader et les forts de Santa-Cruz et de San-Gregorio.

421 k. Oran (*Kerguenta; V*. R. 10).

B. Par mer.

410 k. — La Cie Transatlantique a trois fois par mois un service (pour marchandises) d'Alger à Dunkerque, faisant escale à Oran, Saint-Nazaire et le Havre. D'Alger à Oran, traversée en 20 h.; 45 fr., 35 fr., 25 fr., 18 fr. — Les paquebots de la Cie T. Franceschi, et Schiaffino et Cie partent pour Cherchel (5 et 7 fr.) et pour Tenès (7 et 12 fr.) tous les mardis; pour Cherchel et Gouraya, toutes les semaines, mais service facultatif, et pour Tenès, Mostaganem, Arzeu et Oran, trois fois par mois.

Le paquebot, dans le trajet d'Alger à Oran, passe souvent assez loin, devant les plages aux falaises basses ou hautes, les anses, les pointes, les caps aux flancs arrondis ou taillés à pic et les îlots, aux lignes tantôt bien arrêtées, tantôt confuses des côtes ouest de l'Algérie, et double quelquefois, sans y mouiller, les ports de Cherchel, de Tenès, de Mostaganem et d'Arzeu, lorsque la mer est mauvaise.

Au delà de Sidi-Ferruch apparaît le *Chenoua* dont le sommet atteint 907 m.; l'*îlot de Beringel* n'est qu'un rocher. *Cherchel* (*V*. R. 3), possédant un phare de 4° ordre, se détache sur un magnifique fond de verdure; le paquebot, vu l'exiguïté du port, mouille au large. Entre Cherchel et Tenès, une presqu'île semblable à celle de Sidi-Ferruch, est couverte en partie par les ruines de *Brekche*, la *Gunugus*, colonie d'Auguste, qui a joué un rôle sous la dynastie des Beni-Zeiyan de Tlemcen, et qui fut détruite en 1610 par les chevaliers toscans de Saint-Etienne.

Après avoir doublé le *cap de Tenès* ou *Sidi-Merouan* couronné par un phare de 1er ordre, on arrive devant *Tenès* (*V*. R. 3); le port, à 1 mille E. de la ville, présente une surface de 24 hect.;

il est abrité par 3 grandes jetées et un brise-lame long de 400 m. avec plate-forme maçonnée haute de 3 m. et large de 7; l'accès du port n'est pas facile par tous les vents.

Au delà de Tenès on côtoie les montagnes boisées du *Dahra*, l'*île Colombi* ou *Palomas* habitée par une grande quantité de pigeons, le *cap Maghraoua* limite des terres hautes, le *cap Khramis*, le *cap Ivi* sur lequel s'élève un très beau phare de 1er ordre. Les eaux limoneuses que l'on traverse sont celles de l'embouchure du Chétif. A 6 milles plus loin on arrive au mouillage distant de 1,100 m. de *Mostaganem* (V. R. 17), bâtie sur une hauteur.

Mazagran et sa colonne monumentale, *Saint-Leu* ou *Vieil-Arzeu* (V. R. 15) qui offre un excellent mouillage dans toutes les saisons. Le *cap Carbon*, le *cap Ferrat, la pointe de Canastel* que domine la *montagne des Lions* ou de *Saint-Augustin* se présentent tour à tour.

Après avoir dépassé Kerguenta, faubourg d'Oran, on arrive à Oran.

Des voitures de place (1 fr. 25; colis, 25 c.) et les omnibus des hôtels transportent le voyageur dans la ville haute à la place d'Armes, ou dans la ville basse à la place Kléber.

ROUTE 10

ORAN

Arrivée.

De Marseille on peut se rendre à Oran (trajet en 38 h.) par les services de paquebots suivants : — Cie Transatlantique : 1re cl., 100 fr.; 2e cl., 70 fr.; 3e cl., 30 fr.; 4e cl., 23 fr.; — Cie de Navigation mixte : 1re cl., 60 fr.; 2e cl., 45 fr.; 3e cl., 22 fr.; 4e cl., 12 fr.; — Cie des Transports maritimes : 1re cl., 50 fr.; 2e cl., 40 fr.; 3e cl., 20 fr.; 4e cl., 10 fr.

La traversée de Marseille à Oran sur les paquebots de la Cie Transatlantique se fait :

1° Directement deux fois par semaine, en 45 h. On passe devant Majorque à g., Ivice à dr., et Formientara à g.

2° Par Cette et Carthagène, en 54 h. — *Carthagène*, V. de 80,000 hab., fortifiée, est le port le plus vaste de l'Espagne après celui du Vigo. Visiter pendant les 4 h. d'escale : les places de *las Monjas* et de *la Merced*, la *Calle Mayor* et l'*église de Santa-Maria de Gracia*.

Le panorama du golfe d'Oran s'étendant du cap Ferrat, à l'E., au cap Falcon, à l'O., sans être aussi grandiose que le panorama d'Alger et de ses environs, attirera cependant l'attention des touristes.

De l'E. à l'O., après le cap Falcon, reconnaissable par son phare, s'étend le petit village maritime d'Aïn-El-Turck. La côte, fort basse jusqu'à cet endroit, se relève et présente une haute muraille de rochers, de laquelle se détache Mers-el-Kebir, avec ses maisons, ses fortifications et son port, abandonné désormais par la marine marchande. Les villages de Saint-André et de Sainte-Clotilde, et les Bains de la Reine s'échelonnent ensuite entre les falaises et les pentes du Mourdjadjo, sur la route de Mers-el-Kebir à Oran.

Le djebel Mourdjadjo porte le fort de Santa-Cruz à son sommet, la tour de la Vierge immédiatement au-dessous, le fort de San-Gregorio vers son milieu, et le fort de la Moune à sa base, près de la mer.

Oran se montre enfin, en amphithéâtre comme Alger, mais sur deux versants reliés par l'oued Rehhi transformé en boulevard. Au fond, à dr., c'est la vieille kasba dominant l'ancienne cité espagnole, la Blanca; plus près, c'est le minaret de l'ancienne mosquée d'El-Hâouri; plus près encore, le clocher de la cathédrale Saint-Louis. — A g., entre le fort Saint-André, couronnant les hauteurs du quartier d'Austerlitz, et le fort Neuf ou Rosalcazar, surplombant la promenade de L'Etang et la mer, c'est la ville neuve, dont le minaret de la Grande Mosquée marque le N.-O. Enfin du fort de la Moune à l'extrémité du fort Neuf, c'est le nouveau port avec sa douane, sa manutention militaire, ses moulins sur l'oued Rehhi, ses quais et le prolongement du chemin de fer d'Oran à Alger.

Sur le ravin de l'aïn Rouina s'élèvent d'immenses constructions qui relient Oran au faubourg de Kerguenta, reconnaissable à sa caserne de cavalerie, à son parc à fourrages et à sa mosquée.

La falaise qui court de Kerguenta à la pointe de Canastel laisse voir une foule de fermes et de villas qui entourent le village d'Arcole.

Au-dessus de Canastel, et à l'E., surgit le djebel Khar, la montagne des Lions ou de Saint-Augustin, qui, vue des plaines du Sig et de l'Habra, a un faux air du Vésuve. Entre le djebel Khar et la pointe de l'Aiguille, on aperçoit le petit village espagnol de Christel. La pointe de l'Aiguille termine à l'E, le golfe d'Oran. Plus loin, mais on ne le distingue pas toujours, c'est le cap Ferrat; derrière est Arzeu.

Le paquebot approche; il va droit sur Oran, entre dans la darse et mouille à quai.

Situation et aspect général.

Oran *, ch.-l. du départ. et de la division d'Oran, résidence de tous les chefs supérieurs des différents services admistratifs, tant civils que militaires, et d'un évêque suffragant de l'archevêque d'Alger, compte une population de 85,081 hab., dont

24,088 Français, 8,308 israélites, 2,339 indigènes, 33,863 de nationalités diverses et 4,140 de population comptée à part.

Oran est située au fond d'une baie par 35° 44' de latit. N. et 2° 58' de longit. O. Sa forme générale est à peu près celle d'un trapèze dont la mer borne le plus grand côté. La ville est bâtie sur les deux flancs d'un ravin auquel elle doit son nom *Ouahran* (la coupure), et au fond duquel coule *l'oued Rehhi* (la rivière des moulins), recouverte, à partir de la porte du Ravin-Vert, par un large tunnel sur lequel s'élèvent le boulevard Malakoff, une partie du boulevard Oudinot et le massif de constructions qui sépare la petite place Kléber de la place de la République.

Le plateau O., formant le Ier arrondissement, comprend l'ancienne ville espagnole, le port, la kasba, la cathédrale, la préfecture et le côté g. du boulevard Malakoff.

Le IIe arrondissement, entre le côté E. du boulevard Malakoff et le boulevard National, comprend dans sa partie S. les maisons mauresques et juives qui s'étendent de la place d'Armes au fort Saint-Philippe, et dans sa partie N. le Château-Neuf, la promenade de L'Étang, l'église Saint-André, la Grande-Mosquée, le théâtre et le marché Bastrana.

Le IIIe arrondissement comprend le quartier militaire de Kerguenta, et le nouveau quartier limité au S. par le boulevard Séguin et la rue de Mostaganem, avec l'hôtel Continental, le lycée et le théâtre des Variétés.

Le IVe arrondissement, s'étendant du boulevard National à la gare du chemin de fer, comprend la place d'Armes, la mairie, le cercle militaire, la nouvelle synagogue, le musée, le cirque, l'hôpital civil et la prison civile.

Le mur d'enceinte qui s'arrêtait à l'E., au ravin de l'oued Rouina, comprend aujourd'hui une étendue de 420 hect. Le nouveau mur bastionné et crénelé a 4 à 5 m. de hauteur. Oran est défendue du côté de la mer par les *forts du Santon* à l'O. et du *Ravin-Blanc* au N.-E., entre lesquels sont établies les *batteries de Saint-Grégoire*, de *la Moune*, du *Château-Neuf* et du *fort de Sainte-Thérèse*.

Oran, tour à tour arabe, espagnole et turque, est aujourd'hui une belle ville française, dont l'accroissement est prodigieux et dans laquelle la population européenne circule avec l'activité fiévreuse que donne le mouvement de plus en plus grand des affaires commerciales dans cette partie de notre colonie. On y voit encore défiler comme dans une lanterne magique : les juifs portant le costume de leurs compatriotes du Maroc : la lévite, le pantalon à pied et le bonnet noir ; — les juives, splendidement belles et couvertes de robes damassées d'or et de soie, quand elles ne sont pas laides et sordidement vêtues, sous leur châle rouge sang de bœuf ; — les Espagnols venus des villes ou des *huertas* de l'Andalousie, vêtus de grègues blanches, de l'alhamar, couverture de grosse laine rouge, et le mouchoir roulé autour de la tête, costume qui trahit son origine mauresque ;

— les manolas, gaies, vives, bruyantes, remplissant comme à Alger les fonctions de bonnes d'enfant ou de ménagères, mais n'ayant plus rien de national dans leurs vêtements; — les Maures insouciants, fatidiques, ne se trouvant pas trop étonnés de circuler au milieu des Européens; — puis, comme dans tous les grands centres de l'Algérie, les différentes races d'indigènes venus du dehors, et se partageant tous les petits métiers dont nous avons déjà parlé à propos d'Alger (V. p. 16).

Telle est Oran, vue dans son ensemble et d'un premier coup d'œil.

Histoire.

Oran eut pour fondateurs, en 290 de l'hég. (902-903 de J.-C.), Mohammed-ben-Abi-Aoun, Mohammed-Ben-Abdoun et une bande de marins andalous. Elle ne cessa de s'agrandir et de prospérer jusqu'à l'an 343 (955 de J.-C.). Brûlée par les Ifrénides, relevée par les Ommiades, Oran subit tour à tour la domination des Almoravides, des Almohades, des Mérinides de Fez et des Beni-Zeiyan de Tlemcen; sous ces derniers, sa prospérité est grande, et elle devient l'entrepôt d'un commerce très actif et très étendu.

Au commencement du xvie s., les villes maritimes du Mar'reb s'adonnaient presque exclusivement à la piraterie. C'est à la nécessité de réprimer ces pirateries qu'il faut attribuer les expéditions qui signalèrent le nom espagnol sur la côte d'Afrique.

Dès 1502, le cardinal Ximénès promit au roi de subvenir lui-même aux frais de la guerre pendant deux mois; il équipa une flotte assez considérable, et réunit une armée. Le 3 septembre 1505 (911 hég.), la flotte partit de Malaga, arriva le 11 devant Mers-el-Kebir qui capitula le 23 octobre. Mais l'occupation, bornée à Mers-el-Kebir, paraissait insuffisante à Ximénès. Il songeait à s'emparer d'Oran. Au commencement de 1509 (915 hég.), une flotte transportant une armée de 15,000 hommes leva l'ancre le 14 mai, et fit voile pour Mers-el-Kebir, où elle arriva le soir de la veille de l'Ascension. Le lendemain, au point du jour, l'armée débarqua, et avant la fin de cette journée, un juif ayant vendu la porte du fort de la *Mouna*, la bannière espagnole flottait victorieusement sur la kasba d'Oran. Plus d'un tiers de la population musulmane fut impitoyablement massacré. Le nombre des prisonniers s'éleva à 6,000 ou 8,000; Oran fut pillée, et le butin fut considérable.

Hassen-ben-Kheir-ed-Din, à la suite de sa tentative infructueuse contre Oran, en 1563 (970 hég.), créa un beylik dont le titulaire habita d'abord Mazouna, entre Mostaganem et Tenès, à 30 k. au N. du Chélif. Cette nouvelle puissance ne laissait échapper aucune occasion de harceler les chrétiens.

En 1708 (1119 hég.), Philippe V venant de succéder sur le trône d'Espagne au dernier descendant de Charles-Quint, Mustapha-bou-Chelar'em, bey de la province d'Oran, qui avait depuis peu transporté le chef-lieu du beylik à Mascara, mit le siège devant Oran; cette ville fut obligée de capituler; elle devint le chef-lieu du gouvernement de l'Ouest et la résidence ordinaire du bey.

En 1732, Philippe V ordonna une levée de 30,000 hommes qui, sous les ordres du comte de Montemar, reprirent Oran et ses forts le 1er juillet.

Pendant soixante années, l'histoire d'Oran était uniquement celle d'une place de guerre ou d'un port sans importance, quand dans la nuit du 8 au 9 octobre 1790 (1205 hég.), un affreux tremblement de terre se fit

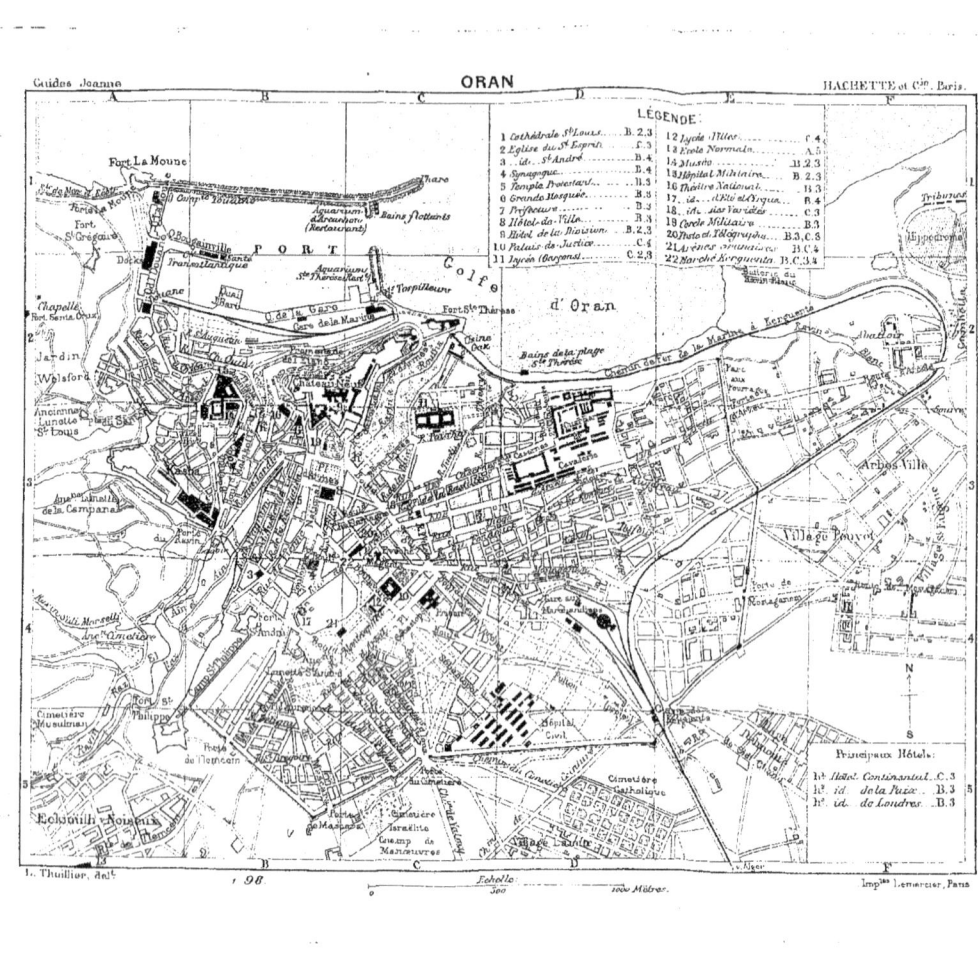

sentir à Oran et dans les environs, et se renouvela très fréquemment jusqu'au 22 novembre. Pour comble de malheur, le bey de Mascara, Mohammed-el-Kebir, profitant de la consternation générale, se présenta en ennemi devant la place.

A cette époque, la régence d'Alger entama avec le gouvernement espagnol des négociations pour un traité de paix et de commerce. Le bey de Mascara reçut alors du dey d'Alger l'ordre de retirer son armée et de suspendre les hostilités. Les Espagnols profitèrent de cette trêve pour capituler honorablement. Les troupes et les habitants chrétiens furent transportés à Carthagène; Mohammed qui était resté sous les murs de la ville jusqu'à l'entière évacuation, y fit son entrée, dans les premiers jours du mois de mars 1792. Ainsi finit l'occupation des Espagnols dans l'ancienne régence d'Alger.

Les Turcs, maîtres de cette ville, s'empressèrent de démolir les constructions qui avaient coûté tant de peine à leurs prédécesseurs.

Les beys se succédèrent, succombant généralement à des intrigues, parce qu'ils devaient leur élévation à des intrigues. Gouverner, pour eux, c'était tirer du pays le plus de revenus à leur profit et à celui du dey. Ils étaient aidés, à cet effet, par un khralifa et deux aghas.

Tel est le rapide aperçu sur le gouvernement des beys de l'Ouest, dont Mohammed-el-Kebir fut le plus remarquable.

Hassen, 33º bey, eut à repousser ou à prévenir la révolte des Arabes, entre autres de Mahi-ed-Din, père d'Abd-el-Kader. Quand Alger fut prise, Hassen voulut abandonner Oran et sollicita la protection de l'autorité française. Notre armée entra dans Oran le 4 janvier 1841; trois jours après, le bey faisait route pour la Mecque, où il mourait au bout de quelques mois.

Le maréchal Clauzel, dans l'appréhension d'une guerre continentale, afferma le beylik d'Oran à Sidi Ahmed, de Tunis; mais le traité du maréchal Clauzel n'ayant pas été approuvé par le gouvernement français, le général de Faudoas vint prendre possession d'Oran, le 17 août 1831.

Principales curiosités.

Le port (p. 128). — Promenade de L'Étang; vue sur le port et la ville espagnole (p. 131). — Place d'Armes et nouvelle mairie (p. 132). — Musée (p. 129). — Eglise (p. 128). — Nouvelle synagogue (p. 132). — Mosquée de la rue Philippe et mosquée d'El-Haouri, aujourd'hui magasin du campement (p. 129). — La Kasba (p. 129). — Le village nègre (p. 133). — Au dehors, le Mourdjadjo, au sommet duquel sont plantés le fort de Santa-Cruz, la chapelle et la tour de la Vierge (p. 136). — Le cimetière chrétien (p. 134).

Une journée suffira au touriste pour voir Oran; si son temps est limité, il visitera de préférence la promenade de L'Étang et la place d'Armes.

Description.

Pour se rendre de la gare de Saint-Michel ou Kerguenta (111 m. d'alt.) au port, c'est-à-dire de l'E. à l'O., on passe par les boulevards Marceau et Séguin, la place d'Armes, les rues Philippe et de Turin, les places Kléber et de la République, et enfin la rue d'Orléans.

Ces boulevards, rues et places auxquels viennent se rattacher la plus grande partie des autres voies, relient entre eux Kerguenta, la ville neuve et la ville espagnole, en les traversant à peu près dans leur milieu. Le touriste, ainsi renseigné, n'aura pas à s'égarer dans le parcours d'Oran.

La **ville espagnole** est la première que l'on aborde quand on arrive à Oran par mer.

Le **port**, où l'on descend à quai, a été créé au moyen d'une jetée de 1,000 m., partant à l'O. du fort de la Moune, et formant avec deux jetées transversales un bassin de 24 hect., au fond duquel, toujours à l'O., est renfermée la darse de 4 hect. Un terre-plein bordé de quais, sur lesquels est établie à l'E., au-dessus du Château-Neuf, la gare du chemin de fer, complète l'ensemble du nouveau port qui supprime désormais le port de Mers-el-Kebir, réservé à la marine militaire.

Le promeneur trouvera à l'extrémité E. de la grande jetée des bains flottants et un restaurant connu sous le nom d'*aquarium d'Arcachon*; près de la petite jetée S.-E., un autre restaurant prend le nom d'*aquarium Sainte-Thérèse*.

Des constructions civiles et militaires élevées par les Espagnols sur le port, il ne reste que le beau bâtiment dit de *Sainte-Marie*, élevé en 1764 et affecté alors, comme aujourd'hui, au service des subsistances militaires; les bâtiments qui lui font suite servaient de grenier à sel.

Le quartier de la Marine est aujourd'hui considérable; une douane, une manutention, des hangars, des ateliers pour la marine, l'artillerie et le train des équipages ont été construits par l'État; les particuliers, le haut commerce surtout, y ont fait bâtir des maisons et de vastes magasins pour entrepôts.

C'est au fond du port à l'O., près de la douane, que commence la **rue d'Orléans** qui, décrivant un S, va finir à la place de la République. A son milieu, à peu près sur la **place de la Poissonnerie**, se trouve une petite fontaine surmontée d'un blason (un lion rampant à sénestre, surmonté d'un soleil), que l'on dit être celui d'Oran; c'est peut-être celui d'un des gouverneurs espagnols.

Au delà de la Poissonnerie, la *rue de l'Arsenal*, à dr., conduit à l'église cathédrale par un double escalier.

La **cathédrale Saint-Louis** (Pl. 1, B, 2, 3) fut d'abord la chapelle d'un couvent de moines de Saint-Bernard, qui remplaça une mosquée transformée, après la prise d'Oran, par Ximénès, en une église, sous l'invocation de Notre-Dame de la Victoire. Cette chapelle devint ensuite l'église du Saint-Esprit de la Patience. De 1708 à 1732, sous Bou-Chelar'em, elle servit de synagogue. Rendue au culte catholique par le comte de Montemar, elle tomba en ruine sous Mohammed-el-Kebir, et son abside, encore debout en 1831, fut conservée dans la réédification que fit de ce monument, en 1839, M. Dupont, architecte en chef de la province.

La cathédrale, doublée dans sa longueur avec une chapelle en sous-sol et ayant 50 m. sur 24 hors œuvre, est bâtie sur la place de l'Eglise et domine le quartier de la Marine, dont elle est séparée par une épaisse muraille, destinée autrefois à servir de courtine aux travaux de défense de la ville espagnole, et aujourd'hui à maintenir les terres du plateau. Un double escalier, orné de statues en terre cuite, conduit à l'entrée principale, au-dessous de laquelle sont sculptées les armoiries de la ville d'Oran et du premier évêque.

L'intérieur a la forme d'un long parallélogramme, divisé en trois nefs par des arcades à plein cintre retombant sur des piliers. Le chœur est décoré d'une fort belle peinture (le Débarquement de St Louis à Tunis), par Saint-Pierre, élève de Picot; deux pendentifs, dans lesquels figurent St Jérôme et St Augustin, complètent cette décoration murale. C'est derrière le chœur qu'il faut chercher ce qui reste de l'ancienne chapelle de Saint-Bernard, dont une partie est couverte encore d'ornementations de style Louis XV. Les armoiries de Ximénès, sculptées sur pierre et surmontées du chapeau de cardinal, ont été retrouvées dans l'église espagnole et placées comme clef de voûte à l'arc doubleau qui précède le chœur.

A l'E. de la cathédrale s'élève l'*hôpital militaire* (Pl. 15, B, 2, 3), vaste construction renfermant 1,400 lits.

Le *Musée* (Pl. 14, B, 2), organisé par la Société de géographie et d'archéologie de la province d'Oran, est installé dans une maison particulière, rue Montebello, près de l'hôpital militaire.

Sa création est due au zèle et au dévouement de M. le major Demaeght, qui a réuni et classé avec méthode différentes collections d'inscriptions, de poteries, de médailles et monnaies, et d'histoire naturelle. Une salle d'entrée contient des moulures de statues antiques et quelques tableaux, gravures et photographies, embryon d'une future galerie. Mais la salle remarquable est celle qui contient les admirables **mosaïques de Saint-Leu** dont M. l'ingénieur Cuinet a si bien opéré le transport. Les figures de ces mosaïques, aux deux tiers de grandeur naturelle, sont parfaitement dessinées; leurs couleurs sont très vives. Elles représentent les Travaux d'Hercule et le Triomphe de Bacchus.

Au pied de la cathédrale, sur la petite place de l'Hôpital, le *magasin du campement* a été installé dans l'ancienne *mosquée de Sidi-el-Hâouri* (grand marabout, † 1439), édifiée en 1799-1800 par le bey Othman le Borgne. Son minaret, décoré de trois étages d'arcatures trilobées, domine la koubba d'El-Hâouri, la seule partie réservée au culte musulman.

C'est par les *rues de Moscou, de Dresde, de Montebello* qu'on arrive à la Kasba. Ces rues faisaient partie, sous d'autres noms, de l'ancienne *Blanca* des Espagnols, où l'on rencontre encore quelques vieilles maisons du primitif Oran, mais sans aucun intérêt artistique.

La *Vieille Kasba* ou *Castillo Viego*, où sont installés le conseil de guerre, la prison militaire et une caserne, domine, du S. au S.-O., la Blanca et la Marine.

Après 1509, la Kasba fut complètement rasée pour être réédifiée. Les travaux de la Kasba prirent, en 1589, un grand développement; il paraît même que ce fut avec une économie dont le secret est perdu aujourd'hui. Une inscription placée à l'entrée E. de la Kasba mentionne que ces travaux ne furent faits « sans autres frais que la valeur des bois ».
Depuis 1831, la Vieille Kasba sert de caserne à une partie de nos troupes. La Kasba communique avec la ville au moyen de deux portes.

A l'extrémité S.-E. de la Kasba, près de l'ancienne porte de Tlemcen, commence le **boulevard Malakoff** ombragé de beaux platanes; ce boulevard, conquis sur l'oued Rehhi, est bordé de grandes et belles maisons parmi lesquelles l'*hôtel de la Banque* et celle affectée au service des *postes et télégraphe* (Pl. 20, B, 3). L'*hôtel de la Préfecture* (Pl. 7, B, 3), nouvellement reconstruit, a sa façade sur la place Kléber et ses côtés sur les boulevards Malakoff et Oudinot.

La **place Kléber** est occupée par des hôtels et des cafés: là viennent aboutir les rues Charles-Quint, d'Orléans, Philippe et les boulevards Malakoff et Oudinot; c'est au côté N.-E. de cette place que se trouve l'ancienne porte de Canastel ou de la Marine.

La **place de la République**, entre les rues d'Orléans et Charles-Quint, vaste, bien plantée, dominant la mer, et sur laquelle ont lieu les concerts militaires, est séparée de la place Kléber par le massif de constructions où sont installés le *palais consulaire*, le *café de la Bourse* et l'*hôtel de la Paix*.

La **ville neuve**, par opposition à la vieille ville espagnole, est située entre le rive dr. de l'oued Rehhi et la rive g. de l'oued Rouina. Pendant la moitié du xviiie s., quelques maisons s'élevèrent sur la route de Canastel, aujourd'hui rue Philippe. Mais ce n'est qu'en 1792, après le tremblement de terre et la reddition d'Oran par les Espagnols, que la ville neuve prend de l'extension.

Ce quartier, régulièrement percé aujourd'hui, est construit sur la crête du ravin E. de l'oued Rehhi, et s'avance jusqu'à la place d'Armes.

On pénètre dans la ville neuve en suivant le boulevard Malakoff jusqu'à la porte du Ravin et en remontant ensuite la rue des Jardins jusqu'à la place d'Armes. Quoique la montée en soit tout aussi rude, le touriste pourra, de la place Kléber, arriver au même but par les *rues de Turin* et *Philippe*.

C'est dans le haut de la rue de Turin, sur la petite *place Bastrana*, que se trouve l'un des marchés couverts, dit *marché Bastrana;* à côté est situé le *théâtre National* (Pl. 16, B, 2, 3), peu digne d'une grande ville comme Oran.

Au-dessus du théâtre, à l'angle formé par la rue Philippe, s'élève la *Grande-Mosquée* (Pl. 6, B, 3), ou *mosquée du Pacha*, Djama-el-Bacha; elle a été fondée sous le beylik de Mohammed-el-Kebir, par ordre de Baba-Hassen, pacha d'Alger, en mémoire de l'expulsion des Espagnols, avec l'argent provenant du rachat des esclaves chrétiens.

A l'extérieur elle présente un mur semi-circulaire, terminé par des ornements dentelés et doublé intérieurement d'une galerie où les musulmans viennent pour se mettre à l'ombre ou dormir. L'entrée s'ouvre sur un beau porche en forme de koubba. Sa partie supérieure est ornée d'une corniche à trèfles, supportée par des consoles ou corbeaux dont les motifs sont empruntés à l'art arabe le plus pur; des versets du Koran, en caractères koufiques, se détachant sur des palmettes et des rosaces, complètent la décoration du pavillon, construit en 1864, sous l'habile direction de Viala de Sorbier, qui n'a eu, en cela, qu'à se rappeler les mosquées de Tlemcen. Quand on a franchi la porte d'entrée, on se trouve devant une fontaine en marbre blanc, dont les eaux servent pour les ablutions. La vasque sculptée de cette fontaine vient, paraît-il, d'Espagne, où elle avait été échangée contre une balancelle chargée de 5,000 francs de blé.

Le minaret, placé sur la rue de la Mosquée, est un des plus jolis de l'Algérie; il est octogone et va en s'amincissant.

Plus bas que la mosquée et en face du théâtre, commence la **promenade de L'Etang** (nom d'un général qui a commandé la division d'Oran) plantée de haies et de massifs verdoyants au milieu desquels s'élèvent de nombreux palmiers et une statue de la République; elle domine : à l'O., la ville espagnole, le Mourdjadjo avec ses forts Santa-Cruz, Saint-Grégoire et la chapelle flanquée d'un clocher surmonté d'une statue de la Vierge; au N., le port et la rade; au N.-E., le *fort Sainte-Thérèse*, et enfin, à l'E., le ravin de l'oued Rouina et la route du port à la place d'Armes où elle vient finir non loin du *Cercle militaire*.

Cette promenade contourne le *Château-Neuf*, dont les trois grosses tours reliées entre elles, que l'on voit encore dans la partie O., constituaient, avant l'expédition de Ximénès, le seul ouvrage commandant Oran, sur la rive dr. de l'oued Rehhi.

L'ensemble de ces travaux était connu sous le nom de *Bordj-el-Mehal*, le fort des Cigognes, et *Bordj-el-Ahmar*, le fort Rouge, dont les Espagnols firent *Rosas-Cajas*, les Maisons-Rouges, devenues *Rosalcazar, Rosalcaper*, etc.

Le premier gouverneur espagnol établit son quartier à Bordj-el-Ahmar; d'autres travaux d'agrandissement, commencés en 1563, après la retraite du pacha Hassen-ben-Kheir-ed-Din, furent continués jusqu'en 1701; cette dernière date est consacrée par une inscription surmontée de l'écusson royal d'Espagne, portant les noms de Philippe V et du marquis de Casasola; cette inscription est placée sur la face droite du demi-blason de g., dans le front qui longe le ravin.

Une inscription placée sur la porte d'entrée du Château-Neuf rappelle que, « sous le règne de Charles III et sous le commandement de don Juan Martin Zermeno, on fit cette porte, on construisit les voûtes pour le logement de la garnison, et l'on réédifia le château en ce qui concerne la partie qui regarde la mer ».

Une deuxième inscription en arabe, placée au-dessus de la précédente, donne l'année de la reddition d'Oran par les Espagnols, en 1206 (1791 de J.-C.), sous le pachalik d'Hassen.

Le Château-Neuf devint la résidence des beys d'Oran.

Le génie militaire a transformé ce palais en une immense caserne où demeurent non seulement des troupes, mais presque tous les chefs des services militaires. Le général commandant la division occupe le logement des beys. Le général de Fitz-James et le colonel Lefol, du 21ᵉ régiment de ligne, reposent dans le bastion du Château-Neuf, qui porte le nom du colonel.

La place d'Armes (V. ci-dessous) fait face au côté S. du Château-Neuf. A l'O. et au S. de cette place, dont on a fait un fort beau square, est situé, entre les *rues de Wagram* et *des Jardins*, le quartier des Juifs et des Maures. Là se trouvent des maisons indigènes, petites, carrées, n'ayant généralement qu'un rez-de-chaussée et dont la cour est abritée du soleil par une vigne. L'extérieur de ces maisons est badigeonné en bleu ou en rouge, sans oublier la main largement ouverte pour conjurer tout maléfice.

La population de ce quartier a un aspect sordide, mais, quand vient le samedi, c'est un vrai changement à vue et les Juives surtout, traînant leurs guenilles et leurs savates, n'ont pas assez de soie, de velours et d'étoffes damassées d'or pour se couvrir.

Au S. de ce quartier, *rue de Vienne*, s'élève l'*église Saint-André* (Pl. 3; B, 4), ancienne mosquée. — Le *temple protestant* (Pl. 5; B, 3), qui n'a rien de remarquable, est situé, non loin de là, rue de la Révolution.

La porte Saint-André, en face de la mosquée, était commandée par un corps de garde fortifié, bâti par les Espagnols; il en reste quelques ruines.

Le *fort Saint-André* ou Bordj-ed-Djedid (le fort Neuf) a été construit en 1693; il a été remis en état de défense après 1831. Vient ensuite le *fort Saint-Philippe*, situé au S.-O. d'Oran, au-dessus du ravin de Ras-el-Aïoun (la tête des sources).

Kerguenta (Khreneg-Ent'a), mosquée et quartier de cavalerie, en dehors et à l'E. d'Oran pendant de longues années, a, par extension, donné son nom aux immenses terrains sur lesquels s'accroît le nouvel Oran.

C'est sur le côté S.-E. de la *place d'Armes* que s'élève le nouvel *hôtel de ville* (Pl. 8; B, 3), construit par M. Chape et d'aspect monumental. On y accède par un large escalier flanqué de deux lions en bronze de Cain. La *bibliothèque* est ouverte de 8 à 10 h. matin et de 1 h. à 3 h. soir, excepté les dim. et fêtes.

En face de l'hôtel de ville a été érigée, en 1898, une *colonne* commémorative de *Sidi-Brahim* (les statues en bronze sont de J. Dalou; au bas de la colonne, c'est la France inscrivant les noms des héros; au sommet, c'est la Gloire apportant des palmes).

A dr. de l'hôtel de ville, le **boulevard National** s'étend sur une longueur de 700 m. jusqu'à la bifurcation des routes de Tlemcen et de Mascara. C'est à dr. de ce boulevard que s'élève la *Synagogue* (Pl. 4; B, 4), monument toujours inachevé, du style oriental; les colonnes, en marbre rouge, de l'intérieur ont été taillées dans les carrières du village de Kléber.

Plus loin, toujours à dr., à l'angle de la rue de l'Évêché, est situé le *théâtre des Nouveautés* (Pl. 17, B, 4), qui sert également de cirque pour 3,000 personnes; près de là, sur le *boulevard du Sud*, s'élèvent les **arènes oranaises**, où les courses de taureaux se font à des époques indéterminées.

Un *bureau succursale de la poste et du télégraphe* fonctionne dans le haut de la rue de l'Évêché (Pl. 50, C, 3).

C'est à la place d'Armes et sur les remblais d'une partie de l'oued Rouina que commence le **boulevard Séguin**, la principale artère de la ville neuve, celle-ci, où tout est vie et mouvement aussi bien dans le jour par les nombreux chariots et voitures et les passants affairés plus nombreux encore, que dans la nuit alors que de grands et beaux magasins brillamment éclairés attirent la foule des promeneurs.

En tête et à g. du boulevard Séguin s'élève le vaste et bel *hôtel Continental* (Pl. h¹, C, 3).

A quelques pas de là un court boulevard conduit au *lycée de garçons* (Pl. 11, C, 3), dominant la mer et qui peut recevoir 600 élèves.

Du lycée et par la *rue de la Vieille-Mosquée*, on arrive à **Kerguenta** (Pl. D, 2, 3); c'était, en 1833, un immense faubourg habité par des Arabes Douair, Smela et Gharaba, tous gens du makhzen. Détruit sous le commandement des généraux Boyer et Desmichels, afin de dégager les abords de la place, il n'en restait qu'une mosquée élevée par Mohammed-el-Kébir, pour lui servir de tombeau ainsi qu'aux siens, et terminée en 1793; on la rendit défensive et on augmenta ensuite les bâtiments destinés à fournir le premier casernement de cavalerie. C'est là, en effet, que fut formé le 2ᵉ régiment de chasseurs d'Afrique. Plus tard, et grâce à l'initiative de M. Ramoger, Kerguenta devint une petite ville très animée, qui fait aujourd'hui partie d'Oran et en occupe la plus grande superficie. Elle est coupée à angles droits par de larges rues.

De Kerguenta on revient au boulevard Séguin par la *rue des Casernes*, en laissant à g. la *place de la Bastille*, au S. de laquelle est située la petite et modeste *église du Saint-Esprit* (Pl. 2, C, 3), et plus loin, toujours à g. le *théâtre des Variétés* (Pl. 18, C, 3).

Parallèlement au boulevard Séguin court le **boulevard de Sébastopol** au milieu duquel s'élève le *palais de justice* (Pl. 10, C, 4); en face est situé le *lycée de filles* (Pl. 12, C, 14). A dr. du palais se trouvent la *gendarmerie* et derrière celle-ci la *prison civile* pour 350 détenus.

A l'extrémité S. du boulevard de Sébastopol, plutôt tracé que bâti dans cette partie, s'élèvent les nombreux pavillons de l'*hôpital civil* (Pl. C, D, 4, 5); cet établissement qui couvre une superficie de 10 hect. peut servir de modèle; « il a été construit suivant les règles les plus minutieuses de l'hygiène moderne ». (Dʳ Seguy.)

A g. de l'hôpital, en bordure du boulevard d'Iéna, est installé le village nègre, dit des *Djalis*, dont la création date de 1845. Les rues larges, tracées au cordeau, sont bordées de maisons basses à un rez-de-chaussée ; de nombreuses fontaines alimentent le village nègre. Une partie de la population, qui se livre à l'agriculture, loue des terres à nos colons, ou s'associe avec ces derniers pour le cinquième de la récolte. On ne quittera pas le village nègre sans visiter l'école arabe-française fréquentée par 200 enfants européens et indigènes.

On visitera, au *cimetière neuf*, près du chemin de ceinture, derrière l'hôpital, le *monument* octogone, décoré d'attributs militaires, et élevé par les zouaves du 2ᵉ régiment, à la mémoire de leurs frères d'armes tombés sur les champs de bataille de l'Algérie, de Crimée, d'Italie et du Mexique. Un autre monument, plus fastueux que le précédent, indique assez, par son luxe d'ornements en onyx translucide, qu'il recouvre la sépulture du premier concessionnaire d'Aïn-Tekbalet.

Nous mentionnerons encore : — *intra muros*, le *faubourg Saint-Antoine*, traversé par les routes d'Oran à Tlemcen et à Mascara, et le *faubourg Saint-Michel*, à l'E., où se trouvent la gare, les ateliers et les magasins du chemin de fer d'Oran à Alger ; — *extra muros*, au S.-O., le *faubourg d'Eckmühl* ou *Noiseux*, à l'E., les v. *Delmonte, Pouyet, Arbos-Ville, Bacciochi, Saint-Eugène* et *Gambetta*, villages à l'état d'ébauches. Au-dessus de Gambetta a été créé un vaste *hippodrome* très fréquenté au moment des courses, au printemps et à l'automne.

D'Oran à Alger, par Saint-Denis-du-Sig, Perrégaux et Relizane, R. 9, A, et par mer, R. 9, B ; — à Tlemcen, R. 12 — à Beni-Saf, R. 3, et à Nemours, R. 12 ; — à Ras-el-Ma par Sidi-Bel-Abbès, R. 13 ; — à Mascara, R. 14 ; — à Arzeu, R. 15 ; — à Mostaganem, R. 17 ; — à Ouargla, R. 19.

ROUTE 11

ENVIRONS D'ORAN

Les environs d'Oran sont loin d'offrir, comme ceux d'Alger, des promenades délicieuses et variées dont on n'a que le choix. Ici le sol, longtemps aride et brûlé, commence à peine à changer d'aspect. Le palmier nain, l'halfa, le jujubier sauvage, disputent encore l'espace aux cultures de légumes, de céréales et aux vignes qui prennent de l'extension. Certainement un grand progrès s'est accompli dans les environs d'Oran au point de vue de la colonisation ; mais le touriste qui aura visité un village pourra se faire suffisamment l'idée de ce que sont tous les autres. C'est donc plus loin, au delà de cette nature monotone, qu'il faudra aller chercher, sauf de rares exceptions, ce qu'il y a à voir et à admirer. Les chemins de fer d'Oran à Alger et d'Oran à Aïn-Temouchent mettent, du reste, à proximité des buts d'excursions, pour lesquels il eût fallu autrefois dépenser beaucoup de temps.

N. B. — Les excursions recommandées sont principalement celles du Ravin vert, de Santa-Cruz, de Mers-el-Kebir et de Misserghin.

A. Ravin vert ou oued Rehhi. — Eckmühl.

3 k. S.-O. — Promenade à pied.

Après avoir dépassé le quinconce à l'extrémité du boulevard Malakoff, entre la Kasba, à dr., et la rue des Jardins, à g., on arrive à l'ancienne porte de Tlemcen ou du Ravin, à g. de laquelle on voit encastrées dans la muraille d'une ancienne casemate, les armes de Castille et de Léon, sculptées sur une plaque de marbre blanc.

La route monte, dominant, à g., le ravin au fond duquel l'oued Rehhi distribue ses eaux aux lavandières d'Oran, abritées sous un vaste hangar; plus loin succèdent aux lavoirs des guinguettes et des jardins.

Un petit quinconce de platanes, garni de bancs pour les promeneurs, précède un haut et large mur servant jadis de rempart à l'un des six bastions ou tours qui protégeaient autrefois le chemin de Ras-el-Aïn. Ce mur est devenu celui d'un ancien cimetière; un chemin raboteux, à dr., y conduit bientôt. Là, au milieu des cyprès, des cactus et des aloès, sont encore debout ou brisées les pierres tumulaires des premiers colons et soldats venus à Oran, et plus tard des Européens et indigènes décimés par le choléra de 1849.

Après le ravin, la route conduit au joli v. d'Eckmühl-Noiseux (*V.* p. 141), bordée à l'O. par les hameaux de *Terrade*, *Chollet* et *Brunie*. Un omnibus conduit d'Eckmühl à Oran.

Au delà du cimetière sont les carrières exploitées pour les maisons et les édifices d'Oran; un peu plus haut, enfin, dominé à g. par le fort Saint-Philippe, un immense réservoir recouvre le *Ras-el-Aïn*, où l'oued Rehhi prend naissance pour aller, au moyen de canaux, alimenter les fontaines d'Oran et de Mers-el-Kebir.

B. Santa-Cruz.

3 k. O., toujours en montant. — Pas de route carrossable.

On sort d'Oran par la porte d'El-Santon ou de Malorca, à g. de la Vieille Kasba, et laissant ensuite, à g., les ruines de l'ancienne redoute de Saint-Louis, on s'engage à dr., dans un chemin bordé d'abord de grottes naturelles ou factices servant de gîtes à une population de mendiants ou chiffonniers espagnols qui grouillent et vivent là au milieu des immondices récoltées dans Oran. Quand on a dépassé cet endroit surnommé *Madrid-Troglodyte*, on arrive devant le *fort Saint-Grégoire* dans lequel on obtient toujours la permission d'entrer. Ce fort que les Arabes appellent *Bordj-Hassen-Ben-Zahoua*, et qui a la forme d'une étoile irrégulière, a été bâti en 1589, par don Pedro de Padissa. Il sert aujourd'hui de prison militaire.

De Saint-Grégoire, on peut abréger la montée de Santa-Cruz, en suivant des sentiers à pic; mais il vaut mieux reprendre le chemin. Avant d'arriver à Santa-Cruz, on s'arrêtera devant une petite *chapelle*, remplie d'ex-voto. Cette humble bâtisse, construite à la suite du terrible choléra en 1849, doit depuis longtemps faire place à une chapelle dont la tour seule est construite; cette tour est haute de 24 m. avec la statue de la Vierge, reproduction de celle de Fourvières et à laquelle elle sert de support.

Le *fort de Santa-Cruz*, couronnant le sommet du pic d'Aïdour, à 372 m. au-dessus de la mer, a pris le nom du gouverneur don Alvarès de Bazan y Sylva, marquis de Santa-Cruz, qui le fit construire de 1698 à 1708. Les Arabes l'appellent *Bordj-ed-Djebel*, ou encore *Borjd-el-Mourdjadjo*.

Du fort de Santa-Cruz que l'on peut visiter comme celui de Saint-Grégoire, on étudie le pays à vol d'oiseau : à l'E., Oran et son golfe, les plaines de Télamin et ses villages; au S., le lac Salé, les plaines et les chaînes de Mleta, dominées à l'horizon par les chaînes du Tessala; à l'O., Mers-el-Kebir et le cap Falcon.

C. Le Mourdjadjo.

3 k. 1/2 N.-O., toujours en montant. — Montée en 1 h. —
Sentiers faciles.

Le *Mourdjadjo* (580 m.) est la montagne escarpée qui domine le ravin d'Oran, au N.-O., comme elle commande au S., par des pentes aussi abruptes, les rivages du golfe en quart de cercle de Mers-el-Kebir. C'est un de ses éperons qui porte le fort de Santa-Cruz; sur ces flancs se développa la forêt naissante du Camp des Planteurs (*V.* ci-dessous).

On monte par la route du fort Santa-Cruz : au moment de tourner à dr., pour prendre le sentier qui mène au fort, on continue à s'élever vers la g., et l'on ne tarde pas à déboucher sur le plateau couvert de broussailles, qui forme le sommet du Mourdjadjo. De ce plateau, sur le bord duquel une koubba est dédiée à Abd-el-Kader-ed-Djilali, on jouit d'une vue plus étendue encore que celle de Santa-Cruz. Dans les jours les plus clairs, on aperçoit confusément la côte d'Espagne, entre Carthagène et Alméria. C'est de cette chaîne que les géodésiens français, communiquant par signaux optiques avec les géodésiens espagnols ont relié par des triangles la carte d'Afrique à celle d'Europe.

D. Le Camp des Planteurs.

2 k. O. — C'est une des promenades favorites des habitants d'Oran.

Même chemin que celui de Santa-Cruz, que l'on quitte au-dessus de Madrid-Troglodyte, pour obliquer à g., au pied du Mourdjadjo. Après 20 min. de marche, on entre dans un massif de pins d'Alep coupé par de belles allées. Quelques maisonnettes, s'élevant au milieu des pins, servaient de demeure aux soldats-planteurs; l'une d'elles est occupée par un garde forestier.

E. Mers-el-Kebir.

6 k. 600 O. — Omnibus (place Kléber; 2 départs, s'informer, en 1 h.; 50 c. — Voit. de place pour le Bain de la Reine; 3 fr. aller et retour; 1 h. d'arrêt.

On sort d'Oran par le fort de la Moune; à quelques pas de là, on trouvait une curiosité naturelle que les travaux de la mine, ouverts pour la route, ont fait disparaître presque entièrement; c'était à l'endroit appelé par les Espagnols la *Cueva de las Palomas* (la grotte des colombes); cette grotte était tapissée de coquillages bivalves adhérents les uns aux autres sans mélange d'aucun corps étranger : on en voit encore quelques-uns sur le bord de la route; l'Ecole des hautes études d'Alger en possède de fort beaux échantillons.

Après avoir traversé un tunnel de 50 m., la route, taillée en corniche, passe entre le pied du Mourdjadjo et la mer, protégée de ce côté par un parapet, servant en même temps à couvrir l'aqueduc qui conduit les eaux de l'oued Rehhi à Mers-el-Kebir.

A quelques m., et en contre-bas du tunnel, est située la modeste *école de natation de Monte-Christo*.

2 k. *Bain de la Reine*, petit établissement thermal au-dessus duquel se trouvent un hôtel souvent inoccupé et un café.

Ces eaux thermales étaient connues des Arabes, bien avant l'occupation d'Oran par les Espagnols. A la prise d'Oran, le cardinal Ximénès fit également usage de ces eaux, adoptées par la noblesse espagnole, et auxquelles les visites réitérées de Jeanne, fille d'Isabelle la Catholique, firent donner le nom de Bain de la Reine.

« Les sources thermales du Bain de la Reine, dit le docteur A. Bertherand, sourdent sur le bord de la mer, à 3 ou 4 m. au-dessus de son niveau.... Une rampe assez douce conduit à la source principale qui alimente abondamment les thermes : là est une grotte, creusée dans un rocher très dur, haute de 3 m., longue de 7 1/2, et large de 7 env.

« L'installation actuelle de l'établissement se compose de deux bâtiments séparés. Le premier, formant angle avec l'autre, à l'endroit des sources, renferme une douzaine de baignoires isolées, construites en maçonnerie. Dans le second, qui est adossé au flanc des rochers, se trouvent une piscine et un appareil à douches. La piscine est assez spacieuse pour recevoir douze à quinze baigneurs... Les quatre sources fournissent ensemble une quantité d'eau qui peut être évaluée à 250 lit. par min. et se déversent ensuite dans la mer, avec 3 m. de chute.

« Les eaux sont très claires, très limpides et inodores. Leur saveur, franchement saline, un peu âcre, prend légèrement à la gorge. Leur densité est de 1,078, comparée à celle de l'eau distillée.

« En entrant dans la grotte, on perçoit une légère odeur de soufre, qui résulte du contact de résidus organiques et de la décomposition des sulfates à l'air libre. La température de la grotte mesure 32° C.; celle de l'eau accumulée dans le puits donne 35°. Mais si, à l'aide d'une pompe adaptée à un tuyau, directement mis en rapport de continuité avec un des trous, on prend la température au point le plus rapproché possible de l'émergence, on obtient 41° et même 47°,5. »

Les eaux du Bain de la Reine sont efficaces pour les affections rhumatismales anciennes, l'arthrite chronique, certaines névralgies et même la goutte. La présence de sels de magnésie et de soude leur donne une vertu légèrement laxative, qui semble devoir convenir au traitement interne et externe de certaines cachexies spéciales au pays. En dehors de ces cas purement médicaux, les propriétés virtuelles de la source paraissent, comme celles de toutes eaux salines analogues, s'adapter beaucoup mieux aux lésions chirurgicales des tissus osseux, fibreux, cartilagineux et musculaires, à certaines dermatoses, aux rhumatismes en général, aux rétractions tendineuses, fausses ankyloses, entorses chroniques, etc.

Au delà du Bain de la Reine, la route franchit, sur un ponceau, un ravin connu sous le nom de *Salto del Cavallo* (le Saut du cheval).

Ce nom est la consécration de l'événement rapporté par Ibn-Khaldoun. L'Almoravide Tachfin-ben-Ali, surpris à Oran par son rival l'Almohade Abd-el-Moumen, et voyant la déroute de sa troupe, monta à cheval et sortit du fort, mais étant tombé dans un des précipices dont la montagne était sillonnée, il y perdit la vie, et sa tête fut envoyée à Tinmelet, ville au S. du Maróc, dans la chaîne de l'Atlas, portant le même nom. Cet événement eut lieu le 27 de Ramdân 539 (mars 1145).

2 k. 600. On laisse à g., sur la hauteur dite l'Amphithéâtre, (110 m.) *Sainte-Clotilde* ou *Garbéville* (du nom d'un ancien préfet d'Oran; 379 hab.; groupe de villas et de maisons isolées, annexe de Mers-el-Kebir. Une colonne-fontaine y a été élevée à la mémoire de M. Garbé.

5 k. 600. *Saint-André*, b. maritime, qu'il ne faut pas confondre avec un autre v. du même nom, dépendant de la com. de Mascara, annexe de Mers-el-Kebir, possède 2 fritureries pour la sar-

[R. 11] LE BAIN DE LA REINE. — MERS-EL-KEBIR.

dine où travaillent 70 à 80 ouvriers, Bretons généralement. Chaque établissement produit 40 à 50 quintaux par j. dans la bonne saison. Les cabarets y sont aussi nombreux que les maisons de pêcheurs, et le dimanche, Saint-André, but de promenade des ouvriers et des militaires, est très bruyant. Les soirs d'été, ce bourg est fréquenté par la société oranaise, qui vient s'y promener en voiture.

6 k. 600. **Mers-el-Kebir***, com. de 3,393 hab.

Mers-el-Kebir, ou le grand port des Arabes, le *Portus Divinus* des Romains, était, en 1162 (557 hég.), un des arsenaux importants de la marine militaire de l'Almohade Abd-el-Moumen. Les sultans de Tlemcen y firent bâtir au xv° s. une petite ville qui, après la chute de Grenade, devint un véritable nid de forbans. Occupé une première fois par les Portugais de 1415 à 1437, puis de 1471 à 1477, Mers-el-Kebir tomba, le 23 octobre 1505, au pouvoir de l'amiral espagnol de Cordova qui en fut nommé gouverneur.

Dans la nuit du 17 mai 1509, la flotte et l'armée du cardinal Ximénès arrivaient devant Mers-el-Kebir; Oran tombait le lendemain au pouvoir des Espagnols. Dès lors l'histoire de Mers-el-Kebir se confond avec celle d'Oran, dans les différentes entreprises des Turcs contre cette dernière ville.

En 1556 (963 hég.) et en 1563 (970 hég.) Mers-el-Kebir repousse les assauts des pachas d'Alger.

A la prise d'Oran en 1708 (1119 hég.), Mers-el-Kebir, ruinée et croulante, est prise d'assaut, et plus de 3,000 Espagnols y sont massacrés par les Turcs. Repris en 1732 (1145 hég.) par le comte de Montemar, Mers-el-Kebir était entraîné dans la chute d'Oran, quand cette dernière capitulait en 1791 (1206 hég.).

Plus tard, après la prise d'Alger, et pendant les conférences entre le bey Hasson et le capitaine d'état-major de Bourmont pour la reddition d'Oran, le capitaine Leblanc, commandant le brick *le Dragon*, débarque avec son équipage, et s'empare de Mers-el-Kebir, sans résistance de la part de la garnison. A la nouvelle de la révolution de Juillet, les Français se retirent de cette place, après en avoir fait sauter les fortifications du côté de la mer.

Lorsque, enfin, on voulut reprendre Oran, le général de Damrémont s'installa, dès le 14 déc. 1830, dans les forts de Saint-Grégoire et de Mers-el-Kebir; de cette époque datent l'occupation définitive de ce dernier point et les travaux de réparation et d'agrandissement successifs, qui font aujourd'hui de la citadelle de Mers-el-Kebir la gardienne du port et la sentinelle avancée d'Oran.

Diverses inscriptions qu'on retrouve çà et là sur les murailles espagnoles de Mers-el-Kebir, consacrent le souvenir de quelques sièges, les noms de rois d'Espagne ou de gouverneurs.

La forteresse de Mers-el-Kebir est située sur l'extrémité d'une pointe rocheuse qui s'avance dans la baie, comme une jetée naturelle, pointe qui dépend du djebel Santon (317 m.). Un phare à feu fixe, d'une portée de 9 milles, y est installé.

Une formidable batterie qui défend la rade de Mers-el-Kebir-Oran, avec celles des forts de la Moune, Saint-Grégoire et du Château-Neuf, est installée au point culminant du Santon, 326 m.; on y accède par un chemin partant de Saint-André, de 3 k. 500 en corniche.

ENVIRONS D'ORAN.

Quant à la petite ville, elle s'accroche, pour ainsi dire, et d'une façon pittoresque, de la base au sommet de cette pointe, à l'O. de la forteresse. Il ne faut point y chercher des monuments curieux, au point de vue de l'art. Les fontaines, abreuvoirs et lavoirs sont alimentés par les eaux du Ras-el-Aïn (oued Rehhi), amenées d'Oran au moyen d'une conduite en maçonnerie, et remplacent les anciennes citernes, dans lesquelles étaient recueillies les eaux de pluie, suffisantes au temps des Espagnols et des Turcs.

Mers-el-Kebir, qui a été pendant longtemps le seul port des côtes de l'O. de l'Algérie, a perdu son importance commerciale, depuis l'achèvement du port d'Oran; sa rade profonde et sûre peut abriter une escadre et rivaliser avec celle de Bizerte.

F. Aïn-el-Turk.

15 k. N.-O. — Service d'omnibus en 1 h. 30; 1 fr.

Quand on a suivi la route précédente jusqu'à Saint-André, on prend, au-dessus de ce v., une route qui passe par le djebel Santon à l'O. et remonte ensuite au N., en laissant à g. la route de Bou-Sfer (V. ci-dessous, G).

15 k. **Aïn-el-Turk** (la fontaine des Turcs), ch.-l. de com. de 872 hab., situé à égale distance de Mers-el-Kebir et du cap Falcon, sur la *plage* dite *des Andalous*. Les maisons, encadrées de verdure, forment une rue principale dominée au S. par l'église (à 54 m. d'alt.) et terminée, sur le bord de la mer, par une place semi-circulaire, où l'on a construit une douane et une fontaine-abreuvoir.

La plage d'Aïn-el-Turk servait toujours de point de débarquement aux janissaires d'Alger, lorsqu'ils venaient assiéger Oran. C'est également sur cette plage que débarqua, le 30 juin 1732, le comte de Montemar, parti d'Alicante le 15; il y culbuta les 40,000 Arabes qui voulaient s'opposer à la descente de ses troupes, et il entra le lendemain dans Oran, que les Espagnols avaient été forcés d'abandonner 24 ans auparavant.

[D'Aïn-el-Turk, jolie promenade au (3 k. 1/2 N.-O.) *phare du cap Falcon*, feu tournant d'une portée de 25 milles.]

A l'endroit dit *Aïn-Beïda* (la fontaine blanche), jaillissent des eaux thermales très efficaces surtout pour les affections rhumatismales et la paralysie.

On peut revenir d'Aïn-el-Turk à Oran par Mers-el-Kebir.

G. Bou-Sfer.

16 k. O. — Service d'omnibus, en 2 h.; 1 fr.; 2 dép. par j.

C'est également par Saint-André qu'on arrive à Bou-Sfer, en laissant à dr. la route d'Aïn-el-Turk.

16 k. **Bou-Sfer***, ch.-l. de com. de 1,764 hab., au pied N.-O. du Mourdjadjo (qui atteint sa plus grande hauteur dans ces parages), et au fond de la plaine qui termine la plage des Andalous, ainsi nommée parce que les premiers Maures chassés d'Espagne vinrent y débarquer.

[A 5 k. S.-O., *El-Ançor**, v. de 1,735 hab. dont 169 Français, annexe de Bou-Sfer.
A 5 k. O., près de la plage située entre le cap Falcon et le cap Lindlès, v. des *Andalous* (vins déjà renommés), section de la com. de Bou-Sfer, bâti sur les ruines d'une ville romaine (*Castra puerorum?*).]

H. Misserghin.

15 k. S.-O. — On s'y rend soit par le chemin de fer (en 1 h. 35 m.; 1 fr. 70, 1 fr. 25), soit par la route (omnibus en 2 h. : 2 départs par j. d'Oran dans les deux sens; 1 fr. 50). — Pour la description du trajet en chemin de fer, V. R. 12, B.

La route de voitures sort d'Oran par la porte de Tlemcen; quelques minutes après, on traverse *Eckmühl-Noiseux*, v. qui prend de l'extension; Noiseux est le nom d'un architecte mort à la peine en cherchant et en trouvant, à 10 k. d'Oran, une source qui dote Eckmühl et Oran de ses eaux. La fontaine du village porte une inscription rappelant l'histoire de Noiseux.
La route se dirige au S.-O., entre le djebel Mourdjadjo, qui prend, en se prolongeant au S.-O., le nom de djebel Santo ou R'amera, et les landes et les plaines cultivées qui se terminent à g. au Grand lac Salé, ou Sebkhra d'Oran; à l'extrémité du lac, apparaissent les horizons bleuâtres du djebel Tessalah. La route monte légèrement au milieu d'une campagne qui n'est pas entièrement défrichée, et où l'on trouve toujours beaucoup de palmiers nains. On passe au petit ham. du *Pont-Albin*. Arrivé près de la *tour Combes*, qui couronne un coteau de 265 m., on descend dans la plaine du lac Salé (*V.* R. 12, *B*).
15 k. **Misserghin***, et mieux *Mserr'in*, ch.-l. de com. de 4,387 hab., situé à 2 ou 3 k. du lac Salé, possède : — une *petite église*, de style roman; — un *orphelinat de garçons* et *asile de vieillards* (*chapelle* peinte à fresque); — un *orphelinat de jeunes filles*, installé en 1854 dans la maison du général de Montauban et concédé aux dames trinitaires d'Oran; cent jeunes filles y reçoivent l'instruction nécessaire à de futures ménagères; — un *couvent de dames du Bon-Pasteur* qui sert, comme à El-Biar (*V.* p. 26), de refuge aux filles pauvres exposées à se mal conduire; — une *pépinière* qui peut livrer chaque année aux services publics et aux particuliers 40,000 pieds d'arbres d'essence forestière, fruitière et industrielle.
On fait beaucoup de culture maraîchère, grâce à l'abondance des éléments d'irrigation, les trois sources principales du « Ravin de Misserghin » fournissant ensemble près de 50 lit. par sec.

L'industrie consiste en moulins à farine, en distillerie d'asphodèle, en fabrique de crin végétal, et surtout l'*autrucherie* fondée par un ancien officier, M. Cresput, la première qu'on ait établie en Algérie.

[A 2 k. N., belles gorges connues sous le nom de Ravin de Misserghin, d'une étendue de 1 k., et au fond desquelles coule un mince filet d'eau produit par des sources (*V.* ci-dessus); on y arrive par un verdoyant chemin.

A 5 k. O., *Temsalnet*, ancien b. au x° s., aujourd'hui détruit; ferme et *bergerie modèle* de M. Bonfort.]

ROUTE 12

D'ORAN A TLEMCEN

A. Par Sidi-Bel-Abbès.

165 k. — Chemin de fer en 5 h. — 18 fr. 45; 13 fr. 90; 10 fr. 10.

26 k. d'Oran à Sainte-Barbe-du-Tlélat (*V.* R. 9, *A*). — La ligne de Tlemcen, se détachant à dr. de la ligne d'Oran à Alger, quitte bientôt la plaine pour entrer dans la montagne couverte généralement de vignobles.

32 k. *Saint-Lucien**, ch.-l. de com. m. de 24,809 hab. — La voie, resserrée dans une très longue gorge, longe, en suivant le Tlélat, les pentes inférieures du *djebel Tafaraoui* (726 m.), montagne qui se relie au *Tessalah*.

42 k. *Les Lauriers-Roses* ou *Mekedra*, section de la com. des Trembles, ham. et station; meuneries importantes près de belles sources.

55 k. *Oued-Imbert*, a dr., ch.-l. de com. de 3.253 hab. dont 500 Européens. Il prend son nom d'un affluent de la Mekerra.

62 k. *Les Trembles**, ch.-l. de com. de 2,774 hab. dont 196 Français, à g., au confluent de l'*oued Sarno* et de l'*oued Mekerra*.

La voie franchit l'oued Sarno. Près de là, grands rochers fortement excavés.

[Une route de 45 k. conduit des Trembles à Saint-Denis-du-Sig (R. 9, *A*).]

68 k. **Prudon** (nom d'un officier du génie, l'un des premiers fondateurs de Sidi-Bel-Abbès), ancien *Sidi-Brahim**, com. de 827 hab., peuplé en partie d'Allemands qui se sont fait naturaliser Français. Le v. domine la belle vallée du même nom, dont les terres fertiles sont arrosées au moyen d'anciens barrages arabes reconstruits en maçonnerie.

73 k. *Le Rocher*, ham., a g.

78 k. **Sidi-Bel-Abbès***, cercle milit. de la division d'Oran, ch.-l.

SIDI-BEL-ABBÈS.

Guides Joanne. — HACHETTE & C⁽ⁱᵉ⁾ Paris.

- Porte de Mascara
- Boulevard de l'Est
- Rue de Mogador
- R. Chabrière
- R. de Jérusalem
- Rue de Mascara
- Église S¹ Vincent
- R. Turgot
- Presbytère
- École de Garçons
- Mairie
- École de Filles
- R. J. J. Rousseau
- Police municipale
- R. S¹ Augustin
- Rue Parmentier
- R. Montagnac
- R. des Écoles
- Mosquée
- École de Garçons
- Synagogue
- R. L⁽ᵈ⁾ Byron
- R. du S⁽ⁱᵈ⁾ Mohamed
- P⁽ᵃˡˢ⁾ de Just⁽ᶜᵉ⁾ et Prison
- Marché
- Théâtre
- Place des Quinconces
- R. Catinal
- Sous-Préfecture
- R. Clausel
- Porte d'Oran
- vers la Gare
- Rue Prudon
- Hôtel Continental
- Porte de Daïa
- Synagogue
- Hôtel d'Orient
- Cercle militaire
- Poste et Télégraphe
- Messageries
- École de Filles
- Hôpital Militaire
- Poudrière
- Promenade de l'Hôpital
- Collège
- Rue de Tlemcen
- Manutention
- Cavalerie
- Infanterie
- Génie
- Parc d'Artillerie
- Pl. de Tlemcen
- Porte de Tlemcen
- Jardin Public

N ← → S

L. Thuillier, Del¹. — Échelle: 0, 100, 200, 300 Mètres — Imp⁽ˡᵉˢ⁾ Lemercier, Paris.

d'arrond. et ch.-l. de com. de 26,887 hab., avec son annexe, *Sidi-Khaled*, est situé à 475 m. d'alt., au centre d'une vaste et belle plaine arrosée par l'oued Mekerra, au S.-E. du djebel Thessalah.

Ce qui fait le charme de Sidi-bel-Abbès, ce sont ses rues et ses places bordées de platanes, c'est sa situation au milieu d'une véritable oasis.

La nécessité d'observer et de contenir les tribus qui formaient la puissante confédération des Beni-Amer, l'une des plus remuantes et des plus habilement travaillées par les partisans de l'émir Abd-el-Kader, détermina l'autorité française à occuper leur territoire. Une colonne, commandée par le général Bedeau, partit d'Oran, le 12 juin 1843, arriva, le 17, au milieu de ces tribus, et, le lendemain, les soldats commençaient à construire sur la rive dr. de la Mekerra, en face et à peu de distance de la koubba de Sidi-Bel-Abbès, une redoute qui prit le nom de ce marabout.

Dans les premiers jours de 1845, une forte colonne était partie pour aller chez les *Oulad-Sliman*, laissant la garde de la redoute aux convalescents. Le 30 janvier, au matin, cette faible garnison fut surprise par une bande d'Arabes qu'on supposait venir en pèlerinage à la koubba voisine. Grâce au sang-froid et à l'énergie de l'officier comptable de l'hôpital militaire, ces fanatiques furent tous exterminés, au nombre de cinquante-huit. La tribu des Oulad-Brahim, dont ils faisaient partie, fut sévèrement châtiée.

La fertilité du territoire environnant, devenu propriété de l'État par suite de l'émigration, au Maroc, des Beni-Amer, au nombre de 25,000; l'abondance de ses eaux, sa salubrité, sa position avantageuse, au point de vue stratégique, déterminèrent le gouvernement à occuper ce point d'une manière définitive (1849).

Une route de 800 m. conduit de la gare au S., à la porte d'Oran, en passant devant le marché arabe, à dr., puis au milieu de jardins.

Sidi-Bel-Abbès a la forme d'un quadrilatère, sauf à l'angle N.-O. qui est sortant. Il est entouré d'une muraille bastionnée de 400 m. de l'E. à l'O. et de 800 du N. au S., et percée de quatre *portes* : *d'Oran* au N., *du Daya* au S., *de Mascara* à l'E., et *de Tlemcen* à l'O. Quand on suit jusqu'à son milieu la *rue Prudon*, et qu'on se place près du cercle militaire, à l'intersection des rues de Mascara et de Tlemcen, on peut voir tour à tour les quatre portes.

La *rue Prudon* coupe la ville en deux parties bien distinctes : à l'O., sauf quelques belles maisons particulières, est situé le quartier militaire, traversé par la *rue de Tlemcen*, et dans lequel se trouvent les *casernes* de toutes les armes, la *manutention*, l'*hôpital* et le *cercle militaire*, ce dernier au milieu de fleurs et d'arbres d'une belle venue, et près duquel se fait entendre l'excellente musique du 1er rég. de la légion étrangère.

A l'E., se trouve la ville proprement dite, percée des *rues Montagnac* et *de Jérusalem*, *de Mascara* et *des Écoles*. Entre les rues Montagnac et des Ecoles est située la *place des Quinconces* avec le *palais de justice*; au S., le *théâtre* et le *marché* que l'on a agrandi; au N., entre les rues de Jérusalem et des Écoles, à g. de la rue de Mascara, la *mairie* (style Louis XIII), le *tribunal* et la *police municipale*, à g.; l'*église* paroissiale *de Saint-Vincent*, à dr.

Sidi-Bel-Abbès est entouré : au N.-O., par le *faubourg de la Mekerra;* au N.-E., par le *faubourg* ou *village nègre;* au S., par le *faubourg espagnol;* à l'E. par le *faubourg des Palmiers*, et à l'O., par le *faubourg Thiers*. Tous ces faubourgs généralement habités par des Espagnols, population active et laborieuse, forment une banlieue vaste et fraîche.

[On visitera d'abord : — à la porte de Daya (S.), entre le mur d'enceinte et le faubourg espagnol, la belle *pépinière*, ancienne ferme de la légion étrangère; — à la porte de Tlemcen (O.), près du chemin qui conduit au faubourg de la Mekerra, la *promenade publique*, magnifique jardin planté par la légion étrangère, et dans lequel, au N.-O., un tertre recouvre les 58 Arabes tués dans l'échauffourée du 30 janvier 1845; — plus haut, à g. du faubourg, la *fontaine romaine*, à côté de la Mekerra; on pourrait l'appeler plutôt la *fontaine arabe :* c'est un élégant petit monument en marbre blanc offrant au milieu d'une rosace une tête de lion de la gueule duquel l'eau jaillit. On accède à cette fontaine par deux escaliers en contre-bas; — plus haut, en dépassant le chemin de fer, la *koubba* rebâtie de Sidi-Bel-Abbès; mais elle n'a d'intéressant que son souvenir historique.

A 14 k. N.-O., au pied du Tessalah, *Tessalah*, ch.-l. de com. de 2,099 hab. avec *Aïn-Soffra*, son annexe (12 k. de Sidi-Bel-Abbès), dans l'origine ensemble de fermes européennes disséminées sur près de 10,000 hect. de terres excellentes, et suffisamment arrosées par des sources de petit débit, mais nombreuses et ne tarissant jamais.

A 16 k. N.-N.-O., *Aïn-Zertita*, un des points culminants (756 m.) de la chaîne de Tessalah, est couverte de ruines appartenant, comme celles d'*Aïn-ben-Soltan* et d'autres pitons encore, à une série de petits postes ou vedettes, chargés de surveiller la plaine.

Le djebel Tessalah (18 k. N.-O.; chevaux et voitures de place, porte d'Oran, à Sidi-Bel-Abbès; s'informer pour les prix.) — Une route montueuse, à travers champs, conduit de Sidi-Bel-Abbès au v. de Tessalah, où l'on met pied à terre pour descendre (4 k. en 1 h. à 1 h. 30) le sommet du djebel Tessalah (*Mons Astasilis*, 1,063 m.). Quand on l'a gravi, on est émerveillé, dit M. le capitaine Davenet, de l'immensité du panorama qui se déroule devant les yeux. Vers le N., c'est la plaine de la Mleta tout entière, avec son fond jaunâtre, que le sel parsème de points d'une blancheur éblouissante; au delà, c'est le massif peu élevé du R'amera, qui sépare cette plaine de la mer, et qui détache au N.-E. le massif conique de Santa-Cruz, entre Oran et Mers-el-Kebir; plus à dr. saillit le *djebel Kahar*, ou montagne des Lions, au pied de laquelle l'œil cherche nos petites colonies. Puis ce sont les collines de Mostaganem, et enfin, sur un plan beaucoup plus rapproché, le Tafaraoui et à l'E. la vallée de la Mekerra. Le Tessalah est le baromètre du pays : « Quand il met son bonnet de nuit, la colonie de Sidi-Bel-Abbès se réjouit, il pleuvra ».

De Sidi-Bel-Abbès à Daya. — *A.* Par Magenta (8) k.; de Sidi-Bel-Abbès à Magenta, 63 k., chemin de fer, 7 fr. 10, 5 fr. 30, 3 fr. 90; de Magenta à Daya, 16 k., dilig. en 3 h., 2 fr. 50). — 63 k. de Sidi-Bel-

[R. 12, A] DJEBEL TESSALAH. — LAMORICIÈRE.

Abbès à Magenta (V. R. 13). — De Magenta à Daya, direct. E., en suivant le N. du djebel Mcrahoum, puis retour au S.

81 k. *Daya** (la mare), appelée encore par les Arabes *Sidi-Bel-Kheradji*, annexe de la com. de Telagh, ch.-l. de cercle milit. de la subdiv. de Tlemcen, poste important sur la route des Hauts-Plateaux entre Sebdou et Saïda, est située au milieu d'une forêt de pins et de chênes, à 1,275 m. d'alt., au pied du *djebel Ouazzetet* (1,392 m.); caserne et hôpital.

B. PAR TENIRA (75 k.; dilig. t. l. j.; en 11 h.; 10 fr.). — 13 k. *Assi-Daho*, chez les Oulad-Brahim.

26 k. *Tenira**, ch.-l. de com. de 1,976 hab., sur l'oued El-Louz, au S.-O. du *djebel Moxi* (799 m.).

44 k. L'*oued Tralimet*, affluent de l'oued El-Louz, plus haut oued Tenira, plus haut encore oued Habra.

55 k. *Telagh**, ch.-l. de com. m. de 16,870 hab., sur l'emplacement d'une ancienne smala de spahis, près du barrage de l'oued Tralimet.

75 k. Daya (V. ci-dessus, *A*).]

De Sidi-Bel-Abbès à Ras-el-Ma, R. 13; — à Mascara, R. 14.

84 k. *Sidi-l'Hassen**, ch.-l. de com. de 2,712 hab.

90 k. *Sidi-Khaled**, ch.-l. de com. de 1,113 hab., dont 346 Français, sur l'oued Mekerra.

97 k. *Bou-Khanefis**, à dr., ancienne smala de spahis, ch.-l. de com. de 1,244 hab. Un pénitencier agricole indigène a été établi dans un fort qui domine le territoire, sur la rive g. de la Mekerra, non loin d'un barrage.

101 k. *Tabia**, à g., v. de 300 hab., annexe de la Mekerra, d'où se détache à g. l'embranchement de Ras-el-Ma, à 1 k. de la station, dans le territoire des *Oulad-Ali-ben-Youb*.

De Tabia à Ras-el-Ma, R. 13.

Plaines d'abord, puis montagnes à g.

114 k. *Taffaman*, v. à l'état de huttes, à g.

122 k. La voie traverse la route de Relizane au Maroc.

125 k. *Aïn-Tellout*, 375 hab., dans un fond; à g. belle source, (120 lit. à la min.). Les Romains avaient dans cet endroit un poste de cavalerie parthe. — A dr., cascade et koubba de Sidi Yacoub; à g., koubba de Mohammed-Snoussi. — On se rapproche des montagnes.

134 k. **Lamoricière** * (nom d'un général fameux; buvette), à dr., ch.-l. d'une com. de 2,051 hab., situé dans un pays magnifique, riche et bien arrosé, sur le territoire des *Oulad-Mimoun*, près de la rive dr. de l'Isser que l'on traverse sur un pont.

[Dans le courant de 1885, M. Sabatier découvrait, à l'O. de Lamoricière, entre l'oued Chouli, affluent de l'Isser, et le futur chemin de fer de Tabia à Tlemcen, une borne indiquant le premier mille d'Altava à Pomaria (Tlemcen) et portant en toutes lettres le nom d'*Altava* qu'on attribuait jusqu'alors aux ruines d'Hadjar-Roum que l'on voit au S.-E. de Lamoricière.

Des bornes milliaires qui n'avaient jamais dû être déplacées, mises à jour par des colons propriétaires, entre autres M. Cureyras, ont mis ce dernier à même de découvrir dans la plaine et à la distance exacte qu'elles indiquent, des ruines romaines importantes couvrant une superficie de 400 à 500 hect. Leur existence permet de supposer qu'elles appartiennent à Altava, détruite ou abandonnée vers la fin du ve s.

Dans les ruines d'Altava situées à 1,500 m. N.-E. de Lamoricière, sur les deux rives de l'oued Khalfoun, affluent de l'Isser, M. Cureyras signale une citadelle byzantine; puis, un peu plus loin, à l'E., au-dessous des bornes milliaires, les restes d'une ancienne enceinte de ville d'une très haute antiquité.

Hadjar-Roum (les pierres romaines), située à 2 k. S.-E. de Lamoricière, dans la vallée des Oulad-Mimoun, *Castra Severiana*, d'après une inscription découverte par Cherbonneau, aurait été édifié par Alexandre Sévère. Cet établissement militaire devait servir de refuge à la population d'Altava, dans les invasions indigènes. C'était un grand camp retranché. (D'après M. Cureyras.)

M. Mac-Carthy a recueilli à Hadjar-Roum, dont la partie principale, vaste rectangle orienté N. et S., offre une superficie de 12 hect. env., une quarantaine d'inscriptions qui, toutes, sont restées muettes relativement au nom de l'ancienne ville. Ces inscriptions sont généralement tumulaires; quelques-unes sont votives.

La deuxième cohorte des Sardes occupait le poste-frontière d'Altava; nous rappellerons, à ce sujet, que la cavalerie des Thraces était campée à *Rapidi*, Sour-Djouab à l'O. d'Aumale, comme celle des Parthes à *Albulæ* (Chanzy) à l'E. d'Hadjar-Roum. L'examen des nombreuses épitaphes recueillies à Hadjar-Roum par MM. Mac-Carthy et Cherbonneau a démontré que cette localité fut un centre chrétien, jusqu'à la fin de la domination vandale.

Les env. de Lamoricière offrent encore quelques points curieux à visiter: au N., près de l'oued Khalfoun, la *cascade des Moulins* et au-dessous de celle-ci les *Grottes*, excavations naturelles ou agrandies artificiellement, station préhistorique selon M. Cureyras qui a rencontré la une hache en pierre polie et une autre en bronze; au-dessous de Lamoricière, à l'O., d'autres cascades; — au S., enfin, un pont naturel jeté sur l'Isser.]

Le chemin de fer s'élève.

144 k. *L'Oued-Chouli*, nom d'une station et de la rivière qui, tombant en cascades des gorges rocheuses, va se jeter dans l'Isser, à g. — On passe sur 2 viaducs et dans plusieurs tranchées.

156 k. Aïn-Fezza (*V.* ci-dessous: Environs de Tlemcen, *C*). — La contrée de plus en plus resserrée et montagneuse est vraiment admirable, surtout quand, après avoir traversé plusieurs tunnels, on arrive à *El-Ourit* (la cascade), que le chemin de fer franchit sur un pont jeté au-dessus du gouffre (*V.* ci-dessous: Environs de Tlemcen, *C*).

Au delà d'un dernier tunnel, la voie, se dirigeant en ligne droite, tandis que la route de terre en contre-bas décrit de nombreux lacets, traverse un bois d'oliviers, passe ensuite au pied d'El-Eubbad ou Bou-Medin dont on aperçoit les minarets et les coupoles, et débouche enfin, 1 k. avant Tlemcen, sur un plateau où se trouve la station.

165 k. Tlemcen (*V.* ci-dessous, *B*).

B. Par Aïn-Temouchent.

142 k. — Chemin de fer et dilig.; trajet en 10 h. 1/2 : — 1° Ch. de fer d'Oran à Aïn-Temouchent : 76 k. ; en 2 h. 1/2; 8 fr. 50, 6 fr. 40, 4 fr. 70.; — 2° Dilig. d'Aïn-Temouchent à Tlemcen : 66 k. ; 2 dép. par j.; en 8 h.; coupé, 7 fr.; int., 6 fr.

6 k. D'Oran à la Senia (R. 9, *A*). — La voie vient longer à une faible distance la rive N. de la **Sebkhra** ou **Grand lac Salé** d'Oran, long de 40 k., large de 8 à 12 k.; son altitude est de 80 m., sa superficie de 32,000 hect. Une sebkhra, on l'a déjà dit, est une terre que les eaux couvrent, puis découvrent, en y laissant une légère couche de cristaux de sel formés par les chaleurs. On tire parti de ce sel; mais le desséchement du Grand lac offrirait des résultats financiers plus avantageux.

20 k. Misserghin (R. 11, *H*).

31 k. *Aïn-Bredéa*, localité près de la koubba de Bou-Tlelis, et où naissent, au bord du lac Salé, les sources abondantes qu'on a détournées pour la consommation d'Oran.

36 k. **Bou-Tlelis** *, ch.-l. de com. de 3,379 hab., v. prospère, où les Alsaciens sont nombreux, bâti au pied des monts R'amera, que recouvre en partie la forêt de Msila (2,128 hect.), à 1,500 m. env. du lac.

Bou-Tlelis était un marabout nommé Ali; il vivait au xiv° s., et il opéra pendant sa vie et après sa mort de grands miracles, entre autres celui qu'il faisait avec un sac d'orge toujours inépuisable et qui lui fit donner son surnom de Bou-Tlelis, l'homme au petit sac.

47 k. *Lourmel* * (nom d'un général tué au siège de Sébastopol); v. de 4,134 hab., créé à *Bou-Rechach*, près de l'extrémité O. de la Sebkhra.

56 k. **Er-Rahel** *, ch.-l. de com. de 2,256 hab., entre la pointe du lac Salé et le rio Salado.

[D'Er-Rahel au Tlélat (68 k.; route carrossable). — La plaine de *Mleta*, l'une des plus fertiles, et malheureusement aussi des plus sèches, de la province d'Oran, est bornée au N. par le Grand lac Salé, au S. par les derniers contreforts de Tessalah, à l'O. par la route d'Oran à Tlemcen, à l'E. par la plaine du Tlélat. La Mleta constellée de nombreuses koubbas était occupée par les Douair et les Smela, nos alliés de la première heure, commandés par Mustapha-ben-Ismaïl, tué en 1844.]

8 k. *La Mleta*, groupe de fermes, prenant son nom de la plaine, annexe d'Aïn-el-Arbâ.

[A 7 k. S. et 14 k. N.-E. d'Aïn-Temouchent, **Hammam-bou-Hadjar** *, ch.-l. de com. de 4,212 hab.; des vestiges de bassins indiquent surabondamment que les eaux thermales de Bou-Hadjar étaient connues des Romains. Les unes sont salines, 55°; elles sont recueillies dans des piscines construites par le génie militaire et dans un bassin construit par les indigènes. Les autres, à 1 k. des premières, sont sulfureuses, 75°; elles alimentent un *établissement thermal* auquel est annexé un grand hôtel dit *hôtel des Bains*.]

18 k. **Aïn-el-Arbâ***, ch.-l. de com. de 1,563 hab. — 30 k. *Le Kremis*, ham. — La route suit les pentes N.-E. du *djebel Bou-Anèche* (922 m.).

40 k. **Saint-Maur*** (*Tamzoura*), ch.-l. de com. de 4,193 hab.

48 k. *Arbâl* et mieux *R'bâl*, annexe de Tamzourah au pied N. du Tessalah, à 12 k. de la station du même nom (R. 9, *A*), ligne d'Oran à Alger, est une localité pleine des ruines romaines de *Gilva Colonia*. — Vaste exploitation agricole (2,160 hect.), créée, en 1842, par M. Jules Dupré de Saint-Maur, sous le titre de *ferme modèle*.

58 k. **Tafaroui***, au N. du djebel du même nom (736 m.), ch.-l. de com. de 5,787 hab. dont 113 Français.

63 k. *Bel-Kheir*, annexe du Tlélat.

68 k. Sainte-Barbe-du-Tlélat (R. 9, *A*).

La voie franchit le rio Salado.

64 k. *Rio-Salado* *, ch.-l. de com. de 4,331 hab.

Le petit fleuve qui lui donne son nom, le rio Salado de nos jours, s'appelait en latin *flumen Salsum*; il se nomme en arabe *oued El-Melah* : tous ces noms signifient également *rivière salée*, et en effet ce cours d'eau est saumâtre. Il naît d'une source, au pied du djebel des Ouled-Zeir (800 m.), et se jette dans la Méditerranée entre le cap Figalo et l'île Rachgoun.

[En remontant le rio Salado, à sa jonction avec l'*oued Sour'ai*, on rencontre le *Hammam-Sidi-Aït*, eaux sulfureuses gazeuses, 52° C, d'un débit de 4,000 à 5,000 lit. par jour, et utilisées par les Arabes.]

La route de terre, à dr. de la voie, de Rio-Salado à Aïn-Temouchent, traverse le *bois de Chabet-el-Leham* (2,000 hect.) dont le nom, qui signifie *défilé de la Chair*, rappelle le massacre des Espagnols commandés par don Alphonse de Martinez, lorsqu'ils allaient porter secours à Abd-Allah, sultan de Tlemcen, en 1543.

70 k. *Chabet-el-Leham* *, ch.-l. de com. de 1,249 hab., v. de vignerons.

76 k. **Aïn-Temouchent***, le *Bulturium* des Romains, le *Ksar-Ibn-Senân* des Arabes, ch.-l. de com. de 5,879 hab. et ch.-l. de com. m. de 21,645 hab., à 258 m. d'alt. sur le bord d'un escarpement et au confluent de l'oued Temouchent et de l'oued Senân, qui font marcher de beaux moulins à farine et alimentent les fontaines.

Les ruines de Bulturium ont été signalées à différentes époques comme étant celles de Timici. M. Bacquès a découvert près d'Aïn-Temouchent une inscription-dédicace à C. J. Fortunatus, curateur et intendant de la commune de *Bulturium*.

Aïn-Temouchent est devenue une ville destinée à un grand avenir agricole, par sa situation au milieu de plaines fertiles. A l'angle formé par une maison située à l'extrémité S. des rues du Commerce et du Rempart, on lit l'inscription suivante : « Cette maison a été construite sur l'emplacement de l'ancienne redoute d'Aïn-Temouchent, défendue, du 28 sept. au 5 oct. 1845, contre

1,500 Arabes commandés par Abd-el-Kader. Le capitaine de zouaves Safranée, commandant supérieur, avait sous ses ordres 65 hommes du 15ᵉ léger et 14 civils requis par lui. Les ressources étaient de 60 cartouches par homme, et une charrue braquée sur l'ennemi figurait l'artillerie. »

[D'Aïn-Temouchent à Camarata (12 k.; route carrossable). — 6 k. *Les Trois-Marabouts*, v. de 196 hab., section de la com. m. d'Aïn-Temouchent, peuplé en partie par des familles vaudoises de Dormilhouso, com. de Fressinières (Hautes-Alpes).

12 k. *Camarata*, v. minier, section de la com. m. d'Aïn-Temouchent (mines de fer exploitées par la compagnie Barrelier).

A 2 milles env. avant d'y arriver, et à l'embouchure de *l'oued R'azer*, près de *Sidi-Djelloul*, M. le capitaine du génie Karth a reconnu, dit Mac-Carthy, les ruines de *Camarata*; mais, d'après quelques critiques, ce ne serait là que le port de Camarata, *Portus Camaratæ*, et les ruines de *Si-Sliman* seraient situées à 4 k. plus haut, sur la rive dr. de l'oued R'azer et sur le chemin de *Bulturium* (Aïn-Temouchent) à *Siga* (Takebrit), dont le tracé est encore très reconnaissable.

D'Aïn-Temouchent à Beni-Saf (23 k.; route carrossable). — La route est bordée, à dr., par les pentes du djebel Dzioua.

13 k. *Guiard* ou *Aïn-Tolba*, v. de 45 feux. A 2 k. N.-O., *El-Fered* (ruines d'une ancienne ville fortifiée).

23 k. **Beni-Saf** *, ch.-l. de com. de 5,263 hab. Ici tout est poudré d'une poussière de rouille, choses, bêtes et gens, car là se trouvent des mines de fer concédées à la société de Mokta-el-Hadid, qui contiennent plus de 8 millions de tonnes de minerai reconnu. 750 ouvriers, presque tous Espagnols, exploitent à ciel ouvert dans de profondes galeries percées comme des chemins creux entre de longues murailles de métal. Le petit port ou *Mersa-si-Ahmed* reçoit les navires où les wagons roulant sur un appontement viennent se décharger. La production, d'après les plus récents documents, a été, pour 1893, de 263,357 tonnes du prix de 6 fr.]

En sortant d'Aïn-Temouchent, la route monte et descend de hautes collines qui appartiennent à la chaîne des Médiouna.

89 k. *Aïn-Kial* (la source des fantômes); relais, v. de 3,369 hab., dont 672 Français.

93 k. *Aïn-Safra*, ham. sur le sommet du col (maison Marcos, ancienne ferme des *Medjer*, auberge en face).

99 k. *Tekbalet*, au sommet d'un mamelon (602 m.), v. de 334 hab., encore appelé relais des Carrières, section de la com. m. de Remchi, formé d'une rue unique. Sur une fontaine une inscription arabe consacre le souvenir de la halte faite en cet endroit par Sidi Bou-Medin, il y a 700 ans. On aperçoit Tlemcen.

La route descend avec de fortes déclivités sur le flanc de la montagne.

100 k. 5. Maison cantonnière, et, un peu plus loin, *ferme Spenher*.

105 k. A dr., *ferme Joignot* sur un monticule, au-dessus de la route. A 1 k. plus bas se trouve la carrière de travertin calcaire ou marbre onyx, translucide, blanc, rose, jaune clair,

jaune orange, vert maritime, bleu foncé; connue jadis des Romains, elle est le dépôt le plus puissant de la province, l'un des plus beaux que l'on connaisse; on a pu en extraire des blocs parfaitement sains de 7 m. de longueur.

Le plateau où s'élève la ferme Joignot est à la même hauteur que Tlemcen, 800 m., et on jouit d'une vue admirable du haut des carrières : au pied de la montagne, la vallée de l'Isser déroule ses sinuosités; à g., la vallée des Ouled-Abdeli à l'extrémité de laquelle se voit, au pied des montagnes des Beni-Smiel, perdu dans une touffe d'arbres, le v. de Lamoricière; en face, le village de l'Isser; à dr., dans le fond de la vallée, la verte plaine des Ghossel et Hennaya; enfin, au S.-O., à mi-côte de la montagne, Bou-Medin et Tlemcen.

Après une forte descente, terminant une côte qui n'a pas moins de 19 à 20 k. (depuis Aïn-Safra), on traverse l'Isser, par 250 m. d'alt., sur un pont de 3 arches à

107 k. **Pont-de-l'Isser ***, ch.-l. de com. de 3,716 hab. dont 254 Français.

L'Isser occidental, pour le distinguer de l'Isser oriental à l'E. d'Alger, dans la Grande-Kabylie, coule ici entre de hautes berges terreuses, dans un lit de roseaux. Cette rivière descend de belles montagnes qui se dressent au S.-E. de Tlemcen, à plus de 1,600 m. d'altitude; elle arrose la vallée de Lamoricière et des Ouled-Mimoun, passe près des ruines de la ville romaine (V. ci-dessus), tombe par une jolie cascade de 12 m., puis se dirige vers le Pont-de-l'Isser, pour aller se perdre plus bas dans le Tafna.

[A 7 k. E., *Hammam-Sidi-Abdeli* (38°,150,000 lit. à l'heure), près desquelles sont des vestiges de constructions romaines; ces eaux, utilisées par les Arabes, se précipitent dans l'Isser par une cascade de 30 m.]

Lorsqu'on arrive du Pont-de-l'Isser, « l'œil distingue, dit M. l'abbé Bargès, sur un plateau ménagé aux dernières pentes d'une montagne escarpée, l'antique reine du Mar'reb. On la reconnaît facilement à ses blancs minarets, à la couronne de tours et de créneaux qui l'entourent, à ses vieux remparts qui tombent en ruine devant les nouveaux; d'immenses vergers d'oliviers, une forêt de figuiers, de noyers, de térébinthes et d'autres arbres l'environnent de toutes parts et forment autour d'elle une vaste ceinture de verdure. Au levant de Tlemcen, à la distance d'une demi-lieue, s'élève, au milieu des arbres et des jardins, le pittoresque village de Sidi-Bou-Medin, avec sa grande mosquée, son minaret élégant et ses blanches maisons. » — Plus près de Tlemcen et au levant encore, le minaret isolé que l'on aperçoit est celui d'Agadir, la primitive Tlemcen, l'ancienne Pomaria des Romains. Du côté de l'O., un autre minaret, dont la base semble perdue au milieu de forêts d'oliviers, est celui de la mosquée détruite de Mansoura, la ville des Mérinides, qui a fait place à un modeste village.

119 k. L'*oued Amieur* (relais), dont on a fait l'*Amier* ou *Amiguier*, est un affluent de l'Isser.

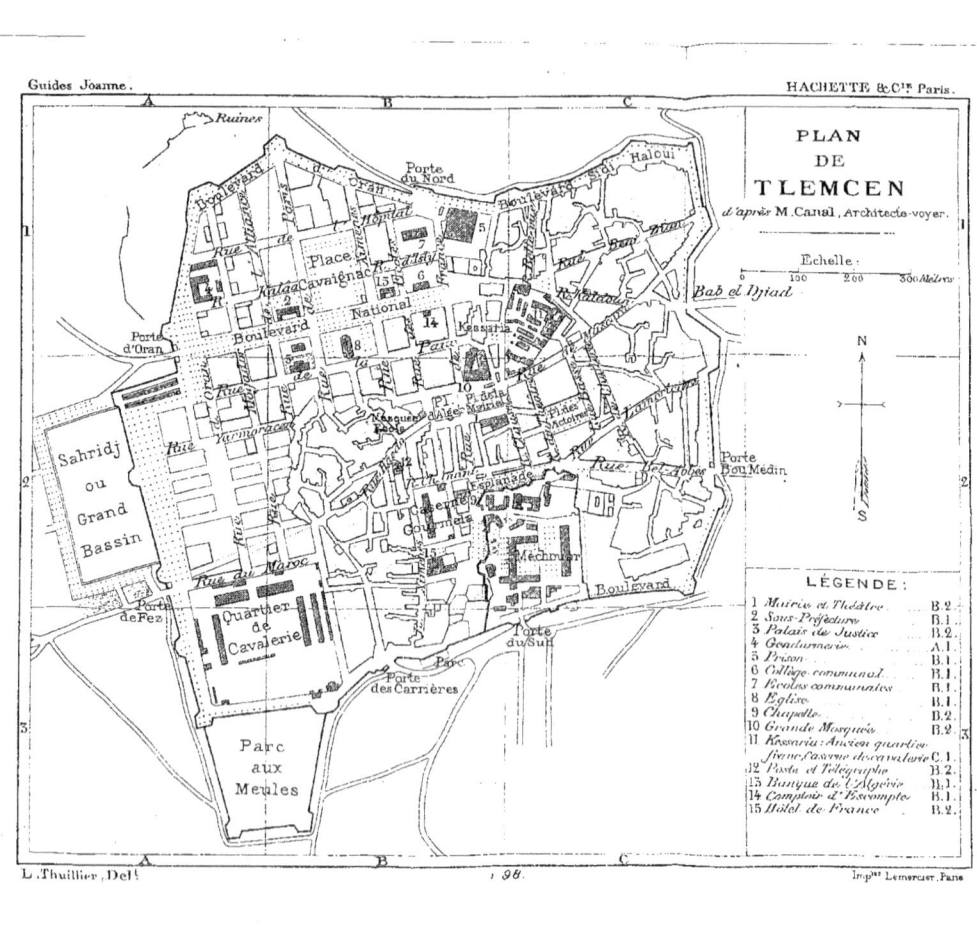

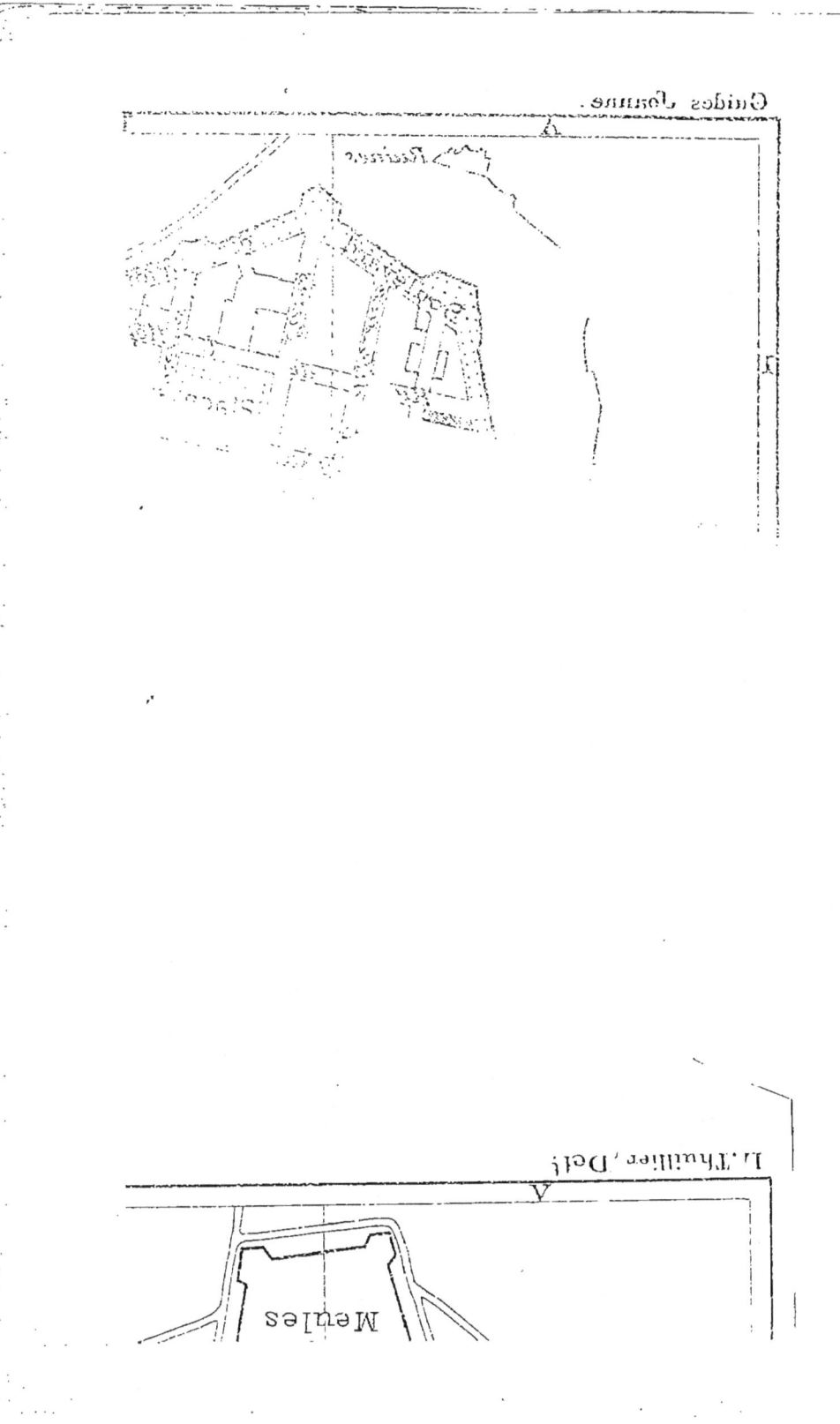

[A 1 k. à g., *Bou-Djerar*, avec les vestiges d'un poste romain qui commandait la partie supérieure de l'oued Amïeur.]

On commence à s'élever par de grands lacets sur le massif de Tlemcen. Au bas de la colline de Sidi-Bou-Medin, à la bifurcation des routes de Bel-Abbès et de Tlemcen, on tourne à dr., à travers le bois de Boulogne et l'on entre dans Tlemcen par la porte de Bou-Medin.

142 k. Tlemcen.

TLEMCEN

Situation, aspect général, emploi du temps.

Tlemcen [*], ch.-l. d'une subdiv. milit., d'une sous-préfect., d'une com. de plein exercice de 34,866 hab., dont 3,472 Français et 4,694 Israélites, est située sur un plateau au pied des rochers presque à pic de Lella-Setti (1,046 m.), qui la dominent au S.

La ville, sans son parc aux meules, à l'angle S.-O., a la forme d'un quadrilatère irrégulier, mais bien orienté, occupant dans un développement de 3,800 m. une surface de 90 hect. allant en pente du S. au N., de 815-840 m. à 730-760 m., en moyenne 82 m.

La ville arabe entre les remparts N.-E., E. et S. occupe avec son Méchouar, ses mosquées, sa Kissaria et ses fondouks un peu plus de la moitié de Tlemcen; la ville européenne, avec ses places et rues tirées au cordeau, est circonscrite par les remparts, de la porte des Carrières à la porte du Nord.

Si l'on pénètre au cœur de la ville, dans la Grande-Mosquée, *Djama-Kebir*, on aura, du haut de son minaret, l'idée encore plus exacte de la configuration de Tlemcen.

Au S., c'est d'abord la place de la Mairie, donnant naissance aux rues Saint-Michel, de France et Clauzel, qui aboutissent toutes trois au Méchouar; à l'O. de cette citadelle, ancien palais des émirs, le quartier des Juifs, rasé en partie par des alignements, s'étend de la rue Haédo aux différentes constructions militaires; à l'E., c'est le quartier des maisons souvent effondrées, où des Israélites se logent comme dans autant de tanières.

Si maintenant on se retourne au N.-O., on voit s'élever toute une nouvelle ville avec sa place Cavaignac et son boulevard National bordé d'édifices civils. Au N.-E. est situé le quartier des marchands avec ses fondouks et ses longues rues à petites boutiques. Enfin, du N.-E. au S.-E., parallèlement aux remparts, s'étendent encore des rues aux maisons croulantes et pittoresques.

Deux jours suffisent pour voir Tlemcen et ses environs. 1er jour: Tlemcen, le bois de Boulogne, Sidi-Bou-Medin, El-Ourit. 2e jour: Mansoura, Ouzidan, Aïn-el-Hout. Le touriste ne pouvant consacrer qu'une journée à ses promenades, visitera Tlemcen, Sidi-Bou-Medin et Mansoura.

Histoire.

Le berceau de Tlemcen est à Agadir, élevée elle-même sur les ruines de *Pomaria*, point secondaire sous les Romains et qui était un camp comme Lella-Marnia, Nedroma et Ouchda, situé dans la partie occidentale de la Mauritanie Bogudienne, devenue plus tard Mauritanie Césarienne. Deux inscriptions recueillies, la première sur une pierre de l'angle N.-O. du minaret d'Agadir et la seconde sur un banc de la cour du beylik, transporté au musée de Tlemcen, donnent les noms : de *Pomaria*, du dieu qui protégeait cette ville, *Aulisva*, du préfet *Flavius Cassianus*, et enfin du corps de la cavalerie des explorateurs pomarensiens.

Tlemcen (*Agadir*), capitale du Mar'reb central et métropole des États zénatiens, eut pour fondateurs les Beni-Ifren, dans l'ancien territoire desquels elle est effectivement située.

C'est par l'Almoravide Aben-Youcef-ben-Tachfin que *Tagrart*, la seconde Tlemcen, fut fondée en 473 de l'hég. (1080-81 de J.-C.). Agadir et Tagrart, d'abord séparées, furent réunies plus tard par une même enceinte ayant 13 portes. Il ne reste aujourd'hui que Tagrart, la Tlemcen actuelle.

Tlemcen fut successivement gouvernée par les Idrissides, 785 à 980 ; les Zéreïtes, 980 à 1050 ; les Almoravides, 1050 à 1120 ; les Almohades, 1120 à 1239 et les Abd-el-Ouadites, 1239 à 1553 (sous cette dynastie, elle fut assiégée par les Mérinides et le siège dura huit ans et trois mois, 698-706 de l'hég. 1299-1307 de J.-C.), les Mérinides, de nouveau les Abd-el-Ouadites, dynastie sous laquelle Tlemcen atteignit alors son plus haut degré de prospérité. Au dire des historiens les plus dignes de foi, sa population était de 25,000 familles ou env. 125,000 âmes. Sa souveraineté s'exerçait dans les limites géographiques qui constituent aujourd'hui les provinces d'Alger et d'Oran.

« Avec les premières années du xvi⁰ s., la décadence de Tlemcen commence. La conquête d'Oran par les Espagnols (1509) découronne la royauté zeïyanite... : elle se fait l'humble vassale du Lion de Castille. D'un autre côté, une nouvelle puissance se lève à l'Orient. Deux aventuriers de génie, les frères Barberousse, préludent par des conquêtes partielles au morcellement du royaume de Tlemcen. Alger, siège de l'Odjak, prend les allures d'une capitale nouvelle. Un autre État se fonde avec les lambeaux arrachés aux États abd-el-ouadites. Le moment vient où l'orgueil des émirs de Tlemcen doit s'abaisser. Salah-Raïs, pacha d'Alger, se montre sous les murs de leur capitale, et la ruine de leur royaume, qui n'était déjà plus que l'ombre de lui-même, est définitivement consommée (1553).

« Tlemcen, annexée aux États de l'Odjak, devint le siège d'un aghalik. Des luttes intestines, des intrigues de caserne, des exécutions capitales, voilà l'affligeant spectacle que Tlemcen présente pendant 277 années, où elle se débat sous l'étreinte barbare de la milice turque (1553 à 1830 de J.-C.). » (*C. Brosselard.*)

Après la chute d'Hussein, dey d'Alger, Abd-er-Rahman, empereur du Maroc, voulut s'emparer de Tlemcen. Les Koulour'lis ou fils des Turcs se défendirent dans le Méchouar pour le compte des Turcs, puis des Français, qui les prirent à leur solde. Cependant les Marocains qui occupaient les autres parties de la ville se retirèrent devant Abd-el-Kader, en 1834, en vertu du traité signé le 20 février 1834, avec le général Desmichels. Le maréchal Clauzel, après l'expédition de Mascara, se dirigea sur Tlemcen où il entra le 12 janvier 1836. Il frappa un impôt sur les habitants, partit en laissant dans le Méchouar le capitaine Cavaignac, avec un bataillon. On sait tout ce qu'eut à souffrir cette héroïque petite garnison. Le général Bugeaud, après avoir battu Abd-el-Kader à la Sikkak, le 6 juillet 1836, ravitailla Tlemcen, qui fut également ravitaillée au mois de novembre suivant, par le général de L'Étang; or, à cette époque, la garnison ne mangeait plus que des demi-rations d'orge! Abd-el-Kader, mis en possession de Tlemcen par le traité de la Tafna du 30 mai 1837, en fit sa capitale; il chercha vainement à restaurer à son profit l'empire des anciens émirs; mais, le 30 janvier 1842, Tlemcen était définitivement occupée par la France.

Description.

On entre dans Tlemcen, par la porte Bou-Medin (à l'E.), la *rue Bel-Abbès* et la belle et ombreuse esplanade ou *place d'Armes* du Méchouar près de laquelle les hôtels sont situés.

Le *Méchouar* (Pl. B, C, 2), citadelle située au S. de la ville, est de forme rectangulaire, d'env. 490 m. sur 280; ses longues faces sont parallèles à la montagne et dirigées de l'E. à l'O. Il fut bâti en 550 de l'hég. (1145 de J.-C.), sur l'emplacement où l'Almoravide Youssef-ben-Tachfin avait fixé sa tente pendant qu'il assiégeait Agadir, en 462 de l'hég. (1067 de J.-C.) et servit de demeure aux gouverneurs almohades, et plus tard aux rois de la dynastie des Abd-el-Ouadites. Il fut appelé du nom de Méchouar (lieu où l'on tient conseil), parce que c'est là que les rois de Tlemcen réunissaient leurs ministres pour délibérer sur les affaires de l'État. Il ne reste du Méchouar dont on vantait les splendeurs que la mosquée, la muraille crénelée, flanquée de deux tours au N.-E., et la porte de l'Horloge près de laquelle Abou-Tachfin fut tué en 737 de l'hég. (1237 de J.-C.).

La mosquée (*Djama-el-Méchouar*) sert maintenant de chapelle pour l'hôpital militaire. La colonne du Musée de Tlemcen (*V.* ci-dessous) est tout ce qui reste de son intérieur; le minaret, encore debout, haut de 30 m., est carré, mais tout en briques, sans faïences émaillées, et couvert par des panneaux décorés d'arcades entrelacées.

Le Méchouar, renferme aujourd'hui un *hôpital*, des *casernes* pour l'infanterie, le génie et l'artillerie, la *sous-intendance*, la *manutention*, la *prison*, le *campement*, la *poudrière*, de vastes cours et de beaux jardins.

La petite *chapelle*, à l'extrémité O. de l'esplanade, a longtemps servi d'église avant la construction de cet édifice sur la place Cavaignac.

« Les *rues de France* et *Clauzel* et autres petites rues du quartier des Juifs, entre l'esplanade du Méchouar et la place de la Mairie, ont généralement leurs maisons coupées en deux par des alignements, maisons basses et obscures, dans lesquelles on descend, comme dans une cave, par un escalier de plusieurs marches; des murs lézardés, ou tombant en ruine, sont tapissés extérieurement de bouse de vache et percés de deux ou trois trous, en guise de fenêtres; ajoutez à ce tableau des enfants sales complètement nus, se chamaillant dans les cours des maisons ou au coin des rues, et faisant aboyer les chiens du quartier. D'un autre côté, suivez-nous, si vous le pouvez, dans ce dédale de rues et d'impasses, où l'on ne rencontre ni boutiques, ni hommes, ni bêtes; traversez avec nous ces longs passages couverts où, pour marcher, il faut ôter son chapeau et se courber jusqu'à terre, si l'on ne veut pas se rompre la tête contre les poutres et les solives des maisons superposées. L'existence de ces rues presque inaccessibles, l'intérieur de ces maisons, qui ne ressemblent pas mal à des cavernes de brigands; en un mot, l'aspect misérable que présente ce *ghetto* s'explique quand on se rappelle les avanies et les vexations de toute espèce que les Juifs étaient forcés de subir sous l'empire des beys turcs, et même antérieurement, sous le règne des sultans de Tlemcen. » (L'abbé *Bargès*.) Voilà un tableau d'un quartier et de ses habitants fidèlement tracé, et les touristes pourront s'assurer qu'il est aussi vrai aujourd'hui qu'en 1846, époque à laquelle il fut écrit.

Sur la *place de la Mairie* se trouvent l'hôtel de ville et la Grande-Mosquée.

L'*hôtel de ville* est un monument disgracieux; à côté, à dr., une grande salle sert au besoin pour les représentations théâtrales.

Le *musée*, installé dans une salle de l'hôtel de ville, a été créé par M. Ch. Brosselard, plus tard préfet d'Oran. Les inscriptions, fragments d'architecture et d'objets divers, sont encore peu nombreux; mais tous ou presque tous rappellent une époque, une date historique, et méritent, à ce titre, l'attention de l'archéologue et du touriste.

Les voici par ordre d'ancienneté :

L'*inscription* : DEO INVICTO AVLISVAE (*V*. p. 152).

Diverses pierres tumulaires, au nombre desquelles celle élevée par Antonius Januarius, préfet de cavalerie, à son fils Antonius Donatus.

Une *borne milliaire* portant une indication itinéraire de treize milles, posée, sous Antonin le Pieux, par son procurateur Titus Ælius Decrianus, mais sans désignation de localité.

La *coudée royale* de Tlemcen, décrétée par Abou-Tachfin en 1328 de J.-C. (728 de l'hég.), mesurant 47 cent. au lieu de 48 pour favoriser le commerce des indigènes et des Européens attirés à Tlemcen et logés dans un quartier bâti à part, la *Kissaria*, où fut retrouvée, par le lieutenant-colonel Bernard, la plaque en marbre sur laquelle est gravée la coudée.

Des *boulets en marbre* ramassés dans les rues et dans les maisons de Tlemcen, « Hadjar-el-Medjanek », pierres de catapulte mesurant jusqu'à 1 m. 50 et 2 m. de circonférence et pesant de 100 à 130 kilogr. Ces boulets proviennent du siège de Tlemcen par le Mérinide Abou'l-Hassen-Ali, pendant les années 1335 à 1337 de J.-C. (734 à 737 de l'hég.).

L'*épitaphe* sur marbre translucide d'Abou-Hammou II, sultan de Tlemcen, en 760 de l'hég. (1359 de J.-C.).

L'*épitaphe* sur marbre translucide d'Abou-Abd-Allah-ben-Abou-Naçour, plus connu sous le nom de *Boabdil*, roi de Grenade, mort dans l'exil à Tlemcen, en Châban 899 (juin 1494). Cette épigraphe a été découverte et déchiffrée par M. C. Brosselard.

Un *fût de colonne* en marbre translucide de 2 m. 18 de haut sur

1 m. 52 de circonférence, portant à sa partie supérieure un cartouche en forme d'écusson, contenant une inscription qui nous apprend qu'un Yahia-ben-Abd-Allah, citoyen de Tlemcen, est mort en 1567 de J.-C. (975 de l'hég.), léguant à la mosquée du Méchouar une rente d'un dinar et demi d'or (15 fr.), fondation pieuse pour lui ouvrir le paradis.

Des *fûts* et des *chapiteaux* provenant de la mosquée et du palais de Mansoura.

Djama-Kebir, la **Grande-Mosquée**, l'une des 64 que possédait Tlemcen, présente extérieurement un vaste bâtiment carré, de 59 m., blanchi à la chaux, percé de huit portes et flanqué, à son angle N.-O., d'un minaret rectangulaire, bâti en briques, orné sur ses quatre faces de colonnettes en marbre, et revêtu de mosaïques formées par de petites pièces de terre cuite, vernissées de plusieurs couleurs, et découpées de façon à combiner les dessins d'ornement les plus variés. Ce minaret a près de 35 m. de hauteur; on monte à sa plate-forme par 130 marches. Il a été construit par Yar'moracen, premier roi de la dynastie abd-el-ouadite, qui régna de 637 à 681 de l'hég. (1239 à 1282 de J.-C.), c'est-à-dire pendant près de 43 ans. Du haut du minaret, en regardant dans la direction de Beni-Saf au N. et à 60 k. en droite ligne, on peut apercevoir la mer.

L'intérieur est occupé par une cour de 12 m. sur 21, dallée en onyx, au centre de laquelle une fontaine, également en onyx ou marbre transparent, déverse l'eau nécessaire aux ablutions. Cette cour est circonscrite, à l'E. et à l'O., par des travées d'arcades qui viennent se relier, au S., au vaisseau principal, long de 50 m. et large de 20, plus spécialement réservé à l'assemblée des fidèles; 72 colonnes supportent les arceaux en ogive des 13 travées dans la longueur et des 6 travées dans la largeur qui divisent ce vaisseau. Le mihrab, placé au fond de la travée, se trouve, contrairement à l'usage, orienté au S.; c'est la seule partie de l'édifice qui, avec la coupole à jour dont elle est couronnée, se distingue par son ornementation. Dans l'inscription entrelacée d'arabesques qui décore le pourtour supérieur de cette coupole, on lit la date de la fondation de la mosquée, mois de Djoumad deuxième, 530 de l'hég. (1136 de J.-C.). Cette date correspond au règne de l'Almoravide Ali-ben-Youssef, dont le nom a été effacé de l'inscription par les Almohades, après la mort de Tachfin, à Oran (*V.* p. 138). La tradition veut que Yar'moracen (*V.* ci-dessus) ait été enterré au fond de la première travée, à dr. du mihrab. Le lustre en bois de cèdre, recouvert en lames de cuivre, ayant un diamètre de 2 m. 50 et tombant du plafond au milieu des petits lustres en cristal de roche et des lanternes découpées en laiton ou en fer-blanc serait un don de Yar'moracen.

Quand on sort de la Grande-Mosquée par le côté E., on arrive devant un petit oratoire qu'ombrage un énorme cep de vigne, et dans lequel est enterré *Ahmed-ben-Hassen-el-R'omari*, originaire de la tribu berbère des R'omara.

Ahmed n'était pas un savant docteur, mais un homme juste, servant Dieu et vivant en ascète. On le trouva mort dans la Grande-Mosquée, en 870 de l'hég. (1466 de J.-C.). Transporté dans la petite maison qu'il s'était choisie pour retraite, il y fut enterré, et, comme Dieu lui accorda, après sa mort, le pouvoir de soulager, même de guérir toutes sortes d'infirmités physiques et morales, il est sans cesse visité.

Sur la *place d'Alger* faisant suite, à l'O., à la place de la Mairie, s'élève, au coin de la rue Haédo, **Djama-Abou'l-Hassen**, petite mosquée plus que modeste à l'extérieur, qui ne se distinguerait pas des maisons voisines, si elle n'était surmontée d'un petit minaret dont les quatre faces sont ornées de colonnettes et de mosaïques.

L'intérieur présente une surface de 100 m. carrés, divisée en 3 travées par de larges et belles arcades en fer à cheval, retombant sur 6 colonnes en onyx, dont deux, engagées dans le mur du fond, supportent la naissance de la voûte du mihrab. Rien de plus beau, de plus riche, que les sculptures qui ornent les parois; elles ont été restaurées, autant que l'a permis le budget, par M. Maigné, sous la direction de Viala de Sorbier. Un plafond en cèdre, délicatement sculpté, laisse voir encore des traces de peinture polychrome. Ce précieux spécimen de l'art arabe a été élevé, ainsi qu'on peut le lire sur l'inscription placée au milieu de la troisième travée, à dr. du mihrab, en l'honneur de l'émir Abou-Ibrahim-ben-Yahia-Yar'moracen, l'an 696 de l'hég. (1296-1297 de J.-C.), après son décès. C. Brosselard suppose, et avec beaucoup de probabilité, que le nom d'Abou'l-Hassen donné à la mosquée est celui du célèbre jurisconsulte, Abou'l-Hassen-Ibn-Yakhlef-et-Tenessi, qui y professa sous le règne d'Abou-Saïd. Convertie en magasin à fourrages après la prise de Tlemcen en 1842, Djama-Abou'l-Hassen est devenue le local d'une école arabe-française.

Lorsque l'on suit la *rue Haédo*, occupée par quelques industriels indigènes et la poste et le télégraphe, pour se diriger vers la porte de Fez, au S.-O., on rencontre la *mosquée de Sidi-Brahim*, derrière la caserne de Gourmellat; elle n'a rien de remarquable. Le tombeau de Sidi Brahim, entouré d'un mauvais mur à hauteur d'appui, est placé en dehors de la mosquée sous une koubba dont les murailles sont ornées de quatre arcades en fer à cheval et d'élégantes arabesques.

Djama-Oulad-el-Imam, à l'O. et non loin de la porte de Fez, l'ancienne Bad-el-Guechout des Arabes, n'a de remarquable que son minaret rectangulaire, haut de 17 m. dont les encadrements, recouverts de faïences vernissées, sont assez bien conservés.

L'intérieur est nu, misérable, si l'on en excepte quelques versets du Koran, qui forment toute l'ornementation du pourtour ogival du mihrab; encore sont-ils maigrement sculptés. La célébrité dont jouit cette mosquée est due au souvenir de deux frères, Abou-Zeïd-Abd-er-Rahman et Abou-Aïssa, fils de l'imâm de Brekch, tous deux d'un immense savoir, et que le sultan Abou-Hammou-Moussa Ier attira à sa cour. Il fit bâtir pour eux, en 711 de l'hég. (1310 de J.-C.), un collège ou medersa, une mesdjed pour la prière et une zaouïa; de cette fondation, il ne reste que la mosquée.

Avant d'arriver à la porte de Fez, on laisse, à dr., la *koubba de Sidi-Embarek*, à moitié enfouie dans les terrains qui bordent la route. Entre cette koubba et la porte on voit encore quelques pans de l'enceinte arabe; ils sont en pisé et mesurent près de 3 m. d'épaisseur.

Revenant à la place de la Mairie, on se dirigera par une petite rue, à l'angle S.-E., vers la *place des Victoires*. De son parapet E. dominant la rue basse, on a la vue merveilleuse du village d'El-Eubbad ou Bou-Medin, adossé aux montagnes et séparé de Tlemcen par le cimetière ombreux des grands personnages et des marabouts de l'ancienne capitale des Beni-Zeiyan; au milieu de cette place a été érigée une reproduction en bronze de la Diane de Gabies.

Au N.-E. de la place de la Mairie, les *rues des Beni-Zeiyan, de Mascara, de Khaldoun, des Forgerons, de l'Huilerie*, longues files de maisons à un rez-de-chaussée, sont spécialement consacrées au commerce. L'industrie arabe consiste en ouvrages de laine, tannerie, moulins à farine, huileries, fabrication de babouches, sellerie et bois de fusil. L'industrie européenne comprend la minoterie, la fabrication de l'huile et la culture de la vigne.

Indépendamment des boutiques, on trouve dans ces rues de nombreux fondouks et bains.

Entre les rues de Mascara et Khaldoun, sur la petite *place Bugeaud*, les bâtiments, servant de casernement aux spahis, ont remplacé ceux de l'ancienne *Kissaria* (Pl. 11, C, 1), quartier franc, au temps des sultans zeiyanides, et où les Pisans, les Génois, les Catalans et les Provençaux venaient trafiquer avec les musulmans. C'est dans la Kissaria qu'a été retrouvée la tablette de marbre onyx sur laquelle est gravé l'étalon de la coudée royale de Tlemcen (*V.* p. 154).

La partie N.-O. de Tlemcen est aujourd'hui une ville tout à fait française; le milieu en est occupé par la *place Cavaignac*, que traverse le *boulevard National*.

La nouvelle *église* (Pl. 8, B, 1), sur la place, construite en 1855 dans le style romano-byzantin par l'architecte Lefèvre, a 40 m. de longueur sur 16 hors d'œuvre. La tour, surmontée d'une flèche, est haute de 25 m. La vasque en porphyre vert, et le dallage en onyx des fonts baptismaux proviennent des ruines de la mosquée de Mansoura.

La *sous-préfecture* (Pl. 2, B, 1), la *banque de l'Algérie* (Pl. 13, B, 1), le *collège communal* (Pl. 6, B, 1), sur le boulevard National; le *palais de justice* (Pl. 3, B, 2), rue de la Paix; les *écoles communales* (Pl. 7, B, 1), et la *prison civile* (Pl. 5, B, 1), à l'extrémité de la rue de France, n'ont rien de monumental.

En dehors de Tlemcen, à l'O., entre les portes de Fez et d'Oran, au pied même des murailles, est situé le *Sahridj* ou bassin long de 220 m. du N. au S., large de 150 m. de l'E. à l'O., et profond de 3 m., entièrement recouvert d'une maçonnerie en béton ayant plus de 1 m. d'épaisseur; des contreforts viennent, de distance en distance, contribuer à la solidité des parois. Le Sahridj, qui pouvait bien être destiné à une naumachie, fut construit par Abou-Tachfin, roi de Tlemcen, de 1318 à 1337 de J.-C. (718 à 737 hég.). Il est maintenant à sec.

On sortira encore de Tlemcen par la porte du Nord où par Bab-ed-Djiad, pour visiter au N.-E. de la ville, au bas du rempart entre ces deux portes, la *mosquée de Sidi-El-Haloui*, saint homme, de son vrai nom Abou-Abd-Allah-ech-Choudi, ancien-kadi de Séville, surnommé par les enfants Haloui parce qu'il vendait sur la place publique des bonbons et des pâtes sucrées, *halaouat*. Il mourut en 706 de l'hég. (1307 de J.-C.).

Le petit bâtiment qui recouvre la pierre tumulaire sans inscription de Sidi El-Haloui s'élève sur un tertre qu'un caroubier séculaire abrite de son large et sombre feuillage. Plus bas, la mosquée surgit, blanche et étincelante de mosaïques, d'un immense massif de verdure. Sur le bandeau qui surmonte l'arcade ogivale du portail, une inscription portant la date de 754 de l'hég. (1353 de J.-C.) remet sur la voie des noms, écaillés par le temps, du fondateur Farès-ben-Abou'l-Hassen-Ali, le Mérinide.

Moins grande que Djama-Kebir, la mosquée d'El-Haloui offre intérieurement à peu près la même disposition : cour avec fontaine, entourée de cloîtres et d'un principal corps de bâtiment, où se trouve le mihrab; les arcades de la travée principale retombent sur huit magnifiques colonnes en marbre translucide (onyx), dont les chapiteaux offrent tout ce que l'on peut imaginer de plus exquis, comme spécimen de l'ornementation arabe. Le portique du mihrab repose sur deux de ces colonnes engagées : on lit sur le chapiteau de droite de l'une d'elles : « Mosquée consacrée à la mémoire du cheikh El-Haloui », et sur le chapiteau de gauche : «... L'ordre d'édifier cette mosquée est émané de Farès, prince des croyants. » Les arabesques des murs recouverts, ainsi que les colonnes, d'un grossier badigeon à la chaux, ont revu le jour. Le plafond est, comme celui de Djama-Abou'l-Hassen, en bois de cèdre sculpté. Le minaret, dont le faîte est souvent habité par des cigognes, est décoré, sur ses quatre faces, de compartiments dans lesquels sont ménagées d'élégantes arcades faïencées; l'escalier de ce minaret a 80 marches.

Excursions.

Voitures à 4 places, place du Méchouar : la journée, 16 fr.; la demi-journée, 8 fr. Les excursions les plus recommandées sont celles de Sidi-Bou-Medin et d'El-Ourit, mais toutes sont intéressantes.

1° **Agadir et le bois de Boulogne** (charmante promenade de 1 h. 1/2 sans arrêt). — Sortant de Tlemcen par *Bab-ed-Djiad*, on ne tarde pas à passer devant l'abattoir, puis on arrive dans *Agadir*, convertie en jardins et en vergers.

AGADIR. — SIDI-BOU-MEDIN.

Agadir ou *Ar'adir* (murailles de ville), la Tlemcen primitive, bâtie sur l'emplacement de Pomaria, dont les débris se voient, en partie, à la base du minaret de la porte de Sidi-Daoudi et au cimetière des juifs, était circonscrite par un fort talus en escarpement, excepté au S. et dans une partie de l'E., où elle plongeait sur le ravin de l'Oued-Kalâ. De son enceinte en pisé tant de fois abattue et tant de fois relevée, il ne reste plus, à moitié debout, que les murs du N. et ceux de l'E.

Un *minaret* est tout ce qui a échappé à la destruction de la mosquée, construite en 173 de l'hég. (789 de J.-C.), mais qui avait dû être plusieurs fois réédifiée, car le minaret, tour carrée, haute de 50 à 60 m., n'accuse point une origine aussi ancienne. Sa base repose, jusqu'à une certaine hauteur, sur des pierres taillées venant de Pomaria, et dont quelques-unes se trouvent placées en dehors, du côté des inscriptions qui les couvrent; nous avons compté huit de ces inscriptions encore visibles, deux au N.-E., cinq au S.-E. et une au N.-O.; cette dernière est la plus importante, puisqu'elle donne le nom de la ville romaine (*V.* Histoire). D'autres inscriptions sont également visibles dans l'intérieur du minaret.

A g. du ravin de l'oued Kâla et encadré par un ravissant paysage, est situé le *tombeau de Sidi-Daoudi-Ibn-Nacer*, qui était considéré comme le patron de Tlemcen, avant que Sidi Bou-Medin l'eût détrôné, et qui mourut vers l'an 430 de l'hég. (1038-1039 de J.-C.). Le petit monument dans lequel il repose est carré, percé de fenêtres basses grillées et d'une jolie porte ogivale, que surmonte un auvent recouvert en tuiles creuses; la toiture est terminée en coupole (koubba).

C'est à partir de là que commence le *bois de Boulogne*, nom prétentieux, à considérer l'étendue de cette promenade préférée des Tlemcéniens, mais bien justifié par les sentiers ombreux et la fraîcheur délicieuse qu'y entretiennent les sources abondantes qui se déversent en cascades dans l'oued Kalâ. Malheureusement pour le promeneur, le terrain a été aliéné pour des propriétés particulières. Il est parfois difficile de reconnaître le chemin au milieu de cette oasis si verte et si riche où apparaissent çà et là des koubbas blanchies à la chaux, sur lesquelles le soleil vient jeter ses étincelantes paillettes, à travers l'ombrage épais d'arbres centenaires. D'autres koubbas, et c'est le plus grand nombre, sont en ruine. L'une d'elles, construite en briques, octogone, percée d'arcades sur ses huit faces, mais dont quelques-unes ont disparu, a été élevée en l'honneur de la fille d'un sultan de Tlemcen.

On peut rentrer en ville par la route de Sidi-Bou-Medin, et remonter alors le cours de l'oued Kalâ; cette course permettra d'étudier encore la configuration d'Agadir.

2° **El-Eubbad** ou **Sidi-Bou-Medin** (2 k. S.-E.; promenade recommandée). — Entre le bois de Boulogne et le versant N. du djebel Terni, de Tlemcen à El-Eubbad, la route traverse le vaste champ des morts, *Makbara*, où s'amoncellent depuis des siècles les tombes des Tlemcéniens; le temps les a peu respectées, et les seuls monuments encore debout sont, à g. la *koubba de Sidi-Yakoub*, et à dr., sur une éminence, la *koubba d'Es-Senouci* dont les murs crénelés, blanchis à la chaux, se détachent sur le fond vert des lentisques et des caroubiers. Un toit en tuiles termine, en place de la koubba traditionnelle, le bâtiment quadrangulaire dans lequel repose, sous un catafalque, *tabout*, recouvert de riches étoffes et de bannières aux couleurs islamiques, vertes et rouges, un grand savant en toutes sciences, Sidi Mohammed-es-Senouci, né en 830 de l'hég. (1426-1427 de J.-C.), mort en 895 (1489). A côté de lui, un second tabout, beaucoup plus simple, renferme le corps de son frère, Sidi Ali-et-Tallouti, jurisconsulte.

Plus loin, au pied du minaret en ruine de la mosquée disparue d'El-Mohammed-es-Sefi (inférieur), une petite *koubba* abrite le tombeau de

Mohammed-Ibn-Ameur, décédé en 745 de l'hég. (1344 de J.-C.), et de son fils Mohammed, mort en exil, à Bougie, 756 (1355). L'inscription tumulaire de ces deux personnages, célèbres dans les annales de l'histoire tlemcénienne, a été découverte par C. Brosselard, qui en a donné une traduction, dans sa monographie de Tlemcen.

A g. de la route, auprès d'une petite source, en face du minaret précédent, on visitera les ruines élégantes, aux arcades dentelées, d'une autre *koubba*, celle d'Abou-Ishak-Ibrahim-Et-Tiyar, savant marabout qui mourut à Tlemcen, en 695 de l'hég. (1295-1296 de J.-C.). « Il fut, dit Mohammed-el-Tenessi, l'historien des Beni-Zeiyan, la gloire de son siècle par son savoir et sa piété, et on lui attribue une foule de miracles. Il possédait notamment, dit-on, le don de se transporter par enchantement d'un lieu dans un autre, d'où son nom significatif d'Et-Tiyar (l'homme volant). »

Au delà de la makbara, un chemin raviné, montueux, ombragé par des caroubiers, des aloès et des cactus-raquettes, conduit en quelques minutes à **El-Eubbad**.

« Ce village est dans une position des plus pittoresques; on le dirait suspendu aux flancs de la montagne, et comme immergé dans les flots de verdure. Les jardins étagés en amphithéâtre et arrosés par des courants d'eau vive, véritables massifs d'oliviers, de figuiers et de grenadiers, qu'enlacent les vignes vierges et le lierre sauvage, forment une décoration splendide. El-Eubbad est consacré par des monuments remarquables, qui ont déjà traversé plusieurs siècles et qui ne sont pas près de périr. C'est là pour El-Eubbad une bonne fortune, à laquelle il devra de perpétuer sa célébrité. C'est à l'extrémité E. et au point culminant du village actuel qu'il faut chercher les monuments dont nous parlons. Ils sont au nombre de trois, réunis en un seul groupe : le *tombeau* du marabout Sidi Bou-Medin, puis la *mosquée* et la *medersa* placées par les musulmans sous l'invocation de ce saint personnage. » (*C. Brosselard.*)

Choaïb-Ibn-Hussein-el-Andalosi, surnommé Abou-Median, et dans le langage populaire Sidi Bou-Medin, naquit à Séville vers 1126 (520 de l'hég.). Entraîné vers la science, il suivit les écoles de Séville et de Fez. Il visita ensuite Tlemcen, El-Eubbad et la Mecque. Il professa successivement à Bagdad, à Séville, à Cordoue et à Bougie où il s'établit définitivement. Desservi par des envieux auprès du sultan Yakoub-el-Mansour l'Almohade, il fut appelé à Tlemcen par ce prince. Le marabout se rendit aux ordres de Yakoub; mais, arrivé à l'oued Isser, il mourut en 594 hég. (1197-1198 de J.-C.). Sidi Bou-Medin avait donc env. 75 ans. Transporté à El-Eubbad, il fut enterré dans un endroit où se trouvaient déjà les restes de plusieurs oualis de distinction. Mohammed-en-Nasser, successeur d'El-Mansour, fit élever un magnifique mausolée à la mémoire de Bou-Medin. C'est ce monument, embelli depuis par Yar'moracen-ben-Zeiyan et par le sultan mérinide Abou'l-Hassen-Ali, qui subsiste encore.

Une porte en bois, peinte d'arabesques multicolores, ouvre sur une galerie dallée en petits carreaux de faïence. A dr. est la mosquée, à g. la koubba.

On arrive à la **koubba** en descendant par plusieurs marches dans une petite cour carrée à arcades retombant sur des colonnes en onyx. Les parois de cette cour sont décorées avec des inscriptions arabes représentant le temple saint de la Mecque, les pantoufles du prophète ou quelque animal fantastique. A dr. de l'escalier sont les tombes de quelques personnages privilégiés; à g., on voit un puits dont la margelle en marbre est profondément entaillée par le frottement de la chaîne, qui sert depuis un temps immémorial à y puiser une eau réputée salutaire entre toutes au dire des musulmans.

De cette cour, on entre de plain-pied dans la koubba où se dresse, sous un dôme percé de fenêtres étroites, à travers lesquelles arrive, par des vitraux de couleur, une lumière discrète, une châsse en bois sculpté, recouverte d'étoffes lamées d'or et d'argent, de drapeaux de soie brodés d'inscriptions : c'est là que repose depuis plus de six siècles et demi Sidi Bou-Medin, « l'*Ouali*, le *K'otb*, le *R'out* : l'Ouali, c'est-à-dire l'ami, l'élu de Dieu, le saint; le K'otb, littéralement le Pôle, dans le langage mystique, le saint par excellence. » Des œufs d'autruche, des cierges, des lustres, des lanternes historiées et des étoffes pendent du plafond au-dessus du tombeau ; aux murs, couverts d'arabesque richement ciselées et fouillées, sont accrochés des tableaux et des miroirs, et, ce qui nous a fort désappointé, un cartel octogone en fer-blanc verni, renfermant une horloge de pacotille et une suspension de salle à manger. — A côté de Bou-Medin, une autre châsse couvre les restes de Sidi Abd-es-Selam-et-Tounin, un de ses disciples aimés, qui vint finir ses jours près du tombeau de son maître. — On montre la place où fut inhumé l'émir almohade Es-Saïd, tué dans un combat à Temzezdekt, contre Yar'moracen, le fondateur de la dynastie des Beni-Zeiyan. On montre également la place où a été enterré « Mohammed-ben-Allah, mort assassiné, environ l'heure du Fedjer le vendredi douze du mois de Moharrem-el-Haram, le premier de l'année 1273... », c'est-à-dire sur la route de Tlemcen à Oran, avec un inoffensif commis voyageur, dans la nuit du 11 au 12 septembre 1856, comme l'indique l'inscription verticale placée au-dessus de la tête de notre ancien agha.

La mosquée, rectangle de 30 m. sur 18, ne le cède en rien à la koubba, pour la richesse de son architecture étudiée aux plus belles sources de l'art arabe. Le portail en arcade, récemment restauré comme celui de Sidi Haloui, à Tlemcen, est décoré de mosaïques en faïence et d'inscriptions, parmi lesquelles on lit : « L'érection de cette mosquée bénie a été ordonnée par Ali, fils d'Abou-Saïd-Othman, 1338-1339 (739 hég.). » Un escalier de 11 degrés taillés sous une coupole décorée d'arabesques, conduit à une porte en bois de cèdre massif, revêtue de lames épaisses de cuivre, dont les motifs losangés forment le principal ornement; les anneaux, les pentures et les gonds sont également en cuivre d'un riche travail. Cette porte, fabriquée aux frais d'un Espagnol pour prix de sa liberté, aurait été jetée à la mer, mais serait ensuite arrivée miraculeusement à El-Eubbad par l'intervention de Sidi Bou-Medin. Un minaret, placé à dr. du portail et couvert entièrement de faïences, complète l'ensemble de la façade principale, à laquelle la perspective manque malheureusement. On monte au sommet de ce minaret par un escalier de 92 marches : de ce belvédère, on jouit d'une vue grandiose sur Tlemcen, Agadir, Mansoura, Hennaya, Aïn-el-Hout, Négrier, Safsaf, le val de la Tafna, et les montagnes qui cachent la mer.

L'intérieur de la mosquée se compose d'un portique, d'une cour et de la mosquée proprement dite dans laquelle on vient prier; au fond du portique, ou cloître en arcades soutenues par douze colonnes, on trouve l'entrée du minaret; la cour carrée, de 12 m. de côté, est dallée en carreaux de faïence ; une vasque en marbre, près de laquelle les musulmans viennent faire leurs ablutions, est placée au milieu; la mosquée, à laquelle deux portes latérales donnent accès à g., est formée par huit travées d'arcades, quatre sur quatre. Les murs du portique et de la mosquée sont couverts d'ornements sculptés; le mihrab, dont l'arcade repose sur deux colonnes en onyx, est également fouillé avec une délicatesse dont on ne peut se faire une idée qu'en se reportant aux chefs-d'œuvre de l'Alhambra et des mosquées du Caire.

La *medersa*, ou collège pour les hautes études, contiguë à la mosquée, du côté de l'O., a été fondée par Abou'l-Hassen le Mérinide, en 747 hég. (1347). Cet édifice qui, avant son état de dégradation, ne le cédait en rien, dans son genre, à la mosquée, se compose d'une cour, terminée au fond par la salle servant à la fois de mosquée et d'école, et entourée à dr. et à g. d'un cloître, sur lequel s'ouvrent d'étroites cellules destinées aux tolba.

Les murs, couverts de sculptures, n'ont pu être restaurés; l'eau qui suinte du rocher contre lequel est adossée la medersa, en est malheureusement la cause. Ce monument, tel qu'il est, offre, en somme, un intérêt d'autant plus grand qu'il est demeuré comme un spécimen à peu près unique des édifices de ce genre.

3° **El-Ourit et Aïn-Fezza** (8 k. E. de Tlemcen à El-Ourit; aller et ret., 5 fr.; 10 k. de Tlemcen à Aïn-Fezza; aller et ret., 6 fr.; et en chemin de fer : 1 fr. 80, 55 c.; 2 dép. par j.). — On sort de Tlemcen par la porte de Bou-Medin, après avoir longé le bois de Boulogne; à dr., la route en lacets passe à travers de sauvages et pittoresques montagnes.

El-Ourit (la cascade), buvette, est sur la dr. de la route de Tlemcen à Sidi-Bel-Abbès; d'un pont jeté sur le Safsaf, on embrasse une partie de la cascade, composée d'un grand nombre de sauts de diverses hauteurs, séparés par de petit paliers, où l'eau se calme un moment dans des gouffres pour reprendre son élan et s'abîmer profondément, au milieu des arbres, des végétations et des roches à pic. Le cirque d'El-Ourit est un des sites les plus variés et les plus grandioses qu'il soit possible d'imaginer. « Qu'on se figure une muraille de rochers, élevés, disposés circulairement comme dans un cirque. Tout le long des parois de cette muraille de rochers, s'élèvent, grimpent, tombent et s'enlacent des fouillis de plantes, d'arbustes de toutes sortes. L'eau se précipite en nappes du haut des rochers, comme un grand fleuve qui aurait rompu sa digue, et la végétation qui recouvre les parois de ce vaste cirque est tellement épaisse que ces nappes d'eau filtrent, pour ainsi dire, au travers de ce feuillage merveilleux et arrivent en poussière de diamant à la base des rochers. » Arrivé au pied de la plus haute paroi et de la plus belle guirlande de verdure, au pied de la chute la plus élevée du torrent, on croit avoir admiré tous les bonds de la cascade : il n'en est rien. Cette muraille porte un petit plateau où le Safsaf, venant d'une vallée supérieure, tombe par une autre échelle de cascades et de cascatelles. Plus bas, le chemin de fer traverse la cascade sur un pont.

El-Ourit, renommée pour ses cerisiers, est, le lundi de Pâques, le rendez-vous de la population de Tlemcen.

A 2 k. d'El-Ourit (10 k. de Tlemcen) est situé **Aïn-Fezza**, ch.-l. de com. m. de 12,823 hab.

Au delà d'Aïn-Fezza, à dr., par un chemin montueux de 6 k., on arrive à un amphithéâtre dont les gradins sont formés par des couches de calcaire. Dans cet amphithéâtre s'ouvre l'entrée des *grottes des Hal-el-Oued*, large et bas couloir qui mène en pente à la salle d'entrée; d'autres couloirs, étroits cette fois, donnent accès aux salles du fond. L'ensemble des salles et des couloirs, avec leurs stalactites et leurs stalagmites, offre un spécimen de l'architecture la plus merveilleuse et la plus fantastique, quand les grottes sont éclairées par le magnésium ou par les pots à feu ou le lycopode dont les visiteurs devront se munir.

4° **Ouzidan** (10 k. N.-O.; aller et ret., 7 fr.). — On franchit le pont de Mascara jeté sur un ravin au fond duquel coule le Safsaf.

2 k. *Safsaf*, joli v. de 218 hab., annexe de Tlemcen.

4 k. *Négrier* (nom du général qui commandait la province de Constantine, et qui fut tué à Paris, en juin 1848), v. de 175 hab., annexe de Tlemcen.

10 k. *Ouzidan*, v. indigène, remarquable par l'abondance et la pureté de ses eaux et surtout par ses cavernes.

5° **Aïn-el-Hout** (6 k. N.-O.; aller et ret. 7 fr.). — 4 k. *Bréa* (nom du général assassiné à Paris dans l'insurrection de juin en 1848), v. de 191 hab., annexe de Tlemcen, entre le ravin d'Aïn-el-Hout et la route de Nemours ; c'était d'abord une ferme fortifiée.

6 k. *Aïn-el-Hout* (la fontaine ou la source des poissons), v. arabe sur le Safsaf, alimente un étang où nagent à l'envi une multitude de poissons aux couleurs étincelantes ; il est bordé à l'O. par des vergers, et à l'E. par un rocher formant grotte ; il faut plonger pour y entrer ; on se trouve alors dans une piscine (température de l'eau, 30°) éclairée par quelques fissures ; là encore est une source thermale ferrugineuse carbonatée, au goût assez agréable et donnant 25 lit. par seconde.

6° **Mansoura** (3 k. O. ; aller et ret., 3 fr.). — Lorsque l'on sort de Tlemcen par la porte de Fez, on ne tarde pas à rencontrer, sur la route qui mène à Mansoura, « le petit monument élevé à la mémoire de *Sidi Bou-Djema*. C'est un tombeau simple, comme l'homme dont les restes y sont déposés. Une petite cour carrée à ciel ouvert, fermée par un mur blanchi à la chaux, avec une porte en ogive qui ne manque pas d'un certain cachet d'élégance : voilà tout le mausolée. Mais le site est charmant, une treille séculaire ombrage les abords du modeste sanctuaire ; un ruisseau d'eau vive coule auprès, et, tout alentour, de riches vergers, pleins d'ombre et de fraîcheur, étalent leur luxuriante végétation à perte de vue. » (*C. Brosselard.*)

La *koubba de Baba-Safir*, située à g. et en avant de la porte qui semble à cheval sur la route, est celle d'un saint homme de Turc, venu à Tlemcen à la suite d'Aroudj.

Bab-el-Khremis, appelée encore la porte de l'Armée, qui précède de 500 m. les ruines de Mansoura, a 4 m. 50 de largeur, 10 m. de hauteur sur 4 de profondeur ; elle est terminée par une large et belle arcade en fer à cheval. Isolée aujourd'hui, elle faisait partie du fameux mur de circonvallation élevé par Abou-Yakoub le Mérinide, lors du premier siège de Tlemcen de 1299 (698 hég.). Cette porte a été restaurée et blanchie à la chaux (1886).

A 500 m. de Bab-el-Khremis commence l'enceinte de **Mansoura** fondée en 702 (1302) par Abou-Yacoub sur l'emplacement de son camp, la quatrième année du siège de Tlemcen. Cette ville admirable, tant par son étendue et sa nombreuse population que par l'activité de son commerce et la solidité de ses fortifications, reçut de son fondateur le nom d'El-Mansoura, c'est-à-dire la Victorieuse. La paix ayant été rétablie, Mansoura fut complètement évacuée en 1306 (706 hég.). Mais, sept ans plus tard, de nouvelles mésintelligences éclatent entre les Beni-Zeiyan et les Mérinides. Abou'l-Hassen, le sultan Noir, vient prendre position à Mansoura, et commence aussitôt l'investissement de Tlemcen (août 1335, 735 hég.). Pendant ce second siège, qui dura deux ans, Abou'l-Hassen releva Mansoura (1328, 737 hég.). Mais, lorsque les Beni-Zeiyan eurent reconquis Tlemcen, El-Mansoura fut frappé d'un arrêt de destruction, cette fois sans appel. Il ne reste debout qu'une partie de son enceinte et le minaret de la mosquée.

Les *remparts*, offrant la forme d'un trapèze d'un développement de 4,095 m., comprenaient une superficie de 100 hect. Ces remparts en pisé, épais de 1 m. 1/2 et hauts de 12, ont à peu près disparu à l'E. et au S. et ne tarderont pas à disparaître complètement.

La mosquée et le minaret sont situés sur un petit mamelon, au pied duquel jaillit une source abondante utilisée pour les irrigations.

La *mosquée*, rectangle de 100 m. sur 60, orienté du N.-E. au S.-O., ne présente plus aujourd'hui que son mur en pisé qui était percé de treize portes. Les fouilles faites à l'intérieur ont amené la découverte de ces magnifiques colonnes en marbre translucide dont les musées d'Alger et de Tlemcen possèdent quelques-unes ; la vasque baptismale de l'église de Tlemcen provient des mêmes fouilles.

Le *minaret* (un gardien, souvent absent, est chargé d'ouvrir la porte), orienté au N., contrairement à l'usage et dans l'axe du mihrab, est percé d'une porte monumentale servant d'entrée principale ; c'est un point de ressemblance avec quelques portes de nos églises, ouvertes dans les clochers romans. Cette porte dessine une belle arcade mauresque, dont la pierre, quoique rongée par le temps, laisse encore voir une riche dentelle, dans laquelle venait s'enlacer l'inscription dont C. Brosselard a donné la traduction : « ... Abou-Yakoub-Youssef-ben-Abd-el-Hak ordonna la construction de cette mosquée.... » Le minaret, haut de 40 m., pouvait, lorsqu'il était complet, en avoir 45. Les panneaux qui le décorent portent encore les traces d'une mosaïque en carreaux vernissés ; des doubles fenêtres, dont l'arceau retombe sur des colonnettes en onyx, éclairaient l'escalier, disparu avec la face S. du minaret. On ne manquera pas de dire aux touristes que le sultan mérinide, ayant hâte de voir terminer la mosquée, fit construire le minaret par des ouvriers musulmans et des ouvriers chrétiens ou juifs, et que la partie S. de ce minaret, aujourd'hui détruite, est précisément celle qui a été élevée par les mécréants. M. Duthoït qui a également, mais plus tard, étudié les monuments de Tlemcen, a été chargé par la commission des *Monuments historiques* de consolider le minaret de Mansoura ; l'opération a été faite à grands frais, en 1877 et 1878.

Il reste encore de l'ancienne Mansoura un *canal* en pisé, qui alimentait les fontaines et les réservoirs publics, assez bien conservés, utilisés par les colons ; un *pont* voûté, large de 40 m., bâti en briques, jeté sur le ravin qui coupe la route près de la porte E.

Un vaste espace entouré de murs, une tour à demi écroulée, un bassin et d'autres vestiges signalent, au point culminant de Mansoura, à l'extrémité du village français, l'emplacement d'un édifice, qui n'était autre que le palais du sultan, ainsi qu'il résulte de l'inscription d'un chapiteau, découvert à 2 m. de profondeur, dans des fouilles faites par M. Jalteau maire. « La construction de cette demeure fortunée, palais de la Victoire, a été ordonnée par le serviteur de Dieu, Ali, émir des musulmans, Abou-Saïd, fils de Yakoub, fils d'Abd-el-Hak ; elle a été achevée en 745 de l'hég. » (1344-1345.)

Le petit village de *Mansoura**, 232 Européens, qui a succédé, au bout de cinq cents ans, à la ville d'Abou-Yakoub et d'Abou'l-Hassen, est une annexe de Tlemcen.

Au lieu de revenir à Tlemcen par la route, on peut faire une charmante excursion, qui ramène à la ville par la source et les cascades d'El-Kalâ. On monte la rue du village, et, quand on a dépassé la fameuse enceinte, on voit un ruisseau qui descend en cascatelles des créneaux de rochers de Lella-Seïti, et fait mouvoir près du chemin une vaste huilerie, en retombant sur une immense roue. On gravit la colline jusqu'au sommet du roc, d'où s'élance la première cascade du ruisseau, que viennent de former l'oued Attar et l'oued Beni-Mouger, descendus de la montagne conique, appelée par les Mansouriens le Pain-de-Sucre. Parvenu sur ce plateau, on se dirige vers l'E. et l'on arrive presque aussitôt à une source considérable, qui, à quelques centaines de mètres du rocher, dont elle jaillit, commence une série de cascades. Cette source est *Aïn-Kalâ*, le trésor de Tlemcen, ce petit torrent, c'est l'oued Kalâ ; en suivant le ravin, on ne tarde pas à gagner Tlemcen, après avoir passé près de quelques moulins français.

De Tlemcen à Nemours (98 k. ; dilig. en 12 h. ; 10 fr.). — 4 k. Bréa (*V.* ci-dessus, 5º).

11 k. Hennaya*, ch.-l. de com. de 1,637 hab., aux rues larges et ombragées, aux eaux limpides, est un riche et pittoresque centre agricole, placé au-dessus d'une ancienne ville arabe dont il existe encore un beau minaret.

[R. 12, B] LELLA-MAGRNIA. — GAR-ROUBAN. 165

22 k. Caravansérail de l'*oued Zitoun*, sur la rivière de ce nom, qui va se jeter à 7 k. N.-O. dans la Tafna, après avoir reçu les eaux de l'*oued Bou-Mestar*, grossi de l'*oued Bou-Messaoud*. Un des nombreux ouedi que l'on traverse à sec a reçu le nom significatif de *Ravin des voleurs*, nom déjà connu entre Miliana et Cherchel.

24 k. L'*oued Sidi-Brahim*, à dr. de la koubba de ce nom, affluent de l'oued Zitoun. — 28 k. *Koubba de Sidi l'Hassen*, à dr. — 37 k. L'*oued Bridj* (le ruisseau de la maisonnette), affluent de la Tafna.

40 k. *Hammam-Bou-R'ara*, à 282 m. d'alt., au-dessous du golfe de la Tafna et de la Mouila, possède une source thermale-sulfureuse (50°, 6; 7 lit. par seconde), ombragée par des palmiers, des lentisques et des lianes, formant une délicieuse oasis au milieu de la plaine. Cette source qui guérit toutes les infirmités et rend fécondes les femmes stériles, alimente deux piscines fréquentées surtout par les femmes arabes et juives.

42 k. *Bled-Chaba*, près du barrage de l'Ouerdefou. Smala de spahis.

52 k. Lella-Magrnia *, ch.-l. de com. m., comprend, avec la population de Gar-Rouban, 33,062 hab.

Lella Magrnia est le nom d'une sainte femme qui repose dans la koubba que l'on voit à g. du camp. Ce fut un établissement phénicien d'abord, puis romain, appelé **Syr**, nom qui rappelle le *Sour*, rempart des Orientaux. L'inscription d'une borne milliaire ne laisse aucun doute sur l'identité de Syr avec Lella-Magrnia et de Tlemcen avec Pomaria; on y lit : « ... de Syr à Pomaria, 24,000 pas; de Syr à Siga, 36,000 pas ». *Siga*, la première capitale de Syphax, et dont Rachgoun était le port, *Portus Sygensis*, était à 4 k. S. de ce dernier point. Le poste de Lella-Magrnia a été créé en 1844, à l'ouverture de la campagne contre l'empereur du Maroc. Sentinelle avancée à l'entrée du désert d'Angad et à six lieues d'Oudja, ce poste rendit d'importants services pour le ravitaillement des troupes dans cette campagne qui se termina par la fameuse bataille d'Isly (*V.* ci-dessous).

Le camp retranché de Lella-Magrnia est entouré d'un mur crénelé avec fossés et glacis; les bastions formant les quatre angles du carré de l'enceinte, de 700 m., sont armés de canons. L'intérieur renferme deux casernes, deux pavillons pour les officiers, un hôpital-ambulance, des ateliers pour le génie, une cave pour l'administration des substances, un parc à fourrages et au bois, un magasin à poudre.

Lella-Magrnia, petite ville formant un carré long de 400 m. sur 260, est bâtie à l'E. du camp retranché dont elle est séparée par une pépinière et, située à 365 m. d'alt., au N. de l'Ouerdefou, dans une vaste plaine, bordée au N. par des collines couronnées de blanches koubbas.

Les canaux d'irrigation, dérivés de la Mouila, à Ras-Mouila, et de l'Ouerdefou, qui serpente au S. du camp, portent au loin dans la plaine la fraîcheur et la fertilité.

On a récemment découvert à Lella-Magrnia une source d'eau chaude, sulfurée, chlorurée, qui constitue une espèce thermale rare dans tous les pays (*H. Drouet*).

Le marché arabe se tient le dimanche à l'E. du camp, près d'un caravansérail d'un aspect presque monumental.

[DE LELLA-MAGRNIA A GAR-ROUBAN (34 k.). — *R'ar-Rouban*, dont on a fait Gar-Rouban, situé sur la frontière même du Maroc, à 12 k. d'Oudjda, est le nom de la localité où la société Guérin de Cayla exploite une mine de cuivre et de plomb argentifère. La concession ne date que du 16 juin 1856, elle embrasse le droit d'exploiter le sous-sol dans un périmètre de 3,300 hect.; le filon de minerai argentifère a près de 3 k. de long.; sa richesse moyenne, après lavage, peut être évaluée à 70 p. 100 de plomb (la teneur en argent est de 20 à 140 gram. par quintal métrique de minerai pur).

De Lella-Magrnia a Oudjda (24 k. S.-O., route entre les collines, à suivre à cheval ou à mulet). On traverse à gué l'oued Ouerdefou au-dessous du fort. — 11 k. Puits connu sous le nom de *Zoudj-el-Beghal* (les deux mulets) près duquel se trouve un poste, chargé de surveiller la route et de prêter assistance aux voyageurs. — Entre le 11e et 12e k. poste et frontière du Maroc. — Passage de l'oued el-Aricha près de l'endroit nommé *Betermat*.

24 k. Oudjda, située dans le pays d'Angad où se succèdent des mamelons d'argile rougeâtre et qui se prolonge à l'E. jusqu'à Lella-Magrnia. Fondée au xe s., c'est auj. le ch.-l. d'un amalat de 6,000 hab., commandé par un amel ou kaïd, une ville du sultan du Maroc, pourvue d'une garnison et d'employés dépendant directement du souverain, ce qui n'a pas empêché son occupation par les tribus dissidentes, au commencement de l'année 1886, circonscrite par un fossé ayant à peu près la forme d'un triangle de 900 m. sur 600, et dont le sommet, au N., donne naissance à la route de Magrnia. Ce n'est qu'une agglomération de maisonnettes aux boutiques noires et basses entourées de jardins, de vergers et de massifs d'oliviers.

Son enceinte, percée de 4 portes, celle du N.-O. aboutissant à la route de Magrnia, celle de l'E., Bab-Zaouïa, aboutissant à la route de Tlemcen, celle de l'O. et celle du S., Bab-el-Guenaïm, aboutissant à la route de Taza, comprend plusieurs quartiers : au N.-O., des Oulad-l'Hassen; au N.-E., des Oulad-Amran; entre ces deux, celui des Juifs, appelé Mellah; au S.-E., les Cheikian; au S.-O., les Oulad-el-Kadi.

Au S. de la ville, un mur crénelé, parallélogramme tronqué à l'E., d'un développement de 300 m., comprend la *kasba* à l'angle S.-O., et la *Grande-Mosquée* à l'angle N.-E., avec son minaret élevé, décoré de faïences et d'arabesques en briques. On compte dans Oudjda une seconde mosquée, deux marchés séparés par quelques bâtisses, et un abattoir.

En dehors, au milieu des oliviers, quelques koubbas, celle de Sidi l'Hassen, au N., et celle de Sidi Abd-el-Oualied, au S.-E.

C'est à 10 k. O. d'Oudjda qu'est situé le champ de bataille de l'*Isly* (V. introduction) sur la rive dr. de cette rivière et la rive g. de l'oued Chaïr, son affluent.]

58 k. L'*oued Mouila*, affluent de la Tafna, naît fort loin de notre frontière, en plein Maroc; mais sa source la plus abondante, son *Ras-el-Aïn* est sur notre territoire même. Son nom veut dire la *Saumâtre*. C'est près de cette rivière qu'il faut chercher l'établissement romain de *Severianum*, appelé sans doute ainsi en l'honneur d'Alexandre Sévère, et situé, comme l'indique une borne militaire, à 3 milles ou 4,443 m. de Syr (Magrnia).

Entre Lella-Magrnia et Nedroma, le pays est très accidenté, très boisé et très pittoresque.

68 k. Aïn-Tolba, caravansérail bâti par le génie militaire et *auberge*. La fontaine, qui a donné son nom à la localité, est située dans un site très pittoresque.

Aïn-Tolba est adossée à *Bab-Taza*, dont le sommet est traversé par la route (439 m.); de ce point, panorama magnifique : Nedroma au fond d'un cirque, montagnes des Trara à l'E., montagnes des Msirda à l'O., séparant Nemours du Maroc, l'oued Isly, et enfin au N. la mer, entrevue par une échappée.

On descend de Bab-Taza à Nedroma par une pente en lacets de 5 k.

74 k. Nedroma*, ch.-l. de com. m. de 29,159 hab., est admirablement situé au fond d'un cirque verdoyant, à 383 m. d'alt., sur le revers N. du djebel Filaoussen (1,000 à 1,140 m.), au pied du col de Taza, près d'une source très abondante, le long d'une rivière, l'oued Tleta, abondante et boisée, devant la plaine fertile de Mezaourou, et enfin à 4 lieues de la mer, à laquelle elle aboutit facilement.

[R. 12, B] OUDJDA. — NEDROMA. — NEMOURS. 167

Nedroma, la *Kalama* des Romains (?), bâtie en 555 de l'hég. (1160 de J.-C.), par Abd-el-Moumen l'Almohade, sur les ruines d'une immense ville berbère, dont l'origine et l'histoire se sont perdues, mais dont le nom a été conservé : *Medinet-el-Betha*, est entourée de vieilles murailles flanquées de tours crénelées. Intérieurement une place précède l'entrée de la *mosquée* principale, *Djama-Kebir*, dont le minaret, brodé comme ceux de Tlemcen, est malheureusement recouvert d'un lait de chaux qui vient, à chaque *Ramdan* (mois du jeûne pendant le jour, et du plaisir pendant la nuit), lui fait perdre sa finesse d'ornementation. Nedroma possède encore intérieurement 10 mosquées, et au dehors deux autres assez importantes : celle de *Sidi Yahya-ben-ez-Zaïou*, à 5 coupoles, au N., au dessous du marché arabe, au lieu dit El-Zaïfa, et à l'E. celle du *marabout El-Bejaï*, ombragée de grands palmiers. — Le *marché* a lieu le jeudi.

La route traverse la plaine fertile de Messaourou et une heure plus loin les gorges de l'oued Tleta, qui change deux fois de nom; avant d'arriver à la mer : au point où il reçoit l'oued Bou-Touit, il devient l'oued Mersa; à son confluent avec l'oued Sidi-Brahim, il prend le nom de R'azaoua. Après avoir franchi l'oued Tleta, on passe devant le jardin de l'Agha, aux plantes tropicales. La route serpente de nouveau dans les rochers percés de nombreuses cavernes, anciennes demeures de troglodytes, pour arriver aux belles cultures maraîchères qui annoncent les abords d'une ville.

98 k. **Nemours** (*Ad Fratres*) *, district dépendant de la subdiv. de Tlemcen, ch.-l. d'une circonscription cantonnale et d'une com. de plein exercice, comptant 3,308 hab., est située à l'embouchure du Tessâa dans la mer, au pied O. de Djama-R'azaouat dont le plateau est encore couvert des ruines de l'ancienne ville de pirates. Elle a été bâtie en 1844, lors de la guerre avec le Maroc, pour servir, comme elle sert encore aujourd'hui, de point de ravitaillement aux colonnes expéditionnaires.

Les deux principales rues, parallèles à la mer, sont droites et bien alignées; elles aboutissent à deux places, dont l'une est décorée d'une fontaine monumentale en marbre du pays. Nous mentionnerons l'*église*, charmante réminiscence du style roman, édifiée par Viala de Sorbier, et l'*hôtel de ville* (44 m. de façade) du style Renaissance.

La défense de la ville et de la plage, qui n'est pas abordable par tous les temps, a été complétée. Un bout de jetée de 20 à 25 m. placé à l'extrémité de la pointe E, exposé à tous les vents, est le seul ouvrage accordé aux besoins du commerce. Nemours attend toujours son port.

[A l'O. du phare, de remarquables coulées basaltiques aux colonnes prismatiques rappellent la grotte de Fingal.

A 10 k. S.-O. est située la *koubba de Sidi Brahim*. Là succombèrent, moins 14 hommes, après une défense surhumaine de trois jours, ceux qui avaient échappé à l'embuscade du 22 septembre 1845, dans laquelle Abd-el-Kader avait attiré le colonel Montagnac avec 350 chasseurs d'Orléans et 60 hussards. Tout le monde connaît le récit de ce désastre héroïque; tout le monde connaît encore les noms de Courby de Cognord, Froment-Coste, Dutertre, Géraud et Lavaissière. — Courby de Cognord est devenu général; Froment-Coste, représenté sur le tableau de la Smala à Versailles, et qui semble déjà conduire son bataillon à la boucherie de Sidi-Brahim, fut tué un des premiers; Dutertre, nouveau Régulus, fut décapité pour avoir encouragé Géraud à la résistance dans la cour de la koubba; le chasseur Lavaissière fut le seul qui put revenir avec sa carabine, que la duchesse d'Orléans lui échangea contre une carabine d'honneur.

Sur un monticule connu sous le nom de *Rokbat-Mezzoudi*, au lieu dit *Guerbous*, à 6 k. O. de Sidi-Brahim, on visitera le monument funéraire improprement appelé *colonne Montagnac*. C'est une pyramide quadrangulaire, tronquée à son sommet, haute de 5 m. (8 m. 75 avec le dé et les marches qui le supportent), portant sur ses quatre faces la date du

23 septembre 1845 et les noms de Montagnac, de Froment-Coste et de Gentil de Saint-Alphonse.

C'est à Sidi-Brahim que s'accomplit le dernier acte de la vie politique d'Abd-el-Kader, en Algérie. C'est à Sidi-Brahim, le 23 décembre 1847 qu'Abd-el-Kader, après avoir franchi le Kis et le col de Guerbous, se rendit au général de Lamoricière.]

De Tlemcen à Rachgoun (64 k.; route carrossable; chemin de fer projeté). — A l'extrémité O. de la province d'Oran, sur les confins de l'empire du Maroc, coule, dans la direction du S. au N., l'*oued Tafna*, qui, après un cours de 140 à 150 k., se jette dans la Méditerranée. Le bassin qu'elle suit est très resserré et presque en ligne droite dans sa partie inférieure; elle n'y reçoit que des affluents peu considérables et souvent presque à sec. La partie supérieure en est plus ouverte et plus élargie. La Tafna, venant de l'O., se réunit à l'Isser venant de l'E., et ces deux rivières d'à peu près égale force circonscrivent un plateau dont la pente se dirige vers le N.-O. et qui est profondément raviné par de nombreux cours d'eau. Au sommet de ce plan incliné s'élève la montagne de Terni, liée à celle du Nador (1,580 m.), l'un des rameaux de la chaîne principale de la province d'Oran. Le plateau de Lella-Setti s'en sépare et se termine vers le N. par une pente brusque de roc vif, à laquelle se rattache par une dépression plus douce et couverte d'une bonne terre végétale, la plaine inclinée et onduleuse où est assise la ville de Tlemcen. — De Tlemcen à Rachgoun, c'est-à-dire du plateau sur lequel se dresse Tlemcen jusqu'à Rachgoun, où la Tafna vient se jeter dans la Méditerranée, un chemin de fer a été étudié de compte à demi par l'État et par la Société algérienne. Une autre compagnie qui demande la concession de ce chemin créerait à Rachgoun un port d'une grande importance pour Tlemcen.

11 k. Hennaya (*V.* ci-dessus), où l'on quitte la route de Nemours, pour prendre au N. celle qui va à Rachgoun. On traverse d'abord, sur une longueur de 12 k., des plateaux où des palmiers nains disputent l'espace à des cultures arabes qui deviennent importantes.

22 k. *Aïn-Fekrina* (la source de la petite tortue), source d'eau chaude, ombragée par des palmiers; près de là, maison européenne et café maure; trois blanches koubbas se détachent sur le ciel. — De la colline d'Aïn-Fekrina on descend dans la vallée de l'Isser qui se jette dans la Tafna.

24 k. *Sidi-Youcef*, 16 feux, à l'E. du djebel Azima (299 m.).

27 k. **Remchi** *, ch.-l. de com. m. de 25,340 hab., à la rencontre de l'Isser et de la Tafna.

Quand on a franchi l'Isser, on suit la rive dr. de la Tafna jusqu'à Rachgoun en s'engageant d'abord dans un défilé sauvage et pittoresque long de 2 k.; quand on a dépassé le rocher de la *Dent-du-Chat*, la vallée de la Tafna s'élargit à *Sidi-Amra*, puis, se rétrécissant de nouveau, elle semble fermée par

45 k. *La Plâtrière*, colline désolée, mais où le gypse foisonne, tantôt en gîtes nettement éruptifs, tantôt en couches stratifiées. Ses produits sont employés à Nemours et à Tlemcen. De la plâtrière, un chemin conduit aux mines des Beni-Saf au N.-E.

60 k. *Takebrit* (les voûtes), où l'on rencontre les ruines de *Siga*, la première capitale de Syphax, dont le port, à l'embouchure de la Tafna, a également disparu.

64 k. *Rachgoun*, où *la Tafna*, à l'embouchure du fleuve et en face de l'*île d'Archgoul* (Harchgoun dont nous avons fait Rachgoun); l'*insula Acra* des Romains, qui porte un phare de 2e ordre.

L'importance que prennent de jour en jour les centres de la partie occidentale de la province d'Oran peut faire justement supposer le prochain établissement d'un port à la Tafna.

[De Rachgoun une route carrossable conduit à (10 k. E.) Beni-Saf (R. 12, *B*.).]

De Tlemcen à Sebdou (44 k.; dilig., t. l. j., en 5 h.; 6 fr., prix variable) — La nouvelle route gravit la montagne qui domine Tlemcen, par 5 k. de lacets. Au sommet se trouve la *Roche percée*, d'où l'on jouit d'une vue splendide sur Tlemcen et ses vallées. — L'ancienne route, rude et escarpée, passait par Mansoura : elle n'est pratiquée que par les piétons et les cavaliers.

On entre dans la *plaine de Terni*, plateau froid parcouru par l'*oued Mefroug* qui forme plus bas, à l'E., au-dessus d'El-Eubbad, la superbe cascade ou *El-Ourit* (Environs de Tlemcen, 3°). — Broussailles rabougries, chênes verts, pâturages, terres de culture, altitude moyenne, 1,300 m.

20 k. *Terny*, 394 hab., à 1,135 m.

24 k. *Aïn-Gharaba* (R'araba), caravansérail. À partir de ce point, le chemin est moins bon, mais encore praticable pour les voitures peu chargées. Le pays est couvert de chênes verts et blancs, dont quelques-uns atteignent des dimensions considérables. Le point le plus élevé de la route est à 1,450 m.

37 k. Débouchant dans une plaine pierreuse, on laisse à g. la grotte d'où sort la Tafna, une des rivières les plus abondantes de l'Algérie. Ce n'est qu'à la suite des pluies que la caverne vomit des eaux : en temps ordinaire, la Tafna jaillit, dans une prairie, d'une source reliée à la grotte par un cours souterrain. Cette *source de la Tafna* donne, en moyenne, de 800 à 1,000 lit. par sec. et 300 dans les grandes chaleurs. À 1 k. E. de là, le plateau se termine brusquement par un talus de près de 300 m. d'où se précipite une *cascade* dont les eaux alimentent le *moulin Lesecq* et tombent ensuite dans la Tafna.

La route descend par des lacets dans la plaine boisée de Sebdou. Beau panorama : douze montagnes calcaires placées sur la même ligne, et limitant la plaine de Sebdou au N., ont été surnommées par les soldats les *Douze Apôtres*.

44 k. **Sebdou** * (en français, la lisière ; plus connue des Arabes sous le nom de *Tafraoua*), cercle milit. de la subd. de Tlemcen, ch.-l. d'une com. m. de 14,673 hab., dont 324 Français, est situé, à 920 m., sur un oued qui se perd dans la Tafna, au milieu de beaux massifs de chênes verts. En hiver, il y fait très froid ; en été, le pays est fiévreux malgré sa grande altitude. Marché arabe le jeudi.

[C'est entre Sebdou, à l'O., et Teniet-el-Hâd, à l'E., que sont jalonnées, sur la route, dite des Hauts-Plateaux, **Daya** (R. 12, *A*), **Saïda** (R. 16), **Frenda** (R. 14), et **Tiaret** (R. 18).]

ROUTE 13

D'ORAN A RAS-EL-MA

PAR SAINTE-BARBE-DU-TLÉLAT ET SIDI-BEL-ABBÈS

178 k. 5. — Chemin de fer en 7 h. 30. — 19 fr. 90 ; 14 fr. 95 ; 10 fr. 95.

26 k. d'Oran à Sainte-Barbe-du-Tlélat (*V.* R. 9, *A*). — 75 k. de Sainte-Barbe-du-Tlélat à Tabia (*V.* R. 12, *A*), d'où se détache à dr. l'embranchement de Tlemcen.

Au 107ᵉ k., *koubba* de Sidi Ali-ben-Youb.

109 k. **Chanzy** * (*Ali-ben-Youb*), ch.-l. de com. de 1,739 hab., sur la rive dr. de la Mekerra, au N.-O. du Tenazera (1,053 m.); ses terres sont irriguées par un canal dérivé, l'aïn Skhouna (source chaude à 23°), donnant 190 lit. par sec., sur la rive dr. de la Mekerra; sur la rive g., l'aïn Mekareg fournit 110 lit. par sec.

[A 2 k. N., ruines d'*Albulæ* consistant principalement en un rectangle de 170 m. sur 180, orienté du N.-N.-E. au S.-S.-O., dont les fondations présentent un mur de 80 cent. d'épaisseur; des lampes funéraires chrétiennes, des médailles, des débris de poteries, des ustensiles en bronze, des inscriptions ont été trouvés dans cet endroit par M. le capitaine A...
A 1 k. S., des ruines, *Hammam-Sidi-Ali-ben-Youb*, source thermale saline chlorurée (25°), très abondante (19,000 m. c. par j.)]

116 k. *Oulad-Slissen*, sur la rive g. de la Mekerra, est un douar arabe et ham. de quelques Européens, faisant partie de la com. m. de Daya; à g., le *djebel Segga* (1,163 m.); à dr., le *djebel Saïda*.

141 k. **Magenta** *, 200 hab., sur l'emplacement d'*El-Haçaïba*, et sur les pentes S.-E. du *djebel Maherta*, à 900 m. d'alt., annexe de la com. mixte de Telagh.

148 k. *Les Pins*, arrêt. Barrage de la Mekerra qui prend à sa source (Ras-el-Ma) le nom d'*oued Haçaïba*; à g., le *djebel Merahoum* (1,339 m.).

155 k. *Taten-Yahia*, arrêt de la Redoute.

178 k. 5. **Bedeau** * (*Ras-el-Ma*, la tête de l'eau, source de la Mekerra), 600 hab., à l'entrée des Hauts-Plateaux, à 10 k. N. du *djebel Beguira* (1,402 m.). C'est là que s'arrête la future ligne de pénétration dans le Sud-Ouest oranais.

ROUTE 14

D'ORAN A MASCARA

A. Par le chemin de fer.

136 k. — Trajet en 4 h. 30. — 1ʳᵉ cl., 15 fr. 75; 2ᵉ cl., 11 fr. 35; 3ᵉ cl., d'Oran à Perrégaux, 4 fr. 65, et 2ᵉ cl. de Perrégaux à Mascara, 5 fr. 05 (9 fr. 70).

75 k. d'Oran à Perrégaux (*V*. R. 9, *A*). A Perrégaux, changement de train pour Tizi. — 49 k. de Perrégaux à Tizi (*V*. R. 16).
124 k. Tizi (R. 16), où l'on change de train pour Mascara. — La voie, se dirigeant à l'E., suit d'abord dans la plaine de l'*Eghris*, les dernières pentes du djebel des Beni-Chougran, au milieu des cultures et surtout des vignes, puis commence à monter près du v. de Saint-André.

PLAN DE MASCARA

Guides Joanne. — HACHETTE & C.ie Paris.

Echelle : 0 — 100 — 200 — 300 — 400 Mèt.

LÉGENDE :

1. Mairie B.1
2. Sous-Préfecture B.1
3. Hôtel de la Subdiv.on B.2
4. Palais de Justice B.2
5. Prison B.2
6. Cercle Militaire B.2
7. Église B.2
8. Temple protestant B.2
9. Mosquée B.1
10. Ancienne Mosquée B.2
11. Marché couvert B.1
12. Halle aux grains A.2
13. Château d'eau B.1
14. École Com.le de Garçons .. B.1
15. École Com.le de Filles ... B.1
16. École privée B.1
17. Théâtre B.1
18. Poste et Télégraphe B.1
19. Messageries B.1
20. Grand Hôtel B.1

L. Thuillier, Del.t — IMP.ie LEMERCIER, PARIS.

136 k. **Mascara** *, ch.-l. de sous-préf. et l'une des subdiv. milit. de la province d'Oran, ch.-l. de com. de 22,303 hab., avec son faubourg de Bab-Ali et ses annexes, Saint-André, Saint-Hippolyte, Oued-el-Hammam et Aïn-Beïda, et ch.-l. de com. m. de 44,868 hab., est situé à 572 m. d'alt., sur le versant S. du djebel Beni-Chougran (900 m.), que les Arabes appellent *Chareb-er-Rih* (la lèvre du vent), parce que les brumes de l'hiver et les brises du N. n'arrivent à Mascara qu'après avoir franchi cette chaîne qui cache les horizons de la mer.

Mascara, dont l'étymologie est *Maskar*, « camp permanent » (Cherbonneau), aurait été construit par les Berbères, sur les ruines d'une cité romaine qui comprenait l'enceinte actuelle de la ville plus une grande portion de terrain entre l'Argoub-Ismaïl et la plaine d'Eghris : cette cité, selon Shaw, serait *Victoria*, que Mac-Carthy place beaucoup plus à l'O. à *Aïn-Zertita*, dans le djebel Tessalah.

C'est à Mascara que Bou-Chelar'em, afin d'empêcher les Espagnols de s'étendre dans le pays, transféra le siège du beylik, établi jusqu'alors à Mazouna (V. R. 18); mais ce fut d'abord sur les ruines d'une ancienne ville connue dans le pays sous le nom de *Belad-el-Keurt*, à 4 k. plus au S.-O., et qui était occupée par une tribu berbère de ce nom.

Sous Mohammed-el-Kebir qui, en 1206 de l'hég. (1791), prit possession d'Oran, Mascara atteignit l'apogée de sa splendeur.

Sous Mustapha-el-Manzali, bey d'Oran, Ben-Cherif, khâlifa de Ben-Arach, le derkaoui, s'empara de Mascara, dont il massacra la garnison turque; mais il ne tarda pas à en être chassé par Mohamed-Mokallech, successeur de Mustapha, en 1219 de l'hég. (1805).

En 1830, les Koulour'lis, ayant capitulé et rendu Mascara aux Hachem, furent attirés par ceux-ci dans les plaines d'Eghris, et massacrés sur les bords de l'*oued Ersebia*.

En 1831, l'empereur du Maroc fit installer un lieutenant à Mascara, et l'en retira presque aussitôt.

En 1832, Abd-el-Kader, fils de Mahi-ed-Din, de la tribu des Hachem, reconnu émir des croyants par ses compatriotes, établit le siège de sa puissance à Mascara.

En 1835, l'émir, instruit des projets d'expédition du maréchal Clauzel, enleva les richesses de Mascara, et renvoya sa famille dans le Sahara; s'étant opposé inutilement à notre marche, il fut abandonné par une partie de ses troupes qui retournèrent piller Mascara avant notre arrivée. Cependant après dix jours de marche et de combats multipliés, l'armée expéditionnaire, réunie à Oran, le 27 novembre 1825, arriva à Mascara, le 7 décembre. Le bey Ibrahim, que le maréchal Clauzel voulait installer dans cette ville, ayant paru peu tenté d'y rester, on résolut de la brûler (9 décembre). A la nouvelle de l'évacuation de notre armée, Abd-el-Kader revint la suivre, à la tête de quelques cavaliers. En passant devant Mascara, il vit sa capitale entourée par un nuage de feu et de fumée; il campa près de l'Argoub-Ismaïl, n'ayant plus qu'une misérable tente en lambeaux. Cependant l'armée était à peine rentrée à Oran, le 16 décembre, que toutes les tribus se soumettaient à Abd-el-Kader.

En 1837, après le traité de la Tafna, un commissaire, M. de Menouville, fut envoyé en résidence à Mascara, pour veiller à son exécution. Le capitaine Daumas, mort général de division, lui succéda et résida auprès de l'émir jusqu'au 16 octobre 1839, époque à laquelle Abd-el-Kader recommença les hostilités.

Le maréchal Bugeaud ayant résolu de prendre possession de Mascara partit de Mostaganem, le 18 mai 1841, à la tête d'une colonne, et arriva, le 25 mai, devant Takdemt dont il fit sauter le fort. Quand nos troupes entrèrent dans Mascara (30 mai 1841), tous les habitants avaient émigré, et la ville était couverte de ruines. Une forte garnison y fut laissée.

Assise sur deux mamelons séparés par un ravin, au fond duquel coule l'*oued Toudman*, Mascara comprend deux parties : *Mascara* et l'*Argoub-Ismaïl*; *Bab-Ali*, à l'O., en dehors de la porte du même nom, forme le faubourg de la ville. C'est dans ce quartier que les tisserands indigènes trament les burnous noirs dits *zerdanis*. La ville est un mélange de constructions françaises et de bâtisses arabes; ces dernières conservent leur apparence de saleté et de misère; mais, cependant, Mascara, s'élevant au pied de la terrasse verdoyante du Chareb-er-Rih, et dominant la fertile plaine de l'Eghris (*R'eris*), aux larges horizons, produit sur le voyageur une impression des plus agréables.

Les *remparts*, dont le contour est très irrégulier, embrassent, dans un pourtour de 3,260 m., Mascara moins le faubourg de Bab-Ali; ils sont percés des six *portes* : *d'Oran, de Bab-Ali, de Mostaganem, de Tiaret, de Sidi-Mohammed* et *du Sud*; une grille en fer ferme le passage pratiqué dans l'enceinte des eaux de l'aïn Toudman.

Les *places* sont dans Mascara au nombre de huit : *Gambetta, Nationale, Clauzel, Bugeaud, Géry, Vauban, Mogador, de Bône*; de deux dans l'Argoub : *de l'Argoub* et *d'Austerlitz*.

Les *rues* sont assez bien percées : on remarque celles de Mostaganem, de Tiaret et de Lemercier.

Quatre *ponts* relient entre eux les quartiers séparés par l'oued Toudman; deux maintiennent la circulation des habitants; les deux autres sont éclusés pour régler les eaux : l'un, à leur entrée dans la ville; l'autre, à leur sortie, à env. 500 m. des murs.

L'*église*, sur la place Nationale (Pl. 7, B, 2), est du style ogival; la partie sculpturale est restée inachevée.

Le *temple protestant*, fort simple, est situé derrière l'église (Pl. 8, B, 2).

Les deux mosquées, dont le plan forme un quinconce de piliers reliés par des arceaux parallèles supportant la toiture des nefs, sont de beaucoup inférieures, sous le rapport de la construction et du style, aux mosquées de Tlemcen et même à celles d'Alger et d'Oran. Leurs minarets sont dépourvus de style.

La première mosquée (Pl. 9, B, 1) est située sur la place Nationale; la seule inscription qu'on y lit, dans la cour, se rapporte à un Mohammed-ben-Sarmachik, calligraphe lapidaire, 1164 de l'hég. (1750 de J.-C.); la deuxième mosquée, dite d'Aïn-Beïda (Pl. 10, B, 2), située près des remparts de ce quartier, au milieu des bâtiments militaires, sert de magasin à blé; elle possède un mihrab, décoré d'arabesques en stuc, grossièrement sculptées, au milieu desquelles une inscription, due à Mohammed-Sarmachik de Tlemcen, nous apprend le nom du fondateur de la mosquée, Mohammed-el-Kebir, et donne la date de 1175 de l'hég. (1761 de J.-C). C'est à Aïn-Beïda qu'Abd-el-Kader prêchait la guerre sainte, comme il devait la prêcher à Tlemcen.

Les *bâtiments civils* sont : la sous-préfecture (Pl. 2, B, 1), la mairie (Pl. 1, B, 1), le palais de justice (Pl. 4, B, 2), la poste et le télégraphe (Pl. 18, B, 1), le bureau des domaines, les écoles et salles d'asile, l'abattoir, la halle couverte et le théâtre (Pl. 17, B, 1).

Les *bâtiments militaires* comprennent : le Beylik, ancien palais de Mohammed-el-Kebir (on y a placé l'horloge de la ville); les casernes d'infanterie et de cavalerie; l'hôpital militaire; la poudrière; le bureau arabe. Ce dernier, ainsi que la construction affectée aux bains maures, a un cachet arabe, qui n'est pas dépourvu de style; il a été élevé par le service des bâtiments civils dans le quartier de l'Argoub.

Quatre *fontaines*, alimentées par l'*oued Toudman*, donnent de l'eau aux différents quartiers. La fontaine de la place Gambetta, la plus remarquable, est formée d'une vasque en marbre, qui décorait autrefois le Beylik.

L'*oued Toudman* prend sa source à 3 k. N.-O., et reçoit entre Bab-Ali et la ville, les eaux de l'aïn Ben-es-Soltan, qui viennent du S.-E. Le ravin de l'oued Toudman, qui sépare Mascara de l'Argoub-Ismaïl, commence au N. par un vallon, large au départ, mais se rétrécissant au bas. Un rocher taillé à pic forme sur ce point un versant où l'eau se précipite en cascade. En descendant vers la plaine, les bords sont fermés par des rochers escarpés, et le ravin s'élargit de nouveau en approchant de la plaine; il a été converti, entre les murs de Mascara, par les soins de l'ancien commissaire civil, M. Lafaye, sur une longueur de 400 m. et sur une étendue de 3 hect. en *jardin public*.

Indépendamment de l'importance politique et militaire que Mascara doit à sa situation, la nature l'a dotée d'un grand avenir comme centre commercial et industriel. Le sol et le climat y sont également favorables à la culture des céréales, du tabac, de la vigne et de l'olivier. La culture de la vigne, surtout, se développe sur plus de 1,500 hect. et fournit un vin renommé en quantité et en qualité. Le commerce de la minoterie et des huiles est également important. En dehors du marché quotidien, il se tient, trois fois par semaine, à Mascara, un des marchés les plus considérables de la province.

[On visitera, à 1 k. S., la belle *pépinière* placée à l'entrée de la plaine de l'Eghris s'étendant sur 11 lieues de largeur et 10 de longueur.

A 4 k. N.-E., **Saint-Hippolyte**, 144 hab., petit v. de vignerons, sur le plateau dont descend l'aïn Toudman, est une des annexes de Mascara; il est peuplé de Béarnais et d'un certain nombre de Francs-Comtois et de Corses. C'est un centre prospère dont les vignobles se sont étendus peu à peu jusqu'au marabout de Sidi-Daho. Ce marabout, situé sur un monticule, à 7 ou 8 k. au N.-E. de Mascara, domine la jolie cascade de l'oued Sidi-Daho, qui prend sa source à une faible distance de la chute, dans un ravin ouvert au pied des pitons de Beni-Chougran. La cascade du petit torrent se compose d'une succession de cascatelles dont la plus haute peut avoir 15 m.; un moulin est très pittoresquement accroché aux escarpements de la montagne. L'oued s'engage ensuite dans de très profondes gorges, creusées à pic entre des montagnes blanchâtres; quelques palmiers s'élèvent sur ses bords. Plus bas, il se renforce d'un grand nombre de sources, prend le nom d'oued Fergoug, et va se jeter dans le lac formé par le barrage de l'Habra.

De Mascara à l'Hillil (37 k. N.-O.; route). — 6 k. *Aïn-Farès*, 200 hab., annexe de Mascara. — 16 k. *El-Bordj*, petite ville arabe, 3,377 hab. — 23 k. *Kâla*, 5,000 hab.; autre petite ville arabe, suspendue au flanc d'une montagne abrupte, la *Kâla-Haôura* d'Ibn-Khaldoun, aujourd'hui le centre d'une active fabrication de tissus de laine, et surtout de tapis à longue laine (*frach*). — 37 k. L'Hillil (R. 9, A).]

De Mascara à Sidi-Bel-Abbès (88 k.; dilig. t. l. j., en 10 h., coupé 8 fr., int. 6 fr.; omnibus, t. l. j., de Mascara à Aïn-Fekkan; dilig. t. l. j., de Mercier-Lacombe à Sidi-Bel-Abbès, en 4 h., coupé 4 fr., int. 3 fr.). — Les montagnes d'où descendent les nombreux ruisseaux qui fertilisent le pays, et au pied desquelles court la route de Mascara à Sidi-Bel-Abbès, sont, au N., le *djebel Guetarnia* et le *djebel Oulad-Sliman*. Les tribus arabes sont celles des *Guetarnia*, des *Oulad-Sliman* et des *Hassasna*.

3 k. *Saint-André* *, 306 hab. (vins renommés), annexe de Mascara; ses habitants sont originaires, en grande partie, des Pyrénées-Orientales. — Au pied de la côte de Saint-André, on se trouve dans la plaine d'Eghris (Er'ris), qu'on traverse, en écharpe, dans la direction du S.-O.

12 k. Tizi (R.-16). — Le chemin passe devant quelques fermes (leur nombre s'accroît tous les ans). La route franchit l'oued Froha.

17 k. 1/2. *Source d'Aïn-Fekkan*. Les eaux qui filtrent dans la vaste plaine d'Eghris se rassemblent en partie dans un canal souterrain, dont la bouche d'émission est Aïn-Fekkan. Cette source, qu'on dit la plus abondante de la province d'Oran, avec celle de la Tafna, ferme un marais plein de roseaux, entouré de peupliers, de trembles et d'eucalyptus, plantés en 1872: d'après une tradition, le principal jaillissement se trouve au fond d'un gouffre de plus de 70 m. de profondeur. Aïn-Fekkan forme une jolie rivière, 500 à 600 lit. de débit par sec. à l'étiage : sur ces 500 à 600 lit., 200 sont détournés par un barrage au profit de Aïn-Fekkan.

21 k. *Aïn-Fekkan* *, section de la com. m. de Mascara, v. de 345 hab., créé en 1872. Cette belle colonie est établie au pied du *djebel Rar-el-Maïz*, sur un plateau en pente, qui domine l'oued Fekkan; elle est peuplée d'Alsaciens, de Lorrains, originaires des environs de Phalsbourg, et de colons du pays.

[Aïn-Fekkan est relié à Taria (R. 16), station de la ligne d'Arzeu à Saïda, par une nouvelle route de 16 k.].

25 k. Petit *cimetière arabe*.

26 k. Belle cascade de 15 à 18 m. tombant dans un ravin d'une végétation merveilleuse. On descend l'oued Fekkan jusqu'à 2 k. en amont des

33 k. *Trois-Rivières*, qui seraient plus justement nommées les *Quatre-Rivières*. En effet, quatre cours d'eau s'y rencontrent dans la plaine d'Aïn-Farès : l'oued Fekkan, l'oued Taria, l'oued Houenet et l'oued Megrir. Ils forment l'oued el-Hammam, plus bas l'Habra.

Le chemin, très accidenté, franchit des montagnes.

54 k. Mercier-Lacombe* (nom d'un ancien fonctionnaire civil de l'Algérie), ch.-l. de com. de 2,800 hab., centre pourvu de belles eaux et de beaux arbres, créé sur l'emplacement de *Sfisef*, à 550 m. d'alt., à l'E. du *djebel*

Oulad-Sliman. C'est un beau v., ch.-l. de la com. m. de la Mekerra, 19,967 hab., avec *Tenira* et *Serouala*.
59 k. *Puits d'Abd-el-Kader*, nouveau centre européen.
71 k. **Baudens** * (nom d'un médecin de l'armée d'Afrique), sur l'emplacement d'*El-Ksar*, 719 hab. — 74 k. *El-Greiz*.
88 k. Sidi-bel-Abbès (R. 12, *A*).

De Mascara à Saïda. — *A*. PAR LE CHEMIN DE FER (81 k.; trajet en 5 h.; 9 fr. 95; 6 fr. 65). — 12 k. de Mascara à Tizi (V. R. 16); — 17 k. Froha; — 23 k. Thiersville; — 37 k. Taria; — 50 k. Charrier; — 55 k. Franchetti; — 76 k. Nazereg; — 81 k. Saïda. — Pour toutes ces localités, V. R. 16.
B. PAR LA ROUTE DE TERRE (74 k.; dilig., t. l. j.; le jour en hiver; la nuit en été; trajet en 9 h.; coupé, 6 fr.; int., 4 fr.). — Sortant de Mascara par la porte d'Oran, on laisse, à dr., la route d'Oran, pour suivre à g., celle de Saïda, direction S.
3 k. Saint-André (V. ci-dessus). — 12 k. Froha. — 32 k. Taria. — 46 k. Charrier. — 51 k. Franchetti. — 68 k. Nazereg ou Aïn-Azereg. — 74 k. Saïda. — Pour toutes ces localités, *V*. R. 16.

De Mascara à Tiaret. — *A*. PAR FORTASSA (138 k.; route carrossable; omnibus de Mascara à Palikao, t. l. j. en 1 h. 30; 2 fr.). — On sort de Mascara par la porte de Tiaret, direction E. La route traverse des beaux vignobles et des grandes cultures au milieu desquels sont de nombreuses fermes.
12 k. *Maoussa* *, 162 hab., section de la com. m. de Mascara, à l'embranchement des routes de Frenda et de Tiaret.
20 k. **Palikao** * où *Ternifine*, com. de plein exercice de 1,056 hab., et siège de la com. m. de Kachrou. Dans la sablière de Ternifine, qui appartient au quaternaire le plus ancien, on a trouvé des fossiles dont quelques espèces sont éteintes, des ossements entaillés, avec l'outil qui a servi à faire les entailles.
Les koubbas de *Sidi Nahar*, de *Sidi Bou-Djebbar* et d'*Abd-el-Kader*, jalonnent la route. — 43 k. *Medjaref*, caravansérail sur l'oued de ce nom, affluent de la *Mina*.
54 k. Fortassa (R. 18, *A*).
57 k. *Hardjel-el-Guettof*, caravansérail dans une plaine couverte de guettof, plante arborescente.
59 k. Sidi-Djilali-ben-Amar (R. 18, *A*). — Suite de plaines et de collines sans cultures. — 102 k. Mecheria-Sfa (R. 18, *A*). — 128 k. Ferme des Spahis (R. 18, *A*).
138 k. Tiaret (R. 18, *A*).
B. PAR FRENDA (159 k.; route muletière). — 12 k. Maoussa (*V*. ci-dessus, *A*).
22 k. **Cacherou**, ham. et ch.-l. de com. m. de 31,954 hab., avec les populations européennes de Haïtia et de Zelemta. On voit à Cacherou 3 koubbas : l'une où repose Sidi Mansour, marabout venu de l'Ouest; les deux autres dédiées à Sid Ahmed Zeggaï et à Sid Abd-el-Kader de Bagdad.

[Une route nouvelle de 85 k. relie Cacherou à l'Hillil par Palikao, El-Bordj et Kalâ, *V*. ci-dessus de Mascara à l'Hillil.]

35 k. *Zelemla*, ferme sur l'oued du même nom. — 40 k. *Aïn-Guergour*, maison cantonnière. — 53 k. *Bou-Noual*, caravansérail. — 83 k. *Moulaï Abd-el-Kader*, gîte d'étape.
103 k. **Frenda** *, ancienne V. arabe, poste militaire, ch.-l. de com. m. de 21,632 hab., est située à 1,058 m. d'alt., en vue du superbe amphithéâtre du *djebel Gadda*, sur la lisière des Hauts-Plateaux, et près des forêts de pins d'Alep. Frenda est encore près de la tête des eaux de l'*oued el-That*,

de l'*oued Traria* et de l'*oued Lanna*, affluents de l'oued Mina et coulant du S. au N., dans une région mouvementée, creusée par de profondes vallées.

127 k. *Aïn-Temouflet*, gîte d'étape. — 147 k. *La Mina*.
159 k. Tiaret (R. 18, *A*).]

De Mascara à Arzeu, R. 16; — à Aïn-Sefra, R. 16.

B. Par la route de terre.

96 k. — Service de dilig. d'Oran à Mascara; 12 h.; coupé, 12 fr.; int., 9 fr. Il vaut mieux prendre le chemin de fer d'Oran à Saint-Denis-du-Sig (*V*. R. 9, *A*; 3 fr. 80, 4 fr. 35, 3 fr. 20) où l'on trouve la dilig. de Mascara (coupé, 7 fr.; autres places, 5 fr.).

51 k. d'Oran à Saint-Denis-du-Sig (*V.* R. 9, *A*). — La route suit le pied de collines nues, mais assez élevées, à dr.; à g., s'étend l'immense plaine du Sig et de l'Habra. On passe à côté de la ferme de l'Union, clôturée de murs, et l'on traverse le canal d'irrigation fournissant aux cultures de la rive dr. du Sig la moitié des eaux qui sortent du barrage-réservoir; puis on entre dans le ravin d'un petit torrent, l'oued Krouff. Le chemin monte toujours : peu à peu le ravin, faiblement boisé, se transforme en une gorge profonde.

63 k. Ferme d'*Aïn-el-Hallouf*. La montée continue et devient plus rapide.

70 k. Col dominé à g. par le *Sidi-Bou-Ziri* (697 m.). — Une descente de 7 k. mène au pont métallique d'une arche jeté sur l'oued el-Hammam.

77 k. Dublineau ou Oued-el-Hammam (R. 16). — La route s'élève sur les versants du *djebel Tifroura*, qui a reçu de nos soldats en expédition le surnom de *Crève-Cœur*; la montée de Crève-Cœur, longue de 7 à 8 k., est ouverte en corniche sur le côté N. d'un ravin profond, creusé dans les montagnes terreuses des Beni-Chougran. Les Beni-Chougran sont une tribu, jadis très puissante, que nos soldats et nos colons n'ont pas manqué d'appeler les *maudits* Chougran. Ce calembourg est fréquent en Algérie. On peut abréger considérablement la côte de Crève-Cœur par une série de raccourcis.

89 k. Du point culminant de la route (700 m.), on découvre, par un beau temps, le rocher de Santa-Cruz, qui domine Oran. La route, qui descend par de faibles pentes jusqu'à Mascara, borde pendant plusieurs kilomètres des gorges profondes, maigrement boisées de thuyas et des autres arbres communs en Afrique; de l'autre côté de ces gorges se dressent les escarpements blanchâtres, et au loin les pitons des Beni-Chougran.

96 k. Mascara (*V*. ci-dessus, *A*).

ROUTE 15

D'ORAN A ARZEU

A. Par le chemin de fer.

126 k. — Trajet en 4 h. — 1re cl., 14 fr. 50; 2e cl., 10 fr. 40; 3e cl. d'Oran à Perrégaux, 4 fr. 65 et 2e cl. de Perrégaux à Arzeu, 4 fr. 10 (8 fr. 75).

75 k. d'Oran à Perrégaux (*V*. R. 9, *A*). — 51 k. de Perrégaux à Arzeu (*V*. R. 16).

126 k. **Arzeu-le-Port** *, ch.-l. de com. de 5,669 hab. avec ses annexes Sainte-Léonie et Moulaï-Magoun, et tête de ligne du chemin de fer de Saïda, est situé à la pointe O. du petit golfe creusé entre Moslaganem à l'E. et le cap Carbon dont il est distant de 7 k. E.

Arzeu ou *Arzeou*, et non Arzew, a été bâti sur une partie de l'emplacement du *Portus Magnus* des Romains. C'est sur les ruines de Portus Magnus, que dut s'élever l'un des arsenaux maritimes d'Abd-le-Moumen de 1142 à 1160 de notre ère. Les Italiens s'y rendaient comme à Mazagran et à Oran, aux xive et xve s. Plus tard, les Turcs eurent à Arzeu des magasins servant de dépôt, et le mouillage était défendu par un petit fortin.

« En 1831, dit M. Jules Duval, le kadi de Botïoua (vieil Arzeu) ne fit pas de difficulté de pourvoir de vivres et de chevaux nos troupes d'Oran, bloquées dans la place. Abd-el-Kader commença les hostilités en pillant Arzeu et en faisant étrangler le kadi. Le général Desmichels profita de l'exaspération que cette nouvelle excita dans la population d'Arzeu, pour s'en emparer le 4 juillet 1833. »

Arzeu est entourée d'une enceinte percée de deux *portes* : *de Moslaganem* et *d'Oran*. On y compte trois *places* : *d'Isly*, *Philippe* et *Clauzel*; sur cette dernière se tient le marché quotidien. Les rues sont bien alignées et coupées à angle droit; des plantations sur les trois places et sur le boulevard extérieur reposent un peu la vue de l'aridité des alentours.

Les *eaux* qui alimentent la ville, assez bonnes, quoique légèrement saumâtres, sont amenées des ravins de Sainte-Léonie, de Moulaï-Magoun, et de Tsemamid à Saint-Leu.

Le *port*, dont le développement est tel que, dans l'état actuel, il peut donner un abri assuré à plus de deux cents navires de toutes grandeurs et suffire à un mouvement commercial des plus importants, a repris un grand mouvement depuis la création du chemin de fer d'Arzeu à Saïda ((*V*. R. 16), concédé à la Cie franco-algérienne avec le droit exclusif d'exploiter l'halfa sur une étendue de 300,000 hect. au delà de Saïda. Or c'est à Arzeu qu'arrive l'halfa, et les navires l'y attendent pour le transporter sur les marchés de l'Europe. Le *phare*, de 4e ordre (9 milles de portée), est placé sur un îlot, au N. du *fort Lapointe*, à l'extrémité O. de la rade d'Arzeu. Une jetée longue de 150 m., avec quai sur la face S., est en cours d'exécution.

[A 7 k. S.-E., en face de *Saint-Leu* *, ch.-l. de com. de 5,342 hab., avec Damesme son annexe (on peut s'y rendre par le chemin de fer d'Arzeu à Perrégaux, V. R. 16), est situé le *vieil Arzeu*, ou *Botioua*, v. arabe, avec les *ruines* de la colonie romaine de Portus Magnus. Ces ruines importantes couvrent, dans la direction de l'E. et à l'O., un coteau aboutissant d'un côté aux vastes plaines de la Mina, de l'Habra, du Sig et de Mleta; et, de l'autre, par une pente douce, à une plage sablonneuse.

Les ruines de Botioua sont occupées par une fraction des *Hamian*, demi-nomades, qui habitent, une grande partie de l'année, sous des maisons grossières, faites des débris des anciennes constructions elles-mêmes dont les terrassements, les voûtes, les citernes sont utilisés pêle-mêle, avec d'inextricables buissons de broussailles et de figuiers de Barbarie.

Du côté opposé à la route d'Oran à Mostaganem se trouvent des ruines intéressantes d'une *maison* romaine; elles couvrent un rectangle d'env. 20 m. de côté; le rez-de-chaussée, avec ses murs de refend qui divisent les passages et les diverses salles ou appartements, est resté intact (les mosaïques ont été transportées au musée d'Oran).

A 13 k. S., *El-Melah*, où le sel se cristallise par l'évaporation naturelle, sur un lac d'une étendue de 4,000 hect. On évalue à 2 millions de tonnes le sel pur contenu dans le lac; une usine à vapeur est installée aux salines pour le broyage et le criblage du sel qu'on transporte par un chemin de fer qui vient se raccorder à 1,500 m. d'Arzeu avec celui de la Cⁱᵉ Franco-Algérienne. Ce chemin pourra être affecté plus tard à un service public de voyageurs et de marchandises, et être prolongé jusqu'à Sainte-Barbe-du-Tlélat dont la distance n'est que de 18 k. (V. R. 9, A).]

D'Arzeu à Aïn-Sefra, R. 16; — à Mostaganem, R. 17.

B. Par la route de terre.

42 k. — Dilig. t. l. j. en 4 h.; 3 dép. le jour, coupé 2 fr., int. 1 fr. 25; 3 dép. le soir, coupé 3 fr. 05, int. 2 fr. 55. — Service d'omnibus pour Saint-Cloud, plusieurs fois par jour; Saint-Louis, 1 fr. 25; Arcole, 50 c.

La route, sortant d'Oran par Kerguenta, se dirige vers le N.-E. et traverse une plaine couverte presque partout de palmiers nains et de broussailles. Les mouvements de terrain ne sont jamais heurtés; ce sont des pentes douces, sillonnées par des ravins peu profonds; ces collines dérivent de la montagne des Lions ou *djebel Kahar* (611 m.), qu'on laisse à g., à moitié chemin. Quant au djebel Kahar lui-même, que sa hauteur signale à l'attention, de tous les points du pays, et particulièrement d'Oran, il se rattache au *mont Ourous* (631 m.), qui domine Arzeu.

12 k. A g., *Sidi-Marouf*, agglomération de petites propriétés.

15 k. *Assi-bou-Nif* *, ch.-l. de com. de 521 hab. Le mot *Assi*, qui signifie un endroit bas, un puits, est justifié par le bassin fermé dans lequel est situé Assi-bou-Nif.

19 k. *Assi-Ameur* *, ch.-l. de com. de 343 hab.

[A 4 k. N.-E., *Fleurus**, ch.-l. de com. de 861 hab., situé sur l'emplacement d'*Assi-er-Rir*, au commencement de la plaine de *Telamin*.

De Fleurus, une route de 30 k. conduit à Saint-Denis-du-Sig (R. 9, *A*), en passant par (7 k.) *Assi-ben-Kerea*, ou *Legrand** (nom d'un général tué à Sedan), com. de 822 hab., et par (9 k.) *Saint-Louis**, ch.-l. de com. de 1,988 hab. A 10 k. de Saint-Louis, la route passe à l'extrémité S.-O. d'*El-Melah*, le lac salé d'Arzeu en exploitation, et la forêt de Moulaï-Ismaïl (*V.* R. 9, *A*).]

22 k. **Assi-ben-Okba***, ch.-l. de com. de 684 hab.

[A 10 k. O., *Arcole**, ch.-l. de com. de 797 hab.; à 2 h. N.-E. d'Arcole, source d'eau gazeuse, vendue à Oran comme eau de Seltz.]

28 k. **Saint-Cloud***, ch.-l. de c. et ch.-l. de com. de 4,768 hab. avec *Mefessour* son annexe, fait l'élevage des bestiaux, surtout des moutons, et possède un des plus grands vignobles de la province.

[A 4 k. N.-E., *Aïn-Tazout*, avec une minière de fer exploitée par MM. Campanille et Lévy d'Oran.

A 4 k. N.-O., *Kléber**, ch.-l. de com. de 814 hab., situé au pied du djebel *Orous*, s'appela longtemps *Colonie de la Soif*; mais, aujourd'hui, le v. ne manque plus d'eau. Des carrières de marbre rouge sont exploitées par la Cie del Monte. Les minières de fer du djebel Orous sont exploitées par M. Champenois.]

33 k. *Mefessour*, annexe de Saint-Cloud.
36 k. *Sainte-Léonie*, 410 hab., annexe d'Arzeu. Entre ces deux centres, ham. de *Moulaï-Magoun*, dépendant de Saint-Leu.
42 k. Arzeu (*V.* ci-dessus, *A*).

ROUTE 16

D'ARZEU A AIN-SEFRA

PAR SAIDA

LES KSOUR DES OULAD-SIDI-CHEIKH

454 k. — Chemins de fer : 1° d'Arzeu à Saïda où l'on couche, en 7 h. 23, avec arrêt de 1 h. 43 à Perrégaux; café-restaurant en dehors de la gare à dr.; — 2° de Saïda à Aïn-Sefra en 13 h. 30, avec arrêt de 35 min. au Kreider (buffet). — Trajet total en 23 h. 40. — 54 fr. 50; 36 fr. 30; pas de 3e cl.

Le chemin de fer d'Arzeu à Aïn-Sefra (454 k.), par Saïda et le Kreider et qui sera continué d'un côté jusqu'à Djenien-bou-Rezg (100 k. S.-E.), de l'autre jusqu'à Oran et Mostaganem, a été construit par la Cie *Franco-Algérienne* (Débrousse et Cie), propriétaire du domaine de l'Habra et de la Makta, et concessionnaire du droit exclusif d'exploitation de l'halfa au S. de Saïda. Ce chemin, à une seule voie de 1 m. 10 de largeur, est construit dans de bonnes conditions, et présente, tant au point de vue artistique qu'au point de vue scientifique, quelques détails très remarquables.

D'Arzeu à la Makta, la voie ferrée longe la rive méditerranéenne à g., la route de Mostaganem et les cultures des villages de Damesme, de Saint-Leu et de la Makta, à dr.

7 k. Saint-Leu (R. 15, B).

21 k. *La Makta* *, ou le *Port aux Poules*, v. d'une centaine d'hab., pittoresquement situé sur un tertre dominant la mer au N. et les marais de la Makta au S. — La voie, laissant à g. la route de Mostaganem, coupe la Makta sur un pont en fer de 25 m. et traverse du N. au S.-E. les vastes plaines et les landes de la Makta, arrosées par cette rivière et ses affluents : l'*oued Tanakhera* et l'*oued Sig* à dr., et l'*oued Tin* à g. — Au 32e k., porcherie modèle et puits artésien.

38 k. *Débrousseville* (nom du concessionnaire et du constructeur bien connu de nombreux chemins de fer), annexe de Perrégaux, est situé au milieu de vignes qui ont remplacé les tamaris sur une superficie de 1,000 hect. C'est le magasin central du matériel du chemin de fer d'Arzeu à Saïda.

42 k. *La Ferme-Blanche*, arrêt, créé en 1882 par la Cie Franco-Algérienne (domaine magnifique; 1,000 hect. de vignes en rapport en 1885; orangerie de 15 hect.; caves pouvant contenir 50,000 hectol.; bananeries; pépinières; jardins; jumenterie pour 200 juments poulinières et 100 étalons). — En face du 46e k., à dr., barrage Saint-Maur. — La voie coupe à niveau la ligne d'Alger à Oran.

51 k. Perrégaux (R. 9, A), gare du chemin de fer d'Oran à Alger. — La voie franchit l'Habra sur un pont en fer de 40 m. et s'engageant, par une montée, entre la route de Oued-el-Hammam à dr., et les berges escarpées de l'Habra à g., s'élève jusqu'au *col des Juifs*, ainsi nommé parce que six Juifs y furent massacrés par des bandits arabes. Le trajet entre Perrégaux et l'oued el-Hammam offre des sites très pittoresques. Au 62e k., le barrage de l'Habra est d'un effet saisissant : la voie longe sur ce point le magnifique lac formé par le barrage et se trouve comme suspendue sur le flanc d'un escarpement de rochers presque à pic.

[C'est de Perrégaux que le touriste partira pour visiter le barrage (12 k.). En suivant la route accidentée qui conduit à Mascara par Oued-el-Hammam, on aperçoit, longtemps avant d'y arriver, et se détachant sur un fond de montagnes boisées, une ligne blanche qui grandit immensément à mesure que l'on approche : c'est le **barrage de l'Habra** construit au-dessous de la réunion de l'oued el-Hammam, de l'oued Tezou et de l'oued Fergoug, qui prend alors le nom de l'Habra. Il a une longueur de 478 m., y compris les 128 m. du déversoir; sa hauteur est de 40 m.; la partie bétonnée est de 7 m.; enfin l'épaisseur de ce mur cyclopéen est de 38 m. 90 à la base. L'eau arrêtée derrière le barrage forme un immense lac qui, se divisant en trois branches, remonte la vallée de l'oued el-Hammam pendant 7 k., celle de Taourzout pendant 3 ou 4, celle de l'oued Fergoug pendant 7. Les flots qu'apportent les trois oueds sont troubles, mais ils se reposent dans le lac et ils en ressortent bleus. La contenance du bassin est de 14 millions de m. cubes. Cette eau s'écoule vers le bief inférieur par de puissantes vannes qu'un seul homme peut ouvrir au moyen d'un ingénieux mécanisme. Les travaux du barrage détruits par deux fois, en 1872 et 1881, contre toute prévision, ont nécessité une dépense de plus de 5 millions de francs à la société Débrousse et Cohen, qui, en échange de cette immense entreprise, a obtenu une concession de 24,000 hect. dans la plaine de l'Habra, entre Perrégaux et la mer. C'est à M. Barrelier, ingénieur, constructeur du barrage et gérant de la concession, que nous devons les renseignements si intéressants qu'il nous a donnés sur place.]

Après le passage des *Aiglons*, et toujours en montant, la voie traverse la rivière sur deux ponts de 40 m.

74 k. **Dublineau** * ou **Oued-el-Hammam**, ch.-l. de com. de 1,270 hab., sur la rivière de ce nom; c'était d'abord un petit fortin destiné à surveiller la route, à égale distance de Saint-Denis et de Mascara, dans lequel, lors de la révolte de 1845, Dublineau, ancien sous-officier, tint tête aux Arabes avec deux compagnons, jusqu'à ce qu'il fût dégagé par un détachement se rendant à Mascara. Des Prussiens ont formé ensuite le premier noyau du village. L'oued el-Hammam (rivière des eaux chaudes) s'appelle ainsi à cause des sources alcalines et salines, à côté desquelles elle a passé à quelques m. en amont, à Hammam-Hanefia. Le v., pittoresquement situé au milieu des montagnes sur la rivière, est arrosé par un canal (400 lit. à la sec.) qui puise ses eaux dans la rivière, à 12 k. en amont, près de la *Ferme des Tartares*, à 5 k. au-dessus du groupe de fermes de *la Guetna*.

A Dublineau, la voie laisse à g. la route d'Oran à Mascara, court au S.-O., en montant toujours entre des terrains blancs et marneux, et franchit la rivière sur deux ponts de 35 m.

81 k. *La Guetna*, chez les Hachem-Gharaba, à quelques pas de la zaouïa où fut élevé Abd-el-Kader. A 50 m. de la *ferme Lacretelle*, sur le bord du chemin de fer, *nécropole romaine* avec inscriptions du ive au ve s. — Après avoir passé sur un pont métallique, la voie continue en rampe; les montagnes s'écartent et laissent entre elles une certaine zone dont la culture profite.

88 k. *Bou-Hanefia*, nouveau centre, à 5 k. N.-E. (voit.) d'*Ain-el-Hammam-bou-Hanefia*, groupe de sources minérales alcalines (66°) et salines (63° et 65°), et établissement de bains et piscines fréquentés par les Européens et les Arabes. Ces eaux étaient connues des Romains.

100 k. **Tizi** * (en berbère, col, synonyme de ténia; buvette), 199 hab., section de la com. m. de Mascara.

La grand angle rentrant que le chemin de fer a dû faire à Tizi a été nécessité par le massif du *djebel Tifroura*.

De Tizi à Mascara R. 14, A.

D'ARZEU A AIN-SEFRA

107 k. *Froha*, 177 hab., section de la com. m. de Mascara, près de l'oued Froha, rivière qui se perd plus bas dans le sol.

113 k. *Thiersville*, section de la com. m. de Mascara, 523 hab. dont 50 indigènes, nouveau v., à 2 k. E. au pied d'un mamelon surmonté d'une koubba. — On quitte la plaine de l'Eghris pour s'engager dans les montagnes, couvertes de tamaris et de lentisques, qui la séparent de la plaine de Taria. On franchit l'oued Taria, branche principale de l'oued el-Hammam, sur un pont en pierre d'une arche, à l'entrée de

127 k. *Taria*, section de la com. m. de Mascara.

[De Taria une route conduit à (16 k.) Aïn-Fekkan (R. 14).

A 30 k. N.-O. de Taria, à l'endroit dit *Benian*, ruines romaines importantes, fort byzantin, tombeau.]

Au sortir de la plaine de l'oued Taria, le terrain, qui, depuis Froha, était généralement plat et couvert de broussailles et de palmiers nains, se relève et se boise. On entre dans la vallée de l'oued Saïda, limitée des deux côtés par des montagnes boisées de forêts de thuyas.

140 k. *Charrier* (buvette), 157 hab., dont 137 Européens, annexe de Saïda. Dépôt d'halfa.

145 k. *Franchetti* (nom d'un des défenseurs de Paris en 1870), auparavant *Drâ-er-Remel*, 390 hab., dont 346 Européens, annexe de Saïda, entre deux chaînes de montagnes plus ou moins boisées. Non loin de la gare, on aperçoit un énorme rocher fendu en deux parties par un tremblement de terre. C'est, disent les Arabes, à la prière d'une mère, pour sauver son enfant de la poursuite d'une panthère, que le rocher fut écarté par Allah. Les déchiquetures de ce rocher, qui ont un faux air de ruines féodales, font donner au v. le nom de *Franchetti-les-Châteaux*.

[A quelques k. E., barrage dont les eaux abondantes arrosent les cultures de Franchetti. A 1 k. E. du barrage, *Aïn-el-Hammam*, source (37°) salée et soufrée, employée par les Arabes.]

La voie décrivant des courbes s'élève par des rampes; à g., koubba et cimetière arabe.

166 k. *Nazereg* (buvette; on devrait dire *Aïn-Azereg* : la fontaine bleue), annexe de Saïda, à 800 m. d'alt. Le climat de Nazereg est celui de la France; on y trouve les mêmes arbres fruitiers. Les sources qui arrosent cette colonie sont de toute beauté : fraîches et claires, elles ne donnent pas moins de 300 lit. d'eau par sec. Celle d'*Aïn-Ouangal* ou du Poirier, située au N., en verse env. 175. — Entre Nazereg et Saïda, à dr., fontaine thermale sur le bord même de l'oued Saïda.

171 k. **Saïda** * (c'est en se faisant recommander par le chef de gare de Saïda qu'on pourra loger à la gare d'Aïn-Sefra où il y a 4 bons lits), cercle milit. de la subdiv. de Mascara, ch.-l. de com. de 7,803 hab. et ch.-l. de com. m. de 23,196 hab., situé à

880 m. d'alt., a été créé au commencement de 1854, sur une butte, placée à la base de longues crêtes qui limitent vers le S. les Hauts-Plateaux, près de l'oued Saïda.

L'enceinte renferme dans sa partie E. une caserne, un pavillon d'officiers, un hôpital et des magasins; la partie O. est occupée par la ville. La rue principale, bordée d'arbres, va de la gare à la caserne. Sur la place du marché arabe, à l'O., s'élèvent un bel hôtel de ville et une petite mosquée.

Le pays est fertile, le climat sain, les eaux abondantes, et la ville est peuplée en partie d'Espagnols.

[« La vieille Saïda, la *Saïda* d'Abd-el-Kader, occupée et ruinée par nos troupes, le 28 mars 1844, est distante de la nouvelle de 2 k. Un peu plus au S.-O., l'oued Saïda, après avoir serpenté sur les déclivités des Hauts-Plateaux, se fraye subitement un passage à travers une dislocation de la montagne, et 1 k. plus loin, se fait jour derrière la vieille Saïda. Les berges sont souvent coupées à pic, et d'une hauteur qui égale leur écartement, 100 m. Sur les pentes les moins raides poussent l'olivier, l'amandier et le térébinthe. Au fond de la gorge, le torrent roule à travers les roches couvertes de vignes et de lauriers-roses. C'est sur un talus adossé à la berge N. et au point où débouche la gorge qu'Abd-el-Kader avait bâti Saïda; cette ville était carrée, et il avait complété son système de défense, sur les trois autres faces, par de fortes murailles qui subsistent encore à moitié. » (*D.-L. Leclerc.*)

« Sur la route carrossable, mais ravinée en hiver, de grande ceinture de Saïda à Frenda, charmante excursion à *Aïn-Tifrid* (28 k. E.). On rencontre d'abord la *ferme Solari*, vaste exploitation de 5,000 hect., dont 1,000 en plein rapport (vignes et bon vin). M. Solari est un des premiers colons et marchands de laine depuis 1840. Aïn-Tifrid, chez les Ouled-Khaled, forme un vaste bassin qui s'écoule à 1,500 m. plus loin dans la vallée par 3 belles cascades hautes de 20 m. Pays très boisé; forêt de chênes séculaires; poisson et gibier en abondance. » (C¹ *E. Letellier.*)

A 10 k. N., eaux thermales d'*Hammam-ouled-Kraled.*]

Le chemin de fer laisse la route de Géryville à dr. (*V.* R. 18) et monte une rampe en forme de boucle, à travers la glaise coulante.

182 k. Aïn-el-Hadjar * (la fontaine de pierre), ou *Maugerville* (nom d'un député, président de la C¹ᵉ Franco-Algérienne), ch.-l. de com. de 828 hab., à 1,024 m. Là sont les ateliers de triage des halfas et de leur mise en ballot par de fortes presses hydrauliques; ils occupent 500 à 800 ouvriers et ouvrières, sans compter le personnel qui fait la coupe de l'halfa. Aïn-Hadjar, pillé et incendié par les bandes de Bou-Amema en 1881, relevé de ses ruines et désormais à l'abri d'un coup de main, est aujourd'hui une petite ville comprenant les vastes ateliers, la maison de l'administration et des logements à un rez-de-chaussée destinés au personnel des travailleurs, et qui rappellent, par leur disposition, les maisonnettes que l'on rencontre sur le chemin de fer du Nord, aux abords des usines métallurgiques.

On traverse d'immenses plaines incultes.

206 k. *Tafaraoua*, à 1,150 m., au centre des Hauts-Plateaux légèrement déprimés vers la région des chotts.

215 k. *Khrafalla*, à 1,109 m. (quelques maisons, baraques ou masures; chantiers d'halfa sur lesquels eurent lieu les massacres de 1881). C'est là que commencent les curieux mirages de golfes, d'îles, de cours d'eau bordés d'arbres.

224 k. *Bordj de Moulaï Abd-el-Kader*, à 1,086 m. — 230 k. *El-Beïda*, à 1,005 m.

236 k. *Modzba-Sfid*, à 1,057 m., ancien réduit crénelé (immense dépôt d'halfa).

[A 1 k. O., bifurcation sur (32 k. de Modzba-Sfid) *Marhoum*, à 1,117 m.; raccordement pour l'exploitation de l'halfa.]

C'est à Modzba-Sfid que se détache le chemin de fer (propriété de l'Etat) de Mécheria et Aïn-Sefra par le Kreïder. On ne saurait passer sous silence l'histoire vraiment extraordinaire de sa construction :

A la suite de l'insurrection dans le S. de la province d'Oran, au printemps de 1881, les Chambres, par leurs votes des 28 et 29 juillet, autorisèrent le ministre de la Guerre à faire construire la ligne stratégique, à voie étroite de 1 m. 10, de Modzba au Kreïder et à Mécheria. Le 7 août, 800 ouvriers étaient à l'œuvre : le 27 septembre, la locomotive arrivait aux sources de Kreïder; les 35 premiers k. avaient été enlevés en 52 jours. Le 13 décembre, la garde mobile de l'avancée, installée au camp de Bir-Senia, y assurait tous les ravitaillements militaires. Une longueur de 76 k., dans laquelle se trouvait comprise la traversée du chott, était donc terminée en 128 jours. Les travaux, interrompus du 13 décembre au 21 février, furent repris avec activité dès que le temps le permit, et, malgré cette interruption forcée de 70 jours, la locomotive arrivait à Mécheria le 2 avril 1882. En résumé, la ligne de 115 k. avait été établie en 239 jours, ce qui correspond à une vitesse d'un 1/2 k. par jour.

Au delà de Modzba-Sfid, au delà de quelques plaines couvertes de cailloux et d'une maigre végétation, commencent d'autres plaines de verdure qui s'étendent à perte de vue, et qui sont connues sous le nom de *mer d'halfa*, ayant pour horizon au S. le Chott-ech-Chergui; c'est là que la Cie Franco-Algérienne a obtenu une concession de 300,000 hect. pour l'exploitation du textile si recherché aujourd'hui dans la fabrication du papier et de la sparterie. La récolte qui, en 1868, était de 3,736,000 k., a atteint, en 1893, le chiffre de 73,400,800 kilog., au prix moyen de 6 fr. le quintal au port d'embarquement.

248 k. *Tin-Brahim*, à 1,051 m., redoute. — Plaines de cailloux; montagnes à dr. à l'horizon; au fond, le chott. On est dans un véritable désert, meurtrier en été pour les caravaniers; la route est jalonnée par des carcasses d'ânes, de chevaux ou de chameaux; l'approche des voyageurs fait fuir des vols de vautours et de corbeaux en quête de pâture.

257 k. *Assi-el-Madani*, à 1,044 m., poste et garage, comme Tin-Brahim. On laisse à dr. et à 2 k. une grande maison arabe au milieu d'arbres.

271 k. **Le Kreider** * (buvette), 170 hab., à 1,030 m. C'était avant la création de Mécheria le terminus du chemin d'Arzeu aux Hauts-Plateaux. Un fort, comprenant une haute tour carrée avec télégraphe optique communiquant avec Mécheria, Géryville, Ras-el-Ma et Saïda, et des logements militaires à côté d'une koubba, couronnent un monticule au pied duquel on a élevé d'autres constructions militaires, rasant le chemin de fer, et dans lesquelles sont installés la poste et le télégraphe. En passant devant quelques maisons d'aubergistes, noyau d'un futur v., on atteint un second monticule, à dr., où sourdent des eaux abondantes et pures, au milieu d'arbres d'une belle venue. Ces fontaines donnent 56 lit. par seconde. C'est là qu'on remplit les wagons-citernes.

Le tracé du chemin de fer demeure pendant 12 k. dans la cuvette des chotts, souvent à sec et brillants comme un immense miroir; on commence à remonter pour atteindre

285 k. *Bou-Guetoub*, à 980 m. — A g., embranchement de la route de Géryville.

299 k. *Rezaïna*, à 1,040 m., garage fortifié. — 313 k. *Bir-Senia*, à 1,048 m., au milieu de dunes mouvantes. — 323 k. *El-Biod*, à 1,037 m., gare fortifiée avec alimentation à vapeur, en vue de la source de Fekharin, et du djebel Antar. Au delà d'El-Biod, la ligne se redresse vers le S. et court parallèlement à la chaîne du djebel Antar. — 336 k. *Khrebazza*, à 1,055 m., où l'on traverse l'oued du même nom.

352 k. **Mécheria***, ch.-l. d'une com. m. de 19,808 hab., à 1,160 m., au pied du *djebel Antar* et du mamelon du *djebel Haneiter*. Derrière la gare s'étend le nouveau poste pouvant contenir 2,000 hommes. De l'autre côté de la gare, à quelques centaines de m., à g., des maisons de cabaretiers et de marchands de comestibles, bordent une place carrée.

362 k. *Touifza*, fortifié. — 372 k. *El-Harchaïa*, fortifié.

385 k. **Naâma**, fortifié, à 1,183 m. (puits nombreux, bonne eau; à l'E., petite sebkha dont les cristaux brillent au soleil).

[De Naâma un chemin de 60 k. se dirige au S.-E. vers Tiout (*V*. ci-dessous).]

Le *djebel Moulrad* se rapproche. — 397 k. *Souïga*, fortifié. — 409 k. *Mokta-Déli*, fortifié; à g., au S., le *djebel Mokta-Déli*. — 420 k. *Mekalis*, fortifié, à 1,323 m.; point culminant de la ligne. A g., le *djebel Mekalis*; à dr., la plaine de Fasjet-el-Bethom. Descente vers Aïn-Sefra; on distingue le lit de l'oued Mouïla. — 431 k. *Bou-Ghelabba*, fortifié; à g., le *djebel Aïssa*; à dr. et plus loin, le *djebel Moughat*. — 443 k. *Tirkount*, fortifié. — Rampe très forte; courbe prononcée.

454 k. **Aïn-Sefra** à 1,075 m., gare fortifiée (en se faisant recommander par la Cie, à Saïda, on peut loger à la gare; où il y a quatre bons lits), dépendant de la com. m. de Méchéria. — Derrière la gare, à 200 m., est situé le village européen habité en partie par des cabaretiers, des marchands de comestibles et un hôtelier; la rivière le sépare du quartier militaire et du village arabe ou ksar, amas compact de tanières en torchis auxquelles on accède par des ruelles infectes, et qu'entourent quelques maigres jardins d'où s'élancent 5 ou 6 palmiers plus maigres encore. De la gare au village arabe on marche dans le sable jusqu'à la cheville. Aïn-Sefra (la source jaune) est adossé à une grande ligne de dunes, qui a plusieurs lieues de longueur, en avant du *djebel Meckter*. Sans cesse ces dunes menacent de combler la redoute et l'oasis. Mais le capitaine Godron, ancien chef du bureau arabe, a réussi à les arrêter en faisant établir, sur la crête, des palissades avec des roseaux et des branchages. A l'abri de ce brise-vent on a répandu sur le sable du fumier non consommé. Le sable a été arrêté et les grains d'orge qui se trouvaient dans le fumier ont pu germer et créer une véritable pelouse qui permet de faire des plantations.

[D'Aïn-Sefra le chemin de fer se prolongera avant peu de temps jusqu'à *Djenien-Bou-Rezg* (100 k.), au S.-E., en passant par *Khreneg-el-Hadjadj* et *Moghrar*. Ce sera un acheminement vers le Touat sur la route duquel ont été récemment élevés les forts de Mac-Mahon et de Miribel.

A 20 k. N.-E. d'Aïn-Sefra (on peut se procurer à l'hôtel de France des chevaux, 5 fr. par j., et des guides, 4 fr. par j.), Tiout, 800 hab., à 1,055 m., occupe une position très pittoresque, au pied de grands rochers de grès rouge. De magnifiques bouquets de dattiers et des rochers bizarres, surmontés de masures en ruine, se mirent dans les eaux limpides du fort ruisseau qui les arrose et que les gens de Tiout comparent au Nil. Les jardins sont étendus et la végétation variée. On admire les vignes gigantesques qui s'enlacent aux amandiers, aux pêchers et aux figuiers. Le bassin qui forme le barrage jeté sur le ruisseau disparaît sous une foule de grandes herbes aquatiques, hantées par des nuées de courlis, de pluviers, de bécassines, de pigeons, de poules d'eau, et visitées la nuit par les gazelles et antilopes.

Le ksar est moins heureusement situé que les autres pour la défense, en ce sens qu'il n'est point isolé, mais comme noyé dans les jardins. Il est bâti en terre, si ce n'est la porte de ville, appelée Bab-Sidi-Ahmed-ben-Youssef, et les arcades mauresques de la mosquée.

M. le docteur Félix Jacquot a trouvé et décrit de curieux dessins tracés en lignes creusées sur le flanc vertical de roches situées en tête de l'oasis. Ces dessins, dit-il, doivent remonter à une époque très reculée, si on en juge par les temps auxquels nous reportent les costumes et les scènes. Les guerriers y sont encore représentés avec des plumes sur la tête et armés d'arcs et de flèches. On y voit figurer un éléphant, animal qui n'a pas paru dans ces contrées depuis les anciennes époques. Le lien du mariage ou de la famille est indiqué par un trait unissant les divers personnages. « Plus anciens certainement que l'invasion arabe, ces dessins sont dus peut-être à une colonie égyptienne, et plus probablement à un soldat égyptien de l'armée romaine. »

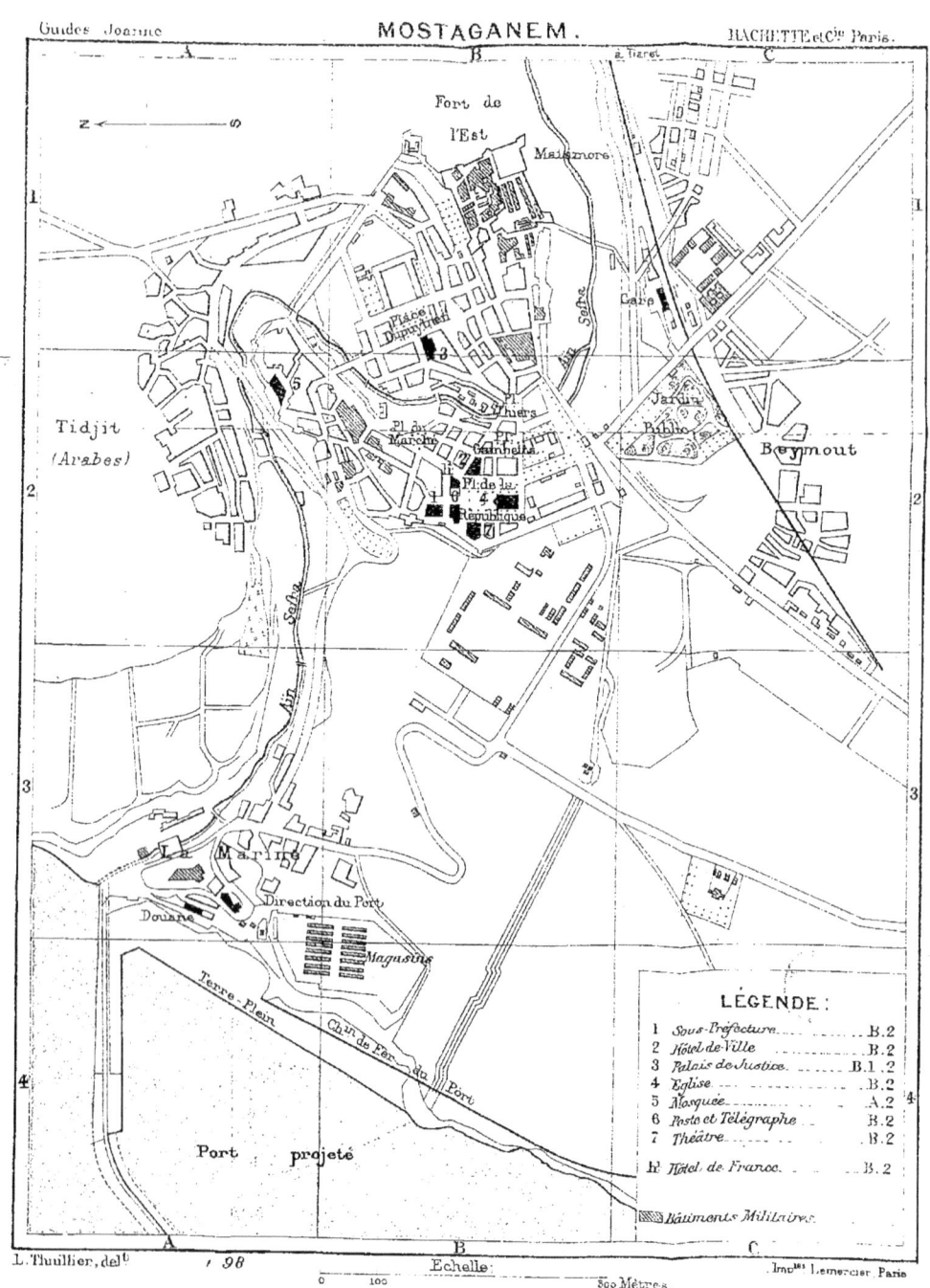

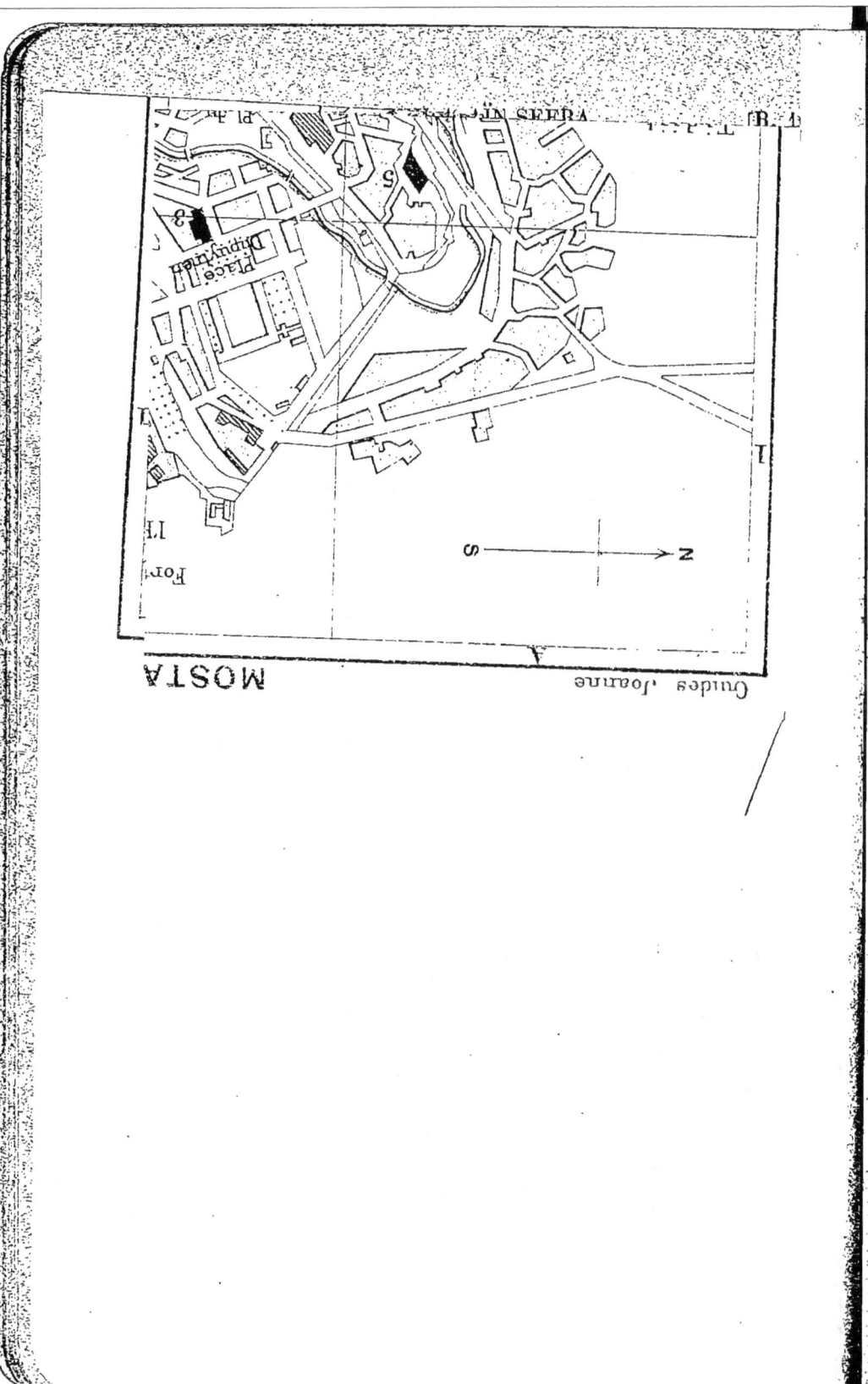

A 100 k. S.-O. d'Aïn-Sefra est situé **Figuig** (oasis défendue par neuf ksour et comprenant plus de 15,000 hab., ayant 3,000 fusils) qui, comme le Touat, doit appartenir à la France, tandis qu'il est le rendez-vous des mécontents du Maroc et du Sud de la province d'Oran.

« Figuig est une grande forêt de palmiers entourée de villages qui paraissent se toucher. Une ravissante verdure forme comme le fleuron de ce paysage, d'où se dégagent d'élégantes mosquées et de blancs minarets. Une longue muraille en pisé, surmontée de nombreuses tours, enferme le tout. Enfin un cercle de petites montagnes ont l'air d'avoir été plantées exprès pour rompre l'effort des vents violents du N. et pour opposer une barrière aux sables du désert. » (Cap. *Perrot.*)

ROUTE 17

D'ORAN A MOSTAGANEM

A. Par le chemin de fer.

201 k. — Trajet en 6 h. — 1re cl., 20 fr. 40; 2e cl., 15 fr. 20; 3e cl., d'Oran à Relizane, 7 fr. 70, et 2e cl., de Mostaganem, 4 fr. 70 (12 fr. 40).

125 k. d'Oran à Relizane (*V*. R. 9, *A*).

70 k. de Relizane à Mostaganem (*V*. R. 18, *A*). — A partir de Pélissier, 6 k. avant Mostaganem, la voie est établie au milieu des vignes et des vergers jusqu'à la gare située en tête du faubourg de *Beymout* et séparée de Mostaganem par une route de 300 m. passant à g. du jardin public et s'arrêtant à la porte de Mascara.

201 k. **Mostaganem***, et mieux *Mostar'anem*, ch.-l. d'arrond., ch.-l. de com. de 17,353 hab. dont 4,371 Français, 235 Juifs, 7,773 indigènes, situé sur un plateau (85 m.) à 1 k. de la mer.

Sous le règne de l'empereur Gallien, l'Afrique septentrionale fut désolée par d'effroyables tremblements de terre. Peut-être faut-il attribuer à ces catastrophes l'aspect abrupt de la côte de Mostaganem, qui, effectivement, semble conserver les traces d'un affreux bouleversement. Sans doute alors une partie du rivage, et avec elle le port romain de *Murustaga*, Mostaganem, furent engloutis par la Méditerranée.

On attribue à Youssef-ben-Tachfin, l'Almoravide, la fontaine de *Bordj-el-Mehal*, l'ancienne citadelle de Mostaganem, convertie aujourd'hui en prison. Youssef régna de 1061 à 1106 de J.-C. (453 à 500 de l'hég.); après Youssef, Mostaganem appartint aux Beni-Zeiyan de Tlemcen puis aux Mérinides de Fez dont l'un, Abou-Einan, fils d'Abou-el-Hassen, fit construire la mosquée en 1342 (742 de l'hég.).

En 1516 Mostaganem passa sous la domination des Turcs; elle fut alors agrandie et fortifiée par Kheir-ed-Din. De cette époque date son importance qu'elle perdit ensuite.

A l'époque de la conquête d'Alger, des Turcs et des Koulour'lis d'Alger, de Mazagran et de Mostaganem, se retirèrent dans la forteresse de cette dernière ville; ils étaient au nombre d'env. 1,200, lorsque le général Desmichels s'en empara et y plaça une garnison française (juillet 1833).

La ville comprend deux quartiers distincts : la ville proprement dite à l'O., et Matmore à l'E., séparés tous deux par le ravin de l'aïn Sefra, ruisseau qui ne roule pas moins de 150 lit. par sec.; ils ont été entourés, depuis 1841, d'un mur d'enceinte commun, crénelé et percé de cinq *portes : du Chélif*, au N.; *des Medjer*, à l'E.; *de Mascara*, au S.; *d'Arzeu et de la Marine*, à l'O.

Les places, au nombre de quatre, sont : la *place de la République*, entourée de bâtiments à arcades sur deux de ses faces; la *place Thiers*, la *place des Cigognes*, devant l'ancien fort de Mehal, et la *place de l'Hôpital*, à Matmore. On citera les rues suivantes : *avenue du 1er-de-Ligne*, plantée d'arbres; *rue de la République*, à arcades; *rue de Tlemcen; rue des Jardins*, parallèle au ravin dans sa partie S. au N.

Les édifices religieux sont : l'*église* (Pl. 4, B, 2; place d'Armes), où l'on voit quelques copies de tableaux de maîtres; l'*oratoire protestant;* la *synagogue* et la *mosquée* (Pl. 5, A, 2), qui semble accrochée aux remparts.

Les édifices civils sont l'*hôtel de la sous-préfecture* (Pl. 5, B, 2), la *mairie* (Pl. 1, B, 3), le *tribunal civil* (Pl. 3, B, 1, 2), le *théâtre* (Pl. 7, B, 3), place d'Armes, une *halle aux grains*, une *poissonnerie*, un *caravansérail*.

Les *édifices militaires* comprennent, à Matmore, une caserne d'infanterie, un hôpital et d'anciennes koubbas affectées au service de l'administration militaire; dans l'une de ces koubbas a été inhumé le fameux bey de l'Est, Bou-Chelar'em. Le beau quartier de cavalerie est situé au bas et à l'O. de Mostaganem.

[Les environs immédiats offrent comme buts de promenade : — le *jardin public*, à la porte de Mascara; — *Tidjit*, v. arabe sur la rive dr. de l'aïn Sefra et dont les maisons blanchies à la chaux se détachent sur le fond vert grisâtre des cactus-raquettes; — *la Marine*, à 1,110 m. N. de la ville; le port consiste en une jetée de 120 m. que l'on doit prolonger; — *la Salamandre*, ham. de pêcheurs, construit à la pointe de ce nom, à 1 k. S.-O.]

De Mostaganem à Perrégaux (49 k.; dilig. t. l. j. en 5 h.; coupé, 4 fr., int. et banquette, 3 fr.). — 4 k. Mazagran (*V.* ci-dessous, *B*).

12 k. *Rivoli**, à 330 m., ch.-l. de com. de 1,913 hab., entre la Méditerranée et le *Trik-el-Touirès*.

21 k. *Noisy-les-Bains** ou *Aïn-Nouissi*, ch.-l. de com. de 2,086 hab.

[A 600 m. N.-O., dans un ravin, *établissement de bains* alimenté par une source sulfureuse de 18° (débit 15,000 lit. par j.).]

49 k. Perrégaux (R. 9, *A*).

De Mostaganem à Relizane, par l'Hillil (61 k.; dilig. t. l. j. de Mostaganem à l'Hillil en 4 h. 30; coupé, 4 fr.; int. et banquette, 3 fr.; dilig. t. l. j. de Mostaganem à Relizane en 6 h.; coupé, 4 fr.; autres places, 3 fr.; même prix que pour l'Hillil). — La route descend en pente assez douce de Mostaganem jusqu'à Bou-Guirat. Le pays est cultivé, mais, lorsque les moissons sont rentrées, il est dénudé. « A part de très rares exceptions, on ne voit pas, dans le Tell de la province d'Oran, de pays réellement montagneux. L'horizon semble toujours bordé de hautes montagnes, mais, en s'approchant, tout se réduit. On ne trouve plus que des collines médiocres, des plaines inclinées et souvent profondément ravinées, formant des étages successifs. Il n'y a pas de vallées profondes et bien dessinées, ni de pics saillants, et, par suite, l'ensemble offre une grande monotonie d'aspect. » (C¹ *Niox*.)

14 k. Aboukir*, ch.-l. de com. de 1,918 hab. au lieu dit les *Trois-Marabouts*, dominé par le Trik-el-Touirès. — Aux environs, à l'O., curieuse grotte avec stalactites.

23 k. *Sirat*, ham. — 29 k. *Bou-Guirat**, ancien caravansérail, ch.-l. de com. de 841 hab.

50 k. L'Hillil (R. 9, A).

48 k. *Les Silos*, annexe de la com. m. de l'Hillil; les canaux de la Mina fournissent les eaux pour le jardinage et la grande culture.

61 k. Relizane (R. 9, A).

De Mostaganem à Mazouna-Le Dahra (18 k.; dilig. t. l. j., de Mostaganem à Cassaigne en 8 h. 30; coupé, 4 fr. 10; int., 3 fr. 10). — 4 k. de Mostaganem. Pélissier (*V.* R. 18, A).

9 k. Tounin*, ch.-l. de com. de 1,747 hab.

[A 5 k. N.-E., Belle-Côte, ancien *Aïn-bou-Dinar*, ch.-l. de com. de 1,055 hab., bâti sur des collines sablonneuses dominant la rive g. du Chélif, non loin de l'embouchure de ce fleuve.]

22 k. Aïn-Tedlès (R. 18, A).

29 k. Pont-du-Chélif* (le *Quiza Municipium* des Romains?), ch.-l. de com. de 2,928 hab., qui a pris son nom d'un pont de 79 m. construit par 4,000 Espagnols, esclaves des Turcs, et restauré par les Français.

Ouillis*, 180 hab., annexe de Cassaigne, au N.-E. du Pont-du-Chélif, entourée de nombreux jardins de figuiers. Plusieurs sources alimentent sa fontaine et vont ensuite mettre en mouvement la turbine du *moulin Valord*, situé au milieu de jardins et de vergers qui laissent voir la mer par une échancrure à 6 k. N. de là. Le moulin est encore dominé par de gigantesques rochers couverts d'arbres et de plantes grimpantes à travers lesquels tombe en cascades l'eau des sources de Ouillis. Dans ces rochers, des grottes (belles stalactites et stalagmites) d'un accès assez difficile se trouvent cachées par la végétation. Une machine élévatoire à vapeur prend les eaux à la source d'Ouillis pour les distribuer au village de Bosquet.

[On pourra aller visiter, à 6 k. N.-O., le *phare* de 1er ordre du cap Ivi.]

43 k. Bosquet* (nom d'un maréchal de France), ch.-l. de com. de 2,359 hab., créé à l'endroit dit *Blad-el-Hadjadj*. L'église, le presbytère, la mairie et l'école, sont réunis dans un bordj qui domine le nouveau v. Un chemin vicinal de 7 k. conduit à la mer, où l'on a construit un débarcadère.

54 k. Cassaigne* (nom d'un ancien aide de camp du maréchal Pélissier), ch.-l. de com. m. de 26,028 hab., créé à l'endroit dit *Sidi-Ali*. L'église, le presbytère, l'école et la gendarmerie sont réunis dans un bordj qui domine le v. et fait face à la mairie située à l'autre extrémité.

[Un chemin vicinal, 20 k., mais sans service de dilig., allant directement de Cassaigne à Aïn-Tedlès (R. 18, A), abrège de beaucoup le trajet de Mostaganem. Un autre chemin de 17 k. conduit de Cassaigne à la mer. Entre Cassaigne et le Chélif, chez les Beni-Zeroual, et à 30 k. S.-O., sont situés les gisements pétrolifères d'*Aïn-Zeft*.

A 10 k. N.-E. de Cassaigne, sur la route de Ténès à Mostaganem, est situé le nouveau village de Lapasset* (général de l'armée d'Afrique),

280 hab. européens. — A 7 k. N. de Lapasset, le hameau de *Petit-Port* est bâti sur une plage dont les baigneurs de Cassaigne et d'Inkermann ont fait leur station balnéaire.

Au 83ᵉ k., une route de 6 k. monte vers le N. à *Nekmaria*, ancien bordj autour duquel on a créé un village. C'est au N.-O. et à côté de ce bordj, que le maréchal Pélissier, alors général, extermina, en 1844, la tribu des Oulad-Ria, dans des grottes ornées de belles stalactites.

La route s'engage dans la partie la plus élevée du Dahra oranais et passe au pied S. du djebel *Sidi-Saïd* (777 m.); de son sommet dont l'ascension est très facile, on a une vue magnifique, s'étendant jusqu'à la mer du côté N.-O.).

112 k. **Renault** * (nom du vaillant général surnommé l'*Avant-Garde*, blessé mortellement à Champigny-sur-Marne en 1870), ch.-l. de com. m. de 27,498 hab., créé à l'endroit dit *Mohammed-ben-Ali*. Le village comprend deux quartiers séparés par un bordj renfermant dans son enceinte la gendarmerie, les écoles et l'église.

[A 12 k. N.-E., sur le plateau de Kalâa, on rencontre des ruines romaines (vestiges de maisons, de forteresse, d'escaliers, de citernes), les plus importantes du Dahra.

La route stratégique de Cassaigne à Renault par le *Mediouna* suit l'arête du Dahra; elle est plus courte. On a découvert sur le bord de cette route une inscription relative à des martyrs inconnus, de l'an 290 de la province, 329 de J.-C.

Un service d'omnibus (trajet en 4 h.; 4 fr.) conduit de Renault à Inkermann (R. 9, A).]

118 k. **Mazouna**, qui a pour ch.-l. la com. m. de Renault, doit dater de l'occupation romaine. Les habitants attribuent sa fondation au Berbère Mata, bien avant l'invasion musulmane; mais sa situation dans un vallon arrosé d'eaux abondantes est trop belle pour que les Romains n'aient pas songé à ce site avant les Berbères.

Il est peu de sites, en effet, dans la province d'Oran, qui réunissent autant d'éléments de beauté. Quand on vient de parcourir les hautes vallées un peu monotones et nues du Mediouna, l'aspect imprévu de ce bassin fleuri, encadré dans d'immenses horizons d'une singulière richesse de couleurs, produit une impression profonde. On domine la ville et son vallon d'une hauteur d'une centaine de m. Des deux côtés, comme pour bien limiter la perspective, s'élèvent deux larges collines vertes. Au fond, c'est un fouillis de toutes sortes de cultures, jardins, vignes et vergers, de petits chemins creux entre des haies de fleurs, quelques sources ombragées de grands arbres, au milieu de cette verdure, les terrasses blanches de maisons arabes. Mazouna et ses faub. de Bou-Halloufa et de Bou-Mata s'étagent sur trois larges mamelons et forment comme trois larges pyramides de petits cubes blanc de lait ou brun doré. Plusieurs koubbas et deux ou trois minarets carrés font saillie. Le tout se découpe en avant d'un premier relief bien net de croupes qui descendent derrière; et, par-dessus, la vue s'étend sur la plaine du Chélif qui s'étale comme une large bande horizontale dans le milieu du tableau. Plus loin, c'est l'Atlas, une véritable mer de montagnes bleues dominées par les cimes hardies du Ouarsenis.

Du haut des collines qui l'entourent, Mazouna fait l'effet d'une ville importante; de près, ce n'est en partie qu'un amas de masures en ruine. On y compte env. 3,525 hab., dont quelques Européens, parmi lesquels un instituteur français dirigeant une école arabe-française dans le bordj construit en 1851, et plusieurs industriels. Les femmes indigènes fabriquent quelques poteries comme on en voit en Kabylie.

En amont, jaillissent plusieurs sources qui arrosent les jardins. A l'entrée même de la ville, le ruisseau, qui devient plus loin l'Ouarizane, affluent de dr. du Chélif, forme une jolie cascade de 15 à 20 m., sur une fort curieuse draperie d'incrustations calcaires. Au-dessous de la ville, la vallée se creuse tout à coup et se transforme en une étroite fissure jusqu'à la plaine du Chélif. Mais, à l'entrée de ce ravin, les eaux du ruisseau (moyenne, 30 lit. par sec.; étiage, 20) forment une série de chutes dont l'industrie pourrait tirer parti.

[C'est à Mazouna qu'est situé, sur une hauteur, la zaouïa, berceau des *Senoussia*. « C'est de là qu'est parti le cheikh Mohammed-ben-Ali-el-Senoussi-el-Medjahiri qui, obligé ensuite de quitter la Mecque, où les actions de sa vie et la rigidité de ses principes lui avaient fait des ennemis, se réfugia à Benghazi, puis fonda à El-Beïda, à l'ouest de Cyrène, une première zaouïa, à la fois monastère, mosquée, école, hôpital, place de guerre et centre de culture... En 1855, il se retirait dans l'oasis de Faredgha... Plus tard, Djararoub devint sa capitale; son fils lui succéda en 1859, et le successeur de celui-ci est aujourd'hui le chef incontesté, promptement obéi de tous les khouan du monde, qui voient en lui le *Madhi* (le bien guidé) destiné à rétablir la puissance de l'Islam... » (*L. Rinn*.)

De Mazouna à Inkermann, 20 k. (dilig. en 3 h.; 3 fr.). — La route descend du N. au S., dans un parcours de 14 k., jusqu'au Chélif, en passant par l'étroite vallée de l'*Ouarizane*, puis franchit le fleuve sur un pont métallique pour atteindre en droite ligne Inkermann (R. 9, A).

Le Dahra. — Le Dahra est une contrée assez curieuse pour que nous en parlions avec quelques détails, en nous aidant de l'excellente monographie publiée dans le *Bulletin de la Société de Géographie de Paris*, par M. G. Bourdon, chef de bataillon au 2ᵉ régiment de tirailleurs algériens. Nous citons à peu près textuellement :

Ce mot de Dahra (*nord*, dans la langue usuelle) vient de *dahr*, qui, en arabe, signifie dos : il exprime très bien l'aspect général de la contrée. Dans la plaine du Chélif, on étend le nom de Dahra à toute la région montagneuse située au N. du fleuve, depuis Miliana jusqu'à l'embouchure.

Il ne s'agit ici que de la partie E. de cette région qui formait une subdivision administrative arabe appelée le kaïdat du Dahra, et comprise dans un triangle à peu près isocèle de 40 k. de base sur 60 de haut.; la base de ce triangle, d'env. 130,000 hect., regarde la province d'Alger, les deux côtés sont marqués par la mer au N.-N.-O. et par le Chélif au S.

L'arête du Dahra court à peu près en ligne dr. de l'O. à l'E.; elle est plus rapprochée du Chélif que de la mer. Le versant N. a presque deux fois l'étendue du versant S. Les montagnes commencent sur la côte même, dans l'angle assez aigu que forme avec la plage l'embouchure du Chélif. Elles atteignent très rapidement une hauteur de 350 m. Elles vont ensuite en s'élevant progressivement, mais sans présenter aucun sommet saillant.

L'altitude maxima de la ligne de partage des eaux est de 600 m. On rencontre des points un peu plus élevés, à quelques kilomètres de l'arête principale, sur des contreforts des versants du N. Dans le bassin de l'oued Khramis se dresse le massif du Mediouna : son point culminant, le djebel Sidi-Saïd, a 777 m. En face, sur la rive de l'oued Kramis, s'élève une autre montagne plus haute, le djebel Tacheta. Mais cette montagne fait partie de la province d'Alger.

Vues des plaines du Chélif, entre le Riou et la Mina, les montagnes du Dahra se dressent comme une énorme digue d'aspect uniforme, où l'œil n'aperçoit ni sommets, ni brèches. Quelques croupes inférieures, faisant saillie, sont parfois couronnées de blanches koubbas. Vu du N., l'aspect est plus varié; ce sont d'abord de hautes falaises de 40 à 120 m., puis deux ou trois lieues de plaines étagées, puis de hautes collines arrondies au sommet et déchiquetées sur leurs flancs par les érosions. De la terre toujours et pas de rochers; des cultures variées, beaucoup d'arbres, une végétation basse, mais vigoureuse. Il y a quelques maisons et des koubbas sur tous les points saillants; on y devine une population serrée et relativement active.

Les deux versants du Dahra ne sont pas assez étendus pour donner naissance à de vraies rivières. Les sources ne sont pas très abondantes, mais il y en a partout, et d'un débit constant.

La terre est riche et généralement bien cultivée.

L'administration des forêts possède dans le Dahra de fort beaux massifs de genévriers, de lentisques, d'oliviers sauvages et de chênes verts ayant de la valeur et susceptibles d'avenir. Les bois forment dans le Dahra comme deux bandes parallèles : la première, composée des bois les plus maigres, occupe le dos même du pays; la deuxième suit la côte, de l'oued Kramis à l'oued Hadid, dans le pays des Achacha, des Zerrifa et des Oulad-Khrelouf-Souhalia; sa longueur est d'une quarantaine de k., presque sans discontinuité, sur une largeur moyenne de 2 à 3 k.

Parmi les arbres fruitiers poussant dans les nombreux vergers du Dahra, figure en première ligne le figuier : c'est l'arbre du pays, et il constitue sa principale richesse. L'olivier réussit sans irrigation, mais on l'a greffé jusqu'à présent. La vigne vient admirablement.

La population est magnifique; les hommes sont grands, blancs, quoique hâlés; ils ont de beaux traits, des muscles superbes, un grand air de force et de dignité. Ils sont quelquefois apathiques, imprévoyants, impuissants au travail; mais ils ont les qualités de leurs défauts.

La population indigène du Dahra appartenant aux com. m. de Cassaigne et de Renault est formée d'éléments divers : Berbères, Kabyles, Marocains, Arabes et Koulour'lis; nominalement, c'est l'élément arabe qui domine. La langue vulgaire est un patois arabe avec un certain nombre de radicaux empruntés à l'idiome primitif. Les Zerrifa et les Achacha parlent le berbère. Les Beni-Zeroual s'attribuent aussi une origine berbère que rien ne rappelle aujourd'hui.

La tribu des Mediouna est la plus prospère du Dahra. Elle descend de Berbères du Maroc. Les Mediouna ont de magnifiques cultures d'un aspect presque européen, beaucoup de vergers irrigués et bien tenus, des figuiers et oliviers.

On peut presque toujours mesurer l'importance de l'élément kabyle au nombre des maisons bâties. — Dans le Dahra, la proportion du nombre des maisons à celui des habitants paraît croître du S. au N. et de l'O. à l'E. On en rencontre d'autant plus qu'on s'éloigne davantage du Chélif. L'invasion arabe est venue par là. En général, cependant, les indigènes vivent sous la tente. Les maisons servent à l'habitation des femmes.

De Mostaganem à Tiaret, R. 18; à Relizane, R. 18.

B. Par la route de terre.

90 k. — Dilig. t. l. j. en 10 h. : le jour, coupé, 4 fr.; int. et rotonde, 2 fr.; la nuit, coupé, 7 fr. 10; int., 6 fr. 10; rotonde, 5 fr. 10. — Dilig. automobile en 5 h., coupé : 8 fr.; int., 6 fr.; rotonde, 4 fr.

43 k. d'Oran à Arzeu (*V.* R. 15). — 48 k. *Damesme* (nom d'un général tué à Paris, en 1848), 162 hab., annexe d'Arzeu.

50 k. Saint-Leu (R. 16). — 62 k. La Makta (R. 17).

74 k. **La Stidia***, *Aïn-Sdidia* (la source ferrugineuse, 16°, 2,500 hect. par j.), ch.-l. de com. de 2,055 hab., presque tous Prussiens.

80 k. *Ouréa*, ham. de 151 hab. dont 38 Français, annexe de la Stidia.

85 k. **Mazagran** *, ch.-l. de com. de 1,660 hab., bâti en amphithéâtre, en vue de la mer, et terminé, dans sa partie supérieure, par l'église et la colonne commémorative du fait d'armes de 1840.

Mazagran, la *Tamazar'an* d'El'Bekri, appartenait, en dernier lieu, aux souverains de Tlemcen, puis aux Turcs. Sous la domination de ces derniers, le comte d'Alcaudète, gouverneur d'Oran, s'empara de Mazagran le 20 août 1548, pour échouer ensuite contre Mostaganem. Le 26 août 1558, le brave comte d'Alcaudète mourut dans une seconde entreprise sur Mostaganem.

La prise de Mostaganem, en 1833, amena naturellement celle de Mazagran, dont les maisons furent habitées et les jardins cultivés par des Arabes acceptant notre domination. Comme ces Arabes craignaient, en 1839, les razzias d'Abd-el-Kader, ils demandèrent du secours; c'est alors qu'ils reçurent une petite garnison. Le 15 décembre 1839, Mazagran était attaquée par Mustapha-ben-Tami; mais le khalifa d'Abd-el-Kader fut obligé de se retirer à Mascara. Il se présenta de nouveau devant Mazagran du 3 au 6 février 1840; on sait la défense faite par le capitaine Lelièvre, qui, attaqué dans un réduit en pierre sèche, mais dominant la position, repoussa avec 123 soldats du 1er bataillon d'Afrique, plus connus sous le nom de Zéphirs, l'assaut donné, pendant quatre jours, par 12,000 Arabes.

L'*église*, à laquelle on accède par un escalier de 20 marches, est précédée d'un péristyle à trois arcades, et flanquée à l'E. d'une tour et d'un clocher carré; le tout est crénelé et décoré dans un style gothico-mauresque. On lit sur la façade : *Cet édifice a été construit avec le produit national d'une souscription en commémoration du fait d'armes de Mazagran.*

La *colonne*, d'ordre corinthien, placée dans la partie E. de l'ancien réduit, est surmontée d'une statue de la France. L'inscription suivante est gravée sur le socle : *Ici les* III, IV, V, VI *février* MDCCCXL, *cent vingt-trois Français ont repoussé dans un faible réduit les assauts d'une multitude d'Arabes.* Renversée par la foudre en 1885, cette colonne a été reconstruite.

Le *haras*, dont la création est due au général Lamoricière, est situé à g. de la route, à égale distance (2 k.) de Mazagran et de Mostaganem. Plus bas, du côté de la mer, s'étend un vaste *champ de courses* (les courses, célèbres dans la province d'Oran, y ont été inaugurées le 11 novembre 1847; elles se font toujours en automne).

90 k. Mostaganem (*V.* ci-dessus, *A*).

ROUTE 18

DE MOSTAGANEM A TIARET

PAR RELIZANE

197 k. — Chemin de fer. — Trajet en 10 h. — 1re cl., 21 fr.; 2e cl., 14 fr.; pas de 3e cl.

Direction générale du N.-O. au S.-E. De Mostaganem (85 m. d'alt.) la voie descend jusqu'à Relizane, pour s'élever ensuite jusqu'à Tiaret (1,089 m.). Le parcours, au point de vue pittoresque, offre peu d'intérêt au touriste, mais il se fait au milieu de riches terres qui n'attendent que la charrue. Il ne faut pas non plus oublier que la ligne de Mostaganem à Tiaret doit, comme celle d'Arzeu à Aïn-Sefra, pénétrer plus tard par les Hauts-Plateaux dans l'extrême Sud.

La voie ferrée court d'abord à travers la plantureuse *vallée des Jardins*.

6 k. *Pélissier* * (nom du maréchal duc de Malakof), à g., ch.-l. de com. de 2,254 hab.

21 k. *Aïn-Tedlès* *, ch.-l. de com. de 2,517 hab., sur un plateau dominant le Chélif dont il est éloigné de 2 k. Ce beau v. possède une pépinière que le gouvernement a fait planter dans un frais ravin, et de nombreux vergers. — Marché arabe des plus importants, tous les lundis.

[A 5 k. E., Belle-Vue, nouveau nom de Souk-el-Mitou *, *Sour-Kelmitou*, ch.-l. de com. de 2,501 hab. (marché arabe une fois par semaine), bâti sur un plateau, à 2 k. du Chélif, au milieu de beaux vergers. C'était une ville arabe très ancienne dont il reste quelques ruines. La source qui descend de cascade en cascade dans le ravin de Souk-el-Mitou, au S., ne verse pas moins de 60 lit. d'eau par seconde.]

La voie commence à descendre du N.-O. au S.-E., entre le djebel ed-Djemel (330 m.) à dr. et le djebel Sliman (342 m.) à g. Ce dernier masque la vue du Dahra.

32 k. *Oued-el-Kheir* (pas de village); ensuite, à dr. et à g., bois d'oliviers, broussailles, pins, oliviers, lentisques et tuyas couvrant d'immenses ravins. Çà et là quelques bergers arabes faisant paître leurs moutons et leurs chèvres.

47 k. *Mekalia* (pas de village; quelques douars).

55 k. *Sidi-Kheltab* (koubba du marabout, à g.; jardins et vergers arabes).

64 k. *Bel-Hacel*, 994 hab. — Pont sur l'*oued Mina*; cette rivière, qui prend sa source au S.-O. de Tiaret, va se jeter au N. dans le Chélif, au-dessous d'Aïn-Tedlès.

76 k. Relizane (buffet); *V. R. 9, A.* — La voie traversant à

niveau le chemin de fer d'Alger à Oran, laisse Relizane à dr. et côtoie les jardins, le cimetière et les hangars renfermant le matériel du chemin de fer.

85 k. *Oued Kelloug*, affluent de la Mina; terrains fortement crevassés; pas de village; douars, élève de chevaux et bestiaux qu'on rencontrera souvent jusqu'à Tiaret.

Sidi-Mohammed-ben-Aouda, à g., v. arabe en tôb, dominé par une blanche mosquée; quelques palmiers. En avant, haute montagne en pain de sucre, couronnée par la koubba de Ben-Aouda.

119 k. *Uzès-le-Duc* ou *Fortassa*, 319 hab., près du confluent de la Mina et de l'*oued el-Abd*; cette localité, célèbre dans nos annales militaires, se trouve entre les Hachem au S. et les Flitta; son mamelon est couvert de ruines.

La voie s'élève au-dessus de ravins au fond desquels coule la Mina, à travers les vergers arabes; vastes plateaux d'excellentes terres encore en friche.

134 k. *Djilali-ben-Amar*, à dr. de la Mina (blockhaus, fortin, maisons isolées; koubba, à dr., dans le fond).

La voie décrit de nombreux lacets à travers d'immenses plaines étagées et sans un arbre.

163 k. *Prévost-Paradol* ou *Mechera-Sfa* (quelques baraques).

[A 7 k. N.-E., sur le cours de la Mina, ruines connues sous le nom de nécropole des Souama.]

173 k. *Sidi-Ali-ben-Amar* (quelques baraques). — 187 k. *Takdemt*, dont le nom rappelle un des établissements d'Abd-el-Kader. A 2 k., à dr., ruine très frustes d'une ancienne ville. C'est à côté de ces ruines, qu'est située la *ferme des Spahis*.

197 k. **Tiaret** * (station; en berbère), ville et poste milit. de la subdiv. de Mascara, ch.-l. de com. m. de 5,728 hab., et ch.-l. de com. indigène, avec Afflou, de 22,624 hab.; le fort est situé à 1,090 m. d'alt., sur les pentes du *djebel Guezzoul*, entre deux ravins.

Le fort occupe l'emplacement d'un établissement romain. Plus tard, la tribu arabe des Berkadjenna éleva dans cet endroit un château fort, nommé Tihert-la-Vieille; ils construisirent encore Tihert-ès-Sofla, la basse Tihert, laquelle était Tihert-la-Neuve, à 5 milles O. de Tihert-la-Vieille. Le Tiaret français date de 1843. Pendant que le maréchal Bugeaud fondait Orléansville, près du Chélif, le général Lamoricière commençait en relevant aussi les ruines romaines de *Garduna Castra* à Tiaret, le rétablissement de cette ligne de postes de la frontière du Tell, base d'opérations d'où Abd-el-Kader s'élançait contre nous, à l'origine de la lutte.

Le quartier militaire, dit *le Fort*, comprend deux casernes d'infanterie, un quartier de cavalerie, des magasins, un hôpital, une chapelle et un cercle pour les officiers. — Belle vue, à l'E., sur les Hauts-Plateaux, qui portent le nom de *Sersou*, et qui font réellement partie du Tell dans lequel ils sont officiellement englobés : on voit le Nador au S., les monts de Goudjila au S.-E. et, tout à fait au loin, le massif du Djebel-Amour.

La ville, en contre-bas du fort, est habitée par des Européens, des Juifs et des Mozabites. Au centre, se trouve la *place des Caravanes*, encadrée par l'hôtel d'Orient, la poste, la gendarmerie, la prison et l'escalier monumental conduisant à la mosquée. La rue principale se prolonge en route jusqu'au chemin de fer. D'un autre côté, en contre-bas du fort également, s'élèvent l'église et la mairie, dominant l'oued Tiaret, qui forme de nombreuses cascades et arrose de magnifiques jardins du côté N.

Un marché arabe considérable se tient tous les lundis à Tiaret. Le territoire, très fertile, est cultivé en céréales; la vigne y vient très bien.

[A 12 k. S. de Tiaret, la Mina forme dans des gorges charmantes la cascade de *Houara* ou *Ech-Cherchar* (42 m. de hauteur), entre deux moulins que ses eaux font tourner.

A 30 k. S. de Tiaret, près des sources de la même rivière, M. le colonel Bernard a signalé trois édifices, prismes quadrangulaires, dont le plus grand a 34 m. 50 sur chaque côté et que les indigènes appellent *djedar*; ces édifices sont construits avec de grandes et belles pierres calcaires très bien travaillées. Le nom de la destination des djedar est encore conservé aujourd'hui par une source voisine qui porte le nom d'*Aïn-el-Kebour*. Une pierre de ces ruines fournit l'indication suivante : « Je suis « Soleiman le serdeghos (stratégos). Les habitants de cette ville s'étant « révoltés, le roi m'envoya contre eux, et Dieu m'ayant permis de les « vaincre, j'ai fait élever ce monument pour éterniser mon souvenir. » Il s'agit ici de Solomon, le général de Justinien, qui aurait alors porté ses armes jusqu'à Takdemt.

Sur les rochers voisins des djedar, se voient des sculptures préhistoriques; des rainures et des trous creusés dans la pierre ont fait croire que l'un de ces rocs était un autel de sacrifice. Quelques dolmens des environs ont des proportions colossales.

A 60 k. S.-E., au S. du Sersou, sur la nouvelle limite officielle du Tell, Goudjila est le premier ksar que l'on rencontre sur la route du Djebel-Amour. Ce v. servit de dépôt, en 1841, à Abd-el-Kader, pour ses armes et ses munitions, lorsqu'il eut abandonné Takdemt. Le massif de Goudjila, composé de trois rides parallèles dont celle du centre atteint 1,419 m., surgit de la plaine, comme une île escarpée; les eaux de l'Oureuk y prennent naissance.

De Tiaret à Géryville (300 k.; route muletière; chevaux, mulets, vivres). — Au delà des riants et fertiles environs de Tiaret, la route se dirigeant vers le S.-E. passe sur les dernières pentes du *djebel Sidi-el-Habed* (1,097 m.).

21 k. *Aïn-Sougueur*; de nombreuses sources prenant naissance au *djebel Nador*, à dr., alimentent l'*oued Sousselem* que la route traverse.

41 k. *Aïn-Saïd*, au milieu de plaines arides.

64 k. El-Oussekr (à 1,230 m.), sur l'*oued Bou-Hadjar* (bordj du bureau arabe; section de discipline du 2ᵉ Etranger; lavoir et jardin).

[D'El-Oussekr à (53 k.) Frendà (R. 14, *B*), route muletière par (32 k.) *Aïn-Medrissa* (eaux et plantations).]

88 k. *Moudjehaf* (40 puits). — On traverse l'*oued Namous*.
113 k. *Hacian-ed-dib* (2 puits).
137 k. *Guelt-Sidi-Saad*. — On entre dans le Djebel-Amour (eau, halfa et bois).

Le Djebel-Amour est une des parties les plus curieuses et les plus remarquables de la région montagneuse du Sahara, tant au point de vue de sa formation et des cours d'eau qu'il envoie dans toutes les directions, qu'à celui de son étendue. Il fait partie de la chaîne du grand Atlas qui traverse l'Algérie du S.-O. au N.-E., et qui comprend les massifs importants du *Ksel*, du *Bou-Kahil* et de l'*Aurès*. Le pâté du Djebel-Amour a env. 15 lieues d'étendue du N. au S., et 25 lieues de l'E. à l'O. Il présente l'aspect d'un nœud principal duquel se détachent les lignes d'eau dans toutes les directions.

Une énorme muraille à pic, le *Kef-Guebli*, le termine brusquement au-dessus du Sahara; un des points culminants de cette muraille est le *Ras-Merkeb* (1,580 m.), au N.-O. d'Aïn-Madhi, d'où l'on découvre tout le massif du Djebel-Amour. On y rencontre le *djebel Okba* (1,642 m.), le *djebel Gourou* (1,706 m.), le *djebel Bou-Zid*, au N. d'Aflou, le *djebel Touila-Makna* (1,937 m.), à l'E. de Géryville.

Le Kef-Guebli, au S.-E., qui a une épaisseur de 8 à 12 k., n'est franchissable que par un petit nombre de cols (*teniet*), passages ouverts par des torrents. Un des plus curieux est le *teniet Melah*, route de Taouiala à Tadjerouna : il est ouvert par l'*oued Zergoun* qui, dans les montagnes, s'appelle l'*oued Malah* et passe au pied de deux rochers de sel d'une alt. de 1,284 m., masses énormes de sel éruptif aux tons tantôt violets, tantôt blancs ou verdâtres, profondément ravinées par les eaux.

Les cols qui servent à la fois de lignes de partage et de routes pour les habitants, y sont larges, d'un abord à peu près facile et couverts d'épaisses touffes d'halfa. Les vallées sont ordinairement propres à la culture des céréales et les ksour en occupent les points les plus importants. Cette région ressemble au Tell saharien; ce qu'il y a de vrai, c'est que ces sobres habitants peuvent se passer du Tell quand l'année a été bonne.

On trouve dans le Djebel-Amour des plaines élevées ou de larges vallées de pâturages, des pentes qui ont été boisées, mais qui, généralement, n'ont conservé que des arbres isolés : thuyas, chênes verts, lauriers-roses.

Sur la portion orientale du Djebel-Amour sont les plateaux ou *gada*, immenses tables de rochers découpées dans le massif par de profondes érosions; nues, désolées, avec des murs de pierres éboulées, surmontées par des falaises à pic; presque partout inaccessibles, elles dominent de 50 à 100 m. et plus les vallées qui les entourent. Au pied des gada on circule assez facilement dans les vallées; il n'y a de difficultés à la marche que dans les ravines que l'on doit suivre en descendant.

Le Djebel-Amour doit son nom à la tribu des Amour, pluriel de *Amer*, rejetée aujourd'hui dans le Maroc. Les habitants actuels ou petits nomades, ou ksouriens, sont en grande partie d'origine berbère, mais ne parlent que l'arabe.

165 k. **Aflou**, à 1,350 m. sur la rive g. de l'*oued Mzara* ou *Medsous*, et à l'E. du *djebel Sidi-Okba* (1,642 m.), est le ch.-l. d'une com. m. de la subdiv. de Mascara, destiné à administrer le Djebel-Amour. Le bureau arabe comprend un capitaine, deux officiers adjoints, un médecin et un interprète. Une compagnie d'infanterie et quelques spahis forment la garnison, n'occupant pas un poste fortifié, mais une espèce de caravansérail de 40 m. sur 30 avec toiture en tuiles, et salles voûtées. Un puits de 8 m. de profondeur a été creusé dans la cour, mais l'eau est fournie en partie par l'aïn Aflou qui sort des rochers à 1,400 m. au S.-S.-E., dans le lit de

l'oued Medsous; son débit est de 5 lit. par seconde. La pop. du cercle d'Aflou est d'env. 1,300 individus.

[A 500 m. N.-O., vieux ksar d'Aflou en ruine. Entre lui et le bordj s'étend le superbe jardin potager des officiers et se dressent plusieurs maisons d'Européens, de Mzabis et de kaïds, ainsi que la boulangerie militaire. Sur la rive dr. de l'oued Medsous, on voit les deux koubbas de Sidi Ben-Guelloula et de Sidi Abd-Allah-ben-Otsman.]

La route, se dirigeant au S.-O., dépasse les puits de Sidi-Marouf.

205 k. Taouiala, au milieu de jardins, est le ksar principal du Djebel-Amour, presque une ville, entourée de hautes murailles avec portes ferrées, tour de flanquement, comme une fortification du moyen âge. C'était la résidence d'un chef puissant. Assiégée plusieurs fois par les beys d'Oran, Taouiala commande la route principale au S. par l'*oued Zergoun*, au point de rencontre du chemin d'Aflou et de Géryville.

[A 30 k. S., Sidi-Tifour sur l'oued Amouïda. Les gens de ce ksar sont des marabouts qui exploitent la commisération des passants au moyen d'une koubba où est enterré Sidi Tifour. Le tombeau n'a rien de remarquable; il est entouré de pierres brutes qui marquent autant de sépultures.]

On dépasse l'*oued Si-Sliman* et l'*oued Melah*.

270 k. *Bou-Alam* (à 1,247 m.), sur l'oued Amouïda, pauvre oasis couronnant un mamelon, à l'entrée d'une large vallée dénudée.

On rencontre ensuite *Timedert* où est située la maison de l'agha Si Ed-Din. Près de là, *colonne* commémorative du colonel Beauprêtre tué le 8 avril 1864, à Aïoun-bou-Beker, dans une des trop fréquentes insurrections des Oulad-Sidi-Cheikh.

274 k. Stiten, ksar situé dans l'enfoncement formé par l'un des débouchés de *Teniet-Guetarnia* sur l'*oued Stiten*, affluent de l'oued Sidi-Nasseur. Il a la forme d'un rectangle de 150 m. env. sur 60; ses maisons sont bâties en pierres sèches, ainsi que la muraille qui l'entoure. Cette ceinture est flanquée de quatre tours informes et à une hauteur de 2 m. 50 sur 30 à 40 cent. d'épaisseur. Au S. règne un fossé, à l'E. et au N. un escarpement, et à l'O., du côté de la montagne, quelques constructions en forme de kasba, qui semblent placées là pour protéger le ksar. Stiten contient env. 200 masures; des ruelles tortueuses les mettent en communication et aboutissent toutes à une rue principale qui partage le ksar de l'E. à l'O. et qui se rattache aux deux portes les plus importantes; une troisième porte est située au S.

Les habitants se livrent à la fabrication du goudron et tissent des étoffes de laine; ils donnent aussi des soins particuliers à leurs jardins, qui bordent le ravin et consistent en de petits champs clôturés, plantés de nombreux arbres fruitiers et de vignes.

Stiten est la station la plus rapprochée, en droite ligne, en venant du Tell : elle est intermédiaire au Djebel-Amour, aux Makna, aux Oulad-Sidi-Nasseur, aux Hamian-Cheraga et aux Harar, dont le territoire s'étend jusqu'à son voisinage.

300 k. Géryville* (Géry est le nom du colonel qui a conduit la première expédition dans le Sud oranais), ch.-l. d'un cercle, dépendant de la subdiv. de Mascara, et d'une com. m. de 30,420 hab., est située à 1,307 m. d'alt., à l'O. du *djebel Delâa*, près de la rencontre du 34° de latit. N. avec le 1° de longit. O. du méridien de Paris.

Dans le printemps de 1845, le colonel Géry se portait en avant de Brezina (V. p. 201), tuait une cinquantaine d'hommes aux Oulad-Sidi-Cheikh, commandés par Si Hamza, et forçait Abd-el-Kader à rentrer dans le Maroc. En 1846, le colonel Renault débusquait Abd-el-Kader de l'Abiod-

Sidi-Cheikh. En 1847, il pénétrait jusqu'à Bou-Semr'oun au S.-O. de Géryville; le général Cavaignac allait en même temps jusqu'à Tiout (V. p. 186). En 1852, le commandant Deligny s'emparait de la personne de Si Hamza. L'année suivante, Si Hamza fut nommé khalifa du Sud, et la création d'un poste fut décidée sur l'emplacement d'un petit ksar en ruine du nom d'*El-Biod;* ce poste est Géryville.

Géryville est une redoute, carré long de 200 m. sur 100, renfermant une caserne, un pavillon d'officiers, des magasins et un hôpital. Si Hamza, avait fait bâtir en dehors une belle maison de commandement, près de l'endroit où campent les troupes de passage, les caravanes ou les convois. Géryville, grâce à son altitude, jouit d'un climat fort sain, et, si les chaleurs y sont très fortes, le froid y est quelquefois très vif. Son ravin est arrosé par des sources d'une grande pureté et d'une grande abondance.

Géryville commande et surveille tout le pays des Oulad-Sidi-Cheikh qui s'étend au S. de la province d'Alger.

« Les **Oulad-Sidi-Cheikh** se divisent en Gharaba, occidentaux, et Cheraga, orientaux. Ces derniers sont deux fois plus nombreux. Les premières relations avec les Oulad-Sidi-Cheikh datent de 1845. La conquête définitive n'a eu lieu qu'à la suite des expéditions conduites dans ces montagnes, depuis le mois de février jusqu'au mois de mai 1882, pour atteindre les tribus insurgées par Bou-Amema, les rejeter dans l'O. et leur interdire l'accès de ces riches pâturages... La création du poste d'Aïn-Sefra et l'organisation de ce nouveau cercle ont pour but de maintenir désormais tout ce pays sous notre autorité directe. » (C^l *Niox.*)

C'est encore sous notre autorité que chaque ksar se gouverne par lui-même, à l'aide de la Djema, sorte de conseil municipal formé par les notables de l'endroit. Un lien commun rassemble pourtant les ksour; ce lien c'est l'autorité morale et traditionnelle des Oulad-Sidi-Cheikh.

Les principaux ksour des Oulad-Sidi-Cheikh sont Tiout et Bou-Semr'oun (V. R. 16; puis, directement au S. de Géryville, les Arbâouat et El-Abiod-Sidi-Cheikh.

Les Arbâouat et El-Abiod-Sidi-Cheikh (70 k. et 90 k. S.-O.). — « On est encore à 8 ou 10 k. des *Arbâouat,* lorsqu'on les aperçoit; ils s'élèvent sur la rive g. de l'*oued Gouleïta*... Ces deux ksour, entourés de murs d'enceinte, flanqués de tourelles ayant la forme de pyramides carrées fort élancées et tronquées à leur sommet, le tout percé de petits créneaux ronds, se confondent presque avec les berges de la rivière, à cause de leur couleur terreuse; de loin, ils ressemblent à un de nos châteaux du moyen âge. A mesure que l'on approche, le château féodal devient un affreux amas de bâtisses en pisé; on voit sur les terrasses de malheureuses femmes, étiolées, jaunes, couvertes de haillons sordides, produit de la vie sédentaire des ksour du S., de la fièvre, des ophtalmies et d'autres maladies sans nom... »

L'*Arbâ-Foukani,* d'en haut, et l'*Arbâ-Thatani,* d'en bas, formant les Arbâouat, comptent à eux deux 65 maisons et environ 500 hab.

Quatre koubbas, construites en moellons et blanchies à la chaux, édifiées il y a à peine cent cinquante ans par Sidi Ben-ed-Din, le chef des Oulad-Sidi-Cheikh, sont désignées par les noms des marabouts dont elles abritent les tombes : *Sidi Mammar-ben-Alia,* le fondateur des Arbâouat; *Sidi Aïssa-ben-Alia, Sidi Brahim-ben-Mohammed,* ses descendants; et *Sidi Bou-Tkheïl,* de la famille de *Sidi Abd-el-Kader-ed-Djilani.* Elles sont entretenues par la piété des fidèles, qui les blanchissent souvent à la chaux et les décorent de tapis et de foulards. Chacune d'elles a son mokaddem, espèce de sacristain chargé de recueillir les offrandes, d'en faire l'emploi, en vivant grassement aux dépens de son saint.

La route des Arbâouat à El-Abiod va droit au S.-O.; on suit encore l'oued

Gouleïta pendant 8 k.; à 4 k. plus loin, on s'engage dans le *Teniet-ez-Zeïar*, col large et commode, coupant le dernier de ces soulèvements de terrains parallèles entre ceux qui vont en s'abaissant, depuis la chaîne du Kessel jusqu'aux plaines sahariennes. En sortant de Teniet-ez-Zeïar, on voit à dr. la chaîne ondulée du *Tismert*, se perdant vers l'O. dans les vagues d'un horizon sans limites; devant soi les cinq ksour d'El-Abiod au milieu de quelques bouquets de palmiers élancés, dominés par des dômes blancs de leurs koubbas, se détachent du fond doré de grosses dunes de sable, tandis qu'à g. l'œil s'égare dans le profond Sahara.

90 k. *El-Abiod-Sidi-Cheikh.* Au milieu d'une légère dépression du sol, dans une plaine qui peut avoir 40 k. de longueur sur une largeur moindre, et sur le bord de l'*oued Abiod* ou *oued R'aris*, s'élève la koubba de Sidi Cheikh, autour de laquelle sont groupés, sur de petites buttes, cinq ksour, deux à l'E., *Ksar-ech-Chergui* et *Ksar-Sidi-Abder-Rahman*; trois à l'O., *Ksar-el-Kebir* ou de *Sidi El-hadj-Hamed*, *Ksar-Oulad-bou-Douaïa* et *Ksar-Abiod-Gharaba*. La pop. totale de ces cinq ksour, renfermant cent et quelques maisons, peut être de 2,000 âmes.

Sidi Cheikh, qui vivait au xviie s., descend de Sidi Mâmmar, le fondateur des Arbâouat. Ce marabout (V. les notices de M. le général de Colomb et de M. le docteur Leclerc), qui sut se créer une si grande influence, mourut à R'asoul; il recommanda qu'après sa mort on le mit sur sa mule et qu'on la laissât aller et qu'on l'enterrât dans l'endroit même où elle s'arrêterait. La mule s'arrêta à El-Abiod où l'on enterra Sidi Cheik.

Dans l'insurrection du S.-O. oranais, en 1881, le colonel Négrier a fait transporter à Géryville les restes de Sidi Cheikh, et fait sauter la koubba qui était un foyer permanent de révoltés. Depuis, la koubba a été relevée et on y a replacé le marabout.

R'asoul et Brezina (40 et 70 k. S.-E.). — *R'asoul*, ksar qui doit son nom à une magnésite ou pierre à savon très employée par les Arabes, est situé sur le versant saharien, sur un promontoire qui se détache de la chaîne du *Djebel-Riar*, dont les hauts sommets l'abritent du vent du N. Au pied du ksar coule un ruisseau, dont toutes les eaux sont employées à arroser des champs de blé et d'orge. Les maisons, au nombre de 100 env., sont construites en pisé, et semblent, par leur ton uniforme et terreux, avoir été taillées dans le sol lui-même. Au N., un petit fortin renferme des magasins et protège cette partie plus accessible. Les habitants s'adonnent à la culture du jardinage et des céréales. La fabrication des étoffes de laine occupe ceux qui n'ont pas d'industrie particulière, si ce n'est le commerce des peaux d'une espèce d'antilope (beggeur-el-ouach), produit de leur chasse.

Après avoir quitté R'asoul, la route de Brezina, très pittoresque, traverse le pays le plus tourmenté et le plus accidenté qu'il soit possible de voir : d'abord par *Khreneg-el-Temeur* (le défilé des dattes), ainsi nommé parce qu'une caravane qui revenait du Gourara, chargée de dattes, s'y étant engagée par la pluie, ses chameaux glissèrent sur les dalles qui le pavent, s'abattirent, et on fut obligé de les décharger. C'est un passage extrêmement difficile et très étroit. La route passe ensuite, quand l'*oued Seguear* est à sec, dans le *Khreneg-el-Arouïa*, coupure étroite dans le rocher, dont les parois polies par l'action des eaux s'élèvent à pic à près de 50 m. Nos soldats, frappés de l'étrangeté de cette ouverture qui, d'une contrée montagneuse et tourmentée, les faisait entrer dans les plaines sahariennes, lui donnèrent le nom qui lui convenait le mieux : Porte du Désert. Les Arabes l'appellent *Khreneg-el-Arouïa*, parce qu'une arouïa, femelle de l'aroui, la franchit d'un bond désespéré, pour échapper aux chasseurs qui la poursuivaient.

70 k. *Brezina*, ksar bâti en pisé et renfermant une cinquantaine de masures dans une enceinte assez irrégulière et munie d'un petit fossé, est situé à l'extrémité de l'oasis, que protègent des autres côtés trois forts à tours crénelées : le principal de ces forts est le bordj Sidi-Kaddour, 12,000 ou 15,000 palmiers, dont les dattes ne mûrissent qu'à moitié, si l'on excepte les dattes précoces, *el-ferrana*, qui sont excellentes, ombragent de nombreux jardins, séparés par de petits murs de clôture en pisé et plantés d'arbres fruitiers de toutes espèces. Des puits à bascule, abondants, peu profonds, fournissent une eau très pure. Les irrigations sont facilitées au moyen de petits réservoirs où l'on élève l'eau pour la distribuer ensuite dans des rigoles.

Brezina est le point d'arrivée et de départ des caravanes qui vont dans les oasis des Beni-Mzab. Elle est située à 60 k., en ligne droite, au N.-E. d'El-Abied-Sidi-Cheik.

Un Arabe de Brezina, lors de l'expédition du colonel Géry, en avril et mai 1845, aux Oulad-Sidi-Cheikh, a donné l'exemple d'un dévouement sublime, dont la colonne expéditionnaire tout entière fut témoin.

Se présentant devant le colonel, il offre de guider la colonne dans les défilés inextricables d'El-Arouïa. On accepte ses services, et sans craindre la mort certaine qui le menace, il entraîne toute la colonne dans une direction opposée. Le regab expie sa trahison; mais, heureux du succès de son dévouement, il meurt en répétant : « Ils n'arriveront pas aujourd'hui, et mes frères auront le temps de mettre leur vie et leur fortune en sûreté. Il était trop tard, en effet, quand la colonne atteignit Brezina, le lendemain 30 avril, la ville était déserte.]

ROUTE 19

D'ORAN A OUARGLA

PAR SAIDA, GÉRYVILLE ET METLILI

826 k. — Les distances kilométriques jusqu'à Metlili sont indiquées d'après les cartes de l'état-major et d'après le général Colomieu, qui a publié dans le *Tour du Monde* (IVe vol., p. 161 à 169), le voyage à Ouargla; de Metlili à Ouargla, distances mesurées par le colonel Letellier.

D'ORAN A SAIDA

196 k. — Chemin de fer en 8 h. 15. — 22 fr. 90; 16 fr.

76 k. d'Oran à Perrégaux (*V. R. 9, A*). — 120 k. de Perrégaux à (196 k.) Saïda (*V. R. 16*).

DE SAIDA A OUARGLA

198 k. (d'Oran). *Colonne Lamoricière*. — 215 k. *Tafraoua*, puits et poste dont l'enceinte peut avoir 50 m. carrés. — Puits et marais ou *R'dir*.

239 k. *Caravansérail d'El-Maï*, construit en 1846 sur l'oued de

ce nom. De Tafraoua à El-Maï, la route traverse le point culminant des Hauts-Plateaux, dont la seconde partie est la mieux caractérisée : c'est la pleine mer au calme plat ; on est enfin dans la contrée des gazelles.

253 k. Le *chott Ech-Chergui*, ou de l'E., a une longueur de 140 k. sur une largeur variable de 10 à 20 ; sa direction générale va, comme celle du chott Er-R'arbi, du S.-O. au N.-E. Les eaux qui aboutissent au chott Ech-Chergui ne sont que des eaux pluviales, c'est-à-dire intermittentes.

La surface du chott est composée d'un mélange de sable et de détritus gypseux. Le sulfate de chaux y affiue partout à l'état micacé. Tantôt ce sont des fragments épars, de la largeur et de l'épaisseur de la main, tantôt ils sont groupés et forment de petites buttes. C'est sans doute à la présence de ces nombreuses facettes, reluisantes au soleil, ainsi qu'aux différences dans l'état thermométrique des couches d'air, qu'est dû le phénomène du mirage que l'on manque rarement d'observer toutes les fois qu'on traverse les chotts. Les chotts sont peuplés de gazelles dont les crottes musquées se rencontrent fréquemment, non seulement sur les pelouses du voisinage, mais au milieu des sables. Au mois d'avril 1854, l'Arabe qui me servait de guide prit, en moins d'un quart d'heure, deux petites gazelles endormies, en s'avançant avec précaution et en jetant son burnous par-dessus. C'est ainsi que les prennent les Arabes, qui, au printemps, en apportent fréquemment sur les marchés du Tell, à Saïda, à Tiaret, à Teniet-el-Hâd, au prix de 3 à 5 fr. » (Dr *L. Leclerc*.)

La route traverse le chott Ech-Chergui tantôt sur les bandes sablonneuses faciles à parcourir, quand le temps est sec, tantôt sur la terre ferme.

256 k. *Caravansérail de Sefsifa*. On trouve là plusieurs sources, au milieu de tamarisques, dont quelques-uns atteignent des proportions colossales. A quelques centaines de mètres plus loin, trois petites koubbas en l'honneur de Sidi Moussa et de Sidi Ben-Yahïa sont étagées sur les flancs de la colline.

La route suit les bords du chott, en décrivant une immense courbe saillante à l'O. Des eaux, amenées de l'oued Touïl et du plateau voisin de Khadra, pourvoient aux besoins des voyageurs. La koubba qui se montre au N. est celle de Lella Khadra (la verte), au milieu d'un petit cimetière où les Arabes nomades des environs viennent enterrer leurs morts.

263 k. *Khadra*, à 1,020 m. à la pointe S. du chott Ech-Chergui.
268 k. *Ben-Akab* (puits et poste-abri).
290 k. *Kreneg-Azir* (la gorge du romarin), lieu d'étape (on y trouve un abri pour les hommes et les chevaux), sur la rive g. de l'oued El-Abiod, dont le bassin se trouve subitement étranglé, en cet endroit, par des collines d'un côté, et, de l'autre, par une montagne aux flancs rocheux et abrupts, parsemés de buissons et de romarins.

Avant d'arriver à Géryville, on traverse, dans une longueur de 3 k., une gorge étroite, sinueuse, au fond de laquelle coule l'oued el-Abiod.

342 k. Géryville (R. 18). — 356 k. Stiten (R. 18). — Col de Stiten. — *Aïn Farch*, source coulant au pied d'une montagne garnie de thuyas et de térébinthes.

394 k. Bou-Alam (R. 18). — 412 k. Sidi-Tifour (R. 18). — 429 k. Le Khreneg-el-Melh (R. 18)

446 k. **Tadjrouna**, « oasis sans verdure et sans palmiers, qui s'est logée dans une dépression en forme de conque au milieu des plaines. La richesse de cette oasis consiste en quelques labours qu'arrose le cours de l'oued Mehl. Un barrage dans cette rivière permet, lors des grosses pluies, d'inonder toute la conque de Tadjrouna; la terre imbibée est aussitôt mise en culture, et deux mois font germer et jaunir les moissons. Outre cette ressource, les habitants de Tadjrouna sont les magasiniers des Ouled-Yakoub, tribu puissante à laquelle ils sont alliés par l'intérêt et le sang. Pendant que le ksar conserve le grain des nomades, moyennant une faible redevance, ceux-ci font pacager les troupeaux de leurs alliés avec les leurs. » Tadjrouna, qu'elle se profile sur des montagnes au N. ou sur les plaines au S., offre toujours ce type si connu des ksour du Sahara algérien : de longues murailles reliées par de grosses tours carrées, percées de portes trapues donnant entrée dans des ruelles raboteuses, infectes, bordées de maisons plus infectes encore, dans lesquelles logent des Sahariens fiévreux, aveugles pour la plupart, et tout couverts de vermine.

Dayet-er-Roumel (la mare aux sables). « Ce point est assez fourni de *drinn*, graminée qui constitue un assez bon fourrage pour les animaux. Son épi donne un grain que les Arabes nomment *loul*, et que les nomades des régions sablonneuses récoltent pour se nourrir. »

L'*oued Maïguen*, au confluent de l'*oued Ménchar*, à *Bel-Jaddin*, nom d'un rocher qui, d'après la légende, serait la pétrification d'un nommé Bel-Jaddin. L'oued Maïguen, sans eau, sert de route jusqu'à

Sebâ-Redjem (les sept tas de pierres), qui recouvrent sept malheureux tués par des voleurs. En cet endroit, l'oued Maïguen tourne au S.-O.; la direction de la route est S.-E. sur Chaïb-Rassou que l'on atteint en laissant à l'E. la Chebka du Mzab (*V*. R. 4).

Chaïb-Rassou (tête blanche), promontoire précédant la vallée de l'aïn Massin.

618 k. L'*aïn Massin*, signalée aux voyageurs par quelques palmiers. L'eau de l'aïn Massin, mauvaise, purgative et saumâtre, n'en est pas moins une providence pour les voyageurs. Dans la vallée de l'oued Massin à Metlili, on peut faire halte à *Mader-ben-Messaoud*, endroit abondamment fourni de drinn, genêt et autres plantes des sables; les lefâa ou vipères cornues y abondent. On quitte la vallée à *Argoub-Sbah* (colline du lion), pour y escalader une berge rocheuse; la route, traversant des plateaux arides, s'engage d'abord dans *Châba-Lekahl* (le ravin noir), puis

dans l'oued Metlili; au détour d'un thalweg apparaissent les jardins et l'oasis de Metlili.

658 k. Metlili (R. 4). — 679 k. *Teniet-el-Bogol.*

708 k. *El-Mekam-Sidi-el-Hadj-ben-Hafs.* « On appelle mekam un tas de pierres élevé, en signe religieux, à la mémoire d'un personnage. Sidi El-Hadj-ben-Hafs était un marabout des Oulad-Sidi-Cheih, qui, dans son pèlerinage à la Mecque, voulut laisser des traces de son passage. Sa première étape, en partant de Metlili, fut marquée au moyen de pierres. »

Entre El-Mekam et El-Gholga, on campe sur les dunes de sable, riches en drinn et en bois.

725 k. *El-Gholga*, situé dans un bas-fond faisant suite à l'oued Metlili; on y rencontre également des dunes de sable, et, par suite, du drinn et du bois. — 752 k. *Daïa-Remia.* — 797 k. *Sahou-bou-Koleik-ed-Din.* — 817 k. *Chabel-el-Mâl.*

826 k. d'Oran. Ouargla (R. 4).

TROISIÈME SECTION

PROVINCE DE CONSTANTINE

TROISIÈME SECTION

PROVINCE DE CONSTANTINE

ROUTE 20

D'ALGER A CONSTANTINE

A. Par le chemin de fer.

464 k. — Trajet en 17 h. 10. — 1re cl., 51 fr. 35; 2e cl., 39 fr.; 3e cl., 28 fr. 60. — Le train partant d'Alger à 7 h. 10. du matin, arrive à minuit à Constantine; il n'y a pas de wagon-restaurant; l'on déjeune à Bouïra et l'on dîne à Sétif, au buffet.

171 k. d'Alger au Bordj des Beni-Mansour (V. R. 7).

175 k. Viaduc de 168 m. sur le *Mahrir*, limite de la province d'Alger, à l'E. — Le chemin de fer monte ensuite (de 300 à 1090 m.) jusqu'à Sétif. — Tunnel de 66 m.; viaduc de 45 m.; tunnel de 76 m.; viaduc de 105 m. sur l'oued Mahrir.

184 k. Tunnel de 350 m., près des *Palmiers*, maison cantonnière.

186 k. *Sidi-Brahim* (buffet), à 5 k. N. L'horizon se resserre; on entre dans les Biban.

187 k. **Les Biban** ou *Portes-de-Fer*, ch.-l. de com. m. de 46,093 hab.

Les Biban où n'étaient jamais parvenues les légions romaines et que les Turcs n'avaient franchies qu'en payant tribut, forment une chaîne de montagnes s'étendant d'Aumale à la Petite-Kabylie, qu'une poussée volcanique a soulevées en hautes murailles grises et noires d'un aspect grandiose et parfois terrifiant en y laissant deux brèches ou défilés qu'on a nommés *biban* (pluriel de *bab*, porte); la plus grande est traversée par l'*oued Mekhlou*, la route de terre et le chemin de fer.

C'est par la petite porte, à 3 k. au N.-E. de la grande, que passa, le 28 octobre 1839, la colonne de 3,000 hommes commandée par le maréchal Valée et le duc d'Orléans, laissant sur les murailles cette inscription : « ARMÉE FRANÇAISE, 1839 »; près de là coule l'oued bou=Ketoun, dont les eaux sont très salées.

ALGÉRIE.

A g. et en dedans de la grande porte, sur une éminence, au N.-E., à *El-Hammam* (maison et piscine), trois sources principales de 56° à 76° donnent, par h., un débit de 118 à 120,000 lit. d'eaux sulfureuses, employées par les indigènes pour les rhumatismes, les scrofules et les maladies cutanées.

Viaduc de 15 arches sur l'oued Chebba, à dr. du défilé des Biban, dont les sommets présentent différents aspects, celui du Moine entre autres. — Viaduc de 30 m. — Au delà d'un 3ᵉ viaduc, on sort des Portes-de-Fer.

La voie jusqu'au tunnel d'El-Achir passe dans des terrains ravinés couverts de maigres pins au moyen de 14 viaducs de 20 à 40 m.

201 k. *Mzita.*

210 k. **Mansoura** *, 1,541 hab., dont 42 Européens, à 1 k. 5 à dr., v. kabyle dans le kaïdat des Mzita, à 1,070 m. d'alt. sur la pointe N. d'un contrefort du *djebel Kteuf*, au pied du *Dréaf* (1,416 m.).

Tunnel de 2,250 m.

226 k. *El-Achir*, nouveau v., 61 hab., à 1 k. 5.

239 k. **Bordj-bou-Areridj** *, com. de plein exercice, de 7,405 hab., com. m. de 38,086 hab., aux *Maâdid*, à 938 m. d'alt., sur un ruisseau qui va se perdre dans le Hodna et au centre de la *Medjana*.

On trouve à Bordj-bou-Areridj des chevaux, des mulets et des guides pour les excursions.

Bordj-bou-Areridj a été créé en 1841 par le général Négrier. En 1871, la citadelle, vaillamment défendue, pendant dix jours, par la troupe et quelques mobiles, était délivrée par le colonel Bonvalet. Une petite pyramide en marbre blanc, construite au pied du fortin, rappelle ce siège avec le nom de ceux qui ont été tués, Provençaux en grande partie.

[A 12 k. N.-O., *Bordj-Medjana*, 89 hab., le *Castellum Medianum* des Romains, et, à 1,500 m. E. de là, à *Ain-Zourham*, ruines romaines.

A 25 k. N.-O., **Kalâ**, *Gala* ou Guela, chez les Beni-Abbès, une des plus fortes tribus de la Kabylie, bâtie sur un rocher, au-dessus d'un ruisseau tributaire du Bou-Sellam, à l'E. du *djebel Boni* (1,164 m.). On ne peut y accéder que par deux chemins praticables pour les mulets et aboutissant aux deux portes. Les maisons sont en pierre et couvertes en tuiles; elles n'ont pas de jardins. Il y a un grand nombre de fontaines d'eau courante.

A 20 k. à vol d'oiseau au N. de Bordj-bou-Areridj, près d'un affluent du Bou-Sellam, petite ville de **Zamoura**, entre la montagne de ce nom et l'*oued Chertioua*, fondée en 1560, par Hassen-ben-Kheir-ed-Din, pour maintenir les *Beni-Abbès*. Zamoura, où se tient tous les dimanches un marché important, est entourée de jardins et de quelques dachcras, soumises à l'autorité d'un kaïd.

A 4 k. E. de Zamoura, près de l'oued Chertioua, chez les *Oulad-Djelail*, se trouve *Kherbet-Guidra*, l'ancienne ville épiscopale de *Sertei*.

De Bordj-bou-Areridj à Msila (72 k.; dilig. en 11 h.; 6 fr.). — La route, se dirigeant au S.-O., traverse, de Bordj-bou-Areridj à Msila, le massif de l'Atlas dépendant de l'ancien khalifa de la Medjana. On descend le long de l'oued Ksob, qui coule dans des gorges profondes.

22 k. *Aïn-el-Leuch*, sur l'oued Zitoun, affluent de l'oued Ksob.

35 k. *Bordj-Mejez-el-Foukani*, chez les Oulad-Hellouf.

53 k. *El-Hammam*, sur l'oued Ksob qui alimente des moulins; près de l'oued, eaux sulfureuses, 35°, aménagées pour des bains indigènes par le service du génie militaire.

57 k. *Kremissa*, v. indigène.

72 k. **Msila** *, ch.-l. de com. m. de 35,098 hab. dont 110 Français, située au N.-O. du Hodna à 460 m. d'alt., eut pour fondateur, au dire d'El-Bekri, Abou'l-Kacem-Ismaïl-ben-Obeïd-Allah, le Fatimite, en 313 de l'hég. (925-926 de J.-C.). Rasée et reconstruite à plusieurs époques, elle avait, sous les Turcs, une petite garnison.

Avant de pénétrer dans Msila on traverse, sur la rive g. de l'oued Ksob, un quartier entièrement neuf, composé d'une vingtaine de boutiques, occupées surtout par des Juifs, d'un caravansérail, et, plus bas, d'un moulin. Un beau pont en fer relie ce quartier à Msila.

Les monuments de Msila consistent en 17 mosquées, quadrilatères en pisé ou touba, sans décoration aucune, et dont les minarets semblent jeter un défi à la ligne perpendiculaire.

[A 4 k. E. de Msila sont les ruines, à ras de terre, de *Bechilga*, dont les matériaux, pierres de taille, colonnes et chapiteaux, transportés en grande partie à Msila, ont servi pour les constructions privées ou publiques. Le plus curieux de ces matériaux est une pierre sur laquelle on lit, d'après M. A. Poulle, vérificateur des domaines : « *La nouvelle ville de Zabi, la Justinienne*... » C'était la capitale du Zab.

A 36 k. N.-O. de Msila et au S. du *djebel Tarf*, on rencontre à *Bled-Tarmount* les ruines romaines peu considérables de *Tatilti*.

Entre Tarmount et Msila sont encore d'autres ruines; appartiennent-elles à *Aræ* ?

A 16 k. O. de Msila, à l'*oued Legouman*, on rencontrera, en remontant un peu ce torrent, les vestiges de quatre barrages dont le dernier, c'est-à-dire l'inférieur, a dû être un barrage de retenue; il est situé près de *Koudiat-Ouglif*, ou *Kherbet-Djesseria*, mamelon isolé, de forme conique, dominant le cours de l'oued Legouman, entouré de son sommet à sa base de ruines romaines, qui couvrent les environs sur une étendue de 100 hect., au milieu desquelles on distingue très bien l'ancienne voie de Zabi. L'oued Legouman a ses sources sur les versants S. du *djebel Kleuf*. Enfin, à Bechilga, sur l'*oued Deb*, et à Msila, sur l'*oued Ksob*, au-dessus de grands jardins, existent encore les vestiges de plusieurs autres barrages. Un barrage fort important retient une vingtaine de millions de m. cubes d'eau, sur l'*oued Ksob* à l'étranglement du *kef Matrok*, pour l'irrigation des jardins de Msila et de 4,000 hect. de céréales.

A 40 k. O. de Msila on visitera les ruines d'un barrage et d'un canal sur l'*oued Chellal*, au point dit *Ced-Djir* (Ced-Djir veut dire barrage en chaux). Dans le lit et sur la berge dr. de l'oued Chelal, le barrage, long de 50 m., pourrait être utilisé de nouveau, en rétablissant sa brisure.

A 14 k. S. de Msila dans la plaine du *Hodna*, cette autre fertile Mitidja, s'étend un lac salé, où viennent se déverser, à l'époque des pluies, les eaux des montagnes; on l'appelle *Chott-es-Saïda* ou *Chott-el-Msila*, à cause de la ville de ce nom, qui la domine au N.-O.; de même que les Romains l'appelaient *Salinæ Tubonenses*, à cause du voisinage de Tobna. Le lac est souvent à sec, et ses bords, surtout à l'O., offrent des effets de mirage des plus ravissants. Il a 70 k. de longueur sur 10 à 25 de largeur; le climat de ses rives est brûlant, et la végétation y ressemblerait jusqu'à un certain point à celle de l'Égypte et du Sénégal. Néanmoins ce bassin a un grand avenir, parce que ses terres sont des meilleures, et qu'on y peut irriguer plus de 100,000 hect. Les Français y ont creusé un certain nombre de puits artésiens.]

De Bordj-bou-Areridj à Sétif on parcourt d'immenses plaines avec des horizons de montagnes, où sont disséminés quelques rares villages, des gourbis et des tentes.

246 k. **Galbois** * (nom d'un général qui commanda la province), ou **El-Anasser**, section de la commune mixte des *Maâdid*, est situé sur l'emplacement de ruines romaines ; des médailles mauritaniennes ont été trouvées près d'une muraille dont l'une des pierres d'angle porte ces mots : *Domine jubanos Bocu rex*.

254 k. *Chenia*, halte. Les deux centres de *Bel-Imour* * et *Chenia* *, à quelques k. S. de la gare, occupent un plateau dont l'alt. est de 850 m. (terres de bonne qualité ; trois moulins dans les environs sur les affluents de l'oued Zitoun).

263 k. *Aïn-Tassero*, Termes. — 271 k. *Tixter*.

283 k. *Le Hammam* sur *l'oued Bou-Sellam* (la rivière de l'Echelle), qui descend du flanc E. du *djebel Magris*, à 16 k. N.-O. de Sétif, et va se jeter dans *l'oued Sahel*, au-dessous d'Akbou (V. R. 24, A), après un parcours de 220 k. dans des gorges très profondes, très tortueuses, très pittoresques. — A g. de la station sourd le *Hammam-Bou Sellam*, eaux salées, eaux chlorurées, iodiques (47° à 54°).

296 k. *Mesloug* *, comprenant le ham. indigène d'*El-Achechia*, est une section de Sétif.

308 k. **Sétif** (R. 24, A). — De Sétif à El-Guerra, grandes plaines, parfois bornées au S. par des collines, monotones d'aspect, sans arbres, sauf près des v., sans végétation permanente, Brie ou Beauce quand il a plu, Sahara dans les années de sécheresse. Au loin, dans le S., montagnes du *Bou-Taleb* (1,586 m.)

Viaduc sur *l'oued el-Assi*. — 322 k. *Ras-el-Ma*, 88 hab. européens.

339 k. **Saint-Arnaud** * (nom d'un maréchal de France) ; ch.-l. de c. de 5,262 hab., au lieu de *Taftikia*, chez les *Eulma*, à 1,000 m. d'alt. Il a pour annexes *Oued-Deheb* et *Guelt-Zerga*. Au caravansérail des Eulma, près de Saint-Arnaud, on a restauré la *fontaine romaine* dont le débit journalier est de 64,800 lit.

352 k. *Bir-el-Arch* *, 91 hab. Le v. est à 2 k. N. et porte le nom de *Paladines*, général qui s'est illustré pendant la guerre de 1870-1871. — Viaduc sur *l'oued Djerman*.

367 k. *Saint-Donat* *, 70 hab., section de Châteaudun, à 1 k. N. — Viaduc sur *l'oued el-Harris*.

384 k. *Mechta-el-Arbi*, station de Châteaudun-du-Roumel (R. 24, B), à 10 k. N. sur la route de terre.

403 k. *Telergma*. Cette station, bâtie près de *l'oued Seguin* et d'une ancienne smala de spahis, dessert les v. d'*Oued-Seguin* (*seggan*) et d'Aïn-Smara (R. 24, B).

[R. 20, B] SAINT-ARNAUD. — EL-GUERRA. — LE KROUB. 209

Pont sur l'*oued Tadjerout*. — La voie contourne le massif du *djebel Mimoum* (1,166 m.).

427 k. **El-Guerra** (buffet)*, v. de quelques fermes.

D'El-Guerra à Biskra, R. 25.

435 k. Non loin de ruines romaines, le Bou-Merzoug, dont la voie parcourt la fertile vallée, n'est qu'à 2 k. de sa puissante source, située près du chemin des Zmoul aux Segnia.

436 k. **Oulad-Rahmoun***, ch.-l. de com. de 3,250 hab. (riches cultures).

Des Oulad-Rahmoun à Aïn-Beïda, R. 27.

448 k. **Le Khroub*** (buffet et hôtel) ou *Khroub*, et mieux *Krouroub* (masures, ruines), ch.-l. de com. de 9,013 hab. (avec *El-Aria*, son annexe). La station (bifurcation de ligne Bône-Guelma) s'élève près d'un moulin, entre le v. à l'E. et le Bou-Merzoug à l'O. Le v. a été créé en 1859 près de l'emplacement de ruines romaines. — Église de style byzantin. — Marché de bestiaux, le plus important de la province, tous les samedis.

Du Khroub à Bône, R. 29.

A partir de Kroub, la voie ferrée monte jusqu'à Constantine.

453 k. *Oued-Hamimin*, arrêt près d'un affluent du Bou-Merzoug; la voie, après l'avoir traversé sur un viaduc de 35 m., croise la route de Bône qu'elle laisse à g., puis l'*oued Feutaria* et un canal.

460 k. L'*Hippodrome*, à g., champ de courses sur lequel se réunissent les sociétés hippiques de la province de Constantine.

462 k. Sidi-Mabrouk (R. 22, *G*), à l'embranchement des routes de Meridj, de Somâ et de Bône. — On franchit l'*oued Bil-Braguet*, affluent du Bou-Merzoug, sur un viaduc de 114 m. On aperçoit droit devant soi le théâtre qui couronne Constantine comme une acropole, à la pointe S.-O. Le chemin de fer tourne ensuite à l'E., allant de Sidi-Rached au pied du Mçid. Le panorama est splendide, vertigineux.

464 k. Constantine (R. 21; omnibus, 30 c.; voit. de place, 1 fr. 50; colis, 50 c.).

B. Par mer jusqu'à Philippeville.

D'ALGER A PHILIPPEVILLE

Cie Transatlantique; un départ par semaine; trajet en 42 h.; 1re cl., 60 fr.; 2e cl., 44 fr.; 3e cl., 26 fr.; 4e cl., 18 fr. — Cie de Navigation mixte : un départ par semaine; 1re cl., 45 fr.; 2e cl., 30 fr.; 3e cl., 18 fr.; 4e cl., 10 fr. — Les paquebots font escale à Dellys, Bougie, Djidjelli et Collo; le touriste a le temps de visiter ces villes; canot, 50 c.

Pour la description des côtes, *V*. R. 32. — A Philippeville, le paquebot mouille à quai; on peut faire transporter ses bagages par l'un des nombreux commissionnaires stationnant sur le quai, de 50 c. à 1 fr.

Philippeville *, ch.-l. d'un cercle militaire de la prov. de Constantine, ch.-l. de sous-préfect., ch.-l. d'une com. de 20,450 hab., dont principalement 7,792 Français, 49 israélites, 4,887 indigènes, 6,787 de nationalités diverses, à part 935 avec ses annexes de Damrémont, Saint-Antoine et Valée, est bâtie sur le sol de Skikda et située à 2 k. de l'embouchure du Safsaf, sur deux mamelons : l'Addouna à l'E. et le Bou-Iala à l'O., séparés par un long ravin qui forme aujourd'hui la rue Nationale; elle est bornée par la mer, au N.; par la vallée du Safsaf qu'elle domine, à l'E. et au S.; et par le ravin de Beni-Melek, à l'O. De création moderne, Philippeville ressemblerait tout à fait à une ville française sans une partie de sa population, composée de Maltais, d'Italiens, d'Espagnols et d'indigènes.

Rusicada (le cap des cigales), dont le nom d'origine phénicienne était *Rus-Cicar*, *Rus-Sadeh* (le cap de la plaine), s'est presque conservé jusqu'à nos jours dans le *Ras-Skikda* des Arabes. Léon l'Africain dit, au XVI° s., que *Sucaicada*, Skikda, peut-être *Souk-el-Ahda* (le marché du dimanche), avait des habitations et des magasins pour les négociants génois.

Après la prise de Constantine, le maréchal Valée voulant faire aboutir le commerce de l'intérieur à un point du littoral, plus rapproché que celui de Bône, achetait le terrain de Skikda, sur le bord de la mer, pour 150 francs aux Kabyles qui l'occupaient, et y jetait, le 7 octobre 1833, les fondations du Fort de France, près duquel devait bientôt s'élever et grandir Philippeville.

Le *port* est formé par deux jetées, qui créent d'un côté un avant-port de 37 hect., et de l'autre côté un port intérieur ou darse de 19 hect., bien abrité et bordé de quais, en arrière desquels s'étend un terre-plein de 20 hect., conquis sur la mer. Une partie de ce terre-plein est affectée à la gare, l'autre est livrée aux bureaux et magasins des différentes compagnies maritimes et au commerce.

La ville est entourée d'un *rempart* crénelé, qui suit toutes les sinuosités du terrain; ce rempart est percé de trois *portes* : *de Stora* à l'O., *de Bône* à l'E., et *de Constantine* au S.; c'est en dehors de cette dernière que se tient le *marché* arabe, qui est très important.

On compte 5 places : la *place de la Douane*, entre la douane et la mer, près de la porte Stora; — la *place de la Marine*, s'ouvrant en éventail sur la mer, qu'elle domine, et bordée de cafés et d'hôtels; c'est le lieu de rendez-vous et une des promenades des habitants de Philippeville; on y fait de la musique militaire dans un kiosque, les jeudis et les dimanches; de cette place, la vue, bornée à l'E., est magnifique à l'O.; on a le panorama de la baie de Stora, de l'île Srigina, et pour horizon la mer toujours splendide; — la *place Corneille*, sur laquelle sont le théâtre et des chapiteaux et fragments de colonnes d'énorme dimension, qui auraient appartenu à un temple de Bellone; —

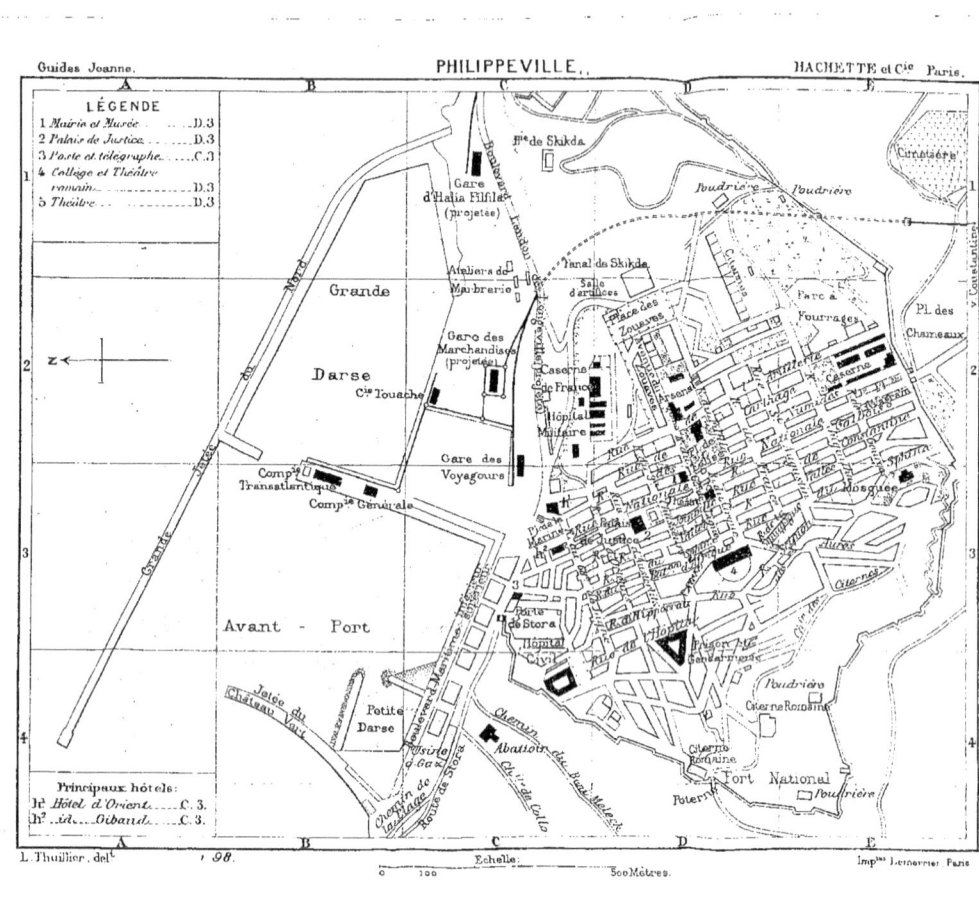

Principaux hôtels :
Hôtel d'Orient....... C.3.
id. Gibard........ C.3.

L'huillier, del.

la *place de l'Église* (square) située, comme la précédente, près de la rue Nationale, mais du côté opposé, c'est-à-dire à l'E.; — la *place Bélisaire*, au centre du *Bou-Iala*, mamelon O. de Philippeville; elle est bordée d'arbres; le marché aux légumes et aux poissons s'y tient tous les jours.

Les rues sont droites et larges; l'emplacement de la ville, sur les hauteurs, fait que beaucoup sont à escaliers; la plus longue est la *rue Nationale* occupant le ravin de Skikda; elle commence à la place de la Marine pour finir à la porte de Constantine. Elle est donc l'artère principale où viennent aboutir toutes les autres; ses maisons sont bâties à arcades.

Les édifices religieux sont l'église et la mosquée. — L'*église*, sur la place de ce nom, n'a rien de remarquable. — La *mosquée*, sur le versant S.-E. de Bou-Iala, est un bâtiment carré, couronné d'une coupole et flanqué d'un minaret octogone, qui va en s'amincissant. Elle produit un assez bel effet; malheureusement elle n'est pas entretenue et se détériore de jour en jour.

Les autres édifices civils sont : — la *mairie* (dans une de ses salles, annexe du musée archéologique, sont exposés des médailles, des armes, des bijoux, des poteries et objets divers); — la *sous-préfecture*; — le *palais de justice* (rue Nationale), précédé de plantations au milieu desquelles jaillissent des fontaines et où a été érigée une statue en marbre représentant *Brennus*; — le *théâtre*, élevé sur d'anciennes citernes, au milieu de la place Corneille, et pouvant contenir 600 à 700 personnes.

Les *fontaines* sont abondamment alimentées, surtout par les magnifiques citernes (*V.* ci-dessous) restaurées et par les eaux du ravin des Beni-Melek.

Philippeville possède un *collège communal* et une *école secondaire de jeunes filles*.

Des casernes et un hôpital pour 600 lits, un parc d'artillerie, des bâtiments pour les différents services de l'administration des campements et des vivres, constituent les *édifices militaires* sur le djebel Addouna, qui domine la ville du côté de l'E. Le cercle militaire possède deux tombeaux qui méritent d'être vus.

L'inspection des ruines de Rusicade conduit à croire à l'existence de trois quartiers différents. Sur le plateau occupé par l'hôpital militaire, et sur le talus, on a retrouvé des petites citernes et des fondations de maisons peu considérables. Là devait se trouver un quartier, dans lequel rien ne fait supposer des constructions importantes. — Le fond de la vallée, la plage et la base E. du Bou-Iala étaient couverts d'édifices. — La croupe N. du Bou-Iala était entièrement couverte de maisons. Les citernes s'y rencontrent à chaque pas; et les plus importantes sont celles du fort d'Orléans, qui ont été restaurées; elles étaient alimentées par les eaux de Beni-Melek devenues insuffisantes; on amena alors les eaux de l'oued Rira qui arrosent le versant O. du Filfila et celles des ruisseaux intermédiaires, l'oued Ksob entre autres. Une autre citerne a servi de fondation à la porte de Stora. C'est dans ces parages que se trouve la *mosaïque* de la *maison Nobelli*, dont le dessin, d'une très belle exécution, représente Amphitrite entourée de poissons aux couleurs éclatantes.

Le *théâtre romain* semblait marquer une des extrémités de ce dernier quartier. Le *musée archéologique* (ouvert aux habitants de Philippeville, le dimanche de 2 h. à 4 h. en hiver, de 2 h. à 5 h. en été, et aux étrangers t. l. j.) y a été installé. On y remarque des statues, celle entre autres de l'empereur Hadrien; des bustes, divers fragments d'architecture et des épigraphes, inscriptions votives et funéraires.

[Aux portes de la ville, sur la route de Jemmapes, au S.-E., a été créée une magnifique *pépinière*, riche surtout en plantes indigènes pour l'exportation. A 1 k. de la ville, dans la même direction, la propriété *Butler* renferme une fort belle mosaïque décorant le plancher de la salle de bain d'une ancienne villa probablement.

De ce côté encore, près du Safsaf, on pourra visiter la propriété *Landon* dont le jardin possède de très belles plantes exotiques, et une ménagerie de lions.

A 1 k. O., ravin des *Beni-Melek*, dont les coteaux produisent des vins rouges et blancs très estimés.

Stora (5 k. O.; route de voit.). — La route de Philippeville à Stora, entre la mer qu'elle surplombe à une grande hauteur, et les pentes boisées de la montagne dans laquelle elle est taillée, est des plus pittoresques. C'est une véritable promenade bordée de jardins et de villas.

5 k. *Stora* *, le *Mers-Estora* d'Edrissi, l'*Istoura* d'El-Bekri, le port de *Rusicade* (Philippeville), ch.-l. de com. de 2,503 hab. dont 632 Français, est adossée à une montagne à pic et dominée par une église qui se détache sur le fond des chênes-lièges. De belles citernes romaines sont sises à mi-côte, ainsi que la grande voûte romaine sous laquelle coule une fontaine. Les citernes sont alimentées par l'*oued Cheddi* (ruisseau des singes), dont les eaux contournent la montagne au moyen d'un tunnel conservé jusqu'à nos jours, trouvé et restauré par le génie militaire. — Stora possède une rade magnifique et de nombreuses sardineries.]

De Philippeville à Constantine, V. ci-dessous; — à Bône, par terre, R. 30, par mer, R. 32.

DE PHILIPPEVILLE A CONSTANTINE

86 k. — Chemin de fer en 4 h. — 9 fr. 75; 7 fr. 30; 5 fr. 35. — Les wagons de la ligne de Philippeville à Constantine sont généralement à plate-forme; si le chef du train ne s'y oppose pas, on pourra rester sur la plate-forme et embrasser plus facilement l'immense paysage.

Au sortir de la gare de Philippeville, la voie ferrée s'enfonce dans le *djebel Addouna* que couronnent les casernes et l'hôpital militaire, et débouche après quelques minutes, dans la magnifique plaine du *Safsaf*.

2 k. **Philippeville** (marché).

5 k. *Damrémont* * (nom du gouverneur général tué devant

Constantine), 343 hab. dont 101 Français, annexe de la com. de Philippeville, est situé sur la rive dr. du Safsaf dans une vallée très fertile. Là se trouve une plaine servant d'hippodrome à Philippeville.

[A 3 k. E., *Valée* * (nom du gouverneur général qui a succédé au général de Damrémont), 1,405 hab. dont 290 Français, annexe de Philippeville (terres excellentes, eau en abondance, grands vignobles).

A 8 k. E., *Filfila*, au pied de la montagne de ce nom (carrière de marbre blanc statuaire, exploitée par M. Lesueur).

A 6 k. O., *Saint-Antoine* *, 737 hab. dont 130 Français, annexe de Philippeville, dans la belle vallée du *Zeramma* et sur l'oued de ce nom.]

10 k. *Safsaf*, dans la luxuriante vallée du Safsaf.

18 k. **Saint-Charles** *, ch.-l. de com. de 2,448 hab. dont 207 Français, au confluent de l'*oued Safsaf* et de l'*oued Zerga*. Une belle avenue conduit de la gare au village; la petite église sur un tertre, à dr., est d'un assez joli effet. — Belles plantations d'oliviers greffés, et magnifiques vignobles.

De Saint-Charles à Bône, R. 30.

Le chemin de fer s'élève. — De Saint-Charles à El-Arrouch, à g. se trouvent des ruines romaines éparses.

29 k. **Robertville** * (omnibus de la gare au v.), à g., ch.-l. de com. de 5,218 hab. dont 368 Français, arrosé par deux cours d'eau, l'*oued Medjez-ech-Chich* et l'*oued Amar*, possède un sol très fertile, parfaitement cultivé. Une usine à vapeur assez importante a été montée pour l'exploitation des oliviers.

[A 6 k. E., *Gastonville* *, ch.-l. de com. de 3,176 hab. dont 231 Français, sur le Safsaf, au lieu dit *Bir-Ali* (le puits d'Ali). Beau v., belles cultures, eaux abondantes, appareil élévatoire, système Souchières.]

De Robertville à Collo (52 k.; dilig. en 7 h.; s'informer pour les prix). — La route, d'abord en plaine, se dirige au S.-O. — 9 k. *Sidi-Mesrich*. On remonte au N.-O. — 7 k. *Souk-et-Tleta*, sur la rive dr. de l'*oued Guebli*.

27 k. *Tamalous*, maison de commandement sur la rive dr. de l'oued Guebli. — 44 k. L'oued Guebli, obliquant au N.-E., va, à 6 k., se jeter dans la mer. — La contrée mamelonnée, sans hautes montagnes, boisée parfois et coupée par les lits de ruisseaux, torrents en hiver, n'offre rien d'intéressant au touriste, mais l'arrivée à Collo sur le bord de la mer, adossée à des montagnes assez élevées, dédommage de la monotonie de sa route.

123 k. **Collo** * (*El-Koll*), ch.-l. de com. de 3,040 hab. dont 468 Français, et d'une com. m. de 25,884 hab. dont 58 Français, d'un cercle milit., est situé sur une des anfractuosités que forme à sa base le flanc E. du massif élevé du *djebel Goufi* (*Seba-Rous*, 1,400 m. d'alt.) sur les pentes duquel on exploite le chêne-liège. La mer y forme une rade à fond de sable qui a des profondeurs de 25 m.

Des ruines anciennes, des fragments d'inscriptions et quelques médailles, trouvés dans la ville même ou aux environs, ne laissent aucun doute sur l'origine romaine de Collo, le *Kollops magnus* de Ptolémée, le *Chullu* de la Table de Peutinger, le *Chulli municipium* de l'Itinéraire d'Antonin, la *Minervia Chulla*. Le 28 juin 1282 (681 de l'hég.), le roi Pierre d'Aragon débarquait à Collo, pour aider le gouverneur de Constantine à supplanter le sultan de Tunis, quand il apprit les événements des Vêpres siciliennes. Il partit aussitôt pour Palerme, où il se fit couronner roi de Sicile. En 1520 (926 de l'hég.), Kheir-ed-Din s'empara de Collo. En 1711 (1123 de l'hég.) c'est à Collo que Charkan-Ibrahim, désigné pour remplacer, à Alger, le pacha Ali, est forcé de relâcher par la tempête, et il y meurt. Le 11 avril 1843 Collo est occupé par le général Baraguey-d'Hilliers.

Une mosquée, flanquée d'un minaret carré à l'E., a été construite en 1756-1757 (1170 de l'hég.), par Ahmed-Bey, grand-père d'El-Hadj-Ahmed, dernier bey de Constantine. Derrière cette mosquée s'élèvent deux grands pavillons dans lesquels sont installés les différents services militaires de la ville dont les maisons s'échelonnent à dr. et à g. sur la montagne en forme de cirque.

Le port est très bon, mais de peu d'étendue; les paquebots mouillent à 1 k. env.

Tous les vendredis il se tient un marché arabe à Collo.

[A. 3 k. E., *source des Lions*, près de la mer, but de promenade, très fréquentée.

« Non loin, et à l'E. de Collo, en remontant l'*oued Guebli*, qui prend sa source au pied du *djebel Sidi-Dris*, on rencontre *El-Meraba* (les pierres de taille), des *Beni-Ouelban*, ruines romaines (à l'E., nécropole; dans la prairie, sur les bords de l'oued, emplacement d'un forum; inscriptions dont l'une fait connaître le nom de la ville, *Céltiane*, et l'autre qui lui donne le titre de colonie). » (*Masqueray.*)

A 8 k. S.-O., *Chéraïa*, 107 hab., section de la com. de Collo, et ch.-l. de la com. m. d'*Attia*, 22,847 hab. dont 252 Français.

A 14 k. O., *Zitouna* ou *Bessonbourg*, 167 hab., centre de l'exploitation des chênes-lièges par la Compagnie Besson, dans un site très pittoresque. Ce nom de Zitouna vient d'un olivier plusieurs fois centenaire s'élevant sur un col en avant de Bessonbourg.

A 36 k. S.-O., *Bou-Nagha*, autre centre d'exploitation, appartenant à la même Compagnie. — A 10 k. S. de ce dernier point, l'*oued Zouhr* qui va se jeter à la mer, à travers une charmante vallée, contient dans ses eaux torrentueuses d'abondantes truites, parfois saumonées et semblables à celles de l'Europe.]

De Collo à Djidjelli, R. 23; — à Alger et à Bône par mer, R. 32.

36 k. *Gare d'El-Arrouch*, quelques maisons.

[A 5 k. E., dans un fond, **El-Arrouch** * (*Ad Villam Sele*), ch.-l. de com. de 4,376 hab. dont 396 Français, petite V. créée en 1844 et située au confluent du Safsaf ou *oued El-Arrouch* et de l'*Ensa*. Il s'y tient tous les vendredis un marché où les huiles de la Kabylie, les céréales, les laines, les peaux et les tissus sont l'objet de transactions importantes. On y visitera d'importants moulins à huile, des jardins, de magnifiques plantations de vigoureux eucalyptus, et la ferme du 3e bataillon d'Afrique (Zéphirs).]

46 k. *Col des Oliviers* (excellent buffet).

[A 4 k. S.-E. du col des Oliviers, **El-Kantour** *, ch.-l. de com. de 2,999 hab. dont 193 Français, avec ses annexes le *Col des Oliviers*, *Sainte-Wilhelmine*, *l'Armée française* et le *Refref*, est situé à 806 m. d'alt., près d'un sommet de 897 m., sur la grande crête de partage que perce un des tunnels du chemin de fer de Philippeville à Constantine.]

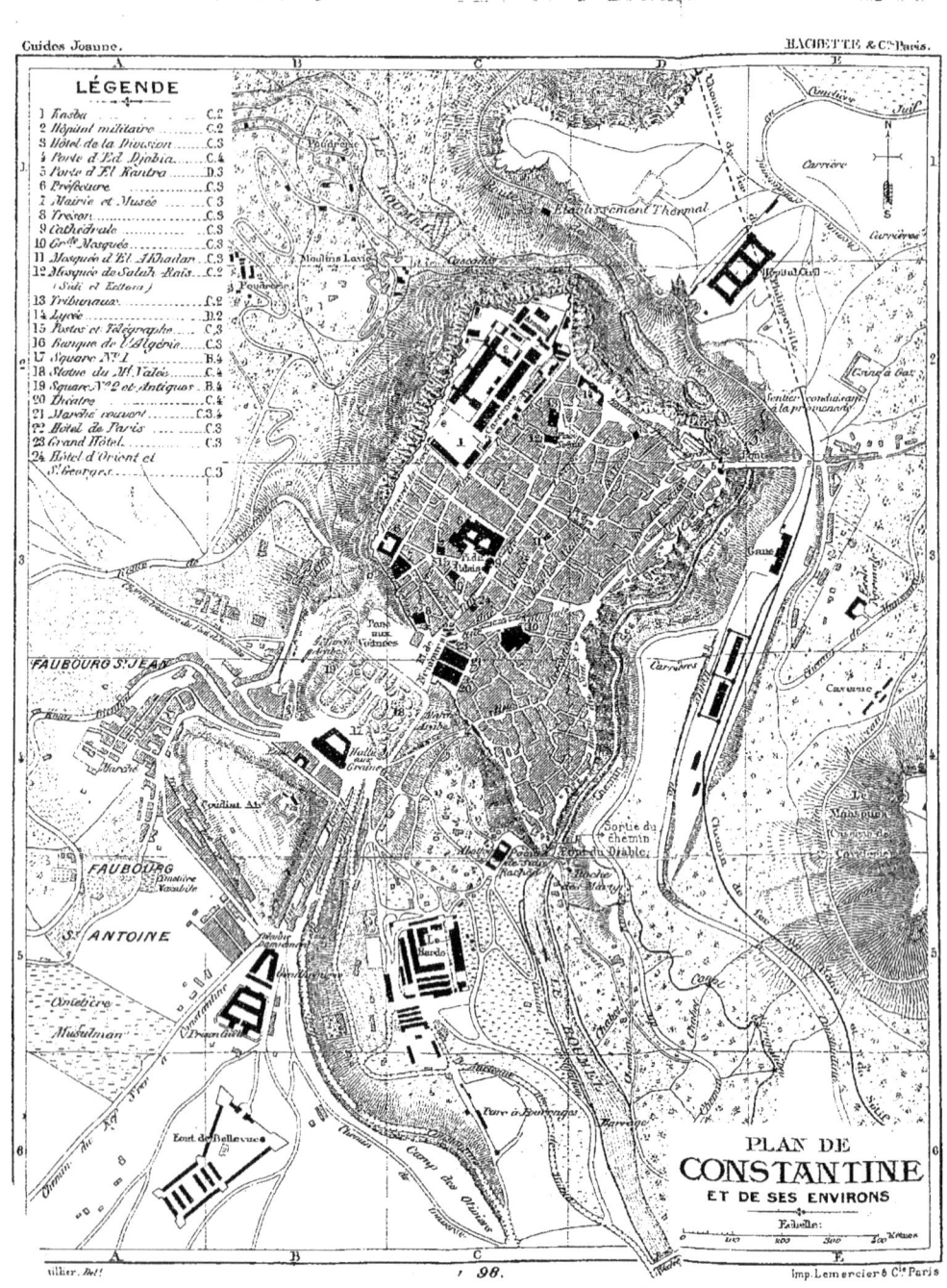

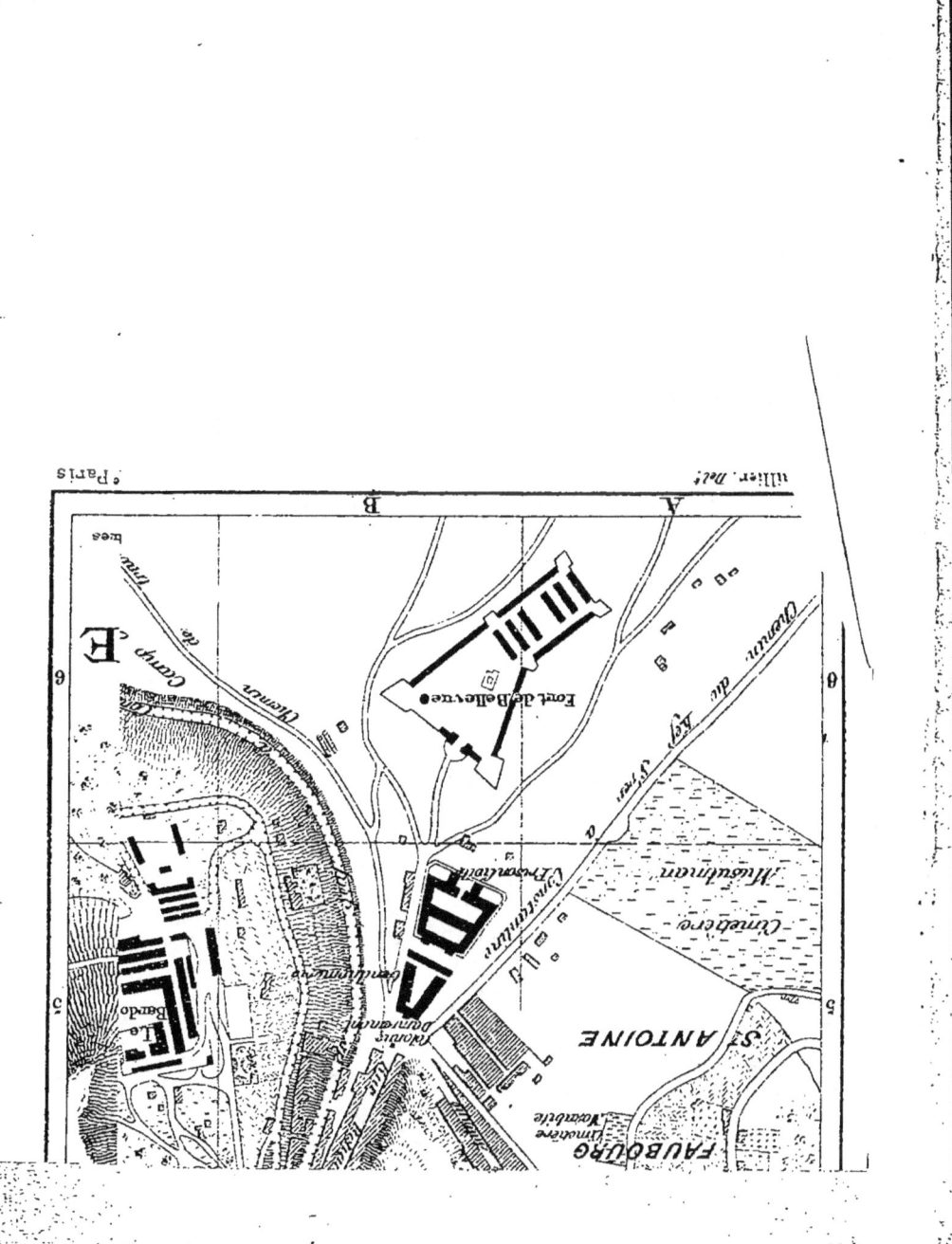

Au delà du col, la vue se porte à dr. sur les *Toumiet* (897 m.)
[o]u les *Deux-Mamelles*, parce que deux pitons jumeaux en affectent la forme. La montée a nécessité des travaux d'art remarquables. Après avoir décrit une immense courbe on s'engage
[d]ans un tunnel.

59 k. **Condé-Smendou***, ch.-l. de com. de 12,310 hab. dont
[2]2 Français, à 550 m. d'alt. « Jolie bourgade, bien percée et
[o]mbragée, territoire fertile, marché important le lundi. On a
[dé]couvert à Smendou un mastodonte rappelant le *brévirostre* du
[m]idi de l'Europe. » (*O. Niet.*)

La voie passe dans 3 tunnels; au delà d'un pont sur l'*oued
[S]mendou*, ham. d'*Aïoun-Sâad*, annexe de Bizot.

73 k. **Bizot*** (nom d'un général du génie, tué à Sébastopol),
[ch].-l. de com. de 8,390 hab. dont 251 Français, avec son annexe
[O]uled-Braham, à 555 m. d'alt. et à 700 m. de la gare, à dr., dans
[u]ne position excellente, sur un territoire très fertile, abondamment pourvu d'eau, a été créé à l'endroit dit *El-Hadjira*.

La voie ferrée descend.

79 k. Le Hamma (R 22, *A*). — Le chemin de fer, quittant les
[pl]aines mamelonnées que le *Chettaba* domine à l'O., monte en
[se]rpentant jusqu'aux derniers escarpements derrière lesquels
[se] cache Constantine. Le train traverse sous deux tunnels ces
[ro]chers qui portent cette inscription : *Limes fundi Sallustiani*,
[et] s'arrête enfin sur le bord de la gorge du Roumel.

86 k. Constantine (omnibus, 30 c.; voit. de place, 1 fr. 50;
[co]lis, 50 c.).

ROUTE 21

CONSTANTINE

Situation et aspect général.

Constantine*, 51,997 hab. au nombre desquels 18,387 Français,
[3,]027 israélites, 23,510 musulmans et 2,851 de nationalités diverses,
[es]t le ch.-l. de la province, la résidence du général commandant
[la] province, du préfet et de tous les chefs supérieurs de l'administration, le siège d'un évêché, d'un tribunal de première ins[ta]nce, d'un tribunal et d'une chambre de commerce, d'une
[ch]ambre consultative d'agriculture; elle est située par 36°24' de
[la]t. N. et 3°48' de longit. E., à 464 k. d'Alger, 86 de Philippe[vil]le et 164 de Bône.

Constantine, véritable forteresse naturelle, est bâtie à 580-790 m.
[d']alt. sur une presqu'île contournée par le Roumel et dominée
[pa]r les hauteurs de Mansoura et de Sidi-Meçid, dont la sépare

une grande et profonde anfractuosité, abîme où coule l'oued Roumel, qui vient de recevoir le Bou-Merzoug. Le plateau sur lequel Constantine est assise a la forme d'un trapèze dont les angles font face aux quatre points cardinaux et dont la plus grande diagonale, dirigée du N. au S., c'est-à-dire de la Kasba à Sidi-Rached, présente une inclinaison de 240 m.

Le Roumel s'approche de la ville par son angle S., et passe sous le Pont du Diable (*V.* ci-dessous) près des sources chaudes; il coule ensuite dans un grand ravin le long des côtes S.-E. et N.-E. dont il défend l'approche. Arrivé à l'extrémité N. où est bâtie la Kasba, il forme une suite de cascades et s'éloigne de la ville en continuant son cours vers le N. Cette rivière offre cette singularité, que, à la pointe d'El-Kantara, ses eaux s'engouffrent pendant quelques instants sous une haute voûte, reparaissent, disparaissent de nouveau; ces pertes successives forment des ponts de 50 à 100 m. de largeur.

Sur le troisième côté, entre l'angle N. de la Kasba et l'angle O., nommé Bordj-Açous, le terrain est très escarpé.

Le quatrième côté, regardant le Koudiat-Aty, entre le boulevard de l'Ouest, et Sidi-Rached, est le seul par lequel la presqu'île tient au massif. Ce côté est bordé de rochers qui diminuent de hauteur à mesure que l'on s'éloigne du ravin et que l'on se rapproche du point le plus élevé du contrefort, où ils cessent de former une enceinte naturelle. C'est là le seul point par lequel la ville soit facilement abordable.

Des hauteurs dominant Constantine, on peut se faire une idée de la configuration de cette ville, que les Arabes disent ressembler à un burnous étendu, dont le capuchon serait formé par la Kasba. El-Bekri l'a surnommé *Belad-el-Haoua* (la cité aérienne, la cité du ravin et la cité des passions : haoua signifiant également air, ravin et passions).

Constantine est encore divisée en deux quartiers : le quartier européen et le quartier arabe; la physionomie de celui-ci a cependant été profondément altérée, dans ces derniers temps, par le percement de la rue Nationale. La partie de Constantine complètement arabe, et traversée dans son milieu par la rue Perrégaux, est circonscrite, au N., par la rue Nationale, à l'E., au S. et à l'O., par les ravins du Roumel.

Le *quartier européen*, dans lequel on retrouve le mouvement des grandes villes de la métropole, forme au N.-O., un peu plus du tiers de la ville, et comprend les vastes bâtiments de la Kasba, l'église, l'ancien palais d'Ahmed-Bey, la préfecture, la mairie et les hôtels de la banque, du trésor et des postes. Les constructions qui ont remplacé les maisons arabes bordent des rues coupées à angle droit et allant aboutir aux places de Nemours et du Palais.

Le *quartier arabe* compte 24,423 hab.; c'est le centre où aboutit le commerce de l'intérieur, dont les Arabes de la ville sont les intermédiaires intelligents et traditionnels. C'est à Constantine que l'on retrouve la couleur locale qui tend à disparaître de plus en plus des autres villes de l'Algérie. Rien n'est plus curieux à visiter que cette fourmilière, qu'on appelle le quartier arabe, où les rues et les impasses étroites et tortueuses, à ciel ouvert ou voûtées, forment le labyrinthe le plus inextricable qu'on puisse imaginer, et dont l'ignoble saleté serait à craindre en cas d'épidémie. Un grand nombre de marchands et d'artisans occupent ces petites boutiques, que nous avons déjà eu l'occasion de décrire, et dans lesquelles est souvent entassée une grande quantité de marchandises. Mais ce qui étonne le plus, c'est le nombre prodigieux de cordonniers installés dans des rues entières, si l'on ne sait que tous les indigènes de la province viennent s'approvisionner de chaussures à Constantine.

L'animation que présentent les rues arabes ne forme pas un des spectacles les moins curieux de Constantine, avec sa foule bariolée d'Arabes, de Kabyles, de Biskris, de Sahariens, de Nègres, de Juifs, de Mauresques, de Négresses, de Juives, puis enfin de spahis rouges et de turcos bleus servant plus ou moins de trait d'union entre les Européens et les indigènes.

Telle est encore Constantine sur son rocher. Mais l'énorme butte de Koudiat-Aty ayant à ses pieds la halle aux grains et les faubourgs Saint-Jean et Saint-Antoine, doit bientôt disparaître pour faire place à une nouvelle ville à l'O. de Constantine. Les déblais combleront à dr. et à g. des deux squares, au N., les versants abrupts de Bordj-Açous et du tombeau de Præcilius, jusqu'à la route de Philippeville, et, au S., les versants de Bab-Djabia, au-dessus de l'abattoir et du Bardo. Les terrains conquis seront transformés en places et jardins.

Les eaux du djebel Ouach, élevé, à 12 k. N.-E., de 1,300 m. au-dessus de la mer, alimentent le quartier d'El-Kantara. L'oued Bir-el-Berarit et des sources, qui abondent sur le plateau de Mansoura, traversent le ravin par un siphon, pour remonter ensuite alimenter les citernes romaines de la Kasba. La quantité d'eau, amenée ainsi, n'est que de 400 m. cubes par j.; aussi la ville a-t-elle eu recours aux belles sources d'*Aïn-Fesguïa*, capables de fournir ensemble env. 180 lit. d'eau par sec. sur lesquels elle prélève 60 lit. qui arrivent au château d'eau; les sources d'Aïn-Fesguïa jaillissent au S. de Constantine, près de la route de Batna, au pied du Guérioun; elles proviennent surtout des eaux de l'*oued Kercha*, qui se perd sous terre en amont, près de l'azel de Kercha. La ville a dépensé 3 millions pour les amener sur son rocher.

L'esplanade Valée et les places Négrier, Rahbat-es-Souf, Sidi-Djelis sont pourvues de fontaines publiques.

Histoire.

S'il faut en croire la tradition, Constantine a été assiégée et conquise quatre-vingts fois. Numide sous le nom de *Cirta*, colonie romaine appelée *Cirta Sittianorum* et *Cirta Julia*, vandale, puis, byzantine et prenant désormais le nom de Constantine, prise par les Arabes, appartenant tantôt aux

Hafsides de Tunis, tantôt aux Mérinides de Fez, Constantine tombe sous la domination turque (1567), ayant un *bey* pour gouverneur. Le premier se nomme Ramdan-ben-Tchoulak. Le kaïd du même nom lui succède en 1570. Jusqu'à *Djafer*, on n'a pas le nom de ses successeurs à Constantine.

De 1567 à 1837, dans l'espace de 270 ans, Constantine fut gouvernée par cinquante beys environ. Plus soucieux de leurs intérêts que de ceux de leurs administrés, ces beys étaient souvent révoqués et exilés, quand ils n'étaient pas assassinés dans une émeute ou étranglés par ordre du pacha d'Alger.

Salah mérite de sortir de l'oubli. Né à Smyrne en 1725, soldat de l'odjak d'Alger, il fut envoyé avec sa compagnie à Constantine, en 1758 ; Ahmed-el-Koli le nomma kaïd des Haracta et lui donna sa fille en mariage. Elevé à la dignité de khalifa au bout de trois ans, il remplaçait quatorze ans plus tard son beau-père. Salah vint au secours des Algériens, lors de l'expédition d'O'Reilly, en 1775 (*V.* p. 35). Il organisa les Ziban et l'Oued-R'ir, en 1788. Salah possédait le génie de l'administration. La construction du pont-aqueduc de Constantine tourna à sa perte ; des hommes malveillants insinuèrent au pacha d'Alger que Salah, en amenant l'eau à Constantine, voulait se rendre indépendant. Le pacha fit étrangler Salah (1782) qui fut enterré dans la medersa de Sidi El-Kettani, qu'il avait fait construire en 1775.

Ahmed, le dernier bey (1826), gouverna onze ans et fut tout à fait indépendant, de 1830 à 1837.

En 1836, le maréchal Clauzel parti de Bône le 8 novembre arriva sous les murs de Constantine le 21. Le 23, aux approches de la nuit, les troupes furent prêtes à donner l'assaut, mais elles durent battre en retraite. C'est alors que le chef de bataillon du 2e léger, Changarnier, commença sa fortune militaire dans un combat d'arrière-garde qui sauva l'armée.

En 1837, le général Damrémont reçut l'ordre de s'emparer de Constantine. Le corps expéditionnaire de 10,000 hommes, divisé en 4 brigades commandées par le duc de Nemours, le général Trézel, le général Rulhières et le colonel Combes, arriva devant Constantine le 6 octobre. Le général Damrémont, ayant disposé l'attaque, envoya faire aux assiégés les sommations d'usage. L'envoyé, soldat du bataillon turc, revint avec cette réponse, « qu'on ne serait maître de Constantine qu'après avoir égorgé jusqu'au dernier de ses défenseurs ». Le 12 octobre, le général Damrémont s'étant rendu à Koudiat-Aty pour examiner la brèche, fut tué par un boulet de canon ; le général Perrégaux était frappé mortellement à ses côtés. Le lieutenant général Valée prit alors le commandement des troupes ; il pressa la canonnade et le lendemain 13 il ordonnait l'assaut. Les troupes étaient divisées en trois colonnes sous les ordres, la première du lieutenant-colonel Lamoricière, les deux autres sous ceux des colonels Combes et Corbin. A 7 h., le duc de Nemours donne le signal. La première colonne s'élance, descend dans la ville, se heurte contre des obstacles qu'il faut briser ; Lamoricière tombe blessé, aveuglé devant une porte intérieure qu'il faisait sauter ; mais la trouée est faite et les deux autres colonnes passent au milieu des morts et des blessés français et arabes, et la ville était prise. C'est alors que le colonel Combes, du 47e de ligne, commandant la seconde colonne, vint rendre compte au duc de Nemours du succès de l'opération ; le héros, atteint de deux balles, manifestait le regret de ne pouvoir survivre à la victoire : il expirait le lendemain. Les assiégés réfugiés dans la Kasba cherchaient à fuir au moyen de cordages qui se brisèrent sous le poids des corps humains : tous roulèrent dans l'abîme et périrent dans une affreuse agonie. Constantine prise, le général Rulhières en fut nommé commandant supérieur.

Ahmed-Bey, après la perte de sa capitale, passe onze ans dans l'Aurès à lutter contre nos troupes. En juin 1848 il fait sa soumission. Il mourut au mois d'août 1850. Suivant son désir, il fut inhumé dans la mosquée de Sidi-Abd-er-Rahman, au-dessus de Bab-el-Oued.

Constantine est le siège d'une *Société archéologique* fondée en 1852, qui publie un annuaire, d'une *Société de géographie* et de la *Société algérienne pour la protection des colons et l'avenir de l'Algérie* qui publie une feuille hebdomadaire, le *Bulletin des colons*.

Principales curiosités.

DANS LA VILLE. — Préfecture (p. 221). — Hôtel de ville, musée (p. 220). — Palais d'Ahmed-Bey (p. 223). — Kasba (p. 221). — Cathédrale (p. 221). — Grande-Mosquée (p. 224). — Mosquée El-Akhdar (p. 224). — Mosquée de Salah-Bey (p. 222). — Théâtre (p. 220). — Rues arabes, Combes (p. 224) et Perrégaux (p. 226).

HORS DE LA VILLE. — A l'O. : Squares et Musée (p. 227). — Monument Damrémont (p. 228). — Beni-Ramassés (p. 228).

Au S. : Pont du Diable (p. 228). — Pierre des Martyrs (p. 228). — Aqueduc romain (p. 228).

Au N. : Chute du Roumel (p. 229). — Tombeau de Præcilius (p. 230). — Le chemin des Touristes (p. 231).

A l'E. : El-Kantara et ravins (p. 231).

Une journée de 7 à 8 h. suffira pour bien voir Constantine. Si le touriste n'a que 2 h. à donner à sa promenade, il visitera de préférence le chemin des Touristes, s'il n'aime mieux parcourir le quartier arabe de l'intérieur de la ville ou bien encore la rue Perrégaux.

Description.

Les chemins de fer d'Alger, de Philippeville, de Bône et de Tunis à Constantine aboutissent à une gare unique située à l'E., au pied du Mansoura couronné par un fort et des casernes ; de cet endroit et par delà le profond et vertigineux ravin au fond duquel coule le Roumel, on a la vue de Constantine montant en amphithéâtre jusqu'à la Kasba, depuis la pointe de Sidi-Rached, au S., jusqu'au pont, au N. Au-dessus du pont, les rochers, ouvrant leurs murs à pic, laissent voir au loin la plaine et les montagnes. Ce spectacle, éclairé par le soleil couchant, est grandiose.

Quand on a franchi le magnifique **pont** en fer d'une seule arche (longueur, 127 m. 50 ; largeur, 10 m. ; hauteur au-dessus du niveau de l'eau, 120 m.) construit par l'ingénieur de Lannoy, et qui a remplacé le pont romain détruit en 1857, on passe sous la porte qui lui fait suite, pour remonter, à g., la **rue Nationale** qui, décrivant un angle vers son milieu, va du N.-E. au S.-O., pour finir à la place de Nemours.

La **place de Nemours** ou **de la Brèche**, où aboutissent la ruelle en escalier entre les remparts et le théâtre, conduisant à la porte d'Ed-Djabia, les rues Nationale, de France, Damrémont et le boulevard de l'Ouest, est la plus animée de Constantine, puisque c'est par elle qu'entrent et sortent les voitures européennes, les convois arabes, les voyageurs, cavaliers ou piétons, qui n'entrent ou ne sortent pas par Bab-el-Kantara. La sortie et la rentrée presque journalière des zouaves et des tirailleurs indigènes précédés de leurs tambours, clairons et musiques, ne contribuent pas peu, à certaines heures, à l'animation de la place.

Sur le côté E. s'élève le *théâtre* (Pl. 20, C, 4), construit en 1883, et contenant 800 places (dans l'escalier, échantillons des plus beaux marbres de la province, ceux du Filfila entre autres; du foyer très belle vue sur les montagnes au N.). A côté est le *marché couvert* (Pl. 21, C, 3, 4).

Le grand bâtiment, en face du théâtre, sert de magasin pour l'intendance militaire.

Au N.-O. de la place de Nemours commence le petit **boulevard de l'Ouest**, long de 200 m., bordé d'un parapet, par-dessus lequel s'étend depuis le faubourg Saint-Jean, au pied du Koudiat-Aty, jusqu'au pont d'Aumale; à dr. s'élèvent des constructions parmi lesquelles la *mairie*, nouvellement reconstruite, (Pl. 7, C. 3), renfermant le *musée* et la *bibliothèque*.

La création du musée archéologique est due à l'initiative de la Société archéologique, fondée en 1852, et présidée aujourd'hui par M. A. Poulle. Le musée est ouvert, t. l. j., excepté les dimanches et fêtes, de 1 h. à 4; la bibliothèque, de 1 h. à 5.

Des documents épigraphiques, morceaux d'architecture et de sculpture, auxquels viennent se joindre des collections particulières, assez importantes, soit par dons, échanges ou acquisitions, forment le noyau d'un musée qui s'enrichit continuellement à la suite des fouilles faites dans la ville ou aux environs; ces collections, réparties à la mairie, près du boulevard de l'Ouest, et au square Valée, n° 2, forment trois sections comprenant : 1° la *numismatique*; 2° les *antiquités romaines et africaines*; 3° l'*histoire naturelle et curiosités indigènes*.

La 1re section comprend une collection, très bien classée par M. Prud'homme, de 2,140 médailles consulaires, impériales, de l'Ancienne Afrique, vandales et diverses; elle provient en majeure partie des acquisitions faites pour une somme de 10,000 fr. à feu M. Costa, ancien entrepreneur de bâtiments.

La 2e section comprend des amphores, des lampes, des vases funéraires, des statuettes et des figurines en terre cuite, des tuiles et des briques; — des statues, des bustes, des bas-reliefs, des autels en pierre et en marbre; — des statuettes, des figurines, des anneaux, des lampes et objets divers en bronze et autres métaux; parmi les statuettes celle de la *Victoire ailée*, haute de 23 cent., trouvée à la Kasba de Constantine et donnée au musée par M. Ribot, colonel du génie, est un chef-d'œuvre.

La 3e section se compose de fossiles divers, de minerais, de marbres, de pétrifications, de coquilles marines et d'essences des bois de la province de Constantine.

Le boulevard de l'Ouest, faisant un coude, prend ensuite le nom de **boulevard du Nord** (250 m.); à g., continuation du

[R. 21] CONSTANTINE. — LA KASBA. 221

parapet, d'où la vue s'étend cette fois jusqu'aux moulins Lavie et au Roumel; à dr., parmi les constructions, on remarque la *préfecture* (Pl. 6, C, 3), vaste et bel édifice dont la façade donne malheureusement sur une rue étroite.

A l'extrémité du boulevard du Nord, on longe, à dr., les hautes murailles de la Kasba dont l'entrée est rue Damrémont.

La **Kasba** (Pl. 1 et 2, C, 2), occupée par les Romains, les Berbères, les Arabes, les Turcs, et rebâtie par les Français, est placée sur le point le plus élevé de Constantine, à une alt. de 730 m., entre la rue Damrémont et les profonds ravins du Roumel.

La Kasba, complètement isolée, renferme trois casernes pour l'infanterie, le génie et l'artillerie, un hôpital pour 1,500 malades, un arsenal et une manutention. Les restes glorieux des Combes, des Vieux, des Sérigny et de leurs frères d'armes tués pendant les deux expéditions de 1836 et de 1837 reposent au sommet de la Kasba sous un monument funéraire, élevé par l'armée et la population civile en novembre 1851.

Le génie a fait encastrer dans les murs de la Kasba, regardant la rue Damrémont, des inscriptions qui, au nombre de plus de vingt, offrent un grand intérêt pour la science épigraphique. L'une d'elles, par exemple, qui date du règne d'Alexandre Sévère, est une dédicace faite par la république des Cirtensiens, RESPVBLICA CIRTENSIVM, à son patron Publius Julius Junianus Martialianus; une autre est dédiée à Titus Cæsernius, patron des quatre colonies, PATRONA QVATVOR COLONIARVM ; les quatre colonies dont il est ici question sont les *coloniæ Cirtenses*, groupe politique composé : de *Cirta*, Constantine; de *Rusicade*, Philippeville ; de *Mileu*, Mila ; de *Chullu*, Collo, dont les citoyens étaient généralement inscrits sur les rôles de la tribu Quirina.

Les immenses et belles citernes construites par les Romains existent encore ; elles ont été réparées et servent en même temps de réservoir pour 12,000 m. cubes d'eau, et de château d'eau pour la distribution des eaux.

La **rue de France**, parallèle à la rue Damrémont, borne à l'O. le quartier arabe auquel on descend par des petites ruelles en escalier.

C'est dans cette rue, à g., qu'est située l'*église* ou *cathédrale de Notre-Dame des Sept-Douleurs* (Pl. 9, C, 3), qui occupe l'ancienne mosquée de Souk-er-Rezel, bâtie en 1143 (1703 de J.-C.), par le Marocain Abbas-ben-Alloul-Djelloul, bach-khateb ou secrétaire général du gouvernement, auprès du bey de Constantine, Hussein-bou-Koumia. Abbas consacra la mémoire de cette œuvre pieuse, en faisant placer au-dessus de la porte principale une inscription en vers, où son nom se trouvait gravé au premier tiers du cinquième vers. Mais le bey, envieux de la renommée de son bach-khateb, voulut partager la dépense, et, après la mort d'Abbas, substitua son nom au sien sur l'inscription, qu'on peut voir maintenant dans la salle des archives du bureau arabe, au palais de l'ex-bey Ahmed.

ALGÉRIE. 16

La mosquée, très obscure, est un assez beau spécimen de l'architecture arabe; des colonnes en granit, hautes de 4 m., la divisent en cinq travées; les parois sont incrustées d'arabesques finement découpées et fouillées. Le minbar musulman, transformé en chaire chrétienne, est un précieux travail de marqueterie. Malheureusement la mosquée a subi le sort de toutes les mosquées algériennes, converties en églises; elle a été agrandie (M. Meurs, architecte); sa toiture est surplombée d'une coupole octogone, un peu écrasée.

Toujours rue de France et dans le haut, à g., on arrive à la **place Négrier** ou *du Caravansérail* ou *Souk-el-Açeur*. Négrier est le nom d'un général qui a commandé la province de Constantine et qui a été tué en juin 1848, à Paris. Cette place forme un long triangle aigu, bordé au N. par la mosquée de Salah-Bey, la Medersa, le palais de justice, et les petites boutiques des orfèvres juifs, et, à l'E., par une terrasse et un escalier descendant à la rue Grant. Cette place, plantée d'arbres et ornée d'une fontaine, serait une agréable promenade si l'on n'y rencontrait tous les marchands de ferrailles et de guenilles qui en occupent l'espace avec leurs affreuses marchandises. Là encore, on peut assister à la criée des bijoux, hardes et meubles arabes, qui se fait sous la surveillance de l'*amin-ed-dellalin*, syndic des encanteurs, et de l'*amin-ef-fodda*, contrôleur des matières précieuses.

Djama-Sidi-el-Kettani est encore connue sous le nom de **mosquée de Salah-Bey**, qui la fit construire en 1190 (1776 de J.-C.). La façade et le minaret ont été restaurés par M. Meurs.

On pénètre dans l'intérieur par une grande porte cintrée, qui s'ouvre sur un large escalier en marbre, mi-parti de blanc et de noir. La bande de marches noires est destinée aux fidèles qui entrent. Au haut de l'escalier, on se trouve dans une cour pavée en marbre blanc et autour de laquelle circule une galerie. A l'E. sont les deux portes de la salle des prières. En y entrant, on a devant soi une niche festonnée d'arabesques et soutenue par quatre colonnettes; c'est le mihrab où se prosterne l'imam, quand il dirige la prière. L'intérieur forme un carré long. Le plafond est un assemblage régulier d'ais coloriés en rouge et en vert, avec quelques rosaces. Des colonnes en marbre blanc supportent les arceaux, qui divisent en plusieurs nefs ce vaste espace, où sont ménagées deux coupoles au-dessus et dans la direction du mihrab. Des faïences aux mille dessins lambrissent les parois. Des tapis du Sahara, de Constantinople, d'Angleterre, et des nattes couvrent le sol. Le luminaire est composé de grands lustres en cristal, chargés de girandoles. Mais le morceau capital, c'est la chaire ou *minbar*, établie à dr. du mihrab; presque toutes les variétés du marbre y sont réunies. Ce beau travail a été exécuté en Italie par des artistes génois.

La *medersa* de Sidi El-Kettani, à côté de la mosquée, a été construite par Salah-Bey, en 1189 (1775 de J.-C.). Les tombeaux de Salah et de sa famille sont placés au fond de la cour de la medersa, entourés d'une balustrade en marbre. On compte actuellement dans la medersa 40 élèves qui reçoivent une large instruction et apprennent le français.

A dr. de la mosquée est situé le *palais de justice* (Pl. 13, C, 2).

Près de là, au-dessus du boulevard de l'Est et du ravin du Roumel, s'élèvent les vastes constructions du nouveau *lycée* pour 400 élèves (Pl. 14, D, 2); le **boulevard Thiers**, nouvellement percé, y aboutit; il est parallèle au boulevard de l'Est et commence, comme ce dernier, à Bab-el-Kantara. L'ouverture du boulevard Thiers a entraîné la démolition de nombreuses maisons juives dans le quartier Est que Salah-Bey avait concédé aux juifs, quartier connu sous le nom d'*Ech-Chara* et où se trouvent les *synagogues* qui ne donnent pas lieu d'être décrites.

Entre les rues Damrémont et de France, la petite *rue du Palais* conduit à la place du même nom. C'est dans cette rue qu'est située la *librairie Braham*.

La **place du Palais**, plantée d'acacias, au centre du quartier européen, prend son nom du palais d'Ahmed-Bey, qui la borne au N. La cathédrale, l'hôtel de la banque de l'Algérie, le cercle militaire, les cercles civils et plusieurs cafés bordent les autres côtés de la place sur laquelle on trouve dans le kiosque, près de l'escalier, à dr., les journaux de France et le dépôt des cigares de L. Tinchant d'Alger. C'est sur la place du Palais que se fait entendre la musique militaire.

Le **palais d'Hadj-Ahmed** (Pl. 3, C, 3), auquel il manque une façade et une entrée dignes de sa destination, a été construit, peu de temps avant la prise de Constantine, par le dernier bey.

Ayant la forme d'un carré long, avec un de ses grands côtés sur la place actuelle et l'autre sur la rue Desmoyens, il est d'une superficie de 5,609 m. Il renferme trois corps de logis principaux et sert aujourd'hui à l'installation du général commandant la division, de l'état-major général, de la direction du génie, du bureau arabe divisionnaire, du conseil de guerre subdivisionnaire.

Le palais n'aurait rien de remarquable sans les quatre jardins entourés de galeries, qui en font comme une fraîche oasis au milieu des rues européennes, où alternent la poussière et la boue. On ne manquera pas de faire remarquer au visiteur les *fresques* naïves qui décorent les parois des galeries, fresques représentant, ici, un combat naval, et là, Stamboul, Masr ou Iskanderia; œuvre d'un esclave, cordonnier européen, ces peintures grotesques valurent la liberté à leur auteur. — Dans la galerie d'un des jardins une très belle *statue* en marbre rapportée de Djemila, représente, plus grande que nature, l'impératrice Julia Domna, femme de Septime Sévère.

A g. de la place du Palais, en face de la cathédrale, une petite rue conduit, à dr., aux *bureaux de la poste et du télégraphe* (Pl. 15, C, 3).

Le quartier arabe, séparé du quartier européen par la rue de France, est coupé en deux par la rue Nationale, la plus longue de Constantine et bordée de constructions européennes dont le rez-de-chaussée est occupé par des marchands européens et indigènes.

C'est dans la partie S., à dr., qu'est située la **Grande-Mosquée**, *Djama-el-Kebir* ou *Djama-el-Betha*, nom de la place qui la limitait au nord, avant l'ouverture de la rue Nationale (Pl. 10, C, 3), qui lui a enlevé sa cour, son minaret et sa façade intérieure; elle a dû être construite sur les ruines d'un temple païen; sa toiture est, en effet, soutenue par des colonnes dont quelques-unes, notamment celles que l'on voit à dr. et à g. du mihrab, occupent leur position primitive. Deux inscriptions trouvées en cet endroit peuvent faire croire à l'existence d'un panthéon. L'une est consacrée à Vénus, l'autre fait partie d'un piédestal, sur lequel on lisait... *coloniarum cirtensium*... Cette mosquée est postérieure au VIe s. de l'hég., comme l'atteste une épitaphe arabe gravée sur une pierre qui fait partie du soubassement de la galerie O. « Ci-gît Mohammed-Ibrahim-el-Merrackechi, décédé dans le mois... de l'année 618 (1221 de J.-C.). » La nouvelle façade, sur la rue Nationale, est décorée en partie de faïences peintes représentant des bouquets de roses.

L'intérieur, qui est loin d'être comparable aux belles mosquées de Tlemcen et d'Alger, mais qui mérite cependant une visite offre un vaste vaisseau à peu près carré, divisé en cinq nefs par 47 colonnes, dont 12 engagées et 2 doubles. Ces colonnes, presque toutes dissemblables de forme et de hauteur, supportent une toiture dont les poutres apparentes et sans ornementation sont recouvertes en tuiles creuses. Les murs sont ornés d'un cordon d'arabesques grossièrement fouillées.

La rue Combes, qui vient s'amorcer sur la rue Nationale, doit son nom au colonel glorieusement tué au second siège de Constantine. Cette rue traverse la plus grande partie du quartier arabe situé entre la rue de France à l'O. et la rue Nationale au S.-E. et à l'E.; une foule de petites rues ayant leur industrie particulière viennent s'y embrancher.

C'est dans la rue Combes, à g., qu'est située la **mosquée El-Akhdar** (Pl. 11, C, 3), affectée au rite hanifi. Commencé par ordre d'Hassan, bey de Constantine, cet édifice fut achevé vers la fin de Châban 1156 (1743 de J.-C.); il comprend la mosquée proprement dite, bâtie sur des voûtes, dont l'une enjambe une partie de la rue Combes, et une salle en contre-bas sur laquelle s'ouvre une galerie consacrée à la sépulture du bey fondateur et de ses descendants. Le *minaret*, qui se trouve sur l'alignement de la rue Combes, au coin de la voûte, est octogone, terminé par un balcon en renflement, recouvert d'un auvent, et ne mesure pas moins de 25 m. de hauteur; c'est un des plus gracieux spécimens de ce genre de minarets dont le type se retrouve à Tunis.

Cette mosquée, malgré le mauvais goût et le clinquant de son ornementation, est une des plus curieuses de Constantine; des colonnes en marbre, qui n'ont rien du style mauresque, la divisent en 5 nefs; les murs sont revêtus de carreaux de faïence, venant de Livourne ou de Florence; de riches tapis turcs couvrent le sol; de jolis lustres en cristal de roche et des lanternes en cuivre ou en fer-blanc tombent des voûtes, dont les poutres équarries sont peintes en vert ou en rouge; le jour arrive par les vitres blanches de fenêtres carrées. — Sur les *mchahed* en marbre blanc, ou pierres tombales de la salle des morts, on lit les noms de personnages célèbres à Constantine, entre autres de : Hassen-Bou-Hanek, qui fit construire la mosquée d'El-Akhdar, † 1167 (1753 de J.-C.).

La *medersa* ou *medraça* de Sidi El-Akhdar, fondée par Salah-Bey et attenante à la mosquée, a son entrée sous la voûte de la rue Combes. Après avoir monté quelques marches, on arrive à une petite cour, autour de laquelle étaient disposées les cellules des étudiants et une salle très vaste, coupée par deux arcades et réservée pour les leçons : on y professe aujourd'hui le cours public d'arabe; un bandeau sculpté et enluminé serpente sur les quatre murs. C'est une inscription arabe qui se résume en préceptes et aphorismes et donne la date de la construction, 1193 (1779 de J.-C.).

La place des Galettes ou Rahbat-es-Souf, marché à la laine, entre la rue Combes et la rue Vieux, est occupée en partie par un marché couvert, marché quotidien, rappelant, mais de loin, l'ancien marché parisien du Temple, et par l'ancien hôpital civil où les sœurs ont installé leur pensionnat.

La *mosquée de Abd-er-Rhaman-El-Mnâteki* a son entrée rue Vieux.

Abd-er-Rhaman-el-Mnâteki était venu du Maroc. Il entra dans la mosquée des Ferraïn, qui était située dans le quartier des vanniers, et, là, il pratiqua l'ascétisme le plus rigoureux. A sa mort, en 1022 (1611 de J.-C.), le kaïd el-Bab, ou directeur de l'octroi de ville, consacra sa fortune à l'édification d'une mosquée, sous l'invocation de Sidi Abd-er-Rhaman. Il choisit l'emplacement de la mosquée des Ferraïn; mais il eut soin de respecter la makbara, chambre funéraire, où reposaient les restes du saint. *Ou hakk Sidi Abd-er-Rhaman!* « Par Sidi Abd-er-Rhaman! » est un des serments les plus usités dans la population.

Nous mentionnerons encore les mosquées suivantes : — *Zaouïa de Ben-Lefgoun* (El-Fekoun), rue Fontanilhes, renfermant le tombeau du vertueux, du saint Abou-Mohammed-Abd-el-Kerim, mufti et professeur, † 998 (1589 de J.-C.). Ses descendants ont conservé, jusqu'en 1838, le titre de cheikh-el-Islam, que l'administration a supprimé avec raison; — *Zaouïa de Sidi Abd-el-Moumem*, rue Fontanilhes également. Avant la domination turque, c'était la famille de Sidi Abd-el-Moumen qui exerçait la plus grande influence à Constantine, jusqu'à ce qu'elle en fût dépossédée par les Ben-Lefgoun. — *Zaouïa de Naaman*, rue du 26º-de-Ligne. On y voit le tombeau de Zohra, fille de Mohammed-Naâm, gendre de Zereg-Aïn-ou, khalifa sous Abd-Allah-Bey et bey lui-même en 1811; — *Zaouïa de Ben-Djelloul*, rue Sérigny.

Le jurisconsulte Ahmed-ben-Abd-el-Djelil, de la famille des Ben-Djelloul, † le 21 Safar 1201 (1785 de J.-C.), y est enterré.

Bab-ed-Djabia (Pl. 4, C, 4), porte de la Citerne ou de l'Abreuvoir, est située au S.-O. de la ville, entre la place Valée et la pointe de Sidi-Rached. On y accède par la ruelle descendant entre les remparts et le théâtre, ou par la rue de l'Echelle, derrière le marché de la place de Nemours. L'entrée de la porte est masquée et s'ouvre de côté, en regardant le S.; sur un pied droit de cette porte, on lit deux inscriptions latine et grecque.

C'est à Bab-ed-Djabia que commence la **rue Perrégaux** pour finir à Bab-el-Kantara; elle est coupée en deux par la rue Nationale, et, comme cette dernière, c'est l'une des plus longues de Constantine. Peut-être moins animée que la rue Combes, la rue Perrégaux est également curieuse à visiter. On y voit beaucoup de petites boutiques d'épiciers, de fruitiers, de bouchers, de boulangers et de différents métiers, de serruriers, de menuisiers, etc. La petite mosquée, située dans sa moitié, à dr., *Djama-Arbaïn-Cherif*, sert de tribunal (mahakma) au kadi de la première circonscription.

Les rues ou ruelles de droite, presque toutes en escalier, descendent au *boulevard du Sud* habité généralement par les tanneurs.

Industrie.

Il n'existe pas de ville en Afrique plus laborieuse et plus active que celle de Constantine.

En dehors du commerce actuel, fait par les Européens et les indigènes, deux grandes industries se partagent, en quelque sorte, la population indigène de Constantine : 1° la *fabrication des ouvrages en peau;* 2° la *fabrication des tissus de laine.* La fabrication des ouvrages en peau occupe : 200 tanneurs, 100 selliers et 500 cordonniers et représente pour toute l'année un produit d'un million et demi de francs.

Les *tanneurs* sont répartis dans une quarantaine d'établissements situés au-dessus du ravin d'El-Kantara, entre le boulevard du Sud et les rues Perrégaux et Nationale.

Les *selliers*, établis dans les boutiques situées au centre de la ville, confectionnent, outre les harnachements du cheval, tous les objets en cuir, qui entrent dans l'équipement d'un cavalier : les bottes appelées *temaks;* le portefeuille, *djebira;* les cartouchières, les gibernes que portent les Kabyles. Tous ces articles de sellerie sont souvent d'un travail très recherché, et les prix en sont élevés.

La fabrication des *tissus de laine*, dont les Européens commencent à s'occuper, est plus importante encore que la fabrication des ouvrages en peau, parce qu'elle tient aux habitudes nationales des Arabes, et qu'elle emploie un grand nombre d'ouvriers. La fabrication des tissus de laine comprend cinq sortes de produits : les kaïks, blouses à manches courtes, les burnous, manteaux à capuchon, les gandouras, longues pièces d'étoffe très fine en soie et en laine, les tellis ou sacs doubles pour les transports à dos de mules ou de chameaux et les tapis.

On peut évaluer à 25,000 le nombre des burnous confectionnés à Constantine, et dont la fabrication est la plus importante; leur prix varie de 15 à 30 fr., suivant la finesse de la laine et la qualité du tissu.

Les *tapis*, quoique de bonne qualité, et imitant ceux du Levant, ne sont qu'un objet de fabrication très secondaire.

Autour de ces grandes industries s'en groupent d'autres moins importantes, celles, par exemple, des forgerons, des taillandiers, des menuisiers-coffretiers, et des fabricants juifs de bijoux en argent à bas titre.

Constantine extra muros.

Le tour de Constantine peut se faire en 2 h. ou 2 h. 30.

Au S.-O. de la place de Nemours, ou de la Brèche s'étend l'esplanade **Valée** où se tiennent les voitures de place, calèches, victorias ou corricolos. Là commence la route entre deux squarés : le *square n° 1*, à g., planté en jardin anglais, et orné de la *statue* en bronze *du maréchal Valée* qui prit Constantine en 1837 ; le *square n° 2*, à dr., planté en quinconce et orné d'un groupe en bronze, *le Dompteur*, par Schœnewerk, sert de *Musée* (*V.* p. 220) en plein vent.

Les *antiquités* réunies dans le square Valée se divisent en poteries, amphores, tuiles et tuyaux ; en débris nombreux de sculpture et d'architecture, parmi lesquels une tête de Cérès ou de femme représentant Cirta, une tête gigantesque de Jupiter, des lions venant du temple de la rue Caboreau, un autel à Vénus, des frises et des chapiteaux ; et enfin, en monuments épigraphes, pierres tombales ou votives, qui se subdivisent en inscriptions arabes, romaines et puniques.

Nous signalerons, parmi les inscriptions tumulaires romaines, celles des personnes arrivées à un grand âge : C. Sabellius, quatre-vingt-dix ans ; Mundicius, quatre-vingt-quinze ans ; Pacatus, cent vingt ans. M. Poulle nous apprend encore que le nombre des centenaires est considérable à Constantine, Cirta, où 35 individus ont atteint l'âge de cent à cent trente ans.

Un piédestal sur lequel on lit : AMPHITHEATRI, appartenait à l'amphithéâtre de Constantine, élevé au pied de Koudiat-Aty, et désigné par les Arabes, avant sa destruction, sous le nom de *Fondouk-er-Roum* (le caravansérail des chrétiens).

A l'extrémité des deux squares la route bifurque, à g. sur Bône et à dr., sur Sétif, devant la *halle aux grains* couverte et tout en fonte, au pied du Koudiat-Aty. C'est un marché des plus importants de l'Algérie, on y vanne, crible et ensache journellement des monceaux de blé et d'orge ; il s'y fait annuellement pour 10 à 12 millions d'affaires, et le droit de mesurage ne rapporte pas moins de 200,000 fr. par an à la municipalité.

Le *Koudiat-Aty* dont les projets de dérasement sont dus à M. l'ingénieur F. Rémès, créateur du *chemin des Touristes*, (*V.* p. 231) et dont les travaux entrepris, il y a quelques années, seront repris prochainement, a toujours eu à ses pieds un faubourg tour à tour romain, arabe ou turc, faubourg toujours détruit par des sièges, à cause de sa position près de l'entrée principale de Constantine.

Le Koudiat-Aty est redevenu, sous les Français, une annexe

importante de Constantine, comprenant deux faubourgs : celui de Saint-Jean, au N., et celui de Saint-Antoine, au S. Tous deux sont reliés à l'E. par la rue Rohault-de-Fleury. Peuplés d'aubergistes, de commissionnaires de roulage, de forgerons et de charrons, ces faubourgs, qui tendent à prendre une grande extension, offrent un coup d'œil très animé.

Les *cimetières français et arabe* sont situés au S.-O. du Koudiat-Aty, qui fut de tout temps le champ des morts.

La *pyramide* élevée en l'honneur du général Damrémont est placé à dr. de la route de Sétif, au point de rencontre des rues de Saint-Antoine et Rohault-de-Fleury ; on lit sur la face N. : *Ici fut tué par un boulet en visitant la batterie de brèche, le 12 octobre 1837, veille de la prise de Constantine, le lieutenant général Denys, comte de Damrémont, gouverneur général, commandant en chef l'armée française expéditionnaire.*

De la halle aux grains, on descend à Bab-Djabia (V. p. 226) par une route très rapide, bordée de fondouks où les Arabes remisent leurs montures, ânes, chevaux et chameaux, et de boutiques de fripiers, de teinturiers, de maréchaux ferrants, de rôtisseurs et frituriers dont les aliments répandent des odeurs qui vous prennent à la gorge ; toute cette population étrange, déguenillée, immonde, est cependant bien curieuse à contempler ; c'est ce qu'on appelle les *Beni-Ramassés*. Ils doivent disparaître prochainement ainsi que Bab-Djabia sous les déblais provenant de Koudiat-Aty. On descend ensuite, à travers les aloès, les cactus et les plantations, à *l'abattoir* ; cet édifice est divisé en trois parties, les chrétiens, les musulmans et les juifs ; à quelques pas de là, et sur la rive g. du Roumel également, se trouve le *Bardo*, ancien quartier de cavalerie turque.

L'*aqueduc romain* est situé dans une véritable oasis, un peu au delà du Bardo. Les restes de cet édifice, dont on rapporte la construction à Justinien, les plus considérables comme les mieux conservés de Constantine, se composent de cinq arcades en pierre de taille, dont la plus élevée n'a pas moins de 20 m. de hauteur.

De l'aqueduc on reviendra à la *pointe de Sidi-Rached*, qui forme l'extrémité S. du rocher de Constantine. On l'appelle ainsi à cause d'un marabout de ce nom, qui y fut enterré. C'est de cet endroit que l'on précipitait dans le Roumel les femmes adultères.

Lorsqu'on a franchi le *pont du Diable*, d'une seule arche, au bas de Sidi-Rached, sur la rivière qui, en cet endroit, commence à s'engouffrer dans le ravn, finissant au N. au-dessous de la Kasba, on arrive auprès d'une *source thermale* saline, 28° (chambre voûtée dans laquelle les indigènes prennent des bains). Le trop plein de la source tombe dans un bassin carré.

A quelques pas de là, se dresse une roche plane et presque perpendiculaire, sur laquelle est gravée une inscription se rapportant aux chrétiens martyrs Marius et Jacob et à leurs compagnons, comme eux humbles jardiniers de la banlieue, qui eurent le courage de mourir pour la foi. Torturés à Cirta, en 259, ils furent exécutés à Lambèse, quelques jours après, et mis au rang des saints.

Remontant un sentier tracé au-dessus de la roche des Martyrs, on ne tarde pas à regagner *Mansoura*, par la route du Khroub à Constantine, parallèle au ravin du Roumel, au sommet duquel se trouvent suspendues les maisons qui ont disparu, en partie, pour former le boulevard du Sud. Ces maisons sont occupées par des potiers, des tanneurs et des propriétaires de ruches à miel d'une forme on ne peut plus simple : des cylindres en terre cuite et des écorces de chênes entières.

On a quelquefois à déplorer la mort de quelques-uns de ces Arabes travaillant si près du précipice, tandis que, à ce que l'on dit, les fumeurs de hachisch en descendent impunément les pentes à pic, au risque de se rompre vingt fois le cou, pour se réunir et fumer.

L'étroite et longue plaine qui s'étend entre *Mansoura*, où s'élève la gare, et le ravin, a dû former dans les temps anciens un des quartiers extérieurs de Constantine, à laquelle il était relié par plusieurs ponts, dont les amorces sont encore parfaitement visibles.

Du plateau de Mansoura à la gare, les pentes se couvrent de nombreuses constructions, éléments d'un futur faubourg.

Franchissant la barrière du chemin de fer, en avant du premier tunnel de *Meçid*, nom d'un marabout dont la koubba, aujourd'hui en ruine, surplombait la Kasba de 70 m., on gravira le versant E. de cette haute montagne pour arriver à la *pépinière*, à *l'hôpital civil* et au *cimetière juif*.

On peut se faire une idée de la configuration de Constantine sur le point culminant du Meçid. En voyant de là les nuées de corbeaux, d'émouchets et de vautours dont les croassements et les cris assourdissent les passants, on pourra se rappeler ce dicton, grossier assurément, mais qui en dit plus que toutes les descriptions possibles sur Constantine : « Bénissez la mémoire de vos aïeux qui ont construit votre ville sur un roc. Les corbeaux fientent ordinairement sur les gens, tandis que c'est vous qui fientez sur les corbeaux. » On doit aux vautours et aux corbeaux une partie de l'assainissement de Constantine ; ils font disparaître toutes les charognes que les indigènes jettent dans le lit du Roumel.

Descendant la pente O. du Meçid, par le chemin tortueux, taillé dans le roc, qui conduit vers l'autre ouverture du premier tunnel, on lira, sur les flancs grisâtres des rochers qui courent dans la direction du Hamma, à partir des hauteurs des jardins, une grande quantité d'inscriptions latines appartenant au premier siècle de l'occupation romaine, parmi lesquelles celles de deux centenaires : L. Gorgius, qui a vécu 120 ans, et C. L. Cellius qui a vécu 105 ans ; et ces deux autres, identiques par la forme et le style, à cent pas l'une de l'autre : *Limes fundi Sallustiani*, limites de la propriété de Salluste. Ces deux dernières nous apprennent que Salluste, l'historien romain, gouverneur de l'Afrique sous César, et exacteur honteux, possédait en face de Constantine un vaste domaine, exploité aujourd'hui par les Arabes, mais qui était sans doute autrefois une délicieuse retraite.

Continuant la promenade autour de Constantine, on prendra à l'extrémité O. du pont ou El-Kantara, sous l'hôpital civil, la nouvelle **route de la Corniche** taillée dans les rochers et qui conduit au Hamma. Cette route très accidentée et qui passe par une série de 4 tunnels, au-dessus du Roumel et du chemin des Touristes, est certainement l'une des curiosités de Constantine.

Cette route laisse à g. l'**établissement thermal de Sidi-Meçid** ou d'*Aïn-er-Raba* (voit. de place, 2 fr. 50) qui est situé à 150 m. N.-E. de la cascade.

Quatre sources d'*eaux sulfureuses alcalines ferrugineuses*, 30 à 35°, donnent : la 1re source, inférieure, 43 lit. par sec.; la 2e source, 8 lit.; la 3e, 18 lit.; la 4e source, supérieure, 3 lit. Toutes quatre, sortant de grottes, forment des piscines naturelles. La 3e source, creusée par les Romains, est connue des indigènes sous le nom de *Bourma-er-Rabat*. Les femmes arabes et juives viennent tous les mercredis s'y baigner et y faire leurs dévotions, en y jetant des *tomina*, gâteaux de miel et de semoule, en y brûlant de l'encens et en y tuant des poules.

Deux grandes piscines ont été aménagées pour la commodité des baigneurs européens. L'une, en forme de demi-cercle, a 37 m. de diamètre et 1 m. 20 à 1 m. 50 de profondeur; elle est alimentée par la source inférieure, c'est-à-dire la plus abondante, qui y entre en cascades. La seconde, réservée aux dames, de forme rectangulaire, a 21 m. de longueur sur 7 m. de largeur et 1 m. 25 de profondeur. Elle est alimentée par de petites sources sortant du rocher contre lequel elle est adossée.

Au-dessous des sources, et dans un magnifique jardin planté d'orangers et de grenadiers, on trouve un hôtel avec pension et café-restaurant. La mode, à Constantine, est d'aller se baigner à Sidi-Meçid et d'y déjeuner ensuite.

Revenant sur Constantine, on descend par un sentier taillé dans le roc par les soldats du 62e de ligne, au-dessus des rochers d'où tombe la cascade, quand il y a eu de grandes pluies. Lorsque le Roumel roule ses eaux torrentueuses, il se précipite en cascades bouillonnantes jusqu'au pied du jardin de l'ancienne *poudrerie*. Ces cascades, encadrées par des rochers hauts de 200 à 300 m., sont un des plus grandioses spectacles que l'on puisse imaginer.

Traversant le lit du Roumel, on prend un sentier qui rase les rochers au-dessous de la kasba, en laissant à dr. les *moulins Lavie*. On passe au pied du rocher, contre lequel est adossé le caveau qui renfermait le *tombeau de l'orfèvre Præcilius*, et qu'on découvrit à la suite de fouilles, en 1855.

Plus haut encore le sentier traverse l'amas de gourbis où logent pêle-mêle une foule de Kabyles déguenillés. On prend enfin la route de Philippeville et l'on rentre à Constantine par la place de Nemours.

Cette promenade peut se faire dans le sens contraire, à condition que le Roumel soit à sec. Mais maintenant on peut parcourir les gorges du Roumel, de sa cascade au pont du Diable, que la rivière déborde ou soit à sec, par le nouveau chemin des Touristes (*V.* ci-dessous).

Gorges du Roumel et chemin des Touristes (2 k.; en 1 h. 30 à 2 h.; ouvert tous les jours et toute la journée; entrée, 2 fr.; pour le militaire, 25 c.; pour le sous-officier, 50 c.; on ne saurait trop recommander aux touristes de se bien couvrir en entrant sous les voûtes, à cause des infiltrations fréquentes dans la saison automnale où l'on visite l'Algérie). — Le chemin des Touristes, la plus grande, la plus merveilleuse attraction de Constantine, a été créé, à ses frais, par M. l'ingénieur F. Rémès. On pourra consulter la notice descriptive de M. J. Chabassière, avec l'histoire et les légendes qui se rattachent au gouffre du Roumel.

On sort de Constantine par le pont (El-Kantara) au bout duquel on prend, à g., la route de la Corniche. Avant d'arriver au premier tunnel, on trouve, à g., un poteau indicateur du chemin des Touristes, planté à l'entrée du sentier qui conduit vers le bas du pont, à l'endroit où l'on peut s'engager dans le chemin soit en amont, au S.-O., pour aller à Sidi-Rached, soit en aval, au N.-E., pour descendre aux cascades. Le mieux sera (les travaux terminés) de poursuivre la route de la Corniche (1 k.) jusqu'à l'entrée au N. du chemin des Touristes. 580 m. d'alt.

Une série d'escaliers métalliques scellés dans la paroi verticale de l'immense falaise, descend sur une plate-forme (550 m.) de laquelle on embrasse un magnifique panorama : d'abord, à 100 m. en contre-bas, les grandes cascades, puis, à g., les moulins Lavie et la poudrerie; en face et à dr., les massifs touffus et les thermes de Sidi-Meçid; au delà, la vallée inférieure du Roumel et les plaines plantureuses du Hamma; à l'horizon enfin les étages de montagnes sur lesquelles le soleil jette tour à tour ses teintes violettes, grises, bleues et roses. De cette plate-forme dominée, à dr. en face, par la Kasba, le chemin devenant aérien, descend insensiblement jusqu'à la voûte naturelle, ogive parfaite qu'il traverse horizontalement à une hauteur de 30 m. au-dessus du lit du Roumel.

Le chemin continue sa pénétration vers l'intérieur des gorges pour atteindre le côté amont de la deuxième voûte naturelle. Dans cet endroit le chemin passe par le point le plus bas de tout le parcours, 472 m. env., et 5 m. seulement au-dessus du niveau du Roumel. Sur la paroi, à dr., on aperçoit des ruines de remparts romains et arabes que dominent le lycée faisant suite à la kasba, et les hautes constructions du boulevard Thiers. On parcourt 500 m. et l'on arrive sous El-Kantara (*V.* p. 219), c'est-à-dire exactement à l'entrée en amont des grandes voûtes naturelles. En cet endroit le chemin arrive à l'altitude de 490 m., et 21 m. au-dessus des eaux, et doit s'élever verticalement à la cote 527. C'est là que les eaux ont filtré à travers la roche et laissé de nombreux dépôts : stalagmites et stalactites dont une fort belle et de grande dimension, série de vasques ou bénitiers superposés en gradins et autre série de creux aux rebords dentelés, le tout semblant fait d'un albâtre vert et nacré. C'est en aval de l'entrée des voûtes que M. F. Rémès établira le barrage d'une usine de force électrique, ces voûtes devant être éclairées par l'électricité.

La sortie de la troisième et dernière voûte se fait par un escalier en pierre taillée dans la paroi, puis par un second escalier en pierre également et en vis d'Archimède, renfermé dans une tour et aboutissant à un pont en fer qui traverse la voûte et d'où part un escalier en fer, ramenant vers la paroi qu'on avait quittée; après avoir franchi un tunnel on sort enfin de la voûte pour continuer désormais le chemin en plein air où s'ébattent les éperviers, les corbeaux et les ramiers. On rencontrera de distance en distance, alternant avec les galeries en escalier, des plates-formes rocheuses, des repos, des bancs, et parfois, dit M. J. Chabassière, on pourra descendre jusqu'au Roumel, et pêcher à la ligne ou au filet des barbeaux de plusieurs kilogr.

La seconde partie du chemin, commençant à la cote 527, passe à la cote 502, la plus basse, pour arriver à la cote 536, en face de la pointe de Sidi-Rached, au-dessus du pont du Diable.

Si, après quelques minutes de parcours, on se retourne vers le point de départ, on a le spectacle des gorges se creusant sous le chemin avec ses nombreux éboulis, et que relie le pont qui a remplacé celui de Salah-Bey. Continuant le chemin, on arrive à un terre-plein transformé en jardinet; de la roche une source jaillit dans un bassin carré en pierre; plus loin, on retrouve les amorces de 4 ponts romains qui reliaient Cirta avec le faubourg occupé en partie par la gare du chemin de fer et connu sous le nom de *Fondouk-er-Roum, V.* ci-dessus. D'El-Kantara à Sidi-Rached, les hauteurs sont habitées par les nombreux tanneurs de Constantine. Quand on a quitté la dernière partie de la galerie, on arrive à une grande plate-forme (536 m. d'alt.) sur laquelle existent de vieilles maçonneries romaines; c'est là qu'est la sortie; le retour se fera soit par la route parallèle au chemin de fer et conduisant à El-Kantara, soit en descendant au pont du Diable, pour remonter à Bab-Djabia ou à la place de Nemours.

Sidi-Rached n'est pas le point terminus du chemin des Touristes; franchissant en cet endroit le Roumel sur un pont métallique, le chemin sera continué sur le flanc O. du rocher, pour aboutir à Bab-Djabia (cote 605 m.) non loin du théâtre et par laquelle on rentrera dans Constantine.

De Constantine à Alger, R. 20, A; — à Philippeville, R. 20, B; — à El-Milia, R. 23; — à Djidjelli, R. 23; — à Collo, R. 20, A; — à Sétif, R. 24, A, par le chemin de fer; B, par les Abd-en-Nour; — à Biskra, R. 26; — à Khrenchela, R. 26; — à Aïn-Beïda, R. 27; — à Bône, R. 29; — à Tebessa, R. 31.

ROUTE 22

ENVIRONS DE CONSTANTINE

Voit. de place; la journée, 20 fr.; la demi-journée, 11 fr. — Location de chevaux et mules à prix débattu. Le mieux est d'aller à pied, quand on y est habitué, ou quand les excursions ne sont pas trop longues.

Le touriste ayant peu de temps à consacrer aux promenades autour de Constantine, ira visiter le Hamma, Salah-Bey, Sidi-Mabrouk et le djebel Ouach.

A. Le Hamma.

1° 7 k. N.-O., par le chemin de fer, V. R. 20, B; 2° 10 k. par la route de la Corniche.

Quittant Constantine par El-Kantara, on prend, à g., la route de la Corniche (V. R. 21 : Constantine extra muros). A l'extrémité du ravin du Roumel, la route remonte au N.-O. à travers un pays verdoyant jusqu'au Hamma.

Le **Hamma***, com. de plein exercice de 4,234 hab., est situé sur les bords du Roumel, dans une vallée où des ruisseaux d'eaux thermales (33°), *hammam*, entretiennent une fertilité et un luxe de végétation difficiles à décrire; on y voit le palmier du Sahara côte à côte avec le peuplier de l'Europe.

Les sources, tellement abondantes qu'elles donnent 700 lit. d'eau par seconde, servent à l'arrosage de 1,200 hect. de jardins, et font mouvoir de nombreuses usines. De belles prairies servent pour l'élève du bétail. Les terrains non irriguables produisent du blé, de l'orge, du sorgho et de la vigne.

Une pierre épigraphique, trouvée au Hamma, en 1857, a permis de constater que cet endroit s'appelait *Azimacia*, sous les Romains; un ancien acte de notoriété nous apprend que, en 1520, le Hamma s'appelait El-Fahs-el-Abiod (la campagne blanche). Le même document nous apprend encore que le Hamma était devenu un bois sauvage, où se réfugiaient des lions et autres bêtes féroces, et se cachaient des bandes de voleurs et de partisans pour intercepter les routes, commettre des vols et des assassinats avant l'établissement de la puissance ottomane et quelque temps après la soumission de Constantine.

B. Salah-Bey et Khreneg.

24 k. N.-O. — Voit. de place; au Pont-d'Aumale, 4 fr.; à Salah-Bey, en 3 h., 7 fr. — Khreneg, 6 h. aller et ret. en voit., est le but d'une des plus curieuses excursions des environs de Constantine; il est nécessaire d'emporter des vivres.

De Constantine au Pont-d'Aumale la route passe d'abord entre les deux squares, laisse, à g., le faubourg Saint-Jean si animé par sa population d'aubergistes et de rouliers, puis descend en décrivant de nombreux lacets bordés de cabarets, de jardins et de gourbis arabes. A chaque tournant de la route on a la vue de Constantine couronnant le rocher qui s'ouvre, à g., pour laisser passer le Roumel souvent à sec, mais qui, devenant torrent à la fonte des neiges ou à la suite d'orages, se précipite en une immense cascade de 20 m. de hauteur pour reprendre ensuite son niveau en remontant au N.-O., sous le nom d'oued El-Kebir. Le spectacle est véritablement grandiose et inoubliable.

3 k. *Pont-d'Aumale*, qu'on laisse, à dr., pour prendre, au N.-O., la route de Mila.

6 k. **Salah-Bey**, ham. sur un mamelon; il prend son nom d'un ancien bey de Constantine, qui fit bâtir en cet endroit un palais d'été sur l'emplacement d'une villa romaine. De ce palais dont les plus beaux matériaux ont été transportés à Constantine pour l'achèvement du palais d'Ahmed-Bey, en 1830, il ne reste aujourd'hui qu'une blanche koubba (désignée sous le nom de Sidi Mohammed-el-R'orab) au milieu d'un site boisé, ombreux et plein de fraîcheur. Salah-Bey est un joli but de promenade.

Près de vestiges de constructions romaines, des sources alcalines carbonatées de 27° à 35° donnent un débit de 150,000 lit. à l'h. On peut utiliser ces eaux pour les dyspepsies, les névralgies et les convalescences longues.

12 k. L'*oued Begrat*, affluent de l'oued Kebir ou Roumel.

18 k. **Aïn-Kerma**, com. de 3,864 hab., où l'on quitte la route pour traverser l'oued Kebir dont on remonte la rive dr. par une route muletière.

24 k. **Khreneg** (la gorge), site intéressant par ses ruines et surtout par le ravin de l'*oued Smendou* qui rappelle celui du Roumel.

A l'entrée de cette gorge, sur le banc de roc qui couronne la rive dr., s'élevaient jadis les murs d'une petite ville, l'ancienne *Tiddi*, protégée presque de tous les côtés par d'infranchissables escarpements. Cette nécropole, d'une superficie de 10 à 12 hect., est traversée par une ancienne voie romaine, encore en usage aujourd'hui, laquelle se dirige en droite ligne vers le N., probablement sur Chullu (Collo), l'une des quatre colonies cirtensiennes. C'est à peu de distance de là que se trouvent les fameuses carrières d'où s'extrayait l'argile propre à la confection des vases, des lampes funéraires et surtout des conduites d'eau marquées TIDITNI, que l'on retrouve à Constantine avec celles d'Usel.

[A 4 k. E. de Khreneg, sur la rive dr. de l'oued Smendou, est situé le *monument des Lollius*. Il a la forme d'un cylindre relevé par un soubassement, et une corniche, surmontée d'une assise formant attique, couronne le sommet d'un massif dont les pentes descendent à l'oued Smendou; il frappe tout d'abord par l'harmonie de ses proportions dont les détails rappellent, d'une façon curieuse, notre système métrique. Les gradins ont juste 1 m. de largeur; c'était aussi la mesure de l'assise supérieure aujourd'hui déplacée; la hauteur des gradins est de 6 décim. L'élévation totale du monument est de 5 m. et demi; le diamètre est de 10.

L'assise supérieure porte quatre inscriptions; celle du S., la mieux conservée, rappelle qu'un certain Quintus Lollius Urbicus, préfet de Rome du temps d'Hadrien, a élevé ce cénotaphe, sans doute, à cinq membres de sa famille, son père, sa mère, ses deux frères et son oncle. Le nom des Lollius se retrouve à Khreneg et à Constantine.]

C. Oudjel.

27 k. O. — Route muletière, en 4 h. 30. — Chevaux ou mulets (prix à débattre). — Emporter des vivres.

12 k. de Constantine à l'oued Begrat (*V.* ci-dessus, *B*). — On remonte le cours de cette petite rivière souvent à sec en été, et on longe les montagnes des Beni-Zied.

27 k. **Oudjel**, où l'on trouve des ruines romaines parmi lesquelles M. le colonel de Neveu a découvert une inscription, dédicace à Caracalla, 15ᵉ année de son règne, 212 de J.-C., par les Uzelitains.

La ressemblance du nom d'Oudjel avec l'ethnique mentionné sur l'inscription est frappante, et la ville d'origine probablement numide, devait s'appeler Uzel plutôt qu'Uzelis. Les Uzelitains fabriquaient des ouvrages en terre cuite. Les conduites d'eau de Cirta, construites en tuyaux, portaient, imprimées en relief, les marques VZELITAN ou VZELIT et ces autres TIDITNI, AVZVRENSES et GEMELLENSES.

A 500 m. env. du centre de la colonie d'Oudjel, et à l'extrémité E. de la nécropole, recouverte d'une couche de terre peu épaisse, et dans laquelle Cherbonneau a relevé quelques inscriptions, s'élève un rocher dont la surface, à peu près unie, porte dix épitaphes, disposées en forme de tableau et décorées la plupart d'un croissant. Un bordj domine l'ancien établissement des colons romains, sur la rive dr. de l'oued Koton.

D. Le Chettâba.

36 k. de parcours; 72 k. aller et retour; chevaux ou mulets à prix débattu; vivres.

La région du *Chettâba*, contiguë au territoire civil de Constantine à O., et s'avançant, en manière de promontoire, jusqu'à Aïn-Smara, au

19ᵉ k. de la route de Constantine à Sétif, est, sous le point de vue archéologique, une des plus intéressantes des environs de Constantine.

19 k. de Constantine à Aïn-Smara (R. 24, *B*). — D'Aïn-Smara on traverse une série de ruines pour se rendre à (5 k. N.-O.) *R'ar-ez-Zemma* (la grotte des inscriptions), improprement appelée la grotte des Martyrs. De l'entrée de la grotte que la nature a taillée en ogive, on jouit d'un magnifique panorama. Les lettres G D A S forment invariablement la première ligne des inscriptions découvertes en cet endroit; Cherbonneau les explique ainsi : *Genio domus augustæ sacrum*. « Au génie protecteur de la famille impériale. » La dernière ligne porte le nom des *Phuensiens* qui habitaient sa circonscription.

La découverte d'un temple romain à *Aïn-Fououa* (1 k. N.-E. de Ra'r-ez-Zemma) a amené la découverte de stèles, dont deux se terminent, l'une par les mots RS . PHVENS, et l'autre par ceux-ci : RES PHVENSIVM. Voilà donc le lien qui rattache la grotte sacrée de Chettâba à la colonie romaine fixée au N.-O. de cette montagne.

De R'ar-ez-Zemma à *Aïn-Kerma* (la fontaine du figuier), ancien poste romain, en doublant la pointe S. du Chettâba, il n'y a que 5 k.

De R'ar-ez-Zemma on arrive à (6 k.) *Arsacal*, qui fut le siège d'un évêché vers la fin du IVᵉ s., par une route romaine, reconnaissable à une série de petits postes échelonnés, sillonnant au S.-E. les derniers contreforts de Chettâba, et venant s'arrêter non loin de la deuxième station télégraphique de la ligne de Sétif, au pied de la montagne, en forme de cône tronqué, que les indigènes appellent *El-Goulia* (la petite forteresse; une inscription découverte à El-Goulia par MM. Creuly et Cherbonneau, donne le nom précis de la ville : *le Château d'Arsacal*). Des pans de murailles en pierre de grand appareil couronnent la cime d'El-Goulia sur plusieurs points, notamment du côté où la place est accessible.

E. Aïn-el-Bey.

15 k. S. — Route muletière, 2 h. 1/2. — Chevaux ou mulets.

On suit l'ancienne route, très montueuse, de Constantine à Batna.

2 k. *Le Polygone;* le grand bâtiment qu'on laisse ensuite sur la g. est le *séminaire* de l'évêque de Constantine.

8 k. *Fedj-Allah-ou-Akbar*, d'où on a une vue magnifique sur Constantine.

15 k. **Aïn-el-Bey**, près d'une source d'eau excellente. Le caravansérail a été transformé en pénitencier militaire. De nombreux débris de constructions romaines ont été découverts sur ce point; d'après une inscription, Aïn-el-Bey serait sur l'emplace-

ment de *Saddar*, première étape de la voie romaine de Cirta à Lambèse.

Entre Aïn-el-Bey et Aïn-Smara (R. 24, *B*), à égale distance, c'est-à-dire à 4 k. S. de ces deux localités, au pied N. du *djebel Sedjar*, la colonisation romaine a laissé de nombreux vestiges de la bourgade et de la nécropole de *Subzuar*. On lit sur une inscription : le *Château des Subzuaritains*.

F. Le djebel Ouach.

12 k. — Voit. de place en 1 h. 30; 8 fr.

A 12 k. N.-E. de Constantine, le *djebel Ouach* montre ses trois sommets atteignant de l'O. à l'E. les hauteurs de 1,208, 1,224 et 1,292 m. Là se trouvent, au milieu de beaux massifs de cèdres, de chênes et de pins, de vastes bassins dont les eaux, d'excellente qualité, vont alimenter Constantine.

G. Sidi-Mabrouk et l'Hippodrome.

4 k. Chemin de fer de Sétif en 15 min.; 45 c., 35 c., 25 c. — Voit. de place, 3 fr. 50.

La route de terre (direction S.-E.) traverse le chemin de fer au-dessus de la gare, puis monte en contournant le quartier de Mansoura pour descendre ensuite.

2 k. 8. **Sidi-Mabrouk**, jolie localité avec de nombreuses habitations et des jardins bien arrosés, située sur les pentes de Mansoura. Le haras, la remonte de chevaux de Constantine et la grande caserne des chasseurs y sont installés.

L'*Hippodrome* est à 1 k. de Sidi-Mabrouk; sa piste, bien aménagée, est très fréquentée quand est la saison. Le spectacle des courses qui ont lieu en automne et dans lesquelles luttent les cavaliers européens et indigènes, est des plus intéressants.

ROUTE 23

DE CONSTANTINE A DJIDJELLI

PAR MILA

130 k. — Service de dilig.; coupé, 17 fr.; int. et banquette, 12 fr.; dép. à 1 h. du s.; arrivée à Mila à 7 h. du s.; coucher, départ le lendemain à 5 h. du m.; arrivée à Djijelli à 5 h. du s. — De Constantine, serv. de dilig. pour (52 k.) Mila; coupé, 5 fr.; int., 4 fr.; dép. à 5 h. du m.; arrivée à Mila à 11 h. du m., ce qui permet de visiter la ville.

6 k. Salah-Bey (*V.* R. 22, *B*).

20 k. *Aïn-Kerma*, à dr., v. de 3,864 hab.; à 6 k. N. Khreneg,

V. ci-dessus. — A g., relais en avant de *Rouffach*, ch.-l. de com. de 3,680 hab. sur l'emplacement d'*Aïn-Ziad*, au pied du Chettâba.
24 k. *Ferme Friand*, à dr., au milieu des vignes. — 26 k. *El-Malah*, petit ham. (aub.), à g.
32 k. *Belfort*, ou *Aïn-Tinn*, ch.-l. de com. de 3,679 hab. dont 177 Français. — Ruines romaines de *Prædia Celiæ Maximæ*, et source thermale sur la g. de l'oued Koton.
45 k. *Delacroix*, v. annexe de Mila. — Col, puis descente dans la cuvette de Mila; on passe devant le moulin Veyrine et des jardins.
52 k. **Mila** *, ch.-l. de com. de 7,757 hab. dont 391 Français, à 484 m. d'alt., au N. du *Kef-el-Akhal* (1,256 m.), au-dessus d'un torrent qui va se jeter dans l'oued el-Kebir. Arrosée par les sources en cascades de l'oued Marchou, venant du sommet des Mouias, Mila comprend un quartier français avec halle, fontaines, jardin public, et la ville arabe où l'on visitera l'ancienne *muraille*, la *fontaine romaine* et la *mosquée de Sidi Ali-ben-Yahia*, dont le minaret carré est des plus élégants.

[Non loin de Mila, au N., dans le lit même de l'oued el-Kebir, au pied du *djebel Zouagha* (1,292 m.), sourd dans un bassin naturel une source thermale connue sous le nom de *Hammam-des-Beni-Haroun*.

De Mila à El-Milia (35 k. en 6 h.; route muletière). — La route prend la direction N.
4 k. Ruines de *Numituriana*. — 8 k. *Ferdouak*.
12 k. *Sidi-Merouan*, ch.-l. de com. de 3,976 hab. dont 295 Français. — 13 k. Confluent de l'oued Erdja et de l'oued el-Kebir. — 20 k. *Henchir-el-Abiod* (ruines de *Tucca*).
35 k. *El-Milia* *, ch.-l. de com. m. de 51,300 hab. dont 249 Français, poste militaire édifié en 1858, dans une position très pittoresque, sur une montagne escarpée et entourée de forêts. Marché hebdomadaire.
Le pays compris à l'O. de Milia, entre l'oued el-Kebir dans lequel vient se jeter le Roumel, et l'oued Agrioun qui coule au fond du Châbet-el-Akhra, borné au N. par la Méditerranée et au S. par l'oued Endja, est connu sous le nom de **Petite-Kabylie** ; c'est un pays de montagnes comme la Grande-Kabylie, montagnes moins hautes, mais dont quelques-unes, comme le Babor (V. ci-dessous), sont souvent couvertes de neige.

De Mila à Sétif (96 k. en 15 h.; route muletière). — Direction S.-O.
12 k. *Zeraia*, 3,610 hab. dont 303 Français.
19 k. **Aïn-Smara** *, 2,648 hab. dont 161 Français, 131 Européens, près de l'*oued Redjas*, affluent de l'*oued Endja*, coulant parallèlement à la route à une distance de 8 k. La petite *mosquée d'El-Bouchi* est située sur la rive dr. de l'oued Redjas, dans le territoire des Ouled-bou-Hallouf, à 2 k. S. de la route.
39 k. *Fedj-Mzala* *, com. m. de 386 hab., bordj où réside le chef de l'administration de Ferdjioua, dont la population est de 65,446.

[A 6 h. N. de Fedj-Mzala, au delà d'un moulin français sur l'oued *Bou-Sla*, affluent de l'oued Endja, *Bordj-Bou-Akkas*, ancienne résidence de Bou-Akkas-ben-Achour, khalifa du *Ferdjioua*, situé au pied d'une montagne de 1,150 m. et considérablement agrandi et aménagé à la française. On a trouvé dans les fouilles une belle statue en marbre de *Julia Domna*, femme de Septime Sévère, qui est actuellement au palais de Constantine. Les anciens thermes romains d'eaux salines (35°) sont utilisés par les indigènes.]

On traverse une plaine coupée de petits ravins, et par des plateaux étagés on franchit le *col du Fedj-Borma*, dont le point culminant domine le v. de *Sidi-Naceur* (1,040 m.). Plus loin on suit une ligne de crêtes jusqu'à la hauteur des sources du Bou-Sla, au S., et de l'oued Djemila, au N. Après avoir longé le versant N. d'une chaîne élevée de 1,447 m., on gagne la colline sur laquelle est située.

64 k. **Djémila** (à 1,448 m.), dans un pays triste et froid: des ruines remarquables en attestent l'antique splendeur.

Djemila est le nom d'une ancienne tribu, branche des Ketama, donné à l'ancienne ville de *Cuiculum, Respublica Cuiculitanorum*. — En décembre 1838, pendant une première reconnaissance faite à Sétif, un demi-bataillon, étant resté à Djemila, se retrancha dans les ruines, et se défendit contre des milliers d'ennemis auxquels il fit éprouver de grandes pertes; cependant il dut se replier. Djemila fut occupée de nouveau en mai 1839.

Parmi les ruines on remarquera : les restes d'une basilique chrétienne; un temple quadrilatère à six colonnes; un théâtre; le forum, avec un temple dédié à la Victoire; le bel *arc de triomphe* élevé à l'empereur Caracalla, à sa mère Julia Domna et à son père Septime Sévère; des bas-reliefs et de nombreuses inscriptions, entre autres celle rappelant le nom de la ville.

[Aux environs de Djemila, au N.-O. du djebel Medjada, sur la rive dr. de l'oued Bou-Hammam, *Hammam-bou-Hallouf*, eaux sulfureuses de 46°; bassin romain.]

70 k. *Kasbaït*, sur l'oued Deheb. C'est la station romaine de *Mons*, on y a trouvé les ruines d'une acropole, d'une porte, d'un pan de mur, d'une tour carrée, d'un temple, des tombes monumentales, mais sans épitaphes.

74 k. *Sillègue (Beni Foudha)*, 229 hab., sur l'emplacement des ruines d'*Aïn-Hadjar (Novalicia ?)*. — 84 k. *Aïn-Hadjar*. — 90 k. Fermatou. 96 k. Sétif (V. ci-dessous, R. 24, A).

58 k. *Bou-Foua*; à dr. embranchement de la route de Sidi-Merouan. — Après avoir traversé l'*oued Endja*, affluent de l'oued el-Kebir, on franchit le col d'*el-Beïnen*, entre le *djebel Zouara* (1,292 m.), à dr., et le *djebel Ahris* (1,355 m.), à g.

69 k. *Bordj-el-Arbâ*, caravansérail et maison de commandement, au pied S. du *djebel Dahmous* (1,280 m.). — 80 k. *Fedj-el-Khramis*. — 89 k. *Bordj-Chahena*, maison de commandement et caravansérail. — 114 k. L'*oued Nil*.

118 k. **Strasbourg**, ch.-l. de com. de 1,804 hab. dont 131 Français, à g. de la route, sur l'*oued Djenden*. Deux chemins vicinaux s'y relient. Ce village, ayant trouvé leur parcours trop long, a construit un troisième chemin plus court, aux pentes plus fortes, se détachant de l'oued Djinden. Le paysage est très animé et offre de gracieux points de vue, surtout vers le pont.

[A 5 k. N.-E., *Taher*, ch.-l. de com. m. de 36,762 hab., dont 396 Français.]

On traverse un bois d'oliviers au pied du massif où se trouve la coupure de l'oued Djinden aux gorges superbes dominées par les escarpements du *Beni-Afeur* sur les parois duquel sont tracés des chemins vertigineux.

120 k. *Cheddia*, nouveau v. français et indigène. — Tout le pays que cette route parcourt est couvert de montagnes généralement boisées, d'où descendent une foule de ruisseaux et de torrents. Des villages indigènes, habités par une population laborieuse, sont bâtis aux flancs de ces montagnes qui s'étendent de l'E. de Bougie à Collo, formant ce qu'on appelle la Petite-Kabylie (*V.* ci-dessus).

121 k. *Duquesne* *, ch.-l. de com. de 3,155 hab.

130 hab. **Djidjelli** *, ch.-l. d'un cercle milit. dépendant de la subdiv. de Philippeville, ch.-l. de com. de 6,122 hab. dont 1,217 Français, située sur le bord de la Méditerranée, occupe une presqu'île rocailleuse, réunie à la terre ferme par un isthme fort bas, que dominent de près les hauteurs dont les crêtes sont couronnées par des ouvrages de défense.

Comptoir carthaginois, colonie romaine d'*Igilgili*, fondée par Auguste, Djidjelli, cité arabe, a été toujours une place maritime et commerciale d'une certaine importance. Détruite par les Siciliens en 537 de l'H. (1143 de J.-C.), les Pisans, établis à Bougie, leur succédèrent pendant plus d'un demi-siècle. Après eux, les Génois l'occupèrent jusqu'en 1514, année où Baba-Aroudj s'en empara. Cet événement n'eut aucun résultat fâcheux pour le commerce de Djidjelli, et son port continua d'être fréquenté par les marchands européens.

En 1611, Djidjelli fut incendiée par une flotte espagnole, sous les ordres de Santa-Cruz. En 1664, le duc de Beaufort s'empara de la ville que les Turcs lui reprirent bientôt. De ce jour, les habitants de Djidjelli perdirent leur commerce avec l'Europe.

En février 1839, les Kabyles des environs ayant capturé l'équipage du brick l'*Indépendant*, qui avait fait naufrage, voulurent en obtenir une rançon. Djidjelli fut prise le 13 mai suivant. La ville fut bloquée jusqu'à l'arrivée du général de Saint-Arnaud, qui lui assura enfin les routes de l'intérieur (1852).

Djidjelli, éprouvée par le tremblement de terre de 1856, s'est relevée de ses ruines, et présente aujourd'hui deux villes d'aspects bien tranchés : l'ancienne ville arabe, sur la presqu'île, devenue exclusivement quartier militaire; la ville française, si remarquable par ses larges rues qui, bordées de magnifiques platanes, dominés par le clocher et le minaret, s'étendent entre sa devancière et le pied des collines.

Les édifices civils et militaires n'offrent absolument rien de remarquable.

Le *port*, dans lequel on peut mouiller pendant la belle saison, est abrité au S. et à l'E. par les terres, et en partie défendu des vents du N. par une ligne de rochers qui s'étend E.-O. à plus de 800 m., et se termine par plusieurs roches plus élevées, sur l'une desquelles s'élève le phare.

Les fortifications consistent, pour la Djidjelli des Arabes, en solides parapets garnis de canons, s'appuyant sur les rochers

[R. 24, A] DJIDJELLI. — SÉTIF. 241

qui lui font une ceinture, et, pour la ville des Européens, en un mur depuis le fort Saint-Ferdinand, au N.-O., jusqu'au fort Duquesne au S.-E.

Djidjelli est le centre d'un commerce assez actif en laines, tissus, cuirs, bois et grains.

[De Djidjelli : — à (105 k.) Bougie, route muletière (le mulet fait de 5 à 6 k. à l'h.), longeant la mer, par (49 k.) *Ziama* (R. 32), et (61 k.) *Aït-Amane* où elle rejoint la route de Sétif à Bougie (*V.* R. 24, *A*); — à (110 k.) Collo (R. 20, *B*); route complètement muletière, montagneuse, boisée, coupée par de nombreux ruisseaux, torrents l'hiver, longeant la mer en partie, par (23 k.) *Chefka* *; v. de 122 hab., (46 k.) l'*oued el-Kebir* et (97 k.) *Bessonbourg* (R. 20, *B*).

Excursion aux Babor et Ta-Babor (tentes, vivres, mulets et guides nécessaires; cette excursion à travers la Petite-Kabylie émerveillera le touriste qui y rencontrera l'équivalent du Châbet-el-Akhra, les sentiers sont difficiles, mais ce n'est pas un obstacle pour les alpinistes). — 1er JOUR : de Djidjelli au cap Cavallo; les mines de plomb; 35 k., 4 h. 1/2 à cheval. — 2° JOUR : pittoresque caverne de l'*oued Taza;* ruines de *Ziama;* coucher à *Aïn-Bou-M'raou* chez le kaïd du Ta-Babor; 70 k., 9 h. — 3° JOUR : v. des *Beni-Bizaz*, admirablement situé dans une haute vallée, entre les sommets du *Babor* et du *Ta-Babor* couverts de cèdres; vue superbe de tous les côtés; 84 k., 8 h. Ta-Babor est un ch.-l. de comm. de 34,940 hab. dont 54 Français. — Le retour peut s'effectuer par les *Beni-Foughal*, au S.-E. (R.-E. Playfair).]

ROUTE 24

DE CONSTANTINE A SÉTIF ET A BOUGIE

A. Par le chemin de fer.

382 k, en 12 h. 1/2. — 42 fr. 75 ; 32 fr. 15 ; 23 fr. 55.

DE CONSTANTINE A SÉTIF

156 k. en 5 h. — 17 fr. 45 ; 13 fr. 15 ; 9 fr. 65.

156 k. de Constantine à Sétif (*V.* R. 20, *A*).

Sétif *, ch.-l. de subdiv. milit., ch.-l. de sous-préf., ch.-l. de com. de 16,061 hab. dont 2,660 Français, 1,327 Israélites, 8,944 Musulmans, avec ses annexes *Aïn-Sfia* (2 k. S.), *Lanasser* (7 k. S.-O.), et *Mesloug* (10 k. S.), est située à 1,096 m. d'alt., à 2 k. 1/2 du Bou-Sellam, sur une partie de l'emplacement de l'ancienne *Sitifis* des Romains.

Au temps de la domination des Romains, Sétif, *Sitifis colonia* qui portait encore le nom de *Colonia Nerviana, Augusta Martialis*, était devenue, tant par son importance que par sa position centrale, l'un des points les plus considérables de leurs possessions en Afrique. Lorsque la Mauritanie Césarienne fut divisée en deux provinces, l'une conserva la dénomination de Mauritanie Césarienne, l'autre emprunta de Sitifis le nom de *Mauritanie Sitifienne*.

Sétif comprend deux parties bien distinctes : la ville proprement dite, et le quartier militaire ; ce dernier, élevé sur le côté O.-S. de l'ancienne enceinte romaine, est séparé de la ville par un mur d'enceinte. On y arrive par les *portes Nationale* et *de Bougie* ; la *place Nationale* en occupe le centre. Les bâtiments construits pour loger une garnison de 3,000 hommes sont : une caserne d'infanterie, un quartier de cavalerie, un pavillon pour la direction du génie, un hôpital, une manutention, un abattoir, un hôtel pour le commandant de la subdivis., un pavillon d'officiers.

La ville est située au S. du quartier militaire ; elle est entourée d'une *enceinte* percée de trois *portes* : *d'Alger*, *de Biskra* et *de Constantine*, cette dernière ouvrant sur la route qui conduit à la gare. C'est au-dessus et en dehors de la porte d'Alger que se tient, tous les dimanches, le marché fréquenté par 40,000 Arabes, surtout en août, septembre et octobre. — On compte quatre *places* : *du Marché*, *de l'Église*, *Barral* ou *du Tremble*, et *du Théâtre*, celle-ci avec maisons à arcades et une fontaine au centre. — Les *rues* larges et droites, bordées de beaux arbres, coupent la ville en damier : les deux principales sont celles *de Constantine* et *de Sillègue*, nom d'un général qui a commandé la place de Sétif.

Une *église* dans laquelle on conserve l'inscription de St Laurent, martyr, une *mosquée*, coquet édifice décoré d'arabesques, un bureau arabe, sont les monuments à peu près dignes de ce nom. — Une source qui jaillit au pied S. de la citadelle romaine alimente, au moyen de trois canaux, les nombreuses *fontaines* de la ville, l'abreuvoir, le lavoir et le vivier à sangsues, près de l'abattoir, d'une eau pure et abondante qui va se perdre ensuite dans l'oued Bou-Sellam, après avoir arrosé la pépinière et les jardins à l'O.

Le *musée* est malheureusement installé en plein air, sur la *promenade d'Orléans*, à dr. du boulevard à double rangée de mûriers, en dehors de la porte d'Alger. Là se trouve réunie une collection de 150 monuments de toute espèce (la plus grande partie se compose d'inscriptions dont plusieurs donnent le nom ancien de Sétif). La belle *mosaïque* trouvée à Aïn-Temouchent et représentant une déesse maritime est déposée dans le pavillon du génie, ancienne enceinte romaine.

Au milieu du rond-point de la promenade d'Orléans, l'armée a érigé une haute *colonne*, surmontée du *buste* en marbre du *duc d'Orléans*, en souvenir de son expédition aux Portes-de-Fer. A l'extrémité de la promenade à g., se trouvent un établissement de bains, de belles cultures potagères, et enfin la pépinière.

A g. de la route d'Alger, de charmantes oasis servent de but de promenade.

[Les excursions autour de Sétif sont intéressantes au point de vue de l'agriculture qui est bien entendue dans les villages dont nous donnons l'énumération; rien de plus magnifique quand les blés ondoient jusqu'à la moisson; rien de plus triste quand la moisson est faite; Beauce ou Sahara, il n'y a pas de milieu.

A 6 k. N.-E. *Fermatou* *, sur la rive g. du Bou-Sellam, à l'embranchement des routes de Bougie, de Djidjelli, et de Constantine par Djemila et Mila.

A 12 k. O. *Bouhira* *, ch.-l. de com. de 3,532 hab. dont 124 Français, avec son annexe *Messaoud* à 11 k. O.

Un grand nombre de fermes, et de très importantes, rayonnent autour de ces hameaux. Les villages suisses, créés dans les 20,000 hect. concédés par décret impérial du 26 avril 1853 à la Compagnie genevoise, se trouvent dans les cantons de Bouhira, Mahouan, El-Ouricia, El Hassi, Aïn-Arnat, Messaoud, Aïn-Trik, Aïn Melah. En 1894, la part de la Compagnie dans les exploitations par métayers européens et indigènes a été de 18,403 hect. de blé dur et de 4,457 hect. d'orge, d'une valeur de 208,122 fr. Le revenu moyen par hectare exploité a été de 21 fr.

Toutes ces localités, comme celles de création française, ont eu à souffrir dans la dernière insurrection; mais, situées, comme elles sont, au milieu de plaines fertiles et bien irriguées, où la vigne vient très bien malgré l'altitude, elles sont en pleine voie de prospérité. Deux d'entre elles sont devenues ch.-l. de com. : Bouhira et El-Ouricia.

DE SÉTIF AUX BENI-MANSOUR

137 k. en 4 h. 1/2. — 15 fr. 35; 11 fr. 50; 8 fr. 40.

Pour la description du trajet, V. R. 20, A.

DES BENI-MANSOUR A BOUGIE

89 k. en 3 h. — 9 fr. 95; 7 fr. 58; 5 fr. 50. — Direction générale du S.-O. au N.-E., l'altitude de 289 m. à la gare des Beni-Mansour est de 2 m. à la gare de Bougie; les travaux comportent 30 viaducs et un tunnel. Le chemin de fer parcourt la vallée de l'oued Sahel ou Soummam, entre les montagnes de la Grande-Kabylie, à g., et de la Petite-Kabylie, à dr.; elle est souvent parallèle à la route de terre et à l'oued qu'elle traverse plusieurs fois. De riches cultures, de grands vergers et de jolis villages ne cessent d'attirer l'attention du touriste; mais on ne rencontre aucun monument remarquable et le peu de profondeur de la vallée empêche souvent d'apercevoir les cimes grandioses du Djurdjura et des Babor.

Quand on quitte les Beni-Mansour, la voie décrit une courbe parallèle à celle de l'oued Mahrir avant son confluent avec l'oued Sahel, et se redresse bientôt pour prendre une direction N.-E. A 2 k. 300, un viaduc de 173 m. de longueur franchit l'oued Sahel.

8 k. ou 301 k. *Tazmalt*; le village est à 1 k. à g. de la station; le bordj élevé pour surveiller la vallée de l'oued Sahel est à dr.

13 k. ou 306 k. *Allaghan*, fermes et usines. Plus loin viaduc de 20 m. sur l'oued Illoula. La voie contourne ensuite le *piton d'Akbou*, à dr.

24 k. ou 317 k. Akbou* ou Metz; ch.-l. d'une com. de 1,670 hab. dont 600 Français et d'une com. m. de 64,720 hab. dont 271 Français, à 184 m. d'alt. sur le versant S.-E. du djebel Tizibert (1,765 m.). Le piton d'Akbou doit son nom au tombeau s'élevant sur le versant N.-O. Là sourdent des eaux alcalines (18°) que l'on prend en bains et boissons.

D'Akbou à Fort-National par Chellata, R. 8, *C*.

La voie franchit l'oued Betta et plusieurs fois l'oued Azib dans une vallée très ravinée sur 4 viaducs de 20, 16, 10 et 5 m. 31 k. ou 324 k. *Azib-ben-Ali-Chérif*, à g., au milieu d'une forêt d'orangers et d'oliviers (importantes huileries à vapeur).

35 k. ou 328 k. *Ighzer-Amokran*, ham. à g. (moulins mus par la vapeur). A 600 m. de là, viaduc de 30 m. sur l'Igzer-Amokran.

42 k. ou 335 k. *Takriets*; c'est le nom de la gare; il n'existe aucun village de ce nom; un pont a été jeté sur l'oued pour le chemin de *Seddouk*, gros v. kabyle, à 5 k. à dr. Avant Sidi-Aïch, la voie franchit l'oued Sahel sur un viaduc courbe de 320 m. composé de 20 arches de 8 m. et de 2 travées métalliques de 50 m.

47 k. ou 340 k. Sidi-Aïch* (à g. sur la rive opposée de l'oued Sahel), 336 Européens, ch.-l. de com. m. de la *Soummam* qui, avec Fenaïa et 18 sections indigènes, comprend une population de 104,386 hab. dont 487 Européens.

La voie suit le côté dr. de l'oued Sahel; le paysage s'élargit et on a une très belle vue, à g., du djebel Akhfadou dont on contourne l'extrémité E.

57 k. ou 350 k. *El-Maten*, annexe de El-Kseur, v. kabyle à g. et à 200 m. de la gare. — A 3 k. plus loin, tunnel de *Tabouda* (225 m.); puis, à g., sur l'autre rive de l'oued Sahel, ruines de *Tiklat* (Tubusuctus), *V*. ci-dessous : Environs de Bougie.

65 k. ou 358 k. *El-Kseur**, ou *Bitche*, à g. et à 1 k. de la gare, ch.-l. de com. de 1,090 hab. dont 338 Français.

77 k. ou 370 k. *La Réunion*, joli v. de 700 hab. à dr. (16 m. d'alt.), au lieu dit *Oued-R'ir*. On voit dans ce village le *Tombeau de la neige* érigé en souvenir des soldats morts les 21 et 22 février 1852 (colonne Bosquet). — Au delà de La Réunion, à g., v. kabyle de *Mellata*.

La vallée s'élargit; à l'horizon est la mer où l'oued Sahel, obliquant à dr., vient se jeter. La voie infléchit à g. et l'on voit bientôt se profiler à g.

89 k. (382 k. de Constantine) Bougie (*V*. ci-dessous).

B. Par la route de terre.

DE CONSTANTINE A SÉTIF

PAR LES ABD-EN-NOUR

126 k. — Dilig. en 12 h.; coupé, 12 fr.; int., 8 fr.; excédent de bagages, 8 fr. les 100 kilog.

De Constantine à Oued-Atmenia, la route, tracée sur la rive g. du Roumel, côtoie une infinité de contreforts dépendant de montagnes de 1,000 à plus de 1,300 m. de hauteur. On passe à côté du *Polygone* et de *la Maison-Blanche*.

19 k. **Aïn-Smara** *, ch.-l. de com. de 2,648 hab. — Minoteries et vignobles.

24 k. *Ferme Stanislas*.

[A dr., route allant rejoindre le nouveau chemin de fer de Constantine à Sétif. Sur cette route, à 12 k. de la ferme, **Oued-Seguin**, en arabe *Seggdn*, ch.-l. de com. de 2,676 hab. Source abondante.]

40 k. **Oued-Atmenia** *, ch.-l. de com. de 6,343 hab., sur l'emplacement de *Hammam-Grous*, où se trouvait un caravansérail. Le v., situé dans une vallée du Roumel, a pour annexes divers v. nouveaux, en partie peuplés d'Alsaciens et Lorrains au N.; *Ribeauvillé*, sur l'emplacement de *Bled-Youcef*, 1,235 hab. dont 35 Français; *Eguisheim*, sur l'emplacement de *Bou-Malek*, 1,100 hab. dont 40 Français; *Altkirch*, sur l'emplacement de *Sidi-Kralifa*, 2,973 hab. dont 54 Français, et à l'O. *Obernai*, sur l'emplacement d'*Aïn-Melouk*, 146 hab. dont 42 Français.

[A 4 k. O. d'Oued-Atmenia, *Hammam-Grous*, source d'eau thermale de 38°, qui a beaucoup d'analogie avec les eaux de Vichy; la légende nous apprend que *Sidi Amarra*, dont la zaouïa en ruine est près de là, fit jaillir cette source d'eaux chaudes, pour faciliter, pendant l'hiver, les ablutions religieuses de ses frileux disciples. Mais les nombreux vestiges, restes d'un ancien établissement thermal romain, appartiennent au *Balneum Pompeianum*; d'admirables mosaïques y ont été retrouvées et dessinées.

D'Oued-Atmenia à Sétif la route traverse les vastes plaines des Abd-en-Nour, nomades autrefois, en partie sédentaires aujourd'hui et habitant de nombreux gourbis. On longe les pentes S. du *djebel Grous* (1,107 m.), dans une gorge d'un aspect sauvage et sinistre; c'est un chaos de rochers arides, aux formes bizarres et d'une couleur plombée, qui semblent suspendus et menacent sans cesse de tomber sur les voyageurs.

60 k. **Châteaudun-du-Roumel** *, com. m. de 32,260 hab. dont 471 Français.

72 k. *Coulmiers*, nouveau v. où se trouve le *moulin Gassiot*.

78 k. *Saint-Donat* *, annexe de Châteaudun. A partir de Saint-Donat, la route est parallèle à l'oued Roumel, qui coule à dr.

81 k. *Bordj-Mamra* et caravansérail, sur l'oued qui devient plus bas le Roumel. Là encore s'élève la koubba de *Sidi Yahïa* qui, selon la légende du pays, fut le fondateur de la tribu des Oulad-Abd-en-Nour. L'intérieur de la koubba dans laquelle est enterré Sidi Yahïa, a env. 5 m. carrés. Autour des murs règne un soubassement en faïences vernies. Sur la paroi intérieure, à dr., une inscription tumulaire en caractères arabes, peinte à fresque, a été traduite ainsi par L. Féraud :

> O toi qui es arrêté devant notre tombe,
> Ne t'étonne pas de notre état.
> Hier nous étions comme toi,
> Demain tu seras comme nous.

85 k. *Paladines*, *V*. R. 20, *A*.
89 k. *Djerman*, ham. dépendant de Saint-Arnaud.
101 k. **Saint-Arnaud**, *V*. R. 20, *A*.

[Les différents centres indigènes habités par les Eulma, à l'E. de Saint-Arnaud, forment une com. mixte de 34,678 hab. dont 262 Français.

Dans le fond de la plaine, à dr., à égale distance d'Aïn-Temouchent et de Saint-Arnaud, on aperçoit une montagne en forme de pain de sucre au pied de laquelle s'étalent de vastes marais, à sec en été. C'est le *djebel Braham* ou *Sidi-Brao* qui fait face à une certaine distance, au *djebel Youssef* (1,421 m.), montagne dépouillée. Les marabouts du pays prétendent que les guerriers chrétiens de Sétif firent de cette montagne l'ambulance de leurs soldats. Quand l'armée chrétienne eut été battue, les conquérants gravirent les hauteurs de Sidi-Brao et massacrèrent les chrétiens qui ne consentirent point à se faire musulmans.

De Saint-Arnaud chemins muletiers pour (150 k. N.) Djidjelli (R. 23) par Oued-Deheb et Idoulès; — (34 k. N.-E.) Djemila (R. 23).]

106 k. Ancien télégraphe aérien, dont le bâtiment crénelé a été transformé en auberge.

113 k. *Ksar-Temouchent*, ou Aïn-Temouchent, dont nous retrouvons le nom dans la province d'Oran, entre Oran et Tlemcen. A 100 m. env. au S. de la fontaine romaine restaurée et donnant un débit journalier de 64,000 lit., le sol est couvert de ruines assez étendues.

126 k. Sétif (*V*. ci-dessus, *A*).

DE SÉTIF A BOUGIE

1º Par le Châbet-el-Akhra.

113 k. — Serv. de dilig.; départ t. l. j.; trajet en 12 h.; coupé, 15 fr. 15; banquette, 12 fr. 15; int., 10 fr. 10; au delà de 15 kilog. de bagages, l'excédent se paye 12 fr. les 100 kilog. — Les gorges du Châbet-el-Akhra qui se trouvent à moitié route de Sétif à Bougie sont très remarquables et doivent être visitées. Les voyageurs auront la faculté de s'arrêter à Kerrata pour faire cette excursion; des places leur seront réservées pour continuer le trajet le lendemain, mais ils devront prévenir

[R. 24, B]   SAINT-ARNAUD. — TAKITOUNT.   247

le bureau en assurant leur place. Les prix de Sétif et de Bougie à Kerrata sont : coupé, 10 fr.; banquette, 9 fr.; int., 8 fr. pour l'aller comme pour le retour. — Voit. à volonté à Sétif ou à Bougie, de 100 à 120 fr. — On trouve aux hôtels du *Chabet* et de *Kerrata*, des voitures, des montures et des guides (*V.* à l'*Index*). Les gorges ont une dizaine de k. de parcours; on les traverse, en voiture, en 2 h. 1/2 à 3 h.

On sort de Sétif par la porte de Bougie et l'on traverse le champ de manœuvre au bout duquel est un *café-restaurant*. La route descend les ravins dénudés et presque stériles jusqu'à la plaine de Fermatou et passe sur un pont de 300 m. jeté sur l'oued Bou-Sellam qui, non loin de là, fait tourner un moulin. On monte.

6 k. *Fermatou* *, annexe de la com. m. de Sétif, sur la rive g. de l'oued Bou-Sellam, à l'embranchement des routes de Bougie, de Djidjelli et de Constantine par Djemila. Riches cultures, jardinages, vergers, belles fontaines et moulins.

[A 4 k. N.-E., ruines romaines d'*Aïn-el-Hadjar*, chez les Oulad-Ali-ben-Nasseur.]

La route suit un petit défilé entre les contreforts du *djebel Matrona*, à g., et du *djebel Decoussin*, à dr., laissant de ce côté des vestiges de murs romains.

12 k. *El-Ouricia* *, ch.-l. de com. comptant avec *Mahouan* au N.-O. et *Aïn-Arnat*, 3,146 hab. dont 170 Français.

[Non loin de Mahouan, au pied de Magris (1,722 m.), *Aïn-Abessa* *, ch.-l. de com. de 5,466 hab. dont 348 Français, situé à 1,100 m., sous un climat très sain, près d'une source abondante. — *Aïn-Rouah* * et *Faucigny* (*Kherbet-ben-Lella*) forment, entre Aïn-Abessa et Sétif, une com. de 3,390 hab. dont 136 Français.]

16 k. *Bordj du kaïd Mansour*, puis *Merdj-bou-Aïch* où la route bifurque à g. pour conduire à Bougie par les caravansérails (*V.* ci-dessous).

18 k. *Col d'Aïn-Gouaoua*, très belle vue des horizons de montagnes, à dr. — Descente dans une vallée entre le Magris (1,722 m.) et Takitount. Au pied de la montée qui conduit à Takitount, *auberge*, moulin, ruines romaines et source d'eau ferrugineuse, gazeuse, semblable à l'eau de Seltz et très agréable à boire; on en expédie en bouteilles dans toute la province.

26 k. *Amoucha*, v. de 20 feux et de 7 fermes; section de la com. de Takitount. La route monte.

38 k. **Takitount** *, dominé par un bordj construit sur l'emplacement d'une station romaine, est une annexe de la subdiv. milit. de Sétif. Du fort, élevé de 1,051 m. au-dessus de la mer, on jouit d'une vue splendide : à l'E., le *djebel Mintanou*, entouré de ravins; à l'O., le *Drâ-Kalaoui*, en forme de pain de sucre, au pied duquel on trouve les ruines d'une ville romaine, qui devait compter 8,000 hab., *Ad Ficum* (?) : au N.-O., derrière une mer de

hauteurs, le *Grand Babor* au N., l'entrée du *Châbet-el-Akhra*, le *Talifessert*, etc.; sur chaque plateau est un village kabyle.

[A 2 k. E., *Aïn-el-Hamza*, source abondante d'eau saline carbonatée calcique et gazeuse, employée sous le nom de *eau de Takitount* comme eau de table, et à l'hôpital de Sétif comme eau de Vichy.

A Takitount, guides et mulets (5 fr. homme et bête) pour l'ascension, en 3 à 4 h., du (15 k. N.-E.) *Babor* (1,994 m.), couvert de cèdres et de pins et terminé par un sommet pyramidal d'où l'on embrasse une vue splendide sur la mer, les vallées et les collines aux nombreux villages kabyles.]

43 k. *Tizi-N'Bechar*, ham. à 1,800 m. du pont de Takitount. — La route traverse des forêts de chênes verts et descend ensuite la vallée de l'*oued Agrioun*, parallèlement à la rive dr. de cette rivière jusqu'à

54 k. **Kerrata** *(relais, déjeuner; c'est là que s'arrêtent les touristes pour l'excursion des gorges du Châbet-el-Akhra), nouveau v. à l'entrée du Châbet-el-Akhra; marché arabe tous les mardis.

A partir de Kerrata, l'oued Agrioun coule à dr. de la route.

A l'entrée du Châbet-el-Akhra, à 200 m. de Kerrata, une pierre porte l'inscription suivante : *Les premiers soldats qui passèrent sur ces rives furent des tirailleurs commandés par M. le commandant Desmaisons, 7 avril 1864.*

On descendra de diligence pour suivre à pied les **gorges du Châbet-el-Akra** (le *défilé de l'agonie* ou *de la mort*) qui surpassent de beaucoup les gorges de la Chiffa et de la route de Palestro. C'est une étroite coupure entre deux montagnes gigantesques, le *Tababor* (1,965 m.), à l'E., et le *Tacoucht* (1,904 m.), à l'O., presque partout à pic, quelquefois surplombant l'abîme et qui rappelle un peu la route du Simplon près de Gondo ou la Via Mala en Suisse. La route, sur un parcours de 6 k. 200 m., est tantôt creusée sur la paroi verticale du rocher, tantôt portée sur des arceaux. Au fond, l'oued Agrioun roule, en mugissant, de chute en chute; il coule toujours et jamais moins de 500 lit. par sec. Quelquefois la route est suspendue à plus de 100 m. au-dessus de l'Agrioun, toujours dominé par ces deux gigantesques murailles de rochers qui n'y laissent tomber le soleil qu'à midi. A cette heure on y rencontre très souvent des groupes de singes. Les cavernes dont les montagnes sont percées servent d'abri à une quantité innombrable de pigeons. A mi-chemin de la gorge, on passe de la rive g. sur la rive dr. par un pont hardi, long de 100 m., et élevé de 100 m. également. Environ 4 k. plus loin, une belle cascade s'échappe d'un trou de rocher. Avant de sortir des gorges, on lit sur le rocher : *Ponts et chaussées. Sétif-Châbet-el-Ahkra. Travaux exécutés 1853-1870.* Ces travaux dans lesquels on a consommé 100,000 kilogr. de poudre de mine, ont coûté 1,630,000 fr. dont 260,000 pour le pont.

64 k. *Bordj du kaïd Hassen* et sortie des gorges; auberge. — Descente à travers les chênes-lièges.

79 k. *Souk-el-Etnin*. On quitte le torrent pour suivre la mer à g. De l'oued Agrioun au cap Aokas, on traverse de superbes forêts de peupliers blancs, de chênes verts, zéens, lièges, de charmes, de frênes énormes, d'oliviers, entremêlés de lentisques, de lauriers roses, de myrtes et de vignes sauvages; c'est un véritable enchantement.

91 k. *Cap Aokas* (moulin, gîte, *relais*). De cet endroit, sur une falaise assez élevée, on voit très bien Bougie. La route côtoie la mer et fait le tour du golfe. « Le golfe, sur le bord duquel Bougie s'élève en amphithéâtre, offre l'aspect d'un vaste lac, entouré de rideaux de montagnes aux profils capricieux : d'abord la crête de *Gouraïa*, qui domine Bougie; à sa dr., le pic de *Toudja*; en face et suivant l'ellipse du littoral, viennent ensuite les cimes du *Bou-Andas*, les dentelures rocheuses des *Beni-Tizi*, du *djebel Takoucht* (1,904 m.) d'*Adrar-Amellal* (1,994 m.), de *Tizi-ou-Zezzour*, la large croupe du *Babor* longtemps couronnée de neiges; à côté, l'arête du *Ta-Babor* (1,965 m.); enfin, au dernier plan, la silhouette bleuâtre du pays de Djidjelli. » (*L. Féraud.*) Ta-Babor dont le pic domine celui des autres montagnes donne son nom à une com. m. de 29,980 hab. dont 41 Français; le ch.-l. de cette com. est à Djidjelli.

La route, jusqu'à Bougie, longe la mer entre les oliviers et les lauriers-roses.

96 k. *Koubba de Sidi Rechan* (bonne aub.; oliviers séculaires).

99 k. **Oued-Marsa**, com. m. de 25,757 hab. dont 218 Français (vignes, moulins à huile; à Talaouin, au S., mines de cuivre argentifère exploitées par la société Lyon-Allemand). — 109 k. L'*oued Soumman*, encore appelé *oued Sahel* et *oued el-Kebir*, que l'on traverse.

111 k. L'*oued S'rir*, ou petite rivière, venant du *Mzaïa* à l'O. de Bougie. Au delà, entre le parc à fourrages et l'abreuvoir, se tient le marché arabe du jeudi, *Souk-el-Khamis*. Toute cette partie de la plaine est destinée à devenir un faubourg de Bougie.

13 k. Bougie (*V.* ci-dessous).

2° Par les Caravansérails.

117 k. — Cette route muletière, qui suit la direction N.-O., est extrêmement tourmentée et pittoresque; mais elle n'est presque plus suivie depuis l'ouverture du Châbet-el-Akhra (*V.* ci-dessus, 1°).

6 k. Fermatou (*V.* ci-dessus, 1°). — 15 k. La route monte entre Ouricia, à dr., et Mahouan, à g. (*V.* ci-dessus, 1°).

14 k La route monte entre Ouricia, à dr., et Mahouan, à g. (*V.* ci-dessus, 1°).

24 k. *Aïn-Sefa*, entre le *djebel Magris* (1,772 m.) et le *djebel Anini* (1,546 m.).

34 k. **Aïn-Roua** *, ch.-l. de com. de 3,390 hab. dont 136 Fran-

çais. Au-dessous de la fontaine qui sort des rochers formant la base du djebel Anini, sont les ruines considérables de l'ancien poste qui gardait le défilé, *Horrea Anicensi*, et dont la montagne a conservé le nom depuis l'époque romaine.

[A 2 k. S. **Guergour**, *Ad Sava municipium*, ch.-l. de com. m. de 66,212 hab. dont 134 Français, sur l'oued Bou-Sellam. Près de là, *Hammam-Guergour*, eaux ferrugineuses (48°), connues des Romains, guérissant les blessures.]

La route passe sur les crêtes des montagnes de la Petite-Kabylie. — 30 k. **Ain-Kherbet**. — 48 k. **Ain-Nsa**. Près de là, ancien *caravansérail des Beni-Abd-Allah*, au pied du djebel Takintoucht (1,674 m.).

61 k. Caravansérail des Guifser.

[A 50 m. env. de là, sur la crête de *Drâ-el-Anbâ*, ruines d'un poste romain.
Au delà, au N., chez les *Oulad-Berbecha*, eaux salines (50°), piscine fréquentée par les Européens et les indigènes).]

78 k. **Oued-Amizour** *, officiellement *Colmar*, ch.-l. de com. de 1,728 hab. dont 211 Français.

D'Oued-Amizour à Bougie, la route, parfaitement carrossable, côtoie la rive dr. de l'oued Sahel.

91 k. La route traverse l'oued Sahel, à dr. des ruines de *Tubusuctus* (*V*. ci-dessus, *A*).

117 k. Bougie.

BOUGIE

Bougie *, ch.-l. d'un cercl. milit. dépendant de Sétif, ch.-l. d'arrond., ch.-l. d'une com. de 14,299 hab. dont 2,510 Français, est situé sur la côte N.-O. du golfe de ce nom, à 210 k. d'Alger et 164 k. de Philippeville ; elle est bâtie au bord de la mer, sur le flanc S. du mont Gouraïa (704 m.), abrupt et escarpé, qui forme un promontoire rocailleux, courant de l'O. à l'E., et se termine à la côte par le cap Carbon.

La ville, dominée par les hauteurs qui se dressent en amphithéâtre et presque à pic derrière avec ses maisons écartées et les massifs d'orangers, de grenadiers et de figuiers de Barbarie qui les entourent, est dans une situation éminemment pittoresque. Elle est éclairée à la lumière électrique.

Bougie est l'entrepôt naturel de toute la vallée du Sahel que traverse la voie ferrée se rattachant au réseau des chem. de fer de l'Algérie.

Bougie, *Bedjaïa*, d'abord un des *emporia* ou comptoirs commerciaux de Carthage, et appartenant ensuite à la Numidie de Massinissa, devint, selon Pline, une des colonies fondées par Auguste dans la Mauritanie, dès la première annexion, 33 ans avant J.-C. Le nom romain de Bougie était *Saldæ*, ou, d'après une inscription conservée au musée algérien du Louvre, *colonia Julia Augusta Saldantium*. Saldæ était, au ve s., une des villes épiscopales, si nombreuses, de la Mauritanie Sitifienne.

A la fin du ve siècle, Bougie tomba au pouvoir des Vandales qui l'appelèrent *Gouraya*, mot qui signifie montagne dans leur langue. En 460 (1067-1068 de J.-C.), En-Nacer, s'étant emparé de la montagne de Bougie, y fonda une ville, à laquelle il donna le nom d'*En-Naceria*, et dont il fit sa capitale, mais tout le monde l'appela Bedjaïa, du nom de la tribu.

Bougie passa successivement sous la domination des Almohades, des Hafsides, des Merinides et des Zeïyanides, et retomba sous celle des Hafsides jusqu'en 1509.

Bougie, dont le mouillage a passé de tout temps pour le plus sûr du littoral, était le point de la côte avec lequel les marchands européens entretenaient les rapports les plus étendus et les mieux suivis. Dès le xie s., des traités de commerce furent conclus avec En-Nacer. Dès l'année 1220, la France avait un consul et un fondouk à Bougie. Vers le milieu du xive s., les Bougiotes se livrèrent à la piraterie. Aussi, en 1509, le roi Ferdinand, déjà maître d'Oran, envoya don Pedro de Navarre contre Bougie. Il débarqua près de la ville et bâtit un château sur la côte, à l'endroit où il y a une bonne rade, et mit garnison dans l'ancien fort d'Abd-el-Kader, qui était sur le bord de la mer.

En 1512, Aroudj, et en 1515, Kheir-ed-Din tentèrent inutilement de s'emparer de Bougie. Du 2 au 6 nov. 1545, Charles-Quint, après sa désastreuse retraite d'Alger, s'arrêta à Bougie et fit ajouter des travaux aux forts existants. En 1555, Salah-Raïs, pacha d'Alger, vint assiéger Bougie par terre. Don Alphonse Peralta ne pouvant résister, se rendit et passa en Espagne; arrêté par ordre de Charles V, il fut décapité publiquement à Valladolid.

A la prise d'Alger par la France, quelques Turcs, commandés par un kaïd, occupaient les forts de Bougie qu'ils livrèrent aux Mzaïa, pour avoir la vie sauve. Les Mzaïa, Kabyles du littoral, à l'O. de Bougie, étaient encore dans cette ville où régnait une complète anarchie, lorsque le général Trézel, venant de Toulon, entra dans la rade le 29 septembre 1833, et s'empara de Bougie, après une lutte de trois jours.

Que l'on arrive de Sétif à Bougie par la diligence ou d'Alger et de Constantine par le chemin de fer, le voyageur suit une route se dirigeant de l'O. à l'E. et passant devant la gare, le pied de la kasba et le quai pour arriver au-dessus de la porte des Sarrasins ou Bab-el-Bahar, non loin de laquelle sont situés les hôtels de France et de la Marine.

Si l'on arrive par mer, on débarque à quai contre la jetée de 300 m., au pied du port d'Abd-el-Kader; lorsque le paquebot mouille en rade, un canot (30 c.) prend le voyageur et le conduit devant Bab-el-Bahar, porte de la mer ou des Sarrasins.

Le *port* actuel, qui se compose d'un bassin de 7 à 8 hect., doit être agrandi et comprendre un avant-port de 64 hect. abrité par une jetée de 800 m. enracinée au cap Bouak, et un bassin de 33 hect. compris entre 3 jetées d'un développement total de 2 k. env.

De l'extrémité de la jetée du fort d'Abd-el-Kader, le touriste pourra prendre une connaissance parfaite de la configuration de Bougie. Sa forme est celle d'un quadrilatère irrégulier, mais bien orienté. Élevée, comme Alger, en amphithéâtre, son altitude extrême est de 144 m.

L'*enceinte actuelle*, septième partie de l'enceinte sarrasine dans laquelle elle est englobée, partant du fort Abd-el-Kader au S.-E., s'élève d'abord au N. jusqu'au plateau de Bridja; de là, elle suit le mur romain, traverse le ravin des Fontaines pour remonter au fort Moussa; enfin, de ce point, elle va rejoindre la plage, au delà de la Kasba.

Les remparts sont percés de cinq *portes* : *de Fouka*, qui s'appelait *Bab-el-Benoub* (porte des armées) et *de la Kusba*, à l'O.; *de Moussa* ou *Barral*, et *du Grand-Ravin* ou *des Vieillards*, *Bab-el-Louz* ou *Bridja des Arabes*, au N.; *d'Abd-el-Kader*, à l'E. Les portes de la Kasba, de Moussa et d'Abd-el-Kader communiquent avec les trois citadelles de ce nom.

L'*enceinte romaine* est debout et reconnaissable sur un grand nombre de points. Elle ne comptait pas plus de 3,000 m. de développement. Deux positions plus fortement occupées la protégeaient : ce sont les forts appelés plus tard Moussa et Bridja. Une simple ligne de murailles garantissait le contour du mouillage actuel, au pied de la ville.

De l'*enceinte sarrasine* remontant à 1067 (460 de l'hég.), il reste un arceau en ogive, construit en briques et en pierre de taille, connu sous le nom de *Bab-el-Bahar* et s'élevant sur la plage, à g. du fort d'Abd-el Kader. Deux murailles de la même époque, flanquées de tours, gagnent le sommet de la montagne, en suivant à pic la crête des hauteurs.

C'est au-dessus de Bab-el-Bahar ou porte des Sarrasins qu'arrivant à la petite place sur laquelle se trouve l'hôtel de France, on entre, à g., dans la *rue Trézel*, l'une des plus longues et des plus commerçantes de la ville qu'elle coupe en biais du N.-O. au S.-E.

Au milieu de cette rue qui aboutit à la *place de l'Arsenal*, est située, à dr., l'*église* de style roman, avec une immense coupole. On remarque, sur la façade, un écusson supporté par un singe et portant un croissant, une comète et une ruche: le croissant rappelle la domination arabe; la comète fait allusion à celle qui parut, à l'époque où l'on construisait l'église, en 1858; la ruche, enfin, doit être l'emblème de l'activité des colons et des populations kabyles, à moins qu'elle ne rappelle la cire dont on fait les bougies qui ont pris leur nom de Bedjaïa. La cuve baptismale est posée sur une mosaïque romaine assez grossière.

Les quatre mosquées affectées au culte musulman n'ont rien de remarquable; la principale, *Djama-Sidi-es-Sóufi*, se trouve sur la *place Fouka*, non loin du bureau arabe, au N.-O.

La *sous-préfecture*, l'*inspection des forêts*, les *services des domaines*, *de la douane*, le *tribunal de 1re instance*, la *justice de paix*, les *écoles*, sont installés dans des bâtiments qui ne sauraient mériter le titre d'édifices.

[R. 24, B] BOUGIE : — L'ÉGLISE. — LES FORTS. 253

Parmi les antiquités à Bougie, nous mentionnerons : les *grandes citernes* romaines, entre le fort Barral et la porte du Grand-Ravin ; — rue des Vieillards, dans le quartier des Cinq-Fontaines, à l'E., la maison Convert ayant pour assise une citerne romaine ; — les *bassins-citernes*, au-dessus de la caserne de Touati ; — les *bassins et fontaines*, sur la route du fort Abd-el-Kader, près de la direction du port ; — le *cirque-amphithéâtre*, au-dessous de la porte du Grand-Ravin ; la tombe du commandant Salomon de Musis est placée en quelque sorte au centre de la partie du cirque qui devait servir d'arène ; — les *pierres de taille et colonnes* de la place Fouka ; — les *débris divers* et nombreuses inscriptions provenant de Tiklat, à la Kasba, devant la mairie, au port, au quartier des Cinq-Fontaines.

C'est près des remparts que sont situés les forts suivants :

Au S.-O., à dr. de la gare et près de la plage, la *Kasba* de forme rectangulaire, flanquée de bastions et de tours rasés en partie en 1853, a été construite par Pierre de Navarre, en 1509, sous le règne de Ferdinand IV, suivant une inscription ; une deuxième relate que Bougie fut pourvue de murailles et de forteresses par Charles V *l'Africain*, en 1545. La Kasba, appropriée pour le casernement d'une partie de la garnison, renferme en outre les magasins des subsistances militaires et cinq citernes, pouvant contenir 200,000 lit. d'eau. La mosquée qui s'y trouve, également utilisée pour les services militaires, a été construite en 1797 (1212 de l'hég.), sous le pachalick de Mustapha-ben-Ibrahim.

Au S.-E., entre le port actuel et la baie de Sidi-Yahïa, le *fort Abd-el-Kader*, ou fort de la Mer, ébranlé par le tremblement de terre de 1853, bâti avant l'arrivée des Espagnols, est situé au S.-E., sur une terrasse de rochers : sa forme est irrégulière ; il renferme une citerne et des souterrains. Près de là sont établis les bureaux et hangars des compagnies maritimes.

Au N.-O., le *fort Barral*, ancien *fort Impérial, fort Moussa*, a été élevé, comme la Kasba, par Pierre de Navarre, lors de la prise de Bougie, en 1509. « Il est, dit C.-L. Féraud, en très bon état de conservation ; un chemin couvert, d'après la tradition, le reliait à la Kasba. Une caserne a été construite par nous, sur la terrasse du fort. Le général de Barral, blessé, le 24 mai 1850, chez les Beni-Immel, et mort deux jours après, à l'hôpital militaire de Bougie, fut inhumé dans ce fort, qui, à dater de ce jour, changea son nom de Moussa en celui de Barral. Le cercueil du général est déposé dans une niche pratiquée dans le mur, en face de la porte d'entrée, sous la voûte. » Près de là se trouvent la porte Fouka et le quartier arabe.

A 600 m. N.-E. du fort de Barral, le *Bordj-el-Ahmar* (le fort rouge), en ruines, était, avant sa destruction par les Espagnols, le plus ancien de Bougie. Construit du temps de Moula-en-Nacer, en même temps que la grande muraille, il avait été réédifié à une époque plus récente et nommé *Bordj-bou-Lila* (le fort élevé

ALGÉRIE.

en une nuit). C'est au Bordj-el-Ahmar que Salah-Raïs vint s'établir en 1555 (963 de l'hég.), pour reprendre Bougie aux Espagnols.

Les troupes sont logées dans la Kasba, le fort Barral, la *caserne* de Sidi-Touati, au N. et la *caserne de Bridja*, à l'E. de la ville; près de cette caserne est *l'hôpital militaire*, pouvant contenir 600 lits.

L'arsenal, sur la place de ce nom; le *bureau arabe*, place Fouka; la *manutention*, à la Kasba; le *campement*, près du débarcadère de la porte des Pisans; les *parcs* aux fourrages et aux bœufs, près de la porte Fouka, complètent l'installation des différents services militaires à Bougie.

Les *ouvrages avancés* sont : le *fort Gouraïa*, au sommet de la montagne de ce nom, dominant la ville au N.; plus bas, à l'O. le *fort Clauzel*, et sur la plage, non loin de l'oued Ser'ir, le *blockhaus Salomon de Musis*, nom d'un commandant supérieur de Bougie, mort assassiné par les Kabyles en 1836.

Environs.

Voitures, 20 fr. la journée, 10 fr. la 1/2 j.; un tramway ou omnibus fait parfois le dimanche le service de la plaine de l'oued Sahel ou Soummam, de Bougie à la Réunion; chevaux et mulets, de 3 à 5 fr. — Les environs de Bougie, presque tous en montagne, sont très intéressants à visiter, mais le touriste, qui n'aurait que peu de temps à consacrer aux excursions, visitera de préférence la vallée des Singes et le cap Carbon.

Le *village indigène*, en dehors du mur d'enceinte, au N.-O., non loin du fort Barral, est curieux à visiter.

A 1 k. S.-O. *blockhaus Salomon*, nom d'un officier tué après la prise de Bougie, et l'*Oasis*, ombreuse promenade dans les plaines de la Soummam.

A 2 k. N.-E. *cap Bouak*, par la route du port commençant au fort d'Abd-el-Kader et koubba de Sidi Yahïa (chemin bordé par la mer et des oliviers centenaires). Au delà du phare à feu fixe d'une portée de 7 milles, sont les aiguades. La baie du cap Bouak ou de Sidi Yahïa, qui offre la plus grande sécurité, doit un jour devenir le grand port des côtes algériennes. — Une route carrossable de 2 k. 1/2, commençant à la porte Bridja, non loin de la caserne des tirailleurs indigènes, conduit directement par les hauteurs au phare du cap Bouak.

A 3 k. N. (2 à 3 h. à pied, aller et ret.) *koubba de Lella-Gouraya*, au sommet (704 m.) de la montagne de ce nom. On sort par la porte du Ravin et l'on passe devant la zaouïa de Sidi El-Touati, un des grands marabouts de Bougie et contemporains d'En-Nacer. On peut aller en voiture par une route aux nombreux lacets, jusqu'à l'atelier des travaux publics (2 k.), mais là il faut mettre pied à terre pour l'escalade fort rude du dernier kilomètre. La fatigue est compensée par l'admirable vue qu'on embrasse du sommet du Gouraya, au N.-O. et au S.-E. des côtes de l'Algérie, et à l'O. du réseau des montagnes kabyles.

A 4 k. 500 N. **cap Carbon** (3 h. à pied, aller et ret.; on peut y aller en voiture, 10 fr., mais celle-ci s'arrête au tunnel, la route n'étant plus carrossable au delà). Sortant de Bougie par la porte de Bridja, au N.-E.,

[R. 25] LE GOURAYA. — CAP CARBON. — TOUDJA. 255

près de la caserne des tirailleurs, on suit une belle route aux nombreux lacets et bordée de groupes d'oliviers centenaires; passant devant le pittoresque cimetière juif, la route bifurque ensuite, à dr., sur le cap Bouak (*V.* ci-dessus), et, à g., dans la *vallée des Singes* tantôt ombreuse, tantôt à ciel ouvert et dominée au N., par un chaînon du Gouraya, connu sous le nom de *pic des Singes*. La vue qu'on a de la mer et des aiguades est des plus belles; l'immense rade creusée entre le cap Carbon et le cap Cavallo est dominée, à l'E., par les sommets déchiquetés et souvent neigeux du Ta-Babor et du Babor (1,979 m.), dans la Petite-Kabylie. Quant aux singes, comme ceux de la Chiffa, ils se montrent rarement. A 3 k. 300 du point de départ, arrivé au tunnel creusé de main d'homme et long de 20 m., le touriste en voiture mettra pied à terre, la route faisant place désormais à un chemin montueux (58 à 220 m.). Après un parcours de 1 k. 200, on atteint en 1 h. env. le sommet du cap Carbon que couronne un phare de 1er ordre à feu tournant d'une portée de 35 milles ou 64 k. 720. Ce cap est formé par la partie N.-E. d'une grande masse de rochers presque nus et d'un rouge fauve, surmontés de la koubba de Lella-Gouraya (*V.* ci-dessus). Le bas du cap auquel on peut arriver, à dr., par une descente des plus raides, est percé du N. au S.; la mer y pénètre et les barques passent au travers. La légende raconte que Raymond Lulle vécut quelque temps en cet endroit, après avoir échappé aux Bougiotes qu'il voulait convertir.

A 21 k. S.-O., *Toudja* avec les ruines remarquables d'un *aqueduc* romain, une petite mosquée et des *sources* (60 à 300 lit. par sec.), jaillissant au milieu de magnifiques orangeries dont les fruits sont réputés les meilleurs de l'Algérie.

A 28 k. S.-O. (par Bitche, El-Kseur, ch. de fer en 1 h., 2 fr. 70, 2 fr., 1 fr. 50) *Tiklat*, sur l'oued Sahel, avec les ruines romaines de *Tubusuctus*, au pied de la montagne, dans un fort joli paysage. Ces ruines nombreuses comprennent des cippes, des tombes, des bornes milliaires, des inscriptions, des arcades, des souterrains et principalement des citernes dont l'une est divisée en 15 compartiments, chacun de 4 m. 20 de largeur sur 35 de longueur et 6 de profondeur. — Le touriste trouvera à Bitche un hôtel et un café.

De Bougie à Fort-National, R. 8; — à Alger et à Bône par mer, R. 32.

ROUTE 25

DE CONSTANTINE A BISKRA

PAR BATNA

239 k. — Chemin de fer en 9 h. 15. — 26 fr. 75; 20 fr. 10; 14 fr. 75. — Buffet à El-Guerra et à Batna; cantine à El-Kantara.

37 k. de Constantine à El-Guerra (*V.* R. 20, *A*).

Après la descente de Constantine au Khroubs, la route jusque aux Lacs n'offre pas grand intérêt; à partir des Lacs, la vue est attirée par les grands horizons de montagnes, les abords et la traversée d'El-Kantara, et, jusqu'à Biskra, par les oasis de la Fontaine des Gazelles, d'El-Outaya et de la Ferme Dufourg.

50 k. **Aïn-M'lila**, ch.-l. de com. m. de 46,147 hab. dont 662 Français, près des ruines de l'ancienne *Visalla*, à dr.

Au 60° k., *Aïn-Feurchi*, ruines romaines, puits et auberge.

Au 63° k., ferme *de Boutinelli*. — On passe au pied du Nif-Enser ou Bec de l'Aigle.

Au 68° k., *lacs Tinsilt*, à dr., et *Mzouri*, à g., à 800 m. d'alt. et d'une superficie totale de 6,200 hect. C'est à l'endroit où communiquent entre eux ces deux lacs salés, remplis l'hiver d'une foule de flamants et de canards sauvages, que passent le chemin de fer et la route de terre. Ces lacs sont exploités avec une simplicité primitive : le procédé consiste à ramasser le sel que le lac dépose sur la rive en changeant de niveau.

84 k. **Aïn-Yacout** (la fontaine du diamant brut; belle source), annexe de Batna; le v. est à 1,500 m. de la gare, à g.

(Le **Medr'asan** (9 k. S. d'Aïn-Yacout; une voit., 10 fr.; s'adresser à M. Kaouki, aubergiste). — Ce monument, situé sur l'ancienne route de Diana Veteranorum à Théveste et qui rappelle le Tombeau de la Chrétienne (*V. R. 2, L*), a été édifié par la famille de Massinissa. C'est au colonel Foy que nous empruntons la description suivante (quelques mesures ont été rectifiées) :

« La forme générale du Medr'asen est celle d'un gros cylindre très court, servant de base à un tronc de cône obtus, ou plutôt à une série de 24 cylindres, qui décroissent successivement et donnent ainsi sur le cylindre de base une suite de 24 gradins circulaires de 58 cent. de hauteur et 97 cent. de largeur à peu près. La plate-forme supérieure a 11 m. 40 de diamètre; son affaissement au centre forme un entonnoir de 1 m. 50 env.; le gradin inférieur a 176 m. de pourtour, soit 58 m. 66 de diamètre. Il est évidé inférieurement en quart de cercle, et forme ainsi une corniche très simple, de 90 cent. de haut et 80 cent. de saillie. Cette corniche est supportée par 60 colonnes engagées, espacées de 2 m. 90 d'axe en axe, et ayant 45 cent. de diamètre, 2 m. 27 de hauteur de fût, et 2 m. 70 avec le chapiteau. Ces colonnes reposent sur un double soubassement peu apparent aujourd'hui que les terres se sont amoncelées à son pied. On devait mesurer autrefois 5 m. de la corniche et 18 m. 35 de la plate-forme au niveau du sol, qui s'est relevé de 1 m. à peu près.

A l'O. du monument, on reconnaît les traces à demi effacées d'une sorte d'avant-corps rectangulaire de 24 m. de largeur et de 15 m. de saillie, dont la construction, bien que se rattachant certainement à celle du monument principal, s'en distingue par le style, la solidité et le volume des matériaux. »

Avant les fouilles faites en 1866 et 1873, on ne connaissait de l'intérieur du monument qu'un escalier de 1 m. 20 de large, obstrué à la sixième marche. Les travaux de déblayement entrepris, en 1866, par M. Bauchetet, garde du génie et sous la direction du colonel du génie Brunon, en 1873, ont amené l'importante découverte d'autres marches, conduisant à une galerie et à une chambre sépulcrale. La galerie, haute de 1 m. 60, large de 70 cent., longue de 16 m., comprend un palier long de 1 m. 20, puis un escalier de 11 marches de 30 cent. de largeur sur 20 de hauteur. Une porte, haute de 1 m. 70 et large de 90 cent., donne entrée à une chambre de 3 m. 30 de longueur et 1 m. 50 de largeur en moyenne. De chaque côté règnent des banquettes de 20 cent. de largeur sur 30 de hauteur. Le fond de la chambre est à peu près à l'aplomb du centre de la plate-forme du monument. Une porte en fer ferme la galerie dont la surveillance est confiée à un gardien.]

93 k. La Fontaine-Chaude, l'*Aïn Oum-ed-Djera* des Arabes, annexe de Batna, près du caravansérail d'*Oum-el-Esnam* (la mère des idoles ou des ruines), sur l'emplacement de *Tadutti*, à 2 k. de la gare, à g. En face de la Fontaine-Chaude, à g. on aperçoit dans le lointain un monticule; c'est le Medr'asen (*V.* ci-dessus).

[Une fontaine voisine porte le nom d'Aïn-Ksar, com. m. de 33,164 hab dont 392 Français. On y trouva une inscription indiquant qu'une forteresse à côté avait été bâtie sous le règne de Tibère II, c'est-à-dire à la fin du vi° s. Sur la deuxième ligne de cette inscription sont gravés les mots : *paguitae t d m*. Ces trois dernières lettres seraient l'abréviation de *Tadutti municipium*...... » (W. *Ragot*).

Presque en face d'Aïn-Ksar, à dr. de la route, *Aïn-Masnela*, annexe de Batna.]

104 k. *Madher* (terre d'alluvion), à 8 k. de la gare, à g. (service d'omnibus).

107 k. Fesdîs, v. annexe de Batna, créé près de *Ksour-R'ennaïa* (le château de la chanteuse). — Ruines romaines, à l'entrée d'une gorge, et moulins sur l'*oued Fesdîs* ou *oued Batna*.

118 k. Batna* (omnibus de la gare aux hôtels), le *Bivac* en arabe, ch.-l. d'une com. de 8,381 hab. dont 2,062 Français, et d'une com. indig. de 24,058 hab. dont 16 Français, ch.-l. de la 4° subdivis. milit. de la prov. de Constantine, est située à l'entrée d'une plaine immense, arrosée par de nombreuses sources malheureusement très sujettes à la sécheresse, sous un climat également exposé à de grands froids et à de très fortes chaleurs.

Batna date du 12 février 1844, lors de l'expédition de Biskra. C'était un camp destiné à protéger la route du Tell au Sahara et à dominer l'Aurès. Le camp, d'abord établi à Batna même, fut, deux mois plus tard, transporté à 2,000 m. à l'E., près des ruines romaines, à l'endroit que les Arabes appellent *Ras-el-Aïoun-Batna*. C'est autour de ce camp que sont venues se grouper les quelques maisons qui devaient former le noyau du centre actuel, érigé en ville sous le nom de *Nouvelle-Lambèse*, en 1848, et sous celui définitif de Batna, en 1849.

Le *camp* ou quartier militaire, comprenant de belles et vastes casernes, un hôpital et les magasins pour les différents services militaires, est entouré d'un mur de défense et d'un fossé; le mur est percé de quatre portes qui prennent de leur position les noms de *Constantine*, *Sétif*, *Biskra* et *Lambèse*.

Batna, éclairée à la lumière électrique, est percée de larges rues coupées à angles droits et bordées de platanes. Les *maisons* n'ont généralement qu'un rez-de-chaussée.

Les principaux *édifices* sont : l'église, les écoles, une halle aux grains, les bains maures, le bureau de la subdiv. et le bureau arabe. Un puits artésien, à l'angle S.-E. près des remparts, d'une profondeur de 107 m., donne 300 lit. à la minute; on le doit à M. Jus, l'ingénieur qui a foré l'Oued-Rir' et que les indigènes ont surnommé, dans leur reconnaissance, *Bou-el-Ma*, le « père de l'eau ».

Le jardin du général où se trouve la pépinière et les allées dites *de la Prairie* offrent de fort jolie promenades. La dernière est en même temps un musée archéologique, où ont été groupés des fragments de monuments provenant de Lambèse, entre autres une grande et belle colonne en granit noir, supportée par une base sur laquelle une inscription rappelle les combats sous Batna et Biskra et les numéros des régiments qui prirent part à l'expédition des Ziban et de l'Aurès, sous les ordres du duc d'Aumale.

[A 500 m. S., v. indigène de *Batna*. On y visitera la mosquée où est installée l'école arabe-française.

Le Tougourt (18 k.; de Batna à la Maison forestière, 12 k., trajet en 2 h. l'excurs. peut se faire en voit.; 15 fr. pour 1 à 3 pl.; 20 fr. pour 4 à 6 pl.; de la Maison forestière au pic, 6 k.; ce trajet, en 2 h., ne peut se faire qu'à pied et en été; le brigadier forestier peut *quelquefois* procurer un guide et son mulet, 2 fr.). — A 11 k. N.-O., une belle forêt de cèdres recouvre une partie du *Tougourt*, montagne de nobles formes, haute de 2,100 m. Cette forêt, d'une étendue de 4,000 hect., ne le cède en rien, pour la beauté de ses arbres plusieurs fois centenaires, à la forêt du Téniet-el-Hâd (R. 3). C'est un des buts de promenade des environs de Batna.

De Batna à Khrenchela; Lambèse; Timgad (110 k. de Batna à Khrenchela; break en 12 h.; 15 fr. et 15 fr. par 100 kilog. de bagages; 11 k. de Batna à Lambèse: omnibus en 1 h. 1/2; 1 fr. 50; 39 k. 5 de Batna à Timgad: on trouve à l'hôtel des Etrangers chez M. F. Bournat, un break pour 1 ou 2 pers., 25 fr., un break à 4 pl., 30 et 35 fr., et un autre pour 6 à 8 pers., 50 fr., une victoria, 1 à 3 pers., 30 fr., un landau, 1 à 8 pers., 40 fr.; le trajet aller et ret, est de 12 h. dont 4 h. pour visiter Timgad; on peut en même temps visiter Lambèse; on emporte le déjeuner préparé dans un panier, et l'on revient pour dîner). — La route (direction générale E.-S.) traverse le camp de l'O. à l'E. et suit les dernières pentes de l'Aurès, à dr.

8 k. Après avoir dépassé un des pics de l'Aurès, *tombeau* à g. de Quintus Flavius, légat de la III⁰ légion; c'est un soubassement carré-long surmonté d'un cône également carré; il a été restauré par le colonel, plus tard général Carbuccia.

11 k. **Lambèse** *, v. de 1,837 hab., à 1,054 m., est le Lambæsis des Romains, le camp et la ville de la III⁰ légion Auguste.

Le *Camp*, dont on a pu reconstituer le rectangle, mesure 420 m. de largeur sur 500 m. de longueur. C'est à l'angle N.-O. qu'ont été fondés, en 1851, le village de Lambèse et le *pénitencier* logeant 900 détenus, et dans le jardin duquel on voit les restes de la belle *mosaïque* des quatre saisons, dont le Bacchus du médaillon central est intact.

Le camp était percé de quatre portes bien orientées, dont celles du N. et de l'E. subsistent encore: elles donnaient passage à deux grandes voies, se coupant à angle droit, et dont l'intersection était occupée par le *Prætorium* ou palais du légat qu'on aperçoit d'abord à g. de la route; c'est un

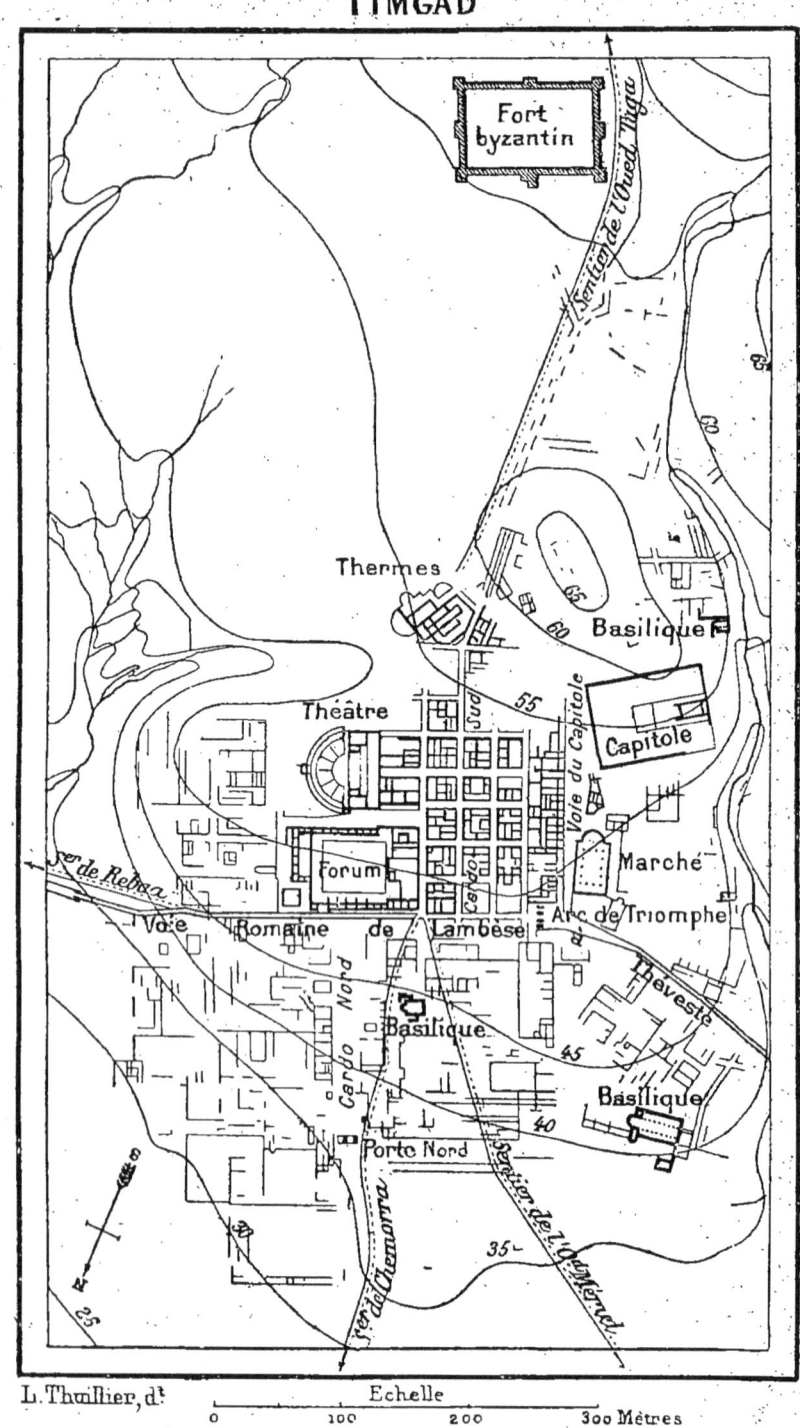

LAMBÈSE. — TIMGAD.

monument quadrangulaire de 25 m. sur 30, dont l'intérieur sert de *musée* pour les morceaux remarquables trouvés dans les fouilles de Lambèse, de Timgad et de Markouna.

Au S. du Prætorium se trouvent les restes d'une *basilique* ou d'une *prison?* A 100 m. plus loin, ceux des *thermes* de la III° légion; un peu plus loin, à g., existaient d'autres thermes dont il ne reste qu'un pont de 3 arches franchissant un ravin. En avant s'élève l'*arc de triomphe* dédié à l'empereur Commode.

En remontant un peu plus à l'O., se dresse un mamelon, qui a l'aspect d'un vaste entonnoir; c'est l'emplacement d'un *amphithéâtre*, presque circulaire, mesurant 104 m. sur 94 et qui pouvait contenir 10,000 à 12,000 spectateurs pour une population de 50,000 âmes; il n'en reste absolument rien; les gradins ont servi pour la construction du village et d'une partie du pénitencier.

Remontant au S.-O., on trouve les ruines du *temple d'Esculape* dont le portique couvré le sol de débris de frontons et de colonnes. Un peu plus haut à g., quelques arcades, appuyées au flanc de la colline et venant se butter contre une tour carrée, seraient les vestiges d'un aqueduc.

Revenant vers l'E., on verra, à ras du sol, les assises d'*arcs de triomphe*, d'un *temple* dédié à Jupiter, Junon et Minerve, de deux *forum*, l'un de 60 m. sur 55, l'autre de 72 sur 35 et de diverses constructions.

Redescendant au N.-E. à quelques cents mètres du Prætorium, on pourra reconstituer, toujours à ras du sol, l'ensemble des bâtiments qui formaient les *latrines publiques*.

Plus bas sur la voie qui partait de la porte E. du camp s'élève l'*arc de Sévère*, le mieux conservé des 40 qui existaient autrefois. Enfin, près de cette voie, à g., en revenant au camp, on voit les traces d'un *cirque*.

Les *cimetières* nombreux et couverts encore de tombeaux occupent, en partie, les hauteurs des deux collines qui enserrent Lambèse.

Après avoir traversé le v. de Lambèse vers l'E., la route monte.

14 k. *Markouna* (Verecunda), ancien pénitencier, aujourd'hui belle propriété exploitée par le capitaine Ben-Drys. Ensuite se montrent, à dr., un arc de triomphe assez bien conservé et des ruines romaines parmi lesquelles un bassin et une mosaïque.

A 100 m. de Markouna, on laisse, à dr., la route de l'Aurès (*V.* ci-dessous), puis on monte et on descend à travers d'immenses champs cultivés ou en friche, sans un arbre; on ne perd pas de vue, à dr., dans le lointain, les sommets de l'Aurès. A mi-route, une maison de cantonnier et une grange pour relais viennent rompre la tristesse et la monotonie du parcours.

37 k. A dr. de la route, une colonne enfoncée dans le sol indique que la *ville romaine de Thamugadi* est située à 2 k. 5 de là.

A cette distance, par delà le lit d'un ruisseau, sur la pente de coteaux dominés par le *djebel Morri*, apparaît **Timgad**.

Thamugadi [1] fut d'abord un des nombreux postes militaires chargés de surveiller et contenir les turbulentes populations de l'Aurès. Simple vicus ensuite, Thamugadi prend de l'importance sous les Flaviens. C'est bientôt une ville qui s'embellit dans la centième année de notre ère sous Trajan, et reçoit les noms de *colonia Ulpia* (d'Ulpius), un des noms de Trajan, de *colonia Marciana* (de Marcia, sœur de Trajan) et de *Papiria*, nom de la tribu à laquelle appartenait cet empereur. De Trajan à Constantin, Thamugadi s'embellit; son territoire se couvre de bourgs et de fermes.

---

1. On pourra consulter pour Thamugadi : la notice descriptive de M. G. Boissier et les travaux épigraphiques de MM. Léon Rénier, Masqueray, Poulle, Cagnat, Bœswillvald, Pallu-Delesser et le Guide de M. A. Ballu.

Sous Constantin, dès l'année 305, commence le schisme des donatistes. Thamugadi, devenue l'un des foyers de l'hérésie en 316-348, voit son territoire ravagé jusqu'en 408. En 429, le pays est envahi et saccagé par les Vandales. La première destruction de Thamugadi eut lieu vers 535, après la victoire de Tricaméron remportée par Bélisaire sur les Vandales en 533. Solomon, lieutenant de Bélisaire, trouve Thamugadi détruite et déserte; il y construit une citadelle où il laisse des troupes.

En 646, le patrice Grégoire, à la mort de son oncle l'empereur Héraclius, veut se tailler un royaume indépendant formé de la Bysacène et de la Numidie. Suffétula (Sbeïtla en Tunisie, V. R. 40), devient sa capitale; il a un palais à Thamugadi. Attaqué en 647 par les Arabes, il est battu et tué dans la plaine d'Akouba près de Gabès.

En 692, à la suite de défaites infligées par les Arabes, les Berbères chrétiens se retirent dans leurs montagnes, détruisant les villes; Thamugadi fut incendiée.

Thamugadi est un des endroits où nos architectes et nos savants ont entrepris, dans ces dernières années, des fouilles très importantes. Ce travail, qui est très habilement conduit, est fort avancé, et une partie de la ville a revu le jour.

On a comparé Thamugadi à Pompéi; c'est beaucoup dire, mais n'importe, « pour qui évoque le passé, une promenade dans les ruines de Thamugadi a tout le charme d'une excursion imaginaire dans les époques disparues ».

Quand on a quitté la grand'route, on suit, à dr., le sentier que coupe l'oued Meriel peu profond en cet endroit. On passe bientôt entre une rangée de tombeaux presque enfouis sous le sol comme une partie de la voie romaine, mais dont l'alignement des édifices à l'intérieur de Timgad et une porte sous laquelle elle passait montrent la direction.

Après avoir dépassé, à g., la porte N. aux pieds-droits encore debout, on entre dans Timgad dont les ruines couvrent une superficie de 80 hect., ayant env. 850 m. dans ses plus grandes longueur et largeur.

La voie qui reliait Timgad à Lambèse, à l'O., et à Théveste, à l'E., est formée de grandes dalles d'une épaisseur de 0 m. 15; là où elle est déblayée, on voit son double trottoir et l'ornière creusée par les chars.

Les ruines sont divisées en deux parties à peu près égales par la voie romaine, *Decumanus maximus*, que coupe à angle droit une autre voie moins importante nommée *Cardo*.

Voici d'abord, à dr., l'arc de triomphe, sur la voie romaine, au sommet de l'angle qu'elle décrit; haut de 15 à 16 m., il est percé de trois portes larges de 4 m. pour celle du milieu et de 2 m. pour les deux autres. Construit en grès et en calcaire jaune, il était orné de colonnes corinthiennes en calcaire blanc de Médina et percé de niches. Sur l'attique de la porte centrale était une inscription retrouvée en pièces au pied de l'arc, mais dont M. Masqueray a pu rétablir le texte qui nous apprend que Thamugadi fut fondée par Lucius Mutatius Gallus, légat impérial, propréteur, avec la IIIe légion Auguste, sous le règne de Trajan, 100e année de notre ère.

A g. de l'arc de triomphe était le *Macellum* ou marché, avec portique à 8 colonnes dont il ne reste que les bases; au centre était la cour avec une fontaine au milieu; au fond terminé en hémicycle, sont encore debout les tables ou comptoirs en pierre sous lesquels ont été retrouvés des plats, des amphores et des sébiles. Cet édifice était dû à la munificence de Sertius Marcus Plotius Faustus, bienfaiteur de Thamugadi. A côté et au-dessus du Macellum sont les restes de la somptueuse demeure du même Sertius et de sa femme Cornelia Valentina, offrant au rez-de-chaussée sa division primitive.

Remontant à 50 m. S.-O. du Macellum, on trouve le **Capitole** ou *temple de Jupiter Capitolin*, quadrilatère de 90 m. sur 66, auquel on arrivait par un escalier de 38 marches; un autel consacré précédait un perron monumental; des colonnes de calcaire jaune de 16 m. et 1 m. 44 de diamètre à la base gisent brisées; M. A. Ballu, l'architecte dirigeant les fouilles de Timgad, a mis à jour, au Capitole, des chapiteaux de 1 m. 58 de hauteur, des frises couvertes d'ornements, des balustrades, des fragments d'une statue de 7 m. 50, ainsi que des débris calcinés de charpente. Quelques-unes des colonnes ont été redressées.

A 420 m. S.-E. du Capitole, le *fort byzantin*, élevé par Solomon en 535, a 120 m. de façade env. sur 80 m. de côté; il est construit de cippes, d'autels, d'inscriptions, de colonnes, de dalles du Forum, de gradins du théâtre, enfin de tous les matériaux qui pouvaient se prêter à la construction rapide de la forteresse.

A 250 m. S.-O. du fort, s'élève la *Basilique du patrice Grégoire*; elle a 3 nefs et contient de remarquables morceaux de sculpture d'ornements et une inscription relatant la fondation de la Basilique.

En redescendant vers l'E., à 250 m., on rencontre les Thermes dont M. A. Ballu a dressé le plan; ils comprenaient : deux entrées à l'O. et à l'E., une salle des pas perdus longue de 24 m. sur 9 m. env. composée de trois travées avec ses mosaïques de pavage en parfait état; une exèdre de 10 m. sur 10, des piscines et les salles habituelles pour les bains de vapeur, le massage, le repos,... toutes ou presque toutes ayant conservé leurs mosaïques intactes et une inscription apprenant que les Thermes furent agrandis sous Septime Sévère, l'an 198 av. J.-C. Plusieurs statues d'Hygie, de Mercure, de nymphes protectrices des eaux, dont deux ou trois sont recouvertes de peintures, des vases ornés de figures de bon style, etc., ont été retrouvés. Dans les sous-sol, où conduit un large escalier, M. Ballu a découvert les fourneaux et les canalisations qui servaient à la distribution de l'eau et de l'air chaud et, près des fourneaux, des salles d'approvisionnement et de réserve, garnies de combustibles en bon état de conservation.

A 150 m., toujours en descendant et plus à l'E., est le théâtre taillé à même la colline qui le domine, et dont 7 rangées de gradins sont assez bien conservés. Il pouvait contenir 1,500 spectateurs. L'hémicycle a 65 m. de diamètre. Au-devant du premier gradin règne le podium qui séparait le public de l'orchestre. En face s'élève la scène fermée par un postscénium orné autrefois de 16 colonnes; 13 sont encore debout; on y accède par deux escaliers latéraux fort bien conservés.

Entre le théâtre et la voie romaine, à 60 m. de l'arc de triomphe, à l'E., on arrive devant l'une des principales entrées du Forum. De la colonnade on embrasse un coup d'œil la tribune aux harangues et sa curie, édifice de 15 m. de côté, où se rassemblaient les édiles. Deux colonnes du temple de la Victoire ont été redressées; les dalles de la tribune aux harangues ont été rétablies, ainsi que les monuments hexagonaux qui la surmontaient. Ces dalles portent encore les traces gravées de tables de jeu pour les désœuvrés avec des inscriptions comme celle-ci : *Venari, lavari, ludere, ridere, hoc est vivere* (Chasser, se baigner, jouer, rire, c'est vivre). Le Forum était le centre de la vie politique; là encore les badauds et les oisifs venaient s'abriter contre la pluie ou la chaleur.

Sur le côté du Forum est la *Basilique*, bourse du tribunal de commerce, longue de 37 m., large de 15 m. Attenant à la Basilique, les *latrines publiques*.

Les *basiliques chrétiennes* sont au nombre de sept, mais sans grand intérêt. La première est située au-dessus de la voie, à 80 m. N.-O. de l'arc de triomphe; la seconde, à 70 m. au-dessus du même arc; la troisième et la quatrième au-dessous de la voie, à 60 m. S. du Capitole, la cinquième à 180 m. S.-O. du même Capitole; la sixième est située dans le fort byzantin et la septième (V. ci-dessus) au S.-O. du même fort.

La construction provisoire, qui sert au logement de l'architecte surveillant les travaux, sera transformée en *Musée* où seront exposés les vases, les amphores, les inscriptions, les médailles, les statues intactes ou mutilées, recueillis dans les fouilles.

De Timgad, on revient au 37e k. reprendre la route de Khrenchela.

43 k. *Bordj-Rebä* et moulin sur l'oued de ce nom, continuation de l'oued Taga.

[A 5 k. S., entre le *djebel Bou-Drias* à dr., et le *djebel Kharrouba* à g., s'ouvre le profond défilé de *Khranga-Sebda-Ergoud* ou *Foum-Ksantina*. Là, dit M. Masqueray, se trouvent une très ancienne ville berbère d'Ichoukkan et une multitude de tombeaux mégalithiques circulaires encore intacts pour la plupart; M. Masqueray a cru pouvoir identifier cette position avec le *Mons Aspidis* de Procope. (*Vandales*, 11.)]

52 k. *Toufana*, auberge.

59 k. *Bou-el-Freiss*, gîte d'étape sur l'oued de ce nom. Un peu au-dessous, à dr., *Henchir-Mamra*; c'est le *Claudi* de l'Itinéraire d'Antonin. Les ruines de Claudi, parmi lesquelles sont celles d'une église et d'un poste défensif rectangulaire, s'étendent sur la rive g. de l'*oued Taouzient*, une des rares rivières du pays qui ne tarissent jamais.

80 k. *Foum-el-Guess*, gîte d'étape. — Les abords de Khrenchela deviennent riants.

110 k. **Khrenchela** * (*Mascula*), ch.-l. d'un cercle milit., d'une com. m. de 26,550 hab. dont 478 Français et d'une com. indig. de 22,277 hab., était avec Thamugadi et Lambèse, l'une des grandes villes romaines du versant N. de l'Aurès dont elle était la clé. Source et établissement thermal. Marché important le vendredi.

[A 10 k. S. s'élève la montagne presque isolée de *Djâfa*, qui se termine par une table (1,580 m. d'alt.) entourée de précipice portant les ruines d'une guelâa. Cette montagne, bastion N.-E. de tout le massif de l'Aurès, était probablement la roche qui, du temps des Romains, portait spécialement le nom d'*Aurasius*; elle fut prise par le général byzantin Solomon. » (*E. Masqueray*.)]

De Khrenchela à Khrenguet-Sidi-Nadji, R. 26; — à Constantine, R. 27.

De Batna à l'Aurès. — Le djebel **Chelia** (60 k.; direction S.-E.; chevaux, mulets et guides, prix à débattre; tente et vivres). — 14 k. de Batna à Markouna (*V.* ci-dessus). — A 100 m. au-dessus de Markouna, à dr., une route se détache de celle de Khrenchela et descend à

30 k. L'*Oued-Tagga* (*bordj*); la route passe sur les dernières pentes N. des montagnes des *Oulad-Abdi* et des *Beni-Daoud*.

50 k. *Medina*, bureau arabe dans une plaine au pied de l'Aurès.

L'Aurès doit sa formation à deux plissements considérables. L'un, celui du N. de l'Afrique, a produit au N. les escarpes du *Kef-Mahmel* à l'O. et du *Chelia* à l'E.; les plus hautes cimes de l'Algérie, qui dépassent 2,300 m... En général, suivant la loi ordinaire des érosions de l'Algérie, c'est au N. et à l'O. qu'ont été sculptées les escarpes, parce que les grands courants diluviens couraient du N.-E. au S.-O., avec tendance constante à descendre au S. dans le bassin saharien... Les populations de l'Aurès sont de race berbère, avec mélange arabe; on les appelle des *Chaouïa*, pasteurs, bergers nomades, bien qu'ils soient devenus sédentaires. Les femmes jouissent d'une grande liberté et travaillent au dehors comme les hommes. On y a signalé la coutume de célébrer certaines fêtes dont les dates présentent la plus grande analogie avec les fêtes romaines, israélites et chrétiennes, telles que Noël, le Jour de l'An, les Rogations, les fêtes de l'Automne... La physionomie de l'Aurès est très variable... Dans le N., des plateaux fertiles à plus de 1,000 m. d'alt., couverts de neige pendant une partie de l'hiver, rappellent, par leurs productions, certaines contrées du centre de la France.

Le *Kelthoum* (2,328 m.), sommet du djebel Chelia, est à 10 k. E., en droite ligne, de Medina. La montée se fait à travers de belles forêts de cèdres qui disparaissent malheureusement, comme frappés par la foudre ou la sécheresse. Du sommet, la vue est immense : au N., par delà la verdure de la forêt, s'étend un large plateau où luisent les lacs salés d'*Ank-ed-Djemel* et d'*El-Tharf*; au S., par-dessus l'entassement des montagnes descendant vers le *Zab-Cherqui*, c'est le *Melrir*, souvent inférieur au niveau de la mer; à l'O., l'horizon se termine par le Kef-Mahmel (2,324 m.) à 12 k. S. du bordj de l'Oued-Tagga.

La voie ferrée franchit l'oued Batna. — Au 123ᵉ k., ruines romaines. — Au 125ᵉ k., point le plus élevé de la ligne, 1,080 m.; de là, descente jusqu'à Biskra.

129 k. *El-Biar* (les puits), arrêt; ruines romaines : *Ad Basilicam Diadumene* (?). — D'El-Biar à Aïn-Touta, 7 viaducs de 5 à 20 m. — Au 143ᵉ k., à g., ruines romaines.

145 k. *Caravansérail des Ksour*.

151 k. Aïn-Touta* (la source du mûrier), ch.-l. de com. m. de 28,412 hab. dont 351 Français; v. d'Alsaciens-Lorrains, au milieu d'excellentes terres abondamment pourvues d'eaux très saines, parmi lesquelles des eaux salines sulfatées sodo-magnésiennes, à 13° et d'un débit de 10 lit. par sec.

[D'Aïn-Touta un col (873 m.) à g. conduit à (3 k.) des ruines romaines; plus loin on trouve des sources et de belles cascades dominées par des montagnes rocheuses et dénudées.]

159 k. *Les Tamarins* *, arrêt, à l'endroit appelé par les Arabes *N'za-ben-Messaï*, caravansérail fortifié, à l'entrée de la gorge dans laquelle la route s'engage, avec l'*oued Kantara*, entre le *djebel Tilatou* à dr., et le *djebel Gaous*, à g.

[La route de voitures gravit une pente rapide, et franchit le *col des Juifs*. (Cette appellation, fréquente en Algérie, désigne toujours un endroit où l'on pillait les caravanes, où l'on assassinait les voyageurs isolés.)]

La voie ferrée, décrivant un lacet, passe dans trois tunnels de 56, 48 et 56 m. — Viaduc de 50 m. sur l'oued Fedala. — 6 autres viaducs de 12 à 25 m.

183 k. El-Kantara*, station; à dr., à 100 m., se trouvent la douane, la maison cantonnière, la gendarmerie et dans une ravissante petite oasis, l'*hôtel* tenu par M. Bertrand.

A 500 m. de là, *El-Kantara* (le pont), qui a donné son nom à l'oasis qu'il domine, est de construction romaine; il a une seule arche de 10 m. d'ouverture; sa largeur est de 4 m. 90; sa hauteur au-dessus de la rivière, en temps ordinaire, de 14 m. 50. Une restauration inopportune lui a enlevé sa physionomie primitive; il doit sa conservation à son importance et à son utilité; sa possession rendait maître du passage du Tell dans le Sahara oriental de l'Algérie, passage si bien appelé par les Arabes : *Foum-es-Sahara* (bouche du Sahara). La position de ce pont est à la fois sauvage et pittoresque; la vue que l'on découvre dans la direction de l'oasis, dont on aperçoit les premiers palmiers, est vraiment admirable. « Cette subite apparition de l'Orient par la porte d'or d'El-Kantara, dit E. Fromentin, m'a laissé pour toujours un souvenir qui tient du merveilleux. »

Si l'on traverse le pont, on remarquera sur le rocher, dans un encadrement, qui a dû recevoir autrefois une inscription sur marbre ou sur bronze, une inscription peinte, plus moderne, 2ᵉ ET 3ᵉ DE LIGNE, 2ᵉ DU GÉNIE, 1844, rappelant les travaux de la route.

El-Kantara, le *Calceus Herculis* des Romains, devait être une réunion militaire importante. On rencontre pêle-mêle, dans les bâtisses en pisé de l'oasis et dans la mosquée, des fragments de fûts, de chapiteaux, de colonnes, des ornements d'architecture; l'écurie d'un cabaret français, sur la route, à l'enseigne du *Retour du Sahara*, est un bâtiment romain. Des inscriptions semblables à celles du pont rappellent, comme à Lambèse, le passage de la fameuse IIIᵉ légion.

L'oasis d'El-Kantara est formée de la réunion de trois dacheras, qui sont : *Khrekar*, sur la rive g. de l'oued; *Dahraouïa*, sur la rive dr.; *Kbour-el-Abbas*, au confluent de l'oued Kantara et de l'*oued Bioda* (rivière blanche). Ces trois villages, au milieu de 90,000 palmiers, dont 70,000 payent l'impôt, sont entourés par un mur en pisé, assez fort pour résister autrefois aux attaques des maraudeurs, et flanqué de tours du haut desquelles ils étaient signalés.

La population des trois dacheras est de 2,500 âmes. Les femmes tissent la laine; les hommes cultivent les palmiers et un peu de céréales dans les jardins conquis par les irrigations sur les terrains d'alluvion des bords de la rivière; ces terres sont arrosées au moyen de grossiers barrages et de canaux, *sakia*, qui portent partout la vie et la végétation.

Si la vue du pont est merveilleuse, celle qu'offre l'oasis se détachant sur les masses gigantesques des rochers du djebel Gaous et du *djebel Essor*, mérite les mêmes éloges.

[D'El-Kantara à Tilatou (20 k.; 3 h. à 3 h. 30, y compris le parcours des gorges qui est de 12 k.; cheval de selle, 5 fr. par j.; un mulet, 3 fr. 50, avec un conducteur 5 fr.; un guide seul, si l'on va à pied, 4 à 5 fr. par j.; il est préférable d'envoyer cheval ou mulet à la gare des Tamarins où l'on se rendra par le chemin de fer : 24 k. en 1 h., 2 fr. 70, 2 fr., 1 fr. 15; excursion très recommandée). — En quittant El-Kantara, direction N.-E., on suit, sur un parcours de 8 k., le pied du *Metlili* qu'une profonde coupure sépare du *Tilatou*; là commence l'entrée des gorges dont l'étendue est de 12 k.; elle présente, du côté de la rivière, sur une étendue de 6 k., une suite de vergers bordés d'immenses lauriers-roses. On atteint le v. très pittoresque de *Tilatou* dont la plupart des habitants, vrais troglodytes, occupent des grottes disséminées dans la gorge. A l'extrémité des gorges, la route, faisant un coude, remonte aux Tamarins, d'où l'on peut commencer l'excursion (V. ci-dessus).

D'El-Kantara au djebel Kteuf (16 k. N.-E., chez les *Beni-Mafda*, ou 16 k. S.-O., chez les *Beni-Ferrah*; chevaux et mulets, V. ci-dessus). Cette excursion dans des gorges très tourmentées et très pittoresques est également très recommandée.

D'El-Kantara à Biskra (50 k.; trajet en 8 h.; sentier arabe; pour les chevaux et mulets, V. ci-dessus). — Le chemin passe par : (10 k.) *Teniet-Tizin*, (16 k.) les *Beni-Ferrah*, (26 k.) *Djemora* et (34 k.) *Branès*. Cette excursion se recommande aux touristes amateurs de sites sauvages : on rencontre çà et là des villages perchés sur les montagnes et accessibles seulement au moyen de cordes ou d'échelles.

On pourra visiter encore à pied (8 k. S. d'El-Kantara), la *Montagne d'albâtre* non exploitée.

Enfin, le chasseur pourra tirer sa poudre aux mouflons et aux gazelles dans les environs d'El-Kantara.]

Le chemin de fer, avant de traverser l'oasis, passe dans 3 tunnels de 180, de 20 et de 100 m. — Viaduc de 43 m. sur l'oued Bioda, affluent de l'oued Kantara. — A dr., café maure, cimetière européen et caravansérail en ruines. A dr., l'oued Kantara. — Viaduc de 4 arches sur l'oued Agroun.

La voie ferrée rase, à g., le pied du djebel Selloum, contrefort du *djebel Kteuf*; il est couronné par les ruines d'une redoute, *Burgum Commodianum*, élevée par les ordres de Marc-Antoine Gordien, fils de Marcellus, pour servir d'observatoire entre deux routes et veiller efficacement à la sûreté des voyageurs.

Viaduc de 20 m. sur l'oued Djemora.

202 k. *La Fontaine des Gazelles*, arrêt; en avant, sur la rive g. de *l'oued Djemora*, affl. de *l'oued el-Outaïa*, continuation de l'oued Kantara, café maure et *ferme Rose*. Au pied du *djebel Kroubset*, *El-Hammam*, ou *thermes d'Aquæ Herculis*. En face de l'arrêt, à g., une piscine profonde de 4 à 5 pieds reçoit, à cet endroit, les eaux (36°) qui arrivent du Kroubset; elles ont une odeur hépatique et une saveur saline prononcée.

Viaduc de 2 travées de 35 m. sur l'oued Kantara. — Viaduc de 20 m. sur l'oued Felleg.

Au 209ᵉ k. à g., le *djebel Gharribou*, également appelé le *djebel El-Melah* ou montagne de sel. Cet immense amas de sel, qui rappelle le *Rocher* entre Guelt-es-Stel et Djelfa (V. R. 4), est exploité grossièrement et d'une manière superficielle par les Arabes.

211 k. *Station d'El-Outaïa*; à 1 k. de la gare, à g., caravansérail, puis à 2 k., toujours à g., **El-Outaïa** (ce nom signifie grande plaine : ce serait l'ancienne *Mesar Filia*), à 266 m. d'alt., ksar ou dachera, bâti sur une immense butte et entouré de nouvelles plantations de palmiers. On y trouve des ruines romaines, celles entre autres d'un amphithéâtre dont une ins-

cription, encastrée à la porte d'un caravansérail, rappelle sa réédification sous les empereurs M.-Aurèle Antonin et L.-Aurèle Commode.

Viaduc de 110 m. sur l'oued el-Outaïa. — Viaduc de 20 m. sur l'oued el-Bar.

221 k. *Ferme Dufourg*, arrêt. La ferme est située à 5 k., à dr. — Viaduc de 40 m. sur l'oued Bou-Gatou. — A dr., le *djebel Bou-R'ezal*, et le *col de Sfa*, par lequel passe la route de terre. — Viaduc de 2 travées métalliques de 35 m. sur l'oued Biskra. Au 232e k., *col des Chiens*. — A g., *barrage* sur l'oued Biskra; à dr., ancien fort turc, dominant l'oued Biskra, dont les ruines ont fait place à un blockhaus qui protège le barrage.

239 k. *Gare de Biskra*, en face du fort Saint-Germain.

ROUTE 26

BISKRA

Les hôtels de Biskra sont plus ou moins confortables, mais tous sont bons (*V.* à l'Index pour les prix). — Le touriste, qui ne resterait qu'un jour, aura le temps de visiter les deux villes et de se faire conduire au col de Sfa; la soirée au Casino est tout indiquée.

Biskra *, la *Biskra-en-Nokkel*, la *Biskra aux Palmiers*, ch.-l. d'un cercle milit. de la subdiv. de Batna; ch.-l. d'une com. de 8,417 hab., dont 661 Français, et d'une com. indigène de 69,632 hab., dont 48 Français, est située, par 35° 27′ de latit. N. et 3° 22′ de longit. E., à 138 m. d'altit., sur l'oued Biskra, que forment l'oued Kantara et l'*oued Abdi*.

« La ville de Biskra, l'*Ad Piscinam* ou *Ouesker* des Romains, est, dit Ibn-Khaldoun, la capitale du Zab, pays étendu, renfermant de nombreux villages, assez rapprochés les uns des autres, et dont chacun s'appelle *Zab*, pluriel *Ziban*. » Cependant Biskra déchut par le mauvais gouvernement des Turcs, et par les hostilités des Arabes du dehors. Sans le grand commerce et l'industrie dont ce lieu est le centre, ce qui est cause que les gens tiennent à y rester, Biskra eût été abandonnée. Le 4 mars 1844, Biskra fut occupée par le duc d'Aumale, qui y laissa une compagnie de soldats indigènes, commandés par cinq officiers et sous-officiers français. Leur massacre par de misérables fanatiques ne tarda pas à être vengé; une occupation mieux organisée nous rendit définitivement maîtres de Biskra, le 18 mai suivant, et nous assura peu à peu la domination et la possession du Sahara, dans cette partie E. de l'Algérie.

Biskra, la bien nommée *Reine des Ziban*, comprend deux villes distinctes : la ville neuve européenne; plus loin, à 2 k. S., la vieille Biskra.

La ville neuve est séparée de la gare par une immense place servant de marché aux bestiaux, et au milieu de laquelle se

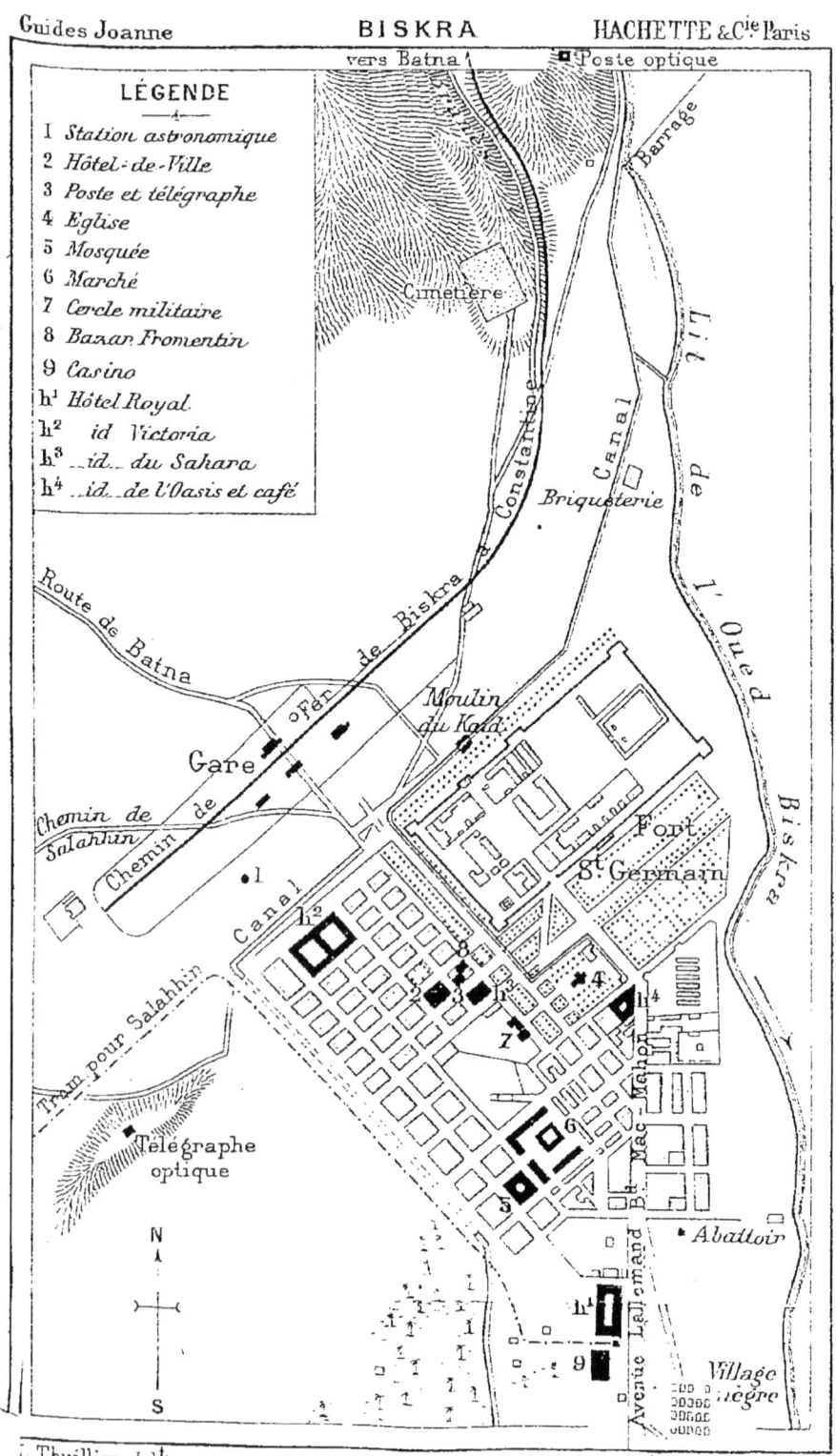

dressé un petit obélisque indiquant la *station astronomique*, élevée par les officiers du dépôt de la Guerre, en 1877.

Biskra, de forme carrée et orientée du N.-O. au S.-E., présente sur son front N.-O. le *fort Saint-Germain*, à g., en avant duquel est le pittoresque *Moulin-du-Caïd*; et, à dr., quelques maisons occupées par des cabarets et l'*hôtel Victoria*, lourde construction sans caractère. Au milieu commence la *rue Berthe* qui traverse la ville de bout en bout jusqu'à la route de Tougourt; en tête de cette rue, à g., le fort Saint-Germain avec ses casernes, ses logements d'officiers, son hôpital et sa manutention. Ce fort qui doit son nom au commandant du cercle, tué à Seriana en 1849, avant le siège de Zaatcha, commande les eaux de même que le bordj turc qu'il a remplacé; un barrage peut arrêter le flot réuni de l'oued Kantara et de l'oued Abdi, et faire périr ainsi, avec la forêt de palmiers, les habitants qui vivent à leur ombre. A côté et plus bas que le fort, et bordant la rue, s'étend le *parc* dans lequel est située une modeste *église*, à g. Coupé par de larges allées aux nombreux bancs et que côtoient des caniveaux aux eaux abondantes, ce parc est planté de palmiers, de caroubiers, de gommiers et surtout de cassies aux houpettes d'or; tous ces arbres dont les branches se rejoignent, forment une voûte impénétrable au soleil, sous laquelle les promeneurs trouvent un frais et délicieux abri. Le parc est borné à l'E. par une rue transversale dont un seul côté est occupé par des cafés et l'*hôtel de l'Oasis*.

La rue Berthe forme, à dr., une longue suite de maisons à arcades, toutes bâties en tôb ou briques séchées au soleil, comme dans les constructions arabes des Ziban, mais recouvertes d'un crépi de chaux. Au milieu, l'*hôtel du Sahara* et le *cercle militaire*. A côté de l'hôtel, dans une rue transversale, *la poste et le télégraphe* dans un très simple rez-de-chaussée; en face de la poste, l'*hôtel de ville* rose et blanc avec pavillons, colonnades et dôme central, monument hybride, mais très original dont la construction est due à l'architecte M. Pierlot. Un square s'étend en face de l'hôtel de ville.

Au delà du cercle militaire, une petite rue, à dr., conduit à la *place du Marché*, entourée de maisons à arcades et laissant voir, dans le fond, à g., par-dessus les murs et les palmiers, le minaret d'une petite *mosquée*. La place est occupée, dans son milieu, par une halle couverte avec cour intérieure. Dans les galeries sont installés les bouchers mzabis débitant de la chair de bœuf, de mouton et de chameau, les négresses vendeuses de pain, les maraîchers et fruitiers avec leurs légumes et leurs fruits aux couleurs variées, étincelantes, vrai régal des yeux. Plus loin des monceaux de dattes, de blé, d'orge et de maïs. Dans un coin, à g., les fabricants et marchands de bibelots : poignards et couteaux dans leurs gaines, porte-monnaie, babouches, djebira, amulettes, toute la gamme du cuir marocain, filali, jaune, rouge, noir, chasse-mouches, éventails, blagues à tabac, en peau d'ourane, gros lézard gris des sables sahariens, mille objets enfin à tenter le touriste le plus indifférent. Sous les arcades des maisons entourant la place, des cafés arabes et des Mzabis marchands de tous les tissus qui se fabriquent dans le Sud, burnous, gandouras, haïks, tellis ou sacs, frachs ou tapis à longue laine. Entre la halle et les maisons on vend de l'huile, du sel et du goudron. Parfois des saltimbanques, des charmeurs de serpents ou des bardes indigènes rassemblent la foule. Le marché de Biskra offre chaque jour un spectacle inoubliable!

Deux rues latérales, après celle du Marché, attirent dans les maisons à moucharabys les indigènes et les Européens curieux de la danse des filles des *Oulad-Naïl*, marchandes de plaisirs, s'expatriant pour gagner leur dot.

A l'extrémité de la rue Berthe, toujours à dr., en face d'un petit square, est installé le *Bazar Fromentin*; on y trouve un change, des photographies, une papeterie, des tissus et des bibelots arabes, des cigares et par-dessus tout des renseignements donnés par M. Bonet, l'un des propriétaires du Royal-Hôtel.

A dr. de la rue commence la route de Tougourt qui mène à la vieille Biskra. Après avoir dépassé l'*école primaire*, à g., on arrive, à dr., devant un immense monument qu'à son minaret on pourrait prendre pour une mosquée et qui est le *Royal-Hôtel*; construit par les architectes Laurent d'Alger et Gauthonnet de Biskra, et pouvant loger 160 voyageurs, il a 94 m. de façade sur 153 m. de côté, y compris les dépendances. Le rez-de-chaussée de style mauresque, surmonté d'un étage avec terrasse, comporte sur sa façade une galerie de 20 arcades dont les 2 du milieu, servant pour l'entrée de l'hôtel, sont surmontées d'un minaret carré de 27 m. 50 de haut et du sommet duquel on a une vue très étendue sur les oasis et les horizons de montagnes. L'hôtel, éclairé au gaz fabriqué sur place, contient intérieurement une cour d'honneur et un jardin anglais entourés d'une galerie à arcades donnant entrée aux chambres et appartements du rez-de-chaussée, à une salle de table d'hôte de 25 m. sur 12 et pouvant contenir 400 couverts. Un restaurant, une salle de billard, des salons de lecture et de correspondance, un vaste hall-salon, et enfin quatre salles de bains et une douche sont également aménagés au rez-de-chaussée.

A une centaine de m. et en retrait sur la route, au milieu d'un jardin s'élève le Casino (*Dar-diaf*, maison des étrangers). De dimensions moins grandes que le Royal-Hôtel, le Casino, appartenant à la Société de Biskra et de l'Oued-R'ir, a été construit sur les plans de M. A. Ballu, architecte-inspecteur des monuments historiques de l'Algérie. Il ne comprend qu'un rez-de-chaussée surélevé avec façade percée de 12 arcades et pavillons à coupole (koubba). Le style du Casino est purement mauresque et M. A. Ballu en a étudié les détails sur les plus belles mosquées et maisons de l'Algérie. Le Casino dont le côté N. doit être affecté à un *hôtel* pour les voyageurs, comprend des salons de conversation et de jeux, de lecture, un théâtre et des salles de fêtes ; là, les dames pourront assister aux danses des Oulad-Naïl, sans avoir à redouter une odieuse et malpropre promiscuité, mais le somptueux encadrement de ces danses vaudra-t-il celui plus primitif des taudis indigènes?

Presque en face du Casino, entre la route et la rivière, s'étend le *village nègre* qui n'offre rien de curieux. A côté, le **jardin Landon**, dont le propriétaire permet gracieusement la libre entrée, s'étend autour d'une belle et vaste maison, sur une dizaine d'hectares, avec ses massifs de palmiers, de bananiers, de tulipiers, de yuccas qu'enguirlandent des lianes multicolores ; c'est une véritable merveille dont les aspects varient suivant les heures du jour. M. Landon essaye d'acclimater dans son jardin toute une flore tropicale ; mais la fraîcheur des nuits causée par le rayonnement nocturne des sables s'y oppose parfois.

Parallèlement à la route de Tougourt et non loin de la rivière, sur le boulevard Seroka, s'étendent les vastes bâtiments servant de manutention à la *Compagnie de Biskra et de l'Oued-R'ir*. La porte d'entrée, décorée de faïences, est monumentale et rappelle celles des mosquées de Sidi Bou-Medin et d'El-Haloui de Tlemcen.

De la nouvelle à la *vieille Biskra* la distance est de 2 k. que l'on parcourt au milieu des palmiers, en laissant d'abord, à g., l'ancienne msala des Frères armés du Sahara dont l'institution n'a pas eu de suite.

Vers 1700, à ce que rapporte la tradition, à la suite d'une terrible inondation de l'oued Biskra grossi par les torrents de l'Aurès, du Cherchar et de l'Amar-Kreddou, les Biskris, obligés de quitter les ruines croulantes de leur ville, se divisèrent en autant de fractions que Biskra avait de quartiers. Réunis et agglomérés sous le nom de Biskris, les gens de Biskra continuent à s'appeler entre eux du nom de la tribu que portaient leurs pères, ainsi : les *Douaouda*, les *Koreïch*, les *Abid*, les *Sidi-Barkat*, les *Sidi-Malek*, les *Beni-Souid*, les *Djoua*, les *Safri*, etc.

Les villages, groupes de maisons et de tentes, dont la réunion forme la vieille Biskra, et qui s'étendent sur une longueur de 5 k., sur la rive dr. de l'oued, et sur une largeur de 100 à 400 m., sont : *Bab-el-Khrokhra*, au N. ; *Bab-er-R'alek* à l'E. ; *Mçid* et *Koura*, au S.-E. ; *Bab-ed-Darb*, à l'O. et en deçà de l'oued Biskra ; *Gaddecha*, au N.-E., et enfin *Filiach*, au S.-E. Tous ces villages sont bâtis en tôb, et n'ont de remarquable que l'étrangeté de leur construction et le pittoresque de leur position, au milieu d'une forêt de 150,000 palmiers, et de 6,000 oliviers entre lesquels les indigènes font du jardinage et un peu de céréales.

Comme monuments rien de curieux à voir dans ces villages. Nous signalerons : à Bab-el-Khrokhra, le premier que l'on rencontre, quelques maisons baroques dont les balcons, percés de fenêtres en forme d'étoiles ou de triangles, retombent sur des colonnes faites de palmiers et de débris appartenant à la ville romaine de **Ad Piscinam**; — à Bab-er-R'alek comme à Mçid, une chétive mosquée flanquée d'un minaret carré, sans décoration à l'intérieur; — à Bab-el-Darb, la koubba, à moitié enfouie dans les sables, d'Aboul-Fadel, gouverneur des Ziban en 678, 1279 de J.-C.; — entre Bab-el-Darb, Mçid et Koura, les ruines de la kasba, à l'extrémité N. de la place où fut Biskra; près de là le cimetière où reposent nos officiers égorgés en 1844; — çà et là quelques marabouts dont la coupole ovoïde n'observe pas toujours les lois de l'équilibre; — enfin, dans le lit de l'oued, la koubba de Sidi Zerzour (Mgr Sansonnet) qui, plus heureuse que Biskra, a résisté à l'inondation de 1700.

De Biskra, on peut se rendre par la route de terre au (5 k.) *col de Sfa*, d'où l'on découvre l'immense Sahara : à g., les contreforts du djebel Aurès; à l'horizon et à dr., le sable, partout le sable constellé de taches noires (les oasis); ce qui faisait dire à Ptolémée que cette contrée ressemble à une peau de panthère et ce qui fit exclamer à nos soldats, en 1844 : « La mer! la mer! »

A l'angle O. du Royal-Hôtel, un chemin de fer Decauville (80 c. aller et ret.) conduit à (8 k.) *Hammam-Salahhin* (le bain des Saints), appelé par les Français *Font-Chaude*. Se dirigeant d'abord vers le N.-O., on atteint (1 k.), au pied d'un poste optique, la charmante petite *oasis de Beni-Mora* où, comme complément du Casino, on trouvera plus tard des installations pour différents sports. On se dirige ensuite au N. vers le hammam, au pied des montagnes du *Bou-Ghezala*. L'établissement, simple cube de maçonnerie percé de 5 arcades, que la Cie de Biskra et de l'Oued-R'ir remplacera par un monument digne du Casino, renferme une source sulfureuse de 46° d'un débit de 150,000 lit. à l'h. Il est très fréquenté par les Européens et surtout par les indigènes. A 1,500 m. N. du hammam existent deux petits lacs remplissant probablement d'anciens cratères.

Une autre excursion que l'on doit faire est celle de Sidi-Okba à 21 k. 500 (*V*. ci-dessous et à l'Index); elle demande une journée.

Les Ziban. — Les *Ziban* se divisent, comme au temps d'Ibn-Kkaldoun, en trois parties : le *Zab-Chergui* ou de l'E., le *Zab-Guebli* ou du S., le *Zab-Dahraoui* ou du N.

1° **De Biskra au Zab-Chergui** (107 k. à l'aller; 153 k. au ret.; chevaux de 5 à 7 fr., mulets de 3 à 5 fr. et vivres; cette route est recommandée principalement pour Sidi-Okba et Khrenguet-Sidi-Nadji). — La route quitte Biskra par Filiach, après avoir traversé l'oued Biskra sur un pont et suit la direction E.-S.-E. Le terrain est tour à tour sablonneux ou cultivé; à g., se perdent à l'horizon les montagnes qui font suite au djebel Ahmar-Kreddou; en face, une ligne noire de palmiers prend une autre teinte à mesure que l'on approche de Sidi-Okba, qu'elle dérobe à la vue.

21 k. 1/2. **Sidi-Okba***, à 44 m. d'alt., misérable bourgade de 3,680 hab. où foisonnent comme dans d'autres oasis beaucoup d'aveugles, et de gens atteints de la maladie d'yeux. Sidi-Okba est la capitale religieuse des Ziban, comme Biskra en est la capitale politique.

Okba-ben-Nafi, gouverneur ou émir de l'Ifrikia, fut tué par les Berbères, avec tous les siens, l'an 62 de l'hég. (681-2 de J.-C.). Son corps repose dans une tombe sur laquelle a été érigée une mosquée, qui forme un but de pèlerinage, un lieu saint, dont la visite est censée attirer la bénédiction divine.

La *moqsuée de Sidi-Okba*, le plus ancien monument de l'islamisme en Algérie, est entourée d'un portique et sa terrasse est soutenue par 26 colonnes, dont les chapiteaux, diversement sculptés, sont ornés de peintures. Le minaret est carré et va en s'amincissant. Sidi Okba repose dans une koubba à dr. du mihrab : le tsabout, ou châsse, qui recouvre l'émir et sur lequel sont jetées des pièces d'étoffes de soie, brodées d'inscriptions arabes, est des plus modestes. Une petite armoire, creusée dans le mur, renferme quelques ouvrages dépareillés sur la religion, le droit et la grammaire. Sur un des piliers de la koubba, on lit, *Hada kobr Okba ibn Nafê rhamah Allah* (ceci est le tombeau d'Okba, fils de Nafê, que Dieu le reçoive dans sa miséricorde). Cette inscription, en caractères koufiques, qui rappellent le 1er siècle de l'hégire, est la plus ancienne de l'Algérie. On ne quittera pas la mosquée sans remarquer, à dr., une porte en bois d'un travail assez curieux, et qui vient, dit-on, de Tobna, dans le Hodna.

On ne rencontre à l'E. de Sidi-Okba, dit M. Dubocq, qu'un vaste terrain de parcours que les troupeaux fréquentent en hiver, et dans lequel se trouvent, aux abords des cours d'eaux, des espaces cultivés en céréales. Ces cultures sont assez développées à Garta, à Seriana, à Debbia, à Zeribet et à Liana.

34 k. L'*oued Biraz*.

44 k. **Aïn-Naga** (la fontaine de la chamelle), dachera sur une butte, au milieu d'un petit bois de palmiers.

54 k. **Sidi-Salah**, près de l'*oued Mansef*, ressemblant à Aïn-Naga. L'absence des palmiers vient du manque d'eau. Les effets de mirages sont fréquents dans cette partie du Zab-Chergui.

73 k. L'*oued El-Haguef*.

84 k. **Zeribet-el-Oued** (la closerie de la rivière), 1,110 hab., avec un fortin au confluent de l'*oued Gouchtal* et de l'*oued El-Arab*, tous deux venus de l'Aurès; ses palmiers, peu nombreux, sont disséminés au S. et sur la rive g. de l'oued el-Arab, où ils abritent la koubba de Sidi Hassen-el-Koufi, Arabe du Hedjaz, qui, moyennant une récompense, aurait fait couler l'oued el-Arab.

De Zeribet-el-Oued à Liana, le terrain est parsemé de cailloux.

97 k. **Liana**, sur la dr. de l'oued el-Arab dont le lit est, en cet endroit, d'une largeur de 150 m. La *mosquée*, sous l'invocation de Bou-Seba-Hadj, pauvre monument nu et triste, renferme des chapiteaux romains. Un puits maçonné en briques, et, près de l'oued el-Arab, les amorces d'un aqueduc sont également romains.

De Liana à Khrenguet-Sidi-Nadji, on remonte au N.-E., en suivant l'oued el-Arab. Après avoir contourné les âpres rochers du *djebel Sfa*, on arrive devant Khrenguet, entourée d'une verte ceinture de palmiers.

107 k. **Khrenguet-Sidi-Nadji**, v. de 1,020 hab., fondé au XVIIe s. et situé à 254 m. d'alt., à l'endroit où l'oued el-Arab sort des gorges de l'Aurès, 1,020 hab. Ses quelques monuments ont été construits, en pierre et en marbre, par des ouvriers tunisiens : aussi offrent-ils un caractère différent de celui des autres constructions des Ziban. La *maison* du kaïd, dont la disposition intérieure est à peu près celle des maisons d'Alger, ressemble à une haute forteresse, dans laquelle on entre par une voûte. La *mosquée*, voisine de la maison, est la plus belle des Ziban. La cour, entourée d'un cloître, dont les arcades sont supportées par des colonnes en marbre, est ornée, dans son milieu, d'un palmier qui ombrage un puits. La koubba, sous laquelle repose le fondateur de Khrenguet-Sidi-Nadji, Embarek † 1614, est près de la mosquée.

On escaladera le *djebel Tamazouz* (belle vue), au pied duquel le v. est situé, et dont le plateau porte les ruines d'une citadelle bâtie également par les Tunisiens.

[De Khrenguet-Sidi-Nadji, en remontant le cours de l'oued el-Arab, on peut se rendre à (82 k.) Khrenchela, par une route muletière très remarquable, à travers les montagnes.

5 k. *Taboui-Ahmed*. — 9 k. *El-Oudja*. — 19 k. *Chebli*.

22 k. Keiran, où se trouve un couvent très riche qui domine les populations du djebel Cherchar et dont l'influence s'étend jusque sur les tribus de la Tunisie.

58 k. *Sidi-Kebeloub*. On laisse à dr. l'oued el-Arab qui a pris le nom d'oued el-Abiod. — 64 k. *Aïn-Tamagra*, au pied S.-O. du djebel Djâla.

82 k. Krenchela (R. 26).]

De Khrenguet Sidi-Nadji, on peut revenir à Biskra par la route suivante, plus longue de 46 k., sur laquelle se trouvent les autres oasis du Zab-Chergui.

12 k. **Badès**, l'*Ad Badias* des Romains, pauvre dachera bâtie sur un tertre (plantations de palmiers), montre encore quelques restes d'un poste romain.

19 k. **Zeribet-Ahmed** (le clos d'Ahmed).

59 k. **El-Faïd** (la plaine inondée ; à 9 m. au-dessous du niveau de la mer); c'est le nom collectif donné à deux dacheras situées entre l'oued el-Arab et l'oued Debbah; celle de l'O. appartient aux Oulad-bou-Khedidja. Une koubba et un palmier occupent le milieu du terrain, entre les deux villages. Le puits artésien, le plus profond (156 m.), se trouve à El-Faïd. La *naadja*, vipère des jongleurs, se rencontre à El-Faïd, comme à Chegga.

63 k. L'*oued Debbah*, affluent de l'oued el-Arab.

71 k. L'*oued Rabah*, affluent de l'oued el-Arab.

93 k. *Sidi-Mohammed-Moussa*, dans un lieu bas et marécageux où poussent quelques palmiers, et où l'on fait un peu de culture, près de l'*oued Djedi* (la rivière du chevreau), qui poursuit son cours à l'E., et va se perdre dans le chott Melr'ir.

104 k. **El-Haouch** (la ferme); palmiers au S. et à l'E., dunes sablonneuses et koubbas à l'O.

129 k. Maison de commandement de *Taher Rashou* (tête nette). C'est au-dessus de Sâda, à *Mlaga*, que l'oued Biskra va se perdre dans l'oued Djedi. Complètement à sec, au-dessous de Biskra, cette rivière renaît plus bas, en toute saison, par des sources abondantes.

153 k. Biskra. (*V.* ci-dessus).

2° **De Biskra au Zab-Guebli** (92 k.; chevaux, mulets et vivres). On sort de Biskra par Koura, au S.

16 k. **Oumach**, arrosée par la source du même nom, qui descend des montagnes (à 12 k.) au moyen d'un canal. La source, ou plutôt les huit sources de l'aïn Oumach, naissent du rocher, au pied des montagnes crayeuses et donnent de 180 à 250 lit. par sec.; deux de ces sources tombent en cascades, deux autres sont intermittentes.

La route se dirige à l'O.

28 k. **Melili** et **Bigou**. Ces deux oasis, dont la première est humide, sont situées dans des sables mouvants, et arrosées par l'*aïn Melili*, ensemble de sources donnant 400 lit. par sec. d'une eau thermale.

On rencontre çà et là quelques ruines, que les sables n'ont pas tout à fait r'couvertes.

34 k. **Ourlal**, 625 hab., oasis mal entretenue (bâtiment assez curieux où s'assemblent les notables de l'endroit composant la djema; ruines romaines).

36 k. **Ben-Thious**, oasis qui devait donner son nom à Ourlal et à Melili. La petite *mosquée* de Sidi Abd-er-Rhaman-Ser'ir-el-Akhdar, avec sa

koubba ovoïde, produit, au milieu des palmiers, un effet assez pittoresque; en face, on remarquera un haut et large mur romain, qui semble avoir appartenu à une forteresse.

42 k. *Saira*.

44 k. **Lioua**, sur l'oued Djedi, joint à son industrie agricole l'extraction du salpêtre.

Plus au S.-O., toujours sur la rive g. de l'oued Djedi; — 84 k. *Ouled-Djellal*; — 92 k. Sidi-Khaled, 1,660 hab.

3° **De Biskra au Zab-Dahraoui** (48 k.; chevaux, mulets et vivres). — Le Zab-Dahraoui est séparé, par des sables ou des marécages, du Zab-Guebli, dans une longueur de 5 à 6 k. On peut en visiter les oasis, en se dirigeant de Ben-Thious à Bou-Chagr'oun. — La route suit la direction N.

31 k. **Bou-Chagr'oun**, sur l'oued que vient de former une fontaine remarquablement abondante, au milieu des dunes de sables, qui envahissent quelquefois les jardins de palmiers, au S. La *mosquée* de Sidi Aïssa-ben-Ahmeur, construite par un nommé Mohammed-ben-Mahallem, est le monument le plus rebelle à la ligne droite qu'on puisse imaginer; son minaret, percé de nombreuses ouvertures, va en s'amincissant comme un obélisque ou une cheminée d'usine à vapeur; les coupoles qui couronnent l'édifice sont disgracieuses. Le tombeau de Sidi Mabrouk, un autre marabout de Bou-Chagr'oun, est abrité par une grosse tour carrée, percée, à sa partie supérieure, d'une foule d'ouvertures en triangle; des espèces de perchoirs sortent des murs et contribuent à donner à ce bâtiment un faux air de pigeonnier.

De Bou-Chagr'oun à Lichana l'accumulation des sables continue.

35 k. **Lichana**, 1,168 hab., oasis renommée pour ses *frachs*, longs tapis en laine teinte des couleurs les plus vives, et ses dattes, *deglet-en-nour*, les meilleures de toutes celles que produit le Zab. La *mosquée* est un peu plus régulière que celle de Bou-Chagr'oun. Son minaret est moins élevé.

36 k. **Zaatcha**, célèbre par le siège qui amena sa ruine, en 1849. Bou-Zian, ancien porteur d'eau à Alger, et cheikh de Zaatcha, voulant jouer le rôle de chérif, appela aux armes les populations voisines qui arrivèrent en foule à Zaatcha et opposèrent aux Français, pendant 52 jours, la résistance la plus formidable. Zaatcha fut enfin prise d'assaut, le 26 novembre, par trois colonnes sous les ordres des intrépides colonels Canrobert, de Barral, et Lourmel; Bou-Zian fut tué.

38 k. *Farfar*.

40 k. **Tolga**, 2,090 hab. avec Zaouïa et Beffanta, une des plus anciennes villes du Zab, possède de belles eaux; l'*aïn Seddoud* fournit 50 lit. par seconde.

C'est à Tolga que Si Meïoub, kaïd du Zab-Dahraoui, a donné l'hospitalité au sergent-major Pelisse, le seul Français échappé au massacre de la Kasba, à Biskra, en 1844, en attendant qu'il pût faire prévenir, par un courrier, le duc d'Aumale de ce qui se passait.

La ville, qui a été romaine, possède un castrum avec six tours bien conservées, dans lesquelles s'enchevêtrent les bâtisses des Sahariens. Elle renferme encore un grand nombre de mosquées, de zaouïas, de koubbas, et une école de droit musulman. La grande *mosquée* est construite en pierre, ce qui est assez rare dans les Ziban (les chapiteaux et quelques colonnes appartiennent à l'époque romaine); elle n'a point de minaret et est surmontée de coupoles demi-sphériques ou ovoïdes. La zaouïa la plus célèbre est celle de Sidi Ali-ben-Ahmeur.

42 k. *El-Bordj*.

46 k. *Foukala*, oasis de 22,000 palmiers, appartenant à la compagnie Fau, Foureau et Treille.

48 k. **El-Amri**, 16,000 palmiers, propriété de MM. Treille et Forcioli.

« Le chemin, qui relie le groupe d'oasis du Zab-Dahraoui à la plaine d'El-Outaïa, traverse le massif montagneux du *djebel Matraf*, au N. de Lichana et de Zaatcha... On rencontre d'abord deux mamelons isolés, entre lesquels passe le chemin, et dont les sommets ont été exploités par les Romains, sur une vaste échelle, pour les constructions dont on observe encore les ruines à Lichana, à Tolga, ainsi que dans les oasis d'Ourlal et de Melili. Le pourtour de ces collines est complètement enlevé aux environs du sommet. On retrouve encore dans leurs flancs, taillés à pic, les témoins des colonnes et des pierres d'appareil que l'on a extraites, et le dérasement des flancs de ces monticules leur a fait donner par les indigènes le nom de table. » (*M. Dubocq.*)

De Biskra à Ouargla par l'Oued-R'ir et Tougourt (366 k.; direction S. jusqu'à Tougourt et S.-O. de Tougourt à Ouargla), route carrossable jusqu'à Tougourt, 204 k.; service de voit. 40 fr. la place; 35 fr. les 100 k. de bagages; 5 k. gratuitement; voyage en 36 h., le lundi, le mercredi et le vendredi; retour les mêmes jours; voit. particulières, 300 à 350 fr.; les vivres en plus pour 10 j. L'Oued-R'ir est le pays de la palme et de la datte pour lesquelles il faut de l'eau. C'est le général Desvaux qui, avec des crédits destinés à entretenir un atelier militaire de forages et avec le concours de l'ingénieur Jus, fit forer en 1856 le premier puits artésien à Tamerna-Djedida. L'Oued-R'ir compte auj. 43 oasis et près de 250,000 palmiers en plein rapport, et 100,000 arbres fruitiers. Aux oasis séquestrées et vendues par la direction des Domaines à différentes sociétés s'ajoutèrent celles créées de toutes pièces par ces mêmes sociétés, celle de l'*Oued-R'ir*, fondée en 1878, par MM. Fau, Foureau et Cⁱᵉ, et celle de *Batna et du Sud algérien*, fondée en 1881 par MM. Rolland et de Courcival. On ne saurait oublier, parmi ces hardis planteurs, M. Dufourg et le capitaine Ben-Drys.

18 k. 2. *Oum-el-Henna* ou *Mouleïna*, sur l'oued Biskra; pays plat, sans arbres.

28 k. 1. *Bordj-Saada* ou *Taïr-Rashou*, bordj en pisé, relais sur l'oued Djedi (quelques chambres pour les voyageurs). De là au Séthil, plateaux légèrement ondulés et montée jusqu'au Kef-el-Dor. On passe du bassin de l'oued Djedi dans celui de l'oued R'ir.

40 k. 6. *Bir-Djeffer* (puits et bonne eau).

51 k. 6. *Chegga* (la crevasse); relais au Bordj (puits artésien dans la cour). A 150 m., autre puits donnant 1,250 lit. à la min. — De Chegga, jusqu'à Sidi-Khelil, la route côtoie les bords O. du *chott Mel'rir*.

72 k. *Séthil*, puits dans le lit de l'oued el-Bahadj (2 m. de profondeur, eau potable). L'oued el-Bahadj ou oued Itel, prenant sa source dans le S.-O. et se jetant dans le chott Mel'rir, a toujours de l'eau; ses bords, dans le parcours de Biskra à Tougourt, sont le lieu de station habituelle des caravanes et des nomades.

A 2 k. à dr., onze pyramides en pierre ou en terre, hautes de 2 à 3 m., marquent la place où fut massacrée, en 1864, par les Touaregs, une fraction de la tribu des Oulad-Moulad.

76 k. 7. *Koudiat-ed-Dour* ou *Kef-el-Dor*, relais; bordj occupé par le télégraphe optique correspondant au S. avec Ourlana et Tougourt, et au N. avec l'Ahmar Ghraddou et Biskra.

Les plateaux viennent s'interrompre à cette falaise de 150 m., d'où l'on aperçoit le vaste marais salé ou **chott Mel'rir**, et les premiers villages de l'Oued-R'ir apparaissent à l'horizon. La partie inférieure de la plaine, dans laquel on descend, est marécageuse et couverte de nombreuses efflorescences salines; elle se rattache au chott Mel'rir, qui s'étend à g. de la route, sur d'immenses espaces que le mirage transforme constamment aux yeux du voyageur. Ce lac salé, où l'on voit généralement beaucoup plus de sel que d'eau, s'étend au loin jusque dans le Sahara tunisien, sur 300 k. de longueur, et peut-être plus. C'est sur les collines de Dour, dit Berbrugger, que Sidi Okba s'arrêta pour contempler les steppes immenses qui se déroulaient devant lui; peu enchanté, il *tourna* aussitôt bride vers le N. De là, les collines reçurent le nom de *Dour*, que l'on pourrait très bien traduire par *tourne-bride*.

80 k. *Miadialou*, chott. — *Aïn-ed-Dour*, puits (250 lit. par min.), entouré par un mur en terre sèche. — A dr., *Oum-et-Thiour* (pays des faucons), petite oasis datant de 1856, époque où le premier puits y fut foré (110 lit.). Deux autres puits creusés en 1858 et en 1860 servent à l'irrigation de 1,200 palmiers.

94 k. 7. **El-Our'ir**, oasis de 27,000 palmiers rendue à la vie en 1882 par la construction d'un puits. Un bordj et un village ont été construits à El-Our'ir, et on y a relevé la koubba de Sidi Makfi, à laquelle viennent en pèlerinage tous les habitants de l'Oued-R'ir.

[D'El-Our'ir on aperçoit, à l'horizon, vers le S., Nsira, Dendouga, Ousli-Sr'ir et Ousli-Kebir : **Nsira** ou **Neira**, à g. d'El-Our'ir, à 19 m. au-dessous de la mer, est une insalubre oasis de 5,500 palmiers, vivifiée par le puits artésien de *Koudiat-Attada*, foré en 1884 (46 à 47 lit. par seconde).]

104 k. 450. **Mr'aïer** *, 1,098 hab., à 20 m. au-dessous de la mer, l'une des oasis les plus importantes de l'Oued-R'ir. (80,000 palmiers). Les maisons en terre ou en tôb, avec un seul étage et une ouverture très basse, sont nombreuses. Le bordj est assez confortable; les voyageurs peuvent y coucher; 5 puits artésiens forés à partir de 1862 donnent 230 lit. par sec. sans compter les puits indigènes donnant ensemble une cinquantaine de lit. par sec. La compagnie l'au et Foureau possède 150 hect. dans cette localité. « Mr'aïer est en pleine vallée de l'Oued-R'ir où se réunissaient autrefois, avant de se déverser dans le chott Melr'ir, les eaux du fleuve Igharghar, venu du djebel Hoggar, et celles de l'oued Mïa venu du djebel Tidikelt. Peu à peu, par suite de déboisement, les eaux qui descendent et les pluies d'orage sont absorbées par le sol spongieux; elles filtrent jusqu'à la couche imperméable et se façonnent des canaux souterrains qui peuvent devenir trop étroits si de grandes averses viennent à tomber sur les plateaux du Sahara central. C'est ainsi que passent sous terre l'Igharghar et l'oued Mïa, de même que l'oued R'ir formé de leurs eaux souterraines réunies, et aussi l'oued Souf. » (*V. Largeau.*) Mr'aïer est le plus septentrional des villages de la province, ayant pour habitants de longue date des hommes de la race noire saharienne.

114 k. 4. L'*aïn el-Kerma* (la source du figuier), qui sort du haut du mamelon sablonneux (eau potable).

118 k. **Sidi-Khelil**, à 8 m. d'alt., oasis de 3,000 palmiers arrosés par des puits artésiens indigènes et français d'un faible débit et par des *behours* (mers), étangs renouvelés par des sources naturelles. Un télégraphe optique y est installé.

132 k. *Nza-ben-Rzig*, bordj construit en 1869, presque détruit (puits artésien). Les vipères cornues et najas se trouvent en grande quantité dans cette localité.

140 k. L'*aïn Rafihan* (la source du corbeau), entourée de quelques palmiers.

145 k. **Zalouet-Riab**, oasis arrosée par deux puits et un étang.

147 k. **Mazer**, oasis de 10,000 palmiers, avec 4 puits artésiens français, donnant 13 à 14, 37 à 38, 63 à 64 lit. par sec. L'oasis est en outre arrosée par des behour (étangs), dont l'un fournit 12, l'autre 28 lit. à la seconde.

149 k. **Our'lana**, 300 hab., à 32 m., d'altit., avec 30,000 palmiers arrosés par 3 puits artésiens français donnant 150 lit. par sec.; quatre behours leur apportent ensemble par seconde une quinzaine de litres. Un *monument* y

a été élevé à la mémoire du sous-lieutenant Lehaut qui a foré un grand nombre de puits artésiens dans l'Oued-R'ir. Mohammed-ben-Drys, ancien agha de Tougourt, la compagnie de l'Oued-R'ir (MM. Fau, Foureau et Cie) et la Société agricole de Batna y possèdent de très belles propriétés en plein rapport.

[Au delà de Our'lana où commencent les dunes de sable, à dr. *Chria-Saïa*, créé en 1881 par la Cie de l'Oued-R'ir; puits de 3 m. cubes à la min.; 7,500 palmiers. — *Tala-el-Mouïdi*, cédé en 1879 par le capitaine Ben-Drys à la Cie de l'Oued-R'ir; puits de 5 m. à la min.; 5,000 palmiers; bordj. — *Sidi-Yahia* avec un bordj, créé en 1882 par la Société de Batna et du Sud-Algérien fondée en 1801 par MM. G. Rolland et de Courcival. Cette dernière Société a fait forer par l'atelier de sa commune indigène sept puits artésiens et planté 50,000 palmiers-dattiers.]

150 k. **Djemâ**, v. de 50 maisons avec une oasis de 5,500 palmiers et un puits artésien profond de 64 m. (4,600 lit. par min.).

[A 8 k. E., **Sidi-Amran**, oasis de 12,000 palmiers, avec une magnifique source artésienne d'un débit de 4,800 lit. par min. qu'on a appelé *aïn El-Boïna* (la fontaine de la preuve) parce que les gens de l'Oued-R'ir prétendaient qu'un sondage à Sidi-Amram rencontrerait des obstacles insurmontables.]

157 k. 3. *Aïata*, créé en 1884 par la Société de Batna (7,000 palmiers). — 161 k. 3. *Chria-ben-Athman*.

176 k. **Sidi-Rached**, bordj et relais. — Au delà, on laisse à g. une ceinture d'oasis s'étendant jusqu'à Tougourt.

189 k. **Ghamra** ou **R'amra**, oasis de 30,000 palmiers (puits français, 46 et 64 lit. par sec.; un des puits indigènes en fournit 15).

[A g. se trouvent: — *Ksour*, avec un puits donnant 3,336 lit. d'eau par min. — *Mgarin-Djedida* (200 maisons et puits indigènes; une quinzaine donnent de 18 à 25 lit. par sec.) où fut livré, vers la fin de 1854, le combat qui amena la soumission de l'Oued-R'ir; — *Sidi-Sliman* à la Cie de l'Oued-R'ir (palmiers et puits donnant 4,000 lit.).]

De R'amra à Tougourt, la route est coupée par un chapelet de petits chotts et une suite de dunes assez longues. A g. de la route, on aperçoit les ruines d'une ancienne mosquée presque entièrement ensablée et qui, dit-on, faisait partie de l'ancienne Tougourt (*Kedima*). A dr., quelques pyramides marquent la place où furent enterrés les courriers tués par les Arabes.

204 k. **Tougourt*** (*Tekkert, Ticart, Téchort, Tuggart*), capit. de l'Oued-R'ir (1,309 hab.), est située par 4° 2' de longit. E., et 33° 23' de lat. N., à 51 m. d'alt., au point le plus haut, entre le pays des Beni-Mzab à l'O., et l'oued Souf à l'E. Tougourt est le ch.-l. d'une com. indigène de 47,766 hab., dont 74 Français.

Les *R'ira*, fraction des Zénatiens, s'établirent dans le pays qui sépare les Ziban d'avec le territoire de Ouargla et y fondèrent des bourgades dont Tougourt fut la capitale. Tougourt qui occupait l'emplacement de Nezla, ruinée par les Hafsides de Tunis en 742 de l'hég. (1341-42 de J.-C.), fut reconstruite à 2 k. au N. Elle fut gouvernée par différentes dynasties dont la dernière était celle des Ben-Djellâb, du commencement du XVe s. jusqu'à nos jours. Tougourt a été assiégée, prise et saccagée à plusieurs époques, en 1552, par Salah-Raïs, pacha d'Alger, pour refus d'impôts, et 200 ans plus tard, par Salah, bey de Constantine pour la même cause.

La prise de Biskra, en 1844, amena de la part de Ben-Djellâb, alors cheikh de Tougourt, la reconnaissance de notre autorité. A la mort du cheikh, en 1854, un usurpateur du nom de Sliman s'empara du commandement de l'Oued-R'ir, et se déclara l'ennemi de la France. Mais la même année, le colonel Desvaux fut envoyé contre Sliman, avec une petite colonne; le combat livré à Mgarin, par le commandement Marmier, et un court engagement devant Tougourt, en décembre, nous ouvraient les portes de cette ville. En 1872, une petite garnison de turcos, laissée à Tougourt, fut massacrée et la ville livrée au pillage; mais tout rentrait dans l'ordre quelques semaines après. Un poste de spahis et de tirailleurs indigènes a été réinstallé sous le commandement d'un chef de bureau arabe.

Tougourt, qui a reçu des indigènes le surnom de *Ventre du désert*, se trouve à 2 k. de l'ancienne Tougourt. Sa forme est à peu près ronde, et elle mesure dans son plus grand diamètre, du N.-O. au S.-E., un peu plus de 400 m. Bâtie sur un terrain incliné vers le S.-E., qui se raccorde aux plateaux environnants dans toute la région occupée par les sables, la ville est dominée à l'O. par un talus de 8 à 10 m. qui la préserve de l'envahissement des sables. Au N.-E., à *El-Balouch*, est situé le Drâ-el-Guemel (*V.* ci-dessous) occupé par quelques filles des Oulad-Naïl.

Les maisons qu'entourait un fossé se relient entre elles de manière à faire une enceinte continue, à laquelle on n'accède que par deux portes: *Bab-el-Bled* ou *Bab-el-Khrokhra*, au S.-E., et *Bab-er-R'arb*, *Bab-Abd-es-Selam* ou *Bab-Biskra*, au N.-O. Une troisième porte, *Bab-el-Khadra*, qui ne s'ouvrait que pour le cheikh, ou en cas d'hostilité avec les nomades et les populations voisines, fait communiquer la kasba avec les jardins de Nezla.

Tougourt est divisée en plusieurs quartiers ou rues (zgag), qui sont : au N., *Zgag-el-Medjarrias*, juifs convertis à l'Islam; au N.-E., *Zgag-oust-el-Kouadi;* à l'E., *Zyag-el-Mestaoua*, étrangers; au S.-E., *Zyag-el-Abid*, nègres affranchis; au S., la *kasba;* à l'O., *Zgag-el-Hadara*, citadins; au N.-O., *Zgag-et-Tellis;* au centre enfin, entre la kasba et la place, *Zgag-Oulad-Mansour*. Ce que dit Ibn-Khaldoun de la double population de l'Oued-R'ir est arrivé traditionnellement jusqu'à nos jours. Ainsi, à Tougourt, les *Beni-Mansour* se considèrent comme de vrais Roua'ra et ils appellent étrangers les *Mestaoua*, qui ne sont séparés d'eux que par la rue, dirigée du N.-O. au S.-E., de la porte d'Abd-es-Selam à la porte Khrokhra, et coupant la ville en deux parties égales.

Les *maisons* sont la plupart construites, comme dans tous les villages de l'Oued-R'ir, en briques séchées au soleil; cependant celles des riches sont bâties en moellons de plâtre cuit et de sable fin; elles sont généralement à un rez-de-chaussée; peu d'entre elles ont un étage au-dessus. Elles présentent à l'intérieur des galeries à arcades et de nombreux murs de refend destinés à diminuer la portée des branches de palmiers qui supportent les terrasses. Ces murs sont percés par des baies cintrées, d'un style très lourd et d'un cachet tout spécial. La société Fau, Foureau et Cie, propriétaire de nombreuses oasis dans l'Oued-R'ir, a fait construire à Tougourt une maison servant de bureau et de magasins.

A l'E. de la ville, la *kasba* ne diffère guère des habitations ordinaires que par l'étendue de ses cours et de ses galeries. En face de la kasba, s'élève le *Palais du commandement*, très vaste, très beau, avec rez-de-chaussée percé de 21 arcades, et l'étage en retrait avec 15 arcades et koubbas. Une tour carrée, au sommet de laquelle on arrive par un escalier de 72 marches, sert de télégraphe optique.

Les *mosquées* sont au nombre de vingt, mais on en compte deux principales sur la place ou *souk*, au centre de la ville: la première, dite *Djama-Kebir*, et la seconde, connue sous le nom de *Djama-Meskin;* elles ont seules des minarets construits en briques cuites; elles ont de plus des tableaux de portes et de colonnettes en marbre.

Les *marchés* se tiennent : l'un, le matin, sur la place de la Mosquée; il s'y vend des laines, des tissus de laine et des dattes. L'autre, à la porte

Khrokhra, est ouvert l'après-midi ; on s'y approvisionne de légumes, de fruits, de bois à brûler, de viande de mouton et de chèvre.

L'*industrie* comprend 80 boutiques, à peu près, de cordonniers, de selliers, de forgerons, d'armuriers, d'orfèvres, de menuisiers, de tailleurs, de barbiers, de boulangers, de marchands de haïks, de tabac, d'huiles et enfin de denrées diverses venant de Constantine ou de Tunis. Comme dans tous les pays sahariens, les femmes tissent la laine. Quelques Français résident à Tougourt.

Tougourt renferme trois *puits artésiens*, dont l'un avoisine la porte des jardins, Bab-el-Bled ou Bab-el-Khrokhra ; les deux autres sont creusés dans le jardin de la kasba, qui possède des arbres fruitiers, des dattiers et quelques cultures.

Tougourt a deux faubourgs : Nezla, au S., avec une très belle zaouïa, et au N.-E. El-Balouch. C'est en avant d'El-Balouch que campent les filles des *Oulad-Naïl*, qui, là, comme à Biskra, Bou-Sâda et dans d'autres localités du S., font métier de leurs charmes ; l'endroit où elles dressent leurs tentes a pris le nom significatif de *Drâ-el-Guemel* (le mamelon des poux).

Le cimetière est situé à l'O., au delà des *zaouïas* de *Sidi Abd-el-Selam*.

Les magnifiques jardins, où les cultures de céréales et de légumes se développent, à l'ombre de 170,000 palmiers, sont plantés au S. et à l'E. de Tougourt ; ils sont arrosés par des puits, dont trois servent à l'approvisionnement du marché du dehors de Nezla et de Balouch.

Tougourt est sous l'un des climats les plus violents qu'on connaisse : on y a vu des froids de 7°, et des chaleurs de 46° à l'ombre !

DE TOUGOURT AU SOUF (80 k. en ligne droite ; 89 k. par différentes routes entre les dunes ; direction générale E.-N.) ; la distance peut être franchie en trois étapes ; guides, chevaux, mulets et provisions de bouches, tentes ; entre des dunes de sable fin des cols font communiquer les vallées les unes avec les autres. Des cubes en maçonnerie, *guémiras*, indiquent la route de distance en distance ; on rencontre des puits de bonne eau pour lesquels il faut se munir de cordes ; *V.* les relations de MM. Ch. Martin, V. Largeau et L. Jacquot. — Le *Souf*, et mieux l'*Oued-Isouf*, entre le 4° et le 5° de longit. E. et le 33° et le 34° de latit. N., fait partie de la zone de dunes connue des Arabes sous le nom générique d'*Areg* ou *Erg* (les veines), s'étendant de l'Océan au Nil, et séparant le Sahara des oasis et les terrains de parcours des hauts plateaux de l'Afrique centrale.

La vallée du Souf est la partie du lit de l'ancien fleuve Triton qui prenait sa source près de la gorge garamantique (R'ât), et se rendait dans le lac Triton (chott Melr'ir). L'oued Souf, comme les autres fleuves du Sahara, a un cours souterrain. Les chrétiens, dit la légende, forcés de se retirer devant l'Islam, enfermèrent le fleuve sous terre ; de là l'oued Isouf (la rivière qui murmure) et dont on amène les eaux au moyen de puits artésiens :

38 k. *Bordj-Maouïat-Fezzan*, où l'eau est excellente et abondante.

89 k. El-Oued, à 80 k. en ligne droite E.-N. du Tougourt, et au S. de presque toutes les autres oasis qu'elle commande, est la plus importante ; elle exerce sur les autres oasis une très grande influence ; sa force provient non seulement d'une supériorité numérique, mais encore de sa richesse.

El-Oued renferme un millier de petites maisons bordant des rues larges, mais tortueuses. Une koubba, une mosquée, dont le minaret s'aperçoit de fort loin et la kasba où est installé le bureau arabe sont les seuls monuments de l'oasis. La kasba, enclave bastionnée de 1,200 m. de côté, est une véritable citadelle dont la garnison est de 100 à 150 tirailleurs et spahis.

Kouïnin (la cachée) est à 5 k. N.-O. ; — El-Guemar (la brillante), à 15 k. N.-O. Là est le centre religieux ; là se trouve la zaouïa, succursale de la zaouïa centrale de Temacin. — Viennent ensuite les oasis moins importantes de : Amiech (les mélanges), à 2 k. S.-E. d'El-Oued ; — Bou-Hermès (l'homme austère), à 8 k. N.-O. ; — Tar'zout (d'où l'on part pour la guerre), à 10 k. N.-O. ; — Ez-Zeggoum (le mets succulent), à 10 k. N.-E. ; — Behima (l'ânesse), à 12 k. N.-E. ; — Sidi-Aoun (Monseigneur Aoun), à 16 k. N.-E. ; — Djebila (la grasse), à 22 k. N.-E. ; on y a créé, au moment de l'expédition de Tunisie, un poste de surveillance, qui est en communication optique avec Negrin distant de 130 k. environ au N.-E.

Le nombre des habitants du Souf s'élève à 25,000. Deux tribus d'origine différente constituent cette population, les *Adouan* et les *Troud*. Les premiers occupaient tout le pays depuis un temps fort reculé, lorsque les Troud survinrent et s'installèrent de force à côté d'eux vers 800 de l'hég. (1397-1398 de J.-C.). Les Troud n'émigrent pas dans le Tell ; ils font paître leurs troupeaux et reviennent aux oasis pour la récolte des dattes. Les Adouan émigrent vers Tunis et les villes de l'Algérie ; comme les Biskris, ils sont domestiques, portefaix, maçons, puisatiers. Leur petite fortune gagnée, ils rentrent au Souf, achètent quelques palmiers et se construisent une maison.

Les maisons du Souf, petites et très légèrement construites de moellons de calcaire brut enduits de chaux, ont extérieurement un air d'élégance et de propreté que l'on ne trouve pas dans l'Oued-R'ir. Longues de 7 à 8 m., larges de 2 à 3 m., leur hauteur est généralement de 2 m. ; le sol est souvent creusé à l'intérieur ; la toiture se compose de trois ou quatre petites koubbas supportées par des poutres en palmier. La porte, très basse, oblige l'homme à se plier en deux pour entrer. Pas de croisées, un trou donnant passage à la fumée. Comme ameublement, quelques grandes jarres en argile renfermant les provisions de bouche, et quelques piquets fichés en terre pour suspendre les hardes et les armes.

Les jardins du Souf s'échelonnent à dr. et à g. d'une dépression de terrain allant de El-Guemar à El-Oued, et forment deux massifs bien distincts. Ils sont disséminés par groupes isolés de 5 à 100 palmiers, suivant la configuration des dunes. Chaque groupe est caché au fond d'un entonnoir creusé de main d'homme, jusqu'à ce que le sol artificiel ait été amené à 1 m. et moins au-dessus de la nappe d'eau abondante, cachée sous la croûte superficielle. Les racines des palmiers y puisent l'humidité qui leur est nécessaire et n'ont pas besoin d'irrigation. Le sable des déblais, rejeté au dehors, forme un talus au sommet duquel on plante des palissades en branches de palmiers, et on élève des petits murs en pierres sèches, de façon à prévenir l'ensablement de ces jardins. A mesure que le sable s'accumule contre cet obstacle et menace de le dépasser, on superpose une nouvelle palissade à la première. La profondeur de ces entonnoirs varie de 6 à 12 m. Les dattes du Souf sont très estimées ; la récolte d'un bon palmier rapporte de 20 à 25 fr. Il y a tel palmier dont le prix s'élève à 250 fr.

Outre les palmiers, on cultive encore, dans le Souf, la garance, le tabac, le henné, l'oignon, la carotte, la pastèque, la pomme de terre, puis l'oranger, le figuier, l'abricotier, la vigne. L'arrosage se fait au moyen de puits.

A 800 m. de Tougourt on rencontre la nécropole des Beni-Djellâb qui n'a rien de remarquable. La route traverse ensuite un chott qui se prolonge jusqu'à près de Temacin. Les Arabes ont creusé, dans les dunes qui entourent ce chott, une trentaine de puits artésiens profonds de 40 à 50 m. et donnant, en moyenne, 10,000 lit. à la min. Les eaux de ces puits fécondent une oasis nouvellement créée.

217 k. 250. **Temacin**, ch.-l. d'un kaïdat, sur un monticule, à 79 m. d'alt., est, après Tougourt, l'oasis la plus importante de l'Oued-R'ir ; elle a, comme elle, un mur, à peu près circulaire, d'un développement de

1,500 m., et est entourée d'une forêt de palmiers, qui sont pourvus d'eau au moyen de puits artésiens arabes ou français; les puits indigènes ont en moyenne 42 m. de profondeur; le plus abondant donne 12 lit. par seconde. C'est à 150 k. S. de Temacin qu'a été construit, en 1894, le *fort Lallemand*, pour faire face aux pillards du désert.

218 k. Zaouïa de Tamelh'at à 68 m. d'altit., v. carré et fortifié, résidence d'un chef de l'ordre de Tedjini, très répandu dans le Sahara, en Tunisie et même chez les Touaregs, et dont le fondateur habitait Aïn-Madhi (V. p. 84). Un portique surmonté d'une frise fort originale et percé d'une porte ogivale donne accès, par une voûte, à la zaouïa.

227 k. 250. Blidet-Amar, à 79 m. d'alt., belle oasis de 30,000 palmiers, dominée par les dunes au N. et au N.-O.

Traversée pendant 40 k. d'un plateau sablonneux. A g. de la route, dunes appelées *Areg-ed-Dem* (veines du sang); puis *Koudiat-el-Mergueb*, colline près de laquelle se trouve

267 k. *Bagdad-es-S'rir*, ruines et puits tari. Un peu plus loin, sur un plateau, *Bagdad-el-Kebir*, en ruine comme la précédente.

275 k. El-Hadjira, oasis à 99 m. d'alt., sur un piton de roches noires, presque envahie par les sables (bonnes dattes; près de là, source dont l'eau est excellente). El-Hadjira possède comme Tamelh'at une zaouïa de l'ordre de Tedjini.

La route suit un plateau accidenté, au-dessus de *l'oued Mia*; au S., ligne de dunes, puis un palmier au pied duquel est

325 k. 250. *Assi-el-Arifidji*, à 92 m. d'alt. (puits saumâtre).

Confluent de l'oued Nsa et de l'oued Mia. *Sebkha de Safioun* (ou des écailles), dangereuse; vallée sablonneuse coupée de dunes; palmiers isolés.

350 k. Ngouça, à 96 m. d'alt., petit ksour de 150 maisons et 1,200 hab., ayant un aspect quasi moyen âge, entouré d'un mur flanqué de tours carrées et d'un fossé de 7 à 8 m. de larg. — Deux mosquées; culture du cotonnier; 35 puits artésiens arrosant 80,000 palmiers, compris ceux qui sont isolés dans les dunes.

Après avoir traversé une longue plaine coupée de dunes, on arrive au chott au milieu duquel se trouve Ouargla.

366 k. Ouargla (R. 4).

ROUTE 27

DE CONSTANTINE A AIN-BEIDA

118 k. — Chemin de fer en 7 h. 40. — 13 fr. 50; 10 fr. 20; 7 fr. 50.

26 k. Oulad-Rahmoun (R. 20, *A*). — Viaduc métallique de 15 m. sur l'oued Bou-Merzoug. — Viaduc métallique de 25 m. sur l'oued Kleb.

32 k. *Sila*, v. de 37 feux, à 730 m. d'alt.

37 k. Sigus *, v. de 514 hab. dont 148 Français, occupe un défilé qui tient la tête de la plaine de *Bahira-et-Touila*, et en commande l'entrée. C'est par là que passent les caravanes d'Aïn-Beïda, de Khrenchela, de Tebessa et de Souk-Ahrras.

Sigus est le *Pagus Siguensium, Siguitanorum*; une dédicace à la Victoire, qui est encastrée dans le bordj, nous apprend, comme l'explique Léon Renier, qu'il existait dans cette localité une confrérie vouée au culte de la Victoire : *Cultores qui Sigus consistunt.*

A voir les décombres qui couvrent le sol, les massifs de béton et les pans de mur encore debout, il y a lieu de supposer que Sigus avait une certaine importance. L'eau ne manque pas. Outre les trois fontaines, restaurées par le génie militaire, une rivière, l'oued Kelb, coule dans la direction des Oulad-Rahmoun. — Sur un plateau rocheux au S.-O. on trouve des restes de monuments mégalithiques.

46 k. *Taxas*, à 805 m., station desservant de nombreux villages indigènes.

58 k. *Aïn-Fekroun* * (la fontaine de la tortue), à g., à 1 k. 1/2, v. et fermes, à 924 m.

74 k. *Ourkis*, station, à 966 m. La voie monte pour franchir, à 2 k. plus loin, et à 976 m. d'alt., la crête de *Touzzeline* servant de ligne de faîte entre les vallées d'Ourkis et de Moulaber; elle descend ensuite dans la plaine d'Oum-el-Bouaghi, franchit ensuite l'oued el-Aber et l'oued Idida et remonte jusqu'à

91 k. *Oum-el-Bouaghi* * (lieu où l'on fabrique des sébiles en bois), à 924 m., à 1 k. à g. de la station; ch.-l. de com. m. de 28,690 hab. dont 218 Français, au pied du *djebel Rouis* (1,628 m.). On traverse les belles plaines du Tarf.

105 k. *Bir-Rouga*, station, à 910 m. (puits maçonné; près de là, *dolmen* de 3 m. sur 1 m.) — La voie, presque à niveau, franchit quelques aqueducs et viaducs jetés sur des ravins sans eau.

118 k. **Aïn-Beïda** * (la source blanche), ch.-l. de com. de 6,114 hab. dont 547 Français, à 1,023 m., s'appelle ainsi d'une fontaine donnant par min. plus de 400 lit. d'une eau excellente. On y rencontre des ruines mégalithiques et celles d'un poste romain, dont le nom n'a pu encore être déterminé. Ch.-l. d'un cercle milit., créé pour assurer notre domination sur les *Haracta*, Aïn-Beïda a bientôt vu s'élever, autour de ses deux bordjs, construits en 1848 et en 1850, 150 maisons, une église, une synagogue, des écoles auxquelles il faut ajouter les constructions du marché arabe et le *village des Nègres,* qui se trouvent en dehors des alignements de la ville naissante. Les israélites, très nombreux, font presque tout le commerce, surtout avec les Haracta.

Les Haracta, qui ont longtemps vécu de guerres et de pillage, s'adonnèrent à la culture à partir de 1854; ils possèdent aujourd'hui des immeubles à Aïn-Beïda, des jardins maraîchers et 30,000 hect. de terrains cultivés en céréales.

Le cercle d'Aïn-Beïda est un des plus curieux à visiter, sous le rapport des ruines romaines qu'on y rencontre à chaque pas. Un volume serait insuffisant pour les énumérer toutes. On signalera donc les principales :

A 35 k. N.-O., *Ksar-Sbehi* (Castellum Fabatium), sur un des contreforts S.-E. de la Chebkha-mta-Sellaoum, d'où l'on découvre admirablement l'immense plaine des Haracta. — A 18 k. N.-O. de Ksar-Sbehi, *Aïn-Temlouka* (Rotaria).

A 26 k. O. d'Aïn-Beïda, *Mrikeb-Talha*, au S. du djebel Bou-Rer'is, le *Macomabidus* d'Antonin (?). Un peu plus à l'O. encore, *Ksar-el-Hamar*, fort byzantin, sur les pentes N. du djebel Guellif.

A 25 k. N.-E. d'Aïn-Beïda, *Fédj-Souïoud*, sur le versant N.-N.-E. du djebel Terguelt. Une borne milliaire, dégradée, haute de 2 m. 33, porte les noms de Carthage, Hippone, Constantine, Lambèse et Théveste.

Les environs d'Aïn-Beïda offrent quelque intérêt au point de vue de la métallurgie : — à 40 k. O., au *djebel Rer'is*, ancienne mine de cuivre, contenant 14 p. 100 de métal, exploitée autrefois par les Romains ; — à 42 k. O.-N.-O. du *djebel Haminat*, filons d'antimoine ; — à 40 k. S., au *djebel Tafrent*, sulfate de fer.

D'Aïn-Beïda à Oued-Zenati (70 k.; dilig. t. l. j.; coupé, 7 fr.; int. et cabriolet, 5 fr.; pays montagneux et bien cultivé). — 23 k. d'Aïn-Beïda au *moulin Busquet*. — 34 k. *Chebka*, relais. — 51 k. *Temlouka*. — 70 k. Oued-Zenati (R. 29, A).

D'Aïn-Beïda à Khrenchela (37 k.; dilig. en 11 h.; 10 fr.). — La route se dirigeant au S.-O., rase, à g., les dernières pentes du *djebel Guelda*, puis entre en plaine.

7 k. L'*oued Oulman* et ruines romaines du *Ksar-bel-Kroun* ; ce ruisseau, qui se jette à l'O. dans le *Guera-et-Tarf*, prend naissance au N.-E. au milieu de ruines, chez les *Beni-Khanfeur*.

11 k. *Henchir-el-Amara*, ruines romaines ou byzantines. — 16 k. L'*oued Nini*, prenant sa source au N.-E. dans le *djebel Djazia*, et se jetant, comme l'oued Ouilman, dans le Guera-et-Tarf, à l'O. — 23 k. L'*oued M'toussa*, *djebel Tafrent*, au milieu de ruines connues sous le nom d'*Henchir-M'toussa*.

32 k. L'*oued el-Haïmeur*, venant de l'Aurès, à l'E. de Khrenchela.

[A 8 k. O. de la route, par *Henchir-Haïmeur*, *Ksar-Baraï*, sur un affluent du lac salé du Tarf, au pied de l'Aurès. C'est l'emplacement de *Vagaia*, citée par St Augustin et fondée aux beaux temps de l'empire romain. Donat fut un de ses évêques, en 348. Envahie et détruite par les Vandales, réoccupée par les Byzantins, détruite encore par Kahina lors de l'invasion arabe, en 698 de J.-C. (78 de l'hég.), Baraï se repeupla plus tard, puisqu'au temps d'El-Bekri (vers le xe s.) elle était habitée. Elle s'est de nouveau dépeuplée. On y voit un grand *fort* bastionné entouré jadis de fondouks, de bains et de marchés sur trois de ses faces ; la quatrième, celle de l'O., est baignée par l'oued Baraï ; quatre rangées de colonnes en marbre blanc, encore en partie debout, se voient à l'intérieur du fort, ainsi que la mosquée, qui date du xie s.]

37 k. Khrenchela (R. 25).

D'Aïn-Beïda à Tebessa (91 k. S.-E.; dilig. en 12 h.; coupé, 15 fr. 10; int., 10 fr. 10). — La route franchit le *djebel Djazia*, puis l'*aïn Merouani* et passe ensuite au milieu de vastes plaines, marécageuses l'hiver, mais couvertes de hautes herbes au printemps.

32 k. (d'Aïn-Beïda). **Meskiana***, ch.-l. d'une com. de 20,370 hab. dont 135 Français. Un pont et un moulin français ont été établis sur l'oued Meskiana, qui irrigue plus de 3,000 hect. produisant plus de 20,000 quintaux de fourrages et qui contribue à former l'oued Mellègue, affluent de l'importante Medjerda. — Belle et grande exploitation agricole de M. Corps.

[A 12 k. N. de Meskiana, sur la rive g. de l'oued de ce nom, *Henchir-Cheragnak*, *Justi*, de l'Itinéraire d'Antonin (?). Les ruines préhistoriques et romaines y sont étendues.]

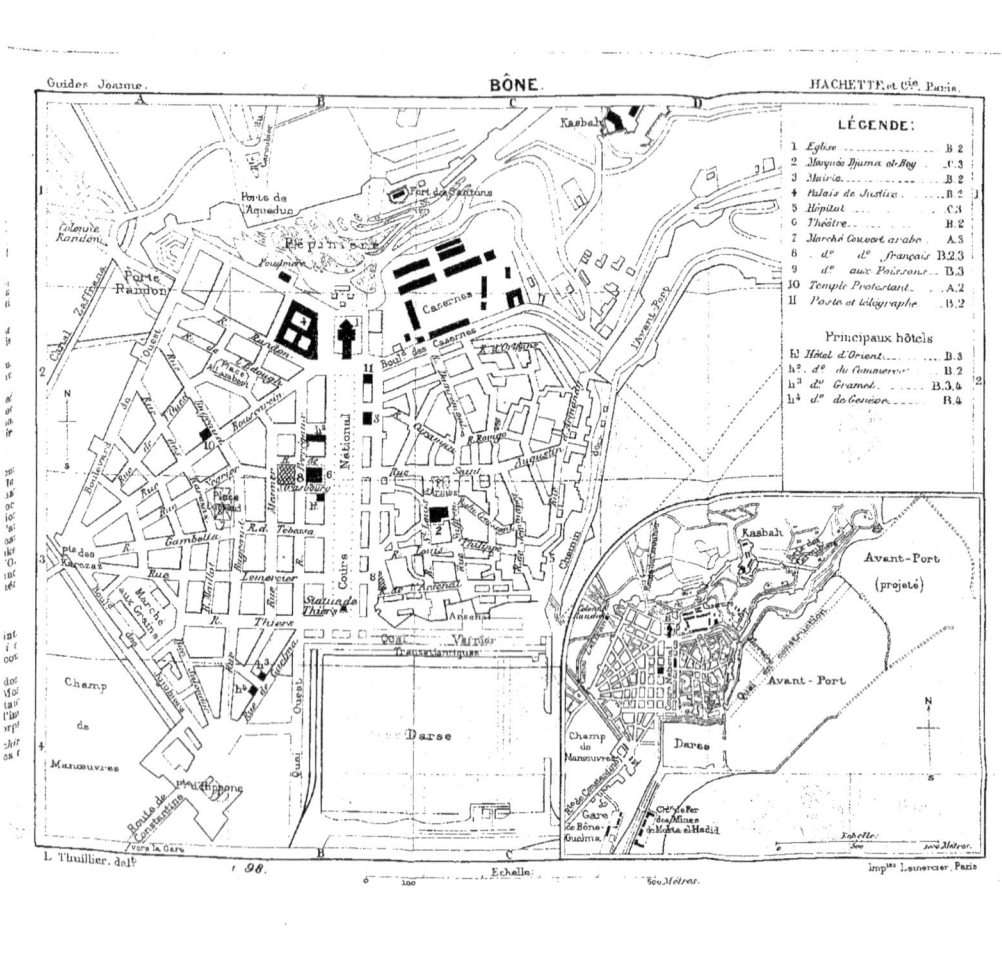

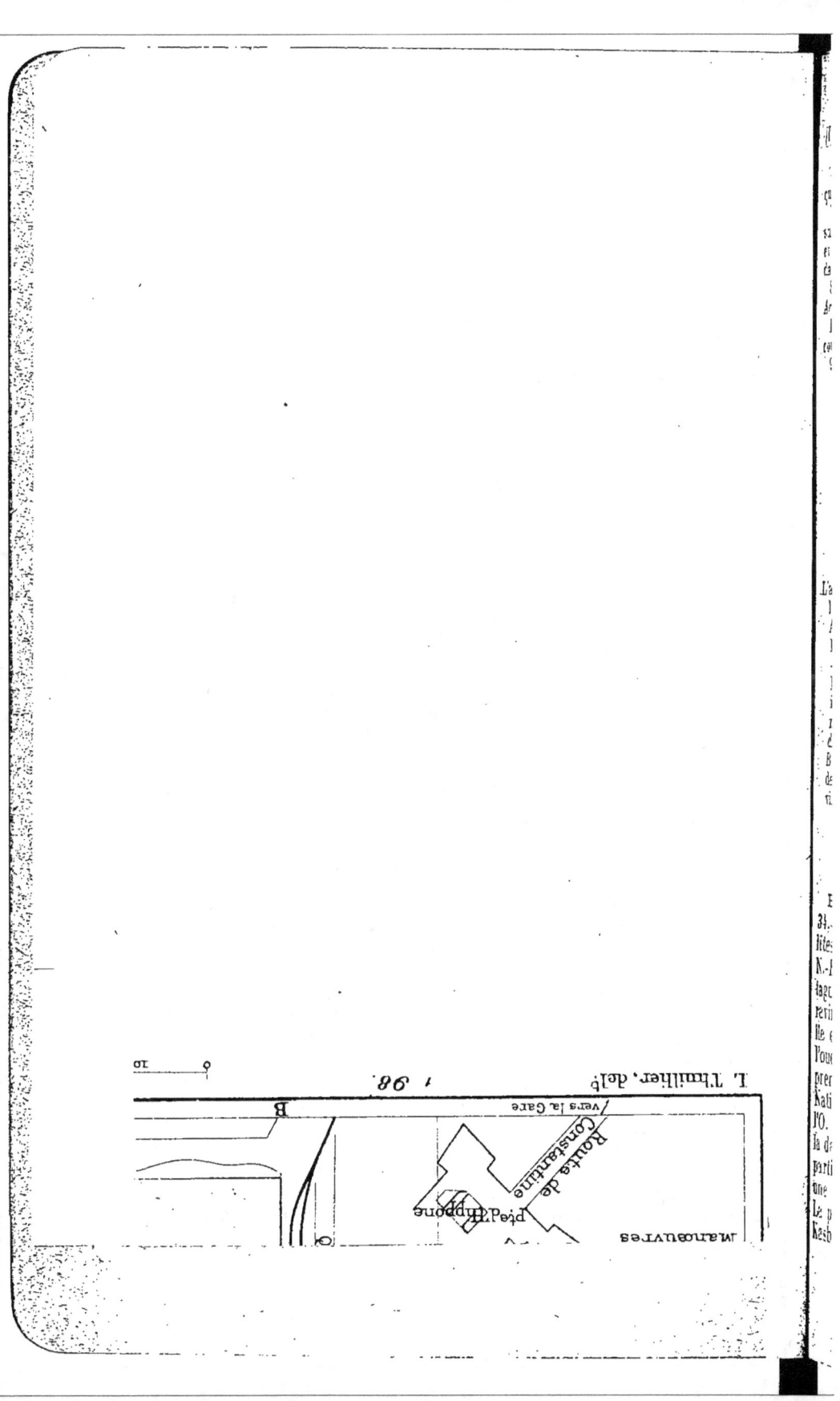

44 k. *Henchir-Halloufa* (ruines romaines). — Long défilé, site remarquable.

74 k. *Hammam*, ruines romaines près d'une source thermale légèrement sulfureuse, *Ad Aquas Cæsaris* (?). Moulin européen. — 78 k. L'*oued Youks* et mieux *Okkous*. Cet oued, quelquefois torrent, sort d'une grotte située dans un admirable cirque de montagnes, entre le *Tasbent* et le *Mestiri*.

88 k. L'*aïn Chabro*, source d'une branche de l'oued Mellègue; près de là, *Ad Mercurium* (?), ruines romaines.

Entre Aïn-Beïda et Tebessa, plusieurs centaines de milliers d'hect. sont couverts d'halfa, le meilleur de la province.

91 k. Tebessa (R. 31).

ROUTE 28

BÔNE

L'arrivée à Bône par mer a lieu presque tous les jours. La Cie Transatlantique compte 5 départs par semaine : 3 de Marseille, le lundi par Ajaccio, le mercredi par Philippeville, le samedi direct (trajet en 35 h.; 1re cl., 100 fr.; 2e cl., 70 fr.); 1 d'Alger; 1 de la Goulette par la Calle. — La Cie des Transports maritimes a 2 départs directs par semaine de Marseille. — La Cie Mixte, 1 départ par semaine, de Marseille. Ces indications sont les plus récentes, mais il est bon de s'assurer si des modifications ont pu être apportées dans la marche des paquebots des différentes compagnies. Les paquebots mouillent à quai dans le port de Bône. Le touriste trouve à sa disposition des voit. de place : 1 fr. au-dessous de 3 k.; 1 fr. 25 de 3 à 4 k.; 2 fr. de 4 à 5 k.; des omnibus, 0 fr. 25 en ville; 0 fr. 30 à la gare; nombreux commissionnaires.

Situation, aspect général.

Bône*, ch.-l. de subdiv. milit., ch.-l. d'arr. et ch.-l. de com. de 34,498 hab., parmi lesquels figurent 12,011 Français, 1,311 israélites, 8,705 indigènes et 12,471 étrangers divers, s'élève à 2 k. N.-E. de l'ancienne Hippone, au pied de l'Edough, massif montagneux en grande partie couvert de chênes-lièges, fortement raviné, avec des sources abondantes et formant comme une île entre la mer à l'E. et au N. et les plaines des Karézas, de l'oued Ziad, d'Aïn-Mokra et du Fedj-el-Maïs à l'O. Bône, comprenant l'ancienne et la nouvelle ville séparées par le cours National, du N. au S., est baignée à l'E. et au S. par la mer. A l'O. de l'ancien fort de la Cigogne, le long de la côte S., se trouve la darse où vient aboutir le petit chemin de fer d'Aïn-Mokra. La partie O., doublée aujourd'hui par la nouvelle ville, s'ouvre sur une campagne magnifique traversée par la route de Constantine. La partie N. est enfin dominée par le fort des Santons et la Kasba.

Bône est pourvue d'eaux fraîches et abondantes captées sur les versants du mont Edough et emmagasinées dans deux *châteaux d'eau* situés, l'un à côté du collège, sur le point culminant de la ville, et l'autre sur les Santons, non loin du nouvel hôpital civil.

Histoire.

Bône a été élevée, selon quelques-uns, sur l'*Aphrodisium* des anciens, et que les géographes arabes désignent sous le nom de *Bouna*; son autre nom de *Beled-el-Anad* ou *Annaba* (la ville aux jujubiers), qui lui vient de la grande abondance de jujubiers qui couvraient la campagne autour d'elle, ne lui a été donné qu'au XVI° s.

Appartenant, tour à tour, aux sultans de Tunis et de Fez, puis aux Génois et enfin aux Turcs d'Alger, c'est sous ces derniers que Bône vit élever en 1561 le Bastion de France par Thomas Linchès et Carlin Didier, en même temps que la maison de Bône.

Après la prise d'Alger, Bône ayant ouvert ses portes au général Danirémont, le 2 août 1830, garda jusqu'au 18 du même mois l'armée française. La ville fut alors évacuée par suite des événements de juillet et de l'incertitude où l'on était de savoir si l'Algérie serait conservée. La Kasba fut occupée le 13 septembre de l'année suivante, puis le 25 mars 1832. Le général Monk d'Uzer vint enfin prendre possession de Bône le 26 juin suivant.

Description.

L'*enceinte* qui protège la ville consiste en un haut mur crénelé en rapport avec la défense actuelle. Les murs sont percés de six portes : la *porte Randon*, donnant accès au faubourg de la Colonne-Randon, et à la petite ville de Sainte-Anne; la *porte de l'Aqueduc*, sous laquelle passe la route du fort Génois; la *porte des Caroubiers*, près de l'abattoir; la *porte de la Marine*; la *porte d'Hippone* et la *porte des Karésas*, près du champ de manœuvres.

Le *port* actuel, au S. de la vieille ville et du cours National, situé vers le fond et sur la côte occidentale d'une rade parfaitement abritée contre les vents d'ouest, est de tous les ports de l'Algérie le plus facile. Il se compose d'une darse de 10 hect. env. ayant une profondeur moyenne de 6 m. En avant de cette darse règne un avant-port de 65 hect. constitué par 2 jetées faisant entre elles une passe de 400 m. ouverte vers le S.-E.

Pour répondre aux nécessités nouvelles, l'avant-port actuel sera transformé en bassin d'opérations; la passe actuelle sera fermée. Le nouveau port sera bordé du côté de la ville par un quai long de 1,140 m. et une cale de halage de 98 m. 50 sera établie dans l'angle formé par ce quai et la traverse N. de la darse actuelle. Un nouvel avant-port de 40 hect. de superf. sera créé au moyen d'une nouvelle jetée de 900 m., dite du Lion, établie parallèlement à la jetée Babayand, et du prolongement

[R, 28].   BÔNE : — COURS NATIONAL.

de la jetée actuelle du Sud. La passe ménagée entre ces d[eux] jetées sera de 250 m.

Enfin un tunnel déjà percé et une longue tranchée à peu près achevée mettront le port en communication avec l'extrémité N. du cours National qui sera prolongé jusqu'à la pépinière par une tranchée nouvelle creusée dans le flanc des Santons et destinée à ouvrir un large passage aux brises vivifiantes du N.

En face de l'angle N.-O. de la darse commence la promenade ou **cours National** séparant l'ancienne ville de la nouvelle. Près du quai s'élève la *statue* en bronze *de Thiers* par Mercié. En avant, une autre statue en bronze représente un *Pêcheur accroupi*, d'une bonne exécution. Une troisième statue en marbre, représentant la Fortune, s'élève au milieu du cours en face de l'hôtel de ville.

Le cours National, ombragé de beaux arbres, est bordé de hautes et belles maisons dans lesquelles sont installés les bureaux de la Cie Bône-Guelma, la banque de l'Algérie, la Cie de Mokta-el-Hadid, le Crédit foncier et les principaux hôtels et cafés. Les bureaux de la Cie Transatlantique sont à l'angle S.-O. du cours.

A dr. s'élève le nouvel *hôtel de ville* (Pl. 3, B, 2), avec sa belle colonnade en marbre noir du Filfila; à g., le *théâtre* (Pl. 6, B, 2), pouvant contenir 800 personnes, et décoré à la mauresque.

L'*église* (Pl. 1, B, 2), du style gréco-byzantin, fait face à l'extrémité N. du cours.

Le *temple protestant* et la *synagogue* sont situés dans la vieille ville.

Le touriste prendra toujours le cours National pour point de repère, quand il voudra parcourir l'une ou l'autre ville.

L'**ancienne ville** à l'E. est bâtie sur un terrain fort inégal depuis le cours National jusqu'au bord de la haute falaise que surplombent les hautes murailles de l'hôpital militaire; elle est mal percée, mal bâtie; ses rues sont montantes, ses maisons basses et san caractère architectural. C'est encore une ville arabe, malgré les nombreuses améliorations dont elle a été l'objet.

La place principale, *place d'Armes*, au centre de la ville (Pl. 5, C, 3), est bordée de maisons à arcades et ombragée par des platanes; au milieu de quelques bambous, palmiers et ficus, l'eau d'une fontaine tombe dans une vasque. Au S. s'élève la mosquée *Djama-Bey* (Pl. 2, C, 3), à laquelle ont été ajoutées, de nos jours, une façade mauresque et une tour carrée renfermant l'horloge; elle a conservé son minaret rond. Dans un des bâtiments de la place d'Armes sont installées la *bibliothèque* et le petit *musée*. Une société savante, dite *Académie d'Hippone*, a été fondée en 1863.

La *place de la Kasba*, à l'extrémité N.-E., est reliée à la porte des Caroubiers par la Promenade d'où l'on contemple un large panorama avec la mer pour horizon.

Les *rues* de la vieille Bône, fort étroites et tortueuses, avec les petites boutiques bien connues de Maures, de Juifs et de Mzabis, ont fait place en grande partie aux nouvelles rues à l'européenne. Quelques-unes, comme les *rues Suffren, Fréart, Louis-Philippe* sont escarpées, par suite de l'inégalité du terrain.

Les *rues de Constantine, de Saint-Augustin* et *de Damrémont* comptent parmi les plus belles.

Le *marché aux poissons* (Pl. 8, B, 3) est situé rue de l'Arsenal. L'*hôpital militaire* (Pl. 5, C, 3) s'élève rue d'Armandy.

Les *casernes* (Pl. C, 1 et 2) ont été construites au N., entre le boulevard et le fort des Santons.

La **nouvelle ville** s'étend sur une surface plane entre le cours National, le champ de manœuvres, le marché aux bestiaux et le faubourg Sainte-Anne; ses places, ses marchés, ses rues droites et larges, ses maisons à 4 et 5 étages et à beaux magasins, son animation incessante, tout contribue à lui donner l'aspect d'une ville française.

La *place Alexis-Lambert*, nom d'un ancien député de l'Algérie, vaste, bien ombragée, bordée de belles maisons, est ornée au centre d'un square au milieu duquel se dresse une *statue de Diane*. — La *place Bugeaud* possède un *marché arabe* très animé; ce dernier se tient dans un grand quadrilatère avec galeries, pavillon d'angle et pavillon central dans le style mauresque.

Le *marché aux légumes*, derrière le théâtre, se tient dans une halle en fonte, surmontée d'une gigantesque lanterne vitrée; beaucoup de mouvement et curieux spectacle de 6 à 11 h. du matin.

Les *postes et télégraphes* sont situés à l'angle E. du boulevard des Casernes (Pl. 9, B, 2); le *palais de justice* (Pl. 4, B, 2) est à l'angle O. de la rue Randon.

La *pépinière*, au N. des deux villes, en dehors des murs, en sortant par la porte de l'Aqueduc, offre une fort belle promenade avec ses longues et larges avenues de platanes et de palmiers; on y voit quelques curiosités antiques, notamment un *sarcophage* trouvé à Souk-Ahras, et dont la face antérieure est ornée d'un bas-relief représentant le combat des Amazones.

Au delà de la porte Randon, au N.-O., s'étend un nouveau parc.

La *promenade des Santons* (Pl. C, 1), toujours au N., permet d'embrasser le panorama de Bône, encadré par la mer et les montagnes.

La *Kasba* (Pl. D, 1), au N.-E. (aujourd'hui prison centrale pour les condamnés aux fers), construite au XIVe s., par les sultans de Tunis, à 700 m. de Bône, sur une colline de 500 m. de hauteur, commande la ville qu'elle couvre entièrement du côté du N. Le 30 janvier 1837, une terrible explosion occasionnée par l'imprudence d'un garde d'artillerie, eut lieu à la Kasba; 200 hommes furent tués et 500 blessés.

La hauteur sur laquelle est bâtie la Kasba se prolonge dans la direction du N. au S., et descend par divers étages dans la plaine. A l'E., elle se termine à la mer, et ses rameaux viennent finir à la *batterie des Caroubiers*, à la *batterie du Lion*, au mouillage et à la *batterie des Cassarins*. A l'O., sur les contreforts des *Santons*, on a construit des batteries nouvelles, un *château d'eau* et un très bel *hôpital civil*. Les flancs des Santons, du côté de la petite plaine de Bône, sont couverts de jardins et de vignobles; du côté de la mer, au N.-E., des villas rappellent celles de Mustapha à Alger.

Excursions.

Les environs immédiats de Bône offrent, comme ceux d'Alger, mille promenades imprévues et charmantes. — Les voitures à 4 pl. se payent jusqu'à 2 k., 1 fr.; 2 à 3 k., 1 fr. 25; 3 à 4 k., 1 fr. 50; l'heure, 2 fr.; les h. suivantes, 1 fr. 50; la journée de 12 h., 15 fr.; la 1/2 journée de 6 h., 8 fr.

Chemin de la Corniche, de la Grenouillère et de l'oued Koubba (4 k. N.; omnibus pour la Grenouillère, 20 c.). — Le chemin part du quai N. de la Darse, passe par la porte ouverte sous le fort Cigogne, à l'E., suit les quais de l'avant-port, puis, dans une direction N.-E., les sinuosités de la plage qui parfois devient moins large, bordée qu'elle est par des rochers presque perpendiculaires. On arrive bientôt devant un petit îlot d'un seul bloc, et qui ressemble exactement à un lion couché. Viennent ensuite, à 1,500 m. de la ville, les *bains de la Grenouillère*, qui ont sans doute pris ce nom en mémoire de la célébrité tapageuse d'Asnières et de Chatou; on trouve là, installés sur pilotis, avec escaliers descendant sur la plage, deux établissements de bains et plusieurs restaurants appréciés des baigneurs bônois. A certains jours de l'été, la Grenouillère prend un aspect plein d'animation et de gaîté. — En quittant la Grenouillère, on passe au-dessus de l'*abattoir*, puis de la kouba des Beni-Kernès dominant un ravin et de jolis jardins. Au delà de la *plage Luquin* sur la dr., on coupe un promontoire et on longe de nouveau la mer jusqu'à la *plage Chapuis*. Au delà de cette plage, on peut prendre le chemin très pittoresque de l'oued Koubba en passant à côté du curieux village arabe des *Romanettes* qui rappelle un peu le centre si étrange en avant de Bad-Djabia à Constantine. On peut revenir par la *Colonne Randon*, ce qui n'allonge pas beaucoup le chemin.

Cap de Garde (10 k. 1/2 N.-E.). — Le chemin du cap de Garde est a prolongation N.-E. du chemin de la Corniche. A partir de l'oued Koubba (4 k.), en face du *mouillage du Caroubier*, on rencontre quelques plages que l'on quitte pour remonter par des lacets les derniers contreforts de l'Edough, coupés par des ravins, lits de torrents en hiver. On domine la mer dans un paysage constamment pittoresque.

8 k. On infléchit, à dr., pendant 300 m., pour arriver au *fort Génois*, dominant le mouillage du même nom. Le fort Génois a été bâti par les

Génois au xve s., pour protéger leurs barques de corailleurs, lorsque le mauvais temps les forçait de chercher un abri dans l'anse que ce fort dominait. Près du fort est un lazaret non loin d'un cimetière où dorment les victimes du choléra. Remontant au N. et à 2 k. plus loin, le chemin bifurque à g. et conduit au (400 m.) phare à feu tournant dont la base est à 143 m. au-dessus de la mer. On revient ensuite sur le *cap de Garde* (500 m.) ou 10 k. 1/2 de Bône. C'est à ce cap que l'on visite de curieuses *grottes* situées aux bords de pentes escarpées qui font face à la mer du côté du fort. La première grotte que l'on rencontre semble taillée dans le roc; elle sert tour à tour d'abri et de demeure aux troupeaux et à leurs gardiens. Les deux autres grottes sont appelées *grottes des Saints*. Plus loin on voit une profonde carrière de marbre, ancienne carrière remise en exploitation par les Français et d'où les Romains ont tiré beaucoup de matériaux pour les monuments d'Hippone.

Le djebel Edough, et mieux Edour' (12 k. O.; omnibus 1 fois par j. en 2 h.; 3 fr. à l'aller, 2 fr. au ret.). — La route, longue et pénible d'abord, traversant la petite ville de *Sainte-Anne* (à 3 k. N.-O., au pied du djebel *Bou-Guentas*, sur la rive dr. du ruisseau d'Or, magnifique *orphelinat* de jeunes filles), se dirige, par de nombreux lacets, de l'E. à l'O., jusqu'au *col des Chacals*. Là, elle prend la direction E.-N.-O. et grimpe jusqu'au v. de Bugeaud, ch.-l. de com. de 744 hab., situé sur le point culminant de l'Edough (1,004 m.) au centre d'une magnifique forêt de chênes-lièges, exploitée par la Société Lecoq et Bertin. Bugeaud, où les Bônois passent la saison estivale, rappelle les Cévennes par son climat et sa flore; des sources, des cascades, des ravins, des débris d'aqueduc romain, font de sa forêt un but de promenade des plus pittoresques.

Hippone (2 k. S., entre l'oued Bou-Djema et la Seybouse; omnibus, 50 c.). — On suit la route de Constantine; après avoir passé devant la grande koubba de Sidi Ibrahim, on traverse le Bou-Djema sur un ancien pont romain; on prend ensuite à dr. une route ombragée par des oliviers centenaires, et bordée de splendides haies de grenadiers, d'aloès et d'acanthes, derrière lesquelles sont éparpillées, au milieu d'une végétation non moins vigoureuse, des villas, des maisons de maraîchers et quelques ruines.

Hippone, l'ancien *Ubba* carthaginois, l'Hippo-Regius des Romains, était avec Carthage, au IIIe et au IVe s., le plus opulent marché de l'Afrique romaine. C'est alors que les habitants, enrichis par le commerce, élevèrent ces magnifiques monuments de l'art antique, ces aqueducs gigantesques, ces réservoirs immenses, ces grandes voies de communication, qui étonnent la civilisation moderne. C'est alors aussi qu'elle avait St Augustin pour évêque. L'année qui suivit la mort de St Augustin (431), Hippone fut prise par les Vandales, qui la réduisirent en cendres. D'après une légende rapportée par le colonel du génie Hennebert, Ste Barbe, fille d'un centurion de la IVe légion cyrénaïque, Narzal Alypius, aurait inventé la poudre avec son père. A la prise d'Hippone par les Vandales (25 août 431), elle se fit sauter avec les religieuses, dans leur couvent, au moment où les barbares en avaient enfoncé les portes. Voilà pourquoi Ste Barbe est depuis la patronne des artilleurs, des mineurs, etc. Reprise en 534 par Bélisaire, Hippone tomba en 697 au pouvoir des Arabes, qui achevèrent l'œuvre de destruction commencée par les Vandales.

L'enceinte de la ville antique embrassait à peu près 60 hect. On remarque sur un espace de plus d'une demi-lieue de nombreux vestiges d'antiquités, des pans de mur rougeâtres, d'énormes fragments d'une maçonnerie épaisse et solide; mais le monument le plus remarquable et en même temps le mieux conservé, c'est l'établissement hydraulique composé de plusieurs grands réservoirs et d'un aqueduc qui, prenant naissance dans les pentes du mont Edough, conduisait dans la cité royale les eaux de la montagne. Les réservoirs rendus à leur première destination alimentent maintenant Bône.

Un peu plus haut que cette vaste citerne, a été érigée au milieu de beaux oliviers, sur un socle en marbre blanc, une *statuette* en bronze de *St Augustin*. De cet endroit, la vue que l'on a de Bône, de l'Edough et de la mer, est des plus belles.

Plus haut encore, le mamelon décapité d'Hippone porte un vaste *hospice* pour les vieillards, construit par Mgr Lavigerie; il est précédé d'une *basilique* monumentale construite sur les plans de M. l'abbé Pougnet, qui attire les regards de fort loin. Un autre hospice a été bâti au pied de l'Edough, grâce aux libéralités de M. Salvador Coll, riche propriétaire de Bône. Au bas d'Hippone on voit encore sur le bord de la Seybouse, et à 1,000 m. de son embouchure, des fragments de maçonnerie, des éperons déchaussés, restes d'un ancien quai de débarquement. Là était le port d'Hippone; là, en l'an 709 de Rome, la flotte de Métellus Scipion, partisan de Pompée, fut détruite par celle de Publius Sittius, lieutenant de César.

Aïn-Mokra (33 k. O.; chemin de fer en 1 h. 45 m.; 3 fr. 95, 2 fr. 65, 1 fr. 30; excursion très recommandée, *V. R. 30, B*).

De Bône à la Calle. — A. Par la route (87 k.; dilig. t. l. j. en 11 h.; prix variables). — Après avoir laissé à dr. le chemin de fer de Bône à Guelma et l'oued Seybouse, la route traverse l'immense et belle plaine des *Beni-Urgin.*

22 k. **Morris** *, ch.-l. de com. de 2,636 hab. dont 629 Français, sur la rive g. de *l'oued Bou-Namoussa.*

[Au pied des Beni-Salah, à 6 k. S.-E. à dr., sur le chemin de Mondovi à la Calle, **Zerizer** *, section de la com. m. des Beni-Salah (service de voiture de Bône à Zerizer, 2 fr.).]

44 k. *Bordj de la Cheffia*, sur la rive g. de l'oued de ce nom.

54 k. *Blandan*, nouveau v. — Cette contrée est remarquable par les nécropoles libyques, les monuments mégalithiques et de nombreuses sources thermales et minérales, celle entre autres, sulfureuse-gazeuse (35°), dite *Hammam Cheffia*, au pied du *djebel el-Maga*, à 30 k. O.-S.-O. de la Calle.

63 k. *L'oued Guergour.* — 66 k. *Le Tarf*, ex-smala de spahis. — 76 k. La route passe entre *El-Guera-el-Oubeira*, à g., et *El-Guera-el-Hout*, à dr. Près du premier de ces deux lacs, *Hammam-el-Mazen*, eaux sulfureuses et tièdes, fréquentées par les Arabes.

87 k. La Calle (*V. ci-dessous, B*).

B. Par le chemin muletier (64 k.). — Plaines marécageuses entre la Seybouse et le *Mafrag* que l'on traverse sur un bac, à 20 k. de Bône.

44 k. *Bordj-Ali-Bey.*

56 k. La route passe entre les lacs de El-Guera-el-Melah à g. et d'El-Guera-el-Oubeira à dr. (*V. ci-dessous*).

64 k. **La Calle** *, ch.-l. de com. de 4,970 hab. dont 1,376 Français, ch.-l. de com. m. de 19,797 hab. dont 864 Français; entourée par la mer, excepté à l'E., où s'étend une plage de sable d'env. 160 m. de longueur et où se trouve la porte de Terre. Dans toutes les autres directions, la ville est défendue par des rochers inabordables. Elle est bâtie sur des rochers. Sa longueur est de 350 m., et sa largeur de 60

La Calle est le *Mers-el-Kharez* (le port aux breloques), ou *Mers-ed-Djoun* (le port de la baie), des Arabes. Elle s'appelait encore Mers-el-Kharez, lorsque des établissements français furent formés sur la côte de Barbarie, en 1560. A cette époque, un certain nombre de négociants, la plupart Marseillais et parmi lesquels on cite Thomas Linchès et Carlin Didier (*V.* ci-dessous), formèrent une association qui fut connue sous la dénomination de Compagnie d'Afrique jusqu'en 1799. Le premier établissement qu'ils formèrent fut le *Bastion de France*, entre la Calle et le Cap Rosa. Cet établissement, abandonné en 1695, fut transporté à la Calle et parvint bientôt à un état florissant.

En 1789, toutes les compagnies commerciales furent dissoutes; excepté celle d'Afrique, mais la guerre maritime lui porta un coup funeste, et, en 1799, la saisie des propriétés de la Compagnie força les habitants de la Calle d'abandonner la colonie.

Sur ces entrefaites, l'Angleterre, restée maîtresse de la Méditerranée, se fit céder, en 1807, nos concessions d'Afrique moyennant une redevance annuelle de 267,500 fr.; notre reprise de possession ne date que de 1816. En 1827, la guerre ayant éclaté entre la France et Alger, l'abandon de la Calle et sa destruction en furent la suite.

Une reconnaissance fut faite par nous au mois de mai 1831. L'occupation de la Calle, qui présentait de grandes difficultés, n'eut lieu que le 22 juillet 1836.

Ce n'est que dans ces derniers temps que la Calle a été entourée d'une enceinte, renfermant tous les bâtiments militaires que comporte l'installation d'une petite garnison de 200 hommes, tous les bâtiments civils nécessaires à l'administration et un nouveau quartier s'étendant au-dessus du moulin et de l'ancien port. Une somme de 1 million a été employée pour la construction d'une jetée qui a fait disparaître une barre ou brisant qui rendait très dangereux l'accès du port.

La pêche du corail se fait maintenant à la drague. Le chiffre des exportations qui était, en 1890, de 12,552 kilogr., d'une valeur de 1,006,882 fr., a un peu diminué depuis.

[LES LACS. — Le cercle de la Calle est couvert de riches forêts de chênes-lièges, qui sont exploitées. En avant de ces forêts qui couvrent une superficie de plus de 15,000 hect., s'étendent trois lacs. Le plus petit, *Guera-el-Melah* (ancien *lac du Bastion*), étang salé, à 8 h. O. de la Calle, communique avec la mer par un chenal de 1,000 m.; et il est de niveau avec elle. Le second *Guera-el-Gara*, ou *El-Oubeira* (ancien *lac Beaumarchand*), est situé à 5 k. 1/2 S.; long de 6 k. sur 2 à 5 de largeur, il a 2,200 hect., à 27 m. d'alt., entre des rives marécageuses, très malsaines, et, en arrière, des forêts de chênes-lièges. Le troisième à 6 k. O., le *Guera-el-Hout* (étang des poissons), se nomme aussi le *Tunga*; c'est le *Tonègue* de l'ancienne Compagnie d'Afrique; à 6 m. d'alt., il a 1,800 hect. La petite rivière qui conduit les eaux de ce lac à la mer s'appelle *oued el-Hout* (la rivière des poissons). Les bords de ces trois lacs sont garnis d'ormes, de saules, de frênes, de charmes et de peupliers de diverses espèces. Le territoire compris entre ces trois lacs et la mer a environ 16 lieues de circonférence. Plus de la moitié de ce sol est non seulement cultivable, mais fertile et arrosé par de nombreux ruisseaux.

A 12 k. N.-O. de la Calle le *Bastion* ou *Vieille-Calle*, entre la mer et l'extrémité N.-O. du Guera-el-Melah, fut fondé, dit-on, par Louis de Clermont, duc de Bourbon, en 1370, pour protéger la pêche du corail; il est certain que sa création par les deux Marseillais Linchès et Didier, pour l'établissement de la Compagnie d'Afrique, remonte à 1561. Détruit en 1599 par les Turcs de Bône, il fut rétabli en 1618. Détruit et relevé à plusieurs reprises, il fut abandonné en 1694.

[R. 29]   KEF-OUM-ET-TEBOUL. — DUZERVILLE.   291

À 11 k. E. de la Calle, **Kef-oum-et-Teboul** (le rocher des scories), piton isolé de 320 m. et taillé en pain de sucre, entre Guera-el-Hout et la frontière de Tunis. Ses mines produisent du plomb argentifère d'un grand rendement. En 1893, 201 ouvriers, Piémontais pour la plupart, ont extrait 7,343 tonnes de minerai à 4 fr. 64 sur le carreau et les ont transportées par un petit chemin de fer à la plage de Mésida. Un curieux spectacle est celui des femmes indigènes préposées au triage du minerai concassé en morceaux de la grosseur d'un œuf.

À 11 k. S.-E. de la Calle, *Hammam-Si-Ali-Labrak*, le *Nalpotès* des Romains, au pied du Kef-el-Hammam. Ces eaux thermales simples (35°) sont utilisées par les Arabes.

À 15 k. S.-E. de la Calle, *Roum-es-Souk*, nouveau v. dans un endroit fertile au pied de montagnes boisées de chênes-lièges, à la dr. de l'oued el-Kebir, l'une des deux branches mères du Mafrag.]

De la Calle à Alger, R. 32; — à Tunis, R. 42.

De Bône à Constantine par Guelma, R. 29; — à Philippeville, R. 30; — à Ghardimaou par Souk-Ahras, R. 31; — à Alger par mer, R. 32.

ROUTE 29

DE BONE A CONSTANTINE

PAR GUELMA

A. Par le chemin de fer.

219 k. — Trajet en 10 h. — 24 fr. 50; 18 fr. 60; 13 fr. 20.

La gare de Bône est située à l'E. de la ville, sur le bord de la mer.

De Bône à Duzerville, le chemin de fer traverse les plaines plantées de vignobles les plus magnifiques qu'on puisse imaginer. La Seybouse et la mer, les villas et les fermes, les vignobles immenses, les oliviers, les orangers et les grandes cultures offrent un tableau qu'on ne se lasse pas d'admirer.

Après avoir franchi sur un pont métallique de 35 m. le canal de dérivation de l'oued Bou-Djema, la voie croise le chemin de fer d'Aïn-Mokhra, longe pendant quelque temps la route de Guelma et passe sous celle de la Calle avant de pénétrer dans la plaine de l'*Alélik* (exploitation agricole, beaux vignobles; jolis jardins, notamment ceux des ponts et chaussées, *hippodrome* et *haras*).

11 k. **Duzerville** ou *d'Uzerville* (du nom de *Monk d'Uzer*, un de nos généraux algériens), ch.-l. de com. de 3,307 hab. dont 547 Français, situé à dr., au lieudit *Zou-Baroua*, près de la riv. de la *Meboudja*, affl. de la Seybouse, mais à sec en été, à la bifurcation des routes de Bône et de Souk-Ahras. — Belle fontaine abondante sur la place principale.

[Une route de 4 k., à l'O., relie Duzerville à *El-Hadjar*, son annexe, 205 hab., v. d'un aspect riant avec ses maisons entourées d'eucalyptus. Au-dessus se trouve le domaine de *Monville* où les vignobles *Bessède* n'ont pas moins de 400 hect.]

De Duzerville à Constantine par la route de voit. (*V.* ci-dessous, *B*).

La voie ferrée longe la route de Bône à Souk-Ahras et traverse une vaste plaine où les plantations de vignobles continuent à se voir à perte de vue. A g. le *Chapeau du Gendarme*, encore un des plus riches vignobles de la région.

19 k. **Randon**, simple station près de *l'oued Bou-Sba*. Le v. (on s'y rend par *Sidi-Denden*), situé à 4 k. à g., sur un mamelon couvert de vignobles et dominant une admirable plaine, compte avec *Oued-Besbès*, son annexe, v. créé par la Société générale algérienne, une population de 4,986 hab. dont 524 Français. Un autre mamelon en avant de celui de Randon est couronné par un blanc marabout qui attire les regards de fort loin.

La voie franchit *l'oued Sba*.

24 k. **Mondovi***, sur la rive g. de la Seybouse, ch.-l. de c. de 2,653 hab. dont 774 Français. Ce beau v. est entouré de fermes importantes parmi lesquelles celle de Guebar-bou-Aoun dont la maison de ferme est un véritable château. Trois puits, dont un fut creusé par les Romains, donnent une eau abondante et d'excellente qualité. — Marché couvert.

30 k. Pont sur *l'oued Berda*. A 200 m. de là, à dr., **Barral** (nom d'un général tué près de Bougie, 1850). Appelé d'abord Mondovi II, ce v. est aujourd'hui un ch.-l. de com. de 1,364 hab. dont 306 Français. Une *colonne* en marbre blanc rappelle dans une inscription la défense de Barral, en 1852, par le capitaine *Mesmer*. A l'E., *forêt des Beni-Salah*, qui n'a pas moins de 30,000 hect.

41 k. **Saint-Joseph**, sur la rive g. de la Seybouse (fermes et vignes), maintenant le siège de l'administration de la com. m. des **Beni-Salah** (18,192 hab. dont 658 Français).

Pont sur *l'oued Frara*.

48 k. 3. *Oued-Frara*, halte, tenant pour ainsi dire la tête d'un *pont romain*, dont on voit encore une pile corrodée par les eaux au milieu de la Seybouse. C'est là que, longeant l'oued Frara, la voie romaine d'Hippone à Thagaste passait d'une rive à l'autre de la rivière. — Fermes éparses dans les broussailles et au milieu des oliviers; ruines romaines. — Au 49° k., *Boudaroua*, ou pont de Duvivier; belles fermes et vignes.

55 k. **Duvivier*** (buffet), ch.-l. de com. de 1,440 hab. dont 357 Français, sur la rive dr. de la Seybouse, à 1 k. de la station; il porte le nom d'un général bien connu dans les fastes de l'Algérie. — Marché tous les dimanches.

[A Duvivier s'embranche le chemin de fer de Tebessa et de Tunis par Souk-Ahras (*V.* R. 31).]

55 k. 3. Pont de 12 m. sur le *Chabet-el-Ahmar.* — A dr., route de terre de Guelma à Duvivier. — La voie, remontant la rive g. de la Seybouse, traverse la *gorge du Nador*, longue, étroite et étrangement pittoresque.

68 k. *Nador*, gare servant à l'écoulement des produits métallurgiques du djebel Nador, le *Pappua* des Romains (mine de zinc exploitée par la société de la *Vieille-Montagne* ; 130 ouvriers ont extrait, en 1893, 15,147 tonnes de minerai, à 7 fr. 78 sur le carreau). — Près de là, sur la route de Guelma à Souk-Ahras, sources salines de 30 à 40, ancien établissement romain, aménagé pour les Arabes et connu sous le nom de *Hammam-Nbaïl-Nador* (ruines assez curieuses).

74 k. Pont de 80 m., sur l'oued Seybouse.

80 k. *Petit* (nom d'un colonel tué devant Zaatcha, en 1849), ch.-l. de com. de 2,956 hab. dont 191 Français, à g., au-dessus de la gare. — Pont sur *l'oued Redjel.*

85 k. 400. **Millesimo**, ch.-l. de com. de 3,230 hab. dont 143 Français, à dr., v. d'un grand avenir, situé au milieu de plantureux jardins, entourés eux-mêmes de magnifiques terres de culture.

88 k. **Guelma** * (buffet ; la gare est à 500 m. N. de la ville), ch.-l. d'arr., d'une com. de 7,288 hab. dont 1,457 Français, située à 244 m. d'alt. à 2 k. S. de la rive dr. de la Seybouse et du *djebel Mahouna*, dans une plaine sans grands accidents de terrain, qui descend en glacis doux, depuis les dernières limites inférieures de cette montagne jusqu'à la rivière.

Guelma, telle que les Français la trouvèrent à la fin de 1836, était bâtie avec les matériaux provenant de l'ancienne Kalama ; mais l'emplacement qu'elle occupe n'était pas celui sur lequel fut jadis construite la véritable cité romaine, devenue la proie soit des Maures révoltés, soit des Vandales. Ses habitants se construisirent une forteresse, à côté de l'ancienne Kalama, Malaka (la royale, en punique), dont ils employèrent une partie des matériaux. Mais, en 1836, le rempart de la seconde Kalama était renversé par un tremblement de terre. Le maréchal Clauzel, frappé de l'importance stratégique de Guelma, y établit un camp permanent.

La ville, placée en dehors de la vieille Kalama, devenue sa citadelle, est entourée d'un *rempart* crénelé dans lequel sont percées les cinq *portes* : de Bône au N., par laquelle on entre, en venant du chemin de fer, *de la Pépinière* à l'E., *de Constantine* au S., *de Medjez-Ahmar* et *d'Announa* à l'O.

Aux *places* de l'Église, Saint-Augustin, Saint-Cyprien, Coligny, de la Fontaine et du Fondouk, viennent aboutir des *rues* plantées d'arbres pour la plupart, et arrosées par de nombreuses bornes-fontaines. Les rues principales sont les rues Saint-Augustin, Saint-Louis, de Bône, d'Announa, de Medjez-Ahmar, Mogador, Duquesne, Bélisaire, Jean-Bart, Négrier, de la Fontaine, etc. La *rue d'Announa*, au N. de la ville, longue de 1 k., habitée par des Arabes, est la plus curieuse à visiter le lundi, jour du grand marché arabe. Les marchands de nouveautés, les teinturiers, les bouchers, les restaurateurs, les cafetiers et les mendiants, aux costumes bizarres, aux allures bibliques, donnent à cette rue une physionomie intéressante.

Une modeste église, un plus modeste oratoire protestant, une élégante mosquée, la plus jolie qu'on ait construite dans la province de Constantine, constituent les *édifices religieux*. Les *édifices militaires* sont : quatre casernes et un hôpital dans l'ancienne forteresse romaine. Quant aux *édifices civils*, sauf les écoles, la halle au blé et l'abattoir, dont la destination a été toujours la même, on les citera pour mémoire.

Le *musée*, installé à dr. de la place de l'Église, dans un jardin, renferme des statues, des tombeaux, des autels, des inscriptions.

Indépendamment de la *citadelle byzantine*, près de laquelle ont été reconstruits la kasba et les *bains*, on peut visiter encore, entre la halle au blé et la rue d'Announa, l'ancien *théâtre*, assez bien conservé, mais souillé par les Arabes, qui en font leur *via stercoraria*.

L'industrie principale consiste en minoteries, tanneries et briqueteries.

Les marchés sont : le *marché aux légumes*, place Saint-Cyprien, tous les jours; le *marché au bois*, place Coligny, tous les jours également; le *marché au blé et aux huiles*, place de l'Hôpital, les mardis et les samedis, et enfin le *marché aux bestiaux*, le plus important, les lundis et les mardis, au champ de manœuvres.

Les *promenades* immédiates de Guelma sont : l'*Esplanade*, prolongement de la place Saint-Augustin, le *jardin des fleurs* et l'*ex-pépinière* convertie en promenade.

[A 20 k. O., Hammam-Meskoutine (*V.* ci-dessous).

A 15 k. S., s'élève le point culminant (1,418 m.) du *djebel Mahouna* couvert de forêts, de clairières, de ravins et de rochers, au milieu desquels Gérard, le tueur de lions, a commencé sa renommée.

A 40 k. S.-O., *Oum-Guerrigch*. — De Guelma à Medjez-Ahmar, 12 k. De là on suit en droite ligne la rive g. de l'*oued Cherf*, affluent de la Seybouse, pendant 24 k.; puis, appuyant à l'O. au pied N. du *djebel El-Houfa*, on remonte à (4 k.) *Oum-Guerrigch*, où le commandant du génie Dewulf a signalé le premier des monuments d'une certaine importance, et couvrant un espace assez considérable; une inscription, avec dédicace à Septime Sévère, en 204, restitue à Oum-Guerrigch son premier nom de *Civitas Nattabutum*.

De Guelma à Philippeville par Jemmapes (100 k. : de Guelma à Jemmapes 59 k.; dilig. en 5 h. 30; s'informer pour les prix; — de Jemmapes à Philippeville 41 k.; dilig. en 3 h., coupé 2 fr., intér. 1 fr. 50). — 2 k. Pont sur la Seybouse. — 4 k., à dr., embranchement de la route de Medjez-Ahmar à Héliopolis.

6 k. **Kellermann** ou *Oued-Touta* (la rivière du mûrier), ch.-l. de com.

[R. 29, A] MEDJEZ-AHMAR. — HAMMAM-MESKOUTINE. 295

de 2,293 hab. dont 91 Français, dans une vallée, au pied du *djebel Debbar* (jardins arrosés par un canal de 500 m., amenant les eaux de l'oued Touta, affluent de l'oued Seybouse).

21 k. *Henchir-Saïd* *, ch.-l. de com. de 1,458 hab. (moulins à eau, vignes et oliviers).

36 k. *Gastu* * (nom d'un général de division mort à Constantine), ch.-l. de com. de 1,783 hab. dont 113 Français, créé dans la vallée de l'*oued Sanendja* et au milieu de belles forêts au lieudit *Ksentina-Kedima*.

46 k. *Aïn-Cherchar*, à l'embranchement de la route de Bône à Philippeville. — Grands vignobles. — 52 k. *Foy* ou *Sidi-Nassar*, v. de 270 hab. dont 64 Français, annexe de Jemmapes.

59 k. Jemmapes (R. 30).

La route s'engage dans le djebel *Bou-Klida*.

97 k. *Valée* (R. 20, *B*).

100 k. Philippeville (R. 20, *B*).

88 k. 5. La voie croise la route de terre de Guelma à Constantine, qu'elle laisse à dr. — Pont de 60 m. sur la Seybouse.

102 k. *Medjez-Ahmar* (le gué rouge) rappelle le souvenir de la 2e expédition de Constantine, en 1837.

Un vaste camp y fut tracé et devint bientôt une immense place d'armes. Le 20 septembre 1837, Ahmed en personne, à la tête de 10,000 hommes, l'attaqua inutilement. L'armée expéditionnaire, partie de Medjez-Ahmar le 1er octobre suivant, arrivait, le 6, sous les murs de Constantine, qui tombait en notre pouvoir, le 13.

La jonction, au-dessous de Medjez-Ahmar, de l'*oued Cherf* et de l'*oued Bou-Hamdan*, continuation de l'*oued Zenati* et de l'*oued Sabbat* forme la *Seybouse*, l'*Ubus* des anciens, qui, coulant d'abord de l'O. à l'E., remonte ensuite au N. et va se jeter dans la Méditerranée près de Bône.

Pont de 54 m. sur l'*oued Bou-Hamdan* (Seybouse). — La voie remonte au N.-O. entre l'oued Hamdan et la route d'Hammam-Meskoutine qu'annonce la fumée des sources. — Viaduc de 90 m., haut de 17 m., sur l'*oued Chedakhra*, affluent de l'oued Bou-Hamdan.

108 k. **Hammam-Meskoutine***, célèbre par sa cascade pétrifiée et dont la population se compose de 44 Européens, est situé à g. de l'oued Bou-Hamdan qu'il domine à 300 m. d'alt.

De la gare de Hammam-Meskoutine, le chemin, longeant d'abord le petit *hôpital militaire* à dr., descend, à travers de beaux massifs d'oliviers, jusqu'à la cascade pétrifiée (*V*. ci-dessous). Au delà, à g., les piscines destinées aux militaires dominent les ravins de l'oued Chedakhra du fond desquels d'épaisses vapeurs indiquent la thermalité des eaux. A dr., sont des piscines et des baignoires rudimentaires pour les malades civils indigènes ou européens, principalement israélites. Plus haut enfin, s'élèvent les chalets et l'hôtel près desquels est installé un véritable musée formé, soit de trouvailles faites sur place, soit de très intéressants débris provenant d'Announa, débris plus ou moins frustes qui indiquent, dans tous les cas, que les

Romains connaissaient l'efficacité des eaux (*Aquæ Tibilitanæ*) qui ont précédé Hammam-Meskoutine.

Hammam-Meskoutine, dont les environs ont été entièrement défrichés (les produits, vins, huiles et céréales, atteignent une sérieuse importance) par les propriétaires de l'établissement thermal, MM. Rouyer frères, est admiré de tous les touristes pour sa riche végétation, la beauté de ses sites et les gracieuses lignes de crêtes qui encadrent son horizon.

« Les sources[1] émergent au centre d'un cirque montagneux elliptique dont le grand axe a de 6 à 7 k., le petit, de 4 à 5. Les dépôts calcaires qu'elles ont laissés pendant la suite des siècles prouvent qu'il existe dans les roches profondes une longue faille de plus de 2 k. d'étendue et dirigée du S. au N. Dans des âges géologiques reculés l'eau jaillissait en une nappe allongée, déposait ses sédiments sur les bords de la fissure superficielle, et élevait lentement ces longues murailles que nous admirons aujourd'hui, et dont l'une mesure jusqu'à 400 m. sur une hauteur moyenne de 7 à 8 m. et une base de 6 à 7. Ce qui attire surtout l'attention dans ces espèces de dos d'âne, c'est un profond sillon médian qui ne manque jamais, qui les partage dans toute leur longueur en deux immenses valves et qui représente l'ancien griffon de ces gigantesques sources aujourd'hui taries. Elles ont tari parce qu'elles incrustaient elles-mêmes les parois de leur cratère, et parce qu'en élevant constamment leur niveau d'émergence, elles finissaient par l'amener au niveau de leur bassin d'origine : alors l'eau était forcée de se frayer des voies nouvelles à travers les roches superficielles pour venir sourdre sur les côtés de la saillie; de là, ces nombreux cônes, vrais cratères parasites dont la formation ne diffère en rien de celle des murailles : les uns et les autres sont largement représentés et communiquent à la contrée un aspect très original, presque fantastique, qui a enfanté bien des légendes. D'après la légende la plus répandue, un Arabe riche et puissant, ayant voulu épouser sa sœur, fit célébrer la fête nuptiale; mais, au moment où le couple maudit allait se retirer, les éléments furent bouleversés; puis, quand tout revint au calme, on trouva les assistants pétrifiés; les cônes représentent les acteurs de ce drame.

« Les sources qui se sont constamment déplacées de siècle en siècle forment aujourd'hui cinq groupes à l'extrémité N. de la grande faille, et dont le cinquième est placé sur son côté O. à 200 m. env.; ce dernier groupe occupe le lit même de l'oued Chedakhra, à 1,500 m. en amont de l'hôpital militaire; il est dit ferrugineux, mais ne contient que des oxydes de fer en suspension, nullement en dissolution. Le groupe placé à l'autre extrémité, dans la tranchée même du chemin de fer, est très abondant, et le ruisseau d'eau chaude auquel il donne naissance suit la voie sur une certaine distance. Le groupe dit de la Ruine s'appauvrit tous les jours; il est situé sur le champ des cônes. Les deux groupes les plus abondants sont ceux des Piscines et de la Cascade; ce sont les seuls utilisés pour la cure thermale.

« La température des sources est de 95°; leur débit de 1,650 lit. par seconde, près de 100,000 lit. par minute, plus que n'en verse aucune autre fontaine thermale de France.

« Ces eaux sont surtout efficaces dans les affections rhumatismales

---

1. Cette notice est due à M. le Dr Richard, médecin-major, ex-directeur de l'hôpital militaire d'Hammam-Meskoutine.

chroniques, les anciennes névralgies, les arthrites chroniques, les raideurs articulaires consécutives aux fractures et aux luxations, etc. Elles sont administrées sous forme de bains, de douches, de bains de vapeur, d'inhalations. En boisson, elles sont légèrement laxatives et ne possèdent aucune propriété médicinale. »

« Au point de vue pittoresque, les dépôts modernes de la *Cascade* avec leurs stalactites, leurs aiguilles, leurs nappes figées, leurs colonnettes, leurs corniches, leurs vasques élégantes, leurs tons variés, ici d'un blanc de lait d'une pureté parfaite, là d'une couleur de rouille claire, et enfin les colonnes de vapeur qui les couronnent, forment un ensemble extrêmement beau qui reproduit et rappelle en petit les assises plus grandioses, mais identiques quant à leur nature, leur origine et aussi quant à leur aspect, de Panbouk-Kalassi (château du coton), près de Smyrne.

« De nombreuses cavernes souterraines font résonner le sol sous les pas du voyageur : à 2 k. de l'hôpital militaire, à l'extrémité S., précisément à la grande faille, la voûte d'une de ces cavernes s'est effondrée soudain, en juin 1878, par un jour d'orage, sur un cercle qui mesure 30 m. de diamètre et à une profondeur moyenne de 1 m. 50. Depuis lors, on a accès dans la grotte, dont la voûte est superbe pour la longueur de son rayon. Le fond de la grotte est occupé par un lac souterrain, dont la profondeur d'eau est de 15 à 16 m.; son étendue est d'env. 150 m. de l'E. à l'O. et sa largeur du N. au S. varie de 15 à 50 m. La voûte est garnie de stalactites teintées d'oxyde de fer. On parcourt aisément ce lac au moyen d'un canot qui peut prendre 4 personnes à chaque voyage.

« En dehors de ce curieux phénomène géologique, Hammam-Meskoutine offre aux visiteurs des curiosités d'un autre genre, tout aussi remarquables et qui font l'objet de charmantes excursions à travers un pays splendide. »

[A 1 k. O., se trouve l'entrée des *gorges de Taïa*, qu'on peut traverser en chemin de fer, mais que le touriste fera bien de parcourir à pied.

Au-dessus du viaduc du chemin de fer, à une alt. de 200 m. env. au-dessus du Bou-Hamdan, se trouvent les ruines d'un observatoire romain (vue splendide).

A 17 k., en 2 h. 1/2, N.-O., belles grottes, profondes de 200 m., remplies de stalactites du *djebel Taïa* (1,200 m.) et cavernes à ossements de *R'ar-ed-Djemma*. Nombre d'inscriptions votives ont été gravées sur les parois des grottes, en l'honneur d'une divinité locale, l'*auguste Bacax* (V. le recueil Léon Renier, nos 2583 à 2597).]

En 2 h. on peut aller à dos de mulet, direction S.-E., à la nécropole celtique de *Roknia* (par endroits, en plein air sous forme de dolmens; dans d'autres, creusée dans le roc et représentant des chambres carrées) et de là, toujours dans la même direction, entre Ras-el-Arba et le djebel Sada, aux belles ruines romaines d'*Announa* (V. ci-dessous, B).

De Meskoutine à Bordj-Sabat, au confluent de l'oued Sabat et de l'oued Bou-Hamdan, la voie ferrée, dominée par des montagnes boisées, prend une direction générale O., remontant la vallée rocheuse de l'oued Bou-Hamdan, dont la pente rapide forme de nombreuses et petites cascades.

Le chemin de fer franchit un pont de 15 m. et passe par un viaduc de 5 arches, haut de 11 m. sur l'oued Bou-Hamdan.

124 k. **Aïn-Taïa**, halte. — Viaduc de 48 m., haut de 16 m. sur le Bou-Hamdan. — Pont de 25 m., sur l'oued Bordj-Sabat. A dr., *bordj* sur l'oued Sabat; à g., *moulin* sur l'oued Bou-Hamdan.

135 k. **Bordj-Sabat**. — Pont de 15 m. sur l'*oued Bou-Sekoum*.

151 k. **Oued-Zenati** * (bon buffet), ch.-l. de com. de 12,375 hab. dont 598. Français. — Marché couvert. — Marché arabe très important tous les lundis et jeudis. — Un canal de dérivation amène les eaux de l'oued Zenati dans le village.

[Serv. de dilig. pour (70 k.) Aïn-Beïda, R. 27.]

La voie ferrée rejoint la route d'Oued-Zenati au Khroub. — Grands plateaux cultivés, mais peu d'arbres. — Au 152º k. la voie contourne le v. de *Sidi-Tamtam* et prend ensuite une direction générale vers l'O.

162 k. **Aïn-Regada**, annexe d'Oued-Zenati, un des v. de la Société algérienne, sur l'oued Zenati. Des fûts, des colonnes, des chapiteaux et des inscriptions y ont été découverts. On peut visiter dans les environs un ravin entre des rochers; sur la paroi de l'un d'eux est sculpté un *Hercule*, 214 hab.

177 k. **Aïn-Abid** *, ch.-l. de com. de 2,879 hab., dont 100 Français, créé par la Société algérienne, et situé entre les bassins du Bou-Merzoug et de la Seybouse, sous un climat très sain, à 800 m. d'alt. Un aqueduc amène sur la place les eaux de la *Touifza*, affl. de l'oued Zenati. Deux terrains d'une superficie de 7 hect. et un ravin long de 5 k. ont été plantés d'arbres d'essences variées, qui servent de pépinière. Les terres d'Oued-Zenati, d'Aïn-Regada et d'Aïn-Abid, concédées à la Société algérienne, ont une étendue de 100,000 hect.; une petite partie a été vendue, mais les terres utilisées sont presque toutes affermées ou louées à des colons partiaires.

[A 4 k. N.-O., ruines romaines, connues des Arabes sous le nom de *Henchir-Kebira* (la grande ruine).]

189 k. **Bou-Nouara**, v. créé par la Société algérienne, sur l'oued Berda, affl. du Bou-Merzoug.

[A 2 k. N., monuments mégalithiques, dolmens, sur les pentes S.-O. du *djebel Mazala*.]

203 k. **Le Khroub** ou Kroubs (R. 20; *A*); embranchement sur Constantine à dr. et sur Sétif à g.

[A 2 k. N.-O., ham. de *Fornier*, près du monument romain en ruine connu sous le nom de *Soma* (tour ou minaret).]

219 k. **Constantine** (R. 21).

B. Par la route de voitures.

182 k. — Serv. de dilig. : 1º de Bône à (65 k.) Guelma; coupé, 4 fr. 50; autres places, 3 fr. 50; bagages, 5 fr. les 100 kilogr.; 15 kilogr. accordés au voyageur; trajet en 10 h.; — 2º de Guelma à (117 k.) Constantine, service intermittent; s'informer.

12 k. Duzerville (*V.* ci-dessus, *A*). — A dr., *El-Hadjar*.

22 k. *Dréan*, à g. — La route monte au milieu des lentisques et des myrtes, puis court en ligne droite à travers les cultures, laissant à dr. le lac Fetzara (*V.* R. 30, *B*).

33 k. *Penthièvre* *, ch.-l. de com. de 1,934 hab. dont 154 Français, au confluent de *l'oued Berda* et de *l'oued Gaïsse*, qui forment la Meboudja, appelée aussi le ruisseau d'Or. C'est, comme tous les v. qui jalonnent la route de Guelma à Bône, un centre agricole prospère.

44 k. **Nechmeïa** * (l'ornière, en arabe), ch.-l. de com. de 2,901 hab. dont 152 Français, créé sur l'emplacement d'un ancien camp dit *camp des Scorpions*.

[Près de Nechmeïa, ruines romaines d'Ascours, *Ascurus*, sur le versant O. d'une colline au pied de laquelle sourdent les ruisseaux qui arrosent Nechmeïa.]

La route monte, laissant à g. de nombreuses ruines de postes reliant l'ancienne voie romaine.

49 k. *Col de Fedjoudj* (617 m.). Le 68ᵉ régiment de ligne y a élevé une *colonne* sur laquelle une inscription rappelle la part prise aux travaux de cette route, le maréchal Randon étant gouverneur de l'Algérie. La vue, quand on regarde du côté de Bône, embrasse un vaste horizon : en face, les immenses plaines de Dréan et Duzerville, constellées de fermes, de hameaux et de villages; à l'O., le lac Fetzara et les montagnes boisées de l'Edour; Bône enfin, détachant ses blanches maisons sur le golfe bleu qui s'étend du cap de Garde au cap Rosa. Admirable tableau qu'on ne saurait trop contempler.

55 k. **Guelaât-bou-Sba**, ch.-l. de com. de 1,409 hab. dont 136 Français, sur le ruisseau du même nom, dans la fertile vallée d'Hammam-Berda, créé en 1853 sur les ruines de *Villa Serviliana*, garde encore l'enceinte crénelée des premiers temps de sa fondation.

[A 1 k. N.-E., ruines romaines s'étendant au pied du versant S. du Fedjoudj.]

56 k. *Hammam-Berda* (le bain du bât), ruines romaines d'*Ad Servilianam*, et source saline carbonatée calcique, de 29 à 35°, 80 lit. par sec. (eaux employées dans les affections de la peau).

58 k. **Héliopolis** *, ch.-l. de com. de 2,849 hab. dont 508 Fran-

çais, célèbre dans le pays par son vin, sa farine et ses champs de fraises. — Jolies maisons disséminées au milieu de gais vergers; nombreux moulins à blé et à huile mus par des eaux abondantes, au moyen d'une dérivation de 150 m.

63 k. Pont sur la Seybouse. A dr. route de Guelma à Jemmapes.

65 k. Guelma (*V.* ci-dessus, *A*).

78 k. Medjez-Ahmar (*V.* ci-dessus, *A*).

[Ici commencent les beaux massifs d'oliviers et les belles cultures de céréales qui font la fortune de cette partie du territoire de Guelma.

Entre le 79e et 80e k., on peut prendre, à dr., une excellente route qui conduit à Hammam-Meskoutine (*V.* ci-dessus, *A*) après un parcours de 5 k. Mais le voyageur préférera toujours les sentiers arabes qui sillonnent en zigzag les flancs des montagnes, s'il veut voir se dérouler devant lui les capricieuses beautés d'une nature orientale.]

85 k. **Saint-Charles** *, ch.-l. de com. de 2,448 hab. dont 207 Français.

86 k. **Clauzel** *, ou Oued-Cherf, à g. et à 1 k. de la route, ch.-l. de com. de 3,206 hab. dont 189 Français, dominant une série de mamelons bien cultivés.

A g., *Aïn-Amara*, ham. de la com. de Clauzel, résidence de l'administration de la com. mixte de l'**Oued-Cherf** de 24,499 hab. dont 40 Français. A 300 m. plus loin, à g. de la route, un sentier conduit à Announa (*V.* ci-dessous).

[C'est au pied de Ras-el-Akba et sur le versant N. que gisent les ruines d'**Announa**, ville romaine dont le nom antique, *Tibili,* longtemps ignoré, a été retrouvé par M. le général Creuly, sur une inscription découverte en 1856. Les ruines couvrent la croupe d'un mamelon à pentes raides, enserré à l'E. par l'*oued Cherf*, et au N.-O. par l'*oued Announa*. Les plus remarquables sont : — au centre, un *arc de triomphe*, de 4 m. d'ouverture, et qui devait avoir, d'après M. le commandant de Lamarre, 8 m. de hauteur sur 10 m. et demi de largeur; — au N.-O. de cet arc, un espace rectangulaire de 30 m. sur 20, avec des murs de 0,80; — à l'extrémité N. du plateau, au bord du fossé naturel qui le termine, des figures obscènes sculptées sur les parties restantes des murs de la ville; — vers le S., une *porte* de la ville et des bas-reliefs; — en tournant vers l'O., des mosaïques, des fûts, des chapiteaux de 1 m.; — plus à l'O. encore, des inscriptions tumulaires et une autre porte de ville; enfin, sur le plateau, au S.-O., l'*église* dont les traces laissent encore voir la disposition : mesurant 12 m. 30 sur 15 m. 30, elle était divisée en trois nefs; celle du milieu était terminée par une abside de 4 m. 90 d'ouverture.]

96 k. *Ras-el-Akba*, défilé au pied des pentes S. du *djebel Sada*, entre les bassins du Zenati et de l'oued Cherf ou Seybouse supérieure.

108 k. Oued-Zenati (*V.* ci-dessus, *A*). — On laisse à g. le chemin de fer qui s'enfonce au N.-O. jusqu'à *Bordj-Sabat*, au confluent de l'oued de ce nom et de l'oued Hamdan.

112 k. *Koubba de Sidi-Tamtam*. — On franchit l'*oued Zenati*.

122 k. Aïn-Regada (*V.* ci-dessus, *A*). — 135 k. Aïn-Abid (*V.* ci-dessus, *A*). — 152 k. Bou-Nouara (*V.* ci-dessus, *A*).
166 k. Le Khroub (R. 20, *A*), à la bifurcation des chemins de fer de Bône, Batna et Sétif à Constantine. — 170 k. Station des *Ouled-Hamimin*. — 178 k. Sidi-Mabrouk (R. 22, *G*).
182 k. Constantine (R. 24).

ROUTE 30

DE BONE A PHILIPPEVILLE

A. Par le chemin de fer.

306 k. — Trajet en 14 h. 20. — 34 fr.; 25 fr. 90; 18 fr. 55. — Le parcours se fait dans la même journée, de 5 h. du m. à 7 h. 19 du s. On peut encore s'arrêter à Constantine où l'on arrive à 3 h. 30, et en repartir le lendemain, à 6 h. du m., pour arriver à Philippeville à 10 h. du m.

203 k. de Bône au Khroub (*V.* R. 29). — 16 k. du Khroub à Constantine (*V.* R. 20, *A*). — 87 k. de Constantine à Philippeville (*V.* R. 20, *B*).

B. Par Aïn-Mokra et Jemmapes.

113 k. — Serv. de dilig. en 11 h.; coupé, 12 fr.; int., 8 fr.; excédent de bagages, 10 fr. les 100 kilogr. — On peut encore prendre le chemin de fer de Bône à Aïn-Mokra (*V.* ci-dessous), la dilig. d'Aïn-Mokra à Saint-Charles (62 k.; trajet en 6 h. 30) et le chemin de fer de Saint-Charles à Philippeville (19 k.; trajet en 45 min.; 2 fr. 15, 1 fr. 60, 1 fr. 15).

DE BONE A AIN-MOKRA

1° Par le chemin de fer.

33 k. — 2 trains par j.; trajet en 1 h. 43; 3 fr. 95, 2 fr. 65. — La gare de la Cⁱᵉ de Mokta est située tout près de celle de la Cⁱᵉ de Bône-Guelma, au S. de la darse et à g. d'une belle avenue d'eucalyptus. — Cette ligne, autrefois spécialement destinée au transport des minerais, est ouverte maintenant à la circulation des voyageurs. Il est question de la prolonger jusqu'à Saint-Charles, station du chemin de fer de Philippeville à Constantine.

N. B. — L'excursion de Bône à Aïn-Mokra ne saurait être trop recommandée.

La voie ferrée, bordée d'énormes cactus, après avoir franchi le canal de dérivation du Bou-Djema, longe à g. la Seybouse, puis, croisant le chemin de fer de Bône à Constantine, court à dr. entre les jardins maraîchers que des oliviers et des figuiers ombragent, laisse à g. la mine du Bou-Hamâ, à dr. le Bou-Djema, traverse les vignobles de la ferme Raoust, côtoie la Béléliéta aux sommets médiocres et couverts de broussailles

11 k. *Les Karézas*, où aboutit un chemin de fer destiné à y transporter les produits de la mine de ce nom (en 1893, 4,921 tonnes de minerai à 8 fr. 76 sur le carreau).

La voie ferrée court presque toujours en ligne droite, entre deux doubles rangées d'eucalyptus. A g., mamelons plantés d'oliviers et de vignes; le vignoble de M. de Lacombe est un des plus beaux de la région bônoise. A dr., plaine couverte de cultures et de pâturages et où se voient quelques débris de fonderie romaine. — La Béléliéta et l'Edough se rapprochent, et la voie, au delà d'un col peu élevé, descend dans la plaine de l'oued Zied où le lac Fetzara règne encore en maître.

19 k. *Oued-Zied*, simple gare, sans maisons voisines. Quelques gourbis dans le voisinage. Là aboutit un chemin de fer à voie étroite qui porte les produits d'une mine de fer située à 2 k. à g., et connue sous le nom de *mine Nicolas*.

« Au 20e k. commence le *lac* ou plutôt le marais *Fetzara*, dont la profondeur moyenne est seulement de 2 m. C'est évidemment le reste d'un ancien golfe qui continuait le golfe actuel de Bône par les plaines maintenant desséchées de la Mafrag et de la Meboudja. » (E. Reclus.) Ce lac pestilentiel à la vase noirâtre, aux roseaux pourris, est peuplé, surtout en hiver, de macreuses, de canards, de flamands, de bécassines et autres oiseaux aquatiques; les grèbes au plumage argenté tendent à disparaître.

26 k. *Aïn-Dalia*, halte située au point de jonction des monts de Philippeville et de l'oued el-Aneb.

33 k. **Aïn-Mokra** *, ancien caravansérail, aujourd'hui ch.-l. de com. de 2,395 hab., et ch.-l. de com. m. de 18,211 hab. dont 80 Français.

[A 1 k. N., mines de fer oxydulé magnétique de *Mokta-el-Hadid* (la coupure du fer). Ces minerais, les plus riches en fer de tous les minerais connus (62 p. 100), s'exportent jusqu'en Amérique. L'extraction se fait à ciel ouvert et dans des galeries par 840 ouvriers et 9 machines à vapeur de 140 chevaux. La quantité de minerai extrait en 1893 a été de 107,277 tonnes valant 8 fr. 26 la tonne sur le carreau.

Près de l'exploitation, château entouré d'un joli parc planté d'eucalyptus, d'orangers, de mandariniers; charmants jardins.

Un centre important s'est créé dans le voisinage de Mokta-el-Hadid rues larges et bordées d'eucalyptus; maisonnettes et jardins pour les ouvriers; riant coup d'œil.]

2° PAR LA ROUTE.

32 k.

On sort de Bône par la porte des Karézas ou par celle d'Hippone. La route traverse le *hameau d'Hippone*, franchit le ruisseau d'Or sur un pont en pierre et s'allonge en long ruban dans une plaine marécageuse, entre le Bou-Guentas, au N., et le Bou-Hama, au S., dont les mines de fer sont exploitées par la Cie de Mokta-el-Hadid. La route côtoie pendant quelque temps la rive g. de la turbide Bou-Djema, puis, au delà de la *Maison crénelée*, ancien fortin abandonné, elle touche aux derniers contreforts de l'Edough, laissant à g. la plaine des Karézas. Au col de l'*oued Zied* où elle touche au chemin de fer de Mokta-el-Hadid, la route descend en pente douce dans la vaste plaine du Fetzara, traverse l'oued Zied, longe de très près la voie ferrée à g., tandis que, à dr., viennent mourir les mamelons boisés du mont Edough.

Au 20e k. commence le lac Fetzara (*V.* ci-dessus, 1°).

24 k. A dr., *Oued-el-Aneb*, annexe d'Aïn-Mokra, centre de l'exploitation forestière de la Cie Besson. Du lac à Aïn-Mokra, la Société générale algérienne a fait planter des eucalyptus sur une étendue de 29 hect.

Au 27e k. se trouve la belle pépinière des ponts et chaussées. A dr., des mamelons fortement ravinés ; à g., la plaine, le lac, et dans le lointain les montagnes de Penthièvre et de Nechmeya.

32 k. Aïn-Mokra (*V.* ci-dessus, 1°).

D'AIN-MOKRA A PHILIPPEVILLE

40 k. (de Bône). *Aïn-el-Halleug*, à l'extrémité O. du lac Fetzara. — 53 k. *Pont de l'Emchekel*.

72 k. **Jemmapes**, ch.-l. de com. de 3,366 hab. et ch.-l. de com. m. de 28,838 hab. dont 458 Français, charmante petite ville, très heureusement située au sommet d'un mamelon qui domine la plaine de l'*oued Fendek*. — Joli square et jolis jardins ; rues droites, propres et ombragées ; eaux abondantes. — Jemmapes est destinée à un grand avenir. Ses terres sont d'une fertilité merveilleuse ; ses forêts de chênes-lièges, fort belles ; ses vastes vignobles fournissent des vins estimés.

[A 9 k. N.-E., *Lannoy*, nom d'un ingénieur de la province de Constantine, autrefois *Djendel*, v. viticole de 251 hab., annexe de Jemmapes, sur une colline couverte de ruines d'établissements romains. Près de là, *eaux sulfureuses* (45°) fréquentées par les Arabes.]

De Jemmapes à Guelma, R. 29.

83 k. *Ras-el-Ma*, ham. — La route passe dans une belle vallée peu ondulée, dominée à dr. par le *djebel Aïn-Khorab*, et couverte

d'une forêt en partie incendiée et à laquelle les lions ont donné une certaine célébrité.

94 k. Saint-Charles (R. 20, B), où l'on peut prendre le chemin de fer.

113 k. Philippeville (R. 20, B).

ROUTE 31

DE BONE A GHARDIMAOU

(FRONTIÈRE TUNISIENNE)

PAR SOUK-AHRAS

165 k. — Chemin de fer. — Trajet en 7 h. 45 ; 18 fr. 60, 14 fr. 10, 9 fr. 95. — Cette ligne est ouverte jusqu'à Tunis (V. R. 35) : 354 k. ; trajet en 15 h. 15 ; 39 fr. 75, 30 fr. 20, 21 fr. 30.

55 k. de Bône à Duvivier (V. R. 29). — De Duvivier se détache la ligne de Souk-Ahras dans une direction générale S.-E. Cette ligne, fort belle et pittoresque, d'une longueur de 52 k., a présenté de très considérables difficultés d'exécution, tant à cause de la nature argileuse du sol qu'à cause du relief accidenté du terrain et de l'altitude à atteindre au col de Fedj-Makta : 703 m. au-dessus de Duvivier.

62 k. Après avoir franchi la Seybouse, la voie ferrée s'engage dans la vallée de l'*oued Melah*, affluent de la Seybouse, qu'elle franchit deux fois. — Pont sur l'oued Melah.

63 k. Station de *Medjez-Sfa*, au croisement de la voie ferrée avec la route de Bône à Souk-Ahras. C'est à partir de cette station que commence la longue rampe de 25 millim. par m. sur 27 k. de longueur, montée vertigineuse au-dessus de l'oued Sfa, que l'on traverse trois fois, pour atteindre le col de Fedj-Makta.

67 k. *Medjez-Sfa**, v. de 232 hab., annexe de Duvivier, à la jonction des routes de Guelma et de Bône à Souk-Ahras. Le village (briqueteries et moulins) est situé à dr. du chemin de fer, dans un crochet que ce dernier fait entre le 66e et le 69e k. — La voie ferrée passe dans un tunnel.

74 k. *Aïn-Tahamimine**, ham. de 60 hab. dépendant de Duvivier. — La voie monte et s'engage dans deux petits tunnels de 196 et 80 m., puis, s'infléchissant sur la g., traverse l'*oued Cherf* sur un magnifique viaduc courbe de 8 arches, haut de 28 m.

79 k. *Aïn-Afra*, 41 hab. — La voie, montant toujours, fait dans la direction E. pour revenir à l'O., un crochet de 12 k. à travers des forêts de chênes-lièges. — Tunnels de 720 m. et 200 m. — Le panorama qui se déroule sur la g. d'abord, puis en arrière, devient magnifique. La vue domine les vallées de

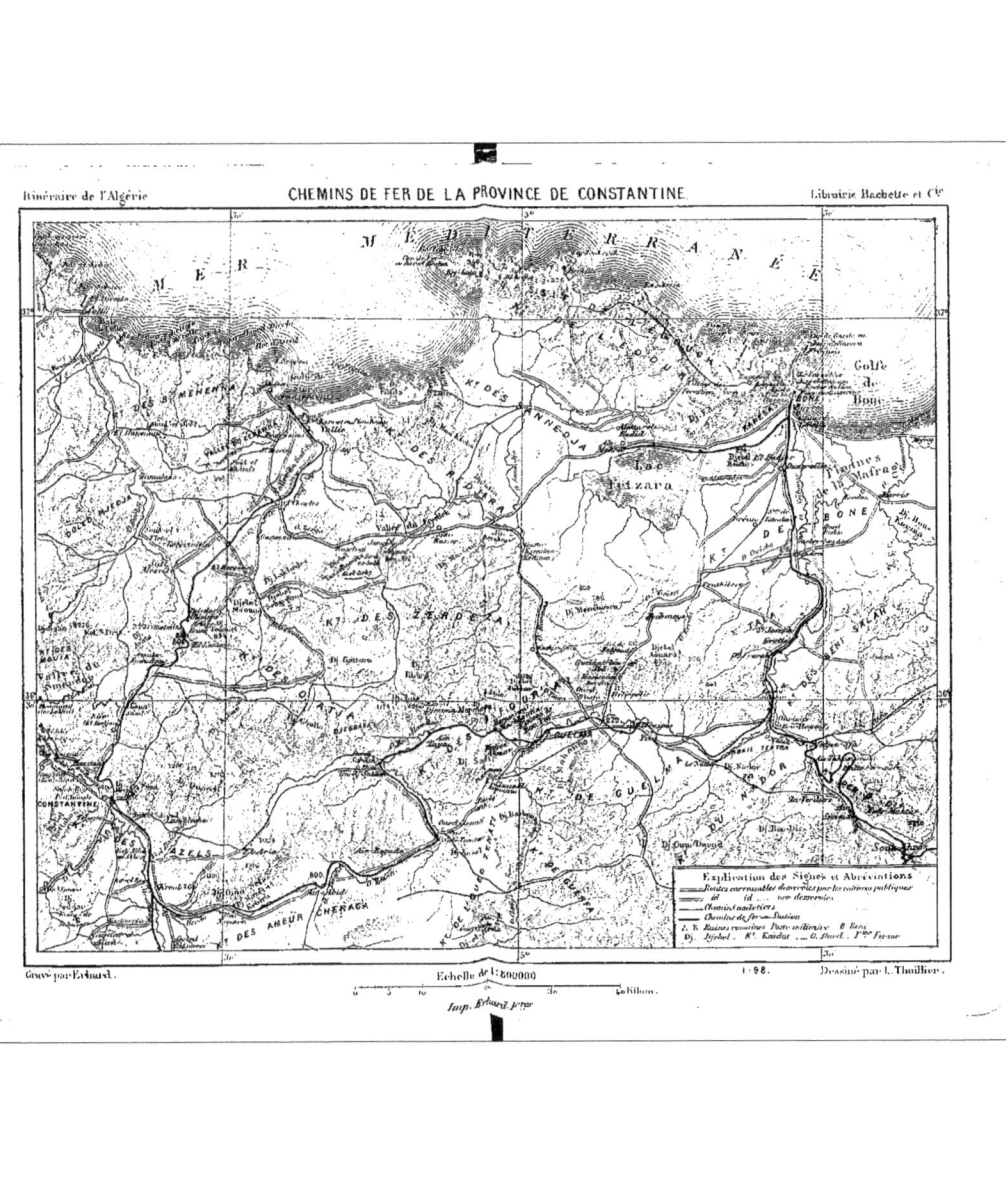

l'*oued Melah* et de la Seybouse, ainsi que les montagnes de la rive opposée. On aperçoit à ses pieds, à plus de 600 m. de profondeur, le tracé que vient de parcourir la voie ferrée et les villages de Medjez-Sfa et Aïn-Tahamimine. Le coup d'œil est splendide.

91 k. **Laverdure*** (nom d'un ancien cantinier), v. de 106 hab. et ch.-l. de la com. m. de *Sefia*, 37,196 hab. dont 621 Français. De Laverdure, vue magnifique : à 600 m. plus bas, Aïn-Tahamimine à l'O., Medjez-Sfa au N., et au delà les vallées de l'oued Melah et de la Seybouse.

92 k. Tunnel de 485 m. sous le col de Fedj-Makta. — 93 k. Tunnel de 140 m. — La *gorge* dite *du Colimaçon* que parcourt la voie ferrée, toujours en forêt, est des plus sauvages et des plus pittoresques.

97 k. *Aïn-Seïnour*, section de la com. m. de Sefia, v. de 205 hab. — *Eaux gazeuses (Orezza)* froides, utilisées pour la table à Souk-Ahras.

Au 100ᵉ k., on atteint la plus grande alt. de la route (778 m.); magnifique panorama : au N., l'Edough; à l'E., les Beni-Salah. — La voie ferrée toujours en forêt passe dans un dernier tunnel.

107 k. **Souk-Ahras***, ch.-l. de com. de 7,163 hab. dont 2,051 Français, et ch.-l. de com. m. de 37,554 hab. dont 270 Français, situé à 4 k. N. de l'*oued Medjerda* (*Bagradas* des anciens), sur un petit plateau mamelonné, à 700 m. d'alt. L'heureuse et exceptionnelle position de Souk-Ahras, l'importance du commerce qui s'effectue avec la régence de Tunis, dont elle est distante de 35 k. en droite ligne, les immenses quantités de grains et les nombreux bestiaux, bœufs et moutons, que fournit cette contrée, l'étendue des forêts environnantes, bois de construction et liège, un marché très important, des terres de qualité supérieure, de grandes facilités pour l'élevage du bétail, la prospérité toujours croissante de la vigne, des cours d'eau abondants et un climat des plus salubres, expliquent le développement rapide qu'a pris Souk-Ahras.

Des ruines, couvrant un périmètre de 16 hect., attestent l'existence de l'établissement important de *Thagaste*, siège d'un évêché. St Augustin est né le 13 novembre 334, à Thagaste, dont Patrice, son père, était décurion. Souk-Ahras (le marché du bruit; c'est le nom qui a prévalu pour l'appellation de la ville actuelle), ancien centre de commandement de la puissante tribu des Hanencha, fut, lors de la révolte de ces derniers, en 1852, érigé en poste militaire, annexe de Guelma, et en cercle militaire dépendant de Bône, à la fin de 1855.

De nombreuses constructions nouvelles s'élèvent près de la gare. La ville coupée à angles droits n'offre rien de remarquable. On visitera cependant le bordj où sont réunis les différents débris des monuments de Thagaste, tombeaux, pierres tumulaires, inscriptions dont l'une *Thagasi, chære;* M. le capitaine du génie Hartmann fait de *chære* le mot grec χαῖρε : *Salut, Thagasiens!*

[La région située au S. de Souk-Ahras offre à l'archéologue des points forts curieux à visiter, qui sont Khremissa, Tifech, Mdaourouch et Tebessa (V. ci-dessous).

A 11 k. N.-E. de Souk-Ahras, sur le chemin de la Calle, au versant S. du *djebel M¢id* et près de nombreuses ruines romaines, des eaux thermales sulfureuses et salines (32°), sont connues sous le nom de *Hammam-Oulad-Zeïd*, deux piscines permettent de se baigner. Plus haut, à 29 k., entre les Beni-Salah et Bou-Hadjar, *Hammam des Oulad-Messaoud*, eaux sulfureuses de 45 à 47°.

A 22 k. S.-E. de Souk-Ahras, près d'*Aïn-Guettar*, ancienne smala de spahis, *Taoura*, l'ancienne Tagura. Elle présente ses ruines, dit A. Berbrugger, sur les pentes d'un mamelon couronné par un petit fort qui n'était autre qu'un ancien temple que les Arabes avaient crénelé. — Sur la route de Souk-Ahras à Taoura, à 12 k. dans un défilé, *Hammam-Tassa*, eaux sulfureuses (35°), très utilisées par les Arabes; un gourbi sert d'établissement.]

De Souk-Ahras à Tifech (41 k. S.; route muletière). — De Souk-Ahras la route monte jusqu'à Khremissa par une série de mamelons n'ayant pour végétation que des broussailles épineuses ou quelques rares halfas.

29 k. **Khremissa**, à 940 m. d'alt., près des sources de la Medjerda sur l'emplacement de l'ancienne cité romaine de *Thubursicum Numidarum*. La ville ancienne couvre de ses ruines une suite de collines rondes et verdoyantes formant amphithéâtre; on remarque parmi ces ruines celles d'un théâtre, cachées en partie par une construction dont la destination est inconnue. Une source thermale sourd d'un bâtiment reconnaissable à la porte cintrée des citernes; des fragments de palais, de constructions particulières, de murs d'une ville, d'une basilique, d'un arc de triomphe et de mosaïques, offrent un vaste champ d'études à l'explorateur.

41 k. **Tifech**, *Tipasa*, situé à 958 m. d'alt., entre la Medjerda et l'oued Tifech: ce dernier, grossi par les deux grandes sources d'Aïn-Khellakhel, est la tête de la Seybouse. Tifech, la ville arabe, a complètement disparu. Les ruines de Tipasa, nom que l'on retrouve dans une autre localité de la province d'Alger (V. R. 3), dominent l'immense plaine de Tifech, qui devait être d'une fertilité incalculable, à en juger par le grand nombre de fermes et de villas éparses sur une surface de plus de 1,000 hect. La citadelle de Tipasa est en grande partie debout.

[A 4 k. S.-E. de Tifech, au lieudit *Ouarce*, dolmens nombreux.]

De Souk-Ahras à Tebessa (128 k.; chemin de fer en 6 h.; 14 fr. 35, 10 fr. 90, 7 fr. 70). — La voie, passant au-dessus du tunnel où s'engage, à g., le chemin de fer de Bône à Tunis, laisse à g. le v. de *Zarouria*, puis descend par une pente de 25 millim. dans un pays boisé et très pittoresque jusqu'au niveau de la vallée de l'*oued Medjerda* qu'elle traverse sur une série de ponts et de viaducs d'une très grande hardiesse, pour pénétrer dans le vallon de l'*oued Mengoub*.

14 k. L'*oued Chouck*; pas de village; c'est le nom de la rivière arrosant les vergers et les jardins dominés par de hautes montagnes. La ligne remonte la vallée de l'oued Mengoub.

28 k. **Dréa**, pas de village; à dr., caravansérail; à g., *Koubba de Sidi Brahim*, marabout très vénéré dans la contrée.

36 k. **Mdaourouch**, point culminant de la ligne (858 m.); là se partagent les eaux de l'oued Medjerda et de l'oued Mellègue. Le vrai nom de la gare devrait être *Bir-Sedra*.

Les ruines imposantes de *Madaure* (Mdaourouch), visibles du chemin

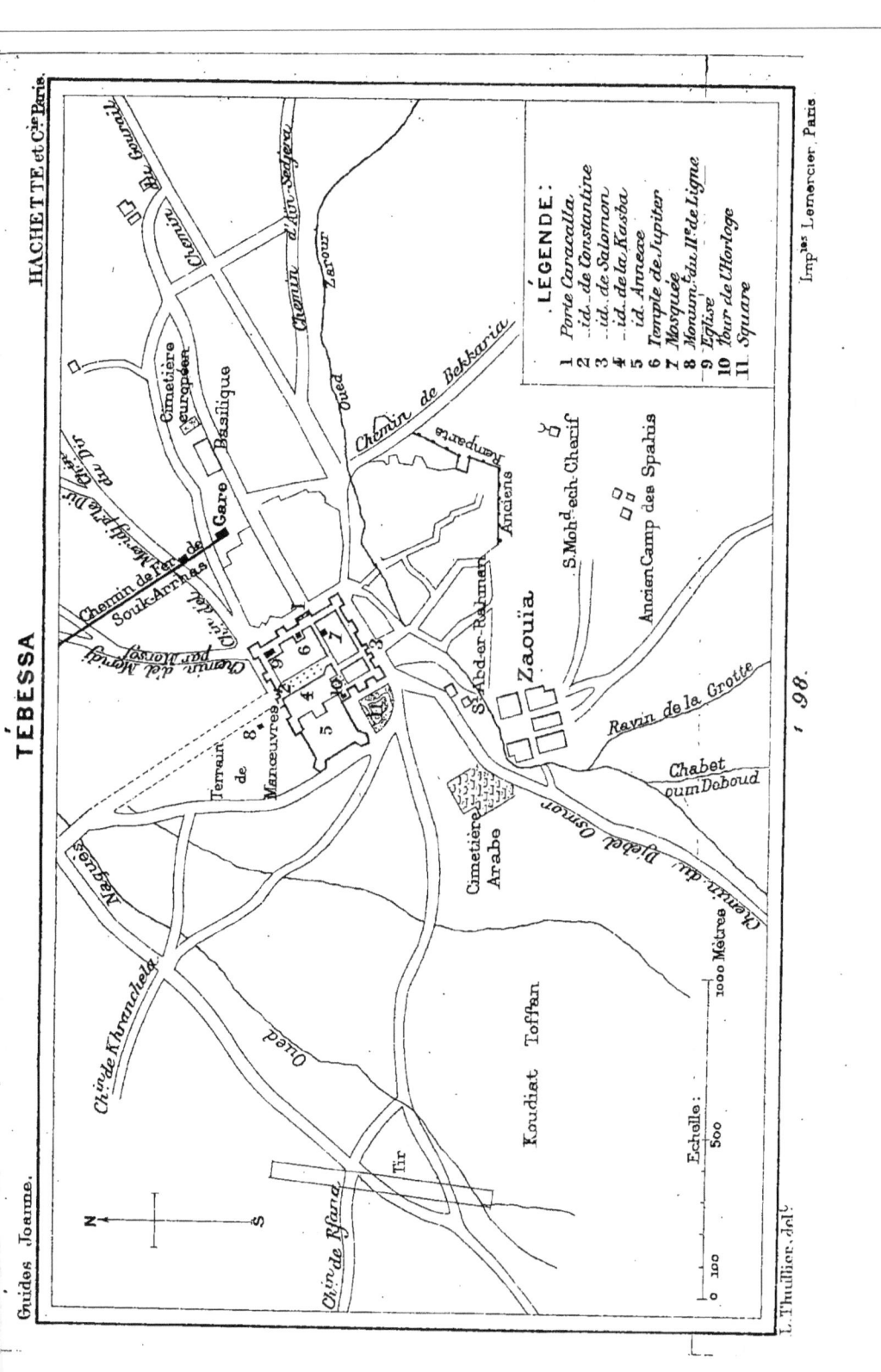

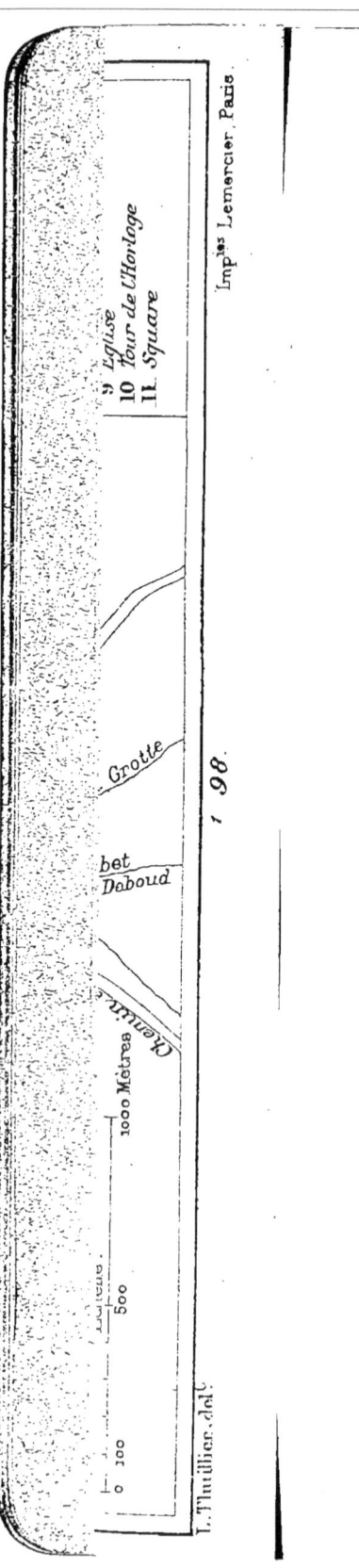

de fer, sont situées à 6 k. 500, en arrière à g. Le touriste qui visitera ces ruines, pourra trouver l'hospitalité chez l'un ou l'autre kaïd de Mdaourouch. — *Mdaourouch*, autrefois *Madauré*, est une des plus anciennes colonies romaines. La position de la ville est admirable. Au N., de nombreux cours d'eau alimentent la Medjerda. Au S., les forêts couronnant les crêtes du *djebel Bou-Sessou*. Au N.-E., les pittoresques et montueux horizons du cercle de Souk-Ahras et les principales chaînes dentelées des montagnes de la Tunisie. On trouvera dans ces ruines des restes de constructions intéressantes et une forteresse byzantine. — Apulée, philosophe, rhéteur et romancier latin, naquit à Madaure, l'an 114 de J.-C., à la fin du règne de Trajan. Il mourut à Carthage en 184, à l'âge de soixante-dix ans. C'est l'auteur de *l'Ane d'or*, tableau complet de la vie et de la société au IIe s.

68 k. Clairfontaine (buffet) ou *Aouinet-ed-Dieb* (les petites sources des chacals); dépôt d'halfa; futur village, au pied du *djebel Guelb*. — Le pays continue à présenter un aspect aride et désolé. La monotonie du parcours n'est rompue que par une forêt de pins et de thuyas que la voie traverse au pied du *djebel Mkhreréga* dont le sommet surplombe la vallée de l'oued Mellègue. Cette montagne, à g., offre une série de dentelures fort bizarres. A l'horizon, à g., quand l'atmosphère est pure, on aperçoit le haut rocher de *Kaldat-el-Esnam* en Tunisie, dont le sommet (1,252 m.) porte un village qui fut longtemps le magasin de réserve et le réduit de la puissante tribu des Hanencha. — On franchit l'oued Mellègue sur un pont de 60 m.

96 k. **Morsot**, ch.-l. de com. m. de 21,295 hab. dont 559 Français, ksar ou bordj arabé et ruines d'une forteresse romaine, à 1 k. à g. On y a établi un dépôt d'halfa que l'on coupe dans la contrée.

128 k. **Tebessa**.* La gare est à 200 m. de la muraille byzantine du N.-E. où se trouvent, en dehors, l'arc de triomphe de Caracalla, et, en dedans, le temple de Minerve et la nouvelle église. Obliquant à dr., on entre dans la ville par la porte de Constantine.

Tebessa, ch.-l. d'un cercle milit., d'une com. de 6,613 hab. dont 572 Français et d'une com. indig. de 35,692 hab., située à 900 m. au pied des derniers mamelons N. du *djebel Osmor*, contrefort du *djebel Doukkan*, qui lui-même est une des nombreuses ramifications de l'Aurès. Elle commande les vallées qui descendent dans le Sahara tunisien et dans celui de la province de Constantine orientale. Elle donne un accès facile dans la vallée de Kairouan et vers le Kef.

Tebessa est la *Théveste* des Romains... *Civitas Thevestinorum*... Fondée en l'an 71 ou 72 après J.-C., par Vespasien, Théveste avait atteint son apogée de richesse et de splendeur sous le règne de Septime Sévère. C'est alors qu'il convient de faire remonter la construction de ses principaux monuments. Théveste a dû se maintenir dans son état de prospérité jusqu'au moment même de l'invasion vandale. Une inscription gravée sur l'arc de triomphe de Caracalla, nous apprend que Théveste, détruite par les barbares, fut relevée de ses ruines par Solomon, successeur de Bélisaire, 543 de J.-C. Une légende islamique dit que Tebessa fut prise par Sidi Okba, l'an 45 de l'hég. Au temps des Turcs, une petite garnison (nouba) de 40 janissaires appuyait l'autorité du kaïd de Tebessa. — Tebessa, où une première reconnaissance militaire fut faite par le général Négrier le 31 mai 1842, et une seconde, en juillet 1846, par le général Randon, a été définitivement occupée, en 1851, par le général de Saint-Arnaud, lors de son expédition à travers l'Aurès oriental.

Tebessa est une des villes de l'Algérie qui semblent avoir le plus grand avenir. Le chemin de fer de Souk-Ahras se prolongera à l'E. en Tunisie jusqu'à Gabès par les grandes oasis de Kasrin, Feriana, Gafsa et El-

Guettar. Le chemin de fer de Constantine à Aïn-Beïda s'y rattachera à l'O.

Le climat est tempéré et rappelle celui de l'Europe méditerranéenne; les eaux sont bonnes et abondantes; la principale fontaine donne 2.000 lit. par min.; de grands et magnifiques jardins fruitiers s'étendent sous les murs mêmes de la ville; les environs sont fertiles; les montagnes environnantes sont revêtues de forêts avec des carrières de marbre et d'autres matériaux de construction; le pays est enfin couvert de ruines de villages, d'établissements particuliers, parmi lesquels les *torcularia*, moulins et pressoirs à l'huile, qui témoignent de son ancienne richesse. De nombreuses et belles fermes et des moulins à vapeur ou mus par des chevaux entourent la ville.

C'est au milieu des ruines de Théveste, vers la partie S.-O., que s'élève la ville arabe de Tebessa, renfermée dans la citadelle bâtie par Solomon. La *muraille* encore debout de cette citadelle, haute de 6 m., épaisse de 2, large de 300 m. au N. et au S. et de 250 m. à l'O. et à l'E., est percée de quatre portes : *Bab-el-Kedima*, la Vieille-Porte ou arc de triomphe de Caracalla, au N.-E.; la *porte de Constantine*, à l'O., et la *porte de Solomon*, à l'E.; à l'angle E.-N. a été percée une porte bâtarde près de la tour de l'horloge. Treize tours carrées flanquent cette muraille. Un chemin de ronde, auquel on accède par des escaliers, permet au touriste d'admirer les environs de Tebessa du haut de cette muraille.

La ville, sauf la *kasba* française à l'angle S.-O., faisant face à la vieille *kasba* turque, sauf encore quelques constructions européennes, est arabe. Les rues sont droites et pavées, les maisons bien construites en partie avec les ruines de Théveste.

L'*arc de triomphe*, dont la masse principale offre un cube de près de 11 m., est du genre de ceux appelés *quadrifons*. Chaque face représente un arc de triomphe ordinaire à une seule arche. L'attique de la façade S. sert de piédestal à un petit édicule à 4 colonnes, placé dans l'axe même de la porte et disposé pour recevoir une statue. Cet arc, construit pendant les années 211, 212 et une partie de 213 après J.-C., et dédié à Septime Sévère, Julia Domna, sa femme, et Caracalla, son fils, est un véritable chef-d'œuvre d'architecture; il doit être rangé parmi les monuments les plus remarquables et surtout les plus rares de l'antiquité romaine. « Vers la fin du ve s., Solomon, en relevant les murs de l'antique cité, adopta pour le tracé d'un des côtés de sa citadelle le prolongement de la façade S. du monument; en fermant d'ailleurs les arceaux des façades E. et O. ainsi que la partie supérieure de l'arceau N., il transforma de cette manière en porte de ville et tour de flanquement ce bel édifice. »

Le **temple de Minerve**, situé entre l'ancienne kasba turque et l'arc de triomphe, est un fort beau monument de style corinthien, placé à 4 m. au-dessus du sol, soutenu par trois voûtes, et auquel on accédait par un escalier de 20 marches. Le temple est large de 8 m. et long de 14 m. y compris le pronaos ou portique entouré de 5 colonnes, mais non surmonté, comme c'était l'usage, d'un fronton sans doute remplacé par des statues. Les parois de l'intérieur, qui sert de *Musée*, sont recouvertes de mosaïques trouvées dans les environs, entre autres des deux que M. Allotte de la Fuye a mises au jour, en exécutant les travaux de la caserne de cavalerie et qui formaient le pavage de salles de thermes romains. La mosaïque principale, 7 m. sur 9, représente le triomphe d'Amphitrite; la deuxième, de moindre importance, représente un vaisseau à 20 avirons, chargé d'amphores. Au-dessous, sur une bordure, figurent un chameau, une autruche, un sanglier et une gazelle.

La *mosquée* est un chétif monument établi non loin de l'arc de triomphe, à g., en entrant dans la ville.

L'*église*, de style roman, inachevée, est située à l'angle N. de Tebessa.

M. l'abbé Delapard, savant archéologue, en a orné l'autel avec de belles mosaïques et 3 panneaux sculptés représentant la foi, l'espérance et la charité; la place est circonscrite par le *Musée* en plein vent des débris de Thévesté.

En dehors de la porte de Constantine, à g., une élégante *colonne* pyramidale, élevée par le 3º bataillon du 11º de ligne, rappelle l'expédition de Tunisie en 1881.

Au S., à dr. du chemin du djebel Osmor, au delà du quartier de cavalerie et de la koubba de Sidi Abd-el-Rahman, est le v. arabe de *Zaouïa*, coupé en deux par le ravin de l'oued Zarour.

On peut visiter au N.-E. de Tebessa, en avant du cimetière européen, et à 300 m. de l'arc de triomphe, les belles ruines connues jusqu'ici sous le nom de *basilique* et qui viennent d'être complètement déblayées sous la direction de M. A. Ballu, architecte en chef des monuments historiques de l'Algérie; elles appartiennent à un monastère qui a été établi sur les ruines d'une basilique païenne (fin du IVᵉ et commencement du Vᵉ s.). Ce monastère comprend : — 1º une entrée monumentale encore presque debout; — 2º un cloître dont un côté seul était couvert par un portique; — 3º un atrium flanqué de tours et précédé d'une galerie; au milieu se trouve la fontaine aux ablutions; — 4º un baptistère adjacent au côté droit de l'atrium; — 5º l'église ou basilique proprement dite à 3 nefs; la nef centrale avait 3 étages de colonnes; la charpente était supportée par deux rangs superposés de consoles qu'on a retrouvées dans les fouilles; — 6º un presbyterium ou cellules entourant la basilique; — 7º une chapelle trilobée à 3 absides demi-circulaires, avec autel central; — 8º une enceinte fortifiée avec tours carrées et chemin de ronde supporté par des éperons disposés à l'intérieur du mer d'enceinte; — 9º un bâtiment très important d'écuries, parfaitement conservé, avec auges en pierre et trous d'attache pour les chevaux; — 10º une petite chapelle ou oratoire établie le long du mur E. d'enceinte. — Actuellement le monastère est entièrement fouillé; on y a découvert de belles mosaïques de dallages; trois travées de sa nef ont été restaurées par M. A. Ballu à qui on doit cette notice sur le monastère.

La ville byzantine, dont la citadelle de Tebessa occupe l'angle S.-O., renferme dans ses murailles, au N. et à l'E., de magnifiques jardins.

A 150 m. S. de la kasba commence le *conduit* de 1 m. 30 déblayé sur une longueur de 300 m. et amenant les eaux de l'*aïn Chela*, dont le débit est de 57 à 60 lit. à la min.

La ville romaine, dont la ville byzantine n'était qu'une partie, renferme des ruines de *camps*, des *nécropoles*, des *puits* et des *tours*; la koubba de *Sidi Djab-Allah*, à 390 m. N.-O. de la basilique, monument romain hexagonal que les Arabes ont terminé en dôme et dans lequel ils ont fait une trouée pour y déposer le marabout Djab-Allah; à 800 m. E. de la porte de Solomon, l'*aïn el-Bled*, d'un débit de 20,000 lit. à la minute, et dont la *chambre d'eau*, le *conduit* maçonné de 500 m. et l'*aqueduc* traversant le ravin, ont été restaurés par les Français.

A 4 k. S.-O. de Tebessa, gorges de *Rfana* et ruines. Une route taillée dans le roc par les Romains, sur une longueur de 2 k., porte encore les traces faites par les roues des voitures. « Les Arabes ont donné à cet endroit le nom de *Trik-el-Careta* (chemin de la voiture). Les environs sont encore maintenant très boisés et fournissaient sans doute à la ville des bois de toutes sortes, soit de construction, soit de chauffage. On y rencontre d'ailleurs quantité de carrière dont une, entre autres, de marbre rouge de toute beauté, exploitée par les Romains. » (Cˡ *Moll*).

A 5 k. S.-O. de Tebessa. *Khrella* avec de nombreuses ruines, temple circulaire, basilique, aqueduc.

A 13 k. O. de Tebessa, ravins et grottes d'*Okkous*; ruines romaines peut-être celles d'*Aquæ Cæsaris*.

A 20 k. S.-O., au-dessous d'Okkous, on rencontre, dans le *Bahiret-el-Mchentel*, quatre groupes de ruines séparés l'un de l'autre de 500 à 600 m., et connus sous les noms suivants : 1° *Ksar-bel-Kassem*, tour byzantine avec inscriptions ; 2° *El-Blida* ; 3° *El-met-Kedes* ; 4° *Aïn-Khiar*. Dans une autre localité du Bahiret-el-Mchentel, appelée *Soma-Tasbent*, M. Moll a signalé un tombeau, monument carré de 12 à 13 m. de hauteur, ayant à peu près la forme d'une tour (soma), à 2 étages, sur lequel on lit l'épitaphe d'un octogénaire.

A 30 k. S. de Tebessa, par le chemin de Bekkaria où l'on trouve des ruines, *Bahiret-el-Arneb* (ou plaine des lièvres), avec des ruines.

A 8 k. S.-E. de Tebessa, au pied du *djebel Osmor*, défilé ou gorges de *Tnoukla*, conduisant également au Bahiret-el-Arneb.

A 15 k. N.-E. de Tebessa, sources, cirques, forêts et ruines du *djebel Dir*. — On se rend en 3 h. à pied ou en 2 h. à cheval, au sommet et sur le versant O. par la route d'El-Mérid au N. de Tebessa et sur le versant S.-E. par la route du Kef, au N.-E. C'est dans cette montagne qui a la forme d'une immense table qu'on a découvert et qu'on exploite de puissantes couches de phosphate de chaux qui promettent de magnifiques résultats. Deux sociétés anglaises exploitent, l'une le sommet du Dir; l'autre le flanc S.-E. Une société française est établie au versant O. En 1895, le djebel Dir a produit et exporté 156,857 tonnes de phosphate.

A 25 k. N.-O. de Tebessa, *Henchir* (ruines de *Ben-Krelif*, près de la montagne de ce nom, chez les *Oulad-Yahia-ben-Taleb*).

A 32 k. N.-O. de Tebessa, *Morsoul*, le *Vasompus* des Romains (?).

De Tebessa à Gabès, R. 43.

Le chemin de fer de Souk-Ahras à Ghardimaou traverse un pays magnifique. De verts pâturages, des sources abondantes, des forêts de chênes-lièges ou de chênes-zéens, feront plus tard de cette région l'une des plus florissantes de l'Algérie-Tunisie.

Après avoir quitté Souk-Ahras, et laissé à dr. le chemin de fer de Tebessa, on passe dans de profondes tranchées, puis dans cinq tunnels et sur un viaduc.

116 k. *Tarja*, halte. A dr., pont de 70 m. sur la Medjerda.

124 k. *Sidi-Bader*, station dans un très beau site. Pont de 80 m.

140 k. *Oued-Mougra*, station. — Viaduc. — Pont de 90 m. La Medjerda coule désormais toujours à g. du chemin de fer, jusqu'à Ghardimaou.

156 k. *Sidi-Hemessi*, station.

165 k. Ghardimaou et mieux *R'ardimaou*, en Tunisie, relié à Tunis par un chemin de fer de 189 k. qui est la prolongation du chemin de fer de Bône (*V.* R. 35).

ROUTE 32

D'ALGER A TUNIS

PAR MER

Cie. Transatlantique : un départ par semaine ; trajet en 100 h. y compris les escales ; 1re cl. 120 fr., 2e cl. 86 fr., 3e cl. 55 fr., 4e cl. 40 fr. ; pour les escales intermédiaires, consulter les indicateurs. — C¹ᵉ de Navigation mixte : d'Alger à Bône, un départ par semaine. — C¹ᵉ des Transports maritimes : de Bougie à Philippeville, un départ par semaine. — Les escales indiquées sont celles des paquebots transatlantiques. — Le touriste trouvera, à chaque escale, des indications pour l'emploi de son temps.

Le paquebot, quittant Alger, traverse la rade, laisse, à dr., le *cap Matifou* ou *Tementfous* sur lequel est placé un phare de 4ᵉ ordre. Les villages que l'on aperçoit ensuite sont Aïn-Beïda, Aïn-Taya, Matifou et l'Oued-Corso. Le paquebot, courant au large, laisse au loin les côtes basses ou hautes qui apparaissent très souvent confuses.

La *pointe de Dellys*, ou cap Bengut, que les indigènes appellent *Ras-el-Tarf* (le cap taillé), et *Ras-el-Hout* (le cap des poissons), est longue, étroite; le cap, s'avançant comme un môle pour protéger le mouillage de la petite ville contre la mer et les vents d'O., est dominé par un phare de 4ᵉ ordre.

90 k. **Dellys** (*V.* R. 8). — Escale de 4 h.; canot 1 fr. aller et retour; pour la visite de la ville, 1 h.

Le *cap Tedlès* qu'on aperçoit ensuite, porte sur son sommet le village kabyle de *Sidi-Khraled*. En continuant à s'avancer vers l'E., la terre la plus saillante que l'on rencontre est le *cap Corbelin*, assez élevé, d'une couleur roussâtre. A l'O. de ce cap on trouve une petite baie et un mouillage pour les vents d'E., appelé *Mers-el-Fahm* (le port au charbon), parce que c'était là que les barques venaient chercher le charbon de bois qu'ils transportaient à Alger. C'est sur le flanc du cap Corbelin qu'est assis **Port-Gueydon***, anciennement *Azeffoun*, ch.-l. de com. m. de 36,693 hab. dont 279 Français, élevé au milieu des ruines romaines de *Rusazus*. Port de mer ancien, Port-Gueydon n'offre aujourd'hui qu'un médiocre mouillage, même pour les petits bâtiments. La koubba qui se détache sur la côte, en avant de Port-Gueydon, est celle de Sidi Korchi. Au S., du cap, le *Tamgout*, élevé de 1,578 m. domine tout le premier plan des terres hautes, dont la côte est bordée depuis Dellys. Tamgout, en langage berbère, signifie *pic, aiguille*.

Au delà on passe devant le *cap Sigli* dont le sommet est remarquable par des blocs de rochers qui ressemblent à des ruines. Du cap Sigli au cap Carbon, la côte suit à peu près la direction de l'E.-S.-E. L'*île Pisan* ou de *Djeribia* est un rocher de 510 m. de longueur. La légende raconte qu'autrefois des marins bougiotes trouvèrent sur ce rocher un anachorète presque nu et réduit à un état prodigieux de maigreur; c'était Moula-en-Naçeur, l'ancien sultan de Bougie qui, renonçant aux grandeurs, s'était retiré sur cet îlot. Comment avait-il vécu sur ce rocher aride? C'est ce que la légende explique en disant que chaque fois qu'En-Naçeur plongeait la main dans la mer, un poisson venait s'attacher à chacun de ses doigts.

La côte s'élève et présente à la mer une muraille perpendiculaire de grands rochers qui règnent, sans être interrompus, jusqu'au cap Carbon (V. R. 24), et même dans la baie de Bougie. Au commencement et à peu de distance du rivage, on remarque dans ces rochers plusieurs cavernes très grandes, qui sont visibles lorsque l'on côtoie à la distance de 3 milles.

A partir du cap Carbon, la côte tourne au S. jusqu'à la pointe écartée, sur laquelle un phare a remplacé l'ancienne koubba de *Sidi El-Mlih*, et une batterie de 4 canons. Cette pointe s'appelle le *cap Bouak* (phare de 4° ordre à feu fixe), parce qu'un garde, chargé de signaler les navires à l'horizon, sonnait d'un instrument nommé *bouk*, d'où est venu le nom de bouak, le sonneur de bouk. La côte forme ensuite une baie sur le bord de laquelle est bâtie Bougie, et où l'on trouve un bon mouillage et un excellent abri, en toute saison, particulièrement contre les vents du N. au N.-O. et de l'O. Le mouillage qui présente le plus de sécurité est celui de l'anse de *Sidi-Yahia*, mais cette anse ne peut contenir qu'une quinzaine de navires. Un second phare, à feu fixe, a été élevé sur le fort Abd-el-Kader, dans la partie N.-O. de Bougie.

240 k. **Bougie** (V. R. 24). — Escale de 6 h. : visite de la ville; excursion au Gouraya ou dans la vallée des Singes; V. p. 254.

Le paquebot reprend le large pour n'aborder qu'à Djidjelli et va droit d'abord vers le cap Cavallo. Avant et au loin se dresse le *Babour* ou *Babor* (1,979 m. d'alt.). L'oued Agrioun, qui se jette dans la mer, remonte dans le fameux *Chabet-el-Akhra* (V. R. 24, B). Le *cap Cavallo*, le *Ras-Mazr'iten* d'Edrissi, l'*Audon* de Ptolémée, est une terre assez élevée qui s'avance vers le N.-N.-O. La côte est formée ensuite par un cordon de roches uniformément placées comme les pierres d'un quai. C'est sur l'une d'elles qu'apparaît d'abord le phare de 1er ordre de Djidjelli; la ville neuve disparaît sous la verdure touffue des platanes, tandis que l'on distingue très bien le quartier arabe avec son palmier, sa koubba et sa petite citadelle.

280 k. **Djidjelli** (V. R. 23). — Escale de 2 h.; canot 1 fr. aller et ret., mais le mieux est de rester à bord.

De Djidjelli à Collo on rencontre le *cap Bougiarone* sur lequel on a élevé un phare de 1er ordre. Quand on a contourné les pointes du *Ras-el-Kebir*, du *Bou-Sebaou* et d'*Ed-Djerda*, on arrive dans la baie de Collo qui offre un abri contre les vents du N.-O. à l'O. Un phare de 4e ordre domine l'O. de cette baie.

335 k. **Collo** (V. R. 30, B). — Escale de 5 h.; c'est généralement la nuit que le paquebot mouille devant Collo.

Du paquebot, si parfois on arrive de jour, tableau très varié et très pittoresque. Au S., c'est une plaine d'une belle étendue, couverte d'une riche végétation, au milieu de laquelle s'élève une montagne conique toute boisée, que les habitants de Collo ont appelée *Roumadia* (la charbonnière), et qui, du large, paraît comme une île au fond du golfe; l'*oued Guebli*, prenant sa source au S.-E., chez les *Oulad-Mjedja*, traverse cette vallée et vient se jeter dans la mer à l'E. de la baie. A dr. et à g., de grandes masses s'élèvent graduellement. Mais ce qui est surtout inté ressant, ce sont, à l'E. comme à l'O. de Collo, sur le bord de la mer, les sardineries et établissements de salaisons dont l'importance devient de plus en plus grande. Bougie, Stora et la Calle possèdent avec Collo, dans la province de Constantine, 34 établissements occupant plus de 300 ouvriers, tandis que les provinces d'Alger et d'Oran n'ont que 7 établissements occupant 80 ouvriers seulement.

Au delà de Collo on rencontre l'*île* du même nom qui offre un abri aux barques ou sandals; puis le *cap Bibi* et l'*îlot d'Asrak*, rocher pyramidal entièrement nu. L'*île Srigina* est un rocher couronné par un phare de 4ᵉ ordre. Stora (V. R. 20, B.).

395 k. **Philippeville** (V. R. 20, B). — Escale de 16 h. On visitera la ville, la propriété Landon, Stora ou la vallée du Safsaf.

Une plage de 6 milles s'étend de Philippeville au *cap Fitfila*, connu des corailleurs sous le nom de *cap Vert*, et qui renferme de belles carrières de marbre blanc, déjà exploitées du temps des Romains. Le *cap de Fer* ou *Ras-el-Hadid* porte un phare de 2ᵉ ordre. Lorsqu'on vient de Philippeville, le cap de Fer apparaît comme une île. A quelque distance vers l'E., on trouve les mines de *Culucitanis*, puis une petite baie dominée par la koubba de *Sidi Akkecha*.

Le *cap Toukouch*, *Tacuata* des anciens, s'avance vere le N., en se séparant de la côte comme une presqu'île de manière à offrir un abri pour les vents d'O. et d'E. Toukouch est encore le *Porto Entrecoxi*, où les Pisans et les Génois, établis à Bône, au xivᵉ s., venaient acheter des cuirs, des laines et de la cire aux montagnards du *djebel Edough*. Herbillon (V. R. 28) est situé au pied du cap. La côte ensuite est extrêmement escarpée et garnie de grands rochers qui forment une espèce de muraille jusqu'à la *Vache noire*. C'est ainsi que les Maures ont appelé une roche conique, située à l'extrémité d'une pointe très aiguë qui s'avance en mer comme un môle. Le *cap de Garde* ou *Ras-el-Hamra* (le cap rouge) a son sommet surmonté d'un phare de 4ᵉ ordre. Le creux qui existe entre le cap et le fort Génois peut offrir un abri contre les vents d'O. et du N.-O. Dans cet endroit, la côte est bordée par des falaises de rochers; il n'y a qu'une petite plage où les embarcations accostent facilement.

Le cap arrondi sur lequel a été bâti le *fort Génois* est environné d'un grand nombre de roches peu éloignées de sa base. Ce fort, ainsi que son nom l'indique, a été bâti par les Génois, au xvᵉ s., pour protéger leurs barques de corailleurs, lorsque le mauvais temps les forçait de chercher un abri dans l'anse que ce fort dominait. Le *mouillage des Caroubiers* vient après le Fort-Génois.

Le *Ras-el-Hamam* (le cap des pigeons), le promontoire *Stoborron* de Ptolémée, a été ainsi appelé à cause de la grande quantité de pigeons qui viennent se réfugier dans les crevasses que présentent les diverses couches dont il est composé. A sa partie la plus rapprochée de l'E., s'avance un îlot d'un seul bloc, remarquable par sa forme extraordinaire. Quand on le voit du mouillage des Casserins, à l'E., il ressemble exactement à un *lion :* aussi lui en a-t-on donné le nom; il a 17 m. de hauteur.

A partir du Lion, la côte court droit au S.-E.; là se trouve une petite plage, qui a reçu le nom de *plage des Casserins,* connue des baigneurs de Bône sous le nom de *la Grenouillère*. Après cette plage, la côte continue jusqu'au fort de *la Cigogne*, qui s'élève à la pointe S.-E. de Bône; son aspect est toujours le même, celui de grandes masses de rochers qui descendent rapidement à la mer.

440 k. **Bône** (*V. R. 28*). — Escale de 11 h. — On visitera Bône, Hippone et la Corniche.

L'*oued Bou-Djema* se jette à la mer à un demi-mille de Bône; un peu plus au S. est l'embouchure de la *Seybouse*. Entre ces deux rivières, on remarque le mamelon sur lequel était autrefois la ville d'*Hippone*, et que couronnent la *basilique de Saint-Augustin* et un *hospice de vieillards*. Sur le *cap Rosa*, le *Ras-Bou-Fal* des Arabes, à 13 milles de la Seybouse, s'élève un phare de 4ᵉ ordre. A 6 milles du cap Rosa, on voit sur un escarpement les ruines d'une tour qui appartenait à l'ancien *Bastion de France*, un des premiers établissements des Français en Afrique.

Le *cap Gros* est situé à 1 mille du Bastion.

522 k. **La Calle** (*V. R. 28*). — Escale de 3 h.; rien à voir, il fait nuit quand on mouille à 1 mille de la Calle.

Au delà de la Calle on découvre à 4 milles de distance le *Monte Rotondo*, le *Kef-Mestab* des Arabes; une petite rivière coule à sa base, du côté de l'E., et vient se jeter dans la mer à peu de distance; elle a longtemps servi de limite aux deux régences d'Alger et de Tunis.

A 4 milles 1/2 du Monte Rotondo est le *cap Roux, Kef-Rous* (la roche à plusieurs cimes). Il est escarpé de tous les côtés. On y voit une grande rigole — partant du sommet et descendant jusqu'à la mer — par laquelle on faisait descendre autrefois le blé qui avait été acheté aux Arabes et qui arrivait ainsi directement dans les bateaux. La compagnie d'Afrique y avait un magasin, dont les restes couvrent un roc qui paraît inaccessible.

Le cap Roux forme la tête de limite entre nos possessions directes et la Tunisie protégée.

Pour la suite du trajet, du cap Roux à Tunis, *V. R. 42*.

QUATRIÈME SECTION

TUNISIE

QUATRIÈME SECTION

TUNISIE [1]

APERÇU GÉOGRAPHIQUE

Situation.

La Tunisie, l'Africa des Romains, qui comprenait la Byzacène et la Zeugitane, s'étend du 32° 20' au 37° 20' de latitude N. et du 5° 40' au 9° 12' de longitude E.; elle est bornée au N. et à l'E. par la Méditerranée; à l'O. par l'Algérie; au S. et au S.-E. par le Sahara et la Tripolitaine, du côté de la mer, par l'oued Makta près duquel n'existe aucun poste de surveillance; sa superficie, diversement évaluée, serait, d'après M. le colonel Peigné, de 105,000 k. carrés.

Division naturelle.

Comme l'Algérie, mais plus irrégulièrement, la Tunisie comprend *le Sahel, le Tell, les Steppes* et *le Sahara* ou *Djerid*.

Le Sahel, bordant les côtes sur une profondeur de 10 à 15 k., est la région la plus riche en terre végétale et la plus fertile en oliviers, en céréales et en vignes; la Dakhlat-el-Mahouin, quoique coupée de collines, et le bassin inférieur de la Medjerda font partie du Sahel.

Le Tell, partie montagneuse arrosée par les pluies d'hiver, comprend cependant quelques vallées comme celles de la Siliana, du Mellègue et du Merguellil, vallées à céréales, tandis que les vergers et les forêts couvrent les montagnes; ces montagnes se terminent parfois en plateaux pierreux, *hammada*.

---

[1] Pour l'histoire de la Tunisie, *V.* Tunis, histoire.

ALGÉRIE.

Les Steppes, participant du Tell et du Sahara, présentent généralement une succession de plateaux à halfa, à plantes aromatiques et à plantes où paissent de nombreuses bandes de moutons et de chameaux.

Le Sahara, en Tunisie Belad-el-Djerid (le pays de la palme), comprend les chotts, les dunes de sable et les oasis dont les dattes sont réputées les meilleures de l'Afrique. Comme dans les Ziban, l'oranger, le figuier, la vigne, l'olivier et les légumes sont cultivés avec les palmiers.

Orographie.

Les montagnes de la Tunisie appartiennent à la grande chaîne de l'Atlas, qui commence sur les bords de l'Atlantique, traverse le Maroc et l'Algérie et se prolonge jusqu'au cap Bon, projetant comme dans ces deux pays ses nombreuses ramifications, bien que l'on rencontre çà et là quelques groupes qui semblent isolés. Toutes ces montagnes, généralement peu élevées, sont nombreuses; voici les noms des principales :

En allant de l'O. à l'E., entre le littoral et la rive gauche de la Medjerda : l'Addeda, le Bir, le Sidi-Abd-Allah, le Sma, le Tehent et le Dar-er-Roumel.

Sur la rive dr. de la Medjerda, entre la frontière et l'oued Mellègue : l'Ahmar-mt'a-Ouerran, le Ledjebel, l'Harrab.

Entre l'oued Mellègue et l'oued Siliana : le Ghorra, le Raz'aouan, le Dis-el-Kef, le Tarfa, le Sfi et le Tricha.

Entre la Siliana et l'oued El-Kebir : le Rihan, le Klab, le Bargou; plus bas, entre la Siliana et l'oued Marouf, le Serdj, le Bellota le Zilk. A droite de l'oued Marouf : la chaîne du djebel Ousselet.

A g. de l'oued Merguellil : le Tebaya, le Kraïb, le Cherichira; à droite : le Berberou, le Guerria, le Trozza.

A g. de l'oued Melian : le Zaghouan et le Djoukar, et, en remontant, le R'sas et le Bou-Korneïn.

Au S. : le Guelaâ, le Semata, l'Halouk, le Tiouach. Plus bas enfin : le Bou-Hedma et l'Arbet. Toutes ces montagnes ont généralement de 800 à 1,200 mètres.

Hydrographie.

Rivières. — La principale rivière de la Tunisie est la Medjerda, le Bagradas des anciens, qui naît en Algérie à l'O. et non loin de Souk-Ahras, pénètre en Tunisie, à côté de Ghardimaou, et

HYDROGRAPHIE. — CLIMAT.

va se jeter par deux branches dans le R'ar-el-Melah, au-dessus de Bou-Chateur, Utique. La Medjerda, pas plus que les autres cours d'eau de la Tunisie, n'est navigable, mais son action est fertilisante. Les affluents de droite sont l'oued Mellègue, l'oued Khaled et l'oued Siliana qui reçoivent eux-mêmes d'autres cours d'eau changeant de nom, selon l'endroit par où ils passent. L'oued Marouf et l'oued Merguellil, à dr. de la Siliana, vont se perdre dans les marais de Kairouan. L'oued Melian, d'abord oued El-Kebir, à droite des djebel Djoukar et Zaghouan, va se jeter dans le golfe de Tunis, un peu au-dessus d'Hammam-Lif ou el-Enf. Il est inutile de citer tous les autres cours d'eau souvent à sec en été et torrents en hiver quand il a plu.

Les *lacs* de la Tunisie sont l'Echkeul qui se jette dans le lac de Bizerte, ce dernier très poissonneux, et le lac de Tunis, El-Bahira ou Bogaz, entre Tunis et la Goulette.

Les *chotts* ou *sebkhras* sont : Es-Sedjoumi, sous Tunis, au S.-O.; Kelibia, qui, d'après le docteur Rouire, serait le fond du lac Triton qu'il déplace; Sidi-el-Hani, à l'E. et au S. de Kairouan; M'ta-er-R'arrâ, au S. du précédent; Mechguig, à l'O.-S. du précédent; Monaïl, non loin du Bou-Hedma; El-Mellaha, au-dessous de Djerba et communiquant avec la mer, et, enfin, les grands chotts Ed-Djerid et Er-R'arsa que le commandant Roudaire voulait relier au chott Melr'ir, en Algérie, pour en faire la fameuse mer intérieure.

Les golfes, détroits, isthmes, presqu'îles, caps, îles et archipels sont décrits : R. 44, le littoral.

Climat.

La Tunisie, comprise entre les 37° 20' et 32° 20' de latitude N., fait partie de la zone tempérée arctique. Assez semblable, sur le littoral, à celui des côtes méridionales de l'Europe, le climat varie, dans l'intérieur, en raison de l'altitude; la moyenne annuelle de la température, qui atteint presque 22° à Bône, s'abaisse à 17° et même à 14° dans certaines parties du Tell. Par suite de cette même loi des compensations, la régence de Tunis, dont le sol est en général beaucoup moins élevé, offre de plus hautes températures : la moyenne de la saison chaude, à Sousse, est de 36°5; celle de la saison des pluies, de 16°, et la moyenne annuelle de 24°. Le thermomètre monte accidentellement à Tunis jusqu'à 48°, sous l'influence du vent du S. qui souffle directement du Sahara.

Les saisons se succèdent avec régularité. L'hiver n'est autre que la saison des pluies, en janvier et février; le printemps finit avant le mois de mai. L'été se prolonge jusqu'en octobre. Les premières pluies annoncent l'automne.

Règne végétal.

Les *forêts*, couvrant 500,000 hect., n'existent qu'au N.-O. et sur le littoral de la Tunisie; elles produisent des chênes verts, des chênes blancs, des chênes-lièges (182,000 hect.) donnant, pour 1897, 12,323 quintaux au prix de 324,020 fr., des gommiers (35,000 hect.), des ormes, des frênes, des pins résineux et des thuyas; la plupart de ces bois sont propres aux constructions navales, et Rome les exportait jadis, quand il y avait un port à Tabarca.

Les *arbres à fruits* sont l'abricotier, l'amandier, le pêcher, le pommier, le prunier, le poirier, le grenadier, le figuier, le néflier, le pistachier, le jujubier, la vigne, le figuier de Barbarie; mais surtout l'oranger, le citronnier; enfin on compte 11,222,525 oliviers (1895) donnant en moyenne 36,000,000 litres d'huile dont la France importe 5,700,000 lit., et 2,000,000 palmiers-dattiers donnant une production de 8 millions de francs sur place; l'exportation est de 7 à 800,000 fr. par an.

Les *vignes* (1895-96) comprennent 7,995 hect., dont 1,700 aux indigènes et ont donné 150,000 hectol.; le rendement moyen a été de 26 hectol. par hect. La Tunisie est indemne du phylloxera.

Les *céréales* sont le blé dur, un peu de blé tendre, l'orge, le maïs et l'avoine. La production du blé pour 1896 est de 1,885,000 hectol.

Les *légumes* sont ceux du midi de la France.

Les *plantes textiles* sont le coton, le chanvre, l'alfa, très commun (de 1885 à 1896, 4,700,000 quintaux métriques), l'aloès, l'ortie.

Les *fourrages* viennent sans culture.

Le *tabac* et le *pavot* sont très bien cultivés.

Les *plantes tinctoriales* comportent le carthame, l'indigo, la garance et le henné.

Les Français possèdent (en 1896) plus de 500,000 hect. de terres évaluées 12 millions de francs.

Règne minéral.

Les *métaux* comprennent le fer, le cuivre, le plomb, le zinc, la calamine, le mercure et l'argent; on trouve, dit-on, de l'or au Bou-Hedma, dans le sud de la Tunisie, et le sable de la Goulette serait aurifère (?). Jusqu'à présent, le plomb est exploité au djebel R'sas (montagne du plomb); le zinc et la calamine sont exploités au djebel Zaghouan.

Les *sources thermales* et *minérales*, dont quelques-unes étaient connues des Romains, qui avaient su les aménager, sont celles : de Hammam-el-Enf, de Kourbes, de Hammam-Zeriba, de Garzi, de Hammam-Sguededi, de Gafsa, de Sidi-Haket à El-Hamma, de Nefta, de Sbeïtla, de Bizerte, de Bou-Chateur, et au delà, de Béja.

Le *sel* et le *salpêtre*, abondants en Tunisie, ne donnent pas lieu à un grand commerce.

Le *marbre*, la *pierre*, le *plâtre*, sont communs. On signalera le marbre rose veiné de blanc de Chemtou, exploité du temps des Romains pour le compte de la maison impériale : quelques blocs non utilisés portent encore la date de leur extraction et un numéro d'ordre. La carrière, exploitée naguère, est aujourd'hui abandonnée.

Le *phosphate de chaux*, près et au N.-O. de Gafsa, paraît inépuisable; d'autres gîtes de phosphates de même nature que ceux de Gafsa se rencontrent à Kalâa-es-Senan, Kalâa-Djerda et au Ksour, dans la région centrale, ainsi qu'au N., à Sidi-Ayed. Une société vient de se former au capital de 20 millions pour l'exploitation des phosphates de Gafsa, à la charge pour elle d'établir un chemin de fer de Sfax à Gafsa et aux gisements.

Règne animal.

Les *animaux sauvages* sont la hyène, le chacal, le lynx, le renard, l'antilope, le cerf, le daim, la gazelle, le mouflon, le sanglier, le porc-épic, le raton, la loutre, la gerboise.

Les *animaux domestiques*, le cheval barbe 62,800, l'âne et le mulet 124,000, le chameau 130,900, le bœuf, petit généralement, 272,040, le mouton à large queue 1,145,000, la chèvre 607,149 et le porc 13,000. — Les moutons ne sont que le quart de ceux que la Tunisie pourrait nourrir et que, d'après M. Bourde, il faudrait remplacer par ceux de l'Algérie et de la Crau.

Les *oiseaux sauvages* sont ceux de l'Algérie, mais en plus le flamant.

Les *oiseaux de basse-cour* offrent les mêmes variétés.

Les *reptiles, insectes, mollusques, poissons*, etc., ne donnent lieu à aucune remarque particulière. On mentionnera cependant la *naddja*, Bouftira des Arabes, vipère des jongleurs, qui se trouve dans le S. de la Régence, surtout dans les environs de Tina, la *céraste* ou lefâa, vipère à cornes, et l'éponge, pêchée aux environs de Sfax.

Population.

On estime généralement que le chiffre de 1,500,000 hab. établi d'une façon approximative, est inférieur à la réalité de 3 à 400,000 unités, soit un total de 1,900,000 à 2,000,000 qui se décomposent ainsi :

Musulmans :	Berbères, Arabes, Maures, Koulouglis	1,700,000
	Italiens	40,000
	Français ou protégés, non compris l'armée	20,000
Chrétiens	Maltais, Anglais	16,000
	Espagnols	500
	Allemands	250
	Grecs	1,000

La *population juive*, appartenant soit à la Tunisie, soit à titre de protégés aux différentes nationalités européennes, compte 50,000 habitants.

Administration.

Le traité de Ksar-Saïd du 12 mai 1881, a placé la Tunisie sous le protectorat de la France qui sauvegarde la sécurité du pays et l'administration financière. Le gouvernement de la Tunisie est absolu ; le pouvoir beylical est transmis de mâle en mâle à l'aîné de la famille, sans égard au degré de parenté.

Le bey gouverne la Régence avec le concours d'un ministère qui comprend : un ministre des affaires étrangères, dont les fonctions sont exercées, depuis la signature du traité du Bardo, par le ministre résident de France et un ministre de la plume ou secrétaire général chargé de la préparation de sa correspondance, de sa rédaction et de la promulgation des décrets, qui sont les actes législatifs de la Régence ; des directeurs sont à la tête des différents services des finances, des travaux publics, de la justice, de l'instruction publique, des renseignements, des contrôles civils et de l'agriculture.

Divisions administratives.

Tous les gouverneurs et kaïds sont placés sous le contrôle et la surveillance, soit des contrôleurs civils, fonctionnaires français, qui sont encore vice-consuls et officiers de l'état-civil, soit des commandants supérieurs de cercle. Les gouverneurs ou kaïds touchent les impôts de capitation et les dîmes ; ils règlent les questions litigieuses, en premier ressort et les affaires de simple police.

Les chefs-lieux de contrôles civils sont : Tunis, Béja, Souk-el-Arbâ, Bizerte, Grombalia, Moktar, Le Kef, Sousse, Sfax, Kairouan, Gabès, Gafsa et Thala.

Division militaire.

L'armée française a Tunis pour chef-lieu de division.

Les deux subdivisions sont *Tunis*, comprenant : la Manouba, la Goulette, Zaghouan, Bizerte, Aïn-Draham, Souk-el-Arbâ, Tabarka, le Kef, Souk-ed-Djema, Sousse, Monastir, Kairouan, Hadjeb-el-Aïoun.

Gabès, comprenant : Sfax, Ras-el-Oued, Djerba, Metameur, Metrech, Gafsa, El-Aïacha, El-Hafey.

Justice.

La justice rendue par le bey était expéditive ; les prévenus de droit commun étaient amenés, interrogés et jugés sur le champ. Aujourd'hui le tribunal de l'Ouzara est l'émanation du pouvoir judiciaire du Bey. Il se divise en deux sections, celle des affaires pénales et celle des affaires civiles. Les pénalités sont, suivant le cas, l'amende, la prison, le bagne ou la mort.

La justice musulmane est encore exercée par les tribunaux religieux ou *charâa*.

Les étrangers étaient, jusqu'à présent, jugés par les consuls et juges-consuls de leur nation ; mais la création, par le gouvernement français, de tribunaux de première instance à Tunis et à Sousse, et de justices de paix à Tunis, Aïn-Draham, Bizerte, Djerba, Gabès, Gafsa, la Goulette, Kairouan, le Kef, Maktar, Monastir, Nebeul, Sfax, Souk-el-Arbâ, Sousse et Tozeur et qui fonctionnent depuis 1884, a introduit des modifications profondes dans la justice des consuls dont les nationaux se présentent désormais devant nos tribunaux.

Religion.

Les *musulmans* suivent quatre rites : le maleki, le hanefi, l'hambeli et le chafaï, mais principalement les deux premiers.

Les insulaires de Djerba sont khramsès ou cinquièmes, c'est-à-dire hérétiques, comme les Mzabis en Algérie. Les mosquées, zaouïas, mdersas ou simples koubbas, dans lesquelles les musulmans font leurs prières, sont fort nombreuses en Tunisie.

Les *juifs*, divisés en tounsi et gourni, avec leurs consistoires et leurs budgets séparés, possèdent également de nombreuses synagogues.

Les *catholiques* du diocèse de Tunis, qui relève de Carthage, vont prier dans l'église de la rue Mordjani, desservie par les pères capucins, et dans l'église de l'avenue de la Marine. — Carthage possède une magnifique cathédrale et la chapelle de Saint-Louis; Bizerte, Sousse et Sfax ont des chapelles.

Les *chrétiens grecs* et les *protestants anglais* ont également leur église et leur temple à Tunis.

Instruction publique.

Avant le protectorat français, la Tunisie possédait, dans ses principales villes, quelques écoles où les enfants apprenaient à lire et à réciter les versets du Koran.

Depuis, pour satisfaire aux besoins moraux et intellectuels des nombreux colons européens répartis sur le littoral comme dans l'intérieur de la Tunisie, une direction de l'enseignement public a été instituée; M. Machuel, qui en est chargé, a couvert la Régence d'un réseau d'écoles franco-arabes. La Tunisie possède 104 écoles primaires libres et congréganistes comptant 13,000 élèves.

Voici maintenant comment l'enseignement est donné à Tunis:

Enseignement musulman. — 450 élèves adultes reçoivent, à Djama-Zitouna, de 44 professeurs, l'enseignement du droit musulman et de la grammaire supérieure. — Collège Sadiki ou *Mdersa-Sadikia*, près du quartier franc, fondé en 1875, par Kheir-ed-Dîn, qui lui constitua une rente de 230,000 piastres (138,000 francs); l'enseignement absolument gratuit donné par 4 professeurs européens et 22 professeurs musulmans, à 108 élèves, comporte l'étude du Koran, des lettres, des sciences et des langues arabe, turque, française et italienne.

Enseignement français. — Lycée Carnot; c'est le collège Saint-Louis, de Carthage, racheté par l'État et transporté à Tunis, derrière la nouvelle église. Fondé par Mgr Lavigerie, sa direction est aujourd'hui civile, et il compte 460 élèves. — École des frères des écoles chrétiennes, dans le quartier Sidi-Mordjani. — École des sœurs. — Pensionnat des Dames de Sion. — École de l'alliance israélite pour les garçons, fondée en 1878, sous la protection de la France. — Même école pour les filles. — Enfin collège italien et collège anglais, et institution italienne et anglaise pour les filles.

L'*Alliance française*, qui a pour but de faire connaître et aimer notre langue chez les indigènes soumis à notre protectorat, possède, à Tunis, une section dont la création est due à l'initiative de M. Machuel, directeur de l'enseignement : collège Alaoui, ou école normale supérieure, écoles primaires musulmanes, cours supérieur de français, cours d'adultes, cours d'arabe, voici ce que la Tunisie doit à MM. Cambon, ancien ministre résident, et Machuel.

Un *service des antiquités et beaux-arts*, dont M. P. Gauckler est l'inspecteur, est de création récente. La *bibliothèque* est située rue de la Commission, n° 5, et le *musée* est au Bardo. — Le musée privé de Carthage, créé par le cardinal Lavigerie, est ouvert gratuitement au public.

Travaux publics.

La *direction des travaux publics*, pour le compte du gouvernement tunisien, et confiée à un ingénieur français, a eu un fonctionnement très laborieux de 1887 à 1889.

Le Fondouk-el-Ghalla, ou grand marché de Tunis, a été inauguré en 1889.

Tout un réseau de routes carrossables a été exécuté dans la banlieue de Tunis. Les routes de Tunis à Bizerte, à Sousse et Mehedia, au Kef, et de Tabarca au Kef sont livrées à la circulation.

Le port de Tunis a été ouvert en 1893; le port de Bizerte est terminé (1895). Le port de Sfax a été inauguré en avril 1897.

Le capital actuellement dépensé ou engagé dans les travaux publics de la Tunisie a été considérable :

	Francs.
Ports maritimes et de commerce	34,000,000
Phares et balises	1,500,000
Chemins de fer	65,000,000
Routes (1,400 kil.)	12,000,000
Bâtiments civils	10,500,000
Alimentation hydraulique	800,000
Égouts	2,500,000
Forages artésiens	500,000
	126,800,000

La Société de Bône-Guelma et prolongements a livré à la circulation le chemin de fer de Tunis à Ghardimaou, près de la frontière de l'Algérie, 189 k., et la section de 15 k. de Béja-Gare à Béja-Ville. La ligne de Sousse à Kairouan est livrée au public depuis 1889. La ligne de Tunis à Bizerte, 98 k., est ouverte depuis le mois d'octobre 1894. La ligne de Tunis à Sousse, 150 k. (avec embranchement sur Menzel-Bou-Zalfa, 14 k., et Nebeul, 17 k.), est ouverte depuis le mois de février 1897; celle de Tunis à Zaghouan, 62 k., depuis le mois de juin de la même année. Les lignes de Sousse à Mehedia et Menzel-Moknine sont en voie d'exécution. Éventuellement et dans un avenir prochain, Sfax à Gafsa, 205 k.; Fahs au Kef, 125 k.; Sousse à Sfax par Ed-Djem, 100 k.

Le chemin de fer de Tunis au Bardo et de Tunis à la Goulette, créé par une société anglaise, a été vendu par cette dernière à la Société italienne Rubattino.

Industrie et commerce.

Les indigènes fabriquent des tissus de soie, de laine et de coton. Les tapis de Kairouan et les couvertures fabriquées dans les tribus, les burnous et les kaïks tissés dans l'île de Djerba sont renommés.

Les Tunisiens brodent en or, en argent et en soie avec un art merveilleux. La sellerie, la cordonnerie et mille objets en cuir sortent des bazars de Tunis et de Kairouan.

Les teintureries, pour n'avoir pas les procédés européens, livrent des produits de couleurs magnifiques.

Sousse et Monastir sont connues pour leurs savonneries. — Tunis distille les essences de rose et de jasmin. — Nebeul et Djerba font des poteries. — Feriana taille des meules. — Djedeïda possède d'importantes minoteries.

Les huiles, les alfas, les grandes pêcheries de thon et des poissons du lac de Bizerte, exploitées par des Européens, les éponges et le corail donnent lieu à un commerce considérable.

La Tunisie, en 1896, a exporté pour 34,509,532 fr. dont 59 0/0 pour la France, et importé pour 46,444,548 fr. dont 55 0/0 par la France.

N. B. — Pour le voyage en Tunisie et les modèles d'itinéraires, *V.* les Renseignements généraux en tête du volume.

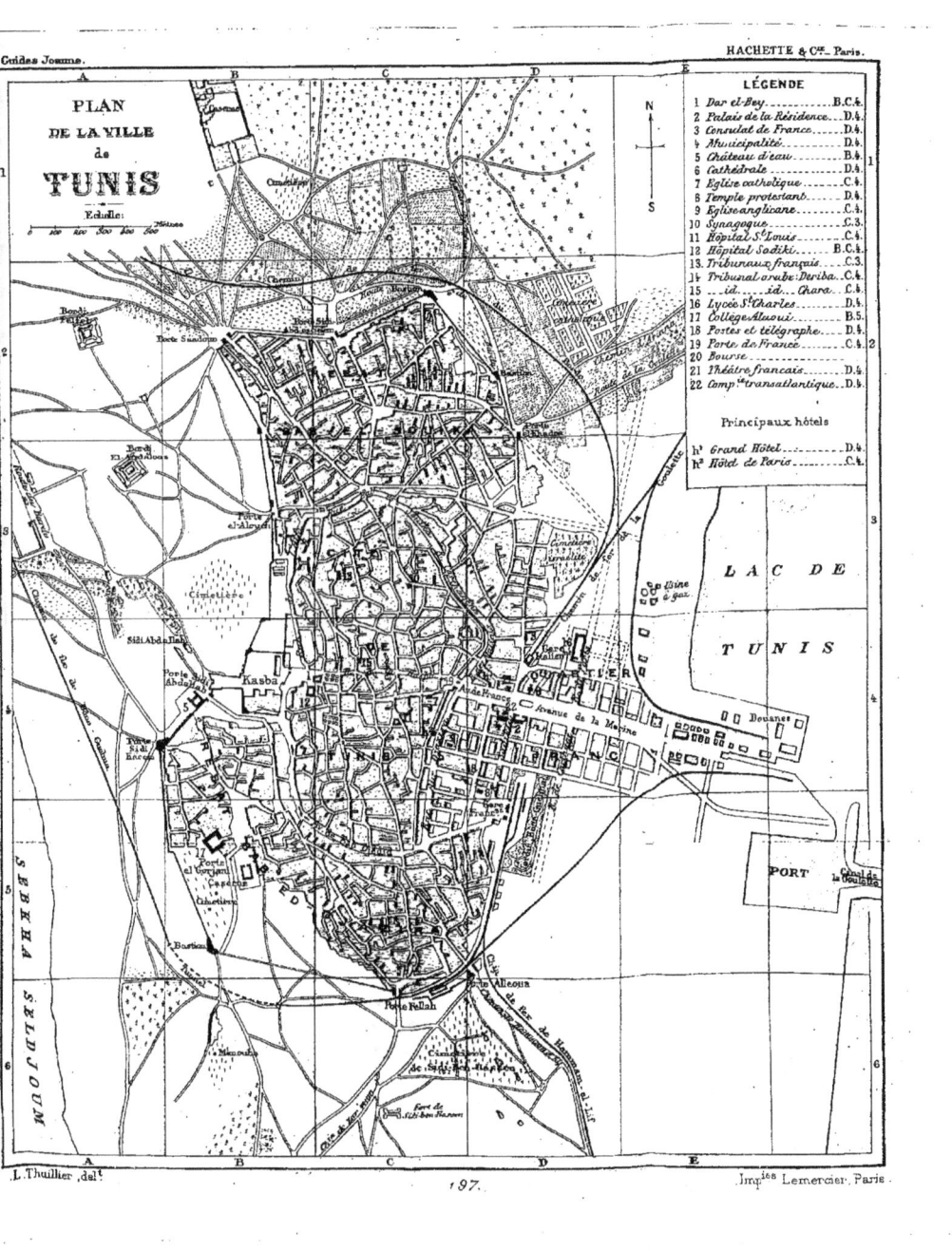

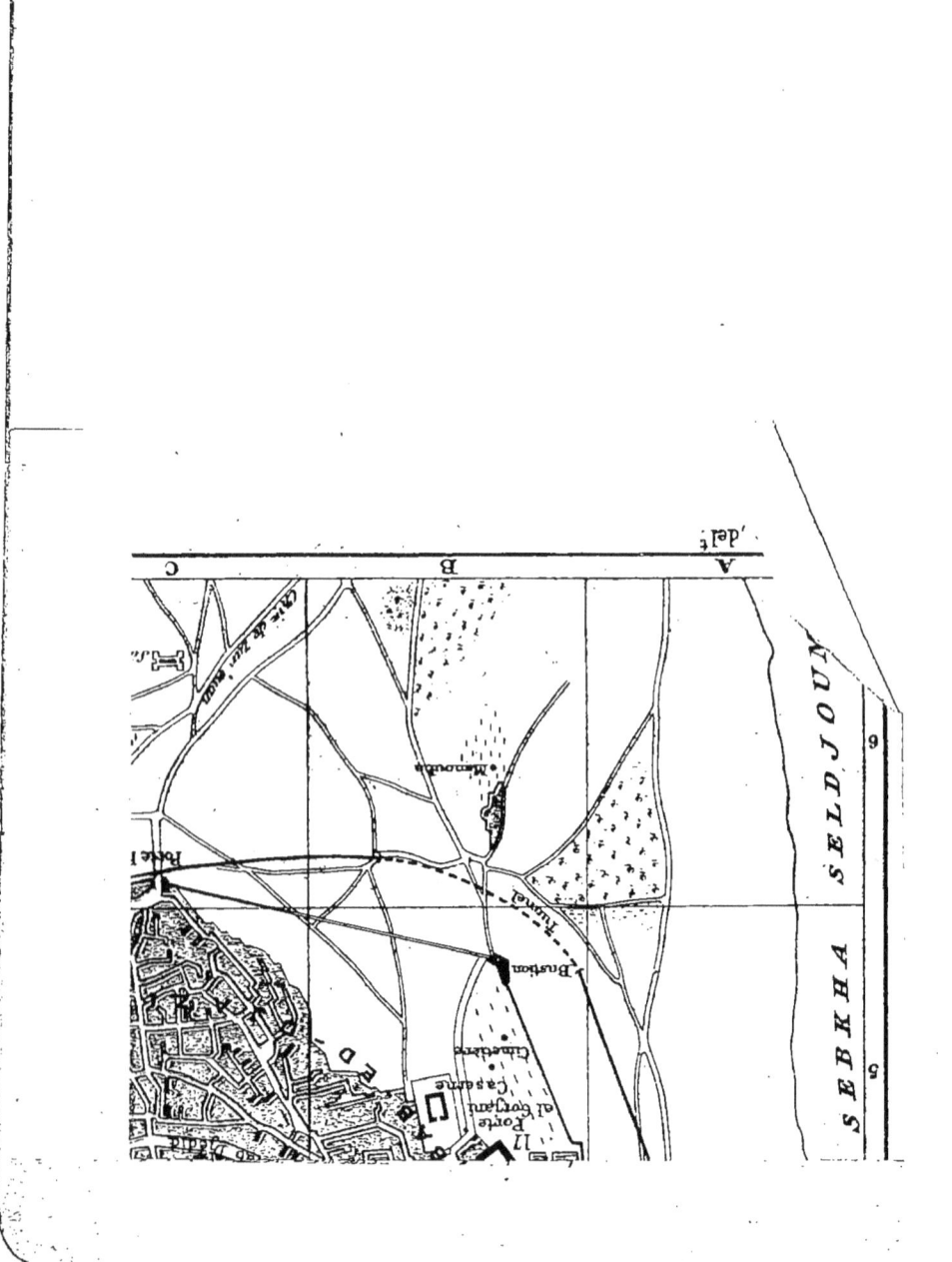

ROUTE 33

DE MARSEILLE A TUNIS

472 milles ou 874 k. — Cie Transatlantique : 3 départs par semaine; trajet direct en 36 h.; 1re cl. 125 fr., 2e cl. 95 fr., 3e cl. 50 fr., 4e cl. 30 fr. (nourriture comprise).

Après avoir quitté le bassin de la Joliette, passé devant le fort Saint-Jean qui défend l'ancien port, laissé à dr. le château d'If, les îlots de Ratonneau et de Pomègue, et à g. les Catalans et la vallée des Auffes, que domine Notre-Dame de la Garde, le bateau prend une direction S.-E. sur Tunis. Le lendemain, vers le milieu de la journée, on aperçoit à l'E. les côtes rocheuses de la Sardaigne et l'on peut parfaitement distinguer le golfe d'Oristano ; le paquebot laisse ensuite, à 1 k. env. vers l'E., les deux *îles de San-Pietro* et *de San-Antonio* et passe ensuite à 300 ou 400 m. de distance entre deux îlots *El Toro*, le Taureau, et *El Vacca*, la Vache.

On arrive le surlendemain matin dans le port de Tunis où l'on descend à quai, après une traversée de 36 h. Le panorama est des plus splendides. A dr. le *cap Kamart;* après lui le *cap Sidi-bou-Saïd*, son village et ses villas; on peut distinguer du bord, lorsque le temps est calme, les ruines du port de Carthage que baigne la mer et que domine la colline au sommet de laquelle la nouvelle cathédrale, avec sa coupole surmontée d'une croix, a remplacé l'ancienne acropole de Carthage. Derrière la Goulette, au fond du lac, Tunis. A g., le village et la koubba de *Lella Manouba;* plus en avant, le bordj d'*Ahmed-Raïs;* près du lac, la koubba de *Sidi-Chadli*, et, enfin, à l'horizon, les montagnes escarpées et dentelées de *Hammam-el-Enf* ou *Bou-Kornein*, et du *R'sas*, se détachent, comme Tunis et les collines de Carthage, sur un ciel azuré et éblouissant.

Laissant la Goulette à dr., le paquebot s'engage dans un canal de 8 k. 900 sur une largeur de 100 m. et vient mouiller à quai à g. de la douane, où les omnibus des hôtels, les voitures de place et les porteurs attendent les voyageurs ; une route, à dr., conduit en quelques minutes à l'avenue de France, au bout de laquelle se trouvent les hôtels.

TUNIS

Situation et aspect général.

Tunis[*], V. de 140,000 hab. dont 65,000 musulmans, 40,000 juifs et 30,000 Européens, parmi lesquels, 9,000 Anglais-Maltais,

12,000 Italiens, 10,000 Français et Algériens et 12,000 Maltais, est la capitale de la Régence; c'est encore la résidence du ministre français, résident général, le ch.-l. d'une division milit., le siège d'un tribunal de première instance et de deux justices de paix. Tunis est situé par 36°50' de latit. N. et par 7°52' de longit. E., entre le lac de Bahira à l'E.-N., qui communique avec la mer par le canal de la Goulette et le lac ou *Sebkhra-es-Sedjoumi*, au S.-O., ce dernier sans communication avec la mer; il est salé et presque à sec en été.

Tunis se divise en quatre parties bien distinctes : *Medina*, la ville au centre, le *faubourg de Bab-Souika* au N., le *faubourg de Bab-Djezira* au S., et la *Marine* ou *Quartier franc*, à l'E. La ville, selon la comparaison des Arabes, comparaison appliquée également à Constantine, a la forme d'un burnous étendu dont le capuchon serait à la Kasba; elle a 1,600 m. de largeur et 2,000 m. de longueur depuis la Kasba, qui est située à l'O., jusqu'à la porte de la Marine, qui est située à l'E.; un mur crénelé et flanqué de tours la circonscrit presque complètement, car une partie en a déjà disparu du côté du lac. La Kasba, à l'O., fait saillie à l'extérieur du mur auquel elle se relie par un de ses côtés. Les deux faubourgs sont presque aussi étendus que la ville proprement dite. Le développement général de Tunis, de ses deux faubourgs et de son Quartier franc, est de 80,000 m.; mais il existe dans l'intérieur de ce vaste périmètre des cimetières et beaucoup de terrains qui ne sont pas bâtis, ou dont les maisons n'offrent que des décombres.

Les musulmans habitent généralement la ville haute; les juifs ont leur *hara* ou ghetto dans le bas N.-E. du faubourg d'Es-Souika, et les Européens, la partie basse de la ville et le Quartier franc de récente création.

Tunis fait un grand commerce et le va-et-vient d'une population nombreuse et variée dans ses types y est continuel. Ce qui étonnera le touriste, venant de l'Algérie, ce sera de voir les musulmanes et les juives en pantalons bouffants et en brodequins. Tunis qui est loin de ressembler à Constantinople, la ville aux bazars par excellence, mais qui cependant conserve en grande partie son aspect oriental, est toujours pour le touriste venu d'Alger ou de Constantine la *grande cité de Thunes*, décrite par Léon l'Africain; les Arabes lui donnent le nom de *Fleur d'Orient*.

Histoire.

Tunisium, Tunetum, Thunetum, Tuneta, Tounes, Thunes ou *Tunis*, a eu pour premiers habitants des colons phéniciens. Sa fondation date d'avant Rome; elle est contemporaine de celle de Carthage ou du moins de très peu de temps postérieure.

Tunis dut suivre la fortune de Carthage. Après mille combats, Carthage fut écrasée et l'Afrique devint une province romaine. Les Vandales (430),

TUNIS : — HISTOIRE.

repoussés successivement de presque toutes les contrées européennes, vinrent à leur tour jeter leur essaim dévastateur sur les provinces du littoral de l'Afrique et en disputer par de longues guerres la possession aux empereurs qui régnaient encore nominativement à Byzance. Mais, tandis qu'ils étaient refoulés à grand'peine par les Grecs derrière le versant de l'Atlas (534), les sectaires de l'*islamisme* se répandaient, comme un torrent que nul obstacle ne pouvait arrêter, depuis les sables de la Lybie jusqu'aux colonnes d'Hercule, d'où ils devaient bientôt s'élancer pour enlever l'Espagne aux Visigoths.

Après quatre invasions successives des Arabes en Afrique, de l'an 23 de l'hég. (644 de J.-C.) à l'an 46 (666 de J.-C.), Okba-ben-Nafi (*V.* p. 270) conduit, en 50 de l'hég. (670 de J.-C.), une cinquième expédition jusque sur les côtes occidentales de la Mauritanie, et fonde, à son retour, en 55 de l'hég. (675 de J.-C.), la ville de Kairouan à une trentaine de lieues S. de Tunis.

Enfin, en 69 de l'hég. (689 de J.-C.), Hassan-ben-Nouman s'empare de Carthage et de Tunis ; il détruit Carthage, et Tunis est dès lors gouvernée par des émirs que nomment les gouverneurs généraux du Mar'reb, nommés eux-mêmes par les khalifes. Les gouverneurs et les émirs s'affranchissent bientôt des souverains de l'islamisme, occupés de leurs conquêtes en Orient. — Ibrahim-ben-Ar'lab, lieutenant du khalife Aroun-er-Rechid, imitant bientôt ses prédécesseurs, se déclare le maître absolu de l'Afrique qu'il arrache pour toujours aux khalifes d'Orient, et fonde la dynastie des Ar'labites, 184 de l'hég. (800 de J.-C.).

L'un de ses descendants, Ahmed-ben-Aboul'-Abbès, qui mourut en 249 (883), construisit le grand aqueduc et la mosquée qui sont près de Bab-ed-Djezira. Le fils de ce dernier transfère la résidence royale de Kairouan à Tunis, où il fait élever un palais, 281 de l'hég. (895 de J.-C.).

296 à 555 de l'hég. (908 à 1160 de J.-C.), c'est l'époque de la grande invasion arabe ; dynastie des Zerites. — 555 de l'hég. (1160 de J.-C.), prise de Tunis par Abd-el-Moumen, chef de la dynastie des Almohades. — 580 à 607 de l'hég. (1184 à 1241 de J.-C.), règne des Almoravides (*Morabetin*). — 605 de l'hég. (1209 de J.-C.), Abd-el-Ouahed, petit-fils du cheikh Omar-Abou-Hafs, fonde la dynastie des Beni-Hafs ou *Hafsides*. C'est pendant la dix-huitième année du règne de son petit-fils El-Mostancer-b'Illah, que St Louis, lors de la sixième croisade, vient assiéger Tunis, an 669 de l'hég. (1270 de J.-C.). — 748 de l'hég. (1347 de J.-C.), les Beni-Hafs sont dépossédés de Tunis par le *Mérinide Aboul'Hassen-Ali*, sultan du Mar'reb ; ils réoccupent plus tard le trône tunisien jusqu'à l'époque de la conquête de Tunis par le sultan de Constantinople. — 940 de l'hég. (1533 de J.-C.), une flotte ottomane arrive devant Tunis, les habitants ouvrent leurs portes à Kheir-ed-Din, qui leur apprend que leur maître est désormais le sultan Soliman.

En 1537, Charles-Quint, en 1573, Don Juan d'Autriche, s'emparent de Tunis, mais sans pouvoir s'y maintenir ; Sinan-Pacha la reprend à Don Juan et en organise le gouvernement, dont le commandement est confié à un pacha avec le titre de *bey*, 981 de l'hég. (1574 de J.-C.). Il lui adjoint un divan et met sous ses ordres un corps de 5,000 janissaires. La domination espagnole avait duré près d'un demi-siècle, laissant des traces importantes. En 1576, les janissaires massacrent les membres du divan, qu'ils remplacent par ceux qu'ils choisissent entre eux, et à la tête desquels ils mettent un *day* ou *dey*, dont l'autorité doit balancer celle du bey. Après une série d'intrigues et de luttes qui dure à peu près un demi-siècle, le dey *Mohammed-Tchelebi*, le dernier des beys ou deys élus, est renversé par ses deux frères, qui parviennent à se soustraire au joug de la milice et à rendre le pouvoir héréditaire dans leur famille, 1060 de l'hég. (1650 de J.-C.).

Sous le règne de *Mohammed*, Châban, dey d'Alger, s'empare de Tunis, 1100 de l'hég. (1689 de J.-C.).

Ibrahim-Bey, fait prisonnier dans un combat contre les Algériens, est remplacé par *Hassen-Ben-Ali*, qui fonde la nouvelle dynastie des Hassenides, encore régnants, 1118 de l'hég. (1706 de J.-C.).

Sous le règne d'*Ali-Bey*, à la suite d'actes de piraterie et de nombreux dommages causés au commerce français, une flotte bombarde Porto-Farina, Bizerte, Sousse et Monastir, 1180 de l'hég. (1766 de J.-C.). Sous le règne d'*Hamouda-Bey*, les Turcs, ayant été remplacés par une autre milice, se révoltent, mais ils sont écrasés.

Mohammed-es-Sadok, monté sur le trône le 27 Safar 1286 (avril 1868), par ordre de primogéniture, est mort le 27 octobre 1882. Il a pour successeur *Ali*, son frère. L'héritier présomptif est *Sidi Taïeb*, un autre frère qui porte, comme tous les héritiers, le titre de *bey du camp*.

Le souverain de Tunis était autocrate dans le sens le plus étendu du mot. A la suite de l'intervention française, il résulte du traité du Bardo : 1º le maintien de l'autorité du bey sous notre protectorat ; 2º la cession par le bey de son pouvoir militaire et diplomatique à la France et l'acceptation de notre contrôle direct pour l'administration et les finances ; 3º la garantie donnée par nous des traités existants. Le ministre plénipotentiaire, résident général de France à Tunis, aux termes du décret du 25 juin 1883, est le dépositaire du pouvoir de la République dans la régence.

Principales curiosités.

QUARTIER EUROPÉEN. — Avenue de France (p. 329). — Avenue de la Marine (p. 329). — Le port (p. 330). — Palais de la Résidence (p. 329). — L'hôtel des postes (p. 329).

DANS TUNIS. — Dar-el-Bey (p. 332). — La Kasba (p. 332). — Les Souks et Bazars (p. 331). — Les mosquées extérieurement (p. 330). — A Bab-Souïka, la place Halfaouin (p. 333). — A Bab-Djezira, la caserne des zouaves, le Château d'eau (p. 334).

Le touriste qui ne disposerait que de quelques heures visitera de préférence les bazars, Dar-el-Bey et la Kasba ; quant aux mosquées, où il ne pourrait entrer, l'extérieur en est souvent plus remarquable que l'intérieur.

Description.

Tunis comprend quatre quartiers : *Medina*, la ville ; le faubourg de *Bab-Souïka*, au N. ; le faubourg de *Bab-ed-Djezira*, au S., et le *Quartier franc*, à l'E. Les trois quartiers arabes sont entourés de remparts bastionnés qui ne sauraient supporter une longue résistance et dont la construction, remontant au commencement de notre siècle, est due au Hollandais Hombert. Ces remparts sont percés de huit portes : *Bab-Sadoun*, au N.-O. ; *Bab-Sidi-Abd-el-Selem*, au N. ; *Bab-el-Kadra*, à l'E. ; *Bab-Eleoua* et *Bab-Fellah*, au S., et, à l'O., en remontant au N., *Bab-Sidi-Kacem*, *Bab-Abd-Allah*, près de la Kasba, et *Bab-Benet*, au-dessus. Trois forts couronnant des mamelons : *Bordj-Felfel*,

Bordj-el-Andalous, à l'O., et *Bordj-Sidi-ben-Hassen*, au S., complètent la défense.

On peut faire le tour de Tunis entre les deux faubourgs de Bab-Souïka, Bab-Djezira et le quartier franc, par le tramway de la porte de la mer ou de France jusqu'à Bab-Djezira (10 c.); de Bab-Djezira à Bab-Souïka (5 c.) et de Bab-Souïka à la porte de France (10 c.; total, 25 c.).

Le **Quartier franc** (du quai de la douane des tramways conduisent à Bab-el-Bahar, 10 c.), à l'E. de Medina, est une ville bien distincte de Tunis, qui garde sa physionomie arabe, ce que n'ont malheureusement pu faire Alger et Constantine. Il est traversé dans son milieu par une large avenue de 60 m. sur 1 k. de longueur, et bordée de hautes et belles maisons, allant de Bab-el-Bahar au Bogaz ou lac. Cette avenue prend le nom d'*avenue de France*, de Bab-el-Bahar aux rues Sadikia, à dr., et de Rome, à g., et celui d'*avenue de la Marine* jusqu'au lac.

Dans l'avenue de France, longue de 250 m., stationnent, près de Bab-el-Bahar, les voitures de place. C'est dans cette avenue que sont installés le Grand-Hôtel, les principales librairies et de nombreux et beaux cafés parmi lesquels le *café de Paris*, le cercle des officiers, où l'on trouve tous les journaux de France et où sont affichés le cours de la Bourse et les dépêches de l'agence Havas. A l'extrémité de la rue de Rome se trouve la *gare* du chemin de fer italien de Tunis à la Marsa et à la Goulette (Pl. D, 4).

En tête de l'avenue de la Marine, à dr., est situé le *palais de la Résidence française* (Pl. 11, D, 4), avec un grand et beau jardin de plantes exotiques. Ce palais est encadré par l'avenue de la Marine et les rues de Hollande, d'Autriche et Sadikia, où les maisons se sont élevées comme par enchantement. C'est dans la rue Sadikia que sont installés les bureaux de la Cie Transatlantique.

Dans la rue d'Italie, parallèle à la rue Sadikia, s'élève le *Fondouk-er-Ghalla* (Pl. D, 4), marché aux fruits, aux légumes et aux poissons, magnifique bâtiment dû à M. Grand, ancien directeur général des travaux publics. Presque en face du Fondouk, l'*hôtel des Postes et du Télégraphe* est un véritable monument très bien approprié à sa destination.

Plus haut, rue d'Espagne, à dr., s'élève la *chapelle protestante* anglaise. On arrive plus bas à la *gare* (Pl. D, 4 et 5) du chemin de fer de Bône-Guelma et prolongements.

Les terrains, qui entouraient la gare française, comprennent une place et les rues de Russie et d'Angleterre que traverse le prolongement des rues Sadikia et d'Italie, et bordées, comme ces deux dernières, de belles maisons.

En face du palais de la Résidence, s'élève la **cathédrale** (Pl. D, 4), construite par M. l'abbé Pougnet dans le style byzantin-mauresque et inaugurée en décembre 1897. Longue de 60 m., large de 30, elle est divisée en 3 nefs et renferme une crypte sur laquelle se trouvait la chapelle érigée par le Père Levacher au xviie s.

Plus bas, du même côté, entre les rues Saint-Charles et de Paris, est situé le *lycée Carnot*, où l'on donne l'instruction secondaire complète et où sont admis les élèves de tous les cultes.

Dans l'avenue de la Marine, à g., en avant des bâtiments de la *douane*, sont installés quelques cafés-chantants européens et indigènes.

A l'extrémité de la grille de la douane, à dr., une large route conduit au nouveau *port*, inauguré le 28 mai 1893, profond de 6 m. 80 et d'une superficie de 12 hect. Le canal, qui le relie à la mer, a une longueur de 8 k. 900; il a un garage de 500 m. dans son milieu, et son avant-port, à la Goulette, est éclairé par un feu fixe rouge.

Les remparts intérieurs de **Medina** ou **Tunis** ont disparu pour faire place à de magnifiques boulevards; quelques portes restent debout : *Bab-Souika*, au N.; *Bab-Carthagena*, à l'E.; *Bab-ed-Djedid* et *Bab-Djezira*, au S.; et *Bab-el-Bahar* ou porte de la mer, dite aussi porte de France, à l'E.-S.

Bab-el-Bahar ou **Porte de France**, au grand arc mauresque, et qui a conservé ses lourds battants, s'ouvre sur la petite *place de la Bourse* donnant naissance à plusieurs rues. Cette place est des plus animées et offre le spectacle de ses nombreux passants et surtout de ses changeurs juifs en plein vent, accroupis près d'une table basse sur laquelle il y a plus de monnaies de cuivre que d'argent.

Les deux rues en face de Bab-el-Bahar conduisent au centre de la ville et à la Kasba; celle de dr. est la *rue Longue* (*Zankat-et-Touila*), nommée également *rue de la Kasba*; celle de g., *Zankat Mordjani* ou *rue de l'Eglise*. Le touriste prendra cette dernière pour commencer sa promenade; presque à l'entrée, à g., est située l'*église de la Trinité* (Pl. 7, C, 4). On entre dans une cour mauresque entourée, à dr., des bâtiments destinés au logement des pères capucins, et à g. de l'église; c'est une grande salle oblongue divisée en trois nefs et badigeonnée de fresques aux tons criards. Les offices religieux sont très suivis, surtout par la population italienne et maltaise. C'est dans la maison des Capucins que se trouvent les deux *dalles* rapportées de Mohammedia en 1850. Sur l'une on lit les noms des trois évêques : Romanus, Rusticus et Exitiosus; sur la seconde, le nom d'un sous-diacre, Constantinus.

En remontant la rue de l'Eglise, dont les boutiques sont généralement occupées par des ferblantiers indigènes et européens qui façonnent de fort jolies lanternes, on arrive à une longue voûte sous laquelle est située, à dr., la *deriba*, prison civile. A l'extrémité de la voûte, on débouche sur une place, en face du côté S. de la **Grande-Mosquée**, *Djama-ez-Zitouna*, mosquée de l'Olivier (Pl. 1, C, 4), à laquelle on accède de ce côté par un escalier conduisant à une belle colonnade; c'est une des plus belles de Tunis; les Européens n'y peuvent entrer. L'intérieur est décoré de 150 colonnes venant de Carthage, et renferme une grande bibliothèque à l'usage des tolbas. Le minaret, récemment restauré par un indigène, est remarquable.

C'est en suivant la place, à dr., qu'on arrive aux **bazars**. Il ne faut pas s'attendre à trouver dans Tunis les bazars installés comme à Constantinople ou au Caire, dans de larges et hauts passages où la circulation est facile. Ici, de petites boutiques, cubes de 2 à 3 m., bordent des rues étroites voûtées en pierres, mais souvent recouvertes de toitures en planches, parfois disjointes et laissant passer le soleil ou la pluie. Le marchand, qui tient la plus grande place dans sa boutique, attend impassiblement l'acheteur; il commence à comprendre les Européens et connaît leur monnaie. Le touriste, circonvenu par des courtiers-interprètes, fera bien de refuser leurs services; il payerait d'autant plus cher en les acceptant. — Des odeurs d'essence de rose ou de géranium, de benjoin, de poudre de henné, d'encens et de cire, indiquent assez que l'on entre dans le bazar des parfumeurs, *Souk-el-attarin;* une des portes de la Grande-Mosquée, située entre les boutiques, à g., reste souvent ouverte et permet alors de voir l'intérieur de l'immense cour entourée de cloîtres dont les arcades retombent sur des colonnes unies ou cannelées, badigeonnées de vert ou de rouge. Au bazar des parfumeurs, en remontant, succède *le bazar des tailleurs et des brodeurs;* c'est ici un amoncellement d'étoffes de soie, de drap, de velours, aux nuances les plus voyantes et brodées d'arabesques d'or et d'argent. Quand le soleil vient filtrer à travers les planches disjointes de la toiture, c'est un merveilleux éblouissement de couleurs. C'est au bazar des tailleurs que se tient, le matin, la vente à l'encan des étoffes et des bijoux. Les *dellalin* ou encanteurs, les doigts chargés de bagues, les poignets de bracelets et les épaules de vêtements, se promènent en criant la surenchère jusqu'à ce qu'ils laissent bijoux et vêtements aux plus offrants. C'est un curieux spectacle, mais il faut jouer des coudes pour circuler dans la foule.

Au delà du bazar des tailleurs, on entre, à g., dans la petite *rue Ben-Ziad*, située, à dr., entre le côté S. de Dar-el-Bey, et à g., la **mosquée de Sidi-ben-Ahrous**, ancienne église bâtie par Charles-Quint; son minaret octogone est un des plus beaux de Tunis. Des deux côtés de la rue, sous des colonnades, sont encore installés des brodeurs. C'est dans cette rue également que les juifs vendent des médailles et des pierres gravées; il faut se méfier de leur authenticité.

Il serait trop long d'énumérer et de décrire tous les bazars qui entourent généralement la Grande-Mosquée, bazars d'armuriers, de taillandiers, de tisserands, de menuisiers, etc., etc., que le touriste rencontrera sans qu'il soit besoin de les lui indiquer. On ne manquera cependant pas de visiter la *rue des Selliers*, entre Dar-el-Bey et l'avenue de Bab-Djedid. Tout ce que le cuir jaune, rouge ou noir peut prendre de formes, se confectionne dans ce bazar, comme chaussures, harnais, carnassières, djebiras, porte-monnaie. Avant d'arriver à son extrémité S., le touriste rencontrera, à ras de terre, le tombeau d'un marabout enterré dans l'endroit même où il est mort, et qu'à certains jours de la semaine on entoure de drapeaux et de cierges.

Revenant à la rue Ben-Ziad, on la remonte, puis on tourne à dr. pour arriver sur la **place de la Kasba**, dont le milieu est occupé par un square.

A g., avant d'entrer dans la Kasba, quelques marches conduisent à un cimetière abandonné d'où l'on a une très belle vue sur la partie S. de Tunis (Pl. B, 4). On montre dans ce cimetière la tombe de Boabdil ou Bou-Abd-Allah, dernier roi de Grenade; c'est à tort, ce sultan, dont on a retrouvé la tombe, est mort à Tlemcen en 1494 de J.-C. (889 de l'hég.).

La **Kasba** (Pl. B, 4), autrefois palais et citadelle des Espagnols, puis des Turcs et entourée de hautes murailles crénelées, sert aujourd'hui de forteresse et de caserne à la garnison française. On y remarque une mosquée fondée sous Iahïa-Abou-Zakaria, en 630 de l'hég. (1233 de J.-C.), et construite par l'architecte Ali-ben-Mohammed-ben-Kacem, et une tête d'aqueduc construite par les Espagnols. Quant au palais des sultans africains, qui fut plus tard celui des beys, il a été complètement rasé. C'est de la Kasba que 20,000 esclaves chrétiens, enfermés par Kheir-ed-Din, s'échappèrent pour ouvrir les portes de Tunis à Charles-Quint, en 1535. Dans la visite à la Kasba, où le sergent de garde vous fait accompagner, on montera au-dessus du poste des zouaves pour admirer la vue générale de Tunis et de ses environs; puis au poste optique d'où l'on embrasse le lac Sedjoumi, le Bardo et l'aqueduc de la Manouba.

Descendant sur la place de la Kasba, on visitera, à dr., **Dar-el-Bey**, palais du Bey (Pl. 10, B, 4), bâti par Hamouda-Pacha et qu'occupait le souverain à l'époque du Ramadan, ou mois du jeûne. Ce monument, qui ressemble extérieurement à une grande caserne, renferme plusieurs salles richement décorées et meublées, réservées au logement des étrangers de distinction. Dans une cour à colonnades de ce palais, la justice est rendue avec des formes très expéditives.

Plus bas, à dr., la longue *rue du Pacha* est bordée de fort belles maisons indigènes; c'est là le centre des quartiers riches de Tunis.

Plus bas encore, dans la *rue du Tribunal*, les différents services de la justice française sont installés dans le *palais* (Pl. 12, C, 3) de Kheir-ed-Din, ancien premier ministre de Sadok-Bey.

De la rue du Tribunal, obliquant à dr., on arrive à *Djama Sidi-Mah'rez* (Pl. 2, C, 3) près de Bab-es-Souïka. Cette mosquée, une des plus grandes de Tunis, et qui a été longtemps un lieu d'asile pour les créanciers et pour les débiteurs, se termine par une belle coupole centrale entourée de coupoles plus petites. Le marabout qui y est enterré, Sidi-Mah'rez, est considéré comme un des principaux patrons de Tunis.

On pourra revenir à la place de la Bourse en descendant par les *rues Sidi-Mah'rez, Sidi-Khalif, Sidi-Bou-Hadid, des Glacières* et *Sidi-Kadous*, toutes curieuses à visiter, ou bien encore en prenant à Bab-Souïka, à côté et à dr. de la mosquée, le tramway (10 c.) qui descend à Bab-el-Bahar ou Porte de France, par les rues de Bab-Souïka, Carthagène et des Maltais (*V.* ci-dessous).

Bab-Souïka est le nom donné au faubourg qui circonscrit la ville au N. Au delà de Bab-el-Bahar on remonte, à dr., la *rue des Maltais* qui a remplacé les remparts intérieurs; elle doit son animation aux nombreux charrons, taillandiers et tisserands qui l'habitent en partie. A la rue des Maltais succède la *rue de Carthagena* dont la *porte* (Pl. C, 3) et ses alentours sont occupés par des marchands de fruits et de légumes et de poteries. L'endroit, comme la rue des Maltais, est bruyant, animé. La *rue Bab-Souïka*, qui fait suite, semble déserte à côté de celles qui la précèdent.

A *Bab-Souïka* (Pl. C, 3), une des portes intérieures de Tunis, le touriste ira, en face et à dr., par la *rue Halfaouin* à la place de ce nom, dont une fontaine décore le centre. A l'angle g. s'élève le djama ou *mosquée du bey M'hammed* (Pl. 5, C, 2, 3), et au-dessus, toujours du même côté, et en face du *palais du khaznadar* (ministre des finances), la **mosquée de Sahab-el-Tabadji** (Pl. 4, C, 2), bâtie par Youssef-Sahab, gardé des sceaux en 1830; elle est restée inachevée, son fondateur ayant été mis à mort sous prétexte de malversations. Ses colonnes en marbre blanc supportant les arcades, ses plafonds en bois sculpté et peint, et ses parois stuquées et fouillées d'admirables arabesques, en font encore une des plus belles de Tunis.

Revenant à Bab-Souïka, on arrivera, en suivant, à g., la *rue Tabanine*, longue de 700 m., à *Bab-Sadoun*, porte N.-O. des remparts extérieurs. La vue sur la campagne est magnifique : à g., belle fontaine-abreuvoir avec colonnade supportant l'auvent; derrière, sur un monticule, le *Bordj-Felfel;* en face, des jardins, des villas et à l'horizon une suite des hautes arcades de l'aqueduc Hadrien.

De Bab-Sadoun, si l'on ne revient pas par le tramway de Bab-Souïka, on pourra descendre par le beau boulevard des remparts extérieurs, promenade de 3 k. env., en passant devant *Bab-Abd-es-Selam* (Pl. C, 2), *Bab-el-Kadra* (Pl. D, 2), le cimetière des juifs, la gare du chemin de fer italien et l'avenue de France.

Bab-Djezira est le quartier S. de Tunis. De Bab-el-Bahar on suit d'abord, à g., la *rue Ed-Djezira*, conquise sur les remparts intérieurs, et bordée de hautes et belles maisons parmi lesquelles *l'hôtel Bertrand* ou *de Paris* (Pl. C, 4); montant ensuite, à dr., par la longue *avenue de Bab-Djezira*, on arrive à la porte de ce nom, qui donne accès, à dr., au *fondouk des forgerons*, curieux à visiter.

C'est à *Bab-Djedid*, près de la *mosquée* du même nom (Pl. 7, B, 5), qu'on descendra de tramway pour prendre, à g., la petite rue des Revendeurs qui conduit à la *caserne d'infanterie*, occupée par le quatrième régiment de zouaves, et derrière laquelle se trouve un cimetière musulman où l'on entre par la *porte El-Gorjani*.

En face de la caserne est située la *place aux chevaux*, fort animée; près de là, à g., s'élèvent les bâtiments de l'*école normale*.

De la place aux chevaux, à l'angle N., la rue Abd-el-Oibed conduit à la *place aux Moutons*, d'où une ruelle, toujours au N., aboutit à la *place du Château-d'Eau* qui reçoit, par l'ancien aqueduc d'Hadrien, les eaux du Zaghouan et du Djoukar, et alimente les réservoirs et les fontaines de Tunis. Le château est séparé de la Kasba par la *porte de Sidi-Abd-Allah*, en dehors de laquelle on a une fort belle vue sur les campagnes qui avoisinent le Bardo auquel conduit une des routes de la Tunisie.

Le touriste peut revenir à son point de départ par la place de la Kasba, Dar-el-Bey, les bazars et la rue de l'Église; mais il sera préférable de descendre l'avenue Bab-ed-Djezira jusqu'au quartier des teinturiers et de prendre, à dr., la *rue Sidi-el-Bechir* à l'extrémité de laquelle, passant à niveau sur le chemin de fer de Bône, on arrive à *Bab-Eléoua* (Pl. C, 5). Cette porte donne naissance à la route de Hammam-el-Lif; à dr. est situé le *grand cimetière* de Tunis, dominé au S.-O. par la montagne que couronnent la *koubba* et le *fort de Bel-Hassen-Ech-Chadeli* (Pl. C, 6); un peu plus loin, en inclinant vers la Sebkha-Sedjoumi, est la *koubba* ou tombeau d'une sainte plus célèbre encore, *Lella Manouba*. Ces deux points sont réunis par un *mur crénelé*. Entre les deux, on trouve le petit fort, dit *Bordj-Ahmed-Raïs*; tout cela forme la ligne de défense en avant de Bab-Djezira au S.

En face du cimetière, à 500 ou 600 m. de la route à g., on arrive au **Bogaz** ou lac de Tunis, toujours animé, surtout en cet endroit, par des milliers de flamants blancs et roses.

En dehors des promenades indiquées dans Medina, Bab-Souïka et Bab-Djezira, le touriste aura toujours le spectacle imprévu, pittoresque et intéressant des places, des rues, des ruelles, des impasses à ciel ouvert ou voûtées, des mosquées aux minarets carrés ou octogones, aux coupoles recouvertes de tuiles vernissées, des koubbas, des cimetières fréquentés ou abandonnés, et enfin d'une population nombreuse aux costumes très variés

TUNIS par L. PIESSE. HACHETTE & Cie Editeurs, Paris.

TUNIS ET SES ENVIRONS

musulmans au caftan de couleur claire; musulmanes voilées de noir; juifs au costume européen ou arabe; juives en camisole et en pantalon, et enfin Italiens et Maltais braillant et gesticulant.

Industrie. — Commerce.

Tunis a de nombreuses manufactures de soieries, de lainages et de fez, chachïas ou calottes renommées partout et dont la teinture se fait principalement à Zaghouan; elle possède des tanneries, une manufacture de tabacs, des briqueteries, des minoteries.

Les couvertures de laine de Djerba, les burnous blancs, les djebbas, sorte de gandoura en soie et en laine, sont encore des tissus qui ont une grande réputation.

Tunis exporte des céréales, des huiles, des laines, des bestiaux, des peaux, des essences; elle importe surtout des tissus de coton. C'est avec Marseille, Gênes, Livourne, Trieste, Malte et le Levant que se font les transactions commerciales de la Tunisie.

De Tunis à la Goulette, R. 34; — aux environs, R. 34; — à Ghardimaou, Tabarka et la Calle, R. 35; — à Bizerte, R. 36; — au Kef, R. 37; — à Soussa, R. 39; — à Daklat-el-Mahouin, R. 40; — à Kairouan, R. 42.

ROUTE 34

ENVIRONS DE TUNIS

Toutes les excursions aux environs de Tunis sont intéressantes, mais le touriste, qui n'aurait qu'une journée à leur consacrer, devra de préférence visiter Carthage, la Marsa et Bou-Saïd. En dehors des excursions décrites, on peut encore se rendre à pied ou à cheval à la Manouba, à Djedeïda et à Tebourba (V. R. 35).

A. La Goulette.

16 k. — 1° Chemin de fer de la Cie italienne Rubattino; trajet direct en 25 m.; par la Marsa, 50 m.; 2 fr. 20, 1 fr. 50, 75 c.; s'informer quand même des prix et des h. de départ; — 2° voiture à 4 places, 15 fr. la journée; — 3° bateaux-mouches, à la Douane; départ chaque 2 h., trajet en 1 h. 1/2, 40 c.

On sort de Tunis en laissant, à g., le cimetière juif. — A 500 m., toujours à g., bifurcation sur le Bardo (V. ci-dessous). — Dans le lointain, jolis v. du *Belvéder* (pépinière, jardin public, tramway, 15 c.), et de l'*Ariana*. A dr., le *Bogaz* ou lac de Tunis, avec ses milliers de flamants roses et son *îlot de Chicli*, qui porte un vieux fort espagnol. A l'horizon, en face,

la colline de Carthage, que domine la cathédrale de Saint-Louis.
La voie, parallèle à la route de terre, longe les immenses plaines si maigrement cultivées par les indigènes, et dans lesquelles Kheir-ed-Din perdit la bataille qui rendit Charles-Quint maître de Tunis, en 1535.

9 k. L'*Aouina*, quelques maisons; à g., bifurcation, sur la Marsa (*V.* ci-dessous, *B*).

16 k. **La Goulette**, la Bouche, *Foum-el-Oued*, ou le Gosier, *Halk-el-Oued*, d'où Goletta ou Goulette, est une V. de 4,000 hab. (population doublée en été), dont un cinquième d'Européens, généralement Maltais et Italiens, ch.-l. de com., poste militaire permanent avec un contrôle civil et justice de paix. La Goulette est le nom donné au canal, large de 25 m., par lequel le lac de Tunis ou *Bahira* communique avec le golfe et à la petite ville qui forme deux quartiers bien distincts. Du côté N., sur une langue de terre se rattachant aux collines de Carthage, est située la ville proprement dite; du côté S., sur une autre langue allant finir au v. de R'adès, est situé le quartier militaire.

La Goulette, dont le nom carthaginois ne nous est pas parvenu, est l'*Oppidum Ligulæ* des Romains, et la *Galabras* des Byzantins. L'histoire ne nous fait pas grande mention de cette ville bâtie avec des matériaux provenant de Carthage, « cette mine immense que l'on exploite depuis tant de siècles sans pouvoir l'épuiser ». Nous savons seulement, dit M. Victor Guérin, que le lac de Tunis était, dès lors, ouvert du côté de la mer; car, dans la troisième guerre punique, le consul romain Censorinus y fit entrer sa flotte. Il est donc certain ou que ce lac communiquait naturellement avec la mer, ou que les Carthaginois avaient déjà ouvert le canal qui existe encore maintenant. Quand les Arabes eurent définitivement détruit Carthage, vers la fin du viie s., et qu'ils eurent fait de Tunis la capitale de la Régence, ils réparèrent le canal et entreprirent même un instant de le continuer, à travers le lac, jusqu'auprès de Tunis.

La Goulette-Neuve s'étend au N.; sa plaine marécageuse a été transformée en un jardin public; des chalets, maisons de plaisance, restaurants et cafés sont venus se grouper autour, et sont animés pendant la saison des bains de mer.

La Goulette-Ancienne, au S., bâtie assez régulièrement peut être visitée en une heure. On y remarque : — la *forteresse* qui défend l'entrée du canal; assiégée et prise par Charles-Quint, en 1535, malgré l'énergique résistance de Kheir-ed-Din, ancien pacha d'Alger, elle est reprise, en 1584, par Sinan-Pacha, qui passe la garnison espagnole au fil de l'épée, démolit les fortifications et les reconstruit à peu près telles qu'elles existent aujourd'hui. Près de la forteresse, qui nous sert aujourd'hui de caserne, d'hôpital et de manutention, est une batterie défendue par des canons de tous calibres, parmi lesquels on ne manquera pas de remarquer une pièce de fabrique vénitienne dont l'énorme culasse représente la tête de St Pierre, ciselée avec art; — l'*église catholique*; — à côté, l'*établissement* des sœurs

Saint-Joseph de l'Apparition, où les jeunes filles reçoivent de l'instruction et les malades des médicaments ; l'*hôtel* du ministre de la marine, gouverneur de la Goulette, et les différentes maisons habitées par les agents des consuls n'ont rien qui attire l'attention ; — de nombreux *établissements de bains* (V. à l'*Index*).

De l'autre côté du canal, dans le quartier militaire, on visitera : — l'*ancien seraï*, aujourd'hui inhabité, et le *nouveau seraï*, dont l'intérieur est meublé avec luxe ; on ne pénètre dans ce dernier que pendant l'hiver, le bey l'habitant avec sa cour à l'époque des grandes chaleurs ; — l'*arsenal*, nouvellement réparé et qui était affecté en partie à la *karak* ou bagne, où fut enchaîné St Vincent de Paul.

Le département de la marine française a créé à la Goulette, comme à Soussa et Sfax, une direction du port.

La Goulette et son port ont beaucoup perdu de leur animation depuis l'ouverture du canal et du port de Tunis.

[De la Goulette à la Marsa (8 k. ; chemin de fer ; s'informer pour les heures et les prix). — On peut revenir de la Goulette à Tunis par la Marsa, en s'arrêtant à Carthage (5 k.), si on en a le temps. La voie suit la colline de Carthage, à l'O. Pour la description des localités, V. ci-dessous, *B*.]

B, Carthage. — Sidi Bou-Saïd. — La Marsa. — Kamart.

19 k. — Chemin de fer Rubattino de Tunis à Malka-Saint-Louis : 1 fr. 75, 1 fr. 20, 0 fr. 60 ; aller et ret. : 2 fr. 50, 1 fr. 75, 0 fr. 95 ; trajet en 40 m. S'informer pour les prix comme pour les heures de départ qui sont variables. — On reviendra à Tunis par la Marsa. — Le mieux, pour l'excursion qui dure la journée, est de prendre une calèche à 2 chevaux à la Porte de France, menant directement à Malka (14 k. ; trajet en 1 h. 30 ; prix 15 fr.), où l'on trouve deux hôtels (V. l'*Index*).

La cathédrale de Carthage est ouverte t. l. j., le matin, de 5 h. 15 jusqu'à 11 h. 15 ; le soir, de midi 30 à 5 h. 30 en hiver, et 6 h. 45 en été. — Le musée est visible les dimanches, lundis, jeudis, vendredis et samedis de 2 à 6 h. du soir. Les dimanches et jours de fête, le musée est fermé durant le temps des offices qui ont lieu ordinairement de 8 à 10 h., et l'après-midi de 3 à 4 h. — *Par exception*, le musée est ouvert tous les jours de la semaine pour les visiteurs auxquels leur trop court séjour en Tunisie ne permettrait pas de se conformer aux indications ci-dessus mentionnées. Dans ce cas, ils devront adresser *à l'avance* une demande au directeur du musée, soit par lettre, soit par télégramme, *en indiquant l'heure à laquelle ils comptent se présenter*. L'entrée du musée est gratuite, mais un tronc reçoit les offrandes des visiteurs qui s'intéressent aux fouilles. Des souvenirs de Carthage : plans, notices, photographies, y sont tenus à la disposition des touristes et vendus au profit des fouilles.

Pour la route de terre on suit la rue des Maltais que l'on quitte à dr. par l'avenue de Bab-el-Khadra à laquelle on arrive après avoir longé, à g., un verdoyant cimetière musulman. *Bab-el-Khadra* est accotée, à dr., d'une petite mosquée sans caractère, et défendue par des canons inoffensifs. La route aboutissant à la colline de Carthage est souvent parallèle, à dr., au chemin de fer de la Goulette et au lac. A g., ce sont d'immenses plaines portant des moissons ou des chaumes suivant la saison. Çà et là quelques oliviers rabougris et des tentes d'indigènes : tout cela d'une monotonie désespérante et sans le moindre imprévu qui vienne égayer la route. De temps à autre, quelques Arabes à pied ou à âne, des troupiers allant à la Goulette ou à Tunis.

Pendant que les chevaux l'emportent au triple galop vers Carthage, le touriste pourra se rappeler ou relire l'histoire de cette cité.

Le berceau de Carthage fut, non pas Byrsa, mais longtemps avant elle Kombé, Kambi ou Kaccabi (E. Reclus), marché établi par une des premières colonies phéniciennes, sur le bord de la mer, en face des collines de la future Byrsa et de Junon. Des habitations s'élevèrent autour de cette espèce de Souk qu'on appela plus tard agora ou forum. Suivant la coutume, on réserva les hauteurs, comme on le verra plus loin, pour la sépulture des morts. Byrsa a été nécropole avant d'être l'acropole de Didon.

Histoire ou légende, Didon, fille de Bélus, amenait vers 880 avant J.-C., une colonie phénicienne, l'établissait sans violence sur la côte africaine en occupant une colline escarpée qui n'avait que 2,000 pas de circonférence. On l'appela *Byrsa*, mot qui paraît signifier tour, forteresse. Byrsa devint une acropole. Autour d'elle, les maisons se groupèrent, puis s'étendirent vers les ports, et sur la plage; enfin, en passant derrière la petite montagne de Sidi-bou-Saïd, elles allèrent rejoindre la mer. De ce côté était le quartier de Megara. Ainsi se forma une ville qui comptait, après quelques siècles, près de 5 lieues de tour et qui prit le nom de *Karthad-Hadtha* (la ville nouvelle), Carchédon en grec, Carthago en latin.

Le VIe s. avant J.-C. vit l'extension merveilleuse de la puissance des Carthaginois.

La possession de la Sicile mit Carthage en contact avec Rome et devint l'occasion d'une longue lutte entre les deux républiques, lutte qui est connue sous le nom de guerres puniques. En 146, Carthage, prise par Scipion Émilien, fut pillée et livrée aux flammes. César releva Carthage qui s'accrut rapidement et devint bientôt la ville la plus importante de l'Afrique romaine. En 439, les Vandales s'en emparèrent; Bélisaire la reprit sous Justinien (533). Les Arabes enfin la prirent d'assaut en 698 et la ruinèrent pour jamais.

Tillemont rapporte qu'un « Mausamuz, Sarrasin, qui était maître de presque toute l'Afrique, entreprit de rétablir Carthage vers 1180 (576 hég.) ». Le succès fut médiocre. La croisade de St Louis (1270) eut pour résultat de faire abandonner Carthage par les Arabes. Les ruines ne furent plus visitées que pour être détruites. On y venait faire provision de colonnes et de marbres précieux, et qui ? non seulement Tunis, mais les Pisans, les Génois; plus tard Ahmed-Bey, pour son palais de Constantine.

L'histoire de Carthage se résumera par le terrible « *Delenda est Carthago!* » jusqu'au jour où les splendeurs de l'Afrique française dépasseront celles de l'Afrique romaine. Le grand cardinal Lavigerie sera le premier inscrit dans les fastes de sa régénération.

Cependant la montagne prend une forme; la voici couronnée de sa basilique toute neuve et baignée de soleil. Après avoir dépassé la station de *Malka*, on commence l'ascension de Byrsa, qui dure quelques minutes.

CARTHAGE

De forme à peu près rectangulaire, d'un circuit de 2,000 m., et à 500 m. de la mer, **Byrsa** se dresse comme une acropole naturelle que l'homme n'a eu qu'à fortifier pour la rendre imprenable. Byrsa communiquait avec le forum et les ports par 3 rues bordées de maisons à 6 étages. De toutes ces splendeurs il ne reste que le souvenir et quelques ruines éparses. Seul l'aspect n'a point changé. Carthage, en y comprenant Megara, au N., a la forme d'un triangle dont la base allant de Kamart, N.-O., à Khram, S.-E., mesure 8,000 m.; et dont le sommet, formé par Sidi-Bou-Saïd, est à 4,000 m. de cette base. Megara comprend Kamart, la Marsa et Sidi-Bou-Saïd. Carthage proprement dite forme un rectangle mesurant 3,000 m. de Malka, N.-O., à Bordj-Djedid, N.-E., puis une diagonale de Bordj-Djedid à Khram, S.-O., de 3,500 m. Dans cette partie se trouvent Malka, Byrsa, les ports, Douar-ech-chott et Khram. Les formidables fortifications qui entouraient Carthage punique n'existent plus, mais on en lira la description faite par Flaubert et surtout Daux, « le plus hardi confident des anciens ingénieurs carthaginois ».

« Le panorama, du perron de la chapelle Saint-Louis à l'extrémité S. de Byrsa, est des plus splendides. Au N.-E. le cap de Sidi-Bou-Saïd avec son village; à l'horizon les îles Zembra et Zimbretta; en face de Carthage, de l'autre côté du golfe, Kourbès, les Aquæ Carpitanæ, renommé par ses eaux chaudes, puis la ligne blanche des maisons de la petite ville de Soliman. Plus à dr., les montagnes qui cachent le défilé de la Hache et la fameuse Néféris, qui joua un rôle si important dans la dernière guerre punique. Au S. et dominant le fond du golfe, le djebel Bou-Korneïn, la montagne aux 2 cornes, 576 m. A sa base Hammam-Lif (Aquæ Gumitanæ), célèbre par ses eaux thermales. Un peu plus en arrière le djebel Ressas, dont les teintes argentées décèlent aux regards de riches mines de plomb que les Romains ont exploitées. Plus loin, à l'horizon, le djebel Zaghouan, dont les sources, augmentées de celles du Djoukar, alimentent aujourd'hui, par un aqueduc de 120 k., Tunis, Carthage, le Khram et la Goulette. Enfin la rade de la Goulette, à l'entrée du Bahirat ou lac de Tunis. Vers l'O., au fond du lac de Tunis, les collines de Djaffar, de l'Ariana et de Soukra. Enfin, au N., la colline de Kamart, djebel Khaoui, nécropole juive; entre le djebel Khaoui et les pentes de Sidi-Bou-Saïd, la Marsa, résidence du Bey, du ministre de France, le palais de l'archevêché et plusieurs villas de riches Tunisiens ». (*Le R. P. Delattre*).

L'emplacement de Byrsa, de l'E. à l'O., est occupé par la chapelle Saint-Louis, le séminaire des Pères-Blancs, le musée et la basilique de Saint-Louis.

La *chapelle de Saint-Louis* s'élève au milieu d'un enclos entouré de murs. On sait que le bey Ahmed a concédé gratuitement à la France le sommet de la colline de Byrsa, pour y ériger un sanctuaire en l'honneur du pieux monarque qui avait consacré par sa mort, sinon cet emplacement, du moins l'un des points de cette côte. Il est assez difficile de préciser avec exactitude l'endroit où, le 25 août 1270, Louis IX rendit le dernier soupir. Quoi qu'il en soit, c'est au milieu des ruines de Carthage, où son armée était campée, qu'il succomba au fléau qui ravageait ses troupes. La chapelle, qui fut inaugurée en 1842, est de forme octogonale et surmontée d'un dôme. A l'int., l'autel, en face de la porte, est surmonté d'une *statue de St Louis*, en marbre blanc, par *E. Seurre*. A g. de l'autel, une inscription rappelle qu'à la demande de M. F. de Lesseps, le cardinal Lavigerie a autorisé le transport dans cette chapelle des restes de M. Mathieu de Lesseps père, qui fut consul à Tunis.

Derrière la chapelle sont situés les bâtiments de style mauresque renfermant à dr. le *grand séminaire* des Pères-Blancs, et à g. le Musée Lavigerie et la *salle des croisades*; cette dernière, servant de salon d'attente, est décoré de fresques par M. l'abbé L'Alouette, élève de Picot, et représentant : Le débarquement de St Louis. — St Louis soignant les malades et les blessés. — Bataille livrée par l'armée tunisienne à St Louis. — St Louis mourant. — Au plafond, Apothéose de St Louis.

Le *Musée Lavigerie*, fondé en 1875 par les soins du cardinal Lavigerie, est dirigé par le R. P. Delattre, dont le nom est désormais inséparable de celui de Carthage. Le Musée comprend un musée intérieur et un musée extérieur.

Le Musée intérieur est ainsi divisé : A. Carthage chrétienne : mosaïques, lampes, plats, croix, épingles, briques, bas-reliefs, vases, épitaphes; — B. Carthage punique : vases funéraires, vases corinthiens, lampes, scarabées, squelettes d'un tombeau punique, mobilier funéraire provenant en grande partie des fouilles de *Bordj-Djedid*, près des citernes, colliers, poignards, masques de style égyptien, ex-voto, vase de bronze doré (n° 26), bijoux en or, stèles, monnaies puniques, numidiques, grecques; — C. Carthage romaine : bustes, têtes, mosaïques, urnes, amphores, lampes, fresques, poids, vases en verre irisé intacts (n° 26), figurines, inscriptions, miroirs, clés, bijoux, monnaies, plombs de bulles, pierres fines gravées, camées; — D. Epoques diverses : monnaies arabes en verre, normandes, vénitiennes, espagnoles, coufiques; quelques monnaies françaises, plusieurs objets de bronze : boucles, agrafes, anneaux, monnaies, etc., sont les rares découvertes marquant le passage et le séjour de St Louis à Carthage.

Le musée extérieur, dans le jardin de la chapelle, comprend également 4 sections : I. Devant la porte d'entrée : statues hautes de 3 m. de la *Victoire* et de la *Fortune*, cette dernière reconstituée à l'aide de nombreux fragments recueillis par les missionnaires, boulets turcs, chapiteaux, amphores. — II. Côté droit du jardin, objets scellés dans le mur : inscriptions, épitaphes, statues, bas-reliefs, meules de moulin, cadrans solaires. — III. Autour de la chapelle : fragments de colonnes, statues, stèles. — IV. Côté gauche du jardin : statues, torses, cippes, mosaïques, ex-voto, sarcophages, cheval d'une parfaite conformation, tombeaux musulmans et nombreux fragments scellés dans le mur.

La *basilique de Saint-Louis*, qui a pour architecte M. l'abbé Pougnet, a été commencée en mai 1884 et consacrée le 15 mai 1890. C'est un grand monument de style byzantin mauresque, en forme de croix latine, de 65 m. sur 30; sa façade, qui regarde Tunis, se compose d'un principal corps percé de 3 grandes portes en chêne, surmontées d'une large rosace, et flanqué de 2 tours terminées en couronnes ajourées. Derrière la rosace on a installé un bourdon de 6,000 kilog. La tour de dr. renferme 4 cloches. Les portes sont précédées d'un perron auquel 9 marches donnent accès. Une vaste coupole entourée de 8 clochetons couvre le chœur, et une plus petite l'abside. Les angles du transsept sont flanqués de 4 tours rondes renfermant les escaliers qui conduisent aux diverses terrasses.

A l'intérieur, 3 nefs séparées par des arcades en fer à cheval, retombant sur des colonnes en marbre de Carrare dont les chapiteaux sont dorés; même répétition aux galeries supérieures. Le plafond est orné de caissons aux arabesques sculptées, peintes et dorées; les fenêtres géminées sont décorées de vitraux formés également d'arabesques; pas une seule figure. Aux murs, les blasons ou les chiffres des donateurs pour la fondation de la basilique. Le chœur, très surélevé, n'a qu'un autel provisoire; à g., le trône de l'archevêque. Derrière le chœur, à l'abside, chapelle de Saint-Louis, splendide reliquaire de bronze doré, d'A. Caillat, de Lyon, représentant la Sainte-Chapelle de Paris, et renfermant des reliques du saint roi, venant de l'église de Monreale en Sicile. Rien n'est superbe et imposant comme un office dans la cathédrale de Saint-Louis, avec ses théories de Pères-Blancs, ses chants, et son éclatant luminaire.

Les collines enceignant Carthage, de Byrsa à Bordj-Djedid, au N.-E., sont celles de *Junon-Céleste* (l'Astarté, la Tanit des Carthaginois, où s'élevaient les thermes de Gargilius que remplacent aujourd'hui un *couvent de Carmélites* et *le petit séminaire*), de l'*Odéon* et du *Serapeum*; sur toutes des tombes puniques ont été retrouvées.

Parmi les *fouilles*, dues en grande partie au R. P. Delattre, nous signalerons celles qui ont amené, en contre-bas de Byrsa, au S.-O., les découvertes suivantes. — 1° Nécropole punique où, parmi les tombes de formes variées, on remarquera celles recouvertes d'un toit à 2 pans, et dont les squelettes et leur mobilier figurent dans les vitrines du Musée Lavigerie. — 2° Muraille de grandes amphores romaines couchées horizontalement par lits de 4 m. 50, sur une longueur d'env. 50 m.; ces amphores portent l'estampille des fabricants, et autour du col, suivant l'usage, à l'encre rouge ou noire, les noms des consuls sous lesquels le vin a été récolté, le nom du vin et celui du destinataire. La muraille des amphores a son commencement dans la villa Marie-Thérèse (Driant), à l'angle S. de Byrsa. Près de la chapelle souterraine avec peinture murale (v° s.), puits carthaginois carré, etc. — 3° Série d'absides romaines. — 4° Mur construit, en 428, par Théodose II, reconnu sur une longueur de 80 m. — 5° Voie romaine. — 6° Citernes romaines. — 7° Maison byzantine avec cours intérieures; citernes, mosaïques, tronçons de colonnes, etc. — 8° Cimetière musulman; les tombes, en pierre ou en marbre, ont une forme particulière; chaque tombe se compose d'une longue dalle très effilée, posée verticalement, au milieu d'une seconde dalle posée horizontalement; les mieux conservées ont été transportées au Musée extérieur.

A 500 m. de ces fouilles, en descendant au S.-E., vers la mer, on rencontre le *port militaire* ou cothon, qui a gardé sa forme circulaire; au milieu s'élevait l'îlot entouré jadis de grands quais de même que les bords opposés du bassin. Les fouilles de Beulé constataient un périmètre de 333 m., un diamètre de 130 m. Les quais avaient 9 m. 35 de largeur. Un goulet intérieur, unissant le port militaire au port marchand, au-dessous, avait 23 m. de largeur. Le *port marchand* était long de 456 m. et large de 325. Sur l'emplacement de ces ports s'élève, au milieu d'un fort beau jardin, l'ancienne résidence du bey. Non loin de là, le général Kheir-ed-Din a transformé les dunes de sable en un bois où poussent à l'envi les arbres du Nord et les arbres du Midi.

A l'extrémité du port marchand, une petite pointe s'avance à une dizaine de m. dans la mer. C'est à cette pointe que se trouvait l'entrée des ports de Carthage. On y découvre encore parfaitement les quais qui entouraient le canal de communication entre la mer et les ports.

A 1,200 m. N.-E. du cothon, près de la mer, est *Bordj-Djedid*; au-dessous, parmi les débris de grands édifices, sont ceux qui appartiendraient à la *basilique de Thrasamund*, le roi vandale; à côté se trouvent d'énormes pans de murs en blocage, ruines immenses de *thermes* dont l'emplacement est précisé par le nom de l'endroit, *Dermèche*, et par une inscription découverte par M. J. Vernaz en même temps que des puits funéraires et des caveaux creusés dans le roc. A 200 m. O. du bordj, les belles *citernes*, moins étendues que celles de Malka (*V.* ci-dessous) et restaurées dans ces derniers temps, sont entièrement recouvertes. Ces citernes ou réservoirs, dont on ne saurait trop recommander la visite, au nombre de 18, ont 30 m. de longueur sur 7 m. 50 de largeur et 9 de profondeur; elles sont alimentées par les eaux de Zaghouan et de Djoukar. Près de là était le *théâtre*.

Sur le bord du chemin, à g., se trouve une très importante **nécropole** punique découverte par le P. Delattre; plus de mille tombeaux ont été reconnus; leur mobilier très riche et très varié se voit au Musée Lavigerie. On visitera le plus grand tombeau qui est celui du Carthaginois *Jadamelek*, et dans lequel a été trouvé un médaillon en or portant une invocation à Pygmalion, frère de Didon (vi[e] ou viie s. avant notre ère).

Revenant à la station de Malka-Saint-Louis, on ira, à 800 m. à g., visiter *le cirque*, ou plutôt son emplacement, que traverse le chemin de fer à son extrémité S.-E. Le cirque, dit Falbe, a env. 1,600 pas de longueur sur 330 pas de largeur. La partie de l'épine, *spina*, qui existe encore, a env. 1,000 pas. A l'extrémité E., tout auprès du chemin qui conduit de Malka à *Douar-ech-Chott*, on peut aisément reconnaître, entre deux fondements, de mur, une ouverture qui a dû être l'une des entrées du cirque.

Remontant vers Malka, les traces de *l'amphithéâtre* de Carthage se présentent à g.; ce monument, qui avait 200 m. dans sa plus grande largeur, consistait naguère en quelques blocs de maçonnerie émergeant du sol et conservant la forme elliptique. Le cardinal Lavigerie a fait élever, au milieu de son emplacement, une colonne en mémoire des martyrs qui ont versé là leur sang, et en particulier de Ste Perpétue et Ste Félicité. De nouvelles fouilles ont fait découvrir le pourtour de l'arène et les *carceres*; une chapelle y a été installée.

Si, des ruines de l'amphithéâtre, on passe de l'autre côté de l'ancienne route de Tunis, on se trouve dans un terrain connu sous le nom de *Bir-el-Djebbana* (le puits du cimetière); on en compte 4 : 2 païens et 2 chrétiens. Les deux cimetières païens, réservés aux *officiales*, mis par l'empereur au service du procurateur du tabularium de Carthage, ont fourni plus de 800 épitaphes et des centaines de lampes ; les 2 cimetières chrétiens, des tombes en mosaïques avec inscriptions. A Bir-ed-Djebbana était située *la villa Scorpianus*, dont les belles mosaïques et un magnifique vase en verre irisé ont été transportés au Musée de Saint-Louis.

Au-dessus, à dr., est situé **Malka**, village établi dans les anciennes citernes de Carthage, celles qui reçurent, les premières, l'eau des sources Zaghouan et Djoukar, par un aqueduc long de plus de 100 k. Les vastes et profonds réservoirs sont aujourd'hui comblés de terre et de fumier jusqu'à la naissance des voûtes, et c'est sous ces abris peu coûteux que les premiers habitants du village se sont installés avec leurs bestiaux. Plus tard, la population augmentant a construit au-dessus des citernes. Près de là, ruines d'une tour.

En se dirigeant vers Sidi-bou-Saïd, à 800 m. N.-E., le R. P. Delattre a exhumé une vaste basilique, connue sous le nom de *Damous-el-Karita*. A travers les pierres et les colonnes qui jonchent le sol, il est facile de reconnaître l'emplacement des entrées, du transsept, de la grande nef, de l'autel et du baptistère.

De Damous-el-Karita à Sidi-bou-Saïd la distance est de 2 k. (N.-E.). Les grands bâtiments qu'on aperçoit entre le village et Bordj-Djédid, appartiennent aux *sœurs franciscaines missionnaires de Marie*, qui tiennent là 2 pensionnats et un orphelinat. On rencontre encore à mi-route la maison du cardinal Lavigerie, au milieu de beaux vignobles. **Sidi-bou-Saïd** prend son nom d'un marabout dont la koubba est à l'angle S.-E. du village qui s'élève dans une situation très pittoresque sur la pointe de l'ancien cap de Carthage, à 130 m. d'alt. Un phare avec feu à éclipse de 35 m. de haut domine le cap. La vue, s'étendant à l'E. par delà Carthage et la Goulette jusqu'aux montagnes de Zaghouan, est magnifique.

[R. 34]   SIDI-BOU-SAÏD. — LA MARSA.   345

A 3 k. N. de Sidi-bou-Saïd, la **Marsa** * est un village disséminé au milieu de verdoyants jardins; on y voit quelques cafés et quelques boutiques d'industriels, mais surtout des villas où les gens aisés de Tunis viennent passer l'été. De la gare une large avenue aboutit au palais du bey actuel; on passe, à dr., devant une des cours du palais où se trouve un petit parc d'artillerie, puis on entre dans le v. qui se termine à dr. par une rue aboutissant à la mer et bordée de maisonnettes à un rez-de-chaussée, occupées par les baigneurs dans la saison d'été. L'ancien *palais*, de construction sarrasine, du bey Abdelia, ne peut être visité. Sur un des chemins de Kamart, *la Camilla*, au milieu d'une splendide végétation, est la résidence d'été du ministre français.

A 3 k. N.-O. de la Marsa, quand on a dépassé la colline qui a servi à l'une des nécropoles de Carthage, on rencontre **Kamart**, groupe de villas au milieu des oliviers et des jardins, entre la pointe S.-E. de la *Sebkra-er-Rouan* et la mer. Kamart est limité vers le N.-O. par de grandes dunes sablonneuses qui s'allongent entre la Sebkra-er-Rouan et la mer et qui se continuent ensuite jusqu'à l'embouchure de la Medjerda. La température exceptionnelle de fraîcheur pendant l'été, due à la brise de mer, fait de Kamart un endroit aussi privilégié que la Marsa. C'est entre Kamart et la nécropole juive que commençaient, au N., les formidables remparts de Carthage. La porte d'Utique s'ouvrait sur leur angle O.-N.

En voiture ou en chemin de fer, le retour se fera par la Marsa.

[De la Marsa à la Goulette (8 k.; s'informer pour les heures et les prix), V. ci-dessus, A.]

C. Le Bardo et le Musée Alaoui.

2 k. N.-O. par le chemin de fer Rubattino (service très intermittent; consulter pour l'horaire et les prix). — 2 k. par la route de voitures. — Le Musée Alaoui, inauguré le 9 avril 1891, est ouvert de 1 h. à 5 h. (du 15 octobre au 14 avril), et de 1 h. à 6 h. (du 15 avril au 14 octobre). M. B. Pradère, conservateur.

Le chemin de fer bifurque après avoir dépassé le cimetière israélite. Laissant à dr. la ligne de la Goulette, il remonte à g., en longeant de près le faubourg tunisien de Bab-Souïka, pour aller rejoindre au delà, en contre-bas de Bordj-Felfel, la route de terre.

La route de terre commence à Bab-es-Sadoun, au N. de la Kasba; elle est empierrée et bordée d'arbres. On passe d'abord devant Kachlat-et-Tobjia, caserne d'artillerie; on laisse à dr., non loin de là, un fort isolé, destiné à défendre Tunis de ce côté; puis on franchit les arches hautes et étroites d'un aqueduc romain.

En face d'une petite place ornée d'une fontaine et d'un palmier s'étendent, à g., de vastes bâtiments, sans caractère bien défini, de un à trois étages, à toiture plate; à dr., est un long mur derrière lequel s'élèvent la mâture du pavillon beylikal et plusieurs maisons couvertes en tuiles. Au milieu de toutes ces constructions s'ouvre la porte d'entrée surmontée d'une tour octogonale avec une horloge au triple cadran. Une batterie de 6 petits canons rayés, don de Napoléon III à Mohammed Sadok, complète l'ensemble extérieur du Bardo.

Intérieurement une cour, puis à g. une avenue. Après une seconde cour, une voûte et une troisième cour au fond de laquelle un escalier orné de 8 lions en marbre blanc, venant de Venise, donne accès à la galerie qui précède le palais proprement dit, ensemble d'autres cours, d'autres galeries et de nombreuses salles constituant la demeure de l'avant-dernier bey, et dans une partie desquelles est installé le Musée dont la création est due à M. R. de la Blanchère.

Au rez-de-chaussée, un vestibule voûté, qui ouvre sur une cour ornée d'une fontaine, contient quelques antiquités; il est appelé à recevoir surtout celles dont le poids trop considérable rendrait dangereux le transport aux étages supérieurs.

Le 1er étage se compose de 3 grandes salles principales. Celle du milieu, qui est un grand patio couvert, avec une fontaine de marbre au centre, est remarquable par son plafond où le mauvais goût des décorateurs italo-tunisiens s'est donné libre carrière. Cette salle, assez grande d'ailleurs, et d'aspect imposant, est particulièrement consacrée aux collections épigraphiques. On y a rassemblé les inscriptions les plus curieuses que l'on a pu se procurer, en les groupant par régions et par localités. Pour rompre la monotonie, on a disposé de distance en distance, quelques statues et des fragments d'architecture ou d'ornementation.

On pénètre de là dans 2 salles, l'une à dr., l'autre à g. La salle de g. longue de près de 19 m. et large de 12, est une merveille d'éclat harmonieux. Le plafond est formé par une coupole à caissons dorés, du meilleur goût arabe. Le sol est recouvert, sur presque toute sa surface, par une immense mosaïque, découverte à Sousse par les officiers du 4e tirailleurs, et représentant le cortège de Neptune. L'éclat de ce morceau presque unique répond fort heureusement à celui du plafond. Pour augmenter l'effet heureux de cette salle, on a eu l'idée de garnir les murs de mosaïques de toutes sortes recueillies en divers endroits du pays : tombes chrétiennes représentant des personnages en pied; sujets de genre où l'on voit des oiseaux, des poissons, des pêcheurs; figures décoratives comme la tête du dieu Océan; scènes empruntées à la vie réelle, telle que la représentation d'une course de chars dans un amphithéâtre. Au fond de la pièce des statues jettent une note blanche sur cet ensemble coloré. Des vitrines renferment tous les menus objets en terre cuite, en verre, en bronze que l'on a pu réunir.

A dr. du patio, au fond d'une petite estrade qui termine la salle, s'ouvrent deux portes tournantes sur un pivot central, qui se font pendant. L'une est faite uniquement pour la symétrie, elle ne recouvre que le mur, l'autre donne accès à ce qui fut autrefois l'habitation des femmes. C'est une salle en croix dont le centre est surmonté d'une coupole et qui contient, dans les intervalles des bras, quatre chambres carrées également sous coupoles. Les voûtes de cette partie du Musée sont en plâtre ajouré d'un travail admirable. Il y a là, dit M. de la Blanchère, une synthèse de tout le décor islamique. Des méandres arabes, des nœuds hindous, des cœurs persans, des palmettes Égyptiennes, des entrelacs syriens, des rinceaux turcs s'y rencontrent, très bien fondus, harmonieusement combinés. C'est comme un résumé de toute la tradition d'un art très florissant dans l'Afrique du Nord.... « Dans cet ancien appartement des femmes, on a installé une mosaïque centrale, des statues et des modèles en plâtre, exécutés par M. Saladin, pour le pavillon tunisien de l'exposition de 1889 (Mausolée de Dougga, temple de Dougga, temples de Sbeitla).... » (*Cagnat et Saladin*.) Les fouilles faites depuis deux ans par M. Gauckler, inspecteur, chef du service des antiquités, ont enrichi le musée de mosaïques provenant en grande partie d'Oudna (*Uthina*), (*V.* R. 34, *F*) et d'une grande importance pour l'histoire de l'occupation romaine.

Derrière le Bardo, au milieu d'une orangerie, est situé le *Ksar-Saïd* (le palais du bonheur), que l'on visitera moyennant la pièce blanche traditionnelle; c'est toujours les colonnes de marbre, les glacés, les arabesques et surtout les pendules. C'est à Ksar-Saïd que fut signé le traité du 12 mai 1881, par lequel la Tunisie était mise sous le protectorat de la France. Un hippodrome est installé à Ksar-Saïd.

D. Bou-Chateur (Utique).

35 k. N.-O. — Route carrossable; voitures et chevaux.

On sort de Tunis par *Bab-es-Sadoun*. Après avoir traversé l'aqueduc du Bardo, on laisse à dr. *Kachlat-et-Tobjia*, caserne d'artillerie, à g. *le Bardo*, puis les maisons de plaisance et les jardins de *la Manouba*. La route passant ensuite dans les bois d'oliviers, prend une direction N.-O.

14 k. *Koubba de Sidi-Merouan*.

16 k. *Sebbalat*, ou fontaine ornée d'une galerie à arcades que soutiennent quatre colonnes ioniques; près de là est un fondouk. Fontaine et fondouk sont dans un site charmant.

20 k. Montée; à dr. ruines, à g. koubba et ruines d'une maison de plaisance bâtie, sous Hamouda-Pacha, par le célèbre Youssef-Sahab-et-Tabadji (*V.* p. 333).

L'oued Medjerba, la plus grande rivière de la Tunisie, mais non navigable, à cause des irrégularités de profondeur qu'elle présente, prend sa source au S.-E. de Souk-Ahras, en Algérie, et se jette dans la mer au-dessous de Porto-Farina, après un parcours d'environ 300 k. L'oued Medjerda, le *Macar* de Polype, le *Bagradas* des Romains, près duquel fut tué le fameux serpent de Régulus, après avoir arrosé les vastes plaines, témoins des combats entre Carthage et Rome, a déplacé son lit dans la dernière partie de son cours et changé la configuration du pays, surtout par rapport à la position d'Utique.

21 k. Pont sur la Medjerda, large en cet endroit de 90 m., sur un pont arabe de 7 arches et dont les piles ont des ouvertures cintrées pour l'écoulement des grandes eaux.

30 k. L'*oued-Sr'ir*, affluent de la Medjerda ; on tourne immédiatement à dr. vers le N., en longeant des collines à g.

35 k. *Bou-Chateur*, misérable dachera dont la population, plus misérable encore, anime seule aujourd'hui les ruines d'Utique, que domine la koubba de Bou-Chateur. Ces ruines ne rappellent que fort peu l'antique splendeur de cette ville célèbre, fondée douze siècles avant J.-C. Comme Carthage, dont elle était la sœur aînée, et qui seule l'éclipsait en magnificence et la dépassait en étendue, elle a été presque complètement anéantie.

Utique comprenait deux quartiers bien distincts : la ville haute et la ville basse. La ville haute occupait une suite de collines, séparées les unes des autres par des ravins plus ou moins profonds. On pourra voir encore, dans cette partie, des débris de l'aqueduc qui amenait les eaux du djebel Kechbata situé à 10 k. vers l'O., des citernes à moitié comblées servant d'étables, comme celles de Carthage, et un vaste amphithéâtre pratiqué dans un entonnoir naturel et dont les gradins ont disparu.

Quand on se dirige vers le N.-E., on rencontre, avant un ravin, un plateau couronné par les koubbas de *Sidi Bar'-el-Lil* et *Sidi El-Kouri*. Au delà du ravin est un deuxième plateau que dominait l'acropole, dont il reste à peine d'insignifiants débris ; du haut de cette colline, qui s'avance comme un promontoire vers la plaine, on jouit d'une vue fort étendue. A l'E. sont les hauteurs de *Kalat-el-Oued*; les *Castra Cornelia*, non loin desquels Scipion l'Africain, après avoir débarqué son armée dans le voisinage de *Pulchrum promontorium*, vint abriter sa flotte, et où il assit et fixa ses quartiers d'hiver.

En descendant de l'acropole, on arrive à une plaine, puis à une colline semi-circulaire à laquelle s'adossait un théâtre ; plus loin, on voit les ruines d'un immense édifice, citadelle ou palais, que les Arabes appellent *Seraïat-es-Soultan*. C'est au-dessus, dans une dépression du terrain, qu'il faut chercher un canal conduisant à l'ancien port machand complètement disparu aujourd'hui. Plus bas sourdent des eaux thermales (33°) riches en sels arsenicaux et qui sont recueillies dans un petit bassin où les Arabes viennent se baigner.

Un canal auj. comblé, communiquant avec la mer, traversait la ville dans son milieu et aboutissait à un grand bassin circulaire, comblé également ; c'est le cothon ou port militaire.

E. Hammam-Lif (El-Enf).

17 k. E. par le chemin de fer (trajet en 34 min. ; 1 fr. 60, 1 fr. 45, 1 fr.) et 15 k. par la route de voit.

Si l'on prend la route de voit., on sort de Tunis par *Bab-ed-Djezira* et le faubourg du même nom. A dr. de la route, sur une hauteur, s'élève la koubba de Sidi-Bel-Hassen-ech-Chadeli (*V.* R. 33).

Le chemin de fer d'Hammam-Lif, qui continue maintenant jusqu'à Sousse (V. R. 39) et qui doit se poursuivre plus tard jusqu'à Sfax, se détache à 400 m. de la gare du chemin de fer de Tunis à Bône par Ghardimaou, après avoir traversé le joli jardin que la Compagnie a fait planter, et qui est public. Il est toujours parallèle à la route de terre. — A dr. *koubba de Lella Kebira*, mère d'un bey de Tunis.

4 k. **Sidi-Fethalla**, v. composé de belles maisons mauresques et dominé par la zaouïa et la koubba du marabout Sidi Fethalla, renommé de son vivant par son savoir et sa sainteté. Sidi Fethalla passe encore pour un grand faiseur de miracles. On lui attribue surtout la vertu de rendre les femmes fécondes. Il existe à cet effet, près de la koubba, sur la pente d'un rocher, un sentier rapide, une sorte de glissoire sur laquelle les femmes atteintes de stérilité n'ont, pour acquérir la faculté de devenir mères, qu'à se laisser glisser à plat ventre. A. Dumas, dans son voyage du *Véloce*, raconte très curieusement ce pieux exercice.

5. k. *Djébel-Djell*, arrêt pour les voyageurs sans bagages. Entre Djebel-Djell et Mégrine est situé l'hippodrome.

6 k. *Mégrine*, arrêt pour les voyageurs sans bagages.

10 k. *Maxula-Radès* *, joli v. sur la colline.

11 k. *L'oued Miliana*, le *Catada* de Ptolémée; on le traverse sur un pont en fer, laissant à 200 ou 300 m. à dr. le pont en pierre de cinq arches, construit, en 1749, par des Arabes et des Espagnols, sur des fondations qui paraissent romaines. L'oued Miliana se jette dans le golfe de Tunis, un peu au-dessous et à l'E. de *Radès*, v. arabe auquel s'est substitué tout un v. européen, la *Maxula* des Romains, construit sur le flanc E. d'un coteau. On y remarque une mosquée, deux koubbas et une dizaine de maisons de maîtres.

[Un bon chemin de 6 k. conduit de Radès à la Goulette en longeant les dunes qui séparent le golfe de Tunis du lac.

A 2 k. E. de Radès, embouchure de l'oued Miliana près de laquelle on a établi des bains de mer.]

Bientôt après, laissant à dr. de nombreuses ruines, on continue la traversée dans d'immenses plaines en friche. On entre dans une forêt d'oliviers et d'orangers; on passe près d'un bordj; puis on se dirige à travers les broussailles et les arbustes, houx, myrtes, arbousiers et lentisques, vers l'extrémité du cap de montagnes qui s'avance dans la plaine. Ce cap, dominé par le *Bou-Korneïn*, et le *R'sas*, est coupé par une fente profonde à laquelle les Arabes donnent le nom de *Darbet-mta-Sidna-Ali* (coup de notre Seigneur Ali). Suivant la tradition, Ali, lieutenant de Mohammed, se trouvant acculé à la montagne par une armée chrétienne, lui échappa en s'ouvrant, d'un fort coup de sabre, un passage à travers la montagne où coule désormais un canal d'eau froide, la seule que l'on trouve auprès d'Hammam-Lif.

15 k. **Hammam-Lif*** et mieux *Hammam-el-Enf* (bains du nez), 400 hab., station thermale et de bains de mer, au djebel Bou-Korneïn, est renommée pour ses sources d'eaux chaudes chlorurées iodiques (46° à 49°), dont l'adjudication a été faite à la Société de l'Enfida, qui a cédé ses droits à une autre société. On y visitera : — le palais *Dar-el-Bey* ; — d'autres palais de ministres et d'un ancien bey de Tripoli qui s'était fixé en cet endroit ; — le *fondouk*, construit avec piscines et appartements, dans lequel on a utilisé non seulement les matériaux, mais aussi quelques-unes des dispositions des thermes antiques ; — les restes d'une *synagogue*, découverts en 1887, par le capitaine de Prudhomme et, comportant plusieurs salles pavées de riches mosaïques avec inscriptions, qui ont été transportées au musée de Carthage.

[Le *djebel Bou-Korneïn* (639 m. ; ascension en 2 h. par un sentier tracé par l'administration forestière). Du sommet du piton g., où a été élevée une petite colonne en pierre, vue magnifique sur le golfe de Tunis, du cap Bon au cap Porto-Farina.

Au pied des derniers escarpements du Bou-Korneïn, à 1 k. E. d'Hammam-Lif et à *Sebbalat-el-Bey* (fontaine du bey), des vestiges, peut-être ceux d'*Ad Aquas* (?), couvrent une étendue assez considérable.

Le *djebel R'sas* ou *monte Piombino* (730 m.) est un pic remarquable situé derrière le Bou-Korneïn au S.-O. Les mines de plomb du djebel R'sas, exploitées par les Romains, puis par les Arabes, appartiennent aujourd'hui à une Compagnie italienne qui, jusqu'à présent, n'a fait que recueillir et fondre les scories que ses prédécesseurs lui ont laissées. On visitera, au N.-O., la cité ouvrière, comprenant un hôpital de 30 lits, et, à 800 m. N. de cette cité, la fonderie qui occupe 120 à 150 ouvriers. A l'O. du djebel R'sas, et à 2 k. de la fonderie, dans un endroit nommé par les indigènes *Henchir-Sidi-ben-Nour*, M. le docteur Schmidt a reconnu les traces d'un centre romain profondément enseveli sous les masses de terre tombées de la montagne. On peut monter jusqu'au petit chemin de fer funiculaire d'exploitation (vue magnifique sur la mer et les montagnes). L'ascension complète, en partant de la cité ouvrière, est très difficile et demande 3 h. en s'aidant autant des mains que des pieds.

L'espace compris entre le chemin de fer et la mer a été divisé, dans ces derniers temps, en lots à bâtir ; un casino, d'architecture mauresque avec restaurant et salle de spectacle-concert, a été ouvert en 1894. Un établissement thermal et plusieurs maisons ou villas se groupent déjà autour du casino qui attire les Tunisiens pendant la saison des bains de mer.

F. Zaghouan.

A. Par le chemin de fer.

62 k. — Trajet en 3 h. 20 min. — 6 fr. 95 ; 5 fr. 25 ; 3 fr. 70.

Après un parcours de 4 k. sur le chemin de fer de Tunis à Sousse, jusqu'à la koubba de Sidi Fethallah (*V.* ci-dessus, *E*), le train prend d'abord une direction générale S.-O., à travers les jardins, les cultures et les nombreux oliviers.

13 k. *Nassen*; à g. *plaine de Mornak*, entre l'*oued Miliana* à l'O., et les djebel *Bou-Kornein* et *Ressas* à l'E. Dans le lointain, au S., succession de mamelons que domine le djebel Zaghouan. Le paysage est splendide.

La *plaine de Mornak*, d'une étendue de 20,000 hect., était inhabitée en 1884; la fertilité de son sol y a attiré depuis un grand nombre de colons, bien qu'elle n'eut alors ni routes ni ponts. Viennent les Crété, les Marchand, les Reclus et Guignard, etc., et 15,000 hect. sont acquis à la colonisation par la grande et la petite culture, celle-ci sous la protection de celle-là. Parmi les grandes exploitations situées à l'E., il faut citer celle de *Crétéville*. M. Crété, ancien officier, a planté 300 hect. de vignes, créé une ferme, deux pépinières qui, pendant dix ans, ont assuré les besoins de la colonie en plantes, arbres et arbustes de toutes variétés; il a fait construire une église, une école, un hôtel, une distillerie, des fours à chaux et à plâtre; il a enfin installé toute une école pratique de colonisation.

La voie franchit sur un pont métallique l'oued Miliana, qu'elle laisse à dr. Çà et là, toujours à dr., surgissent les arcades, parfois hautes de 20 m., de l'aqueduc d'Hadrien.

20 k. *Kelidia*, arrêt; groupe de fermes à dr.

24 k. **Oudna**, à g., c'est le nom donné par les Arabes à l'ancienne *Uthina*, dont les ruines couvrent un plateau ondulé qui domine la rive dr. de l'oued Miliana; on y reconnaît les vestiges d'un castrum, d'un théâtre, d'un amphithéâtre, d'un aqueduc, d'un pont de 3 arches jeté sur un affluent de la Miliana, de plusieurs grands édifices et de citernes publiques dont l'une comporte 7 travées de 32 m. 60, sur 4 à 4,60, enfin de thermes ornés de statues. Ces ruines, couvrant une étendue dont la circonférence est de 4 k., appartiennent à la meilleure époque de l'art romain. C'est à Oudena que M. Gauckler a fait ses plus belles fouilles et reconstitué le plan complet de villas romaines avec de magnifiques mosaïques figurant au musée du Bardo.

Uthina, fondée par César ou par Auguste, était une des plus anciennes colonies de la province d'Afrique; détruite par les Vandales, elle ne s'est pas relevée de son désastre; aucun centre berbère ne s'est établi sur ses ruines abandonnées depuis 14 siècles. Quelques Arabes nomades viennent de temps à autre y planter leurs tentes et abriter leurs troupeaux dans les citernes de la ville antique.

28 k. *Bou-Rebia*, arrêt; bordj et prise d'eau. Plus loin, près du 31ᵉ k., à g., koubba de *Sidi Hadjela* au milieu de ruines romaines.

36 k. *Djebel-Oust*, au pied N. de la montagne de ce nom (396 m.); à dr., maison cantonnière et prise d'eau.

49 k. **Smindja**, près de ruines romaines. C'est là que vient s'embrancher le chemin de fer du Kef, ouvert jusqu'au Fahs, déc. 1897. La direction de la voie, jusqu'alors S.-O., devient E.

57 k. *Moghrane*, halte. Le poste de la surveillance des eaux

de l'aqueduc est établi dans une maison de plaisance, domaine du bey, au milieu d'un beau jardin dans lequel on a réuni des ruines romaines. C'est à Moghrane que les eaux du Djoukar sont amenées par un aqueduc dans celui du Zaghouan pour l'alimentation de Tunis.

Pendant les mois d'août et de septembre 1881, des partis insurgés de Zlass entreprirent la destruction de l'aqueduc dans la plaine du Smindja, pour amener la disette d'eau de Tunis. Un bataillon d'infanterie fut aussitôt envoyé à Moghrane pour repousser ces actes de vandalisme. Une belle *pyramide* en pierre a été élevée, à 200 m. O. de l'ancien camp, à la mémoire des soldats du 87° de ligne, morts en 1881, 1882 et 1883 sur le territoire tunisien.

62 k. **Zaghouan** (*Onellana*? d'après Ch. Tissot, *Villa magna*? d'après Wilmans), situé à 271 m., adossé à la gigantesque muraille calcaire que forme le djebel Zaghouan et arrosé par les mille sources qui en jaillissent et entretiennent la luxuriante végétation de ses vergers, est une véritable oasis au milieu des solitudes dénudées qui l'entourent. Les avantages de sa position ont dû en faire, dès l'origine, un centre de population de quelque importance. Les inscriptions trouvées à Zaghouan, ne donnant pas le nom de la ville, prouvent néanmoins qu'elle était un municipe. On y remarque une *porte* monumentale dont la clé de voûte offre, dans sa partie inférieure, une tête de bélier. Zaghouan, bâtie par les Maures chassés d'Espagne, compte une population de 1,000 hab. dont la principale industrie, aujourd'hui en décadence, est la teinture en écarlate des bonnets de laine ou chachias si renommés dans toute la Tunisie. Quelques Européens cultivent des céréales et des vignes sur des espaces de 300 à 1,500 hect. C'est au pied de Zaghouan qu'est située la gare, autour de laquelle s'élèvent quelques constructions européennes, noyau d'un futur village.

[Sur l'un des sommets de la partie N.-E. du massif du djebel Zaghouan, on aperçoit le poste de télégraphie optique qui communique avec Tunis et Kairouan. Un chemin muletier de 3 k., partant de Zaghouan, conduit à ce poste (310 m.), en serpentant au milieu des coulées et des entailles creusées dans le rocher le long du flanc de cette section de la montagne.

A 2 k. 132 au S.-E. de Zaghouan existe la principale source d'eau qui était une des deux prises alimentant le grand aqueduc de Carthage. C'est là que se trouvent les ruines encore remarquables du **nymphéum** connu sous le nom de *Henchir-Aïn-Kasba*. « Le nymphéum qui s'élève sur la source est un des plus gracieux monuments de l'Afrique septentrionale. Adossé à un contrefort escarpé du djebel Zaghouan, l'édifice affecte la forme générale d'un hémicycle formant terrasse et dominant le bassin qui recevait les eaux de la source avant leur entrée dans l'aqueduc. Le centre de la courbe de l'hémicycle est occupé par une *cella* ou sanctuaire au fond duquel est pratiquée une niche cintrée qui devait contenir la statue de la divinité principale, peut-être celle d'Astarté, la *Juno pollicitatrix pluviarum*? » (Ch. Tissot.) A dr. et à g. du sanctuaire se développaient les galeries comprenant chacune 13 colonnes corinthiennes, de 4 m. 35 de hauteur totale, d'un diamètre de 30 à 45 centim. Ces colonnes supportent aujourd'hui les voûtes de la mosquée de Zaghouan. 2 escaliers de 15 marches conduisent de l'hémicycle au bassin. La beauté du site ajoute encore aux charmes du nymphéum de Zaghouan; rien n'est plus saisissant que le contraste que font, avec la muraille rocheuse à laquelle le temple est adossé, les massifs d'orangers, de cyprès, de peupliers, de trembles et de platanes séculaires qui forment autour de la source une sorte de bois sacré.

Le Ras-el-Kasa (1,340 m.; le plus haut sommet du djebel Zaghouan; ascens. en 5 h.). — On prend, au S. de la ville, un sentier muletier qui longe d'abord l'aqueduc de Zaghouan jusqu'au nymphéum, et s'engage ensuite, à 300 m. N. du temple, le long des flancs N.-O. du *djebel Bou-Kobrin*, jusqu'à la *zaouïa* de ce nom (800 m.). Ce premier trajet demande 3 h. de marche. La zaouïa est bâtie sur le sommet d'un promontoire s'avançant vers le N. et limité vers l'O. par de vertigineux escarpements à pic de 200 m. de hauteur. Un puits de 15 à 20 m., creusé dans la cour de la zaouïa, donne une eau excellente, abondante et d'une température presque glaciale. A l'E. de la zouïa, prairie gazonnée, caroubiers et oliviers sous lesquels on peut se reposer, après toutefois inspection de la localité qui recèle de nombreuses vipères venimeuses et couleuvres rougeâtres. A une centaine de m. S. de la zaouïa, on fera attention à un précipice que cachent les broussailles; c'est un ancien réservoir qui devait servir de glacière pour le bey. A l'E. s'élève le cône du *djebel Bou-Kobrin* (1,100 m.), très difficile à escalader.

Il faut encore 2 h. à pied pour ascendre le sommet du Ras-el-Kasa par une série de couloirs et d'escaliers durs à enjamber. Sur le Ras-el-Kasa, le génie militaire a élevé, en 1882, une colonne de triangulation. « Le djebel Zaghouan, dit M. le capitaine Cherrey, peut être considéré comme la plus belle et la plus remarquable de toutes les montagnes de la Tunisie; il se dresse comme une immense muraille et est visible de tous côtés à une distance de 80 k. Aussi, de son sommet, lorsque le temps est clair et l'atmosphère pure, on embrasse un horizon très vaste qui permet de découvrir à peu près le tiers du territoire de la Régence. » Au N., c'est la Goulette, Tunis et ses lacs, Sidi-Bou-Saïd et Carthage, et le vaste golfe allant de Ras-Sidi-Ali-el-Mekki et Ras-Haddar au cap Bon; au N.-E., les montagnes dominant les vallées de la Medjerda; à l'O., celles du Kef; au S., le mont Djoukar et les massifs de l'Ousselet; au S.-E., les hauteurs de Takrouna, les villes d'Hergla et de Sousse; à l'E. Hammamet et son golfe; puis, du N.-O. au S.-O., la ligne de l'aqueduc de Carthage, long de 130 k. Des mines de calamine et de zinc, appartenant au massif de Zaghouan, sont en plein rapport.

De Zaghouan, un chemin muletier de 9 k. contournant les pentes extrêmes N.-E. du *djebel Bou-Hamida* et allant ensuite vers le S., vient déboucher au milieu d'une gorge sauvage et pittoresque à **Hammam-Zeriba**; c'est un établissement thermal datant de l'époque romaine. Les bains actuels, restaurés par les Arabes avec des matériaux romains, sont aménagés dans un grand bâtiment surmonté d'une koubba : on y remarque 2 piscines alimentées par une eau thermale, 48 à 50°, sortant d'un bassin circulaire et souveraine pour les maladies de la peau. Cette eau vient se déverser ensuite dans l'oued el-Hammam, dont les rives sont bordées de magnifiques lauriers-roses. Un sentier de 8 k. conduit, vers le S., au petit village de *Zeriba*, bâti entre deux rochers de 40 à 50 m. de haut. La situation est pittoresque, mais la localité est triste et sale. Les 300 hah. de Zeriba fabriquent quelques tissus grossiers, de l'huile et de la résine.

B. Par la route de voitures.

46 k. — Dilig. t. l. j.; trajet en 6 h.; 3 fr. 50. Break tous les 2 j., 5 fr.

On sort de Tunis par Bab-Dzira, en longeant ensuite la sebkra es-Sedjoumi à l'E., ou par Bab-el-Kasba, en longeant alors la même sebkhra à l'O.

16 k. *Mohamedia* (antique *Tabaria*), v. en ruines de 100 hab. L'un de ses fondouks est traversé par l'aqueduc restauré de Carthage. — Le chemin descend dans la vallée de l'oued Miliana, laissant, à dr., vers l'O., les magnifiques ruines de l'aqueduc formées d'une succession d'arcades; quelques-unes sont renversées, mais le plus grand nombre est encore debout; celles qui traversent l'oued Miliana ont une hauteur moyenne de 20 à 25 m. Cet aqueduc a été construit sous le règne de l'empereur Hadrien. Les Romains, ne connaissant pas le siphon, établirent une pente douce qui avait une longueur de 90 k. du Zaghouan à Carthage et de 34 k. du Djoukar à l'embranchement de la conduite du Zaghouan, soit, au total, de 124 k. Cet aqueduc, plusieurs fois détruit, avait été restauré par les Sarrasins vers l'an 700.

20 k. Pont en pierre sur l'oued Miliana; à 2 k. S.-O., près de l'aqueduc, *koubba d'Ali-Zedfini*.

24 k. Oudna (*V.* ci-dessus, *A*).

27 k. Au S.-O. d'Oudna le chemin longe l'aqueduc à la distance de 1 k. et atteint le pied des pentes N. du *djebel Bou-Hadjela*. Le *bordj Bacouch*, à 1 k. O., s'aperçoit quand on commence à gravir la montagne.

31 k. Défilé du Bou-Hadjela; à 1 k. 1/2 O., *zaouïa de Sidi Bou-Hadjela*, entourée de ruines romaines. Au débouché S. du défilé, on entre dans la plaine de Smindja, en laissant vers l'O. la *koubba de Sidi Abd-ul-Aziz* (puits et eau abondante), au milieu de ruines romaines, celles de *Onellana*, d'après Wilmans.

34 k. *Koubba de Sidi Amor-Djebari*, à g. (source d'une eau abondante et d'excellente qualité).

34 k. 1/2. *Col de Sidi Amor-Djebari* (vue du massif important du djebel Zaghouan). On entre dans une vallée encaissée et coupée par plusieurs cours d'eau souvent à sec.

43 k. L'*oued Bagra*, que l'on traverse facilement; le gué n'a qu'une profondeur de 30 à 40 centimètres.

45 k. Bifurcation sur Moghrane (*V.* ci-dessus, *A*).

46 k. Zaghouan (*V.* ci-dessus, *A*).

G. Hammam-Kourbès.

Pour cette excursion, *V.* R. 39.

ROUTE 35

DE TUNIS A GHARDIMAOU

FRONTIÈRE ALGÉRIENNE

TABARKA ET LA CALLE

189 k. — Chemin de fer en 7 h. 15; 21 fr. 40, 16 fr. 15, 11 fr. 30. — Cette ligne est ouverte jusqu'à Bône par Souk-Ahras (*V. R.* 31 pour le trajet de Ghardimaou à Bône); trajet en 12 h. 45; 39 fr. 75, 30 fr. 20, 21 fr. 30. — La gare du chemin de fer de Tunis à la frontière algérienne est située dans la ville basse, entre la Résidence de France et le lac de la Goulette (Bogaz ou El-Bahira).

Le chemin de fer, après avoir laissé à g. l'embranchement du chemin de fer de Tunis au Daklat-el-Mahouin et à Sousse, contourne au S. le faubourg ou Rebat-Bab-Djezira, amas de petites maisons à un rez-de-chaussée, dominées par les minarets des mosquées et les koubbas de santons, blanchies à la chaux ou recouvertes de tuiles vertes en formes d'écailles.

Laissant à g. le cimetière, la koubba et le fort de Sidi-bel-Hassen, et à dr. les murs crénelés et armés de canons de l'enceinte de Tunis, la voie s'enfonce dans un tunnel de 316 m. pour reparaître au milieu d'un magnifique paysage terminé à dr. par les forts d'El-Felfel et des Andalous, et à g. par le *lac d'Es-Sedjoumi*. Viennent ensuite les cultures, les oliviers, les vergers, les jardins et les villas des indigènes et des Européens de Tunis. — On passe devant le Bardo (*V.* R. 34, *C*), à dr.

9 k. **La Manouba**. Ce v., qui est le plus joli but de promenade à cheval des environs de Tunis, est une réunion de jardins-orangeries et de villas appartenant, pour la plupart, aux grands fonctionnaires de la cour. On y visitera : l'ancienne maison de campagne d'Hamouda-Pacha, convertie en caserne de cavalerie par Ahmed-Bey, occupée aujourd'hui par le 4e chasseurs d'Afrique; la *koubba de Lella-Manouba*, qui a donné son nom au v., et, en demandant l'autorisation, les propriétés du khaznadar, où sont rassemblés, dans un parc, des débris fort curieux provenant des ruines de Carthage.

Au delà de la Manouba, l'horizon s'élargit; la voie passe sous les hautes arcades de l'aqueduc romain qui conduisait les eaux de Zaghouan à Carthage. L'effet de cet aqueduc, avec ses solutions de continuité, est des plus imposants. — On traverse l'*oued Chafeur*, affluent de l'*oued Medjerda*, puis l'oued Medjerda sur un pont de 58 m.

25 k. **Djedeïda** (buvette), joli village sur la rive dr. de la Medjerda, riche, bien planté, aux abords agréables, où l'on fabrique des chachïas, et avec une belle minoterie qu'alimente une chute

d'eau que donne le barrage romain en aval du pont. En se retournant on a la vue d'un splendide paysage que termine dans le lointain l'aqueduc romain de la Manouba.

De Djedeïda à Bizerte, R. 36.

De Djedeïda à Ghardimaou, on reste presque toujours dans la vallée de la Medjerda, parallèle au chemin de fer jusqu'à Medjez-el-Bab. Cette rivière (*V. R. 34, D*) roule ses eaux limoneuses et saumâtres entre des berges plus ou moins escarpées dans de vastes et fertiles plaines. — De Djedeïda à Tebourba la vallée se resserre sur la rive g. du fleuve et les oliviers forment une forêt clairsemée.

33 k. **Tebourba**, à 1 k. à g., petite ville, entourée de jardins et de vergers, avec une population de 2,000 hab. descendant en grande partie des Maures-Andalous et exerçant généralement le métier de jardiniers-maraîchers; quelques Maltais et des Français cultivent la vigne dans les environs. La place de Tebourba, avec sa mosquée et sa maison à colonnes du khalife, est fort pittoresque.

[C'est à quelques k. de là, à l'O., sur une colline que couronne la *koubba de Sidi Ras-Allah* et près de la Dachera de ce nom, que se trouve l'emplacement de l'antique ville de *Thuburbo Minus* qui a possédé un évêque, *Thuburbitanorum Minorum* (Morcelli, *Africa Christiana*). Le titre d'évêque de Tebourba a été rendu à l'un des suffragants de l'archevêque de Carthage.

A 1,500 m. à g. de Tebourba, sur la Medjerda, en aval d'un pont moderne, ruines d'un pont romain et fabrique de chachïas qui occupe 25 ouvriers.]

51 k. *Bordj-Toum* (carrière de pierres de taille), dans un pays ondulé. A l'horizon se dessinent les montagnes assez considérables de l'*Ensara* et de l'*Heïdous*. Un contrefort de cette dernière s'avance avec un fort relief jusqu'à peu de distance de la route, vis-à-vis de l'Henchir-el-Hamira (*V.* ci-dessous).

66 k. **Medjez-el-Bab** *, la *Membressa* d'Antonin (?), V. à 2 k. 500, à g., précédée d'un pont de 8 arches, bien construit au xvIII[e] s. avec des matériaux antiques où l'on retrouve des inscriptions.

Medjez-el-Bab, V. de 800 hab., à la jonction de deux routes qui viennent de l'Algérie, l'une suivant la vallée de la Medjerda, et l'autre, ancienne voie de Carthage à Cirta (Constantine), passant par Testour et El-Kef.

Medjez-el-Bab est illustre à l'époque chrétienne par ses nombreux martyrs. Procope, dans la *Guerre des Vandales*, nous apprend que Bélisaire défit, sous ses murs, le rebelle Stozas.

La ville est bâtie, comme le pont, avec les matériaux de la ville antique à laquelle elle a succédé et dont il reste des inscriptions, des thermes décorés de marbres, des citernes, plusieurs pans de murs le long de la Medjerda, les vestiges d'un pont et une *porte triomphale*. Construite dans un style fort simple, sans pilastres ni colonnes, cette porte a un développement de 9 m. 85; l'ouverture de l'arcade est de 4 m. 80; la hauteur est de 6 m. sous clef de voûte. Cette dernière est ornée d'un buste en haut-relief, fort endommagé aujourd'hui. L'inscription de la porte contenait, d'après Peysonnel et Shaw, une dédicace à Gratien, à Valentinien et à Théodose.

[Les environs offrent un vaste champ d'explorations à l'archéologie. En remontant vers Tebourba, on rencontre, à 1 k., sur la rive dr. de la rivière, l'*Henchir-Zaouia-Sidi-Median*, avec des ruines et des inscriptions, et, plus à l'O., *Krich-el-Oued*, l'ancienne *Chisidus* (?), avec des ruines et des inscriptions également.
Sur la rive g. de la Medjerda sont échelonnés : l'*Henchir-Smidia*, citernes, puits, vestiges de voie romaine; l'*Henchir-el-Hamira*, v. abandonné, bâti avec les matériaux ou ruines de *Cluacaria* d'Antonin, ou *Clucar* de Peutinger; l'*Henchir-Si-Ahmed*; l'*Henchir-Tungar*, couvrant de ses ruines le sommet et les pentes d'une colline.]

De Medjez-el-Bab au Kef, R. 37, B.

86 k. *Oued-Zerga* (la rivière bleue), station sur le ruisseau de ce nom, affluent de la Medjerda; on le franchit sur un pont voûté de 36 m. à 3 arches, qui a remplacé un pont romain, et construit en partie avec les matériaux de ce dernier. Du reste, sur tout le parcours du chemin de fer, les ruines romaines ont été souvent mises à contribution pour les travaux de la voie. Pendant la petite guerre franco-tunisienne, la gare d'Oued-Zerga fut incendiée et les employés massacrés. Un monument commémoratif leur a été élevé à la gare de Béja (*V.* ci-dessous).

Au 96º k., la voie ferrée s'engage dans le *défilé du Mtarif* ou *gorges de la Medjerda*. La rivière est tellement sinueuse qu'il n'a pas fallu moins de 9 ponts (3 ponts voûtés de 15, 20 et 35 m., et 6 ponts métalliques de 33 à 88 m., à 3 et à 4 travées), jetés sur le parcours de 21 k. que fait le chemin de fer jusqu'à Béja. Avant d'arriver à Béja on passe sous un tunnel de 350 m. Cette partie du trajet est des plus pittoresques. Les nombreux mouvements de terrain, tout en n'atteignant que 50 à 60 m. de hauteur, surplombent les rives et leur donnent un caractère tout particulier.

107 k. **Béja-Gare.** — A g. de la voie, petit *obélisque* en marbre blanc, élevé à la mémoire des victimes d'Oued-Zerga (*V.* ci-dessus). — A 500 m. S.-E., *pont romain* de 3 arches remontant à Tibère, en 29 après J.-C.

[Un embranchement de 14 k. (1 fr. 55, 1 fr. 20, 85 c.) relie Béja-Gare à **Béja** * (la *Vacca* de Salluste), annexe milit. de la subdiv. de Tunis, V. de 3,800 hab., contrôleur civil et justice de paix, bâtie en amphithéâtre sur le penchant d'un petit contrefort du *djebel Acheul*, dans un pays très fertile.
Une muraille, flanquée de 22 tours carrées et offrant, comme en Algérie,

les caractères d'une reconstruction byzantine, entoure la ville de toutes parts; elle est percée de 3 *portes* au N., au S. et à l'O. : *Bab-Boutaha, Bab-el-Aïn, Bab-es-Souk*. La face S. n'existe plus; à sa place on voit des maisons arabes et juives construites avec ses débris, mais on en retrouve les substructions. Près de Bab-el-Aïn est située la fontaine de l'aïn Béja, d'origine romaine. La *mosquée de Sidna-Aïssa* et le *bazar* avec sa colonnade en marbre rouge sont à remarquer. La *Kasba*, à peu près restaurée et occupée par la garnison, couronne le point culminant (255 m.) et renferme une fontaine, l'*aïn Boutaha*, dont l'eau est préférable à celle de l'*aïn Béja*, dans la ville.

Béja est un grand marché de céréales. Sa situation à l'entrée des montagnes des Kroumirs, sa proximité de la vallée de la Medjerda, en font, aujourd'hui, une position très importante, non seulement au point de vue de la répression possible des *Kroumirs* et des *Ouchtetas*, mais encore des *Drid*, puissante tribu nomade de la rive dr. de la Medjerda et qui peut présenter une force irrégulière de plusieurs milliers de vigoureux cavaliers.

[A 1,800 m. N. de Béja, sur un mamelon appelé *Bou-Hamba*, des fouilles faites par le capitaine Vincent ont amené la découverte de plus de 150 tombeaux : puits rectangulaires, creusés perpendiculairement au sol et dont l'extrémité inférieure aboutissait à un caveau funéraire. On a retrouvé des squelettes et des poteries dans ces sépultures évidemment phéniciennes.

A 13 k. N. de Béja, *Aïn-Gorchi*. M. Van Imschoot a découvert une inscription qui donne un nom aux listes géographiques de l'ancienne Tunisie : *pagus thunica bensis*.

A 2 k. N. de là, non loin d'Aïn-Turk, est situé *Hammam-Khranga*; c'est un énorme bloc granitique surmonté d'un figuier et d'où sourd une source magnifique.

Des routes relient Béja à : — (60 k. E.) Mateur (R. 36, A); 2 k. 500, ruines d'un *camp romain* et sépultures puniques; 6 k., *Henchir-el-Faouar*, ruines; — à (35 k. S.) Teboursouk (R. 37, B); — à (56 k. N.-O.; route muletière à travers les montagnes) Tabarka (V. ci-dessous), par le Khranguet-ez-Zir; — à (50 k. N.-O.; muletière) Aïn-Draham (V. ci-dessous), par Souk-et-Tnin.]

Au delà de la station de Béja, à dr., la voie romaine franchit l'oued Béja sur un pont monumental admirablement conservé, à 3 arches en plein cintre (tablier primitif avec dallage en losanges et trottoirs). A 500 m. du pont, vestiges d'un grand poste romain, *Henchir-Smala*, exploité comme carrière pour la construction du tunnel de Sidi-Salah-ben-Cherif et des deux ponts qui l'avoisinent. Au delà, toujours à dr., ruines de l'ancien *Picus*.

De Béja à Souk-el-Arbâ le chemin de fer suit la rive g. de la Medjerda. C'est au S., sur la rive dr., dans une plaine à peu près unie, que certains savants placent *Zama*, à l'endroit où l'on trouve quelques ruines et un bordj appelé *Zouam*. La plaine, dans cette partie, est dominée par le *djebel Korra*, vaste plateau entouré d'une ceinture de rochers à pic. Au versant S.-E. est situé Teboursouk (V. p. 373) et au versant N. les v. de *Sidi-Abd-Allah-el-Mcliti* et *Kochebetia*, où l'on voit beaucoup de ruines. A l'O. de Kochebetia, on découvre, au milieu de jolies contrées,

Djeba, avec une excellente source et ancien centre d'une exploitation minière de plomb.
120 k. *Sidi-Zehili*.

[Non loin de là, henchirs ou ruines d'*El-Amri*, d'*Halloufa*, d'*El-Kiffa* et de *Sidi-Nassar*.]

133 k. **Souk-el-Khemis** (marché du jeudi). Près de là, entre le chemin de fer et le fleuve, est située la *koubba de Sidi Abd-el-Kader*. Les plaines de Souk-el-Khemis, connues sous le nom de *Daklat*, dans la haute Medjerda, sont les plus fertiles et les plus riches de la Tunisie.

[A 3 k. N.-N.-E., *Henchir-Dakla*, groupe de ruines (inscription incomplète, mais sur laquelle on peut encore lire la requête à l'empereur Commode par les colons du domaine impérial *Saltus Burunitanus*, se plaignant des mauvais traitements, des corvées et des pressions du fisc). De Souk-el-Khemis un chemin se détache dans le bassin de l'oued Mellègue dont il suit la rive dr.; à 40 k., on rencontre le bourg de Nebeur, puis la ville du Kef (R. 37).]

145 k. *Ben-Bechir*, station entre le confluent de l'oued Mellègue et de l'oued Arkou. Dans la vallée par laquelle passe le chemin de fer coulent des torrents plus ou moins importants formés des eaux venant des montagnes. La Medjerda reçoit aussi sur sa rive dr. l'oued Mellègue qui vient d'Algérie et dans le bassin duquel se trouve le Kef (*V.* ci-dessous).

156 k. **Souk-el-Arbâ** * (buffet), poste militaire, contrôle civil et justice de paix; grand marché du mercredi. Cette station, au croisement des routes de Tunis, de Béja, d'Aïn-Draham et du Kef, devient un centre important. C'est maintenant un gros bourg de 1,026 hab., dans le kaïdat des *Djendouba*, en pleine Daklat, terrain fertile par excellence. Une pépinière, succursale de celle de Tunis, contient 20,000 jeunes arbres pour la plantation de la voie. Un aqueduc, long de 7 k. 1/2, amène à Souk-el-Arbâ, depuis 1884, les eaux pures et abondantes de la source d'*Hammam-Derradji*, qui prend naissance au milieu des ruines de *Bulla Regia*.

[A 7 k. 1/2 O., *Hammam-Derradji*, l'ancienne *Bulla Regia*. Séparée de Souk-el-Arbâ par un rideau de rochers, Bulla Regia était située dans des conditions de défense exceptionnelles. Quand on a dépassé les vestiges d'un pont sur l'*oued Bejeur* et une voie romaine, on se trouve devant un ensemble de ruines aussi grandioses que celles de Simittu, que l'on rencontrera plus loin. Ces ruines, entre les pentes S. du *djebel Rbea* et des marais, sont celles d'une grande forteresse, parallélogramme de 90 m. sur 70, avec tours hexagonales aux angles, d'une seconde forteresse plus petite, de thermes (?), de piscines, de mosaïques, d'un théâtre et d'un pont. Les ruines les plus remarquables sont celles de bassins d'où s'échappent les eaux qui alimentant les thermes et la ville, sont aujourd'hui conduites à Souk-el-Arbâ. On signalera enfin l'ancien amphithéâtre à 500 m. S. de la ville, dans une échancrure naturelle du djebel Rbea; la plupart des galeries et des gradins sont encore debout. On pourra lire la notice de M. le lieutenant Winkler et celle de M. Ch. Tissot sur le bassin du Bagrada et la voie romaine allant de Simittu (Chemtou) à Utique (Bou-Chateur).]

De **Souk-el-Arba à Tabarka** (73 k.; route de voit.; dilig. 10 fr.; jusqu'à Aïn-Draham, 5 fr. avec droit à 20 k. de bagages; le surplus est taxé à 5 c. le k.). — Après avoir franchi l'oued Medjerda, on traverse la plaine en remontant vers le N.-O.

11 k. Douars d'*Ahmed-ben-Kacem* et de *Bou-Nasri*.

22 k. La route franchit, sur un pont en fer, l'*oued R'ezla*, bordé de lauriers-roses.

Au delà, *Fernana* (grand marché le dimanche; traces de voie romaine jusqu'à Chemtou).

« Sur le long plateau de Fernana, un admirable chêne liège, géant isolé dont le branchage a 100 m. de tour, indiqué de loin aux tribus des montagnes le lieu du rendez-vous. Cet arbre, à l'ombre duquel se réunissaient jadis les délégués des Kroumirs pour délibérer de la paix et de la guerre, est le dernier d'une forêt disparue. » (*Cosson*.)

[A 1,800 m., en amont de l'oued R'ezla, vestiges d'un pont romain.
A 6 k. 1/2 S.-O., *Aïn-bou-Hadjar*, ruines d'une ville assez importante qui avait son théâtre, son amphithéâtre, ses thermes, son arc de triomphe.
A 8 k. O., ruines d'un centre romain.]

On quitte Fernana pour entrer dans une contrée montagneuse et sauvage, le pays des forêts de chênes lièges; pays splendide et qui offre avec le reste de la Tunisie un contraste des plus surprenants. On gravit d'abord une route en lacets pour arriver et pénétrer dans un bois de chênes. De temps à autre un petit filet d'eau coupe la route ; c'est une source qui se fait un chemin à travers bois et concourt à y entretenir la végétation puissante des grandes herbes et des fougères qui rappellent la forêt de Fontainebleau.

32 k. *Camp de Santé*, évacué.

33 k. *Fedj-Meridj*, se rattachant, à g., au col où est située la *koubba* de *Sidi Abd-Allah-ben-Djemal*, le fameux sanctuaire des Kroumirs, dont nos soldats prirent possession dans la campagne de 1881.

42 k. **Aïn-Draham** * (la fontaine du dirhem), cercle milit. de la subdiv. de Tunis, ch.-l. d'une justice de paix, d'une circonscription forestière. Le camp permanent, poste important, dominant plusieurs vallées et de nombreux chemins, et emplacement d'une future ville, est adossée, à 800 m. d'alt., au *djebel Bir* (1.020 m.). L'ascension doit en être faite; lorsque le temps est clair, on aperçoit très bien au N.-E la vallée de l'oued Djenan et Tabarka. — « Dans le village d'Aïn-Draham, en contre-bas du camp français, des rues ont été tracées et les maisons, soigneusement alignées, offrent un coup d'œil qui ne laisse pas de surprendre en pays arabe. Là vit une population de 400 hab. mélangée d'Algériens, de Maltais et surtout d'Israélites, prêts à toutes les audaces et aux entreprises lucratives. Dans les rues on croise des soldats, des Arabes, des femmes aux robes voyantes... » (*Cagnat et Saladin*.) — Un marché arabe important se tient le lundi, à 800 m. O. du camp.

[On visitera, à 13 k. O., en contournant le kef Sidi-Abd-Allah, et en suivant l'oued El-Kebir, le *Hammam-mta-ouled-Messellem*, non loin du bordj du même nom. « Dans un massif de verdure s'élèvent les ruines d'un magnifique établissement thermal d'eaux sulfureuses (45 à 50°) de l'époque romaine. De hautes murailles en briques, cimentées, à moitié écroulées, marquent encore l'emplacement exact de cette construction. Au centre, un immense palmier a poussé et ombrage ces décombres rougeâtres à moitié ensevelis sous le lierre et les myrtes. Les arceaux voûtés des salles de bain sont encore debout, supportés par de sveltes colonnes à chapiteaux sculptés. » (*Dick de Lonlay*.)]

46 k. *Col d'Aïn-Babouch*, point où se trouve la douane tunisienne dans une espèce de petit château fort très pittoresque. A g., bifurcation sur la Calle.

On est en pleine Kroumirie, pays de nombreux cours d'eau et cascades et de forêts exploitées par l'Etat, à l'exclusion de tout concessionnaire; et n'ayant alors à craindre que les incendies dus tantôt à l'extrême chaleur ou sécheresse, tantôt à la malveillance des indigènes qui recherchent des pâturages qui disparaîtront peut-être sous prétexte de concessions et d'exploitation. Cette région forme un trapèze; la petite base, du côté de la mer, part en remontant de l'O. à l'E., du cap Roux au cap Negro; l'un des côtés, à l'O., est formé par les crêtes qui dominent les frontières de l'Algérie; la grande base est délimitée par la vallée de l'oued Crezla et une partie du bassin de la Medjerda. La Kroumirie comprend quatre tribus : les *Seloul*, la plus riche et possédant de nombreux troupeaux; les *Tedmaka*, la plus nombreuse et la plus remuante, habitant les montagnes les moins fertiles; les *Mselma* et les *Chiaïa*, comptant 5,000 fusils. D'après Ibn-Khaldoun, les Kroumirs sont les descendants de Houmir-ben-Amor, venus de l'Arabie sous la conduite de Frikech-ben-Suis au moment de l'invasion de l'Afrique. Un des membres de cette tribu, Abd-Allah, vint élire domicile près du djebel Aman, dans la Kroumirie actuelle; son fils aîné le quitta pour aller planter sa tente à Tabarka. La plus grande partie des Kroumirs sont ou se disent Arabes; en tout cas, ils ne parlent pas le berbère. Les Tedmaka seuls sont incontestablement Berbères. Ils n'ont pas d'industrie, mais ils sont agriculteurs et éleveurs de bestiaux qu'ils vont vendre sur les marchés de la Calle et de Souk-Ahras. Leurs villages sont misérables et font un triste contraste avec le pays magnifique dans lequel ils sont situés. Les maisons en pierres n'ont qu'une seule chambre où habitent ensemble gens et bestiaux, séparés seulement par une cloison. Les hommes ont pour vêtement la gandoura et le burnous; pour coiffure, la chachïa; pour chaussure, l'espadrille en cuir. Les femmes s'enveloppent d'une pièce d'étoffe et se coiffent d'une toque entourée d'un mouchoir de couleur. Comme les Kabyles, les Kroumirs ont l'anaïa, c'est-à-dire le droit de protection ou d'inviolabilité pour le voyageur et consistant en un chapelet ou tout autre objet bien connu dans le pays parcouru par le voyageur.

Au delà du col de Babouch, la route suit les pentes E. du *djebel Dahraoui*, à travers de nombreuses ruines romaines.

58 k. *Col d'Argoub-el-Arcba*.

63 k. Voie romaine de 16 m. de largeur. — Plaine de Tabarka.

73 k. Tabarka *, 250 Européens et 40 indigènes; petit port de commerce et poste milit. où eurent lieu nos premières opérations maritimes le 15 avril 1881. Depuis, une ville nouvelle s'élève sur les ruines de la ville romaine; elle a déjà ses places et ses rues de France, Nationale, d'Aïn-Draham, Logerot, etc. Malheureusement, les ruines de la ville romaine servent de carrière aux nouveaux habitants.

Tabarka a appartenu pendant longtemps aux Lomellini de Gênes, qui y entretenaient une colonie. L'île, occupée par les Génois depuis 1540, fut livrée par trahison au bey de Tunis, en 1742.

M. le colonel Rebora, qui a exploré Tabarka et ses environs pendant trois mois, a publié un très remarquable travail accompagné du plan (*V.* p. 363), d'où nous avons extrait les renseignements suivants.

A environ un mille à l'E. du cap Tabarka, on rencontre l'île rocheuse et dénudée de Tabarka. Elle est longue d'env. 600 m. du N. au S., large de 400 de l'E. à l'O. Le fort Génois en occupe le point culminant. Il est très délabré. Tout autour, on voit les ruines de nombreuses constructions bâties par les Génois avec des matériaux empruntés aux ruines romaines. L'île est séparée du continent par un petit bras de mer, large de 400 m. On y aperçoit encore, sous les flots, les vestiges des jetées qui fermaient l'ancien port romain. Les principaux édifices antiques sont :

1° A l'E., à 150 m. env. de l'oued Amor, le *Quesquès*, imposante construction présentant beaucoup d'analogie avec les thermes de Julien, à Paris. Il existe, au-dessous, des souterrains où les Arabes avaient installé une fonderie et un fondouk.

2° Le *café maure*, au pied et à l'E. de Bordj-Djedid, ressemblant au Quesquès, mais de proportions moins vastes ; utilisé comme école en 1882.

3° L'*ancienne mosquée*, présentant cinq nefs voûtées en fer à cheval, au niveau de la nouvelle route de Tabarka à la Calle.

4° Un peu au-dessous et tout auprès, une *piscine hexagonale* en marbre blanc, à trois gradins, de un mètre et demi de diamètre et autant de profondeur.

5° L'*ancienne église*, au S.-O. de la ville, en forme d'hémicycle et encombrée de tombes brisées, de pilastres renversés, de colonnes, de débris de mosaïques ; dans les murs, niches ou columbaria. Dans cette église a été trouvée, en 1882, une belle mosaïque représentant Pelagius (elle a été envoyée à Paris, pour être restaurée et déposée au Louvre). Une autre mosaïque trouvée entre Bordj-Messâoudi et la mosquée, donne l'inscription tumulaire d'une *Castula, puella* par profession, morte à quarante-huit ans. Un fragment de mosaïque, des plaques en marbre avec le monogramme du Christ en dédicace à Jupiter, puis une vingtaine d'autres inscriptions tumulaires.

[De Tabarka une route carrossable conduit par une série de mamelons boisés à (13 k.) Kef-oum-Teboul, et à (24 k.) la Calle (R. 28).]

De Souk-el-Arbâ au Kef, R. 37.

La Medjerda coule désormais à dr. du chemin de fer, au milieu de terrains d'une fertilité prodigieuse et bien cultivés. 168 k. *Sidi-Meskin*, halte chez les Oulad-Arfâ. Au delà, à dr., koubba et cimetière arabe. — La vallée étroite, mais toujours fertile depuis les gorges de Beja, s'élargit. On est dans la *Daklat*, plaine de 20 à 25 k. de largeur sur 50 à 60 de longueur, dominée au N. par les montagnes de la Kroumirie dont les crêtes sont magnifiquement boisées. L'aspect du pays est des plus monotones et des plus tristes, quand les récoltes sont rentrées.

179 k. *Oued Meliz*, station (fort marché le lundi ; ruines frustes).

[A 4 k. N.-E. (voit. à Oued-Meliz), en remontant la Medjerda, Chemtou *, au confluent de la Medjerda et de l'*oued R'ar'aï*.

Des ruines considérables, celles de *Simittu*, couvrent une plaine dominée par un des contreforts de la chaîne secondaire qui limite au N.-E. le bassin du fleuve et connu sous le nom de *Tlit Absa*. En arrivant par le S.-E., on rencontre les ruines d'un amphithéâtre, habités par les Arabes, d'un théâtre, de thermes, des tombeaux, des fragments de sculpture, puis un pont monumental sur la Medjerda (les deux premières arches du côté de la rive dr. sont encore debout) qui reliait Simittu à Sicca Veneria (El-Kef). A 50 m. en amont sont les ruines frustes d'un autre pont. « C'est à ces ruines qu'aboutit l'aqueduc qui amenait à Simittu les eaux des collines de la rive g. de la Medjerda, et dont les longs alignements, se détachant sur l'horizon de la plaine déserte, rappellent d'une façon saisissante certains aspects de la campagne romaine. » (*Ch. Tissot.*) — Dans des fouilles faites en mai-juin 1892, M. J. Toutain a exhumé 2 nécropoles, un vaste édifice de 40 m. carrés, basilique ou curie, et l'orchestre du théâtre,

TABARKA

occupé par une mosaïque de 20 m. de diamètre. — Les inscriptions découvertes à Chemtou sont nombreuses : deux bornes milliaires, placées sur la route de Tabraca, aujourd'hui Tabarka, donnent le nom de Simittu; *viam a simi[ttu] vsqve thabracam* I. La seconde inscription donne, avec le nom de [*si*] *mittv*, le deuxième mille qui concorde très bien avec le troisième k. du centre de Chemtou.

Dans la colline, massif rocheux se reliant au Tlit-Arba, se trouve la magnifique carrière de marbre, exploitée à ciel ouvert ou par galerie, dont on évalue le massif exploitable à 23 millions de m. cubes et qui faisait partie du domaine des empereurs romains. Quelques blocs non utilisés portent encore la date de leur extraction et un numéro d'ordre. En 128 ou 129 de notre ère, lors du premier voyage d'Hadrien en Afrique, une route fut ouverte entre Simittu et Tabraca pour transporter facilement jusqu'au port d'embarquement les marbres précieux que l'on ne rencontre pas dans les monuments de Simittu. — Les marbres, d'un beau grain rose ou jaune, étaient exploités naguère par une compagnie franco-belge; le prix de revient trop coûteux a fait abandonner l'exploitation.

Une voie romaine de 16 k. reliait Simittu à Bulla Regia en passant entre *Souk-ed-Djema*, à g., et le djebel Herrech (450 m. d'alt.), à dr.

A 10 k. O.-N.-N. du pont de Chemtou, en suivant en ligne droite une ancienne voie romaine, on rencontre les eaux thermales salines (40°) de *Hammam-Oulad-Ali* (autrefois *Ad Aquas*) au pied d'un contrefort projeté par les hauteurs qui dominent, au N.-E., le bassin de la Medjerda. On retrouve là les ruines d'une piscine, d'un pont d'une seule arche encore entier, d'un grand édifice, d'un petit palais, et d'un mausolée à étages superposés.]

189 k. **Ghardimaou*** (R'*ardimaou*; buffet; visite de la douane), à env. 6 k. de la frontière, futur v. dont quelques maisons forment le noyau, situé en face de montagnes boisées, et fortifié par notre armée. — Marché le mardi.

[A 500 m. N.-O., un pont de 100 m. traverse la Medjerda; au delà une route forestière traverse des bois magnifiques de plus de 120,000 hect. Le chef-lieu forestier *Faïdja*, à 17 k. de Ghardimaou, est presque un village (source ferrugineuse).

A 1 k., à g., ruines nombreuses dans lesquelles on a relevé l'inscription d'un Publius Sextilius, *sacerdos Provinciæ Africæ*, ou supérieur de tous les prêtres de la Province, fonctions importantes et annuelles. A l'époque romaine, les provinces d'Afrique envoyaient leurs délégués à Carthage. Cette assemblée était présidée par le *Sacerdos Provinciæ* qui adressait à Rome les réclamations du pays et votait des éloges ou un blâme pour le proconsul et les hauts magistrats romains.]

De Ghardimaou à Bône par Souk-Ahras, R. 31, *A* et *B*.

ROUTE 36

DE TUNIS A BIZERTE

A. Par Mateur.

98 k. — Chemin de fer en 3 h. 15. — 11 fr.; 8 fr. 35; 5 fr. 90.

25 k. de Tunis à Djedéida (*V*. R. 35). — C'est à Djedéida que vient s'embrancher, à dr., la partie du chemin de fer ouverte

le 1ᵉʳ novembre 1894 sur Bizerte. La direction devient N.-O. jusqu'à Mateur, à travers une région parfois marécageuse, mais généralement riche et bien cultivée : fermes florissantes, vignobles prospères, terrains d'élevage où paissent de beaux et nombreux troupeaux.

30 k. *Chaouat*, halte (grande exploitation agricole qui a pris le nom d'une petite montagne (14 m.) à g. — A 6 k. E., au delà de la Medjerda et au pied du djebel Ahmar, haras de *Sidi-Thabet* appartenant à la Cⁱᵉ de l'Enfida.

32 k. Puits et ruines romaines à g. La voie longe à dr. les terrains marécageux de *Guerrah-el-Mebtoub*.

38 k. *Sidi-Athman-el-Hadid*, halte près de la koubba et du bordj de ce nom.

50 k. *Aïn-Khelal*, halte, comme à Sidi-Athman, aucun centre de population, mais fermes nombreuses ou henchirs aux environs.

65 k. **Mateur**, V. de 3,000 hab. dont quelques juifs et Maltais, sur le versant S. d'un mamelon dentelé de 60 m. dominant la rive g. de l'oued Djoumin ; c'est, après Bizerte, la ville la plus importante de cette partie N.-E. de la Tunisie. Son enceinte polygonale est percée de trois portes ; quelques-unes de ses maisons sont construites avec les matériaux de la ville qu'elle a remplacée : *Materna* ou *Oppidum Matarense*, d'après Shaw, et qui, sous les chrétiens, fut le siège d'un évêché. Mateur, qu'entoure un territoire fertile, est pourvu d'un marché (vendredi, samedi et dimanche), bien approvisionné en bestiaux, en laines et en grains et que fréquentent surtout les *Mogod*, dont la tribu occupe le pays entre Béja et Bizerte. Les Mogod, longtemps insoumis et dont l'effectif est de 5,000 individus, sont installés sur un sol ingrat qu'ils cultivent courageusement. Ils possèdent par contre de riches et vastes pâturages et ont de beaux troupeaux.

De Mateur, une route conduit à l'O. à (60 k.) Béja (V. R. 35).

De Mateur le ch. de fer prend une direction générale N.-E. ; à dr., pentes O. du *djebel Berna* (271 m.) ; plus loin, au 76ᵉ k., à g., commence le *lac d'Ech-Kheul*, de 14 k. sur 7 et profond de 2 m. ; toujours à g., à 5 k., est située la montagne du même nom (520 m.), où paissent 5 à 6 mille buffles appartenant au bey de Tunis, et dont le premier couple fut donné à l'un de ses ancêtres par le consul général d'Italie.

80 k. *Oued-Tindja*, arrêt ; passage sur un pont métallique de l'oued qui va se jeter, après un parcours de 5 k. du S.-O. au N.-E., dans le lac de Bizerte, où s'écoule, suivant la saison, le trop-plein de l'Ech-Kheul.

48 k. *Sidi-Ahmed*, arrêt ; à g., koubba du marabout.

De Sidi-Ahmed à Bizerte le chemin de fer se rapproche du bord O. du lac (charmant paysage).

94 k. *La Pêcherie*, arrêt. On aperçoit à travers les oliviers l'anse de *Sabra* qu'anime la présence de plusieurs de nos torpilleurs, et parfois de navires de guerre étrangers.

98 k. **Bizerte** (la gare est située à dr. et près du port-canal de la nouvelle ville, que le touriste traversera diagonalement sur une longueur de 700 m. pour se rendre à l'ancienne), port de mer; contrôle civil, cercle militaire, justice de paix, V. de 2,000 hab., dont 1,000 juifs et 500 à 600 Européens; située près du rivage, tant sur une colline en pente douce qu'au pied de cette colline.

Bizerte ou Benzert est l'ancienne Hippo Diarrhytus ou Zaritus, surnom donné à Hippo, pour la distinguer d'Hippo Regius, plus à l'O. et qu'a remplacée, à une faible distance de la position qu'elle occupait, la ville moderne de Bône. Fondée par les Tyriens, Hippo Zaritus leur fut sans doute redevable du canal qui existe encore en partie. Le port fut agrandi plus tard par Agatoclé, qui ajouta de nouvelles fortifications à la ville. Jouant un rôle dans la guerre des Mercenaires, Hippo, assiégée par Matho, fut obligée de se rendre. En 661-662, Maouïa-Ibn-Hodeidj s'en emparait. Plus tard, les Maures, chassés d'Espagne, s'y réfugiaient en partie et obtenaient la permission de bâtir un faubourg en dehors de la ville, sur le bord de la mer. C'est le quartier connu sous le nom de Houmt-Andlès, au-dessus de la kasba et du fort d'Espagne.

Bizerte a la forme d'un triangle dont la base est de 700 m. et les deux autres côtés de 1,000 m. à peu près. Son mur d'enceinte, pourvu d'un chemin de ronde dans sa partie supérieure, défendu par plusieurs tours ou bastions, est percé de 4 portes : *Bab-Houmt-el-Kaïd* ou *Bab-Béja*, à l'O.; *Bab-er-Roumel* ou *Bab-el-Tounis*, à l'E., cette dernière voûtée et communiquant avec le quartier franc : *Bab-Houmt-Andlès*, au N., et *Bab-Mateur*, au S.

L'ancien canal, partant au S. de la Kasba et qui bifurque à 400 m. en enveloppant un îlot du quartier franc, divise Bizerte en 3 sections. La première, au N.-E., et la plus populeuse, comprend *Ksiba* ou petite Kasba, ou *Bordj-Sidi-Hani* du nom du marabout qui y a sa koubba, et encore *Bordj-es-Sensela* (de la chaîne qui, autrefois, partait de là pour fermer le port); comme autres monuments, on y remarque une mosquée avec un très beau minaret, et 2 fontaines en marbre, dont l'une sur l'ancien quai et l'autre dans l'intérieur. La seconde section ou quartier franc, qui communique avec la première par la porte de Tunis, comprend une église, une synagogue, une mosquée, toutes trois sans grand caractère, et des hôtelleries; les quais sont bordés de boutiques et de nombreux débits d'absinthe près desquels se pressent les Européens et les indigènes, en attendant qu'ils émigrent vers les quais du nouveau port. Aujourd'hui le canal est comblé en amont de l'îlot qui se rattache à la nouvelle ville.

La troisième section est bien la ville arabe avec ses souks et sa kasba; celle-ci, au-dessus de laquelle se dresse le minaret de la Grande Mosquée, porte le nom de *Médeina*. C'est, en effet, une sorte de petite ville dans la ville proprement dite, vrai labyrinthe de ruelles étroites.

Sept fontaines distribuent dans Bizerte l'eau d'une source captée au *djebel Mazlin*, au N.-O.

Au-dessus de la Kasba, en dehors des murs, est situé le quartier des *Andalous*, occupé par 200 Arabes vivant isolés de leurs congénères.

La nouvelle ville attire l'attention à la fois par son avenir commercial et son admirable port. On voit le long de larges voies s'élever de fort belles constructions, entre autres celle occupée par le service des postes et du télégraphe, et l'hôtel de la Métropole à proximité de la gare.

Le **lac ou port de Bizerte**, dans lequel évolueraient toutes les

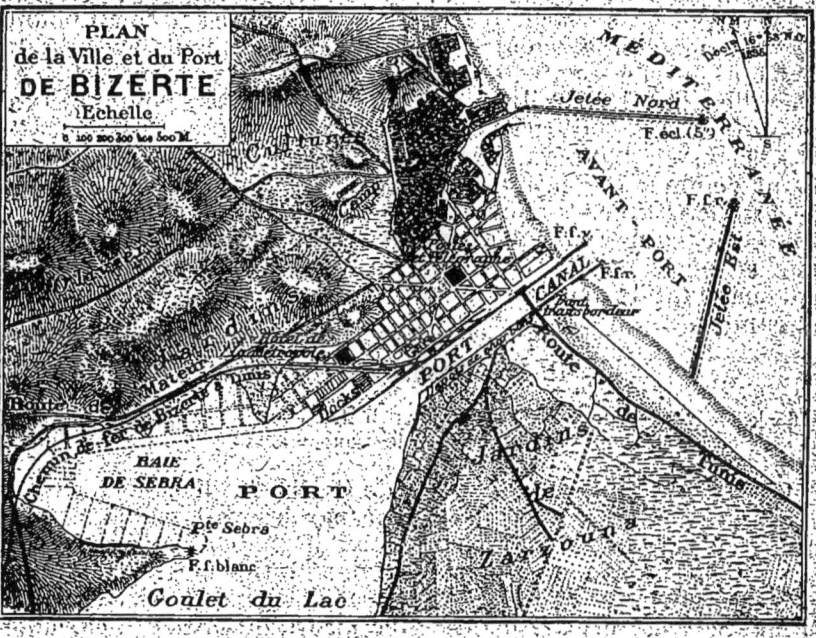

Plan communiqué par la direction des travaux du port.

flottes de l'univers, est relié à un avant-port par un canal. L'avant-port est formé de deux jetées de 1,000 m. laissant entre leurs môles une entrée de 720 m. Le canal, ou plutôt le port-canal, œuvre de la société Hersent et Couvreux, est long de 1,500 m., large de 60 et profond de 7 à 8. Sur le quai Nord qui termine la nouvelle ville, s'élèvent les docks et la gare du chemin de fer; là également sont établis de vastes dépôts de charbons.

La route de Tunis à Bizerte par Utique, coupée par le canal, est franchie par un **pont transbordeur** (système Arnaudin) d'un effet très décoratif, et construit sur le modèle de celui de l'entrée du port de Bilbao à Portugalete. Sur chaque rive du canal un pylône haut de 65 m. supporte, à 45 m. au-dessus de l'eau, un tablier métallique sur lequel roule un chariot mû par une machine à vapeur installée sur la rive S. A ce chariot est suspendue, au moyen de câbles métalliques, une plate-forme où prennent place piétons, voitures et bestiaux. Cette plate-forme accoste les deux rives au niveau des chaussées, de sorte que l'entrée des voitures se fait avec la plus grande facilité. Le pont transbordeur est assez élevé pour que les vapeurs et les plus grands voiliers puissent passer sous le tablier sans caler leurs mâts.

Le lac de Bizerte, dont l'eau est salée, a 15 m. de profondeur, 30,000 hect. de surface et 50 k. de périphérie; il communique par l'oued Tindja, comme on l'a dit plus haut, avec le lac d'Ech-Kheul. Le lac abonde en poissons : daurades, mulets, soles, anguilles, etc. La Cie du port, qui a le privilège pour soixante-quinze ans, a fait pêcher, en 1896, 502,220 poissons pesant 365,395 k. et d'une valeur de 250,000 francs. — Rien de charmant comme une promenade sur le lac, faite au moyen d'un remorqueur (2 fr. par pers.).

Le prochain aménagement du port de Bizerte en fera, en même temps qu'un refuge et un abri, une place redoutable commandant la mer de Sicile, le passage de Malte et la route des Indes.

B. Par Menzel-ed-Djemil.

65 k. — Routes de voit. — Dilig. en 5 h.; 3 fr.; aller et retour 5 fr.; billet valable pour 3 j.

On sort de Tunis par la porte de Carthage, direction N.-O.

2 k. *El-Moukhra*, endroit marqué par les vestiges de l'ancien aqueduc qui portait à Tunis les eaux du djebel Ahmar. On s'engage dans un très vaste bois d'oliviers clairsemés, occupant les dépressions entre le djebel Ahmar et le djebel Naâli.

8 k. *Sebbalat* et café maure avec jardin au milieu du bois.

16 k. *Sebbalat de Kheir-ed-Din*, véritable oasis à la sortie du col qui existe entre les montagnes précédentes. Maison non meublée, écuries, fontaine avec abreuvoir, café maure. — A 1 k. E., *koubba de Sidi-Younès*, au milieu de ruines.

22 k. Maison cantonnière à dr.

27 k. 5. *El-Fondouk*, caravansérail avec écurie, café maure et petit débit d'épicerie. A 100 m. de là, on traverse la Medjerda sur un pont arabe de 7 arches, de 90 m. sur 4 m. Chaque pile est percée d'une ouverture cintrée pour l'écoulement des eaux pendant les grandes crues.

32 k. 5. Après la traversée de l'*Outa-es-S'rir* (la petite plaine), pont en pierre de 3 arches sur l'*oued Menzel-er-R'our*, affl. de la Medjerda, souvent à sec. A dr., à 3 k., au N.-E., koubba de Bou-Chateur et ruines d'Utique (R. 34, *D*). On laisse à g. le djebel *Menzel-er-R'our* (165 m.).

37 k. A dr., bifurcation sur (22 k.) Porto Farina (R. 44), par (9 k.) *Zouaouine* et (13 k.) *Aaoudja*.
40 k. Ruines romaines.
42 k. *Bir-Attala* ou *Bir-el-Bey*; près de là, ruines et *koubba de Sidi-Sala*. — 44 k. Forêt d'oliviers et point culminant de la route (137 m.). A 1 k. E. *koubba de Sidi-Mustapha*.
49 k. L'*oued Guenich*, se jetant au N.-O. dans le lac de Bizerte, souvent à sec. — 53 k. A g., ruines. — 57 k. A g., extrémité du lac de Bizerte ou *Tinga*.
59 k. A g., pentes du *djebel Bel-Arouz*; à dr., **Menzel-el-Djemil**, joli v. de 1,000 hab., dans une région fertile et bien arrosée (jolie *mosquée* ayant vue sur le lac de Bizerte, et *koubba de Sidi-Abd-el-Kader* de Bagdad; belles plantations d'oliviers).
63 k. Commencement des jardins, au S. de Bizerte. — 64 k. A g., koubba de *Si-Ali-ech-Chellouf*. — 64 k. 5. Pêcheries de Bizerte (nombreuses cabanes de pêcheurs, sur pilotis, formant comme une cité lacustre).
64 k. Passage du canal par le pont transbordeur (*V.* ci-dess., *A*).
65 k. Bizerte (*V.* ci-dessus, *A*).

ROUTE 37

DE TUNIS AU KEF

A. Par Souk-el-Arbâ.

198 k. — 1° 156 k. de Tunis à Souk-el-Arbâ; chemin de fer en 5 h. 45; 17 fr. 45, 13 fr. 25, 9 fr. 35. — 2° 42 k. de Souk-el-Arbâ au Kef; service de dilig., 5 fr.; 8 fr. aller et retour, valable pour 10 j.; droit à 20 k. de bagages; le surplus, 5 c. le k.

156 k. de Tunis à Souk-el-Arbâ (*V. R. 35*). — Ensuite direction S.-O.; parcours de la plaine de la Daklat sur une longueur de 7 k.
163 k. L'*oued Mellègue*, affluent de la Medjerda, que l'on passe sur un pont en fer, A g. de la rivière, *koubba de Si-Ameur*; à dr., ruines.
167 k. L'*oued Aïn-Sefer*, petit affluent de l'oued Mellègue. — La route suit les pentes E. du *djebel Madden* (375 m.) et du *djebel Choubena* (594 m.).
183 k. Vers le S.-E., au delà de la koubba de Sidi-Djabeur, un fort ruisseau sort en bruyantes cascades d'une gorge étroite et arrose un magnifique bois d'oliviers. A g., à 800 m.; le v. arabe de *Nebbeur* * étale ses maisons sur le flanc de la montagne; à dr. sont les ruines frustes de *Castellum* dépendant de la colonie du Kef; Sicca Veneria.

194 k. Plateau du *djebel Dir*, sur lequel est établi un télégraphe optique communiquant avec Zaghouan, Souk-ed-Djema, Kairouan, et avec le Kef au moyen de l'appareil Morse. On côtoie le versant E. du djebel Dir, long plateau de plus de 600 m. d'alt. à travers un pays fertile, mais à demi cultivé, où l'on signale l'emplacement d'établissements agricoles de l'époque romaine.

En arrivant au Kef on remarque un édifice antique servant de chapelle au cimetière européen, puis, après avoir traversé le cimetière juif, on entre dans la ville par Bab-Beni-Anin, au S.

198 k. Le Kef (le rocher), V. de 5,000 hab. dont 300 Européens, contrôle civil, siège d'une justice de paix, l'un des ch.-l. des *khouan* de Sidi Abd-el-Kader, bâti en amphithéâtre à l'extrémité O. du djebel Dir sur les premiers versants d'un massif calcaire, dominant les grandes plaines d'*Es-Sers*, de *Zanfour*, de l'*Orbeus* et de l'*oued Mellègue*, et commandant les principales voies qui conduisent de Tunisie en Algérie; ses différentes altitudes sont de 746 m. au S., 814 m. au N. et 858 m. à l'E. Au bas de la ville, qui est dominée par une hauteur appelée Ksar-R'oula, s'étendent de vastes plantations d'oliviers.

Le Kef porte encore les noms de *Chikka-Benaria* et *Chakbanaria*, dans lesquels on retrouve la *Sicca Veneria* des Romains. De nombreuses ruines attestent sa splendeur passée : vestiges de temple consacré à Hercule, de 2 basiliques, d'un palais, d'un théâtre, fontaine monumentale, etc. — Une inscription trouvée au cimetière juif mentionne le célèbre temple de Vénus, qui devait être situé dans le voisinage de la Kasba, et où les femmes de la ville, imitées plus tard par les filles des Oulad-Naïl, venaient gagner leur dot.

La forme du Kef est celle d'un croissant dont la convexité regarde le S. Quoique moins étendue que l'enceinte ancienne, l'enceinte arabe donnerait à penser que sa population est plus considérable, si l'on ne savait que plusieurs quartiers sont en ruine et déserts. L'enceinte, qui a 3 k. de tour, est percée de 5 *portes* : à l'E., *Bab-Redar*, que domine le *djebel Chegaga*, et, plus bas, *Bab-Cheurfine*; au S., *Bab-Beni-Anin*, sur la route de Tunis; la *porte des jardins*, au S.-O., et à l'O. *Bab-el-Haouarets*, sur la route de Souk-Ahras. Enceinte et portes disparaîtront prochainement.

L'intérieur de la ville forme, comme dans toutes les villes musulmanes, un labyrinthe de rues, de ruelles et d'impasses en pente, étroites, mal pavées, dans lesquelles l'Européen se perd facilement. Les constructions européennes occupent les quartiers inférieurs.

Le *château* et la *Kasba*, au N., sont reliés au mur d'enceinte en face du plateau de *Ben-Smida*, dont il est séparé par un vallon de 600 m. de largeur. La Kasba possède une pièce en bronze portant ces mots : « Strasbourg, le 6 septembre 1786. Da..... cin écuyer com... général des forts », une épave de quelque naufrage.

Les *mosquées* et les koubbas, fort nombreuses et plus curieuses à l'extérieur qu'à l'intérieur, dominent partout les masures du Kef.

Le Kef est abondamment pourvu d'eau; une conduite souterraine, allant à la Kasba, prend sa source à l'E. du *djebel Meïda*; son parcours est de 2 k. *Aïn-el-Kef*, au S.-O., dans l'intérieur de la ville, est une magnifique fontaine romaine ornée d'une arcade monumentale à plein cintre. C'est presque une rivière sortant d'une caverne à laquelle les indigènes attribuent une étendue de 6 milles. Les voûtes et les parois de ce souterrain sont maçonnées jusqu'à une certaine distance. Un peu plus haut est une autre fontaine antique, dite *Aïn-Hadjema*, au-dessous de laquelle on voit un immense édifice, probablement monastère chrétien, percé de nombreuses ouvertures cintrées. Une croix grecque et les emblèmes de la Passion sont sculptés au-dessus d'une de ses portes. *Douarnès-es-Star* (les souterrains) sont l'ensemble de treize citernes, au pied du djebel Cheikh-Aga, près de Bab-er-Redar.

Le cimetière musulman est situé au N.-O., le cimetière juif au S.-E.

[**Du Kef à Souk-Ahras** (72 k.; route muletière). — La route accidentée passe par : (9 k.) l'oued *Roumel*; (22 k.) l'oued *Mellègue*; (27 k.) la forêt de thuyas; (32 k.) à g., les ruines de *Zouïtin*; (44 k.) *bordj Sidi-Youcef*, poste français fortifié; (58 k.) *Hammam des Oulad-Saïd*, source chaude, établissement thermal. — 72 k. Souk-Ahras (R. 31).

Du Kef à Maktar (78 k.; route muletière). — La route traverse un pays de collines boisées avec des ruines remarquables.

24 k. L'*oued Lorbeus*; avant d'y arriver, on rencontre à dr., au milieu des cactus, les ruines de la ville ancienne de *Lares*, *Laribus*, d'où Lorbeus. Dans une enceinte byzantine, flanquée de tours carrées à demi engagées dans la muraille, restes d'une basilique transformée, plus tard, en mosquée, puits romain, colonnes milliaires et fûts de colonnes, nombreuses inscriptions.

Un deuxième chaînon de montagnes sépare la plaine de Lorbeus de celle d'*Es-Serss*, l'une des plus fertiles de la Tunisie. On suit le pied des montagnes qui bordent cette plaine à l'O.

[Au 40ᵉ k., on se détournera sur la dr., afin de visiter les ruines de *Zanfour* : bel arc de triomphe de 11 m. de longueur sur 10 m. de hauteur à peu près; plusieurs portes et temples, théâtre, mausolées, traces d'enceinte et de portes. Sur les fragments d'une inscription appartenant à l'arc de triomphe, on lit : *Colonia Julia Assuras*.

De Zanfour on peut gagner *Menzel* où l'on couche chez le cheikh, si l'on n'aime mieux poursuivre sa route jusqu'à Ellez, à travers une forêt d'oliviers où l'on rencontre quelques ruines. La gorge qui monte vers Ellez s'ouvre derrière une forêt.]

50 k. Ellez s'étage au-dessus d'une magnifique source sur la dr., qui sort d'un aqueduc romain. Au-dessus, ruines romaines, et, en arrivant au col, dans un jardin de cactus, citadelle byzantine. On visitera les nombreux monuments mégalithiques répandus tant au col même d'Ellez que sur les pentes de deux pitons qui les dominent.

[A 10 k. S., *Souk-ed-Djema**, poste militaire (fontaine romaine; marché arabe le vendredi, au milieu d'un bois d'oliviers).

A 8 k. S.-E., *Hammam-Zoukra*, dans une forêt d'oliviers avec des eaux sulfureuses (30°) et des ruines (porte monumentale, beau mausolée, nombreux tombeaux mégalithiques).]

60 k. *Magraoua*, v. sur le territoire des *Oulad-Atar*.

78 k. **Maktar** (ancien *Oppidum Mactaritanum*; contrôle civil et justice de paix; marché le samedi), avec deux arcs de triomphe, une basilique, un théâtre et un long aqueduc de 4 k., qui amenait les eaux de *Souk-ed-Djemâ* (N.-O.). A l'extrémité des ruines de Maktar, ruines du *Ksar-bou-Fatha*. C'est au N. de Maktar, dans l'ancien cimetière, que M. Letaille a découvert la curieuse inscription du laboureur qui, de simple journalier, est devenu propriétaire et membre de la curie. Cette épitaphe a été transportée au musée du Louvre.

[De Maktar on peut aller visiter les ruines très intéressantes d'**Uzappa**, en suivant (15 k. N.-E.) les traces d'une voie antique qui unissait les deux villes. Ces ruines se trouvent sur la rive g. de l'*oued Ouzafa*, qui descend du plateau de Maktar; il porte alors le nom d'*oued Bou-Saboun*. Elles s'étagent sur le versant O. de la vallée en face du *djebel Bellota*. Un arc de triomphe portant le nom de la ville antique... CIVITATIS VZAPPAE..., est orné, comme celui d'Orange, de têtes de Barbares coupées, portique d'une basilique, porte monumentale. Le bordj du cheikh Abd-el-Melek est construit dans les ruines d'un vaste édifice antique dont plusieurs salles voûtées existent encore et servent d'écuries.

En suivant toujours la direction N.-E., par une voie romaine sur la rive g. de l'Ouzafa, on peut aller d'Uzappa à (15 k.) *Kobeur-el-R'oul*, qui couronne un mamelon commandant un défilé (ruines d'une forteresse, monuments mégalithiques). A 6 k. plus loin, au N., dans l'immense plaine de la *Siliana*, nom que prend désormais l'oued Ouzafa, se trouve l'importante *zaouïa* du cheikh Abd-el-Melek, où l'on peut trouver l'hospitalité. De là, excursions pittoresques à *Henchir-el-Bez*, *Henchir-Sougda*. On peut coucher au joli v. de *Zeriba*, et de là gagner Kairouan (R. 42) en deux jours par *Sidi-Marched* et *Foum-el-Afrit*.]

B. Par Medjez-el-Bab.

175 k. — 1° 66 k. de Tunis à Medjez-el-Bab; chemin de fer en 2 h. 15; 7 fr. 40, 5 fr. 60, 3 fr. 95. — 2° 109 k. de Medjez-el-Bab à Teboursouk, 48 k., dilig. en 6 h. (4 fr.). — 3° de Teboursouk au Kef, 61 k.; chevaux et mulets.

L'excursion à Thugga, dans un pays varié et pittoresque, où l'on voit des ruines des plus remarquables, est des plus recommandées.

66 k. de Tunis à Medjez-el-Bab (V. R. 35). — Sur la route de Medjez-el-Bab à Testour (direction S.-O.), on rencontre des ruines sur la rive g. du fleuve, dans un endroit appelé *Chehoud-el-Batal* (les faux témoins). La légende raconte que les blocs qui jonchent le sol seraient autant d'hommes, de femmes et d'enfants pétrifiés sur place pour avoir porté de faux témoignages. La route gravit une colline au pied de laquelle la Medjerda coule à l'O.

81 k. **Slouguïa**, v. de 300 à 400 hab., au sommet d'une colline dominée par le *djebel Chitana*, au N., et le *djebel Zabbeur*, au S. Ce village, qui fait partie du khalifat de Testour, est surmonté

d'un grand minaret et de trois koubbas. Des citernes, des pans de murs et quelques blocs encastrés dans le revêtement extérieur de la mosquée ou dans des maisons particulières, sont tout ce qui reste de l'ancienne *Civitas Cilibbiensis* où *Cilibbia*.

Après avoir franchi le gué de Slouguïa, on passe par deux ravins sur des ponceaux en pierre en laissant à dr. la Medjerda. — Nombreuses plantations d'oliviers et troisième ponceau.

88 k. **Testour** (*Colonia Bisica Lucana*, d'après Shaw), sur la rive dr. de la Medjerda. C'est une assez jolie petite ville de 2,000 hab. descendant de Maures-Andalous qui ont bâti la petite mosquée d'*El-Maï*; quelques centaines de juifs ont leur synagogue et leur cimetière à Testour. Les jardins sur la rive g. de la Medjerda sont très bien cultivés; le marché, le vendredi, est très fréquenté. Testour a conservé quelques débris de l'ancienne ville romaine; on y remarque encore plusieurs piles d'un pont qui reliait les deux rives du fleuve.

En quittant Testour, plaine cultivée de 4 k. de longueur, mais peu large. — Gué de la *Siliana*, affluent de la Medjerda, dont les berges sont escarpées. On franchit trois crêtes parallèles et le ravin de l'*oued Teunzi*, assez profond.

97 k. **Aïn-Tunga**, ruines de l'ancien municipe de *Thignica*, qui entourent la source et couvrent plusieurs collines : au centre, fort byzantin; au N.-E., restes d'un temple; à 150 m., à l'E., ruines d'un autre temple; entre la forteresse et le piton qui domine les ruines, à l'E., hémicycle formé par une muraille et dont le diamètre mesure 42 m., sans doute l'ancien théâtre; à 50 m. O. de la citadelle, arc de triomphe, presque détruit; un autre plus petit entre la citadelle et les deux temples; traces d'enceintes, de murs de citernes, etc.

Au delà des gorges de *Fedj-er-R'ih* (montée du vent), on descend dans le lit de l'*oued Khalled*. La route se confond avec le lit de la rivière pendant 300 à 400 m., véritable défilé dans un site sauvage et pittoresque.

104 k. Oliviers sauvages, lauriers-roses, tamaris; grandes plantations d'oliviers près de la route et dans le bassin de l'oued Khalled.

108 k. **Teboursouk** * (l'antique *Respublica Thibursicum-Bure*), 7,000 hab. (7,200 avec les tribus dans son rayon), situé au milieu d'un pays boisé et dominé par une tour antique, est bâti en amphithéâtre dans l'enceinte d'une cité byzantine dont la citadelle forme encore l'un des angles. C'était, avant notre occupation, un bourg délabré dont l'aspect a changé, grâce au colonel Debord. Les murailles ont été relevées, les rues nettoyées; le bassin antique, dans lequel les eaux d'une source sont recueillies, restauré. Deux belles mosquées aux minarets carrés dont l'une, avec ses nombreuses koubbas, rappelle Sidi-Mahrès de Tunis, donnent à Teboursouk une certaine physionomie. Enfin de belles promenades plantées d'arbres ont été créées au dehors.

Teboursouk est dominé vers l'O. par le *djebel Sidi-Rahma*, nom du marabout dont la koubba couronne la montagne d'où ont été extraits les matériaux qui ont servi à la construction de la ville romaine.

[Ruines de Thugga (7 k. O.). — En sortant de Teboursouk, on laisse à g. la route du Kef pour prendre le sentier qui monte à (7 k.) *Dougga*, v. arabe situé au-dessus d'un bois d'oliviers, presque au sommet de l'une des hauteurs qui dominent la vallée et construit au milieu des ruines de l'ancienne ville romaine de *Thugga*; il a conservé, presque intact, le beau *temple de Jupiter*, dont le fronton, soutenu par six colonnes corinthiennes, représente l'apothéose de l'empereur. — A une centaine de m., à l'E., belles *portes* monumentales bâties sous le règne de Marc-Aurèle par la famille de Simplex. A 100 m., à l'O. autre *porte*. Au-dessous, restes d'un *théâtre* dont les gradins sont en partie conservés. Au-dessous du théâtre, dans la forêt d'oliviers, plusieurs *mausolées*, dont l'un portait la fameuse inscription bilingue enlevée, il y a une soixantaine d'années, par le consul anglais *Reade*, et déposée aujourd'hui au Musée britannique. Au-dessous de la ville, ruines d'un autre temple, de divers édifices, d'un stade et d'un petit temple circulaire, ce dernier au ras du sol.

Le djebel Gorra. — Une ancienne voie romaine, à l'O., passant au-dessus de Teboursouk, conduit au djebel Gorra, point des plus pittoresques et des plus curieux de la Tunisie. En suivant le versant N. de cette montagne, et quand on a dépassé (12 k.) *Sidi-Amor-el-Melliti*, on retrouve à mi-côte une chaussée romaine qui traverse (18 k.) les ruines de *Kouch-Batia*, *municipium Tibursenis*, et conduit à (26 k.) *Djebba* (mine de plomb abandonnée). Du haut des escarpements du Gorra, qui forment une muraille de rochers à pic de plusieurs centaines de m. de hauteur, se précipite par un trou une source abondante, formant une chute de plus de 100 m., et se résolvant en une pluie derrière laquelle un château antique, aujourd'hui inaccessible, se trouve comme accroché dans une anfractuosité. Le tableau est admirable. Au pied du rocher, les eaux de la cascade sont recueillies au moyen d'un ancien barrage, pour être ensuite distribuées dans les plantureux jardins du petit village arabe de Djebba. Un aqueduc encore debout conduisait ces eaux à une ville ancienne dont on voit les ruines au milieu de la plaine. — De Djebba on peut revenir à Teboursouk par un chemin plus direct (20 k.) coupant la montagne, mais très difficile et à peine praticable aux montures.

De l'autre côté du Gorra, au S.-O., *Henchir-Chett*, propriété de la famille Abd-el-Melek. Un bordj au milieu de jardins et de bois d'oliviers est dominé par les escarpements d'où tombe une autre cascade fort belle. La maison d'habitation n'est autre qu'un ancien temple à peu près intact. Tout à côté, magnifique forêt d'*Aïn-Trab*, et au-dessus, dans les bois d'oliviers, autre temple et ruines de divers édifices.

D'Henchir-Chett on peut gagner (26 k.) Bordj-Messâoudi (*V.* ci-dessous) par une route très intéressante et très pittoresque. En descendant la vallée toute semée de ruines, on trouve, à env. 4 k. O., *Henchir-Douamès*, *colonia Ucita major*, fondée par Marius. C'est un entassement de citernes qui couvrent une colline fort élevée, couronnée par l'enceinte d'une forteresse ruinée. (Au pied et au N. de cette colline, théâtres et divers édifices; vue splendide.) D'Henchir-Douamès on descend dans la vallée et l'on suit, dans la direction O., une voie romaine qui ne s'éloigne guère de l'*oued Arko*, que l'on traverse pour visiter (14 k.) *Henchir-Khrima* (ruines très bien conservées d'une basilique) et d'où l'on gagne (26 k. S.) Bordj-Messâoudi par un sentier qui longe les pentes O. du *Guern-el-Kebch*, à travers des broussailles de lentisques.]

En quittant Teboursouk, descente par une pente douce au milieu d'une forêt d'oliviers, puis marche en plaine.

114 k. Ruisseau et ruines d'un pont-barage; la voie romaine existe encore jusqu'à

115 k. *Aïn-Hedja*, koubba au flanc d'un coteau. — A g., sur un mamelon dominant la route, ruines d'*Agbia*. Le seul édifice conservé est une citadelle byzantine flanquée de quatre tours carrées, et aménagée par les Arabes, qui en ont fait un vaste fondouk. — On continue à suivre les traces de la voie romaine.

118 k. *Sidi-bou-Attila*, koubba. — A g., sur les pentes du Guern-el-Kebch, ruine romaine considérable; fontaine avec bassin, dans le rocher.

121 k. L'*Aïn R'arsalla*, au pied d'un mamelon rocheux (au sommet, koubba du marabout; ruines étendues; camp romain entouré d'un fossé).

126 k. *Sidi-Abd-er-Rbou*, koubba au milieu des ruines de la ville romaine de *Musti* (arc de triomphe et divers édifices encore debout).

[De Musti, un sentier, qui se sépare à dr. de la route, se dirige vers la plaine de la *R'orfa*, en passant par *Sidi-Tetouai*; route directe de Tebessa.]

ROUTE 38

DU KEF A TEBESSA

141 k. — Route muletière. — Direction générale S.-O. — Vivres, chevaux, mulets, guides. — Voir les ruines d'Haïdra et le Kalaât Es-Senan. — Le touriste devra s'adresser au contrôle-civil de Kef, pour connaître les étapes qu'il doit fournir.

Du Kef on descend dans une verdoyante plaine. — 6 k. A dr., *Bordj-ben-Souarin*. — On s'engage dans le *djebel Zafran* (841 m. d'alt.), sur un parcours de 9 k. à travers bois, puis on retrouve la plaine plus ou moins cultivée selon ce qu'ont donné les pluies d'hiver.

29 k. *Ebba*, adossée à l'E. de la montagne du même nom (801 m.), est un pauvre village d'une haute antiquité, avec des sources abondantes et, au N., des ruines très frustes dont quelques-unes gardent cependant des fleurs de lotus sculptées (on voit là l'influence de l'Egypte sur les artistes phéniciens, comme on a déjà pu s'en convaincre en visitant le musée Lavigerie à Carthage).

36 k. *Medeïna* (Althiburos), sur la rive dr. de l'oued du même nom. Aux environs, nombreuses ruines, parmi lesquelles celles d'un *théâtre* de 60 m. de diamètre et dont les voûtes abritent les troupeaux des indigènes; d'un *temple* dont il ne reste que

la porte; d'une *chapelle* ou *mausolée* (?). Quant aux inscriptions, elles n'apprennent rien sur Medeïna; l'une d'elles, en langue punique, consacrée à Bâal, a été transportée au Louvre.

On est en plein pays des *Ouartan*. Cette tribu, qui possède peu de traditions, présente les principaux caractères de la race berbère. En 1881, les Ouartan essayèrent d'arrêter la colonne Forgemol dans sa marche de Tebessa à Kairouan; mais ils firent leur soumission après la mort d'Ali-ben-Khalifa à Kalâa-Kebira. Les Ouartan, au nombre de 3,800, occupent une des régions les plus fertiles de la Tunisie; ils sont laborieux, cultivent près de 15,000 hect. en céréales et peuvent disposer pour les transactions commerciales de plus de la moitié des grains récoltés; ils possèdent encore de beaux jardins potagers, des plantations étendues de cactus et de figuiers et élèvent des troupeaux de bœufs et de moutons de belle race.

Après avoir contourné le *djebel Kafous* (880 m.), on entre dans la fertile vallée de l'*oued el-Hallouf*, puis l'on rase à l'E., ensuite au S., le *djebel Bou-Hanech* (le père des serpents; 1,231 m.), en ayant à g. l'*oued Sarrath*.

75 k. Bordj du Kaïd el-Arbi, auj. en ruines, au milieu de vigoureux et touffus cactus. Quelques débris sans intérêt pour l'archéologie subsistent aux environs.

81 k. **Thala**, adossée à dr. à une montagne (1,017 m.), ch.-l. de contrôle civil, compte parmi sa population musulmane une centaine de colons européens dont 50 Français. Thala n'est pas, comme on l'a cru, celle de Jugurtha; elle a été fondée par Tibère. L'étendue de ses ruines à l'O. donne une idée de son importance ancienne. Thala comprend auj. deux rues principales avec une mosquée neuve et des souks relativement bien approvisionnés; elle possède des jardins, des eaux vives dont une ancienne source, déblayée auj., dont le débit est d'un mètre, cube par minute. Cette localité, desservie avant peu de temps par le chemin de fer du Kef à Tebessa, est en somme appelée à un grand avenir agricole et minier.

103 k. **Haïdra**, l'ancienne *Ammædara*, aux ruines nombreuses, est située sur les deux rives de l'oued du même nom, principalement sur la rive g.

On remarque sur la rive dr. les ruines d'un quartier distinct ou d'un faubourg traversé par une voie antique conduisant à un petit *arc de triomphe* de 2 m. 50 d'ouverture. Sur la rive g. s'élevait la ville proprement dite. Des nombreux édifices presque rasés ou en partie debout, voici les principaux : un *arc de triomphe* (6 m. d'ouverture) dédié à Septime-Sévère et rappelant celui de Tebessa; — une grande construction semi-circulaire, peut-être un *théâtre*; — une *basilique* chrétienne, rectangle de 50 m. sur 20, avec abside semi-circulaire; — une *basilique* à trois nefs comme la première, mais moins grande; — une *basilique* de 40 m. sur 20, ayant la forme des deux précédentes; on y lit sur un dé d'autel l'inscription tumulaire d'un Q. Sempronius qui vécut quatre-vingts ans; — une *basilique* de 25 m. sur 11; — un *mausolée* à deux étages et à six faces; — un *mausolée* carré en marbre de 1 m. 60 sur chaque face; — une *voie* pavée de larges dalles, qui traversait une grande partie de la ville et qui était bordée de tombeaux; — des *colonnes* dont l'une, haute de plus de 10 m., reste d'un édifice disparu; — la *citadelle* construite sous Justinien, quadrilatère de 200 m. sur 110, flanquée de tours carrées et de deux semi-circulaires au N.-O. et N.-E.; elle s'étend en pente douce du point culminant de la ville à l'oued; sur une pierre, à l'extérieur, on lit l'inscription tumulaire d'un autre octogénaire, cette fois une femme, Manlia; à l'intérieur, gourbis arabes et pierres tumulaires enlevées à la nécropole antique quand les Byzantins reconstruisirent la citadelle romaine; — un *palais* et une sorte de *forum* en ruines. (La 1,370e livraison du *Tour du Monde* donne une intéressante description d'Haïdra avec la restauration de la citadelle et d'une basilique par MM. Cagnat et Saladin.)

[De Haïdra, une route de 11 k. vers l'O., puis un sentier de 25 k. montant au N., en tout 36 k., conduisent à travers un pays montagneux, boisé et très pittoresque, au pied de Kalâat-el-Esnam, ou *Es-Senan* (le château des Idoles), une montagne haute de 1,452 m., mais émergeant du sol de 50 à 60 m. et à laquelle accède un escalier taillé dans le roc. Sur le plateau qui couronne cette montagne se trouve le v. du même nom bâti avec les ruines d'une ville antique, dans une situation presque inaccessible; autrefois refuge des bandits, Kalâat-el-Esnam, sur le territoire des *Ouled-Bou-Ghanem*, est habitée par les *Ouled-Kalâat* descendant du marabout Abd el-Ouehhab, compagnon de Sidi Bou-Ghanem, l'ancêtre de la tribu. Autrefois nombreux et puissants, ces indigènes jouissaient, grâce à la position inexpugnable de leur village, d'une complète indépendance. En vain, sous Hamouda-Bey, une colonne vint-elle assiéger et bombarder Kalâat; aux sommations de se rendre, les habitants répondirent en jetant un chien crevé aux assiégeants : « Voilà notre tribut au souverain! » leur criaient-ils. Cette insulte ne put être vengée. Les Ouled-Bou-Ghanem s'emparèrent de Kalâat au commencement du xixe s. Une partie des habitants fut massacrée; les descendants actuels des Ouled-Kalâat, au nombre de 150 env., habitent encore le village qui tombe en ruines.]

De Haïdra à Tebessa on marche en territoire tunisien sur un parcours de 11 k. en ayant l'oued Souma à g. La route sur territoire algérien va droit au S.
141 k. *Tebessa* (R. 31).

ROUTE 39

DE TUNIS A SOUSSE

A. **Par le chemin de fer.**

150 k. — Trajet en 6 h. — 16 fr. 80; 12 fr. 75; 9 fr.

17 k. De Tunis à Hammam-Lif (*V.* R. 34, *E*). — Le chemin de fer, souvent parallèle à la route de terre, traverse entre la mer

et les pentes du Bou-Kornein des plaines incultes ou cultivées et plantées d'eucalyptus, d'oliviers et de vignes.

24 k. **Bordj-Cédria**, ou *Potinville*, du nom de M. Potin, bien connu, et dont le domaine comporte des céréales, des fourrages, des oliviers, 400 hect. de vignes, des bergeries, un haras de mulets et des fours à plâtre et à chaux.

29 k. **Fondouk-ed-Djedid** (bifurcation du chemin de fer sur Menzel-bou-Zalfa, *V.* R. 40). — Du Fondouk-ed-Djedid à Bir-bou-Rekba, la voie ferrée comme la route de terre forment, sur une longueur de 31 k., la limite S. de la presqu'île du cap Bon ou Daklat-el-Mahouin. Montagnes à l'horizon, au pied desquelles s'étend une noire ligne d'oliviers d'où émergent de blancs villages avec leurs minarets.

35 k. *Khanguet*. Continuation des plaines jusqu'à une forêt de 130,000 oliviers entourant Grombalia.

39 k. *Grombalia* (*buffet*); 2,350 hab.; contrôle civil (vieille fontaine arabe).

48 k. *Bou-Arkoub*. A 1 k. de la gare, ce village montre un joli profil de maisons unies ou à arcades, de mosquées, de minarets et de koubbas d'une éclatante blancheur. — C'est là qu'est la station agricole et coloniale du domaine Favrot, où l'on reçoit à titre de pensionnaires les futurs colons, qui désirent se préparer à la vie et aux travaux de leur profession. — Le terrain devient montueux et se couvre de broussailles.

60 k. **Bir-bou-Rekba** (*buffet*; bifurcation sur Nabeul, *V.* R. 40). — A g. broussailles et cultures, à dr. le djebel Zaghouan. — A quelques k. à g., sur la route de terre, on aperçoit une tour ronde à laquelle les Arabes ont donné le nom de *Kasr-Menara* (château du phare), à cause de sa proximité de la mer et qui rappelle le tombeau de Cécilia Metella sur la voie Appienne. Reposant sur un soubassement carré, ce mausolée, d'un diamètre de 15 m. et d'une hauteur de 10 m., a été découronné de sa corniche et de ses autels sur lesquels étaient gravées des inscriptions votives; il renferme une chambre voûtée.

79 k. **Bou-Ficha** (*buvette*). C'est dans le village, sur une hauteur, à 1 k. à g., qu'est installée l'une des trois intendances de la société Franco-Africaine propriétaire de l'Enfida.

Le territoire de l'**Enfida**, qui n'a pas moins de 120,000 hect., s'étend de Bou-Ficha à Menzel-Dar-Bel-Ouar, du N. au S., et de la mer aux dernières pentes du djebel Zaghouan, de l'E. à l'O. Cette immense étendue que se disputèrent longtemps diverses compagnies défendues par leurs gouvernements respectifs et qui passa des mains de l'ex-ministre Khéir ed-Din dans celles de capitalistes français, grâce à l'annexion de la Tunisie à la France, comprend des terrains de nature très inégale, arides ou fertiles. Certaines parties sont plantées d'oliviers à perte de vue; d'autres, abondamment arrosées, sont utilisées pour le jardinage; des plaines y sont couvertes de céréales; des bois de pins et de thuyas ombragent les contreforts du Zaghouan, et les terrains de pâture se prêtent admirablement à l'élève des brebis. Sous la domination romaine, cette partie de la Bysacène n'aurait pas eu moins de 17 villes, dont on rencontre les ruines éparses

[R. 39, A]   ENFIDAVILLE.   379

sous les broussailles. — Partie des terres sont louées aux laboureurs et aux bergers des alentours. Parmi ceux-ci figurent les *Oulad-Saïd*, qui furent longtemps détenteurs de l'Enfida. Les Oulad-Saïd appartiennent à la confédération des *Riah*, descendants des conquérants arabes de l'Ifrikia; ils campent entre Zaghouan et la mer. Pillards incorrigibles, longtemps insoumis dès les Hafsides, ils se joignirent aux insurgés en 1881. Épuisés par l'insurrection, ils ont repris une vie paisible. Presque tout leur territoire est la propriété de la Cie Franco-Africaine, et c'est à peine s'ils cultivent quelques centaines d'hectares pour leur propre compte.

De Bou-Ficha à Sidi-bou-Ali, sur un parcours de 44 k., le chemin de fer ne traverse que des plaines plus ou moins cultivées. 87 k. *Aïn-Hallouf*.

[A 2 k. N.-O., *Koubba de Sidi Khralifa*, enterré, il y a cent ans, dans l'endroit connu avant sous le nom d'*Enchir Phradine*. C'est dans une gorge, à g., que se trouvent les ruines intéressantes d'*Aphrodisium*. La principale est un arc de triomphe large de 10 m., sous lequel coule un ruisseau; plus loin les restes d'un forum; sur un mamelon, ceux d'une forteresse rectangulaire de 30 m. sur 10 m. 50; les traces d'une église et d'un amphithéâtre, et çà et là de nombreux débris.]

100 k. Enfidaville ou **Dar-el-Bey** * (buvette), nouveau village de 700 hab. dont 500 Européens, à 2 ou 300 m. de la gare, à dr., au milieu des eucalyptus. C'est là que réside le directeur de la société Franco-Africaine; sa demeure comporte un grand quadrilatère dont les épaisses murailles sont percées de meurtrières; trois côtés sont occupés par les écuries et les magasins; le quatrième est réservé à l'habitation du directeur et aux bureaux. Autour de ce bâtiment sont venus se grouper l'église, l'école, la poste, le télégraphe et les hôtels. Un marché, très fréquenté, se tient le lundi.

[A 6 k. O.-N., *Takrouna*, v. de 600 hab., perché comme un nid d'aigle au sommet d'un piton haut de 109 m. et inaccessible aux chevaux. Au pied est un puits antique qu'avoisinent quelques ruines. C'est à ce puits que les femmes de Takrouna descendent remplir leurs cruches et leurs outres.

A 12 k. O. d'Enfidaville est située l'*Aïn-Sidi-Abd-er-Rahman-el-Garci*. C'est du djebel Garci, un des derniers contreforts S.-E. du massif de Zaghouan, que sourd l'Aïn, à une altitude de 80 m. au milieu de calcaires schisteux. Cette eau, qui contient de l'acide carbonique, est très gazeuse, claire, limpide, d'une température de 20° et donne un faible débit de 1 lit. par seconde. Les Romains avaient aménagé l'Aïn-Garci, dont l'eau était dirigée par un conduit en pierre à ciel ouvert dans une grande piscine grossièrement restaurée par les Arabes. M. Cagnat croit qu'Aïn-Garci répond à la station de l'ancien *Aggersel*, alors que M. V. Guérin le place à Takrouna (?).]

114 k. *Menzel-Dar-bel-Ouar*, où fonctionne la troisième intendance de la société Franco-Africaine.

[A 2 k. N.-O., groupe isolé et fort important de *dolmens* couvrant un espace de 2 k. carrés. Ces dolmens, qui mesurent 1 m. à 1 m. 50 de longueur sur 1 m. de largeur et 1 m. de hauteur et qui sont entourés à leur

ALGÉRIE.   26

base d'un dallage de pierres plates, appartiennent à un type unique. Ce sont de larges dalles placées horizontalement sur deux ou plus souvent sur trois autres dalles verticales; elles forment ainsi un coffret triangulaire ou rectangulaire restant ouvert par un côté généralement E. ou S.-E. Quelques fouilles ont amené la découverte de squelettes et de poteries grossières. Bien que l'on fasse remonter ces mégalithes à 8 ou 10 siècles avant l'ère chrétienne, il est impossible de tirer de leur étude des conclusions précises pour une époque déterminée.

A 20 k. E., *Hergla*, 1,500 hab., sur un monticule, à 150 m. de la mer, et entourée de 3 côtés par des jardins d'oliviers, est l'*Horrea Cælia* d'Antonin, l'un des entrepôts des blés d'Afrique, avant leur exportation en Italie. Hergla fait un important commerce d'huile.]

123 k. *Sidi-bou-Ali*. — A partir de Sidi-bou-Ali, les collines se dressent à dr. et à g. et le terrain se couvre d'une véritable forêt d'oliviers qui ne finira qu'au delà de Sousse, et sous laquelle on rencontre parfois des cimetières, des cultures potagères ou des haies de cactus.

137 k. *Kalâa-Kebira*, b. de 6,500 hab., situé à 2 k. plus loin, sur une hauteur; les oliviers le cachent en partie. Kalâa-Kebira, où se réfugièrent les dissidents en 1881, fut bombardé et incendié.

143 k. *Kalâa-Srira* montre ses terrasses et ses minarets au-dessus des oliviers et, comme Kalâa-Kebira, possède un grand nombre d'huileries. C'est là que s'embranchera le chemin de fer de Kairouan.

150 k. Sousse *, la gare est située en face des remparts N. de la ville, près d'un boulevard que l'on descend et qui conduit, à dr., à Sousse, et à g., au quartier européen dit de *la Quarantaine*.

Sousse, ch.-l. de subdivision militaire, contrôle civil, tribunal civil, justice de paix; V. de 20,000 hab. dont 4,000 Européens, Maltais, Siciliens, Français, et 1,300 Israélites. Le commerce est entre les mains de ces derniers. Les Siciliens sont pêcheurs; les Maltais ont, comme à Tunis, le monopole des transports, voitures, chevaux et mulets.

De Sousse, ancienne colonie phénicienne, Trajan a fait la colonie romaine d'*Hadrumetum*, qui devint la capitale du Byzacium. Détruite par les Vandales, restaurée par Justinien, ruinée par Sidi-Okba, Sousse est relevée par les Ar'labites. Plus tard les Turcs en font un de leurs repaires de pirateries; elle est alors attaquée par Charles-Quint, en 1537, puis par André Doria, en 1539. Sousse a été occupée sans résistance par le général Etienne, le 10 septembre 1881. Administrée aujourd'hui par un kaïd, c'est, après Tunis, une des villes importantes de la Régence.

On trouve à Sousse de nombreuses antiquités; substructions romaines à la kasba; à Bab-er-R'arbi (ou porte de l'O.; *V.* ci-dessous), sarcophage de marbre, avec inscription, servant de fontaine; vestiges nombreux encastrés dans les maisons; bas-reliefs et fragment de statue équestre; citerne servant aux besoins des habitants. Au dehors, non loin de la kasba, vestiges de théâtre et d'amphithéâtre; à 1 k. de Bab-er-R'arbi, ruines de citernes dont 7 sur 8 sont encore visibles; elles mesurent

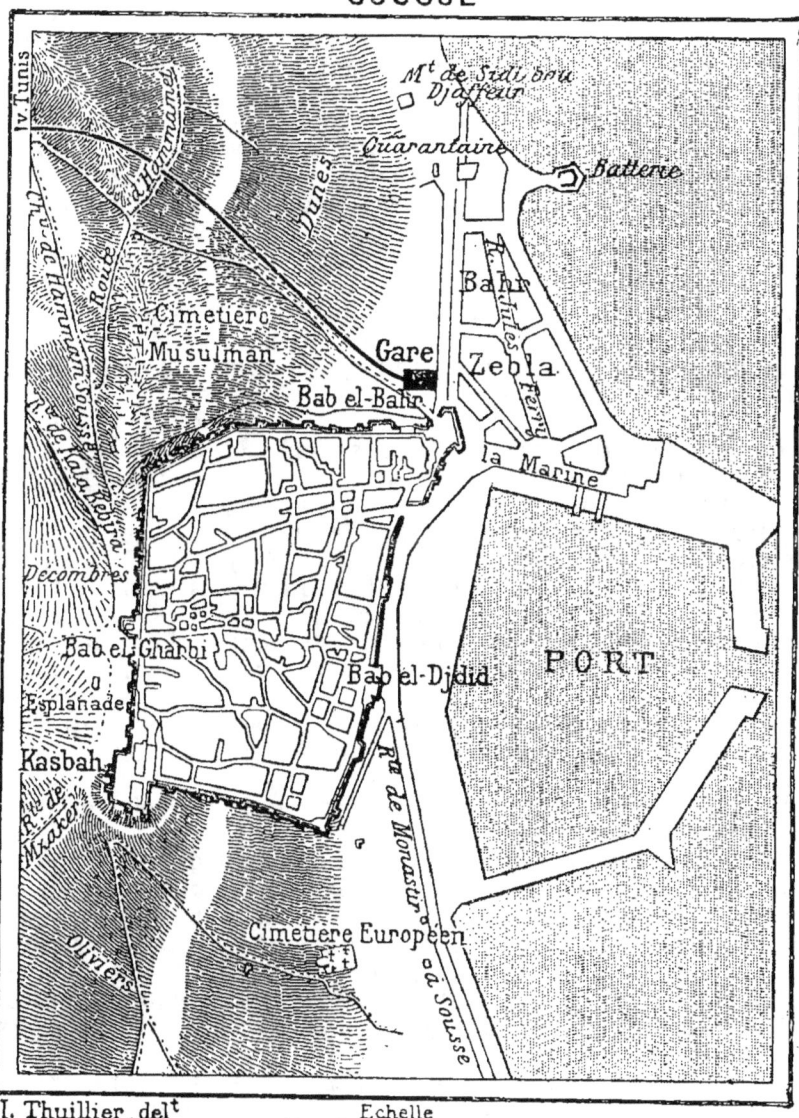

110 pas sur 8; des constructions modernes viennent les couper vers leur milieu. Sur le flanc S. de la colline qui porte la kasba, des amoncellements de poteries romaines ont donné le nom

d'une trentaine de potiers. Sousse dut certainement avoir une école de mosaïstes dont les œuvres se répandirent au loin. D'une vingtaine de mosaïques découvertes à Sousse et dans ses environs, de 1860 à nos jours, quelques-unes n'ont pu être conservées; d'autres ont été transportées à Paris ou au musée du Bardo; celles que l'on peut voir à Sousse sont exposées dans la salle d'honneur du quatrième régiment de tirailleurs indigènes, à la municipalité et au tribunal.

Vue de la mer, Sousse présente une longue ligne blanche entre la Méditerranée et le dos d'une vaste colline, dont les plans s'accusent à mesure qu'on en approche. La ville, carré long de 700 m. sur 500, bâtie en amphithéâtre, est entourée de murs crénelés flanqués de tours et de bastions; « de petits dômes et des maisons dont la terrasse dépasse à peine la crête de ces murs, se pressent dans leur enceinte éblouissante. De leur masse compacte s'élèvent et montent dans le ciel bleu des tours rondes que coiffent des cônes tronqués, des panaches de palmes ondoyantes, des minarets cylindriques blancs ou fayencés de vert ». (M. Bernard.)

Sousse est percée de 4 portes : *Bab-el-Darahoui* (la porte du Nord); *Bab-el-Bahar* (la porte de la Mer); *Bab-ed-Djedid* (la porte Neuve); *Bab-er-R'arbi* (la porte de l'Ouest); elle est dominée à l'O. par la kasba; on y accède par une pente escarpée.

De la *rue de France*, longeant les remparts E. et la mer, et dont le milieu est occupé par la *place Forgemol*, où se trouvent la poste et le télégraphe, partent cinq grandes rues montueuses allant de l'E. à l'O. et coupées par quatre autres. La première, quand on vient de Bab-el-Bahar, est occupée en grande partie par les marchands juifs, des cafés arabes et quelques cabarets; la troisième appartient aux juifs. Arrivé dans le haut de cette rue, si l'on tourne au S., vers la kasba, on rencontrera les cabarets interlopes où civils et militaires viennent s'empoisonner; là encore sont établis les cafés-concerts indigènes où dansent les juives et les mauresques, le visage peint et tatoué, et couvertes d'oripeaux éclatants et de bijoux grossiers d'or et d'argent. Çà et là, au hasard de la promenade, c'est une boutique de tisserand, de barbier; ou bien, sous une voûte ou dans une cave, une meunerie primitive dont un chameau ou un mulet fait tourner la meule rudimentaire. Un spectacle curieux est encore celui de Bab-er-R'arbi, alors que les employés de l'octroi réclament le *mahsoulat* ou impôt sur les fruits, légumes, céréales et bestiaux amenés du dehors, et que ne voudraient pas payer les campagnards.

On visitera la kasba, les mosquées (celles-ci extérieurement, défense étant faite d'y entrer); à côté de la grande mosquée, le *Kasr-er-Ribat*, ancien couvent musulman fortifié, élevé sur des ruines byzantines; sur la porte du minaret de ce ribat, une inscription donne la date de sa fondation par Ziadet-Allah Ier, en 207 de l'hég. (823 de J.-C.).

Le nouveau *port* comprend une jetée abri de 510 m., deux épis avec leurs musoirs et leurs feux, un chenal d'accès, un bassin de 13 hect. de superficie et de 6 m. 50 de profondeur, 604 m. de murs de quai, 3,000 m. carrés de hangars couverts, 2 k. de voie ferrée et un puissant outillage.

Au quartier *de la Quarantaine* se trouvent l'abattoir et les marchés. Le quai, terminé par le môle S., est bordé de cafés au milieu de vertes plantations. C'est au commencement de ce quai que s'élève le *kiosque* où se vendent les journaux de France, tunisiens et algériens.

B. Par mer.

135 milles (250 k.). — Paquebot de la Cie transatlantique ; 25 fr., 18 fr., 10 fr. et 7 fr. — Cie de navigation mixte ; 22 fr., 17 fr., 10 et 6 fr. — Cie de navigation Italienne : 28 fr. 55, 20 fr. 70 ; 8 fr. 35.

Au sortir du canal de Tunis à la Goulette, le passager voit se dérouler le magnifique panorama qui s'étend de la Marsa, à l'O., jusqu'à Hammam-Lif avec le Bou-Korneïn et le djebel Ressas à l'E.

On contourne ensuite la presqu'île du cap Bon ou Daklat. C'est pendant la nuit que le paquebot, doublant le cap Bon, laisse ensuite au loin Kelibia, Nabeul, Hammamet et Hergla (*V.* R. 40) pour jeter l'ancre, quand vient le jour, devant Sousse, au milieu d'une forêt d'oliviers et s'élevant en un blanc amphithéâtre de la mer à la kasba.

ROUTE 40

DE TUNIS A LA DAKLAT-EL-MAHOUIN

PRESQU'ÎLE DU CAP BON

A. Par Menzel-bou-Zalfa.

De Tunis à Menzel-bou-Zalfa : 43 k., chemin de fer en 2 h. 15 m. ; 4 fr. 80, 3 fr. 65, 2 fr. 30. — De Soliman à Hammam-Kourbès, 24 k. — Il est bon de se faire recommander par le contrôle civil de Grombalia ou par le kaïd de Soliman, pour se procurer des montures et un gîte, et d'emporter des vivres.

La *Daklat-el-Mahouin* était connue au temps d'El-Bekri sous le nom de *Cherik-el-Abci*, qui était celui de son gouverneur lors de la conquête de l'Afrique par les Arabes. C'est la presqu'île du cap Bon (Ras Addar) dont la forme, qui est un peu celle d'un trapèze incliné vers l'E., a pour base le chemin de fer de Tunis à Sousse sur une longueur de 31 k., du Fondouk-ed-Djedid à Bir-bou-Rekba. Une ligne tirée de cette base, S.-O., au cap Bon, N.-E., mesure 70 k.; une autre ligne dans le sens de la largeur, de Hammam-Kourbès, O.-N., à Kourba, E.-S., mesure 35 k. La Daklat-el-Mahouin, coupée de plaines et de collines, derniers chaînons de l'Atlas algérien dont le plus élevé est le *djebel Hamid* (637 m.), participe à la fois du Sahel et du Tell; la nappe d'eau y est peu profonde et nn puits est vite creusé; c'est une région de céréales, de vergers, de vignes et surtout d'oliviers. De petites villes et de gros villages se succèdent sur les hautes berges de l'E., à quelque distance de la côte ou sur la côte même. La partie O., baignée par les eaux du golfe de Tunis, est moins peuplée à cause de sa zone cultivable moins large entre les collines et la mer.

La population de la presqu'île du cap Bon est des plus mélangées. La plupart des villages ont été fondés par les Andeless (Andalous) musulmans, d'origine berbère en général; chassés d'Espagne par Philippe III, bien accueillis par le dey Othman, ils reçurent des terres sur le littoral comme à Bizerte et dans la presqu'île. Ces Andeless, gardant un souvenir de leurs origines, ont dans bien des familles conservé les clés des maisons jadis possédées à Grenade. Des groupes maraboutiques occupent des petits villages ou hameaux autour des zaouias; les principaux sont les Oulad-Sidi-Daoud, dans le kaïdat de Soliman, et les Mahouin, dans le kaïdat de Nabeul; puissants et riches, ils font cultiver leurs nombreux enchirs par des khrammès. On compte encore d'autres tribus plus ou moins nomades. Quelques Français ont déjà fondé d'importants établissements dans la presqu'île.

29 k. de Tunis au Fondouk-ed-Djedid (*V.* R. 39). — On prend à g. l'embranch. de Menzel-bou-Zalfa.

35 k. *Soliman*, la *Megalopolis* des anciens, évêché au temps des chrétiens, sur la rive dr. de l'oued Defla ou des lauriers roses, a été rebâti, en 1616, par des Maures-Andalous. L'aspect de cette ville, qui compte 2,810 musulmans, quelques Européens et juifs, est assez curieux avec les minarets élancés de ses 3 mosquées dominant les maisons dans lesquelles on retrouve de nombreux matériaux antiques qui couvrent partout la presqu'île. — Huileries alimentées par 410,000 oliviers, vignes et vergers; fabrique de poteries; marché le vendredi. — De Soliman à

43 k. *Menzel-bou-Zalfa*, 2,480 hab. (marché le jeudi), situé à l'E. au milieu de vergers et d'orangeries qu'entourent 400,000 oliviers.

C'est de Soliman qu'on se rend à (24 k.) Hammam-Kourbès. En quittant Soliman, la route suit la direction N.-E. : bois d'oliviers, plaines cultivées; puis, à 8 k., passage à gué de l'oued Bezirkh. On ne tarde pas à gravir les pentes du djebel Kourbès, dont le sommet a 419 m.; vue magnifique sur le golfe de Tunis.

C'est au pied du djebel Kourbès, formant à son centre un cirque étranglé descendant vers la mer, que s'élève **Kourbès**, les Aquæ calidæ ou Carpitanæ des Romains (ainsi nommée de Carpi, la *Mraïssa* actuelle, un peu au S.). C'est un village d'une centaine de maisons dont les habitants louent des chambres et vendent du lait, des œufs et de l'eau potable venant du S.; mais, en général, les ressources comme alimentation sont nulles.

5 sources émergeant au milieu du village et 2 autres dans un ravin voisin, donnent un débit total de 50 lit. à la seconde d'une eau limpide, sans odeur, d'un goût salé et fade, marquant 56° en moyenne, et, comme qualité, chlorurée sodique et hyperthermale.

Kourbès, florissante sous les Romains, qui y avaient bâti des thermes superbes dont on voit encore les ruines à Aïn-Kebira, au N., est fréquenté par les Arabes et quelques Européens. L'établissement thermal comporte 10 salles de bains et une étuve, alimentées par l'Aïn-Kebira. 400 baigneurs en permanence font une saison de 30 à 40 jours pour la guérison de la scrofule, de la tuberculose, de la paralysie, du rhumatisme, de la goutte et du diabète.

[A 1 k. N.-E. de Kourbès, au milieu de jardins, *Douéla*, bâtie en partie avec les ruines de la ville de *Gita* ou *Mizigita*, qui eut plusieurs évêques.]

B. Par Nabeul.

De Tunis à Nabeul : 77 k.; ch. de fer, en 3 h. 15 m.; 8 fr. 60; 6 fr. 55; 4 fr. 60. — De Nabeul à Kelibia, 65 k.; service de dilig. les jours impairs; 4 fr. la place.

60 k. de Tunis à Bir-bou-Rebka (*V.* R. 39). — On prend à g. l'embranch. de Nabeul.

64 k. **Hammamet** (la cité des pigeons), V. de 6,110 hab., fondée au commenc. du XIVe s., dans une jolie situation, au fond du golfe auquel elle a donné son nom, est fort gracieuse quand on la voit de loin, à l'extrémité d'une langue de terre qui s'avance comme un cap dans la mer; cette position à l'extrémité S.-E. de la péninsule en fait un point d'une certaine importance stratégique, et, en même temps, un lieu d'étape. La ville, en partie sur une hauteur, balayée par les vents et d'une propreté hollandaise, est entourée de murs flanqués de tours carrées, engagées à demi, et percés de 3 portes. Elle est dominée par une kasba à laquelle on accède par un chemin difficile; au milieu d'une cour, quelques palmiers, et, sur une terrasse supérieure, des canons hors d'usage dont 2 remontent à la fin du XVe s. — Belles orangeries et nombreux oliviers; marché le jeudi; commerce important; exportation d'huile.

77 k. **Nabeul**[*], résidence du kaïd, V. de 6,800 hab. dont 3,000 juifs et quelques Européens, fondée en 1200, possède 6 mosquées, de nombreuses zaouïas, des bazars voûtés, une grande place entourée de petites boutiques et de cafés. Autour de la ville s'étendent de magnifiques jardins avec des arbres fruitiers de toutes sortes se mêlant aux rosiers et aux jasmins. — Huileries; distilleries de parfums; 46 fabriques de poteries,

occupant 122 ouvriers, dont les produits (120,000) sont renommés dans toute la régence; tissus de laine, burnous, haïks et couvertures; marchés importants le lundi et le vendredi.

[Nabeul a succédé à *Nabeul-el-Kedima*, à 2 k. 5, que les Arabes bâtirent sur les ruines de *Néapolis*, prise par Agatocle, l'an 309 avant J.-C., sur les Carthaginois.]

De Nabeul, la route de Kelibia, souvent bordée de longues et étroites sebkhras, est parallèle à la mer.

6 k. *Beni-Khriar*, 2,200 hab., entouré de vergers et d'oliviers. — A 2 k. en face et près de la mer, v. de *Mâmoura*, non loin duquel, au S., sont les anciennes carrières à ciel ouvert connues sous le nom de *R'iran-el-Kessab* (cavernes du roseau).

8 k. *Koubba de Sidi Djaroun*, à g. — 17 k. *Koubba de Sidi Salem*, à g. près des v. de *Tazerka* et de *Soma*.

20 k. *Kourba*, l'antique *Juliæ Curubis*, petite V. de 3,000 hab., sur une colline, à 1 k. de la mer dont elle est séparée par des jardins et une sebkhra. — Ruines d'un aqueduc, de citernes et de puits. — Marché le dimanche.

26 k. *Bir-Sliman*. — 30 k. Nombreuses ruines d'un cimetière antique. — 38 k. *Lebna* (ruines d'une forteresse byzantine au milieu des broussailles, et un peu au-dessus ancienne tour). — 42 k. *Menzel-el-Horr*, sur une colline (ruines d'un poste militaire). — 48 k. *Menzel-el-Temine*, b. de 3,000 hab., au milieu de jardins, de vergers et de ruines (marché le mercredi).

65 k. **Kelibia***, petite V. de 6,500 hab. (marché le mercredi), avec 3 mosquées, est située à 1 k. 5 de la mer. Elle a remplacé *Clypea*, qui s'élevait sur le rivage, dominé par un plateau sur lequel l'ancienne acropole fait place à une citadelle de construction espagnole. Au centre, on voit encore une partie de l'acropole romaine, entourant un réservoir profond de 8 m. dont le toit en terrasse est soutenu par une centaine de piliers monolithes; on y remarque un canon portant le nom de Philippe roi, et la date de 1695. — Aspis ou Clypea est la première ville dont Régulus s'empara l'an 256 avant J.-C.; il en fit sa place d'armes. Elle fut vainement assiégée en 148 avant J.-C., lors de la troisième guerre punique. Sous les empereurs c'était une ville libre; elle devint plus tard le siège d'un évêché.

[De Kelibia on compte 26 k. en ligne droite jusqu'au cap Bon, dont le rocher à pic, haut de 120 m., est couronné d'un phare. A 6 k. S.-O. du cap est située *R'ar-el-Kebir*, la grande caverne, avec d'immenses carrières d'où Carthage et Utique tirèrent leurs matériaux. C'est l'endroit appelé par Diodore *Latonia*, où Agatocle aborda avec son armée, l'an 309 avant J.-C. — Au N.-O. du cap Bon sont situés l'îlot de *Djamour-es-Sr'ir* ou *Zembretta* et plus loin l'île de *Djamour-el-Kebir* ou *Zembra*, les Ægimures des anciens et tous deux inhabités.]

ROUTE 41

DE TUNIS AU PAYS DES TROGLODYTES

PAR SOUSSE, SFAX ET GABÈS

495 k.

DE TUNIS A SOUSSE

150 k. — Ch. de fer.

Pour la description du trajet de Tunis à Sousse, *V. R.* 39.

DE SOUSSE A SFAX

PAR ED-DJEM

130 k. — Dilig. en 13 h. (coupé 15 fr.; int. 12 fr.), on déjeune à Ed-Djem; on trouve à Sousse des voitures pour Ed-Djem, 40 à 60 fr., suivant la saison; on peut encore assurer sa place pour Ed-Djem à la dilig. de Sousse à Sfax.

La diligence contournant Sousse au N., puis à l'O., s'engage à g., près du cimetière chrétien, au milieu des oliviers, dans la route allant au S. sur Ed-Djem.

5 k. *Zaouiet-es-Soussa*, charmant village; à dr., ruines d'El-Kasr. — 13 k. *Msaken*, 10,000 hab. (nombreuses huileries). — 16 h. *Bou-Khaltoun*. — 20 k. *Bourdjine*. — Les oliviers se font rares; le paysage est monotone. — 23 k. *Menzel*, au milieu de plaines bien irriguées mais peu cultivées (à 9 k. E., *Djemal*, gros bourg où se fait le commerce des huiles). — 34 k. *Oued Bourmada*, souvent à sec. — 37 k. *Zramedine*. — 42 k. Col ou *Koudiat-el-Hamira* (191 m. d'alt.), d'où l'on voit parfaitement, à 12 k. S. O., les bords E. du lac de *Sidi-el-Hani*, derrière lequel Kairouan est situé. — 50 k. *Bou-Merdès* (nombreuses ruines romaines). — 56 k. Citerne romaine à dr. — 62 k. 5. *Bir-Ali-Srir*, à dr. — 63 k. 5. *Bir-el-Aïoun*, également à dr. — Les oliviers reparaissent. Ed-Djem profile, à 8 k. à peu près, la masse imposante, grandiose de son amphithéâtre auquel on arrive après avoir passé, depuis Sousse, à travers les ruines de cités, de bourgs, de forts isolés dont la destruction remonte au temps de Kahina, la reine des Berbères.

70 k. **Ed-Djem** * (*Thysdrus*), bourgade de 2 à 3,000 hab., est construite à l'E. de l'amphithéâtre avec les pierres arrachées à ce monument ou provenant des ruines de Thysdrus.

Thusdru, *Tusdrita* de Pline, *Thysdrus* de Ptolémée, était, sous les Romains, une des trente villes libres d'Afrique. Dihia-el-Kahina-ben-Tabeta, qui tint un instant en échec les armées arabes de Hassen-Ibn-Naaman, lors de leur première invasion, fut assiégée dans l'amphithéâtre dont elle avait fait une forteresse. Une large brèche de 30 m. dans le côté O. du monument fut ouverte plus tard par Hamouda, bey de Tunis, alors que les Arabes qui ne voulaient pas payer l'impôt s'y étaient réfugiés. L'histoire est désormais muette sur Ed-Djem ou Thysdrus.

L'amphithéâtre est toujours le monument que l'on peut comparer au Colisée de Rome et aux autres amphithéâtres de l'Europe, quant aux dimensions. « La masse en est imposante, mais les détails ne soutiennent pas un instant l'examen; c'est une œuvre d'une valeur artistique fort ordinaire. » (*Gagnal* et *Saladin*.)

Voici les mesures comparées du grand axe extérieur de quelques-uns :

```
        Pouzzoles...................... 190ᵐ
        Rome........................... 187,77
        Ed-Djem........................ 148,50
        Nîmes.......................... 132,18
```

Le grand axe de l'arène d'Ed-Djem, courant de l'E. à l'O., est de 64 m. 92; le petit axe, de 52 m. 22; l'épaisseur totale des murs est de 41 m. 79. L'amphithéâtre est extérieurement décoré d'arcades; il y en avait 60, espacées par des colonnes d'ordre composite aux premier et troisième étages, et par des colonnes d'ordre corinthien au deuxième étage. Le quatrième a complètement disparu. La hauteur des étages encore debout est de 33 m. env. Les escaliers servant de communications sont effondrés; les gradins descendant de la première galerie à l'arène ont disparu également; mais l'amoncellement des sables, des terres et des ruines, permet l'ascension du premier étage à travers de gigantesques cactus, et la promenade dans les galeries. Quelques indigènes se logent dans les excavations de l'amphithéâtre.

Sous l'arcade qui forme la porte à l'E., se trouvent l'entrée d'une citerne, large de 4 m. et longue de 45 m., et le canal qui amenait dans l'amphithéâtre l'eau nécessaire aux naumachies.

Thysdrus possède encore des ruines qui, pour être moins importantes, n'en sont pas moins remarquables. Les fouilles ont mis à jour une maison romaine, des citernes, un immense et superbe chapiteau corinthien, bloc unique de marbre blanc, des fûts de colonnes, puis des poteries, urnes et lampes funéraires, des médailles, des fragments de mosaïque, etc.

En quittant Ed-Djem, on laisse à dr. la route de Djilma, à g. celle de Sfax par Djebeliana, et l'on s'engage dans l'ancienne voie romaine qui, partant d'Hadrumetum à Thysdrus (Sousse à Ed-Djem), traverse ce dernier village, passe près de l'amphithéâtre et se dirige vers Sfax. Le parcours se fait sur des terres généralement plates que constellent çà et là les douars assez nombreux des *Metellit*.

La tribu des Metellit, qui se soumit après avoir pris une part active à la défense de Sfax en 1881, s'élève à 16.000 âmes. Elle s'occupe d'agriculture et d'élevage. Elle cultive des terrains dont la presque totalité appartient au belyk. Les oliviers, très nombreux sur son territoire, appartiennent également, en grande partie, à l'État tunisien.

79 k. *Bir-Salah*, à dr. — 84 k. Traversée de la pointe O. de la sebkhra *Mtâa-ed-Djem*. — 90 k. *Guennenet-el-Hencha*, fondouk et café maure où l'on vend du pain. — 120 k. Nombreuses maisons de campagne; plantations d'oliviers; puits et citernes; usines aux hautes cheminées pour la fabrication des huiles.

130 k. **Sfax** ou **Sfakès** *, évêché, annexe militaire, contrôle civil et justice de paix; V. de 43,000 hab. dont 5,000 Européens, est située dans le golfe de Gabès, entre la ville de ce nom à l'O. et Mehedïa à l'E.

Sfakès est l'ancienne *Taphrura* ou *Taparura* des Romains. Dans la Notice des églises épiscopales de la Byzacène, il est fait mention d'un *episcopus Taprurensis*. On rencontre, au N., quelques débris de constructions. — Sfax, bombardée et prise par l'escadre de l'amiral Garnault, le 16 juillet 1881, après l'insurrection d'Ali-ben-Khalifa, s'est relevée de ses ruines.

La *ville européenne* s'étend au bord de la mer. La rue principale ou du *Centre*, allant du port à la ville arabe, du S.-E. au N.-O., est large, droite; les maisons qui la bordent sont généralement à arcades; les hôtels, cafés, principaux magasins y sont installés. Une église catholique a été construite en remplacement de celle bombardée en 1881, grâce aux 30.000 francs prélevés sur l'indemnité de guerre. Un boulevard bordé d'arbres, créé par le génie, relie le port au nord de la ville. Entre le boulevard et le port se trouve le cercle militaire.

La *ville arabe* a la forme d'un carré long de 550 m. sur 350. Trois portes y donnent entrée, *Bab-Dahraoui* au N.-O., *Bab-R'arbi* ou *Gaharbi* au S.-E., *Bab-Cherki* à l'E. Une quatrième porte intérieure est percée dans le mur qui sépare le quartier franc du quartier arabe. Les rues étroites sont voûtées en partie; les 5 mosquées et les bazars n'ont rien de monumental ou tout au moins de pittoresque.

Sfakès fait un grand commerce d'éponges, de poulpes, d'huiles (30 millions de litres), d'alfas exploités par une Société anglaise et une Société franco-anglaise-tunisienne, et de grandes quantités de fruits, notamment de concombres, *sfakous*, qui ont donné leur nom à la ville, dit-on; mais cette étymologie n'a rien de bien certain.

Le nouveau *port*, inauguré le 24 avril 1897, comprend : un chenal qui facilite, par tous les temps, l'entrée des paquebots; un bassin de 10 hect., profond de 6 m. 50, dans les plus basses marées, la différence entre le flux et le reflux variant de 1 m. 50 à 2 m. 60; deux canaux latéraux pour les barques de pêche; 415 m. de murs de quais; 1,000 m. carrés de chaussée; 2,000 m. carrés de hangars couverts; 2 k. de voie ferrée; une mâture de 20 tonnes et 3 grues mobiles de 1,500 kilog. C'est sur les nouveaux quais N.-O. qu'est la tête de ligne du chemin de fer de Sfax à Gafsa, en construction, et dont l'achèvement donnera, par le transport des phosphates de Gafsa, un développement considérable au commerce et à l'industrie de Sfax.

DE SFAX A GABÈS

140 k. — Service de dilig., en 17 h. (10 fr.). Le service se fait de nuit pour la plus grande partie du parcours, qui n'offre, du reste, rien de particulièrement intéressant.

En quittant Sfax, on longe à dr., sur un parcours de 6 à 7 k., de nombreux jardins avec maisons de campagne et, de plus, nombreuses plantations d'oliviers. Les citernes et les abreuvoirs abondent également dans cette partie de la route.

14 k. A g., entre la route et la mer, ruines de l'*henchir Thiné*; ce sont celles de l'ancienne *Thænæ*, qui couvrent une surface de 3 k. de circonf., mais elles n'offrent absolument que d'informes débris. M. V. Guérin, qui la visitait en 1860, dit que Thænæ était, à l'époque chrétienne, la résidence d'un évêque. Depuis l'invasion arabe, elle a continué encore d'être habitée quelque temps, car on remarquait d'anciens tombeaux musulmans dans sa partie S.

16 k. *Bir-el-Hadj-Embarek*, à dr. — 19 k. *Oglet-* (puits) *el-Hazem*, ruines romaines et palmier, à dr. — 23 k. *Koubba de Sidi Abd-Allah-Grib*, à dr.; puits de *Guergour*, à g. — 26 k. *Koubba de Sidi Fréah*, à dr.; à 2 k. S.-E., près de la mer, petit v. de *Nacfa*. — 30 k. *Oued-Chaffar*, souvent à sec. — Vastes steppes, immense solitude, tel est l'aspect du pays.

38 k. *Maharès*, petite v. de 6 à 700 hab. (la plupart pêcheurs), sur le sommet d'un promontoire, avec, au centre, une ancienne citadelle byzantine dont le rez-de-chaussée est aménagé pour une mosquée.

46 k. *Oued-Melah*. A l'horizon, à dr.; le *djebel Chebka* (157 m.) est couvert de nombreuses ruines romaines, mais peu intéressantes. — 63 k. *Garat-oum-Mkali*, petite sebkhra longue de 1 k. de l'O. à l'E. — 66 k. Encore et beaucoup de ruines. — 72 k. *Oglel-Achichina*, à dr., au milieu des palmiers nains. — 74 k. *Oued-Kelba*, à sec. — 90 k. *Koubba de Sidi Mehdeub*, puits, jardins et ruines, à 1 k. à dr. — 92 k. *La Skhina*, v. à g. sur la mer. — 99 k. Bifurcation, à dr., sur Kairouan. — Le *Nador*, tour, à g., près de la mer; pays de lagunes. — 115 k. *Oued-Akarit*, petit cours d'eau de 15 k., mais dangereux, escarpé et ne tarissant jamais; près de là 17 sources, sur la rive dr.; à dr. également,

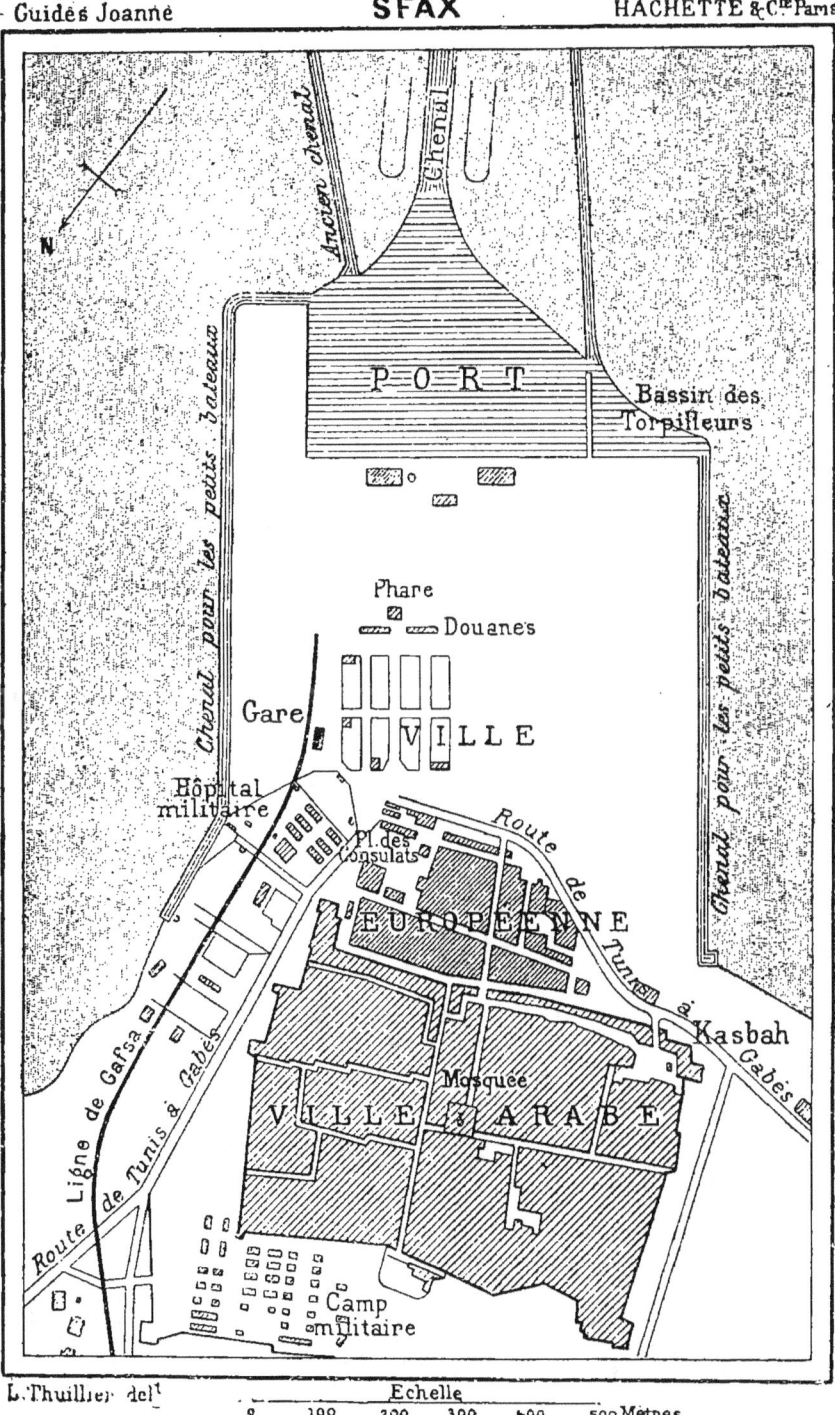

le *djebel Roumana*. — 129 k. *Oudref*, à dr., et dont la route rase les premiers palmiers; c'est une oasis de 700 hab. (eaux congrantes; culture de palmiers et de céréales; fabrique de tapis grossiers). — 133 k. *Metouïa*, oasis de 600 h. (même industrie qu'à Oudref). — 136 k. *Koubba d'Abd-es-Salem*, à g. — 139 k. *Koubba d'Ali-ben-Yahya*, à g.
140 k. Gabès (R. 43).

DE GABÈS A KSAR-MÉDÉNINE

75 k. — Dilig.; service intermittent, s'informer; il est bon, dans tous les cas, de se faire recommander auprès des autorités civiles et militaires, pour se procurer des montures et des vivres. Se munir d'un permis à Gabès, si l'on veut coucher à Mareth. — Les fatigues inévitables du voyage de Gabès à Médénine sont compensées par les côtés vraiment pittoresques du pays parcouru.

En quittant Gabès, on laisse à dr. le camp de Ras-el-Oued; on marche dans le sable sur lequel des amas de pierres indiquent parfois l'endroit où a été commis un assassinat.

5 k. *Aïn-Metrech*, la source qui alimente Gabès, entre *Mena*, à dr., et *Teboulbou*, à g. — Le pays devient mamelonné jusqu'à l'oued Merzig, et, çà et là à g., on entrevoit la mer. — 7 k. *Oued Serrag* et, 9 k., *Oued Merzig*; on rencontre dans ces deux rivières, souvent à sec, quelques lauriers roses.

18 k. *Ketena*, oasis de maisons blanches ou grises se détachant avec sa koubba sur un vert rideau de palmiers. Ketena possède une mare limpide qui arrose l'oasis, mais dont l'eau est chaude, magnésienne, c'est-à-dire purgative.

19 k. *Oued-Ferd*. — 20 k. *Koubba de Sidi Salem*, à g. — 27 k. *Oued-Zerkin*.

34 k. **Mareth**, dans un bois de palmiers d'une quarantaine d'hect. Une blanche koubba dresse sa coupole au-dessus des masures formant le village. Sur la dr. de la route le génie a construit un bordj pour abriter les soldats voyageant isolément et les civils qui ont dû se munir d'un permis à Gabès. On trouve au bordj une boîte aux lettres dont les courriers emportent chaque jour le contenu.

Au S.-O. s'étend le *djebel Nfouça*, plateau des Matmata. De Mareth un chemin de 16 k. conduit aux *Beni-Zelten*. Il traverse une plaine sablonneuse, puis gravit la petite vallée du *djebel Ouarifeu*, l'un des massifs du djebel Ufonça, pour descendre dans l'oasis de Zelten de la grande tribu des Matmata.

« Les *Matmata* appartiendraient à la famille des Beni-Falten, Berbères de l'O., et descendraient du célèbre guerrier Maskab-Ibn-Falten-Ibn-Temsit, surnommé, en raison de sa prévoyance, El-Matmati. D'abord installés sur le plateau de Ouancherich, qu'ils sont forcés de céder aux Beni-Toudjin des Zenètes, ils émigrent en Espagne, fin du xe s.; puis un groupe cherche fortune en Afrique, et se fixe sur le plateau au S.-O. de Gabès. Ruinés par l'invasion hillalienne, par leurs luttes contre les Arabes, les Matmata, à bout de ressources, se livrent au brigandage et guerroient contre les Arabes ou contre les Zenètes berbères.

Ce fut durant cette période que les Matmata fortifièrent leurs montagnes. Des forteresses, ksour, couronnèrent les pitons; au-dessous se creusèrent des grottes servant de logements et de magasins en cas de siège, et communiquant au moyen de galeries souterraines avec le corps de la place; plus bas encore étaient les trous de troglodytes servant d'habitations ordinaires. Grâce à ces précautions, une nouvelle ère de calme relatif s'ouvrit aux Matmata. Reprenant confiance, les indigènes descendirent les pentes de leurs ksour, et se hasardèrent dans les vallées. A force d'efforts persévérants, ils transformèrent le lit des torrents en une série de terrasses et y firent croître des palmiers, des figuiers et surtout de superbes oliviers qui apportèrent la richesse et la vie dans une région jusqu'alors aride.

Complètement sédentaires, les Matmata, dont la population compte de 9 à 10,000 âmes, habitent des villages formés soit de maisons en pierres, soit d'habitations creusées dans le sol et aérées au moyen d'un vaste puits central pour chaque demeure; ils cultivent dans les vallées quelques céréales et possèdent 10,500 pieds de superbes oliviers. L'huile fabriquée sur place permet aux indigènes de se procurer par voie d'échange les denrées qui leur font défaut. Les Matmata possèdent des bœufs en petit nombre, 800; mais la race en est belle. La race ovine compte 10,000 têtes, la race caprine autant. » (*La Tunisie, histoire et description*, tome I.)

« Le terrain des Beni-Zelten est un limon mélangé de gravier, une sorte de marne argileuse qui s'entaille aisément. C'est dans son épaisseur qu'ont été creusées les grottes habitées par ces troglodytes, dont la bizarrerie locative faisait déjà l'étonnement des anciens et a longtemps passé pour fabuleuse. » (*M. Bernard.*)

40. k. *Oued-Zigraou*. — 60 k. *Oued-Hallouf*. — 65 k. On contourne le *djebel Tadjera*, couronné par un poste optique, à g.

69 k. *Ksar-Melameur*, sur un mamelon rocailleux; dans le bas, quelques masures, des jardins et des palmiers; dans le haut, le ksar renfermant plusieurs étages de constructions demi-cylindriques ne prenant jour que par une porte.

75 k. **Ksar-Médénine**, poste militaire, bureau de renseignements. « Au centre de Médénine s'ouvre une place à peu près triangulaire; un marché s'y tient autour d'une petite mosquée et d'une citerne banale; quelques commerçants y vendent, dans des échoppes inimaginables, des cordes, du cuir, de l'épicerie, des harnais. Il y a des marchands de comestibles, des bouchers et jusqu'à des fabricants de bijoux sauvages. » (*M. Bernard.*) Près du camp établi à Médénine, des ruelles étroites, montueuses conduisent à ces agglomérations de couloirs à plusieurs étages qu'on ne se lasse point de regarder.

On peut poursuivre la route jusqu'à (52 k. S. de Médénine) *Tatahouine*, et (25 k. S.-O. de Tatahouine) *Douiral*, « à travers la chaîne abrupte qui, se dirigeant vers l'O., sépare les chotts du Sahara et présente un pittoresque enchevêtrement de collines calcaires, de marnes labourées par les pluies, de pitons arrondis, de précipices béants, de pentes rocailleuses, de pics taillés en biseau et de corniches effritées ». (*M. l'abbé Bauron*). On est, depuis les Beni-Zelten, dans le pays des ksour et des Troglodytes, que l'on ne visite pas assez et cependant l'une des plus curieuses contrées de la Tunisie.

ROUTE 42

DE TUNIS A KAIROUAN

309 k.

250 k. de Tunis à Sousse par ch. de fer (le chemin de fer est préférable à la voie maritime). — 59 k. de Sousse à Kairouan par le chemin de fer Decauville (traction à chevaux) concédé à la Cie Bône-Guelma et prolongement; trajet en 4 h. 1/2; prix (une seule classe) : de Sousse à l'Oued-Laya, 1 fr. 40; à Sidi-el-Hani, 3 fr. 20; à l'Oued-Zeroud, 4 fr. 30; à Kairouan, 5 fr. 10; on ne prend pas de bagages. — De Sousse à Kairouan par la route de terre, 55 k.; voit. particulières, 50 à 60 fr. aller et retour. — Comme guide à Kairouan, on peut s'adresser au commissariat de police et y demander Baba-Hassen, qui en est le drogman.

250 k. de Tunis à Sousse par le chemin de fer (*V. R. 39, B*). — La gare de Sousse est au N., au delà de Bab-el-Bahar, près du grand marché. — La voie contourne le rempart N.-O. et prend ensuite la direction S.-O. au milieu des oliviers. — 9 k. *Sebala-Ferrich*.

10 k. L'**Oued-Laya**, station. Au delà on traverse les ruines d'une immense cité romaine, mais on n'aperçoit que des pans de murailles marquant la place de chaque maison.

15 k. *Bordj-Sacoman* (fabrique d'huile). — 17 k. *Bir-el-Trik* (puits à la limite O. de la forêt d'oliviers qui entoure Sousse). Un peu à l'O., ruines romaines, et plus loin, à 3 k., koubba de *Sidi Iran*. — La voie atteint par des pentes assez fortes le sommet des collines qui séparent le *lac Kelbia* du *lac Sidi-el-Hani*.

31 k. *El-Onk*, sur le point culminant des collines entre Sousse et Kairouan. La voie descend.

36 k. **Sidi-el-Hani**, station, relais et cantine; tribu des *Oulad-Sidi-el-Hani*, 700 hab.; à 200 m. à l'O., au milieu des cactus, deux koubbas: cimetière arabe; ruines romaines, colonnes, tombes et théâtre en blocage déblayé en 1882 par M. Cagnat.

41 k. *Kacer-Telga*, nom d'un mausolée romain au milieu de nombreuses ruines.

50 k. **L'Oued-Zeroud**, station, à la limite de la plaine marécageuse qui entoure Kairouan.

58 k. **Kairouan**. La gare est située au S.-E. de la ville, en dehors des remparts, près de la porte Bab-Djedid.

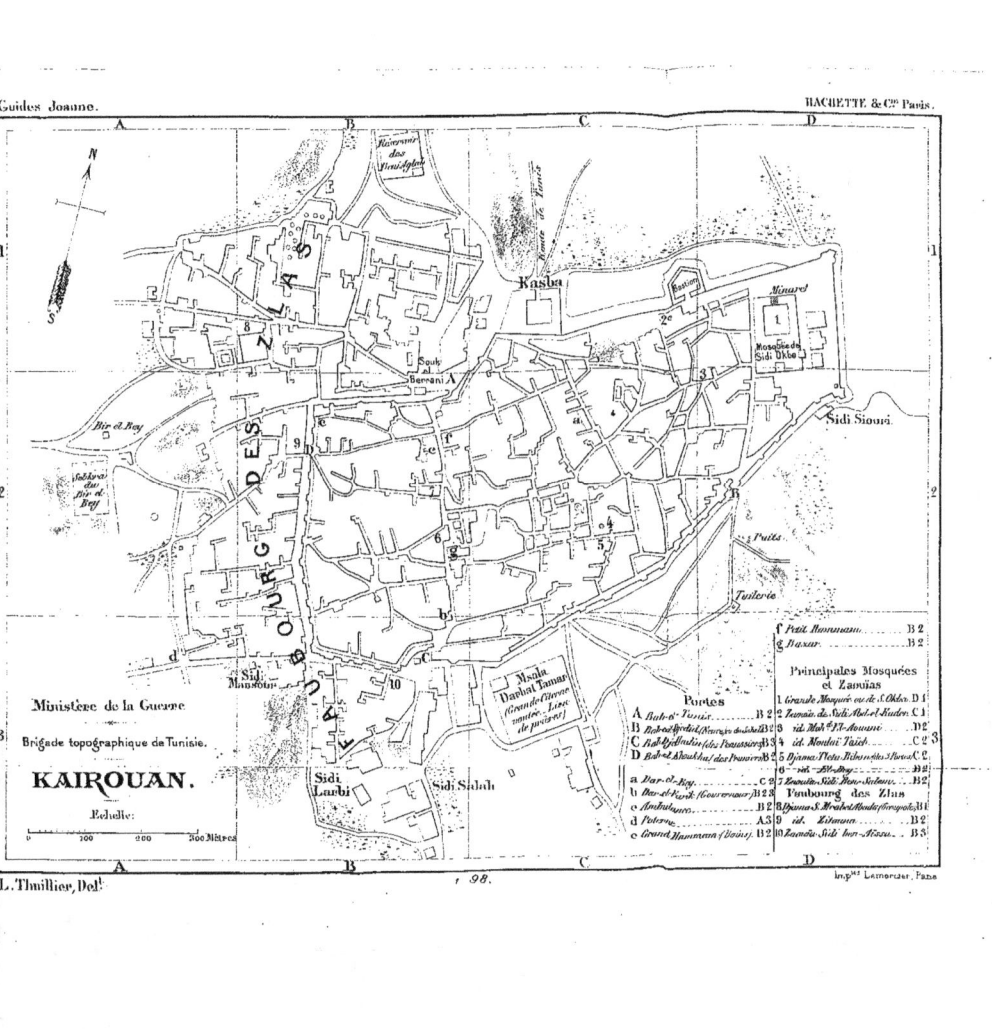

KAIROUAN.

Échelle:

0 — 100 — 200 — 300 Mètres

Sidi Lamti

A
B

L. Thuillier, Del.

KAIROUAN

Situation. — Aspect général.

Kairouan, V. de 20,014 hab. (presque tous musulmans), cercle milit., contrôle civil, justice de paix, est située presque au centre de la Tunisie, par 7° 45' de longit. E., et 36° 22' de latit. N., dans une immense plaine saharienne couverte de sebkhras et de marécages. Que l'on arrive de Tunis, de Sousse, de Gabès ou de Tébessa, Kairouan présente une masse imposante dominée par le minaret à trois étages de la mosquée de Sidi Okba. Quand on approche, la ville profile plus nettement les maisons de ses faubourgs, sa muraille crénelée, ses terrasses et les nombreuses coupoles de ses mosquées, de ses zaouïas, de ses bains et de ses bazars. Çà et là les oliviers et les haies de cactus jettent une teinte moins sombre sur l'ensemble des constructions. Deux jours suffiront pour visiter les mosquées et les bazars de Kairouan. Il n'y a rien à voir dans les environs. Le touriste qui ne pourrait voir Kairouan que pendant un jour, visitera de préférence la Grande-Mosquée et celle de Sidi Sahab, à 1 k. N.-O. de la ville.

Histoire.

Abd-er-Rahman-Ibn-Abd-el-Hakem, le plus ancien historien des invasions de l'Afrique septentrionale, raconte ainsi la fondation de Kairouan :
« ... Okba-ben-Nafé marcha sur Kafsa qu'il prit, ainsi que Kastilia, puis se dirigea vers Kairouan. Cette ville, fondée par son prédécesseur Moaouïa-Ibn-Hodeidj, ne lui plut nullement, et, remontant à cheval, il conduisit tout son monde à l'endroit que la ville actuelle du même nom devait occuper. C'était une grande vallée, remplie d'arbustes et de plantes rampantes, qui servait de repaire aux bêtes féroces et aux hiboux. Arrivé là, il cria à haute voix : « Habitants de cette vallée ! éloignez-vous, et que Dieu vous fasse miséricorde ! Nous allons nous fixer ici. » Il fit cette proclamation trois jours de suite, et toutes les bêtes sauvages et tous les hiboux évacuèrent la place. Il ordonna alors de déblayer le terrain et de le partager en lots ; puis, y ayant transporté le peuple, il abandonna la ville bâtie par Ibn-Hodeidj. Alors, plantant sa lance en terre, il s'écria « Voici notre *Kairouan !* (station de caravanes) ». La circonférence de la ville était de 3,600 toises, et les travaux furent achevés en 55 (675 de J.-C.).
Abandonnée par Aboul-Mouhadjer, successeur d'Okba, Kairouan fut réoccupée lors du retour du fondateur. La ville subit les différentes dominations musulmanes qui pesèrent sur l'Afrique. Les Ar'lebides en firent plus tard le siège de leur empire. Kairouan était alors à son apogée. Tunis eut ensuite et garda la suprématie (*V. Tunis, histoire*).
Les Français sont les premiers chrétiens entrés en armes dans la ville sainte de la Tunisie (octobre 1881).

Description

En venant de Sousse, on entre dans Kairouan par la *porte Bab-ed-Djedid*, devant laquelle s'élèvent des constructions européennes. La rue en face mène à la Grande Mosquée; à g. de Bab-ed-Djedid un boulevard conduit à la *porte Bab-Djelladin* qui communique du S. au N. par une longue et large rue avec la *porte Bab-et-Tunis*; 80 m. avant d'arriver à cette porte, on rencontre, à g., la rue au bout de laquelle est située la *porte Bab-el-Khoukha*, c'est l'entrée dans le faubourg des Slass ou Zlas. Si l'on vient de Tunis, on entre dans Kairouan par la porte Bab-et-Tunis, d'où l'on suit, à g., le boulevard intérieur jusqu'à la Grande-Mosquée, en passant devant la Kasba, à g.

Les indications sommaires de ces grandes divisions sont plus que suffisantes au touriste pour qu'il ne s'égare point.

Kairouan, parallélogramme irrégulier, s'étend du N.-E. au S.-O.; d'après le plan levé par le colonel Peigné, sa circonférence est de 3,125 m. La muraille qui l'entoure remonte à la fin du XVIIIe s.; elle est construite en pierre de taille et en briques qui en forment le revêtement extérieur; sa hauteur est de 40 m.; elle est couronnée de larges créneaux arrondis; son épaisseur est de 2 à 4 m.: elle est reliée par des tours carrées ou rondes et percée de cinq portes :

Bab-el-Kasba (Pl. C, 1), la porte de la Kasba, au N.; — *Bab-et-Tunis* (Pl. B, 2), la porte de Tunis, au N.-O., s'ouvrant sur une grande place extra-muros, qui sert de marché; elle est voûtée et bordée de boutiques; — *Bab-ed-Djedid* (Pl. B, 2), la porte Neuve, au S.-E.; elle a été construite en 1871; la mosquée Djama Zitouna est en face; — *Bab-Djelladin* (Pl. B, 3), la porte des Peaussiers, au S., à double ogive et bordée de boutiques comme la porte de Tunis; elle a été réparée en 1188 de l'hég.; c'est celle qui fut ouverte à l'armée française le 26 octobre 1881; c'est près de cette porte que les Aïssaouas font leurs jongleries; — *Bab-el-Khoukha* (Pl. B, 2), la porte des Pêchers (on l'appelle généralement la porte de Sousse), à l'O. Elle est à ogive et retombant sur deux colonnes anciennes; l'inscription porte la date de 1180 de l'hég. (1766 de J.-C.); en avant s'élève un énorme monticule d'immondices accumulées depuis des siècles; c'est le *Drâa-el-Guemel* (le mamelon des poux), que l'on rencontre souvent devant les bourgs et les villes arabes. — Les deux poternes sont fermées.

Les travaux de défense consistent dans cette Kasba (Pl. C, 1), située au N., et dans un bastion aujourd'hui presque démoli. Trois nouveaux bastions ont été élevés par nos officiers du génie, le premier au N.-O., au-dessus du faubourg des Slass, le second au S. du même faubourg, et le troisième à l'E., entre Bab-el-Khoukha à dr. et la grande citerne à g.

Les maisons, bien bâties et propres, ne comportent souvent

qu'un étage. Extérieurement, beaucoup de colonnes anciennes aux portes ou aux angles de ces maisons. Les plus remarquables sont celles d'Ali-ben-Aïssa, tué à Kalâa-Sr'ira, près de Sousse; elle est située non loin de la Grande-Mosquée; et la maison du gouverneur, à un rez-de-chaussée, connue sous le nom de *Dar-el-Bey* (Pl. A, C, 2). Cette dernière est située dans la Grande-Rue, près de Bab-Djelladin; elle sert de résidence à l'officier commandant supérieur de la ville de Kairouan.

Notre armée a donné, aux rues et places de Kairouan, les noms de généraux commandant l'expédition et de différentes armes composant les corps de troupes, consignés sur des plaques indicatives.

Les places sont généralement petites; la plus grande est en dehors de la porte de Tunis; viennent ensuite les grands terrains vagues entre la Kasba et le bastion démoli, et au S. de la Grande-Mosquée.

Kairouan est percée de rues et d'impasses nombreuses, étroites, inextricables comme toutes celles de la Tunisie et de l'Algérie. Une seule fait exception, c'est la *Grande-Rue* ou *Zankat-Touila*, allant de Bab-et-Tunis à Bab-Djelladin; elle a de 12 à 15 m. de largeur; on y rencontre beaucoup de boutiques, les trois mosquées, le bazar, les bains et la maison du gouverneur; on remarquera, dans les murailles, des crocs et des anneaux pour suspendre des lanternes.

Les *mosquées*, dans lesquelles il est facile d'entrer, sont les seules et principales curiosités de Kairouan, qui est la capitale religieuse de la Tunisie comme Tunis en est la capitale politique. Sept pèlerinages à Kairouan équivalent à un pèlerinage à la Mecque.

Quand on entre dans Kairouan, on est frappé par le nombre de ses mosquées et de ses zaouïas, bâties, comme ses maisons, en briques et en pierres dont, parmi ces dernières, beaucoup de matériaux romains et byzantins. Sur le plan relevé par M. le colonel Peigné, le nombre de ces édifices est de 41.

Djama Kebir ou de **Sidi Okba** (Pl. 1, D, 1; du nom de son fondateur), la Grande-Mosquée, à l'angle N.-E. de la ville, près des remparts, présente extérieurement un immense cube en maçonnerie, aux murs hauts de 8 m. et épais de 6, soutenus par de lourds contreforts et s'étendant du N. au S. dans le sens de la longueur. Le minaret au N. et les coupoles au S. surmontent l'édifice.

Une vaste *cour* intérieure (deux portes à l'E. en face des remparts y donnent accès), à double cloître retombant sur des colonnes romaines et romanes, précède la mosquée; elle est dallée, en grande partie, de pierres tumulaires romaines. Tout le sous-sol est occupé par une citerne. Au milieu de la cour, dans la partie E., un tronçon de colonne supporte un cadran solaire horizontal; un second cadran, mais vertical, est gravé sur la paroi, toujours à l'E. A g. de la cour, un petit bâtiment renferme la bibliothèque.

La mosquée proprement dite se trouve dans la partie S. Une porte au S., de forme ogivale, retombant sur des colonnes, surmontée d'un fronton dentelé et couronné par un dôme ou koubba cannelée, donne entrée dans une petite cour carrée, puis dans un vestibule ouvrant sur la mosquée.

L'intérieur de la mosquée, composée de 17 nefs dont les voûtes sont supportées par 180 colonnes en onyx, en porphyre et en marbre, forme un ensemble magnifique. « Les colonnes et les chapiteaux byzantins sont du plus grand intérêt; ils permettent de comparer l'école africaine à l'école orientale, et de retrouver ici, comme en Asie, les dégénérescences du corinthien et de l'ionique. » (*Saladin.*)

L'allée centrale est faiblement éclairée par des vitraux; des coupoles de la voûte de cette allée retombent trois lustres, cerclés en fer garnis de godets en verre. Un quatrième lustre orne la coupole principale, merveille digne de l'Alhambra.

A dr. du mihrab, niche magnifiquement fouillée et sculptée, qui indique la direction de l'E. ou de la Mecque; on remarque le minbar ou chaire à prêcher, fait de panneaux, en bois sculpté, de différentes provenances et assemblés d'une façon arbitraire les uns à côté des autres, mais produisant toujours un fort bon effet.

« Au fond de la mosquée intérieure, on remarque deux colonnes de marbre très rapprochées l'une de l'autre. Les Arabes qui souffrent de rhumatismes se déshabillent et passent entre les deux colonnes, en engageant la tête et le bras droit; ils se passent en quelque sorte au laminoir. Il y a longtemps que cette coutume existe, car il y a *usure* du marbre... J'ignore le nombre de rhumatismes guéris! » (Colonel *Peigné.*)

Aux parois de la mosquée étaient appendues des armures provenant des armées de St Louis et du roi de Sicile; elles ont disparu. Des tapis et des nattes couvrent partout le plancher. Les musulmans s'y accroupissent pour prier, étudier ou dormir.

Dans la partie N. et du milieu de la galerie s'élance le *minaret* terminé par deux étages de terrasses sur lesquelles un télégraphe optique a été installé le lendemain de l'occupation de Kairouan. L'entrée de ce minaret est placée intérieurement; la baie, en marbre, est merveilleusement sculptée. Près de là est un bloc avec un fragment d'inscription et Jupiter lançant la foudre. 129 marches conduisent au sommet du minaret d'où l'horizon apparaît immense : à l'E. et au S., plaines sahariennes, nues, plates, désertes; au N., le djebel Zaghouan; à l'O. enfin, le djebel Ousselet. On montre dans la mosquée l'endroit où repose Sidi Okba, mais on sait que l'illustre fondateur de Kairouan est enterré non loin de Biskra, près du champ de bataille où il fut défait et tué avec son escorte (V. R. 26).

Les autres principales mosquées sont *Djama Tleta-Biban* (Pl. 5, C, 2), des Trois Portes, au S., construite par Mohammed-Kheïroun, au IIIe s. de l'hég.; les trois mosquées dans la Grande-Rue et qui sont *Djama Abd-el-Melek*, *Djama el-Bey*, *Djama Barouta*. Elles n'ont rien de remarquable à l'intérieur.

A l'extérieur de la ville, dans le faubourg des Slass :

Djama Amer-Abbâda (Pl. 8, B, 1), surmontée de 6 coupoles; une septième est inachevée. Amer-Abbadâ, mort vers l'année 1871, d'abord forgeron-armurier, puis derviche, avait une grande influence sur la population de Kairouan. On voit, dans la mosquée qu'il fit bâtir, des sabres gigantesques recouverts d'inscriptions dont l'une prédit l'arrivée des Français à Kairouan. Dans une enceinte auprès de la mosquée Amer-Abbâda, on voit encore des ancres colossales de navires européens que le derviche fit transporter de Porto-Farina.

Djama Zitouna (Pl. 9, B, 2), mosquée de l'Olivier, non loin de la porte Neuve; elle ne rappelle nullement par son nom la grande mosquée de Tunis.

Les *zaouïas* sont, à l'intérieur :

Zaouïa de Sidi-Abd-el-Kader-ed-Djilani (Pl. 2, C, 1), près de l'ancien bastion au N.-E., surmontée d'une koubba, précédée d'une cour avec cloître; la décoration en est très riche.

Zaouïa de Si-Mohammed-el-Aouani (Pl. 3, D, 2; à l'O. de la Grande-Mosquée), avec une porte d'entrée très bien sculptée, une cour et une chapelle voûtée circulaire; au centre, est un *tsabout* ou châsse dont les drapeaux et les tapis ont été enlevés et emportés par les adeptes qui se sont réfugiés à Tripoli.

Zaouïa et-Tedjani (en face de la mosquée des Trois-Portes), avec une cour entourée d'un cloître retombant sur des colonnes romaines; elle conduit à une salle carrée surmontée d'une koubba cannelée et éclairée par 20 fenêtres ornées de vitraux de couleur. Le cheikh actuel de cette zaouïa, Si Amr-el-Aouani, fut élève de Si Ahmed-et-Tedjani, à Temaçin, dans le Sahara algérien. La zaouïa de Kairouan est le quartier général de la confrérie de Tedjani (*V.* R. 4).

La *mdersa*, ou collège de *Si-Abd-Allah-ben-Krab*, à côté de la zaouïa de Tedjani, a la même disposition que cette dernière.

Zaouïa de Sidi-Abid-el-Rhaoulani, près de Dar-el-Bey, ou maison du gouverneur, est un beau type de l'architecture arabe. Elle est occupée aujourd'hui par le commandant de place.

A l'extérieur :

Zaouïa de Si-Hadid-el-Khrangani (805 de l'hég.), non loin de Bab-Djelladin, une des plus remarquables de Kairouan, renfermant les tombeaux du fondateur et de ses descendants. La porte d'entrée est encadrée par une haute arcade en fer à cheval, en marbre noir et jaune, soutenue par des colonnes en marbre blanc. — On remarquera le vestibule, la cour avec cloître à double colonnade, le pavage en marbre et le bassin, les murs en pierre sculptée. Une deuxième cour, à cloître également, est entourée de 30 cellules d'étudiants.

Zaouïa de Sidi-Mohammed-ben-Aïssa de Meknès, à g. de Bab-Djelladin. Elle comprend un vestibule, une cour avec cloître, une salle oblongue soutenue par 16 colonnes formant deux travées et une coupole avec lampes et œufs d'autruche. Des tambourins, des derboukas, des sabres et autres instruments indispensables aux cérémonies des Aïssaouas, sont appendus à la muraille. Le touriste curieux des jongleries des Aïssaouas devra se priver de son lorgnon ou de ses lunettes, s'il en porte, car le verre les attire, ce qui peut causer un grave désagrément au spectateur.

La plus remarquable des zaouïas, ou plutôt la **mosquée de Sidi-Sahab** (le barbier du prophète), est un admirable monument situé à 1 k. N.-O. de Kairouan, au delà du faubourg des Slass. Après une série de cours avec cloîtres aux arcs en fer à cheval retombant sur des colonnes romaines, de cellules pour les tolbas, de salles éclairées par les vitraux des coupoles aux parois faïencées, aux arabesques curieusement fouillées, après avoir monté et descendu de nombreuses marches, on arrive dans le sanctuaire.

C'est une salle de 7 m. carrés, aux murs ornés de marbres blancs et noirs formant des figures géométriques, et incrustés d'arabesques où s'enroulent des inscriptions en caractères koufiques. Le plancher disparaît sous de riches tapis de Perse et de Turquie. Sous la koubba, qui s'élève à une douzaine de m. au-dessus du sol et de laquelle tombe un lustre de Venise, est placée la châsse de Sidi Sahab, compagnon et barbier du prophète, dont il conserva trois poils de barbe enfermés dans un sachet posé sur sa poitrine. Cette châsse, couverte de tapis et surmontée de drapeaux aux couleurs de l'Islam, est protégée par un grillage haut de 3 m.

Les cimetières autour de la ville sont nombreux. Les tombeaux des Ar'lebides sont situés près de Sidi-Sahab.

La ville n'a pas de fontaines: elle est alimentée par l'eau du Cherichera, venant de l'O., et de *citernes* dont les plus remarquables sont celles de la Grande-Mosquée sous la cour, et de Bir-el-Bey. Il en existe une autre non loin de Sidi-Sahab; c'est une ancienne citerne romaine, carrée, de 100 m. de côté. Non loin de cette dernière, une citerne ronde sert également d'abreuvoir. De la berge élevée de cette citerne, on a une belle vue sur Kairouan et, au loin, sur le djebel Zaghouan.

Industrie. — Commerce.

Kairouan est très commerçante; elle renferme des marchés et des bazars d'aspect pauvre, mais très pittoresque, occupés par les différentes industries, particulièrement celle des tapis et celle des cuirs teints en jaune, dont la plus grande partie est employée pour la confection des babouches renommées dans toute la Régence. Le quartier des teinturiers est situé près de Bab-el-Khonkha. Un grand marché aux légumes et aux grains se tient à g. de la porte de Tunis.

Le Grand-Bazar, situé au centre de la ville, dans la Grande-Rue, est bordé, comme celle-là, de nombreuses petites boutiques de menuisiers, de peintres, de chaudronniers, d'épiciers, et surtout de selliers-harnacheurs.

En dehors de Bab-et-Tunis est une place sur laquelle se tient un grand marché. Le marché aux bestiaux se tient en dehors de Bab-Djelladin.

Environs.

Les environs de Kairouan, tout en plaines arides et en marécages, ne sauraient offrir aucune promenade. En dehors de la ville et des faubourgs, des monticules d'immondices accumulées depuis des siècles, surtout à l'E., des ruines et des cimetières lui font une ceinture à 800 m. de distance.

A 25 min. S., en sortant par Bab-Djelladin, on peut visiter *Sabra*, qui serait le *Vicus Augusti* dont les matériaux ont servi, en grande partie, à la construction de Kairouan.

[**De Kairouan à Gafsa par la Sedagna** (211 k.; direction N. au N.-O.; la route est impraticable pour les voit. pendant la saison des pluies jusqu'au djebel Arouaret; au delà elle est très bonne en tout temps; le trajet est des plus monotones jusqu'aux environs de Gafsa, mais la visite aux ruines de Sbeïtla est très recommandée; tente, vivres, chevaux ou mulets). — Marais en sortant de la ville. — 2 k. Puits (eau fade). — 8 k. Puits (bonne eau). — 10 k. L'*oued Merguellil*, souvent à sec.

12 k. *Douars des Slass*, sur la dr.; tamarins et broussailles dans le lit de la rivière, sur la g.

18 k. *Chebika* (puits, eau potable). A 1 k., à l'O., petite ruine au milieu des cactus et des jujubiers. — 22 k. Tertre couvert de débris de poteries romaines. — 21 k. La route passe au S. d'un contrefort du *djebel Sfeïa*. — 26 k. Traversée de l'*oued Cherichira*, affluent g. de l'oued Merguellil, qui n'a d'eau que dans les grandes crues; 500 m. plus loin, on retrouve l'oued Merguellil. — 35 k. La route contourne les deux contreforts du *djebel Arouaret*, en longeant les pentes O. de la montagne. Au pied du deuxième contrefort, on traverse une série de petits r'dirs; sur l'un d'eux existent des vestiges d'un pont ou d'un canal (?). — Bifurcation de la route de Kairouan au Kef, par l'*Hammadat-Kessera* — 40 k. Ruines romaines; citernes, *koubba de Sidi-Djedaria*, à dr.

42 k. **Aïn-Beïda**, annexe militaire et fondouk, sur l'emplacement d'un oppidum byzantin, et mesurant plus d'un k. en tout sens (sources abondantes et eau excellente; nombreuses touffes d'oliviers sur un terrain toujours sec).

La route passe au col entre le *djebel Trozza* et le *djebel Touila*, pour traverser l'*oued Zerroud* et son affluent l'*oued Zourzour*, et arriver aux sources d'*Hadjeb-el-Aïoun*. — 45 k. Ruines romaines; cactus et oliviers sauvages. — 49 k. Ruines romaines. — 52 k. Ligne de partage des eaux de l'oued Merguellil et de l'oued Zerroud. Cette ligne est une vaste dépression un peu marécageuse. — 51 k. R'dir près des ruines.

58 k. Sur la g. *Henchir-Souassin* et grand bordj en ruine; sur la crête. — La route suit le lit de ravins assez escarpés descendant du *djebel Trozza*. — 62 k. L'*oued Zerroud*, souvent à sec : sa berge E. est escarpée et difficile. On traverse une plaine plate et un peu marécageuse.

65 k. L'*oued Zerzour*. Bifurcation de la route de Maktar à Gafsa (R. 37), à dr.

67 k. *Hadjeb-el-Aïoun* (sources et ruines; eau abondante et légèrement sulfureuse, terrain sec dominant la rivière d'une cinquantaine de m. et entouré d'oliviers sauvages). Ce point semble avoir été le centre d'une colonie importante. — La route longe les pentes N. du djebel Hadjeb-el-Aïoun et du *djebel Zaouïa*, pour déboucher dans la plaine à l'O. de Djilma. — 73 k. Ruines. — 76 k. Ruines. La route traverse un bois d'oliviers sauvages.

79 k. *Kesser-el-Ahmer*, ruines importantes. — 81 k. Ligne de r'dirs. — 83 k. Ruines de la ville romaine de Djilma; au milieu, débris d'un ancien

fondouk. — On entre dans la grande plaine de Djilma, et on laisse à g. l'ancienne route de Gafsa.

88 k. **Djilma**, annexe milit., fondouk, au-dessus d'un affluent de l'oued Djilma (four et puits). On y laisse à dr. la route de Gafsa par l'oued Cehela.

91 k. L'*oued Djilma*, ruines d'un aqueduc romain. A 3 k. en aval, ruines d'un pont turc.

93 k. L'*oued Sbeïtla* ou *oued Menasser*, affluent de l'*oued Fekka*, à sec souvent.

[Sur la rive dr., à 10 k. O., s'élevait la colonie de *Suffetula*. M. Cagnat en a étudié les ruines qui sont très remarquables : deux *arcs de triomphe*, un ensemble de trois *temples* juxtaposés, précédés d'une place entourée d'une enceinte où l'on pénétrait par une porte triomphale, deux *églises*, un *amphithéâtre* et trois *arches* aux piles énormes qui soutenaient l'aqueduc.

Suffetula, lors de l'invasion arabe, était occupée par Djorcidjir (Grégoire), qui en avait fait sa capitale. Une bataille de plusieurs jours (647) avec l'armée arabe amena la déroute des chrétiens, la mort de Grégoire et la prise et destruction de Suffetula. Sbeïtla, que domine un mont de 1,446 m., le *Mghila* ou *Mekhila*, est si riche en eaux de sources que c'est comme une autre Zaghouan : l'une de ces sources est tiède.]

107 k. *Henchir-oum-Ahdam* (à g., tertre avec débris de poteries romaines; puits).

112 k. *Zaouïa Sedagna* ou *Zaouïa de Sidi-Mohammed-ben-Kouba* (nom du marabout actuel), comprenant un bordj, trois petites maisons, une vingtaine de tentes.

118 k. L'oued *Fekka*; route en plaine suivant une ligne de thalwegs entre le *djebel Hafsi* et le *djebel Triou*. — 127 k. *Bir-Hamema*, à dr. — 133 k. Ruines romaines, à dr. et à g. — 140 k. *R'dir-el-Hallouf*; près de ruines au milieu desquelles un grand mausolée. — 153 k. Aqueduc romain en ruine. — La route passe, entre le *djebel Souema* et le *djebel Keraïm*, du bassin de l'oued Fekka au bassin de l'oued Gafsa.

162 k. Commencement du défilé de *Foum-el-Fedj*. La route, dominée à dr. et à g. par des escarpements de 50 m. de hauteur, suit le lit d'un ruisseau.

172 k. *Bir-el-Bey* ou *Madjen-Si-Naoui* (2 vastes citernes). — 179 k. Ruines sur la g. — 182 k. R'dir ombragé par de grands arbres à feuilles caduques, les seuls que l'on rencontre entre Kairouan et Gafsa. — 188 k. *Oglet-el-Merethba*. — 199 k. *Kessour-el-Kraïeb*, ruines. — 205 k. Bifurcation des routes de Tebessa et de Kairouan.

211 k. Gafsa *, 3,500 hab.; altit. 345 m., contrôle civil et justice de paix, sur un plateau, dominée par la montagne du même nom, et située sur la rive dr. de l'oued Gafsa ou oued Beïach, à l'angle N.-O. d'une forêt de 185,000 dattiers, de 75,380 oliviers et d'arbres fruitiers de toutes les espèces, orangers, citronniers, pistachiers, grenadiers de taille colossale, abondamment arrosés par deux grandes sources.

Gafsa a été construite avec une grande partie des matériaux de Kafaz, plus tard *Capsa*, sa devancière. Celle-ci, qui aurait été fondée par Melkart ou l'Hercule libyen, servit un instant de refuge à Jugurtha. Ville riche et puissante, Marius la détruisit; mais se relevant de ses ruines, elle devint ville libre selon Pline, colonie d'après Peutinger; l'un des évêchés de la Byzacène, elle fut sous Justinien, avec Leptis Parva, aujourd'hui Lemta, la résidence d'un duc ou commandant militaire de la province.

Entourée de plusieurs murs en pisé, démantelés çà et là, et rendant inutiles les cinq *portes* qui sont : *Bab-ed-Djebel*, *Bab-el-Medjai*, *Bab-Kerkibba*, *Bab-Kostalia* ou du *Djerid* et *Bab-Rahbat*, la ville est divisée en cinq quartiers qui sont *Arch-el-Beldia*, *Arch-Djehargou*, *Arch-Kranensa*, *Arch-*

Menarin et *Arch-Djerïn*. Le quartier des juifs (ils sont au nombre de 1.000 env.), sordide à l'extérieur, est très convenable à l'intérieur.

La *Kasba*, seule enceinte fortifiée qu'on remarque dans la ville, a été construite par Abou-Abd-Allah-Mohammed la Mafside (1434-1435), pour réprimer les révoltes fréquentes des nomades; elle a été restaurée par les Turcs : c'est un grand carré irrégulier, flanqué de tours rondes et carrées, et renfermant une prison et deux mosquées : *Djama Merzoug* et *Djama Kebir*; cette dernière, à minaret et à koubbas, comprend 19 nefs parallèles de 5 arcades et une cour avec cloître de 19 arcades sur 7; les colonnes et les chapiteaux sont antiques. Ce sont les deux principales mosquées des six que possède Gafsa. Au milieu de la Kasba coule une source intarissable dont les eaux (31°), légèrement minéralisées, sont recueillies dans un bassin antique pour s'épandre ensuite par un conduit souterrain extérieur appelé *termid*. Là sont les bains des juifs. Dans ces eaux chaudes qui, plus loin, arrosent abondamment les palmiers, vivent de nombreux poissons d'espèce maritime, des tortues et des serpents noirs de l'espèce tropidonotus.

En face de la Kasba, un *arc de triomphe* forme une des portes de la ville antique; il commande encore aujourd'hui l'entrée d'une des principales rues du bourg arabe.

Dar-el-Bey (la maison du kaïd qui gouverne la ville et le territoire des Hamema indépendants et pillards) est construite sur l'emplacement d'anciens thermes romains nommés *Termid-el-Bey*, et alimentés par trois sources dont l'une vient de la Kasba. Ces thermes, fréquentés encore aujourd'hui, consistent en 2 bassins ou piscines, à ciel ouvert, de 10 m. de côté, entourés de murs élevés en pierres de grand appareil, très bien conservées, communiquant entre eux par un conduit voûté. L'un est destiné aux hommes, *Termid-er-Radjel*; l'autre aux femmes, *Termid-en-N'sa*. Ce dernier s'appelle encore *Aïn-Zayaïn* et *Aïn-en-N'sara*, source des chrétiens. Les murs conservent encore des inscriptions.

L'industrie du pays consiste en un peu de culture, beaucoup de jardinage, mais surtout en fabrication de tissus de laine estimés, moins fins cependant que ceux de Djerba.

Une autre industrie sera celle des phosphates de chaux, dont les bancs, au N.-O. de Gafsa, sont la continuation de ceux que l'on exploite déjà à Tebessa (*V. R. 31*). L'exploitation est subordonnée à l'établissement, sans subvention, d'un chemin de fer allant de Gafsa à Sfax (en construction).

De Gafsa à Gabès et à Tebessa, R. 43.]

De Kairouan à Gabès, R. 43.

ROUTE 43

DE KAIROUAN A GABÈS

220 k. — Route muletière, direction S. (vivres, tentes, chevaux ou mulets). — Les indications sont prises dans les Itinéraires en Tunisie, service géographique de l'armée.

13 k. *Henchir-el-Ouïba*. — 25 k. *Bir-Hounis*.
38 k. *Si-Ameur-bou-Hadjela*. Les koubbas de Si-Ameur-bou-

Hadjela s'élèvent à l'entrée d'un vaste défilé de cactus que traverse la route sur une longueur de 9 k. — Quatre puits, dont deux d'eau sulfureuse. — Au sortir du défilé, immense plaine au milieu de laquelle seize puits, oglets; six seulement donnent une eau potable mais trouble. Emporter de l'eau pour la grande halte. — Régions des scorpions et des vipères cérastes.

63 k. *Oglet-ben-Zallouf* ou *Chouïaïa*. — Continuation de la plaine des *Metrias*, jusqu'aux hauteurs qui relient le *djebel Artsouma* et le *djebel Khordj* (Rabah-Souda). — Nombreux puits.

88 k. *Oglet-Hadjela*. — Bonne route; terrain pierreux calcaire; hauteurs du *Toual-Cheikh*; quelques oliviers; alfa abondant. — Sur le versant S. passe la route de Gafsa à Sfax. — A dr., *Sebkhra-el-Mechguig*.

114 k. *Toual Cheickh*. — La route suit le versant S. des hauteurs jusqu'au *Bir-Ali-ben-Khralifa*; plateau sablonneux et sec s'étendant jusqu'à l'*oued Ran*; çà et là quelques oliviers; route impraticable.

140 k. L'*oued Ran*. — Grande plaine de sable, couverte de broussailles où domine le guettof; route impraticable pour les voitures.

148 k. *El-Founi* (terrains sablonneux; nombreux puits dont une dizaine seulement fournissent une eau potable).

[A 36 k. O. d'El-Founi, le *Djebel Douara*.]

Mamelons, puis large vallée déchirée par les eaux et traversée par l'*oued Nogguès* encaissé, mais sans eau. A dr., fondouk et koubba, sur l'oued Nogguès.

161 k. *Si-Mohammed-Nogguès*, koubba reconnaissable à un grand palmier isolé.

175 k. *Sidi-Meheddeb*, marabout célèbre, dont la zaouïa est située vers le centre de la grande plaine au milieu de laquelle les divers douars des *Meheddeda* sont situés. Caravansérail près de la koubba. Quelques ruines à 1 k. 1/2, vers le N.-E. — Bonne route jusqu'à la sebkhra de l'*oued Oum-el-Ghrem* qui touche à la mer. La route suit, dans cette région, le versant E. du massif de Chebkhra-Sidi-bou-Saïd, dans la tribu des *Hamema*.

197 k. On traverse l'*oued Akarit*, rivière dangereuse, escarpée, aux berges de 8 m. de chaque côté, dans un terrain argileux; ses eaux, qui ne tarissent jamais, ont un parcours de 15 k. — On arrive ensuite au *Seuil de Gabès*; c'est là que la mer intérieure aurait fait sa jonction avec la Méditerranée.

213 k. *Oudereff*, oasis de 670 hab., qui, avec *Aïounet* et *Metouia*, est arrosée par des eaux courantes. Culture de palmiers et de quelques céréales; élevage de bestiaux et fabrique de tapis grossiers.

217 k. L'*oued Melah*.

229 k. **Gabès** *, ch.-l. du gouv. de l'*Arad* et de la 2e subdivision

milit., contrôle civil, justice de paix. Une plage sablonneuse (le mouillage est à 2 milles) précédée d'une jetée de 200 m., puis un bois de palmiers au travers duquel on aperçoit quelques blanches constructions, voilà Gabès vue de la mer.

Gabès n'est plus aujourd'hui que la réunion de plusieurs oasis dont les deux principales sont : *Djara*, au N., et *Menzel*,

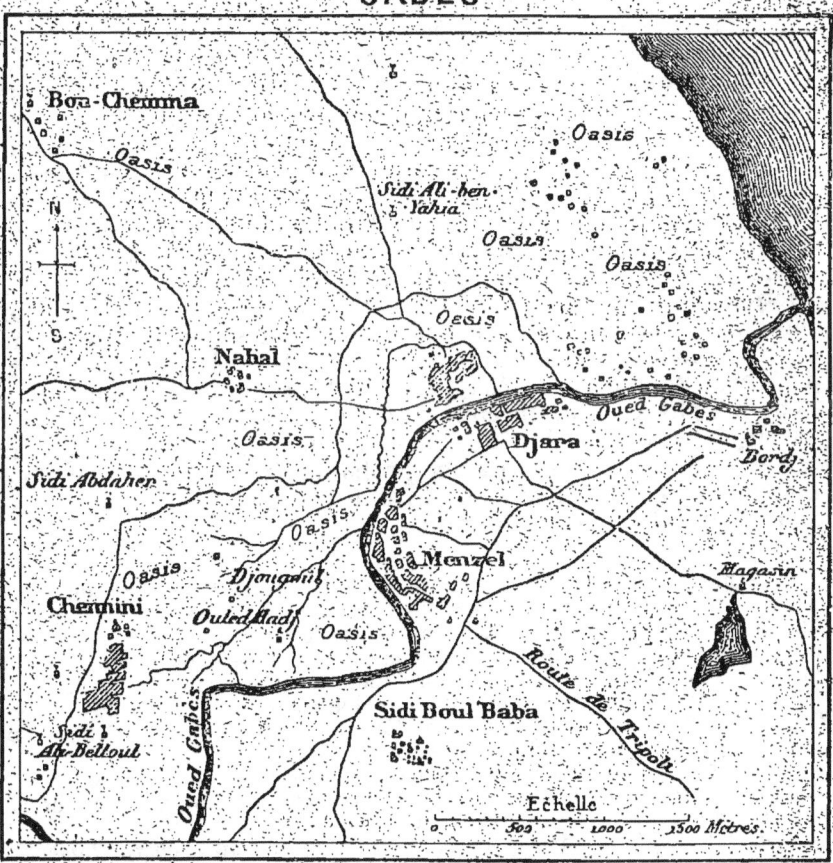

GABÈS

L. Thuillier, del. *D'après la brigade topographique du Ministère de la Guerre.*

au S.-O., et dont la population est de 12,500 hab., dont 500 Français, 3,000 juifs et 9,000 musulmans.

Djara, restée tranquille lors du soulèvement de 1881, est le centre de la subdivision militaire; il s'y tient un marché important; là se fait encore le commerce d'exportation de Tunis, de Malte, de la Sicile et de Tripoli.

Menzel, détruite par nos troupes en juillet 1881, est séparée de Djara par un ruisseau, souvent à sec, dans le lit principal, mais non dans de nombreux canaux d'irrigation, car ses sources sont fort abondantes en toute saison de l'année; il porte le nom d'*oued Gabès*; son cours, très sinueux, est de 13 k. A sa naissance sont les *ruines de Sidi-Kherich*, près desquelles notre armée avait établi un camp. Quelques barques peuvent cependant s'y engager au moment du flux. L'entrée de l'oued Gabès est protégée par un fort, *Bordj-Djedid*.

Ce point est devenu un centre assez important : des casernements, un hôpital militaire ont été bâtis; une quarantaine de maisons ou baraques, dans lesquelles sont installés des boutiques, des cafés et des auberges se sont élevées, bordant deux rues principales coupées à angle droit par de plus petites; ses affaires sont administrées par une commission municipale.

Les autres villages qui forment l'ensemble de Gabès sont : *Chennini*, *Sidi-Bou'l-Baba*, où serait l'emplacement de Tacape, *Menara*, *Teboulba*, *Nahal* et *Bou-Chemma*. Tous ces villages, comptant une population de 14,000 hab., dont 500 Européens, Français, Italiens et Maltais, sont pittoresquement situés, au milieu de vergers et de jardins, et sont construits, en grande partie, avec les matériaux de Tacape qui a précédé Gabès. Quelques fûts de colonnes, des mosaïques, des pierres de grand appareil sont les seuls débris antiques trouvés jusqu'à présent à Gabès, *emporium* carthaginois, ville romaine et comptant, à l'époque chrétienne, un *episcopus Tacapitanus*.

On étudie la création d'un port artificiel obtenu au moyen de jetées et de dragages; sa place probable est désignée près de la bouche de l'oued Melah au N., dans lequel se déverseront les eaux thermales d'Aïn-Oudereff.

De Gabès à Tebessa (338 k.; route muletière, direction générale N.-O., parcourue entre Gafsa et Tebessa, d'abord par M. V. Guérin, plus tard par M. Cagnat, et enfin par nos colonnes expéditionnaires, en 1881-1882; parmi les ruines nombreuses qui jalonnent la route, on ne saurait trop recommander celles d'Haïdra; chevaux ou mulets, et provisions; la Cie de Bône-Guelma a obtenu du gouvernement l'exploitation de la ligne de Gabès à Tebessa, qui, de ce point, rejoindra Bône par Souk-Ahras, et Constantine et Philippeville par Aïn-Beïda).

14 k. Métouïa, jolie oasis de 600 hab.; maisons en pisé, blanchies à la chaux, au milieu desquelles s'élève un minaret. Tissage, vannerie et culture maraîchère arrosée par des eaux abondantes.

17 k. Oudereff (*V.* ci-dessus). — 20 k. Au S. du chemin, *Sebkra-Hameimet*; bas-fonds marécageux. — 27 k. *Oglet-Telemine* (6 puits d'une eau peu abondante et magnésienne). — A 4 k. S., *Chott Fedjedj* de 100 k. sur 8 et sur 20.

34 k. Sommet du col du *djebel Fedjedj*. — 40 k. *Biar-Krébach* (7 puits d'une eau abondante et potable, dans un bas-fond couvert de tamarins). — 45 k. *Henchir Djebana*, ancienne tour romaine et puits souvent à sec. — 46 k. *Oued Zitouna*. — 51 k. *Oued Batoum*.

55 k. Col entre le *djebel Batoum* et le *djebel Menkeb*. A 4 k. N., ruines romaines du *djebel Rhoda*.

73 k. *Henchir-Mehamla* (puits et abreuvoir; ruines romaines à l'E.; sur un énorme bloc on a gravé des chasseurs et des lévriers). A Mehamla, 2 chemins bifurquent sur El-Guettâr; on prend celui de dr.

87 k. *El-Hafay*, bordj construit par le génie militaire en 1883-84; ruines d'une citadelle byzantine.

[Ascension en 2 h. du *djebel ben-Kheir* (576 m.), à l'E.]

105 k. *El-Aïaïcha*, annexe milit.; vers le N., v. d'El-Aïaïcha, bâti en amphithéâtre, sur les pentes du *djebel Cherchera*.

120 k. *Bou-Hamra*, petit v. arabe. — 134 k. *Nechiou*, petite oasis.

138 k. **El-Guettâr** (ce nom signifie puits alimenté par des suintements), oasis de 1,800 hab., située au pied des rochers perpendiculaires du djebel Arbet, et entourée, comme Gafsa, de plusieurs enceintes en terre; ses palmiers, qui couvrent une étendue de 4 k. sur 500 m., sont arrosés par les eaux de sources souterraines élevées à l'aide de machines primitives mises en mouvement par des chameaux.

[L'ascension (2 h.) du *djebel Arbet* ou *Orbata*, au pied duquel se trouvent de nombreuses citernes, et qui domine El-Guettâr au N., n'est pas difficile. L'amorce d'un chemin bien tracé conduit à son sommet (1,100 m.), où un poste de télégraphie optique assure la communication entre Gafsa et Gabès. De là, on découvre le plus beau des panoramas; à l'E., les petites collines de Gabès; au S., la surface salée et miroitante du *Chott Faraoun* et les sommités inexplorées du *djebel El-Berba*, aux pentes boisées et habitées par les fauves; plus loin, les dunes parcourues par les Souala et plus au S., les montagnes de *Douérat* en Tripolitaine; au N., le cône terminal de l'Arbet; au delà, les montagnes de Kairouan et de Tebessa; à l'O., enfin, Gafsa et ses palmiers. C'est splendide!]

D'El-Guettâr à Gafsa, plaine sablonneuse et traces de voies romaines.

150 k. Gafsa (R. 40).

160 k. *Oued-Safioum*, souvent à sec. — 164 k. *Bahirt-el-Mokta* (anciennes carrières romaines). — 168 k. *Bir-Medkides* (puits ancien d'eau magnésienne).

177 k. *Oued-Sidi-Aïch*. A 4 k., à g., *Henchir-Semat-el-Hamra*, superbe mausolée rectangulaire de 9 m. sur 7, orné aux quatre angles de pilastres avec chapiteaux corinthiens. Ce monument, à deux étages, sépulture d'une riche romaine nommée Urbanilla, a été élevé par son mari Lucius.

187 k. **Henchir-Sidi-Aïch**, caravansérail, deux puits revêtus en pierres, eau bonne et abondante, broussailles, alfa à proximité dans la montagne, vestiges d'un gros mur et d'un aqueduc qui descendait de la montagne. A l'O., *nécropole* où deux monuments sont encore debout; l'un, tour carrée de 2 m. 50 de côté, est haut de 10 m.: c'est le tombeau d'un Junius Rogatus et de sa femme Pomponia Victoria. D'autres mausolées n'ont plus que leur base. M. V. Guérin voit dans l'Henchir-Sidi-Aïch les ruines de *Vilo Gemellas*, placé par Peutinger à 24 milles au N. de *Capsa* (Gafsa).

On traverse les pentes O. du djebel Sidi-Aïch, en suivant le lit sablonneux de l'oued Beïech.

205 k. On franchit le *djebel Ez-Zitoum* (le col des oliviers), en suivant la même rivière, puis, jusqu'au *djebel Thoual*, on traverse une plaine couverte d'alfa. Le passage de la route à travers le djebel Thoual se confond encore avec la rivière, large de 30 m. et desséchée. Après avoir marché pendant 1 k., on débouche sur un plateau nu et sablonneux.

208 k. *Kasr-el-Foul* (le château de la fève), ruines d'un ancien poste romain. — 212 k. *Khrenguet-el-Oguef*, défilé profond, long de 2 k., au milieu duquel se trouve le lit, souvent à sec, de l'oued Feriana.

221 k. **Feriana** (les rigoles), annexe militaire (belle caserne à 600 m. E.), oasis de 500 à 600 hab. partagée en deux villages (eaux vives abondantes), avec une zaouïa qui donne son nom au village de l'E., deux mosquées, des jardins de palmiers, de figuiers, de grenadiers, d'oliviers, des maisons en pierres, des clôtures en terre durcie. A g. de l'oasis se trouve le *Hadjar-Souda*, grosse roche noire isolée; aérolithe selon M. Guérin.

[A 4 k. E., *El-Kis*, v. rempli de débris antiques.

A 4 k. N.-E., ruines de *Medinet-el-Kedima* (l'ancienne Télepte, d'après Shaw, Grenville Temple et Pellissier), reliées à El-Kis par une vallée que traverse un aqueduc alimenté par l'*oued Kis*. Medinet-el-Kedima (la vieille ville) offre un ensemble de ruines immenses; de vastes carrières ont été creusées dans le *djebel Makta-el-Bethouma* (partout encore sur le sol gisent d'énormes blocs), dont le sommet a été fortifié; l'enceinte abandonnée, longue de 350 m. et large de 150 m., s'appelle *El-Kala* (la citadelle). Les grandes ruines de El-Hammam (le bain), de l'époque des Antonins, bâti presque entièrement en briques, offrent une série de belles salles autrefois pavées en mosaïques, et dont l'une était ornée de six statues. A 150 pas au N. d'El-Hammam, la colline de *Koudiat-es-Safra* est couronnée par de puissantes constructions dont on ne saurait préciser la destination. Près de la colline, en se dirigeant vers l'oued, on rencontre les vestiges d'un théâtre; en avançant vers le N., une grande enceinte de 120 pas sur 180 (murs très épais, bloc d'un appareil colossal), démolie aux trois quarts, était défendue aux quatre angles par autant de tours; dans l'enceinte on remarque des fûts de colonne, des fragments d'entablement de temple ou de palais. Les Arabes nomment cette ruine *Henchir-el-Khrima*; l'enceinte porte le nom de Kasba-m'ta-Ras-el-Aïn. La ville proprement dite, de 5 k. de circonférence, offre un ensemble de ruines, de monuments publics et de maisons particulières; au milieu, plusieurs rues sont reconnaissables; on remarque les débris d'une fontaine, *Henchir-el-Akrouat*. La nécropole, bouleversée de fond en comble, ne donne aucune inscription.]

233 k. *Garat-Khrechem-el-Kelb* (le bas-fond du museau du chien).

234 k. **Kasserin** (les deux palais), sur l'oued encaissé du même nom, près de la Smala des *Oulad-Ali*. — Ruines de l'ancienne *Colonia Scillitana*, parmi lesquelles un superbe **mausolée** à 3 étages repose sur quatre gradins servant de soubassement; chaque étage est en retrait; le premier est uni; le second est orné de pilastres corinthiens; le troisième, entaillé en niche carrée, renfermait jadis une statue. Sur une inscription on lit: Flavius Secundus a vécu CX ans, Flavia Urbana, sa femme, a vécu CV ans. On lit encore une longue épitaphe de 90 vers hexamètres et une autre de 20 vers. — Ruines d'un barrage. — Porte triomphale.

[A 35 k. E., Sbeïtla (*V.* R. 42).]

En sortant des ruines de Kasserin, on franchit plusieurs ravins difficiles. — Ensuite plaine basse et marécageuse entre deux chaînes de collines calcaires, escarpées, dénudées (300 à 400 m. env.); l'*oued Foussana* (eau courante) y serpente. — Au pied du *djebel Chambi*, à g., ravin difficile. — On pénètre ensuite dans le *Khanguet-ez-Zebbès*, défilé étroit, long de 4 k. — Au delà, grande plaine coupée par quelques ravins et entourée d'un cirque de montagnes.

273 k. *Sidi-Salah*, koubba à proximité de l'*oued El-Hathob* (la rivière des bois), où il y a de l'eau. Au delà de Sidi-Salah est le *Khanguet-es-Slougui*, défilé situé entre le *djebel Hamra* et le *djebel El-Azered* ou *Azereg*. Eau abondante. Le djebel Hamra renferme des gisements de galène, de carbonate de cuivre et d'oxyde de fer. A l'entrée du défilé, ruines d'une ville considérable (?).

292 k. *Henchir-el-Hameïnna*. Ruines de l'ancienne ville de *Meneggere* (?); M. V. Guérin y a lu six inscriptions tumulaires.

[A 20 k. N.-O.-O., ruines d'Haïdra, l'ancienne *Ammædara* (*V.* R. 38).]

338 k. Tebessa (R. 31).

De Gabès à Nefta, El-Belad-ed-Djerid (220 k.; route muletière; chevaux, mulets et provisions). — Au S.-O. de la Tunisie, à 300 k. en ligne droite de Tunis, *El-Belad-ed-Djerid* (le pays de la palme), le pays des dattiers par excellence dont la fertilité est due à une eau abondante, est remarquable par les nombreuses oasis que visiteront les touristes qui veulent avoir un ensemble de la physionomie générale du pays. Mais, avant tout, il faudra voyager au printemps, époque à laquelle les marais sont desséchés, puis s'assurer de l'état de tranquillité des tribus dont on aura à parcourir le territoire.

Après avoir traversé les charmantes oasis de Gabès jusqu'à Ras-el-Ouled, on remonte au N.

16 k. *Oylet* ou *Bir-Chenchou*, dans la plaine du même nom (puits romain dans lequel on descend par un escalier de 70 marches; près de là, sur un monticule, ruines d'un ancien édifice).

26 k. **El-Hamma**, 2,000 hab. Cette oasis comprend cinq groupés : *El-Kasr*, *Debdeba*, *Goumbat*, *Zaouiet-el-Madjeb* et *Bou-Atouch*, au milieu des palmiers arrosés par des eaux courantes provenant de sources légèrement sulfureuses (34 à 45°). Près de ces sources, enfermées dans d'anciens bassins, dont trois à Debdeba et la quatrième entre Debdeba et El-Ksar, à côté de la *koubba de Sidi Haket*, s'élève un petit établissement thermal, moderne à l'extérieur, antique à l'intérieur. C'est là qu'il faut chercher les *Aquæ Tacapitanæ* citées dans Antonin, et à 18 milles romains de Tacape (Gabès). Ses débris ont servi à bâtir en partie El-Hamma ainsi qu'un fortin carré.

En quittant El-Hamma, la route côtoie la chaîne du *Tebaga*, qui commence au N.-O. de l'oasis, infléchit légèrement vers le S. et se termine au Nifzaoua. Sa longueur est d'env. 100 k. Vers le chott, au N., cultures des *Beni-Zid*, dont les douars occupent toute la contrée.

40 k. L'aïn *El-Magroun*, petite rivière aux eaux pures et fraîches dans sa partie supérieure, à sec dans sa partie inférieure. — 63 k. L'aïn *Melousan*, fontaine jaillissante dans un terrain rocailleux. — 69 k. L'aïn *Nemcha* ou *Nemchet-ed-Dib* (la patte du chacal), source abritée par des palmiers.

91 k. **Limaguès**, petite oasis mal cultivée (deux misérables maisons en pierres, et zaouïa; deux sources).

99 k. *Seftimi*, oasis avec un petit fortin français habité maintenant par les indigènes. Tout le bord du chott entre Seftimi et le Nefzaoua formait, d'après la tradition arabe, une immense oasis qui portait le nom de *Faraoun*. Le chott Fedjedj est du reste désigné dans cette région sous le nom de *Sebkra-Faraoun*. Peu de travaux rendraient aux sources toute leur puissance pour faire revivre l'ancienne prospérité de la contrée.

120 k. **Oum-es-Sema**, v. ensablé, à demi ruiné, bâti sur la dernière éminence du *djebel Brimba* aux aspérités rocheuses. Bois et eaux en abondance.

128 k. **Bechri**, petite oasis. Toujours l'immense chott avec ses efflorescences salines et ses beaux effets de mirage, mais dangereux après les pluies, si l'on ne se fait accompagner par un très bon guide.

151 k. *El-Menzof*, puits comblé.

176 k. **Seddata** ou **Cedata**, oasis aux pauvres maisons. Elle forme avec *Kris* et *Degach* ce qu'on appelle l'*Oudian*, où l'on compte environ 5,000 hab. et 188,000 palmiers, au pied du *djebel Cherb*, au N., anciennes carrières et caverne, dite la *grotte des Sept Dormants*. Non loin de Kriz, sur la rive N. du Chott ed-Djerid, on voit, tracé sur un rocher, une figure ronde surmontée d'un croissant : d'après Ch. Tissot, cette image représentant la lune serait un monument du vieux culte lybien.

[L'oasis d'*El-Hamma*, qu'il ne faut pas confondre avec le Hamma près de Gabès (V. ci-dessus), situé à 12 k. O. de l'Oudian, ombrage, sous ses

80,000 palmiers, quatre groupes de maisonnettes, près d'une source légèrement sulfureuse (36°) que reçoit un bassin de construction romaine. Près de Kriz, *Sebá-Biar* (les sept puits).]

196 k. Tuzeur ou Tozer (le *Thusuros* de Peutinger, le *Tisurus* de Ptolémée, et plus tard l'évêché des Tusuritani), 8,980 hab. dont 21 Français, annexe milit., contrôleur civil et justice de paix, ch.-l. du *Belad-ed-Djerid* (pays des dattes); c'est, comme Biskra et Tougourt, la réunion de plusieurs villages qui sont : *Sahraoui, Zebda, Oulad-el-Hadez, Zaouïet-ed-Debabsa, Zaouïet-Sid-Abid, Guetna, Mesr'ouna, Cheurfa* et *Blidet-el-Hadher*.

Quoique assez bien construite, cette oasis offre cependant des maisons ou ruinées ou peu solides ; elles sont bâties en tôb ou briques crues séchées au soleil. *Dar-el-Bey*, maison du gouverneur, s'élève sur une place entourée de maisons en briques offrant des dessins réguliers dus à la disposition symétrique de ces briques et figurant, par son ornementation géométrique, comme un immense tapis étendu sur les murs. Quelques mosquées et zaouïas sont construites en briques et en pierres parmi lesquelles des blocs, ou fragments de colonnes, de chapiteaux et d'entablements provenant d'édifices anciens. On trouve à *Blidet-el-Hadher* les vestiges d'un grand édifice (temple d'abord, plus tard boutiques, ensuite mosquée), orné jadis de plusieurs rangées de colonnes. Au milieu de la plate-forme s'élève la *soma* ou tour carrée en briques avec base en pierres carrées, minaret probablement. Près de là est un puits ancien. Des oueds qui ne tarissent jamais (les sources, qui sortent du sable, étant fort abondantes), l'*oued Berkouk* (la rivière aux prunes), l'*oued Méchéra*, l'*oued Zébala*, distribués en un réseau de canaux, arrosent l'oasis; un barrage, ancien également, en règle les eaux, qui sont distribuées aux nombreux palmiers dont les fruits sont remarquablement excellents. Ces palmiers, au nombre de 220,000, produisent 9,000,000 kilog. de dattes qui font l'objet principal du commerce de l'oasis. On fabrique à Tuzeur des burnous, des haïks et des couvertures.

220 k. **Nefta** (surnommée autrefois *Mersat-es-Sahara*, le port du désert), le type de l'oasis, 9,000 hab., est la réunion de neuf quartiers sur mamelons de sable : *Oum-Mada, Cheurfa, Zaouïet-Sidi-Salem, Béni-Ali, Zaouïet-Gueddila, Oulad-Cherif, Alkama, Zebda* et *Souk*, qui bordent à dr. et à g. les berges de l'oued fécondant l'oasis.

Souk est le plus important des quartiers de l'oasis; là se tient le marché; *Dar-el-Bey* en fait partie. En dehors de la culture de 200,000 palmiers, les gens de Nefta tissent la laine. Les palmiers, les figuiers, jujubiers, pêchers, grenadiers, citronniers, limoniers, orangers, etc., sont arrosés par des eaux intarissables; rivière thermale (28°) sortie des sources d'El-Guettâr et de Faouéra. Il n'y a peut-être pas au monde de plus beaux jardins de dattiers.

[Nous ne poursuivrons pas davantage la visite aux oasis vraiment magnifiques du Belad-ed-Djerid; mais nous ne saurions passer sous silence la *Sebkhra-Faraoun*, le *Chott el-Fedjedj*, le *Chott ed-Djerid*, le *Palus Tritonis* des anciens, commençant de fait au *Chott Mel'rir*, au S. des Ziban, en Algérie, pour finir non loin de Gabès.

La grande Sebkhra tunisienne est traversée par plusieurs routes de caravanes qui rejoignent les oasis des deux rives. Quelques-unes de ces pistes ne présentent aucun danger, mais d'autres sont redoutables : il faut les suivre avec précaution, de crainte des vasières dans lesquelles on pourrait s'enliser, des gouffres où l'on disparaîtrait soudain ; au départ, le guide recommande toujours aux voyageurs de le suivre « les pas dans les pas »; un nuage de poussière, un mirage, qui cachent ou défigurent les balises, une erreur de guide, un effarement des animaux peuvent entraîner la caravane à la mort. » (*Ch. Tissot.*)

DJEBEL-BOU-HEDMA.

Au lieu de partir de Gabès pour visiter le Belad-ed-Djerid on peut encore s'embarquer à la Goulette sur l'un des transatlantiques qui font le service de la côte et débarquer à Sfax (V. R. 42). De cette ville on a le choix entre plusieurs routes. Nous indiquerons l'ancienne voie romaine, jalonnée à chaque pas par des ruines de postes fortifiés, de thermes et de citernes. C'est la route suivie par MM. les docteurs Rebatel et Tirant, de Lyon, chargés d'une mission scientifique en Tunisie (1874).

Direction O.-S. (170 k. en ligne droite). — Au sortir de Sfax, traversée des jardins. — Campement chez les Arabes de *Sidi-el-Ar'erba*. — L'*oued Arseï-Techal* dont les eaux souterraines se font jour par des trous ombragés d'oliviers centenaires. — Ruines romaines. — Près d'un puits d'eau sulfureuse, de ruines de cimetière et d'un camp retranché, on rencontre un mausolée très bien conservé. Un terrain sablonneux, sans eau, puis l'*oued el-Leben* ou *oued Rân*, souvent sans eau également. —. On contourne à g. le *djebel Bou-Hedma* (1,300 m.); dans les parois des gorges s'ouvrent des galeries de mines romaines où l'ingénieur Fuchs a découvert du minerai d'or. Le territoire parcouru est celui de *Erdelia*, fraction des *Oulad-Aziz*, puis on entre chez les *Hamema*, tribu pillarde par excellence. — Après avoir obliqué au S.-O., plaines désertes, sablonneuses; puits aux eaux sulfureuses à côté de ruines importantes d'un établissement thermal. — A g., le *djebel Arbet*, dont le sommet atteint 1,100 m. Arrivé à El-Guettâr, on peut, de cette oasis, se diriger, au S.-O., sur celle de (80 k.) Tuzeur, puis revenir à Gabès (V. R. 43).]

De Gabès à Sfax, R. 41.

ROUTE 44

LE LITTORAL TUNISIEN. — TRIPOLI. — MALTE

Cie *Générale transatlantique* : De Tunis à Sousse et Sfax; de Tunis à Bizerte et Tabarka; de Tunis à Malte. — Cie *de Navigation mixte* : de Tunis à Sousse Monastir, Mehedia, Sfax, Gabès, Djerba, Tripoli. — *Services Maritimes* : de Tunis à Bizerte et Tabarka; de Tunis à Sousse, Monastir, Mehedia, Sfax, Gabès, Djerba, Tripoli et Malte; *Société Générale des Transports maritimes* : de Tunis à Sousse; Cie *de Navigation générale italienne* (*Florio et Rubaltino*) : de Gênes à Tunis avec prolongement sur la côte tunisienne et Malte. — Consulter les indicateurs spéciaux pour les jours, heures de départ et prix des places à bord des paquebots et s'informer surtout des changements que pourraient apporter dans leurs services les compagnies ci-dessus désignées. — La durée de chaque escale, de 4 à 6 h., permet de visiter suffisamment les villes de la côte, de Sousse à Tripoli.

DE LA CALLE A TUNIS

A 9 milles de la **Calle** (R. 28 et 32) et 1 mille du *cap Roux*, la Tunisie est séparée de l'Algérie par une chaîne de montagnes qui se termine à la mer.

Du *cap Roux* au *cap Tabarka*, que domine le *djebel Lermal*, la côte est élevée et boisée. A 1 mille de là on arrive devant

Tabarka (R. 35) et son île située à un demi-mille de la terre ferme. Le panorama de Tabarka est un des plus beaux du littoral tunisien. A g., l'île, avec son profil abrupt couronné par le vieux château génois. A dr., les contreforts boisés des Oulad-Amour (Kroumirs), descendant à la mer où ils se terminent par une falaise rocheuse et taillée à pic; près de là, Bordj-Djedid domine d'imposantes ruines romaines, celles de *Tabarca*, qu'une route reliait avec *Simittu*, Chemtou, près du chemin de fer de Tunis à Souk-Arhas, et non loin de Ghardimaou.

75 milles (139 k.). **Bizerte** (R. 36), dont le nouveau canal donne entrée au lac. L'avant-port est doté, sur ses deux jetées, de deux feux : le premier, vert, éclairant à 5 milles, sur la jetée N.; le second, rouge, sur la jetée E. Les feux de l'entrée du canal sont les mêmes comme couleur et comme disposition.

De Bizerte, la côte se continue au S., puis à l'E. vers le *cap Zebib* ou *Sidi-ben-Choucha* (*Pulchrum promontorium*). A 5 milles au N.-E. du cap Zebib, on rencontre des *îlots* ou *rochers des Canis, El Kelb*, au nombre de cinq ; le plus élevé, qui a 17 m., porte une tour ronde surmontée d'un feu fixe blanc qu'on aperçoit à une distance de 17 milles. Des Canis on atteint le *cap Farina*, surmonté de la koubba de Sidi Ali-el-Mekki, l'ancien *Apollinis*. On passe entre **Porto-Farina** (*R'ar el Mela*) et *l'île Plane* ou *Kamela*, la *Corsura* des anciens.

[Porto-Farina, 1,400 hab., a perdu de son ancienne splendeur. Dans la ville, formée de 2 grandes rues parallèles, reliées entre elles par des ruelles et des passages voûtés, la plupart des maisons tombent en ruine. La place principale, au pied du djebel El-Mekki, est bordée par la grande mosquée et 2 zaouias. Au centre de la ville s'élève une modeste chapelle catholique desservie par un père capucin italien.

A l'E. de Porto-Farina, ancienne forteresse génoise au S. de laquelle on en voit une deuxième connue sous le nom de *Darse*; à l'E. de la Darse, petit port avec quai.

Porto-Farina est entourée de nombreux jardins produisant beaucoup de fruits et de légumes. Les Maltais y cultivent la pomme de terre et les indigènes le pavot.

Au N. de la ville, un sentier en lacets conduit au *Nador*, vieille tour ruinée qui servait de poste d'observation aux pirates tunisiens. Un chemin de 8 k. conduit de Porto-Farina, vers l'E., au cap sur lequel se dresse la koubba de Si Ali-el-Mekki, marabout vénéré dans sa contrée.]

Au-delà de l'île de Plane commence le golfe de Tunis (pour la description, V. R. 33), qui a 26 milles de profondeur et 37 milles de largeur à l'entrée.

125 milles (231 k. 500). **La Goulette** (R. 34, A). — Le transatlantique, s'engageant dans le canal, à g., aborde directement à quai à Tunis.

DE TUNIS A TRIPOLI

De Tunis le paquebot prend une direction N.-E. pour doubler le *cap Bon* ou *Ras Addar* (les villes et villages de la presqu'île du cap Bon ou de la Daklat-Mahouïn sont décrits R. 40). Pendant ce trajet, le voyageur, appuyé sur le bastingage de l'arrière, voit se dérouler le magnifique panorama du cap Sidi-bou-Saïd au cap Kourbès, dont on a donné la description R. 34, B.

135 milles (250 k.). **Sousse** (R. 39). Le paquebot doit prochainement mouiller à quai.

De Sousse à Monastir, le paquebot ne s'éloigne pas beaucoup de la côte. Les environs immédiats de Sousse sont couverts d'oliviers au milieu desquels les villas et les koubbas jettent leurs taches blanches.

Le promontoire de Monastir, le *promontorium Dionysi*, à 8 milles à l'E. de Sousse, est couvert de palmiers.

144 milles (267 k.). **Monastir**, V. de 5,600 hab., dont 1,000 Européens, poste milit., contrôle civil, située sur la pointe d'une presqu'île. On aperçoit d'abord cette ville ayant la forme d'une masse blanche, sans caractère particulier. Quand le paquebot a doublé la pointe, sur laquelle est assise Monastir, cette dernière prend alors un autre aspect. A dr., près de la plage, le *Bordj el-Kebir*; vient ensuite le *Bordj el-Mansour*. Monastir apparaît dans le fond. A g., enfin, le nouveau quai, les hangars ou baraques de la douane et des commerçants, indigènes et Européens, qui se livrent, comme à Sousse, Mehdïa, Sfax, Gabès et Djerba, au commerce des céréales et des huiles. C'est en face de la douane, à un mille, que mouillent les forts navires.

Monastir ou Mistir, ville carthaginoise et l'ancienne *Ruspina* des Romains, longue de 750 m. de l'E. à l'O., et large de 430 m. du N. au S., est entourée d'un mur crénelé, flanqué de tours; cinq portes y donnent entrée. Quelques mosquées, dont les minarets ornés de faïences colorées rappellent ceux de Tlemcen, surgissent çà et là au milieu des rues généralement droites et bien percées. La ville, qui compte 5,600 hab., est gouvernée par un kaïd résidant à la Kasba située à l'angle N.-E. Cette Kasba au minaret faïencé est dominée par une autre forteresse, appelée *Nador*, haute tour de 22 m. (observatoire, vue étendue). Fondée par Hartema-Ibn-Aïen, en 180 de l'hég. (796-797 de J.-C.), c'était à la fois un *ribat*, monastère et citadelle. Il aurait remplacé le monastère chrétien qui a donné son nom à la ville (?). Au S.-E. s'élève sur une pointe la *Karaïa*, palais ou grande maison au-dessus de longs couloirs taillés dans le roc où les vagues s'engouffrent avec fracas.

Non loin de Monastir sont trois îles : — *Djeziret-el-Hamam* (la petite île des pigeons), à cause des pigeons et des colombes qui nichent par milliers dans le creux de ses rochers; ce serait encore *Djeziret-el-Hammam* à cause d'une citerne et d'un bain carthaginois dont on voit encore les restes; — *Djeziret-Sidi-Abou'l-Fadel-el-R'adam*, nom d'un marabout dont la koubba en ruine a été bâtie sur cette île qu'on appelle encore la *Tonnara*, autre nom qui a pour origine une pêcherie de thon; elle n'existe plus aujourd'hui; — *Djeziret-el-Oustan* (l'îlot du milieu), surnommée par les Européens île de la Quarantaine. Elle est percée d'une cinquantaine de grottes artificielles ou chambres carrées hautes de 2 m. et mesurant pour la plupart 2 m.-50 sur chaque côté; on ignore quels en furent les habitants.

En avant du cap Dimas, petit bourg de *Teboulba*, au milieu des oliviers. Près du *cap Dimas* était *Thapsus*, autre comptoir carthaginois où César battit Scipion et Caton. Les ruines d'une jetée, d'un château, d'un amphithéâtre, de citernes et d'un aqueduc sont tout ce qui reste de la ville ancienne.

177 milles (328 k.). **Mehdïa** * (la cité du Madhi), 7,500 hab. dont 1,000 Européens, poste milit., contrôle civil, justice de paix. Le paquebot mouille à un mille et demi devant l'extrémité S.-E. de la plage où atterrissent les canots et les chalands, et non loin du faubourg Konach. Derrière sont les cimetières chrétien et juif.

La Kasba, sur un monticule, vieille citadelle espagnole, restaurée par les Français, puis un cimetière arabe avec la traditionnelle koubba, celle-ci sous l'invocation de Sidi Djabeur (au-dessous est un excellent cothon ou bassin taillé dans le roc, bien conservé, rectangle de 150 m. sur 80); à dr., dans le fond, une ligne blanche surmontée de minarets, qui est le caractère distinctif des villes des côtes tunisiennes, tel est le premier aspect de Mehdïa. Le paquebot double la pointe de la Kasba qu'il laisse à dr., et la ville apparaît cette fois dans son ensemble.

Mehdïa, *emporium* phénicien, ville romaine, *Salecto* (?), puis ville arabe, subit le siège des Siciliens, en 1147; des Arabes, en 1160; du duc de Bourbon, en 1390, et de Charles-Quint, en 1551. Les chevaliers de Malte prirent part à ce dernier, et l'on montre encore à Mehdïa la tombe de l'un d'eux, Antoine de Piscatoribus; un blason portant en chef la croix de l'ordre des chevaliers de Malte et au-dessus, séparés par une bande, deux poissons, sont les armes parlantes de Piscatoribus.

Des splendeurs de Mehdïa dont parle El-Bekri, il ne reste plus rien. C'est aujourd'hui une ville de 1,400 m. sur 400; ses ruelles, d'un aspect misérable, sont occupées par quelques fruitiers, potiers et tisseurs de burnous et de ceintures. On y voit quelques mosquées. Le culte catholique est célébré par des pères capucins italiens, dans une petite chapelle renfermée dans une maison particulière.

Quelques Européens font le commerce des huiles, des fruits secs, des éponges, du corail et de la sardine; on compte dans le port plus de 200 barques, qui, de mai en juillet, prennent chacune en moyenne de 200 à 300 kilog. de sardines en une seule nuit.

[Les environs sont couverts, sur une grande étendue, de maisons de campagne et de jardins.

Une fort jolie promenade est celle que l'on fait aux ruines de *Bordj-Arif*, à 4 k. O. de Mehdïa. Au pied d'une colline et au milieu d'oliviers centenaires, on remarque principalement un bâtiment carré de 9 m., flanqué de tourelles, dans lequel on verrait le tombeau d'El-Madhi (?).]

De Mehdïa à Sfax, on perd souvent la côte de vue.
321 milles (594 k. 1/2). **Sfax** (R. 41).
Le paquebot, au lieu de suivre la côte, laisse au loin, à dr., les *îles de Kerkena*, distantes du rivage de 20 milles ou 37 k.

[Les îles de Kerkena comprennent l'île de *Chergui* (de l'est), ou *Cercina*, et l'île de *R'arbi* (de l'ouest), ou *Cercimitis*. La population de 8,500 hab., est répartie dans 9 villages. Les Arabes sont cultivateurs, bergers, pêcheurs ou fabricants des sparteries. Dans l'antiquité, les deux îles étaient reliées par un pont dont on aperçoit encore les débris quand la mer est calme.
C'est à Cercina, la plus grande des deux îles, qu'Annibal se réfugia un instant. Plus tard, Marius y débarqua furtivement. Cercina fut enfin le lieu de déportation de Sempronius Gracchus, l'un des nombreux amants de Julie, fille d'Auguste; Tibère l'y fit mettre à mort. Dans la notice épiscopale de la Byzacène, il est fait mention d'un *episcopus Circitanus*. Aujourd'hui, c'est aux îles Kerkena que l'on recrute les marins tunisiens et que sont exilées les femmes adultères et les filles publiques.]

La baie de Sfax se termine au S. par un promontoire qui prend son nom de **Maharès**, petite V. de 500 à 600 hab., presque tous pêcheurs, et bâtie sur le sommet; on remarque au centre de Maharès une ancienne citadelle byzantine dont le rez-de-chaussée est aménagé pour une mosquée.
360 milles (660 k.). **Gabès** (R. 43). — De Gabès à l'île de Djerba, direct. E.
405 milles (750 k.). **Ile de Djerba** (justice de paix, contrôle civil et postes et télégraphes); le paquebot mouille à 6 milles (11 k.). Il serait à désirer que le mouillage se fît plus bas à l'O., à 600 m. du v. de *Si-Djemour*. Du mouillage actuel, l'île apparaît très basse et semble continuer la terre ferme.

Djerba (l'île des Lotophages), appelée encore *Meninx*, *Brachion*, à cause de ses bas-fonds, *Girba*, au III° s., alors que Gallus et Volusianus étaient élevés à la dignité d'Auguste, est de forme à peu près carrée, de 32 k. de l'E. à l'O. sur 30 k. du N. au S. Elle a 64,000 hect., plus ou moins, et est d'une fertilité prodigieuse.
La population est de 30,000 à 32,000 hab., qui ne sont point d'origine arabe, mais qui sont de souche berbère et parlent un idiome très voisin de celui des Beni-Mzab. Sur ce chiffre de 32,000 hab., il faut comprendre 500 Européens et 2,000 juifs. Les centres les plus populeux y sont *Houmt-es-Souk* (le quartier du marché), au N.; *Houmt-Kachaïn* et *Houmt-Cedrien*, à l'E., où réside le kaïd; *Houmt-Ajim*, à l'O.; *Houmt-Cedouika*, au centre, et *Houmt-Gallala*, au S. Les juifs ont 2 villages et se livrent à la culture et à l'industrie, surtout celle de l'eau-de-vie de dattes. Les habitants sont cultivateurs, tisserands, potiers, marins et pêcheurs. Djerba est renommée pour ses huiles, ses fruits de toutes sortes, ses tissus de laine, les plus beaux et les plus fins de la Régence, et pour ses jarres et ses gargoulettes ou alcarazas en terre poreuse, si nécessaires dans les pays chauds. Le jujubier (*lotos*) et tous les arbres fruitiers, y compris le dattier, abondent à Djerba.
C'est devant Houmt-es-Souk, relié à la mer par une route et une jetée construites par les Français et où nous avons une petite garnison, que les paquebots jettent l'ancre pour recevoir et exporter les produits de

Djerba. Houmt-es-Souk, 2,500 hab., contrôle civil (marché important le lundi et le jeudi), comprend plusieurs quartiers avec fondouks, bazars et mosquées. Les juifs y ont leur ghetto, d'une saleté immonde. Les chrétiens y ont leur chapelle et leur cimetière, dans lequel sont enterrées les têtes des Espagnols dont on avait construit une tour, *Bordj-Rious* (fort des têtes), rappelant la victoire remportée en 1560 par Dragut sur la flotte espagnole commandée par La Cerda. Dans un fort protégeant son port et sa rade, on voit la koubba d'un marabout guerrier, célèbre dans le pays, R'azi-Mustapha.

Sur la côte, à 19 k. de la pointe S.-O. de Djerba, *Sidi-Salembou-R'ara*, pauvre v. où, parmi des ruines romaines, on a découvert une inscription donnant le nom ancien de la localité : *Gightis*.

Au delà de Sidi-Salem, **Zarsis** ou **Djerdjis** (poste militaire, agent consulaire de France), groupe de 5 villages, 1,500 hab., au milieu des palmiers, des oliviers et des blés.

[Au S.-O. de Zarsis s'élèvent en terre ferme et à l'O. les deux petits centres de **Métamer** et de **Ksar-Moudenin**, chez les *Ourghamma* : « On y observe la transition de l'architecture des cavernes à celle des maisons proprement dites. Les constructions sont faites de manière à ressembler à des falaises, dans lesquelles des trous ovales, ménagés à des hauteurs diverses, figurent des entrées de grottes. Au moyen d'échelles ou d'escaliers extérieurs grossièrement taillés, les résidents atteignent ces antres artificiels ayant jusqu'à cinq et même six étages. » (*Ch. Tissot*.)]

De Djerba à Tripoli, direction S.-E.

543 milles (1,006 k.). **Tripoli** ou *Tarabolos*, est situé sur la Méditerranée, par 10° 51' de long. E. et 32° 53' de latit. N. Le mouillage près des quais, à cause des bas-fonds, n'est possible que pour les barques et les balancelles. Les gros navires peuvent cependant ancrer à un demi-mille ou 1 k.

Tripoli, ville de 36,000 hab. dont 8,000 Juifs, 4,000 Maltais, 1,000 Italiens et 100 de nationalités diverses, y compris ceux de l'oasis, présente, comme Sousse et Sfax, une longue ligne de fortifications terminée à dr. par le port que protègent de formidables batteries, et à g. par la Kasba, puis l'oasis de Mechïa. Sept minarets s'élancent au-dessus de la ville, et le bâtiment le plus apparent que l'on remarque ensuite est celui, peint en bleu, servant de résidence au Consul de France.

Tripoli, l'*Æa* des anciens, est la capitale du pachalik et de la Tripolitaine ou Tripolis, ainsi nommée de ce qu'elle renfermait trois villes principales : Æa, Sabrata et Leptis-la-Grande. Carthaginoise, Romaine, Vandale, Grecque, Arabe depuis 670, Tripoli est pillée, en 1146, par Roger, roi de Sicile. Elle se constitue en république en 1460. Prise par Pierre de Navare en 1510, reprise par Dragut, elle devient Turque malgré Ahmed-Pacha qui veut en faire un fief héréditaire, 1714 ; mais le gouvernement en reprend possession et y envoie désormais des troupes et des subsides.

La ville est bordée sur le port par les fortifications, derrière lesquelles s'étend une longue rue occupée, en partie, par les

Européens. Les C¹ᵉˢ de paquebots et les principaux négociants y ont leurs bureaux. Quand on franchit la *porte de la Douane*, près de laquelle se tiennent des Arabes qui vendent des médailles et des menues poteries anciennes, on arrive bientôt devant une petite place à l'angle de laquelle se dresse un magnifique **arc de triomphe**, quadrifons, en marbre blanc, élevé par un questeur, sous le règne commun de Marc-Aurèle et de Lucius Ælius Verus (164 de J.-C.). Les sculptures, un peu frustes, sont d'un beau caractère, et l'on pourrait en reconstituer l'ensemble si la base du monument n'était profondément enfouie sous la terre ou les décombres. Les arcades sont bouchées; l'une d'elles, percée d'une porte, donne entrée à un dépôt de futailles. Au fond de la place, sous un couvert de vignes et de plantes grimpantes, sont installées de nombreuses petites boutiques. Un élégant minaret octogone, à trois étages, et les murs de la *Grande-Mosquée* (à l'int., tombes de plusieurs pachas) s'élèvent au-dessus de ces boutiques.

On peut se promener dans *Souk-et-Turki*, rue bien vivante avec ses bazars et ses boutiques, dans le *Hara* ou ghetto à l'O., près de *Bab Djedid*; c'est là que les Juifs fabriquent avec un outillage primitif de grossiers bijoux : colliers, bracelets, pendants d'oreilles destinés aux femmes arabes.

On visitera l'oasis en sortant par *Bab Khrandag*, à l'E. En deçà de cette porte, à g., on passe devant les hautes murailles de la *Kasba*, qui renferme un palais, un harem, une mosquée, une caserne et des prisons.

L'**oasis de Mechia**, 20,000 hab., comprend, au milieu d'une forêt de palmiers, des rues avec boutiques, des mosquées, des koubbas, des cimetières et des jardins produisant tous les fruits. On voit là des maisons turques ou arabes, de juifs et de nègres. Là encore les Pères-Blancs ont une résidence, chargés qu'ils sont de pourvoir aux missions de l'intérieur, alors que l'*hôpital* de Tripoli est desservi par des religieuses françaises. Au delà de l'oasis, les oliviers, l'alfa, puis les sables.

DE TRIPOLI A MALTE

Quand il ne vient pas directement de Tunis, le paquebot touche ensuite à Malte.

L'**île de Malte** est située par 35° 35′ 50″ de latit. N. et 12° 41′ 6″ de longit. E., sur les limites de l'Afrique et de l'Europe; elle a à peu près 13 k. de largeur sur 27 de longueur et 32,260 hect. Malte n'est qu'un rocher calcaire et argileux. Son aspect est singulier, peu attrayant et donne un avant-goût de l'Afrique par son aspect aride et son climat brûlant. Au delà des fortifications de la capitale, on aperçoit une campagne poudreuse, découpée, comme un vaste damier, par un nombre infini de clôtures, et couverte de villages aux proportions monumentales; des montagnes sans arbres, un sol sans verdure, partout des pierres blanches qui reflètent le soleil brûlant de l'Afrique, voilà Malte.

Rien n'est plus varié que la population de Malte. Elle se compose de Maltais proprement dits; des Turcs, des Arabes, des Tunisiens, des Grecs, avec leurs costumes éclatants et pittoresques, s'y mêlent aux Européens aux habits sombres et étriqués. Les soldats, marins et officiers anglais, aux brillants uniformes, les policemen à la physionomie sévère, attirent surtout les regards. La Maltaise passe enveloppée dans sa faldetta, espèce de domino noir, qui recouvre la tête, les épaules, la taille, et sert en même temps de voile et de masque. Les Maltais sont de laborieux cultivateurs, mais ils sont encore plus marchands et navigateurs. Les Maltais, parlant un idiome arabe, s'entendent facilement avec les Barbaresques... Dans l'île, une partie de la population parle l'italien, et à la Valette, l'anglais et quelque peu le français.

Malte fut possédée successivement par les Phéniciens, les Carthaginois, les rois ou tyrans de Sicile; par les Romains, 259 avant J.-C., et 415 après; par les Vandales, auxquels les empereurs grecs l'enlevèrent, 581; par les Arabes, 970; par les Normands, 1090; par les Hohenstaufen, 1186; par la maison d'Anjou, 1266, puis par celle d'Aragon, 1282, qui la conserva jusqu'en 1530. A cette époque, Charles V céda Malte aux frères Hospitaliers, chassés de Rhodes par Soliman II, et qui prirent, depuis ce moment, le nom de *chevaliers de Malte*, partagés en huit langues ou nations. Entre les mains de l'ordre, Malte forma un petit Etat électif qui, pendant plusieurs siècles, fut la terreur des pirates musulmans. Bonaparte s'empara de l'île en 1798 et mit fin à l'ordre de Malte comme Etat. Les Anglais enlevèrent Malte aux Français en 1800. Ils furent confirmés dans cette possession en 1815. L'Angleterre y a un gouverneur, des troupes de garnison et un port militaire dont les travaux formidables rendent la Valette inexpugnable.

La Valette *, V. de 70,000 hab., la capitale moderne de Malte, bâtie par le grand maître dont elle porte le nom, est située sur la longue presqu'île qui sépare le *Grand-Port*, ou Grande Marse, du *port de la Quarantaine*, ou Marsa-Muscetto.

La ville est gaie et pleine d'animation. A l'heure des affaires, c'est un tohu-bohu de gens occupés, se coudoyant, se pressant, montant et descendant, comme un bataillon de fourmis, du port au centre de la ville.

Les principales rues sont, du N.-O. au S.-E., les strada Ponente, strada Zecca, strada Forni, strada Reale, strada Mercante et strada Levante.

La *strada Reale*, rue principale, occupe le sommet de la presqu'île dans toute sa longueur, depuis le fort Saint-Elme jusqu'à la Porta-Reale, qui conduit à la Floriana; elle est droite et régulière, mais les miradors et les balcons qui font saillie interrompent agréablement l'uniformité de l'alignement des façades et font pressentir l'Orient. En la parcourant, on rencontre la *place San-Giorgio* et le palais des grands maîtres, l'église Saint-Jean et les principaux édifices. Les rues transversales, d'une très grande déclivité, sont souvent converties en véritables escaliers; nous mentionnerons surtout les rues San-Giovanni, Santa-Lucia, del Teatro et Vescovo. En dedans de la porte Lascaris, où l'on débarque du Grand-Port, on trouve un marché aux fruits et aux légumes, avec une fontaine de marbre. La longue rampe qui mène de la marine à la ville haute a été surnommée *l'escalier du Nix Mangiare*, à cause du grand nombre de mendiants qui y viennent assaillir le voyageur.

Les monuments les plus importants sont : — la *cathédrale Saint-Jean des Chevaliers*, avec ses chapelles dont une, souterraine, renferme les tombeaux en partie brisés des grands maîtres de Malte, et ses belles peintures à fresque par Mathias Petri, dit le Calabrais; — le *palais des grands maîtres*, en face de la cathédrale, avec ses peintures représentant quelques beaux portraits et les exploits des chevaliers, ses tapisseries des Gobelins, don royal de Louis XIV, qui ornent les salles du conseil, la tenture des Indes, signé Leblond, ses galeries avec leurs files de chevaliers armés de pied en cap; *musée d'armures* rappelant l'époque de la splendeur de l'ordre des chevaliers; — la *bibliothèque*, vaste bâtiment dont deux petites salles sont consacrées au *musée*, renfermant des dieux Kabyrs, des antiquités phéniciennes et des mosaïques très fines venant de Civita-Vecchia; — quelques anciennes *maisons* de l'ordre; — les *auberges de Castille et de France, de Provence et d'Auvergne*; — *l'hôpital*; — la *bourse* et le *théâtre*; — les *fortifications* et le *port*; — les *statues de La Valette et de l'Isle Adam*, au-dessus de la porte de la forteresse.

Les principales promenades sont les *remparts* et le *jardin botanique*.

On peut faire de charmantes promenades en barque, 1 fr. 25 l'h., dans les petites anses du port de Malte.

Des excursions se font à : — (10 k.) *Civita-Vecchia*, dont le faubourg de *Rabbato* renferme l'église, la grotte et les catacombes de Saint-Paul. On y voit encore une villa romaine; — (3 k.) *Boschetto*, vaste jardin public, promenade favorite des Maltais; — (5 k.) *Ben-Gemma*, avec ses grottes sépulcrales; — (13 k.) la *grotte de Calypso*; — (10 k.) *Crendi, Calle de Marsa Scirocco*, avec sa *grotte de Hassan*, et enfin la petite île de *Gozzo*. Crendi, Marsa Scirocco, et l'île de Gozzo renferment des monuments phéniciens, temples à Melkart, présentant tous les caractères de l'architecture dite cyclopéenne. Ils sont faits d'énormes quartiers de roc entassés sans ordre et sans plan et reliés entre eux par des pierres plus petites.

Le touriste dont le temps n'est pas compté peut faire une très belle excursion de la Valette à Syracuse (Sicile) par bateau autrichien dont le service journalier est subventionné par les Maltais.

FIN

PUBLICITÉ DES GUIDES JOANNE

EXERCICE 1897-1898

I. Adresses utiles. — Journaux. — Cies Financières. Chemins de fer. — Cies maritimes.

ADRESSES UTILES

ADMINISTRATION des Eaux de Pougues 22, *Chaussée-d'Antin*, Paris.

Eau bicarbonatée, calcique, ferrugineuse, sans rivale contre DYSPEPSIES, GRAVELLE, DIABÈTE, GASTRALGIE, etc. **Établ. thermal St-Léger**, du 1er juin au 1er octobre. — **Splendid-Hôtel**, propriété de la Cie; 120 chambres; luxe, confort, **Casino**. (V. p. 97.)

ASPERGES
Belin, 22, *route de Sannois*, à **Argenteuil**. (Voir p. 45.)

ARMES. — ARMURES
Arthur Nouvelle et Cie
10, *boulevard Malesherbes* et 3, *rue Pasquier*. — Arquebuserie supérieure. — Armes perfectionnées à chiens intérieurs. — Cartouches et accessoires de chasse.

G. BROIT, 11, *rue Bouchardon*, **Paris**. (Fournisseur des Théâtres.)

Armes blanches, Armures, Panoplies (Copie de l'ancien), **Gilet maille préservateur**.

Casques, Cuirasses (poids léger), **Sabres et Ceinturons** pour Officiers.
Casques et Cuirasses d'Enfants.

CARD 15, boul. St-Martin **PARIS**
Carabines à air depuis 9 fr.
Fusils d'Enfants lançant des balles inoffensives. 9 fr., compris munitions.
Sabres d'Enfants, modèles réglementaires.
Spécialité de Revolvers.

A. Gorget, 39, *rue Châteaudun*, Paris.

ARMES   de GUERRE
Collections   Panoplies

A. GUINARD, *agent de* **PURDEY** de **W. W. GREENER**

Fusils
Carabines
Revolvers

Munitions de KYNOCH.
Les plus parfaites.
8, avenue de l'Opéra, Paris.
Catalogue contre 0 fr. 25 *timbres*.

Publicité des **GUIDES JOANNE**
Exercice 1897-1898.

TYPE **C**

— 2 —

*) **Roblin**, Fournisseur breveté de S. M. I. R. l'empereur d'Autriche. — Médailles d'or à toutes les Expositions. — 2 Diplômes d'Honneur. — **Armes de luxe.** — Fusils sans chiens, nouveau modèle. — 9, *rue de la Ville-l'Evêque, PARIS.*

BAINS DE BOUES

Établ. thermal de **St-Amand**. 222, *rue de Rivoli.* (Voir p. 104.)

BANDAGES

H. BIONDETTI
Bandages à régulateur pour la guérison des Hernies, Ceintures, etc. 16 médailles.
Paris, 48, *rue Vivienne.*

BANQUES

Comptoir National d'Escompte de Paris. (Voir p. 15.)
Crédit Lyonnais. (V. p. 16.)
Société Générale. (V. p. 18.)

BICYCLETTES

BICYCLETTES,
CYCLES " SELECT "
et
CYCLETTE HERCULE suspendue.
25, *boulevard Saint-Martin*, **Paris.**
Catalogue franco.

LA ROYALE
Bicyclette sans chaîne
de grand luxe.
70, *rue de Miromesnil*, **Paris.**

BIJOUTERIE

Tranchant, 79, *r. du Temple*, Paris. Bijouterie argent en tous genres. Hochets, Bracelets, Chaînes, Bourses, Ronds de serviette, Timbales, Coquetiers, Tabatières, Petite orfèvrerie, Articles de bureaux et de fumeurs.

BILLARDS

Fabricant de Billards. Billards d'occasions. Billards-tables. Billards d'enfants. Billes. Queues, Drap spécial. Bandes perfectionnées. Tous accessoires.
Loreau, 1, *rue de Turenne*, **Paris**

CHAUFFAGE

Hébert, 10, *rue Carnot*, **Versailles.** (Voir p. 46.)

CHOCOLAT

Chocolat Menier (V. p. 127.)
Compagnie Coloniale. (V. page de garde en tête du volume.)

COMESTIBLES

Gilot, 87, *rue des Petits-Champs*. **Paris.** (Voir page de garde à la fin du volume.)

CORSETS

L. P. A la Couronne. L. P.
PARIS
En vente partout.

Corset sans Busc
de la
Maison Jeanne-d'Arc.
Paris, 265, *rue Saint-Honoré.*
Envoie gratis et franco son album illustré.

CORSETS et JUPONS
sur mesure.
E. Lauclair,
90, *rue Saint-Lazare*
Paris.
pr. la gare St-Lazare
Médaille Amsterdam, 1895.

CORSETS et CEINTURES
sur mesure.
CORSET-HENRI VION
Inventeur du Corset
DIGESTION-RESPIRATION, H. V., b. i. g. d. g.
Corset scientifique de santé H. V.
Breveté S. G. D. G.
Médailles d'or et d'argent, Paris
178, *Faubourg St-Honoré*, **Paris**

⁸⁾ **Roblin**, Fournisseur breveté de S. M. I. R. l'empereur d'Autriche. — Médailles d'or à toutes les Expositions. — 2 Diplômes d'Honneur. — **Armes de luxe.** — Fusils sans chiens, nouveau modèle. — 9, *rue de la Ville-l'Evêque,* PARIS.

BAINS DE BOUES

Établ. thermal de St-Amand. 222, *rue de Rivoli.* (Voir p. 104.)

BANDAGES

H. BIONDETTI

Bandages à régulateur pour la guérison des Hernies, Ceintures, etc. 16 médailles.

Paris, 48, *rue Vivienne.*

BANQUES

Comptoir National d'Escompte de Paris. (Voir p. 15.)
Crédit Lyonnais. (V. p. 16.)
Société Générale. (V. p. 18.)

BICYCLETTES

BICYCLETTES,
CYCLES " SELECT "
et
CYCLETTE HERCULE suspendue.
25, *boulevard Saint-Martin,* **Paris**.
Catalogue franco.

LA ROYALE

Bicyclette sans chaîne
de grand luxe.
70, *rue de Miromesnil,* **Paris**.

BIJOUTERIE

Tranchant, 79, *r. du Temple*, Paris. Bijouterie argent en tous genres. Hochets, Bracelets, Chaînes, Bourses, Ronds de serviette, Timbales, Coquetiers, Tabatières, Petite orfèvrerie, Articles de bureaux et de fumeurs.

BILLARDS

Fabricant de Billards lards d'occasions. Bill tables. Billards d'en Billes. Queues, Drap sp Bandes perfectionnées. Tous accessoires.
Loréau, 1, *rue de Turenne,*

CHAUFFAGE

Hébert, 10, *rue Carnot*, sailles. (Voir p. 46.)

CHOCOLAT

Chocolat Menier (V. p
Compagnie Coloniale page de garde en tête du volu

COMESTIBLES

Gilot, 87, *rue des Petits-Ch* Paris. (Voir page de gard fin du volume.)

CORSETS

L. P. A la Couronne. L
PARIS
En vente partout.

Corset sans Busc
de la
Maison Jeanne-d'Arc
Paris, 265, *rue Saint-Hon*
Envoie gratis et franco son al illustré.

CORSETS et JU
sur mesure
E. **Laucla**
90, *rue Saint-L*
Paris.
pr. la gare St-L
Médaille Amsterdam, 18

CORSETS et CEINTURE
sur mesure.
CORSET-HENRI VIO
Inventeur du Corset
DIGESTION-RESPIRATION, H. V., b. t.
Corset scientifique de santé
Breveté S. G. D. G.
Médailles d'or et d'argent, Par
178, *Faubourg St-Honoré,* **Par**

CLÉTÉAS
CLÉTÉAS
CLÉTÉAS
CLÉTÉAS
CLÉTÉAS
CLÉTÉAS
CLÉTÉAS
CLÉTÉAS
CLÉTÉAS
CLÉTÉAS

L'Alcohol *CLÉTÉAS* est indispensable dans toutes les familles.

Sa saveur est parfaite.

Il est infiniment supérieur à tous les produits similaires et par ses qualités et par sa préparation qui est **irréprochable**.

Ce cordial, réellement précieux, s'emploie avec succès dans *indigestions, nausées, vomissements, crampes d'estomac, aigreurs, évanouissements, syncopes, attaques nerveuses, douleurs dentaires, névralgies, migraines, mal de mer*, et tous malaises de la tête, des nerfs et de l'estomac. Il est merveilleux en temps d'épidémie, prévient l'influenza ou en atténue les conséquences.

Il est tonique, hygiénique, apéritif et vulnéraire.

Rien n'est plus précieux ni plus économique que ce cordial bienfaisant dont un seul flacon, dans chaque famille, suffira pour arrêter bien des malaises et prévenir de graves indispositions.

Vente, bonnes pharmacies et épiceries.
Fabrication à **Valence** *(Drôme).*
Clément & Cie qui envoient Notice détaillée sur demande affranchie.

NE VOYAGEZ PAS
SANS VOUS MUNIR DE
L'ALCOOL DE MENTHE
DE RICQLÈS

Infiniment supérieur à tous les produits similaires
ET LE SEUL ALCOOL DE MENTHE VÉRITABLE

Souverain contre **Indigestions, Dysenterie, Cholérine, Maux d'Estomac, de Cœur, de Tête.**

Quelques gouttes dans un verre d'eau sucrée forment une boisson délicieuse, calmant instantanément la soif, et assainissent l'eau.

PRÉSERVATIF CONTRE LES ÉPIDÉMIES ET LE MAL DE MER

Il est en même temps excellent pour les dents, la bouche, et tous les soins de la **Toilette**.

Grands Prix *Exposition de Lyon 1894, Bordeaux 1895,*
Hors concours, membre du Jury *Exposition Rouen 1896, Bruxelles 1897.*

USINE à SAINT-OUEN; MAISONS à LYON, à PARIS, 10, rue Richer.

REFUSER LES IMITATIONS. — EXIGER LE NOM **DE RICQLÈS**

Phénol-Bobœuf

EN VENTE PARTOUT
Le Flacon, 1.50. Le Litre, 5 fr.
Unique désinfectant antiseptique sans danger aucun

RÉCOMPENSE MONTYON décernée par l'Académie des Sciences (Mars 1881)
MÉDAILLE D'HONNEUR décernée par le Ministère de l'Intérieur (1892)

| DÉTRUIT
MIASMES
Microbes-Ferments
GUÉRIT
PLAIES, BLESSURES
Brûlures
MALADIES DE LA PEAU | Complément indispensable
de la TOILETTE des DAMES
A la dose d'une cuillerée
à soupe par litre d'eau
Conserve la santé, la fraîcheur, prévient et guérit même les mille et une indispositions familières aux Dames. | Se méfier
DES IMITATIONS
qui sont dangereuses et caustiques
Exiger le véritable
PHENOL-BOBŒUF
avec
la *Signature rouge*
sur l'Étiquette |

Savon-Bobœuf — Odeur suave, guérit Dartres, Boutons, Démangeaisons, etc., et maintient la fraîcheur et le velouté de la peau. *Le Pain*, 1 fr.; *la Boîte*, 2 fr. 75

DENTIFRICE-BOBŒUF — Saveur des plus agréables. Antiseptique de la Bouche, purifie l'haleine et assure la conservation des dents en détruisant les microbes de la carie.
Le Flacon, 5 fr. Le Demi-Flacon, 3 fr. — 19, rue des Mathurins, Paris.

CONSTIPATION soulagée et guérie par le
Cascara liquide Alexandre

Elixir agréable à prendre, même pour les enfants.

PAS DE COLIQUES ◊ PAS D'INFLAMMATION
AUCUN DES INCONVÉNIENTS DES PILULES

UNE A DEUX CUILLERÉES A CAFÉ AU DINER OU AU COUCHER
Le Fl., 3 fr. — Ph⁰ LACHARTRE, 19, r. des Mathurins, PARIS

HAMAMELINE-ROYA
principe actif de l'HAMAMELIS-VIRGINICA

Guérit sans danger aucun et sûrement

Hémorroïdes, Hémorragies, Varices, Varicocèles, Phlébites, Métrites CONGESTIONS et MALAISES de **l'Age critique** dont elle conjure tous les dangers.

2 A 3 CUILLERÉES A SOUPE PAR JOUR
Le Flacon, 5 fr., franco contre mandat.

Pharm. LACHARTRE, 19, rue des Mathurins, PARIS

www.ingramcontent.com/pod-product-compliance
Lightning Source LLC
Chambersburg PA
CBHW050322240426
43673CB00042B/1504